现代日汉汉日词典

王　萍　徐　琼　许英淑
蔡晓军　于　潮　沈希红
彭广陆　编

外语教学与研究出版社

（京）新登字 155 号

责任编辑：王萍
责任校对：王萍　徐琼　许英淑

现代日汉汉日词典

王萍等　编

*　　*　　*

外语教学与研究出版社出版发行

（北京西三环北路 19 号）

北京大学印刷厂印刷

新华书店总店北京发行所经销

开本 787×960　1/32　40.5 印张　1442 千字

1991 年 9 月第 1 版　1999 年 3 月第 8 次印刷

印数：248001—263000 册

*　　*　　*

ISBN 7 - 5600 - 0508 - X

H·250

定价：44.80 元

前　　言

为满足广大日语学习者的需要，我们编辑出版了这本《现代日汉汉日词典》。

本词典集日汉汉日两部分为一册，使用颇为方便。内容力求简明扼要，编排紧凑醒目。除正文外，还编有《世界部分国家、地区、首都名称对照表》等多种附录，供使用参考。

日汉部分共收一万八千余词条，包括常用词汇、科技词汇、社会科学词汇和外来语，也有一定数量的成语、谚语及常用句型。汉日部分共收一万八千余词条，以收一般词汇为主，兼收了部分科技、社会科学词语，也收进了一些常用成语、谚语。

本词典在编辑过程中，主要参考了《例解新国语辞典》、《新明解国语辞典》、《岩波国语辞典》、《新日汉辞典》、《汉日词典》、《中日大辞典》等辞书，汉日部分的词条选编参考了《小小汉英词典》。刘为华同志为汉日部分编排了检字表，在此一并表示感谢。

由于编者水平有限及经验不足，这本词典中难免存在一些缺点及错误，我们诚恳地希望广大读者提出宝贵的意见，以便再版时修订。

编　者

一九八七年十月

日汉部分

目　录

用 法 说 明

词条

一、活用语词条的词干与词尾之间用"·"隔开。如：

あ・う　　　　いた・い

二、外来语词条用片假名表示，标出的外来语原文除英语外均在原文前用"（　）"注明语别略称。如：

ピエロ【(法)pierrot】

ビール【(荷)bier】

三、外来语长音在排列时视同短音词，但排列在真正短音词的后面。如：

暮れ　　　　　粟（あわ）

グレー　　　　アワー

四、接头词后面用"-"表示，接尾词前面用"-"表示。如：

お-　　　　-さ

ご-　　　　-や

五、有两种以上汉字表记的词条用"·"将其隔开，常用者在前。可送可不送的假名用"（　）"表示。如：

【激しい·烈しい】

【昨夜·昨夕】

【行（き）詰（ま）る】

【乗（り）越す】

六、词条后用⓪①②表示该词的声调。有两种以上声调的常用者标在前面。同音词但因词类、汉字表记不同而声调不同者，将声调符号标在Ⅰ Ⅱ Ⅲ之后。

词类

一、一词兼有两种以上词性时，中间用"·"隔开。

二、词类略语

[名]	名词
[形]	形容词
[形动]	形容动词
[代]	代词
[副]	副词
[连体]	连体词
[接头]	接头词
[接尾]	接尾词

［助动］	助动词
［终助］	终助词
［并助］	并列助词
［副助］	副助词
［接助］	接续助词
［格助］	格助词
［接］	接续词
［感］	感叹词
［自五］	五段活用自动词
［他五］	五段活用他动词
［自上一］	上一段活用自动词
［自下一］	下一段活用自动词
［他上一］	上一段活用他动词
［他下一］	下一段活用他动词
［自力变］	力变活用自动词
［自サ］	サ变活用自动词
［他サ］	サ变活用他动词
［补动五］	五段活用补助动词
［补动上一］	上一段活用补助动词
［补动下一］	下一段活用补助动词
［造语］	造语成分

符号

【　】 ①表示词条的汉字或外来语原文。
　　　②表示派生词或复合词。
［　］ 表示词条的词类
（　） ①表示释义或译文中的一般注解。
　　　②表示主词条中可省略的外来语长音。
　　　③表示外来语原文的语别。
　　　④用于标注派生词的读音及例句中难读词的读音。
◎①② 表示词条的声调。
①②③ 表示词解序号。
～　　 表示主词条在例句中的省略。
〈　〉 表示专业略语。
◇　　 表示成语、谚语。
→　　 表示参照某词条。
△…… /表示例证及其汉译
Ⅰ Ⅱ Ⅲ ①表示区分同音词的不同声调。
　　　②表示区分同一词的不同词类。
　　　③表示同音而表记不同的汉字。
…　　 ①表示省略。

②表示连接分离的句型。

◆　　　表示一般的语法说明。

「　　」用于引用日语的原文。

略语

〈医〉医学

〈物〉物理学

〈音〉音乐

〈数〉数学

〈敬〉敬语

〈逻〉逻辑学

〈化〉化学

〈法〉法律

〈俗〉俗语

〈体〉体育

〈动〉动物、动物学

〈口〉口语

〈语〉语言学

〈宗〉宗教

〈文〉文言

〈植〉植物、植物学

〈儿〉幼儿语

〈经〉经济

〈建〉建筑

〈解〉解剖学

〈方〉方言

〈天〉天文学

〈哲〉哲学

あ　ア

ああ⓪［副］那样，那么 △～いつまでも子どもでは困ってじまう/总是那样孩子气真叫人为难

ああ⓪［感］①（惊、喜、哀、悲时）啊，哎哟 ②（同意时）是，哦

あい①【藍】［名］①（植）靛 ②（染料）蓝靛 ③蓝色 ◇藍より青（あお）し/青出于蓝而胜于蓝

あい①【愛】［名］①爱情，恋情 ②珍爱，爱戴

あい【合（い）】［造语］①（接动词连用形后）互相 △言い～/议论；口角 ②（接名词后表示一种）模糊的感觉 △色～/色调

あいあいがさ③【相合傘】［名］（男女）同打一把伞

あいいれな・い④【相いれない・相容ない】［形］不相容，势不两立

あいえんか⓪【愛煙家】［名］喜欢抽烟的人

あいえんきえん⑤【合緣奇緣】［名］缘分，奇缘

あいおい⓪【相生】［名］（植物）同根，连理 △～の松/①连理松 ②（夫妻）白头偕老

アイオーシー⑤【IOC】［名］国际奥委会

あいかわらず⓪【相変（わ）らず】［副］依旧，依然如故 △店は～繁盛（はんじょう）している/商店依然买卖兴隆

あいがん⓪【哀願】［名・他サ］哀求，恳求

あいがん⓪【愛玩】［名・他サ］玩赏，欣赏 △～動物/（家中为欣赏而饲养的猫、狗等）欣赏动物

あいきどう③⓪【合気道】［名］（日本武术之一）合气道

あいきょう③【愛敬・愛嬌】［名］①（给人以）好感 △～たっぷり/笑容可掬 ②（人、动物）逗人喜爱，可爱 △パンダの動作には、どこか～がある/熊猫的一举一动，还真有些招人喜爱之处 ③（向对方表示）殷勤，好感 △～を振りまく/表示好感

あいくち④⓪【合口】［名］①谈得来（的人）△～がいい/谈得来 ②（相扑等的）劲敌

あいくち④⓪【合口・匕首】［名］匕首

あいご①【愛護】［名・他サ］爱护，保护

あいこう⓪【愛好】［名・他サ］爱好，嗜好

あいこくしん④【愛国心】［名］爱国心

あいことば③【合（い）言葉】［名］①暗语，暗号 ②口号

あいさい⓪【愛妻】［名］①（被宠爱的）妻子 ②爱妻 △～家/爱老婆的人

あいさつ①【挨拶】［名・自サ］①问候，打招呼，致意 △～を交わす/互相致意 ②（初次见面）自我介绍 ③致词，讲话 ④（书信的首尾）问候，祝愿 ⑤拜访，告别，问候

アイシー③【IC】［名］集成电路

あいしゅう⓪【哀愁】［名］哀愁

あいしょう③【相性・合性】［名］①（男女）性格相投 ②（双方）和

諧,对脾气

あいじょう⓪【愛情】[名]①热爱,爱,喜爱 ②恋爱,爱情

あいじん⓪【愛人】[名]①情人 ②情夫,情妇

アイス①【ice】Ⅰ[名]冰 Ⅱ[造语]①冰【-スケート⑤】[名]溜冰 ②(「アイスクリーム」的略称)冰激凌 ③冰镇【-コーヒー④】[名]冰镇咖啡

あいず⓪【合図】[名・自他サ]信号,暗号,暗示 △～を送る/递暗号

アイスクリーム⑤【ice cream】[名]冰激凌

アイスホッケー⑤【ice hockey】[名]冰球

あい・する③【愛する】[他サ]①爱慕,恋 ②热爱,喜爱 ③喜好,爱好

あいせき⓪【哀惜】[名・他サ]哀惜,哀痛 △～の念に堪えない/不胜悲痛

あいそ③【愛想】[名]①讨人喜欢 △～がいい/讨人喜欢 ②亲近,好意 △～が尽きる/不搭理,嫌弃,讨厌

アイソトープ④【isotope】[名]同位素

あいだ⓪【間】[名]①中间,间 ②间隔,间隙 △～をあける/腾出空隙 ③(人与人的)关系 △～に入る/入伙 ④范围之内,当中【-柄(がら)②】[名](人与人的)关系,血缘关系,亲属关系 ②交往,交情

あいちゃく⓪【愛着】[名・自サ]眷恋,依依不舍 △～を持つ/眷恋

あいちょう⓪【愛鳥】[名]爱鸟

あいついで【相次いで】[副]相继,一个接一个

あいつぐ①【相次ぐ】[自五]相继

あいづち④⓪【相槌】[名](铸铁时)打对锤 ◇相槌を打(う)つ/随声附和,帮腔

あいて③【相手】[名]①伙伴,共事者 △話し～/一块说话的人 ②(竞争、比赛的)对手 ③(买卖、商店的)对象 △子供～にお菓子を売る店/以孩子为销售对象的点心铺【-取(ど)る④】[他五]以…为竞争对手;对…起诉

アイデア③【idea】[名]主意,想法,念头

あいどく⓪【愛読】[名・他サ]爱读,喜欢读

アイドル①【idol】[名]偶像,被崇拜的人

あいにく⓪【生憎】[形動・副]不凑巧,偏偏

アイヌ①【Ainu】[名](日本少数民族)阿伊努族

あいのり⓪【相乗り】[名・自サ]①(不是同行人而一起坐出租车的)同乘客人 ②(不是同伙人而利用机会一起做事的)合伙者,共事者

アイビーエム⑥【IBM】[名](美国)国际商用机器公司

あいびき⓪【逢(い)引(き)】[名・自サ](男女)幽会

あいぼう③⓪【相棒】[名]伙伴,同伙

あいまい⓪【曖昧】[形動]曖昧,含糊 △～模糊(もこ)/含糊其辞,模棱两可

あいよう⓪【愛用】[名・他サ]爱用,常用

あいろ①【隘路】[名]①(山道的)狭窄处 ②难处

アイロニー①【irony】[名]反语,讽刺

アイロン⓪【iron】[名]电熨斗 △～をかける/熨衣服

あ・う①[自五] I【会う】见，会见 △友と～/和朋友见面 II【遭う】遭遇，(偶然)碰见 △ひどい目に～/遭殃，吃苦头 ◇会うは别(わか)れの始(はじ)め/相逢意味着离别

あ・う【合う】 I ①[自五] ①合一，合到一起 ②一致，符合，合适 ③准确，正确 △時計が～/表准 ④谐和，相配 △このケーキは紅茶とよく～/这种点心正配红茶 ⑤(用「合わない」的形式表示)白费力，白辛苦，不值得 △せっかくしてやったのにそんなことを言われては～わない/特意为他(她)做反倒挨了一顿说，真是白费力 II【造语】 ①(接动词连用形)①互相 △助け～/互相帮助 ②合一 △溶け～/溶为一体

アウト【out】 I ①[名]①(网球，乒乓球的)出界 ②(棒球的)出局，死 ③失败 II【造语】外，外面 △～ドア/门外

あえ・ぐ②【喘ぐ】[自五] ①喘气，喘 ②挣扎

あえて①【敢えて】[副]①敢，敢于 △～危険をおかす/敢于冒风险 ②(下接否定)不见得…，未必…，不勉强…，不过分…，△～強制はしないが、できるならばお願いします/不勉强求您，如有可能还想请您帮忙

あえん①⓪【亜鉛】[名]锌

あお①⓪【青】 I[名]①蓝，蔚蓝，天蓝色 ②绿色 ③(交通信号)绿灯 II[接头]年青，未成熟 △～二才/毛孩子，乳臭未干

あおあお③【青青】[副]绿油油，青青

あお・い②【青い・蒼い】[形] ①蓝色 ②(脸色)苍白 ③(果实尚未成熟)青 ④绿色

あおいろ⓪【青色】[名]青色，蔚蓝色

あおうなばら④③【青海原】[名]苍海，汪洋大海

あおうめ②【青梅】[名]青梅

あおぎり⓪②【青桐・梧桐】[名]青桐，梧桐

あお・ぐ②【仰ぐ】[他五] ①仰视，仰望 ②尊，拜 △師と～/尊为师长 ③请求，仰仗 △援助を～/请求援助 ④(一口气)饮，服 △毒を～/(一口气)服毒

あお・ぐ②【扇ぐ】[他五]搧(扇子)

あおくさ・い④【青臭い】[形]①有青菜味 ②未成熟

あおざ・める④【青ざめる】[自下一]苍白，没血色

あおじろ・い④⓪【青白い】[形]①月白色，(月亮)青色 ②(脸色)苍白

あおしんごう③【青信号】[名]①(交通信号)绿灯 ②前进、进行、放行等信号

あおぞら③【青空】[名]①蓝色的天空 ②(用「青空…」的形式表示)野外，室外，露天 △～駐車(ちゅうしゃ)⑤[名]露天停车

あおな②⓪【青菜】[名]青菜 ◇青菜に塩(しお)/垂头丧气

あおば①②【青葉】[名](初夏)嫩绿的枝叶

あおみ③[名] I【青み】青色，蓝色，绿色 △～を帯びる/略带青色 II【青味】(做菜、汤时配菜用的)菜码，青菜

あおむ・く⓪【仰向く】[自五]仰，朝上

あおもの②【青物】[名]①青菜，蔬菜 ②青菜总称【-市場(いちば)⑤[名]菜市场 ③青鱼

あおり③【煽(り)】[名]①(风)吹

动 ②影响,牵连 △～をくう/受
影响,受损失

あお・る②【煽る】［他五］①(风)
吹动,煽动 ②(用扇子)煽火 ③煽
动,鼓动

あか①【赤】［名］①红,红色 ②桔
红,粉红 ③(交通信号的)红灯
④社会主义,共产主义(者)◇赤
の他人(たにん)/陌生人

あか②【垢】［名］①垢△～を落す/
去污;洗澡 ②水垢 ③世俗,俗
事

あかあかと③［副］I【明明と】亮堂
堂,明晃晃 Ⅱ【赤赤と】红焰焰

あか・い⓪【赤い】［形］①红 ②桔
红,粉红 ③(社会主义,共产主义
思想)赤色◇赤くなる/满脸通
红

あかがね⓪【銅】［名］铜

あかぎれ⓪【皸】［名］皲裂,皴

あが・く②【足掻く】［自五］①挣
扎,挣脱 ②徒劳,白费

あかざとう③【赤砂糖】［名］红糖

あかさび⓪【赤さび・赤錆】［名］
铁锈

あかし⓪【証(し)】［名］证明,证据
△身の～を立てる/证明无辜

あかじ⓪【赤字】［名］①赤字 ②(校
对订正的)红字

アカシア⓪②【acacia】［名］〈植〉①
阿拉伯胶树等 ②刺槐,洋槐

あかしんごう③【赤信号】［名］①
(交通信号的)红灯 ②危险信号

あか・す【明かす】［他五］I⓪说
明真相,说穿△秘密を～/说出秘
密 Ⅱ⓪②彻夜不眠(待天明)△夜
を～/彻夜不眠待天明 ◇鼻(は
な)を明かす/乘人不备,抢先下
手

あかちゃ・ける④⓪【赤茶ける】［自
下一］(日晒)发红,变红褐色

あかちゃん①【赤ちゃん】［名］婴

儿

あかつき⓪【暁】［名］①黎明,拂晓
②…实现之时 △成功の～には,
…/当成功之时…

あがったり③④【上がったり】［名］
(买卖,工作等)完蛋,垮台

あかつち⓪【赤土】［名］红土

アカデミー②③【academy】［名］学
士院,科学院,学会

あかでんしゃ③【赤電車】［名］(日
本)末班电车(公共汽车)

あかでんわ③【赤電話】［名］(日本)
公用电话

あかとんぼ③①【赤とんぼ】［名］红
蜻蜓

あかぬ・ける④【あか抜ける】［自
下一］不俗气,脱俗

あかはじ⓪【赤恥】［名］十分丢丑,
丢脸△～をかく/十分丢丑

あかはた⓪【赤旗】［名］①红旗 ②
(革命者,工人使用的)红旗

あかふだ⓪【赤札】［名］(特价出售
的商品的)红色标签

あかまつ⓪②【赤松】［名］红松

あかみ⓪【赤み】［名］红色

あかみ⓪【赤身】［名］(肉、鱼的)瘦
肉

あからさま③⓪［形动］公开,明目张
胆,露骨

あかり⓪【明(か)り】［名］①黑暗中
的光 △～がさす/亮起来 ②灯
(火)光 △～をつける/点灯

あがり【上がり】I⓪［名］①(路,
物价)上坡,上涨 ②完,结束 △今
日はこれで～にしよう/今天就
到这结束吧 ③完成,做完 △でき
～/完成 ④收入,效益,收益 ⑤
(饭馆等免费供应的)茶水 Ⅱ［造
语］①停止 △雨～/雨停了 △病
(や)み～/病好了 ②(接表示职
业,身份的名词后表示)…出身
△軍人～/军人出身

找碴儿,挑剔字眼
あけがた⓪【明け方】[名] 黎明,拂晓
あげく⓪【挙げ句・揚げ句】[名] 最终,最后 △~の果て/到了最后;最后终于 △さんざん迷った~、やめにした/犹豫到最后,终于决定不干了
あけくれ②【明(け)暮れ】[名・副・自サ] 日日夜夜,朝夕,终日,始终 △~心配ばかりしている/始终挂念着
あけく・れる④【明(け)暮れる】[自下一]度过,光阴流逝 △涙に~/终日痛哭流涕
あげさげ②【上げ下げ】[名] ①上下,起落 ②表扬和批评,褒贬 ③(物价)涨落 ④(潮水)涨落
あげしお⓪【上(げ)潮】[名] ①涨潮 ②高涨
あけすけ⓪②【明け透け】[形动] 不隐讳,露骨
あげぜんすえぜん②【上(げ)膳据え膳】[名] 坐享其成
あけっぱなし⓪【明けっ放し】 I [名] (门、窗等)开着,大敞大开 Ⅱ[形动]直率,坦率
あげて⓪【挙げて】[副] 全,都 △国を~祝う/举国欢庆
あけぼの⓪【曙】[名] 曙光,黎明
あげもの⓪【揚(げ)物】[名] 油炸食品
あ・ける⓪【明ける・空ける・開ける】[他下一] ①天亮,天明 △夜が~/天亮了 ②期满,到期 △年が~/新年开始 ③空出,腾出 △席を~/空出坐位 ④打眼儿,钻孔 ⑤开,打开 △幕を~/开幕 △店を~/开始营业 ◇明けても暮(く)れても/终日,一年到头
あ・げる【上げる・揚げる・挙げる】 I ⓪[他下一] ① (向高处)举,抬 △たこを~/放风筝 △手を~/举手 ②朝上 △顔を~/扬起脸 ③呕吐 ④(从船上)卸下 △荷を~/卸货 ⑤(请客人)进屋 △客を~/把客人让进屋来 ⑥送…上学△子供を学校へ~/送孩子上学 ⑦提高(价格)△価格を~/涨价 ⑧大声,高声△歓声を~/大声欢呼 ⑨收到,得到△成果を~/取得成果 ⑩(油)炸 ⑪完成,做完△仕~/做完,完成 ⑫列举,提示,举出△実例を~/举出实例 ⑬用尽,使出△ 総力を~/全力以赴,竭尽全力 ⑭ 举行,举办 △式を~/举行仪式⑮(「与える、やる」的敬语)给 Ⅱ [补助]给(他人)做… △君が教えて~げなさい/请你教给他
あご②【顎・腭】[名] ①顎 ②下巴 ◇あごをなでる/洋洋得意 ◇あごが干上(ひあ)がる/无法糊口 ◇あごで使(つか)う/颐使他人 ◇あごを出(だ)す/精疲力尽
あこがれ⓪【憧れ】[名]憧憬,向往
あこが・れる⓪【憧れる】[自下一] ①憧憬,向往 ②(被异性)吸引
アコーディオン④②【accordion】[名] 手风琴
あさ②【麻】[名] ①麻 ②麻线,麻布
あさ①【朝】[名] 早上,上午
あざ②【痣】[名] 痣
あさ・い⓪【浅い】[形] ①浅 ②短促,轻微,少△経験が~/经验少
あさいと⓪【麻糸】[名] 麻线
あさおき②【朝起(き)】[名・自サ] 早起
あさがお②【朝顔】[名] 牵牛花
あざけ・る③【嘲る】[他五]嘲笑,讥讽
あさって②【明後日】[名]后天

あさね②【朝寝】［名・自サ］睡早觉

あさねぼう③【朝寝坊】［名・自サ］睡懒觉，睡懒觉的人

あさはか②【浅はか】［形动］浅薄，肤浅

あさはん⓪【朝飯】［名］早饭

あさばん①【朝晩】Ⅰ［名］早晚 Ⅱ［副］朝夕，经常，始终

あさひ①②【朝日】［名］朝日，朝阳

あさまし・い④【浅ましい】［形］①悲惨 ②无聊，卑鄙

あさみ⓪【浅み】［名］水浅的地方

あざみ⓪【薊】［名］〈植〉蓟，刺儿菜

あさみどり③【浅緑】［名］浅绿

あざむ・く③【欺く】［他五］①欺，骗，蒙骗 ②胜似，赛过 △昼を～明るさ/明如白昼

あさめし⓪②【朝飯】［名］早饭，早餐 △-前（まえ）⑤［名］极其容易，轻而易举

あざやか②【鮮（や）か】［形动］①（色彩、形状）鲜艳，鲜明 ②（技艺等）精湛，美妙

あさやけ⓪【朝焼（け）】［名］朝霞

あさゆう①【朝夕】Ⅰ［名］朝夕，早晚 Ⅱ［副］经常，常常，朝夕

あざらし⓪【海豹】［名］海豹

あさ・る⓪②【漁る】［他五］搜寻，寻求 △買い～/到处买

あざわら・う④【あざ笑う・嘲笑う】［他五］嘲笑，讥笑

あし②［名］Ⅰ【足・脚】①（动物、人等的）腿，脚 ②行走，往来 Ⅱ【脚】（器物的）腿 △机の～/桌子腿 Ⅲ【脚】（云、雨的）趋势 △雨（あま）-⓪②⓪［名］雨势 ◇足がつく/①犯人有了线索 ②（食品）腐烂 ◇足が出（で）る/亏空，超支 ◇足繁（しげ）く/频繁来往 ◇

足を洗（あら）う/洗手不干，改邪归正 ◇足を運（はこ）ぶ/特意拜访 ◇足を引（ひ）っ張（ぱ）る/故意捣乱，拆台，妨碍 ◇足が棒（ぼう）になる/累得腿发直

あし①【蘆・葦・芦】［名］芦苇

あじ⓪【味】Ⅰ［名］①味道，味觉，味 △～をつける/调味 ②趣味，妙处 △～がある/耐人寻味 Ⅱ［形动］风趣

あしあと③【足跡】［名］足迹，脚印

あしおと④③【足音】［名］脚步声

あしがかり③【足掛（か）り】［名］①（攀登时）脚蹬处 ②门路，线索

あしかけ⓪【足掛（け）】［名］（计算年、月、日的）满，前后大约 △～三年/前后三年

あしからず【悪しからず】［副］（书信用语）请原谅，别见怪

あしくび②③【足首】［名］脚脖子

あじけな・い③【味気無い】［形］乏味，无聊

あしこし②③【足腰】［名］腰腿 △～が立たない/瘫软

あじさい⓪【紫陽花】［名］绣球花，八仙花

あしざまに⓪【悪（し）様に】［副］恶意，故意说坏话

あした③【明日】［名］明天

あしだい⓪【足代】［名］车费，交通费

あじつけ⓪④【味付（け）】［名・他サ］调味，调味方法

あしどめ④【足留め・足止め】［名・他サ］禁止外出（通行） △～を食う/被禁止外出（通行）

あしどり⓪④【足取り】［名］①步伐，步调，脚步 ②（犯人的）踪迹

あしなみ⓪④【足並】［名］①步伐，步调 ②（集体）行动 △～がそろ

う/统一行动

あしならし③【足慣(ら)し・足馴し】［名］①(病后)练习走路,练腿脚 ②(运动之前)准备活动

あしば③【足場】［名］①(站、立时)立足之处 ②(工地)脚手架 ③立足点,立脚点

あしぶみ④③【足踏(み)】［名・自サ］①踏步 ②停滞不前,无进展

あしまかせ③【足任せ】［名］信步

あじみ⓪③【味見】［名］尝咸淡,尝味道

あしもと④③【足もと・足元・足許】［名］①脚下 ②(生活、工作的)立脚点 ③脚步△～がふらつく/脚步不稳 ◇足もとから鳥(とり)が立(た)つ/①事出突然 ②突然进行 ◇足もとに火(ひ)がつく/危险临头 ◇足もとにも及(およ)ばない/望尘莫及 ◇足もとを見(み)られる/(弱点)被看穿,被人抓住短处

あしら・う③［他五］①(一般的)招待,应付△鼻で～/慢待 ②点缀,配合△菊にもみじを～った生け花/菊花配红叶的插花

あじわい⓪【味わい】［名］①味道 ②趣味,风趣

あじわ・う⓪【味わう】［他五］①尝,品滋味 ②欣赏,玩味△詩を～/欣赏诗 ③尝受,体验

あす③【明日】［名］①明天 ②将来,未来

あずかり④③【預(か)り】［名］①收存,寄存,保管 ②保管人［-人(にん)⓪］［名］保管人 ③(相扑比赛时的)和局

あずか・る③【与(か)る】［他五］①参与,干与△国政に～/参政 ②蒙受,承蒙(夸奖、关照)△お招きに～/承蒙招待

あずか・る⓪【預(か)る】［他五］①收存,保管△金を～/保管钱 ②承担,担任

あずき③【小豆】［名］红小豆

あず・ける③【預ける】［他下一］①寄存,存放△金を銀行に～/把钱存入银行 ②委托△げたを～/全权委托 ③(相扑比赛时)将身体靠在对方身上

アスファルト③【asphalt】［名］沥青

アスベスト③【(德)Asbest】［名］石棉

あずま①【東・吾妻】［名］日本关东地区的古称

あずまうた③【東歌】［名］(日本诗歌)关东方言的和歌

あずまや③【東屋・四阿】［名］亭,榭

あせ①【汗】［名］①汗△～をかく/出汗［冷(ひ)や-⑧］［名］冷汗 ②(渗出、凝聚的)水珠△手(て)に汗をにぎる/捏一把汗,提心吊胆

あぜ②【畔・畦】［名］①田埂,地埂 ②(门槛、拉门、拉窗等的)槽间,垄格

あせくさ・い④【汗臭い】［形］臭汗味,汗味

あせば・む③【汗ばむ】［自五］冒汗,出汗

あせみずたらして【汗水垂らして】汗流如雨

あぜみち②【畦道】［名］田间小路

あせ・る②【焦る】［自五］急躁,焦躁

あせ・る②⓪【褪せる】［自下一］褪色,掉色

あそこ⓪【代】①那里,那边 ②(说话人和听话人共同知道的)那里,那儿

あそば・す【遊ばす】Ⅰ⓪［他五］

①使…玩耍 ②(「する」的敬语)做,干 △いかが～しました/您做得如何 Ⅱ[接尾](用「お(ご)…あそばす」的形式表示敬语,相当于…なさる)△お帰り～せ/您回来了

あそび⓪【遊び】[名] ①玩,游戏 ②(机器零部件之间的)空隙,空间

あそ・ぶ⓪【遊ぶ】[自五] ①玩,游戏 ②(无事可做)闲逛,游荡 ③闲置不用 △せっかくの機械が～んでいる/难得的机器闲置不用

あだ②【仇】[名] ①仇敌,仇人 △～を討つ/报仇 ②仇恨 ③损害,危害 △～をする/加害

あだ②【徒】[名・形動] 白费,徒劳 △～やおろそか/不当回事,轻视

あたい⓪[名] Ⅰ【価】价钱,价格 Ⅱ【値】〈数〉值,数值

あたい・する⓪【値する】[自サ] (用「…に値する」的形式表示)值,值得 △称賛に～/值得称赞

あだうち④⓪【あだ討(ち)・仇討(ち)】[名・自サ] ①报仇,复仇 ②报复

あた・える⓪【与える】[他下一] ①(长辈对晚辈)给,授 ②给予(自由、权利等) ③提供 △仕事を～/提供工作(机会) ④使…蒙受,使…受 △いい印象を～/留给(别人)好印象

あたかも①②【恰も】[副] 如同,恰似,宛如

あたたか・い④【暖かい・温かい】[形] Ⅰ【暖かい】温暖,暖和 Ⅱ【温かい】温情,亲切

あたたま・る④【暖まる・温まる】[自五] Ⅰ【暖まる】温暖,暖和 Ⅱ【温まる】温暖(人心),亲切

あたた・める④【暖める・温める】[他下一] Ⅰ【暖める・温める】①暖,热,烫 △スープを～/热汤 Ⅱ【温める】保留

原稿 △十年も～めていた原稿/保留十年之久的原稿

アタック③【attack】[名・他サ] ①攻击,进攻 ②(向困难)挑战,进军

あだな⓪【あだ名・渾名・綽名】[名] 外号,绰号

あたふた②[副・自サ] 慌慌张张,仓皇

あたま③【頭】[名] ①头,脑袋 ②头部 ③头发,发型 △～をかる/理发 ④(物体的顶端、上部)头,顶 △鼻の～/鼻头 ⑤头目,首领 ⑥人数,人员 △～を揃える/人到齐了 ⑦脑筋,脑力,思考力 △～を使う/动脑筋 ⑧最初,开始,开头 ◇頭が上(あ)がらない/抬不起头 ◇頭が痛(いた)い/①头痛 ②伤脑筋 ◇頭隠(かく)して尻(しり)隠さず/顾头不顾尾 ◇頭が下(さ)がる/佩服 ◇頭にくる/恼火 ◇頭をかかえる/不知如何是好,为难 ◇頭を丸(まる)める/①削发出家 ②剃光头以示认输、认错

あたまうち⓪【頭打(ち)】[名] 顶点,达到顶点 △～になる/达到顶点

あたまかず④【頭数】[名] 人数,人手 △～を揃える/人数齐了

あたまきん⓪【頭金】[名] 定金,押金,保证金

あたまごなし④【頭ごなし】[名] 不容分说,不问情由 △～に決めつける/不容分说一口咬定

あたまわり⓪【頭割(り)】[名] 均摊,按人数平均分配 △～にする/按人数均摊

あたらし・い④【新しい】[形] ①新 △～型/新型 ②新鲜

あたらずさわらず⑨【当(た)らず障らず】不得罪人,圆滑,不疼不

痒

あたり①【辺り】[名] ①附近,周围,一带△この～/这一带,附近 ②靠近,…周围△静岡～/静冈县周围 ③如…样的,之类的△委員長には林さん～がいい/委员长选像林君那样的人合适

あたり【当(た)り】Ⅰ⓪[名]①碰,撞,(碰、撞、接触时的)触感△人～が柔らかい/待人亲切 △風～が強い/风势硬 ②如愿△～はずれ/期待落空 ③头绪,着落 △～をつける/有头绪,有着落 Ⅱ[接尾] ①中毒,受病 △食～/食物中毒△暑気～/中暑 ②平均,每 △一人～一万円の手当/每人一万日元的补贴

あたりさわり⓪【当(た)り障り】[名] 妨碍,影响

あたりちら・す⑤【当(た)り散らす】[自五] 拿别人出气

あたりどし⓪③【当(た)り年】[名] ①丰收年 ②幸运的一年,顺利的一年

あたりまえ⓪【当り前】[形动] ①自然,正常 ②理所当然

あた・る⓪【当(た)る】Ⅰ [自五] ①碰,撞,遭 △強敵に～/遭到强敌 ②命中,中△的に～/中靶,命中目标△予想が～/不出所料 ③苛待,对待△つらく～/苛刻对待 ④担当,担任△任に～/担当责任 ⑤被分配,被分派△いい役に～ってよかった/遇上一个好角色太好了 ⑥(光、雨、火等)照,晒,烤△雨に～/遭雨,遇雨 △火に～/烤火,取暖 ⑦受害 △食べ物に～/食物中毒 ⑧相当于,合 △昔の関白は今の総理大臣に～/古时的「关白(日本古时的官名)」相当于现在的总理 ⑨(用「…には当(た)らない」的形式表示)不必,用不着 △驚くには～らない/不必吃惊 △遠慮するには～らない/用不着客气 ⑩核对,查对 △辞書に～/核对字典 Ⅱ [他五]剃,刮 △ひげを～/刮脸 ◇当たって砕(くだ)けろ/(不管成功与否)下决心干一场

あちこち③ Ⅰ [代] 到处,各处 Ⅱ [名・自サ](事情)不一致

あちら⓪ Ⅰ [代] 那里,那边,那儿 ②(指特定的人)那位,那个人 Ⅱ [名] (指欧、美)外国

あっ①[感](意外,吃惊)啊,呀,哎呀 △～という間(ま)に/刹那,一眨眼工夫 △～と言わせる/令人吃惊

あつ・い⓪[形] Ⅰ【厚い】①厚 ②厚,浓△～雲/浓云 ③诚挚,热情 △人情が～/富于人情味 Ⅱ【篤い】(病情)危急,重 △病(やまい)が～/病危

あつ・い②[形] Ⅰ【熱い】①(温度)热 △～お茶/热茶 ②(感情)热,热烈 △胸が～くなる/心中(充满)感激 Ⅱ【暑い】(天气) 热

あっか⓪【悪化】[名・自サ]恶化,变坏

あつかい⓪【扱い】[名] ①(机器)操作,使用 ②接待,招待,对待 △客の～/待客 ③待遇 △まるで罪人～だ/简直像对待犯人

あつか・う⓪【扱う】[他五] ①处理,办理△事件を～/处理事件 ②(机器、器械等)使用,掌握 ③待遇,对待 ④提到议事日程,(提出…)进行处理 ⑤经营,买卖△この型の商品は～っておりません/我们不经营这种型号的商品

あつかまし・い⑤【厚かましい】[形] 厚颜无耻

あつぎ⓪【厚着】[名] 多穿衣服,穿得厚

あつくるし・い⑤【暑苦しい】［形］
闷热,酷热,酷暑

あつげしょう③④【厚化粧】［名・自
サ］浓妆

あっけな・い④【呆気ない】［形］不
尽兴,不过瘾

あっけにとられる【呆気に取られ
る】目瞪口呆

あつさ①⓪【暑さ】［名］①暑气,暑
热 ②夏季

あっさく⓪【圧搾】［名・他サ］压
榨,压挤-空気(くうき)⑤【名】
压缩空气

あつささむさもひがんまで【暑さ
寒さも彼岸まで】热到秋分冷到
春分

あっさり③ Ⅰ［副・自サ］①(味、
色、设计)清淡,素气 ②(性格)爽
快 Ⅱ［副］简单,轻易

あつじ⓪【厚地】［名］厚衣料,厚布

あっしゅく⓪【圧縮】［名・他サ］①
压缩 ②(内容、字数等)压缩

あっ・する⓪③【圧する】［他サ］压,
压制,压倒

あっせん⓪【斡旋】［名・他サ］斡
旋,从中调解,周旋

あっち③【代】→あちら

あっとう⓪【圧倒】［名・他サ］压
倒,凌驾

あっぱく⓪【圧迫】［名・他サ］①
压,压住 ②(权势)压迫,压制

あっぱれ①③【天晴れ】Ⅰ［形動］值
得佩服,令人折服 Ⅱ［感］真好,
了不起,有本事

アップ①【up】［名・自他サ］①上,
升,提高△レベル～/水平提高
②(「クローズアップ」的略称)
影片特写镜头 ③(女子发型) 后
部头发上卷

あつまり④③【集まり】［名］①集
合 ②整体,全体 ③集会,聚会,会
议

あつま・る③【集まる】［自五］集
合,集中,汇合,聚

あつみ⓪【厚(み)】［名］厚,厚度

あつ・める③【集める】［他下一］
①召集,收集 ②吸引(注意力)

あつものにこりてなますをふく
【羹に懲りて膾を吹く】一朝遭
蛇咬,三年怕井绳

あつらえ③【誂(え)】［名］定做,定
做的东西

あつら・える④【誂える】［他下一］
定做△洋服を～/定做西装

あつりょく②【圧力】［名］①(物体
与物体之间的)压力△-計(けい)
［名］压力计 ②(为达到目的而施
加)压力△～を加える/施加压力

あつれき⓪【軋轢】［名］摩擦,不
和,纠纷

あて Ⅰ⓪【当(て)】［名］①目标,目
的△～もなく歩く/漫步,信步而
行 ②期待,指望△～にならな
い/靠不住 ③垫,护具△すね～/
护膝,护腿 Ⅱ【宛(て)】［接尾］①
给,发△学校～の手紙/给学校的
信◇当てにする/指望,期待

あてが・う⓪【宛てがう】［他五］
①紧靠,贴上△耳に～/贴在耳朵
上 ②分配,分派△新しい仕事を
～/分派新工作

あてこすり⓪【当(て)擦り】［名］
讥讽,指桑骂槐

あてこ・む③【当(て)込む】［他五］
期望(好结果)

あてさき⓪【宛(て)先】［名］收信
(件)人姓名(地址)△～不明/地
址不详

あてじ①【当(て)字】［名］①借用
字 ②别字,白字

あてつ・ける④【当(て)付ける】
［他下一］(不直接表示自己对对
方的不满而故意引人注目地)讥
讽,做…举动

あてどない【当(て)どない】无目的,无目标

あてな◎【あて名・宛名】[名]收信(件)人姓名(地址)

アデノイド③【(德)Adenoid】[名]〈医〉扁桃体肥大

あてはずれ③【当(て)外れ】[名・形動]失望,落空

あては・る④【当(て)嵌(ま)る】[自五]适用,合适

あては・める④【当(て)嵌める】[他下一]使…适用,使…合适

あ・てる◎【他下一】Ⅰ【当てる】①猜测,推测,使…命中 ②晒,烤,吹,淋△日に～/晒太阳 ③安,放,贴△つぎを～/补补钉钉 Ⅱ【宛てる】给,发△友人に～てて手紙を書く/给朋友写信 Ⅲ【充てる・当てる】利用,用做…△生活費に～/作为生活费用

あとⅠ①[名]【後】①以后,后来△～に回す/回头再做(说),(做事情)往后拖 ②将来,今后 ③后继者,后任△～を継ぐ/继承家业 ④子孙,后代△～が絶える/绝后 ⑤背后△～をふり返る/回头看 ⑥尾部△～押し/支持者,后援的人 ⑦离去的方向△～を追う/追赶;效仿 Ⅱ[副]剩下,余下△～五分で終る/还有五分钟结束◇後の雁(かり)が先(さき)になる/后来居上◇後の祭(まつ)り/马后炮◇後は野(の)となれ山(や)となれ/只顾眼前,不顾将来

あと①【跡】[名]①遗迹,痕迹 ②(死去的人的)家业,事业[-取(と)り②][名]继承人

あとあし②【あと足・後足・後脚】[名]后脚◇後足で砂(すな)を掛(か)ける/不仅不知感恩,甚至连走时也要给人留下麻烦

あとあじ◎②【後味】[名]①(饮食后的)口味 ②事后回味

あとがき◎【後書(き)】[名]①(书,论文等)后记 ②(信的)又及,附笔

あどけな・い④[形]天真烂漫

あとさき①②【後先】[名]①顺序,前后 ②先后的次序

あとしまつ③【後始末】[名]①收拾,清理,善后 ②善后处理

あとずさり③【後ずさり・後退り】[名・自サ]后退,退缩

あとぢえ②【後知恵】[名]事后聪明,雨后送伞

あとつぎ②③【跡継(ぎ)】[名]①(家业等)继承人 ②(职位等)后任

あとづけ◎【後付(け)】[名]①(书信中)日期,姓名 ②(书)后记,附录

あとのまつり①-◎【後の祭(り)】[名]马后炮,雨后送伞

アドバイス③【advice】[名・他サ]忠告,建议

あとばらい③【後払い】[名・他サ]后付款

あとまわし③【後回し】[名]推迟,延缓

あともどり③【後戻り】[名・自サ]①返回,往回走 ②倒退,退步

アトラクション③【attraction】[名](为吸引顾客而加演的)节目,余兴

アトリエ◎③【(法)atelier】[名](画家、雕刻家的)工作室

あな②【穴・孔】[名]①穴,孔,眼,窟窿 ②洞 ③弱点,缺陷 ④(买卖中的)亏损 ⑤(别人不知的)赚钱的事(地方)

あなうめ◎③【穴埋め】[名・自他サ]填补亏空(亏损)

アナウンサー③【announcer】[名]广播员,播音员

アナウンス②③【announce】［名・他サ］广播,播送,播音

あながち⓪［副］(后接否定表示)不一定,不见得△この計画をとりやめたのは,〜経済的理由だけによるものではない/停止这项计划,不见仅是由于经济上的原因

あなた②【貴方・貴男・貴女】［代］你,您

あなた⓪②［代］那边,彼处

あなたまかせ④【あなた任せ】［名］①任人摆布 ②任其自然

あなど・る③【侮る】［他五］轻视,侮辱

あに①【兄】［名］①哥,兄 ②姐夫,(丈夫的哥哥)大伯哥

あにき①【兄貴】［名］①(敬称,爱称)哥,兄 ②(帮会等)大哥,老大

アニメーション③【animation】［名］动画片

あによめ②【兄嫁】［名］嫂子

あね⓪【姉】［名］①姐 ②嫂子,(丈夫的姐姐)大姑姐

あねったい②【亜熱帯】［名］亚热带

あねにょうぼう③【姉女房】［名］比丈夫年长的妻子

あのⅠ［連体］①那个,那△〜光景は忘れられない/那情景忘不了 ②(双方都清楚的)那,那个△〜人/那个人 Ⅱ［感］喂,那个那个

あのよ⓪【あの世】［名］来世,黄泉

あのよう③【あの様】［形動］那样,那般

あば・く③【暴く】［他五］暴露,揭露

あばた⓪【痘痕】［名］①麻子 ②表面不平(不光滑)◇あばたもえくぼ/情人眼里出西施

アパート②【(美) apartment】［名］公寓

あばらぼね⓪【あばら骨・肋骨】［名］肋骨

あばらや⓪【あばら屋】［名］破房子

あば・れる⓪【暴れる】［自下一］乱闹,胡闹

あび・せる⓪【浴せる】［他下一］①淋,浇,泼 ②施以,加以△非難を〜/大加谴责

あひる⓪【家鴨】［名］鸭子

あ・びる⓪【浴びる】［他上一］①淋,浇,浴 ②遭,受△喝采を〜/赢得喝采

アピール②【appeal】［名・他サ］①呼吁 ②有魅力,有感染力,有吸引力

アフターサービス⑤【after service】［名］售后服务

あぶな・い⓪【危ない】［形］①危险 ②令人担心,靠不住

あぶなく⓪【危なく】［副］→危うく

あぶら⓪［名］Ⅰ【脂】(动物的)脂肪 【-身(み)】③［名］肥肉 【-ぎ・る】④［自五］①(因脂肪多)发亮,发光 ②肥胖 Ⅱ【油】①(花生油等)植物油 ②石油,汽油,煤油 ③活动力,劲儿△〜が切れる/没劲儿◇脂が乗(の)る/①上膘 ②(工作,学习)干得起劲◇油を売(う)る/泡时间,偷懒◇油を絞(しぼ)る/教训,指责

あぶらあげ③【油揚(げ)】［名］油炸豆腐

あぶらえ③【油絵】［名］油画

あぶらけ⓪③【油気・脂気】［名］油气,油性,油亮

あぶらげ⓪【油揚】［名］→あぶらあげ

あぶらしょう③【脂性】［名］油性皮肤的人

あぶらな③【油菜】［名］油菜

あぶらみ③【脂身】[名] 肥肉

あぶ・る②【焙る・炙る】[他五] 烤,焙,烘

あふ・れる③【溢れる】[自下一] 溢出,漾出,充满,洋溢△自信に～/充满信心

あべこべ⓪[名・形動] (顺序、关系) 颠倒,相反

アベック②【(法) avec】[名] 情侣

あへん①⓪【阿片】[名] 鸦片

あほう①②【阿呆・阿房】[名・形動] 蠢货,傻子

あほうどり②【信天翁】[名] 信天翁

あま①【尼】[名] 尼姑

あま①【海女】[名] 海女

あま①【亜麻】[名] 亚麻

アマ①→アマチュア

あまあい⓪③【雨間】[名] 降雨的间歇,雨暂停的工夫

あまあし②⓪【雨脚・雨足】[名] (大雨) 雨势

あま・い⓪【甘い】[形] ①甜 ②亲切,轻松△～メロディー/轻松的音乐 ③淡△みそ汁は～/酱汤淡 ④宽容,姑息△子どもに～/对孩子娇惯 ⑤乐观△～く見る/乐观地看 ⑥松驰△ねじが～/螺丝松◇甘い汁(しる)を吸(す)う/捞一把

あまえ⓪【甘え】[名] 随便,撒娇

あま・える⓪【甘える】[自下一] ①(孩子对父母) 撒娇 ②承蒙好意△お言葉に～えまして/承蒙好意

あまぐ②【雨具】[名] 雨具

あまくち⓪【甘口】[名・形動] (酒) 不太辣;(酱) 不太咸

あまぐつ⓪【雨靴】[名] 雨靴

あまぐり⓪【甘栗】[名] 糖炒栗子

あまごい②【雨ごい・雨乞(い)】[名] 求雨,祈雨

あまざけ⓪【甘酒】[名] 甜酒,糯米酒

あまざらし③【雨ざらし・雨曝(し)】[名] (任凭) 雨淋,雨浇

あま・す②【余す】[他五] 剩,剩余

あまぞら③【雨空】[名] 要下雨的天空

あまだれ⓪【雨垂(れ)】[名] 顺房檐流下的雨滴◇雨垂れ石(いし)をうがつ/滴水穿石

アマチュア②【amateur】[名] ①业余爱好者 ②外行

あまど③【雨戸】[名] 木板套窗

あまどい②【雨どい・雨樋】[名] (屋檐等) 水溜子

あまなっとう③【甘納豆】[名] (日本一种豆类食品) 甜豆豉

あまねく②③[副] 普遍,遍

あまのじゃく③【天の邪鬼】[名] 故意与别人闹别扭的人

あまみ⓪【甘味】[名] ①甜味 ②(点心类的) 甜食

あまみず②【雨水】[名] ①雨水 ②(雨后地面上) 积水

あまもり②【雨漏(り)】[名・自サ] 漏雨

あまやか・す⓪【甘やかす】[他五] 娇生惯养,娇纵

あまやどり③【雨宿り】[名・自サ] 避雨

あまり【余り】Ⅰ③[名] ①剩余,多余△～が出る/有剩余,出零头 ②(用"…のあまり"的形式表示) 由于过分…△悲しさの～/由于过度悲伤 Ⅱ⓪[形動] 太…,很…△～の暑さで人も動物も倒れた/由于天气太热人和动物都晕倒了 Ⅲ⓪[副] ①太△～大きいのでびっくりした/太大了我感到吃惊 ②(用"あまり…ない"的形式表示) 不太…△この本は～お

もしろくない/这本书不太有趣　Ⅳ[造语](用「…余り」的形式表示)稍多△四十~の男の人/四十多岁的男人◇余りある/①有结余 ②…仍不足

あまりに④【余りに】[副]过于…，过分△ショックが~大きくて、言葉が出ない/打击过于严重，话都说不出来了

あま・る②【余る】[自五]①多余，富余 ②超过△目に~/目不忍睹

あまん・じる④【甘んじる】[自上一]①满足，安于 ②忍受

あみ②【網】[名]①网眼△金(かな)~/铁丝网 ②(烤鱼等用的)算子 ③鱼网,(捕虫等用的)网

あみだ・す⓪③【編(み)出す】[他五]想出(新方法)

あみど②【網戸】[名]纱窗,纱门

アミノさん⓪③【アミノ酸】[名]氨基酸

あみぼう②【編(み)棒】[名]毛衣针

あみめ③②【編(み)目】[名](织毛衣的)针眼

あみもの②【編(み)物】[名](毛衣等)织品,毛线活

あ・む①【編む】[他五]①(用毛线、线等)织 ②编辑(书等)

あめ⓪【雨】[名]雨△~が上がる/雨停了△~をついて行く/冒雨前往△涙の~/泪流如雨◇雨降(ふ)って地(じ)固(かた)まる/不打不成交

あめ⓪【飴】[名]糖

あめあがり③【雨上(が)り】[名]雨停,雨住

あめかぜをしのぐ【雨風を凌ぐ】遮风避雨

あめがち⓪【雨がち】[形动]多雨(天),常下雨

あめだま⓪【あめ玉・飴玉】[名]糖块◇あめ玉をしゃぶらせる/(为欺瞒、利用对方而说好话)使人喜欢

あめもよう③【雨模様】[名]①要下雨的样子 ②多雨的(天气)

あや②【綾・文】Ⅰ[名]①(用线或颜色)描出的图案,纹△杉の~/杉树的纹 ②丝绸,绢 ③条理,情节 ④措词,修辞△言葉の~/措词Ⅱ[名・形动]有魅力,有回味

あやうく【危うく】[副]几乎,差点△~命を落とすところだった/差点送了命

あやおり⓪④【あや織り・綾織り】[名]斜纹织品

あやし・い⓪【怪しい】[形]①奇怪,可疑 ②不可信,没准 ③神魂不定

あやし・む③【怪しむ】[他五]可疑,觉得奇怪

あやつりにんぎょう⑤【操り人形】[名]①木偶 ②傀儡

あやつ・る③【操る】[他五]①操纵 ②幕后操纵 ③掌握△三か国語を~/掌握三门外语

あやふや⓪[形动]含糊,暧昧

あやまち④③【過(ち)】[名]错误,过失

あやま・つ③【過つ】[他五]①弄错,搞错 ②失败,犯错误

あやま・る③【誤る】[自他五]①搞错,弄错 ②失误 ③耽误,贻误

あやま・る③【謝る】[他五]赔礼,道歉

あゆ①【鮎】[名](日本产)香鱼

あゆみ③【歩み】[名]①步行,走 ②步伐,进展

あゆみよ・る⓪【歩み寄る】[自五]①走近,靠近 ②互相让步

あゆ・む②【歩む】[自五]走,行

走,前进

あら Ⅰ[名]②【粗】(没剔净肉的)鱼骨,鱼头【粗】人的缺点 Ⅱ[造语]【荒】粗暴,粗鲁△～/狂涛,恶浪【粗】大致,粗略△～造り/粗制【粗・荒】粗糙,没加工的

あらあらし・い⑤【荒荒しい】[形]粗野,粗暴

あらい⓪【洗(い)】[名]①洗,洗衣服△水～/水洗 ②冷水浸的生鱼片

あら・い　[形] Ⅰ【荒い】(性格等)粗,粗暴 Ⅱ【粗い】①粗略,大致△～く見積る/大致地估计 ②粗糙

あらいざらい②④【洗(い)ざらい】[副]所有,全部

あらいざらし⓪【洗(い)ざらし・洗い晒し】[名]洗褪色的衣物(布料)

あらいそ⓪【荒磯】[名]多岩石的海岸

あらいば⓪【洗(い)場】[名]①洗衣服、(洗碗)的地方 ②(浴池)洗身体的地方

あら・う⓪【洗う】[他五]①洗,洗刷 ②冲刷△波が岸を～/海浪冲刷海岸 ③查,调查△身元を～/查身份◇足(あし)を洗う/洗手不干

あらうみ③【荒海】[名]波涛汹涌的大海

あらが・う③【抗う】[自五]抗争,反抗

あらかじめ⓪[副]事前,提前△～お知らせしておきます/事前通知

あらかせぎ③【荒稼(ぎ)】[名・自他サ]投机倒把,发横财

あらかた⓪【粗方】[副]大部分,大体,基本

あらぎもをひしぐ　【荒肝をひし

ぐ】使人心惊胆颤

あらくれ⓪【荒くれ】[名]鲁莽,粗鲁【-男(おとこ)】⑤[名]鲁莽大汉

あらけずり③⓪【荒削(り)・荒削(り)】Ⅰ[名・他サ](木工)粗刨,粗削 Ⅱ[名・形动]粗野,粗鲁

あらさがし③【粗探し】[名・自他サ]挑毛病,找错儿

あらし②【嵐】[名]暴风雨

あら・す【荒(ら)す】[他五]①扰乱,骚扰 ②(进入别人领域内)偷盗,破坏

あらすじ⓪【荒筋・粗筋】[名]梗概,概略

あらずもがな④【非もがな】多此一举,多余

あらそい③【争い】[名]争论,纠纷

あらそ・う③【争う】[他五]①争夺,斗争 ②竞争△一刻を～/争分夺秒

あらそえない④【争えない】无可争议,无可否认△年は～/年岁不饶人

あらた①【新た】[形动]新△思い出を～にする/记忆犹新

あらだ・てる④【荒立てる】[他下一]使…激化,恶化

あらたま・る④【改まる】Ⅰ[自五]①改变,改进 ②郑重其事,正经△～った場面/郑重其事的场合 ③革新△年号が～/更改年号 Ⅱ【革まる】病重

あらためて③【改めて】[副]①再次,另行 ②重新△～言うまでもない/不需要重新提起

あらた・める④　【改める】[他下一]①改变,改进 ②更改,改换 ③郑重其事,正经△服装を～/穿戴整齐庄重

あらっぽい⓪【荒っぽい】[形]①粗野,粗暴 ②粗糙

あらて⓪【新手】[名]①生力军,新人,新手②新方法,新手段

あらぬ②【連体】不合常理,反常△～ことを口ばしる/信口胡言

あらの【荒野・曠野】[名]荒野,旷野

あらまし⓪ Ⅰ[名]梗概,梗略 Ⅱ[副]大致,大体

あらもの②【荒屋】[名]杂货【-屋(や)④】[名]杂货店

あらゆる③【連体】一切,所有

あらりょうじ③⑤【荒療治】[名](对疾病)恶治;(大刀阔斧的)改革

あられ⓪【霰】[名]①霰②(将蔬菜等切成)小块、丁③小方形糯米点心

あられも・ない③⑤[形](女性)不体面,不像样

あらわ⓪①【露(わ)】[形动]暴露,显露,露骨△不満を～に顔に出す/明显地露出不满

あらわ・す③[他五]Ⅰ【現す】现,出现△正体を～/显现原形 Ⅱ【表わす】表达,表现△態度に～/态度上有所表示 Ⅲ【著す】著,著作△本を～/著书

あらわれ④⓪【現われ】①现象,表现②结果

あらわ・れる④[自下一]Ⅰ【現われる】出现,显现,暴露△悪事が～/坏事暴露 Ⅱ【表(わ)れる】表现,显出△性格が行動に～/性格表现在行动上

あらんかぎり②④【あらん限り】所有,一切,全部△力を～出す/尽全力

あり⓪【蟻】[名]蚂蚁◇蟻の穴(あな)から提(つつみ)も崩(くず)れる/千里之堤毁于蚁穴◇蟻のはい出(で)るすきもない/戒备森严

ありあま・る⓪【有(り)余る】[自五]充裕,富余

ありありと②[副]①历历,清楚△～目に浮かぶ/历历在目②明显

ありあわせ⓪【有(り)合(わ)せ】[名]现成,现有△～の食事/现成的饭菜

ありえない【有(り)得ない】[連語]不会有,不可能有

ありかた③④【在(り)方】[名]①现状②理所当然的状态,应有的状态△教育の～を求めて、いろいろな試みをする/为求得教育应有的状态,进行各种尝试

ありがた・い【有(り)難い】[形]①值得感谢,值得庆幸△～くいただきます/承蒙您的好意②尊贵,宝贵,难得

ありがち⓪【有(り)勝ち】[形动]常有,容易有△子どもに～なけが/小孩子爱有的伤

ありがとう②【有(り)難う】[感]谢谢

ありがね②⓪【有(り)金】[名]现钱

ありきたり⓪[形动]常见,惯例,老一套

ありげ【有(り)気】[造語・形动](接体言后表示)似乎…,像…样子△用～な顔/看样子像有什么事情

ありさま②⓪【有(り)様】[名]样子,情况,状况

ありつ・く⓪[自五](好容易)找到,得到(工作、食物等)△仕事に～/找到工作

ありったけ⓪【有りったけ】[副]所有,一切,全部

ありとあらゆる①-③[連体]所有一切

ありのまま⑤[名・形动・副]如实,照样△～に言う/照实说

ありふ・れる⓪【有（り）触れる】
［自下一］（用「ありふれた」的形
式表示）常有，司空见惯，不足为
奇△～れた話／常有的事

ありゅう⓪【亜流】［名］（专指文学、
艺术等方面效仿名人的）追随者，
效仿者

ありゅうさんガス⓪【亜硫酸ガス】
［名］二氧化硫

ありよう③【有（り）様】［名］①实
际状况，实情 ②现状 ③（后接否
定表示）不会有…△そんな奇妙
なことは～がない／不会有那种
稀奇的事

あ・る①【在る・有る】Ⅰ［自五］
①存在，有 ②具有△この薬は効
き目が～／这药有效果 ③（处于
特定的地位）居…△そのころ，彼
は委員長の地位に～った／那时
他任委员长 ④发生，举行△明日
小学校で運動会が～／明天在小
学校举行运动会 ⑤（时间）流逝，
过△やや～って，会議が始まっ
た／过了一会儿，会议开始了 Ⅱ
［补动五］①（用「…である」的
形式表示）是△くじらは哺乳類
で～／鲸鱼是哺乳类动物 ②（用
「…てある」的形式）表示某种
行动、状态、结果的存续△木が植
えて～／种有树 ③（接形容词、形
容动词）表示状态△必死に弁解
している彼の姿を見ると，おか
しく～り，気の毒でも～／看
着他竭尽全力辩解的样子，既可
笑又可怜

ある①【或る】［连体］某，有的△～
時／有时

あるいは②【或（い）は】Ⅰ［接］或，
或者△明日の天気は，雨～雪で
しょう／明天的天气下雨或是下
雪吧 Ⅱ［副］或者，也许

あるかぎり③【有る限り】［副］全，

都，一切

アルカリ⓪【（荷）alkali】［名］碱
【-性（せい）】⓪［名］碱性

ある・く②【歩く】［自五］①走，
步行 ②（乘车、船等）周游△世界
中を～／走遍世界，周游世界

アルコール⓪【（荷）alcohol】［名］
①〈化〉酒精，乙醇 ②酒【-中毒
（ちゅうどく）】⓪［名］酒精中毒

あるじ①【主】［名］①主人，一家
之主 ②店主 ③所有者

アルバイト③【（徳）Arbeit】［名・
自サ］（课余的）副业，打工挣钱

アルバム⓪①【album】［名］①相册，
影集 ②唱片集

アルピニスト④【（徳）Alpinist】
［名］登山家

アルファせん⓪【alpha 線】［名］
〈物〉阿尔法射线（α射线）

アルプス②①【Alps】［名］①（欧洲
南部的山脉）阿尔卑斯山脉 ②
（日本中部的山脉）日本阿尔卑斯

あるべき③［连体］①当然有的 ②
应有的，必须有的△人間の～姿／
人应具有的形象

あるまじき③［连体］不应有的，不
应该的，不相称的

アルミニウム④【aluminium】［名］
〈化〉铝

あれ⓪【荒（れ）】［名］①狂风，暴雨
△大（おお）～／大暴雨 ②（皮肤）
粗糙

あれ⓪［代］①那个，那，那时，那样
②（指自己的部下、晚辈）那人，
那家伙 ③（双方都知道的）那件
事，那时△君に頼んでおいた～
はどうなった／托你办的那件事
怎么样了

あれ①［感］（惊讶、感动时的女性用
语）哎呀

あれくる・う④【荒（れ）狂う】［自
五］疯狂，（波涛）汹涌

あれこれ②[名・副]这个那个,种种,这样那样△～思い悩む/思前想后,忧心忡忡

あれしょう②②【荒(れ)性】[名]干性(皮肤)

あれち⓪【荒(れ)地】[名]荒地,不毛之地

あれの⓪【荒(れ)野】[名]荒原

あれは・てる④【荒(れ)果てる】[自下一]①荒废,荒芜 ②(坏得)不可救药

あれもよう③【荒(れ)模様】[名]①变天,(海上)起风暴 ②(心情、气氛)失常△試合は～だ/比赛乱套了

あ・れる⓪【荒れる】[自下一]①变天,(海上)起风暴 ②(心情、精神、行动)失常 ③(土地等)荒芜 ④(皮肤等)干燥,皱裂

アレルギー③【(德)Allergie】[名]①(医)过敏,过敏症 ②(对事物等)起反应△核～/核恐惧

あわ②【泡】[名]①泡,沫,气泡△～が立つ/起泡(沫)儿【泡立(あわだ)つ】③【自五】起泡 ②唾沫星◇泡を食(く)う/惊慌

あわ①【粟】[名]谷子,小米

アワー【hour】[造語]时间,时刻△ラッシュ～/(上下班)高峰时间

あわ・い②【淡い】[形]①(颜色、味)淡,清淡 ②少许,轻微△～恋心(こいごころ)/淡淡的恋情

あわせ③【袷】[名](和服)夹衣

あわせ【合(わ)せ】[造語]①对,对照△時報～/对时间 ②(同类的)比较△歌～/赛诗歌游戏

あわせて②【合わせて】[副]合计共计

あわ・せる③[他下一]Ⅰ【合わせる・併せる】加在一起,合为一体△力を～/合力 Ⅱ【合(わ)せる】①互相接触△顔を～/见面 ②使…一致△心を～/齐心 ③核对,对照

あわただし・い⑤【慌(た)(だ)しい】[形]急匆匆,慌张

あわだ・つ③【泡立つ】[自五]起泡,起沫子

あわてふため・く⑥【慌てふためく】[自五]惊慌失措,手忙脚乱

あわ・てる⓪【慌てる】[自下一]急忙,慌张

あわび①【鮑】[名]鲍鱼

あわや①[副]险些,眼看着△～転落というところで助かった/就在要掉下去的一刹那得救了

あわゆき②【淡雪】[名](初春时的)微雪,薄雪

あわれ①【哀れ】Ⅰ[名]①可怜,怜悯△～をさそう/引起怜悯之心 ②情趣,悲切,哀伤△旅の～/旅愁 Ⅱ[形动]①悲哀,悲伤 ②悲惨

あわれっぽ・い⑤【哀れっぽい】[形]可怜,令人可怜

あわれ・む③【哀れむ】[他五]同情,怜悯,可怜

あん①【案】[名]想法,建议,设想△～を出す/出主意

あん①【餡】[名]①豆馅,馅,土豆泥 ②(肉、菜的)饺子馅 ③(做菜用的)芡,卤

あんい①【安易】[形动]①轻而易举,容易△～な道/捷径 ②估计不足,考虑不深

あんいつ⓪【安逸】[名・形动]安逸,游手好闲

あんうつ【暗鬱】[形动]暗淡,阴郁

あんか①【安価】[名・形动]①廉价,便宜 ②没价值△～な同情/无谓的同情

あんがい①⓪【案外】[副・形动]①没想到,意外 ②比较,可以△

このケーキは～おいしい/这块蛋糕挺好吃

あんかけ④⓪【餡掛け】[名]浇卤（面条）

あんき⓪【暗記】[名・他サ]记住，背下来【まる-³】[名]照原样背，死记硬背

あんぎゃ⓪①【行脚】[名・自サ]①〈佛〉云游，行脚 ②周游，巡游

あんきょ①【暗渠】[名]暗渠

アングル①【angle】[名]（摄影）角度

アンケート③【（法）enquéte】[名]民意调查(测验)

あんけん③⓪【案件】[名]①（讨论）议题 ②（诉讼中的）案子，案件

あんこ①【餡こ】[名]①→あん② ②（枕头等的）瓤

あんごう⓪【暗号】[名]暗号，密码

あんこく⓪【暗黒】[名・形動]①黑暗，漆黑 ②愚昧（的时代）③恶势力横行

アンコール③【（法）encore】[名・自サ]（音乐会、歌剧等演出后叫好）再来一次，（应观众要求）再演一次

あんさつ⓪【暗殺】[名・他サ]暗杀

あんざん⓪【暗算】[名・他サ]心算，暗算

あんじ⓪【暗示】[名・他サ]①暗示 ②使人信以为真 △～にかける/使人相信

あんしつ⓪【暗室】[名]暗室

あんじゅう⓪【安住】[名・自サ]①安居 ②满足现状，安于现状

あんしゅつ⓪【案出】[名・他サ]（考虑出）研究出新方法

あんしょう⓪【暗礁】[名]暗礁

あんしょう⓪【暗唱・暗誦】[名・他サ]背诵

あん・じる⓪③【案じる】[他上一]①担心(他人)△健康を～/担心(他人)健康 ②想办法,筹划 △一計を～/想出一计

あんしん⓪【安心】[名・形動・自サ]安心,放心

あんず⓪【杏・杏子】[名]杏

あん・ずる③⓪【案ずる】[他サ]→案じる

あんせい⓪【安静】[名]安静

あんぜん⓪【安全】[名・形動]安全【-器（き）③】[名]保险盒【-弁（べん）③】[名]①（锅炉）安全阀 ②安全装置

あんぜん⓪【暗然】[副]悲伤

アンダーライン⑤【underline】[名]（在横写文章中,对重点部分划的）横线,字下线

あんちゅうもさく⑤【暗中模索】[名・自サ]摸索着干

あんてい⓪【安定】[名・自サ]①安定,稳定△～を保つ/保持安定 ②（物体的）稳定性

アンテナ⓪【antenna】[名]天线

あんど①【安堵】[名・自サ]安心,放心

あんどん⓪【行灯】[名]纸灯笼

あんな⓪【連体】那样的

あんない③【案内】[名・他サ]①向导,引路【-係（がかり）】⑤[名]向导,引路人 ②指南

あんのじょう⓪【案の定】[副]果然,正如所料

あんば⓪【鞍馬】[名]鞍马

あんばい③ Ⅰ[名]①身体状况 ②（用「いいあんばいに」的形式表示）正好,幸好△いい～に晴れてきた/正好天晴了 Ⅱ[名・他サ]安排,部署

アンバランス④【unbalance】[名・

形动]不平衡,不平均

あんパン③【餡パン】[名]夹馅面包

あんぴ①【安否】[名]平安与否

アンペア③【ampere】[名]〈电〉安培

あんま⓪【按摩】[名・他サ]按摩,推拿

あんまり⓪Ⅰ[形动]过度,过于△～な言い方/过分的说法Ⅱ[副]

→あまり

あんみん⓪【安眠】[名・自サ]安眠,熟睡

あんもく⓪【暗黙】[名]默默不语,不声不响

あんや①【暗夜】[名]黑夜

あんゆ⓪【暗喩】[名]暗喻,隐喻

あんらく①⓪【安楽】[名・形动]安乐,舒适[-椅子(いす)④][名]安乐椅

イ

い①【医】[名]医,医术

い⓪【胃】[名]胃

い⓪【異】[名]①异,不同　②奇特,奇异◇異とするに足(た)りない/不足为奇◇異を立(た)てる/标新立异

い①【意】[名]①意,心意②意思,意义◇意に介(かい)する/介意,在意◇意に満(み)たない/不满意

い[終助](主要用于亲密的男性之间)①表示疑问△元気か～/你好吗②表示强调,劝告△大変だ～/可不得了了

いあつ⓪【威圧】[名・他サ]威压,欺压

いあわ・せる④【居合(わ)せる】[自下一]在场

いあん⓪【慰安】[名・他サ]安慰,慰劳

い・い①【良い・好い・善い】Ⅰ[形]①好△気分が～/心情好;身体舒服②行,合适,可以△それで～/那样就可以③…为好△つかれたら,むりしないで休んだら～/累了的话,就不必勉强,还是休息为好Ⅱ[接尾](接动词

连用形下表示)合适…,易于…△住み～/易于居住

いいあらそ・う⓪【言(い)争う】[他五]争论,争吵

いいかえ・す①【言(い)返す】[自五]还嘴,还口

いいか・える④【言(い)換える】[他下一]换句话说

いいがかり⓪【言(い)掛かり】[名]借口,找碴△～をつける/借口,找碴

いいかげん⓪【好い加減】Ⅰ[副]很,相当△～いやになる/很腻烦Ⅱ[形动]①适当,恰当△ふざけるのも～にしろ/开玩笑也要适可而止②敷衍△～な返事をしないでくれ/不要给我敷衍的答复

いいかわ・す④【言(い)交わす】[他五]①交谈②口头约定婚事

いいきか・せる⑤【言(い)聞かせる】[他下一]劝说,劝告,训诲

いいき・る③【言(い)切る】[他五]①说完②断言,说定△きっぱりと～/断然地说

いいぐさ⓪【言いぐさ・言い種・言い草】[名]①说法②话柄

いいこ・める④【言(い)込める】

[他下一] 驳倒，说倒

いいそこな・う⑤【言（い）損なう】[他五] ①说错 ②失言，失口

いいた・てる④【言（い）立てる】[他下一] 一一例数，列举

いいつ・ける④【言（い）つける】[他下一] ①吩咐，命令 ②告状，告发

いい.つたえ⓪【言（い）伝え】[名] 传说

いいとお・す③【言（い）通す】[他五] 坚持说，硬说

いいなお・す④【言（い）直す】[他五] 重说，再说

いいなずけ⓪【許嫁・許婚】[名] 未婚夫（妻）

いいならわし⑤【言（い）習わし】[名] 老话，老习惯

いいなり⓪【言（い）なり】[名] 唯命是从△～になる/任人摆布

いいのこ・す④【言（い）残す】[他五] ①没说完，未说尽 ②留言，留话

いいは・る③【言（い）張る】[他五] 坚持说，固执己见

いいふく・める⑤【言（い）含める】[他下一] 嘱咐，详细地说给…听

いいふら・す④【言（い）触らす】[他五] 到处宣场（他人的短处、传闻等）

いいぶん⓪①【言（い）分】[名] 主张，意见

いいまわし⓪【言（い）回し】[名] 措词，说法

いいわけ⓪【言（い）訳】[名] 辩解，分辩 △～がたたない/不成其为理由

いいん①【医院】[名] 私人诊所

いいん①【委員】[名] 委员【-会（かい）②】[名] 委员会

い・う⓪【言う】Ⅰ[他五] ①说，讲△はっきり～/清楚地讲 ②表达，形容△ひとことで～と/用一句话来表达的话… ③叫，称△名を太郎と～/名叫太郎 Ⅱ[自五] 响，发出声响△戸ががたぴしと～/门咯哒咯哒地响 Ⅲ[补动五] ①表示不确切的传闻△こ こは戦国時代の城跡（しろあと）だと～/据说这里是战国时代的城堡遗址。②用「AというB」的形式表示 A，B 两词是同一内容△春と～季節はねむいものだ/春天真是令人发困的季节 ③用「AというA」的形式表示全部、所有△窓と～窓に明かりがついている/所有的窗子都亮着灯 ④用「…というと」「…といえば」「…といって」的形式表示提示话题△あの人は、暮れと～とかならず借金にくる/一到年末，那个人肯定来借钱 ⑤用「こ ういう」「そういった」等形式表示同类、同样△そう～行ないはつつしんでほしい/那样做，你要三思◇言うまでもない/不言而喻，当然◇言わぬが花（はな）/不说为好

いえ②【家】[名] ①房屋△～を建てる/盖房子 ②家，自己的家△～を出る/出门；分开过 ③家系；家世，门第△～をつぐ/承嗣

いえがら④⓪【家柄】[名] 门第，家世

いえき①【胃液】[名] 胃液

いえじ②【家路】[名] 归途，回家的路

いえで③【家出】[名・自サ] 出走，离家出走

いえん⓪【胃炎】[名] 胃炎

いおう⓪【硫黄】[名] 硫黄

いか⓪【烏賊】[名] 乌贼，墨鱼

いか①【以下】[名] ①以下△小学

生〜は半額/小学生以下半价 ②
后面，以后△実例は〜に示す/实
例如后面所示

いがい① 【以外】[名] 以外，除…
之外

いがい⓪ 【遺骸】[名] 遗骸，遗体

いがい①⓪ 【意外】[形动] 意外，想
不到△事件は〜な方向に発展し
た/事件向意外的方向发展

いかいよう② 【胃潰瘍】[名] 胃溃
疡

いかが② 【如何】[副・形动] ①如
何，怎么样△ご気分は〜ですか/
您感觉怎么样△コーヒーは〜/
来杯咖啡怎么样 ②是否合适（表
示一种不赞成的心情）

いかがわし・い⑥ [形] ①可疑 ②
低级，下流

いがく① 【医学】[名] 医学△-博士
(はくし) [名] 医学博士

いか・す② 【他五】Ⅰ【生かす】使
…活着，留活命 Ⅱ【生かす・活
かす】使…发挥作用△才能を〜/
发挥才能

いがた③⓪ 【鋳型】[名] 铸型，铸件

いかに② [副] ①如何，怎样 ②（用
「いかに…でも」的形式表示）
无论怎样…也，即使怎样…也△
〜いそいでも/无论怎么着急…

いかにも② [副] ①非常，实在 ②
的确，果然 ③似乎，好像

いかほど⓪ [副] ①多少，若干 ②
怎样，怎么

いかめし・い④ 【厳めしい】[形]
①严肃，威严 ②森严，严格

いカメラ② 【胃カメラ】[名] 胃镜

いかり⓪ 【怒り】[名] 怒，愤怒

いかり⓪ 【錨・碇】[名] 锚，碇△
〜をおろす/抛锚

いか・る②⓪ 【怒る】[他五] 生气，
愤怒 △烈火のごとく〜/怒火万
丈

いかん② Ⅰ[副] 如何，怎样 Ⅱ[名]
（事物的）趋势，状况

いかん⓪ 【遺憾】[名・形动] 遗憾，
可惜△〜の意を表する/表示遗
憾

いき② 【生き】[名] ①生，活 ②
（鱼，肉，菜）新鲜 ③（校对时）恢
复已删去的字

いき② 【行き】[名] ①去，往 ②开
往…△東京〜の急行/开往东京
的快车

いき① 【息】[名] 呼吸，气息△〜が
つまる/喘不上气来◇息が合
(あ)う/合得来◇息の根(ね)を
止(と)める/①杀，杀害 ②扼杀
◇息を凝(こ)らす/屏息，憋住气
◇息を殺(ころ)す/屏息◇息を
吐(つ)く/①喘气 ②松口气◇息
を詰(つ)める/屏息，憋住气◇息
を抜(ぬ)く/休息一下，喘口气

いき⓪ 【粋】[形动] 漂亮，潇洒，风
流

いき① 【域】[名] 程度，境界

いき① 【意気】[名] 意气，气势

いぎ① 【異議】[名] 异议，不同意
见

いぎ① 【意義】[名] 意义，价值 ②
意思

いきあたりばったり⓪-③ 【行き当
たりばったり】[名・形动] 遇事
现打主意，漫无计划

いきいき③ 【生き生き】[副・自
サ] 生气勃勃，生动

いきうまのめをぬく 【生き馬の目
を抜く】雁过拔毛

いきうめ④⓪ 【生(き)埋め】[名] 活
埋

いきおい③ 【勢(い)】Ⅰ[名] ①气
势，威势 ②力量，劲头 ③趋势；局
面 Ⅱ[副] 自然而然

いきがい②⓪ 【生きがい・生き甲
斐】[名] 生存的意义

いきかえ・る⓪【生(き)返る】[自五] 复活,复苏

いきかた④【生き方】[名] 生活方式,生活准则

いきき⓪【行き来】[名・自他サ] 往来,来往

いきぎれ④③【息切れ】[名・自サ] ①呼吸困难 ②干到一半不能坚持下去

いきぐるし・い⑤【息苦しい】[形] ①呼吸困难 ②沉闷紧张△～ふんいき/沉闷紧张的气氛

いきごみ③【意気込み】[名] 干劲

いきご・む③【意気込む】[自五] 鼓足干劲,起劲

いきさつ⓪【経緯】[名](事情的)经过,原委,来龙去脉

いきじびき③【生(き)字引】[名] 活字典,万事通

いきすぎ⓪【行き過ぎ】[名] 过份,过头,过火

いきすぎる④【行き過ぎる】[自上一] ①走过,通过 ②走(坐)过了

いきだおれ⓪【行き倒れ】[名] 路倒

いきちがい⓪【行き違い】[名] ①走岔 ②(联系等)弄错

いきづま・る④【行き詰まる】[自五] ①走到尽头 ②停滞不前,陷入僵局

いきづま・る④【息詰まる】[自五](紧张得)喘不上气来

いきどおり③【憤り】[名] 愤怒,愤慨

いきどお・る③【憤る】[自五] 愤怒,愤慨

いきとど・く④【行(き)届く】[自五] 周到,周密

いきどまり⓪【行き止まり】[名](路的)尽头,终点

いきなり⓪[副] 突然,冷不防

いきぬき④③【息抜き】[名・自サ] 休息,歇口气

いきのこ・る⓪【生(き)残る】[自五] 幸存

いきの・びる⓪【生(き)延びる】[自上一] 保全性命,生存下来

いきもの②③【生き物】[名] 有生命力的东西

いきょう⓪【異教】[名] 异教

いきょう⓪[名] I【異郷】异乡,他乡 II【異境】异境,异国

い・きる②【生きる】[自上一] ①活,生存 ②谋生,生活 ③有用,有效 ④(围棋,棒球等)活

い・く⓪【行く・往く】I[自五] ①去,往△となりの町へ～/去邻镇 ②往来,上学 ③(事物)进行,进展△うまく～/进展顺利 ④满足,满意△満足が～/满足 ⑤过去,逝去,流逝△春が～/春天过去 ⑥经过,走过 II[补动五] ①用「…ていく」的形式表示逐渐变化△夜がふけて～/夜深了 ②用「…ていく」的形式表示留有某种结果后离去△手つけ金だけははらって～こう/先把保证金交了再走吧

いく-【幾】[接头] ①多少,几△～人/几个人 ②许多,很多△～千年/几千年

いくえにも①【幾重にも】[副] 反复地,多次地

いくじ①⓪【育児】[名] 育儿

いくじ①【意気地】[名] 要强心,志气

いくせい⓪【育成】[名・他サ] 培养,培育

いくつ①【幾つ】[名] ①几个,多少 ②几岁

いくど①【幾度】[副] 好多次,好几回

いくどうおん①⓪【異口同音】[名]

[名]异口同声

いくぶん⓪【幾分】[名・副]某种程度,多少

いくら①【幾ら】[名・副]①多少△このりんごは一個〜ですか/这苹果一个多少钱 ②(用「いくらでも」的形式表示)不论多少△〜でも結構です/多少都行

いくらか①⓪[副]稍微,多多少少

いけ②【池】[名]①池,池子 ②砚池

いけいれん②【胃けいれん・胃痙攣】[名]胃痉挛

いけがき②【生(け)垣】[名]树篱,树墙

いけど・る③⓪【生(け)捕る】[他五]活捉,生擒

いけな・い①[形]①不好,糟糕 ②不行,不可以△来ては〜/不能来 ③不会喝酒 ④(用「…なければいけない」的形式表示)必须△宿題はしなければ〜/必须做作业

いけばな②【生(け)花・活(け)花】[名]生花,插花

い・ける⓪[自下一]①相当不错,相当好 ②能喝酒△〜口だ/能喝酒的人 ③好吃(喝)

い・ける②[他下一]Ⅰ【生ける・活ける】插花,生花 Ⅱ【埋ける】压火

いけん①【意見】[名・他サ]①意见,见解 ②劝告,规劝△人に〜する/劝告别人

いげん⓪【威厳】[名]威严

いご①【以後】[名]①…以后,…之后△明治〜の作家/明治以后的作家 ②今后,往后△〜は気をつけます/今后一定注意

いご①【囲碁】[名]围棋

いこい②【憩い】[名]休息

いこう⓪【移行】[名・自サ]转变,过渡

いこう⓪【意向】[名]意向,意图

いこう⓪【遺稿】[名]遗稿

いこく①⓪【異国】[名]异国,外国

いごこち⓪②【居心地】[名](居住、坐卧时的)心情

いこつ⓪【遺骨】[名]遗骨,骨灰

イコール②【equal】[名]①等号 ②等于,相等

いこん①⓪【遺恨】[名]旧仇,宿怨

いさい①【委細】[名・副]详情△〜かまわず/其它情形一概不管,不管三七二十一

いざかや③⓪【居酒屋】[名]小酒馆

いさぎよ・い④【潔い】[形]果断,干脆,痛快

いさく⓪【遺作】[名]遗著,遗作

いささか①[副]①略,稍微△昨夜は〜飲みすぎた/昨夜有点喝多了 ②(与否定词语相呼应表示)一点也不…

いさまし・い④【勇ましい】[形]①勇敢,奋勇 ②雄壮

いさ・む⓪②【勇む】[自五]奋勇,振作

いさ・める⓪③【諫める】[他下一]谏,劝告

いさん⓪【遺産】[名]遗产

いし②【石】[名]①石头,石子 ②宝石,钻石 ③围棋子 ④(划拳时的)石头 ⑤结石 ◇焼(や)け石に水(みず)/杯水车薪

いし①【医師】[名]医生,大夫

いし①【意志】[名]意志,意向

いし①【意思】[名]意图,心意,意思

いし①【遺志】[名]遗志△〜をつぐ/继承遗志

いじ②【意地】[名]①用心,心肠

△～が悪い/心肠不好 ②固执,
倔强△～をはる/固执己见

いじ① 【遺児】[名] 遗孤,孤儿

いじ① 【維持】[名·他サ]维持△
生計を～する/维持生活

いしあたま③ 【石頭】[名]①硬的
脑袋 ②死脑筋,顽固脑筋

いしき① 【意識】[名]①意识,知
觉△～をとりもどす/恢复知觉
②觉悟

いしきてき⓪ 【意識的】[形動]有
意识地,故意

いしずえ⓪③ 【礎】[名]①柱脚石
②基础

いしつ① 【異質】[形動]异质,不
同性质

いしばし① 【石橋】[名]石桥 ◇石
橋をたたいて渡(わた)る/万分
小心,十分谨慎

いじ・める⓪ 【苛める】[他下一]
①欺负,虐待 ②糟踏、作践(东
西)

いしゃ⓪ 【医者】[名]医生,大夫

いしゅ①⓪ 【意趣】[名]怨,仇△～
をはらす/报仇

いじゅつ① 【医術】[名]医术,医道

いしょ① 【遺書】[名]遗书

いしょう① 【衣装·衣裳】[名]①
盛装 ②戏装

いじょう① 【以上】[名]①以上△
百人～参加した/有百人以上参
加了 ②上述,上面△～の通り/
如上 ③完了,终了 ④(用「…す
る以上は」「…した以上」的形
式表示)既然…就…△参加する
～は優勝したい/既然参加了就
想赢

いじょう⓪ 【異常】[名·形動]异
常,反常

いしょく① 【衣食】[名]衣食

いしょく⓪ 【移植】[名·他サ]①
移植,移种 ②〈医〉移植

いしょくじゅう③ 【衣食住】[名]
衣食住

いじらし・い④ [形]令人怜爱,招
人疼

いじ・る② [他五]①弄,摆弄 ②
任意改变 ③玩赏,玩弄

いしわた⓪ 【石綿】[名]石棉

いじわる③ 【意地悪】[名·形動]
①心眼坏,心术不良 ②心术不良
的人

いじわる・い③ 【意地悪い】[形]
心术不正

いしん⓪① 【威信】[名]威信

いしん① 【維新】[名]①维新 ②
(日本)明治维新

いしんでんしん①-⓪ 【以心伝心】
[名]心领神会,心心相印

いす⓪ 【椅子】[名]①椅子 ②交
椅,地位

いすか⓪ [名]交嘴鸟 ◇いすかの
嘴(はし)の食(く)い違(ちが)
い/事与愿违,不如意

イースター① 【Easter】[名]复活
节

いずみ⓪① 【泉】[名]①泉,泉水
②源泉△知識の～/知识的源泉

いずれ Ⅰ [副]①总之,不管怎样
②不久,早晚△～また,うかがい
ます/以后再来拜访 Ⅱ [代]何
处,什么地方

いせい⓪ 【威勢】[名]①威势,威
力 ②劲头,朝气

いせい⓪ 【異性】[名]异性

いせき⓪ 【遺跡】[名]遗迹,古迹

いせつ⓪ 【異説】[名]异说

イーゼル① 【easel】[名]画架

いせん⓪ 【緯線】[名]纬线

いぜん① 【以前】[名]①以前△昭
和二十年～/昭和二十年以前 ②
过去,从前

いぜん⓪ 【依然】[副]依然,仍旧
△～として変化がない/依然如

故

いそ⓪【磯】[名]湖、海边多岩石的地方

いそいそと①[副]高高兴兴地,兴冲冲地

いそがし・い④【忙しい】[形]忙,忙碌

いそがばまわれ【急がば回れ】欲速则不达

いそぎあし③【急ぎ足】[名]快走,快步

いそ・ぐ②【急ぐ】[自他五]急,加快,加速△道を～/赶路◇急がば回(まわ)れ/欲速则不达

いぞく①【遺族】[名]遗族

いぞん⓪【依存】[名・自サ]依存,依靠

いた①【板】[名]①木板 ②板形状的东西◇板につく/熟练,老练

いた・い②【痛い】[形]①疼,痛 ②(被击中弱点、要害)陷入困境◇痛くもない腹(はら)を探(さぐ)られる/无缘无故地被怀疑

いたい⓪【遺体】[名]遗体

いだい⓪【偉大】[形动]伟大

いたいたし・い⑤【痛痛しい】[形]可怜,觉得悲痛

いたく⓪【委託】[名・他サ]委托

いだ・く②【抱く】[他五]①抱,搂△胸に～/抱在怀里 ②环绕,围绕 ③怀有,抱有△疑いを～/抱有怀疑

いた・す⓪②【致す】[他五]①(「する」的郑重说法)做,办 ②致,致力△力を～/致力

いたずら⓪【悪戯】[名・形动]淘气,恶作剧△～がすぎる/过份淘气

いたずらに⓪[副]白白地,无益地

いただき⓪【頂】[名]山顶

いただ・く④【頂く】Ⅰ[他五]①戴,盖△雪を～山/盖满雪的山

②领,领受△先生から～いた本/从先生那领来的书 ③推举,推戴 ④(「食べる」「飲む」的郑重说法)吃,喝 Ⅱ[补助五]接动词连用形,是「してもらう」的郑重说法△わざわざ先生に本を読んで～いた/特意请先生念了书

いたち⓪③【鼬】[名]黄鼠狼

いたって⓪②【至って】[副]非常,极,最

いたで⓪【痛手】[名]①沉重打击,严重损害 ②重伤

いたばさみ③【板挟(み)】[名]左右为难△～になる/进退两难,左右为难

いたまし・い④【痛ましい】[形]惨不忍睹

いたみ③【痛み】[名]①疼,痛 ②(水果等)腐烂 ③悲痛,苦恼

いた・む②【悼む】[他五]悼念,哀悼

いた・む②[自五]Ⅰ【痛む】①疼,痛△腹が～/肚子疼 ②悲痛,悲伤△心が～/痛心 Ⅱ【傷む】①(水果)腐烂 ②破损,损坏

いた・める③【炒める】[他下一]炒

いた・める③[他下一]Ⅰ【痛める】①弄疼,使疼痛△腹を～めた子/亲生孩子 ②令人痛苦,令人伤心△心を～/伤心 Ⅱ【傷める】弄坏,受伤△足を～めた/伤了腿

いたり⓪【至り】[名]①极,至△感激の～/感激之至 ②…所致,…的结果△若気(わかげ)の～/由于太年轻(不懂事)…

イタリック③【italics】[名](欧洲文字)斜体字

いた・る⓪②【至る】[自五]①至,到△山頂に～道/至山顶的路 ②达到(某种状态、结果)△事ここに～っては、やむをえない/事已

至此,是不得已的 ③到来,涌起 △悲喜こもごも～/悲喜交集

いたれりつくせり③-③【至れり尽くせり】无微不至,尽善尽美

いたわ・る③【他五】①爱护,怜恤 △病人を～/爱护病人 ②慰劳

いたん⓪【異端】[名]异端,邪说

いち①【市】[名]集市,市场 ◇門前(もんぜん)市をなす/门庭若市

いち②【一】[名]①一,一个 ②最初,第一 ③最好,第一位 ◇一か八(ばち)か/管它怎样试试看 ◇一も二(に)もなく/立刻,二话不说 ◇一を聞(き)いて十(じゅう)を知(し)る/闻一知十

いち①【位置】[名・自サ]①位置 ②(社会)地位,立场

いちい②【一位】[名]第一位,首位

いちいたいすい④【一衣帯水】[名]一衣帯水

いちいち②【一一】[副]——、无遗漏地

いちいん②⓪【一員】[名]一员,一分子

いちいんせい⓪【一院制】[名]一院制

いちおう⓪【一応・一往】[副]①大致,大略 ②暂且,姑且

いちがいに②【一概に】[副](常与否定词语呼应)一概,笼统

いちがつ④【一月】[名]一月

いちげいにひいでる【一芸に秀でる】有一技之长

いちげん⓪【一元】[名]①一个根源 ②〈数〉一元 ③(日本一代天皇所用的)一个年号

いちげんこじ⑤【一言居士】[名]凡事都要提出自己意见的人

いちげんろん③【一元論】[名]〈哲〉一元论

いちご⓪①【苺・莓】[名]草莓

いちざ【一座】[名]①(属于)一个演出团体 ②在座的人

いちじ②【一次】[名]①第一次,第一回 ②〈数〉一次

いちじ②【一時】[名・副]①一时 △～の興奮/一时的兴奋 ②当时 △～はだめかと思った/当时以为不行了 ③暂时

いちじがばんじ【一事が万事】由一件事可以推测其它

いちじく②【無花果】[名]无花果

いちじつせんしゅう【一日千秋】一日三秋

いちじるし・い⑤【著しい】[形]显著,明显

いちぞく②【一族】[名]一族,同族

いちだい②【一代】[名]①一生,一代 ②某一时代,当代 △～の名優/当代的名演员

いちだんと②【一段と】[副]更加,越发

いちだんらく③【一段落】[名・自サ]一段落 △～つく/告一段落

いちど③【一度】[名・副]一次,一回

いちどう③【一同】[名]大家,全体

いちどうにかいする【一堂に会する】欢聚一堂

いちなんさってまたいちなん【一難去ってまた一難】困难重重,一难接一难

いちにち④【一日】[名]①一日,一天 ②某一天 ③短暂的时间

いちにんしょう③【一人称】[名]第一人称

いちにんまえ⓪【一人前】[名]①一个人的份儿 ②成人,成熟

いちねん②【一年】[名]①一年,十二个月 ②第一学年,一年级

学生

いちば③① 【市場】[名]①市场,集市 ②商场

いちはやく③ 【いち早く】[副]迅速,马上

いちばん② 【一番】Ⅰ[名]①最初,第一 ②最好△つかれたときは、寝るのが～だ/疲劳时候,最好是睡觉 ③一场,一回 Ⅱ[副]①最,首要△世界で～高い山/世界最高的山 ②试试

いちぶ② 【一分】[名]①一分,十分之一 ②一分(一寸的十分之一) ③一分一厘,丝毫

いちぶ② 【一部】[名]①一部分 ②(书刊等的)一部,一份

いちぶぶん③ 【一部分】[名]一部分

いちべつ⓪ 【一瞥】[名・他サ]一瞥,看一眼△～もくれない/不屑一顾

いちまい② 【一枚】[名]①(纸、板、货币等)一张,一块,一枚 ②(田地的)一块 ③一个人

いちみ② 【一味】[名](干坏事的)同党,一伙

いちめん⓪② 【一面】[名]①一面,一方面 ②一面,满△空～の雲/满天云 ③(报纸的)第一版

いちめんしき③ 【一面識】[名]一面之识

いちもうさく③ 【一毛作】[名]一年一收,一季作物

いちもく⓪④ 【一目】[名]①(围棋盘上的)一格,一个棋子 ②看一眼,一看◇一目置(お)く/让…三分,另眼看待△～瞭然(りょうぜん)[名]一目瞭然

いちもくさんに③ 【一目散に】[副]一溜烟地(跑、逃走)

いちもん② 【一文】[名]分文,很少的钱【-なし③】[名]分文皆

无

いちや② 【一夜】[名]①一夜 ②某夜

いちやく⓪ 【一躍】[名・自サ]一跃△～有名になる/一举成名

いちゅう⓪① 【意中】[名]意中,心中所想△～の人/意中人

いちよう⓪② 【一葉】[名]①一叶 ②一只,一张◇一葉落(お)ちて天下(てんか)の秋(あき)を知(し)る/一叶落知天下秋

いちょう⓪ 【胃腸】[名]胃肠

いちょう⓪ 【銀杏・公孫樹】[名]银杏,白果树

いちらん⓪ 【一覧】[名・他サ]①一览 ②一览表

いちりゅう⓪ 【一流】[名]①第一流,头等 ②独特的风格,一个流派

いちりん② 【一輪】[名]①一朵(花) ②独轮,单轮

いちれい⓪ 【一礼】[名・自サ]一礼,行一个礼

いちれい⓪ 【一例】[名]一例,一个例子

いちれんたくしょう⓪ 【一蓮托生】[名]一莲托生,同生死共命运

いちろ② 【一路】Ⅰ[副]直接,径直地 Ⅱ[名]一路△～平安をいのる/祝一路平安

いつ① [代]几时,何时△～ご出発ですか/几时出发

いつ①② 【一】[名]①一,一个 ②相同△心を～にする/同心

いつか① 【何時か】[副]①早晚,以后,什么时间△また～会いたい/愿我们来日再相会 ②以前,曾经 ③不知不觉

いっか① 【一家】[名]①一家 ②一派,一家 ③一个组织,团体

いっかい⓪⓪ 【一回】[名]①一回,一次 ②一年【-忌(き)③】[名]

死后一周年忌日

いっかい⓪【一階】[名]一层，一楼

いっかく⓪④【一角】[名]①〈数〉一角 ②一个角落 ③（动物）一只犄角

いっかつ⓪【一括】[名・他サ]总括，一包在内

いっかつ⓪【一喝】[名・自サ]大喝一声

いっかん⓪【一貫】[名・自他サ]一贯，自始至终△～して反対の立場をとる/一贯站在反对的立场上

いっき①【一揆】[名]农民武装起义，暴动

いっきいちゆう①【一喜一憂】[名・自サ]一喜一忧

いっきに①【一気に】[副]一气，一口气△～にしあげる/一气呵成

いっきゅう⓪【一級】[名]①一个年级 ②上等，头等△[-品（ひん）⓪][名]一级品

いっきょいちどう⓪【一挙一動】[名]一举一动

いっきょしゅいっとうそく③-③【一挙手一投足】[名]一举一动

いっきょに①【一挙に】[副]一下子，一举

いっきょりょうとく①【一挙両得】[名]一举两得

いっけん⓪③【一件】[名]①一件事，某事 ②那件事

いっけん⓪【一見】Ⅰ[名・自他サ]一见，一看△～の価値がある/值得一看 Ⅱ[副]乍一看，猛一看

いっけん①【一軒】[名]①一所房子 ②一栋房子

いっこ①【一個】[名]①一个 ②一百元的隐语

いっこう⓪③【一行】[名]一行，同行者

いっこう⓪【一向】[副]①（下接否定）一点也没有…，简直无…△いくら注意しても～に効き目がない/无论怎样提醒也没有效果 ②完全△なんと言われても、～平気な顔をしている/怎么说他，他也全不在乎

いっこく④【一刻】[名・形動]①短时间，片刻△～も早く/立刻，马上 ②顽固

いっさい⓪③【一切】Ⅰ[名]一切，全部 Ⅱ[副]（下接否定语）全，都△そのことは～知らない/那件事我根本不知道

いっさいたふ⑤【一妻多夫】[名]一妻多夫

いっさくじつ④【一昨日】[名]前天

いっさくねん⓪【一昨年】[名]前年

いっさんかたんそ⑥【一酸化炭素】[名]一氧化碳

いっしき④【一式】[名]一套，整套

いっしみだれず【一糸乱れず】一丝不乱

いっしもまとわず【一糸もまとわず】一丝不挂

いっしゅ①【一種】[名・副]①一种 ②某种 ③一些，稍微

いっしゅう⓪【一周】[名・他サ]①绕一周，绕一圈 ②周游△世界～/周游世界

いっしゅう⓪【一週】[名]一周，一星期

いっしゅん⓪【一瞬】[名・副]一瞬，一眨眼△～のできごと/一瞬间发生的事件

いっしょ⓪【一緒】[名]①一同，一起 ②相同，一样 ③共合，加在一起△～にする/加在一起

いっしょう⓪【一生】[名・副]一

生,终生△～を終える/渡过一生

いっしょうがい③【一生涯】[名]一生,毕生

いっしょうけんめい⑤【一生懸命】[形動・副]拼命,努力△～がんばる/拼命努力

いっしょうにふす【一笑に付す】付之一笑

いっしょくそくはつ【一触即発】[名]一触即发△～の危機にある/处于一触即发的危机之中

いっしん③【一心】[名]①一心,专心【不乱(ふらん)】③[名・形動]专心致志 ②一条心,同心

いっしん③【一身】[名]自身,自己

いっしん⓪【一新】[名・自他サ]一新,焕然一新△面目を～する/面貌焕然一新

いっしんいったい⓪【一進一退】[名・自サ]一进一退,忽好忽坏

いっすい⓪【一睡】[名・自サ]睡一觉

いっする⓪③【逸する】[自他サ]①脱离,逸出△常軌を～/逸出常轨 ②失去,失掉△好機を～/失去好时机

いっすん③【一寸】[名]①一寸 ②短◇一寸先(さき)は闇(やみ)/前途莫测◇一寸の光陰(こういん)軽(かろ)んずべからず/一寸光阴不可轻◇一寸の虫(むし)にも五分(ごぶ)の魂(たましい)/弱者也有志气不可轻侮

いっせい⓪【一斉】[名]一齐,同时

いっせい⓪①【一世】[名]①一生,一世 ②某时代 ③(国王、皇帝的)一世

いっせき⓪④【一席】[名]①(宴会、讲演)一席,一回 ②第一位,首席

いっせきにちょう⑤【一石二鳥】[名]一箭双雕,一举两得

いっせん⓪⓪【一線】[名]①一条线 ②界线 ③第一线,前线△～をしりぞく/退出第一线◇一線を画(かく)する/划清界限

いっそ⓪[副]莫若,宁可△苦しくて、～死にたい/难受得倒不如死了好

いっそう⓪【一層】[副]更,越发

いったい⓪【一体】I[名]一体△～となる/成为一体 II[副]①总的说来 ②究竟,到底△お前は～だれだ/你到底是谁

いったいぜんたい⓪【一体全体】[副]究竟,到底

いったん③⓪【一端】[名]①一端 ②一部分

いったん⓪【一旦】[副]①一旦,万一 ②一旦,既然△～約束したことはかならず守る/既然约定了就一定要守约 ③一次

いっち⓪【一致】[名・自サ]一致△意見が～する/意见一致

いっちはんかい④【一知半解】[名]一知半解

いっちゃく④【一着】[名]①(赛跑)第一名 ②(衣服)一套,一件

いっちょう①【一丁】[名]①(饭、菜)一份 ②(菜刀等)一把

いっちょういっせき⓪【一朝一夕】[名]一朝一夕

いつつ②【五】[名]①五,五个 ②五岁

いっつい⓪【一対】[名]一对

いってい⓪【一定】[名・自他サ]一定,固定△～したペースで走る/用固定的速度跑

いってん③【一点】[名]①一分 ②少微 ③一点,一处④(物品)一件

いってんばり⓪【一点張り】[名]坚持(某个立场、做某件事),一

味地…
いっと① 【一途】[名] 一个劲儿，只
いっとう 【一等】Ⅰ ⓪③[名] ①一等，头等 ②(比赛)第一 Ⅱ ⓪[副] 最，顶
いっとうちをぬく 【一頭地を抜く】出人头地
いっとき④ 【一時】[名・副] ①暂时，一时 ②某一时期
いつのまにか① 【副】不知不觉，不知什么时候
いっぱ① 【一派】[名] ①一派，一个流派 ②一伙，同伙
いっぱい 【一杯】Ⅰ ①[名]①一杯，一碗 ②喝点酒 Ⅱ ⓪[副] ①满，充满△元気～な子/精力十足的孩子 ②最大限度
いっぱいちにまみれる 【一敗地に塗れる】一败涂地
いっぱつ④ 【一発】[名] ①一发(子弹等) ②一回
いっぱん⓪ 【一般】[名] ①同样，同类 ②一般，普通【-的(てき)⓪】[形动] 一般
いっぴき④ 【一匹】[名] ①一匹 ②一名
いっぴつ④ 【一筆】[名] ①一笔(写成) ②(写)短文章
いっぷく④ 【一服】[名・自他サ] ①一服(药) ②休息一会儿
いっぷたさい① 【一夫多妻】[名] 一夫多妻
いっぺん③ 【一片】[名] ①一片(花、纸等) ②一点点，微微
いっぺん③ 【一変】[名・自他サ] 完全改变△態度が～する/态度完全改变
いっぺん③⓪ 【一遍】[名・副] ①一遍，一回 ②同时，一下子
いっぽ① 【一歩】[名] ①一步 ②第一步
いっぽう 【一方】Ⅰ ③[名] ①一个方向 ②一方面，片面 ③一直，越来越△物価は上がる～だ/物价越来越涨 Ⅱ [接]且说，说话
いっぽうつうこう⑤ 【一方通行】[名] (交通)单行线
いっぽうてき⓪ 【一方的】[形动] 一方面，单方面
いっぽん⓪ 【一本】[名] ①一把，一支，一棵 ②挨一下，整一下 ③一本，一册 ④不同版本，异本
いっぽんぎ③ 【一本気】[名・形动] 直性子，一个心眼
いっぽんやり③ 【一本やり・一本槍】[名] 单调，呆板
いつまで①[副] 到什么时候【-も①】[副]到什么时候也…
いつも① 【何時も】[副] ①经常，总是△彼は～にこにこしている/他总是笑咪咪的 ②平时
いつわ・る③ 【偽る】[他五]欺骗，假冒△事実を～/虚构事实
イデオロギー③ 【(德) fdeologie】[名] 思想体系，意识形态
いてん⓪ 【移転】[名・自他サ] 变迁，迁移
いでん⓪ 【遺伝】[名・自サ] 遗传【隔世(かくせい)-⑤】[名]隔代遗传
いでんし② 【遺伝子】[名] 遗传因子
いと① 【糸】[名] ①线△～をつむぐ/纺线 ②(琴)弦，琴◇糸を引(ひ)く/①背后操纵②起粘，拉丝
いと① 【意図】[名・他サ]打算，意图△…の～がある/有…打算
いど① 【井戸】[名] 井
いど① 【緯度】[名] 纬度
いと・う② 【厭う】[他五] ①讨厌，嫌△世を～/厌世 ②珍重，保重
いどう⓪ 【異同】[名] 异同，差别

いどう⓪【移動】[名・自他サ]移动,转移

いとおし・む④[他五]爱惜,怜惜

いとぐち②【糸口】[名]①线头 ②线索,头绪△～をつかむ/抓住线索

いとこ②①【従兄弟・従姉妹】[名]堂弟弟,堂姐妹,表兄弟,表姐妹

いどころ②⓪【居所】[名]住处,所在地◇虫(むし)の居所が悪(わる)い/情绪不好

いとし・い③【愛しい】[形]可爱

いとな・む③【営む】[他五]做,办,经营△生活を～/过日子

いとま③⓪【暇】[名]①闲暇△応接に～がない/应接不暇 ②告辞△～をつげる/告辞

いど・む②【挑む】[自他五]挑战,征服△戦いを～/挑战

いとめ③②【糸目】[名]①(风筝上的)提线 ②(陶器等上刻的)细纹◇金(かね)に糸目をつけない/舍得花钱

いと・める③【射止める】[他下一]①射死 ②弄到手

いとわし・い④【厭わしい】[形]讨厌,厌烦

いない⓪【以内】[名]以内△五番～の成績/成绩名列前五名

いなか⓪【田舎】[名]农村,乡下【-者(もの)⓪】[名]①乡下人 ②粗人,大老粗

いなご⓪【蝗】[名]蝗虫

いなずま②⓪【稲妻】[名]闪电△～が走る/闪电

いなな・く【嘶く】[自五](马)嘶鸣

いなびかり③【稲光】[名]闪电

いな・む②【否む・辞む】[他五]拒绝,不答应

いなめない②【否めない】不可否认△～事実/不可否认的事实

いなや①【否や】马上,立刻△…するや～/立刻,马上

いにん⓪【委任】[名・他サ]委任,委托△全権を～する/全权委任【-状(じょう)⓪】[名]委任状

いぬ②【犬】[名]①狗,犬 ②狗腿子,特务◇犬の遠吠(とおぼ)え/背后逞威风

いぬじに④⓪【犬死(に)】[名]死无代价,白死

いね①【稲】[名]水稻,稻子

いねむり④③【居眠り】[名・自サ]瞌睡,打盹儿

いのしし③【猪】[名]野猪

いのち①【命】[名]①命,生命△～にかかわる/性命攸关 ②命根子,命脉◇命の綱(つな)/命根子

いのちがけ⓪⑤【命懸け】[名]豁出命,拼命

いのちづな③【命綱】(高空、海上作业的)安全带,保险带

いのちとり③⑤【命取り】[名]致命,要命

いのちびろい④【命拾い】[名・自サ]九死一生,拣了一条命

いのなかのかわず【井の中の蛙】井底之蛙

いのり②【祈り】[名]祈祷,祷告

いの・る②【祈る】[他五]①祈祷△神に～/向神祈祷 ②祝愿△成功を～/祝愿成功

いはい⓪【違背】[名・自サ]违背,违反

いばしょ⓪【居場所】[名]住所,所在地

いばら⓪【茨】[名]有刺的灌木的总称△～の道をきりひらく/披荆斩棘

いば・る②【威張る】[自五]自吹自擂,骄傲,逞威风,摆架子

いはん⓪【違反】[名・自サ]违反

いびき③【鼾】[名]鼾声

いびょう⓪【胃病】[名]胃病

いび・る②[他五]欺负,虐待

いひん⓪【遺品】[名](死者)遗物

いふう①⓪【威風】[名]威风

いふう⓪【遺風】[名]①遗风 ②旧习

いぶかし・い④【訝しい】[形]可疑,奇怪

いぶき①【息吹】[名]气息△青春の～/青春的气息

いふく①【衣服】[名]衣服

いぶ・す②【燻す】[他五]①使…冒烟 ②熏(蚊子)③(用硫黄)熏(银,铜器等)

いぶつ①【異物】[名]异物

いぶつ⓪【遺物】[名]①遗物△古代の～/古代的遗物 ②(死人的)遗品,遗物

いぶ・る②【燻る】[自五]冒烟

いへん⓪【異変】[名]异变,突然变化

いぼ①【疣】[名]①瘊子 ②疙瘩

いほう⓪【違法】[名]违法

いぼきょうだい③【異母兄弟】[名]异母兄弟

いま【今】Ⅰ⓪[名]①现在△ただ～/我回来了! △～か～かと/望眼欲穿 ②刚才,方才 ③马上,立刻△～行くよ/马上就去 ④目前,当今 Ⅱ②[副]再,另外,更△～一度やらせてください/让我再做一次△～しばらくお待ちください/请再稍等一会

いま②①【居間】[名](家眷的)居室

いまいまし・い⑤【忌(ま)忌ましい】[形]可恨,可恶,讨厌

いまごろ⓪【今ごろ・今頃】[名]现在,这个时候

いまさら①⓪【今更】[副]①现在仍…②事到如今,到了现在△～やめられぬ/事已至此,不能作罢

いましがた③⓪【今し方】[副]刚才,方才△～来たばかりだ/刚刚来

いましめ⓪[名]Ⅰ【戒め】警告 Ⅱ【縛め】缚,绑,捆△～を解く/松绑

いまし・める⓪④【戒める】[他下一]①劝戒△非行を～/劝戒(他的)不良行为 ②警告

いまだに⓪【未だに】[副]仍,尚△～忘れられない/至今难忘

いまに①【今に】[副]不久,总有一天,早晚△～見ていろ/你等着瞧吧

いまにも①【今にも】[副]马上,眼看△～雨が降り出しそうだ/马上就要下雨了

いまや①【今や】[副]①马上,眼看 ②现在△～コンピューターは、家庭にまで入りこんできた/现在,电子计算机已进入到了家庭中

いまわし・い④【忌まわしい】[形]①可恶,讨厌 ②不祥,不吉利

いみ①【意味】[名]①意思 ②意味,意味着[-ありげ⓪][名]似有某种意味的 ③价值,意义

いみしんちょう①【意味深長】[形动]意味深长

いみん⓪【移民】[名・自サ]移民

い・む①【忌む】[他五]忌,忌讳

イメージ①【image】[名]①影像,图像,心像 ②印象△～がいい/印象很好

いも②【芋】[名]①球根 ②薯的总称◇芋を洗(あら)うよう/拥挤不堪

いもうと④【妹】[名]妹妹

いもの③⓪【鋳物】[名]铸器,铸件

いもめいげつ③【芋名月】[名]阴历八月十五日的月亮,仲秋月

いや②【嫌・厭】[形动]①讨厌,厌恶△～なやつ/令人讨厌的家伙 ②够了,不愿再继续△～になる/够了

いや①【否】I[接]不△三百万円、～五百万円/三百万日元,不,五百万日元 Ⅱ[感]不 否△～、ちがいます/不,不对

いやいや④【嫌嫌】I[副]勉强,无奈△～承知する/勉强应允 Ⅱ[名]幼儿摇头(表示不愿意)

いやが・る③【嫌がる】[他五]嫌,不愿意,讨厌

いやく①【医薬】[名]①医药用品 ②医疗和药品

いやく⓪【違約】[名・自サ]违约

いやく⓪【意訳】[名・自他サ]意译

いやし・い⓪【卑しい・賎しい】[形]①低贱 ②寒伧,破陋 ③下流,卑鄙 ④贪婪△食べ物に～/嘴馋

いや・す②【癒す】[他五]医治△病を～/治病◇渇(かつ)を癒す/止渇,解渇

いやに②[副]非常,过于△～寒い/特别冷

イヤホーン③【earphone】[名]耳塞子,耳机

いやみ③【嫌味】[名・形动]令人讨厌△～な人/令人讨厌的人

いやらし・い④[形]①令人不快 ②下流△～目つき/下流的眼神

イヤリング①【earring】[名]耳环,耳饰

いよいよ②[副]①更,越发 ②到底,终于 △～本番だ/终于开始正式演出了 ③紧要关头

いよう⓪【異様】[形动]奇怪,奇异,异常△～なふんいき/异常

的气氛

いよく①【意欲】[名]热情,积极性△～を失う/失去热情

いらい①【以来】[名]以来△入学～/入学以来

いらい⓪【依頼】[名・他サ]①委托△～に応じる/接受委托 ②靠,依赖【-心(しん)②】[名]依赖心

いらいら①[副・自サ]着急,焦躁△気が～する/心里着急

いらだたし・い⑤【苛立たしい】[形]令人烦躁

いらだ・つ③【苛立つ】[自五]着急,烦躁

いらっしゃ・る④ I[自五]①(「行く」的敬语)去△どちらへ～いますか/您去哪儿 ②(「来る」的敬语)来△どちらから～いましたか/您从哪儿来的 ③(「いる」的敬语)在△いまどちらに～いますか/您现在在哪儿 Ⅱ[补动五]「ている」「である」的敬语△お休みになって～/正在休息

いり⓪【入(り)】[名]①(人、物的)数,量△客の～がいい/观众多 ②收入 ③开始,最初的那天△梅雨の～/黄梅雨季开始 ④(日、月)落△日の～/日落 ⑤进入

いりうみ③【入(り)海】I[名]内海,海湾

いりぐち⓪【入(り)口】[名]①入口,门 ②开头,开端

いりく・む③【入(り)組む】[自五]错综复杂△～んだ事件/复杂的事件

いりひ⓪【入(り)日】[名]夕阳,落日

いりまじ・る④【入(り)交じる】[自五]掺杂,混杂△よろこびと

悲しみの〜った複雑な気持ち/悲喜加交的复杂心情

いりみだ・れる⑤【入り乱れる】[自下一]掺杂,混杂

いりよう⓪【入(り)用】[名・形动]需要,需用

いりょう①【衣料】[名]衣料

いりょう⓪①【医療】[名]医疗,治疗

いりょく①【威力】[名]威力,威势

い・る⓪【入る】Ⅰ[自五]进入△政界に〜りてもはや十年/进入政界已十年Ⅱ[接尾]接动词连用形加强前一动词的意思△泣き〜/痛哭

い・る⓪【要る】[自五]要,需要△金が〜/需要钱

い・る①【煎る・妙る】[他五]炒,煎△ごまを〜/炒芝麻

いる⓪【居る】Ⅰ[自上一]①(人,生物)有,在△ここにいなさい/请在这儿呆着△お母さんがいたら…/如妈妈还活着的话Ⅱ[补动上一]表示动作、状态的继续和进行△犬がほえて〜/狗在叫△居ても立(た)ってもいられない/坐立不安

いる①【射る】[他上一]射△弓を〜/射箭

いる①【鋳る】[他上一]铸,铸造

いるい①【衣類】[名]衣服,衣裳

いるか①【海豚】[名]海豚

イルミネーション④【illumination】[名](灯或霓虹灯组成的)灯光装饰

いれかえ⓪【入(れ)替(え)・入(れ)換(え)】[名]换,改换,替换△メンバーの〜/替换队员

いれかわ・る④【入れかわる】[自五]替换,交替,更换△机が〜/换桌子

いれぢえ⓪【入(れ)知慧・入(れ)知慧】[名]出主意,出谋划策

いれちが・う④【入れ違う】[自五]①装错②来去错过

いれば⓪【入(れ)歯】[名]镶的牙,假牙△〜を入れる/镶牙

いれもの⓪【入(れ)物】[名]容器,器皿

い・れる⓪【入れる】[他下一]①放进,装进△口に〜/放到嘴里②让…加入,让…参加△仲间に〜/让(他)入伙③包括,列入△計算に〜/列入计算④插,添△口を〜/插嘴⑤用心,用力△力を〜/用力△手を〜/加工,修改(文章)⑥采用,承认△意見を〜/采用意见⑦泡,沏△お茶を〜/沏茶⑧送,挂△電話を〜/挂电话

いろ②【色】[名]①色,颜色,色彩△〜がさめる/褪色②肤色△〜が白い/皮肤白③女色,色情△〜を好む/好色④脸色,神色△〜を失う/惊惶失色⑤样子,调子⑥种类

いろあい⓪③【色合(い)】[名]①色调②倾向

いろいろ⓪【色色】[形动・副]各种各样,种种

いろう⓪【慰労】[名・他サ]慰劳,犒劳【-会(かい)②】[名]慰劳会

いろがみ②【色紙】[名]彩色纸

いろけ③【色気】[名]①(女人的)诱惑力②春情,春心③对…感兴趣④风趣,情趣

いろずり⓪④【色刷(り)】[名]彩色印刷

いろづ・く③【色づく】[自五](果实)着色

いろどり④⓪【彩(り)】[名]①配色△〜がいい/色彩配得好②点缀,(增添)情趣

いろど・る③【彩る】[他五]①上

色，着色 ②点缀，装饰△会場を花で〜/用花朵点缀会场

いろは②【伊呂波・以呂波】[名] ①「伊呂波歌」 ②初步，入门

いろめ③②【色目】[名] 秋波△〜をつかう/送秋波，眉目传情

いろめがね③【色眼鏡】[名] ①有色眼镜 ②偏见，成见△〜で見る/以成见看人

いろり⓪【囲炉裏】[名] 地炉，炕炉

いろん⓪【異論】[名] 异议，不同意见

いわ②【岩】[名] 岩，岩石

いわい②【祝(い)】[名] ①祝，祝贺 ②贺礼，赠品△結婚のお〜を送る/赠送结婚礼品

いわ・う②【祝う】[他五] 祝贺，庆祝△勝利を〜/庆祝胜利

いわく①【曰く】[名] ①曰 ②内情

いわし⓪【鰯】[名] 沙丁鱼

いわば②⓪【言わば】[副] 说起来，可以说，就是说

いわゆる③②[連体] 所谓△彼は〜本の虫だ/他就是所谓的书呆子

いわれ⓪[名] ①来历，由来 ②缘故，理由

いん①【印】[名] 印，图章△〜をおす/盖章

いん①【陰】[名] ①荫，背阴处 ②阴(性)◇陰にこもる/闷在里面不出来◇陰に陽(よう)に/明里暗里，或明或暗

いんか⓪【引火】[名・自サ] 引火，点火

いんが①【因果】I[名] ①因果，原因和结果 ②因果，恶有恶报 II[形动] 不幸，厄运△〜な身の上/不幸的身世◇因果を含(ふく)める/说明原委，让人断念

いんかん③⓪【印鑑】[名] ①印鉴 ②图章

いんき⓪【陰気】[形动] 忧郁，阴郁△〜な性格/性格忧郁

いんきょ⓪【隠居】[名・自サ] 隐居，退休，闲居

いんきょく⓪【陰極】[名] 阴极

いんぎん③⓪【慇懃】[形动] 有礼貌，恳切

インク①【ink】[名] 墨水

いんけん⓪【陰険】[形动] 阴险

いんげんまめ③【隠元豆】[名] 四季豆，扁豆

いんご⓪【隠語】[名] 隐语，黑话

いんさつ⓪【印刷】[名・他サ] 印刷

いんし①【因子】[名] 因子，因素

いんし⓪【印紙】[名] 印花

いんじゃ①【隠者】[名] 隐士，隐者

いんしゅう⓪【因習・因襲】[名] 旧习，陋习

いんしょう⓪【印象】[名] 印象△〜に残る/留下印象

いんしょうしゅぎ⑤【印象主義】[名] 印象主义

いんしょく①【飲食】[名・自サ] 饮食

いんすう③【因数】[名]〈数〉因数

インスタント④【instant】[名・形动] 即时的，立即的 [-コーヒー]⑦[名] 速溶咖啡

インスピレーション⑤【inspiration】[名] 灵感

いんせい⓪【院政】[名] 院政(太上皇代替天皇执政)

いんせき⓪【隕石】[名] 陨石

いんそつ⓪【引率】[名・他サ] 率领，领

いんたい⓪【引退】[名・自サ] 引退，退职

インターナショナル⑤【international】[名・形動]①国际性的 ②国际歌

インタビュー③①【interview】[名・自サ]①会面，会见 ②记者采访

インチ①【inch】[名]英寸

インテリ⓪【(俄) intelligentsiya】[名]知识分子

インテル⓪【inter line】[名]空铅

イントネーション④【intonation】[名]语调，抑扬

いんとん⓪【隠遁】[名・自サ]隐遁

いんにく⓪【印肉】[名]印泥，印色

いんねん⓪③【因縁】[名]①〈宗〉因缘②因缘，关系③理由△～をつける/找理由

インフォメーション④【information】[名]①问事处，传达室 ②信息

インフルエンザ⑤【influenza】[名]流感

インフレーション④【inflation】[名]通货膨胀◆亦作「インフレ」

いんぼう⓪【陰謀】[名]阴谋，密谋

いんゆ①【引喩】[名]引喻

いんゆ①【隠喩】[名]隐喻，引喻

いんよう⓪【引用】[名・他サ]引用△前例を～する/引用前例

いんよう⓪【陰陽】[名]①阴阳②阴极和阳极

いんりょう③【飲料】[名]饮料

いんりょく①【引力】[名]〈物〉引力△万有（ばんゆう）-⑤】[名]万有引力

いんれき⓪【陰暦】[名]阴历

う

う【鵜】[名]鹈鹕，鱼鹰△～を使って魚を取る/用鱼鹰捕鱼◇鵜の真似（まね）をする鳥（からす）/东施效颦◇鵜の目（め）鷹（たか）の目/瞪着眼睛紧紧盯住

う【助動】①（表示自我意志或劝诱）要…，一定…，…吧 △今度はしっかりやろ～/这次一定要好好干 △一緒に食事に行きましょ～/一起去吃饭吧 ②（表示推测、猜想）将会…，想必…可能…△北国の冬は寒かろ～/北方的冬天一定很冷吧 ③（用「…うが」、「…うと」、「…うとも」、「…うものなら」的形式表示假设）即便…，假如…△雨が降ろ～が、風が吹こ～が、びくともしない/即便刮风下雨也

无所畏惧 △何が起ころ～と、わたしの責任ではない/既便发生什么事，也不是我的责任

うい-【初】[接頭]初次，首次△～陣（じん）/首次（参加比赛、战斗）

ういういし・い⑤【初初しい】[形]未经世故，天真烂漫

ウイーク②【week】[名]一星期，一周【-エンド】⑤】[名]周末，周末休假

ウイスキー②【whisky】[名]威士忌酒

ういてんぺん①【有為転変】[名]〈宗〉宇宙万物变迁不已

ウインク②【wink】（名・自サ）使眼色，送秋波

ウインチ②【winch】[名]卷扬机，绞车

ウインド②【window】[名]（「ショーウインド」的略称)橱窗，陈列窗

うえ【上】Ⅰ①②[名]①上，高处△〜を見る/向上看 ②表面，外面△上着の〜にオーバーを着る/外衣上再穿件大衣 ③（地位、职务、年龄等)高，大，年长△三つ〜の兄/年长三岁的哥哥 ④着眼点，在…方面△理論の〜ではそうなるが、実際がどうかは分からない/理论上是这样，但不知实际如何 ⑤（用「…た上」的形式表示)又，而且△犯人は被害者を殺した〜、金を奪って逃げた/犯人将受害者杀死，而且又抢钱逃跑了 ⑥（用「…た上」的形式表示)…之后，结果△その件については、調査した〜、お答えします/有关那件事，待调查后再做答复 Ⅱ[造语]对长辈的尊称△父〜/父亲大人◇上には上がある/天外有天，人上有人

うえき⓪【植木】[名] 庭院栽的树木；盆栽的花木

うえじに④⓪【飢（え)死(に)】[名・自サ]饿死

ウエスト②【waist】[名]①腰，腰部 ②腰围

ウエーター②【waiter】[名]（餐厅等)男招待

うえつけ⓪【植（え)付(け)】[名]移栽

うえつ・ける④【植（え)付(け)る】[他下一]①移栽，栽种 ②灌输（思想)

ウェディング①【wedding】[名]婚礼，结婚【-ドレス⑤】[名]结婚礼服

ウエート②【weight】[名]①体重 ②重点，重要性

ウエートレス②【waitress】[名]（餐厅等的)女招待

ウエーブ②【wave】Ⅰ[名]电波，波浪 Ⅱ[名・自サ]波浪式发型△〜をかける/烫波浪式发型

う・える②【飢える】[自下一]①饥饿 ②渴求，渴望△愛に〜/渴望爱

う・える⓪【植える】[他下一]①种，植，栽 ②嵌入△活字を〜/排字

うお⓪【魚】[名]鱼

うおいちば③【魚市場】[名]鱼市

うおうさおう④【右往左往】[名・自サ]四处乱窜，乱跑

ウオーター②【water】[名]水【-プルーフ⑦】[名]防水

うおのめ⓪③【魚の目】[名]鸡眼

ウオッチ②【watch】[名]表

うおんびん②【う音便】[名]う音便

うかい⓪【迂回】[名・自サ]迂回，绕远

うがい⓪【名・自サ]漱口

うかうか①【副・自サ]①漫不经心△〜と日を暮す/漫不经心地度日 ②马虎，糊涂

うかがい⓪【伺（い)】[名]①请示，呈文 ②问候，拜访

うかが・う⓪【伺う】[他五]①（「聞く」、「尋ねる」的谦语)请教，打听 ②（「訪問する」的谦语)拜访

うかが・う⓪【窺う】[他五]①察看△顔を〜/察颜观色 ②伺机△機会を〜/等待机会 ③看出，显出

うか・す⓪【浮（か)す】[他五]①使…浮起，使…飘起 ②悬而不决，停顿 ③省出，节余，匀出△費用を〜/节省开支

うかぬかお⓪【浮（か)ぬ顔】有心事的样子，无精打彩的神色，愁眉苦脸

うかびあが・る⑤【浮（か）び上（が）る】[自五]①浮出，飘起②出现，露出

うか・ぶ⓪【浮（か）ぶ】[自五]①漂，浮②浮现，呈现△笑みが～/呈现微笑③涌上心头，想起△名案が～/想出个好主意

うか・べる⓪【浮（か）べる】[他下一]①使…漂起，使…浮起②呈现，出现△涙を～/泪花涌出③想起，涌上心头

うか・る②【受かる】[自五]考中，考上△試験に～/考中

うき①【雨季・雨期】[名]雨季，雨期

うきあが・る④【浮（き）上（が）る】[自五]①浮出，飘上，浮起②浮现③（想法、行动等）离群，脱离周围的人

うきうき③①【浮（き）浮（き）】[副]兴冲冲，兴高采烈

うきぐも⓪③【浮（き）雲】[名]①浮云②（生活）飘泊不定

うきしずみ⓪③【浮（き）沈み】[名・自サ]①沉浮②盛衰

うきはし⓪【浮（き）橋】[名]浮桥

うきぼり⓪【浮（き）彫（り）】[名]①雕刻，雕刻作品②刻画，展现，突出

うきめ①⓪【憂き目】[名]不幸，痛苦的经历△落第の～を見る/备尝落第之苦

うきよ⓪②【浮（き）世】[名]尘世，现世，人世～絵（え）⓪③[名]日本江户时代的风俗画

う・く⓪【浮く】[自五]①浮，漂△水に～/浮于水面②松动△歯が～/牙齿松动了③（费用）富余④愉快，高兴△失敗が重なって、～かぬ気分だ/接二连三的失败，非常沮丧

うぐいす②【鶯】[名]莺，黄莺

うけ②【受け】Ⅰ[名]①评价，声誉，名声△～がいい/受欢迎，评价好②（比赛中）防守△～に回る/转为守势Ⅱ[造语]支撑物，容器

うけあ・う③【請（け）合う】[他五]承担责任，担保

うけい・れる⓪【受（け）入れる】[他下一]①接收，容纳△難民を～/接受难民②采纳，接受（意见）

うけおい⓪③【請負】[名]承包，包工

うけお・う③⓪【請負う】[他五]承包，承办

うけたまわ・る⓪⑤【承る】[他五]①（「聞く」的谦称）听，听取②（「承知する」、「引き受ける」的谦称）知道，接受

うけつ・ぐ⓪【受（け）継ぐ】[他五]继承

うけつけ【受付・受（け）付け】[名]①接受，受理（申请）②收发室，问讯处

うけつ・ける⓪【受（け）付ける】[他下一]①接受，受理②（用「受け付けない」的形式表示）接受不了，承受不了△病人は食べ物を～けない状態だ/病人已无法进食

うけて③【受（け）手】[名]①收件人②（广播、通讯等的）收听者，收报者

うけとり⓪【受取・受（け）取り】[名]收据，收条

うけと・る⓪【受けとる・受（け）取る】[他五]①收，接，领△手紙を～/收到信②理解，领会△間違い～/误解

うけにん⓪【請（け）人】[名]保证人，担保人

うけみ③②【受（け）身】[名]①被动，

守势△～になる/被动 ②〈语〉被
动态 ③〈柔道〉防护动作

うけもち⓪【受(け)持ち】[名]担当
人,班主任

うけも・つ⓪【受(け)持つ】[他五]
担任,担当△会計を～/担任会计

う・ける②Ⅰ【受ける】[他下一]①
受,接受△真(ま)に～/当真 ②
受影响△ショックを～/受打击
③受(奖等)△賞を～/得奖 ④接
受Ⅱ【受ける・請ける】[他下
一]承包,包工△工事を～/承包
工程Ⅲ【受ける】[自下一]受欢
迎△大衆に～/受群众欢迎

うけわたし⓪【受(け)渡し】[名・
他サ]①收付,交接,交货 ②现款
付货

うご①【雨後】[名]雨后△～の竹
の子/雨后春笋

うごか・す③【動かす】[他五]①
移动,挪动,搬动△たんすを～/
挪动柜子 ②摇,摇晃 ③变动 ④
开动,操纵△エンジンを～/开发
动机

うごき③【動き】[名]①动,活动,
移动 ②变化,动向

うご・く②【動く】[自五]①动,移
动 ②摇晃△風で木の枝が～/风
吹得树枝摇晃 ③动荡,变化 ④
(机器等)运转,开动

うこさべん①【右顧左眄】[名・自
サ]左顾右盼

うごめ・く③【蠢く】[自五]蠢动,
蠕动

うさぎ⓪【兎】[名]兔

うさんくさ・い⑥【うさん臭い・
胡散臭い】[形]可疑,奇怪

うし⓪【牛】[名]牛◇牛の歩(あ
ゆ)み/行动迟缓

うしかい⓪【牛飼い】[名]喂牛的
(人),放牛的(人)

うしな・う⓪【失う】[他五]①失

去,丢失△自信を～/失去信心
②错过(失掉)机会 ③丧失,△
子を～/丧子

うしろ⓪【後(ろ)】[名]①后,后
方,后面 ②后尾,尾部△電車の
～/电车的尾部 ③后背,背部△
～を見せる/败逃

うしろすがた④【後(ろ)姿】[名]背
影,后影

うしろだて⓪【後(ろ)楯】[名]后
盾,靠山

うしろむき⓪【後(ろ)向き】[名]向
后,背着脸

うしろめた・い⑤【後(ろ)めたい】
[形]内疚,亏心

うす①【臼】[名]①臼 ②磨

うす【薄】Ⅰ[接头]①薄△～氷
(ごおり)/薄冰 ②浅,淡,稀,轻
微△～明かり/微弱的灯光 ③有
点,稍许△～ぎたない/有点脏Ⅱ
[接尾]…不大,…少△望み～/希
望不大

うず①【渦】[名]漩涡,涡流

うすい①【雨水】[名]雨水

うす・い⓪【薄い】[形]①薄 ②
(色、味等)淡 ③(浓度、密度)
低,稀△髪が～/头发稀少 ④(程
度)浅△印象が～/印象不深△興
味が～/没什么兴趣

うすぎ⓪【薄着】[名・自サ]穿得
薄,穿得少

うず・く②【疼く】[自五]针扎似
地疼,跳疼

うずくま・る④【蹲る】[自五]蹲

うすぐも③⓪【薄雲】[名]薄云

うすぐら・い⓪【薄暗い】[形]发
暗,微暗

うすげしょう③【薄化粧】[名]淡
妆

うずまき②【渦巻(き)】[名]①漩
涡 ②涡形,螺旋形

うずま・る⓪【埋まる】[自五]①被

埋上△家も木も雪に～/房子，树都被雪埋上 ②挤满△広場は人で～った/广场挤满了人

うすめ◎【薄目】[名]①浅些，薄些，淡些 ②眼睛半睁△～を明ける/眼睛微微地睁开

うす・める◎【薄める】[他下一]稀释，弄淡

うず・める◎【埋める】[他下一]①埋 ②占满，挤满

うすゆき◎【薄雪】[名]小雪，薄雪

うずら◎【鶉】[名]鹌鹑

うすら・ぐ◎【薄らぐ】[自五]①变薄，变淡 ②渐弱，渐少

うそ①【嘘】[名]①谎言，假话△～をつく/说谎 ②不正确，错误△～字（じ）/错别字 ③（用うそのよう）的形式表示）不可思议△昨夜の暴風雨が～のように，晴れあがった秋空/昨夜的暴風雨转眼间逝去，今天竟是个秋高气爽的晴天 ④不该，失策△嘘から出（で）た真（まこと）/弄假成真

うそつき②【嘘吐き】[名]说谎的人

うた②【歌・唄】[名]①歌曲，歌谣△子守（こもり）～/摇篮曲 ②（日本的诗）短歌，和歌

うた・う◎【歌う・謡う】[他五]①唱歌 ②作诗，吟咏

うた・う◎【謳う】[他五]①明文规定△親憲法には主権在民が～ってある/新宪法明文规定权力在民 ②讴歌，歌颂

うたがい◎【疑い】[名]疑惑，怀疑△～深（ぶ）かい/多疑

うたが・う◎【疑う】[他五]①怀疑 ②疑惑，猜疑

うたがわし・い◎【疑わしい】[形]①可疑，不确实 ②靠不住

うたごえ③◎【歌声】[名]歌声

うち◎【内・中】[名]①内，中△胸

の～/心中 ②时候，期间，趁…时候△日が暮れない～に山を越えよう/趁天色未暗翻过山去吧 ③之中，之内△だちょうは鳥の～でもっとも大型のものだ/驼鸟在鸟类中是最大的 ④我（的），我们（的）△～の父/我父亲 ⑤家，（自家）住宅 ⑥房屋，住房 ◆②③④⑤⑥通常不写汉字

うち-【打（ち）】[接头]①加强语气△～切る/切断 ②调整语气

うちあげ【打（ち）上（げ）】[名]①发射（卫星等）②（演出、宴会等）结束

うちあ・ける◎【打（ち）明ける】[他下一]说心里话，开诚布公地谈△秘密を～/吐露秘密

うちあ・げる◎【打（ち）上げる】Ⅰ[他下一]①发射 ②（戏等）演完 ③（某件事情）做完，完毕 Ⅱ[自下一]波浪把…冲上岸△海岸に～げられた貝がら/被冲上岸的贝壳

うちあわせ◎【打（ち）合（わ）せ】[名]事先商谈，碰头

うちあわ・せる◎【打（ち）合（わ）せる】[他下一]①事先商谈 ②相碰，互相撞击

うちかえ・す【打（ち）返す】Ⅰ[他五]①反击，反回 ②翻地 ③弹（旧棉花）Ⅱ[自五]（海浪）又冲击回来

うちかけ◎【打（ち）掛（け）】[名]（和服）妇女礼服

うちか・つ【うち勝つ・打（ち）勝つ】[自五]①战胜 ②（棒球赛）打胜，胜过

うちがわ◎【内側】[名]里侧，内部

うちき◎【内気】[名・形动]怯场，羞怯

うちき・る◎【うち切る】[他五]停

止，中止
うちきん⓪③【内金】[名] 定金，定钱
うちくだ・く⓪④【打(ち)砕く】[他五]①打碎,打破 ②(用「うちくだいて」的形式表示)细致地讲
うちけし⓪【うち消し】[名] ①否定 ②〈语〉否定
うちけ・す⓪【うち消す】[他五]否认，否定
うちこ・む⓪【打（ち）込む・うち込む】Ⅰ[他五] ①打进，钉进，砸进 ②（网球、乒乓球等向对方场地）猛击 ③（棒球）练习击球 Ⅱ[自五]热心，热中，专心致志△研究に～/专心致志地研究
うちだ・す⓪【うち出す】[他五]提出(方针)
うちと・ける⓪【うち解ける】[自下一] 融洽，和谐
うちどめ⓪【打(ち)止め・打(ち)留め】[名] ①(演出等)结束 ②结束
うちと・る⓪【討(ち)取る・打(ち)取る】[他五]①击毙，杀死 ②（棒球赛）投手胜击球员
うちのめ・す⓪【打(ち)のめす】[他五]打垮,打败
うちやぶ・る⓪【打(ち)破る・撃ち破る】[他五]①打败(敌人) ②打破(旧习、记录)
うちゅう①【宇宙】[名] 宇宙【-開発（かいはつ)④】[名] 宇宙开发
うちょうてん②【有頂天】[名・形动]欣喜若狂,得意洋洋△～になる/兴高采烈
うちよ・せる⓪【打(ち)寄せる】Ⅰ[自下一] ①涌上来△波が～/海浪涌上岸来 ②(骑马)逼近 Ⅱ[他下一]海浪把…冲上(卷上)
うちわ②【団扇】[名] 团扇
うちわ⓪【内輪】[名] ①家里，内部 ②保守，留有余地△～に見積る/保守地估计
う・つ①[他五] Ⅰ【打つ】①打，敲，拍△鐘を～/敲钟 ②洒（水） ③擀（面条）④下（棋）⑤拍（电报）⑥耕（田）⑦钉，扎，打（针）⑧浇注（泥浆）△コンクリートを～/灌混凝土 ⑨点（标点等）△番号を～/点号码 ⑩感动△心を～/打动人心⑪采取（方法、行动)△芝居を～って相手を騙す/耍花招骗人 Ⅱ【撃つ】发射（子弹等）Ⅲ【討つ】讨伐，攻击
うっかり③[副] 马虎，不留神
うつくし・い④【美しい】[形] ①美丽，（声音）动听，动人 ②美好，高尚△～友情/美好的友情
うつし③【写（し)】[名] 摹写，复写
うつ・す②[他五] Ⅰ【写す】①抄，誊△書き～/抄写 ②临摹，摹写 ③拍照 Ⅱ【映す】①映，照△鏡に顔を～/对着镜子照 ②放映△スライドを～/放幻灯
うつ・す②【移す】[他五] ①移,迁,搬,挪,转△話題を～/转话题 ②付诸,诉诸△行動に～/付诸行动 ③传染（病）④转移△視線を～/转移视线 ⑤(用「時を～さず」的形式表示）立即
うっそう⓪【鬱蒼】[副]（草木)郁郁葱葱,繁茂
うった・える⓪④【訴える】[他下一] ①诉讼，控告 ②申诉，诉说△苦痛を～/诉说痛苦 ③感动，打动,震动△大衆に～/感动民众 ④诉诸△武力に～/诉诸武力
うっちゃ・る⓪③[他五] ①扔，抛，丢开 ②抛在一边，置之不理 ③（相扑比赛）把对手扔向界外 ④（紧要关头)扭转局势
うつつ③⓪【現つ】[名]现实△夢～/

半睡半醒

うっとうし・い⑤［形］①(天气)阴沉 ②(心情)郁闷

うっとり③［副］出神，心荡神驰

うつぶ・せる④［他下一］扣过来，扣着放

うつむ・く⓪③［自五］低头，脸朝下

うつらうつら④［副］似睡非睡，迷迷糊糊

うつりかわ・る⓪【移り変(わ)る】［自五］变迁，变化，演变

うつりぎ③【移り気】［名・形动］见异思迁

うつ・る②［自五］Ⅰ【写る】照△写真に～/照成照片 Ⅱ【映る】①映出，显现△鏡に～った自分の顔/镜子里映出自己的面容 ②看见，映入眼帘△目に～/映入眼帘 ③相称，谐调

うつ・る②【移る】［自五］①移动，迁移 ②开始(行动)△さっそく実行に～/立即开始行动 ③传染 ④(味、色)薰，染△においが～/串味 ⑤(感情)转移△情が～/感情转移 ⑥(时间)流逝△時が～/时光流逝 ⑦变化，变迁△世が～/世事变迁

うつろ⓪【虚ろ】［名・形动］①空，空虚 ②茫然若失，发呆

うつわ⓪【器】［名］①容器 ②能力，才干

うで②【腕】［名］①胳膊 ②腕 ③技能，本领◇腕が上(あ)がる/技术提高◇腕が立(た)つ/技术出色◇腕によりをかける/尽全力◇腕をこまねく/袖手旁观◇腕を振(ふ)るう/施展才干

うでぐみ④③【腕組(み)】［名］两臂交叉在胸前

うでくらべ③【腕比べ】［名］赛力气，赛腕力

うでずく④⓪【腕ずく】［名］凭武力，动武

うでずもう③【腕相撲】［名］掰腕子，扳腕子

うでどけい③【腕時計】［名］手表

うでまえ【腕前】［名］本领，才能

うてん①【雨天】［名］雨天

うと・い②【疎い】［形］①关系疏远 ②生疏，不了解△世事に～/不了解人情世故

うとうと①［副］打瞌睡，迷糊

うとまし・い④【疎ましい】［形］(讨厌)想疏远

うと・む②【疎む】［他五］疏远，冷淡

うどん⓪【饂飩】［名］面条

うなが・す③【促す】［他五］①催促 ②促进

うなぎ⓪【鰻】［名］鳝鱼【-登(のぼ)り④】［名］(物价等)直线上升

うなさ・れる⓪［自下一］(做恶梦)魇住

うなず・く③【頷く】［自五］(表示同意、赞同)点头

うなり③【唸り】［名］①呻吟声 ②吼叫声 ③轰鸣声 ④呼啸声

うな・る②【唸る】［自五］①呻吟 ②(动物)吼叫 ③(机器)轰鸣 ④(风)呼啸 ⑤相当多△～ほどある/有得是，多极了 ⑥喝彩，叫好

うぬぼ・れる⓪【自惚れる】［自下一］飘飘然，骄傲

うねり③［名］大浪

うね・る②［自五］①(道路、河流)弯曲，蜿蜒 ②(波浪等)起伏

うのみ③【鵜呑み】［名］①整吞 ②(用「鵜呑みにする」的形式表示)不加思索地接受△人の言葉を～にする/轻信他人的话

うば・う②【奪う】［他五］①抢夺 ②吸引人△心を～/吸引人，使人心醉

うばぐるま③【乳母車】[名]（手推的）婴儿车

うぶごえ⓪③【産声】[名]（婴儿出生时发出的）呱呱声△～をあげる/出生，诞生

うま②【馬】[名]马△～を駆（か）る/策马急驰◇馬が合（あ）う/性情相投，脾气相投◇馬の耳（みみ）に風（かぜ）/当作耳旁风

うま・い②【旨い・甘い】[形]①好吃，香 ②高明，好△話が～/会说话 ③顺利△～くいく/进展顺利

うまみ③【うまみ・うま味・旨味】[名]①美味 ②（演技）妙，高明 ③（做买卖）赚头，油水△～がある/有赚头

うま・る⓪【埋（ま）る】[自五]①埋上，埋没 ②满，占满△席が～/座位全满了 ③补，填补△赤字が～/填补赤字

うまれ⓪【生（ま）れ】[名]①出生，诞生 ②出身，门弟

うまれかわ・る⑤【生（ま）れ変（わ）る】[自五]①托生，来世 ②重获新生，脱胎换骨

うまれつき⓪【生（ま）れつき】[名・副]天生，先天△～怒りっぽい/天生好生气

うまれながら⓪【生（ま）れながら】[副]天生，先天

うま・れる⓪【生（ま）れる・産（ま）れる】[自下一]①生（孩子），出生②产（卵）③产生，诞生

うみ①【海】[名]①海，海洋 ②（用"…の海"的形式表示）连成一片△雲の～/云海 ③砚台存水的地方△硯の～/砚池

うみ②【膿】[名]脓

うみだ・す③【生（み）出す・産（み）出す】[他五]产生，想出△利息を～/生利息

うみなり⓪④【海鳴（り）】[名]海鸣，海浪声

うみのさち①【海の幸】[名]海产，海货

うみべ③【海べ・海辺】[名]海边，海滨

うむ①【有無】[名]有无△～相通じる/互通有无

う・む①【生む・産む】[他五]①生（孩子）②产（卵）③产生△疑惑を～/产生疑虑

う・む①【倦む】[自五]厌烦，厌倦

うめ⓪【梅】[名]梅，梅子

うめあわせ⓪【埋（め）合（わ）せ】[名]补偿，弥补

うめ・く②【呻く】[自五]呻吟

うめたてち【埋め立て地】[名]填海建成的陆地

うめた・てる④【埋（め）立てる】[他下一]填平河（湖、海）

うめぼし⓪【梅干（し）】[名]咸酸梅干

う・める⓪【埋める】[他下一]①埋 ②填，堵，填塞△穴を～/堵窟窿 ③弥补，补缺△欠員を～/补缺额

うも・れる⓪【埋もれる】[自下一]埋上，埋没

うやま・う③【敬う】[他五]敬，尊敬

うようよ①[副]①（虫等）蠕动 ②（人群）乱哄哄

うよく①【右翼】[名]①（飞机等的）右翼 ②（政治上）右翼 ③（棒球）右外场

うら②【裏】[名]①背面，反面△～を返す/翻里做面 ②内幕，内情△～がある/有内幕 ③（棒球比赛时攻守两队对换的）下半场比赛 ④确认△～を取る/确认，对证查实◇裏をかく/将计就计

うらおもて⓪【裏表】[名]①表面和里面，正面和反面 ②(言行)表里不一 ③将里面翻过来

うらがえ・す③【裏返す】[他五]翻过来，翻里做面

うらがき⓪④【裏書き】[名]①证明，证实 ②(文件、证券等背面的)签字

うらぎ・る③【裏切る】[他五]①背叛，出卖 △友を～/背叛朋友 ②辜负，违背 △予想を～/事与愿违

うらぐち⓪【裏口】[名]①后门 ②不正当手段，非法途径，后门 △～入学/走后门上学

うらじ⓪【裏地】[名](衣服)衬里

うらづけ⓪④【裏付け】[名]证据

うらて③⓪【裏手】[名](建筑物)后面，背面

うらない③【占い】[名]①算命，算卦 ②算命先生

うらな・う③【占う】[他五]占卜，算命

ウラニウム③【uranium】[名]→ウラン

うらぼん⓪②【孟蘭盆】[名]盂兰盆会 (旧历七月十五日的祭祀活动)

うらまち②⓪【裏町・裏街】[名]背街，小巷

うらみ③【恨み・怨み・憾み】[名]①恨 △～を買う/得罪人，招怨恨 ②遗憾，缺陷

うらみち②⓪【裏道】[名]背街的小道

うら・む②【恨む・怨む】[他五]①恨，怀恨 ②悔恨，遗憾

うらめし・い④【恨めしい・怨めしい】[形]觉得可恨

うらもん⓪【裏門】[名]后门

うらやまし・い④【羨ましい】[形]令人羡慕

うらや・む③【羨む】[他五]羡慕

うらら・か②【麗らか】[形動]①晴朗，和煦 ②(心情)愉快，快活

ウラン①【〈德〉Uran】[名]〈化〉铀

うり①【瓜】[名]瓜 △～二つ/(容貌)一模一样

うりあげ⓪【売(り)上げ】[名]销售额

うりき・れる④【売(り)切れる】[自下一]售完，销售一空

うりくち⓪【売(り)口】[名]销路

うりこ③⓪【売(り)子】[名]①店员 ②(车站内)流动叫卖的小贩

うりことば③【売(り)言葉】[名]挑衅性的话 △～に買い言葉/你我一句，我顶你一句(吵了起来)

うりこ・む③【売(り)込む】[他五]①推销 ②自荐，自我宣传

うりだ・す③【売(り)出す】[他五]①开始出售 ②减价出售，甩卖 ③(歌手等)刚出名，初露头角

うりて⓪【売(り)手】[名]卖方

うりもの⓪【売(り)物】[名]①商品，出售的东西 ②(演员等的)拿手戏

うりょう①【雨量】[名]雨量

う・る⓪【売る】[他五]①卖 ②挑衅 △けんかを～/找碴打架 ③出卖，背叛 ④出名，扬名 △名を～/出名，扬名

う・る【得る】Ⅰ[他下一](「える」的文语形)得，得到 △少しも～所がない/毫无所得 Ⅱ[接尾]能 △有り～/有可能 △考え～/可以考虑

ウール①【wool】[名]羊毛，纯毛织品

うるおい③⓪【潤い】[名]①湿润 ②风趣，回味 ③安乐，轻松，宽裕 △～のある生活/有情趣的生活

うるお・う③【潤う】[自五]①润，

湿 ②増多，宽裕，丰富△ふところが～/手头宽绰起来

うるさ・い③【五月蝿い】[形]①吵，嘈杂△ラジオが～/收音机(的声音)吵人 ②爱挑剔，爱唠叨 ③麻烦，碍事△かみの毛が～/头发碍事

うるし【漆】[名]①漆树 ②漆【-塗(ぬり)】⓪[名]①漆器 ②涂漆

うる・む②【潤む】[自五]①湿润 ②(声音)哽咽△声が～/呜咽哭泣

うるわし・い④【麗しい】[形]①端庄，美丽 ②(心情等)好，愉快 ③动人，使人感动

うれい②【憂い】[名] Ⅰ【憂い】忧，忧虑△後顧の～/后顾之忧 Ⅱ【愁い】愁，忧郁

うれくち⓪【売れ口】[名]销路，买主

うれし・い③【嬉しい】[形]高兴，欢喜

うれしなみだ④【嬉し涙】[名]喜泪，高兴的泪

うれゆき⓪【売(れ)行き】[名]销路，销售情况

う・れる⓪【売れる】[自下一]①畅销 ②有名气△名が～/出名

うろうろ①[副]徘徊，转来转去，急得乱转

うろこ⓪①【鱗】[名]鳞△目(め)から鱗が落(お)ちる/恍然大悟

うろつ・く⓪[自五]徘徊

うわがき⓪【上書(き)】[名](信件、邮包等)收信(件)人姓名、地址

うわき⓪【浮気】[名・形动]见异思迁，感情不专一△～をする/搞婚外恋，沾花惹草

うわぎ⓪【上着】[名]上衣，外衣

うわごと⓪【うわ言】[名]梦话，胡话

うわさ⓪【噂】[名]①背后说闲话，议论人 ②谣传，风声，谣言△～が立つ/谣言四起◇うわさをすれば影(かげ)/说曹操，曹操就到◇人(ひと)の～も七十五日(しちじゅうごにち)/谣传不长久

うわつ・く⓪【浮付く】[自五](得意得)沉不住气，坐不住

うわて⓪【上手】[名](技术、能力等)占上风，强手

うわぬり⓪【上塗(り)】[名](抹灰，涂漆的)最后一遍△恥の～/丑上加丑

うわのそら④【上の空】[名]心不在焉△～で聞く/心不在焉地听

うわべ⓪【上べ・上辺】[名]表面，外表，外观△～を飾る/修饰外表，装门面

うわまわ・る⓪【上回る】[自五]超过，超出

うわむき⓪【上向き】[名]①脸朝上，仰脸△～に寝る/仰脸睡 ②(情况、形势等)有希望△景気が～になる/行情回升

うわめづかい④【上目遣い】[名](不满时)翻白眼看人△～に見る/翻白眼看人

うわやく⓪【上役】[名]上级，上司

うん①【運】[名]运，命运，运气△～がいい/运气好△～を天にまかせる/听天由命

うん①[感](打招呼、回答问题时表示许诺、同意)嗯，哦△～ともすんとも/一声不响，一声不吭

うんえい⓪【運営】[名・他サ]组织，经营

うんが①【運河】[名]运河

うんこう⓪【運航】[名・自サ](飞机、船)航行

うんざり③[副]腻，烦，厌烦

うんさんむしょう⓪【雲散霧消】[名

・自サ］云消雾散

うんそう⓪【運送】［名・他サ］运输，运送【-業（ぎょう）③】［名］运输业，运送业

うんだめし③【運試し】［名］碰运气

うんちん①【運賃】［名］运费

うんでい⓪【雲泥】［名］天壤，云泥△～の差/天壤之别

うんてん⓪【運転】［名・自他サ］①驾驶，开△安全～/安全行车 ②（资金）运转

うんどう⓪【運動】［名・自サ］①〈物〉运动 ②运动，活动【-会（かい）③】［名］运动会 ③（有目的地）进行活动△選挙のために～する/为选举进行活动【-神経（しんけい）⑤】［名］运动神经

うんぬん⓪【云云】Ⅰ［名］等等，云云 Ⅱ［他サ］这个那个（地议论）

うんぱん⓪【運搬】［名・他サ］搬运，运送

うんめい①【運命】［名］命运，天命△～に従う/听从天命

うんゆ①【運輸】［名］运输，输送【-省（しょう）③】［名］（日本政府机构之一）运输省

うんよう⓪【運用】［名・他サ］运用，活用△資金を～する/运用资金

え

え⓪【柄】［名］①柄，把 ②（蘑菇的）茎部 ③（植物的）杆，茎

え①【絵】［名］①图画，画 ②美丽的景色◇絵にかいた餅（もち）/画饼充饥

-え【重】［接尾］重，层△一（ひと）～/一层

えⅠ①［感］①（表示肯定、同意的语气）嗯，唉 ②（表示强烈的感动、惊奇、疑问）哎呀，噢 Ⅱ［終助］（老年妇女对亲近人说话时表示的轻微的疑问）哎，什么，吗

エア【air】Ⅰ①［名］空气，大气，压缩空气△～ブレーキ/气闸，风闸，空气制动器 Ⅱ［造语］①航空△～ポート/机场 ②广播△オン～/播放中，播音中

エアメール③【airmail】［名］航空邮件

えいえん⓪【永遠】［名］永远，永久

えいが②⓪【映画】［名］电影【-館（かん）③】④电影院

えいき①【鋭気】［名］锐气，朝气

えいきゅう⓪【永久】［名］永久，永远【-歯（し）⓪】［名］恒齿

えいきょう⓪【影響】［名・自サ］影响△～がある/有影响

えいぎょう⓪【営業】［名・自サ］①营业 ②（公司里的）销售，经营

えいご⓪【英語】［名］英语△アメリカ～/美式英语

えいこう⓪【栄光】［名］光荣，荣誉

えいしゃ⓪【映写】［名・他サ］放映

えい・じる⓪【映じる】［自上一］①（光、颜色等）映照 ②留下印象

えいせい⓪【衛生】［名］卫生【（ふ）-②】［形动］不卫生

えいせい⓪【衛星】［名］卫星【人工（じんこう）-⑤】［名］人造卫

星

えいぞう⓪【映像】[名]①映像△～がゆがむ/映像不正 ②(电影、电视等)影像，影视

えいぞく⓪【永続】[名・自サ]永续，持久△-性(せい)⓪[名]持久性

えいてん⓪【栄転】[名・自サ]高升，荣升

えいびん⓪【鋭敏】[形动]敏锐，灵敏

えいぶん⓪【英文】[名]①英语文章②英国文学

えいみん⓪【永眠】[名・自サ]长眠，死

えいゆう⓪【英雄】[名]英雄

えいよ①【栄誉】[名]荣誉

えいよう⓪【栄養】[名]营养△～を取る/汲取营养[-失调(しっちょう)⑤[名]营养失调[-素(そ)③[名]营养素[-分(ぶん)③[名]养分

えいり③⓪【絵入り】[名]附有插图

えいり①【営利】[名]营利[-事业(じぎょう)④[名]营利事业

えいり①【鋭利】[形动]①锐利，锋利②脑筋快，敏锐

えいりん⓪【営林】[名]林业管理，林业经营

エーエム③【AM】[名]调幅，振幅调制

えがお①⓪【笑顔】[名]笑脸，笑容

えが・く②【描く】[他五]①绘，描绘②描写③(在心中)描绘

えがた・い③【得難い】[形]难得，宝贵

えき⓪①【益】[名]①有益，有用②利益，赚钱

えき①【液】[名]液，液体

えき①【駅】[名]车站△ターミナル～/终点站

えきいん②【駅員】[名]车站工作人员

えきか⓪【液化】[名・自他サ]液化

エキサイト③【excite】[名・自サ]兴奋，激动

えきしゃ⓪【易者】[名]算卦人，卜者

エキス①【(荷)extract】[名]①(食物、药的)浓缩，精△にんにくの～/蒜汁 ②精华，精髓

エキスパート④【expert】[名]专家，行家

エキゾチック【exotic】[形动]异国情调，异国的

えきたい⓪【液体】[名]液体

えきちゅう⓪【益虫】[名]益虫

えきちょう⓪【益鳥】[名]益鸟

えきちょう⓪【駅長】[名]站长

えきびょう②【疫病】[名]疫病，传染病

えくぼ①[名]酒窝◇あばたもえくぼ/情人眼里出西施

えぐ・る②【抉る】[他五]①剜，挖②根除，剔除③悲痛至极△肺腑(はいふ)を～/心如刀绞④揭露△真相を～/揭露真相

エゴ①【(拉)ego】[名]①自己，自我②利己

エゴイズム③【egoism】[名]利己主义

えこひいき③[名・他サ]偏袒，偏向

えさ②⓪【餌】[名]诱饵，饵

エージェンシー①【agency】代理店，代理商

えじき①③【餌食】[名]①饵食②牺牲品

えしゃく①【会釈】[名・自サ]点头，行礼，致意

エース①【ace】[名]①(扑克牌)A

②(体育运动的)尖子选手③(网球、排球中的)发球得分

エスエフ③【SF】[名]科学幻想小说

エスカレーター④【(美)escalator】[名]自动扶梯

エスコート③【escort】Ⅰ[名・自他サ]侍从，护卫Ⅱ[名](旅行团里的)随员

えだ◎【枝】[名]①树枝②分支，分岔【-道(みち)◎】[名]岔道，岐路

えたい◎【得体】[名]真面目△～の知れない/莫明其妙，来历不明

えだは◎【枝葉】[名]①枝叶②枝节问题，无关紧要的问题

エチケット①【etiquette】[名]礼节，礼貌

エチルアルコール④【(徳)Äthylalkohol】[名]乙醇，酒精

エックスせん◎【X線】[名]X射线

エッセー①【essay】[名]随笔

エッチング◎【etching】[名]①蚀刻术②铜版画

えつらん◎【閲覧】[名・他サ]阅览【-室(しつ)③】[名]阅览室

えて②①【得手】[名・形動]擅长，拿手△～かってなやり方/任性的做法◇得手に帆(ほ)を揚(あ)げる/顺风扬帆，顺水行舟

エディター①【editor】[名]编辑；主编

えど◎【江戸】[名]江户(东京的旧称)

えとく①◎【会得】[名・他サ]领会，理解

エーテル①◎【(荷)ether】[名]〈化〉乙醚，醚

えな・い①【得ない】[形]不得，不能△止むを～/不得不，不得已

エナメル◎【enamel】[名]①珐琅，搪瓷，釉瓷②瓷漆

エネルギー③【(徳)Energie】[名]①能，能源②精力，气力△～のある人/精力充沛的人

えのぐ◎【絵の具】[名]绘画颜料

えはがき②【絵葉書】[名](带画的)明信片

えび◎【海老・蝦】[名]虾◇えびで鯛(たい)を釣(つ)る/一本万利

エピソード③【episode】[名]①逸事，逸闻②插曲

エピローグ③【epilogue】[名]①(小说、戏曲等)尾声②(事件)结尾，收尾，结论

エフエム③◎【FM】[名]调频【-放送(ほうそう)⑤】[名]调频广播

エプロン◎【apron】[名]①围裙②(机场)停机坪

えほん②【絵本】[名](儿童)画册，连环画

えもの③◎【獲物】[名]猎物

えら◎【鰓】[名]鳃

エラー①【error】[名・自サ]错误，失败，失误

えら・い②【偉い】[形]①伟大，高尚②地位高，身分高③非常△～騒ぎ/大骚乱

えら・ぶ②【選ぶ】[他五]挑选，选择△代表に～/选为代表

えり②【襟・衿】[名]①领子②脖梗，脖颈

エリート②【elite】[名]尖子，优秀，精英

えりまき②【襟巻】[名]围巾

える①【得る】Ⅰ[他下一]①得到②领会△要領を～/得要领Ⅱ[接尾](连体形、终止形常用「うる」)可能△あり～/可能有

エレベーター③【(美)elevator】[名]电梯

エロ①【erotic】[名]→エロチック

エロチック③【erotic】[形动]色情的，性感的

えん①【円】[名]①圆，圆形 ②（日本货币）日元

えん①【縁】[名]①因缘，因缘△多生（たしょう）の～/前世因缘 ②（血缘，夫妻）关系△～を切る/断绝关系△くされ～/冤家 ③边，缘，沿

えんえん⓪【延延】[副・连体]接连不断，没完没了△～長蛇（ちょうだ）の列/长蛇阵，长队列

えんか①【円価】[名]日元牌价

えんか①【演歌】[名]（日本民歌曲调的）流行歌

えんかい⓪【沿海】[名]①沿海 ②沿岸

えんかい⓪【宴会】[名]宴会

えんかつ⓪【円滑】[形动]①圆滑②圆满，顺利

えんがわ⓪【縁側】[名]（日本式建筑）套廊

えんかわせ③【円為替】[名]日元外汇比价

えんがん⓪【沿岸】[名]沿岸

えんき⓪【延期】[名・他サ]延期

えんぎ⓪【縁起】[名]①吉凶之兆②（寺庙的）弧缘，变迁◇えんぎでもない/不祥，不吉利

えんぎ①【演技】[名・自サ]①演技 ②表演

えんきょく⓪【婉曲】[形动]婉转，委婉

えんきょり③【遠距離】[名]远距离

えんきり④【縁切り】[名]（夫妇，父子等）脱离关系

えんぐみ④③【縁組】[名]结成夫妻，结成养父子（女）关系

えんげい⓪【園芸】[名]园艺

えんげい②【演芸】[名]（曲艺、相声等）表演艺术

えんげき⓪【演劇】[名]演剧，戏剧

えんこ①【円弧】[名]圆弧，弧

えんご①【援護・掩護】[名・他サ]援救，支援

えんし①【遠視】[名]远视

エンジニア③【angineer】[名]技师，工程师

えんしゅう⓪【円周】[名]〈数〉圆周【-率（りつ）③】[名]圆周率

えんしゅう⓪【演習】[名・他サ]①演习 ②（教学）共同研究，课堂研讨

えんじゅく⓪【円熟】[名・自サ]①（技艺）成熟 ②老练，圆滑

えんしゅつ⓪【演出】[名・他サ]①导演，舞台监督 ②（会议）组织安排

えんしょ①⓪【炎暑】[名]酷暑

えんじょ①【援助】[名・他サ]援助，帮助△～物資/救援物资

えんしょう⓪【炎症】[名]炎症△～を起こす/出现炎症

えんしょう⓪【遠称】[名]远称

えんしょう⓪【延焼】[名・自サ]（火势）蔓延

えんじょう⓪【炎上】[名・自サ]燃烧起来

えん・じる⓪【演じる】[他上一]①（影、剧）扮演，演 ②（在众人面前）露，显△醜態を～/露丑

えんしん⓪【遠心】[名]离心【-力（りょく）③】[名]离心力

エンジン①【engine】[名]发动机△～がかかる/（汽车等）发动△ジェット～/喷气发动机

えんすい⓪【円錐】[名]圆锥

えんすい①【塩水】[名]①盐水 ②海水

えんせい⓪【厭世】[名]厌世

えんせい⓪【遠征】[名・自サ]①远征，长征 ②探险

えんぜつ⓪【演説】[名・自サ]演

说，讲演【-会（かい）④】[名]演讲会

えんせん⓪【沿線】[名]沿线

えんそう⓪【演奏】[名・他サ]演奏【-会（かい）③】[名]演奏会

えんそく⓪【遠足】[名]郊游，野游

えんたい⓪【延滞】[名・自サ]拖延(付款)

えんだい⓪【演題】[名]讲演题目

えんだい⓪【縁台】[名](纳凉用)长凳

えんだい⓪【遠大】[名・形動]远大

えんだか⓪【円高】[名]日元升值

えんたく⓪【円卓】[名]圆桌【-会議（かいぎ）⑤】[名]圆桌会议

えんだん⓪【縁談】[名]提亲，介绍对象

えんちゃく⓪【延着】[名・自サ](火车等)晚点

えんちゅう⓪【円柱】[名]①圆柱 ②〈数〉圆柱

えんちょう⓪【延長】Ⅰ[他サ]延长 Ⅱ[名]①继续，沿续②全长

えんちょう①【園長】[名](幼儿园、动物园)园长

えんつづき③【縁続き】[名]血缘关系

えんでん⓪【塩田】[名]盐田

えんてんかつだつ⓪【円転滑脱】[形動]处事圆滑

えんどう⓪【豌豆】[名]豌豆

えんどお・い④③【縁遠い】[形]①关系疏远，没多大关系 ②(指女子)找不到对象

えんとつ⓪【煙突】[名]烟囱，烟筒

えんのう⓪【延納】[名・他サ]迟缴，过期缴纳

えんばん⓪【円盤】[名]①圆盘，圆板 ②铁饼【-投（なげ）⑤】[名]掷铁饼

えんぴつ⓪【鉛筆】[名]铅笔【-削（けずり）⑤】[名]铅笔刀

えんぶ①【円舞】[名]①(围圈跳的)集体舞 ②(华尔兹等)圆舞【-曲（きょく）③】[名]圆舞曲

えんまく①【煙幕】[名]烟幕◇煙幕を張（は）る/①为不暴露目标而施放烟幕 ②为掩盖真相而散布舆论等

えんまん⓪【円満】[形動]圆满，完善，和睦△～な家庭/和睦的家庭

えんむすび③【縁結び】[名]结婚，结亲

えんやす⓪【円安】[名]日元贬值

えんよう⓪【遠洋】[名]远洋【-漁業（ぎょぎょう）⑥】[名]远洋渔业

えんりょ⓪【遠慮】Ⅰ⓪[名・自他サ]①客气△～がない/不客气 ②谢绝，避讳△出席～しておこう/谢绝出席 Ⅱ①[名]远虑◇遠慮会釈（えしゃく）もない/毫不客气，不讲情面

お

お①【尾】[名]①尾巴△尾頭（おかしら）つき/带头尾的烤鱼 ②尾状物◇尾を振（ふ）る/讨好

お①【緒】[名]①细绳，细带△げたの～/木屐带△堪忍袋（かんにんぶくろ）の～が切れる/忍无可忍 ②(日本乐器)弦

お-【小】[接頭]①小，细小△～川

(がわ) /小河 ②少,稍微,一点△〜暗い/稍暗

お-【御】[接头]①表示郑重△〜米/大米 ②表示尊敬△〜美しい/漂亮 ③(用「お…する」、「お…いたします」的形式)表示谦虚△〜電話いたします/我给您打电话 ④(用「お…なさい」的形式)表示对部下亲切的命令△さあ、〜食べなさい/来吧,请吃

おあいそ⓪【お愛想】[名]①奉承话,应酬话△〜を言う/说奉承话 ②(饭馆,酒馆的)账单△〜お願い/请算账

おあいにくさま⓪[形动・感]不凑巧,不巧

オアシス②①【oasis】[名](沙漠中的)绿洲

おい⓪①【老い】[名]①老,衰老 ②老人,老年人△〜も若きも/老老少少△老いの一徹(いってつ)/老人的顽固脾气,老顽固

おい⓪【甥】[名]侄,外甥

おい①[感](平辈或熟人之间打招呼)喂

おいうち⓪【追(い)打ち・追(い)撃ち】[名]①追击 ②(进一步的)破坏,打击△〜をかける/打击

おいおい③【追(い)追(い)】[副]逐渐地,不断地,渐渐地,不久△〜分ってくることだ/不久就会明白

おいか・ける④【追(い)かける】[他下一]①追赶△流行を〜/赶时髦 ②紧接着,随后

おいかぜ⓪②【追(い)風】[名]顺风

おいこ・す③【追(い)越す】[他五]超过,赶过

おいこみ⓪【追(い)込み】[名](最后阶段的)努力△〜をかける/最后加把劲

おいこ・む③【追(い)込む】[他五]①赶进,使…进入 ②使…陷入△窮地に〜まれる/陷入困境

おいさき⓪【生(い)先】[名]前途,将来

おいし・い[形]好吃,味道好

おいしげ・る④【生(い)茂げる】[自五](草木)丛生,繁茂

おいだ・す③【追(い)出す】[他五]赶走,赶出

おいたち⓪【生(い)立ち】[名]①成长过程,经历△不幸な〜/不幸的经历 ②孩子的成长

おいつ・く③【追(い)つく・追(い)着く】[自五]①追上,赶上 ②挽回(补回)损失

おいつ・める④【追(い)詰める】[他下一]穷追,追到绝境

おいて⓪①(文)①(用…「において」的形式表示)在,于△わが国に〜開催/在我国举行 ②在…(时候)情况下△この非常時に〜/在这非常时刻 ③在…方面,就…而言△規模に〜第一等だ/就规模而言是第一流的

おいで[名]Ⅰ⓪(「行く、来る、居る」的敬语)去,来,在△〜になる/去,来 Ⅱ③(「来い」的敬语表现)过来[-おいで⑤][名](用手招呼小孩)过来

おいぬ・く③【追(い)抜く】[他五]①赶过,超过 ②胜过

おいばらい③【追(い)払い】[名]补交款

おいはら・う④【追(い)払う】[他五]轰走,赶走

おいぼ・れる⓪【老いぼれる】[自下一]衰老,老糊涂

お・いる②【老いる】[自上一]老,年老

オイル①【oil】[名]①油△サラダ-④【名]①色拉油 ②石油,汽油△〜ショック/石油危机 ③(汽车

等的)润滑油

おう①【王】[名]①王，国王，帝王 ②王子 ③（某方面的）能人

お・う⓪①【負う】Ⅰ[他五]①背 ②担负，承担△義務を～/承担义务 ③承蒙Ⅱ[自五]符合△名に～/名符其实

お・う⓪【追う】[他五]①追 ②追求△理想を～/追求理想 ③遵循，循序△順を～/按顺序 ④赶，撵△牛を～/赶牛 ⑤（被迫）离开，驱逐△国を～われる/被迫离开祖国

おうえん⓪【応援】[名・他サ]声援，助威【-歌(か)③】[名]助威歌

おうぎ③【扇】[名]折扇

おうきゅう⓪【応急】[名]应急，紧急

おうこう⓪【横行】[名・自サ](坏人)横行

おうごん⓪【黄金】[名]①黄金 ②有价值的东西【-時代(じだい)⑤】[名]最兴盛时期

おうさま⓪【王様】[名]①国王 ②至高无上的人

おうしつ⓪【王室】[名]王室

おうじゃ①【王者】[名]王△球界の～/球界之王

おうしゅう⓪【応酬】[名・自サ]①应对，口头还击 ②(互相)敬酒

おうじょう①【往生】[名・自サ]①〈佛〉往生△極楽～/极乐往生 ②死△～をとげる/死 ③无法应付，进退两难【-際(ぎわ)⓪】[名]临终，临死

おうしょくじんしゅ⑤【黄色人種】[名]黄色人种

おう・じる⓪③【応じる】[自上一]①答应，回答△要望に～/答应(提出的)要求 ②适应，按照△場合に～じて対処する/随机

应变

おうせつ⓪【応接】[名・自サ]应接，接待△～に暇(いとま)がない/应接不暇【-間(ま)⓪】[名]会客厅

おうたい⓪【応対】[名・自サ]应付，接待

おうたいホルモン⑤【黄体 hormone】[名]黄体酮

おうだん⓪【横断】[名・他サ]①横过，横穿，横渡△道路を～する/横断马路 ②横断，横切 ③横跨，横越(海洋等)

おうちゃく④③【横着】[名・形動・自サ]偷奸耍滑，蛮横，不讲理【-者(もの)⓪】[名]不讲理的人

おうちょう⓪【王朝】[名]①天皇执政的时代(指平安时代)②王朝

おうとう⓪【応答】[名・自サ]应答，答问

おうとつ⓪【凹凸】[名]①(道路等)凹凸不平 ②不匀，不匀称

おうはん⓪【凹版】[名](印刷技术之一)凹版

おうひ①【王妃】[名]王妃

おうふく⓪【往復】[名・自サ]①往返，来回△～乗車券/往返车票 ②来往，交往

おうへい⓪【横柄】[形動]傲慢，妄自尊大

おうぼ⓪【応募】[名・自サ]应募，应征

おうぼう⓪【横暴】[名・形動]横暴，蛮横△～な振る舞い/蛮横的行为

おうま①【黄麻】[名]黄麻

おうむ⓪【鸚鵡】[名]鹦鹉【-返(がえ)し④】[名]鹦鹉学舌，人云亦云

おうよう⓪【応用】[名・他サ]应用，适用

おうらい⓪【往来】Ⅰ[名・自サ]

往来,通行△～が激しい/往来频
繁Ⅱ[名]道路,路

お・える⓪【負える】[自下一] 能
处理,能承担△手に～えない/难
以处理

オーエル③【office lady】[名] 公司
女职员

お・える⓪【終える】Ⅰ[他下一]
完结,完毕△一生を～了结一生
Ⅱ[自下一] 完了,结束△そろ
そろ～えよう/该结束了吧

おお-【大】[接头] ①大,宽广△～
男/高大的男人 ②多△～人数/
人数众多 ③(程度)很,非常△～
さわぎ/大骚乱 ④(年龄、地位)
高,长△～伯父(おじ)/大伯父
⑤大概,大体△～ざっぱ/大致,
粗略△～づかみ/大体

おおあめ③【大雨】[名] 大雨

おお・い②①【多い】[形] 多,丰富
△雨量が～/雨量多

おおい③⓪【覆い】[名] 覆盖,遮盖
物

おおいに①【大いに】[副](数、量)
多,(程度)相当,甚,非常△旧友
と～語り合った/同老朋友交谈
了许多

おお・う②⓪【覆う】[他五] ①覆
盖,遮盖△目を～/蒙住眼睛 ②
掩盖

おおうつし③【大写(し)】[名](电
影)特写

おおがかり③【大掛かり】[形动] 大
规模,庞大

おおかぜ④③【大風】[名] 大风

おおがた⓪[名]Ⅰ【大形】(形状)大
△～のケーキ/大蛋糕Ⅱ【大型】
(同类中的)大,大型△～バス/大
型公共汽车

おおかみ①【狼】[名] 狼

おおがら⓪【大柄】[形动] ①(身
材)大,魁梧,大个子 ②大花图

おおかれすくなかれ①-③⑦【多かれ
少なかれ】[副] 或多或少,多多
少少

おおき・い③【大きい】[形] ①
(面积、体积、规模、范围等)大,
高大,巨大 ②(数值)大 ③(年
龄)大 ④(程度)深 ⑤(言辞、
行为)夸大

おおきな①【大きな】[连体] 大的
△～荷物/大行李

おおく①【多く】Ⅰ[名] ①大多数,
大部分 ②多Ⅱ[副] 多,常常,往
往

おおぐい①【大食い】[名] 饭量大
的人,吃得多的人

おおぐち①【大口】①大嘴△～を开
ける/张开大嘴 ②大话△～をた
たく/说大话,夸海口

おおくとも①【多くとも】[副] 至
多,顶多,充其量

おおげさ⓪【大げさ】[形动] 夸大,
夸张,过分△～に言う/夸大其词

おおざっぱ③【大ざっぱ】[形动] ①
草率,粗心 ②大致,粗略△～に
言えば/大致上说

おおし・い③【雄雄しい】[形] 雄
壮,英勇

おおずもう③【大相撲】[名] 专业
相扑

おおぜい③【大勢】[名・副] 许多
人,多数人△～の人/许多人

おおそうじ③【大掃除】[名] 大扫
除

おおだてもの①④【大立て者】[名]
(政界、商界等)要人

おおつぶ⓪【大粒】[名] 大粒,大
颗粒

おおっぴら⓪【大っぴら】[形动] ①
毫无顾忌 ②公开,公然

おおどおり③【大通り】[名] 大街,
马路

おおはば④【大幅】Ⅰ［名］宽幅（布）Ⅱ［形动］（数量、规模、价格等）大幅度△～な値上げ/大幅度物价上涨

おおまか⓪【大まか】［形动］①粗略，概略 ②不拘小节，大方

おおまた①⓪【大また】［名］大步，阔步

おおみず④①【大水】［名］大水，洪水

おおみそか③【大晦日】［名］除夕

おおむぎ⓪③【大麦】［名］大麦

おおむね⓪【概ね】［副］大概，大体，大约

おおめ③【多目】［名・形动］多一些，稍多些

おおめ⓪【大目】［名］（分量）稍多◇大目に見（み）る/①放宽，睁一只眼，闭一只眼 ②原谅，宽容

おおめだま③【大目玉】［名］①大眼睛 ②申斥，斥责◇大目玉を食（く）う/受斥责，挨说

おおもの⓪【大物】［名］①（钓鱼、狩猎时）有价值的猎物 ②大人物，有实力的人物

おおや①【大家】［名］房东，房主

おおやけ⓪【公】［名］①国家，政府，官方 ②公共，公家△～の利益/公共利益 ③组织，集团，单位

おおゆき④⓪【大雪】［名］大雪

おおよう①【大様】［形动］大方，大气△～に構える/落落大方

おおわらい③【大笑い】［名・自サ］①大笑 ②十分可笑

おか⓪【丘】［名］丘陵，山冈

おかあさん②【お母さん】［名］①（孩子对自己母亲的亲切称呼）妈妈 ②（称呼别人的母亲）你的妈妈，令堂 ③母亲对儿女的自称

おかげ⓪【御陰】［名］①托福，幸亏，多亏△～さま/托您的福 ②（用「…（の）おかげで」的形式表示）由于…，多亏…△勉強した～で合格できた/由于用功学习，才及格了

おかし・い【可笑しい】［形］①可笑，滑稽 ②不正常，异常△機械の調子が～/机器运行不正常 ③可疑△そぶりが～/举止可疑

おか・す⓪【他五】Ⅰ［侵す］①侵犯，入侵 ②侵犯，侵害 Ⅱ［犯す］违背，犯△罪を～/犯罪 Ⅲ［冒す］①冒（危险，困难）△風雨を～/顶风冒雨 ②冒犯，亵渎△芸術の神聖を～/亵渎艺术

おかず⓪［名］菜，副食品

おかまい⓪【お構（い）】［名］（对客人）招待，理会△～なしに/请不要张罗了

おかみ②【女将】［名］（日本式旅馆、饭馆的）女主人，女老板

おが・む②【拝む】［他五］①拜，跪拜 ②恳求，拜托 ③〈谦〉拜见，见

おかめ⓪【おか目】［名］旁观，侧面看◇おか目八目（はちもく）/旁观者清

おがわ【小川】［名］小河

おかわり②【お代（わ）り】［名・自サ］添（饭、菜、酒）

おき⓪【沖】［名］（离岸边远的）海上，海面，湖上，湖面

-おき【置（き）】［接尾］（接数量词之后）每，每隔△二日～/每隔两天

おきあい⓪【沖合】［名］海上，海面

おきか・える④【置（き）換える】［他下一］①换位置，调换，替换 ②挪到别处

オーキシン③【auxin】［名］植物生长激素

おきて⓪③【掟】［名］惯例，习惯，规章，法律

おきどけい③【置（き）時計】［名］坐

钟

おきどころ⓪③【置(き)所】[名]①
安身之处 ②放置处,放的地方

おぎな・う③【補う】[他五]补充,
补偿

おきば⓪【置(き)場】[名]存放处,
放的地方

おきまり②【お決まり】[名]常习,
惯例,定规

おきもの⓪【置物】[名]陈设品,装
饰品

おきゃくさん⓪【お客さん】[名]①
客人 ②比喻滥竽充数的人

お・きる②【起きる】[自上一]①
起立,站起来 ②起床 ③醒 ④发
生,出现 ⑤(火)燃烧

おく①【奥】[名]①深处,里头 ②
内宅,里间 ③奥秘,秘密△~の
手/绝招,秘诀

おく①【億】[名]亿

お・く⓪【置く】Ⅰ[他五]①下(霜,
露水)△霜が~/下霜 ②放,搁,
置△本をたなに~/把书放在架
子上 ③设置 ④(距离、时间)隔,
间隔 ⑤放下,停止△筆を~/放
下笔,写完 ⑥定(重点、目标)△
目標を~/定目标 ⑦保持(状态)
△心に~/放在心上 ⑧搁置一旁
△この問題はしばらく~いて次
に進もう/这个问题暂不谈,继续
下一个 ⑨(用「…せずにはおか
ない」的形式表示)不允许,不行
Ⅱ「补动五」(用「…ておく」
的形式)①表示状态△話を聞く
だけは聞いて~/先听你说说情
况(结果再说) ②事先做某种准
备△いまのうちにトイレに行っ
て~きなさい/趁现在你先去趟
厕所

おくがい②【屋外】[名]屋外,户
外

おくさま①【奥様・奥さま】[名]
(称他人的妻子时较郑重的说法)
夫人,太太

おくさん①【奥さん】[名](称他人
妻子时的一般说法)夫人,太太

おくじょう⓪【屋上】[名]屋顶

オークション①【auction】[名]拍卖

おくそく⓪【憶測】[名・他サ]臆
测,猜测,揣度

おくそこ⓪【奥底】[名]①深处 ②
内心深处

オクターブ③【(法)octave】[名]八
度音

おくち①【奥地】[名](离城市、海
岸远的)内地

おくづけ④⓪【奥付】[名](印有著
者名,发行人,发行年月等的)版
权页

おくない②【屋内】[名]室内

おくに⓪【お国】[名]①贵国,您
的故乡 ②农村,乡村

おくのて②【奥の手】[名]绝招,秘
诀△~を使う/使绝招

おくば①【奥歯】[名]大牙,白齿◇
奥歯に物(もの)を挟(はさ)まっ
たよう/讲话吞吞吐吐

おくびょう③②【憶病】[名・形动]怯
懦,胆怯[-者(もの)]⓪[名]胆
小鬼,懦夫

おくぶか・い④【奥深い】[形]①深
处 ②(意义)深远,深奥

おくゆかし・い⑤【奥ゆかしい】
[形]有修养,高雅△~人がら/
人品高尚

おくゆき④⓪【奥行(き)】[名]①
(房屋、庭园、场地等的)进深 ②
(思考、知识的)深度

おくらいり④【お蔵入り】[名]①
收藏起来 ②(作品等)暂不发表

おくら・せる⓪【遅らせる・後ら
せる】[他下一]推迟,拖延,放
慢△返事を~/推迟答复

おくりがな⓪【送り仮名】[名]送

假名，写在汉字下面的假名

おくりじょう③【送り状】[名]发货单，发货票

おくりもの⓪【贈(り)物】[名]礼物，赠品

おく・る⓪[他五] I【送る】①送 ②惜别，送行 ③度日△月日を～/度日 ④挪动 ⑤标上(送假名) II【贈る】赠送

オークル①【(法)ocre】[名]赭色

おくれ⓪【遅れ・後れ】迟，晚【時代(じだい)-④】[名]落伍◇後れを取(と)る/落后于人

おくればせ⓪【後ればせ】[名]晚，事后△～ながら/未能及时…

おく・れる⓪【遅れる・後れる】[自下一] ①迟，晚△学校に～/上学晚了 ②(进度等)慢，落后△時計が～/表慢了

おけ①【桶】[名]木桶

オーケー③【OK】 I [感]行，好，可以 II [名・自サ]同意，允许，赞同

オーケストラ③【orchestra】管弦乐，管弦乐团

おこがまし・い[形]狂妄无知，冒昧

おこ・す③[他五] I【起こす】①使…起来，使…立起 ②晚醒，叫醒 ③引起(病、事件等)△食中毒を～/引起食物中毒 ④产生△好奇心を～/产生好奇心 ⑤开始做，发动△筆を～/动笔 ⑥翻(地)△土を～/翻地 ⑦燃烧△火を～/点火 II【興す】振兴，使…兴盛△家を～/振兴家业

おごそか②【厳か】[形动]庄严，严肃

おこた・る③⓪【怠る】[自・他五]怠慢，懒惰，玩忽△義務を～/不履行义务

おこない⓪【行(な)い】[名]①动作，举止 ②行为，品行

おこな・う⓪【行(な)う】[他五]做，举行，进行

おこなわ・れる⓪【行(な)われる】[自下一]①实施，实行 ②盛行，流行△世に～/盛行于世

おこのみ⓪【お好み】[名](对方的)爱好，喜好，嗜好【-焼(やき)】⓪[名](和稀的面里加入蔬菜、肉、鸡蛋等烤制的)食品

おこり③【起(こ)り】[名]起源，起因

おごり⓪【奢り】[名]①请客 ②奢侈，奢华

おこりっぽい⑤【怒りっぽい】[形]爱生气，脾气暴

おこ・る②【怒る】[自五]①生气，发火 ②责备，申斥△生徒を～/训斥学生

おこ・る②[自五] I【起こる】①发生，起△風が～/起风 ②燃烧△炭が～/炭烧着了 II【興る】兴盛，昌盛

おご・る② I【奢る】[自五]奢侈△口が～/口味高 II【奢る】[他五]请客 III【驕る】[自五]骄傲

おさえ③②[名] I【押(さ)え】按，压 II【抑え】威严，控制力

おさえつ・ける②⑤【押(さ)えつける・抑えつける】[他下一]①压住，按住 ②镇压，压制

おさ・える③[他下一] I【押さえる】①按，压 ②(自行)占有，把握△資産を～/占有资产 ③抓住△要点を～/抓住要点 II【抑える】①制止，遏制，封锁，阻止△敵を～/阻止敌人 ②控制，抑制△涙を～/忍住泪水

おさき⓪【お先】[名]①(「さき」的郑重语)先，占先△～にどうぞ/请您先走 ②未来，前途◇お先棒(ぼう)を担(かつ)ぐ/当走

卒

おさげ②【お下げ】[名]发辫，辫子

おさな・い③【幼い】[形]①幼小，幼年 ②幼稚，不成熟

おさなご③【幼子】[名]幼儿，婴儿

おさなごころ④【幼心】[名]童心，幼小心灵

おさななじみ④【幼なじみ】[名]童年的朋友

おさま・る③【自五】Ⅰ【収まる・納まる】装进，收入Ⅱ【納まる】纳入，收纳△国庫に～/收入国库Ⅲ【収まる・治まる】平静，平息△腹の虫が～らない/怒气未消Ⅳ【治まる】平定，平静△世の中が～/天下太平Ⅴ【修まる】品行端正

おさ・める③【他下一】Ⅰ【収める・納める】①收入，装入，纳入 ②收下△どうぞお～め下さい/请收下Ⅱ【収める】①收回△兵を～/收兵 ②收获，取得△成功を～/取得成功Ⅲ【納める】①交纳，缴纳△会費を～/交纳会费②结束，停止Ⅳ【治める】平定，治理△国を～/治国Ⅴ【修める】学习（技术），掌握

おじ⓪【伯父・叔父】[名]伯父，舅父，叔父，姑夫

オージー③【OG】女职员

おし・い②【惜しい】[形]①珍惜，爱惜 ②可惜，遗憾

おじいさん③【お祖父さん・お爺さん】[名]①祖父，爷爷 ②老大爷，老爷爷

おしい・る③【押(し)入る】[自五]闯入，挤进

おしいれ⓪【押(し)入(れ)】[名](日本式房屋的)壁橱

おしうり⓪【押(し)売(り)】[名・

他サ]强卖，硬卖

おしえ⓪【押(し)絵】[名]贴花，包花

おしえ⓪【教え】[名]教育，教导，教诲

おし・える⓪【教える】[他下一]①教授，教（知识，技术）②指点，告诉 ③教诲，训诫，教育

おしか・ける④【押(し)掛ける】[自下一]①蜂拥而来②不招自来

おしがみ⓪【押(し)紙】[名](夹在书中的)纸签

おじぎ⓪【お辞儀】[名・自サ]行礼，鞠躬

おしきり⓪【押(し)切(り)】[名]①切，割 ②(切纸，干草的)铡刀

おしきりちょう【押(し)切(り)帳】[名]收据簿

おしき・る③【押(し)切る】[他五]①切断，铡 ②排除，不顾△親の反対を～って結婚した/不顾父母的反对结婚了

おしげ③【惜(し)気】[名]可惜△～もなく/毫不可惜，毫不留恋

おじけ⓪【怖(じ)気】[名]害怕，恐惧

おしこ・む③【押(し)込む】Ⅰ[自五]闯入，闯进Ⅱ[他五]塞进，勉强装入

おじさん⓪【小父さん】[名]叔叔，伯伯

おしすす・める⑤【推(し)進める】[他下一]推行，推进

おしせま・る④【押(し)迫る】[自五]临近，接近，迫近

おしだし⓪【押(し)出し】[名]①推出，(相扑的比赛规则)推出界外 ②(棒球)牺牲打 ③风度，仪表

おしだ・す③【押(し)出す】[自他五]①推出，(相扑的比赛规则)推出界外 ②推行(方针)

おしつ・ける④【押(し)つける・

押(し)付ける】[他下一]①按住，压住 ②强制，强迫，强加△責任を～/把责任强加于人 ③(强行)给

おしっこ②[名](小儿语)小便

おしつま・る④【押(し)詰まる】[自五]①临近,迫近 ②临近年末

おしつ・める④【押(し)詰める】[他下一]①塞,填,挤着装 ②压缩,缩小 ③逼△土俵ぎわまで～/逼得无路可走

おしとお・す③【押(し)通す】[自他五]坚持,固执△わがままを～/固执己见

おしどり②[名]鸳鸯△～夫婦/形影不离的夫妻

おしはか・る④【推(し)量る】[他五]推量,猜测

おしボタン③【押しボタン】[名]电钮,按键

おしぼり②【お絞り】[名](饭店等专供客人用的)湿手巾

おし・む②【惜しむ】[他五]①惋惜,遗憾 ②爱惜,珍惜△時間を～/珍惜时间 ③吝惜△骨身を～まず/不惜力,不辞辛苦

おしゃべり②Ⅰ[名・自サ]闲聊,聊天 Ⅱ[名・形動]爱说,多嘴△～な人/爱说的人

おしゃれ②【お洒落】[名・形動・自サ]修饰,打扮,爱美

おしょう①【和尚】[名]和尚

おじょうさま②【お嬢様】[名]①令爱 ②小姐 △-育(そだ)ち⑥[名]娇生惯养的小姐

おしょく⓪【汚職】[名]渎职,贪污

おしよ・せる④【押(し)寄せる】Ⅰ[自下一]涌上来,蜂拥而来△津波(つなみ)が～/海啸涌上来 Ⅱ[他下一]挪到近处

おしろい⓪【白粉】[名]扑粉

オシログラフ④【oscillograph】[名]示波器,录波器

お・す⓪【押す】[他五]①推△ドアを～/推门 ②进一步确认△念を～/叮嘱 ③冒着,不顾 ④压倒,占优势

お・す⓪【推す】[他五]①推想,猜测 ②推举,推荐◇推して知(し)るべし/可想而知

おす②【雄】[名]雄

おすい⓪【汚水】[名]污水

オスカー①【(美)Oscar】[名]奥斯卡奖(美国电影奖)

おせじ⓪【お世辞】[名]恭维,奉承△～がうまい/会说话,会恭维人

おせちりょうり④【お節料理】[名](正月里吃的)菜肴

おせっかい②【お節介】[名・形動・自サ]多管闲事,爱多事△～を焼く/多管闲事

おせわ②【お世話】[名・自サ]照顾,照料,帮助△いろいろ～になりました/承蒙帮助△～さま/多亏您照顾了

おせん⓪【汚染】[名・自他サ]污染【大気(たいき)-】④[名]大气污染

おそ・い⓪【遅い】[形]①慢,晚△足が～/走路慢 ②(时间)迟,晚△帰りが～/回家晚 ③来不及

おそ・う②⓪【襲う】[他五]①袭,袭击 ②(用「襲われる」的形式表示感情上)遭受,受侵扰,陷入△死の恐布(きょうふ)に～われる/陷入死的恐惧中 ③继承,世袭△あとを～/继位

おそかれはやかれ⑥⑤【遅かれ早かれ】[副]早晚,迟早

おそくとも②【遅くとも】[副]最晚,至迟

おそまつ②【お粗末】[名・形動]粗糙,不精致

おそらく②【恐らく】[副]恐怕,也许,大概

おそるべき④【恐るべき】[连体]可怕的,惊人的

おそれ③【恐れ】[名]Ⅰ【恐(れ)】害怕,危险 Ⅱ【虞】有…危险,有…可能性,恐怕会…

おそれい・る③【恐(れ)入る】[自五]①对不起,不好意思△お忙しいところ~ります/百忙之中打扰,十分抱歉 ②折服,认输

おそ・れる③【恐れる】[自下一]①惧怕,害怕△死を~/怕死 ②担心

おそろし・い④【恐ろしい】[形]①可怕,惊人,非常,相当△きょうは~く暑い/今天相当热

おそわ・る⓪【教わる】[他五]受教,跟…学△先生に英語を~/跟老师学英语

オゾン①【ozone】[名]〈化〉臭氧

オーダー①【order】Ⅰ[名]次序,等级 Ⅱ[名・他サ]订货△~メード/订做的东西

おたがいさま⓪⑥【お互(い)様】[名]彼此彼此,彼此一样

おたく⓪【お宅】Ⅰ[名]您家,府上 Ⅱ[代]您,您那里△~、どうする/您准备怎么办

おたずねもの⓪【お尋(ね)者】[名]逃犯,(正在追捕的)犯人

おだ・てる⓪【煽てる】[他下一]①捧,戴高帽 ②煽动,挑唆

おたまじゃくし④【お玉じゃくし】[名]①勺子 ②蝌蚪 ③五线谱音符

おためごかし④[名・形动]伪善,(表面为人)实际为己△~の親切/虚情假意

おだやか②【穏やか】[形动]①平稳,平静 ②(性格)沉着,温和

おち【落(ち)】Ⅰ②[名]①遗漏,疏忽,差错 ②(不好的)结果,下场 ③日本单口相声最后的打诨结尾语 Ⅱ[造语]流落

おちあ・う⓪【落(ち)合う】[自五]①聚会,相会,碰头 ②(河流)汇合

おちい・る⓪③【陥る】[自五]①陷入(困境)△危険に~/陷入危难 ②中计,落入(圈套)△計略に~/中计 ③陷落

おちおち③①[副](与否定相呼应)安静,安心△~食事もしていられない/饭也吃不安稳

おちこ・む⓪【落(ち)込む】[自五]①落入,掉进 ②塌陷,洼△山腹が~んで,深い谷になっている/山腰洼下,形成一个深峡谷 ③陷入(困境) ④没精神,无精打采

おちしお③【落(ち)潮】[名]落潮,退潮

おちつき⓪【落(ち)着(き)】[名]①沉着,沉稳,镇静△~を失う/失控,不冷静 ②(东西)放得稳△~が悪い/不稳

おちつ・く⓪【落(ち)着く】[自五]①镇静,安定△気分が~/心静 ②平稳,稳定△物価が~/物价稳定 ③安定下来,安顿下来△生活が~/生活安定下来 ④归结,结果 ⑤(色彩)柔和△~いた色/柔和的色彩

おちど②①【落(ち)度】[名]过失

おちば①②【落(ち)葉】[名]落叶

おちぶ・れる⓪【落ちぶれる】[自下一]落魄,沦落

おちめ②②【落(ち)目】[名]败运,倒霉

おちゃ⓪【お茶】①茶,茶叶△~を入れる/沏茶 ②工间休息△~にする/休息一会儿 ③茶道◇お茶を濁(にご)す/糊弄,搪塞

お・ちる②【落ちる】[自上一]①落,落下,降落△雷(かみなり)が

~/落雷 ②【陥入，坠入△わなに ~/落入圈套 ③脱落，掉△色が ~/掉色 ④落第，落选△試験に ~/没考上 ⑤漏掉，遗漏⑥（声望等）下降◇腑（ふ）に落ちない/不能理解◇猿（さる）も木（き）から落ちる/智者千虑，必有一失

おっくう③【億劫】［形動］嫌麻烦，懒得做

おっしゃ・る③【仰しゃる】［自五］（「言う」的敬语）说，称

おって⓪【追って】Ⅰ［副］不久，随后△結果は、~郵便でお知らせします/结果随信通知 Ⅱ［接］（信，通知等）再启 -書（がき）⓪［名］再启，附言，又及

おっと⓪【夫】［名］丈夫

おっとり③［副］稳重大方，文雅

おつまみ②【お摘（ま）み】［名］（「摘み」的郑重说法）下酒菜

おつゆ⓪【お汁】［名］①（日本饭中的）酱汤 ②清汤

おてあげ⓪【お手上げ】［名］服输，毫无办法

おてつだい②【お手伝い】［名］女佣人

おてのもの⓪⑤【お手の物】［名］特长，专长，拿手戏

おてん⓪【汚点】［名］污垢，污点

おでん②［名］（萝卜、海带、蒟蒻、油豆腐等加糖、酱油煮的）菜

おてんきや⓪【お天気屋】［名］喜怒无常的人

おと②【音】［名］①音，声音△~がする/有声音，响起声音 ②名声△~に名高い/有名气 ③音信，消息

おとうさん②【お父さん】［名］①（您的）父亲 ②（直接称自己的父亲）爸爸 ③（指自己丈夫）孩子他爸

おとうと④【弟】［名］弟弟

おどか・す⓪【脅かす・威かす・嚇かす】［他五］①威胁，恫吓 ②吓唬△「わっ」と言って~/"哇"地大叫一声吓人

おとぎばなし④【お伽噺】［名］童话故事，神话故事

おとこ③【男】［名］①男子，男性 ②家伙，小子△きみも困った~だねえ/你也是个令人头痛的家伙 ③男子汉，大丈夫 ④（男人的）姿态，气度【-ぶり】⓪［名］男人的风度（气度）⑤情夫◇男を上（あ）げる/体面，露脸

おとさた⓪③【音さた・音沙汰】［名］消息，音信

おとしい・れる⑤⓪【陥れる・落とし入れる】［他下一］①陷入（困境），陷害 ②攻陷，攻克

おとしだま⓪【お年玉】［名］（新年时给孩子的）押岁钱

おと・す②【落（と）す】［他五］①扔下，使…落下，△爆弾を~/扔炸弹 ②使…陷入△わなに~/使人陷入圈套 ③去掉，舍弃△命を~/舍命△気を~/泄气，灰心 ④降低，减低△声を~/压低声音⑤失落，漏掉△財布を~/丢了钱包 ⑥攻陷△城を~/攻克城堡

おど・す②【脅す・威す】［他五］威胁，吓唬

おとずれ⓪④【訪れ】［名］①拜访，访问 ②音信，信息△春の~/春天的信息

おとず・れる④⓪【訪れる】［自下一］①拜访，走访，访问 ②（季节等）来到，来临

おととい③【一昨日】［名］前天

おととし【一昨年】［名］前年

おとな⓪【大人】［名］①成人，大人 ②（想法）老成，成熟【-気（げ）無（な）い】⑤［形］孩子气

おとなし・い④【大人しい】［形］①

温顺，老实 ②（花色等）素气，雅气

オートバイ③【（美）autobike】[名] 摩托车

オートメーション④【automation】[名]自动化，自动控制，自动装置

おとも②【お供】[名・自サ]随从，陪同

おどり⓪【踊（り）】[名]舞蹈，舞【-子（こ）⓪】[名]舞女

おと・る②⓪【劣る】[自五]劣，次，不如，不及△負けず～らず/不相上下，平手

おど・る⓪[自五]Ⅰ【踊る】跳舞△タンゴを～/跳探戈Ⅱ【躍る】①乱，紊乱△字が～っている/字迹不整 ②跳，跳跃，腾空△身を～らせてプールに飛び込む/腾空跃入游泳池 ③（心情）激动，跳动△胸が～/激动Ⅲ【踊る・躍る】（被人）操纵△人に～らされる/被人操纵

おとろ・える④【衰える】[自下一]衰弱，衰落

おどろか・す④【驚かす】[他五]惊动，惊吓

おどろき④【驚き】[名]①惊讶，震惊 ②惊人

おどろ・く③【驚く】[自五]吃惊，惊恐，惊奇，出乎意料

オーナー①【owner】[名]（船、公司、球队）经营者，所有者

おなか⓪【お中・お腹】[名]①肚子 ②胃肠

おなじ⓪【同じ】Ⅰ[形动]同一，一样，相同Ⅱ[副]反正，终归△～やるなら、気持ちよくやりたい/终归要干，索性心情舒畅地干◇同じ穴（あな）のむじな/一丘之貉

おなじく②【同じく】Ⅰ[副]一样，同样Ⅱ[接]同，相同

おなじみ⓪【お馴染（み）】[名]①熟人，老相识 ②老主顾

おに［鬼］Ⅰ②[名]①鬼 ②残酷无情的人△心を～にする/狠着心肠 ③（尽全力做事的人）…狂△仕事の～/工作狂 ④（游戏）蒙眼捉人者Ⅱ[接头]①可怕的，严厉的△～監督/严厉的导演 ②大的△～やんま/大蜻蜓◇鬼に金棒（かなぼう）/如虎添翼◇鬼の目（め）にも涙（なみだ）/铁石心肠的人也会落泪

おにぎり②【お握り】[名]饭团子

おにごっこ③【鬼ごっこ】[名]捉迷藏

おね①【尾根】[名]山脊，山岭

おの①【斧】[名]斧子

おのおの②【各・各各】[名]各自，分别△人は～考え方が違う/人各自想法不同

おのずから⓪【自ずから】[副]自然地

おのれ⓪【己れ】Ⅰ[名]本人，自己Ⅱ[感]你这个（坏）东西△～今に見ていろ/你这个东西走着瞧吧

おば⓪【伯母・叔母】[名]伯母，姑母，姨母，舅母

オーバー①【over】Ⅰ[名・他サ]越过，超过△定員を～する/超编Ⅱ[形动]过度，夸大△～に話す/夸张Ⅲ[名]大衣

おばあさん②【お祖母さん・お婆さん】[名]①祖母，奶奶 ②（上年纪的）老奶奶，老大娘

おばけ②【お化け】[名]①妖怪 ②（同类植物中）最大的

おばさん⓪【小母さん】[名]①（敬称）伯母，姑母，姨母，舅母 ②（对中年女子的称呼）阿姨

おはなし⓪【お話】[名]①谈话，说话【-中（ちゅう）⓪】[名]①（两人）正在谈话 ②（电话）占线 ③

故事

おはよう⓪【お早う】[感]早安，您早

おび①【帯】[名](和服用)衣带△～を解く/解带子◇帯に短(みじか)したすきに長(なが)し/高不成低不就

おび・える⓪③【怯える】[自下一]害怕，畏惧

おひたし③【お浸し】[名]凉拌菜，(热水焯后的)拌青菜

おびただし・い⑤【夥しい】[形]①(数，量)多△～人数/众多的人②厉害，激烈

おひとよし⓪【お人好し】[名・形动](心眼好的)老实人

おびやか・す④【脅かす】[他五]恫吓，威胁②威胁

おひらき⓪【お開き】[名](喜庆宴会时的)散席，结束△～にする/结束

お・びる②⓪【帯びる】[他上一]①带，佩带②带有，含有③担当，承担△使命を～/负有使命

おひれ①【尾鰭】[名]尾鳍，后鳍◇尾鰭をつける/夸大，添枝加叶

オフ①【off】[名]①(电灯、电闸、电门)关闭，停止②(「シーズンオフ」的略称)淡季

オフィス①【office】[名]办公室，办事处

おふくろ⓪【お袋】[名](男子对自己母亲的谦称)我母亲

オブザーバー③【observer】[名]观察员，列席代表

オフセット③【offset】[名]胶版印刷

おふだ⓪【お札】[名]护身符

オープン①【open】Ⅰ[名・自他サ]开场，开业，开店Ⅱ[形动]公开的，坦白的Ⅲ[造语]开，敞△～シャツ/开襟衬衣

オペラ①【opera】[名]歌剧

おぼえ③②【覚え】[名]①记忆②信心，把握△腕に～がある/(对自己能力、技术)有把握③领会△～がはやい/领会的快④信任，器重△-書(が)き⓪[名]备忘录

おぼ・える③【覚える】[他下一]①记，记得②领会，掌握△こつを～/掌握窍门③感觉△寒さを～/感觉冷

おぼしめし⓪【思(し)召(し)】[名]想法，心意

おぼつかな・い⑤⓪【覚束ない】[形]①没把握②靠不住，没底△～天気/靠不住的天气

おぼ・れる③【溺れる】[自下一]①溺死②沉溺，迷恋△愛に～/沉溺于爱之中◇溺れる者(もの)はわらをもつかむ/溺水者连稻草也抓住不放，有病乱投医

おぼろ⓪【朧(ろ)】[形动]朦胧，模糊△月が～に霞む/月色朦胧

おぼん②【お盆】[名]盂兰盆节

おまえ⓪【お前】[代](对同辈、晚辈的称呼)你

おまけ⓪【お負け】[名]①减价②随商品一同赠送的物品，饶头

おまけに⓪[接]而且，再加上

おまつり⓪【お祭(り)】[名]祭日，节日，庙会

おまわり②【お巡り】[名]巡警，交通警察△～さん/巡警

オーム①【ohm】[名]〈电〉欧姆

おむすび②【お結び】[名]饭团子

おむつ②[名]尿布

おめ⓪【お目】[名]眼睛△～に止まる/(被)注意，受重视△～に掛かる/(「会う」的谦称)见面，拜会

おめし⓪【お召(し)】[名]①(「招くこと，呼ぶこと，車に乗ること，服を着ること」的敬称)招待，呼

喚,乘車,穿△先生は礼服を～になっています/老师穿着礼服 ②(「お召し物」的略称)衣服 ③(「お召しちりめん」的略称)做和服用的绉绸

おめだま②⓪【お目玉】[名](挨)说,(受)申斥△～を食う/挨说

おめでた⓪[名]喜庆事(多指结婚、怀孕、分娩等)

おめでた・い⓪【御目出度い】[形]①可喜,可贺 ②过于天真,过于乐观△きみも～ね/你也太天真了

おめでそう⓪[感]恭喜

おも①【主】[形动]主要,重要

おもい②【思い・想い】[名]①想法,心思 ②感觉,体验△こわい～をする/感到可怕 ③预想△もよらぬ/出乎意料 ④愿望,意愿△～がかなう/如愿 ⑤恋慕,爱慕,爱情△～を寄せる/有意,爱上 ⑥担心,忧虑△～に沈む/忧愁 ⑦仇恨△～を晴らす/雪恨

おも・い⓪【重い】[形]①沉,重②(心情)沉重,不舒畅△気が～/心情不舒畅 ③(动作)迟缓,迟钝△口が～/不爱说话 ④重大,重要⑤严重△病気が～/病情严重

おもいあが・る⓪⑤【思い上がる】[自五]骄傲自满

おもいあた・る⓪⑤【思い当たる】[自五]想到,猜想到

おもいあま・る⓪⑤【思い余る】[自五]没主意,不知如何是好

おもいうか・べる②⓪【思い浮べる】[他下一]回想起,浮现

おもいおもい④【思い思い】[名・副]各随己意,各按所好

おもいかえ・す⓪④【思い返す】[他五]①再想一遍 ②重新考虑,改主意

おもいがけず⑤【思いがけず】[副]

意外,出乎意料,想不到

おもいがけな・い⓪【思いがけない】[形]意外,出乎意料,想不到

おもいきって②【思い切って】[副]断然,毅然决然

おもいきり⓪②【思い切り】Ⅰ[名]①决断△なかなか～がつかない/难下决断 ②断念,死心△～が悪い/不死心,想不开Ⅱ[副]用尽全力,痛快,尽情

おもいすご・す⓪⑤【思い過ごす】[他五]过虑,多疑

おもいだ・す⓪【思い出す】[他五]回想起,回忆起

おもいた・つ④②【思い立つ】[他五]打…主意,起…念头,决心要(做)…

おもいちがい【思い違い】[名・他サ]误解,想错

おもいつき⓪【思い付き】[名](突然产生的)念头,主意

おもいつ・める⓪⑤【思い詰める】[自下一]钻牛角尖,死心眼

おもいで⓪【思い出・思い出】[名]回忆,回想

おもいのほか⓪【思いの外】[副]意外,没想到

おもいやり⓪【思いやり・思い遣り】[名]体谅,(对他人)关怀△～がある/有(关心)体谅之心

おもいや・る⓪【思いやる・思い遣る】[他五]①惦念,关心 ②(对远方亲戚朋友的)遥念 ③想象,预料

おも・う②【思う】[他五]①认为,想,△この答えは正しいと～/(我)认为这个答案正确 ②觉得,感觉 ③预料 ④想象,猜测 ⑤希望,盼望△～ほどには勉強がはかどらない/在学习上,不像希望的那样顺利 ⑥惦记 ⑦想念

おもかげ②③【面影】[名]①面貌，面容 ②昔日风采，昔日的容貌△～を残す/保留着昔日的风采

おもくるし・い⑤【重苦しい】[形] 压抑，郁闷

おもさ⓪【重さ】[名]①重量，分量 ②重大，重要 ③〈物〉重力

おもしろ・い④【面白い】[形]①有意思，有趣 ②滑稽，可笑

おもた・い⓪【重たい】[形]①沉，重 ②（心情等）沉重

おもちゃ② [名]玩具

おもて③【表】[名]①表面，正面 ②表面，外观，外表 ③公开，正式△～玄関（げんかん）/正门 ④室外，外边 ⑤（棒球比赛的）上半场比赛

おもて③【面】[名]①脸，面 ②平面△水の～/水面 ③（「能乐」的）假脸，脸谱

おもてかんばん④【表看板】[名]①（影、剧院的）广告牌 ②招牌，幌子

おもてざた⓪【表ざた・表沙汰】[名]①公开化 ②起诉，打官司

おもてむき⓪【表向き】[名]①表面上 ②正式，公开

おもな①【主な】[连体]主体，主要

おもに①【主に】[副]主要是…

おもに⓪【重荷】[名]包袱，重担△～を下ろす/卸掉包袱

おもみ⓪【重み】[名]①重量 ②信赖，势力

おもむき④⓪【趣】[名]①情趣，风趣△～のある庭/别具风味的庭院 ②感觉，景象△～を異にする/风格不同 ③意思，内容

おもむ・く③【赴く】[自五]①赴，往 ②趋向，向…进展

おももち②⓪【面持（ち）】[名]神色，表情

おもや①【母屋・母家】[名]①房屋主体，主房 ②正房，上房

おもり⓪【重り・錘】[名]秤砣，砝码，铅坠

おもわず②【思わず】[副]不由得，无意识地

おもん・じる⓪④【重んじる】[他上一]重视，注重

おや②【親】Ⅰ[名]①双亲，父母，养父母Ⅱ[接头]大，总△～会社（がいしゃ）/总公司，母公司◇親の心（こころ）子（こ）知（し）らず/儿女不知父母心

おやこ①【親子】[名]①父母和子女 ②指主体和分支类的东西

おやこうこう③【親孝行】[名・形动]孝顺父母

おやじ①⓪【親父】[名]①（男子在非正式场合下称）我父亲 ②老板

おやしらず②【親知らず】[名]①不认识父母（的孩子）②智齿

おやすみ⓪【お休（み）】[名]①（「寝る」、「休む」的亲切表达法）睡眠，休息 ②晚安△～なさい/晚安 ③（「欠勤」、「休業」的正式表达法）休假，歇工

おやだし⓪【親出し】[名]①（汉字词典中）词头 ②同义词的参考词条

おやつ②【お八つ】[名]（孩子午饭和晚饭之间吃的）点心

おやふこう④【親不孝】[名・形动]不孝敬父母的人

おやゆずり③【親譲り】[名]父母遗留的，父母遗传的△～の気性（きしょう）/遗传的性格

おやゆび⓪【親指】[名]大姆指

およ・ぐ②【泳ぐ】[自五]①游泳 ②向前栽倒

およそ⓪【凡そ】Ⅰ[副]①凡是，一般说来 ②大约，大概 ③（用「およそ…ない」的形式表示）完全

没…△～意味がない/完全没意思 Ⅱ[名]大体，概略

およばずながら②【及ばずながら】[副]虽然能力有限

および①①【及び】[接]及，以及，与，和

およ・ぶ①【及ぶ】[自五]①及于，达到△力の～限り/力所能及 ②临近(最后阶段)③(用「…に及び」的形式表示)…之时△調査するに～び/调查之时△④(后接否定)比不上，赶不上 ⑤(用「…に及ばない」、「…には及ばない」的形式表示)不必，不用△わざわざ本人が来るには～ばない/本人不必特意来

およ・す①【及ぼす】[他五]波及，使…受到，给…带来△…に害を～/给…带来危害

オランウータン④【(印尼)orangoetan】[名]类人猿，猩猩

おり②[名]Ⅰ【折】时候，时机，机会△～を見て/见机 Ⅱ【折(り)】折，折叠(的东西)

おり②【檻】[名](关动物用的)栏，笼，圈

おりあい①【折(り)合(い)】[名]①(人与人的)关系 ②妥协，迁就△～がつく/和解

おりあ・う①【折(り)合う】[自五]妥协，互相让步

オリーブ②【olive】[名]橄榄【-色(いろ)①】[名]橄榄色

おりおり①②【折折】Ⅰ[名]随时，应时△四季～/四季应时 Ⅱ[副]时常，常常

おりかえし①【折(り)返し】Ⅰ[名]①折，折叠，折痕△ズボンの～/裤脚 ②返回，折回 ③(诗歌)重复句，叠句 Ⅱ[副]立刻，立即

おりかえ・す①【折(り)返す】Ⅰ[他五]折返，翻折 Ⅱ[自五]返回，折回

おりがみ②【折(り)紙】[名]①折纸(游戏)②(质量)保证书△～付き/带保证书；素有定评

おりから②【折から】Ⅰ[副]正当那时△～雨が降ってくる/正当那时下起了雨 Ⅱ[接](书信用语)时值，正当…时△お寒い～，お体を大切に/时值严寒，请保重身体

おりこ・む①【織(り)込む】[他五]①混织，织入(各种颜色)②加进，含，包括

おりたた・む①【折(り)畳む】[他五]折叠，叠

おりふし②【折節】Ⅰ[名]①季节△～の移り変わり/季节的变化 Ⅱ[副]常常△～思い出す/常常想起

おりめ③【折(り)目】[名]①折痕，折缝 ②(事情等的)段落

おりもの①②【織物】[名]纺织品

おりよく②【折よく】[副]凑巧，赶巧

お・りる②【下りる・降りる】[自上一]①(从高处)下，下来△階段を～/下楼梯 ②下(车)③退位，降职 ④批准，下令 ⑤降(霜、露水)

お・る①【折る】[他五]①折，折断△枝を～/折断树枝 ②弯曲△ひざを～/弯膝 ③折纸，叠 ④中断△我(が)を～/折服；屈从△話のこしを～/打断谈话◇骨(ほね)を折る/费力

お・るⅠ①①【居る】[自五]有，在△わたしは東京に三年～りました/我在东京三年了 Ⅱ[补动五](用「…ておる」的形式表示动作正在进行或状态持续)正在…，一直…△その時計は五分進んで～ります/那只表快五分钟

お・る①①【織る】[他五]织，编织

△布を～/织布

オルガン⓪【organ】[名] 风琴

おれ⓪【俺】[代] (男子对同辈或晚辈的自称) 我，俺

おれい⓪【お礼】[名] 谢意，感谢话，谢礼△～を申し上げる/致谢，表示谢意

お・れる②【折れる】[自下一] ①断，折断 ②弯曲△道が左に～/路向左弯 ③转弯，拐弯 ④妥协

オレンジ②【orange】[名] ①桔子【-ジュース⑥】[名] 桔子水 ②桔黄色

おろか①【副】 (用「…はおろか」的形式表示) 不用说，岂止△万年筆は～、ボールペンも持っていない/不用说钢笔,连圆珠笔都没有

おろか①【愚か】[形动] 愚蠢，愚笨

おろし【下ろし】I③[名] 丝，擦丝△だいこんを～にする/把萝卜擦成丝 II [造语] ①初次使用 ②(从山上吹来的)风

おろし③【卸】[名] 批发【-売(り)③】[名] 批发

おろ・す②【下ろす・降ろす】[他五] ①放下，取下，摘下△腰を～/坐下 ②卸 (货、行李)，让…下 (车、船等)△積(み)荷を～/卸货 ③撤 (职) ④切断，砍断△枝を～/砍断树枝 ⑤切 (鱼) ⑥用擦菜板擦△だいこんを～/擦萝卜丝 ⑦(物品)初次使用 ⑧取 (存款)△金を～/取钱

おろ・す②【卸す】[他五] 批发

おろそか②【疎か】[形动] 忽略，马虎，粗心大意

オーロラ⓪③【aurora】[名] 极光

おわり⓪【終(わ)り】[名] ①末，末期△夏の～/夏末 ②结束，完了△～を告げる/告终，结束

おわ・る⓪【終わる】I [自五] ①完，终了，结束 ②(用「…に終わる」的形式表示)以…告终△不成功に～/以失败告终 II [他五] 结束△これで本日の会議を～ります/今天的会议到此结束

おん⓪【音】[名] ①声音，响声 ②(人的)声音 ③(汉字)音读

おん①【恩】[名] 恩，恩情△～を返す/报恩◇恩に着(き)せる/硬要他人领情◇恩を売(う)る/讨好，卖人情

オン①【on】[名] 开，开着，接通△スイッチを～にする/打开开关【-エア③】[名] (广播)正在播音

おんがえし③【恩返し】[名] 报恩

おんがく⓪⓪【音楽】[名] 音乐

おんきゅう⓪【恩給】[名] 养老金，抚恤金

おんきょう⓪【音響】[名] 音响【-効果(こうか)⑤】[名] 音响效果

おんくん⓪【音訓】[名] (汉字的)音读和训读

おんけん⓪【穏健】[形动] 稳健

おんこう⓪【温厚】[名・形动] 温厚，温和亲切

おんし①【恩師】[名] 恩师

おんしつ⓪【音質】[名] 音质

おんしつ⓪【温室】[名] 温室【-育(そだ)ち⑤】[名] 娇生惯养

おんじゅう⓪【温柔】[名・形动] ①温柔 ②柔和

おんじゅん⓪【温順】[名・形动] ①温顺，驯顺 ②(气候)温和

おんしょく⓪【音色】[名] 音色

おんしらず③【恩知らず】[名] 忘恩负义(的人)

おんしん⓪①【音信】[名] 通信，音信

おんじん⓪③【恩人】[名] 恩人，救星

オンス⓪【（荷）ons】[名] 盎司（1盎司约等于28.5克）

おんせい①【音声】[名] ①音声，语音 ②（影视、广播的）声音

おんせつ⓪【音節】[名] 音节

おんせん⓪【温泉】[名] ①温泉△～が涌く/温泉涌出 ②温泉设施

おんそく⓪【音速】[名] 音速

おんたい⓪【温帯】[名] 温带

おんだん⓪【温暖】[名・形動]（气候）温暖

おんち①【音痴】[名] ①左嗓子，五音不全 ②感觉迟钝的人△方向～/不辨方向的人

おんちょう⓪【音調】[名] ①语调，声调 ②音调，曲调

おんど①【音頭】[名] ①领唱（的人），领奏(的人)【-取(と)り】③[名]领唱的人) ②集体舞(曲)◇音頭を取(と)る/带头，领头

おんど①【温度】[名] 温度【-計(けい)】⓪[名] 温度计

おんとう①⓪【穏当】[名・形動]稳妥，妥当

おんどく⓪【音読】[名・他サ] ①读出声 ②（汉字的）音读

おんどり⓪【雄鳥・雄鶏】[名] 公鸡

おんな③【女】[名] ①女，女性，女人 ②（女子的）容貌，长相 ③纤细，软弱△～の細腕/女人微薄的力量 ④女人的姿态△～ぶり/女人的姿态 ⑤情妇，妾

おんびん⓪【音便】[名] 音便

おんびん⓪【穏便】[形動] 稳妥

おんぷ⓪【音符】[名] 音符

おんやく⓪【音訳】[名・他サ] 音译（借音、训汉字记录外文读音，例「クラブ」写作「倶楽部」）

おんよみ⓪【音読み】[名] 音读

おんりょう③⓪【音量】[名] 音量，声量

おんわ⓪【温和】[名・形動] ①（气候)温和 ②（性格)温和，温柔

か

か①⓪【香】[名] 芳香，香味△花の～/花香

か⓪【蚊】[名] 蚊子

か①【可】[名] ①可以◇可も不可（ふか）もなし/不算好也不算坏，不好不坏 ②（评定成绩时「优」「良」「及格」的)及格

か①【課】[名] ①（课文或课程的)课 ②（行政单位的)科

か①【科】[名] ①专业,学科 ②（生物分类上的)科

か-[接頭] 冠于形容词上，表示看起来给人以某种印象△～ぼそい/纤弱，纤细

-か【日】[接尾] ①…日，…号△みっ～/三号 ②…天△いつ～かかる/需要五天

か Ⅰ[终助] ①表示疑问△いま何時です～/现在几点 ②表示劝诱△映画を見に行かない～/不去看电影吗 ③表示责问，命令△まだわからないの～/还不懂吗 ④表示反问△そんなこと、おれが知る～/那种事，我哪儿知道 ⑤（自言自语)表示惊讶，感动的心情△ああ、そう～/噢，原来如此 Ⅱ[副助] ①表示不确定△何人か人手を借りたい/我想借几个人 ②表示推测△風邪をひいたの～、寒気がする/也许是感冒了，

覚得冷 Ⅲ [并助] 表示二者择其一 △三月～四月に完成する/将于三月或四月完成

が ①① 【我】 [名] 自己的主张、想法 △～がつよい/固执 ◇我を張(は)る/固执己见

が ⓪ 【蛾】 [名] 蛾

が [接] 然而,可是 △私は時間どおりに行った～、彼はいなかった/我按时去了,可是他没在

が Ⅰ [格助] ①表示行为、动作、性质、状态的主体 △鳥～鳴く/鸟叫 △風～つよい/风大 ②表示能否、希望、好恶等的对象 △くだもの～すきだ/喜欢吃水果 △水～飲みたい/想喝水 ③强调主语,以此区别于其它事物 △（雪ではなくて）あられ～降っているんだ/(不是下雪)是在下霰 △（ほかの場所ではなくて）ここ～会場です/(不是其它地方)这里才是会场 Ⅱ [接助] ①(连接前后相反的两个句子)然而,可是 △家じゅうさがした～、見つからなかった/家里整个儿都找遍了,可还是没找到 △昼間はあたたかくなった～、夜はまださむい/白天暖和了,可是夜里还冷 ②(上接助动词「う」「よう」「だろう」等表示)不管,无论 △人がなんと言おう～、わたしはやる/不管别人怎么说,我都干 △雨だろう～、風だろう～、練習はつづけるんだ/无论刮风下雨,都要坚持训练 ③连接叙述句及引伸叙述句 △顔色がわるい～、どうしたのか/脸色不好,怎么了 △この間の話です～、その後どうなりましたか/前几天说的那件事,后来怎么样了 ④(接在句尾)表示愿望及委婉的语气 △あしたも晴れてくれるといい～/明天也是个晴天就好了 △

彼はもう家に帰っているはずだ～/按理说他已经到家了

かあさん ①① 【母さん】 [名] ①(直接称呼自己的母亲)母亲,妈妈 ②(在孩子面前称自己的妻子)孩子他妈

かい ⓪ 【甲斐】 [名] 效果,用处 △～がある（ない）/有(无)价值,值得

かい ① 【貝】 [名] 贝,贝壳

かい ① 【櫂】 [名] (船)桨

かい ① 【会】 [名] 会议 △～をひらく/开会

かい ① 【回】 [名] 回,次 △～をかさねる/多次,再三再四

かい [终助] (男子用语)用亲切的口吻发问 △いたくない～/不疼吗

がい ① 【害】 [名] 害

がい ① 【概】 [名] ①大概 ②气概

がいあく ⓪⓪ 【害悪】 [名] 害,危害

かいあ・げる ④ 【買(い)上げる】 [他下一] (政府)收购,征购

かいいき ⓪ 【海域】 [名] 海域

かいいぬにてをかまれる 【飼い犬に手をかまれる】 关门养虎,虎大伤人

かいい・れる ④ 【買(い)入れる】 [他下一] 进口,买进

かいいん ⓪ 【会員】 [名] 会员

かいうん ⓪ 【海運】 [名] 海上运输,海运

かいえん ⓪ 【開演】 [名・自他サ] 开演

かいおうせい ③ 【海王星】 [名] 海王星

かいおんせつ ③ 【開音節】 [名] (以母音终止的音节)开音节

かいか ① 【開化】 [名・自サ] 开化 【文明（ぶんめい）-⑤】 [名] 文明开化

かいか①【開花】[名・自サ]①开花 ②出成果，开花结果

かいが①【絵画】[名]绘画

がいか①【外貨】[名]外币，外汇

がいか①【凱歌】[名]凯歌

かいかい①【開会】[名・他サ]开会【-式(しき)③】[名]开幕式

かいがい①【海外】[名]海外，国外

がいかい①【外界】[名]外界，外部

かいがいし・い⑤【甲斐甲斐しい】[形]不辞辛苦，勤快

かいかく①【改革】[名・他サ]改革【農地(のうち)-④】[名]土地改革

かいかつ①【快活】[名・形动]活泼，快活

がいかつ①【概括】[名・他サ]概括，总括

かいがらでうみをはかる【貝殻で海を測る】以蠡测海，见识短浅

かいかん①【快感】[名]快感

かいがん①【海岸】[名]海岸【-線(せん)①】[名]海岸线

がいかん①【外観】[名]外观，外表

がいかん①【概観】[名・他サ]概观

がいかん①【外患】[名]外患△内憂(ないゆう)～/内忧外患

かいき①【会期】[名]会期，会议期间

かいき①①【回帰】[名・自サ]回归【-線(せん)①】[名]回归线

かいぎ①③【会議】[名]会议△～を開く/开会

かいぎ①【懐疑】[名・自サ]怀疑

かいきしょく③【皆既食】[名]日全食，月全食

かいきゅう①【階級】[名]①阶级 ②阶层，等级

かいきょう①【回教】[名]回教

かいきょう①【海峡】[名]海峡

かいきょう①【懐郷】[名]思乡，怀乡【-病(びょう)①】[名]思乡病

かいぎょう①【改行】[名・自サ]另起一行

かいぎょう①【開業】[名・自他サ]开业，开始营业

かいきん①【皆勤】[名・自サ]全勤

かいぐん①【海軍】[名]海军

かいけい①【会計】[名]①会计 ②算账，付钱

がいけい①【外形】[名]外形，外表

かいけいのはじをすすぐ【会稽の恥を雪ぐ】雪旧耻

かいけつ①【解決】[名・他自サ]解决【未(み)-②】[名]未解决

かいけつびょう①【壊血病】[名]坏血病

かいけん①【会見】[名・自サ]会见，接见△～を申しこむ/请求会见

がいけん①【外見】[名]外表，表面

かいげんれい③【戒厳令】[名]戒严令

かいこ①【蚕】[名]蚕△～を飼う/养蚕

かいこ①【回顧】[名・他サ]回顾，回忆△往時(おうじ)を～する/回忆往昔

かいこ①【解雇】[名・他サ]解雇

かいご①【悔悟】[名・自サ]悔悟

かいこう①【海港】[名]海港

かいこう①【海溝】[名]海沟

かいこう①【開港】[名・自サ]①(新建的机场、港口)开始通航 ②开放港口

かいこう①【開校】[名・自サ](新建的学校)开课△～記念日(きね

んび）/建校纪念日，校庆

かいごう⓪【会合】［名・自サ］集会，聚会

がいこう⓪【外交】［名］①外交-官（かん）③［名］外交官-辞令（じれい）⑤［名］外交辞令②(公司、商店、企业等的)外勤工作-員（いん）③［名］推销员

がいこうてき⓪【外向的】［形動］外向性的

かいこく⓪【開国】［名・自サ］门户开放

がいこく⓪【外国】［名］外国-為替（かわせ）⑥［名］外国汇兑，国际汇兑-語（ご）⓪［名］外国语-人（じん）④［名］外国人

がいこつ⓪【骸骨】［名］骸骨，骨头架子

かいことば③【買い言葉】［名］(对谩骂、讥讽等的)还口◇売（う）り言葉（ことば）に買い言葉/你来一言，我去一语(吵了起来)

かいこ・む【買い込む】［他五］大量地买进

かいこん⓪【悔恨】［名・自サ］悔恨

かいこん⓪【開墾】［名・他サ］开垦，垦荒

かいさい⓪【開催】［名・他サ］开(会)，举办，举行

かいさいをさけぶ【快哉を叫ぶ】拍手称快

かいさく⓪【開削・開鑿】［名・他サ］开凿，挖掘

かいさつ⓪【改札】［名・自サ］剪票-口（ぐち）④［名］剪票口

かいさん⓪【解散】［名・自他サ］①解散 ②取消

がいさん⓪【概算】［名・他サ］概算，估算

かいさんぶつ③【海産物】［名］海产品

かいし⓪【開始】［名・自他サ］开始△授業（じゅぎょう）を～する/开始上课

がいし①【外資】［名］外国资本，外国投资

がいして①【概して】［副］大概，大都，基本上

かいし・める④【買い占める】［他下一］全部买下，囤积

かいしゃ⓪【会社】［名］会社，公司，商行【株式会社（かぶしきがいしゃ）⑤［名］股份公司【合資会社（ごうしがいしゃ）④［名］合资公司【有限会社（ゆうげんがいしゃ）⑤［名］有限公司

かいしゃく①【解釈】［名・他サ］解释，讲解△古典を～する/讲解古典△～を加える/加上注释

かいしゅう⓪【回収】［名・他サ］回收，收回

かいしゅう⓪【改修】［名・他サ］修改，重修-工事（こうじ）⑤翻修工程

かいじゅう⓪【怪獣】［名］怪兽，怪物

がいじゅうないごう⓪【外柔内剛】［名］外柔内刚

がいしゅつ⓪【外出】［名・自サ］出门，外出-先（さき）⑤外出地点

かいしゅん⓪【改俊・悔悛】［名・自サ］改悔，悔悟，悔罪

かいじょ①【解除】［名・他サ］解除，取消-警報（けいほう）-⑤［名］解除警报

かいしょう⓪【改称】［名・他サ］改名称，改名

かいしょう⓪【解消】［名・自他サ］撤消，解除，废除△契約を～する/废除合同

かいじょう⓪【会場】［名］会场

かいじょう⓪【海上】［名］海上，海

面【-権(けん)③】[名]制海权

がいしょう⓪【外相】[名]外相,外交部长

がいしょう⓪【外傷】[名]外伤

かいしょく⓪【会食】[名・自サ]会餐,聚餐

がいしょく⓪【外食】[名・自サ]在外面(饭馆)吃饭

かいしん⓪【会心】[名]会心,如意△~の笑(え)み/会心的微笑

かいしん①【改心】[名・自サ]改悔,悔改

かいしん⓪【改新】[名・自他サ]革新,改革△大化(たいか)の~/大化革新

がいじん⓪【外人】[名]外国人【-教師(きょうし)⑤】[名]外籍教师

かいじんにきす【灰燼に帰す】化为灰烬

かいすい⓪【海水】[名]海水【-着(ぎ)③】[名]游泳衣【-浴(よく)③】[名]海水浴

かいすう③【回数】[名]回数,次数

がいすう③【概数】[名]概数,大概数字

かい・する③【介する】[他サ]介意,留心△意に~/介意

かい・する③【会する】[自サ]集合△一堂(いちどう)に~/欢聚一堂

かい・する③【解する】[他サ]理解,领会

がい・する③【害する】[他サ]①伤害,损害△感情を~/伤害感情②杀害,害

かいせい⓪【改正】[名・他サ]改正,修正

かいせい⓪【回生】[名・自サ]回生△起死(きし)~/起死回生

かいせい⓪【快晴】[名]晴朗无云

かいせき⓪【解析】[名・他サ]解析

かいせつ⓪【開設】[名・他サ]设立,设置

かいせつ⓪【解説】[名・他サ]解说,讲解△ニュース~/时事简评,新闻评述

がいせつ⓪【概説】[名・他サ]概论,概述【日本語(にほんご)-⑤】[名]日语概论

かいせん⓪【改選】[名・他サ]改选

かいぜん⓪【改善】[名・他サ]改善【待遇(たいぐう)-⑤】[名]改善待遇

がいせん⓪【外線】[名]①外线电话②室外电线

がいせん⓪【凱旋】[名・自サ]凯旋【-門(もん)③】[名]凯旋门

かいそ①⓪【改組】[名・他サ]改组△内閣(ないかく)の~/内阁改组

かいそう⓪【回想】[名・自サ]回想,回忆【-録(ろく)③】[名]回忆录

かいそう⓪【回漕】[名・他サ]水路运输,船运

かいそう⓪【改装】[名・他サ]改装,重新装修

かいそう⓪【海草】[名]海草

かいそう⓪【海藻】[名]海藻

かいそう⓪【階層】[名](社会的)阶层,界【知識(ちしき)-④】[名]知识界

かいぞう⓪【改造】[名・他サ]改造,改组【内閣(ないかく)-①-⓪】改组内阁

かいそく⓪【会則】[名]会章,会规

かいぞく⓪【海賊】[名]海盗【-船(せん)⓪】[名]海盗船【-版(ばん)⓪】[名]海盗版

がいそふ③【外祖父】[名]外祖父

がいそぼ③【外祖母】[名] 外祖母

かいたい⓪【解体】[名・自他サ] 拆卸，拆散；解体，瓦解

かいたく⓪【開拓】[名・他サ] ① 开垦，开拓 ②开辟

かいだく⓪【快諾】[名・他サ] 痛快地答应，愉快地答应

かいだん⓪【会談】[名・自サ] 会谈【首脳（しゅのう）-⑤】[名] 首脑会谈

かいだん⓪【怪談】[名] 妖怪故事

かいだん⓪【階段】[名] 阶梯，楼梯【-教室（きょうしつ）⑤】[名] 阶梯教室

ガイダンス①【guidance】[名・自サ] 辅导，指导

かいちゅう⓪【回虫・蛔虫】[名] 蛔虫

かいちゅう⓪【懐中】[名・他サ] ①（装入）怀中，（装入）口袋【-電灯（でんそう）⑤】[名] 手电筒【-時計（どけい）⑤】[名] 怀表 ②钱包

がいちゅう⓪【害虫】[名] 害虫

かいちょう⓪【会長】[名] 会长，董事长

かいちょう⓪【快調】[名・形動] 顺利△～な出だし/顺利的开端

かいつう⓪【開通】[名・自サ]（铁道、道路、电话线路等）开通，通车

かいて⓪【買（い）手】[名] 买主

かいてい⓪【改定】[名・他サ] 重新规定，重新修定

かいてい⓪【改訂】[名・他サ] 修订【-版（ばん）⓪】[名] 修订版

かいてい⓪【海底】[名]海底【-電線（でんせん）⑤】[名] 海底电线

かいてき⓪【快適】[名・形動] 舒适，愉快△～な旅行（りょこう）/愉快的旅行

がいてき⓪【外的】[形動] ①外部的，外面的【-条件（じょうけん）⑤】[名]外部条件 ②（区别于精神的）肉体的,物质的【-生活（せいかつ）⑤】[名]物质生活

かいてん⓪【回転・廻転】[名・自他サ]①转，旋转【-ドア⑤】[名]转门 ②（脑子）转得快△頭（あたま）の～が速（はや）い/脑子转得快

かいてん⓪【開店】[名・自他サ]①开门，开始营业 ②（店、铺）开张

がいでん⓪【外電】[名] 外电

かいてんきゅうぎょう⑤【開店休業】[名] 顾客稀少，营业极为萧条

ガイド①【guid】[名・他サ]①导游，向导 ②指南，导游图

かいとう⓪【回答】[名・自サ] 回答，答复

かいとう⓪【解凍】[名・他サ] 解冻

かいとう⓪【解答】[名・自サ] 解答△クイズ～/解迷

かいどう①【海棠】[名] 海棠

かいどう③⓪【街道】[名] 街道；公路

がいとう⓪【外套】[名] 外套，大衣

がいとう⓪【街灯】[名] 街灯，路灯

がいとう⓪【街頭】[名] 街头，街上【-募金（ぼきん）⑤】[名] 在街头募捐

かいとうらんまをたつ【快刀乱麻を断つ】快刀斩乱麻

かいどく⓪【解読】[名・他サ] 译解，破译（文字、记号、密码等）

かいどく⓪【買（い）得】[名]买得合算△お～品（ひん）/便宜货

かいにゅう⓪【介入】[名・自サ] 介入，干预，插手△紛争に～する/介入纷争

かいにん⓪【解任】[名・他サ]解除职务，撤职

がいねん①【概念】[名]概念【-的（てき）⓪】[形动]概念化的，概念性的【-論（ろん）】[名]概念论

かいば⓪【飼（い）葉】[名]（牛、马等的）饲料，草料

かいはつ⓪【開発】[名・他サ]①开发，开采△原始林（げんしりん）を～する/开发原始森林△-途上国（とじょうこく）⑥[名]发展中国家 ②研制、制造（新产品）

かいばつ⓪①【海抜】[名]海拔，拔海

かいひ①【会費】[名]会费

かいひ⓪⓪【回避】[名・他サ]回避，逃避△責任を～する/回避责任

かいひょう⓪【開票】[名・他サ]开箱点票，开票

かいひん⓪【海浜】[名]海滨，海边

がいぶ①【外部】[名]①（建筑物的）外侧，外面 ②（团体、组织的）外部，外界

かいふく⓪[名・自他サ] I【回復・快復】康复△健康（けんこう）が～する/恢复健康 Ⅱ【回復】恢复△名誉（めいよ）を～する/恢复名誉

かいふく⓪【開腹】[名・自サ]〈医〉剖腹△～手術（しゅじゅつ）/剖腹手术

かいぶつ⓪【怪物】[名]怪物，妖怪

がいぶん⓪【外聞】[名]①名声，面子△～がわるい/名声不好 ②被别人知道△～をはばかる/顾忌外面的传说

かいへい⓪【開閉】[名・他サ]开闭【-器（き）③】[名]开关

かいへん⓪【改変】[名・他サ]改变，变更

かいほう①【介抱】[名・他サ]护理，照料

かいほう⓪【開放】[名・他サ]①敞开，打开 ②开放△～的な人/开放型的人【-性結核（せいけっかく）⑦】[名]开放性结核

かいほう⓪【解放】[名・他サ]解放△奴隷（どれい）～/解放奴隶

かいほう⓪【解剖】[名・他サ]①解剖【生体（せいたい）-⑤】[名]生体解剖 ②分析，剖析

かいまく⓪【開幕】[名・自他サ]①开幕 ②召开，（事物的）开始

かいむ①【皆無】[名・形动]皆无，完全没有

がいむしょう③【外務省】[名]外务省

がいむだいじん④【外務大臣】[名]外务大臣

かいめつ⓪【壊滅・潰滅】[名・他サ]毁灭

かいめん⓪【海綿】[名]①海绵动物的简称 ②海绵

がいめん③⓪【外面】[名]①（人或物的）外表，表面 ②外表【-的（てき）⓪】[形动]表面上的

かいもく⓪【皆目】[副]（下接否定语）完全，根本，一点也…

かいもの⓪【買（い）物】[名]①买东西△～にいく/去买东西 ②买到的便宜货△いい～をした/买了个便宜货

かいやく⓪【解約】[名・他サ]解除契约，取消合同

かいゆ⓪【快癒】[名・自サ]痊愈

かいよう⓪【海洋】[名]海洋【-性気侯（せいきこう）⑦】[名]海洋性气候【-漁業（ぎょぎょう）⑤】[名]海洋渔业

かいよう⓪①【潰瘍】[名]溃疡【胃

（い）-②）［名］胃潰疡

がいよう⓪【概要】［名］概要，梗概

かいらい⓪【傀儡】［名］①木偶 ②傀儡

がいらい⓪【外来】［名］①外来，外国来的 ②「外来患者」的简称【-患者（かんじゃ）⑤】［名］门诊病人

がいらいご⓪【外来語】［名］外来语

かいらく⓪【快楽】［名］快乐

かいらん⓪【回覧】［名・他サ］传阅

がいりゃく⓪【概略】［名］概略，大概

かいりゅう⓪【海流】［名］海流

かいりょう⓪【改良】［名・他サ］改良，改革【-種（しゅ）③】［名］改良品种

かいろ①【回路】［名］电路，回路【集積（しゅうせき）-⑤】［名］集成电路

がいろじゅ③【街路樹】［名］林荫树，行道树

かいわ⓪【会話】［名・自サ］会话，对话△～をかわす/交谈

かいん⓪【下院】［名］下院，下议院

か・う⓪【買う】［他五］①买△ノートを～/买笔记本 ②招致，招惹△怒（いか）りを～/招人生气 ③高度评价△人柄（ひとがら）を～/高度评价（他的）人品

か・う①【飼う】［他五］养，饲养△犬を～/养狗

カウンター①⓪【counter】［名］①收款处 ②（酒吧柜台前的）座位

カウント①⓪【count】［名・他サ］①计算，计数 ②（拳击等中的）计时

かえし③【返し】［名］①还，归还

②回礼，还礼 ③（波浪、风、地震等停止后）再次发生

かえ・す①【返す】Ⅰ［他五］①归还，送还△読みおわった本をたなに～/把读完的书放回到架子上△金を～/还钱 ②报答，回敬△恩（おん）を～/报恩△礼を～/还礼 ③恢复原状，还原△白紙（はくし）に～/恢复到原来状态 ④返回△きびすを～/返回 ⑤翻，翻转过来△裏（うら）を～して使う/翻过来用△掌（てのひら）を～/（态度等）突然改变Ⅱ［接尾］（不写汉字，上接动词连用形）①重复△読（よ）み～/又读了一遍 ②回敬，还击△言（い）い～/回敬，顶嘴△なぐり～/还手

かえ・す①【帰す】［他五］让…回去△子どもを家へ～/让孩子回去

かえ・す①【孵す】［他五］孵，孵化

かえすがえす④【返す返す】［副］①怎么想起…，实在太…△～（も）残念（ざんねん）でならない/实在太遗憾了 ②反反复复地，再三再四地

かえって①［副］相反，反而

かえで⓪【楓】［名］枫，枫树

かえり③【帰り】［名］①回来 ②归途，途中

かえりざ・く⓪【返り咲く】［自五］①（一年内）再度开花 ②重新上台，东山再起

かえり・みる④【他上一】Ⅰ【顧（み）る】①往后看，回头看 ②回顾△過去（かこ）を～/回顾过去 ③（多以否定的形式）不顾△危険（きけん）を～みない/不顾危险Ⅱ【省みる】反省，检查△おのれを～/反省自己

かえ・る⓪【蛙】［名］蛙，青蛙◇蛙

の子(こ)は蛙/龙生龙，凤生凤◇蛙の面(つら)に水(みず)/满不在乎

かえる①【返る】Ⅰ［自五］①复原△われに～/清醒过来，醒悟过来 ②回答，回复 ③翻过来△そでが～/袖子翻过来了【寝返る(ねがえる)】②［自五］(睡觉时)翻身Ⅱ［接尾］(不写汉字，上接动词连用形)非常…，完全…△あきれ～/十分惊讶，目瞪口呆

かえ・る①【帰る・還る】［自五］①回去，回来△学校に～/回学校 ②回(家)，回(国)

か・える⓪［他下一］Ⅰ【代える】代替，代理 Ⅱ【換える・替える】换△池の水を～/换池子里的水△円をドルに～/把日元换成美元【乗(の)り-④】［他下一］改乘，换乘(车)

か・える⓪【変える】［他下一］①改变△かみがたを～/改变发型 ②变更，更改△開会の時刻を～/变更开会时间

かえん⓪【火炎】［名］火焰

かお⓪【顔】［名］①脸，面孔△～をそむける/背过脸去 ②容貌，相貌△～がいい/容貌美丽 ③神态，脸色，表情△～をくもらす/面带愁容 ④脸面，面子△～がつぶれる/丢脸，丢面子△～をたてる/赏脸，赏光 ⑤人，(到的)人数△～がそろう/人到齐 ⑥交际；名望△～が広い/交际广◇顔が利(き)く/有势力，吃得开◇顔が立(た)つ/有面子◇顔から火(ひ)が出(で)る/羞得脸发烧◇顔に泥(どろ)を塗(ぬ)る/往(人)脸上抹黑，叫人丢脸◇顔が売(う)れる/有名望，出名◇顔をつぶす/(使)…丢丑，丢脸◇合(あ)わす顔がない/无脸相见

かおあわせ③【顔合(わ)せ】①会面，碰头 ②同台演出 ③(相扑)相遇，交锋

かおいろ⓪【顔色】［名］①脸色 ②神色，声色△～をうかがう/察颜观色

かおかたち⓪③【顔形】［名］容貌，相貌

かおく①【家屋】［名］房屋，房产

かおつき⓪【顔つき・顔付き】［名］①相貌 ②神色，表情

かおなじみ③【顔なじみ・顔馴染み】［名］熟人

かおまけ⓪【顔負(け)】［名］(使)见绌，自愧不如

かおみしり③【顔見知(り)】［名］见过面的人，熟人

かおむけ⓪【顔向け】［名］见面，露面△～ができない/见不得人，不敢露面

かおり①【香(り)・薫(り)】［名］香味，香气△花の～/花香

かお・る⓪【香る・薫る】［自五］飘香

がか⓪①【画架】［名］画架

がか⓪【画家】［名］画家

かがい①【課外】［名］课外△-活動(かつどう)④】［名］课外活动

かがいしゃ②【加害者】［名］凶手，加害者

かかえこ・む④【抱え込む】［他五］①搂抱 ②担负，承担

かか・える⓪【抱える】［他下一］①抱，挟△こわきに～/挟在腋下【だき-⑤］［他下一］抱住，抱在怀里 ②负责照料，担负责任△病人(びょうにん)を～/照料病人

カカオ①【(西)cacao】［名］可可豆，可可树

かかく①⓪【価格】［名］价格

かがく①【化学】［名］化学△-記号(きごう)④】［名］化学元素符号

【-式（しき）③】[名]化学方程式

【-肥料（ひりょう）④】[名]化学肥料【-変化（へんか）④】[名]化学変化

かがく【科学】[名]科学【-者（しゃ）②③】[名]科学家【-的（てき）⓪】[形动]科学的

かか・げる⓪③【掲げる】[他下一]①升起，高举△旗を～/升旗 ②刊登，揭示

かかと⓪【踵】[名]①脚后跟 ②（鞋袜等）后跟

かがみ③【鏡】[名]镜子

かがみ③【鑑・鑒】[名]榜样，借鉴

かが・む【屈む】[自五]①弯腰△腰（こし）が～/弯腰 ②蹲下去，弯下身子

かがやかし・い⑤【輝かしい】[形]光辉，辉煌

かがや・く③【輝く】[自五]①发光，闪烁△～星（ほし）/闪光的星星 ②辉煌，光明

かかり①【係】[名]担任某项工作的人员

かかり①【掛かり】[名]所需要的费用

-がかり①【係・掛】[接尾]表示做…工作的人△案内～/导游，向导

かがりび③【篝火】[名]篝火

かか・る②[自五]Ⅰ【掛かる・懸かる】①挂，悬挂△にじが～っている/（天空）挂着彩虹 ②委托（处置，处理）△医者（いしゃ）に～/请医生看病 ③提交△会議（かいぎ）に～/提交到大会 ④着手，从事△仕事（しごと）に～/开始工作Ⅱ【架かる】架设，架△川に橋（はし）が～っている/河上架着桥Ⅲ【罹る】患病△病気（びょうき）に～/患病Ⅳ【係る】有关，关于△本件（ほんけ

ん）に～こと/有关这件事…Ⅴ

【掛かる】①淋上，溅上△しぶきが～/溅上水 ②发动，开动△エンジンが～/（汽车）发动起来 ③花费，需要△時間（じかん）が～/费时间△金（かね）が～/费钱 ④盖上，覆上△雲（くも）が～っている/云雾笼罩

-かか・る[接尾]（接动词连用形下，构成五段活用动词）①将要，眼看就…△死（し）に～/快要死去 ②正当…；迫近△とび～/猛扑上来△さし～/临近，迫近

-がか・る[接尾]（上接名词，构成五段活用动词）①像…似的，如同…一般△芝居（しばい）～/如同做戏 ②表示呈…颜色，带有…色△青（あお）み～/带有蓝色

かかわらず①不论，不顾△晴雨（せいう）に～/不论晴天雨天 ②尽管，虽然…但仍△努力したにも～失敗（しっぱい）した/虽然尽了努力，但还是失败了

かかわ・る⓪③【係る・関る】[自五]①拘泥△小事（しょうじ）に～/拘泥于小事 ②关系到△名誉に～/关系到名誉

かき①【牡蠣】[名]牡蛎

かき①【垣】[名]篱笆，垣墙

かき⓪【柿】[名]柿子，柿树

かき①【火気】[名]①火，烟火 ②火势

かき①【夏季】[名]夏季

かき①【夏期】[名]夏令

かぎ②【鉤】[名]①钩 ②引号（「　」）

かぎ②【鍵】[名]①钥匙 ②锁 ③关键

かきあ・げる⓪【書（き）上げる】[他下一]①写完,完成△論文（ろうぶん）を～/写完论文 ②一一写出来,写上

かきあらわ・す⓪⑤【書(き)表(わ)す】[他五]写出来,(用文字)表达出来△「ふじさん」は、「富士山」、「不二山」とも～せる/「ふじさん」可以写做"富士山",也可写做"不二山"

かきいろ⓪【柿色】[名]①柿子色,橙黄色 ②暗褐色,红褐色

かきおき⓪【書(き)置(き)・書置】[名・自サ]①留言条,留简 ②遗书

かきおと・す⓪【書(き)落(と)す】[他五]落写,漏写

かきかた④③【書(き)方】[名]①(字的)笔顺 ②(文章等的)写法,表现方法

かきことば③【書(き)言葉】[名]书面语言,文章用语

かきこ・む⓪【書(き)込む】[他五]①写入 ②详细地写下来

かきしる・す⓪【書(き)記す】[他五]写,记载,记录

かきだ・す⓪③【書(き)出す】[他五]①写完拿出去 ②开始写 ③摘录,摘抄△重要(じゅうよう)なところを～/把重要的地方摘录下来

かきた・てる⓪【かき立てる・搔(き)立てる】[他下一]激起,挑动

かきた・てる⓪【書(き)たてる】[他下一]①引人注目地写,大写特写 ②罗列,一一写出

かきつけ⓪【書(き)付(け)】[名]①便条,记事条 ②账单,单据

かぎつ・ける④【嗅(ぎ)付ける】[他下一]①嗅到,闻到 ②探出,刺探出

かきとめ⓪【書留】[名]挂号(邮件,信件)

かきとり⓪【書(き)取(り)】[名]①听写,听写测验 ②抄写

かきなお・す⓪【書(き)直す】[他五]重新写,改写

かきなが・す⓪【書(き)流す】[他五]流利地写,迅速地写

かきぬき⓪【書(き)抜(き)】[名]摘要,摘录

かきね②③【垣根】[名]篱笆,栅栏

かきのこ・す⓪【書(き)残す】[他五]①(剩下)不写 ②搁笔 △遺言(ゆいごん)を～/留下遗言

かぎばり③【鈎針】[名]钩针

かきまわ・す⓪【かき回す・搔(き)回す】[他五]①搅拌,搅和 ②扰乱,搅乱

かきみだ・す⓪【か(き)乱す・搔き乱す】[他五]搅乱,扰乱 △平和(へいわ)を～/扰乱和平

かきゅう⓪【下級】[名]下级

かきょく①【歌曲】[名]①歌,歌曲 ②曲子,曲谱

かきよ・せる⓪【搔(き)寄せる】[他下一](用手等)耙搂到一处

かぎり①③【限(り)】[名]①限度,止境,极限 △人間の欲望(よくぼう)には～がない/人的欲望是无止境的 ②只限于…,以…为限 △今回～ゆるす/只饶恕这一回 ③(用「…の限りではない」的形式表示)不在此限 △急患(きゅうかん)の際(さい)は、その～ではありません/急诊病人不在此限 ④只要…就…△仕事がある～、はたらきつづける/只要有工作,就继续干

かぎ・る②【限る】Ⅰ[他五]限定,限于 △時間を～/限定时间 人数を～/限定人数 Ⅱ[自五]①(用「…に限る」的形式表示)最好,顶好 △すきやきはしもふりの牛肉に～/鸡素烧最好是上等牛肉 ②(用「…に限って」的形式表示)唯有,只有 △あの人に～

って、そんなうそを言うはずが
ない/唯有那个人不会说那样的
谎话 ③（用「…とはかぎらない」
的形式表示）不一定，未必△困っ
ているのはきみだけとは～らな
い/为难的未必只是你一个人△
みんな行きたいとは～らない/
未必大家都想去 ④（用…に限ら
ず的形式表示）无论，不管

かきん⓪【家禽】［名］家禽

かく②【角】［名］①四角形，四方
形 ②角度，角 ③（日本将棋的棋
子名称）角行

かく⓪②【格】［名］①地位，等级，
资格△～が上だ/地位高②规范，
基准△～に合わない/不合常规
③（日语语法的）格△～助詞/格
助词

かく①【核】［名］①果核 ②细胞核
③「核兵器」的简称 ④核心△市
民運動の～になるメンバー/市
民运动的核心成员

か・く⓪【欠く】［他五］①打破
（硬物一部分），磕掉（一块）②缺
乏，不够△常識を～/缺乏常识△
礼儀（れいぎ）を～/缺乏礼貌

か・く［他五］Ⅰ【書く・描く】
写（字），画（画）△字（じ）を
～/写字△絵（え）を～/画画儿Ⅱ
【書く】作（文），著（书）△手紙
を～/写信△詩を～/做诗△小説
を～/写小说

か・く①【掻く】［他五］①（用手
等）挠，抓△頭を～/挠头 ②（用
手或筷子）搅和△からしを～/
搅和芥末【かきまわす】⓪［他
五］搅和【かきまぜる】⓪［他下
一］搅和 ③（用手或工具）搂，拢
扒△おちばを～/把落叶搂起来
④（用刀具）切，削等 ⑤做某种动
作△いびきを～/打呼噜△あせ
を～/出汗△はじを～/丢丑

かく-①【各】［接頭］各△～方面/
各方面

かぐ①【家具】［名］家具【-店（て
ん）③】［名］家具店

か・ぐ⓪【嗅ぐ】［他五］（用鼻子）
闻，嗅△においを～/闻味儿【か
ぎあてる④】［他下］闻出，闻到

がく①【学】［名］①学校 ②学问，
知识△～がある/有学问

がく①【楽】［名］音乐

がく【額】Ⅰ①⓪［名］数额Ⅱ⓪
［名］匾额△～をかける/挂匾

かくい①【各位】［名］各位，诸位

がくい①②【学位】［名］学位△～
をとる/取得学位

かくう⓪【架空】Ⅰ［名］架在空
中Ⅱ［形動］虚幻，虚构，想象△
～の人物/虚构的人物

かくかぞく③【核家族】［名］（只有
夫妻和其子女的）小家庭

かくぎ①②【閣議】［名］内阁会议

がくぎょう②⓪【学業】［名］学业，
功课

がくげい②⓪【学芸】［名］学问和
艺术

かくげん②⓪【格言】［名］格言

かくご①②【覚悟】［名・自他サ］精
神准备；决心△～をきめる/下决
心△決死（けっし）の～/决死的
准备

かくさ①⓪【格差】［名］（资格、等级、
价格等的）差别，差距

かくざとう③【角砂糖】［名］方糖

かくさん⓪【拡散】［名・自サ］扩
散△癌が～する/癌扩散

かくし⓪【客死】［名・自サ］客死，
死于他乡，死在旅途上

かくじ①【各自】［名］每个人，各
自

がくし①【学士】［名］学士

がくし①【学資】［名］求学费用

かくしき⓪【格式】［名］①礼法规

矩△～を重（おも）んじる/讲究
礼法规矩 ②地位，资格

がくしき⓪【学識】［名］学识

かくじつ⓪②【隔日】［名］隔日

かくじつ⓪【確実】［形动］确实，可
靠，准确△～な品/货真价实的东
西

かくじっけん③【核実験】［名］核
试验

かくして①【斯くして】［接］如此，
这样

がくしゃ⓪【学者】［名］学者，文
人

かくしゅ①【各種】［名］各种，各
种各样

かくじゅう⓪【拡充】［名・他サ］扩
充△体育施設を～する/扩充体
育设施

がくしゅう⓪【学習】［名・他サ］学
习△～法/学习方法

がくじゅつ⓪②【学術】［名］学术
【-会議（かいぎ）⑤】［名］学术会
议

かくしょう⓪【確証】［名］确凿的
证据

かくじょし③【格助詞】［名］格助
词（有が、の、を、に、へ、と、
から、より等）

かくしん⓪【革新】［名・他サ］革
新，改革【-的（てき）⓪】革新的
【技術（ぎじゅつ）-④】技术革新

かくしん⓪【核心】［名］核心，要
害△問題（もんだい）の～/问题
的核心

かくしん⓪【確信】［名・他サ］确
信，坚信，坚定的信念△成功を～
する/确信一定成功

かくじん①【各人】［名］每个人，各
人

かく・す②【隠す】［他五］隐藏，掩
盖，隐瞒△姿（すがた）を～/躲
藏起来△名（な）を～/隐姓埋名

かくせい⓪【隔世】［名］①隔世△
～の感/隔世之感 ②隔一代【-遺
伝（いでん）⑤】［名］隔代遗传

がくせい⓪【学生】［名］学生【-時
代（じだい）⑤】［名］学生时代
【-運動（うんどう）⑤】［名］学生
运动◆严格说来，「学生」是指大
学及短期大学的学生，而高中生、
初中生则称「生徒」，小学生称
「児童」、「学童」

がくせい⓪【学制】［名］学制△
改革（かいかく）/学制改革

かくせいき③【拡声器】［名］扩音
器；话筒

がくせき⓪【学籍】［名］学籍

かくぜつ⓪【隔絶】［名・自サ］隔
绝

がくせつ⓪【学説】［名］学说【新
（しん）-④】［名］新学说

がくぜん⓪③【愕然】［副・連体］愕
然，（非常）吃惊貌

かくだい⓪【拡大】［名・自他サ］
扩大，放大△写真を～する/放
大照片【-鏡（きょう）⓪】［名］放
大镜

がくたい⓪【楽隊】［名］乐队

かくち①【各地】［名］各地

かくちょう⓪【拡張】［名・他サ］扩
张，扩充，扩大△軍備（ぐんび）
の～をはかる/谋求军备扩张

かくちょう⓪【格調】［名］格调

かくてい⓪【確定】［名・自他サ］确
定，决定【-的（てき）⓪】［形动］
确定无疑

カクテル①【（美）cocktail】［名］①鸡
尾酒，混合酒 ②混合物，混合

カクテル・パーティ⑤【cocktail
party】［名］鸡尾酒会

かくど①【角度】［名］①角度 ②
（看问题等的）角度，观点△～を
かえる/换个角度

がくと①【学徒】［名］①学生 ②研

究学问的人

かくとう⓪【格闘】[名・自サ]格斗,搏斗

かくとう⓪【確答】[名・自サ]确切的答复,肯定的回答

がくどう⓪【学童】[名]小学生

かくとく⓪【獲得】[名・他サ]获得,取得△権力(けんりょく)を～する/获得政权

かくにん⓪【確認】[名・他サ]确认,证实△身元(みもと)を～する/确认身分

がくねん⓪【学年】[名]①学年②年级

がくは①【学派】[名]学派

がくひ①【学費】[名]学费

がくふ①【学府】[名]学府△最高(さいこう)-⑤[各]最高学府

がくふ①【楽譜】[名]乐谱,谱子

がくぶ①⓪【学部】[名](综合性大学的)系【医(い)-②③】[名]医学系

がくふう⓪【学風】[名]①学风②(大学的)校风

かくへいき③【核兵器】[名]核武器

かくべつ⓪【格別】[副・形动]特别,特殊,格外△彼は～すぐれた選手ではない/他不是十分出色的选手

かくほ①【確保】[名・他サ]确实保证,确保

かくまく②【角膜】[名]角膜

かくめい⓪【革命】[名]革命△産業(さんぎょう)-⑤/产业革命

がくめん②⓪【額面】[名]①(债券,货币,证券等的)面值,票面金额②(事物的)外表,表面

がくもん②【学問】[名]①学问,科学②学习

がくや⓪【楽屋】[名](舞台的)后台

がくようひん③⓪【学用品】[名]文具,学习用具

かくり⓪①【隔離】[名・自他サ]隔离,隔绝△-病舎(びょうしゃ)⑥】[名]隔离病房

かくりつ⓪【確立】[名・自他サ]确立,建立△方針の～/方针的确立

かくりつ⓪【確率】[名]概率

かくりょう②【閣僚】[名]内阁大臣,内阁成员

がくりょく⓪②【学力】[名]学问上的实力,学习实力△～検査(けんさ)/学力考查

がくれい⓪【学齢】[名]学龄【-期(き)③】[名]学龄期

がくれき⓪【学歴】[名]学历【-社会(しゃかい)⑥】[名]学历社会

かく・れる③【隠れる】[自下一]①躲,藏△かげに～/藏在暗处②埋没,无名△～れた才能/埋没了的才能③隐遁④(身分高的人)逝世,逝去△おかくれになる/逝世

かけ⓪【掛け】Ⅰ[名]①「かけ売り」「かけ買い」的简称②(「かけうどん」「かけそば」的简称)清汤面Ⅱ[接尾](上接动词连用形)表示动作尚未完结或中途停顿下来△読み～/没读完△食べ～/吃了一半

かけ②【賭け】[名]赌,赌博,赌注△～をする/打赌

かげ①【影】Ⅰ[影]①影子,影儿△～がうつる/映出影子②面貌,形象,样子△彼は～がうすい/他无精打采的Ⅱ[陰]①阴凉地,背阴儿△木の～で休む/在树阴处休息②暗中,背后△～で悪口(わるぐち)をいう/在背地里说坏话③(心情)暗淡,不舒畅△あの人にはなんだか～がある/

那个人好像有什么隐痛 ④(多用「おかげ」、「おかげさま」的形式表示)托福,多亏,幸亏◇影が薄(うす)い/①无精打采 ②不显眼◇陰で糸(いと)を引(ひ)く/幕后操纵◇陰になり日向(ひなた)になり/明里暗里,公开私下(帮助)◇影も形(かたち)もない/无影无踪

がけ⓪【崖】[名]悬崖,峭壁

かけあ・う⓪【掛(け)合う】[他五]①互相(做某种动作)△水を〜/互相泼水△声を〜/互相打招呼 ②交涉,谈判

かけあし②【駆(け)足】[名]跑步

かけい⓪【家計】[名]家庭生活状况,家庭经济

かけうり⓪②【掛(け)売(り)】[名]赊卖

かけおち⓪【駆(け)落(ち)】[名]私奔

かけがい⓪【掛(け)買(い)】[名]赊买

かけがえのない【掛(け)替(え)のない】宝贵的△〜命(いのち)/宝贵的生命

かげき⓪【過激】[名・形动]过激【-派(は)⓪】[名]激进派

かげき①【歌劇】[名]歌剧

かげぐち②【陰口】[名]背后说坏话△〜をきく/背后说坏话,背后议论人

かけごえ②③【掛(け)声】[名]①喝彩声,助威的喊声 ②号子声 ③空喊,虚张声势△〜ばかり/只是虚张声势

かけじく②【掛(け)軸】[名]挂轴,挂画

かけだ・す⓪【駆(け)出す】[自五]①跑出去,跑到外面 ②开始跑,跑起来

かけつ⓪【可決】[名・他サ](议案等)通过△予算案を〜する/通过预算方案

かけて⓪①(表示时间,地点的)从…一直到…△秋から冬に〜/从秋天到冬天 ②(常用「…かけては」的形式表示)关于,在…上△運動に〜は自信がある/在体育方面,我很有自信心 ③起誓,用…担保△命に〜/用性命担保△神(かみ)に〜/对神起誓

かけどけい③【掛(け)時計】[名]挂钟

かけね②【掛(け)値】[名]①谎价,虚价△〜のないねだん/没有谎价的价格 ②夸张△〜のないところを言う/如实地说出

かけはし②【懸け橋】[名]桥,桥梁△友好の〜/友谊的桥梁

かけひき②⓪【駆(け)引(き)】[名・自サ]①(战场上)伺机进退 ②(买卖,谈判等)用心计,见机行事,耍花招△〜がうまい/足智多谋

かげぼうし①【影法師】[名]人影

かけもち⓪【掛(け)持(ち)】[名・他サ]兼,兼任,兼职△二つの学校を〜で教える/兼任两个学校的课

かけ・る②【翔る】[自五]飞翔△空を〜/在天空中飞翔

か・ける⓪【欠ける】[自下一]①出缺口,出缝隙△茶碗が〜/饭碗缺个口 ②缺乏,不足△礼儀(れいぎ)に〜/缺乏礼貌△常識に〜/缺乏常识 ③(月)缺△月(つき)が〜/月亏

か・けるⅠ②[他下一]【掛ける・懸ける・架ける】①戴,系△ボタンを〜/系扣△めがねを〜/戴眼镜 ②挂,放上△額を〜/挂匾 ③(托付给人或物)办理,处理△医者に〜/就医△はかりに〜/过称

④提交，提到△裁判に～/提起诉讼 ⑤用于起誓，许愿△願いを～/许愿 ⑥盖上，蒙上△ふとんを～/盖上被子 ⑦浇，撒△水を～/浇水 ⑧花费△金を～/花钱△時間を～/花费时间 ⑨坐△こしを～/坐下 ⑩打（电话）△電話を～/打电话 ⑪使某种东西发动起来△レコードを～/放唱机 ⑫（算数的）乘△AにBを～/B乘以A⑬使…陷入某种状态△わなを～/设圈套△めいわくを～/添麻烦 ⑭架，架设△橋を～/架桥◇声（こえ）をかける/打招呼◇お目(め)にかける/请您看◇鼻(はな)にかける/自高自大Ⅱ[接尾]表示动作的开始，中途△やり～けた仕事/做了一半的工作

か・ける② 【駆ける・馳ける】［自下一］迅跑，奔驰

か・ける② 【賭ける】［他下一］赌（钱、物）

かげろう② 【陽炎】［名］（春、夏日地面上冒出的）蒸气

かげん【加減】Ⅰ⓪［名］①加法和减法 ②调节，调整△胃の調子がわるいので食事を～する/胃不太舒服，调节一下饭菜 ③程度，状况△～がわるい/身体状况不好【味(あじ)-③】[名]味道(好坏) Ⅱ［接尾］①情况，状态，程度 ②略微△うつむき～になる/略微低着头

かこ① 【過去】［名］①已逝去的时光（含有不再复返之意）△～にさかのぼる/追溯过去 ②过去，以前，以往△～を忘れる/忘记过去

かご⓪ 【籠】［名］篮，筐，笼

かこい⓪ 【囲い】［名］围墙，栅栏

かこ・う⓪ 【囲う】［他五］围，围起来△かなあみで～/用铁丝围起来 ②窝藏△犯人を～/窝藏犯人

かこう⓪ 【火口】［名］喷火口，火山口

かこう⓪ 【加工】［名・他サ］加工【-食品（しょくひん）⑤】［名］加工食品

かごう⓪ 【化合】［名・自サ］化合【-物（ぶつ）②】［名］化合物

かこつ・ける⓪ 【託ける】［他下一］找借口，托故，假借△病気に～けて参加をことわる/借口有病，拒绝参加

かこみ⓪ 【囲み】［名］①包围，围△～をやぶる/冲破包围 ②（报纸等上的）花边新闻【-記事（きじ）④】［名］花边新闻

かごみみのもちためなし 【籠耳の持ち溜なし】一个耳朵听，一个耳朵出

かこ・む⓪【囲む】[他五]环绕，围，包围△敵（てき）を～/包围敌人△食卓（しょくたく）を～/围坐在餐桌旁

かごん⓪ 【過言】［名］言过其实，夸大其词△～といっても過言ではない/（上接用言终止形或体言)说…也不算过分，可以毫不夸张地说…△彼はその道の第一人者なりといっても～ではない/说他是那方面的最高权威也不过分

かさ① 【笠】［名］①斗笠 ②伞状物△電灯の～/灯罩◇かさに着(き)る/仗势欺人，狗仗人势

かさ① 【傘】［名］伞△～をさす/打伞【雨傘（あまがさ）③】［名］雨伞

かさにかかる 【嵩に懸かる】盛气凌人，跋扈

かさい⓪① 【火災】［名］火灾【-報知器（ほうちき）⑥】［名］火灾报警器

かざい①【家財】［名］家产，家当
【-道具（どうぐ）④】［名］家当，家具

かざかみにもおけない【風上にも置けない】臭不可闻，顶风臭四十里

かささぎ【鵲】［名］喜鹊

かさな・る⓪【重なる】［自五］①摞，重叠【つみ-⑤】［自五］堆起来，重叠 ②（事情、日子等）赶在一起，重叠△日曜と祭日が～/星期日和节日赶在一起

かさねて⓪【重ねて】［副］再一次，重复

かさ・ねる⓪【重ねる】［他下一］①把…摞起来，把…重叠起来△セーターの上にカーディガンを～/套穿两件毛衣 ②反复，重复，多次△失敗を～/屡次失败△練習を～/反复练习

かさば・る③【かさ張る・嵩張る】［自五］体积大

かざむき⓪【風向（き）】［名］①风向 ②（人的）心情，情绪 ③形势，趋势，倾向△～がかわる/形势变了；态度变了

かさやのこぞう【傘屋の小僧】费力不讨好

かざり⓪【飾（り）】［名］装饰，装饰品【くび-³】［名］项链【-気（け）②】［名］虚饰，矫揉造作

かざりもの⓪【飾（り）物】［名］①装饰品，摆设 ②虚饰，摆设，装潢△あの社長は～で、実際の仕事は副社長がしている/那个社长不过是个摆设，实际工作是副社长做

かざ・る⓪【飾る】［他五］①修饰，装饰△身なりを～/梳装打扮△花で～/用花束装饰 ②增光，增添色彩 ③装潢，打扮△うわべを～/装潢门面

かざん①【火山】［名］火山【-帯（たい）⓪】［名］火山地带

かし①【貸し】［名］借出的东西，贷款△～がある/（他人）欠自己的钱或欠自己的人情

かし【樫】［名］橡树

かし①【菓子】［名］点心，糕点

かし①【歌詞】［名］歌词

かし①【華氏】［名］华氏

かじ①【舵・楫・梶】［名］舵△かじを取（と）る/①掌舵 ②掌握方向

かじ①【鍛冶】［名］①煅冶，打铁 ②铁匠

かじ①【火事】［名］火灾，失火△対岸（たいがん）の火事/隔岸观火，袖手旁观

かじ①【家事】［名］家务事，家政，家事△～にかまける/忙于家务事

がし①【餓死】［名・自サ］饿死

かしきり⓪【貸（し）切（り）】［名］包出去，包租△～のバス/包租的汽车

かし・げる③【傾げる】［他下一］使…倾斜△首（くび）を傾げる/纳闷

かしこ・い③【賢い】［形］①聪明，伶俐 ②（处理事物）高明，周到△なかなか～やりかただ/真是个高明的做法

かしこま・る④【畏まる】［自五］①谨慎，拘束△～っておじぎをする/拘谨地鞠躬敬礼 ②恭敬端正地坐 ③（表示应答、接受）是，领教，明白△はい、～りました/是，明白了

かしつ①【過失】［名］过失，过错【-致死（ちし）④】［名］过失致死

かじつ①【果実】［名］果实；水果

かしつけ⓪【貸し付け】［名］（物品、金钱的）出租，贷放【-金（きん）⓪】

[名]贷款

かじばどろぼう【火事場泥棒】趁火打劫的人

かしまし・い④【姦しい】[形] 嘈杂，喧器

カシミア⓪【cashmere】[名] ①克什米尔山羊 ②开司米，山羊绒

かしゅ①【歌手】[名] 歌手，歌唱家

かじゅ①【果樹】[名] 果木，果树【-園（えん）②】②[名] 果园

かしゅう⓪【歌集】[名] ①日本和歌集 ②歌曲集

かじゅう⓪【荷重】[名] 载荷，负荷

かしょ①【箇所・個所】I[名]（用「…箇所」的形式表示）在…的地方，场所△危険（きけん）～/危险处，危险场所 II[接尾] 处，部分，地方△三（さん）～/三个地方，三处◆也可写作「カ所」「ケ所」

かじょう⓪【過剰】[名・形動] 过剩【人口（じんこう）-⑤】[名]人口过剩【生産（せいさん）-⑤】[名] 生产过剩

かじょう⓪【箇条・個条】[名] 条，条款，条项【-書（がき）⓪】[名] 分条写，分别列出

がじょう⓪【賀状】[名] 贺信，贺年片

かじょうさはん④【家常茶飯】[名] 家常便饭，平常的事

かしら②【頭】[名] ①头，脑袋△～をおろす/出家△～に霜（しも）をおく/白发苍苍 ②头目，首领 ③地位最高的人

かしら[終助]（主要为女性用语）①表示疑问△あしたは雪～/明天会下雪吗△あの本はどこに置いた～/那本书放在哪儿了 ②表示愿望△早く春がこない～/春天还不快来啊

かじりつ・く②④【齧（り）付く】[自

五]①咬住△ねこが鼠に～/猫咬住老鼠 ②抓住不放，不离开，聚精会神△机に～/不离书桌，拚命学习

かじ・る②【齧る】[他五]①啃，咬△りんごを～/咬苹果 ②稍知一点△学生時代英語を～ったことがある/学生时代曾学过一点英文

かしわ⓪【柏】[名] 槲树，橡树

かしん⓪【過信】[名・他サ] 过分相信

かじん①⓪【佳人】[名] 佳人△-薄命（はくめい）①[名] 佳人薄命

かじん①⓪【歌人】[名] 作和歌的诗人

がしんしょうたん①【臥薪嘗胆】[名・自サ] 卧薪尝胆

か・す⓪【貸す】[他五]①借出，借给△へやを～/把房间借出去 ②帮助别人△知恵（ちえ）を～/帮助出主意△力を～/帮忙，出力△手を～/帮把手

かず①【数】[名]①数，数目△～をかぞえる/数数儿 ②各种各样，许多 ③数得上，数着看◇数知（し）れない/无数，不知多少

ガス①【（荷）gas】[名]①气体 ②煤气 ③浓雾

かすか①【微か】[形動]①微弱，微小△～な光/微弱的光 ②模糊，隐约△～に見える/隐约可见

かすがい⓪【鎹】[名]①铁锔子，扒锔子 ②纽带◇子（こ）はかすがい/孩子是夫妻的纽带

カステラ⓪【（葡）pãode Castella】[名] 蛋糕

かずならぬ①【数ならぬ】不值钱的，下贱的△～身/下贱的人

かすみ⓪【霞】[名] 霞，霭，薄雾

かす・む⓪【霞む】〔自五〕①蒙蒙胧胧△月が～/月色蒙胧 ②（眼睛）模糊不清，看不清△目が～/视线模糊 ③不显眼，显不出

かす・める⓪③【掠める】〔他下一〕①欺骗，瞒△人の目を～/瞒人眼目 ②掠过，轻轻擦过

かすり③【掠り】〔名〕①掠过，擦过 ②擦伤【-傷（きず）③】〔名〕擦伤

かす・る②【擦る】〔他五〕擦过△バットに球が～/球擦过球拍

かす・る②【掠る】〔他五〕掠过，擦过

か・する②【課する】〔他サ〕派，分配△仕事を～/分配工作

かす・れる③【擦れる】〔自下一〕①（字）模糊不清△字が～/字迹不清 ②（声音）嘶哑△声が～/声音嘶哑

かぜ⓪【風】〔名〕①风△～がふく/刮风 ②（按接尾词用）像…的样子，作出…的样子△役人～をふかせる/摆官架子◇風の便（たより）り/风闻◇風を食（く）らう/望风而逃

かぜ⓪【風邪】〔名〕伤风，感冒△～をひく/感冒，伤风

ガーゼ①【（徳）Gaze】〔名〕纱布，药布

かぜあたり③⓪【風当（た）り】〔名〕（社会上的）责难或攻击△～がつよい/社会上的非难很厉害

かせい⓪【火星】〔名〕火星

かせい⓪【火勢】〔名〕火势

かせい⓪【仮性】〔名〕（病症的）假性【-近視（きんし）④】〔名〕假性近视

かぜい⓪【課税】〔名・自サ〕课税，收税

かせいがん②【火成岩】〔名〕火成岩

かせいふ②【家政婦】〔名〕保姆，女佣人

かせき⓪【化石】〔名〕化石

かせぎ①③【稼（ぎ）】〔名〕①做工，干活 ②赚钱，挣钱

かせ・ぐ②【稼ぐ】〔自五〕①做工，干活 ②争取，赢得△点を～/争取分数；取悦他人以获好评 ③等待时机△時を～/等待时机

かぜぐすり③⓪【風邪薬】〔名〕感冒药

かせつ⓪【仮設】〔名・自他サ〕①临时设立 ②（数学、论理学）假设，假定

かせつ⓪【仮説】〔名〕假说，假设△～をたてる/提出假设

かせつ⓪【佳節】〔名〕佳节

かせつ⓪【架設】〔名・他サ〕架设，安设

カセット②【cassette】〔名〕盒式录音机

がせんし②【画仙紙】〔名〕宣纸

かそ①【過疎】〔名〕（人口）过疏，过稀【-地帯（ちたい）④③】〔名〕人口过疏地帯

かそう⓪【下層】〔名〕①下边一层，底层 ②（社会的）下层

かそう⓪【火葬】〔名・他サ〕火葬

かそう⓪【仮想】〔名・自サ〕假想

がぞう⓪②【画像】〔名〕①画像【自（じ）-②】〔名〕自画像 ②画面，映像

かぞえ③【数え】〔名〕（「かぞえどし」的简称）虚岁

かぞ・える③【数える】〔他下一〕①数，数数 ②列举，数说△～えきれない/不胜枚举，数不胜数

かそく⓪【加速】〔名・自他サ〕加速【-度（ど）③】〔名〕加速度

かぞく①【家族】〔名〕家族，家属，家庭成员

がぞく①【雅俗】[名]①雅俗②雅语和俗语

かぞくせいど④【家族制度】[名]家族制度

ガソリン⓪【gasoline】[名]汽油【‐スタンド⑥】[名]汽车加油站

かた【方】Ⅰ②①[名]①(敬)人△あの～/那位②方向,方位△西の～/西方Ⅱ[接尾]①(接续词连用形下表示)方法△読(よ)み～/读法②二者之中的一方△母(はは)～/母亲一方③写在寄居处户主姓名之下,表示尊敬

かた②【形】[名]①形状,形,形△帽子の～がくずれてしまった/帽子走形了②抵押(品)△～におく/做抵押

かた‐②【片】[接头]①表示一对物件中的一个,单方,一方△～思い/单相思②表示不完全,少的意思△～ごと/只言片语

かた①【肩】[名]①肩,肩膀△～がこる/肩膀酸痛△～をもむ/揉肩膀△～で息をする/呼吸困难②衣服的肩部【‐あて②】[名]衣服的垫肩布③表示某物的上角△封筒の右～/信封的右上角④(棒球等的)投掷力△～がいい/投掷力好◇肩がこらない/轻松◇肩の荷(に)を下(お)ろす/卸下重担,卸下担子◇肩をいれる/全力支援◇肩を並(なら)べる/①并肩②并驾齐驱,匹敌◇肩を持(も)つ/袒护

かた②【型】[名]①模子,模型△～をとる/造型【‐紙(がみ)⓪】[名]镂空纸板②惯例,框框△～をやぶる/打破旧框框△～にはまる/照抄老一套③(舞蹈、体育运动等基本的)姿势,形式④样式,式样,类型【血液型(けつえきがた)⓪】[名]血型

‐がた【方】[接尾]①(对人的复数的敬称)…们△先生(せんせい)～/老师们②表示所属△敌(てき)～/敌方③表示大约,差不多④表示时刻△明(あ)け～/黎明,凌晨

かた・い⓪【固い・堅い・硬い】[形]①硬,坚硬△～石/硬石头②坚实,牢固△～くしばる/结结实实地捆起来△引き戸が～/拉门很紧(难以拉动)③坚定,坚决△～决心/不动摇的决心④生硬,呆板△～表情/呆板的表情△文章が～/文章生硬⑤循规蹈矩,老老实实△～人/循规蹈矩的人⑥有把握△わが校の優勝は～/我校获胜是有把握的◆「固い」比「堅い」「硬い」用的范围广。在表示某物的性质时,多用「硬い」,而「堅い」则一般用在表示性格等方面。

かだい⓪【過大】[名・形动]过大,过高△～な期待/过于期待【‐評価(ひょうか)④】[名]过高的评价

かだい⓪【課題】[名]课题,任务

‐がたい【難い】[接尾]难,难以,很难△忘れ～/难忘△得(え)～/难得的

かたいじ⓪【片意地】[名・形动]固执,执拗,固执己见△～をはる/固执己见

かたいなか③【片田舎】[名]偏僻的乡村

かたおもい③【片思い】[名]单恋,单相思

かたがき⓪④【肩書(き)】[名]①地位,身分②(在名片姓名的右上方写的)职衔,头衔

かたかけ②【肩掛(け)】[名]披肩,披巾

かたがた②【方方】[名](「人びと」

的敬称）诸位，各位

がたがた①【副・自サ】①（物体相碰发出的声音）咯嗒咯嗒△風で戸が～音をたてる/风把门刮得咯嗒咯嗒响 ②（打颤、发抖）哆哆嗦嗦△寒くて体（からだ）が～する/冷得身体直哆嗦

かたかな②③【片仮名】［名］片假名

かたがわ⓪【片側】［名］一侧，单面【-通行（つうこう）⑤】［名］（交通）单行线

かたき③【敵】［名］①仇人，敌人△～をうつ/报仇，复仇 ②竞争对象△商売敵（しょうばいがたき）⑤】［名］（商业、买卖上的）竞争对手

かたぎ⓪【気質】［名］气质，性情，风度△気生～/学生气质

かたぎ⓪【堅気】［名・形動］①正经，正派 ②正经的职业

かたきやく⓪③【敵役】［名］①（戏剧、电影的）反派角色 ②招怨恨的角色

かたく⓪【家宅】［名］住宅【-侵入罪（しんにゅうざい）⓪】［名］侵犯住宅罪

かたくな⓪【頑な】［形動］顽固

かたくるし・い⑤【堅苦しい】［形］过于严格，死板，拘泥形式△～あいさつはぬきにしよう/省去拘泥形式的致词吧

かたこい⓪【片恋】［名］单相思，单恋

かたこと⓪④【片言】［名］①不完整的言语，不通顺的句子 ②只言片语

かたこり②③【肩凝（り）】［名］（由于疲劳等）肩膀酸痛

かたすみ③【片隅】［名］角落

かたずをのむ【固唾を飲む】紧张地屏住气息

かたち⓪【形】［名］①形状，样子△～がくずれる/走形，变样 ②姿态容貌△～をあらためる/改变姿态

かたづ・く【片付く】［自五］①收拾整齐，整顿好△部屋（へや）が～/屋子收拾得很整齐 ②得到解决△例の事件は、やっと～いた/那个事件好容易得到了解决 ③出嫁△むすめが～いた/女儿出嫁了

がたつ・く⓪【自五】①咯嗒咯嗒作响 ②摇晃不稳，要散架△商売が～/买卖发黄

かたづ・ける④【片付ける】［他下一］①收拾，整理△へやを～/收拾房间 ②处理，解决，做完△宿题（しゅくだい）を～/把作业做完 ③嫁出△むすめを～/把女儿嫁出去

かたつむり③【蝸牛】［名］蜗牛

かたて③⓪【片手】［名］①一只手△～で持ちあげる/用一只手举起来 ②五（隐语）

かたどおり③【型通り】［名・形動］按照常规△～のあいさつ/老一套的致词

かたとき④【片時】［名］片刻，一时一刻

かたな③②【刀】［名］刀剑

かたはば⓪【肩幅】［名］肩宽

かたほう②【片方】［名］（两个中的）一个，（两方面的）一面

かたぼうをかつぐ【片棒を担ぐ】结伙共事，合伙干（用于不好的事情方面）

かたまり⓪【塊（り）】［名］①块，疙瘩△雪の～を投げつける/扔雪块 ②堆，群，团 ③极端…的人△欲の～/贪得无厌的人△うその～/净说谎的人

かたま・る⓪【固まる】［自五］①

変硬，凝固，成块 ②聚集，成堆△人が～って歩く/人们聚集在一起走 ③定型，稳固△基礎が～/基础巩固△考えが～/想法成型了◇雨（あめ）ふって地（じ）固まる/不打不成交，不打不相识

かたみ⓪【形見】[名] ①遗物 ②纪念品

かたみがせまい【肩身が狭い】感到不光彩，感到丢脸

かたみち⓪【片道】[名] 单程△～切符（きっぷ）/单程票

かたむき④⓪【傾（き）】[名] ①倾斜 ②倾向△日本人は塩分をとりすぎる～がある/日本人有过于摄取盐分的倾向

かたむ・く③【傾く】[自五] ①倾，倾斜△船が～/船倾斜 ②（太阳或月亮）西斜△日が～/太阳西下 ③衰落 ④倾向于…，有…倾向△賛成（さんせい）に～/倾向于赞成

かたむ・ける④【傾ける】[他下一] ①使…倾斜△首を～/歪着头思索△さかずきを～/举杯喝酒 ②使…衰落△家財を～/倾家荡产 ③倾注于…△全力を～/倾注全力△耳を～/侧耳倾听

かた・める⓪【固める】[他下一] ①使…坚固，使…变硬△ふみ-⑤[他下一] 踩结实 ②巩固，坚定△勝利を～/巩固胜利 ③使…安定△身を～/结婚，成家

かたやぶり③【型破（り）】[名·形动] 破例，破格△～な人物/大胆的人物

かたよ・る③【偏る・片寄る】[自五] 偏，偏于…△一面～った考え/偏颇的想法

かたり⓪【語（り）】①讲的话 ②（能和狂言的）道白

かたりぐさ③⓪【語草】[名] 话柄，话把儿

かたりくち⓪【語口】[名] 讲话的调子或态度

かたりて⓪【語り手】[名] ①讲话的人 ②（电影、戏剧等的剧情）解说人

かた・る⓪【語る】[他五] ①讲述△事件の一部始終を～/讲述事件的全过程 ②（曲艺）说唱

かた・る⓪【騙る】[他五] 骗，冒名△人の名を～/盗用别人的名义

カタル①【（德）katarrh】[名] 粘膜炎，卡他

かたるにおちる【語るに落ちる】不打自招

カタログ⓪【catalog】[名] 商品目录，商品说明书，营业项目

かたわら④⓪【傍（ら）】[名] ①旁，旁边△～に置く/放在旁边 ②做…的同时也做…，一面…一面△勉学の～、家事をてつだう/一面学习，一面帮助干家务

がたん②[副] ①（成绩、数量、位次）突然下降△生産額が～と落ちる/产值急剧下降 ②（物体相撞）咣啷，砰砰

かち②【勝（ち）】[名] 胜，胜利，赢

かち①【価値】[名] 价值△～がある/有价值△～が高い/价值高

-がち【接尾】（上接名词、动词连用形）往往，容易，常常△おくれ～/常常迟到△忘れ～/容易忘△病気～の人/爱生病的人

かちあ・う②【かち合う】[自五]（两物或两件事）赶在一起，凑在一起，相冲突△日曜と祭日が～/星期日同节日赶在一起

かちかん②【価値観】[名] 价值观△～が違（ちが）う/价值观不同

かちく⓪【家畜】[名] 家畜

かちと・る⓪【勝ちとる・克ちと】

る]［他五］争取，取得△勝利を
～/取得胜利

かちぼし②【勝（ち）星】（相扑）得
胜符号

かちゅうのくりをひろう【火中の
栗を拾う】 火中取栗

かちょう⓪【課長】［名］课长，科
长

かつ①【活】［名］①活△死中（し
ちゅう）に活を求める/死里求生
②复活，复苏◇活を入（い）れる/
起死回生

かつ①【渇】［名］渴◇渴を癒（い
や）す/①解渴 ②如愿以偿

かつ①【且】Ⅰ［副］且…且…，边
…边…，又…又…△飲み、～食
う/又喝又吃△語り、～笑う/又
说又笑 Ⅱ［接］并且，而且△こ
の魚はおいしいし、～栄養もあ
る/这个鱼好吃，而且还有营养

か・つ③【勝つ】［自五］①胜，赢，
战胜△試合に～/比赛获胜△敵
に～/战胜敌人 ②克服，克制△お
のれに～/克制自己 ③过多，过
重△荷が～/负担过重◇勝って
兜（かぶと）の緒（お）を締（し）め
よ/胜而不骄,胜利后仍要提高警
惕◇勝てば官軍（かんぐん）/胜
者王侯

-がつ【月】［接尾］月△正～/正
月

かつあい⓪【割愛】［名・他サ］割
爱,省去,作罢△計画の一部を～
する/把计划的一部分割爱

かっか①【閣下】［名］阁下△大統
領（だいとうりょう）～/总统阁
下

がっか⓪【学科】［名］学科

がっかい⓪【学会】［名］学会,学
社

がっかい⓪【学界】［名］学术界

かっかざん③【活火山】［名］活火
山

かっかそうよう【隔靴掻痒】隔靴掻
痒△～の感/隔靴掻痒之感

がっかり③［副・自サ］①失望,泄
气 ②无精打采,筋疲力竭

かっき⓪【活気】［名］生气,活力
△～がある/有生气

がっき⓪【学期】［名］学期

がっき⓪【楽器】［名］乐器

かっきてき⓪【画期的】［形动］划
时代,划时期

がっきゅう⓪【学究】［名］学究

がっきゅう⓪【学級】［名］学级,班
级

かっきょ①⓪【割拠】［名・自サ］割
据

がっきょく⓪【楽曲】［名］乐曲

かっきり③［副］①清楚,明确,截
然△～と二つに分ける/一刀两
半 ②正,整整,恰好△～五時だ/
整整五点

かつ・ぐ②【担ぐ】［他五］①挑,扛,
担,抬△ふくろを～/扛口袋 ②
推戴,抬举△会長に～/推举当会
长 ③哄骗△人を～/哄骗人 ④讲
迷信

かっけ③【脚気】［名］脚气【-衝心
（しょうしん）④】［名］脚气性心脏
病

かつげき⓪【活劇】［名］①（武打
多的）电影,戏剧 ②打架,斗殴

かっけつ⓪【喀血】［名・自サ］喀
血,吐血

かっこ①【括弧】［名・他サ］括号,
括弧,括起来

かっこ①【確固・確乎】［副・連
体］坚定,牢固

かっこう⓪【格好】Ⅰ［名］样子,外
形,体形,姿态△～がいい/样子
好,姿态美△～がつかない/不像
样子 Ⅱ［形动］正合适,适当△
～なねだん/合适的价钱△彼は

この役には～な人だ/这个职务，他是个合适的人选Ⅲ[接尾] 大约，差不多，上下，左右△年は五十～の人/大约五十岁左右的人

がっこう⓪【学校】[名] 学校

かっさい⓪【喝采】[名・自サ] 喝彩，叫好△～をあびる/受到喝彩

がっさく⓪【合作】[名・他サ] 合作△日米（にちべい）～/日美合作

がっさつ⓪【合冊】[名・他サ] 合订本，合订

かつじ⓪【活字】[名] 铅字，活字△～をひろう/拣字△～をくむ/排字【-体（たい）⓪】[名] 印刷体

がっしょう⓪【合唱】[名・他サ] 合唱△三部～/三部合唱△混声～/混声合唱

がっしょう⓪【合掌】[名・自サ]（佛）合掌

かっしょく⓪【褐色】[名] 褐色，黑茶色

がっ・する⓪③【合する】[自他サ] 会合，汇合，合起来△支流が～して本流（ほんりゅう）となる/支流汇成主流

がっそう⓪【合奏】[名・他サ] 合奏

かっそうろ③【滑走路】[名]（飞机）跑道

かったつ⓪【濶達】[形動] 豁达，开阔△～な人物（じんぶつ）/心胸开阔的人

かつて①【副】①从前，过去△～のおもかげがない/已无昔日风貌 ②（与否定形相呼应）从未…，未曾…△～ない大惨事/空前的大惨案

かって⓪【勝手】Ⅰ[名・形動] 任意，随便△～にする/任意行事Ⅱ[名]①厨房【お-⓪】[名] 厨房 ②

情况，情形△～がちがう/情形不同

がってん③【合点】[名・自サ]①同意，点头 ②领会，理解

かっと①【副】①（火）炽热，旺盛貌 ②突然发怒，发火貌△～なる/火冒三丈 ③眼睛突然瞪大貌

カット①【cut】[名・他サ]①切削，剪，切△かみを～する/剪头发 ②（网球、乒乓球的）削球 ③（书或报纸上的）小插图 ④（电影的）一个镜头，一个场面

かつどう⓪【活動】[名・自サ]①活动，运动，工作【-家（か）⓪】[名] 活动家【政治（せいじ）-④】[名] 政治活动 ②（「活動写真」的简称）电影

かっぱ⓪【河童】[名]①河童（传说中的动物）②喜爱游泳的人（主要指小孩）◇河童に水練（すいれん）/班门弄斧◇河童の川流（かわなが）れ/①淹死会水的 ②智者千虑，必有一失

かっぱつ⓪【活発】[名・形動] 活泼，踊跃

かっぱん⓪【活版】[名] 铅版，活版，活字版【-印刷（いんさつ）⑤】[名] 活版印刷

カップ①【cup】[名]①（带把儿）杯子【コーヒー～⑤】[名] 咖啡杯 ②量杯 ③奖杯【優勝（ゆうしょう）-⑤】[名] 优胜杯

かっぷく⓪【割腹】[名・自サ] 剖腹（自杀）

カップル①【couple】[名] 夫妻，情侣，一对男女

がっぺい⓪【合併】[名・自他サ] 并，合并，归并

かつぼう⓪【渇望】[名・他サ] 渴望，热望

かっぽう⓪【割烹】[名]（日本风味）烹饪，烹调【-着（ぎ）③】[名] 炊事

服

がっぽん⓪【合本】［名・他サ］合
订，合订本

かつやく⓪【活躍】［名・自サ］活
跃，积极活动

かつよう⓪【活用】［名・自他サ］①
活用，有效运用，灵活地运用△人
材を～する/利用人材 ②用言，
助动词的活用【五段（ごだん）-④】
［名］五段活用

かつようけい⓪【活用形】［名］(用
言、助动词的）活用形

かつようご【活用語】［名］活用
语(有词尾变化的词、用言及助动
词的总称)

かつようごび【活用語尾】［名］活
用语尾(用言及助动词活用时，其
变化的部分)

かつら⓪【鬘】［名］假发，头套

かつりょく②【活力】［名］活力，
生命力△～にあふれる/充满活
力

かてい⓪【仮定】［名・自他サ］假
定，假设△～にもとづく/依据假
设

かてい⓪【家庭】［名］家，家庭△
～を守る/维护家庭【-教師（きょ
うし）④】［名］家庭教师

かてい⓪【過程】［名］过程

かてい⓪【課程】［名］课程

かていけい⓪【仮定形】［名］(语
法)假定形

カテゴリー②【（徳）Kategorie】
［名］范畴，种类，部门，范围

-がてら［接尾］(接名词或动词连
用形下表示)做…的同时，顺便…
△散歩（さんぽ）～、山田さんを
たずねた/散步时顺便拜访了山
田先生

カーテン①【curtain】［名］窗帘；
幕，幔

がでんいんすい【我田引水】只图

私利，个人自扫门前雪

カーテン・コール⑤【curtain call】
谢幕

かと①【過渡】［名］过渡【-期（き）②】
［名］过渡期

カート①【cart】［名］①手推车 ②
乘人的简易汽车

かど①【角】［名］①(物体的)角△
机の～/桌子角 ②(路的)拐角 ③
(性格等)生硬，有棱角，不圆滑◇
角が立(た)つ/有棱角，不圆滑◇
角がとれる/圆滑，老练

かど①【門】［名］①门，家门口 ②家
◇笑（わら）う門には福（ふく）き
たる/笑口常开，幸福来

かど①【過度】［名・形動］过度，超
过限度△～の疲労（ひろう）/过
度疲劳

カード①【card】［名］①卡片，名片，
贺卡 ②扑克牌 ③(比赛)编组

ガード①【guard】［名］①守卫，警
卫【-マン①】［名］守卫，警卫，保
镖

かとう⓪【下等】［名・形動］下等，
低级

かどう①【華道・花道】［名］花道
(日本的插花艺术)

かどだ・つ③【角立つ】［自五］不
圆滑，有棱角

かどで③⓪【門出】［名］①出远门，
长途旅行 ②走向新的生活，走上
…道路△人生の～/走向社会，走
上人生的道路

かどまつ②【門松】［名］(新年装饰
在门前的）松枝或松树

カトリック③【（荷）katholiek】［名］
天主教，旧教

かどわか・す④［他五］诱拐，拐骗

かな⓪【仮名】［名］假名（日文字
母)

かな［終助］①表示疑问△五百円
ではたりない～/五百日元不够

吧△ここはどこ～/这是哪儿呀 ②（上接否定句）表示愿望△はやく夏休みがこない～/暑假还不快到啊

かない① 【家内】[名]①家族，家眷 ②家庭中，家里 ③（谦）内人，妻子

かな・う② 【適う】[自五]①（愿望等）实现，达到△願（ねが）いが～/愿望实现 ②适合，合乎△理に～/合乎情理，有道理

かなえ⓪ 【鼎】[名] 鼎◇鼎の軽重（けいちょう）を問（と）う/问鼎之轻重

かな・える③ 【適える・叶える】[他下一] 使…达到目的，满足…愿望，答応…要求△望（のぞ）みを～/满足愿望

かなぐ⓪ 【金具】[名] 金属零件，小五金

かなぐりす・てる⑥③ 【かなぐり捨てる】[他下一] 脱掉，弃之不顾△はじも外聞（がいぶん）も～/不顾廉耻

かなし・い⓪ 【悲しい】[形] 悲哀，悲伤，悲痛，伤心，悲惨△～できごと/悲伤的事情

かなしみ⓪ 【悲しみ】[名] 悲痛，悲伤

かなし・む③ 【悲しむ】[他五] 悲伤，悲哀，伤心△母の死を～/为母亲去世而悲伤

かなた①② [名] 那边，彼岸

かなづかい④ 【仮名遣い】[名] 假名的用法

かなづち④⑤ 【金槌】[名]①锤子②比喻一点儿也不会游泳的人

かな・でる③ 【奏でる】[他下一] 奏，演奏△曲を～/演奏乐曲

かなぶつ⓪ 【金仏】[名]①金属佛像，铜佛像 ②冷若冰霜的人，没有感情的人

かなぼう⓪ 【鉄棒】[名] 铁棒，铁棍◇鬼（おに）に鉄棒/猛虎添翼

かなめ⓪ 【要】[名]①扇轴 ②要害，关键，纲，中枢，枢纽

かなものや④ 【金物屋】[名] 小五金商店，金属器具店

かならず⓪ 【必ず】[副]①终究，肯定△人間は～死ぬ/人终究要死的 ②一定，必定△こんどは、～勝ってみせる/下次一定要赢

かならずしも④ 【必ずしも】[副]（与否定语相呼应）不一定，未必，不见得△名物は、～うまいものばかりではない/有名的食品未必都好

かなり① [副・形動] 相当，颇△～の金額（きんがく）/很可观的金额

カナリア⓪ 【(西) canaria】[名] 金丝鸟

かに⓪ 【蟹】[名] 螃蟹◇蟹は甲羅（こうら）に似（に）せて穴（あな）を掘（ほ）る/量力而行

かにゅう⓪ 【加入】[名・自サ] 加入，参加△組合に～する/加入工会

かね⓪ 【金】[名]①金属△～の食器（しょっき）/金属餐具 ②钱，金钱△～をもうける/赚钱△～がかかる/费钱◇金に糸目（いとめ）をつけない/不吝惜钱，花钱不心疼◇金に目（め）がくらむ/财迷心窍，利令智昏◇金の切（き）れ目（め）が縁（えん）の切（き）れ目（め）/钱在人情在,钱尽人情断◇金のために血（ち）も涙（なみだ）もない/为富不仁

かね⓪ 【鐘】[名] 钟△～をつく/敲钟△～の音（ね）/钟声

かねかし④③ 【金貸（し）】[名] 贷款的人

かねがね③② [副] 以前，老早，早

就△お名まえは、～存じあげて
おります/久仰大名

かねじゃく⓪【曲尺・矩尺】[名]
(木工用的)金属曲尺，直角曲尺

かねつ⓪【加熱】[名・他サ]加热
【-処理（しょり）】④[名]加热处
理

かねづかい③【金遣（い）】[名]花
钱（的方法），钱的用法△～があ
らい/花钱大手大脚

かねて①【予て】[副]以前，早就

-かねない[接尾]（上接动词连用
形）有可能，或许，不一定不…△
雨が降（ふ）り～/很可能下雨△
あらしになり～/或许要有暴风
雨

かねもち④③【金持（ち）】[名]有
钱的人，财主

か・ねる②【兼ねる】Ⅰ[他下一]
兼，兼有，兼任，兼职△首相（しゅ
しょう）が外相（がいしょう）を
～/首相兼外相 Ⅱ[接尾]（上接
动词连用形）很难，不能，无法，
不好意思△残念（ざんねん）なが
ら、そういうことはいたし～ね
ます/很遗憾，我不能去做那样的
事

かのう⓪【可能】[名・形動]可能
△実現（じつげん）が～かどう
か/能否实现还是个问题

かのうせい⓪【可能性】[名]可能
性△～が強（つよ）い/可能性很
大

かのうどうし④【可能動詞】[名]可
能动词

かのじょ①【彼女】Ⅰ[代]她 Ⅱ
[名]恋人，情人△きみの～を紹
介しろよ/把你的女朋友介绍一
下吧

かば①【河馬】[名]河马

カバー①【cover】[名・他サ]①外
罩物，外皮，套子，盖，壳 ②补

偿，抵补△損失（そんしつ）を～
する/弥补损失 ③(棒球)掩护，
补垒

かば・う②【庇う】[他五]保护，庇
护△きずを～/保护伤口△子ど
もを～/庇护孩子

かばね⓪【姓】[名]姓（古时日本
贵族表示其社会政治地位的世袭
称号）

かばん⓪【鞄】[名]书包，皮包

かはんすう④②【過半数】[名]过
半数，半数以上△～の賛成（さん
せい）をえる/得到过半数的赞成

かひ①【可否】[名]①可否，当否
②赞成与反对△～をきめる/决
定赞成还是反对

かび⓪【黴】[名]霉，霉菌△～が
生える/长霉，发霉

か・びる⓪【黴びる】[自上一]发
霉，生霉，长毛△本が～/书发霉
了

かひん⓪【佳品】[名]佳品，佳作

かびん⓪【花瓶】[名]花瓶

かびん⓪【過敏】[名・形動]①过
敏【神経（しんけい）-】⑤[名]神
经过敏 ②灵敏△～な反応/灵敏
的反应

かふ①【家父】[名]（谦）家父

かぶ①【株】Ⅰ[名]①（植物的）
根株△～をわける/把根株分开
②（「株式」「株券」的简称）股
份，股票△～を買う/买股票 Ⅱ
[接尾]（特殊职业上的）地位，特
权，身分

かぶ①【下部】[名]下部，下级

かぶ①⓪【家風】[名]家风△～
にあわない/不合家风

カフェイン②【(德)Kaffein】[名]咖
啡因

がぶがぶ①[副]咕嘟咕嘟(地喝)△
水を～(と)飲む/咕嘟咕嘟地喝
水

かぶき⓪【歌舞伎】［名］歌舞伎

かふく①【禍福】［名］禍福◇禍福はあざなえる繩（なわ）のごとし/祸兮福所倚,福兮祸所伏

かぶけん⓪②【株券】［名］股票

かぶしき②⓪【株式】［名］①股,股份△-会社（がいしゃ）⑤/股份有限公司 ②股票

かぶ・せる③【被せる】［他下一］①盖上,蒙上,包上,戴上△カバーを～/盖上外罩 ②推卸给别人△罪を～/归罪于人△責任を～/推卸责任

かぶそく②【過不足】［名］过多与不足△～なく分配する/均匀分配

かぶりをふる【頭を振る】摇头拒绝

かぶ・る②【被る・冠る】Ⅰ［他五］①戴,盖,蒙△帽子を～/戴帽子△ふとんを～/盖上被子 ②蒙受△水を～/被浇了一身水△ほこりを～/被洒了一身灰 ③担负,承担（别人的责任、罪过）△罪を～/代人受过 Ⅱ［自五］①（胶片）暴光,感光过度 ②（因风浪）船摇晃

かぶ・れる⓪［自下一］①（因油漆、药膏等）皮肤红肿,发炎△うるしに～/油漆过敏而皮肤红肿 ②受（不良）影响而中毒△過激（かげき）思想に～/受过激思想影响

かぶん⓪【過分】［名・形動］过分,过度△～のおことば/过分的话

かべ⓪【壁】［名］①墙,墙壁 ②障碍△～にぶつかる/碰壁◇壁に耳（みみ）あり/隔墙有耳

かへい①【貨幣】［名］货币△-価値（かち）④／［名］货币价值

がべい⓪【画餅】［名］画饼△～に帰（き）する/归于画饼,计划落空

かべかけ④③【壁掛け】［名］壁挂

かべがみ⓪【壁紙】［名］壁纸

かべしんぶん③【壁新聞】［名］墙报,壁报

かほう①【果報】［名・形動］①因果报应 ②幸运,福气◇果報は寝（ね）て待（ま）て/有福不用忙

がほう①⓪【画報】［名］画报

かほご②【過保護】［名］娇生惯养,溺爱△～にそだった子/娇生惯养的孩子

かぼそ・い③【か細い】［形］纤弱,纤细,细弱△～うで/纤细的胳膊△～声/细弱的声音

カボチャ⓪【南瓜】［名］南瓜

カーボンし①【carbon 紙】［名］复写纸

かま⓪【釜】［名］锅

かま①【鎌】［名］镰刀◇鎌をかける/用策略套出真情实话

かま・う②【構う】［自他五］①介意,在乎△～ことはない,やりたいようにやりなさい/不要在意,想怎样干就怎样干吧 ②照顾,照料△どうぞお～いなく/请不要张罗了(不要特意招待我)

かまえ⓪②【構（え）】［名］①（房屋等的）构造,外观,格局△家の～/房子的构造 ②精神上的准备③汉字部首名称△門（もん）構（がま）え/门字框

かま・える③【構える】［他下一］①修筑,修盖△邸宅（ていたく）を～/盖住宅 ②立（户）△一家を～/成家自立门户 ③取某种姿势△カメラを～/端好照相机 ④假造,虚构△罪を～/捏造罪名

かま・ける③［自下一］忙于,醉心于,专心△雑事に～けてかんじんなことを忘れる/忙于杂事而忘掉重要的事情

-がまし・い［接尾］近似,类似△

言いわけ～/表白似的△さし出
～/出风头，越分

かまど⓪【竈】［名］灶，炉灶

がまん①【我慢】［名・他サ］①忍
耐，克制△～がならない/忍无可
忍 ②将就

かみ①【上】［名］①上游 ②都城，
官衙 ③昔日，从前 ④最上面的位
置△～は社長から下は新入社員
まで、勤務時間はみな同じだ/上
到社长，下到新来的职员，上下班
时间都是一样的

かみ①②【神】［名］①神，神灵△
全知全能の～/全知全能的神 ②
幽灵，灵魂

かみ②【紙】［名］①纸，纸张 ②
(儿童"猜、猜、猜"游戏时，与
剪子、石头相对的)布

かみ②【髪】①头发，发△～がうす
い/头发稀少 ②发型，发式△日
本がみ/日本发型◇髪を下(お)
ろす/落发为僧

かみあ・う⓪【かみ合う・噛み合
う】［自五］①相咬 ②吻合，一致
△議論(ぎろん)が～わない/争
论不休，意见不一致

かみがた⓪【上方】［名］京都、大
阪地区

かみがた⓪④【髪型・髪形】［名］发
型

かみくず③【紙屑】［名］废纸，烂
纸

かみくだ・く⓪④【かみ砕く・噛み
砕く】［他五］①咬碎，嚼烂 ②
详细解释△～いて説明する/详
细地说明

かみころ・す⓪【かみ殺す・噛み
殺す】［他五］①咬死 ②(闭嘴)
忍住，憋住△あくびを～/忍住呵
欠△笑いを～/忍住笑

かみさま①②【神様】［名］①神的
敬称 ②活神仙，能手

かみしばい③【紙芝居】［名］连环
画剧

かみそり④③【剃刀】［名］①刮脸刀，
剃刀 ②(喻)头脑机敏△～のよ
うに切れる人/脑筋灵活的人

かみだのみ③【神頼み】［名］求神
(佛)保佑◇苦(くる)しいときの
神頼み/平时不烧香，临时抱佛脚

かみつ⓪【過密】［名・形動］过密，
密度过大△[-都市(とし)]④［名］
人口过密的城市

かみつ・く⓪【噛(み)付く】［他五］
①咬，咬住 ②顶撞，敌对△上役
(うわやく)に～/顶撞上级

かみなり④③【雷】［名］①雷△～が
なる/打雷△～が落ちる/落雷
②雷神，雷公

かみのけ③【髪の毛】［名］头发

かみばさみ③【紙挟(み)】［名］夹
子，卷夹，讲义夹

かみひとえ④【紙一重】［名］一纸
之差，极小的差距△～の差/毫厘
之差

かみわ・ける⓪【かみ分ける・噛
み分ける】［他下一］①品尝，品
滋味 ②饱尝，饱经△すいもあま
いも～/饱经风霜

か・む⓪【擤む】［他五］擤△鼻を
～/擤鼻涕

か・む①【噛む】［他五］①咬，嚼
△くちびるを～/咬嘴唇△舌を
～/咬舌头 ②(水)猛烈地碰撞△
波が岩を～/波浪冲击岩石◇か
んで含(ふく)める/深入浅出地
讲解

ガム①【gum】［名］①(「チューイ
ンガム」的简称)口香糖 ②树胶

カムバック④【comeback】［名・自
サ］恢复原有地位，东山再起，重
返岗位，复出

かめ②【瓶】［名］①(陶器的)瓶，
缸，瓮 ②花瓶

かめ① 【亀】 [名] 龟，乌龟，海龟 ◇亀の甲(こう)より年(とし)の功(こう)/人老阅历深，姜还是老的辣

かめい⓪ 【加盟】 [名・自サ] 参加盟约，加入(组织)△国連(こくれん)に～する/加入联合国

かめい⓪ 【仮名】 [名] 假名字

がめつ・い⓪ [形] 唯利是图，见钱眼开

カメラ① 【camera】 [名] ①照相机 ②摄影机

カメラマン③ 【cameraman】 [名] 摄影师，摄影记者

カメレオン③ 【chameleon】 [名] 变色蜥蜴，变色龙

かめん⓪ 【仮面】 [名] 假面具

がめん①⓪ 【画面】 [名] ①(绘画、照片等的)画面 ②(电视、电影的)映像△～が暗い/映像暗

かも① 【鴨】 [名] ①野鸭 ②(喻)容易受骗的人△鴨がねぎをしょってくる/好事送上门，随我心愿

かもく⓪ 【科目】 [名] ①科目，项目 ②学科，课程

かもく⓪ 【寡黙】 [名・形動] 沉默寡言

かもしか⓪② 【羚羊】 [名] 羚羊

かもしれない 【かも知れない】 也许，可能△午後は雨が降る～/下午也许会下雨△ある～し、ない～/也许有，也许没有

かも・す② 【醸す】 [他五] ①酿，酿造△酒を～/酿酒 ②酿成，造成，形成△ふんいきを～/造成一种气氛

かもつ① 【貨物】 [名] ①货物 ②「货物列车」「货物自动车」的简称 【-自動車(じどうしゃ)】⑤ [名] 运货卡车 【-列車(れっしゃ)】④ [名] 运货列车

かもめ⓪ 【鷗】 [名] 海鸥

かや⓪ 【蚊帳】 [名] 蚊帐△～を吊(つ)る/挂蚊帐

かやく⓪ 【火薬】 [名] 火药，炸药

かやぶき⓪ 【茅葺(き)】 [名] 茅草房顶

かやり⓪ 【蚊や(り)】 [名] ①熏蚊子 ②蚊香△～をたく/点蚊香

かゆ⓪ 【粥】 [名] 粥△～をすする/喝粥

かゆ・い② 【痒い】 [形] 痒，刺痒△虫にさされて～/被虫子咬了，很痒◇痒いところに手(て)が届(とど)く/无微不至的关怀，体贴入微

かよい⓪ 【通(い)】 [名] ①通勤 ②来往，通行

かよう①② 【火曜】 [名] 星期二

かよう⓪ 【歌謡】 [名] 歌谣

かよ・う⓪ 【通う】 [自五] ①来往，通行△学校に～/上学 ②流通，循环△血管に血が～/血管里血液流通 ③理解，通晓(心情等)△心が～/心心相通

かようきょく② 【歌謡曲】 [名] ①流行歌曲 ②歌谣曲

がようし⓪ 【画用紙】 [名] 图画纸

かよわ・い③ 【か弱い】 [形] 柔弱，纤弱

から② 【空】 Ⅰ [名] 空△～になる/空荡荡△～の財布(さいふ)/空钱包 Ⅱ [接頭] 空…，白…△～まわり/空忙，白忙△～元気をつけている/壮着假胆子

から① 【唐】 [名] 中国△～絵(え)/中国画

から② 【殻】 [名] ①(动植物等的)外壳，皮△たまごの～/鸡蛋皮 ②空壳△かんづめの～/空罐头盒 ③框框，陈规△～をやぶる/打破陈规

カーラー① 【curler】 [名] 卷发夹

から Ⅰ [格助] ①(表示动作的起点)

从…,自…△となりの教室～音楽が聞こえてくる/从隔壁教室传来音乐声△この本は山野さん～かりてきました/这本书是从山野同学那借来的 ②表示动作、状态开始的时间及时期△朝～ずっとテレビを見ている/从早晨起一直看电视△夕がた～雪になった/傍晚起转冒雪了 ③表示动作、状态发生的原因、理由及考虑问题的根据△食糧の不足～暴動（ぼうどう）がおこった/由于粮食不足,发生了暴动 ④表示以…为原料（材料）△水は水素と酸素～なる/水由氢和氧构成 ⑤表示数量在…以上,多△三千人～の人が募金（ぼきん）に応じた/三千多人响应了募捐 Ⅱ［接助］（接在用言的终止形后）表示理由、原因△あぶない～やめなさい/危险,快停止△このかきはあまい～すきだ/这个柿子很甜,所以我喜欢吃◆格助词的「から」与「より」用法近似,但「より」给人以文章用语较郑重之感◆接续助词的「から」与「ので」不同,「から」后面的句子常常表示好与不好、喜欢与不喜欢等说话人的判断、感情、命令、依赖等

カラー① 【collar】［名］衣服领子

カラー① 【color】［名］①色,色彩,彩色△～テレビ/彩色电视△～フィルム/彩色胶卷 ②（绘画用的）颜料 ③特色△学校の～/学校的特色

がら① ［名］①（鸡等的）骨头架子 ②（煤）渣

がら⓪ 【柄】Ⅰ［名］①（布等的）花样,花色 ②（人的）身材,体格△～が小さい/身材矮小的人 ③人品,风度△～がわるい/人品不好 ④身分△～にあわない/不合

身分 Ⅱ［接尾］（上接名词）表示某物的性质、样子、立场等【人（ひと）-⓪】［名・形动］人品

から・い② 【辛い】［形］①辣 ②咸 ③严格,刻薄△点が～/给分严 ④痛苦,难受

からいばり③ 【空威張（り）】［名］虚张声势,假装威风

からか・う③ 【他五】嘲笑,嘲弄,开玩笑△人を～/嘲笑人

からから Ⅰ⓪ ［形动］①干燥△のどが～だ/嗓子干得冒烟 ②空,空空△財布が～になった/钱包空空如也 Ⅱ［副］（男人）高声大笑△～と笑う/高声大笑

がらがら Ⅰ⓪ ［形动］空荡荡,空△～の電車/空荡荡的电车 Ⅱ［副］不稳重,扎扎乎乎△～した性分/扎扎乎乎的性格

がらがらへび⑤ 【がらがら蛇】［名］响尾蛇

がらくた⓪ ［名］破烂儿,废品

からくち⓪ 【辛口】［名］味道浓,重△～の酒/很辣的酒

からくも 【辛くも】［副］好容易,勉强

からくり②⓪ ［名］①用线、绳操纵△～人形（にんぎょう）/用线操纵的木偶 ②策略,计谋△～を見やぶる/识破诡计

からげいき③ 【空景気】［名］假景气,虚假的繁荣

からさわぎ③ 【空騒（ぎ）】［名・自サ］大惊小怪,虚惊一场

からし⓪ 【辛子】［名］芥末,芥黄

からして①（「から」的强调形）因为△それである～/因此 ②（强调某一件事物）单从…就…△名前～おもしろい/单从名字看就很有趣

からす① 【鳥・鴉】［名］乌鸦◇からすの行水（ぎょうすい）/（洗

澡)简单泡一下就出来

から・す⓪【枯らす】［他五］使…
枯萎，枯干△ばらを～/使蔷薇花
枯干

ガラス⓪【(荷)glas】［名］玻璃【強
化(きょうか)-⁴】［名］强化玻璃

ガラスせんい④【ガラス繊維】［名］
玻璃丝，玻璃纤维

ガラスばり⓪【ガラス張り】［名］①
镶着玻璃△～のドア/镶着玻璃
的门 ②光明正大，无私无弊

からせき⓪【空せき】［名］①（无
痰）干咳 ②故意咳嗽

からだ⓪【体】［名］①身，身体 ②
体格,体质△～が弱い/体质弱△
～がつづかない/体力支持不住

からだつき③【体付(き)】［名］体
型△ずんぐりした～/矮胖的身
材

カラット②【carat】［名］①（含纯金
量的计算单位）开(纯金为二十四
开) ②（宝石的重量单位）克拉

からっぽ⓪［名・形動］空,空空

からて⓪【空手・唐手】［名］①空
手△～で帰る/空手而归 ②空手
道

からとて（「からといって」的压缩
表现）表示转折△熱が下がった
～安心はできない/虽然退烧了，
但还不能大意△外見が粗野だ
～、心までそうだとは限らない/
虽然外表粗野，但内心并不见得
如此

からに［接助］①仅仅，一…就…△
見る～かわいらしい/一看就觉
得可爱 ②「からには」的简称

からには［接助］既然…就…，只要
…就△やる～、りっぱにやれ/既
然干就要好好干△学生である
～、まず勉強を考えなければな
らない/既然是学生，就首先要考
虑学习

からねんぶつ③【空念仏】［名］说
空话，光说不做△～におわる/光
说而不实行△～をとなえる/空
念经

カラフル①【colorful】［形動］五颜
六色，艳丽多彩

からま・る③【絡まる】［自五］①
缠绕△つたが木の幹に～/常春
藤缠绕在树干上△糸が～/线缠
(到一起) ②纠缠，牵连△この事
件には、いくつもの問題が～っ
ている/这件事里，牵扯着很多问
题

からまわり③【空回り】［名・自
サ］①（机械等）空转 ②毫无收
效地进行△議論が～する/议论
没有进展

から・む②【絡む】［自五］①缠在
…上,盘上…上 ②纠葛，瓜葛，密
切相关△感情が～/有感情纠葛
△選挙に～だ犯罪/选举中伴有
的犯罪行为 ③找碴，胡搅蛮缠△
酔(よ)うと～くせがある/有喝
醉酒就胡搅蛮缠的坏毛病

から・める③【絡める】［他下一］捆
绑，绑缚△足を～/把脚捆上

カラメル⓪【(法)caramel】①焦糖
②奶糖

がらり②［副］①哗啦（开门等）△
～と扉をひらいた/哗啦一下把
门拉开 ②某种状态突变貌△態
度が～と変わる/态度突变

からりと［副］①明亮宽敞 ②（表
示物品）干透△天ぷらを～揚げ
る/把虾炸酥

がらんど⓪［名・形動］空空，里面
什么也没有△～の大広間/空荡
荡的大厅

かり⓪【仮】［名］临时，暂时△～
の名(な)/暂时的名字

かり①【狩】［名］狩猎

かり⓪【借(り)】［名］①借，借的东

西 ②欠账，借款△～がある/欠债；欠有人情△～をかえす/还账；还人情

かり① 【雁】［名］大雁，鸿雁

かりいれ⓪ 【刈（り）入れ】［名］收割，收获

かりおや⓪ 【仮親】［名］①抚养人，父母的代理人 ②养父母，义父母

カリキュラム② 【curriculum】［名］课程安排，教学计划

かりき・る③ 【借（り）切る】包租，全部包下△会場（かいじょう）を～/包租会场

かりこ・む③ 【刈（り）込む】［他五］剪，修剪△生け垣を～/修剪树篱

かりそめ⓪ 【仮初（め）】［名］短暂，短促，一时，暂时△～の恋/短暂的爱情△～のすまい/临时住处

かりに⓪ 【仮に】［副］①暂时，暂且△受付け口の場所は、～ここにしよう/问事处暂且定在这儿吧 ②假定，假如△～雨なら/假设下雨的话…

かりにも③ 【仮にも】［副］①（下接否定语）绝对，无论如何△～恩を忘れてはならない/无论如何也不应忘恩负义 ②（用「かりにも…であるからには」的形式表示）既然是…就…△～先生であるからには/既然是老师，就…

がりばん⓪ 【がり版】［名］誊写版，钢版

がりべん⓪ 【がり勉】［名］一天到晚埋头苦学的学生，死啃书本的人

かりゅう⓪ 【下流】［名］（河的）下游，下流

がりゅう⓪ 【我流】［名］自成一派，（自己）独特的做法

かりゅうど① 【狩人】［名］猎人，猎户，猎手

がりょう⓪ 【雅量】［名］雅量，宽宏大量

がりょうてんせい⓪① 【画竜点睛】［名］画龙点睛

かりょく⓪① 【火力】［名］火力，火势△～発電（はつでん）④/火力发电

か・りる⓪ 【借りる】［他上一］①借，借入△金を～/借钱△へやを～/借房间 ②借助，求助△ちえを～/讨教，请人出主意△力を～/借助别人的力量△ねこの手も～りたいほど忙しい/忙得不可开交

か・る⓪ 【刈る】［他五］割；剪，剃△草を～/割草△頭を～/剪头

か・る⓪① 【駆る】［他五］①驱赶，驾驶△馬を～/赶马 ②（常用「駆られる」的形式表示）受…驱使，受…支配△好奇心（こうきしん）に～られる/受好奇心驱使

-が・る［接尾］（上接形容词、形容动词词干构成五段活用动词）①感觉，觉得△痛（いた）～/感觉疼痛△おもしろ～/感到有趣儿 ②自己以为，装作△強（つよ）～/逞强

ガール① 【girl】［名］姑娘，少女，女郎

かる・い⓪ 【軽い】［形］①轻，轻便△～荷物/小件行李，轻便的行李△目方が～/分量轻 ②轻松，轻快△気が～/心情轻松 ③轻微，简单△～く会釈（えしゃく）する/轻轻点头△～病気/小病

かるがる③ 【軽軽】［副］很容易，不费力△～と子どもをだきあげる/不费力地把孩子抱起来

かるくち⓪ 【軽口】［名］①俏皮话，诙谐语△～をたたく/说俏皮话 ②多嘴多舌

カルタ① 【（葡）carta】［名］（日本）纸牌，扑克牌

カルテ①【(徳)karte】[名]病历

カルテット①【(意)quartetto】[名]四重唱；四重奏

カルテル①【(徳)kartell】[名]卡特尔，联合企业

かるはずみ③⓪【軽はずみ】[名・形動]轻率

かるわざ【軽業】[名](踩球、走钢丝等)惊险技巧

かれ①【彼】Ⅰ[代]他△なかなかですよ，～は/不能小看他 Ⅱ[名]对丈夫或情夫的婉转的称呼

かれい⓪【華麗】[形動]华丽，富丽堂皇

カレー⓪【curry】[名]加喱【-ライス④】[名]加喱饭

かれきもやまのにぎわい【枯れ木も山の賑い】聊胜于无，有总比没有强

かれこれ①[副]①这个那个，这样那样，种种△～と言う/说长论短 ②大约，将近△～十年前の話だ/大约是十年前的事情了

かれし①【彼氏】Ⅰ[代](亲切称呼)他，那位 Ⅱ[名]丈夫，情夫

かれの⓪【枯(れ)野】[名]荒野，荒郊

かれは⓪【枯(れ)葉】[名]枯叶

かれら①【彼ら】[代]他们

か・れる⓪【枯れる】[自下一]①(草木)枯萎，干枯 ②年老△やせても～れても/虽然年老 ③(技艺等)成熟，老练△～れた芸/娴熟的技巧

か・れる⓪【涸れる】[自下一](水)干涸△井戸が～/井干涸

か・れる⓪【嗄れる】[自下一](声音)嘶哑△声が～/声音嘶哑

かれん⓪①【可憐】[形動]①可怜 ②可爱

カレンダー②【calendar】[名]日历

かろう⓪【過労】[名]疲劳过度，过度劳累△～でたおれる/因过度劳累而病倒

かろうじて⓪②【辛うじて】[副]勉勉强强，好不容易，险些没…△～まにあった/好容易赶上了

かろやか②【軽やか】[形動]轻快，轻松，轻盈△～なメロディー/轻快的旋律

カロリー①【(徳)Kalorie】[名]①(热量单位)卡，卡路里 ②(食品营养价值单位)千卡，大卡△～が高い/热量高

かわ②【川・河】[名]河，河川，河流

かわ②[名]Ⅰ【皮】(动植物的)皮，表皮，皮肤△～をはぐ/剥皮 Ⅱ【革】皮革【-制品(せいひん)③】[名]皮革制品

がわ⓪【側】[名]①一方，一面 ②外壳

かわい・い③【可愛い】[形]①可爱，令人疼爱△～アップリケ/可爱的贴花 ②小巧玲珑△～箱/小巧玲珑的盒子◇かわいい子(こ)には旅(たび)をさせよ/要使孩子有出息，就要让他多经风雨

かわいが・る④【可愛がる】[他五]喜爱，疼爱；关照△子どもを～/疼爱孩子

かわいそう④【可哀相】[形動]可怜，凄惨△～に見える/看着真可怜

かわいらし・い⑤【可愛らしい】[形]①令人感到可爱，令人喜爱△～小犬/招人喜爱的小狗 ②小巧玲珑△～日記帳/小巧玲珑的日记本

かわか・す【乾かす】[他五]晒干，烤干△きものを～/把衣服烤干

かわき③[名]Ⅰ【乾き】干，干的程

度△～がはやい/干得快Ⅱ【渇
き】渇△～をいやす/止渇，解渇

かわぎし⓪【川岸・河岸】［名］河
岸，河边

かわ・く②【乾く】［自五］Ⅰ【乾く】干△空
気が～/空气干燥Ⅱ【渇く】(口)
渇，干△のどが～/口干

かわぐつ⓪【革靴】［名］皮鞋

かわざんよう③【皮算用】［名］如
意算盘◇とらぬたぬきの皮算用
/打如意算盘，指望过早

かわ・す⓪【交わす】［他五］①相
互，交换△あいさつを～/互相打
招呼△ことばを～/交谈 ②交
错，交叉，交织△えだを～/树枝
交叉在一起 ③躲开，闪开△体
(たい)を～/闪开身体

かわせ⓪【為替】［名］汇兑，汇款，
汇票【-管理(かんり)】④［名］汇
兑管理【-銀行(ぎんこう)】④
［名］汇兑银行【-相場(そう
ば)】④［名］汇兑行市【-手形(て
がた)】④［名］汇票

かわどこ⓪【川床】［名］河床

かわはば⓪②【川幅】［名］河宽

かわぶね③⓪【川舟】［名］河船

かわら⓪【瓦】［名］瓦

かわら⓪【河原・川原】［名］河滩

かわり⓪【代(わ)り】［名］①代替，
代理△～の品/代用品△母の～
に客の応対(おうたい)に出る/
代替母亲接待客人 ②表示相应
的酬报，补偿△骨が折れる～に
楽しみがある/虽然费力，但有乐
趣 ③(用「お～」的形式表示) 添
饭，添菜△お～ください/请再添
一碗

かわり⓪【変(わ)り】［名］变化，
改变，变更△～がない/没有变化
△みなさまお～ありませんか/
(书信用语)大家都好吧

かわりだね④【変(わ)り種】［名］①

变种 ②古怪的人，奇特的人

かわりみ⓪【変(わ)り身】［名］随
机应变，转变△～がはやい/善于
随机应变

かわりめ⓪【変(わ)り目】［名］转
折点，转换期△季節(きせつ)の
～/季节变换期

かわ・る⓪【代(わ)る】［自五］Ⅰ代
理，代替△市長に～って祝辞を
述べる/代替市长发表祝词Ⅱ【換
わる・替わる】替换，交替△内閣
が～/内阁更选△席を～/换座位

かわ・る⓪【変(わ)る】［自五］①
变，变化，变动△考えが～/想法
改变△風が～/风向改变 ②出
奇，古怪，变异△～った形/样子
新奇△あの人は～っている/那
个人挺古怪

かわるがわる④【代(わ)る代(わ)
る】［副］轮流，交替△左右の手
を～うごかす/轮流摇动左右手

かん①【官】［名］官，官方，官员

かん①【巻】［名］卷△上(じょう)
～/上卷△下(げ)～/下卷

かん①【勘】［名］直感，第六感△
～でわかる/凭直觉感到△～が
いい/直感灵敏

かん①【間】［名］①之间，期间，中
间△指呼(しこ)の～/很近△日
中～の諸問題/日中之间的诸问
题 ②间隙◇間髪(はつ)を容
(い)れず/间不容发

かん①【感】［名］①感觉，感△隔
世(かくせい)の～/隔世之感 ②
感激，感动△～にたえない/不胜
感激◇感極(きわ)まる/无限感
激

かん⓪【癇】［名］脾气，肝火△～
にさわる/动肝火△～が高(た
か)ぶる/大动肝火

がん①【雁】［名］雁

がん①【癌】［名］①癌 ②(喻)不治

之症，老大难△現代社会の～ともいうべき公害問題/被称为现代社会不治之症的公害问题
がん①【願】[名] 祈求，祷告△～をかける/许愿
かんあん⓪【勘案】[名・他サ]斟酌,酌量,考虑△大局的立場から～する/从大局的立场考虑
かんい①⓪【簡易】[名・形动] 简易，简便【-裁判所（さいばんしょ）⑧⓪】[名] 初级法院【-保険（ほけん）④】[名] 简易保险
かんいっぱつ①④【間一髪】[名]间不容发，刻不容缓
かんえつ⓪【観閲】[名・他サ] 检阅；阅兵【-式（しき）④】[名] 阅兵式
かんえつ⓪【簡閲】[名] 点名，查点
かんえん①【肝炎】[名] 肝炎
かんおう⓪【観桜】[名] 观樱，赏樱【-会（かい）③】[名] 赏樱会
かんか⓪①【感化】[名・他サ] 感化,影响△～をうける/受到感化
がんか①【眼下】[名] ①眼下②轻蔑，看不起
がんか①⓪【眼科】[名] 眼科
かんかい⓪【干害】[名] 旱灾
かんがい⓪【寒害】[名] 冻灾
かんがい⓪【感慨】[名] 感慨△～にひたる/沉浸于感慨之中
かんがい⓪【灌漑】[名・他サ] 灌溉
がんかい①⓪【眼界】[名]①视野△～が開ける/眼界开阔 ②眼界，见识△～がせまい/眼界狭窄
かんがいむりょう⑤【感慨無量】无限感慨，感慨无量
かんがえ③【考え】[名] 思想；意图，打算；主意△～があまい/想法天真△～にふける/沉思
かんがえごと⑥【考え事】[名] 费心、劳神的事，正在思索的事
かんがえこ・む⓪⑤【考え込む】[自五]沉思，深思
かんがえちがい⑤【考え違い】[名] ①错误的想法、打算 ②误解
かんがえもの⑥⑤【考え物】[名]需要慎重考虑的问题
かんが・える④【考える】[他下一]①思考，思维，考虑△問題を～/考虑问题△将来を～/考虑将来 ②想出，研究出【-出（だ）す⓪】[他五]想出，想起【-付（つ）く⓪⑤】[他五]想到，想起
かんかく⓪【間隔】[名] 间隔△～をあける/隔一定间隔
かんかく⓪【感覚】[名]①感觉，知觉△～をうしなう/失去知觉【-器官（きかん）⑥⑤】[名] 感觉器官 ②感受力△～がするどい/感觉敏感
かんがく⓪【漢学】[名] 汉学
かんかくしんけい⑤【感覚神経】[名] 知觉神经
かんかくてき⓪【感覚的】[形动]①直感 ②感觉强烈
かんかつ⓪【管轄】[名・他サ] 管辖
かんがっき③【管楽器】[名] 管乐器
カンガルー③【kangaroo】[名] 袋鼠
かんかん①[副]①（烈日）炎炎 ②炉火旺盛貌 ③怒气冲冲貌△～におこる/大发雷霆
かんかんがくがく⓪【侃侃諤諤】直言不讳△～の論/直言不讳之论
かんがんのいたり【汗顔の至り】惭愧之至
かんき①【乾季・乾期】[名] 旱季
かんき①【寒気】[名] 寒气
かんきゃく⓪【観客】[名] 观众

かんきょう⓪【環境】［名］环境

がんきょう⓪【頑強】［名・形動］顽强△〜に抵抗する/顽强地抵抗

がんきん①【元金】［名］本金，本钱

かんぐ・る③【勘繰る】［他五］胡乱猜测，猜疑

かんけい⓪【関係】［名・自サ］①关系，相关△〜をもつ/有关系△〜がふかい/关系密切 ②影响，关系到，因…的关系△資金の〜で、計画を断念した/因资金关系，放弃了计划 ③（上接名词，以「…関係」的形式表示）…方面，…关系△貿易〜の仕事をしている/做贸易方面的工作

かんげい⓪【歓迎】［名・他サ］欢迎

かんげき⓪【感激】［名・自サ］感动；感激△〜にたえない/非常感动

かんけつ⓪【完結】［名・自サ］完结，结束

かんけつ⓪【簡潔】［名・形動］简洁，简炼

かんげん⓪【換言】［名・他サ］换言之，换句话说

かんげん⓪【還元】［名・自他サ］①（化学的）还原（作用）②还原，恢复原状

かんげん⓪【諫言】［名・他サ］忠告，劝告

かんげんがく③【管弦楽】［名］管弦乐

かんご⓪【漢語】［名］①汉语（日语中的汉字词汇，如「仁儀」「君子」）②和制汉语（如「空港」「単車」）

かんご①【看護】［名・他サ］看护，护理△-婦（ふ）③［名］女护士

がんこ①【頑固】［名・形動］①顽固 ②很难治愈△〜な病気/难治之症

かんこう⓪【刊行】［名・他サ］出版发行

かんこう⓪【慣行】［名］惯例，常规

かんこう⓪【観光】［名・他サ］观光，游览△-客（きゃく）③［名］游客

がんこう①【眼光】［名］眼力，目光△〜がするどい/目光敏锐◇眼光紙背（しはい）に徹（てっ）す/理解深透

かんこうど③【感光度】［名］感光度

かんこく⓪【勧告】［名・他サ］劝告，劝说

かんこつだったい【換骨奪胎】（文章等）翻版，改头换面

かんこどり③【閑古鳥】［名］杜鹃

かんこんそうさい⑤【冠婚葬祭】冠婚葬祭，庆吊仪式

かんさ①【監査】［名・他サ］（会计等的）监查

かんさい①⓪【関西】［名］关西（指京都大阪一带）

がんさく⓪【贋作】［名・他サ］赝作，赝品

かんさつ⓪【観察】［名・他サ］观察

かんさん⓪【換算】［名・他サ］换算，折合

かんし⓪【監視】［名・他サ］监视，监管

かんじ⓪【感じ】［名］①知觉，感觉 ②印象，感情△〜がわるい/印象不好

かんじ⓪【漢字】［名］汉字

かんじ①【幹事】［名］①干事 ②（宴会等的）操办人，主持者

かんしつ⓪【乾湿】［名］干湿△-計

（けい）⓪】[名] 干湿计

がんじつ⓪【元日】[名] 元旦

かんしゃ①⓪【感謝】[名・他サ]感谢△～にたえない/不胜感谢△ご好意に～します/感谢您的好意

かんじゃ⓪【患者】[名] 患者,病人

かんしゃく④【癇癪】[名] 火气,肝火△～をおこす/发脾气,动肝火

かんしゅう⓪【慣習】[名] 习惯,传统习惯

かんしゅう⓪【監修】[名・他サ]主编,监修

かんしゅう⓪【観衆】[名] 观众

かんじゅせい⓪【感受性】[名] 感受能力,感性△～が強い/感受能力强

かんしょ①⓪【漢書】[名] 汉文书籍

がんしょ①【願書】[名] ①申请书 ②入学志愿书

かんしょう⓪【干渉】[名・自サ]①干涉 ②(物理)音波,光波等的干扰,干涉现象

かんしょう⓪【感傷】[名] 感伤,伤感△～にひたる/沉溺于伤感之中

かんしょう⓪【観賞】[名・他サ]观赏

かんしょう⓪【鑑賞】[名・他サ]鉴赏

かんじょう⓪【感情】[名] 感情△～が高ぶる/感情激昂△～にはしる/感情用事【-的（てき）⓪】[形動]易动感情,感情用事

かんじょう③【勘定】[名・他サ]①计算,数 ②算账,付款 ③估计;考虑

かんじょう⓪【環状】[名] 环形,环状【-線（せん）⓪】[名] 环形线

がんじょう⓪【頑丈】[名・形動]①坚固,结实 ②(身体)强壮,结实,健壮

かんじょうだか・い⓪【勘定高い】[形] 精明,会打小算盘,不吃亏

かんしょく①【官職】[名] 官职,公职,职务

かんしょく⓪【間色】[名] 间色,中间色

かんしょく⓪【間食】[名] 零食,间食

かんしょく⓪【感触】[名] 触觉,触感

がんしょく①【顔色】[名] 颜色,脸色

かん・じる⓪【感じる】[自他上一]①感觉,知觉△痛みを～/感觉疼痛 ②感到,觉得△楽しく～/感到快乐△不安に～/感到不安△危険を～/感到危险

かんしん⓪【関心】[名] 关心△…に～をもつ/对…很关心,关心…【-事（じ）③】[名] 关心的事

かんしん⓪【感心】Ⅰ[名・自サ]佩服,钦佩 Ⅱ[形動]值得赞美,值得佩服

かんじん⓪【肝心・肝腎】[名・形動]首要,重要,关键△そこが～なところだ/那儿是关键的地方

かんしんをかう【歓心を買う】博得欢心

かんすう③【関数・函数】[名]〈数〉函数

かんすうじ③【漢数字】[名] 汉字数字

かん・する③【関する】[自サ]与…有关,关于…△われ～せず/与我无关

かん・ずる⓪【感ずる】[自他サ]→感じる

かんせい⓪【完成】[名・自他サ]完

成【-品（ひん）⓪】[名] 完成品，成品

かんせい⓪【陥穽】[名] 陷井，圈套

かんせい①【閑静】[名・形動] 閑静，清静△～な住宅街/閑静的住宅街

かんせい⓪【慣性】[名]〈物〉慣性

かんせい⓪【管制】[名・他サ] 管制

かんせい⓪【歓声】[名] 欢呼声△～をあげる/发出欢呼声

かんぜい⓪【関税】[名] 关税

がんせき①【岩石】[名] 岩石

かんせつ⓪【間接】[名] 间接【-的（てき）⓪】[形動] 间接

かんせつ⓪【関節】[名] 关节【-炎（えん）④】[名] 关节炎

かんせん⓪【感染】[名・自サ]①传染，感染 ②受影响△悪風（あくふう）に～する/受坏习气影响

かんせん⓪【幹線】[名]（铁路、公路等的）干线【新（しん）-③】[名] 新干线

かんぜん⓪【完全】[名・形動] 完全；完整，齐全

かんぜん⓪【敢然】[副] 敢于，毅然决然△～とたたかう/敢于斗争

かんぜんちょうあく⓪【勧善懲悪】劝善惩恶

かんぜんむけつ⑤【完全無欠】[名・形動] 完整无缺，尽善尽美

かんそ①【簡素】[名・形動] 俭朴，简单朴素△～な住（す）まい/俭朴的住所

かんそう⓪【乾燥】[名・自他サ]①干燥△空気が～する/空气干燥 ②枯燥乏味

かんそう⓪【間奏】[名]〈音〉间奏【-曲（きょく）③】[名] 间奏曲

かんそう⓪【感想】[名] 感想△～を述べる/谈感想【-文（ぶん）③】[名] 感想文

かんそう⓪【歓送】[名・他サ] 欢送【-会（かい）③】[名] 欢送会

かんそう⓪【甘草】[名] 甘草

かんぞう⓪【肝臓】[名] 肝，肝脏

がんぞう⓪【贋造】[名・他サ] 伪造，假造

かんそく⓪【観測】[名・他サ]①（对天文、地理等的）观测 ②观察，观测

かんたい⓪【寒帯】[名] 寒带

かんたい⓪【歓待・款待】[他サ] 款待△～をうける/受到款待

かんたい⓪①【艦隊】[名] 舰队

かんだい⓪【寛大】[名・形動] 宽大△～な処置（しょち）/宽大处理

かんだか・い④【甲高い】[形]（声音）尖锐，高亢，尖声尖气△～声/尖声尖气的

かんたん⓪【感嘆・感歎】[名・自サ]（表示赞扬、佩服的）感叹△～の声/感叹之声

かんたん⓪【肝胆】[名] 肝胆◇肝胆相（あい）照（て）らす/肝胆相照，推心置腹

かんたん⓪【簡単】[名・形動] 简单，容易

かんだん⓪【閑談】[名・自サ] 闲谈

がんたん⓪【元旦】[名] 元旦，元旦的早晨

かんだんけい③【寒暖計】[名] 寒暑表，温度计

かんたんのゆめ【邯鄲の夢】邯郸之梦，黄粱美梦

かんちがい③【勘違（い）】[名・自サ] 判断错误，错认，误会

がんちく⓪【含蓄】[名] 含蓄

かんちょう⓪①【官庁】[名] 官厅，政府机关

かんづめ④③【罐詰】［名］①罐头 ②（由于工作关系，将有关人员）集中起来，不准外出，不准对外联络△～になる/被集中起来

かんてい◎【官邸】［名］官邸

かんてい◎【鑑定】［名・他サ］鉴定，评价

かんてん③◎【観点】［名］观点

かんでんち③【乾電池】［名］干电池

かんど①【感度】［名］灵敏度，感度，灵敏性

かんとう◎【完投】［名・自サ］(棒球)(一个投手)投到最后

かんとう①【関東】［名］关东（指箱根以东地方）

かんどう◎【感動】［名・自サ］感动△～をうける/受感动

かんどうし③【感動詞】［名］感动词

かんとく◎【監督】［名・他サ］监督，导演【映画（えいが）-④】［名］电影导演

がんとして①【頑として】［副］顽固，倔强△～きかない/置若罔闻

かんな③【鉋】［名］刨子

カンナ①【canna】［名］美人蕉

かんなん①【艱難】［名］艰难，艰辛◇艱難汝（なんじ）を玉（たま）にす/艰难能磨炼人

かんにん①【堪忍】［名・自サ］忍耐，容忍△もう～できない/已不能再忍耐

カンニング◎【cunning】［名・自サ］(考试时)作弊

かんぬき④◎【閂】［名］门闩△～をかける/上门闩

かんねん①【観念】［名・自他サ］①观念 ②断念，死心△いい加減に～しろ/你就死了心吧

がんねん①【元年】［名］元年（大正、昭和等年号的最初一年）

かんのう◎【官能】［名］①器官功能，官能 ②性感，肉感

かんぱ①【寒波】［名］寒流

カンパ①【（俄）Kampaniya】［名・他サ］募集(资金)，募捐

かんぱい◎【乾杯】［名・自サ］干杯△～の音頭（おんど）を取る/带头祝酒

かんぱく◎【関白】［名］①关白（日本古代官名，辅佐天皇、处理政务的最高官职）②有权势的人【亭主（ていしゅ）-④】［名］男人当家

かんばし・い④◎【芳しい】［形］芳香

かんばつ◎【干魃・旱魃】［名］干旱，旱灾

がんば・る③【頑張る】［自五］①加油，坚持△ゴールまで～/坚持到终点 ②固执，坚持己见 ③守住，固守

かんばん◎【看板】［名］①招牌，广告牌△～をかかげる/挂招牌 ②幌子，外表△慈善（じぜん）事業を～に、あくどいことをしている/打着慈善事业的幌子，做坏事 ③（商店等的）关门，闭店△～にする/关门，闭店

かんぱん◎③【甲板】［名］甲板

かんび①【完備】［名・自他サ］完备，完善

かんびょう①【看病】［名・他サ］护理，看护(病人)

かんぶ①【幹部】［名］(组织机构的)负责人，领导干部

かんぷく◎【感服】［名・自サ］佩服，钦佩△～のいたり/佩钦之至

かんぷなきまで【完膚無きまで】(打得)体无完肤

かんぶん◎【漢文】［名］①（中国的）古文、文言文、汉诗 ②（日本人仿效中国古文写的）诗、文章

かんぺき⓪【完璧】［名・形動］完美无缺，十全十美

かんべん①【勘弁】［名・他サ］原谅，宽恕，容忍△ご～ください/请原谅

かんべん⓪【簡便】［名・形動］简便

かんぼう⓪【感冒】［名］感冒

かんぽうやく③【漢方薬】［名］中药

ガンマせん⓪【γ線】［名］（镭的）γ射线

かんみ①【甘味】［名］甜味；甜食

かんむり④【冠】［名］①冠△～をつける/加冠 ②（汉字的）部首字头

かんめい⓪【感銘・肝銘】［名・自サ］铭感，感动△～をうける/深受感动

かんめい⓪【簡明】［名・形動］简明，简单明了

がんもく⓪【眼目】［名］重点，要害处

かんもん⓪【喚問】［名・他サ］传讯△証人を～する/传讯证人

かんやく⓪【簡約】［名・形動・他サ］简约，简化

がんやく⓪【丸薬】［名］丸药，丸剂

かんゆ⓪【肝油】［名］肝油

かんゆう⓪【勧誘】［名・他サ］劝，劝诱

かんよ①【関与・干与】［名・自サ］干预，参预△国政に～する/参与国政

かんよう⓪【慣用】［名・他サ］惯用，习惯，常用△-音（おん）③［名］日语汉字的习惯发音△-句（く）③［名］惯用句

がんらい①【元来】［副］原来，本来，根本

かんらく⓪【陥落】［名・自サ］①（城池等）陷落 ②被说服，被迫答应

かんらく⓪①【歓楽】［名］欢乐，快乐

かんらん⓪【観覧】［名・他サ］观看，参观

かんり①【官吏】［名］官史

かんり①【管理】［名・他サ］管理，保管

がんりき④⓪【眼力】［名］眼力，识别能力

かんりゃく⓪【簡略】［名・形動］简略，简化，从简△手つづきを～にする/简化手续

かんりゅう⓪【寒流】［名］寒流

かんりょう⓪【完了】［名・自他サ］完结，完毕，结束

かんりょう⓪【官僚】［名］官僚△-主義（しゅぎ）⑤［名］官僚主义

かんれい⓪【寒冷】［名］寒冷

かんれい⓪【慣例】［名］惯例△～にしたがう/按照惯例

かんれき⓪【還暦】［名］花甲，满六十岁

かんれん⓪【関連】［名・自サ］关联，联系

かんろく⓪①【貫禄】［名］威严，尊严，气派，派头△～を示す/显示出尊严

かんわ⓪【緩和】［名・自他サ］缓和△制限を～する/缓和限制

かんわ⓪⓪【漢和】［名］汉和（指汉日、汉语和日语）△-辞典（じてん）④［名］汉和辞典

き

き①【木】[名]①树,树木 ②木料,木柴 ③(歌舞伎)敲的梆子◇木から落(お)ちた猿(さる)/无依无靠,不知所措◇木で鼻(はな)を括(くく)る/冷淡,带搭不理◇木に竹(たけ)を接(つ)ぐ/不协调,不对路◇木を見(み)て森(もり)を見ず/只见树木,不见森林

き①【生】Ⅰ[名]纯,不加其它东西△ウイスキーを～でのむ/(不兑水)喝威士忌Ⅱ[接头]①纯的-醤油(じょうゆ)②[名]纯酱油 ③未精制或未加工的{-糸(いと)①}[名]生丝,茧丝

き⓪【気】[名]①呼吸,气息△～がつまる/喘不过气来 ②空气,气体,大气 ③脾气,性格,气质,气度△～があらい/脾气暴燥△～がつよい/要强,好胜△～がよわい/性格懦弱 ④心情,心绪,感情,感受△～が重(おも)い/心情沉重△～がはれる/心情舒畅 ⑤心,精神△～がきく/机灵△～がぬける/泄气,无精打采 ⑥神志,意识△～をうしなう/不省人事 ⑦气氛 ⑧气,香气◇気が合(あ)う/合得来,情投意合◇気が多(おお)い/见异思迁,不定性,易变◇気が置(お)けない/不需客气,无隔阂◇気が気でない/焦虑不安,坐卧不安◇気が狂(くる)う/发疯◇気が差(さ)す/感到不安◇気が進(すす)まない/没有兴趣◇気が済(す)む/安心,心中得到安慰◇気が立(た)つ/激昂,激

愤◇気が散(ち)る/心不在焉,分心,精神涣散◇気がつく/①注意到,察觉到 ②苏醒◇気が遠(とお)くなる/神志不清,晕过去◇気が抜(ぬ)ける/①松动 ②(食物)走味◇気が引(ひ)ける/不好意思◇気が短(みじか)い/性子急◇気が向(む)く/愿意,高兴◇気に入(い)る/称心如意,看中,可心◇気にかかる/挂心,放心不下◇気に障(さわ)る/令人不高兴,令人生气◇気にする/介意,把…放在心上◇気に留(と)める/①介意,放在心上 ②留意,留心◇気に病(や)む/担心,焦虑◇気は心(こころ)/略表寸心,心意◇気を落(お)とす/泄气,灰心◇気を配(くば)る/留神;照顾◇気を使(つか)う/留心,费神◇気を取(と)り直(なお)す/恢复情绪,重新振作精神◇気を吐(は)く/增光,扬眉吐气◇気を引(ひ)く/①试探别人的意图 ②牵动对方的心◇気を揉(も)む/着急,焦虑◇気を許(ゆる)す/大意,放松警惕

き①【季】[名]季语(俳句中表现季节的词语)

キー①【key】[名]①钥匙 ②关键 ③键,键盘

ぎ⓪①【義】[名]义◇義を見(み)てせざるは勇(ゆう)無(な)きなり/见义不为无勇也

ぎ①【儀】Ⅰ[名]①仪式△婚礼(こんれい)の～/婚礼 ②事情Ⅱ[接尾](书信用语,上接「わたくし」等代词表示)关于…△私～,

このたび下記に轉居いたしました/我们已搬家，新址如下

ぎ①【議】[名] 讨论，议论

きあい⓪【気合】[名]（申斥或鼓励对方时的）严肃的声音，严厉的语调△～をかける/大声地鼓励

きあつ⓪【気圧】[名] 气压，大气压力

きいっぽん②【生一本】[名・形动]①纯粹的东西，真正的东西②耿直

きいろ⓪【黄色】[名・形动] 黄颜色

きいろ・い⓪【黄色い】[形]①黄颜色②（女人、孩子的）尖叫声△～声/尖叫声

ぎいん①【議員】[名] 议员【国会（こっかい）-⑤】[名] 国会议员

ぎいん①【議院】[名]①国会，议会②国会大厦（指日本国会议事堂）

きうん①【気運】[名] 趋势，形势

きうん①【機運】[名] 时机，机会△～が熟する/时机成熟

き・える⓪【消える】[自下一] 消失△あかりが～/灯光熄灭△すがたが～/不见身影△雪が～/雪融化

きえん①⓪【奇縁】[名] 奇缘

きえん①【機縁】[名] 时机，机会

きおく⓪【記憶】[名・他サ] 记忆，记性△～がうすれる/记忆淡薄【-力（りょく）③】[名] 记忆力

きおくれ④⓪【気後れ】[名・自サ] 胆怯，发怵，害怕

きおん⓪【気温】[名] 气温

ぎおん⓪【擬音】[名]（广播剧、电影等的）拟声，音响

きか②【帰化】[名・自サ]①归化，入籍△日本に～する/入日本籍②（从国外引进的动植物在本国

得以生存繁殖）归化

きが①【飢餓】[名] 饥饿

きかい②【器械】[名] 器械【-体操（たいそう）④】[名] 器械体操

きかい②【機会】[名] 机会，时机△～をつかむ/不失时机△～をまつ/等待时机

きかい②【機械】[名] 机械，机器

きかい②【奇怪】[名・形动] 奇怪，离奇△～な事件/离奇事件

きがい①⓪【危害】[名] 危害，伤害△～をくわえる/危害人，伤害人

きがい⓪【気概】[名] 气概，气魄

ぎかい⓪【議会】[名] 议会，国会【-制度（せいど）④】[名] 议会制度

きがえ⓪【着替（え）】[名]①换衣服②替换的衣服

きが・える③【着替える】[他下一] 换衣服

きかがく②【幾何学】[名]〈数〉几何学

きかく⓪【企画】[名・他サ] 规化，计划

きかく⓪【規格】[名] 规格，标准

きがく①【器楽】[名] 器乐【-合奏（がっそう）④】[名] 器乐合奏

きか・せる⓪【利かせる】[他下一]①使…发挥作用，充分利用△塩あじを～/多加点盐（使其更合口味）②注意△気を～/想得周到

きか・せる⓪【聞かせる】[他下一]①让…听，给…听△生徒にレコードを～/给学生听唱片②好听，中听△彼の歌はなかなか～/他唱的歌很好听

きがね⓪【気兼（ね）】[名・自サ] 顾虑，客气，拘束

きがる⓪【気軽】[形动] 轻松愉快，爽快△～にひきうける/爽快地

接受

きかん①②【気管】[名] 气管 △-支炎（しえん）④[名] 支气管炎

きかん⓪【季刊】[名] 季刊

きかん⓪【奇観】[名] 奇观，奇景 △天下の～/天下奇观

きかん⓪【帰還】[名・自サ] 归来，归还，返回

きかん②【期間】[名] 期，期间

きかん②【器官】[名] 器官

きかん②【機関】[名] ①（动力装置的）机关 ②（办事组织机构的）机关

きかんしゃ②【機関車】[名] 机车

きかんじゅう⓪【機関銃】[名] 机关枪

きき①②【危機】[名] 危机，危险境地 △～を脱（だっ）する/摆脱危机

ききいっぱつ①-④【危機一髪】千钧一发

ききい・る③【聞（き）入る】[自五] 专心听，倾听，聚精会神地听 △熱心に～/热心地倾听

ききい・れる④【聞（き）入れる】[他下一] 听取，听从；接受，答应 △忠告を～/听取忠告

ききおと・す④【聞（き）落とす】[他五] 听漏

ききおぼえ⓪【聞（き）覚え】[名] 听过的，耳熟的 △声に～がある/对（那个）声音耳熟

ききかえ・す③【聞（き）返す】[他五] ①再问，反复问 ②反问

ききぐるし・い⑤【聞（き）苦しい】[形] ①令人难以听懂，不易听清 ②不好听，听后感到不愉快

ききつ・ける④【聞（き）つける・聞き付ける】[他下一] ①听说…事，听到…事 ②听惯，听熟 △～けた声/听惯了的声音

ききづら・い⓪④【聞（き）辛い】

[形] ①听不清楚 ②难听，刺耳

ききて⓪【聞（き）て】[名] 听者，听众

ききとり⓪【聞（き）取（り）】[名] ①调查，了解，听取 ②听写，听力

ききみみをたてる【聞（き）耳を立てる】聚精会神地听，洗耳恭听

ききめ⓪【効（き）目・利（き）目】效验，效用 △～がある/有效验

ききゅう⓪【危急】[名] 危急，危在旦夕 ◇危急存亡（そんぼう）の秋（とき）/危急存亡之秋

ききょう⓪【帰郷】[名・自サ] 回故乡，回家乡

きぎょう①⓪【企業】[名] 企业

ぎきょうだい②【義兄弟】[名]（丈夫或妻子的）兄弟；姐夫，妹夫 ②把兄弟，盟兄弟

ぎきょく⓪【戯曲】[名] ①戏曲，戏剧 ②剧本

ききわ・ける④【聞（き）分ける】[他下一] ①以听力辨别、区别… ②听话，懂事

ききん②【飢饉】[名] ①饥馑，灾荒 ②缺，不足

ききん②【基金】[名] 基金，资本

きく⓪【菊】[名] 菊，菊花

き・く⓪【利く・効く】①有效，起作用 △薬が～/药起作用 ②灵敏，好使，能干 △鼻が～/鼻子好用 ③经得住，可能，能 △無理（むり）が～かない/不能勉强 ◇気（き）が利く/机灵，心眼快

き・く⓪[他五] Ⅰ【聞く】①听说 △会議があるとは～いていない/没听说有会 ②听从，应允，答应 △忠告を～/听从忠告 ③打听，询问 △道を～/问路 Ⅱ【聴く】（积极地）听，倾听 △音楽を～/听音乐 △講演を～/听讲演 ◇聞いて極楽（ごくらく）見（み）て地獄（じごく）/听来是天堂，一见是地

獄◇聞くは一時（いっとき）の恥
（はじ）聞かぬは一生（いっしょ
う）の恥／求教是一时之羞，不问
乃永世之耻

きぐ① 【器具】［名］器具，用具

きぐう⓪ 【奇遇】［名］巧遇，奇遇

きぐらい② 【気位】［名］自以为了
不起，优越感◇気位が高（たか）
い／妄自尊大

きくらげ② ［名］木耳

ぎげい① 【技芸】［名］（工艺、美工
方面的）技艺

きげき① 【喜劇】［名］喜剧

ぎけつ① 【議決】［名・他サ］议决，
表决【-権（けん）③］［名］表决权

きけん⓪ 【危険】［名・形動］危险
△～をおかす／冒险

きけん⓪ 【棄権】［名・自他サ］弃
权

きげん① 【紀元】［名］①纪元，公元
②建国第一年

きげん① 【起源】［名］起源

きげん① 【期限】［名］期限

きげん⓪ 【機嫌】［名］①情绪，心情
△～がいい／情绪好 ②（多用「ご
きげん」的形式表示）高兴△ご～
ですね、なにかいいことがあっ
たんですか／看样子您很高兴啊，
有什么愉快的事情吗

きこう⓪ 【気候】［名］气候

きこう⓪ 【紀行】［名］纪行，游记
【-文（ぶん）②］［名］旅行纪文，游
记

きこう⓪② 【機構】［名］机构，构造，
组织

きごう⓪ 【記号】［名］记号，符号

ぎこう⓪ 【技巧】［名］技巧△～を
こらす／钻研技巧

きこえ⓪ 【聞（こ）え】［名］①听，听
力 ②名声，评价，声誉

きこえよがし④ 【聞（こ）えよがし】
故意大声讲别人的坏话，有意让

人听到△～に言う／故意大声说
别人的坏话

きこ・える⓪ 【聞（こ）える】［自下
一］①听得见，能听见 ②听着似
乎是…，听着觉得是…△じょう
だんに～かもしれないが、ほん
とうなんだ／听着好像是开玩笑，
其实是真的 ③出名，闻名△世
（よ）に～／闻名于世

きこく⓪ 【帰国】［名・自サ］归国

きごこち②⓪ 【着心地】［名］（衣服
穿在身上时的）感觉△～がいい／
穿着舒服

ぎこちな・い④ ［形］①（动作）不
利落，笨手笨脚 ②（语言表达）生
硬

きこつ 【気骨】［名］骨气，气节

きこな・す③ 【着こなす】［他五］衣
服穿得很合体，善于穿戴△上手
に～／衣服穿得合体

きざ①② 【気障】［形動］（语言、服
装等）矫揉造作，故作姿态

きさい⓪ 【奇才】［名］奇才

きさい⓪ 【記載】［名・他サ］记载

きさく⓪ 【気さく】［形動］坦率，直
爽而亲切

ぎさく⓪ 【偽作】［名］伪作

きざし 【兆し】［名］预兆，苗头

きさま⓪ 【貴様】［代］你，你这个
小子（男性对男性的称呼，一般用
于斥责对方或很亲近的人之间）

きざみ 【刻（み）】Ⅰ⓪［名］①碎
的东西 ②刻纹，刻下的痕迹△～
をいれる／刻上痕迹 Ⅱ［接尾］每
…△五分～で電車がホームに入
る／每隔五分钟，电车进站

きざみつ・ける⑤ 【刻（み）つける】
［他下一］①刻上，雕上 ②铭记，
牢记

きざ・む⓪ 【刻む】［他五］①切细，
切碎△たまねぎを～／把葱头切
碎 ②刻，雕△文字を～／刻字 ③

铭刻，铭记△心に～/铭刻在心

きし② 【岸】[名] 岸，岸边，河岸，海岸

きし①② 【騎士】[名] ①骑马的兵士 ②骑士（指欧洲中世纪贵族出身的武士）

きじ① 【生地】[名] ①原形，素质，本来面目 ②(做衣服的)衣料，布料

きじ⓪ 【雉・雉子】[名] 野鸡◇雉も鳴（な）かずば撃(う)たれまい/祸从口出

きじ① 【記事】[名]（报纸、杂志的)报道，消息

ぎし① 【技師】[名] 技师，工程师

ぎじ① 【議事】[名] 议事，讨论事项

きしかいせい①⓪ 【起死回生】起死回生

ぎしき① 【儀式】[名] 仪式

きしつ⓪【気質】[名] ①性情，脾气，性格 ②派头，气质△学生～/学生气质△職人～/手艺人的气质

きじつ①【期日】[名] 规定日期，期限

きし・む②【軋む】[自五]（两物相擦)嘎吱嘎吱响

きしゃ② 【汽車】[名] 火车

きしゃ② 【記者】[名] 记者【-会見(かいけん)③】[名] 记者招待会

きじゅうき② 【起重機】[名] 起重机

きしゅくしゃ③ 【寄宿舎】[名] 宿舍

きじゅつ⓪【記述】[名・他サ]记叙，记载

ぎじゅつ① 【技術】[名] 技术

きじゅん⓪ [名] Ⅰ【規準】规范，准则△～にしたがう/遵照准则 Ⅱ【基準】①标准，基准 ②最低标准

きしょう⓪【気性】[名] 禀性，性格，脾气△～がはげしい/脾气急躁

きしょう⓪ 【気象】[名] 气象

きしょう⓪ 【起床】[名・自サ] 起床

きしょう⓪ 【記章】[名] 徽章

ぎしょう⓪ 【偽証】[名] 伪证，假证

きしょうだい⓪【気象台】[名] 气象台

きしょうてんけつ⓪ 【起承転結】[名]（文章的）起承转合

きじょうのくうろん【机上の空論】纸上谈兵

ぎじょうへい②【儀仗兵】[名] 仪仗兵

きじょうぶ②【気丈夫】[形动] ①心里有底，胆子壮 ②刚毅，刚强

きしょく⓪【気色】[名] 神色，气色，脸色△～をうかがう/察颜观色

きしょく②⓪ 【喜色】[名] 喜色

ぎしんあんき⓪【疑心暗鬼】[名] 疑心生暗鬼△～になる/疑心生暗鬼

ぎじんほう⓪ 【擬人法】[名]（修饰上的）拟人手法

キス① 【kiss】[名・自サ] 接吻

きず⓪【傷・疵・瑕】[名] ①伤，伤口，伤势 ②(精神上的)打击，创伤 ③污点，缺陷，瑕疵◇玉に傷/白璧之瑕，美中不足

きずあと⓪【傷跡】[名] ①伤痕，伤疤 ②创伤

きすう② 【奇数】[名] 奇数

きすう② 【基数】[名] 基数，从一到九的整数

きず・く②【築く】[他五] ①筑，构筑，建造 ②积累，攒下△財産を～/积累财产

きずぐち⓪②【傷口・疵口】[名] ①

伤口 ②创伤，隐痛

きずつ・く③【傷つく】[自五]①受伤△～いた兵士/受了伤的士兵 ②心灵受到创伤 ③名誉受到损害

きずつ・ける④【傷付ける】[他下一]①弄伤，损伤，搞坏 ②挫伤、败坏(名声)

きずな①⓪【絆】[名]①绳索 ②纽带，羁绊

き・する②【帰する】[自他サ]①归于，归结△灰燼(かいじん)に～/化为灰烬 ②归罪，归咎△罪を人に～/归罪于他人

き・する②【期する】[他サ]①限期，以…为期△四月一日を～して行(おこ)なう/定于四月一日进行 ②确信，决心△必勝(ひっしょう)を～/确信会取得胜利 ③期待，期望 ④(以「期せずして」的形式表示)没想到，不约而同△～せずして一致(いっち)した/不谋而合

きせい⓪【気勢】[名]气势，干劲△～をあげる/鼓劲儿

きせい⓪【既成】[名]既成△～の事実(じじつ)/既成事实

きせい⓪【帰省】[名・自サ]回家乡探亲

きせい⓪【既製】[名]已做好的，现成的{-品(ひん)⓪}[名]成品

きせい⓪【寄生】[名・自サ]寄生{-虫(ちゅう)⓪}[名]寄生虫

きせい⓪【規制】[名・他サ]①规定，规则 ②限制，约束

ぎせい⓪【犠牲】[名]①牺牲△～をはらう/付出牺牲 ②牺牲品

ぎせいご⓪【擬声語】[名]拟声词

きせき⓪【奇跡】[名]奇迹

ぎせき⓪【議席】[名]①议员席位 ②议员资格

きせつ②【季節】[名]季节

きぜつ⓪【気絶】[名・自サ](一时)休克，昏过去

き・せる⓪【着せる】[他下一]①给…穿 ②使…蒙受，嫁祸，加害△ぬれぎぬを～/使人蒙受不白之冤

キセル⓪【(柬) Khsier ・煙管】[名]烟袋锅，烟斗

ぎぜん⓪【偽善】[名]伪善，假仁假义

きそ②【起訴】[名・他サ]起诉

きそ②【基礎】[名]①地基，根基 ②基础△～を固(かた)める/巩固基础

きそ・う②【競う】[自五]互相竞争，竞赛

きぞう⓪【寄贈】[名・他サ]赠送，赠与△本を～する/赠书

ぎぞう⓪【偽造】[名・他サ]伪造，假造

きそうてんがい②【奇想天外】[形動]想法出奇，异想天开

きそく②【規則】[名]规则，规章△～に反する/违反规则{交通(こうつう)-⑤}[名]交通规则

きぞく①【貴族】[名]贵族

きそくえんえん②【気息奄奄】[名]气息奄奄

きた②【北】[名]北，北方，北面

ギター①【guitar】[名]吉他

きたい⓪【気体】[名]气体

きたい⓪【期待】[名・他サ]期待，期望△～にこたえる/不负期待

ぎたい⓪【擬態】[名]拟态{-語(ご)⓪}[名]拟态词

ぎだい⓪【議題】[名](会议的)议题

きた・える③【鍛える】[他下一]①冶(金)，炼(铁) ②锻炼，加强练习△からだを～/锻炼身体

きたかいきせん⑤【北回帰線】[名]北回归线

きたかぜ③④【北風】[名]北风

きたく⓪【帰宅】[名・自サ]回家

きだて⓪【気立(て)】[名]性情,心地(多指女性,小孩)△～がやさしい/性情温柔

きたな・い③【汚い・穢い】[形]①脏,不干净 ②丑陋,卑鄙,粗鲁△～ことば/粗鲁的语言 ③贪婪,吝啬△金に～/贪财

きたはんきゅう③【北半球】[名]北半球

きたる②【来る】[连体]下次的,未来的△水泳(すいえい)大会は～十日ときまった/游泳大会定在下月十日举行

きち②【吉】[名]吉利,吉祥,好运气

きち①②【危地】[名]险境,危险境地

きち②①【既知】[名]已知

きち②①【基地】[名]基地,根据地

きちがい③【気違(い)】[名]①精神失常,疯子 ②热中,狂热△釣(つり)～/钓鱼狂

きちじつ⓪【吉日】[名]吉日,良辰

きちゅう⓪【忌中】[名]居丧服忌(四十九天)

きちょう⓪【基調】[名]①(音乐中的)主调,基调 ②(思想、行动、作品等的)主要精神,基本观点

きちょう⓪【貴重】[名・形动]贵重,珍贵,宝贵

ぎちょう①【議長】[名]会议的主席

きちょうめん④【几帳面】[名・形动]规规矩矩,一丝不苟

きちんと②⓪【副】①干干净净,整整齐齐△～したへや/整整齐齐的房间 ②有规律,规规矩矩△～した生活/有规律的生活

きつ・い②[形]①严厉,厉害△～くしかる/严厉申斥 ②严格,严正 ③紧,瘦△～服/紧瘦的衣服△スケジュールが～/日程安排得很紧 ④强烈,厉害△～酒/烈性酒

きつえん⓪【喫煙】[名・自サ]吸烟,抽烟

きづか・う③【気遣う】担心,惦念△安否(あんぴ)を～/担心平安与否

きっかけ⓪[名]①起首,开端 ②时机,以…为契机

きっかり③[副]①清楚 ②(时间、数量等)正好,恰好,不多不少△十時～/正好十点

きづ・く②【気づく】[自五]①注意到,感觉到,认识到△誤(あやま)りに～/认识到错误 ②苏醒

きつけ⓪【着付(け)】[名]①穿和服的技巧,穿法 ②给…穿和服

きっさ⓪【喫茶】[名]喝茶,吃茶【-店(てん)③⓪】[名]咖啡店

きっさき⓪④【切っ先】[名](刀或尖东西的)尖儿

ぎっしり③[副](装或挤得)满满△～とつめこむ/塞得满满的

きっすい⓪【生っ粋】[名]纯粹

きっする⓪③【喫する】[他サ]遭受,遭到△惨敗(ざんぱい)を～/遭到惨败

きっちり③[副]①紧紧,严丝合缝 ②恰好,正好

きつつき②【啄木鳥】[名]啄木鸟

きって③⓪【切手】[名]邮票

きっての(表示在某一范围内)第一,最好△学校～秀才(しゅうさい)/学校里拔尖的高才生

きっと⓪[副]①一定,准△彼は あした～帰ってくる/他明天一定会回来 ②严厉,严肃△～なる/突然变得严厉起来

きつね⓪【狐】[名] 狐狸，狐◇きつねにつままれたよう/令人莫明其妙◇きつねの嫁入（よめい）り/出着太阳下雨

きっぱり③[副] 断然，干脆△～（と）ことわる/断然拒绝

きっぷ⓪【切符】[名] ①（乘车或入场的）车票，入场券 ②（购领配给商品的）票证

きづまり④②【気詰（ま）り】[名・形动] 拘束，发窘

きづよ・い③⓪【気強い】[形] ①心里踏实，有所仗恃 ②刚强，坚强

きてい⓪【既定】[名] 既定，已定

きてい⓪【規定】[名・他サ] 规定，规则

きてき⓪【汽笛】[名] 汽笛

きてん⓪②【起点】[名] 起点，出发点

ぎてん⓪【疑点】[名] 疑点，可疑之处△いささか～が残（のこ）っている/有一些疑点

きどあいらく①【喜怒哀楽】[名] 喜怒哀乐

きとう⓪【祈禱】[名・自他サ] 祈祷

きどう⓪【軌道】[名] ①（火车、电车的）轨道 ②（天体运行的）轨道 ③（事物进行的）轨道△～にのる/（事情）走上正轨

きとく⓪【危篤】[名] 病重，病危△～におちいる/病情陷入危险状态

きとく⓪【既得】[名] 既得，已得【-権（けん）】③[名] 既得权，既得权利

きど・る⓪【気取る】[自五] ①装模做样，做作△～ったポーズ/做作的姿式 ②以…自居，装成…样子△政治家（せいじか）を～/以政治家自居

キナ【（荷）kina】[名] 奎宁皮，金鸡纳霜皮

きなが⓪【気長】[形动] 慢性子，不着急

きにゅう⓪【記入】[名・他サ] 记上，写上，填上

きぬ【絹】[名] 丝绸，绸子

きねん①【祈念】[名・他サ]（对神佛）祈祷

きねん⓪【記念】[名・他サ] 纪念△いい～になる/成为美好的纪念【-品（ひん）⓪】[名] 纪念品

きのう②【昨日】[名] ①昨天 ②过去，不久以前

きのう⓪【帰納】[名・他サ] 归纳

きのう①⓪【機能】[名・自サ] 机能，作用

ぎのう①【技能】[名] 技能，技术，本领

きのこ①【茸】[名] 蘑菇

きのどく④③【気の毒】[名・形动] ①可怜，不幸，悲惨△～な人/可怜的人 ②对不起，于心不安，过意不去

きのみきのまま【着の身着のまま】（除身上穿的衣服外）一无所有

きのやまい③【気の病】[名] ①心劳成疾 ②神经衰弱，神经病

きのり【気乗り】[名・サ] 感兴趣，起劲

きはく⓪【気迫】[名] 气魄，气势，气概

きはく⓪【希薄】[名・形动] ①稀薄，稀少 ②缺少，缺乏，淡薄

きはつ⓪【揮発】[名・自サ] 挥发【-油（ゆ）③⓪】[名] 挥发油

きばつ⓪【奇抜】[名・形动] 奇特，新奇，新颖，新鲜△～なアイデア/奇特的构思

きば・む②【黄ばむ】[自五] 变黄，带黄色，呈黄色

きばらし④⓪【気晴らし】[名] 解闷，

散心

きはん①①【規範・軌範】[名]规范，模范

きばん⓪【基盤】[名]基础，地基

きび①【黍】[名]黍子，黄米【-だんご③】[名]黏米团子

きびきび①[副]敏捷，轻快，利落△～と行動（こうどう）する/利落地行动

きびし・い③【厳しい】[名]①严格，严厉，严峻②极度的，厉害的△～さむさ/严寒

きびす⓪【踵】[名]踵，脚后跟◇きびすを返（かえ）す/返回，往回走◇きびすを接（せっ）する/接踵，一个接一个

きひん⓪【気品】[名]（艺术作品或人的）高雅风格△～が高い/高雅，文雅

きひん⓪【貴賓】[名]贵宾

きびん⓪【機敏】[名・形动]机敏，敏捷

きふ①⓪【寄付・寄附】[名・他サ]捐赠，捐助，赠给【-金（きん）⓪】[名]捐款

ぎふ①【義父】[名]①继父，养父②公公，岳父

きふう②⓪【気風】[名]①风气，习气②特性

きふく⓪①【起伏】[名・自サ]①（土地）起伏②（感情、状况等）盛衰，浮沉，多变△～の多い人生/坎坷的人生

きぶん①【気分】[名]①心情，情绪△～がよい/心情好②身体状况△～がわるい/身体不舒服③气氛△お祭（まつ）りの～/节日的气氛

ぎふん⓪【義憤】[名]义愤

きぼ①【規模】[名]规模

ぎぼ①【義母】[名]①养母，继母②婆婆，岳母

きぼう⓪【希望】[名・他サ]希望，期望△～にもえる/满怀希望

きぼね⓪【気骨】[名]操心，劳心△～がおれる/操心，劳心

きぼり⓪③【木彫（り）】[名]木刻，木雕

きほん⓪【基本】[名]基本，基础【-的人権（てきじんけん）⓪】[名]基本人权

きまえ⓪【気前】[名]大方，慷慨△～がいい/慷慨大方

きまぐれ⓪④【気まぐれ・気紛（れ）】[名・形动]（想法、行动等）反复无常，变化无常△～な人/反复无常的人

きまじめ②【生まじめ・生真面目】[名・形动]过于认真，一本正经

きまず・い③④【気まずい・気不味い】[形]（彼此之间）不融洽，不愉快

きまつ⓪①【期末】[名]期末【-テスト④】[名]期末考试

きまま⓪【気まま】[名・形动]任性，任意，随便

きまり⓪【決（ま）り】[名]①规定，规则△～にしたがう/服从规定②习惯，常规，惯例【-文句（もんく）④】[名]老一套的话，老生常谈③终结，归结◇きまりが悪（わる）い/不好意思，害羞

きま・る⓪【決まる・極まる】[自五]①决定，规定△方針が～/方针已定②合乎要求，合适③（用「…にきまっている」「…ときまっている」的形式表示）一定…，必定…△合格に～っている/一定会考上（合格）

きみ⓪【君】Ⅰ[名]君主，皇帝，天皇Ⅱ[代]（男性用语，对同辈、晚辈的称呼）你

きみ②【気味】[名]①感受，心情②有…倾向，有点…△あの人は考

えすぎの～がある/那个人有些
过虑◇気味がいい/活该◇気味
がわるい/发疹，毛骨悚然

きみつ⓪【機密】[名] 机密△～を
もらす/泄漏机密

きみゃくをつうじる【気脈を通じ
る】串通，搭关系，挂上钩

きみょう①【奇妙】[形动] 奇妙，奇
异，出奇

ぎむ①【義務】[名] 义务【-教育
（きょういく）③】[名] 义务教
育

きむずかし・い⓪⑤【気難しい】
[形] 爱挑剔，难以取悦

き・める⓪【決める・極める】[他
下一] ①决定，定△方針を～/决
定方針 ②合乎要求，合适 ③（用
「…と決めている」的形式表示）
认定，判定△帰ってくるものと
～めている/我认为他会回来的

きも②【肝】[名] ①（人、动物的）
肝脏，五脏 ②胆量，魄力◇肝が
すわる/有胆量，胆子壮◇肝に銘
（めい）ずる/铭记在心◇肝をつ
ぶす/吓破胆◇肝を冷（ひ）やす/
胆战心惊

きもち④【気持（ち）】[名] ①心情，
感情，情绪 ②身体舒服与否的感
觉△～がいい/①心情舒畅 ②身
体舒服

きもの⓪【着物】[名] ①衣服 ②和
服

ぎもん⓪【疑問】[名] 疑问，怀疑
【-符（ふ）②】[名] 问号

きやく⓪【規約】[名] 规约，规章

きゃく⓪【客】[名] ①客，客人△～
をもてなす/招待客人 ②顾客，
主顾，观众

-きゃく【脚】[接尾]（计算桌椅等的
量词）把，张

ぎゃく⓪【逆】[名・形动] ①逆，倒，
相反△～にいえば/反过来说△

本心（ほんしん）と～なことを言
う/说违心话 ②（柔道）反扭对手
胳膊

きゃくご⓪【客語】[名]（语法）宾
语

ぎゃくさつ⓪【虐殺】[名・他サ] 虐
杀，屠杀

きゃくしつ⓪【客室】[名] ①客厅，
会客室 ②客房

きゃくしゃ⓪【客車】[名] 客车

きゃくしょく⓪【脚色】[名・他サ]
①改编（把小说等改编成戏剧或
电影）②夸张，添枝加叶

ぎゃくせつ⓪【逆接】[名] 逆态接
续

ぎゃくせつ⓪【逆説】[名] 反论，似
非而是的说法

ぎゃくたい⓪【虐待】[名・他サ] 虐
待

きゃくちゅう⓪【脚注・脚註】[名]
脚注

ぎゃくてん⓪【逆転】[名・自他サ]
①反转，倒转 ②逆转，倒退，恶
化△情勢（じょうせい）が～し
た/局势恶化了

きゃくほん⓪【脚本】[名] 脚本，剧
本

きゃくま⓪【客間】[名] 客厅，会客
室

きやす・い⓪【気安い】[形] 不拘
泥，不客气，随随便便△～く言
う/不客气地说

キャスト①【cast】[名] 分配角色

きゃっかん⓪【客観】[名] 客观【-主
義（しゅぎ）⑤】[名] 客观主义
【-性（せい）⓪】[名] 客观性

きゃっかんてき⓪【客観的】[形动]
客观△～な判断/客观的判断

ぎゃっきょう⓪【逆境】[名] 逆境，困
境

ぎゃっこう⓪【逆光】[名] 逆光【-撮

影（さつえい）⑥［名］逆光摄影

ぎゃっこう⓪【逆行】［名・自サ］逆行，倒行

きゃっこうをあびる【脚光を浴びる】①上演，登台 ②引人注目

キャッチ①【catch】［名・他サ］捕捉，抓住△情報（じょうほう）を～する/搜集情报

キャップ①【cap】［名］①无沿帽 ②（笔等的）帽 ③领队，队长

キャベツ①【cabbage】［名］卷心菜，圆白菜

キャラクター①【character】［名］①性格，性情 ②特别，有特色 ③（电视、广播）节目主持人

キャラメル⓪【caramel】［名］牛奶糖

キャリア①【career】［名］①经历，经验 ②（经升级考试合格的）国家公务员

キャンセル①【cancel】［名・他サ］取消，废除（合同）

キャンパス①【campus】［名］（大学的）校园，校内

キャンプ①【camp】［名・自サ］①野营 ②兵营，营房 ③收容所 ④帐蓬

きゅう①【九】［名］九

きゅう①【旧】［名］①旧，陈旧△～に復（ふく）する/复旧，复原 ②旧历，农历

きゅう⓪【灸】［名］灸，灸术

きゅう⓪【急】［名・形动］①急，急迫△～を要（よう）する/急需处理 ②突然，忽然△空が～にくらくなった/天空突然变暗了 ③紧急，危急 ④急速，快速△～ながれ/急流 ⑤险峻，陡峭△～な坂（さか）/陡坡

きゅうあい⓪【求爱】［名・自サ］求爱

きゅうあく⓪①【旧悪】［名］旧恶，从前的坏事

ぎゅういんばしょく⓪【牛飲馬食】［名・自サ］暴饮暴食，贪吃贪喝

きゅうえん⓪【救援】［名・他サ］救援，救济【-物資（ぶっし）⑤】［名］救援物资

きゅうか⓪【休暇】［名］休假

きゅうかい⓪【休会】［名・自他サ］休会

きゅうがく⓪【休学】［名・自サ］休学

きゅうかざん③【休火山】［名］休火山，休眠火山

きゅうかん⓪【急患】［名］急病患者，急病人

きゅうきゅう①［副・形动］①（生活）窘迫，拮据 ②（塞得）满满的，（压得）紧紧的

きゅうきゅう⓪【救急】［名］急救【-車（しゃ）③】［名］急救车

ぎゅうぎゅう①［副・形动］①（塞得）满满的，紧紧的 ②（被）狠狠地训斥

きゅうぎゅうのいちもう【九牛の一毛】九牛一毛

きゅうぎょう⓪【休業】［名・自サ］停业，不营业

きゅうきょく⓪【究極・窮極】［名］最终，终极

きゅうくつ【窮屈】［名・形动］①狭窄，瘦小△～を服/瘦小的衣服 ②不自在，拘束△～な思いをする/感到不自在 ③（物资）缺乏，短缺△財政（ざいせい）が～だ/财政紧张

きゅうけい⓪【休憩】［名・自サ］休息

きゅうげき⓪【急激】［形动］急剧，剧烈△気温（きおん）が～に低下（ていか）する/气温急剧下降

きゅうご①【救護】［名・他サ］救护

きゅうこう⓪【休校】[名・自サ]（学校）停课

きゅうこう⓪【休講】[名・自サ]（临时）停课

きゅうこう⓪【急行】[名]①急往，急忙去 ②「急行列車」的简称【-列車（れっしゃ）⑤】[名]快车

きゅうこうをあたためる【旧交を温める】重温旧谊

きゅうこく⓪【救国】[名]救国

きゅうさい⓪【救済】[名・他サ]救济

きゅうし⓪【休止】[名・自他サ]停止，停歇△運転（うんてん）を～する/停车

きゅうし⓪【急死】[名・自サ]突然死去

きゅうしき⓪【旧式】[名・形動]旧式，老式

きゅうじつ⓪【休日】[名]休息日，假日

きゅうしにいっしょうをえる【九死に一生を得る】九死一生

きゅうしゅう⓪【吸収】[名・他サ]吸收△養分（ようぶん）を～する/吸收养分

きゅうしゅつ⓪【救出】[名・他サ]救出

きゅうしょ③⓪【急所】[名]①（身体上的）要害处，致命处 ②要点，要害，关键

きゅうじょ①【救助】[名・他サ]救助，救护

きゅうじょう⓪【窮状】[名]穷困状况，窘境

きゅうしょく⓪【給食】[名]（学校等为学生）供给伙食

ぎゅうじ・る③【牛耳る】[他五]操纵，支配

きゅうしん⓪【休診】[名・自サ]停诊

きゅうしん⓪【急進】[名・自]急进，激进，冒进

きゅうじんのこうをいっきにかく【九仞の功を一簣に欠く】为山九仞，功亏一篑

きゅう・す【休す】[自サ]完结，休矣△万事（ばんじ）～/万事皆休

きゅうすい⓪【給水】[名・自サ]给水，供水

きゅう・する③【窮する】[自サ]①为难 ②穷困，贫困△生活に～する/生活贫困◇窮すれば通（つう）ず/穷极生智，穷则变

きゅうせい⓪【急性】[名]〈医〉急性【-肺炎（はいえん）⑤】[名]急性肺炎

きゅうせい⓪【救世】[名]救世【-軍（ぐん）③】[名]救世军（基督教的一派，从事救济、慈善事业）【-主（しゅ）③】[名]救世主

きゅうせき⓪①【旧跡・旧蹟】[名]古迹【名所（めいしょ）-⓪】[名]名胜古迹

きゅうせっきじだい⓪【旧石器時代】[名]旧石器时代

きゅうぞう⓪【急増】[名・自サ]猛增△人口（じんこう）が～する/人口猛增

きゅうそく⓪①【休息】[名・自サ]休息

きゅうそく⓪【急速】[名・形動]迅速，高速

きゅうそねこをかむ【窮鼠猫を嚙む】穷鼠啮猫，狗急跳墙

きゅうだい⓪【及第】[名・自サ]考取，及格

きゅうだん⓪【糾弾・糺弾】[名・他サ]谴责，攻击，弹劾

きゅうてん⓪【急転】[名・自サ]急转，突然变化【-直下（ちょっか）⑤】[名]急转直下

きゅうでん⓪【休電】[名・自サ]停

电

きゅうでん⓪【宮殿】[名] 宫殿

きゅうに⓪【急に】[副] 突然，忽然

ぎゅうにく⓪【牛肉】[名] 牛肉

ぎゅうにゅう⓪【牛乳】[名] 牛奶

きゅうねん⓪【旧年】[名] 去年

きゅうばのみち①【弓馬の道】武艺

きゅうびょう⓪【急病】[名] 急病

キューピッド①③【Cupid】[名] 丘比特(罗马神话中的爱神)

きゅうへん⓪【急変】[名・自他サ] ①突变，骤变 ②意外事件

キューポラ⓪【cupola】[名] 炼铁炉，高炉

きゅうめい⓪①【究明】[名・他サ] 查明，研究探明△真相(しんそう)を～する/查明真相

きゅうめい⓪【救命】[名] 救命，救生【-艇(てい)⓪】[名] 救生艇

きゅうゆ⓪【給油】[名・自サ] 加油，给油

きゅうゆう⓪【級友】[名] 同班同学

きゅうよう⓪【休養】[名・自サ] 休养

きゅうよう⓪【急用】[名] 急事

きゅうり①【胡瓜】[名] 黄瓜

きゅうりょう⓪【丘陵】[名] 丘陵

きゅうりょう①③【給料】[名] 工资，薪水

きよ①【寄与】[名・自サ] 贡献，有助于…△社会に～すか/有助于社会

きょ①【居】[名] 住址

きょ①【挙】[名] 举，举动

きょ①【虚】[名] ①虚，空虚△～と実(じつ)/虚与实 ②疏忽大意◇虚を衝(つ)く/攻其不备

きよ・い②【清い】[形] ①清，清澈 ②纯洁，洁白

きよう⓪【起用】[名・他サ] 起用，

重用△新人(しんじん)を～する/起用新人

きよう①【器用】[名・形动] ①巧，灵巧，△手先(てさき)が～だ/手巧 ②机灵

きょう①【今日】[名] 今天，今日◇今日の後(あと)に今日なし/时不再来◇今日の情(なさけ)は明日(あす)の仇(あだ)/今日恩情明日仇

きょう①【境】[名] ①境地 ②心境

きょう⓪【興】[名] 兴致，兴趣△～にのる/乘兴

ぎょう①【行】[名] ①(文字的)行△～をあらためる/另起一行 ②(佛教)修行 ③(五十音图的)行 ④(汉字书法的)行书体

ぎょう①【業】[名] ①职业，行业 ②事业 ③学业

きょうあく⓪【凶悪】[名・形动] 凶恶

きょうい①【脅威】[名] 威胁，胁迫

きょうい①【驚異】[名] 惊异，惊奇△～の目をみはる/瞠目惊视

きょういく⓪【教育】[名・他サ] 教育【-者(しゃ)⓪③】[名] 教育工作者【義務(ぎむ)-③】[名] 义务教育

きょういん①⓪【教員】[名] 教员，教师

きょうえい⓪【競泳】[名] 游泳比赛

きょうか①⓪【強化】[名・他サ] 强化，加强△とりしまりを～する/加强管理

きょうか①【教科】[名] 教学科目，课程

きょうかい⓪【協会】[名] 协会

きょうかい⓪【教会】[名] ①教堂 ②教会

きょうかい⓪【境界】[名]边境，境界，疆界【-線（せん）⓪】[名]边境线

きょうがく⓪【共学】[名]（男女）同校

きょうかしょ③【教科書】[名]教科书，课本

きょうかつ⓪【恐喝・脅喝】[名・他サ]恐吓，威胁

きょうかん⓪【共感】[名・自サ]同感，共鸣

きょうき①【凶器・兇器】[名]凶器

きょうぎ①③【協議】[名・他サ]协议，协商

きょうぎ①【競技】[名・自サ]竞技，竞赛

ぎょうぎ⓪【行儀】[名]礼节，礼仪，礼貌△～がわるい/没礼貌

きょうきゅう⓪【供給】[名・他サ]供给，供应

きょうきんをひらく【胸襟を開く】推心置腹

きょうぐう⓪③【境遇】[名]境遇，处境

きょうくん⓪【教訓】[名]教训，训戒

ぎょうけつ⓪【凝結】[名・自サ]凝结，凝固

きょうけん⓪【強権】[名]强权

きょうげん③【狂言】[名]①狂言（「能乐」幕间演的一种古典滑稽剧）②「歌舞伎」剧③诡计，骗局

きょうけんびょう⓪【狂犬病】[名]狂犬病

きょうこう⓪【恐慌】[名]①恐慌△～をきたす/引起恐慌 ②（经济）恐慌，危机

きょうこう③【教皇】[名]教皇

きょうこう⓪【強行】[名・他サ]强行

きょうこう⓪【強硬】[形动]强硬

きょうこく⓪①【強国】[名]强国

きょうさ①【教唆】[名・他サ]教唆，唆使

きょうざい⓪【教材】[名]教材

きょうざ・める④【興ざめる・興醒める】[自下一]扫兴，败兴

きょうさん⓪【共産】[名]①共产 ②共产主义、共产党的简称

きょうし①【教師】[名]教师，教员

ぎょうじ①③【行事】[名]（按惯例或定期举行的）仪式，活动【年中（ねんじゅう）-⑤】[名]一年中按惯例或计划举办的仪式、活动

きょうしつ⓪【教室】[名]①教室，课堂 ②（教授技术、技巧的）学习班△編み物～/毛衣编织学习班

ぎょうしゃ①【業者】[名]工商业者

きょうしゅ①【興趣】[名]兴趣，趣味

きょうじゅ①【享受】[名・他サ]享受，享有

きょうじゅ⓪⓪【教授】[名・他サ]①教授，讲授 ②教授

きょうしゅう⓪【郷愁】[名]乡愁

きょうしゅう⓪【強襲】[名・他サ]强攻，猛攻

きょうしゅく⓪【恐縮】[名・自サ]惶恐，不敢当；对不起△～に存じます/很过意不去△～ですが、…/对不起，请问…

きょうじゅつ⓪【供述】[名・他サ]供述，口供

ぎょうしょ⓪【行書】[名]行书

きょうじょう⓪【教条】[名]（教会公认的）教义条文【-主義（しゅぎ）⑤】[名]教条主义

きょう・じる⓪【興じる】[自上一]兴致勃勃，兴高采烈

きょうしんざい⓪③【強心剤】[名]强心剂

ぎょうずい⓪【行水】[名・自サ]用水冲洗身体

きょうせい⓪【強制】[名・他サ]强制，强迫

きょうせい⓪【矯正】[名・他サ]矫正

ぎょうせい⓪【行政】[名]行政

ぎょうせき⓪【業績】[名]业绩，成果

きょうそう⓪【強壮】[名・形動]强壮

きょうそう⓪【競争】[名・自他サ]竞争，竞赛△～がはげしい/竞争激烈

きょうそう⓪【競走】[名・自サ]赛跑

きょうそん⓪【共存】[名・自サ]共存，共处

きょうだい①【兄弟】[名]①兄弟；姐妹 ②（男性之间的亲热称呼）老兄

きょうだい⓪【鏡台】[名]梳妆台

きょうだい⓪【強大】[名・形動]强大

きょうたん⓪【驚嘆】[名・自サ]惊叹△～にあたいする/值得惊叹

きょうだん⓪【教壇】[名]讲台，讲坛

きょうち①【境地】[名]境地

きょうちゅう①【胸中】[名]胸中，内心

きょうちょう⓪【協調】[名・自サ]协调

きょうちょう⓪【強調】[名・他サ]强调

きょうつう⓪【共通】[名・自サ・形動]共同△～の話題（わだい）/共同的话题【-語（ご）⓪】[名]①通用语 ②普通话

きょうてい⓪【協定】[名・他サ]协定

きょうてき⓪【強敵】[名]强敌，劲敌

ぎょうてん③⓪【仰天】[名・自サ][名]非常吃惊（びっくり-④）[名]大吃一惊

きょうと①【教徒】[名]（宗教、宗派的）教徒，信徒

きょうど①【郷土】[名]①故乡 ②乡土，乡间【-色（しょく）③】[名]地方色彩

きょうど①【強度】[名]强度，极度

きょうとう⓪【教頭】[名]（日本中、小学中仅次于校长的）副校长，教导主任

きょうどう⓪【共同】[名・自サ]共同【-募金（ぼきん）⑤】[名]共同募捐

きょうどう⓪【協同】[名・自サ]协同、协力【組合（くみあい）⑤】[名]合作社

きょうねん⓪【凶年】[名]凶年，荒年

きょうねん⓪【享年】[名]享年

きょうばい⓪【競売】[名・他サ]拍卖

きょうはく⓪【脅迫】[名・他サ]威胁，胁迫△～に屈（くっ）しない/不怕威胁

きょうはく⓪【強迫】[名・他サ]强迫，强制【-観念（かんねん）⑤】[名]强迫观念

きょうはん⓪【共犯】[名]同犯（罪）

きょうふ⓪【恐怖】[名]恐怖

きょうぶ①【胸部】[名]胸部

きょうべん⓪【強弁】[名・他サ]强词夺理，狡辩

きょうぼう⓪【共謀】[名・他サ]同谋

きょうみ①③【興味】[名]兴趣

きょうむ①【教務】[名]（学校的）教学业务

ぎょうむ①【業務】[名]业务，日常工作

きょうもん⓪【経文】[名]经文

きょうやく⓪【協約】[名・自サ]协约，协定；协商△〜をむすぶ/缔结协约

きょうゆう⓪【共有】[名・他サ]共同所有，公有【-財産（ざいさん）⑤】[名]公有财产

きょうよう⓪【共用】[名・他サ]共同使用，公用

きょうよう⓪【教養】[名]教养，素养

きょうらく⓪【享楽】[名・他サ]享乐【-主義（しゅぎ）⑤】[名]享乐主义

きょうらん⓪【狂乱】[名・自サ]狂乱，疯狂【半（はん）-③】[名]半疯

きょうり①【郷里】[名]故乡，老家

きょうりゅう①⓪【恐竜】[名]恐龙

きょうりょく①⓪【協力】[名・自サ]协力，合作

きょうれつ⓪【強烈】[形動]强烈

ぎょうれつ⓪【行列】[名・自サ]行列，队列

きょうわ⓪①【共和】[名]共和【-国（こく）③】[名]共和国

きょえいしん②【虚栄心】[名]虚荣心

きょか①【許可】[名・他サ]许可，允许△〜をえる/得到许可

ぎょぎょう①⓪【漁業】[名]渔业

きょきょじつじつ①【虚虚実実】[名]虚虚实实

きょく①⓪【曲】[名]①〈音〉曲调②乐曲，歌曲

きょく①【局】[名]（「放送局」「郵便局」等的简称）局

きょく①【極】[名]极限，极点△疲労（ひろう）の〜に達（たっ）する/疲劳到了极点

ぎょく⓪【玉】[名]①（日本将棋中的）王将②鸡蛋③玉，宝石

きょくがい②【局外】[名]局外【-者（しゃ）③】[名]局外人

きょくげい①②【曲芸】[名]杂技

きょくげん②③【極限】[名]极限，极点

ぎょくせきこんこう⓪【玉石混交】[名]鱼龙混杂，玉石混淆

きょくせん⓪【曲線】[名]曲线【-美（び）③】[名]曲线美

きょくたん③【極端】[名・形動]极端

きょくてん③【極点】[名]①极限，极点②（南北极的）极点

きょくど①【極度】[名]极度，极端，非常

きょくめん②③【局面】[名]①（日本将棋、围棋的）棋局，棋势②局面，局势△〜を打開（だかい）する/打开局面

きょこう⓪【挙行】[名・他サ]举行

きょこう⓪【虚構】[名・他サ]虚构

きょじゃく①【虚弱】[名・形動]（身体）虚弱，软弱

きょじゅう⓪【居住】[名・自サ]居住

きょしょ①【居所】[名]住处，住址

きょしん①⓪【虚心】[名・形動]虚心【-坦懐（たんかい）⓪】[名]虚心坦率

きょじん⓪【巨人】[名]①（身材魁伟的）巨人②能人，伟人

きよずり⓪【清刷（り）】[名]（印刷）清样

きょせい⓪【虚勢】[名]虚张声势△〜をはる/虚张声势

きょぜつ⓪【拒絶】[名・他サ]拒绝

ぎょせん⓪【漁船】[名]渔船

きょだい⓪【巨大】[名・形动]巨大

きょだつ⓪【虚脱】[名]①虚脱 ②失神，呆然若失

きょっかい⓪【曲解】[名・他サ]曲解，歪曲

きょっけい⓪【極刑】[名]极刑，死刑

きょてん①⓪【拠点】[名]据点

きょとう⓪【巨頭】[名]巨头，首脑【-会談（かいだん）④】[名]巨头会谈

きょねん①【去年】[名]去年

きょひ①【拒否】[名・他サ]拒绝，否决【-権（けん）②】[名]否决权

ぎょふのり【漁夫の利】渔翁之利

きよみずのぶたいからとびおりる【清水の舞台から飛び降りる】豁出去了，破釜沉舟

ぎょみん①⓪【漁民】[名]渔民

きょむ①【虚無】[名]虚无【-主義（しゅぎ）③】[名]虚无主义

きよ・める③【清める】[他下一]洗清，洗净△身を〜/洗净身体

きょよう⓪【許容】[名・他サ]容许，宽容【-量（りょう）②】[名]容许量

きよらか②【清らか】[形动]清澈洁白，纯洁△〜な心（こころ）/纯洁的心

きょり①【距離】[名]距离

きょりゅう⓪【居留】[名・自サ]①逗留 ②侨居，居留【-民（みん）②】[名]侨民

きょろきょろ①[副]（心神不安地）东张西望

ぎょろぎょろ①[副]睁大眼睛四处寻视

きよわ⓪【気弱】[名・形动]懦弱，胆怯△〜な性格/懦弱的性格

きらい⓪【嫌い】Ⅰ[形动]讨厌，不喜欢△〜な人/讨厌的人 Ⅱ[名]①（多用「…するきらいがある」「…のきらいがある」的形式表示）有…倾向△わがままするぎる〜がある/有些过份任性 ②（「用…のきらいなく」的形式表示）没有区别△男女（だんじょ）の〜なく採用する/不分男女都录用

きら・う⓪【嫌う】[他五]讨厌，不喜欢△勉強（べんきょう）を〜/讨厌学习

きらきら①[副]闪烁，晃眼△星（ほし）が〜光（ひか）る/星光闪烁

きらく⓪【気楽】[名・形动]①轻松△〜な仕事/轻松的工作 ②无挂虑

きらびやか③[形动]华丽耀眼，灿烂夺目

きらめ・く③[自五]闪烁，闪闪发光

きり②【切（り）】[名]①阶段，段落△〜をつける/告一段落 ②极限△ピンから〜まで/①从头到尾 ②从最高级到最低级

きり①【錐】[名]锥子

きり⓪【霧】[名]①雾 ②（喷出的）雾气，小水珠

きり[副助]①只，仅△彼に会ったのは一回〜だ/只见过他一次 ②…之后就没…△出かけた〜帰（かえ）ってこない/出去就再没回来

ぎり②【義理】[名]①人情，情义，情面△〜を欠く/不懂人情事理 ②姻亲，亲属关系△〜の兄（あ

に）/内兄，姐夫，大伯子

きりあ・げる⓪【切（り）上げる】
[他下一]①结束，告一段落△仕事を～/把工作告一段落 ②小数进位

きりか・える⓪【切（り）替える】
[他下一]转换，改换；兑换△チャンネルを～/换频道△ポンドを日本円に～/把英镑兑换成日元

きりきり①[副]①急剧转动貌 ②（身体某部）剧烈疼痛

ぎりぎり⓪[副]极限，到头；勉勉强强△～にまにあう/勉勉强强赶上

きりぎりす③[名]蟋蟀

きりこうじょう③【切（り）口上】
[名]拘谨刻板的口吻，郑重其事的口吻△～であいさつする/一板一眼地致辞

きりさめ⓪【霧雨】[名]毛毛雨，蒙蒙细雨

キリスト⓪【（葡）christo】[名]基督
[-教（きょう）⓪][名]基督教

きりつ⓪【起立】[名・自サ]站起来，起立

きりつ⓪①【規律】[名]规律，纪律，规章

きりつ・める⓪【切（り）詰める】
[他下一]削减，压缩，节约△予算（よさん）を～/缩减预算

きりぬ・ける⓪【切（り）抜ける】
[他下一]①摆脱（困境）△危機（きき）を～/摆脱危机 ②冲出，杀出（敌人重围）

きりはな・す⓪【切（り）離す・切（り）放す】(他五)割断，切开，分开

きりひら・く⓪【切（り）開く】[他五]①开垦（荒地），凿开（山岳等）②冲破（重围）

きりょう①【器量】[名]①（女性的）容貌，相貌△～がいい/长得漂亮 ②才能，才干

きりょく①【気力】[名]毅力；精力

きりん①【麒麟】[名]①长颈鹿 ②（中国古代想象中的动物）麒麟

き・る①【切る】Ⅰ[他五]①切，剪，裁，撕△紙（かみ）を～/裁纸△肉（にく）を～/切肉△キップを～/剪票△つめを～/剪指甲 ②中止，中断，切断△スイッチを～/关开关△電話（でんわ）を～/挂上电话△手を～/断绝来往△ことばを～/中断讲话 ③转（弯）△ハンドルを～/转弯 ④开始△スタートを～/起跑 ⑤打破（最低限度），突破△百メートルで十秒を～/百米破十秒大关 Ⅱ[接尾]①完结，完成△読（よ）み～/读完△売（う）り～/卖完 ②极，非常△困（こま）り～/极为难△弱（よわ）り～/极弱

きる②【着る】[他上一]①穿△きものを～/穿和服 ②承担，承受△罪（つみ）を～/承担罪过

きれ②【切れ】Ⅰ[名]①（刃物等的）快钝程度△～の悪いほうちょう/钝的菜刀 ②碎片△紙（かみ）-④[名]纸片 ③布匹，布料 Ⅱ[接尾]片△パン二（ふた）～/两片面包

きれい①【奇麗・綺麗】[形动]①美丽，漂亮，好看△～な声（こえ）/好听的声音 ②干净，清洁△～にそうじする/打扫干净△～な水（みず）/干净水 ③一干二净，完完全全△～に忘れた/忘得一干二净

きれめ③【切（れ）目】[名]①段落△話（はなし）の～/话的段落 ②断开处，裂缝◇金（かね）の切れ目が縁（えん）の切れ目/钱尽情亦尽

き・れる②【切れる】[自下一] ①断，中断，断开△糸が～/线断了△電話（でんわ）が～/电话中断△息（いき）が～/上气不接下气 ②用完，失效△期限が～/期满△油（あぶら）が～/油用完了△くすりが～/药失效 ③（头脑）精明△あたまの～男/精明的人 ④偏离△右（みぎ）に～/向右偏了 ⑤（刀）快◇手（て）の切れるような札（さつ）/崭新的票子

キロ①【（法）kilo】[接头] 千【-メートル③】[名] 公里【-グラム③】[名] 公斤 Ⅱ [名]「キロメートル」「キログラム」的简称

きろく⓪【記録】[名・他サ] ①记载，记录△～をとる/记录 ②（体育等的）记录△～を更新（こうしん）する/刷新记录

ぎろん①【議論】[名・他サ] 讨论，议论，争论△～をたたかわす/激烈争辩

きわ②【際】[名] 边缘△がけの～/山崖的边缘

一ぎわ②【際】[接尾] ①边缘 ②…之际…时候△帰（かえ）り～/回去的时候△別（わか）れ～/分别之际

ぎわく⓪【疑惑】[名] 疑惑

きわだ・つ③【際立つ】[自五] 显眼，显著△～って美しい人/特别漂亮的美人

きわま・る③【極まる・窮まる】[自五] ①到尽头，达极限△失礼（しつれい）～/非常失礼△感（かん）～/极为感动 ②陷入困境，走投无路△進退（しんたい）～/进退两难

きわめて②【極めて】[副] 极，非常，特别

きわ・める③ [他下一] Ⅰ【極める・窮める】①到达极限△学問の頂上（ちょうじょう）を～/达到科学的顶峰△栄華を～/富贵荣华之极 ②极，非常△雑踏を～/非常拥挤△多忙を～/极忙 Ⅱ【究める】彻底查明，查究△真理（しんり）を～/查明真理

きわもの⓪【際物】[名] ①应时的商品 ②应时、流行的作品（小说、电影、戏剧等）△～の映画（えいが）/应时的电影

きをいつにする【軌を一にする】同出一辙

きん①【金】[名] ①金，黄金△～のゆびわ/金戒指 ②金色，金黄色 ③日本将棋中「金将（きんしょう）」的简称 ④「金曜日（きんようび）」的简称 ⑤（加在表示钱的数量名词前）钱，金钱△～三万円/钱，三万日元

きん①【禁】[名] 禁止，禁令△～をやぶる/破坏禁令

ぎん①【銀】[名] ①银，银子 ②日本将棋中「銀将（ぎんしょう）」的简称

きんいつ⓪【均一】[名・形动] 均等，划一△～なねだん/一样的价钱

きんいろ⓪【金色】[名] 金色，金黄色

きんえい⓪【近影】[名] 近影，近照

きんえん⓪【禁煙】[名] ①禁烟 ②戒烟

きんか①【金貨】[名] 金币

きんか①【槿花】[名] 木槿

きんが①【謹賀】[名] 恭贺，谨贺【-新年（しんねん）④】[名] 恭贺新年

ぎんか①⓪【銀貨】[名] 银币

ぎんが①【銀河】[名] 天河，银河【-系（けい）⓪】[名] 银河系

きんかい①【近海】[名] 近海

きんかぎょくじょう①-⓪【金科玉条】[名]金科玉律

きんがく⓪①【金額】[名]金额，款数

きんがん⓪【近眼】[名]近视，近视眼

きんかんしょく③【金環食・金環蝕】[名]金环食，日环食

きんき①【近畿】[名]以本州中西部，京都为中心的地方(指京都、大阪二府及兵库、和歌山、奈良、三重、滋贺五县)

きんきゅう⓪【緊急】[名・形動]紧急，急迫△～な事態(じたい)/紧急情势

きんぎょ①【金魚】[名]金鱼

きんきょう⓪【近況】[名]近况

キング①【king】①王，国王 ②(国际象棋)王将

きんけい⓪【近景】[名]近景

きんけい⓪①【謹啓】[名]敬启(书信用语)

きんけん⓪【金権】[名]金钱势力【-政治(せいじ)⑤】[名]金钱权势政治

きんげん⓪【謹厳】[名・形動]谨严，严肃

きんこ①【金庫】[名]①保险柜，保险箱 ②国库，国家金融机关

きんこう⓪【均衡】[名]均衡，平衡△～をたもつ/保持平衡

ぎんこう⓪【銀行】[名]银行【血液(けつえき)-⑤】[名]血库

きんこつ①【筋骨】[名]①筋骨 ②体格

きんこんしき③【金婚式】[名]金婚仪式

ぎんこんしき③【銀婚式】[名]银婚仪式

きんし⓪【近視】[名]近视，近视眼

きんし⓪【禁止】[名・他サ]禁止

きんしつあいわす【琴瑟相和す】琴瑟和谐，夫妻感情融洽

きんじとう⓪【金字塔】[名]①金字塔 ②辉煌业绩

きんしゅ⓪【禁酒】[名]①禁酒 ②戒酒

きんしゅく⓪【緊縮】[名・自他サ]压缩，紧缩，节约，缩减【-財政(ざいせい)⑤】[名]缩减财政开支

きんじょ①【近所】[名]近处，附近

きんじょうはなをそえる【錦上花を添える】锦上添花

きん・じる⓪【禁じる】[他上一]禁止，不许△外出(がいしゅつ)を～/禁止外出

きんしん⓪【近親】[名]近亲

きんしん⓪【謹慎】[名・自サ]闭门反省

きんせい①【近世】[名]近世(指江户时代)

きんせい①【金星】[名]金星

きんせい⓪【禁制】[名・他サ]禁止，禁令【-品(ひん)⓪】[名]违禁品

きんせん①【金銭】[名]钱，金钱

きんぞく①【金属】[名]金属

きんだい①【近代】[名]近代(在日本，指明治维新至第二次世界大战)

きんだいてき⓪【近代的】[形動]近代，现代△～な建物(たてもの)/现代化的建筑

きんだんのこのみ【禁断の木の実】①禁果 ②被禁止的欢乐

きんちょう⓪【緊張】[名・自サ]①(生理、精神、心理)紧张△～をほぐす/解除紧张情绪 ②(两者关系)紧张

きんちょう⓪【謹聴】[名・他サ]敬听，聆听

きんとう⓪【均等】[名・形动]均等,均匀△～にわける/均等分开

ぎんなん③【銀杏】[名]银杏,白果

きんにく①【筋肉】[名]肌肉

きんぱく⓪【緊迫】[名・自サ]紧迫,吃紧△～した空気/紧张空气

きんぱつ⓪【金髪】[名]金发

ぎんぱつ⓪【銀髪】[名]银发,白发

きんぶち⓪【金縁】[名](眼镜或镜框等)金框,金边△～のめがね/金丝框眼镜

きんべん⓪【勤勉】[名・形动]勤奋,勤勉

ぎんまく⓪①【銀幕】[名]①银幕 ②电影

ぎんみ①③【吟味】[名・他サ]推敲,仔细研究

きんみつ⓪【緊密】[形动]紧密,密切

きんむ①【勤務】[名・自サ]勤务,工作【-時間（じかん）】④[名]工作时间

きんメダル③【金 medal】[名]金牌

ぎんメダル③【銀 medal】[名]银牌

きんもつ⓪【禁物】[名]禁止的事情,禁忌△油断（ゆだん）は～だ/切勿疏忽大意

きんゆう⓪【金融】[名]①金融 ②通融资金

きんゆうきかん⓪【金融機関】[名]金融机构

きんゆうしじょう⑤【金融市場】[名]金融市场

きんゆうしほん⑥【金融資本】[名]金融资本

きんよう⓪③【金曜】[名]星期五【-日（び）③】[名]星期五

きんよう⓪【緊要】[形动]重要,紧要

きんらい①【近来】[名・副]近来,最近

きんろう⓪【勤労】[名・自サ]劳动,辛劳

く

く①⓪【九】[名]九,九个

く①【句】①句子 ②和歌、俳句的前后段△上（かみ）の～/前段 ③俳句△～をひねる/作俳句

く①【苦】[名]①痛苦,苦恼,担心△テストが～になる/担心考试 ②辛苦,劳苦◇苦あれば楽（らく）あり/苦尽甘来◇苦は楽（らく）の種（たね）/有苦才有乐

ぐ①【具】[名](加在汤、炒饭里的)菜码儿

ぐ⓪①【愚】[名・形动]愚蠢,愚笨△～にもつかない/愚蠢已极

ぐあい⓪【具合・工合】[名]①(事物进行的)方法,状况,情形△こんな～に書いてごらん/请这样写△～がいい/情况（状态）良好 ②(身体)状况△からだの～/身体状况

くい①【杭・杙】[名]桩子,橛子△～をうつ/打桩子◇出（で）るくいは打（う）たれる/出头的椽子先烂,枪打出头鸟

くい⓪【悔（い）】[名]后悔,遗憾

くいあらた・める⓪【悔（い）改める】[他下一]悔改,改过

くいき① 【区域】[名]区域，地区

くいこ・む⓪ 【食(い)こむ】[自五]①深入进去，进到…中去△なわが手首(てくび)に～/绳子勒进手腕里 ②超过(限界、范围)

くいしば・る⓪ 【食(い)しばる】[他五]咬紧牙关△歯(は)を～/咬牙忍耐

くいしんぼう①③ 【食(い)しん坊】[名・形动]贪吃(的人)，嘴馋(的人)

クイズ① 【quiz】[名]猜谜，问答比赛，智力测验

くいだおれ⓪ 【食(い)倒れ】[名]游手好闲，坐吃山空△京(きょう)の着倒(きだお)れ，大阪(おおさか)の～/京都人讲究穿，大阪人讲究吃

くいちが・う⓪ 【食(い)違う】[自五]不一致，分歧；交叉，交错△意見(いけん)が～/意见分歧

くいつ・く⓪ 【食(い)つく】[自五]①咬上，咬住△えさに～/咬住饵食 ②起劲，热心，不放手，不离开

くいと・める⓪ 【食(い)止める】[他下一]控制住，制止住，拦住△事故(じこ)を～/制止事故发生

くいはぐ・れる⓪ 【食いはぐれる】[自下一]①没赶上吃饭 ②丧失生活来源，生计困难

くう① 【空】[名]①高空，空中 ②空，空空如也△～に帰(き)する/落空

く・う① 【食う】[他五]①吃(饭)△～や～わず/吃上顿没下顿，一贫如洗△～か～われるか/你死我活△～にこまる/为吃饭发愁，生活困难 ②(虫)咬，叮△蚊(か)に～われる/被蚊子咬 ③击败，战胜 ④侵占 ⑤消耗，耗费△時間(じかん)を～/费时间△金(かね)を～/费钱 ⑥遭受，遭到△お

目玉(めだま)を～/挨了申斥◇道草(みちくさ)を食う/在路上闲逛

くうかん⓪ 【空間】[名]①空间 ②空地

くうき① 【空気】[名]①空气 ②气氛△緊張(きんちょう)した～/紧张的气氛

くうきょ① 【空虚】[名・形动]①空 ②空虚△～な生活/空虚的生活

くうぐん⓪ 【空軍】[名]空军

くうこう⓪ 【空港】[名]飞机场

くうしゅう⓪ 【空襲】[名・他サ]空袭

ぐうすう③ 【偶数】[名]偶数

くうせき⓪ 【空席】[名]①空坐位 ②空位

くうぜん⓪ 【空前】[名]空前【-絶後(ぜつご)⑤】[名]空前绝后

ぐうぜん⓪ 【偶然】[名・形动・副]偶然，偶尔△～のできごと/偶然的事件

くうそう⓪ 【空想】[名・他サ]空想，幻想△～にふける/耽于空想

ぐうぞう⓪③ 【偶像】[名]偶像【-崇拝(すうはい)⑤】[名]崇拜偶像

くうちゅう⓪① 【空中】[名]空中，天空【-楼閣(ろうかく)⓪】[名]①空中楼阁 ②海市蜃楼

ぐうのねもでない 【ぐうの音も出ない】闭口无言，一声不吭

くうはく⓪ 【空白】Ⅰ[名]空白 Ⅱ[名・形动](该做而没做所造成的)空白△～な期間(きかん)/空白期间

くうふく⓪ 【空腹】[名]空腹◇空腹にまずいものなし/饥者易为食，饥不择食

くうゆ⓪ 【空輸】[名・他サ]空运

くうりくうろん①-⓪ 【空理空論】[名]空洞的理论

くうろん⓪【空論】［名］空谈△机上(きじょう)の～/纸上谈兵

ぐうわ⓪【寓話】［名］寓言

くかく⓪【区画・区劃】［名］①区划,区分 ②区,区域

くがつ①【九月】［名］九月

くかん②【区間】［名］区间,段

くき②【茎】［名］(植物的)茎,梗,杆

くぎ⓪【釘】［名］钉,钉子△～をうつ/钉钉子△ぬかに釘/瞎子点灯白费蜡,徒劳无效◇釘を刺(さ)す/叮嘱好,说定

くきょう⓪【苦境】［名］窘境,困境△～に立つ/处于困境

くぎり③【区切(り)・句切(り)】［名］①(文章、诗的)段落,句读 ②(事物的)段落

くぎ・る②【区切る・句切る】［他五］①(把文章、诗等)分成段落 ②(把事物)划分为段落,阶段

くく・る⓪【括る】［他五］①捆,扎△なわで～/用绳子捆起来 ②总括起来△かっこで～/用括号括起来

くぐ・る②【潜る】［自五］①潜水 ②钻过,钻进△門(もん)を～/进门

くげん⓪【苦言】［名］忠言,忠告△～を呈(てい)する/进忠告

くさ【草】Ⅰ②［名］草,杂草,野草 Ⅱ［接头］非正式的△～競馬(けいば)/非正规的赛马△～野球(やきゅう)/业余棒球◇草の根(ね)を分(わ)けても探(さが)す/掘地三尺也要找出来

ーぐさ［接尾］(上接动词连用形)…材料,话题△お笑(わら)い～/笑料△語(かた)り～/话题,谈话的材料

くさ・い【臭い】Ⅰ②［形］①臭,有臭味 ②可疑△あの男(おと

こ)が～/那个男人可疑 Ⅱ［接尾］①有…气派,有…样子(多用于贬意)△老人～/老气横秋 ②有…味道△酒(さけ)～/有酒味◇臭いものに蓋(ふた)をする/掩盖丑恶,捂盖子◇臭い物(もの)身(み)知(し)らず/乌鸦落在猪身上

くさき②【草木】［名］草木,植物◇草木もねむる/夜深人静△草木もなびく/望风披靡

くさばな④②【草花】［名］①花草 ②草(本)花

くさばのかげ【草葉の陰】九泉之下,黄泉

くさはら⓪④【草原】［名］草原

くさび【楔】［名］楔子

くさぶか・い④【草深い】①草长势茂密,草深 ②偏僻△～いなか/偏僻的乡村

くさみ③【臭み】［名］①臭味,难闻的气味 ②矫揉造作,讨厌的派头

くさむら⓪④【草むら・叢】［名］草丛,野草丛生的地方

くさり⓪【鎖】［名］锁链,链子

くさ・る②【腐る】［自五］①腐烂,坏△たまごが～/鸡蛋臭了 ②(木头、金属)腐朽,生锈 ③消沉,气馁△いちどの失敗ぐらいで、そんなに～なよ/不要因一次失败就那么泄气 ④腐败,堕落◇腐っても鯛(たい)/瘦死的骆驼比马大

くし②【串】［名］(竹、铁)签子

くし②【櫛】［名］梳子

くし②【駆使】［名・他サ］运用自如

くじ②①【籤】［名］签△～をひく/抽签△～があたる/中签

くじ・く②【挫く】［他五］①挫,扭△足(あし)を～/扭伤脚 ②削

弱,挫(锐气)△気(き)を～/挫伤
锐气

くじ・ける③【挫ける】[自下一]
沮丧,气馁,颓唐△心が～/灰心
丧气

ぐしゃ①【愚者】[名] 愚者,愚人

くじゃく⓪【孔雀】[名] 孔雀

くしゃくしゃ⓪ Ⅰ[形动] 蓬乱,皱
皱褶褶△～のかみ/乱蓬蓬的头
发△紙を～にする/把纸搓皱 Ⅱ
[副] 心烦,心乱△気が～する/心
里烦躁

くしゃみ②[名] 喷嚏

くじゅうをなめる【苦汁をなめる】
尝到苦头

くしょう⓪【苦笑】[名・自サ] 苦
笑

くじょう⓪【苦情】[名] 苦衷,不平,
不满

くじら⓪【鯨】[名] 鲸鱼

くしん②【苦心】[名・自サ] 苦
心,费尽心血△-惨憺(さんた
ん)②-⓪][名] 呕心沥血

くず①【屑】[名]①碎片,碎渣儿 ②
废物,破烂儿

ぐずぐず①【愚図愚図】[副・自
サ]①磨磨蹭蹭,慢慢腾腾 ②嘟
嘟哝哝

くすぐったい⓪[形]①酥痒 ②难为
情,不好意思

くすぐ・る⓪[他五]①使…发痒,
胳肢 ②逗人发笑△挑逗,撩拨△
人の心を～/挑逗人心

くずしがき⓪【崩(し)書(き)】[名]
(汉字的)行书和草书

くず・す②【崩す】[他五]①使…崩
溃,拆毁,弄零乱△山を～/开山
△ひざを～/随随便便地坐△体
調(たいちょう)を～/把身体搞
垮 ②写连笔字 ③换(零钱)△金
を～/换成零钱

くすのき②【樟・楠】[名] 樟树

くすぶ・る③【燻ぶる】[自五]①
(不起火苗) 干冒烟 ②(问题)未
得到彻底解决 ③闲居,闷居△家
(いえ)で～っている/闷在家里

くすり⓪【薬】[名]①药△～がき
く/药有效【粉薬(こなぐす
り)】③[名]药面【かぜぐすり③】
[名]感冒药 ②釉子 ③益处,好处
△こんどの失敗(しっぱい)は,
彼にいい～になっただろう/这
次失败对他会有益处吧

くすりゆび③【薬指】[名] 无名指

くず・れる③【崩れる】[自下一]①
崩溃,倒塌△がけが～/悬崖崩塌
②(天气)变坏△天気が～/天气
变坏 ③(完整的东西)不完整,零
乱△姿勢(しせい)が～/姿势不
端正△列が～/队形乱了 ④(整
钱)破得开

くせ②【癖】[名]①脾气,习气,癖
△～になる/成癖,成习惯 ②独
特的性格△～のある文章/有特
性的文章◇癖ある馬(うま)に能
(のう)あり/人有脾气,必有能力
◇なくて七(なな)癖/人无完人

くせに[接助] 虽然…可是,尽管…
可是△知っている～に教えてく
れない/尽管(他)知道,却不告诉
我

くせもの⓪【くせ者・曲者】[名]①
可疑的人 ②老奸巨猾的人,不好
对付的人

くそ【糞】Ⅰ②[名]①粪便 ②身体
排泄出的分泌物【鼻(はな)-⓪】
[名]鼻垢 Ⅱ[感] 表示骂人或强烈
的语气△～、いまいましい/妈
的,真可恨 Ⅲ[接头]①表示过分
△～まじめ/过于认真 ②表示轻
蔑△～ばばあ/臭老婆子

くそみそ⓪【糞味噌】[形动]①好坏
不分,香臭不分 ②贬得一钱不值
△～にいう/说得一钱不值

くだ①【管】[名] 管, 管子◇管を巻(ま)く/喝醉酒后说车轱辘话

ぐたい⓪【具体】[名] 具体【-化(か)⓪】[名・自他サ] 具体化【-的(てき)⓪】[形动] 具体

くだ・く②【砕く】[他五] ①弄坏, 打碎 ②费心思△心(こころ)を～/费心思, 动脑筋 ③浅显易懂地说

くだくだし・い⑤[形] 絮烦, 冗长, 琐碎

くだ・ける③【砕ける】[自下一] ①破碎△ガラスが～/玻璃碎了 ②随便, 非正式的；轻松△～けた態度(たいど)/态度随便△～けた文章/轻松的文章

ください【下さい】(「くださる」的命令形) ①〈敬〉给(我)△お手紙(てがみ)を～/请给我写信△すこし時間(じかん)を～/请我一点时间 ②〈敬〉用「お(ご)…ください」「…てください」的形式表示请…△どうぞ, おっしゃって～/请讲, 请告诉我△おかけ～/请坐

くださ・る③【下さる】Ⅰ[他五] 赠给我, 送给我△先生が～った本(ほん)/老师送给我的书 Ⅱ[补动五] 给(我), 为(我)△読んで～/给我念△ご利用～/请使用◆连用形变化为「い」

くだ・す【下す・降す】Ⅰ⓪[他五] ①降低, 降下△官位(かんい)を～/降职 ②(由上往下)通知, 下达△命令(めいれい)を～/下命令△判決(はんけつ)を～/宣布判决 ③自己做, 亲自动手△手を～/亲自动手△判断を～/下判断 ④攻陷, 使…投降△強敵(きょうてき)を～/击败强敌 ⑤排泄△おなかを～/泻肚 Ⅱ[接尾] 一口气做完某动作△読(よ)

み～/一口气看完△書(か)き～/一气写完

くた・びれる④[自下一] ①疲乏, 疲劳 ②(衣服等)穿旧走形△～れた背広(せびろ)/走了形的西服

くだもの②【果物】[名] 水果

くだらな・い⓪【下らない】[形] ①无价值, 无用△～話(はなし)/无聊的话 ②不少于…△犠牲者(ぎせいしゃ)は三百人を～だろう/死者不下三百人吧

くだり⓪【下り】[名] ①下, 降 ②下行

くだりざか⓪【下り坂】[名] ①下坡②下坡路, 衰退, 下降 ③(天气)变坏

くだ・る⓪【下る・降る】[自五] ①(从高处)下, 下去△山を～/下山 ②由上游到下游；由中央到地方△川を～/顺河而下 ③下达(命令等)△命令(めいれい)が～/命令下达△判決(めいれい)が～/判决下来了 ④投降△敵(てき)に～/向敌人投降 ⑤泻(肚)△腹が～/泻肚

くち⓪【口】[名] ①口, 嘴△～をつぐむ/闭口无言, 沉默 ②说, 说话, 语言△～がうまい/嘴甜, 会说话△～をつつしむ/谨言 ③口味, 味觉△～にあう/合口味 ④人口, 人数△～をへらす/减少人口 ⑤(器物的)口儿, 嘴儿；(出入的)地方, 门口△非常口(ひじょうぐち)②[名]太平门 ⑥开始, 开端 ⑦类, 份, 宗◇口が重(おも)い/话少, 沉默寡言◇口がかたい/嘴严(不泄密)◇口が軽(かる)い/嘴不严, 嘴快◇口が肥(こ)える/口味高◇口が滑(すべ)る/说走嘴◇口が悪(わる)い/嘴损, ◇口にする/①说到, 提到 ②吃进口里◇口にだす/失

言◇口は禍（わざわい）の門（か
ど）/祸从口出◇口も八丁（はっ
ちょう）手（て）も八丁/又能说又
能干◇口を利（き）く/说话◇口
を切（き）る/①启开、打开（瓶
子、罐头）②首先发言◇口を酸
（す）っぱくする/苦口（规劝），磨
破嘴皮◇口をとがらす/撅嘴（不
高兴）◇口を挟（はさ）む/插嘴◇
口を割（わ）る/坦白，招认

ぐち⓪【愚痴】[名]（无用的）牢骚，
怨言△～をこぼす/发牢骚，发怨
言

くちうらをあわせる【口裏を合わ
せる】统一口径

くちうるさ・い⑤⓪【口うるさい】
[形] 嘴碎

くちかず⓪【口数】[名]①话、语言
的数量△～が多い/爱说话，话多
②（吃饭的）人数△～をへらす/
减少人口

くちきたな・い③【口汚い】[形]①
爱骂人，说话下流②嘴馋

くちぐせ⓪【口癖】[名]口头语，口
头禅

くちぐるま③⓪【口車】[名]花言巧
语△～にのせられる/被花言巧
语所骗

くちげんか③【口げんか・口喧嘩】
[名] 争吵，吵嘴

くちごたえ③⓪【口答（え）】[名]顶嘴

くちコミ⓪【口コミ】[名]口头传
闻，小道消息

くちごも・る④【口ごもる・口籠
る】[自五]①口齿不清，含含糊
糊地说②欲言又止，吞吞吐吐地
说

くちさき⓪【口先】[名]①嘴边，唇
边②口头上敷衍（的话）

くちだし⓪【口出（し）】[名]多言，
插嘴

くちばし⓪【嘴】[名]（鸟）嘴◇嘴

が黄色（きいろ）い/乳臭未干，黄
口乳子◇嘴を挟（はさ）む/插嘴，
管闲事

くちび⓪【口火】[名] 导火线，引
火管 ◇口火を切（き）る/起火，
开火

くちびる⓪【唇】[名] 嘴唇◇唇を
嚙（か）む/遗憾，悔恨

くちぶえ③⓪【口笛】[名] 口哨

くちぶり⓪【口振（り）】[名]口气，
口吻

くちべに⓪【口紅】[名] 口红

くちまね⓪【口まね・口真似】[名]
学舌，模仿他人说话△～がうま
い/善于模仿他人讲话

くちもと⓪【口元・口許】[名]嘴
边，嘴角

くちゅう【苦衷】[名]苦衷，难处
△～を察（さっ）する/体谅苦衷

くちょう【口調】[名]语调，腔调

くつ②【靴】[名]鞋△～をはく/穿
鞋△～をぬぐ/脱鞋

くつう②⓪【苦痛】[名]（肉体和精
神上的）痛苦

くつがえ・す③【覆す】[他五]①弄
翻个儿△船（ふね）を～/把船弄
翻②否定△決定（けってい）を
～/翻案③推翻，颠覆

クッキー①【cookie】[名]曲奇饼，小
甜点

くっきり③ [副]鲜明，清清楚楚

くつした④②【靴下】[名]袜子

クッション①【cushion】①弹簧垫，
软靠垫②椅垫

くつずみ②【靴墨】[名]鞋油

ぐっすり③ [副]酣睡，熟睡

くっ・する⓪【屈する】[自他サ]①
弯曲△ひざを～/屈膝②屈服，
投降

くっせつ⓪【屈折】[名・自サ]①弯
曲，曲折△～した道（みち）/弯弯
曲曲的路②折射

くっつ・く③［自五］①粘上，粘住 ②紧跟着，紧挨着 ③男女同居

ぐっと①⓪［副］①用力，一口气 ②比以前更…，越发

くっぷく⓪【屈伏・屈服】［名・自サ］屈服，屈从△敵（てき）に～する/向敌人屈服

くつろ・ぐ③【寛ぐ】［自五］（身心）放松，轻松，△ソファーで～/在沙发上休息△～いで話しあう/轻松地交谈

くつわ⓪【轡】［名］马嚼子

クーデター③【（法）coup d' État】［名］政变

くてん⓪②【句点】［名］句号

くど・い②［形］①罗嗦，絮叨，冗长 ②（颜色、味道等）浓

くとうてん②【句読点】［名］句号和逗号

くどくど①【諄諄】［副］絮絮叨叨，罗罗嗦嗦

くなん①【苦難】［名］苦难

くに⓪②【国】［名］①国，国家 ②故乡，老家 ③地域◇国破（やぶ）れて山河（さんが）在（あ）り/国破山河在

くにくのさく【苦肉の策】苦肉计

くにざかい③【国境】［名］国境

くのう①【苦悩】［名・自サ］苦恼，痛苦

くば・る②【配る】［他五］①分配，分发△資料を～/分发资料 ②关心，注意△気（き）を～/关心，注意△目を～/留神

くび⓪【首】［名］①脖子，颈②头，脑袋△～をひっこめる/缩回脑袋◇首が回（まわ）らない/债台高筑◇首をかしげる/歪头思索（表示怀疑）◇首を突（つ）っこむ/参与，干涉◇首を長（なが）くして待（ま）つ/焦急地等待，望眼欲穿◇首をひねる/冥思苦想◇首を振（ふ）る/摇头，晃头◇首にする/解雇△首になる/被解雇

くびかざり③【首飾（り）】［名］项链

くびったけ⓪【首ったけ】［名］（被异性）迷住，神魂颠倒△彼女に～だ/被她完全迷住

くびつり④⓪【首つり・首吊（り）】［名・自サ］上吊【-自殺（じさつ）⓪】［名］上吊自杀

くびわ⓪【首輪】［名］①（狗等的）脖圈 ②项链

くぶ①【九分】［名］十分之九

くふう⓪【工夫】［名・他サ］①想办法，动脑筋 ②办法，窍门△～をこらす/找窍门，想办法

くべつ①【区別】［名・他サ］区别，分开△男女（だんじょ）の～/男女之别

くぼち⓪【くぼ地・凹地・窪地】［名］洼地

くぼ・む⓪【凹む・窪む】［自五］塌陷，洼△目が～/眼窝塌陷

くま②【隈】［名］①深处，隐蔽的地方 ②（因劳累、睡眠不足等）眼周围的黑圈△～ができる/眼圈发黑

くま②【熊】［名］熊

くまどり④【くま取り・隈取（り）】［名］脸谱

くまなく③【隈無く】［副］①没有阴影△月（つき）の光（ひかり）が～さしている/月亮照得很亮 ②到处，无处不…△～さがす/到处寻找

くみ②【組み・組】Ⅰ［名］①付，套 ②班组 Ⅱ［接尾］（成）套△ふとんを二～注文（ちゅうもん）した/定购了两套被

くみあい⓪［名］Ⅰ【組合】同业工会，农业合作社 Ⅱ【組み合い】扭成一团

くみあわせ⓪【組（み）合（わ）せ】[名]①（数学）组合 ②搭配，编组

くみあわ・せる⓪【組（み）合わせる】[他下一]①搭配在一起，编在一起 ②掺合在一起

くみか・える⓪【組（み）替える】[他下一]改编，重编△日程を～/重新编排日程表

くみこ・む⓪【組（み）込む】[他五]编入，列入

くみたて⓪【組（み）立（て）】[名]①装配，组装 ②构造，结构△文章の～/文章的结构

くみた・てる⓪【組（み）立てる】[他下一]装配，安装

くみと・る③【汲（み）取る】[他五]①汲，汲取 ②体察，酌量

くみはん⓪【組（み）版】[名]排版，排字

く・む⓪【汲む】[他五]①打（水），汲（水）△水（みず）を～/打水 ②体谅，酌量△人の気持を～/体谅别人心情

く・む⓪【組む】Ⅰ[他五]①把…交叉起来△うでを～/挽起胳臂 ②编，组，搭 Ⅱ[自五]扭打，扭在一起△四つに～/互相扭打起来

-ぐ・む[接尾]（上接名词构成五段自动词）①稍长出，发出，露头儿△芽（め）～/发出嫩芽 ②含△なみだ～/含着眼泪

くも①【雲】[名]云，云彩◇雲を霞（かすみ）と一溜烟地◇雲をつかむよう/不着边际，靠不住◇雲をつくよう/顶天

くも①【蜘蛛】[名]蜘蛛◇蜘蛛の子（こ）を散（ち）らすよう/众人东逃西散

くもま③⓪【雲間】[名]云隙，云彩缝儿

くもゆき④⓪【雲行（き）】[名]①云彩移动的情形，天空的情况 ②形势，动向

くもり③【曇（り）】[名]①阴天，天阴 ②模糊不清，朦胧△めがねの～/眼镜上的哈气 ③心情忧愁，暗淡

くも・る②【曇る】[自五]①天阴 ②变模糊，朦胧不清 ③心情不愉快，暗淡△心が～/心情不好△顔が～/满面愁色

くやし・い③【悔しい・口惜しい】[形]令人遗憾，令人气愤，令人悔恨

くやみ③【悔やみ】[名]①悔，后悔 ②吊唁△お～/吊唁

くや・む②【悔やむ】[他五]①后悔，悔不该当初 ②吊唁，哀悼

くよくよ①【副・自サ】放心不下，惦记，想不开

くら②【蔵・倉】[名]仓库，库房◇蔵が建（た）つ/发财

くら②【鞍】[名]鞍，鞍子

クーラー①【cooler】[名]冷气设备

くらい⓪【位】[名]①地位，等级 ②称号 ③位数

くら・い⓪【暗い】[形]①（光线）暗，黑暗△明（あ）かりが～/灯光暗淡 ②（色调）暗淡△～赤（あか）/暗红色 ③（心情）不舒畅，暗淡△～性格（せいかく）/性格阴郁 ④不熟悉，不通达△法律（ほうりつ）に～/不熟悉法律

くらい［副助］①（表示数量、程度）大约，左右△一時間（いちじかん）～かかる/大约要一个小时 ②表示容易的程度△そんなこと～、なんでもないよ/那么一点小事情，不算什么 ③表示像…那样，与其…莫如…△寝（ね）たきりになる～なら死（し）んだ方がましだ/与其卧床不起，莫如死了

的好△彼～の速度(そくど)で歩いて、ちょうどいいんだ/像他那样的速度走，正好 ④（与否定词相呼应）没有比…再…的了△異国(いこく)で病気(びょうき)になる～こころぼそいことはない/没有比在异国得病再心情不安的了

ぐらい［副助］→くらい

クライマックス④【climax】［名］（紧张、兴奋的）最高点，顶点，高潮

くら・う⓪②【食(ら)う】［他五］①吃喝 ②受，挨△パンチを～/挨了一拳

グラウンド②⓪【ground】［名］运动场，体育场

くらく①【苦楽】［名］苦乐，甘苦

クラクション②【Klaxon】［名］汽车喇叭

くらくら①【副・自サ】①发晕△頭(あたま)が～する/头晕 ②（水煮沸貌）哗哗

ぐらぐら①【副】①剧烈晃动△地震(じしん)でビルが～動(うご)いた/由于地震，楼房剧烈摇晃 ②（水煮沸貌）哗哗 ③摇晃△机のあしが～する/桌子腿晃动

くらげ⓪【水母・海月】［名］海蜇

くらし⓪【暮(ら)し】［名］①度日，生活 ②生计，谋生△～をたてる/谋生

クラシック②【classic】Ⅰ［名］古典音乐，古典作品 Ⅱ［形动］古典的

くら・す⓪【暮らす】［自他五］生活，度日，过日子

クラス①【class】［名］①（学校的）班，级 ②等级

グラス①【glass】［名］①玻璃酒杯 ②眼镜 ③玻璃

クラスメート④【classmate】［名］同班生，同学

クラッシャー②【crusher】［名］粉碎机，压碎机，碎煤机

クラッチ②【clutch】［名］离合器，联轴器

クラブ①【club】［名］①俱乐部 ②（学校）课外小组 ③高尔夫球杆 ④扑克牌中的「梅花」

グラフ①【graph】［名］①图表，图解 ②画报

グラブ①【glove】［名］（革制）棒球手套，拳击手套

くら・べる⓪【比べる】［他下一］①比较△AとBとを～/比较A和B ②较量，比赛

グラマー②【glamour】［名・形动］（女人）体态丰盈有魅力

くらみ⓪【暗み】［名］暗，暗处

グラム①【(法)gramme】［名］（重量单位的）克

くらやみ⓪【暗やみ・暗闇】［名］黑暗，漆黑一团

クラリネット④【(意)clarinetto】［名］单簧管

クランク②【crank】［名］①曲柄，曲轴 ②（电影的）摄影

グランプリ③【(法)grand prix】［名］（电影节的）最高奖，大奖

くり②【栗】［名］栗子，栗子树

くりあ・げる⓪【繰(り)上げる】［他自一］①提前△開会(かいかい)を一時間～/提前一小时开会 ②补上，提上

くりあわ・せる⓪【繰(り)合わせる】［他下一］安排，调整，调配

くりかえ・す⓪③【繰(り)返す】［自他五］反复，重复△あやまちを～/重犯错误

くりくり①［副］①滴溜滴溜地转 ②光溜溜

くりごと②【繰(り)言】［名］唠叨，车轱辘话

くりこ・む⓪【繰(り)込む】［自他

五〕①涌进△会場に～/涌进会场 ②编入,编进

くりさ・げる⓪【繰(り)下げる】[他下一]①推迟,往后拖 ②依次顺延,往下推

クリスチャン②【Christian】[名]基督教徒

クリスマス③【Christmas，Xmas】[名](十二月二十五日)圣诞节

クリスマスイブ⑥【Christmas Eve】[名]圣诞节前夜(十二月二十四日)

クリスマスカード⑥【Christmas card】[名]圣诞贺片

クリスマスツリー⑦【Christmas tree】[名]圣诞树

グリセリン③【glycerin】[名]甘油

クリップ②【clip】[名]①夹子,卡子 ②别针,曲别针

クリーナー②【cheaner】[名]吸尘器

グリニッジ・タイム⓪【Greenwich Time】[名]格林威治标准时间

クリーニング②【cleaning】[名]洗衣[-屋(や)⓪][名]洗衣店

くりひろ・げる⓪【繰(り)広げる】[他下一]①开展,推广 ②(把卷着的东西)展开

クリーム②【cream】[名]①奶油 ②美容用膏状化妆品

グリーン②【green】[名]①绿色 ②草地,草坪

グリンピース①【green peas】[名]青豌豆

く・る①【繰る】[他五]①纺△糸(いと)を～/纺线 ②依次移动△じゅずを～/捻佛珠 ③数,计算△日数(にっすう)を～/数天数,计算天数 ④挨着翻△ページを～/翻页

くる【来る】Ⅰ①[自力変]①来,

来到,到来△手紙(てがみ)が～/来信△荷物(にもつ)が～/行李到了△春(はる)が～/春天来到 ②(表示某种状态发生)来,到来△あらしが～/暴风雨来了 ③起因于,由于△過労(かろう)からきた病気(びょうき)/由过度劳累引起的疾病 ④(用「…ときたら」「…とくると」「…ときては」的形式表示对某事物的特别强调)提起,提到△あまいものときたら目(め)がない/说起甜的东西,那比什么都喜欢吃 Ⅱ[补动力変]①…来△木が流(なが)れて～/木头漂过来 ②…回来△パンを買(か)って～/把面包买回来 ③…起来△雨がおちてきた/下起雨来 ④一直在…△いままでがまんしてきた/一直在忍耐

ぐる①[名](做坏事的)同谋者,同伙△～になる/合伙,同谋

くるい②【狂(い)】[名]失常,疯狂

くる・う②【狂う】[自五]①精神失常,发疯,发狂△気(き)が～/失常,发疯 ②出故障,出毛病△時計(とけい)が～/手表出了毛病 ③(估计、希望等)落空,不准确,偏离△みこみが～/估计错误 ④迷恋于…,沉溺于…△ギャンブルに～/迷恋于赛马

くるし・い③【苦しい】[形]①痛苦,难受△息(いき)が～/喘不上气来(难受) ②经济陷入困境△～財政(ざいせい)/财政困难 ③艰难,困难◇苦しい時(とき)の神頼(かみだの)み/平时不烧香,急时抱佛脚

くるしみ⓪【苦しみ】[名]痛苦,苦恼

くるし・む③【苦しむ】[自五]①痛苦,苦恼△病気に～/因病而苦恼

②苦于，难以△弁解（べんかい）に～/苦于辩解

くるし・める④【苦しめる】［他下一］使…受苦，使…为难△人（ひと）を～/折磨人

クルス①【（葡）cruz】［名］十字架，十字

くるびょう⓪【くる病・佝僂病】［名］佝僂病，软骨症

グループ②【group】①伙伴 ②集团 ③组，群，帮，派

くるぶし②【踝】［名］踝，踝骨

くるま⓪【車】［名］①轮子，轱辘 ②车

くるみ③⓪【胡桃】［名］核桃；胡核

くる・む②［他五］包，裹

くるり②［副］转动，滚动貌

くれ⓪【暮（れ）】［名］①黄昏时分，日暮 ②季节末△秋（あき）の～/晚秋

グレー②【gray】［名］灰色

くれがた⓪【暮（れ）方】［名］黄昏时分，傍晚时刻

くれぐれも②［副］恳切，衷心，再三再四，反复△～よろしく/请多多关照

くれない②③【紅】［名］鲜红色

クレープ②【（法）crêpe】［名］泡泡沙，绉沙

クレヨン②【（法）crayon】［名］蜡笔

く・れる【呉れる】Ⅰ⓪［他下一］给（我）（一般多用于平辈之间）△兄がこの本を～れた/哥哥把这本书给我了△父が小（こ）づかいを～れた/父亲给了我零花钱 Ⅱ［补动下一］（用「…てくれる」的形式表示）为我做某动作△その人は駅まで送って～れた/那个人把我（们）送到了车站△母がむかえにきて～れた/妈妈接我（们）来了△新聞を持って～れ/给我拿报纸来

く・れる⓪【暮れる】［自下一］①日落，天黑△日が～/天黑了 ②（一年）结束△ことしも～れようとしている/今年也快结束了 ③不知如何是好△途方（とほう）に～/不知如何是好△思案（しあん）に～/想不出主意来

クレンザー②【cleanser】［名］去污粉

クレーン②【crane】［名］起重机，吊车

くろ①【黒】［名］①黑，黑色 ②（围棋）黑子 ③犯罪嫌疑，嫌疑犯

くろ・い②【黒い】［形］①黑，黑色 ②（皮肤）黑△色（いろ）が～/皮肤黑③脏，不干净△～手（て）/脏手④心术不正△腹（はら）が～/心术不正的人（心黑的人）

くろう①【苦労】［名・形动・自サ］辛苦，劳苦，操心，费力△～をいとわない/不辞辛劳

くろうと①【玄人】［名］专家，内行，行家

くろがね⓪【鉄】［名］铁

クローク②【cloak】［名］（旅馆、剧场等的）行李物品寄存处

くろざとう③【黒砂糖】［名］黑糖，红糖

くろじ⓪【黒字】［名］黑字，盈余，顺差

くろしお⓪【黒潮】［名］黑潮，日本海流

クローズアップ⑤【close-up】［名・他サ］①（电影的）特写镜头 ②大书特书

クロスゲーム④【close game】［名］难分胜负的比赛

くろず・む③【黒ずむ】［自五］发黑，发青△眼（め）のふちが～んでいる/眼圈发黑

クロッキー②【（法）croquis】［名］速写，写生画

くろまく⓪【黒幕】[名] 幕后策划人，黑后台

くろやま⓪【黒山】[名] 成群的人，人山人海

くわ①【桑】[名] 桑

くわ①【鍬】[名] 锄，镐

くわ・える⓪③【加える】[他下一] ①加，添，增△スピードを～/加速△しおを～/加盐 ②给予△治療（ちりょう）を～/给予治疗 ③加进去，加进△仲間（なかま）に～/（吸收某人）入伙

くわ・える⓪【銜える・咥える】[他下一] 叼，衔△たばこを～/叼烟卷◇指（ゆび）を銜える/眼馋（羡慕别人）

くわし・い③【詳しい】[形] ①详细，详尽 ②精通，熟悉

くわ・せる③【食（わ）せる】[他下一] ①养活，供养△家族（かぞく）を～/养活家族 ②加以，给予

くわだ・てる④【企てる】[他下一] ①计划，着手试办… ②企图，图谋△陰謀（いんぼう）を～/搞阴谋

くわわ・る⓪③【加わる】[自五] ①增加，增添△寒さが～/越来越冷 ②参加，加入△仲間に～/入伙

くん⓪【訓】[名] 训读

ぐん①【群】[名] 群◇群を抜（ぬ）く/出众

くんし①【君子】[名] 君子◇君子危（あや）うきに近寄（ちかよ）らず/君子不立于危墙之下◇君子は豹変（ひょうへん）す/君子豹变

ぐんじ②【軍事】[名] 军事

くんしゅ①【君主】[名] 君主△-政治（せいじ）④[名] 君主政治

ぐんしゅう⓪【群集】[名・自サ] 群集，集聚

ぐんしゅく⓪【軍縮】[名] 裁军

くんしょう⓪【勲章】[名] 勋章

ぐんじん⓪【軍人】[名] 军人，士兵

ぐんたい①【軍隊】[名] 军队

くんどく⓪【訓読】[名・他サ] ①按日语文法直接读汉文 ②训读

ぐんび①【軍備】[名] 军备

ぐんもんにくだる【軍門に降る】投降

ぐんゆうかっきょ⑤【群雄割拠】[名] 群雄割据

くんれいしき⓪【訓令式】[名] （用罗马拼音书写日语的一种方式）训令式

くんれん①【訓練】[名・他サ] 训练

け

け⓪【毛】[名] ①毛，汗毛，毛发 ②（植物表面的）细毛

け【気】Ⅰ⓪[名] …样子，…气味，气△血（ち）の～/血色，血气 Ⅱ[接尾] 表示有某种心情，感觉△寒（さむ）～がする/发冷

け[終助] ①表示回忆往事△あのころは近所（きんじょ）の子とよく遊んだっ～なあ/那时，常和附近的小孩玩来着 ②用于对忘记或把握不准的事情向对方询问，确认时△こんどの集まりはいつでしたっ～/下次的会是什么时候开

-げ【気】[接尾] …样子，情形，好像△かなし～/悲伤的样子△あ

ぶな～/危险的样子

けい①【刑】[名] 刑，刑罚

けい①【計】[名] ①计划△百年（ひゃくねん）の～/百年之计 ②合计，总计

けい①【罫】[名] ①线格 ②（围棋、象棋棋盘上的）纵横线

げい①【芸】[名] ①技能，技巧，手艺△表演艺术，演技◇芸が細（こま）かい/演技细腻◇芸がない/平平凡凡，不精彩△芸は身（み）を助（たす）ける/家有千金，不如薄技在身

けいあい①【敬愛】[名・他サ] 敬爱

けいい①【経緯】[名] ①经纬 ②（事情的）原委

けいい①【敬意】[名] 敬意

げいいんばしょく①【鯨飲馬食】[名・自サ] 大吃大喝，暴饮暴食

けいえい①①【形影】[名] 形影◇形影相伴（あいともな）う/形影不离

けいえい①【経営】[名・他サ] 经营，管理，运营

けいえん①【敬遠】[名・他サ] ①敬而远之 ②回避

けいおんがく③【軽音楽】[名] 轻音乐

けいか①【経過】[名・自他サ] ①经过 ②经过，过程

けいが①【慶賀】[名・他サ] 庆祝，祝贺

けいかい①【警戒】[名・他サ] 警戒，警惕

けいかい①【軽快】[形动] ①轻快，敏捷 ②轻松愉快，轻快

けいかく①【計画】[名・他サ] 计划，规划△～をたてる/制定计划【-的（てき）①】[形动] 有计划

けいかん①【警官】[名] 警官，警察

けいき①【契機】[名]（事物转化的）关键，契机，转机，机会△…を～に/以…为契机

けいき①【景気】[名] ①景气，商情，行情△～がいい/景气好 ②（精神）活泼，活跃

けいきょく①【荆棘】[名] ①荆棘 ②困难△～の道（みち）/荆棘丛生之路

けいきょもうどう①【軽挙妄動】[名] 轻举妄动

けいぐ①【敬具】[名]（书信中的结束语）谨启，谨上

けいけん①【経験】[名・他サ] 经验△～ゆたか/经验丰富【-者（しゃ）③】[名] 有经验的人，经验过的人

けいけん①【鶏犬】[名] 鸡犬◇鶏犬相（あい）聞（きこ）ゆ/鸡犬相闻

けいこ①【稽古】[名・他サ] 练（技巧、武艺、技艺等），练习，练功

けいご①【敬語】[名] 敬语

けいご①【警護】[名・他サ] 警戒，警卫

けいこう①【傾向】[名] 倾向，趋势

けいこうぎょう③【軽工業】[名] 轻工业

けいこうとう①【蛍光灯】[名] 荧光灯，日光灯

けいこうとなるともぎゅうごとなるなかれ【鶏口となるとも牛後となるなかれ】宁为鸡口，勿为牛后

けいこく①【警告】[名・他サ] 警告，提醒△～を発（はっ）する/发出警告

けいさい①【掲載】[名・他サ] 登载，刊载

けいざい①【経済】[名] ①（国民）经济△～の法則（ほうそく）/经

済法則 ②经济，节省△時間の
～/节省时间

けいざいせいちょうりつ⑦【経済成
長率】[名]国民经济增长率

けいざいてき⓪【経済的】[形动]①
经济上的，经济方面的 ②节约

けいさつ⓪【警察】[名]警察

けいさん⓪【計算】[名・他サ]①计
算，算 ②筹划，考虑△～にいれ
る/计算在内，考虑在内

けいさんき③【計算機・計算器】
[名]计算器

けいさんじゃく③【計算尺】[名]计
算尺

けいし①【警視】[名]警视（日本
警察官衔）[-庁（ちょう）③[名]
（东京都）警视厅

けいじ①【刑事】[名]①刑事（案件
等）②刑警

けいじ⓪【揭示】[名・他サ]①揭
示，公布 ②告示，布告

けいしき⓪【形式】[名]形式，样
式，方式

けいしきてき⓪【形式的】[形动]形
式△～なあいさつ/形式上的致
辞

けいしきめいし⑤【形式名詞】[名]
形式名词

けいしゃ⓪【傾斜】[名・自サ]①
倾斜 ②倾斜度

けいしゅく⓪【慶祝】[名・他サ]庆
祝

げいじゅつ⓪【芸術】[名]艺术[-家
（か）⓪][名]艺术家

けいしょう⓪【形象】[名]形象

けいしょう⓪【敬称】[名]敬称

けいしょう⓪【軽傷】[名]轻伤

けいしょう⓪【景勝】[名]风景优美
（的地方）

けいしょう⓪【継承】[名・他サ]继
承

けいじょう⓪【形状】[名]形状，样

子

けいじょう⓪【敬譲】[名]（「尊敬、
謙譲」的简称）尊敬和谦让

けいしょく⓪【軽食】[名]小吃，便
餐

けいせい⓪【形勢】[名]形势，局
势

けいせい⓪【形成】[名・他サ]形
成△人格（じんかく）の～/人格
的形成

けいせき⓪【形跡】[名]形迹，迹
象△…の～がある/有…迹象

けいせつのこう【蛍雪の功】萤雪之
功

けいそう⓪【軽装】[名]轻装，轻
便的服装

けいそう⓪【継走】[名・自サ]接
力赛

けいそく⓪【計測】[名・他サ]计
量，测量

けいぞく⓪【継続】[名・自他サ]继
续，接续△審議（しんぎ）を～す
る/继续审议

けいそつ⓪【軽率】[名・形动]轻
率，草率

けいたい⓪【形態・形体】[名]形
态，形状

けいたい⓪【携帯】[名・他サ]携
带

けいたい⓪【敬体】[名]敬体

けいだい①【境内】[名]（神社、寺
院等的）院内

けいちゅう⓪【傾注】[名・他サ]倾
注，集中精力

けいちょう⓪【慶弔】[名・他サ]喜
事和丧事，红白喜事

けいちょう⓪【傾聴】[名・他サ]倾
听

けいてき⓪【警笛】[名]警笛

けいでんき③【継電器】[名]继电
器

けいと⓪【毛糸】[名]毛线

けいとう⓪【系統】[名]①系统,体系 ②血统,世系

けいとう⓪【傾倒】[名・自他サ]倾倒,佩服△文学に～する/醉心于文学

げいにん⓪【芸人】[名]①艺人 ②多才多艺的人

げいのう⓪【芸能】[名]艺术、文艺的总称

けいば⓪【競馬】[名]赛马

けいはく⓪【軽薄】[名・形動]轻薄,轻浮

けいはつ⓪【啓発】[名・他サ]启发

けいばつ①【刑罰】[名]刑罚

けいひ①【経費】[名]经费

けいび①【警備】[名・他サ]警备,戒备,守备

けいひん⓪【景品】[名](商店随商品赠送给顾客的)赠品,小礼品

げいひん⓪【迎賓】[-館(かん)③][名]迎宾馆

けいふ⓪【継父】[名]继父

けいぶ①【警部】[名]警部(日本警察官衔)

けいふく⓪【敬服】[名・自サ]敬佩,钦佩

けいぶつ⓪【景物】[名]四季的景物(花鸟风月等)

けいべつ⓪【軽蔑】[名・他サ]轻蔑,轻视△～のまなざし/轻蔑的目光

けいぼ⓪【継母】[名]继母

けいほう①【刑法】[名]刑法

けいほう⓪【警報】[名]警报

けいもう⓪【啓蒙】[名・他サ]启蒙,开导

けいやく⓪【契約】[名・他サ]契约,合同△～をむすぶ/缔结条约

けいゆ⓪①【経由】[名・自サ]经由,经过,中转△ロンドンを～してパリへいく/经由伦敦去巴黎

けいようし③【形容詞】[名]形容词

けいようどうし⑤【形容動詞】[名]形容动词

けいり①【経理】[名]经管钱财(的人)

けいりゃく①⓪【計略】[名]计策,策略,谋略

けいりゅう⓪【渓流】[名]溪流,山谷小溪

けいりょう③⓪【計量】[名・他サ]计量,测量

けいれき⓪【経歴】[名]经历,简历

けおりもの②⓪【毛織り物】[名]毛纺织品

けが②【怪我】[名・自サ]①伤,受伤 ②过失,过错◇怪我の功名(こうみょう)/侥幸成功

けが・す②【汚す】[他五]弄脏;玷污△…の名を～/玷污…的名声

けがれ③【汚(れ)】[名]脏,污垢

けが・れる③【汚れる】[自下一]变脏,变坏

けがわ⓪【毛皮】[名]毛皮,皮货

ケーキ①【cake】[名]蛋糕

げき①【劇】[名]剧,戏剧[-映画(えいが)③][名]故事影片,戏剧影片

げきが⓪【劇画】[名]连环画,小人书

げきさく⓪【劇作】[名]戏剧创作,剧作[-家(か)⓪][名]剧作家

げきじょう⓪【劇場】[名]剧场

げきじょう⓪【激情】[名]激情

げきしょく⓪【激職・劇職】[名]繁忙的差事,繁重的职务

げき・する③【激する】[自サ]兴奋,激动△感情が～する/感情激动

げきたい⓪【撃退】[名・他サ]击

退，打退

げきてき⓪【劇的】［形动］戏剧般
△～な出会（であ）い/戏剧般的
相遇

げきやく⓪【劇薬】［名］烈性药品，
危险药品

げきれい⓪【激励】［名·他サ］激
励，鼓励

けさ①【今朝】［名］今天早晨

けさ⓪【袈裟】［名］袈裟

げざい⓪【下剤】［名］泻药

けしいん⓪【消印】［名］①邮戳 ②
注销戳

けしからん④【怪しからん】不像
话，不讲理，无理

けしき①【気色】［名］①气色，神色
②样子，兆头

けしき①【景色】［名］景色，景致，
风景△～がいい/景色优美【冬景
色（ふゆげしき）③】［名］雪景

けしゴム③⓪【消（し）ゴム】［名］
橡皮

けじめ［名］区别，界线

げしゃ⓪①【下車】［名·自サ］下
车

げしゅく⓪【下宿】［名·自サ］（提
供食宿的）家庭公寓

げじゅん⓪①【下旬】［名］下旬

げじょ①【下女】［名］女仆（「お手伝
いさん」的旧称）

けしょう②【化粧】［名·自他サ］①
化妆，打扮【-品（ひん）⓪】［名］
化妆品【うす-⓪】［名］淡妆 ②装
饰，装扮

け·す⓪【消す】［他五］①灭掉，熄
掉△火（ひ）を～/灭火△あかり
を～/熄灯 ②关闭（电灯、电视
等）△テレビを～/关电视 ③消
除，抹掉，涂去△字（じ）を～/把
字擦掉△録音（ろくおん）を～/
擦去录音△すがたを～/躲藏起
来 ④去（味），解（毒）毒（どく）

を～/解毒

ケース①【case】［名］①袋，盒，箱
②场合，情形

げすい⓪【下水】［名］①脏水，下水
②下水道，阴沟

ゲスト①【guest】［名］(广播电台或
电视台节目里的)特约演员

けず·る⓪【削る】［他五］①削，刮，
刨△えんぴつを～/削铅笔 ②削
减△予算（よさん）を～/削减预
算

けた⓪【桁】［名］①（桥和房屋的）
横梁，桁架 ②算盘柱 ③〈数〉位
数

げた⓪【下駄】［名］木屐◇下駄を
預（あず）ける/委托对方全权处
理◇下駄を履（は）かせる/抬高
分数，多打分数

けだもの⓪【獣】［名］①兽，野兽 ②
(骂人)兽类，畜牲

けち①［名·形动］①吝啬；小气
的人 ②寒碜，简陋；卑贱，卑劣
△～な服（ふく）/寒碜的衣服 Ⅱ
［名］不妙，坏兆头，毛病△～を
つける/挑毛病，说坏话

けちくさ·い④【けち臭い】［形］①
吝啬，小气 ②狭隘，短浅

けちけち①［副·自サ］小里小气，
吝啬

けつ①【欠】［名］缺，缺少△～を
おぎなう/补缺

けつ①【決】［名］表决，决定，决
意△～をとる/决定，表决

けつあつ⓪②【血圧】［名］血压【-計
（けい）⓪】［名］血压计

けつい①②【決意】［名］决意，决心
△～をかためる/下定决心

けつえき②【血液】［名］血，血液

けつえきがた⓪【血液型】［名］血
型

けつえきぎんこう⑤【血液銀行】
［名］血库

けつえん⓪【血縁】[名]血缘△～
関係（かんけい）/血缘关系

けっか⓪①【結果】[名]结果，结
局

げっか①【月下】[名]月下，月光下
【-氷人（ひょうじん）④】[名]月
下冰人，媒人

けっかく⓪【結核】[名]结核，结核
病

けっかん⓪【欠陥】[名]缺陷，缺点，
毛病

けっかん⓪【血管】[名]血管

けっき①【血気】[名]血气，精力

けつぎ①②【決議】[名・他サ]决
议【-案（あん）③】[名]决议案

けっきゅう⓪【血球】[名]血球

げっきゅう⓪【月給】[名]月薪，薪
水

けっきょく⓪【結局】[副]最终，结
果，归根到底

けっきん⓪【欠勤】[名・自サ]缺
勤

けっこう⓪【欠航】[名・自サ]（飞
机，轮船因故）停航，停开

けっこう⓪【決行】[名・他サ]决心
实行，坚决进行

けっこう【結構】Ⅰ⓪③[名]结构，
构造△文章（ぶんしょう）の～/
文章的结构Ⅱ①[形動]①相当
好，很好，不错△～なおみやげを
ありがとう/谢谢你送给我这么
好的礼品②不用了，足够了△酒
はもう～てす/酒已经够了③可
以，行，没关系△明日で～てす/
明天也行Ⅲ①[副]相当，很△電
車は～混雑（こんざつ）してい
た/电车相当挤

げっこう⓪【月光】[名]月光

けっこん⓪【結婚】[名・自サ]结婚
△～を申（もう）しこむ/申请结
婚【-式（しき）③】[名]结婚仪式，
婚礼

けっさく⓪【傑作】Ⅰ[名]杰作
[形動]滑稽，可笑

けっさん①【決算】[名・他サ]决算，
结算

けっしきそ④【血色素】[名]血色
素

けっして⓪【決して】[副]（下接否
定词语）绝不，一定不△～うそは
いわない/绝不说谎

げっしゃ⓪【月謝】[名]（在私塾或
学校）每月付的学费

けっしゅつ⓪【傑出】[名・自サ]杰
出，卓越

けつじょ①【欠如】[名・自サ]缺
乏，欠缺

けっしょう⓪【決勝】[名]决胜，决
赛

けっしょう⓪【結晶】[名・自サ]①
结成晶体②结晶△愛（あい）の
～/爱的结晶

けっしょうばん⓪【血小板】[名]血
小板

げっしょく⓪【月食】[名]月食

けっしん①③【決心】[名・自サ]决
心，决意

け・っする⓪【決する】[自他サ]决
定，决意△運命（うんめい）が～/
决定命运

けっせい⓪【血清】[名]血清

けっせき⓪【欠席】[名・自サ]缺席
△会議（かいぎ）を～する/缺席
会议

けっせき⓪【結石】[名]〈医〉结石

けっせん⓪【決戦】[名・自サ]决
战

けつぜん③⓪【決然】[副]坚决，毅
然决然

けっせんとうひょう⑤【決選投票】
[名]最后投票

けっそう③【血相】[名]面部表情，
脸色

けつだん⓪【決断】[名・自サ]决

断，果断

けっちょう①【結腸】[名] 结肠

けっちん⓪【血沈】[名] 血沉

けってい⓪【決定】[名・他サ] 定，决定，确定△予算（よさん）を～する/决定预算

けってん③⓪【欠点】[名] 缺点，毛病

けっとう⓪【血統】[名] 血统

けっとう⓪【血糖】[名] 血糖

けっぱく⓪[名・形動]清白，纯洁，廉洁

げっぷ⓪【月賦】[名] 分月付款

けっぺき⓪【潔癖】[名・形動]洁癖，清高，洁身自爱

けつぼう⓪【欠乏】[名・自サ] 缺乏△食糧（しょくりょう）が～する/粮食缺乏

けつまくえん④【結膜炎】[名] 结膜炎

けつまつ⓪【結末】[名] 结尾，末尾，结局

けつみゃく⓪②【血脈】[名]①血管②血缘，血统

げつよう⓪③【月曜】[名] 星期一【-日（び）③】[名] 星期一

けつろん⓪②【結論】[名] 结论

ゲート①【gate】[名]①门，出入口②（飞机乘客）上下的梯口

げどく⓪【解毒】[名・自サ] 解毒【-剤（ざい）③⓪】[名] 解毒剂

けとば・す⓪【蹴飛ばす】[他五]踢开，踢飞△ボールを～/踢球

げねつ⓪【解熱】[名・自サ]解热，退烧【-剤（ざい）⓪】[名] 退烧药

けねん⓪⓪【懸念】[名・他サ]挂念，担心

げば①【下馬】[名・自サ]下马【-評（ひょう）②】[名]①社会上的风传②局外人的推测

けはい②①【気配】[名]样子，情形，感觉

けびょう⓪【仮病】[名]假病，装病△～をつかう/装病

げひん②【下品】[形動] 下流，下贱，无教养△～なことば/下流的言词

ケーブル①【cable】[名]①电缆②【「ケーブルカー」的简称】爬山缆车，索道车

ゲーム①【game】[名]①游戏②比赛

けむ・い⓪【煙い】[形] 呛人，熏人

けむし③【毛虫】[名]①毛毛虫②令人讨厌的人

けむた・い⓪【煙たい】[形]①呛人，熏人②令人拘束，不易接近，令人发怵

けむり⓪【煙】[名]①烟△～にむせる/被烟呛了②烟状物

けむ・る⓪【煙る】[自五]①冒烟②烟雾迷漫，朦胧△雨（あめ）に～/烟雨朦胧

けもの⓪【獣】[名] 兽，兽类

けらい①【家来】[名]①家臣，臣下②仆人

げり⓪【下痢】[名・自サ] 泻肚

け・る①【蹴る】[他五]①踢，踹△ボールを～/踢球②拒绝

けれども [接]但是，可是△金（かね）はある。～貸（か）す金はない/我有钱，但是，没有可借出的钱◆亦作「けれど」

けれども [接助]①虽然，可是△すこし寒い～、気持（きも）ちがいい/虽然有些冷，可感觉很舒服②连接上下句，不表示转折△ぼくは行く～、きみはどうする/我打算去，你呢③接在句子末尾，表示委婉的语气△その本ならわたしもほしいんです～/如果是那本书，我也希望得到一本…

けわし・い③【険しい】［形］①险峻，陡峭△～山/险峻的山 ②危险，险恶△前途（ぜんと）は～/前途危险 ③严厉，可怕，尖锐

けん①【県】［名］县【-知事（ちじ）③】［名］县知事

けん①【剣】［名］①剑 ②剑术 ③（蜜蜂的）刺

けん①【険】［名］①险要，危险△天下（てんか）の～/天险 ②阴森可怕

けん①【腱】［名］腱

けん①【鍵】［名］键盘

げん①【言】［名］言，语言△～をまたない/不待言，不用说

げん①【舷】［名］船舷

けんあく⓪【険悪】［名・形动］险恶，可怕△～な情勢（じょうせい）/险恶的形势

けんあん⓪【検案】［名・他サ］（对刑事案件的）鉴定，核实

けんあん⓪【懸案】［名］悬案

げんあん⓪①【原案】［名］原案

けんい①【権威】［名］①权威 ②权威人士

げんいん⓪【原因】［名・自サ］原因

げんえき⓪①【現役】［名］①有现职或正在从事某种社会活动的人 ②（准备考大学的）应届高中毕业生

けんえつ⓪【検閲】［名・他サ］①检阅 ②检查，审查

けんえんのなか△【犬猿の仲】水火不相容（喻关系不好）

けんお①【嫌悪】［名・他サ］讨厌，嫌弃，厌恶△～の情（じょう）/厌恶的表情

けんか⓪【喧嘩】［名・自サ］吵架，口角，争吵△～をうる/找碴儿吵架◇けんか両成败（りょうせいばい）/打架双方各打五十大板

げんか①【原価・元価】［名］①原价，进货价格 ②成本价格

げんか⓪【減価】［名］减价，降价

けんかい⓪【見解】［名］见解，意见

けんかい⓪【限界】［名］界限，限度，边缘

けんがく⓪【見学】［名・他サ］见习，参观，实地考察

げんかく⓪【厳格】［形动］严，严格

げんがく⓪①【弦楽】［名］弦乐

げんがっき③【弦楽器】［名］弦乐器

げんかん①【玄関】［名］前门，正门，大门

けんぎ③①【嫌疑】［名］嫌疑△～をかける/犯嫌疑

げんき①【元気】［名・形动］①精神，精力△～がいい/精神十足△～を出す/振作起精神来 ②健康，身体好△お～ですか/您身体好吗

けんきゅう⓪【研究】［名・他サ］研究，钻研△数学（すうがく）を～する/研究数学【-生（せい）③】［名］进修生

けんきょ①【検挙】［名・他サ］拘留审查

けんきょ①【謙虚】［名・形动］谦虚，虚心

けんきょうふかい⓪【牽強付会】［名］牵强附会

けんきん⓪【献金】［名・自サ］捐款

げんきん③【現金】Ⅰ［名］现钱，现款△～ではらう/付现款 Ⅱ［形动］有利就干，贪图眼前利益△～な人/有利就干的人

げんきん⓪【厳禁】［名・他サ］严禁

げんけい⓪【原型】［名］原型，模型，模子

けんけつ⓪【献血】[名・自サ]献血

けんげん③【権限】[名]权限

けんご①【堅固】[形动]①坚固，稳固 ②坚强

げんご①【言語】[名]言语，语言 ◇言語に絶（ぜっ）する/无话可说【-学（がく）③】[名]语言学

けんこう⓪【健康】[名・形动]健康△～が回復（かいふく）する/恢复健康△～な体/健康的身体

げんこう⓪【言行】[名]言行【-不一致（ふいっち）⑥】[名]言行不一

げんこう③⓪【原稿】[名]原稿，稿子

げんこう⓪【現行】[名]现行

げんこうはん③【現行犯】[名]现行犯

けんこく⓪【建国】[名]建国

げんこく⓪【原告】[名]原告

げんこつ⓪【拳骨】[名]拳头

けんさ①【検査】[名・他サ]检查，检验

けんざい⓪【健在】[名・形动]健在

げんざい①【現在】[名]①现在，目前 ②截至（某时）

げんさく⓪【原作】[名]原作，原著

けんさつ⓪【検察】[名]检察

けんさつかん④③【検察官】[名]检察官

けんさつちょう④③【検察庁】[名]检察厅

けんざん⓪【験算・検算】[名・他サ]验算，核对

げんさん⓪【原産】[名]（动植物的）原产，原产地

げんさん⓪【減産】[名・自他サ]减产

けんし①【絹糸】[名]丝线

けんし⓪【検死】[名・他サ]验尸

けんじ①【検事】[名]检事（检察官官衔的一种）

けんじ①【堅持】[名・他サ]坚持△原則（げんそく）を～する/坚持原则

げんし①【原子】[名]原子

げんし①【原始】[名]原始【-時代（じだい）④】[名]原始时代【-社会（しゃかい）④】[名]原始社会【-人（じん）③】[名]原始人

げんしかく③【原子核】[名]原子核

けんしき⓪【見識】[名]见识，鉴赏力

けんじつ⓪【堅実】[名・形动]坚实，扎实，踏实，牢靠△～な方法/可靠的办法

げんじつ⓪【現実】[名]现实，实际△～にあわない/不符合现实【-主義（しゅぎ）④】[名]现实主义【-的（てき）⓪】[形动]现实

げんしばくだん④【原子爆弾】[名]原子弹

げんしゅ①【元首】[名]元首

げんしゅ①【厳守】[名・他サ]严守

けんしゅう⓪【研修】[名・他サ]进修

げんじゅう⓪【厳重】[形动]严，严格△～な警戒/戒备森严

げんしゅく⓪【厳粛】[形动]①严肃，庄严 ②确定无疑，铁一般（的事实）

けんしゅつ⓪【検出】[名・他サ]检查出来，验出

げんしょ①⓪【原書】[名]（外语的）原文书，原版书

けんしょう⓪【憲章】[名]宪章

けんしょう⓪【謙称】[名]谦称

けんしょう⓪【懸賞】[名]悬赏，有奖

けんじょう⓪【謙譲】[名]谦让

げんしょう⓪【現象】[名]现象
【自然(しぜん)-④[名]自然现象

げんしょう⓪【減少】[名・自他サ]
減少

げんじょう⓪【原状】[名]原状，原
形

げんじょう⓪【現状】[名]现状

げんじょう⓪【現場】[名]现场，现
地

けんじょうご⓪【謙譲語】[名]谦让
语，谦逊语

げんしょく⓪【原色】[名]原色(红、
黄、蓝)

げんしょく①⓪【現職】[名]现职，现
任

げんしょく⓪【減食】[名・自サ]減
食

げん・じる⓪【減じる】[自他サ上
一]減，減少，減轻，減弱

けんしん⓪【検診】[名・他サ]诊
查，健康检查

けんしん⓪【献身】[名・自サ]献
身，舍身

げんすい①【元帥】[名]元帅

けんせい⓪【牽制】[名・他サ]牵
制

けんせい①⓪【権勢】[名]权势，权
力△～をふるう/施展权力

げんせい⓪【厳正】[名・形動]严
正，公正△～な審査(しんさ)/
公正的审查

げんぜい⓪【減税】[名・他サ]減
税

げんせき①⓪【原籍】[名]原籍

けんせつ⓪【建設】[名・他サ]①建
设，建筑，建造 ②建立

けんせつてき⓪【建設的】[形動]建
设性△～な意見(いけん)/建设
性的意见

けんぜん⓪【健全】[形動]①健全，
健康 ②正常，坚实

げんせん⓪【源泉・原泉】[名]源
泉△力(ちから)の～/力量的源
泉

げんぜん⓪【厳然】[副・連体]俨
然，严肃

げんそ①【元素】[名]〈化〉元素

けんぞう⓪【建造】[名・他サ]建
造，建筑【-物(ぶつ)③[名]建
筑物

げんそう⓪【幻想】[名]幻想△～
をいだく/抱有幻想

げんぞう⓪【現像】[名・他サ]显
像，显影

げんそきごう④【元素記号】[名]元
素符号

げんそく⓪【原則】[名]原则△～
として…/原则上…

げんそく⓪【減速】[名・自他サ]減
速

けんそん⓪【謙遜】[名・形動・
サ]谦虚，谦逊

けんたい⓪【倦怠】[名]①倦怠，厌
倦 ②疲倦

げんたい⓪【減退】[名・自サ]減
退，衰退△食欲(しょくよく)が
～する/食欲减退

げんだい①【現代】[名]现代，当
代【-人(じん)③[名]现代人

けんち①【見地】[名]见解，观点，
见地△…の～からみる/从…的
观点来看

げんち①【現地】[名]①(生活的)
当地 ②(工作)现场，实地△～
におもむく/赴现场

ゲンチアナ・バイオレット①-④
【gentiana violet】 [名]紫药
水

けんちく⓪【建築】[名・他サ]建
筑，建筑物

けんちょ①【顕著】[形動]显著，明
显△～な功績(こうせき)/显赫
的功绩

げんちょ⓪【原著】［名］原著，原作

けんてい⓪【検定】［名・他サ］鉴定，审定，考核△～に合格（ごうかく）する/审定合格

げんてい⓪【限定】［名・他サ］限定，限制△時間を～する/限定时间

げんてん①⓪【原点】［名］①（测量距离时的）基点，测量点 ②基点，起点，出发点

げんど①【限度】［名］限度△～をこえる/超过限度

けんとう【見当】I③［名］①（大致的）估计，预计△～がつく/心中有数 II［接尾］大约，左右，上下△五十～の男/五十上下的男人

けんとう⓪【検討】［名・他サ］研究，商讨

けんどう①【剣道】［名］剑术

げんとう⓪【幻灯】［名］幻灯

げんとう⓪【厳冬】［名］严冬

げんどう⓪【言動】［名］言行△～をつつしむ/谨言慎行

げんどう⓪【原動】［名］动力机，原动机【-機（き）③】［名］动力，原动力【-力（りょく）③】［名］动力，原动力

げんなり③［副・自サ］不耐烦，厌倦，腻△～したかお/不耐烦的脸色

けんにん⓪【兼任】［名・他サ］兼，兼任

けんにん⓪【堅忍】［名・自サ］坚忍【-不抜（ふばつ）⓪】［形动］坚忍不拔

けんば①【犬馬】［名］犬马◇犬馬の労（ろう）をとる/效犬马之劳

げんば⓪【現場】［名］①（事件、事故的）现场△犯行（はんこう）の～/犯罪的现场 ②工地

けんばいき③【券売機】［名］出售券、票的机器【自動（じどう）-⑤】［名］自动售票机

げんばく⓪【原爆】［名］（「原子爆弾」的简称）原子弹【-症（しょう）④】［名］原子病

げんばつ⓪【厳罰】［名］严厉的惩罚

けんばん⓪【鍵盤】［名］键盘

けんびきょう⓪【顕微鏡】［名］显微镜

けんぴつ⓪【健筆】［名］能书善写，健笔

けんぶつ⓪【見物】［名・他サ］观赏，游览△高見（たかみ）の～/坐山观虎斗，袖手旁观

げんぶつ⓪【原物】［名］原物，原件

げんぶつ⓪【現物】［名］实物

けんぶん⓪【見聞】［名・他サ］见闻，见识△～を広（ひろ）める/扩大眼界

げんぶん⓪【言文】［名］言文，语言和文章【-一致（いっち）⑤】［名］言文一致

けんぽう①【憲法】［名］宪法

けんぼうしょう⓪【健忘症】［名］健忘症

げんみつ⓪【厳密】［形动］严密，周密

けんめい⓪【賢明】［形动］贤明，高明

けんめい⓪【懸命】［形动］拼命，尽力△～の努力（どりょく）/拼命的努力

げんめつ⓪【幻滅】［名・自サ］幻想破来，失望△～の悲哀（ひあい）/失望的悲哀

けんやく⓪【倹約】［名・他サ］节俭，俭省

げんゆ⓪【原油】［名］原油

げんゆう⓪【現有】［名・他サ］现有

けんよう⓪【兼用】[名・他サ]兼用，共用

けんり①【権利】[名]权利

げんり①【原理】[名]原理

げんりょう③【原料】[名]原料

けんりょく①【権力】[名]权力△～をふるう/使用权力

げんろう⓪【元老】[名]元老

げんろん⓪①【言論】[名]言论△～の自由(じゆう)/言论自由

こ

こ【子・児】Ⅰ⓪[名]①儿女，孩子，小孩②姑娘③仔，卵，雏△竹の～/竹笋④利息△元も子もなくなる/本利全光，鸡飞蛋打 Ⅱ[接尾]①人△売り～/(在站台流动叫卖的)小贩②孩子△かぎっ～/(父母均工作的)挂钥匙的孩子③(表示特定的)东西④日本女子名字用附字△花～/花子◇子はかすがい/孩子是夫妻的纽带

こ【粉】Ⅰ①[名]粉，碎末儿△身を～にして働く/竭尽全力工作 Ⅱ[接尾]面粉△パン～/面包粉

こ①【弧】[名]①〈数〉弧②弧形

こ①【個】[名]个，单个

こ-【小】[接头]①小，少△～声(ごえ)/小声②将近，差不多△～一時間/差不多一小时③稍微，有点儿△～太り(ぶとり)/微胖

-こ[接尾](上接拟态词)表示某种状态△どろん～/满是泥巴，泥泞

ご①⓪【五】[名]五，五个

ご①【碁】[名]围棋△～を打つ/下围棋

ご①【語】[名]词，单词

ご-【御】Ⅰ[接头]①(上接汉语名词)表示尊敬△～両親/您的父母②(接汉语动词前)表示自谦△わたくしが～案内いたします/我来为您带路 Ⅱ[接尾](上接表示人的名词)表示尊敬△親～さん/您父亲(母亲)

コアラ①【koala】[名]树熊，考拉

こい①【恋】[名]恋爱，爱情

こい①【鯉】[名]鯉鱼

こい①【故意】[名]故意，有意

こ・い②【濃い】[形]①(色、味等)深，浓，重△～緑色/深绿色②稠，密△～霧/大雾③某种可能性很大，越加显出某种状态△敗色が～/败局已定

ごい①【語彙】[名]词汇，语汇

こいし・い③【恋しい】[形]爱慕，爱恋；怀念

こい・する③【恋する】[他サ]恋爱

こいつ⓪[代]〈俗〉①这小子，这个家伙②这个

こいのぼり③【鯉幟】[名](端午节时，有男孩的家庭挂的)鯉鱼形状的幡，鯉鱼旗

こいびと⓪【恋人】[名]情人，恋人

こいぶみ⓪①【恋文】[名]情书

コイル①【coil】[名](电器元件)线圈

コイン①【coin】[名]硬币△-ロッカー④[名]投币式物品寄存箱

こう①【功】[名]功，功劳

こう①【甲】[名]①甲，甲壳△かめの～/龟甲②(手、脚)背

こう①【効】[名]功效，效果，效能

こう①【幸】[名] 幸福，幸运

こう①【香】[名] ①香味，香气 ②香料，香

こう①【項】[名] 项，项目

こう①【鋼】[名] 钢

こう⓪[副] 这样，这种△～いう形のお皿がほしい/我想要这种形状的盘子

ごう①【号】[名] ①雅号，别名 ②（杂志、报纸发行顺序）号，期△創刊～/创刊号

ごう①【剛】[名] 刚，刚强△柔（じゅう）よく剛を制（せい）す/柔能克刚

こうあつ⓪【高圧】[名] ①强压力 ②（电）高压[-的（てき）]⓪[形动] 高压，强制

こうあん⓪【考案】[名・他サ] 想出（办法）

こうい①【好意】[名] 好意，好感

こうい①【行為】[名] 行为，行径

こうい①【厚意】[名] 厚意，盛情

ごうい①【合意】[名・自サ]（双方）同意，意见一致

こういしょう③【後遺症】[名] 后遗症

こういってん①-③【紅一点】[名]（众多男性中的）唯一女性

こういん⓪①【工員】[名] 工人

こういん⓪①【光陰】[名] 光阴，岁月◇光陰矢（や）の如（ごと）し/光阴似箭

ごういん⓪【強引】[形动] 强制，强行

ごうう①【豪雨】[名] 大雨，暴雨

こううん⓪①【幸運・好運】[名・形动] 幸运[-児（じ）③][名] 幸运儿

こううんき③【耕耘機】[名] 耕耘机

こうえい⓪【公営】[名] 公办，官办

こうえい⓪【光栄】[名・形动] 光荣

こうえつ⓪【校閲】[名・他サ] 校阅，校订

こうえん⓪【公園】[名] 公园

こうえん⓪【公演】[名・自他サ] 公演

こうえん⓪【後援】[名・他サ] 后援，支援

こうえん⓪【講演】[名・自サ] 讲演

こうおん⓪【高温】[名] 高温

こうおん⓪【恒温】[名] 恒温，常温

こうおんどうぶつ⑤【恒温動物】[名] 恒温动物

こうか①【工科】①（有关工业的）学科 ②（大学工学部的旧称）工科

こうか①【効果】[名] ①效果，成效 ②（电影、剧场）效果

こうか①【高架】[名] 高架，架空【-鉄道（てつどう）④】[名]（离开地面的）高架铁路

こうか①【高価】[名・形动] 高价

こうか①【硬貨】[名] 硬币

こうか⓪【硬化】[名・自サ] 硬化【動脈（どうみゃく）-⑤】[名] 动脉硬化

ごうか①【豪華】[名・形动] 豪华，奢侈

こうかい①【公海】[名] 公海

こうかい⓪【公開】[名・他サ] 公开【-放送（ほうそう）⑤】[名] 公开广播，对公众广播

こうかい①【後悔】[名・自他サ] 后悔

こうかい①【航海】[名・自サ] 航海

こうがい⓪【公害】[名] 公害

こうがい①【郊外】[名] 郊外，市郊

こうがい⓪【校外】[名] 校外

こうがい⓪【梗概】[名] 梗概，概要

ごうかい⓪【豪快】[形动] 爽快，豪爽

こうかがく スモッグ⑦【光化学スモッグ】[名]（公害之一）光化学烟雾

こうかく⓪【広角】[名] 广角【-レンズ⑤】[名] 广角镜头

こうがく⓪①【工学】[名] 工科，工程学

こうがく⓪【光学】[名]〈物〉光学

ごうかく⓪【合格】[名・自サ] 合格，及格△検査に～する/检查合格

こうかん⓪【好感】[名] 好感△～をいだく/抱有好感

こうかん⓪【交歓】[名・自サ] 联欢

こうかん⓪【交換】[名・他サ]①交换，互换 ②（电话）接线【-手（しゅ）③】[名]接线员【-台（だい）⓪】[名]总机，交换台

こうかん⓪【鋼管】[名] 钢管

こうき①【好奇】[名] 好奇【-心（しん）③】[名] 好奇心

こうき①【後期】[名] 后期

こうぎ①【広義】[名] 广义

こうぎ①③【抗議】[名・自サ] 抗议

こうぎ③【講義】[名・他サ] 讲课，教授（知识）

こうきあつ③【高気圧】[名] 高气压

こうきゅう⓪【公休】[名] 公休【-日（び）③】[名] 公休日

こうきゅう⓪【硬球】[名]（棒球、网球等的）硬球

こうきゅう⓪【高級】[名・形动] 高级

こうきょ①【皇居】[名] 皇宫

こうきょう⓪【公共】[名] 公共，公众【-料金（りょうきん）⑤】[名]（水、电、煤气、交通等）公用事业费

こうきょう⓪【交響】[名] 交响【-楽（がく）③】[名] 交响乐

こうぎょう①【工業】[名] 工业

こうぎょう①【鉱業】[名] 矿业，采矿业

こうぎょう①【興行】[名・他サ] 演出，献艺

ごうきん⓪【合金】[名] 合金

こうぐ①【工具】[名] 工具

こうくう⓪【航空】[名] 航空【-機（き）③】[名] 飞机，飞行器【-便（びん）③】[名] 航空邮件【-母艦（ぼかん）⑤】[名] 航空母舰

こうぐう⓪【厚遇】[名・他サ] 优待，厚遇

こうけい⓪⓪【光景】[名] 光景，景象，情景

こうげい①【工芸】[名] 工艺【-品（ひん）③】[名] 工艺品

ごうけい⓪①【合計】[名・他サ] 合计，总计

こうけいき③【好景気】[名] 繁荣，景气

こうげき⓪【攻撃】[名・他サ] 攻击，进攻

ごうけつ⓪【豪傑】[名] 豪杰

こうけつあつ④【高血圧】[名] 高血压

こうけん⓪【貢献】[名・自サ] 贡献

こうげん③⓪【巧言】[名]能说会道，巧言巧语【-令色（れいしょく）⓪】[名]花言巧语

こうげん⓪【光源】[名] 光源

こうげん⓪【高原】[名] 高原

ごうけん⓪【剛健】[名・形动] 刚健

こうこ①【考古】[名] 考古【-学

（がく）③［名］考古学

こうご◎【口語】［名］①口语 ②现代语【-文法（ぶんぽう）④】［名］现代语法

こうこう①【孝行】［名・自サ］孝顺【親（おや）-③】［名］孝顺父母

こうこう◎【高校】［名］（「高等学校」的简称）高中【-生（せい）③】［名］高中生

こうごうせい③【光合成】［名］光合作用

こうこく◎【広告】［名・他サ］广告，宣传

こうこつ【恍惚】［副・連体］①出神，心驰神往 ②恍惚，神志不清

こうこつぶん④【甲骨文】［名］甲骨文

こうさ◎【交差】［名・自サ］交差【-点（てん）③】［名］十字路口

こうさ◎◎【考査】［名・他サ］①审查，考核 ②考试

こうさ①【黄砂】［名］①黄砂 ②（春,秋季刮的）黄尘

こうざ◎【口座】［名］（银行）户头△～をひらく/立户头

こうざ◎【講座】［名］①（大学的）讲座课 ②（电台）讲座 ③（专题讲座的）单行本

こうさい◎【公債】［名］公债（券）

こうさい◎【高裁】［名］「高等裁判所」的简称）中级法院

こうさい◎【交際】［名・自サ］交际，交往△～が広い/交际广【-家（か）◎】［名］善交际的人【-費（ひ）③】［名］交际费

こうざい◎【鋼材】［名］钢材

こうさく◎【工作】［名・他サ］①学校的手工课 ②活动，工作△かげで～する/秘密地做工作

こうさく①【交錯】［名・自サ］交错△愛とにくみが～する/又爱又恨

こうさく◎【耕作】［名・他サ］耕地，耕种

こうさつ◎【考察】［名・他サ］考察，研究

こうさん◎【降参】［名・自サ］①投降 ②（使人）毫无办法△この暑さには～した/这么热的天,真让人受不了

こうざん①【高山】［名］高山【-病（びょう）◎】［名］高山病

こうざん①【鉱山】［名］矿山

こうし◎【公私】［名］公私△～のけじ目をつける/公私分明

こうし◎【公使】［名］公使

こうし◎【格子】［名］①（门、窗的）格子【-戸（ど）③】［名］木格子的门 ②方格图案【-縞（じま）◎】［名］方格图案

こうし①【講師】［名］①讲演者 ②（大学的）讲师

こうじ◎【麹】［名］酵母,曲子【-菌（きん）③】［名］酵母菌

こうじ①【工事】［名・自サ］施工【道路（どうろ）-④】［名］道路施工【-現場（げんば）④】［名］施工现场

こうしき◎【公式】［名］①正式【-訪問（ほうもん）⑤】［名］正式访问 ②〈数〉公式

こうしつ◎【皇室】［名］皇室

こうじつ◎【口実】［名］借口,托辞△～をつくる/制造借口

こうしゃ①【公社】［名］日本的国营企业

こうしゃ①【校舎】［名］校舍

こうしゅう◎【公衆】［名］公众,群众【-電話（でんわ）⑤】［名］公用电话

こうしゅう◎【講習】［名・他サ］讲习,学习【-会（かい）③】［名］学习会

こうしゅうは③【高周波】［名］〈物〉

高頻

こうじゅつ⓪【口述】[名・他サ]口述

こうしょう⓪【公証】[名]①公证【-人（にん）⓪】[名]〈法〉公证人②正式的证明

こうしょう⓪【口承】[名・他サ]口头传诵【-文芸（ぶんげい）⑤】[名]口头文学

こうしょう⓪【交渉】[名・自サ]①交涉,谈判△～がまとまる/谈判成功②来往△～をたつ/断绝来往

こうしょう⓪【好尚】[名]时尚△時代の～にあう/全乎时尚

こうしょう⓪【考証】[名・他サ]考证

こうじょう⓪⓪【工場】[名]工厂

こうじょう⓪【向上】[名・自サ]提高,进步,上进【-心（しん）③】[名]上进心

こうじょう⓪【恒常】[名]恒久,永久;经常不变【-性（せい）⓪】[名]恒久性

ごうじょう⓪【強情・剛情】[名・形动]固执,倔强△～をはる/固执

こうじょうせん⓪【甲状腺】[名]甲状腺

こうしょうがいきょうそう③【高障害競走】[名]〈体〉跨栏,高栏

こうしょく⓪【黄色】[名]黄色【-人種（じんしゅ）⑤】[名]黄色人种

こう・じる⓪③【講じる】[他上一]①讲授②谋求（方法）,采取（对策）

こうしん⓪【後進】[名]晚辈,后来人

こうしん⓪【行進】[名・自サ]游行【-曲（きょく）③】[名]进行曲【デモ-③】[名]游行示威

こうしん⓪【後進】[名・自サ]落后

こうしんりょう③【香辛料】[名]（姜、胡椒等香辣味的）调味料

こうしんりょく④【向心力】[名]〈物〉向心力

こうず⓪【構図】[名]构图

こうすい⓪【香水】[名]香水

こうすい⓪【硬水】[名]硬水

こうずい⓪⓪【洪水】[名]洪水

こうすいりょう③【降水量】[名]（雨,雪的）降水量

こうせい⓪【厚生】[名]福利保健【-省（しょう）③】[名]厚生省（日本政府机构,主管卫生、福利）

こうせい⓪【恒星】[名]恒星

こうせい①【後世】[名]后世,将来

こうせい①⓪【後生】[名]后生,晚辈◇後生畏（おそ）るべし/后生可畏

こうせい⓪【公正】[名・形动]公正,公平

こうせい⓪【更生】[名・自サ]①更生△自力（じりき）～/自力更生②再生,旧物翻新【-品（ひん）③】[名]再生品

こうせい⓪【校正】[名・他サ]校正,校对

こうせい⓪【構成】[名・他サ]结构,构成△文章の～/文章结构

ごうせい⓪【合成】[名・他サ]①合成【-語（ご）⓪】[名]复合词②〈化〉合成【-樹脂（じゅし）⑤】[名]合成树脂【-繊維（せんい）⑤】[名]合成纤维

こうせき⓪【功績】[名]功绩,功劳

こうせき⓪【鉱石】[名]矿石

こうせつ⓪【降雪】[名]降雪【-量（りょう）④】[名]降雪量

ごうせつ⓪【豪雪】[名]大雪,暴风雪

こうせん⓪【光線】[名] 光线

こうせん⓪【鉱泉】[名] 矿泉，冷泉

こうぜん⓪【公然】[副・連体] 公然，公开△～と口にする/公开地宣扬△～たる秘密/公开的秘密

こうそ①【酵素】[名] 酵素，酶

こうそ①【公訴】[名・他サ]〈法〉公诉

こうそう⓪【抗争】[名・自サ] 抗争，对抗

こうそう⓪【高層】[名] ①高空 ②高层(建筑)

こうそう⓪【構想】[名・他サ] 构思，设想△～をねる/构想，构思

こうぞう⓪【構造】[名] 构造，结构

こうそく⓪【高速】[名] 高速度

こうそく⓪【拘束】[名・他サ] 约束，限制

こうそく⓪【梗塞】[名・自サ] 梗塞，堵塞【心筋(しんきん)-⑤】[名] 心肌梗塞

こうそくど③【光速度】[名] 光速

こうそくどうろ⑤【高速道路】[名] 高速公路

こうたい⓪【交替・交代】[名・自サ] 交替，交换

こうたい⓪【後退】[名・自サ] ①后退 ②衰退，倒退

ごうだつ⓪【強奪】[名・他サ] 抢夺，掠夺

こうだん⓪【公団】[名] 日本政府出资经营的公共企业

こうだん⓪【講壇】[名] 讲坛

こうち①【耕地】[名] 耕地

こうち⓪⓪【拘置】[名・他サ] 拘留

こうちゃ⓪①【紅茶】[名] 红茶

こうちゃく⓪【膠着】[名・自サ] 粘着，胶结【-語(ご)⓪】[名] 粘着语(靠助词、助动词等附属词变化而表现语法关系的语言。如日本语、朝鲜语)

こうちょう⓪【好調】[名・形動] 顺利△～な売れゆき/畅销

こうちょう⓪【校長】[名] 校长

こうちょう⓪【候鳥】[名] 候鸟

こうつう⓪【交通】[名・自サ] 交通【-事故(じこ)⑤】[名]交通事故【-渋滞(じゅうたい)⑤】[名]交通堵塞

こうつごう③【好都合】[名・形動] 合适，方便△それは～だ/那是再好不过的了

こいてい⓪【公定】[名] 公定，法定【-歩合(ぶあい)⑤】[名]法定利率

こうてい③⓪【高低】[名] 高低，高和低

こうてい⓪③【校庭】[名] 校园

こうてい⓪【皇帝】[名] 皇帝

こうてい⓪【肯定】[名・他サ] 肯定

こうてつ⓪【鋼鉄】[名] 钢铁

こうてん⓪【公転】[名・自サ]（天文）公转

こうてん⓪【好転】[名・自サ]（情况、形势、病情）好转△情勢が～する/情势好转

こうてん⓪【好天】[名] 晴天

こうでんかん③【光電管】[名]〈物〉光电管

こうでんち③【光電池】[名]〈物〉光电池

こうど①【光度】[名]〈物〉光度

こうど①【高度】Ⅰ[名]高度 Ⅱ[形動]高级，高超△～の文明/高度文明△～な技術/高超的技术

こうど①【硬度】[名] ①（金属、矿物等的）硬度 ②（水的）硬度

こうとう⓪【口頭】[名] 口头【-試問(しもん)】[名] 口试

こうとう⓪【高等】[名・形動] 高等，高级【-学校(がっこう)⑤】

[名] 高中【-裁判所（さいばんしょ）⑨⓪】[名]（日本的）中级法院

こうとう⓪【高騰】[名・自サ]（物价）飞涨

こうどう⓪【講堂】[名] 礼堂，讲堂

こうどう⓪【行動】[名・自サ] 行动△～をとる/采取行动

ごうとう⓪【強盗】[名] 强盗

ごうどう⓪【合同】Ⅰ[名・自他サ] ①合并 ②联合 Ⅱ[名・形动]〈数〉相等△三角形の～/相等三角形

こうどく⓪【講読】[名・他サ] 讲解，讲读

こうない①【校内】[名] 校内，校园内

こうない①【構内】[名]（某一区域）内△大学の～/大学内

ごうにいってはごうにしたがえ【郷に入つては郷に従え】入乡随俗

こうにゅう⓪【購入】[名・他サ] 购入，买进△土地を～する/购买土地

こうにん⓪【公認】[名・他サ]（国家、政府）认可

こうねつひ④【光熱費】[名] 照明、燃料费

こうねん⓪①【高年】[名] 高龄，老年

こうねんき③【更年期】[名] 更年期

こうのう⓪【効能】[名] 效能，效果，功能

こうば③【工場】[名] 工厂（比「こうじょう」规模小）

こうはい⓪【後輩】[名] ①（学校或公司里比自己晚来的）同学，同事 ②后辈，晚辈

こうはい⓪【荒廃】[名・自サ] 荒废，荒芜△～した土地/荒芜的土地

こうばい③【勾配】[名] ①坡度，斜度 ②斜坡，坡

こうばい⓪【購買】[名・他サ] 购买，收购【-力（りょく）③】[名] 购买力

こうはく①【紅白】[名]（比赛时两支对抗的队、组）红白

こうばし・い⓪【香ばしい】[形]（煎、炒的东西等）香

ごうはら④⓪【業腹】[名・形动] 可气，气愤难忍△負けてばかりで、～だ/总是输，太气人了

こうはん⓪【公判】[名] 公审

こうはん⓪【甲板】[名]（船）甲板

こうはん⓪【後半】[名] 后期，后一阶段

こうはん⓪【広範】[形动] 广泛，广大

こうばん⓪【交番】[名] 派出所

こうひ①【公費】[名] 公费

こうひょう⓪【好評】[名] 好评

こうひょう⓪【公表】[名・他サ] 公布，发表

こうふ①⓪【公布】[名・他サ] 公布，颁布

こうふ①⓪【交付】[名・他サ] 交付，发给

こうふく⓪【幸福】[名・形动] 幸福，幸运

こうふく⓪【校服】[名] 校服

こうふく⓪【降伏・降服】[名・自サ] 投降

こうぶつ①⓪【好物】[名] 爱吃的（东西）【大（だい）-③】[名] 最爱吃的东西

こうぶつ⓪①【鉱物】[名] 矿物

こうふん⓪【興奮】[名・自サ] 兴奋，激动

こうへい⓪【公平】[名・形动] 公平

ごうべん⓪【合弁】[名]合办，合营，（与外商的）合资

こうほ⓪【候補】[名]候补，候选人△～に立つ/立为候选人【-者(しゃ)③】[名]候选人

こうぼ①【酵母】[名]①酵母 ②发酵粉

こうほう⓪①【公報】[名]公报，通知

こうぼうもふでのあやまり【弘法も筆の誤り】智者千虑必有一失

こうぼく⓪【香木】[名]（沉香、檀香等）香木

ごうまん⓪【傲慢】[名・形動]傲慢

こうみゃく⓪【鉱脈】[名]矿脉

こうみょう⓪①【功名】[名]功名【-心(しん)③】[名]功名心◇怪我(けが)の功名/侥幸成功

こうみょう⓪①【巧妙】[形動]巧妙

こうみん⓪【公民】[名]公民【-権(けん)③】[名]公民权

こうむ①【公務】[名]公务【-員(いん)③】[名]公职人员

こうむ・る③【被る】[他五]承蒙，蒙受，招致△損害を～/受害◇御免(ごめん)を～/ ①（用于谢绝时）请原谅，对不起，恕不奉陪 ②承蒙允许

こうめい⓪【高名】[名・形動]①有名 ②〈敬〉尊名，大名

こうもく⓪【項目】[名]①项目 ②索引，目录

こうもり①【蝙蝠】[名]①蝙蝠 ②（「こうもりがさ」的简称）洋伞

こうもん⓪【校門】[名]校门

ごうもん⓪【拷問】[名・他サ]拷问，刑讯

こうや①【荒野】[名]荒野

こうやく⓪【公約】[名・自他サ]（政府、政党向民众提出的）公约，诺言，许愿

こうやく④⓪【膏薬】[名]膏药，药膏

こうやくすう③④【公約数】[名]公约数

こうやのしろばかま【紺屋の白袴】无暇自顾

こうゆう⓪【交友】[名]交友

こうゆう⓪【校友】[名]校友，同学【-会(かい)③】[名]校友会，同窗会

こうゆう⓪【公有】[名・自他サ]公有，国有【-林(りん)③】[名]公有林，国有林

こうよう⓪【公用】[名]①公事，公务【-文(ぶん)③】[名]公文 ②公用

こうよう⓪【効用】[名]①用处，用途 ②效能，功效

こうよう⓪【紅葉・黄葉】[名・自サ]红叶，霜叶

こうら③⓪【甲羅】[名]（龟、蟹等的）甲壳◇甲羅を経(へ)る/老练，有经验

こうらく⓪①【行楽】[名]游览，游玩【-地(ち)④③】[名]游览区

こうり⓪【小売(り)】[名]零售

ごうり①【合理】[名]合理【-化(か)⓪】[名・他サ]合理化【-的(てき)⓪】[形動]合理

ごうりき④③【強力・剛力】[名]①力气大，力气强 ②（给登山者运送行李的）登山向导

こうりつ⓪【公立】[名]（地方公共团体经营的）公立【-学校(がっこう)⑤】[名]公立学校

こうりつ⓪①【効率】[名]效率

コウリャン①⓪[名]高粱

こうりゅう⓪[名・他サ]Ⅰ【勾留】收容审查 Ⅱ【拘留・勾留】拘留，关押

こうりゅう⓪【交流】Ⅰ[名]〈物〉交流电，交变电流 Ⅱ[名・

自サ] 交流，沟通，往来△～を
ふかめる/加深交流

ごうりゅう⓪【合流】[名・自サ]①
(江、河等)汇合，合流 ②(政府、
政党的)合并，联合

こうりょ①【考慮】[名・他サ]考虑
△～に入れる/加以考虑

こうりょう【香料】[名]①香料 ②
进香钱，香资◆①语调为③型，②
语调为①型

こうりょく①【効力】[名]效力，效
果

ごうりょく①⓪【合力】[名]〈物〉合
力

こうれい⓪【恒例】[名]常规，惯
例

こうれい⓪【高齢】[名]高龄，年
迈【-者(しゃ)③】[名]高齢者，
老人

ごうれい⓪【号令】[名・自サ]①口
令△～をかける/发口令 ②号
令，命令

こうろ①【航路】[名](船、飞机的)
航线

こうろう⓪【功労】[名]功劳，功
勋

こうろん⓪【公論】[名]公论，舆
论

こうわ⓪【講和】[名・自サ]讲和
【-条約(じょうやく)⑤】[名]和
约

こうわん⓪①【港湾】[名]港湾，码
头

こえ①【声】[名]①(人的)声音△
～をかける/打招呼△～が遠い/
(打电话时)听不清 ②(动物、昆
虫的)声音△せみの～/蝉鸣 ③
言语，意见△読者の～/读者之声
△～がたかまる/呼声很高

こえ②【肥】[名]肥料，粪肥

ごえい⓪【護衛】[名・他サ]护卫，
警卫

こえがわり③【声変(わ)り】[名]变
声，变声期(多指男孩)

こ・える②【肥える】[自下一]①
肥，胖 ②(土地)肥沃 ③有判断
力△目が～/有眼力△舌が～/对
吃内行

こ・える⓪[自下一]Ⅰ【越える】①
越，越过△山を～/翻山△国境を
～/越过国境 ②度过(某一时期)
△年を～えてもまだおわらな
い/过了年(工作)还没搞完Ⅱ【超
える・越える】超过△限度を～/
超过限度△常識を～/超出常识

こおう⓪【呼応】[名・自サ]呼应

こおどり②【小躍り】[名・自サ]雀
跃，欣喜跳跃△～してよろこぶ/
欣喜跳跃

こおり⓪【氷】[名]冰

こおりざとう④【氷砂糖】[名]冰
糖

こおりつ・く④【凍り付く】[自五]
①冻上，冻结 ②冻得很硬

こおりみず③【氷水】[名]刨冰

こお・る⓪【凍る】[自五]冻，结
冰，冻结△水が～/冻冰

こおろぎ①[名]蟋蟀

ごおん⓪①【呉音】[名]吴音(古代
由我国南方传到日本的汉字读音
的一种)

ごかい⓪【誤解】[名・他サ]误解
△～をまねく/招致误解

こがいしゃ②【子会社】[名]子公司

コカイン②【(德)Kokaine】[名]可
卡因

ごがく①⓪【語学】[名]①语言学 ②
外语

こかげ①②【木陰】[名]树荫，树
下

こが・す②【焦がす】[他五]烤糊，
烤焦，弄糊△ご飯を～/把饭烧糊
了◇胸(むね)を焦がす/(暗中爱
慕)焦思

こがた[名] I【小形】小（的东西）△スズメより～の鳥/比麻雀小的鸟 II【小型】小型△～自動車/小型汽车

こがたな④③【小刀】[名] 小刀

こかつ⓪【枯渇・涸渇】[名・自サ]①（水）干涸②（资金等）枯竭，用尽，耗尽△資金が～する/资金枯竭△才能が～する/才能用尽

ごがつ①【五月】[名] 五月

こがね⓪①【小金】[名] 一小笔钱

こがね⓪【黄金】[名]①黄金，金②金币③金黄色

こがら⓪【小柄】[形动]①身材矮小②碎花纹图案

こがらし②【木枯（ら）し・凩】[名]（秋末冬初刮的）寒风

こが・れる③【焦がれる】[自下一] 思慕，思念，恋慕

ごかん⓪【五官】[名] 五官（眼、耳、鼻、舌、皮肤）

ごかん⓪【五感】[名] 五种感觉（视觉、听觉、味觉、嗅觉、触觉）

ごかん⓪【語感】[名]①语感②（对语言的）感觉

ごかん⓪【語幹】[名] 词干

ごき①⓪【語気】[名] 语气，语调

ごきげん⓪【御機嫌】I [名]情绪，心情△～を取る/讨好，奉承 II[形动]心情好，兴高采烈【-（よ）う】⑤[感]再见

こきざみ②【小刻み】[名・形动]①切碎，弄碎②碎，一点点，零碎△～にふるえる/微微颤抖△～に値上げする/一点点地涨价

こきつか・う⓪④【こき使う・扱（き）使う】[他五]驱使，（残酷地）使唤

こぎつ・ける⓪【こぎ着ける・漕（ぎ）着ける】[他下一]①（船）划到，摇到②（经过努力、曲折之后）到达，达到

こぎって②【小切手】[名] 支票

ごきぶり⓪[名] 蟑螂

こきゅう②⓪【胡弓】[名] 二胡，胡琴

こきゅう⓪【呼吸】[名・自他サ]①呼吸②窍门，要领◇呼吸が合（あ）わない/不合拍，合不来

こきょう①【故郷】[名]故乡◇故郷へ錦（にしき）を飾（かざ）る/衣锦还乡

こぎれ③【小切（れ）】[名]布头，碎布

こぎれい②①【小ぎれい・小綺麗】[形动]整洁，干净，清爽

こく①【石】[名]①（日本度量衡制）容积单位（约180升）②（木材）体积单位（约0.27立方米）③（日本船只）积载量（十立方尺）④（古时武士的）俸禄单位

こく②⓪[名]（味道）浓，香△～のある酒/有味道的酒

こ・ぐ①【漕ぐ】[他五]①划（船），摇（橹）△ふねを～/划船；打瞌睡②蹬（自行车）；荡（秋千）△自転車を～/骑自行车△ブランコを～/荡秋千

ごく①【語句】[名]①词②语句

ごく①【極】[副]极，最△～貧しい人びと/极为贫穷的人们

ごくあく⓪②【極悪】[形动]极恶，极其凶恶△-非道（ひどう）⑤[名・形动]惨无人道

こくえい⓪【国営】[名] 国营

こくえん⓪【黒鉛】[名] 石墨

こくがい②【国外】[名] 国外

こくがく①【国学】[名]①国学（平安时代地方官吏子弟学校）②国学（研究日本古代思想文化的学问）

こくぎ①②【国技】[名] 国技（一国固有的武技、体育项目）

こくご⓪【国語】[名]①国语，本国

语言【-学(がく)③】[名]国语学 ②(学校课程)国语,语文

こくさい⓪【国債】[名]公债

こくさい⓪【国際】[名]国际【-放送(ほうそう)⑤】[名]国际广播【-線(せん)⓪】[名]国际航线(航班)【-的(てき)⓪】[形动]国际

こくさいご④【国際語】[名]①世界通用语(英语)②世界语

ごくさいしき③【極彩色】[名]绚丽多彩

こくさいほう⓪【国際法】[名]国际法

こくさいれんごう⑤【国際連合】[名]联合国

こくさく⓪【国策】[名]国策

こくさん⓪【国産】[名]国产【-品(ひん)⓪】[名]本国产品

こくじ⓪【告示】[名・他サ]告示,通告,布告

こくじ⓪【国字】[名]①一个国家所使用的文字 ②日本自制的汉字

こくしょ①【国書】[名]国书

こくしょ①【酷暑】[名]酷暑

こくじょう⓪【国情】[名]国情

こくしょくじんしゅ⑤【黒色人種】[名]黑色人种

こくじん⓪【黒人】[名]黑人

コークス①【(徳)Koks】[名]焦炭

こくせい⓪【国勢】[名]国情,国势

こくせいちょうさ⑤【国勢調査】[名]国情调查

こくせき⓪【国籍】[名]国籍

こくそ①【告訴】[名・他サ]起诉

こくたん③【黒檀】[名]黑檀树,黑檀木

こくち①⓪【告知】[名・他サ]通知,通告【-板(ばん)⓪】[名]通知板

こくちょう⓪【国鳥】[名]国鸟

こくてい⓪【国定】[名]国家制定,国家规定【-教科書(きょうかしょ⑦)】[名]国家审定的教科书【-公園(こうえん)⑤】[名]国家指定的自然公园(相当于国立公园)

こくてつ⓪【国鉄】[名]国有铁道

こくでん⓪【国電】[名]国营电车

こくど①【国土】[名]国土

こくどう⓪【国道】[名]国营公路

こくない②【国内】[名]国内

こくはく⓪【告白】[名・他サ]告白,坦白△罪を~する/坦白罪行

こくはつ【告発】[名・他サ]①告发,检举 ②控告

こくばん⓪【黒板】[名]黑板

こくひ①【国費】[名]国费

こくびゃく②⓪【黒白】[名]黑白,是非

こくひん⓪【国賓】[名]国宾

こくふく⓪【克服】[名・他サ]克服△困難を~する/克服困难

こくぶん⓪【国文】[名]①用日语写的文章 ②「国文学」的简称

こくぶんがく③【国文学】[名]日本文学

こくぶんぽう③【国文法】[名]日本语语法

こくべつ⓪【告別】[名・自サ](向死者)告别【-式(しき)⑤】[名]遗体告别仪式

こくほう⓪【国宝】[名]国宝(由国家保护管理的文物、古建筑等)

こくほう⓪【国法】[名]国法

こくぼう⓪【国防】[名]国防

こくみん⓪【国民】[名]国民,公民

こくみんしょとく⑤【国民所得】[名]国民生产所得

こくみんせい⓪【国民性】[名]国民性

こくみんそうせいさん⑦【国民総生産】[名]国民生产总值(GNP)

こくめい⓪【国名】[名] 国名

こくめい②⓪【克明】[形动] 细致,细心,周密△〜にしるす/详细地记录下来

こくもつ②【穀物】[名] 谷物,粮食

こくゆう⓪【国有】[名] 国有,国家所有【-林（りん）⓪】[名] 国有林

ごくらく④⓪【極楽】[名] ①(佛教)「極楽浄土」的简称【-浄土（じょうど）⑤】[名] 极乐世界◇聞(き)いて極楽、見(み)て地獄(じごく)/看景不如听景

こくりつ⓪【国立】[名] 国立【-大学（だいがく）⑤】[名] 国立大学

こくりつこうえん⑤【国立公園】[名] 国家管理的自然公园

こくりょく②【国力】[名] 国力

-こく・る[接尾](上接动词连用形,构成五段活用动词)一直地,不停地△黙り〜/一直在沉默着

こくれん⓪【国連】[名] →こくさいれんごう

ごくろう②【御苦労】[名・形动](对他人表示慰问)受累,辛苦△〜をおかけした/让您受累了△〜さま/你辛苦了(用于长辈对晚辈)

こけ②【苔】[名] 苔藓,青苔

ごけ⓪【後家】[名] ①寡妇 ②不成套,不成对【-蓋（ふた）⓪】[名] 半扇残盖

こけい⓪【固形】[名] 固态,固体

ごけい⓪【互恵】[名] 互惠【-条約（じょうやく）④】[名] 互惠条约

ごけい⓪【語形】[名] 语形,词形

こげくさ・い④【焦(げ)臭い】[形] 糊味,焦味

こげちゃ②【焦(げ)茶】[名] 茶黑色,深褐色

こけつにいらずんばこじをえず

【虎穴に入らずんば虎児を得ず】不入虎穴焉得虎子

-こ・ける[接尾](上接动词连用形,构成下一段活用动词,表示动作)不断地,不停地△笑い〜/笑个不停

こ・げる②【焦げる】[自下一] 烤焦,烤糊

ごげん⓪【語源】[名] 语源,词源

ここ⓪【代】①(场所、地点)这里,此处△〜へこい/到这儿来 ②(说话人提到的话题)这一点,这里△きみの答えは〜がまちがっている/你的答案,这里错了 ③目前,最近△〜一、二、三日は暖かいですね/这两、三天真暖和呀

ここ①【個個】[名] 各个,每个,各人

ここ①【古語】[名] 古语

ごご①【午後】[名] 午后,下午

ココア②⓪【cocoa】[名] 可可,可可粉

こごえ⓪【小声】[名] 小声,低声

こご・える⓪【凍える】[自下一] 冻僵△手が〜/手冻僵

ここち⓪【心地】Ⅰ[名] 感觉,心情,心境△すがすがしい〜/清爽的感觉 Ⅱ[接尾](上接动词连用形,名词以「ここち」的形式表示)①犹如…的感觉△夢見(ゆめみ)ごこち/恍惚如梦 ②表示做某种动作时的感觉△寝(ね)ごこちがいい/睡着舒服△乗りごこちのわるい車/坐着不舒服的车子

こごと⓪【小言】[名] ①不满,怨言△〜を言う/发牢骚 ②申斥,责备

ここのか④【九日】[名] ①九日,九号 ②九天

ここのつ②【九つ】[名] ①九个 ②九岁

こご・る⓪【凝る】[自五] 冻结,凝

结，凝固

こころ②【心】[名] ①心，精神，心胸△～が広い/心胸宽阔，气量大△～を入れかえる/洗心革面△～に悟る/心领神会 ②心情，感情△～がさわぐ/心神不定△～をうつ/感动△～をこめる/真心实意 ③意志，想法，念头，心思△～をきめる/决心△～の底/内心△～にもないこと/非本意的事◇心を砕（くだ）く/焦思苦虑◇心を引（ひ）かれる/被吸引住

こころあたり④【心当(た)り】[名] ①心中有数，估计到△～がある/心中有点数 ②线索，头绪△～をさがす/找线索

こころある②【心ある】[連体] ①明白事理，通情达理△～人/通情达理的人

こころいき④③【心意気】[名]气魄，气质

こころえ③【心得】[名] ①素养△茶道（さどう）の～がある/有一定茶道知识 ②精神准备，思想准备 ③代理（某职务）

こころえがた・い⓪【心得難い】[形] 难以理解

こころえちがい⑤【心得違(い)】[名]（想法）错误，不合情理

こころ・える④【心得る】[他下一] ①领会，理解 ②掌握，有经验△茶道はいちおう～えている/掌握了一定的茶道知识

こころおきなく⑥【心おきなく】[副] 无顾忌地，无牵挂地，安心地△おかげで、～出かけられます/托您的福，能放心地外出△～、ゆっくり休んでください/请放心地休息吧

こころおぼえ④【心覚え】[名] ①记忆，记住 ②备忘录

こころがけ⑤⓪【心掛け】[名]留心，

留意

こころが・ける⑤【心掛る】[他下一] 留心，留意

こころがまえ④【心構え】[名] 精神准备，思想准备△～ができている/已经做好准备

こころがわり④【心変(わ)り】[名] 变心，变主意

こころくばり④【心配り】[名] 照料，关怀△いろいろお～ありがとう/谢谢您的多方关照

こころぐるし・い⑥【心苦しい】[形] 过意不去，于心不忍

こころざし⓪⑤【志】[名] ①志愿△～を立てる/立志△青雲の～/青云之志 ②厚意，盛情 ③（表示心意的）一点小礼品△わたくしの～をお受け下さい/请接受我的一点小意思

こころざ・す④【志す】[自五] 立志

こころして②【心して】[副] 注意，留心

こころづかい④【心遣い】[名] 关怀，照料，费心

こころづくし④【心尽(く)し】[名] 真诚，厚意

こころづよ・い④【心強い】[形] 有信心，胆气壮

こころのこり④【心残り】[名] 遗憾

こころぼそ・い⑤【心細い】[形] 心中无底，胆怯△ひとりでは～/就我一个人，有点胆怯

こころまち⑤⓪【心待ち】[名] 期待，盼望△～にする/期待，盼望

こころみ④③【試み】[名] 尝试，试验△～にやってみる/尝试性地干干看

こころ・みる④【試みる】[他上一] 试，尝试

こころもち【心持(ち)】Ⅰ⓪⑤[名]

心情，心境，感觉 Ⅱ⓪[副]稍微，少

こころよ・い④【快い】[形] 愉快，爽快，痛快△～く承知した/痛快地答应

ごさ①⓪【誤差】[名] 误差

ござ②【茣蓙】[名] 凉席

ございま・す④【御座いもす】Ⅰ[自・特殊]（「ある」的郑重表现）有△もうしばらく行くと右手に郵便局が～/再往前走，靠右边有一个邮局 Ⅱ[补动]（用「…て(で)ございます」的形式或上接形容词、形容动词的连用形）表示郑重、亲切的语气△あの子は長女で～/那孩子是长女△この紙はあまり丈夫では～せん/这纸不太结实△映画はたいへんおもしろう～した/电影非常有意思

コサイン②【cosine】[名]〈数〉余弦

こさく⓪【小作】[名] 佃种，佃农【-農（のう）③】[名] 佃农

こさめ⓪【小雨】[名] 小雨，细雨

ごさん⓪【誤算】[名・他サ] ①计算错误 ②估计错，判断错△大きな～/完全估计错了

こし【腰】⓪ [名] ①腰△～を曲げる/弯腰 ②(衣服的)腰身 ③(墙、纸拉门的)底部 ④姿式，架势【けんか腰(ごし)⓪】[名]要打架的架势【逃(に)げ腰(ごし)②⓪】[名]逃避责任的态度 ⑤(粘糕等的)粘度，弹力◇腰が重(おも)い/迟迟不行动，不果断◇腰が強(つよ)い/腰部结实(有力)；不屈服，坚定不移；(粘糕)有粘劲儿◇腰が抜(ぬ)ける/直不起腰；吓得瘫软◇腰がひくい/谦恭◇腰が弱(よわ)い/腰部无力；没有魄力，没有主见◇腰を上(あ)げる/站起来；(经过一番周折)着手、开始◇腰をおろす(かける)/坐下◇腰を入(い)れる/专心干◇腰を据(す)える/安下心来◇話(はなし)の腰を折(お)る/打断话题

こし①【輿】[名] 轿子

こじ①【孤児】[名] 孤儿

-ごし【越し】[接尾] ①（上接体言）隔着△壁～に話す/隔墙交谈 ②（接时间词语后）历时，经过△一年～/历时一年

こしかけ④③【腰掛(け)】[名] ①凳子 ②暂时，临时

こしか・ける④【腰掛ける】[自下一] 坐下

こじき③【乞食】[名] 乞丐

こしたんたん①-⓪【虎視眈眈】[副] 虎视眈眈

こしつ⓪【個室】[名] 单间

こしつ⓪【固執】[名・自他サ] 固执

ゴシック②【Gothic】[名] ①黑体字，粗体字 ②哥德式建筑

こじつ・ける⓪ [他下一] 牵强附会，生搬硬套

ごじっぽひゃっぽ【五十歩百歩】五十步笑百步

ごしゃく⓪【語釈】[名・他サ] 词语解释

ごしゃごしゃ① [副] 混乱，乱烘烘

こしゅ①【固守】[名・他サ]固守，坚守

こしゅう⓪【固執】[名・自他サ]→こしつ

ごじゅう②【五十】[名] ①五十 ②五十岁

ごじゅうおんず④【五十音図】[名]（日文字母表）五十音图

ごしゅきょうぎ③【五種競技】[名]〈体〉女子五项全能

ごじゅん⓪【語順】[名] 语序，词序

こしょう②【胡椒】[名] 胡椒

こしょう⓪【故障】［名・自サ］故障

こしょう①【後生】［名］①（佛教）来世 ②来世的幸福△～を願う/愿来世幸福 ③（表示恳求）请一定△～だから、やめてちょうだい/求求你，快别干了

ごしょく⓪【誤植】［名］误排，排错字

こしら・える⓪［他下一］①制作△洋服を～/做西服△料理を～/做菜 ②打扮，化妆△顔を～/化妆 ③凑集，筹集△金を～/筹款 ④虚构，找借口△言いわけを～/找借口

こじら・せる④［他下一］使…复杂化，使…恶化△話を～/使问题复杂化△かぜを～/感冒加重了

こじ・れる③［自下一］（事物）复杂，麻烦，恶化

こじん①【個人】［名］个人，一个人△-経営（けいえい）④［名］个体经营△-タクシー④［名］个体出租汽车△-的（てき）⓪［形動］个人

ごしん⓪【誤診】［名・自他サ］误诊

こじんしゅぎ④【個人主義】［名］个人主义

こぢんまり［副］→こぢんまり

こ・す⓪Ⅰ【越す】［他五］①越过，翻过△山を～/翻山 ②（时间、时期）经过，度过△冬を～/过冬△年を～/过年 Ⅱ【越す・超す】［他五］超过，赶过△十万人を～/人出（ひとで）があった/到场的人超过十万△それに～したことはない/没有比那再好的了 Ⅲ【越す】［自五］①搬家△新居に～/乔迁 ②「行く」「くる」的敬语△どうぞ、またお～し下さい/请您再来△どちらへお～しです

か/您去哪儿

こ・す⓪【漉す・濾す】［他五］过滤，渗滤

コース①【course】［名］①路线 ②跑道，泳道 ③顺序，程序 ④课程

こすい①【湖水】［名］湖水

こずえ⓪【梢】［名］树梢，枝头

コスト①【cost】［名］①成本，生产费 ②价格，费用

コスモス①⓪【cosmos】［名］大波斯菊

こすりつ・ける⑤②【擦（り）つける】［他下一］①擦，蹭 ②嫁罪（祸）于人

こす・る②【擦る】［他五］擦，搓，揉△ごみの入った目を～/揉进了沙子的眼睛

こせい①【個性】［名］个性

コセカント②【cosecant】［名］〈数〉余割

こせき⓪【戸籍】［名］户籍，户口△-謄本（とうほん）④［名］户口本抄件

こせき⓪【古跡】［名］古迹

こせこせ①［副］小气，拘泥小事

こぜに⓪【小銭】［名］零钱

こせん⓪【弧線】［名］弧线

ごせんし⓪②【五線紙】［名］〈音〉五线谱纸

ごせんぷ②【五線譜】［名］五线谱

ごぜん①⓪【午前】［名］上午，午前

こそ［副助］（用于加强语气）①正是，才是△今度～がんばろう/这次一定努力干△雪があって～北海道の冬だ/正是这雪，代表着北海道的冬天 ②（以动词假定形＋こそ的形式表示）因为…△きみのためを思えば～、言いにくいことも言っているのだ/正是为你着想，所以才将一般难以启齿的话都说了 ③只有，只能△タバコは、体に害～あれ、益（え

き)はない/烟对人体只有害而无益

こそあど⓪[名]日语指示代词的总称

こぞう②【小僧】[名]①小和尚 ②(店铺)小伙计,学徒 ③小家伙,毛孩子【いたずら-⓪⑤】[名]小淘气

ごぞく①【語族】[名]语族,语系

こそこそ①[副]偷偷摸摸地,鬼鬼祟祟地△～とするな/别偷偷摸摸的

こぞって②[副]全部,所有△～賛成する/全体都同意

ごぞんじ②【御存じ】[名]〈敬〉您知道的,您认识的△～の方(かた)/您认识的人

こたい⓪【固体】[名]固体

こたい⓪【個体】[名]①个体 ②(生物)单独生活的生物体

こだい⓪【古代】[名]古代

こたえ②【答え】[名]①答复,回答 ②答案

こた・える③【自下一】Ⅰ【答える】①答复,回答△質問に～/回答问题 ②解答△次の問いに～えよ/请解答下列问题 Ⅱ【応える】①反应,响应,报答△期待に～/不辜负期望 ②影响,感到△寒さが～/感到寒冷 Ⅲ[堪える]①(用「こたえられない」的形式,表示)实在太…△～られないほどうまい/太棒了 ②忍受,忍耐

ごたごた①[名・自サ]Ⅰ纠纷,纷争△～がかたつく/纠纷得到解决 Ⅱ[副]①杂乱,乱七八糟△おし入れにものが～と入れてある/壁厨里的东西杂乱无章地放着 ②叨唠,(发)怨言△～あもり～言うな/别没完没了地叨唠了

こだくさん⓪②【子沢山】[名]孩子很多,多子女

こだち①⓪【木立】[名]树丛,小树林

こたつ⓪【火燵・炬燵】[名](取暖用的)被炉,暖炉

こだま⓪【木霊】[名](山谷中的)回声△～がかえる/响起回声

こだわ・る③【拘る】[自五]拘泥△つまらないことに～/拘泥于小事

ごだんかつよう④【五段活用】[名]五段活用

コタンジェント②【cotangent】[名]〈数〉余切

コーチ①【coach】[名・他サ]教练,(运动队的)指导

こちこち⓪[形动]①(冻得、干得)硬梆梆△～にこおる/冻得硬梆梆的 ②(紧张得头脑)发蒙 ③死脑筋,脑筋不灵活△～の石頭(いしあたま)/死脑筋

ごちそう⓪【御馳走】[名・他サ]①招待,款待△～になる/(被)招待,(被)请吃饭 ②酒席,丰盛的饭菜【-様(さま)⓪⓪】[感]我吃好了;感谢您的款待

こちょう⓪【誇張】[名・他サ]夸张,夸大

ごちょう⓪【語調】[名]语调,声调

こちら⓪[代]①这边,这一方 ②(电话用语)我,我们△～は鈴木です/我是铃木 ③这位

こぢんまり④[副]小而整洁,舒适,雅致△林の中に～した家が見える/可以看到林中的一座小屋

こつ[名]Ⅰ②【骨】骨灰,遗骨△お～を納める/安放骨灰 Ⅱ⓪【こつ】窍门,秘诀,要领△～をおぼえる/掌握要领△～をつかむ/抓住窍门

こっか①【国花】[名]国花

こっか①【国家】[名]国家

こっか①⓪【国歌】[名] 国歌

こっかい⓪【国会】[名] 国会【-議員（ぎいん）⑥】[名] 国会议员

こづかい①【小遣（い）】[名] 零用钱

こっかく⓪【骨格】[名] ①骨骼 ②骨架△建築の～/建筑物的骨架

こっかこうむいん⑥【国家公務員】[名] 国家公职人员

こっかん⓪【酷寒】[名] 严寒

こっき⓪【国旗】[名] 国旗

こっきょう⓪【国境】[名] 国境，国界

コック①【cock】[名] 活嘴，塞，拴

コック①【(荷)kok】[名] 厨师

こっくり③【副】①点头，同意 ②打盹儿

こっけい⓪【滑稽】[名・形動] 滑稽，可笑

こっけいせつ③【国慶節】[名]（中国）国庆节

こっこ①【国庫】[名] 国库【-債券（さいけん）④】[名] 国家发行的短期公债

こっこう⓪【国交】[名] 国交，邦交△～を回復する/恢复邦交【-断絶（だんぜつ）⓪】[名] 断绝外交关系

こつこつ①[副] ①硬物轻轻叩碰声△くつおとが～とひびく/鞋跟碰地嗒嗒响 ②孜孜不倦，勤奋△～と勉強する/孜孜不倦地学习

ごつごつ①[副・自サ] ①凸凹不平，粗糙△～した岩山（いわやま）/凸凹不平的石山△～した手/粗糙的手 ②粗鲁，生硬△～した人/粗鲁的人

こっそり③[副] 悄悄地，暗暗地，偷偷地△～とへやをぬけだす/悄悄地溜出房间

ごっそり③[副] 全部，一点不剩

こっち③【此方】[代] →こちら

こづつみ②【小包】[名] ①小包袱 ②邮包

こってり③[副] ①（味道）浓，重△バターを～ぬる/抹上厚厚的一层黄油 ②（化妆）浓艳 ③狠狠地△先生に～としぼられた/被老师狠狠地训了一顿

こっとう⓪【骨董】[名] 古董，古玩【-品（ひん）⓪】[名] 古玩

コットン①【cotton】[名] 棉花，棉布

こつぶ⓪【小粒】Ⅰ[名] 小粒 Ⅱ[名・形動] ①身材小 ②力量小

コップ⓪【(荷)kop】[名] 玻璃杯

こっぷん⓪【骨粉】[名]（动物的）骨粉

こて⓪【鏝】[名] ①（瓦工用）抹子 ②（裁缝用）铁熨斗 ③烙铁

こてい⓪【固定】[名・自他サ] 固定【-資本（しほん）④】[名] 固定资本

こてき①【鼓笛】[名] 鼓笛，鼓号【-隊（たい）⓪】[名] 鼓号队

ごてごて①[副] ①（涂抹得）厚，浓厚 ②（东西）杂乱无章

こてん⓪【古典】[名] 古典【-的（てき）⓪】[形動] 古典

こてん⓪【個展】[名]（绘画等）个人展览

こてんしゅぎ④【古典主義】[名] 古典主义

こと②【事】[名] ①事情，事实，事态 ②事件，问题△一週間は～なくすきた/一星期平安度过 ③上接用言连体形，起名词化的作用△山に一人で行く～は危険だ/一个人上山危险 ④表示命令，要求，规定△身体検査前日にはかならず入浴する～/体检之前务必洗澡 ⑤（用「ことがある」「こともある」「ことが多い」的

形式表示）有时，经常△雪の降った翌日は晴れる～が多い/雪后翌日常是晴天△南国でも、ときには雪が降る～がある/南方有时也下雪 ⑥（用「ことがあるか」「ことはない」「ことはあるまい」的形式表示）没必要，不值得△なにを泣く～があるか/有什么值得哭的 ⑦（用「ことができる」的形式表示）能够，可以△いまならやり直す～ができる/现在还可以重新干 ⑧（用「ことだね」「ことね」的形式表示）劝诱△ためしにやってみる～ね/你试着干干吧 ⑨（用「ことにしている」的形式表示个人的）决定，方针，习惯△酒は飲まない～にしている/我不喝酒 ⑩用「ことにしよう」的形式表示个人的）决心△そろそろ帰る～にしよう/该回家了 ⑪（用「ことにする」的形式表示主观的）决定，计划△この字引きを買う～にしました/我准备买这本字典 ⑫（用「ことになっている」、「ことになった」的形式，表示）客观的规定，决定△朝8時に出発する～になっている/定为早8点出发 ⑬（用「ということだ」、「とのことだ」的形式，表示）据说，听说△来日するチームは、国内で負けたことがないという～だ/听说来日访问的球队在国内没输过 ⑭（用「动词连用形＋たことがある」的形式表示）曾经…过△そこには一度行った～がある/曾去过那里一次 ⑮（用「だけのことはある」的形式表示）值得，有效果△見ただけの～はあった/没白看，值得看◇事によると/也许，或许

こと① 【琴】［名］琴，筝△～を弾く/弹琴

こと ［终助］（女子用语）①表示感叹△まあ、かわいい人形だ～/哎呀，真漂亮的娃娃呀 ②表示委婉地询问、征求同意、劝诱△これでいい～/这样行吗？

コート① 【coat】［名］大衣；风衣

コート① 【court】［名］球场

コード①【code】［名］①规则，条例，章程 ②（计算机等的）码，暗码

コード①【cord】［名］软线，绝缘电线

-ごと［接尾］（上接名词）连…一起，包括…在内△骨～食べる/连骨头一起吃

-ごと【每】［接尾］每，各自△月～/每个月△好みは人～にちがう/爱好因人而异

ことか・く②③【事欠く】［自五］缺少，缺乏，不足

ことがら④⓪【事柄】［名］事情，情况

ごとき ［助动］（文语助动词「ごとし」的连体形）如，像…那样△大地をゆるがす～喚声/震撼大地般的喊声△小山の～巨体/像小山一样的巨大身体

こどく⓪【孤独】［形动］孤独，孤单

ごとく［助动］（文语助动词「ごとし」的连用形）如，像…△平常の～/像往常一样，照例

ことごとく③【悉く】［副］所有，全部，一切

ことさら②⓪【殊更】Ⅰ［形动］故意，特意△～なものの言いかたが気に入らない/对那种故意的说法不满意 Ⅱ［副］特别，更加

ことし⓪【今年】［名］今年

ことづけ④【言付け】［名］口信

ことづ・ける④【言付ける】［他下一］托人带口信，托人捎东西

ことづて④⓪【言伝】[名]①口信 ②传言，听说

ことなく②【事無く】[副]顺利，平安

ことな・る③【異なる】[自五]不同，不一样△意見が～/意见不一致

ことに①【殊に】[副]特别，格外

ことによると⓪【事によると】或许，也许△～、もうできているかもしれない/或许已经做好了

ことば③【言葉・詞】[名]①語言 ②词，句△むずかしい～/难懂的词 ③话，话语△別れの～/离别赠言△お～にあまえて…/那就接受您的好意◇言葉を返(かえ)す/顶嘴，还嘴◇言葉を濁(にご)す/含糊其词，支支吾吾

ことづかい④【言葉遣い】[名]措词，说法△～がわるい/用词不当

こども⓪【子供】[名]①（自己的）儿女 ②孩子，儿童【－っぽい⑤】[形]孩子气

ことり⓪【小鳥】[名]小鸟

ことわざ④⓪【諺】[名]谚语，成语

ことわ・る③【断（わ）る】[他五]①拒绝，谢绝△申しでを～/拒绝所提的请求 ②事先通知，事先请示△だれにも～らずに帰った/事先没向任何人打招呼就回去了

こな②【粉】[名]粉末，粉

コーナー①【corner】[名]①角，拐角 ②（百货公司里特设的）展卖部 ③（贴相片用）相角

こないだ④【此間】[名]→このあいだ

こなぐすり③【粉薬】[名]散剂，药面儿，粉状药

こな・す⓪[他五]①（食物）消化 ②（知识、技术）掌握，运用自如△日本語を～/日语运用自如 ③处

理完，做完△三日分の仕事を一日で～/三天的工作一天做完

こなまいき②【小生意気】[形动]狂妄，自命不凡

こなミルク③【粉ミルク】[名]奶粉

こな・れる⓪[自下一]①（食物）消化 ②（知识、技术）熟练，运用自如△～れた文章/流利的文章

こにもつ②【小荷物】[名]①随身携带的东西 ②铁路随车托运的小件行李

こ・ねる②【捏ねる】[他下一]①揣，揉△メリケン粉を～/揉面 ②强词夺理△りくつを～/强词夺理△だだを～/（小孩）撒娇，缠人

この⓪【此の】[連体]这，这个△～ほか/此外◇～問題/这个问题

このあいだ⑤⓪【この間】[名]上次，前几天，前些日子

このうえな・い⑤【この上ない】[形]无比，最△～しあわせ/最大的幸福

このかた④③【この方】[代]〈敬〉这位，这个人

このごろ②⓪【この頃】[名]近来，最近

このさい③【この際】[副]这种情况，这种场合△～だから、全部おはなしします/既是这样，我就都说了吧

このたび②【この度】[名]（「こんど」的郑重说法）这次，这回，此次△～の事件/此次的事件

このは①【木の葉】[名]树叶△～が散る/树叶飘落

このへん⓪【この辺】[名]①这边，这一带 ②这种程度

このまし・い④【好ましい】[形]令人喜欢，理想，令人满意△～くない傾向/不好的倾向

このまま④【この儘】[名]就这样，

按照现在这样

このみ① 【木の実】[名] 果实

このみ③ 【好み】[名] 爱好，嗜好

この・む② 【好む】[他五] 爱好，喜欢，愿意△くだものを～/喜欢吃水果△～んで会長になったわけではない/并不是自愿当的会长

このゆえに④ 【この故に】[接] 因此，所以

このよ①③ 【この世】[名] 今生，人世△～を去る/离开人世

このよう③ 【この様】[形动] 这样，如此

こはく⓪ 【琥珀】[名] 琥珀

こばしり② 【小走り】[名] 小跑，急走△～に走る/一路小跑

こば・む② 【拒む】[他五] ①拒绝 ②阻拦，阻止△敵の侵入を～/阻拦敌人的入侵

コバルト②⓪ 【cobalt】[名] ①〈化〉钴 ②天蓝色

こはるびより④ 【小春日和】[名] 小阳春天气(初冬时的暖和天气)

こはん①⓪ 【湖畔】[名] 湖畔

ごはん① 【御飯】[名] ①米饭 ②饭

ごばん⓪ 【碁盤】[名] 围棋盘【-縞(じま)⓪】[名] 方格花纹

コーヒー③ 【(荷)koffie】[名] 咖啡

こび② 【媚】[名] 媚，献媚△～を売る/献媚

ごび⓪① 【語尾】[名] ①语尾 ②词尾 ③活用语尾

コピー① 【copy】[名・他サ] 复印，复写△～をとる/复印

こびき③⓪ 【木挽(き)】[名] 伐木的人，樵夫

こ・びる② 【媚びる】[自上一] 献媚

こぶ② 【瘤】[名] ①瘤子，包 ②物体表面鼓出的部分△らくだの～/驼峰◇瘤つき/有小孩拖累◇目

(め)の上(うえ)の瘤/眼中钉

ごふく⓪ 【呉服】[名] (做和服用的)绸缎布匹【-屋(や)⓪】[名] 绸布店

ごぶごぶ⓪ 【五分五分】[名] ①实力相当 ②(可能性)各占一半

ごぶさた⓪ 【御無沙汰】[名・自サ] 久未访问，久未通信△どうも～いたしました/久未问候

こぶし①⓪ 【拳】[名] 拳头

ごふしょう⓪ 【御不承】[名]〈敬〉叫您为难△～願います/叫您为难，但请您答应

コブラ① 【cobra】[名] 眼镜蛇

こぶとり② 【小太り】[名] 微胖

こぶん①② 【子分】[名] (邦派组织中的)喽罗，党羽

こぶん① 【古文】[名] 古文

ごへい⓪ 【語弊】[名] 语病

こべつ⓪ 【個別】[名] 各别，单个

ごぼう⓪ 【牛蒡】[名] 牛蒡

こぼうず② 【小坊主】[名] ①小和尚，小沙弥 ②男孩子

こぼ・す② 【零す】[他五] ①弄洒，溢出△お茶を～/把茶水弄洒△なみだを～/流泪 ②发牢骚△愚痴(ぐち)を～/发牢骚

こぼ・れる③ 【零れる】[自下一] ①溢出，洒出△水が～/水洒出来 ②洋溢，充满△笑(え)みが～/笑容满面

こぼんのう②④ 【子煩悩】[名・形动] 溺爱孩子(的人)

こま①① [名] ①(电影、小说、戏剧等的)一个场面，一个片断 ②(大学里教师承担的)一次讲课

こま① 【独楽】[名] 陀螺

こま① 【駒】[名] ①马驹 ②(将棋)棋子 ③(弦乐器上的)弦码

ごま⓪ 【胡麻】[名] 芝麻◇胡麻をする/阿谀奉承，溜须拍马

こまか・い③ 【細かい】[形] ①小，

細小△お金を～くする/换零钱△あみめが～/网眼小 ②详细△～事情/详情△～く説明する/详细说明 ③周到，细致，仔细△～心づかい/用心周到

ごまか・す③【誤魔化す】[他五]① 蒙混，作假△分量を～/在分量上作假 ②敷衍，搪塞△笑って～/一笑搪塞过去

こまぎれ⓪【細切れ】[名]肉片，肉丝

こまく⓪【鼓膜】[名]鼓膜

こまごま③【細細】[副]①零碎，琐碎 ②详细，周到

ごましお⓪【ごま塩・胡麻塩】[名] ①芝麻盐 ②花白（头发、胡须）【-頭(あたま)】⑥[名]花白头发

コマーシャル②【(美)commercial】[名](电视节目中的)广告

こまやか②【濃やか】[形動]①(色)浓 ②(情意)深厚，细腻

こまりき・る②④【困り切る】[自五]一筹莫展，束手无策，感到极为困难

こまりは・てる⑤【困り果てる】[自下一]不知所措，一筹莫展

こまりもの⑤④【困り者】[名]令人操心的人，不省心的人

こま・る②【困る】[自五]①(感到)困难，为难，难办△返事に～/很难答复 ②(生活)困苦△生活に～/苦于生活

ごみ②【塵・芥】[名]垃圾，灰尘【-箱(ばこ)】②[名]垃圾箱

こみあ・う③【込(み)合う】[自五]多，拥挤

こみあ・げる⓪【込(み)上げる】[自下一]①(感情、泪水等)往上涌△なみだが～/泪水涌出△喜びが～/欣喜 ②恶心，要吐△はきけが～/恶心

ごみごみ①[副]不清洁，不整洁

こみだし②【小見出し】[名]①(报纸、杂志)副标题 ②(文章的)小标题

こみち⓪①【小道】[名]①小道 ②岔道儿

こみどり②【濃緑】[名]墨绿，深绿色

ごみとり④③【ごみ取(り)】[名]①(清扫垃圾用的)簸箕 ②清扫垃圾(的人)

こみみにはさむ【小耳に挟む】无意中听到

ごみゃく⓪【語脈】[名]词语的脉络(词与词之间的组合)

コミュニケ⓪【(法)communiqué】[名](外交)公报，声明

コミュニケーション④【communication】[名]①報道，通讯 ②(靠语言的)思想交流，传播意识

こ・む【込む・混む】Ⅰ⓪[自五]①拥挤，(日程、计划)满△電車が～/电车很挤△日程が～/日程排得满满的 ②细致，精巧△手の～んだ細工(さいく)/精巧的手工艺品 Ⅱ[接尾](上接动词连用形)①表示进入的意思△風が吹き～/风吹进来△レコードに吹き～/灌唱片 ②表示某种状态的继续和加深△考え～/深思△だまり～/沉默

ゴム①【(荷)gom】[名]橡胶

こむぎ②⓪【小麦】[名]小麦

こむぎこ③【小麦粉】[名]面粉

こむすめ②【小娘】[名]小姑娘

こめ②【米】[名]米，稻米

こめかみ⓪②[名]太阳穴

コメット①【comet】[名]慧星

コメディアン②【comedian】[名]喜剧演员

コメディー①【comedy】[名]喜剧

こ・める②【込める・籠める】[他

下一]①装填 ②集中，注入(精神，力量)△心を～/怀着真心实意

ごめん⓪【御免】Ⅰ[名]表示拒绝之意△～をこうむる/请原谅,恕不奉陪△あんなこと二度と～だ/那种事我再也不干了 Ⅱ[感]访问、辞谢、道歉、谢绝时说的客气话△～ください/(访问时)屋里有人吗△お待たせて～/让您久等了,真对不起

コメント②【comment】[名](政治)评论,说明△ノー-③[名]无可奉告

こもち⓪【子持ち】[名]①有小孩(的人) ②带鱼子(的鱼)

こもり②【子守】[名]照看孩子,带孩子(的人)‖-歌(うた)③[名]摇篮曲

こも・る②【籠る】[自五]闭门不出△家に～/闭门不出 ②(气体)不流通,充满 △けむりが～/烟雾腾腾 ③充满(感情),(力量)充沛△心が～/盛情

こもん⓪【顾問】[名]顾问

こもんじょ②【古文書】[名]古文献

こや⓪【小屋】[名]①(简陋的)小房,窝棚△馬小屋(うまごや)⓪[名]马圈,马棚 ②(演戏等搭的)戏棚

こやし⓪【肥(や)し】[名]肥料

こや・す②【肥やす】[他五]①使…肥胖,(使土地)肥活 ②肥私△私腹を～/肥私囊 ③提高鉴赏能力△目を～/提高鉴赏能力△耳を～/提高欣赏能力

こやみ⓪【小やみ・小止み】[名](雨,雪)暂停,暂时下小了

こゆう⓪【固有】[名・形动]固有,特有△日本に～の動物/日本特有的动物

こゆび⓪【小指】[名]①小指 ②(隐

语)情妇

こよう⓪【雇用】[名・他サ]雇用

ごよう②【御用】[名]①〈敬〉事,事情△何か～ですか/您有什么事吗? ②(官厅)公事 ③(旧时下令逮捕犯人用语)逮捕

ごよう⓪【誤用】[名・他サ]误用,错用

こよみ③【暦】[名]历书,日历

こら①[感](愤怒时的吆喝声)喂

コーラ①【cola】[名](「コカ・コーラ」的简称)可口可乐

こら・える③【堪える】[他下一]忍耐,忍受△痛みを～/忍痛△なみだを～/忍着眼泪

ごらく⓪【娯楽】[名]娱乐

こらし・める④【懲らしめる】[他下一]惩罚,教训

こら・す②【凝らす】[他五](使意志等)集中△ひとみを～/凝视△息を～/屏住呼吸△くふうを～/动脑筋想办法

コーラス①【chorus】[名]①合唱 ②合唱团 ③合唱曲

コラム①【column】[名](报纸、杂志)评论(栏),短评(栏)

ごらん【御覧】(「見る」的敬语)Ⅰ⓪[名]看△～ください/请看 Ⅱ[补动]试试看△もう一度やって～/你再做一次看看

こりくつ②【小理屈】[名]歪理△～をこねる/强词夺理

こりこう②【小利口】[形动]小聪明

こりごり③【懲り懲り】[名・自サ](因吃过苦头不想再干)真够了△もう～だ/我真够了

こりつ⓪【孤立】[名・自サ]孤立

ごりむちゅう①⓪【五里霧中】[名]如坠五里雾中,扑朔迷离

こりょ①【顧慮】[名・他サ]考虑

ゴリラ①【gorilla】[名]大猩猩

こ・りる②【懲りる】［自上一］吃过苦头不愿再干△失敗に～/因失败不想再干

こ・る①【凝る】［自五］①热衷,入迷△つりに～/热衷于钓鱼 ②讲究,精心制做△～った料理/精心制做的饭菜 ③肌肉僵硬,酸痛△肩が～/肩膀酸痛

ゴール①【goal】［名］①决胜点,终点 ②球门 【-イン③】［名・自サ］①到达终点 ②结婚

コールタール④【coal tar】［名］煤焦油,沥青,柏油

コールテン⓪【corded velveteen】［名］灯芯绒

ゴールデン―【golden】［接头］金,金色,价值高【-アワー⓪】［名］(电视、广播收视、收听率最高的)黄金时间【-ウイーク⑦】［名］(四月末至五月初休假多的)黄金周

ゴールド①【gold】［名］金,黄金

ゴルフ①【golf】［名］高尔夫球

これ【此れ】Ⅰ⓪［代］①这个,这△～をきみにあげよう/这个给你 ②〈谦〉这个人△～がわたしのむすこです/这是我的儿子 ③表示正在谈论的话题,问题△～をやらなければ帰れない/不把它干完,就不能回去 ④现在△きょうは～で終りにしよう/今天就到此为止吧 ⑤(用「これという」的形式表示)值得一提的,特别的△～という欠点も無い/没什么特别的缺点 Ⅱ［副］加强语气△弁明～つとめる/尽力辩解 Ⅲ［感］(提醒别人时,生气时)喂

コレクション②【collection】［名］收集,收藏(艺术品、邮票等)

コレステロール⑤【cholesterol】［名］胆固醇

これほど⓪④【此(れ)程】［副］如此,这么,这样,这种程度△～頼んで

もだめか/我这么求你还不答应吗

これみよがし④【此(れ)見よがし】［形动］夸耀,显示

ころ①【頃】［名］①时候,时期△子供の～/小时候△いまごろ/现在 ②时机,适时△～をみる/找时机△年ごろ/妙龄

ころあい③⓪【頃合い】［名］①时机 ②恰好,正合适△～の値段/合适的价钱

ころが・す⓪【転がす】［他五］①使…运转,滚动△車を～/驾驶 ②弄倒,弄翻

ころが・る⓪【転がる】［自五］①滚动△ボールが～/球滚动 ②倒了,跌倒 ③(用「転がっている」的形式表示)扔着,放着△チャンスはそこらじゅうに～っている/机会多得很

ころころ①［副］①小物体滚动貌 ②胖乎乎

ごろごろ①［副］①(体积大、重的东西)滚动貌 ②异物磨擦的感觉△目にごみが入って～する/眼里进了沙子磨得慌 ③(体积大、重的东西)到处都是△大きな石が～している/大块石头到处都是 ③(类似的事情)到处都有△そんな話なら～あって,ちっともめずらしくない/那种事到处都有,一点也新鲜 ④闲荡,无所事事△働かないで～している/不干活闲荡 ⑤(雷声)隆隆 ⑥(猫)喘气声 ⑦(肚子)咕噜咕噜声

ころ・す⓪【殺す】［他五］①杀 ②扼杀,控制,抑制 △息を～/屏住气息 ③减弱(攻势、速度) ④(棒球)使之出局,杀出局

ごろね⓪【ごろ寝】［名・自サ］和衣而卧,囫囵个睡

ころ・ぶ⓪【転ぶ】［自五］①跌倒

②(江户时代天主教徒)被迫改教
◇転ばぬ先(さき)の杖(つえ)/
未雨绸缪(事先做好准备)◇転ん
でもただは起(お)きぬ/什么时
候都想捞一把

ころも⓪【衣】[名]①〈文〉衣服 ②
(僧侣穿的)法衣,道袍 ③(油炸
食品的)面衣

こわ・い②【怖い・恐い】[形]恐
惧,害怕△～先生/严厉的老师△
～病気/可怕的病

こわ・い②【強い】[形]①(饭)硬
△～飯/饭硬 ②(性情)固执△情
が～/固执

こわいろ⓪【声色】[名]①嗓音,声
音 ②模仿演员或别人的声调

こわが・る③【恐がる】[自五](觉
得)害怕

こわき①⓪【小脇】[名] 腋下

こわ・す②【壊す】[他五]①毁坏,
弄坏△家を～/拆毁房屋 ②损
害,损伤△からだを～/把身体搞
坏 ③破坏△話を～/破坏谈话△
ふんいきを～/破坏气氛

こわだか⓪【声高】[名・形動]高
声△～にしゃべる/大声地说话

こわね②⓪【声音】[名]声音,嗓
音

こわば・る③【こわ張る】[自五]发
硬,变硬△顔が～/表情严肃,板
着面孔

こわれもの⑤⓪【壊れ物】[名]①坏
(碎了)的东西 ②易碎物品

こわ・れる③【壊れる】[自下一]①
坏,碎,破损△家が～/房屋倒塌
②发生故障,出毛病 ③破裂△縁
談が～/提亲的事吹了

こん①【紺】[名]藏青,深蓝

こんいん⓪【婚姻】[名]婚姻,结
婚【-届(とどけ)】⓪[名]结婚登
记

こんかい①【今回】[名]这次,这
回

こんがらか・る⓪⑤[自五]乱成一
团,漫无头绪△系が～/线乱了△
話が～/谈话变得复杂了

こんき⓪【根気】[名]耐性,毅力,
韧劲儿△～がない/没毅力

こんきょ①【根拠】[名]①根据,依
据 ②(行动)落脚点【-地(ち)】③
[名]根据地

コンクリート④【concrete】[名]混
凝土【-ブロック⑧】[名]混凝土
预制件

コンクール③【(法)concours】[名]
(音乐等)比赛,大奖赛

こんけつ⓪【混血】[名・自サ]混血
【-児(じ)】④[名]混血儿

こんげつ⓪④【今月】[名]本月,这
个月

こんご①⓪【今後】[名]今后,以
后

こんこう⓪【混交・混淆】[名・自
サ] 混淆

こんごう⓪【混合】[名・自他サ]混
合

こんごうせき③【金剛石】[名]金
刚石

コンコース③【concourse】[名](车
站、机场的)中央大厅

コンサイス③①【concise】[名]简明
【-版(ばん)】⓪[名]简明版,袖
珍版

こんざつ①【混雑】[名・自サ]混
杂,拥挤,混乱

コンサート①【concert】[名]演奏
会,音乐会

コンサルタント③【consultant】[名]
(企业经营管理等的)专家,顾问

コンサルティング③【consulting】
[名]咨询

こんじ①⓪【根治】[名・自他サ]根
治

こんしゅう⓪【今週】[名]本周,本

星期

こんじょう①【根性】[名]①毅力，意志 ②根性，脾气，禀性

こんしょく⓪【混食】[名・自他サ]（动、植物性食物）混食

こんしんかい③【懇親会】[名] 联谊会

こんぜつ⓪【根絶】[名・他サ]根绝，根除

こんせん⓪【混線】[名・自サ]①（电话）串线 ②（谈的事情）混乱，杂乱无章

コンセント③【(和)concentricplug】[名]插座,万能插口

コンソール③【console】[名]①（电视机等）落地式支架【-型(がた)⓪】[名]落地式 ②（处理数据等）调整装置 ③（电信等）控制台

こんだく⓪【混濁】[名・自サ]混浊

コンダクター③【conductor】[名]（乐团等）指挥

コンタクトレンズ⑥【contactlens】[名]隐形眼镜

こんだて④⓪【献立】[名]菜单，菜谱

こんだん⓪【懇談】[名・自サ]恳谈，畅谈

コンチェルト①【(意)concerto】[名]协奏曲

こんちゅう⓪【昆虫】[名]昆虫

コンディション③【condition】[名]（身体、气候、场合的）情况，条件，状况△〜がいい/状态良好

コンテスト①【contest】[名]比赛（会），竞演（会）△美人〜/选美比赛

コンテナー⓪【container】[名]集装箱

コンデンサー③【condenser】[名]①电容器 ②凝缩器

コンデンス・ミルク⑥【condensed milk】[名]炼乳

こんど①【今度】[名]①这次，这回 ②下次，下回

こんどう⓪【混同】[名・自他サ]混同，混淆

コントロール④【control】[名・他サ]①控制，管理，操纵，调节 ②（棒球）制球力【-タワー⑦】[名]（机场）导航台,塔台

こんな⓪【連体】这样的(的)△〜こともできないのか/连这样简单的事都不会呀

こんなん①【困難】[名・形动]困难

こんにち①【今日】[名]①今天 ②现在，现代

こんにちは⓪【今日は】[感]你好，午安

こんにゃく④③【蒟蒻】[名]①蒟蒻，魔芋 ②魔芋食品

こんにゅう⓪【混入】[名・自他サ]混入，掺入

コンバイン③【combine】[名]康拜因，联合收割机

コンパクト③【compact】Ⅰ[名]粉饼盒(化妆盒)Ⅱ[形动]小型

コンパス①②【(荷)kompas】[名]①圆规 ②步幅 ③罗盘仪，指南仪

こんばん①【今晩】[名]今晚

こんばんは⓪【今晩は】[感]晚安

コンビナート④【(俄)kombinat】[名]联合企业

コンピューター③【computer】[名]电子计算机

こんぶ①【昆布】[名]海带

コンプレックス④【complex】[名]自卑感

コンプレッサー④【compressor】[名]压缩机

コンベヤー③【conveyer】[名]传送装置◆也可作「コンベア」

こんぼう⓪【混紡】[名]混纺【-糸

（し）⑨】［名］混纺纱

こんぼう⓪【梱包】［名・他サ］捆，捆行李

こんぽん③【根本】［名］根本

こんもり③【副】①（树木）茂密 ②（盛得）满满的，冒尖

こんや①【今夜】［名］今夜，今晚

こんやく⓪【婚約】［名・自サ］婚约，订婚

こんらん⓪【混乱】［名・自サ］混乱△～におちいる/陷入混乱

こんりゅう⓪【建立】［名・他サ］修建（寺院）

こんれい⓪【婚礼】［名］婚礼

こんろ①【焜炉】［名］（家庭用）小炉子【電気（でんき）-④】［名］电炉【石油（せきゆ）-④】［名］煤油炉

こんわ⓪【混和】［名・自他サ］混和

こんわく⓪【困惑】［名・自サ］困惑，为难，不知所措

さ

さ⓪①【差】［名］①差别，差距 ②（数）差，差数◇雲泥（うんでい）の差/天壤之别

さ［終助］（多为男子用）①加强断定的语气△そんなことありっこない～/绝不会有那种事 ②（上接疑问句）加强疑问，反驳等语气△なんど言ったらわかるの～/说几遍你才能明白呢 ⑧（插在语句之间）用以提起对方注意△だから～、ぼくが言ったとおりだろう/所以嘛，和我说的一样吧

-さ［接尾］（上接形容词、形容动词词干构成名词）表示性质、状态、程度△うつくし～/漂亮，美丽△静か～/静，安静△高～/高度

ざ⓪①【座】［名］①座位，席位△～につく/入座 ②会场△～が白（しら）ける/冷场，在场的人感到扫兴 ③剧团，剧场△歌舞伎（かぶき）～/歌舞伎（剧团）剧场

さあ①【感】①表示劝诱、催促、号召△～、出かけましょう/我们走吧 ②表示惊讶、期待△～、たいへんだ/哎呀，不得了了 ③表示迟疑、犹豫不决△～、どうしよう

かしら/哎呀，怎么办好呢

ざあざあ①【副】哗哗地（下雨、流水声）△雨が～降る/大雨哗哗地下

さい①【犀】［名］犀牛

さい①【際】［名］时候，…之际△この～、おたがいに協力しよう/这个时候，让我们互相协助吧

さい①【差異・差違】［名］差异，差别

さいあく⓪【最悪】［名］最恶，最坏

ざいあく⓪【罪悪】［名］罪恶

さいえん⓪【才媛】［名］才女

サイエンス①【science】［名］科学，自然科学

さいかい⓪【再開】［名・自他サ］重新开放，再次举行，恢复△試合を～する/重新比赛

さいがい⓪【災害】［名］灾害，灾难

ざいかい⓪【財界】［名］金融界，经济界，实业界

さいかいはつ③【再開発】［名・他サ］再次开发

ざいがく⓪【在学】［名・自サ］在

学，正在上学

さいき① 【才気】 [名] 聪明，才气△～あふれる/才华横溢

さいき① 【再起】 [名・自サ] ①再起，重整旗鼓 ②(病人)恢复健康

さいぎ① 【猜疑】 [名・他サ] 猜疑【-心 (しん)③】 [名] 猜疑心

さいきん① 【細菌】 [名] 细菌

さいきん① 【最近】 [名] 最近△つい～知った/最近才知道

さいく③⓪ 【細工】 [名・自他サ] ①手工，手工艺品【竹細工 (たけざいく)③】 [名] 竹编工艺品 ②〈俗语〉耍花招，弄虚作假△へたな～をするな/别耍花招了

さいくつ⓪ 【採掘】 [名・他サ] 采掘，开采

サイクル① 【cycle】 [名] ①周期 ②周波数

さいくん① 【細君】 [名] ①(自己的)妻子，老婆 ②别人的妻子(用于对同辈和晚辈)

さいけいこく 【最恵国】 [名] 最惠国【-待遇 (たいぐう)⑦】 [名] 最惠国待遇

さいけつ①⓪ 【採決】 [名・他サ] 表决(议案) △～を行う/进行表决

さいけつ①⓪ 【裁決】 [名・他サ] 裁决

さいげつ① 【歳月】 [名] 岁月◇歳月人 (ひと)を待 (ま)たず/岁月不待人

さいけん⓪ 【再建】 [名・他サ] 再建，重建，重修

さいけん⓪ 【債券】 [名] (国家，银行等发行的)债券

さいげん③ 【再現】 [名・自他サ] 再现

ざいげん③ 【財源】 [名] 财源

さいけんとう 【再検討】 [名・他サ] 重新考虑，重新研究，重新审查

さいご① 【最後】 [名] ①最后，最终，最末尾 ②(用「…たら最後」的形式表示)一旦…就(毫无办法了) △あの人は話し出したら～いつになってもとまらない/那人一旦说起来，就说没完没了◇最後を飾 (かざ)る/(仪式、工作等)精彩地结束

さいご① 【最期】 [名] 临死，临终△～をとげる/死去

ざいこ⓪ 【在庫】 [名・自サ] (商品)库存【-品 (ひん)⓪】 [名] 库存商品

さいこう⓪ 【採光】 [名・自サ] 采光

さいこう⓪ 【最高】 [名・形動] 最高，极△～の品質/最好的质量

さいこうさいばんしょ⑨⓪ 【最高裁判所】 [名] 最高法院

ざいこう⓪ 【在校】 [名・自サ] ①在校△午前中～/上午在学校 ②正在上学

さいころ③ 【骰子】 [名] 色子

さいこん⓪ 【再婚】 [名・自サ] 再婚

さいさん⓪ 【再三】 [副] 再三，屡次

さいさん⓪ 【採算】 [名] 核算(盈亏) △～があう/合算

ざいさん①⓪ 【財産】 [名] 财产，资产

さいし① 【妻子】 [名] 妻子和儿女

さいしき①⓪ 【才識】 [名] 才识

さいしき⓪ 【彩色】 [名・自他サ] 彩色，着色△～をほどこす/着色，上色

さいじつ⓪ 【祭日】 [名] (神社)祭祀日

さいして 【際して】 当…时候，…之际△出発に～抱負を述べる/出发之际，阐述自己的抱负

さいしゅ①⓪ 【採取】 [名・他サ] 采

取，收集△サンプルを～する/采
集样品

さいしゅう⓪【最終】[名]①最后，
最终 ②末班（车）

さいしゅう⓪【採集】[名・他サ]采
集，搜集

さいしょ⓪【最初】[名]最初，首先，
开始

さいしょう⓪【最小】[名]最小[-限
（げん）③][名]最小限度

さいしょう⓪【最少】[名]①最少 ②
最年少，最年轻

さいじょう⓪【最上】[名]①最高
层，最上面 ②最好，最优秀

ざいじょう③⓪【罪状】[名]罪状

ざいしょく⓪【在職】[名・自サ]在
职

さいしん⓪【細心】[名・形動]细
心，周到△～の注意/细心注意

さいしん⓪【最新】[名]最新△～
の技術/最新技术

サイズ①【size】[名]（服装等）尺寸，
号码

さいせい⓪【再生】[名・自他サ]①
重生，复活 ②重新做人，新生 ③
（生物）重新生长，更新 ④（废品）
再生，翻新 ⑤（录音等）放音，再
现

さいせい⓪【再製】[名・他サ]①重
制 ②加工改制

ざいせい⓪【財政】[名]①财政 ②
家庭经济情况，家计

さいせん③⓪【賽銭】[名]（参拝神
佛时捐的）香资，香火钱

さいぜん⓪【最善】[名]①最佳，最
好 ②全力△～を尽す/尽全力

さいそく①【催促】[名・他サ]催
促

サイダー①【cider】[名]汽水

さいだい⓪【最大】[名]最大

さいたく⓪【採択】[名・他サ]①选
定 ②通过（议案）△議案を～す

る/通过议案

ざいたく⓪【在宅】[名・自サ]在
家

さいたん⓪【最短】[名]最短

さいだん⓪【裁断】[名・他サ]①
（布、纸等）切断，截断，剪裁 ②
断定，裁决

ざいだん⓪【財団】[名]财团[-法
人（ほうじん）⑧][名]财团法人

さいち①【細緻】[名・形動]细致，
致密

さいちゅう①【最中】[名]正在…
时候△食事の～/正在吃饭的时
候

ざいちゅう⓪【在中】[名・自サ]在
内，内有△写真～の封筒/内有照
片的信

さいちょう⓪【最長】[名]最长

さいてい⓪【最低】[名]①最低 ②
（品质、内容）最差△あいつは～
だ/那家伙品质最恶劣

さいてい⓪【裁定】[名・他サ]裁
定，裁决

さいてき⓪【最適】[名・形動]最
合适△～な環境/最合适的环境

さいてん⓪【採点】[名・他サ]评
分数，打分数

サイド①【side】[名]①侧面，旁边
①方面，一侧△消費者～/消费者
一方 ③（本职以外）副业[-ビジ
ネス④][名]副业

さいなん③【災難】[名]灾难，灾
害△～をまぬがれる/免于灾难

ざいにん⓪③【罪人】[名]罪人

さいにんしき③【再認識】[名・他
サ]再认识，重新认识

さいのう①⓪【才能】[名]才能，才
干

さいのう⓪【採納】[名・他サ]采
纳，接受，采用

さいはい①【采配】[名]命令，指
挥△～をふるう/发号施令

さいばい⓪【栽培】[名・他サ]栽培，种植

さいばし・る④【才走る】[自五]才气过人，聪明△～った男／才气过人的人

さいはつ⓪【再発】[名・自サ](病情、事件)复发，再次发生△持病が～する／旧病复发

ざいばつ⓪【財閥】[名]财阀

さいはっけん③【再発見】[名・他サ]重新估计，(对某种事物价值的)重新认识

サイバネティックス⑤【cybernetics】[名]控制论

さいはん⓪【再版】[名・他サ]再版，第二版

さいばん①【裁判】[名・他サ]审判，审理△～にかける／提起诉讼【-官(かん)③[名]审判官【-所(しょ)⑤⓪】[名]法院

さいひ①【採否】[名]采用与不采用△～を決める／决定是否采用

さいひょう⓪【砕氷】[名]破冰【-船(せん)⓪】[名]破冰船

さいふ⓪【財布】[名]钱包◇財布の底(そこ)をはたく／倾囊，一文不留◇財布の紐(ひも)を締(し)める／紧缩开支，不乱花钱

さいほう⓪【裁縫】[名・自サ]裁缝，缝纫

さいぼう⓪【細胞】[名]①细胞 ②(团体的)基层组织

サイボーグ③【cyborg】[名]①植入人造脏器的人 ②机器人

サイホン①【siphon】[名]①(将液体从高处引入低处的)吸管 ②(煮咖啡的)器具，咖啡壶

さいまつ⓪【歳末】[名]岁末，年末

さいみん⓪【催眠】[名]催眠【-術(じゅつ)③】[名]催眠术

ざいもく⓪【材木】[名]木料，木材

さいよう⓪【採用】[名・他サ]①采用，采纳(建议、方案)△意見を～する／采纳意见 ②录用，任用(人员)

さいりょう⓪【最良】[名]最好，最良

ざいりょう③【材料】[名]①材料，原料 ②(研究用)资料

サイレン①【siren】[名]警笛，报警器

さいわい⓪【幸(い)】Ⅰ[名・形動]①幸福 ②幸运△不幸中の～／不幸中之万幸△もっけの～／意外的幸运，凑巧Ⅱ[副]幸亏，幸而△当日は～天候にめぐまれた／幸亏那天天天气很好

サイン①【sign】[名・自サ]①签名，署名△～をもらう／请签名 ②暗号△～を送る／给暗号，发信号

サウスポー④③【southpaw】[名](棒球、拳击等的)左撇子

サウナ①【(芬)Sauna】[名]蒸气浴(室)，纳桑浴(室)

サウンド・ボックス⑤【sound box】[名]①琴体 ②共鸣箱 ③〈电〉拾音器，拾波器

さえ[副助]①连…，甚至△はじめての人で～すぐできる簡単なことです／(这是)连新手都一学就会的简单事情 ②而且，又加上△天気が悪くて視界がよくないのに，霧～でてきた／天气不好，视野不清，而且又下雾了 ③(用「…さえ…ば」的形式表示)只要…就…△雨～あがればすぐに始められるのだがなあ／只要雨停了，就能马上开始(但…)

さえかえ・る④【さえ返る・冴え返る】[自五]①非常鲜明，非常清澈△星の～空／繁星晶莹的夜空 ②(早春)天气又转冷，春寒

さえぎ・る③【遮る】［他五］①遮挡，阻挡△風を～/挡风△行く手を～/挡住去路 ②打断（发言等）△発言を～/打断发言

さえず・る③【囀る】［自五］（鸟）叫，啼，鸣

さ・える②【冴える】［自下一］①（光、色、音）清晰，鲜明，鲜亮△月が～/月光如水△色が～/颜色鲜亮 ②（头脑、目光）灵敏，清楚△頭が～/头脑清醒 ③（技术）高超△わざが～/技艺高超 ④寒冷，刺骨般的冷 ⑤（用「さえない」的形式表示）不痛快，情绪不佳△今日は～えない/今天不大痛快

さお【竿・棹】Ⅰ②［名］①竿，竹竿 ②船篙 ③三弦琴的杆部 Ⅱ［接尾］计算箱柜、旗帜等的数量单位

さか②①【坂】［名］①坡，斜坡 ②斜面

さかい②【境】［名］①界线，分界，疆界 ②（特殊的）地方，境界△幽明（ゆうめい）～を異（こと）にする/离开人世

さかいめ④【境目】［名］分界线，交接处

さか・える③【栄える】［自下一］兴盛，繁荣

さかき⓪【榊】［名］杨桐（被奉为神树，用于神道仪式）

さかさ⓪【逆さ】［名］倒，颠倒，相反△～につるす/倒挂，倒吊

さかさま⓪【逆様】［名・形动］倒，颠倒△～になる/颠倒

サーカス①【circus】［名］马戏团

さが・す⓪【探す・捜す】［他五］找，寻找，寻求△職を～/求职△犯人を～/搜索罪犯

さかずき④⓪【杯・盃】［名］酒杯△～をさす/敬酒

さかだち⓪【逆立ち】［名］①倒立

②颠倒，相反

さかとんぼ③【逆とんぼ】［名］往后翻筋斗，后空翻

さかな⓪［名］Ⅰ【魚】鱼，鱼类 Ⅱ【肴】酒肴

さかのぼ・る④【遡る・溯る】［自五］①逆流而上△川を～/逆流而上 ②回溯，追溯△時代を～/回溯历史

さかみち②【坂道】［名］坡道

さかや⓪【酒屋】［名］①酒店，酒馆 ②卖酒的人

さから・う③【逆らう】［自五］①违背，逆行△時代に～/逆时代潮流而行 ②反抗，不服从△父に～/反抗父亲

さかり⓪【盛り】［名］最盛 时期△花の～/鲜花盛开时△-場（ば）⓪［名］繁华地带(酒馆、娱乐场所集中的地方)△【男盛（おとこざか）り】④［名］男子年富力强的时期△【いたずら盛（ざか）り】④［名］正淘气的年龄

さが・る②【下がる】［自五］①落下，降下△成績が～/成绩下降△物価が～/物价下降 ②垂挂，垂落△幕が～/帷幕垂落 ③后退一步△～歩/后退一步 ④（从长辈、上司面前）退下，离开◇頭（あたま）が下がる/佩服

さかん⓪【盛ん】［形动］①朝气蓬勃，有干劲△老いてますます～だ/年纪越大反而越有干劲 ②热烈，兴盛△この学校はスポーツが～だ/这所学校大力开展体育运动

さき⓪【先】［名］①尖儿，尖端△ペン～/钢笔尖儿△指～/手指尖儿 ②最前列，先头，前头△～に立つ/站在最前列△～をあらそう/争先恐后△「どうぞお～に」/请先回去吧 ③前方，目的地△行く

～/目的地 ④（故事、文章等的）下文,以后,将来△その～を話してくれ/告诉我那以后的事 ⑤刚才,过去,以前△～に予告したとおり/正如刚才预告过的那样 ⑥（谈话、交涉的）对方,对手

さぎ⓪【鷺】[名] 鹭鸶

さぎ①【詐欺】[名] 欺诈,诈骗【-師（し）②】[名] 骗子

さきごろ③②【先ごろ・先頃】[名] 前些天,不久前,前些日子

さきそろ・う④【咲（き）揃う】[自五]（花）齐开,齐放

さきだか⓪【先高】[名]（交易）看涨,看挺

さきだ・つ③【先立つ】[自五] ①预先,事先,在…之前△開幕に～って前夜祭が行なわれた/在开幕前夜,举行了庆祝活动 ②先死△親に～/先于父母离开人世◇先立つものは金（かね）だ/万事钱当先

サーキット①【circuit】[名] ①电路,线路 ②（赛车）环行路线

さきどり⓪【先取り】[名・他サ] ①预收,先收（钱款）②抢先,率先△時代を～する/走在时代前列

さきばらい③【先払い】[名] ①预先付款 ②（收件人）付款

さきほ・こる④【咲（き）誇る】[自五]（花）盛开,争艳

さきほど⓪【先程】[副] 方才,刚才

さきまわり③⑤【先回り】[名] ①先去,抢先到达 ②抢在别人前头,抢先,占先

さきみだ・れる⑥【咲（き）乱れる】[自下一]（花）盛开

さきゅう⓪【砂丘】[名] 沙丘

さきゆき⓪【先行き】[名] 前景,前途

さぎょう①【作業】[名・自サ] 作业,操作【-員（いん）②】[名] 现场工人

さきん・ずる④【先んずる】[自上一] 先行,先去◇先んずれば人（ひと）を制（せい）す/先发制人

さく⓪②【作】[名] ①作品 ②（农作物）长势,状况△～がいい/长势很好

さく①②【柵】[名] 栅栏

さく②①【策】[名] 计策,策略△～をねる/推敲计策

さ・く⓪【咲く】[自五]（花）开

さ・く①【他五】Ⅰ【裂く】①撕开,割开,切开△紙を～/撕纸 ②分离,离间△仲を～/拆散关系 Ⅱ【割く】割让,分出,腾出△時間を～/腾出时间

さくいん⓪【索引】[名] 索引

さくがん⓪【鑿岩】[名] 凿岩【-機（き）③】[名] 凿岩机

さくげん⓪【削減】[名・自他サ] 削减△予算を～する/削减预算

さくご②【錯誤】[名] ①错误 ②事实与观念不一致

さくじつ②【昨日】[名] 昨天

さくしゃ①⓪【作者】[名] 作者,作家

さくしゅ①【搾取】[名・他サ] 剥削

さくじょ①【削除】[名・他サ] 削除,删掉

さくず⓪【作図】[名・他サ] ①绘图,制图 ②（数）作图

さくせい⓪[名・他サ] Ⅰ【作成】制定（计划、议案）△報告書を～する/写报告书 Ⅱ【作製】制作,制造△ブロンズ像を～する/制造青铜像

さくせん⓪【作戦】[名] ①比赛方案,战术△～をねる/拟定比赛方案 ②（军事）作战,演习

さくねん⓪【昨年】[名] 去年

さくばん②【昨晩】[名] 昨晚

さくひん⓪【作品】［名］作品

さくぶん⓪【作文】［名］作文

さくもつ②【作物】［名］农作物

さくや②【昨夜】［名］昨夜，昨晚

さくら⓪【桜】［名］櫻树，櫻花【-狩（がり）】③［名］观赏櫻花

さくらんぼ⓪【桜ん坊】［名］櫻桃

さぐり⓪【探り】探听，刺探△～をいれる／探口气

さくりゃく②【策略】［名］策略，计策

サークル①【circle】［名］①（兴趣相同而聚在一起的业余）小组，团体 ②圆圈，方形圈【ベビー-④】［名］婴儿用圆圈椅子

さぐ・る⓪【探る】［他五］①摸索，寻找 ②刺探，探听△相手の腹を～／摸对方的底 ③探索，探防△秘境を～／探索未知之地

ざくろ①【石榴・柘榴】［名］石榴

さけ⓪【酒】［名］酒，日本酒△強い～／烈性酒△～によう／喝醉△～がまわる／酒劲上来

さけ⑧【鮭】［名］鮭，大马哈鱼

さげす・む③【蔑む】［他五］蔑视，轻视△～ような目つき／蔑视的目光

さけ・ぶ②【叫ぶ】［自五］①叫，喊 ②呼吁△再軍備反対を～／呼吁反对重整军备

さ・ける②【裂ける】［自下一］裂，裂开△大地が～／地裂

さ・ける②【避ける】［他下一］①避，躲避△人目を～／避人眼目 ②避开，错开△ラッシュ時（じ）を～／避开上下班高峰时间 ③避免，回避

さ・げる②【下げる】［他下一］①降下，降低△程度を～／降低程度△ねだんを～／降价△挂，吊，提△かばんを～／提书包△いぬの首にすずを～／在狗脖子上挂个铃

铛 ③往后移△机の位置を少し～／把桌子稍向后移一移 ④撤走，拿开△皿を～／撤下盘子◇頭（あたま）を下げる／佩服

ざこ①⓪【雑魚】［名］①小杂鱼 ②小喽罗

さこうべん①-⓪【左顧右眄】［名・自サ］瞻前顾后，犹豫不决

さこく⓪【鎖国】［名・自サ］锁国，闭关自守

ささい①【些細】［名・形动］细小，微不足道，琐碎

ささえ③②【支（え）】［名］支撑，支撑物△心の～／精神支柱

ささ・える③⓪【支える】［他下一］①支，支撑△つえで体を～／用拐杖支着身体 ②维持（生活）△家計を～／维持生计 ③阻挡，阻止△攻撃を～／阻挡进攻

ささ・げる⓪【捧げる】［他下一］①捧，高举△トロフィーを～／高举奖杯 ②奉献，贡献△愛を～／奉献出爱△一生を～／献出一生

さざなみ⓪【さざ波・小波・漣】［名］漪，细波，微波

ささめ・く③［自五］喧嚷，大声说笑

ささめゆき③【ささめ雪・細雪】［名］细雪，小雪

ささやか②［形动］小规模，简单△～なパーティを開きますのでお出かけ下さい／我们将举办一个简单的宴会，请光临△～な暮らし／简朴的生活

ささや・く③【囁く】［自他五］耳语，私语，小声说话

ささ・る②【刺さる】［自五］扎（刺）△とげが～／扎刺

さざんか②【山茶花】［名］山茶花

さし【差し】Ⅰ⓪［名］面对面，相对△～で飲む／对饮 Ⅱ［接头］接动词之上，表示加强该动词语气、

自謙等意△～かかる/到达，临近

-さし【止（し）】[接尾]上接动词连
用形，表示动作未完△読み～/没
读完，读了一半

さじ②【匙】[名]匙子◇匙を投
（な）げる/断念，放弃

サージ①【serge】[名]哔叽

さしあ・げる【差（し）上げる】Ⅰ⓪
[他下一]①高举，举起 ②〈敬〉
（「上げる」的郑重说法）给，赠给
△これをあなたに～げましょ
う/这个送给你吧 Ⅱ[补动]（「あ
げる」的郑重说法，表示我为你
做…△かたをたたいて～げま
しょう/我给您捶捶背吧

さしあたり⓪【差（し）当（た）り】
[副]当前，目前

さしい・る⓪【差（し）入る】[自五]
（光线）射入，射进来

さしえ②【挿絵】[名]插图，插画

さしお・く⓪【差（し）置く】[他五]
搁置，抛开△兄を～いて弟が家
をつぐ/抛开哥哥，弟弟继承了家
业△なにを～いても，この仕事
をかたづけなければならない/
别的可以先不管，但这项工作一
定要完成

さしおさ・える⓪【差（し）押える】
[他下一]査封，冻结

さしかか・る⓪【差（し）掛かる】
[自五]①来到，到达△峠（とう
げ）に～/到达山顶 ②（时期，状
态）到来，追近，临近

さしき③【挿（し）木】[名]（树木等）
插条，接枝

ざしき③【座敷】[名]①（日本住宅
的）客厅△～に上がる/进入客厅
②（艺妓等到宴会上）表演，陪客
△お～がかかる/（艺妓）被叫去
陪客

さしこみ⓪【差（し）込み】[名]①插
销，插头 ③（胃痉挛等）剧痛

さしこ・む⓪【差（し）込む】Ⅰ[自
五]①（阳光）射进，照进 ②（肠，
胃针刺般地）疼痛 Ⅱ[他五]插
入，插进△プラグをコンセント
に～/把插头插入插座里

さしさわり⓪【差（し）障り】[名]妨
碍，影响△健康に～のある添加
物/对健康有影响的添加剤

さしず①【指図】[名・自サ]指令，
指示△～をうける/接受指令

さしずめ⓪[副]①说来说去，归根
到底△～君が一番適任だよ/考
虑再三，还是你最合适 ②当前，
暂时△金については、～心配は
ないだらう/钱，暂时还不缺

さしせま・る⓪【差し迫る】[自五]
迫近，逼近△～った用事/緊急的
事情

さしだしにん④【差出（し）人】
[名]寄信（件）人

さしだ・す【差（し）出す】[他五]
①伸出△手を～/伸出手 ②提
出，提交△書類を～/提交文件

さしつかえ⓪【差（し）支え】[名]妨
碍，障碍，影响

さしつか・える⓪【差（し）支える】
[自下一]妨碍，影响△仕事に～/
妨碍工作

さして①[副]（下接否定语）不必那
么…△～あわてることもない/
不必那么着急

さしでがまし・い⑥⓪【差（し）出が
ましい】[形]出风头，多管闲事△
～ことを言うな/别多嘴多舌

さしと・める⓪【差（し）止める】
[他下一]禁止，制止△出入りを
～/禁止通行

さしひか・える⓪⑤【差（し）控え
る】[他下一]节制，控制△外出を
～/节制外出△発言を～/暂不发
言

さしひき⓪②【差（し）引き】[名]

①扣除△～五百円の損/减去应扣除的部分,亏损 500 日元 ②(海潮的)涨落

さしひ・く⓪【差(し)引く】[他五]扣除,减去△給料から～/从工资中扣除

さしみ③【刺し身】[名]生鱼片

さしむかい⓪【差(し)向かい】[名](二人)相对,面对面(而坐)△～にすわる/相对而坐

さしむき⓪【差(し)向き】[副]目前,当前

さしもど・す⓪【差(し)戻す】[他五]①退回(原处) ②〈法〉驳回重审

さしょう⓪【些少】[名・形动]一点点,少许△～の品ですが、お受けとりください/东西虽少,还请收下

さしょう⓪【査証】[名]签证

ざしょう⓪【座礁】[名・自サ](船)触礁

さじん⓪【砂塵】[名]沙尘,尘埃

さ・す①【刺す】[他五]①蜇,叮,刺扎△刀で～/用刀刺杀△はちに～される/被蜂蜇子 ②(棒球)使…出局 ③缝纫,手针缝

さ・す①【指す】[他五]①指示,指向△時計の針が十時を～/时针指向十点△あの話は暗にきみを～して言ったものだ/那话是暗指你说的呀 ②朝着,向着△都を～して出発した/朝着首都出发了 ③下(将棋)△将棋を～/下将棋

さ・す① Ⅰ【差す】[自五]①呈现出,透出,泛出△赤みが～/(脸上)泛红△いやけが～/感到厌烦 ②(潮水)涌来△潮が～/潮水上涨 Ⅱ【差す・射す】[自五]照射△西日(にしび)が～/夕阳照射 Ⅲ【差す】[他五]①抹,涂△紅(べ

に)を～/抹口红 ②佩带△刀を～/佩带刀 ③擎,举△傘を～/打伞 Ⅳ【差す・注す】[他五](液体)注入,点,掺入△酒に水を～/往酒里兑水△目薬(めぐすり)を～/点眼药◇水(みず)を注す/挑拨关系,离间 Ⅴ【差す・挿す】[他五]插△かんぬきを～/插门△かんざしを～/别发簪

-さ・す【止す】[接尾]上接动词连用形构成五段活用动词,表示动作中途停止△言い～/话没说完,说了一半

さすが⓪【流石】[副・形动]①不愧,到底,毕竟△～チャンピオンだけあって、強かった/毕竟是冠军,真强 ②就连…也…△いくらずうずうしいぼくでも、～にそれだけは言いだせなかった/就连我这么厚脸皮的人,也无法说出那种话

さずか・る③【授かる】[自五]领受,获得△子を～/怀孕

さず・ける③【授ける】[他下一]授与,授给△賞を～/授奖

サスペンス③【suspense】[名](文学、电影中的)宕笔法,悬念情节△～映画/惊险电影

さす・る⓪[他五]摩挲,揉△こしを～/揉腰

ざせき⓪【座席】[名]座位,座席

ざせつ⓪【挫折】[名・自サ]挫折

さ・せる【助動】(上接一段动词,カ变动词的未然形,构成下一段动词)①使,令,叫,让△ボールをできるだけ遠くへ投げ～/(叫他)尽量把球投远些 ②准许,许可△留学したいと言うので、試験を受け～せた/因为他要留学,所以,准许他参加了考试 ③叫人,令人△仕事のあとの一杯のコーヒーは、つかれを忘れ～せ

てくれる/工作后喝一杯咖啡,使人忘记疲劳

さ・せる⓪[他下一]①让…做,使…做△毎日練習を～/让他每日练习 ②许可…做△やりたいように～/他愿怎样就怎样

さぞ①[副](与推量句相呼应表示)想必,一定△ヒマラヤの山やまのながめは～雄大なことでしょう/喜玛拉雅群山的景致一定很宏伟壮观吧

さそ・う⓪【誘う】[他五]①劝诱,邀请△スキーに～/邀(别人一同)滑雪△人を～/邀请别人 ②诱发,引起△同情を～/令人同情△涙を～/令人流泪

さそり⓪①【蠍】[名]蝎子

さた②①【沙汰】[名・自サ]①命令,指令,判决,评定是非 ②音信,消息 ③(众人议论的)话题,事件,行为△世間の取りざた/议论纷纷◇沙汰の限(かぎ)り/荒谬绝伦

さだま・る③【定まる】[自五]①定,确定△運命が～/命运已定 ②安定,平静,稳定△天下が～/天下太平△天候が～/气候稳定

さだめ③【定(め)】[名]①规定,规则 ②命运 ③固定,一定△～なき世(よ)/变幻无常的人世

さだめし②[副](与推量句相呼应)一定,想必△～痛かったろうに,声ひとつたてなかった/想必一定很痛,可一声都没吭

さだ・める③【定める】[他下一]①制定,决定△法律を～/制定法律 ②平定,镇定△世を～/平定天下

ざだんかい②【座談会】[名]座谈会

さち①【幸】[名]①山货,海产品△海の～/海产品 ②幸福,幸运

サーチライト④【searchlight】[名]探照灯

さつ⓪【札】[名]纸币,钞票

ざつ⓪【雑】[形动]粗糙,草率

さつえい⓪【撮影】[名・他サ]摄影

ざつおん⓪【雑音】[名]杂音,噪音

さっか①⓪【作家】[名]作家

サッカー①【seersucker】[名]泡泡纱

サッカー①【soccer】[名]足球

ざっか⓪【雑貨】[名]杂货

さつがい⓪②【殺害】[名・他サ]杀害,杀死

さっかく⓪【錯覚】[名・自サ]错觉△～をおこす/产生错觉

サッカリン⓪【saccharin】[名]糖精

さつき⓪【五月・皐月】[名]①(阴历)五月 ②(「さつきつつじ」的简称)杜鹃花

さっき①[副]刚才,方オ△彼なら～帰りましたよ/他刚刚回去

さつきばれ⓪【五月晴(れ)】[名]①五月的晴天 ②梅雨期的晴天

さっきゅう⓪【早急】[形动]紧急,火速

ざっきょ⓪①【雑居】[名・自サ]杂居,几户人家(公司等)挤在一处

さっきょく⓪【作曲】[名・自他サ]作曲,谱曲

さっきん⓪【殺菌】[名・他サ]杀菌,灭菌

サック①【sack】[名]套,袋

ざっくばらん①[形动](俗)坦率,直言不讳△～にものを言う/坦率地讲

さっこん①【昨今】[名]最近,近来

さっさと①②[副]迅速,赶快△～帰る/迅速回去

ざっし⓪【雑誌】[名]杂志

さつじん⓪【殺人】[名]杀人

さっ・する⓪③【察する】[他サ]推测,推察,体谅△心中(しんちゅう)を～/体谅对方的心情

さっそう⓪【颯爽】[副・連体]飒爽

△～たる姿/飒爽英姿

ざっそう⓪【雑草】[名]杂草

さっそく⓪【早速】[副]立刻,马上

ざった⓪【雑多】[形動]繁多,繁杂△～な用事/繁杂的事情

ざつだん⓪【雑談】[名・自サ]闲谈,聊天

ざっと⓪[副]①粗略地△～読んだが,いい本だよ/粗读了一遍,是本好书 ②大约,大致

さっとう⓪【殺到】[名・自サ]涌来,蜂拥而至△注文が～する/订单纷纷而至

ざっとう⓪【雑踏】[名・自サ]拥挤△～をきわめる/拥挤不堪

ざつねん⓪②【雑念】[名]杂念,胡思乱想△～をはらう/消除杂念

さっぱり③【副】①干净,利落,爽快△とこやへ行って～した/去理发店理完头,觉得很爽快△きれい～かたづけた/收拾得干净利落 ②(食物,菜肴)清淡,素△～した味/清淡可口的味道 ③(性格)痛快,爽朗△～した性格/爽快的性格 ④(与否定句相呼应)全然,一点也…△この問題はいくら考えても～分からない/对这个问题一再考虑,还是一点都不明白△不景気で,売り上げは～だ/由于不景气,销售额不佳

ざっぴ⓪【雑費】[名]杂费

さっぷうけい③【殺風景】[名・形動]①缺乏生气,不风雅 ②令人扫兴,使人生厌

ざつぶん⓪【雑文】[名]杂文

さつまいも⓪【薩摩芋】[名]甘薯,地瓜,白薯

ざつよう⓪【雑用】[名]杂事,琐事

さて①Ⅰ[接]用于转换话题时△～、次の問題にうつろう/那么,开始谈下一个问题 Ⅱ[感]①(表示犹豫的心情)到底,如何△～、

どうしよう/到底怎么办好呢 ②(常用「さておき」的形式表示)姑且不提,暂且不管△冗談は～おき/先别开玩笑了(谈正题吧)△なには～おき/(其它暂且不管)首先

さては①Ⅰ[接]而且,还有△テニス、ゴルフ、～車にいたるまで熱中している男/对网球、高尔夫球,还有车都深感兴趣的男人 Ⅱ[感](恍然大悟)原来是△～、あいつが犯人だったか/原来那家伙是罪犯啊

サテライト③【satellite】[名]卫星[-スタジオ⑦][名]卫星转播站

さと⓪【里】[名]①村落,村庄 ②故乡,老家 ③(妇女的)娘家△～へ帰る/回娘家◇お里が知(し)れる/露了老底,(被人)了解底细

サード①【third】[名]①第三②(棒球)三垒,三垒手

さといも⓪【里芋】[名]芋头

さとう②【砂糖】[名]砂糖

さどう①⓪【茶道】[名](日本文化之一)茶道

さとうきび④【砂糖きび】[名]甘蔗

さとうだいこん④【砂糖大根】[名]甜菜

さとがえり③⑤【里帰り】[名](已婚妇女)回娘家

さと・す⓪②【諭す】[他五]教导,训谕

さと・る⓪②【悟る】[他五]①(佛教)悟道 ②领悟,察觉△死期を～/知道死期已近

さなえ⓪【早苗】[名]稻秧

さなか①【最中】[名]最盛期,最高潮△暑い～/盛夏

さなぎ⓪【蛹】[名]蛹

さは①【左派】[名]左派

さば⓪【鯖】[名]青花鱼,鲐鱼◇鯖

を読(よ)む/打马虎眼

サーバー①【server】[名](排球、网球等)发球员

さば・く②【他五】Ⅰ【裁く】评判，裁决△けんかを～/劝架评理 Ⅱ【捌く】①妥善处理△仕事を～/妥善处理工作 ②推销,售光△商品を～/把商品全部售出 ③解开,理开,弄开△とりを～/把鸡肉从骨头上剔下来

さばく◎【砂漠・沙漠】[名]沙漠

さば・ける③【捌ける】[自下一]①(把杂乱的东西)清理好,整理好 ②售光,售完 ③(用「さばけた」的形式表示)通情达理,开通△～けた人/通情理的人

さび②【寂】[名]①古朴典雅 ②(声音)低沉有力

さび②【錆・銹】[名](金属表层的)锈

さびし・い③【寂しい・淋しい】[形]①寂寞,凄凉,孤单△～生活/孤单,寂寞的生活 ②荒凉,僻静△～道/荒凉的小路 ③感到不满足,觉得缺点儿什么△口が～/想吃点什么△ふところが～/手头儿紧

サービス①【service】[名・自他サ]①招待,服务【アフター-⑤】[名]售后服务 ②(商店)减价,白送

さびつ・く◎【錆つく】[自五](金属)生锈,长锈,锈住

ざひょう◎【座標】[名]〈数〉座标

さ・びる②【錆びる】[自上一](金属)生锈,长锈△～びた自転車/生了锈的自行车

さび・れる③◎【寂れる】[自下一]萧条,冷落

サブ①【sub】[名]副,候补,备用,辅助

サーブ①【serve】[名・自サ]发球

ざぶとん②【座布団】[名]坐垫

さべつ①【差別】[名・他サ]差别,区别

さほう①【作法】[名]礼仪,礼貌,礼法△～にかなう/合礼仪

サボタージュ③【(法)sabotage】[名・自サ]怠工

サボテン◎【(西)sapoten】[名]仙人掌

さほど◎[副](与否定句呼应表示)没什么…,不那么…△町は三年前と～かわっていなかった/这条街和三年前比没什么变化

サボ・る②[自五]怠工,偷懒△授業を～/逃学

さま【様】[名]①样子,形态 ②体统,面子△～にならない/不成体统 Ⅱ[接尾]①上接人名,称呼表示敬意△田中～/田中先生 ②表示客气△ご苦労～/您辛苦了

さまざま③◎【様様】[名・形动]各种各样,种种

さま・す②【冷ます】[他五]①弄凉,冷却△湯を～/将热水弄凉 ②降低,减少(感情、兴趣)△興奮を～/(使)(他)从兴奋中镇静下来

さま・す②【覚ます】[他五]①叫醒,唤醒△目を～/睡醒 ②酒醒

さまた・げる④【妨げる】[他下一]妨碍,阻碍

さまよ・う③【彷徨う】[自五]①流浪,游荡 ②徬徨,徘徊

さみし・い③【寂しい・淋しい】[形]→さびしい

さみだれ◎【五月雨】[名]梅雨,黄梅雨

さむ・い②【寒い】[形]寒冷,冷

さむがり④③【寒がり】[名]怕冷,怕冷的人

さむけ③【寒気】[名]发冷的感觉△～がする/浑身发冷,感觉冷

さむらい◎【侍】[名]武士

さめ◎【鮫】[名]鲛,鲨鱼

さ・める②【冷める】[自下一]①(变)冷,(变)凉△お茶が～/茶凉了②(热情,兴趣)减退,降低△興(きょう)が～/兴致大减

さ・める②【覚める】[自下一]①醒△目が～/睡醒②(酒)醒

さ・める②【褪める】[自下一]褪色,掉色

サーモスタット⑤【thermostat】[名]恒温器,恒温箱

さもなければ①【然も無ければ】[接]不然的话

さや①【鞘】[名]①(刀,剑)鞘②(笔)帽

さゆう①【左右】Ⅰ[名]①左右②附近,身边Ⅱ[他サ]支配,左右,摆布△運命を～する/左右命运

ざゆうのめい【座右の銘】座右铭

さよう①【作用】[名・自サ]作用,起作用

さようなら④⓪【感】→さよなら

さよく①【左翼】[名]①(飞机等)左翼②左翼,左派③(棒球)左外场手

さよなら Ⅰ③⓪【感】再见Ⅱ[名・自サ]分别,离开△そろそろこの仕事とも～だ/就要和这项工作分手了Ⅲ[接头]最后,最终△～ゲーム/最后(决胜)局,最后一场比赛

さら⓪【皿】[名]①盘子,碟子②盘状物

さらう⓪【浚う・渫う】①疏通,疏浚②攫取,夺走△人気を～/夺走(他人的)人缘△波に～われる/被浪冲走

ざらざら①[副]粗糙,不光滑

さらし⓪【晒し】[名]①(任风雨,日光)吹打,照射②漂白【-木綿(もめん)】④[名]漂白布

さらしこ⓪【さらし粉・晒し粉】[名]漂白粉

さら・す⓪【晒す】[他五]①风吹,日晒②漂白③暴露,示众△はじを～/丢丑

サラダ①【salad】[名](西餐)沙拉

さらに①【更に】[副]①又,再次△～、くわしく調べる/再次详细调查②越发,进一步③(与否定句相呼应表示)丝毫(不),一点也(不)△反省する気持ちなど～ない/没有丝毫反省之心

ざらめ⓪【粗目】[名]①粗粒砂糖②(雪溶化后又冻成颗粒的)雪粒

さらりと②③[副]①滑溜,细腻△～した布/光滑的布料②干脆,痛快,果断△～忘れる/不记恨在心

サラリーマン③【salaried man】[名]工资生活者,公司职员

さりげな・い④[形]若无其事,毫不在意

さる①【猿】[名]猴子◇猿も木(き)から落(お)ちる/智者千虑,必有一失

さ・る①⓪【去る】Ⅰ[自五]①离开,离去△世を～/去世△職を～/离职②消失△危険が～/危险消失△悲しみが～/痛苦消失③(时间)流逝△夏が～った/夏天过去了④(空间,时间)相隔,距离△東京を～こと六〇キロの地点/距东京60公里的地方Ⅱ[他五]①除掉,去掉△雑念を～/除掉杂念Ⅲ[接尾](上接动词连用形)完了,光,尽△消し～/抹掉,擦掉◇去る者(もの)は追(お)わず/去者不追,来者不拒◇去る者(もの)は日日(ひび)に疎(うと)し/去者日疏

さる①【去る】[连体](下接日期)表示过去的日子△～五月,長女が結婚しました/长女已于五月结婚了

ざる②【笊】[名]笊篱

ざる［助動］〈文〉(「ざり」的连体形)不△感謝せ～を得ない/不得不感謝

さ・れる［他下一］(「せられる」的约音形式) ①表示被动△採用～/被采用 ②(「する」的敬语)做,干△何を～れますか/(您)在干什么

サロン①【(法)salon】［名]沙龙

さわがし・い④【騒がしい】［形] ①吵闹,喧嚷 ②不安,骚动

さわが・せる④【騒がせる】［他下一]骚扰,引起骚乱△どうもお～せしました/对不起,打扰你们了

さわぎ①【騒ぎ】［名] ①吵闹,骚动 ②(用「…どころのさわぎではない」的形式表示)不是…时候,谈不上…△学校が火事になって、試験どころの～ではない/学校着火,哪顾得上考试的事

さわ・ぐ②【騒ぐ】［自五] ①吵闹,喧嚷 ②(心情)不安,不稳△胸が～/心绪不宁

さわやか②【爽やか】［形动] ①清爽,清新△～な朝/(空气)清新的早晨 ②鲜明,清楚,利落

さわらび②【早蕨】［名]嫩蕨菜

さわり①【触(り)】［名] ①手感,触觉 ②(故事等)最精彩的一段

さわり①【障り】［名]妨碍,障碍

さわ・る①【触る】［自五] ①触,摸,碰 ②破坏(情绪,精神)△気に～/得罪△触らぬ神(かみ)に祟(た)りなし/多一事不如少一事

さわ・る①【障る】［自五]妨碍,障碍,有害△体に～/伤身体◇しゃくに障る/令人生气

さん①【三】［名]三,三个

さん①【産】［名] ①分娩 ②产地 ③财产△～をなす/起家,发财

-さん［接尾] ①(上接人名、人称表示)尊敬、亲切△お母～/母亲△鈴木～/铃木先生△お二人～/二位 ②(接寒暄语、感谢语之后)表示感谢△ご苦労～/你辛苦了

ざん①【残】［名]余额

さんいん⓪【参院】［名]→さんぎいん

さんか⓪【産科】［名]产科

さんか①⓪【参加】［名・自サ]参加,加入△オリンピックに～する/参加奥运会

さんか⓪【酸化】［名・自サ]〈化〉氧化

さんかく①【三角】［名]三角,三角形

さんがく⓪①【山岳】［名]山岳

ざんがく⓪【残額】［名]余额

さんかくかんすう⑤【三角函数】［名]〈数〉三角函数

さんかくけい③【三角形】［名]〈数〉三角形

さんかくす④③【三角州】［名]三角洲

さんがつ③【三月】［名]三月

さんかっけい③【三角形】［名]→さんかくけい

さんかん⓪【参観】［名・他サ]参观

さんぎいん③【参議院】［名]参议院

さんきゃく④⓪【三脚】［名] ①(照相机等)三脚架 ②三脚凳

ざんぎゃく⓪【残虐】［名・形动]残酷,残暴,残忍

さんきゅう⓪【産休】［名]产假

さんぎょう⓪【産業】［名]产业,生产事业【第一次(だいいちじ)-⓪】［名]第一产业(农林业,畜牧业,渔业)【-資本(しほん)⑤】［名]产业资本

ざんぎょう⓪【残業】［名・自サ]加班【-手当(てあて)⑤】［名]加班费

サングラス③【sunglasses】［名]太阳镜,墨镜

ざんげ①③【懺悔】［名・他サ]忏悔

さんけい⓪【参詣】[名・自サ]参拜
（庙，神社）

さんけん⓪【散見】[名・自サ]在各
处见到，散见

さんげんしょく③【三原色】[名]三
原色（红、黄、蓝）

さんご⓪【珊瑚】[名]珊瑚【-礁（しょ
う）】③【名]珊瑚礁

さんこう⓪【参考】[名・他サ]参考
【-書（しょ）】⓪③[名]参考书

ざんこく⓪【残酷】[名・形动]残
酷，残忍

さんさい⓪【三彩】[名]三彩的陶瓷
器【唐（とう）-】③[名]唐三彩

さんざい⓪【散在】[名・自サ]散
在，散布

さんさく⓪【散策】[名・自サ]散步

さんざし⓪【山査子】[名]山楂

さんざん③⓪【散散】[副・形动]①
厉害，严重，凶狠△～迷惑をかけ
る/添了很多麻烦△～待たされ
た/让我等了很久 ②狼狈，凄惨，
倒霉△～な目にあう/吃苦头，倒
霉

さんさんくど⑤【三三九度】[名]结
婚仪式的交杯酒（三杯酒，新郎新
娘每杯各喝三口）

さんさんごご⑤【三三五五】[副]
（人）三三两两地，三五成群地

さんじ①【三次】[名]①三次，第三
次 ②〈数〉立方

さんじ①【産児】[名]①生小孩 ②
（初生的）婴儿【－制限（せいげ
ん）】④[名]计划生育，节制生育

さんじ①【惨事】[名]惨事，惨案

さんしすいめい①-⓪【山紫水明】
[名]山青水秀

さんしゅつ⓪【産出】[名・他サ]生
产，出产【－量（りょう）】④[名]生
产量，产量

さんじゅつ⓪【算術】[名]算术

さんしょ⓪【山椒】[名]→さんしょ
う

ざんしょ①⓪【残暑】[名]残暑，秋老
虎

さんしょう⓪【山椒】[名]花椒，秦椒
◇山椒は小粒（こつぶ）でもぴり
りと辛（から）い/（比喻）虽然身
体小，但却有不可轻视的才干

さんしょう⓪【参照】[名・他サ]参
照，对照

さんじょう⓪【参上】[自サ]拜访

さんすい①【山水】[名]山水

さんすう③【算数】[名]算术，初等
数学

さん・する③【産する】[自他サ]①
出产，生产△小麦を～/产小麦
②生孩子，分娩

さんせい⓪【酸性】[名]〈化〉酸性

さんせい⓪【賛成】[名・自サ]赞
成，赞同，同意△～をえる/得到
同意

さんそ①【酸素】[名]〈化〉氧，氧气

ざんそん⓪【残存】[名・自サ]残
存，残留，残余

ざんだか⓪③【残高】[名]余额，余
数，余款

サンタクロース⑤【Santa Claus】
[名]圣诞老人

サンダル⓪①【(法)sandale】[名]凉
鞋

さんたん⓪③【惨憺】I [连体]①凄
惨，悲惨△火事現場の～たるあ
りさま/火灾现场的凄惨景象 ②
费尽心血△苦心～のすえ、やっ
としあげた/费尽苦心，终于完成
了

さんだんとび⓪【三段跳（び）】[名]
三级跳远

さんち①【山地】[名]山地

さんち①【産地】[名]产地△お茶の
～/茶叶产地

さんちょう③⓪【山頂】[名]山顶，山
巅

サンドイッチ④【sandwich】[名]三明治

さんにん③【三人】[名]三人◇三人寄(よ)れば文殊(もんじゅ)の知恵(ちえ)/三个臭皮匠凑成一个诸葛亮

さんにんしょう③【三人称】[名]第三人称

ざんねん③【残念】[名・形动]悔恨;遗憾,可惜△～に思う/感到遗憾【-無念(むねん)③-⓪】[名]万分悔恨

さんぱい⓪【参拝】[名・自サ]参拜(庙、神社)

さんばし⓪【桟橋】[名]栈桥,浮码头

さんぱつ⓪【散髪】[名・自他サ]理发,剪发

さんび①【賛美・讃美】[名・他サ]赞扬,赞美

さんぴ①【賛否】[名]赞成与否,赞成和反对

さんぴん⓪【産品】[名]产品

ざんぴん①⓪【残品】[名]卖剩下的货物

さんぶ①【三部】[名]三部,三部分【-曲(きょく)③】[名]三部曲【-作(さく)③】[名](文学)三部曲

さんぷ⓪①【産婦】[名]产妇

さんぷく⓪【山腹】[名]山腹,山腰

さんふじんか⓪【産婦人科】[名]妇产科

さんぶつ⓪【産物】[名]①产物,物产 ②成果,结果△時代の～/时代的产物

サンプリング①【sampling】[名・他サ]采样,取样,抽样

サンプル①【sample】[名]①样品,货样 ②标本

さんぶん⓪【散文】[名]散文【-詩(し)③】[名]散文诗

さんぽ⓪【散歩】[名・自サ]散步

さんま⓪【秋刀魚】[名]秋刀鱼

さんまい【三昧】Ⅰ⓪[名](佛教)三昧Ⅱ[接尾]专心致志,聚精会神△読書ざんまい/聚精会神地读书

さんみゃく⓪【山脈】[名]山脉

さんめんきじ⑤【三面記事】[名]报纸的第三版消息,社会新闻

さんよ①【参与】[名・自サ]①参与②(职务)参议

さんらん⓪【産卵】[名・自サ]产卵

さんりゅう⓪【三流】[名]三流,三级

ざんりゅう⓪【残留】[名・自サ]残留,剩余

さんりょう⓪【山稜】[名]山脊,山岭

さんりん⓪【山林】[名]山林

さんるい①⓪【三塁】[名](棒球)三垒

さんれつ⓪【参列】[名・自サ]参加,列席△葬儀(そうぎ)に～する/参加葬礼

さんろく⓪【山麓】[名]山麓,山脚

し

し①【氏】[代]①上接姓、姓名,表示尊敬△吉田～/吉田氏 ②他△～の意見では/根据他的意见

し①【四】[名]四

し①【市】[名]①(日本行政区划之一)市 ②市政府

し①【死】[名]死

し⓪【詩】[名]诗△～をつくる/写诗

し[接助]①(列举相同的事物)又

…又…△景色もいい〜、食べものもうまい/景色迷人，饭菜又香 ②(举出一个或几个理由，来暗示其它相同原因)因为…所以△疲れた〜、きょうは帰るよ/太疲倦了，所以，今天就回去了

じ⓪【地】[名]①地面，土地 ②(纺织品等的)地，底色△黒の〜に花がらのプリント/黑地带花的图案 ③(人的)本质，本性△〜が出る/露出本质

じ①【字】[名]①字，文字 ②字迹，字体△〜がうまい/字写得好

じ②【痔】[名]痔疮

しあい⓪【試合】[名]比赛

じあい⓪【自愛】[名・自サ](书信用语)保重身体△どうかご〜ください/请多保重

しあが・る③【仕上がる】[自五]①完成，做完△作品が〜/作品完成了 ②齐备，完备，具备

しあげ⓪【仕上げ】[名](工作的)最后完成阶段，收尾

しあ・げる③【仕上げる】[他下一]做完，完成△宿題を〜/完成作业

しあさって③[名]大后天

しあわせ⓪【幸せ】[名・形動]幸福△〜な生活/幸福的生活

しあん⓪【試案】[名]试行方案

しあん①【思案】[名・自サ]①左思右想△〜に余る/想不出好办法【-投(な)げ首(くび)】②[名・自サ]一筹莫展【-顔(がお)】④[名]忧虑的神色◇思案に暮(く)れる/想不出办法，不知所措

しいか①【詩歌】[名]诗歌

しいく⓪①【飼育】[名・他サ]饲养

じいしき②【自意識】[名]自我意识

しいたけ①【椎茸】[名]香蕈，香菇

しいた・げる④⓪【虐げる】[他下一]虐待，摧残

しいて①【強いて】[副]勉强△〜言えば/勉强可以说是…△いやなら〜参加しなくともよい/你要是不愿意参加，就不必勉强

し・いる②【強いる】[他上一]强制，迫使△酒を〜/强迫喝酒

しい・れる③【仕入れる】[他下一]采购，买进(生产资料)，进货

しいん⓪【子音】[名]子音，辅音

しいんと⓪[副]静悄悄，静静地

じいんと⓪[副]①(疼痛)钻心 ②(感动得心里)热乎乎△胸に〜来る/心里热乎乎的

しうんてん②【試運転】[名・他サ]试车，试开

じえい⓪【自営】[名]自己经营，独立经营

じえい⓪【自衛】[名・自他サ]自卫

じえいたい⓪【自衛隊】[名](日本)自卫队

しえき①【使役】[名・他サ]①指使，使役 ②(语法)使役，使役态

ジェスチャー①【gesture】[名]①姿势，手势△〜をまじえて語る/一边做手势一边讲 ②故作姿态◆也做「ゼスチャー」「ジェスチュア」

ジェットき③【ジェット機】[名]喷气(式)飞机

ジーエヌピー⑤【GNP】[名]国民生产总值

ジェネレーション③【generation】[名]代，一代△ヤング〜/年轻的一代人

シーエム③【CM】[名](电视、广播中的)广告

しえん⓪【支援】[名・他サ]支援，援助

しお②【塩】[名]①盐，食盐 ②咸度

△〜があまい/淡

しお②【潮・汐】[名]①海水△〜のかおり/海水的气味 ②潮,潮汐△〜がみちる/涨潮【引(ひ)き-⓪】[名]落潮 ③(适宜的)时机,机会△雨がやんだのを〜に退散した/趁雨停的机会大家散去了

シーオー③【CO】[名]〈化〉一氧化碳

しおかぜ②【潮風】[名]海风

しおから・い④【塩辛い】[形]咸

しおくり⓪【仕送り】[名]寄生活费(学费)

しおけ③【名】I【塩気】盐分,咸度 II【潮気】海上的湿气

しおさい⓪【潮騒】[名](涨潮时的)波涛声

しおしお①③[副]消沉,无精打采

しおづけ④⓪【塩漬け】[名]①腌(菜、鱼、肉等) ②腌制品

しおひがり③【潮干狩り】[名](退潮时)赶海

ジオプトリー②【(德)Dioptrie】[名]眼镜镜片的屈光度

しおみず②[名]I【塩水】盐水 II【潮水】潮水

しおやけ④⓪[名]I【塩焼け】汗碱使衣服变色 II【潮焼け】皮肤腌(受海风吹、太阳晒)呈黑红色

しおらし・い④[名]温柔,老实,令人怜爱

しおり⓪③【枝折り・栞】[名]①书签 ②指南,入门书

しお・れる⓪【萎れる】[自下一]①(花、草)蔫△花が〜/花蔫(枯萎)了 ②气馁,沮丧,消沉

しおん⓪【子音】[名]→しいん

しか②【鹿】[名]鹿◇鹿を追(お)う者(もの)は山(やま)を見(み)ず/追鹿者不见山(专心求利,不顾其它)

しか②【歯科】[名]牙科

しか[副助](与否定语相呼应)只,仅△五時間〜寝ていない/只睡了五个小时

じか①【自家】[名]①自己的家【-用(よう)⓪】[名]家用 ②自己,自身【-撞着(どうちゃく)③】[名]自相矛盾◇自家薬籠中(やくろうちゅう)の物(もの)/运用自如,熟练掌握

じか①【時価】[名]时价

じが①【自我】[名]自我△〜にめざめる/意识到自我△〜をつらぬく/坚持自我

じが①【自画】[名]自画(的画)【-像(ぞう)②】[名]自画像

シガー①【cigar】[名]雪茄

しかい①【司会】[名・自他サ]主持会议【-者(しゃ)②】[名]司仪

しかい②⓪【視界】[名]视野,眼界△〜に入る/进入眼帘,看见

しがい①【市街】[名]街市

しがい⓪【死骸】[名]死尸,尸体

じかい⓪①【磁界】[名]磁场

しがいせん⓪②【紫外線】[名]紫外线

しかえし⓪【仕返(し)】[名]报复,报仇

しかか・る③【仕掛かる】[他五]①着手进行,开始做 ②(工作)做到中途

しかく③【四角】[名・形动]四角形,方形△〜な紙/方形纸【-四面(しめん)④】[名・形动]①四四方方 ②严肃,正经【-張る(ばる)④】[自五]①有棱有角 ②严肃,郑重其事,拘谨

しかく⓪【視覚】[名]视觉

しかく⓪【資格】[名]①身份,立场 ②资格,条件△〜をうしなう/失去资格

しがく①【私学】[名]私立学校

じかく⓪【自覚】[名・他サ]①自
覚,觉悟△～をもつ/有觉悟 ②
(自己的)感觉

しか・い③【四角い】[形]四方
形△～顔/方脸

しかけ⓪【仕掛(け)】[名]①构造,
装置△たねも～ない/没有做任
何手脚 ②钓鱼用具的总称(鱼
钓,鱼漂等)

しか・ける③【仕掛ける】[他下
一]①(主动地)做,挑衅△けんか
を～/找碴儿打架 ②安设装置,
准备△わなを～/设圈套

しかし②【然し・併し】[接]然而,
但是△からだは弱い。～,気は強
い/身体弱,但是,很要强

じがじさん①-⓪【自画自賛】[名・
自サ]自我吹嘘,自夸

しかしながら④【然し乍ら】[接]
「しかし」的强调形式→しかし

しかた⓪【仕方】[名]方法,做法△
あいさつの～/寒暄的方法

しかたがない④【仕方がない】
[形]①无用,不得已△なんと言
われても～/说什么也没用了 ②
(用「…て(で)仕方がない」的形
式)表示难以忍受的某种心情△
かわいそうで～/可怜得要命,真
叫人可怜△遊んでばかりいて,
～やつだ/光顾玩,真是个叫人没
办法的家伙

しがつ③【四月】[名]四月,四月份

じかに①【直に】[副]直接地,当面
△～着る/贴身穿△～手渡す/面
交

しがみつ・く②[自五]抱住(搂
住)不放,紧紧抓住△お母さんに
～/紧紧抱住母亲不放

しかめっつら⓪【顰め っ面】[名]愁
眉苦脸

しか・める⓪【顰める】[他下一]
皱眉△顔を～/皱着眉头

しかも②【接】①而,却△不治の病
(やまい)と知りながら,～笑顔
を絶やさなかった/虽然知道身
患不治之症,却仍笑口常开 ②而
且,并且△寒さがきびしく,～雪
が深い/冷得厉害,而且雪很深

しか・る⓪【叱る】[他五]斥责,训
斥△子供を～/训斥孩子

しかるべき④【然るべき】①(用
「…てしかるべきだ」的形式表
示)应当,应该△むこうからあや
まって～だ/对方应当赔礼才对
②适当,适宜△～ときが来たら
話す/在适当的时候告诉你

しがん⓪【志願】[名・他サ]志愿,
申请

じかん⓪【時間】[名]①时间△～
が流れる/时间流逝△～がない/
没空儿△～がかかる/费时间 ②
小时,时刻,钟点△電車の～にお
くれる/误了电车△二～/二小时
【-割(わ)り】⓪[名]课程表,作息
时间表

じかんひょう⓪【時間表】[名]①
(车、船等的)时刻表 ②作息时间
表

しき②【式】I[名]①仪式△～を
あげる/举行仪式△卒業(そつぎ
ょう)-③[名]毕业典礼 ②〈数〉算
式,公式△～をたてる/列公式
II[接尾]样式,形式△日本-/日
本式

しき②【四季】[名]四季△～のう
つりかわり/四季转换△～なり
のいちご/四季结果的草莓

しき②【指揮】[名・他サ]指挥
【-者(しゃ)②】[名]指挥者【-棒
(ぼう)②⓪】[名]指挥棒

じき⓪【直】I[副]马上,立刻△も
う～新学期だ/新学期马上就要
开始了△～に終わる/马上就好
II[接头]直接△～弟子/亲传弟

子△～取り引き/直接交易

じき① 【時期】[名]时期△～尚早（しょうそう）/为时尚早

じき① 【時機】[名]时机△～をうかがう/伺机

じき① 【磁気】[名]〈物〉磁力,磁性

じき① 【磁器】[名]瓷器

しきい⓪ 【敷居】[名]门坎,门槛◇敷居が高（たか）い/不好意思登门

しきいし① 【敷石】[名]铺在路上的小石块

しきぎょう② 【私企業】[名]私营企业

しききん② 【敷金】[名]（租房时交的）押金

しきけん⓪ 【識見】[名]（辩别是非的）能力,见识△高い～/很高的见识

しきさい⓪ 【色彩】[名]①色彩△～にとむ/色彩丰富【-感覚（かんかく）⑤】[名]色彩感觉 ②倾向△～をおびる/具有（某种）倾向

しきしゃ② 【識者】[名]有识之士

しきじょう⓪ 【式場】[名]（举行婚礼等仪式的）会场

しきそ⓪ 【色素】[名]色素

しきたり⓪ 【仕来り】[名]惯例,常规△～にしたがう/按照惯例

しきち⓪ 【敷地】[名]建筑用地

しきちょう⓪ 【色調】[名]色调

しきてん⓪ 【式典】[名]典礼,仪式

じきに② 【直に】[副]马上,就要△～正月だ/马上就到正月了

しきふ⓪ 【敷布】[名]床单,褥单

しきぶとん③ 【敷（き）布団】[名]褥子

しきべつ⓪ 【識別】[名・他サ]识别,辩别

しきもう⓪ 【色盲】[名]色盲

しきもの⓪ 【敷物】[名]铺垫的东西（铺席、坐垫等）

しきゅう⓪ 【支給】[名・他サ]支付,发放

しきゅう⓪ 【至急】[名・副]火急,紧急△～の用/急事

じきゅう⓪ 【自給】[名・他サ]自给【-自足（じそく）⓪】[名・他サ]自给自足

しきょ② 【死去】[名・自サ]死去,去世

じきょう⓪ 【自供】[名・自他サ]自述,自供△犯行を～する/供述罪行

じぎょう① 【事業】[名]①事业 ②企业,实业【-家（か）⓪】[名]实业家

しきり⓪ 【仕切り】[名・他サ]①间隔,隔扇△～をもうける/设置隔扇 ②阶段,段落△～をつける/告一段落 ③结账,清算,清账 ④（相扑比赛前）摆姿势,摆架势

しきりに⓪ 【頻りに】[副]再三,屡次,一个劲儿地△～電話がなる/电话一个劲儿地响

しき・る② 【仕切る】[他五]①隔开△へやを～/把房间隔开 ②结账,清算 ③（相扑比赛前的）摆姿势

しきん② 【資金】[名]资金△～を調達する/筹集资金【-繰（ぐ）り）⓪】[名]筹措资金

しきんせき② 【試金石】[名]①试金石 ②（判断事物价值的）标准

し・く⓪ 【敷く】[他五]①铺△ふとんを～/铺被子△石を～/铺石子 ②发布,颁布△戒厳令を～/颁布戒严令 ③部署△陣を～/部署阵地 ④铺设△鉄道を～/铺设铁道

じく②⓪ 【軸】[名]①轴 ②（事物的）中心,轴心 ③（书画）挂轴 ④（火柴等）杆,茎【ペン-④⓪】[名]笔杆

しぐさ◎【仕種】[名]①动作,姿势 ②(演员的)演技,表演动作

ジグザグ①◎【zigzag】[名·形动]弯弯曲曲,锯齿形

しくしく②[副]①抽泣,抽抽搭搭地(哭) ②丝丝拉拉地(痛)△～と痛む/丝丝拉拉地痛

しくじ・る③[他五]失败,搞糟△大事な試験を～ってがっかりした/重要的考试考坏了,令人失望

シグナル①◎【signal】[名](铁路)信号机

しくみ◎【仕組(み)】[名]构造,结构△世のなかの～/社会结构△機械の～/机器的构造

しく・む②【仕組む】[他五]①构造,装配 ②策划△狂言強盗(きょうげんごうとう)を～/策划遭抢劫的骗局

しぐれ◎【時雨】[名](秋冬之交的)阵雨

しけ②【時化】[名](海上的)暴风雨,海浪汹涌△～がおさまる/暴风雨平息了

しけい②◎【死刑】[名]死刑△～に处する/处以死刑

しけい◎【紙型】[名](印刷用)纸型

しげ・い②【繁い】[形]连续不断,频繁△足～く出入りする/频繁来往

しげき①【史劇】[名]历史剧

しげき◎【刺激·刺戟】[名·他サ]刺激△～がつよい/刺激很大

しげしげ①[副]①频频,频繁△～かよう/常去 ②仔细△～とみつめる/仔细地观察

しけつ◎【止血】[名·他サ]止血【-剤(ざい)】③[名]止血药

し・ける②【時化る】[自下一]①(海上)起暴风雨,海浪汹涌△海が～/海上浪涛汹涌 ②(用「しけた」、「しけている」的形式表示)生意不景气,手头拮据,心情郁闷等

しげ・る②【茂る·繁る】[自五](草,木)繁茂,茂密△草が～/草长得繁茂【おい-④】[自五](草,木)丛生,茂盛

しけん②【試験】[名·他サ]①检验,实验△品質を～する/检验质量 ②考试△～をうける/参加考试△～に合格する/考试合格【期末(きまつ)-④】[名]期末考试

しげん①【資源】[名]资源

じけん①【事件】[名]①事件,案件△～が発生する/发生事件【殺人(さつじん)-⑤】[名]杀人事件 ②(法院受理的)案件

じげん①◎【次元】[名]①〈数〉次元,维度 ②(看问题的)立场,角度,基点△～が違う/立场不同

じげん①【時限】[名]①定时,时限【-爆弾(ばくだん)④】[名]定时炸弹 ②(上课)课时,节△第一～/第一节课

しけんかん②【試験管】[名]试管

しご①【死後】[名]死后

じこ①【自己】[名]自己【-流(りゅう)⑨】[名]自己独特的作法【-紹介(しょうかい)③】[名·自サ]自我介绍【-批判(ひはん)③】[名·自サ]自我批评

じこ①【事故】[名]①事故△交通(こうつう)-⑤】[名]交通事故【-死(し)②】[名]因事故而死亡

しこう◎【志向】[名·他サ]志向,倾向△消費者の～を調査する/调查消费者的倾向

しこう◎【施工】[名·他サ]施工

しこう◎【施行】[名·他サ]①施行,实施 ②〈法〉生效△法を～する/使法律生效

しこう⓪【思考】[名・他サ]思考
【-力(りょく)②】[名]思考能力

しこう⓪【嗜好】[名・他サ]嗜好
△～がかわる/嗜好变了【-品(ひん)⓪】[名]嗜好品

しこう⓪【試航】[名・他サ](轮
、船、飞机)试航,试飞

じこう①【事項】[名]事项

じこう⓪【時効】[名]〈法〉时效△
～が成立する/时效成立

しこうさくご④【試行錯誤】[名]
反复试验,反复摸索

じごうじとく④①【自業自得】[名]
自作自受

しご・く②【扱く】[他五]①捋 ②
〈体〉严格训练

じこく①【時刻】[名]时间,时刻△
正確な～/准确的时间【-表(ひょう)⓪】[名](火车,飞机等)时刻
表

じごく③【地獄】[名]①地狱△～
におちる/落入地狱(深渊)【交通
(こうつう)-⑤】[名]交通状况拥
挤不堪 ②(活火山,温泉的)喷火
(水)口◇地獄で仏(ほとけ)
に会(あ)ったよう/遇难时得到
意外的拯救

しごせん②【子午線】[名]子午线

しごと⓪【仕事】[名]①工作△～
が忙しい/工作忙△～の鬼/全力
以赴工作的人 ②职业,工作△～
をさがす/找工作 ③〈物〉功

しこ・む②【仕込む】[他五]①教,
传授△芸を～/授艺 ②采购,买
进(原料) ③灌输,装入△新しい
知識を～/灌输新知识 ④(酿酒)
下料

しこり⓪[名]①筋疙瘩△肩に～
ができた/肩膀上长出个筋疙瘩
②思想上的疙瘩,隔阂,芥蒂△心
に～をのこす/心存芥蒂

しさ①【示唆】[名・他サ]暗示,启

発△～をあたえる/给予暗示

じさ①【時差】[名]①时差 ②错开
时间【出勤(しゅっきん)③】[名]
错开时间上班

しさい①⓪【子細】[名]①详情,底
细△～に語る/详细讲述 ②妨碍
△そのことについては別に～は
ない/对那件事并没什么妨碍

しざい①【資材】[名]资材,资料
【建築(けんちく)-⑤】[名]建筑
材料

じざい②⓪【自在】[名・形動]自
由,自如△～にあやつる/操作自
如

しさく⓪【思索】[名・他サ]思索
△～にふける/沉浸于思考之中

しさつ⓪【視察】[名・他サ]视察

じさつ⓪【自殺】[名・自サ]自杀
【-未遂(みすい)④】[名]自杀未遂

しさん⓪【資産】[名]资产,财产

じさん⓪【持参】[名・他サ](自
己)带△弁当～/自带盒饭【-金
(きん)⓪】[名](结婚时)男女双
方从各自家中带来的钱

しじ①【支持】[名・他サ]支持△
～をえる/得到支持

しじ①【指示】[名・他サ]指示,指
意△～にしたがう/遵照指示

じじこっこく①-⓪【時時刻刻】[副]
时刻,每时每刻

じじつ①【事実】I[名]事实△～
に即(そく)して言う/实事求
事地说△～をまげる/歪曲事实
【既成(きせい)-④】[名]既成事
实 II[副]实际上△～、彼はそう
言っている/实际上,他是那么说
的

ししゃ①②【死者】[名]死人

ししゃ①【支社】[名]①分公司,分
店 ②(神社的)分社

ししゃ①【使者】[名]使者

ししゃ①【試写】[名・他サ](电影)

試映,预演,试片

じしゃく① 【磁石】[名]①磁石,磁铁 ②指南针 ③〈矿〉磁铁矿

ししゃごにゅう① 【四捨五入】[名・他サ]四舍五入

じしゅ① 【自主】[名]自主【-外交(がいこう)④】[名]自主外交

ししゅう⓪ 【刺繍】[名・他サ]刺绣

しじゅう① 【始終】I[名]始终,自始至终　II[副]始终,不断,经常

じしゅう⓪ 【自習】[名・他サ]自习【-時間(じかん)④】[名]自习课

じしゅく⓪ 【自粛】[名・自サ]自慎

ししゅつ⓪ 【支出】[名・他サ]支出△～をおさえる/控制支出

ししゅんき② 【思春期】[名]思春期

ししょ① 【司書】[名](图书馆)馆员

じしょ① 【地所】[名]地皮,建筑用地

じしょ① 【辞書】[名]字典,辞典△～をひく/查字典

じじょ① 【次女】[名]次女

じじょ① 【自叙】[名]自叙【-伝(でん)②】[名]自传

ししょう⓪ 【支障】[名]妨碍,障碍△～をきたす/发生障碍

ししょう⓪ 【死傷】[名・自サ]死伤【-者(しゃ)②】[名]死伤者

ししょう①② 【師匠】[名](手艺人,民间艺人的)师傅,老师

しじょう⓪ 【史上】[名]历史上,有史以来△～に名をとどめる/青史留名【-空前(くうぜん)⓪-⓪】[名]史无前例

しじょう⓪① 【市場】[名]市场【-調査(ちょうさ)④】[名]市场调查

しじょう⓪ 【至上】[名]至上,最高△～の喜び/无比喜悦

じじょう⓪ 【事情】[名]①缘故,原因△～をうちあける/讲出缘故 ②情况,状况△家庭の～/家庭情况

じじょうじばく⓪ 【自縄自縛】[名]自做自受,自绳自缚

ししょうせつ② 【私小説】[名](日本现代文学中以反映作者自身生活体验的文学形式)私小说

じしょく⓪ 【辞職】[名・他サ]辞职【-願(ねが)い④】[名]辞职报告

しじん⓪ 【詩人】[名]诗人

じしん① 【自身】[名]①自身,自己 ②本身△それはきみ～の問題だ/那是你本身的问题

じしん⓪ 【自信】[名]自信,信心△～がある/有信心

じしん⓪ 【地震】[名]地震△～がおこる/发生地震

しすう② 【指数】[名]①指数,指标【知能(ちのう)-④】[名]智能指数,智商 ②〈数〉指数

しずか① 【静か】[形動]①安静,寂静△～にあるく/轻轻地走 ②平稳,平静△～な海/平静的大海 ③(性格)沉稳,稳重△～な人/稳静的人

しずく③ 【滴・雫】[名]水点,水滴△～がたれる/水滴滴落

システム① 【system】[名]①体系 ②组织,系统

じすべり② 【地滑り】[名]①滑坡 ②(社会)大变革

しずま・る③ 【静まる】I[自五]【静まる】静,安静△場内が～/场内安静下来【静まりかえる⑤】[自五]鸦雀无声　II【静まる・鎮まる】平息,平定,恢复正常△気が～/心情平静下来△痛みが～/疼痛消失

しず・む⓪ 【沈む】[自五]①沉入(水中)△船が～/船沉了△海に～/沉入海中 ②下沉,落△日が～/日落 ③(心情)沉闷,消沉,郁闷△～んだ表情/消沉的表情【泣

（な）き-④〕[自五]悲伤（地）哭泣 ④没落,沦落△不幸な境遇に～/沦落到不幸的境地

しず・める③【沈める】[他下一]把…沉入（水中）△船を～/把船沉到水中

しず・める③[他下一]Ⅰ【静める】使（吵闹声等）静下来△場内を～/使场内安静下来 Ⅱ【静める・鎮める】使（局面、心情等）稳定,平息△内乱を～/平息内乱

じ・する①【辞する】Ⅰ[自サ]辞别,告辞 Ⅱ[他サ]辞退（职务、工作）△職を～/辞职

シーズン①【season】[名]季节,时期△スキー～/滑雪季节

しせい⓪【姿勢】[名]①（身体的）姿势,体态 ②（对问题所采取的）态度△前向きの～/积极的态度

じせい⓪【自制】[名・他サ]自我克制△～をうしなう/失去自我控制【-心（しん）②】[名]自制力,自制心

じせい⓪【時勢】[名]时世,时代△～に流される/随波逐流

しせいかつ②【私生活】[名]私生活

しせき①【史跡・史蹟】[名]史迹,古迹【-めぐり④】[名]追寻古迹

しせつ①②【施設】[名・他サ]设施,设备【公共（こうきょう）-⑤】[名]公共设施

じせつ①【時節】[名]①季节 ②时机△～を待つ/等待时机 ③（当前的）形势,时势

しせん⓪【支線】[名]①（铁路）支线 ②（电线杆等）拉至地面支撑用的铁丝

しせん⓪【視線】[名]视线△～があう/目光相遇

しぜん⓪【自然】[名]①自然△～に親しむ/热爱自然【-界（かい）②】[名]自然界 ②天然,未加工的【-石（せき）②】天然石

じぜん⓪【事前】[名]事前△～に知る/事前知道【-運動（うんどう）④】[名]（选举等的）事前活动

じぜん⓪【慈善】[名]慈善【-事業（じぎょう）④】[名]慈善事业

しぜんかがく④【自然科学】[名]自然科学

しそう⓪【思想】[名]思想【-家（か）⓪】[名]思想家

じそく①【時速】[名]时速

じぞく⓪【持続】[名・自他サ]持续,继续

しそん①【子孫】[名]子孙

じそん⓪【自尊】[名]自尊【-心（しん）②】[名]自尊心

した【下】Ⅰ⓪②[名]①下,下面,下方△～のへや/下面的房间 ②内,里面△～にシャツを着る/里面穿衬衫△ズボン～/裤裆 ③（地位、年龄、能力等）低,小△～への思いやり/对部下的关怀△二つ～の弟/小我两岁的弟弟 ④随后,后△そう言う言葉の～から,もうまちがっている/从那句话之后,就错了 Ⅱ[接头]事先做准备△～調べ/事先调查

した②【舌】[名]舌头△～が肥えている/口味高◇舌がまわる/言语流利◇舌の先（さき）/要嘴皮子◇舌を巻（ま）く/佩服

したい⓪【死体】[名]尸体,死尸

しだい【次第】Ⅰ③[名]①次序,顺序 ②情况,经过,情形△まことにおはずかしい～です/这件事真让我感到羞愧△事の～/事情的经过 Ⅱ[接尾]①（上接名词）听任,任其自然△お天気～/视天气情况（而定）②（上接动词连用形）一…就…,马上…△仕事が終り～帰国する/工作一结束就回

国

じたい⓪【自体】Ⅰ[名]自体,自身,本身△使い方ではなくて,機械～に欠陥がある/不是使用方法的问题,而是机器本身有缺陷 Ⅱ[副]首先,根本△らくをしてもうけようというのが,～まちがいだ/要想舒舒服服地赚钱,(这一想法)从根本上就错了

じたい①【事態】[名]事态,局势,情况△～を見きわめる/看清局势[非常(ひじょう)-④][名]特殊情况,非常事态

じだい⓪【時代】[名]①时代,时期,年代 ②当代,现代△～にながされる/随时代而行△～の先端/时代的前列[-遅(おく)れ④][名]过时,落后于时代 ③过去的时代,历史△～がつく/有历史的印迹[-劇(げき)②][名]历史剧

した・う⓪②【慕う】[他五]①怀念△故郷を～/怀念故乡 ②恋慕,眷恋△あとを～/因眷恋而追随其后△恋い～/爱恋 ③景仰,敬慕

したうけ⓪【下請け】[名]转包(工),转承揽[-工事(こうじ)⑤][名]转包工程

したうちあわせ⓪【下打ち合わせ】[名](预备性的)洽谈,磋商

したが・う⓪【従う】[自五]①跟,随△時勢に～/跟随形势 ②听从,遵照△意見に～/服从意见 ③按照,依照(法律,习惯)△法律に～/按照法律(办事) ④(用「…にしたがい」、「…にしたがって」的形式表示)随着△試合経験をつむに～って,成績もよくなってきた/随着比赛经验的丰富,成绩也越来越好

したがき⓪【下書(き)】[名](打)

草稿,底稿△～に手を入れる/修改底稿

したがって⓪【従って】[接]所以,因此△あすは先生が出張に出かける。～授業は休みだ/明天老师出差,因此,就不上课了

したぎ⓪【下着】[名]内衣(裤),贴身衣服

したく⓪【支度・仕度】[名・他サ]准备△～がととのう/准备完毕△食事の～/准备饭菜[身仕度(みじたく)②][名]打扮,修饰

じたく⓪【自宅】[名]自己的住所

したごころ③【下心】[名]坏心,恶意

したさき④③【舌先】[名]①舌尖 ②巧妙的言辞△～でごまかす/巧言妙语搪塞

したじ⓪【下地】[名]①基础 ②(原有的)素质△～がいい/素质好 ③(用「おしたじ」的形式表示)酱油

したし・い③【親しい】[形]亲近,亲密,亲切△～友だち/亲密的朋友△日本人にとって～景色/令日本人感到亲切的景色

したしみ④⓪【親しみ】[名]亲近感,亲密感

したし・む③【親しむ】[自五]①亲密,亲近 ②(感到)熟悉,亲切

したしらべ③【下調べ】[名]①事先调查 ②预习(功课)

したたらず②【舌足らず】[名・形动]言犹未尽,未充分表达出△～な文章/未充分表达出观点的文章

したつづみをうつ【舌鼓を打つ】(因为好吃)咂嘴,吧嗒嘴

したて⓪【下手】[名]下方,下面△下手に出(で)る/谦逊

した・てる③【仕立てる】[他下一]①缝制,制做(衣服) ②准备

△船を～/备船 ③培养,造就△
一人まえに～/培养成人 ④装扮
△悪人に～/装扮成坏人

したばたらき③【下働(き)】[名]
①助手,打下手 ②勤杂工

したまち⓪【下町】[名]城市中地
势低、小工商业集中的地区

したみ⓪【下見】[名]Ⅰ ①预先察
看 ②(房屋外的)鱼鳞板、护壁板

じだらく②⓪【自堕落】[形动]懒
散,疏懒△～な生活/堕落的生活

したわし・い【慕わしい】[形]恋
慕,爱慕

しち②【七】[名]七

しち②【質】[名]①抵押物 ②典当
的东西

じち①【自治】[名]自治【-会(か
い)】②[名]自治会【地方(ちほ
う)-】④[名]地方自治

しちがつ④【七月】[名]七月

しちや②【質屋】[名]当铺

しちょう②【市長】[名]市长

じちょう③【自重】[名・自サ]①自
重,慎重 ②保重

じちょう②【自嘲】[名・自サ]自嘲
△～の笑い/自嘲的笑

しちょうかくきょういく⑥【視聴覚
教育】[名](利用广播,电视等进
行的)视听教育

しちょうりつ②【視聴率】[名](电
视、广播的)视听率△～が高い/
视听(视)率高

しつ②⓪【質】[名]质量

シーツ①【sheet】[名]床单

じつ②【実】[名]①真实,实际△～
を言うと/说实在的…△～の父/
生身父亲 ②实质,实效△名をす
てて～をとる/务实,不徒虚名
③真诚△～のある態度/诚心诚
意的态度

じつえん⓪【実演】[名・他サ]①
现场表演 ②(演员、歌手等)登台
演出

じっか⓪【実家】[名](已婚妇女的)
娘家△～に帰る/回娘家

しっかく⓪【失格】[名・自サ]丧失
资格

しっかり③ [副]①坚固,结实△～
した土台/坚固的基础△～と結
ぶ/系得结结实实 ②扎扎实实△
～した研究/扎扎实实的研究 ③
可靠,可信△～した考え/信得过
的想法【-者(もの)】⓪[名]有思想
的人,意志坚定的人

じっかん⓪【実感】[名・他サ]真实
感,(亲身体验的)感觉△～がわ
く/有一种真实感

しっき③⓪【湿気】[名]→しっけ

しっき⓪【漆器】[名]漆器

しつぎょう⓪【失業】[名・自サ]
失业【-者(しゃ)】③[名]失业者

じっきょう⓪【実況】[名]实况【-中
継(ちゅうけい)】⑧[名](电视)实
况转播

じっくり③ [副]慢慢地,稳稳当当
地△～(と)考える/沉思

しつけ⓪【仕付け・躾】[名]①礼
仪,礼貌教育△～がいい/有家
教,有教养 ②(缝纫)绷线

しっけ③⓪【湿気】[名]湿气,潮气
△～をおびる/带潮气△～が多
い/潮气大

しっけい【失敬】Ⅰ[形动]失礼,没
礼貌 Ⅱ[名・他サ]①失陪,告辞
△きょうはこれで～する/今天
到此告辞 ②(不经允许)偷拿 Ⅲ
[感](男子用语,分手或道歉时)
再见,对不起△や、～/呀,对不起

しつ・ける③【躾ける】[他下一]
管教,进行礼貌教育△子供を～/
教育孩子

しっけん⓪【執権】[名]①执政 ②
(镰仓幕府时代辅佐将军总揽政
务的)执政官

しつげん⓪【失言】［名・他サ］失言△～をとりけす/收回失言

じっけん⓪【実験】［名・他サ］实验-結果(けっか)⑤［名］实验结果【核(かく)-】③［名］核实验

じつげん⓪【実現】［名・自他サ］实现△ゆめが～する/梦想实现了

しつこ・い③【形】①(色、香、味等)浓艳,腻人 ②絮叨,纠缠不休△～くつきまとう/纠缠不休

しっこう⓪【執行】［名・他サ］执行△刑を～する/执行判决-猶予(ゆうよ)⑤［名］缓期执行

じっこう⓪【実行】［名・他サ］实行△～にうつす/付诸实行【-力(りょく)】③［名］实践能力

じっさい⓪【実際】Ⅰ［名］实际△～に見る/看看实际(情况) ②真实,现实△写真より～の方が美しい/比起照片来,还是本人漂亮 Ⅱ［副］的确,实在△～あきれたやつだ/实在是个少见的家伙

じつざい⓪【実在】［名・自サ］实际存在△～の人物/实有的人物

じっし⓪【実施】［名・他サ］实施△計画どおり～する/按计划实施

じっしつ⓪【実質】［名］实质【-賃金(ちんぎん)】⑤［名］实际工资

じっしつてき⓪【実質的】［形動］①实质△～な仕事/实质性的工作 ②(谈论时)实际上△～には三時間しか寝ていない/实际上只睡了三个小时

じっしゃかい③【実社会】［名］现实社会

じっしゅう⓪【実習】［名・他サ］实习【-生(せい)】③［名］实习生

じっしゅきょうぎ④【十種競技】［名］〈体〉十项全能

じっしょう⓪【実証】［名・他サ］确凿的证据

じつじょう⓪［名］Ⅰ【実情】真情 Ⅱ【実情・実状】实际情况

じっせき⓪【実績】［名］工作成绩

じっせん⓪【実践】［名・他サ］实践

しっそ①【質素】［名・形動］朴素,简朴△～な暮らし/简朴的生活

じったい⓪【実態】［名］实态,实际情况

じっち⓪【実地】［名］①现场【-調査(ちょうさ)】④［名］实地调查 ②现实,实际【-訓練(くんれん)】④实际训练

しっちょう⓪【失調】［名］①出毛病,暂时失灵 ②失调【栄養(えいよう)-】⑤［名］营养失调

しっと①【嫉妬】［名・他サ］嫉妒,吃醋△～の炎(ほのお)/嫉妒之火【-心(しん)】③［名］嫉妒心

しつど⓪【湿度】［名］湿度【-計(けい)】⓪［名］湿度计

じっと⓪［副］目不转睛,一动不动△～見つめる/凝视△そのまま～している/一动不动

しっとり③［副］①湿润,发潮 ②安祥,沉着,文静△～(と)おちついた感じの女性/文静的女性

しつない②【室内】［名］室内【-楽(がく)】③［名］室内乐

じつに①【実に】［副］实在,真,的确,非常△～すばらしい/真是美极了

じつは②【実は】［副］其实,说实在的△～、すっかり忘れていた/其实我早忘在脑后了

ジッパー①【zipper】［名］→ファスナ

しっぱい⓪【失敗】［名・自サ］失败△試験に～する/考试失败◇失敗は成功(せいこう)のもと/失败是成功之母

しっぴつ⓪【執筆】［名・自他サ］执笔,写文章

じつぶつ⓪【実物】[名]实物・**-教育（きょういく）**⑥【名】实物教学（教育）

しっぽ③【尻尾】[名]①（动物的）尾巴 ②（细长物的）末尾，尾部△大根の～/萝卜根

しつぼう⓪【失望】[名・自サ]失望△前途に～する/对前途失望

しつめい⓪【失明】[名・自サ]失明

しつもん⓪【質問】[名・自他サ]质问，疑问△～を受ける/受质问

じつよう⓪【実用】[名・他サ]实用△一点ばり/专搞实用**-品（ひん）**⓪[名]实用品**-化（か）**⓪[名]实用化

しつりょう②【質量】[名]质量

じつりょく⓪【実力】[名]①实力，实际的能力△～がある/有实力②武力△～にうったえる/用武力，动武**-行使（こうし）**⑤[名]行使武力

しつれい②【失礼】Ⅰ[名・形動・自サ]失礼，不礼貌△～な言い方/不礼貌的说法△～にあたる/不礼貌Ⅱ[名・自サ]（分手时）告辞，先走△先に～します/对不起，我先走了Ⅲ[感]（分手、道歉时）再见，对不起

じつれい⓪【実例】[名]实例

しつれん⓪【失恋】[名・自サ]失恋

してい⓪【指定】[名・他サ]指定△日時を～する/指定日期、时间

してき⓪【指摘】[名・他サ]指出△あやまりを～する/指出错误

してつ⓪【私鉄】[名]私营铁路

しては[副]（用「…にしては」、「…としては」的形式表示）就…而言，照，看来△それに～/照此看来

してみると②[接]依照…看来△わたしに～/依我看

してみれば③[接]作为…来说，从…立场，出发△父に～/作为父亲来说…

しても[副助]即使，假使△あるに～/即使有也…△いずれに～/不管怎样，总之△それに～/即使那样也…

してん⓪【支店】[名]支店，分公司

してん⓪②【視点】[名]立场，观点△～をかえる/转变观点

じてん⓪【字典】[名]字典

じてん⓪【辞典】[名]词典

じてん⓪【時点】[名]时候

じてん⓪【自転】[名・自サ]自转

じでん⓪【自伝】[名]自传

じてんしゃ②【自転車】[名]自行车

シート①【seat】[名]①座席**-ベルト**④【名】安全带②（棒球）防守位置

シード①【seed】[名・他サ]①淘汰赛时对种子选手的编法②种子选手

しどう⓪【指導】[名・他サ]指导△～にあたる/担任指导

じどう⓪【自動】[名]自动**-ドア**[名]自动门**-販売機（はんばいき）**⑥[名]自动售货机

じどう①【児童】[名]儿童**-劇（げき）**②[名]儿童剧

じどうし②【自動詞】[名]〈语〉自动词

じどうしゃ②【自動車】[名]汽车

じどうせいぎょ④【自動制御】[名・自サ]自动控制

じどうてき⓪【自動的】[形動]①自动△～に開く/自动地开②自然而然△会長の死去にともなって、副会長が～に会長になる/随着会长的去世，副会长自然接替会长职务

しどけな・い④［形］（指女性）服饰不整,不整洁

しと・げる③【し遂げる・為遂げる】［他下一］完成,做完

しとしと②［副］（雨）淅淅沥沥地（下）△～降る雨/蒙蒙细雨

しとやか②【淑やか】［形动］（指女性）文雅,安静,端庄

しな⓪【品】［名］①物品,东西△祝いの～/贺礼 ②商品△～をえらぶ/挑选商品 ③商品质量△～がいい/质量好 **-定（さだ）め**③［名］品评,评定（质量）◇手（て）を替（か）え品を替え/（为某事成功而）换尽手法,采用各种各样的方法

しない①②【竹刀】［名］（剑道用的）竹刀

しない①【市内】［名］市内,市区

しなぎれ⓪【品切れ】［名］（货物）卖光,售完

しな・びる⓪【萎びる】［自上一］枯萎,干巴,蔫△～びた手/干瘪的手△～びた野菜/蔫了的蔬菜

しなもの⓪【品物】［名］物品,商品

しなやか②［形动］柔软而有弹性

シナリオ②⓪【scenario】［名］（电影,电视剧）脚本 **-ライター**⑤［名］剧作家,编剧

じなん①【次男】［名］次男

しにぎわ⓪【死（に）際】［名］临终,临死

しにせ⓪【老舗】［名］老字号,老铺子

しにものぐるい⑤【死（に）物狂い】［名］拼命,豁出命△～で働く/拼死拼活地干

しにん⓪【死人】［名］死人,死者◇死人に口（くち）なし/死人无法对证

し・ぬ【死ぬ】［自五］①死亡△～んだふりをする/装死△交通事故で～/死于交通事故 ②（用「しんでいる」的形式表示）无生气,死气沉沉△目が～んでいる/目光无神 ③无用,（白白地）浪费△そのままでは金が～んでしまう/那样钱就白费了 ④（棒球）出局 ⑤（围棋）死棋

じぬし⓪【地主】［名］地主

シネマスコープ⑤【Cinema Scope】［名］宽银幕电影

しの・ぐ②【凌ぐ】［他五］①凌驾,优胜于…△兄を～/超过哥哥 ②忍耐,熬过△夏を～/熬过夏季△糊口（ここう）を～/勉强度日

しのび⓪【忍（び）】［名］①悄悄地△お～で歩く/悄悄地走 **-足（あし）**⓪③［名］蹑足,轻手轻脚△～で潜入（侦察）,密探△～の者（もの）/密探

しの・ぶ⓪②【忍ぶ】Ⅰ［自五］偷偷地行动△人目を～/避人眼目△～びよる/悄悄地靠近 Ⅱ［他五］忍受,忍耐△はじを～/忍受耻辱

しの・ぶ⓪【偲ぶ】［他五］追忆,缅怀△昔を～/追忆过去△なき人を～/缅怀故人

シノプシス②【synopsis】［名］（电影等）情节梗概

しば⓪【芝】［名］（铺草坪用的）矮草

しば⓪【柴】［名］柴△～をかる/打柴

しはい①【支配】［名・他サ］支配,统治

しばい⓪【芝居】［名］①戏剧,戏 ②把戏,花招△～を打つ/耍花招

しはいにん②【支配人】［名］（商店,公司的）管理人,经理

じはく⓪【自白】［名・他サ］坦白,招认 **-調書（ちょうしょ）**④［名］

自白书，自供状

しばしば① [副] 屡次，常常△そのころわたしは、病気で学校を～休んだ/那时我常常因病休学

しばた・く [他五] (不停地) 眨眼△目を～/不停地眨眼

しはつ⓪ [始発] [名] ①头班(电、汽车)△電車(でんしゃ)④ [名] (清晨) 第一班电车 ②始发(站) 【駅(えき)③】 [名] 始发站

じはつ⓪ [自発] [名] 自发，自觉【的(てき)⓪】 [形动] 自发

しばふ⓪ [芝生] [名] 草坪

しはら・う③ [支払う] [他五] 支付，付款△料金を～/付钱

しばらく② [暫く] [副] ①一会儿△～お待ち下さい/请稍等一下 ②好久，一段时间△～ごぶさたいたしました/好久没写信了(久未拜访)

しば・る② [縛る] [他五] 捆，绑，扎△しっかり～/紧紧地捆 ②束缚，限制△時間に～られる/受时间限制

しはん⓪ [市販] [名・他サ] 市场上出售

しはん① [師範] [名] ①师范，师表 ②(教授武艺、技艺的) 师傅

じばん⓪ [地盤] [名] ①地基，地盘△～がやわらかい/地基松软 ②势力范围

ジーパン⓪ [G パン] [名] 牛仔裤

しひ⓪① [私費] [名] 私费，自费△～で留学する/自费留学

じひ⓪① [自費] [名] 自费

じびか⓪ [耳鼻科] [名] 耳鼻科

じびき③ [字引] [名] 词典

じひつ⓪ [自筆] [名] 亲自书写，亲笔

じひょう⓪ [時評] [名] ①(时事) 评论△社会～/社会评论△文芸～/文艺评论 ②议论△～にのぼる/受到(人们的)议论

じひょう⓪ [辞表] [名] 辞呈，辞职书△～を出す/提出辞职书

じびょう① [持病] [名] ①老病 ②老毛病

しびれ③ [痺れ] [名] 麻，麻木 【-薬(ぐすり)④】 [名] 麻醉药◇痺れを切(き)らす/①腿麻了 ②等得不耐烦了

しび・れる③ [痺れる] [自下一] ①麻木，发麻△足が～/脚麻了△電気で～/因触电而(感觉)麻木 ②陶醉，兴奋

ジープ① [jeep] [名] 吉普车

しぶ・い② [渋い] [形] ①涩 ②不高兴，不痛快△～顔/阿阿不乐的面孔 ③小气，吝啬△金に～/吝啬钱 ④老练，深沉△～芸/老练的演技△～声/深沉的声音

しぶき③① [飛沫] [名] 飞沫，飞溅的水花△～にぬれる/被飞溅的水花打湿△～を上げる/溅起水花

しふく⓪ [私服] [名] ①便服 ②便衣(警察)

しふく⓪ [私腹] [名] 私囊◇私腹を肥(こ)やす/肥私囊

しぶしぶ⓪⓪ [渋渋] [副] 勉强△～ひきうける/勉强答应

じぶつ① [事物] [名] 事物

ジフテリア⓪ [diphtheria] [名] 〈医〉白喉

しぶ・る② [渋る] I [自五] ①不流畅，不顺利△売れ行きが～/销路不畅 ②便秘△腹が～/蹲肚 II [他五] 不愿意，不情愿△返事を～/不愿答复

じぶん⓪ [自分] I [名] 当事人，自己△～をかえりみる/自省【-自身(じしん)④】 [名] 自己本人 II [代] 我

じぶんかって④ [自分勝手] [名・

形动]任性,只顾自己方便△～な
人/任性的人

しへい① 【紙幣】[名]纸币

じべた① 【地べた】[名]地面

しべつ⓪ 【死別】[名・自サ]死别

じへん① 【事変】[名]①事件,骚乱
②事变

じべん⓪ 【自弁】[名・自サ]自己
负担费用

しぼ① 【思慕】[名・他サ]思慕,思
念△～の情/思慕之情

しほう① 【司法】[名]司法△-権(け
ん)②[名]司法权

しほう② 【四方】[名]①(东、南、
西、北)四方,四面 ②周围,四周
△～を見わたす/环顾四周

しぼう⓪ 【死亡】[名・自サ]死亡
△～通知/死亡通知

しぼう⓪ 【志望】[名・他サ]愿望,
志愿△医者を～する/希望当医
者

しぼう⓪ 【脂肪】[名]脂肪△～が
つく/长脂肪【-油(ゆ)②[名]脂
油(鱼油,植物油等)

じほう⓪ 【時報】[名]①时报△社
会～/社会时报 ②报时△正午の
～/中午报时

じぼうじき④ 【自暴自棄】[名・形
动]自暴自弃△～になる/变得自
暴自弃

しぼ・む⓪ 【萎む・凋む】[自五]
①枯萎,凋萎△花が～/花枯萎了
②瘪△風船が～/气球瘪了 ③
(希望)破灭△夢が～/幻想破灭
了

しぼり③ 【絞(り)】[名]①(「しぼ
り染め」的简称)绞缬染法 ②带
斑纹的花瓣△～の朝顔/带斑纹
的牵牛花 ③(照像)光圈

しぼ・る② 【搾る・絞る】[他五]
①拧△タオルを～/拧手巾 ②硬
挤,强逼△税金を～/征税△知恵

を～/绞尽脑汁 ③苛责,申斥△
父に～られる/挨父亲训斥 ④收
拢,缩小△音量を～/放低音量△
問題を～/把问题集中◇袖(そ
で)をしぼる/痛哭

しほん⓪ 【資本】[名]资本,资金

しほんしゅぎ④ 【資本主義】[名]资
本主义

しま② 【島】[名]岛

しま② 【縞】[名](横、竖)条纹

しまい① 【姉妹】[名]姐妹

しま・う⓪ 【終う・仕舞う】I⓪[他
五]①完了,结束△仕事を～/搞
完工作△店を～/关店门;停止营
业 ②收起来,整理好△道具を
～/把工具放好 II[补动](用～
て(で)しまう的形式)①表示动
作完了△いっきに読んで～った/
一口气读完了 ②强调某种状态、
结果△すっかりあわてて～った/
完全慌了△金をおとして～った
/把钱丢了

しまうま⓪ 【縞馬】[名]斑马

じまく⓪ 【字幕】[名](电影)字幕

しまぐに② 【島国】[名]岛国

しまじま② 【島島】[名]①每个岛
屿 ②群岛

しまつ① 【始末】[名]①收拾,处理
△～をつける/加以解决△～に
負えない/难处理【後(あと)-③】
[名]善后 ②结局,下场△あれほ
ど注意したのに、この～はいっ
たいなんだ/一再提醒你,可怎么
还弄成这么个结果 ③节俭,节省
【-屋(や)⓪】[名]会节省的人

しまった② [感](遗憾时)糟了,糟
糕

しまり① 【締(ま)り】[名]①紧张,
严紧△口もとに～がない/嘴不
严肃的人 ②结束,收尾△～をつけ
る/结束(工作)

しま・る② [自五]I【締まる・絞

まる】紧,勒紧△ねじがかたく～
っている/螺丝拧得紧紧的 Ⅱ【締
まる】紧张,不松懈△身が～/浑
身紧张【引(ひ)き-④】[自五]①紧
闭 ②(精神)紧张 Ⅲ【閉まる】关
闭,紧闭△戸が～/门关着

じまん⓪【自慢】[名・他サ]自夸,
自豪【-話(ばなし)④】[名]引以为
自豪的事

しみ⓪【染み】[名]①污垢,污迹△
～がつく/沾上污垢△～をぬく/
去掉污垢 ②老人斑

じみ②【地味】[名・形動]①素,不
艳丽,朴素△～な色の着物/颜色
素气的衣服 ②朴实△～な性格/
朴实的性格

しみこ・む③【染(み)込む】[自
五]①渗透,渗入 ②(思想,习惯
等)浸透,深入

しみじみ③ [副]深切,发自内心
地,恳切△～(と)感じる/痛感

しみず⓪【清水】清泉,清澈的水

シミーズ①【(法)chemise】→シュ
ミーズ

しみとお・る③【滲(み)透る】[自
五]①渗透△冷たさが～/冷气刺
骨 ②痛感,深感△骨の髄(ずい)
まで～/刻骨铭心

し・みる⓪【染みる・滲みる】[自
上一]①渗入,渗透 ②刺痛△目
に～/刺痛眼睛 ③深感△身に
～/切身痛感 ④受影响,沾染△
悪習に～/染上恶习

-じ・みる【染みる】[接尾](上接
名词,构成上一段活用动词)①
(全部)沾上△あか～/沾上污垢
②(看起来)好象…△子供～/看
起来象个孩子

しみん①【市民】[名]市民【-権(け
ん)②】[名]市民(公民)权

じむ①【事務】[名]事务△～をと
る/办公【-室(しつ)②】[名]办公

室【-員(いん)②】[名]职员,办事
员【-所(しょ)②】[名]事务所

しむけ⓪【仕向(け)】[名]①(向某
处)发送(货物等) ②对待

しむ・ける③【仕向ける】[他下
一]①对待△親切に～/热情地对
待 ②发送(货物等)

じむてき⓪【事务的】[形動]事务
性

しめい①【氏名】[姓]姓名

しめい①【使命】[名]使命△～を
おびる/负有使命【-感(かん)⓪】
[名]使命感

しめい⓪【指名】[名・他サ]指名,
指定△～をうける/接受指定

しめいてはい④【指名手配】[名・
他サ]通缉(逃犯)

しめきり⓪【締め切り】[名]截止,
终止【-日(び)④】[名]截止日期

しめき・る⓪【締(め)切
る】截止,终止△申しこみを～/
截止报名 Ⅱ【閉(め)切る】关闭
△へやを～/把房间紧紧关上

しめくく・る⓪【締めくくる・締
(め)括る】[他五]总结,结束△
会議を～/结束会议

じめじめ① [副]潮湿,潮乎乎△～
した気候/潮湿的气候

しめ・す⓪【示す】[他五]①出示,
指示△方向を～/指示方向△見
本を～/出示样本 ②表示,表现
△誠意を～/表现出诚意 ③显示
△実力を～/显示出实力

しめ・す⓪【湿す】[他五]弄湿,浸
湿

しめた① [感]太好了,好极了

しめだ・す⓪[他五]Ⅰ【締(め)出
す】排斥△日本製品を～/排斥日
货 Ⅱ【閉(め)出す】关在门外,不
许进屋

じめつ⓪【自滅】[名・自サ]①自
取灭亡 ②自然消亡

しめっぽい⓪④【湿っぽい】［形］①潮乎乎，湿 ②（心情）阴郁，忧郁△～気分/忧郁的心情
しめなわ⓪②【注連縄】［名］（祭神或新年时挂的）稻草绳
しめりけ⓪【湿り気】［名］潮气
しめ・る⓪【湿る】［自五］潮湿△～った空気/潮湿的空气
し・める②【占める】［他下一］①占，占有△席を～/占座位【買（か）い-④】［他下一］全部买下，囤积 ②占据△多数を～/占据多数
し・める②［他下一］Ⅰ【締める】①系（紧），拧（紧），勒（紧）△帯を～/系紧带子 ②振作起来，紧张起来△気持ちを～/振作精神【ひき-④】［他下一］勒（紧），振做起来 ③结算，结账△～めて五万円の料理/共计饭菜是5万日元 Ⅱ【締める・絞める】掐，勒，榨△首を～/掐脖子【だき-④】［他下一］紧紧地抱住 Ⅲ【閉める】关闭△窓を～/关窗△店を～/商店关门；停业
しめん①【四面】［名］①四面【-体（たい）⓪】［名］〈数〉四面体 ②周围，四周
じめん①【地面】［名］地面
しめんそか①-①【四面楚歌】［名］四面楚歌
しも②【下】［名］①下游【川（かわ）-⓪】［名］下游 ②下半身【-半身（はんしん）③】［名］下半身 ③后期【-半期（はんき）③】［名］后半期 ④地位低下的人
しも②【霜】［名］霜△～がおりる/下霜△～がつく/（冰箱）结霜【-柱（ばしら）③】［名］（冬季地面结的）霜柱
しもいちだんかつよう【下一段活用】［名］（动词变化的一种）下一段活用
しもつき②【霜月】［名］阴历十一月
しもて③【下手】［名］①下游 ②（从观众席看）舞台左侧
じもと③【地元】［名］①地方，当地【-新聞（しんぶん）④】［名］地方报纸 ②自己居住的地方
しもやけ⓪【霜焼（け）】［名］（手、脚的）冻疮
しもん⓪【指紋】［名］指纹
しもん⓪【試問】［名・他サ］考试，测试【口頭（こうとう）-⑤】［名］口试
しもん⓪【諮問】［名・他サ］咨询【-機関（きかん）⑤】［名］咨询机关
じもんじとう⓪【自問自答】［名・自サ］自问自答
しや①【視野】［名］视野△～をひろめる/开阔视野
しゃ①【社】［名］（「会社」的简称）公司
しゃ⓪【車】［名］（将棋的「飛車」的简称）飞车
じゃ Ⅰ①［接］那么△～、また/那么，再见（回头见）Ⅱ［接助］△そう～ない/不是那么回事◆也读做「じゃあ」
ジャイロコンパス⓪【gyrocompass】［名］回转罗盘
しゃいん①⓪【社員】［名］公司职员
しゃおん①【謝恩】［名・自サ］谢恩【-会（かい）⓪】［名］谢恩会
しゃか⓪①【釈迦】［名］释加牟尼
しゃかい①【社会】［名］①社会△～に出る/走上社会【実（じっ）-③】［名］现实社会 ②（艺术等）界△芸術家の～/艺术界
しゃかいか⓪【社会科】［名］社会科（日本中小学的政治、经济、地理、历史等学科）
しゃかいかがく④【社会科学】［名］

社会科学

しゃかいしゅぎ④【社会主義】[名]
社会主义

しゃかいじん②【社会人】[名]社会
成员

しゃかいほけん④【社会保険】[名]
社会保险

ジャガいも⓪【ジャガ芋】[名]马铃
薯

しゃが・む[自五]蹲下

しゃがれごえ④【嗄(れ)声】[名]嘶
哑的嗓音

しゃが・れる⓪【嗄れる】[自下一]
(声音)嘶哑

しゃく②【尺】[名]①长度 ②尺子

しゃく⓪【酌】[名]斟酒△お～をす
る/斟酒

しゃく⓪【癪】[名・形動]生气,怒
气△～にさわる/动肝火

じゃく①【弱】[名]①弱 ②〈数〉弱,
不足△2メートル～の長さ/不足
两米长

じゃくし⓪【弱視】[名]弱视

しゃくしじょうぎ④【杓子定規】
[名・形動]死板,墨守陈规

しやくしょ②【市役所】[名]市政
厅

じゃぐち⓪【蛇口】[名]水龙头

じゃくてん③【弱点】[名]弱点,缺
点

しゃくど①【尺度】[名]尺度,标准

しゃくどういろ⓪【赤銅色】[名]紫
铜色

しゃくはち⓪【尺八】[名]尺八(日
本乐器)

しゃくほう⓪【釈放】[名・他サ]释
放

しゃくや⓪【借家】[名]租房【-人
(にん)⓪】[名]租房人,房客

しゃくやく⓪【芍薬】[名]芍药

しゃくりあ・げる⑤【しゃくり上げ
る】[自下一]抽噎着哭,哽咽地

哭

しゃげき⓪【射撃】[名・他サ]射击

ジャケット①②【jacket】[名]①夹克
②(唱片、书籍的)纸套

しゃけん⓪【車検】[名](定期的)验
车

しゃこ①【車庫】[名]车库

しゃこう⓪【社交】[名]社交

じゃこう⓪【麝香】[名]麝香

しゃこうかい②【社交界】[名]社交
界

しゃざい⓪【謝罪】[名・他サ]道
歉,赔罪

しゃさつ⓪【射殺】[名・他サ]枪杀

しゃじく⓪【車軸】[名]车轴◇車軸
を流(なが)すような/(雨下得)
如瓢泼,滂沱

しゃじつ⓪【写実】[名]写实

しゃじつしゅぎ④【写実主義】[名]
写实主义

しゃしょう⓪【車掌】[名]乘务员,
列车员

しゃしん⓪【写真】[名]照片,像片
△～をとる/照像

ジャージー①【jersey】[名]针织布
(做春秋女裙用)

ジャズ①【jazz】[名]爵士乐

ジャスト①【just】[名]恰好,正好△
いま、～十二時です/现在正好是
12点

ジャスミン⓪①【jasmine】[名]茉莉

しゃせい⓪【写生】[名・他サ]写生

しゃせつ⓪【社説】[名]社论

しゃぜつ⓪【謝絶】[名・他サ]谢
绝,拒绝

しゃたく⓪【社宅】[名](公司)职工
住宅

しゃだん⓪【遮断】[名・他サ](交
通等)隔断,遮断△交通を～す
る/禁止通行

しゃだんき②【遮断機】[名](铁路
道口上)横道栏杆

しゃちょう⓪【社長】[名]社长,公司经理

シャツ①【shirt】[名]衬衣,衬衫

じゃっかん⓪【若干】Ⅰ[名]若干△～の修正を行なう/进行若干修改 Ⅱ[副]一些,少许△うたがわしい点が～ある/多少有些疑点

ジャッキ①【jack】[名]千斤顶

しゃっきん③【借金】[名・自サ]借钱,借款,负债【-取(と)り】④[名]要账的人

しゃっくり①[名]打嗝儿

ジャッジ①【judge】[名]①审判官②〈体〉副裁判③判定,审判

シャッター①【shutter】[名]①(防盗用)卷帘式铁门△～をおろす/放下铁门②(照像机)快门△～をきる/按快门

シャットアウト④【shutout】[名・他サ]①关在门外,不让进入②(棒球)(使对方得零分)完全胜对方③(排球)完全封死

しゃとう⓪【斜塔】[名]斜塔

しゃどう⓪【車道】[名]车道

しゃない①【車内】[名]车内

ジャーナリスト④【journalist】[名]记者

しゃにむに⓪【遮二無二】[副]不管不顾,莽撞△～つきすすむ/横冲直闯

しゃばけ③【娑婆気】[名]名利心

しゃぶしゃぶ⓪[名]涮牛(羊)肉

しゃふつ⓪【煮沸】[名・他サ]煮沸【-消毒(しょうどく)】④[名]煮沸消毒

シャープペンシル④【(日)sharp pencil】[名]自动铅笔

しゃぶ・る⓪【他五】吮,含着△指を～/吮手指头

しゃべ・る②【喋る】[自五]①说,讲②饶舌,唠叨

シャベル①【shovel】[名]铁锹

シャボンだま⓪【(西)jabón 玉】[名]肥皂泡

じゃま⓪【邪魔】[名・形動・他サ]①妨碍,碍事△～になる/碍事△仕事の～をする/妨碍工作【-者(もの)】⓪[名]碍事的人,绊脚石②(拜访别人家时的用语)打扰,打搅△お～します/(临进门时)打扰您了

しゃみせん⓪【三味線】[名](日本式)三弦琴

ジャム①【jam】[名]果酱

しゃめい⓪【社名】[名]公司名称,社名

しゃめん①【斜面】[名]斜面

しゃもじ①【杓文字】[名]盛饭板

しゃらく【洒落】[名・形動]洒脱,潇洒

じゃり⓪【砂利】[名]碎石子【玉(たま)-】②[名](大粒)碎石子

しゃりょう⓪【車両・車輛】[名]车辆

しゃりん⓪【車輪】[名]车轮

しゃれ【洒落】[名]①(利用同音字等讲的)俏皮话,诙谐语△～をとばす/讲俏皮话②打扮,修饰

しゃれい⓪【謝礼】[名]谢礼

しゃ・れる⓪【洒落る】[自下一]①(穿戴)讲究②机灵,心眼快③傲慢,自大④说俏皮话

シャワー①【shower】[名]淋浴

ジャングル①【jungle】[名]密林,热带丛林

じゃんけん⓪[名](儿童游戏)划拳(石头,剪刀,布)

ジャンパー①【jumper】[名]①工作服②运动服

シャンパン③【(法)champagne】[名]香槟酒

シャンプー①【shampoo】[名・自サ]洗发香波;洗(头发)

ジャンプ①【jump】[名・自サ]

〈运〉①跳跃 ②（三级跳远）最后一跳 ③（田径，滑雪）跳跃

ジャンボ①【jumbo】Ⅰ[名]超大型客机 Ⅱ[名・形动]巨大，特大

ジャンル①【（法）genre】[名]（文艺，文学）种类

しゅ①【主】[名]①主要 ②国王，国君 ③〈宗〉神，主

しゆう⓪【私有】[名・他サ]私有【-地（ち）②】[名]私有土地

しゅう⓪【週】[名]一星期，一周

じゆう②【自由】[名・形动]自由，随意，任意【-行动（こうどう）④】[名]自由行动【-业（ぎょう）④】[名]自由职业

じゅう①【十】[名]十

じゅう①【銃】[名]枪

しゅうい①【周囲】[名]①周围，四周 ②环境，外界，周围的人

じゅうい①【獣医】[名]兽医

じゅういちがつ⑤【十一月】[名]十一月

しゅういん⓪①【衆院】[名]众议院

じゅうおう③⓪【縦横】[名]自由自在，任意△〜に活躍する/任意驰骋

しゅうかい①【集会】[名・自サ]集会

じゅうかがくこうぎょう⓪【重化学工業】[名]重化学工业

しゅうかく⓪【収穫】[名・他サ]①（农作物）收获，收成△〜が多い/收成好 ②（喻）成果，收获

しゅうかく⓪【臭覚】[名]嗅觉

しゅうがく⓪【就学】[名・自サ]上小学，就学【-率（りつ）④】[名]就学率

しゅうがくりょこう⑤⓪【修学旅行】[名]修学旅行（由教师带中、小学生到实地参观）

じゆうがた⓪【自由型】[名]〈体〉自由式（游泳）

じゅうがつ④【十月】[名]十月

しゅうかん⓪【習慣】[名]①习惯△〜になる/形成习惯 ②（国家，地方）风俗

しゅうかん⓪【週刊】[名]周刊【-誌（し）③】[名]周刊杂志

しゅうかん⓪【週間】Ⅰ⓪[名]周，星期 Ⅱ[接尾]星期△三〜/三个星期

しゅうき①【周期】[名]周期

-しゅうき【周忌】[接尾]（死者的）周年忌日，忌辰△一〜/一周年忌日

しゅうぎ①【祝儀】[名]①庆祝仪式，婚礼 ②（表示祝贺之意的）礼品，礼钱 ③赏钱，小费

しゅうぎいん③【衆議院】[名]众议院

じゅうきょ①【住居】[名]住所

しゅうきょう①【宗教】[名]宗教

しゅうぎょう⓪【修業】[名・自サ]修业，结业

しゅうぎょう⓪【終業】[名・自サ]①下班，收工 ②学期结束

しゅうぎょう⓪【就業】[名・自サ]①（开始）工作【-规则（きそく）⑤】[名]工作守则 ②就业【-人口（じんこう）⑤】[名]就业人口

じゅうぎょういん③【従業員】[名]职工

しゅうきん⓪【集金】[名・自他サ]收款

しゅうけい⓪【集計】[名・他サ]合计，总计

しゅうげき⓪【襲撃】[名・他サ]袭击

しゅうこう⓪【修好・修交】[名・自サ]修好，友好【-条约（じょうやく）⑤】[名]（国与国之间）友好条约

しゅうごう⓪【集合】[名・自他サ]①集合 ②〈数〉集合

じゅうこうぎょう③【重工業】[名]
重工業

しゅうさい⓪【秀才】[名]秀才,才
子

しゅうし①【収支】[名]收支△～が
あう/收支平衡

しゅうし①【修士】[名]修士,硕士

しゅうし①【終始】[副・自サ]①始
终 ②(某种状态)贯穿始终

しゅうじ⓪【修辞】[名]修辞

しゅうじ【習字】[名]习字,练字

じゅうし⓪【重視】[名・他サ]重
视△スポーツを～する/重视体
育

じゅうじ⓪【従事】[名・自サ]从事
△研究に～する/从事研究

じゅうじか⓪【十字架】[名]十字架

しゅうしけい⓪【終止形】[名]〈语〉
终止形

じゅうじつ⓪【充実】[名・自サ]充
实△～した生活/充实生活

しゅうしゅぼうかん①-⓪【袖手傍
観】[名・他サ]袖手旁观

しゅうしゅう⓪【収拾】[名・他サ]
收拾(败局,残局等)△～がつか
ない/不可收拾

しゅうしゅう⓪【収集】[名・他
サ]收集【-家(か)】⓪[名]收藏家

じゅうじゅん⓪【従順・柔順】[名
・形动]温顺,顺从

じゅうしょ①【住所】[名]住所,住
址【-録(ろく)】③[名]住址名簿,
通信录

じゅうしょう⓪【重症】[名]重症,
重病【-患者(かんじゃ)】⓪[名]重
病患者

じゅうしょう⓪【重傷】[名]重伤

しゅうしょく⓪【修飾】[名・他サ]
①修饰,装饰 ②〈语〉修饰

しゅうしょく⓪【就職】[名・自サ]
就职,就业【-先(さき)】⓪[名]就
业(单位)【-難(なん)】④[名]就业
难

しゅうしょくご④【修飾語】[名]
〈语〉修饰语

しゅうじょし③【終助詞】[名]〈语〉
终助词

じゅうじろ③【十字路】[名]十字路
口

しゅうしん⓪-⓪【終身】[名]终身,
一生【-雇用(こよう)】⓪[名]终身
雇用

じゅうしん⓪【重心】[名]重心

しゅうせい⓪【習性】[名]①习惯
②(动物的)习性

しゅうせい⓪【修正】[名・他サ]修
正,修改△～をくわえる/加以修
改

しゅうせきかいろ⑤【集積回路】
[名]集成电路

しゅうせん⓪【周旋】[名・他サ]斡
旋,推荐,介绍【-屋(や)】⓪[名]中
间人,经纪人

しゅうせん⓪【終戦】[名]①停战,
战争结束 ②指日本在第二次世
界大战中战败投降

しゅうぜん⓪【修繕】[名・他サ]修
缮,修理

じゅうそう⓪【重奏】[名・他サ]
〈音〉重奏【四(し)-】-②[名]四重奏

じゅうそく⓪-⓪【充足】[名・自他
サ]充足,充裕,满足△心が～す
る/内心充实

じゅうぞく⓪【従属】[名・自サ]从
属,附属

じゅうたい⓪【重体・重態】[名]病
危

じゅうたい⓪【渋滞】[名・自サ]
(工作、交通等)无进展,堵塞△交
通が～する/交通堵塞

じゅうだい⓪【重大】[名・形动]重
大,重要

じゅうたく⓪【住宅】[名]住宅【-地
(ち)】④[名]住宅区

しゅうだん⓪【集団】[名]集団,集体

じゅうたん①【絨緞・絨毯】[名]地毯

しゅうち①⓪【周知】[名]众所周知△～のとおり/正如众所周知的那样

しゅうち①【羞恥】[名]羞耻-心(しん)③[名]羞耻心

しゅうちゃく⓪【終着】[名]终点-駅(えき)④[名]终点站

しゅうちゃく⓪【執着】[名・自サ]执着,留恋

しゅうちゅう⓪【集中】[名・自他サ]集中△精神を～する/集中精神

しゅうてん⓪【終点】[名]终点站

じゅうてん③【重点】[名]①重点②〈物〉力点,支点

しゅうでんしゃ③【終電車】[名]末班车

しゅうと⓪[名]Ⅰ〖舅〗公公;岳父Ⅱ〖姑〗→しゅうとめ

じゅうどう①【柔道】[名]柔道

しゅうとく⓪【習得】[名・他サ]学会,学好

しゅうとめ⓪【姑】[名]婆婆;岳母

じゅうなん⓪【柔軟】[形動]①柔软②(态度)灵活

じゅうにがつ⑤【十二月】[名]十二月

じゅうにしちょうかいよう⑦【十二指腸潰瘍】[名]十二指肠溃疡

しゅうにゅう⓪【収入】[名]收入-現金(げんきん)-⑤[名]现金收入

しゅうにゅういんし⑤【収入印紙】[名](国库收入证明)印花税票

しゅうにん⓪【就任】[名・自サ]就任

じゅうにんといろ①-①【十人十色】[名](爱好、想法、性格等)人各不同

じゅうにんなみ⓪【十人並(み)】[名・形動](オ干、容貌等)一般,普通,平常

しゅうねん①⓪【執念】[名]执着的(追求),念念不忘

しゅうねんぶかい⓪【執念深い】[形]执拗

しゅうのう⓪【収納】[名・他サ]①收纳②收起,收存

しゅうは⓪【周波】[名]周,周波-数(すう)③[名]频率,周率

じゅうばこ②【重箱】[名](日本式)叠层饭盒

じゅうばこよみ⓪【重箱読(み)】[名](两个汉字组成的单词,上一个音读,下一个训读的)音训读法

しゅうはつ⓪【終発】[名]末班发车,末班车

じゅうはん⓪【重版】[名・他サ]重版,再版(书籍)

じゅうびょう⓪【重病】[名]重病

じゅうふく⓪【重復】[名・自サ]重复

しゅうぶん⓪【秋分】[名]秋分

じゅうぶん⓪【重文】[名]①〈语〉并列复合句②("重要文化財"的简称)重点保护的文化遗产

じゅうぶん③【十分・充分】[形動・副]充分,足够△～な食べ物/充足的食品△～考える/考虑充分

しゅうへん⓪①【周辺】[名]周围,四周

しゅうぼう⓪【衆望】[名]众望△～をになう/身负重望

しゅうまつ⓪【週末】[名]周末

じゅうみん③⓪【住民】[名]住民,居民

しゅうや①【終夜】[名]整夜,彻夜,通宵-営業(えいぎょう)④[名]

通宵营业

じゅうやく⓪【重役】[名]（公司、银行等）担任重要职务的人（董事、监事等）

しゅうよう⓪【収容】[名・他サ]收容

しゅうよう⓪【修養】[名・自他サ]修养，涵养

じゅうよう⓪【重要】[名・形动]重要【-視（し）⑧】[名・他サ]重视【-文化財（ぶんかざい）⓪⑦】[名]国家重点保护的文化遗产

じゅうらい①【従来】从来，历来

しゅうり①【修理】[名・他サ]修理△自転車を～する/修理自行车

しゅうりょう⓪【修了】[名・他サ]（课程）学完，结业【-式（しき）③】[名]结业式

しゅうりょう⓪【終了】[名・自他サ]终了，结束

じゅうりょう③【重量】[名]①分量②重量【-級（きゅう）⓪】[名]重量级

じゅうりょうあげ③【重量挙げ】[名]〈体〉举重

じゅうりょく①【重力】[名]〈物〉重力

しゅうれっしゃ③【終列車】[名]（当天的）末班列车

じゅうろうどう③【重労働】[名]重体力劳动

じゅうろくミリ④【十六ミリ】[名]十六毫米小型电影片

しゅうわい⓪【収賄】[名・他サ]收贿，受贿

しゅえい⓪【守衛】[名]守卫，守卫人员

しゅえん⓪【主演】[名]主演

シュガー①【sugar】[名]砂糖

しゅかく②⓪【主格】[名]〈语〉主格

しゅかくてんとう②【主客転倒・主客顛倒】[名・自サ]喧宾夺主

しゅかん⓪【主観】[名]主观

しゅかんてき⓪【主観的】[形动]主观

しゅぎ①【主義】[名]主义

しゅぎょう⓪【修行・修業】[名・自他サ]①（佛教）修行②（武术）苦练工夫

じゅきょう①【儒教】[名]儒教

じゅぎょう①【授業】[名・自サ]授业，授课【-料（りょう）②】[名]学费

じゅく①【塾】[名]①补习学校②私塾

しゅくがん⓪【宿願】[名]宿愿△～をはたす/宿愿得偿

じゅくご⓪【熟語】[名]〈语〉复合词，熟语

しゅくじつ⓪【祝日】[名]节日

しゅくしゃ②【宿舎】[名]①旅馆②（国家职员）住宅，宿舍

しゅくしょう⓪【縮小】[名・自他サ]缩小△軍備を～する/缩小军备

しゅくず⓪【縮図】[名]缩小图，缩影

じゅく・す②【熟す】[自五]①（果实）熟②（时机）成熟△機が～/时机成熟

しゅくだい⓪【宿題】[名]作业△～を出す/交作业

しゅくちょく⓪【宿直】[名・自サ]值夜班

しゅくでん⓪【祝電】[名]贺电△～をうつ/发贺电

しゅくはく⓪【宿泊】[名・自サ]投宿，住宿

しゅくふく⓪【祝福】[名・他サ]祝福

しゅくめい⓪【宿命】[名]宿命【-的（てき）⓪】[形动]宿命

じゅくりょ【熟慮】[名・他サ]深思,熟慮【-断行(だんこう)①-⓪】[名・他サ]深思后断然实行

じゅくれん⓪【熟練】[名・自サ]熟练

しゅけん⓪②【主権】[名]主权【-国(こく)②】[名]主权国家

じゅけん⓪【受験】[名・他サ]应考,应试【-生(せい)②】[名]应考生,考生

しゅご①【主語】[名]〈语〉主语

しゅこう②⓪【趣向】[名]动脑筋,下功夫△～をこらす/下功夫

しゅこうぎょう②【手工業】[名]手工业

ジューサー①【juicer】[名]打果汁器

しゅさい⓪【主催】[名・他サ]主办,举办△大会を～する/举办大会【-者(しゃ)②】[名]举办者

しゅざい⓪【取材】[名・他サ]①(新闻、报纸)采访 ②取材

しゅし①【主旨】[名]主旨,要旨

しゅし①【趣旨】[名]宗旨,意思

しゅじゅ①【種種】[名・副]各种,种种△食品を～とりそろえてある/备有各种食品【-雑多(ざった)①】[形动]种类繁多

じゅじゅ①【授受】[名・他サ]授受,赠给与接受

しゅじゅつ①【手術】[名・他サ]手术

しゅしょう⓪【首相】[名]首相,内阁总理大臣

じゅしょう⓪【受賞】[名・自サ]得奖,获奖

しゅしょく⓪【主食】[名]主食

しゅじん①【主人】[名]①丈夫 ②(商店的)店主 ③(佣人、雇员称雇佣者)主人 ④(妻子对外称自己的丈夫)我的丈夫

じゅしん⓪【受信】[名・他サ]①(无线电)接收,收听 ②(电报、邮件)收件,收信

しゅじんこう②【主人公】[名](电影、文学作品中的)主人公

しゅす①【繻子】[名]缎子

シューズ①【shoes】[名]鞋

ジュース①【juice】[名]果汁,桔子水

じゅず②【数珠】[名](佛教)念珠

しゅせき⓪【主席】[名]主席

じゅぞう⓪【受像】[名・他]接受图像,显像

しゅたい⓪【主体】[名]主体

しゅだい⓪【主題】[名]主题

しゅだん①【手段】[名]手段,办法△～をとる/采取手段

しゅちょう⓪【主張】[名・他サ]主张

じゅつ②【術】[名]①技术,技能 ②谋略,策术 ③魔术

しゅつえん⓪【出演】[名・自サ](电影、戏剧)演出,出场【-者(しゃ)③】[名]演出人员,演员

しゅっか⓪【出火】[名・自サ]发生火灾,失火【-地点(ちてん)④】[名]失火地点

しゅっか⓪【出荷】[名・他サ](商品)上市

しゅっきん⓪【出勤】[名・自サ]上班,出勤

しゅっけ⓪【出家】[名・自サ](佛教)出家;出家人,僧人

しゅっけつ⓪【出血】[名・自サ]出血

じゅつご⓪【述語】[名]〈语〉谓语

じゅつご⓪【術語】[名]术语

しゅっこく⓪【出国】[名・自サ]出国

しゅっさつ⓪【出札】[名・自サ](车站)售票,卖票【-口(ぐち)③】[名]售票口

しゅっさん⓪【出産】[名・自他サ]

分娩,生育△-休暇(きゅうか)⑤】
[名]产假

しゅっしょう⓪【出生】[名・自サ]
出生,诞生△-届(とどけ)⑤】[名]
出生申报表⓪△-地(ち)③】[名]出
生地

しゅつじょう⓪【出場】[名・自
サ](文艺,体育)出场,登场,参加

しゅっしん⓪【出身】[名]①出生
地,籍贯 ②毕业

しゅっせ⓪【出世】[名・自サ]出
名,发迹△～が早い/发迹快△校
长に～する/升为校长△立身(り
っしん)-①】[名]飞黄腾达,出人
头地△-作(さく)③】[名]成名作

しゅっせい⓪【出生】[名・自サ]→
しゅっしょう

しゅっせき⓪【出席】[名・自サ]出
席

しゅっちょう⓪【出張】[名・自サ]
出差

しゅつど⓪【出土】[名・自サ]出土
△-品(ひん)⓪】[名]出土文物

しゅつにゅう⓪【出入】[名・自サ]
①出入 ②(金钱的)收支

しゅっぱつ⓪【出発】[名・自サ]①
出发△-時間(じかん)⑤】[名]出发
时间 ②开头,开始做△人生の
～/人生的起点

しゅっぱん⓪【出版】[名・他サ]
出版△-社(しゃ)③】[名]出版社

しゅっぴん⓪【出品】[名・自他サ]
展出作品(产品)

しゅつりょく②【出力】[名]输出

しゅと①②【首都】[名]首都,首府

シュート①【shoot】[名・他サ]①
(棒球)自然曲线球 ②(足球)射
门 ③(篮球)投篮

じゅどう⓪【受動】[名]被动

しゅどうけん③【主導権】[名]主导
权

しゅとく⓪【取得】[名・他サ]取得

△免許を～する/获取执照

しゅとして①②【主として】[副]主
要△地元で消費した残りは、～
東京に出荷する/当地消费的剩
余产品,主要运往东京

ジュニア①【junior】[名]①少年 ②
低年级同学 ③(中学至高中时期
的)少男少女

しゅにん⓪【主任】[名]主任△-弁護
人(べんごにん)⓪】[名]首席律
师

しゅのう⓪【首脑】[名]首脑,领导
人

じゅばん⓪【襦袢】[名](和服的)
贴身衬衫

しゅび①【守備】[名・他サ]守
备,守卫△～をかためる/加强守
卫

しゅび①【首尾】[名]①首尾,始终
【一貫(いっかん)①】[名・自サ]
始终如一 ②(事情的)过程;结果

じゅひょう⓪⓪【樹氷】[名]树挂

しゅびよく②【首尾よく】[副]顺利
地,成功地△～成功した/顺利地
成功了

しゅひん⓪【主賓】[名]主宾

しゅふ①【主婦】[名]家庭主妇

しゅふ①【首府】[名]首府

しゅみ①【趣味】[名]①爱好△～が
広い/爱好广泛 ②情趣,趣味△
～のいいネクタイ/雅致的领带
【悪(あく)-③】[名・形动]低级趣
味

シュミーズ②【(法)chemise】[名]
衬裙

じゅみょう⓪【寿命】[名]寿命

しゅもく⓪⓪【種目】[名]项目

じゅもく①【樹木】[名]树木

しゅやく⓪【主役】[名](电影、戏剧
的)主演,主角

しゅよう⓪【主要】[名・形动]主要

しゅよう⓪【腫瘍】[名]肿瘤

じゅよう⓪【受容】[名・他サ]容纳,接受

じゅよう⓪【需要】[名]需要△～をみたす/满足需要

ジュラルミン③⓪【duralumin】[名]铝合金

しゅりゅう⓪【主流】[名]主流

しゅりょう⓪【狩猟】[名・自サ]狩猎

しゅりょく①【主力】[名]主力【-選手(せんしゅ)④】[名]主力选手

しゅるい①【種類】[名]种类

しゅわ①【手話】[名]哑语

じゅわき②【受話器】[名]电话听筒

しゅわん⓪⓪【手腕】[名]手段,手腕

しゅん⓪【旬】[名](鱼、蔬菜、水果等的)味道最鲜美的季节

じゅん⓪【順】Ⅰ[名]顺序,次序△ご～にお入りください/请按顺序进场 Ⅱ[形动]合乎情理,理所应当

じゅんい①【順位】[名]顺序,等级,位次

じゅんかつゆ④【潤滑油】[名]润滑油

しゅんかん⓪【瞬間】[名]瞬间△～のできごと/瞬间发生的事情

じゅんかん⓪【循環】[名・自サ]循环△血液の～/血液循环

しゅんきはつどうき①-③【春機発動期】[名]思春期

じゅんきゅう⓪【準急】[名]准快车

じゅんけつ⓪【純潔】[名・形动]纯洁

じゅんけっしょう③【準決勝】[名]半决赛

じゅんさ①⓪【巡査】[名]警察

じゅんじゅんに③【順順に】[副]按顺序

じゅんじょ①【順序】[名]①顺序

②(事情的)步骤,过程

じゅんじょう⓪【純情】[名・形动]纯情,纯真

じゅんじょう⓪【殉情】[名]殉情

じゅんしょく⓪【殉職】[名・自サ]殉职【-死(し)④】[名]因公殉亡

じゅんしょく⓪【潤色】[名・他サ]①(对文章等)加工,润色 ②(根据原作)改写

じゅん・じる⓪【準じる】[自上一]①按…对待△会員に～/按会员对待 ②以…为准,按照△会費は収入に～じてきめよう/按收入多少,交纳会费

じゅんしん⓪【純真】[名・形动]纯真

じゅんすい⓪【純粋】[名・形动]①纯,无杂质 ②纯洁,单纯

じゅんせつ⓪【順接】[名・自サ]〈语〉顺接

じゅんちょう⓪【順調】[名・形动]顺利△～にはこぶ/顺利进行

じゅんど①【純度】[名]纯度△～が高い/纯度高

しゅんとう⓪【春闘】[名]春季的罢工斗争

じゅんのう⓪【順応】[名・自サ]顺应,适应△環境に～する/适应环境

じゅんぱく⓪【純白】[名・形动]纯白

じゅんばん⓪【順番】[名](按)顺序,轮流

じゅんび①【準備】[名・他サ]准备,预备△～をととのえる/准备好【-体操(たいそう)④】[名]准备运动

しゅんぶん⓪【春分】[名]春分

じゅんぶんがく③【純文学】[名]纯文学

じゅんぼく⓪【純朴・淳朴】[名・

形動]純朴,淳朴

じゅんめん⓪【純棉】[名]纯棉

じゅんもう⓪【純毛】[名]纯毛

じゅんりょう⓪【純量】[名]纯量,
净重

じゅんろ①【順路】[名](游览时的)
正常路线

ショー①【show】[名]①展览,展览
会 ②演出,表演 ③电影

じょ①【女】[名]①女子 ②女儿

しよう⓪【仕様】[名]①方法,办法
②做法,制造方法【-書(がき)⓪】
[名]说明书,设计书

しよう⓪【私用】[名]私事

しよう⓪【使用】[名・他サ]①使
用【-者(しゃ)②】[名]使用者 ②雇
用【-人(にん)⓪②】[名]雇工,佣
人

しょう①【小】[名]①小 ②(月份)
小△~の月/小月

しょう①【性】[名]性情,性格

しょう①【章】[名]章,章节

しょう①【賞】[名]奖赏,奖励,奖品

じょう①【上】[名]①上等 ②(书
的)上卷

じょう①【城】[名]城,城堡

じょう⓪【情】[名]情,感情△恩愛
の～/恩爱之情△～にもろい/感
情脆弱,心软

じょう⓪【錠】[名]锁头,锁

じょうあい⓪【情愛】[名]情爱

じょうい①【上位】[名]顺序靠前,
位置居上△～をしめる/居于前
茅△～で予選を通過した/以靠
前的名次通过预选赛

ショーウインドー③【show
window】[名]商品陈列窗

じょうえい⓪【上映】[名・他サ]上
映,放映

じょうえん⓪【上演】[名・他]上演
(戏剧)

しょうおん⓪【消音】[名]①消音

【-装置(そうち)⑤】[名]消音装置
②隔音【-室(しつ)③】[名]隔音室

じょうおん⓪【常温】①常温 ②恒
温

しょうか①【消化】[名・自他サ]
①消化【-不良(ふりょう)④】[名]
消化不良 ②吸收,理解 ③
完成,处理完

しょうか⓪【消火】[名・自サ]消
火,灭火【-栓(せん)③】[名]消火
拴

しょうが⓪【生姜・生薑】[名]生姜

じょうか①【城下】[名]城的四周
【-町(まち)③】[名](以诸侯居住
的城为中心民展起来的)城镇

じょうか⓪【浄化】[名・他サ]净化

しょうかい⓪【紹介】[名・他サ]
介绍【-状(じょう)③】[名]介
绍信【自己(じこ-⓪)】[名]自我介
绍

しょうかい⓪【照会】[名・他サ]
照会【-状(じょう)③】[名]照会

しょうがい①⓪【生涯】[名]毕生,
终生,一生【-教育(きょうい
く)⑤】[名]终生教育

しょうがい⓪【障害・障碍】[名]①
障碍 ②(体)(「障害競走」的简
称)障碍跑

しょうかえき【消化液】[名]消化
液

しょうかき③【消化器】[名]消化器
官

しょうかく⓪【昇格】[名・自他サ]
升格,提升

しょうがくきん⓪【奨学金】[名]奖
学金

しょうがくせい③④【小学生】[名]
小学生

しょうがつ④【正月】[名]正月,新
年

しょうがっこう③【小学校】[名]小
学校

しょうがない【仕様がない】没办法，…(得)不得了△寒くて～/冷得不得了

しょうかん⓪【償還】[名・他サ]偿还

じょうかん⓪【情感】[名]情感，感情

しょうき①⓪【正気】[名・形動]精神正常，头脑清醒△～にもどる/恢复理智

しょうぎ①【床几】[名]①(日本古时战场、狩猎用的一种)折叠凳②(简易)椅子

しょうぎ⓪①【将棋】[名]将棋△～をさす/下将棋

じょうき①【蒸気】[名]蒸气，水蒸气

じょうぎ①【定規】[名]规尺

じょうききかんしゃ⑤【蒸気機関車】[名]蒸汽机车

じょうきげん③【上機嫌】[名・形动](心情、情绪)好，高兴△～な顔/高兴的神色

じょうきどう③【上気道】[名]上呼吸道

じょうきゃく⓪【乗客】[名]乘客

じょうきゅう⓪【上級】[名]上级，高等级【-生(せい)】③[名]高年级同学

しょうぎょう⓪【商業】[名]商业

じょうきょう⓪【上京】[名・自サ]进京，去京城

じょうきょう⓪【状況・情況】[名]状况，情况△現場の～/现场情况

しょうきょく⓪【消極】[名]消极【-的(てき)】⓪[形动]消极

しょうきん⓪【賞金】[名]奖金，赏金

じょうくう⓪【上空】[名]上空

じょうげ①【上下】Ⅰ[名]①上下②(地位)高低③(西服的)上下一套④(书的)上下卷　Ⅱ[名・自サ](物价的)涨落，升降

じょうけい⓪【情景】[名]情景

しょうけいもんじ⑤【象形文字】[名]象形文字

しょうげき⓪【衝撃】[名]打击，冲击△～をうける/受到打击【-波(は)】④[名]冲击波

しょうけん①⓪【証券】[名]证券

しょうげん③⓪【証言】[名・他サ]证言，证词

じょうけん③⓪【条件】[名]条件△～がととのう/条件具备△～を出す/提出条件【-付(つ)き】⓪⓪[名]附带条件，有条件【無(む)-②】[名]无条件

じょうけんはんしゃ⑤【条件反射】[名]条件反射

しょうこ①【証拠】[名]证据△～がある/有证据

しょうご①【正午】[名]正午

じょうご①【上戸】[名]能饮酒的人△笑い～/酒后好笑的人△泣き～/酒后好哭的人

じょうご①【漏斗】[名]漏斗

しょうこう⓪【昇降】[名・自サ]升降【-口(ぐち)】③[名]出入口

しょうごう⓪【照合】[名・他サ]对照，核对

じょうこう③⓪【条項】[名]条款，项目

じょうこう⓪【乗降】[名・自サ]上下(车、船)【-客(きゃく)】③[名](上、下车船的)乘客

しょうさい⓪【詳細】[名・形动]详细，详情△～に説明する/详细说明

じょうざい⓪【錠剤】[名]药片，片剂

しょうさん⓪【硝酸】[名]〈化〉硝酸

しょうし①【焼死】[名・自サ]烧死【-者(しゃ)】⑤[名]被烧死的人

しょうじ⓪【障子】[名](日本式房

間的)拉门

じょうし① 【上司】[名]上司,上级

しょうじき④③ 【正直】I[名・形动]正直,坦率,诚实△～な人/正直的人△～に话す/老老实实地说出　Ⅱ[副]老实说,坦率地说△～わたしも困るんです/坦率地说我也很为难◇正直の頭(こうべ)に神(かみ)宿(やど)る/神保佑正直的人

じょうしき① 【常識】[名]常识△～に欠ける/缺乏常识

しょうしつ① 【消失】[名・自サ](权利)消失,(到期)失效

しょうしつ① 【焼失】[名・自他サ]烧掉,烧毁

しょうしゃ① 【商社】[名]贸易公司,商社

じょうしゃ① 【乗車】[名・自サ]乗车【-券(けん)③】[名]车票

じょうじゅ① 【成就】[名・自他サ]①成就　②完成,实现

じょうしゅうはん③ 【常習犯】[名]惯犯

じょうじゅん①① 【上旬】[名]上旬

しょうしょ【証書】[名]证书【卒業(そつぎょう)-⑤】[名]毕业证书

しょうじょ① 【少女】[名]少女

じょうしょ① 【浄書】[名・他サ](将草稿)誊清

しょうしょう① 【少少】[副]稍微,一点儿△～お待ちください/请稍候

しょうじょう① 【症状】[名](病,伤)病状△～が好転する/病情好转

しょうじょう① 【賞状】[名]奖状

じょうしょう① 【上昇】[名・自サ]上升△物価が～する/物价上涨

じょうじょうしゃくりょう① 【情状**

**酌量】[名・他サ]〈法〉酌情从轻量刑

しょうしょく① 【少食・小食】[名・形动]饭量小

しょう・じる① 【生じる】I[自上一]生,发生,产生△問題が～/发生问题　Ⅱ[他上一]引起,使…发生△誤解を～/引起误解

じょう・じる①③ 【乗じる】I[自上一]乗着,乗势△勝ちに～/乗胜Ⅱ[他上一]〈数〉乗

しょうしん① 【昇進】[名・自サ]晋升,晋级△課長に～する/晋升为课长

しょうじん① 【小人】[名]①心胸狭窄的人,小人　②(买车票等时区分的)儿童,小孩

しょうじん① 【精進】[名・自サ]①吃素【-料理(りょうり)⑤】[名]素菜　②专心致志△芸の道に～する/专心于艺术　③斋成,净身慎心

しょうしんしょうめい① 【正真正銘】[名]地地道道,真正△～のほんもの/地地道道的真货

じょうず③ 【上手】[名・形动]①(某种技术)好,高明【話(はな)し-④】[形动]会说话,能说会道②(用「お上手」的形式表示)奉承话△お～を言う/说奉承话◇上手の手(て)から水(みず)が漏(も)れる/智者千虑必有一失

じょうすい① 【浄水】[名]净化(水)

じょうすいどう③ 【上水道】[名]上水道,自来水道

しょうすう③ 【少数】[名]少数

しょうすうてん③ 【小数点】[名]〈数〉小数点

じょうせい① 【情勢】[名]情况,形势

じょうせき① 【定石・定跡】[名]①(围棋、将棋)棋谱,一定的着数

②(事情)常规的做法

しょうせつ⓪【小説】[名]小说【-家(か)⓪】[名]小说家

しょうそう⓪【尚早】[名](时机)尚早

しょうぞう⓪【肖像】[名]肖像【-画(が)⓪】[名]肖像画

しょうそく⓪【消息】[名]①信息，音信△～をたつ/断绝音信 ②消息，情报【-筋(すじ)⓪】[名]消息灵通(人士)

しょうたい①③【正体】[名]①原形，真面目△～をあばく/揭露真面目 ②清醒的神志△～を失う/神志不清

しょうたい①【招待】[名・他サ]招待

じょうたい⓪【状態・情態】[名]状态

しょうだく⓪【承諾】[名・他サ]承诺，应允

じょうたつ⓪【上達】[名・自サ]进步，长进△～がはやい/进步快

じょうだん③【冗談】[名]玩笑话△～を言う/开玩笑△～をまに受ける/把玩笑当真

しょうち⓪【承知】[名・他サ]①承诺，同意，允许△そんなことは、とても～できない/那样的事，实在不能同意 ②知道，知晓△むりを～でお願いしたい/知道要求有些过分，但还望帮助我

しょうちゅう③【焼酎】[名]烧酒

じょうちょ①【情緒】[名]①情调，情趣【異国(いこく)-④】[名]异国情调 ②情绪

しょうちょう⓪【象徴】[名・他サ]象征

しょうてん①【商店】[名]商店

しょうてん①【焦点】[名]①〈物〉焦点 ②(问题的)中心，焦点

しょうてんきょり⑤【焦点距離】

[名]〈物〉焦点距离

しょうとう⓪【消灯】[名・自サ]熄灯

しょうどう⓪【衝動】[名]冲动△一時の～にかられる/由于一时冲动

じょうとう⓪【上等】[名・形動]①上等，高级△～の品/上等货 ②满足，足矣

しょうどく⓪【消毒】[名・他サ]消毒

しょうとつ⓪【衝突】[名・自サ]①(车、船)相撞 ②(利益)冲突△意見が～する/意见发生冲突

じょうない⓪【場内】[名]场内【-禁煙(きんえん)①-⓪】[名]场内禁止吸烟

しょうにか⓪【小児科】[名]小儿科

しょうにまひ④【小児麻痺】[名]小儿麻痹症

しょうにゅうせき③【鐘乳石】[名]钟乳石

しようにん⓪②【使用人】[名]佣人，雇工

しょうにん⓪【承認】[名・他サ]承认，认可△～をえる/得到承认

しょうにん①【商人】[名]商人

しょうにん【証人】[名]证人

じょうにん⓪【常任】[名・自他サ]常任【-理事(りじ)⑤】[名]常任理事

じょうねつ⓪①【情熱】[名]热情

しょうねん⓪【少年】[名]少年◇年老(お)い易(やす)く学(がく)成(な)り難(がた)し/少年易老，学难成

しょうのう⓪【小脳】[名]小脑

しょうのう①【樟脳】[名]樟脑

しょうのう⓪【笑納】[名・他サ]〈敬〉笑纳△どうかご～下さい/请笑纳

しょうはい⓪【勝敗】[名]胜败

しょうばい①【商売】[名・他サ]买卖,生意【-敵(がたき)⑤】[名]（买卖）竞争对手【-人(にん)⓪】[名]商人

じょうはつ⓪【蒸発】[名・自サ]①〈物〉蒸发,汽化 ②失踪,不知去向

じょうはんしん③【上半身】[名]上半身

しょうひ⓪【消費】[名・他サ]消费【-税(ぜい)③】[名]消费税

じょうび①【常備】[名・他サ]常备

しょうひしゃ①【消費者】[名]消费者

しょうひょう⓪【商標】[名]商标

しょうひん⓪①【商品】[名]商品

しょうひん⓪【賞名】[名]奖品

じょうひん③【上品】[名・形動]文雅,高贵△～な婦人/高贵的妇人△～に食べる/文雅地吃东西

しょうぶ①【勝負】[名・自サ]胜负△～をつける/决一胜负

じょうぶ⓪【丈夫】[形動]①（身体）健康 ②结实,坚固△～な机/结实的桌子

しょうふだ⑧⓪【正札】[名]价目牌,明码实价的标签

しょうぶん⓪①【性分】[名]性格,禀性,性情

じょうぶん⓪【条文】[名]（法律等）条文

しょうべん③【小便】[名・自サ]小便,尿

じょうほ①【譲歩】[名・自サ]让步△～をせまる/迫使让步

しょうぼう⓪【消防】[名]消防,防火

じょうほう⓪【情報】[名]信息,消息△～をあつめる/搜集信息【-理論(りろん)⑤】[名]（电子计算机）信息理论

じょうみゃく⓪①【静脈】[名]静脉

じょうむ①【乗務】[名・自サ]（火车,飞机等）乘务【-員(いん)③】[名]乘务员

しょうめい⓪【証明】[名・他サ]证明

しょうめい⓪【照明】[名・他サ]照明

しょうめつ⓪【消滅】[名・自他サ]消灭

しょうめん③【正面】[名]①（物体的）正面,表面 ②（方向）正面,前方,对面

しょうもう⓪【消耗】[名・自他サ]消耗,耗费△体力を～する/消耗体力

しょうもうひん③【消耗品】[名]消耗品

じょうやく①⓪【条約】[名]条约△～を締結する/缔结条约

しょうゆ⓪【醤油】[名]酱油

しょうよ①【賞与】[名]（每年六月,十二月发的）奖金

じょうよ①【剰余】[名]①剩余【-価値(かち)④】[名]剩余价值 ②〈数〉余数

じょうようかんじ④【常用漢字】[名]常用汉字

じょうようしゃ③【乗用車】[名]轿车

しょうらい①【将来】[名・副]将来,未来【-性(せい)⓪】[名]有前途,有发展

しょうり①【勝利】[名]胜利

じょうり①【情理】[名]①情理△～を尽くして説く/尽情尽理地说服 ②条理,道理

じょうりく⓪【上陸】[名・自サ]登陆,上岸

しょうりゃく⓪【省略】[名・他サ]省略

じょうりゅう⓪【上流】[名]①上游 ②上流,上层（社会）

じょうりゅうすい③【蒸留水・蒸溜水】[名]蒸溜水

しょうりょう⓪③【少量】[名]少量

じょうりょくじゅ④【常緑樹】[名]常绿树

じょうるり⓪【浄瑠璃】[名]净琉璃(以三弦琴伴唱的日本说唱艺术)

しょうれい⓪【奨励】[名・他サ]奖励

しょうろう⓪【鐘楼】[名]钟楼

じょおう③【女王】①女王 ②(某一领域中优秀的女性)女王

しょが①【書画】[名]书画

じょがい⓪【除外】[名・他サ]除外,不在此例

じょがくせい②【女学生】[名]女学生

じょがっこう②【女学校】[名]女子中学

しょかん⓪【書簡・書翰】[名]信,信件

しょき①【初期】[名]初期

しょきあたり③【暑気あたり・暑気中り】[名]中暑

しょきゅう⓪【初級】[名]初级

じょきょうじゅ②【助教授】[名]副教授

じょきょく①【序曲】[名]序曲

ジョギング⓪【jogging】[名・自サ]慢跑

しょく⓪①【食】[名]①食品,食物 ②饮食,饭量

しょく⓪②【職】[名]①职业△～を求める/求职△～につく/就业 ②职务 ③手艺,技术

しょくいん②【職員】[名]职员

しょくえん②【食塩】[名]食盐

しょくぎょう⓪【職業】[名]职业

しょくぎょうびょう⓪【職業病】[名]职业病

しょくけ③【食気】[名]食欲(旺盛)

しょくご⓪【食後】[名]饭后

しょくじ⓪【食事】[名・自サ]吃饭,饮食△～をとる/吃饭

しょくじ⓪【植字】[名・自サ](印刷)排字

しょくじゅ⓪【植樹】[名・自サ]植树【-祭(さい)③】[名]植树节

しょくじょ①【織女】[名](天)织女星

しょくたく⓪【食卓】[名]饭桌,餐桌

しょくちゅうどく③【食中毒】[名]食物中毒

しょくどう⓪【食堂】[名]①(家里的)饭厅 ②饭馆,食堂

しょくにん⓪【職人】[名]手艺人

しょくのう②⓪【職能】[名]①职能 ②职业

しょくば③⓪【職場】[名]工作岗位

しょくばい⓪②【触媒】[名]〈化〉触媒,催化剂

しょくパン⓪③【食パン】[名]主食面包,方面包

しょくひ⓪【食費】[名]饭费,伙食费

しょくひん⓪【食品】[名]食品【-添加物(てんかぶつ)⑦】[名](为美观或防腐而掺进的)食品添加剂

しょくぶつ②【植物】[名]植物【-園(えん)④】[名]植物园【-油(ゆ)④】[名]植物油

しょくみんち③【植民地】[名]殖民地

しょくむ①②【職務】[名]职务

しょくもつ②【食物】[名]食物,食品

しょくよく⓪②【食欲】[名]食欲△～がわく/有食欲

しょくりょう②⓪【食料】[名]食物,食品

しょくりょう②⓪【食糧】[名]食粮,粮食

しょくりょうひん⑤【食料品】[名]
副食品

しょくりん⓪【植林】[名・自サ]
(植树)造林

しょくん①【諸君】[名]诸君,诸位
(用于同辈、晚辈)

じょげん⓪【序言】[名]序言

じょげん⓪【助言】[名・自サ]建
议,忠告△～をあたえる/给予忠
告

しょこう【初校】[名](印刷)第一
次校对

じょこう⓪【徐行】[名・自サ]慢
速,慢行{-運転(うんてん)⑥}
[名]慢速行驶

しょこく①【諸国】[名]列国,各国

しょさ①【所作】[名]举止,行为,动
作

しょさい⓪【書斎】[名]书斋

しょざい⓪【所在】[名]所在,所
在之处△～がわからない/不知
(他的)下落△責任の～/责任所
在

しょざいな・い④【所在ない】[名]
无事可做,无聊

じょさいな・い④【如才ない】[形]
圆滑周到,机敏,善应酬△～くふ
るまう/圆滑地应酬

じょさんぷ②【助産婦】[名]助产士

じょし①【女子】[名]①女孩,女儿
②女子

じょし⓪【助詞】[名]〈语〉助词

じょしゅ⓪【助手】[名]①助手 ②
(大学教员职称)助教

じょじゅつ⓪【叙述】[名・他サ]叙
述

しょじょ【処女】Ⅰ①[名]处女 Ⅱ
[接头]①第一次,初次△～作(さ
く)/处女作 ②未曾有人进入的
地方△～峰(ほう)/处女峰

じょじょう⓪【叙情・抒情】[名]抒
情

じょじょに①【徐徐に】[副]徐徐,
缓缓

じょじんき②【除塵機】[名]除尘
器,吸尘器

じょすうし③【序数詞】[名]序数词
(如第一,第二等)

じょすうし②【助数詞】[名]〈语〉量
词

しょ・する②【処する】Ⅰ[自サ]处
于,置身于△難局に～/处于困难
的局面 Ⅱ[他サ]①处理△事を
～/处理事务 ②判刑,处罪△死
刑に～/处以死刑

じょせい⓪【女性】[名]女性

じょせいご⓪【女性語】[名]女子用
语

じょせいてき⓪【女性的】[形动]女
人气

しょせき①【書籍】[名]书籍,图书

じょせき⓪【除籍】[名・他サ]除
名,(从户口上)消除名字

ジョーゼット③【Georgette】[名]乔
其纱

しょせん⓪【所詮】[副]终究,结局
归根,结底△～かなわぬ夢とあ
きらめる/毕竟那是难以实现的
梦想,只得作罢

しょぞく⓪【所属】[名・自サ]所
属,属于

しょたい②①【所帯・世帯】[名]家
庭,门户△～を持つ/成家,立门
户{-持(も)ち⑥}[名]有家(的
人),成家(的人)

しょたいめん②【初対面】[名]初次
见面

しょち①【処置】[名・他サ]处置,
处理

しょちゅう⓪【暑中】[名]盛夏,伏
天

しょちゅうみまい④【暑中見舞い】
[名]暑期问候

じょちゅう⓪【女中】[名]①女佣人

②（旅馆、饭馆的）女招待

しょっかく⓪【触角】[名]（动）触角

しょっかく⓪【触覚】[名]（生理）触觉

しょっき⓪【食器】[名]餐具

ショッキング①【shocking】[形动]惊人，令人震惊

ショック①【shock】[名]①〈物〉冲击，打击 ②（心理上的）打击，刺激△～をうける/受到刺激

しょっけん⓪【食券】[名]饭票，菜券

しょっちゅう①[名]经常，总是，不断△～いねむりばかりしている/经常打瞌睡

ショット①【shot】[名]①（网球、高尔夫球的）击球 ②（电影的）一个镜头

しょっぱい③[形]〈俗〉咸

ショッピング①【shopping】[名・自サ]购物，买东西

しょてん⓪【書店】[名]书店

ショート①【short】Ⅰ①短【-カット④】[名]（女子）短发型 ②（棒球「ショートストップ」的简称）游击手 Ⅱ[名・自他サ]（电流）短路

しょとう⓪【初等】[名]初等，初级

しょとう①【諸島】[名]诸岛，群岛

しょどう⓪【書道】[名]书法

じょどうし②【助動詞】[名]〈语〉助动词

しょとく⓪【所得】[名]收入，所得

しょとくぜい③【所得税】[名]所得税

しょはん⓪【初版】[名]初版，第一版

しょぶん①【処分】[名・他サ]①处理（废品等）②处分，处罚△～をうける/受到处分

ショベル①【shovel】[名]①→シャベル ②掘土机

しょほ⓪【初歩】[名]初步，初级

しょほう⓪【処方】[名・他サ]处方

しょほうせん⓪【処方箋】[名]处方

しょぼしょぼ①Ⅰ[副]（细雨）蒙蒙 Ⅱ[副・自サ]①（眼睛）睁不开，朦胧，惺忪 ②衰弱无力△～歩く/软弱无力地走着

じょまく⓪【除幕】[名]（铜像、纪念碑的）揭幕【-式（しき）③】[名]揭幕式

しょみん①【庶民】[名]庶民，平民

しょめい⓪【署名】[名・自サ]署名，签名

じょめい⓪【除名】[名・他サ]除名，开除

しょもつ①【書物】[名]书，书籍

じょや①【除夜】[名]除夕

しょゆう⓪【所有】[名・他サ]所有【-権（けん）②】[名]所有权

じょゆう⓪【女優】[名]女演员

しょり①【処理】[名・他サ]处理△～をまかせる/委托处理

じょりゅう⓪【女流】[名]女子，女性【-作家（さっか）④】[名]女作家【-文学（ぶんがく）④】[名]女子文学

ショール①【shawl】[名]披肩，围巾

しょるい①【書類】[名]文书，文件

じょれつ⓪【序列】[名]（按年龄、地位、成绩而排的）顺序【年功（ねんこう）-⑤】[名]按工龄长短排队，论资排辈

じょろん⓪【序論】[名]绪论，序论

しらが③【白髪】[名]白发

しらかば②⓪【白樺】[名]白桦树

しら・ける③【白ける】[自下一]①扫兴，冷场△座が～/冷场 ②褪色，（颜色）发白

しらじらし・い⑤【白白しい】[形]①佯装不知 ②瞒不了人，显而易见△～うそ/一看便知的谎言

じら・す②【焦らす】[他五]使人

焦急,使人着急

しらずしらず④【知らず知らず】[副]不知不觉地△～のうちに寝てしまった/不知不觉地睡着了

しらせ◎【知らせ】[名]①通知,消息 ②预兆,前兆

しら・せる◎【知らせる】[他下一]告知,通知△急を～/告急◇虫(むし)が知らせる/(坏的,糟糕的)预感,前兆

しらに⑧【白煮】[名]①加盐清炖,白煮(带肉的鱼骨) ②加盐,糖炖(煮)的甘薯

しらぬかお◎【知らぬ顔】[名]①不认识的人 ②假装不知道(的样子)

しらぬがほとけ【知らぬが仏】眼不见,心不烦

しらべ③【調(べ)】[名]①调查 ②音调,曲调

しら・べる③【調べる】[他下一]①调查,查阅,查找△原因を～/调查原因 ②审查,检查,盘查△犯人を～/审查犯人

しらみ◎【虱,蝨】[名]虱子

しり②【尻】[名]①臀部,屁股 ②(人的)后头,后面△人の～からついていく/跟在别人后头走 ③最后,末尾△～から数える/从末尾数 ④善后,后果 ⑤(容器的)底儿◇尻が重(おも)い/懒惰,不爱动◇尻が軽(かる)い/轻浮,水性杨花;不稳重,轻率◇尻が割(わ)れる/(坏事)露马脚△尻に敷(し)く/妻子欺压丈夫,受老婆的气◇尻に火(ひ)が付く/情况紧急,紧急

しりあい◎【知(り)合(い)】[名]相识,朋友,熟人

しりうまにのる【尻馬に乗る】随声附和,盲从

しりおし④⑧【尻押(し)】[名]①从后面推 ②后盾,后援

じりき◎【自力】[名]①自力 ②(佛教)自力修行成佛

しりごみ④⑧【尻込(み)・後込(み)】[名]①后退,倒退 ②退缩,踌躇不前

シリコン①【silicone】[名]〈化〉硅,硅铜,聚烃硅氧

じりじり①Ⅰ[副]①(东西煎焦时的)状态或声音△肉が～こげる/肉烤糊了 ②(太阳光)灼热△～と照りつける/太阳照得火辣辣的 ③(缓缓地)接近△～とせまる/一点点逼近 Ⅱ[副・自サ]焦急,焦躁△～しながらバスを待っている/焦急地等车

シリーズ①【series】[名]①(出版物、电影、电视节目等的)连续,系列,成套 ②(棒球)联赛,循环赛

しりぞ・く③【退く】[自五]①后退 ②离开,退下 ③退职,离职

しりぞ・ける④【退ける・斥ける】[他下一]①命令退下,喝退 ②(将进攻者)击退,赶走 ③(对他人的意见、要求)拒绝 ④撤职,降职

しりつ①◎【私立】[名]①私立 ②「私立学校」的简称

じりつ◎【自立】[名・自サ]自立,独立

じりつご◎【自立語】[名]〈语〉独立语

じりつしんけい④【自律神経】[名](生理)自主神经

しりとり③④【尻取り】[名](游戏)接尾令(如たまご→ゴリラ→らっきょう)

しりめ③②【尻目】[名](用「…を尻目に」的形式表示)全然不顾,无视△人びとの大混乱を～に,さっさとその場を去った/全然不顾

人们的混乱,很快地离开了那里
◇尻目にかける/瞧不起人

しりめつれつ①-⓪【支離滅裂】[名
・形動]支离破碎,七零八落

しりもち③④【尻餅】[名]屁股蹲儿
△～をつく/摔了个屁股蹲儿

しりゅう⓪【支流】[名]①(河流的)支
流 ②分支,支派

しりょ①【思慮】[名]思考,考虑,
深思

しりょう①⓪【資料】[名]资料

しりょう①⓪【飼料】[名]饲料

しりょく①【視力】[名]视力

じりょく①【磁力】[名]〈物〉磁力

シリンダー②①【cylinder】[名]汽
缸,汽筒

しる①【汁】[名]①汁,汁液 ②汤,
(日本)酱汤◇うまい汁を吸(す)
う/乘机捞油水,占便宜

し・る②【知る】[他五]①知道,
知晓,懂得△はじを～/知羞△
一を聞いて十を～/听一而知十
②感觉,察觉△～らずに店の前
をとおりすぎた/不知不觉地走
过了商店③认识△その人なら,
よく～っている/那个人,我很了
解④有关系△そんなこと～も
んか/那事和我无关

シルク①【silk】[名]丝绸,丝

シルクロード④【Silk Road】[名]
丝绸之路

しるこ⓪③【汁粉】[名]年糕红小豆
汤

しるし⓪【印】[名]①记号,符号△
～をつける/划上记号 ②证明,
证据 ③标志△駐車禁止の～/禁
止停车的标志

しる・す⓪【印す】[他五]印上(记
号)△第一歩を～/留下了第一步

しる・す⓪【記す】[他五]①记入,
写入 ②记住,留在记忆中△心に
～/记在心里

シルバー①【silver】[名]①银,银色
②银器

しれい⓪【司令】[名・他サ]司令
【-官(かん)②】[名]司令官

しれい⓪【指令】[名・他サ]指示,
命令

じれい⓪【辞令】[名]①任免证书
②辞令△外交～/外交辞令

じれった・い④【形】令人焦急,惹
人不耐烦

し・れる⓪【知れる】[自下一]①
(被人)知道△世間に～/被世人
知道 ②明白,了解△えたいが～
れない/不了解底细,来历不明
③(用「知れたこと」的形式表
示)不说自明,当然明白△そんな
ことは～れたことだ/那种事情
不说自明

じ・れる②【焦れる】[自下一]焦
急,急躁

ジレンマ②【dilemma】[名]进退两
难(的状态)△～に陥いる/陷入
进退两难的地步

しろ①【白】[名]①白,白色 ②(围
棋的)白棋子 ③无罪,清白(的
人)

しろ⓪【城】[名]城,城堡

しろあと⓪③【城跡】[名]城堡的遗
迹

しろあり⓪②【白あり・白蟻】[名]
白蚁

しろ・い②【白い】[形]①白,白色
△色が～/颜色白△～目で見る/
冷眼相看 ②空白△～ページ/空
白页

しろうと①【素人】[名]外行,门外
汉

しろがね⓪【白金・銀】[名]①银,
白银 ②银色

しろくま⓪【白くま・白熊】[名]
白熊

しろくろ⓪【白黒】[名・他サ]①黑

白,黑色与白色△～映画/黑白电
影 ②是非曲直,有罪无罪△～を
きめる/定个是非曲直 ③(吃惊、
痛苦时的)眨眼△目を～させる/
使劲眨眨眼◆①为®型、②③为①
型语调

しろざとう③【白砂糖】[名]白砂
糖

じろじろ①　[副](不客气地)盯着
看

しろっぽ・い④【白っぽい】[形]
(带)白色,发白

しろバイ®【白バイ】[名](交通警
察骑的)白色摩托车

しろば・む③【白ばむ】[自五]发
白,带白色

しろみ①②【白身】[名]①蛋青 ②
(鱼、肉的)白色部分;(猪)肥肉
③(木材的)白色部分

しろめ①【白目】[名]①白眼珠
②冷眼光△～で见る/冷眼看人

しわ①【皱】[名]皱纹,褶子△～が
よる/起褶,出皱纹

しわが・れる®【嗄れる】[自下
一](声音)嘶哑,吵哑△～れた声
/吵哑的声音

しわけ®[名]I【仕分け】区分,分
类 II【仕訳】(帐目)分录,分别记
载

しわざ®【仕業】[名]行为,所作所
为

しわす®【師走】[名]十二月,腊月

しわよせ④®【しわ寄せ・皱寄せ】
[名・他サ]波及,殃及△…の～
を受ける/受…影响

じわれ®【地割れ】[名]地裂(缝)

しん①【心】[名]①心 ②内心△～
が强い/内心很要强

しん①【芯】[名]①核,芯△えんぴ
つの～/铅笔芯 ②(蜡烛、煤气炉
等的)芯 ③(身体的)内部△頭の
～がぼんやりしている/脑子里

发木 ④中心,核心部分

しん①【新】[名]①新 ②(「新暦」
的简称)阳历

しんあい®【親愛】[名・形動]亲
爱

しんい①【真意】[名]真意,本意

じんい①【人為】[名]人为,人工
【-的(てき)®】[形動]人为

しんいり®【新入り】[名]新加入
(的人),新参加(的人)

じんいん①【人員】[名]人数,工作
人员数

しんえい®【新鋭】[名・形動]新
生力量,新人

しんか①【進化】[名・自サ]进化
【-論(ろん)③】[名]进化论

しんかい®①【深海】[名]深海

しんがい①【心外】[名・形動]意
外,遗憾

しんがい®【侵害】[名・他サ]侵
犯

しんがく®【進学】[名・自サ]升
学

じんかく®【人格】[名]①人格,人
品 ②〈法〉公民的资格

しんがた®【新型】[名]新型

しんがっき③【新学期】[名]新学期

しんかん®【新館】[名]新馆,新楼

しんかんせん③【新幹線】[名]新
干线

しんぎ①【真偽】[名]真伪,真假△
～をたしかめる/弄清真伪

しんぎ①【審議】[名・他サ]审议

しんきゅう®【針灸・鍼灸】[名]针
灸

しんきゅう®【進級】[名・自サ]
(等级)进级,(学生)升级

しんきょ①【新居】[名]新居

しんきょう®【心境】[名]心境,心
情

しんきょう®【進境】[名]进步的程
度

しんきろう③【蜃気楼】[名]海市蜃楼

しんきんかん③【親近感】[名]亲切感

しんきんこうそく⑤【心筋梗塞】[名]心肌梗塞

しんくう⓪【真空】[名]〈物〉真空

じんぐう③【神宮】[名](规格高的)神社

しんくうかん⓪【真空管】[名]真空管,电子管

ジンクス①【jinx】[名]不吉利,不祥之兆

シングル①【single】[名]①单人,单个 ②独身者 ③(网球、乒乓球的)单打 ④(外衣的)单排纽扣 ⑤(棒球)一垒打

シングルス①【singles】[名](网球、乒乓球等的)单打

しんけい⓪【神経】[名]①神经 ②精神,感觉△～がするどい/感觉敏锐

しんけいしつ③【神経質】[名・形動]神经质

しんけん⓪【真剣】I[名]真刀,真剑 Ⅱ[形動]认真

じんけん⓪【人権】[名]人权

しんご⓪【新語】[名]①新词 ②(教材中的)生词

しんこう⓪【信仰】[名・他サ]信仰△～をもつ/有信仰

しんこう⓪【進行】I[名・自サ]行进,前进 Ⅱ[名・自他サ]①(病情)恶化△病気が～する/病情恶化 ②推进,进展

しんこう⓪【新興】[名]新兴

しんごう⓪【信号】[名]信号;交通信号

じんこう⓪【人口】[名]①人口 ②众口,人言△～に膾炙(かいしゃ)する/脍炙人口

じんこう⓪【人工】[名]人工,人造

じんこうえいせい⑤【人工衛星】[名]人造卫星

じんこうこきゅう⑤【人工呼吸】[名]人工呼吸

しんこきゅう③【深呼吸】[名]深呼吸

しんこく⓪【申告】[名・他サ]申报

しんこく⓪【深刻】[形動]严重,重大△～な問題/严重的问题

しんこん⓪【新婚】[名]新婚△-旅行(りょこう)⑤[名]新婚旅行

しんさ①【審査】[名・他サ]审查

じんざい⓪【人材】[名]人材

しんさつ⓪【診察】[名・他サ]诊断(病情)

しんし①【紳士】[名]绅士△-協定(きょうてい)④[名]君子协定【-服(ふく)⓪】[名]男士服装

じんじ①【人事】[名]①(人力所及的)事情 ②(人的)感觉,知觉△-不省(ふせい)①[名]不省人事 ③(组织内部)人事(关系)

しんしき⓪【新式】[名・形動]新式△～の自動車/新式汽车

しんしつ⓪【寝室】[名]寝室,卧室

しんじつ①【真実】I[名]真实,事实 Ⅱ[副]确实△～、そう思うよ/我确实那样认为

しんしゃ⓪【新車】[名]新车

しんじゃ①③【信者】[名]信者,信徒

じんじゃ①【神社】[名]神社

しんじゅ①【真珠】[名]珍珠

じんしゅ⓪【人種】[名]人种

しんじゅう⓪【心中】[名]①(男女)情死,殉情 ②(全家)共同自杀

しんしゅく⓪①【伸縮】[名・自サ]伸缩

しんしゅつ⓪【進出】[名・自サ]打入,进入△海外へ～する/打入国际(市场)

しんしょう⓪【身障】[名](「身体障害」的简称)残疾

しんじょう⓪【心情】[名]心情△～を察する/体谅心情

しんじょう①⓪【身上】[名]①身世,履历【-調査(ちょうさ)⑤】[名]身世调查 ②长处,优点

しん・じる⓪③【信じる】[他上一]①信,确信 ②信仰△神を～/信神 ③信赖,相信△人を～/相信人

しんしん①【心身】[名]身心,精神与肉体

しんしん⓪【新進】[名]新出现(的人物)△～作曲家/新作曲家

しんしん⓪③ [副]①夜深人静,夜深△夜が～とふける/夜深人静 ②冷气袭身,刺骨△～と冷えこむ冬の夜/寒冷的冬夜 ③雪落堆积貌

しんじん⓪【新人】[名]新人,新秀

しんじん③⓪【信心】[名・他サ]信仰(神,佛)

しんずい⓪①【神髄・真髄】[名]精髓

しんせい⓪【申請】[名・他サ]申请

しんせい⓪【神聖】[名・形动]神圣

じんせい①【人生】[名]人生△～をおくる/渡过人生

じんせいかん③【人生観】[名]人生观

しんせき⓪【親戚】[名]亲戚

しんせつ①【親切】[名・形动]亲切,热情

しんせっきじだい⑥【新石器時代】[名]新石器时代

しんせん⓪【新鮮】[名・形动]新鲜△～な空気/新鲜空气

しんぜん⓪【親善】[名]亲善,友好

しんそう⓪①【真相】[名]真相

しんぞう⓪【心臓】[名]心脏◇心臓が強(つよ)い/脸皮厚

じんぞう⓪【人造】[名]人造

じんぞう⓪【腎臓】[名]肾,肾脏

しんたい①【身体】[名]身体,人体

しんたい①【進退】Ⅰ[名・自サ]①进退△～きわまる/进退维谷 ②(平日的)行动,举止 Ⅱ[名](留职或辞职)去留△-伺(うかがい⑤[名](因犯错误而向上司请示)去留

しんだい⓪【寝台】[名]床,卧铺【-車(しゃ)③】[名]卧铺车

じんたい①【人体】[名]人体

しんたいけんさ⑤【身体検査】[名]体格检查

しんたいしょうがいしゃ⑦【身体障害者】[名]残疾人

しんだん⓪【診断】[名・他サ]诊断(病情)△～を受ける/接受诊断

しんちく⓪【新築】[名・他サ]新建;新建的房屋

しんちょう⓪【身長】[名]身长

しんちょう⓪【新調】[名・他サ]新做(买)的(衣服)

しんちょう⓪【慎重】[名・形动]慎重△～にあつかう/慎重对待

しんちんたいしゃ⑤【新陳代謝】[名・自サ]新陈代谢

シンデレラ③⓪【cinderella】[名](童话)灰姑娘

しんてん⓪【進展】[名・自サ](事态)进展,扩展

しんでんず③【心電図】[名]心电图

しんど①【深度】[名]深度

しんど①【進度】[名]进度

しんど①【震度】[名](地震)震度,震级

じんと⓪ [副]感动得热泪盈眶的样子△胸に～と来る/感人肺腑

しんど・い③［形］①疲乏,疲劳 ②麻烦,费劲儿△～仕事/吃力的工作

しんとう①【神道】［名］(日本的宗教)神道

しんとう⓪【浸透・滲透】［名・自サ］①渗透 ②(化)渗透

しんどう⓪①【神童】［名］神童

しんどう⓪【振動】［名・自他サ］振动

しんどう⓪【震動】［名・自他サ］震动△大地が～する/大地震动

じんどう【人道】［名］I ①人道 II ⓪人行道

じんどうしゅぎ⑧【人道主義】［名］人道主义

シンナー①【thinner】［名］稀释剂;稀料(吸取起幻觉)△～遊びをする/吸毒

しんにゅう⓪【侵入】［名・自サ］侵入,入侵

しんにゅう⓪【新入】［名］新加入【-生(せい)】③［名］(新入学的)学生,新生

しんにん⓪【信任】［名・他サ］信任

しんねん①【信念】［名］信念,信心△～をもつ/有信念

しんねん⓪【新年】［名］新年

しんぱい⓪【心配】I［名・形動・自他サ］担心,挂念,不安△～をかける/令人担心△よけいな～/多余的担心 II［名・自他サ］照顾,帮忙,张罗△就職の～をする/帮助找工作

しんぱん⓪①【新版】［名］新版,重新排版

しんぱん⓪【審判】［名・他サ］①审判【-官(かん)】③［名］审判官 ②(体育比赛)裁判【-員(いん)】③［名］裁判员

しんぴ①【神秘】［名・形動]神秘

-的(てき)⓪［形動］神秘

しんびがん③【審美眼】［名］审美的能力

しんぴょうせい⓪【信憑性】［名］可靠性,可信性

しんぴん⓪【新品】［名］(没用过的)新商品,新东西

しんぷ⓪【新婦】［名］新娘

シンフォニー①【symphony】［名］交响曲

しんぷく⓪【振幅】［名］〈物〉振幅

じんぶつ①【人物】［名］①人物 ②人品,人格△～を保証する/我保证他的人品 ③人材△彼はなかなかの～だ/他是个了不起的人材

シンプル①【sinple】［形動］①朴素 ②简明明了△～なデザイン/简洁的图案

しんぶん⓪【新聞】［名］报纸【-記者(きしゃ)】⓪［名］记者,报社记者【-社(しゃ)】③［名］报社

しんぽ①【進歩】［名・自サ］进步【-的(てき)】⓪［形動］进步

しんぼう①【辛抱】［名・自サ］忍耐,忍受【-強(づよ)い】⑥［形］有耐心,忍耐力强

じんぼう⓪【人望】［名］人望,声望

シンボル①【symbol】［名］象征

じんましん③【蕁麻疹】［名］荨麻疹

しんみり③［副］令人感到寂寞△～した話/令人感到寂寞的谈话

じんみん③【人民】［名］人民

じんめい⓪③【人名】［名］人名

じんもん⓪【尋問・訊問】［名・他サ］(法官、警察)讯问,盘问

しんや①【深夜】［名］深夜

しんゆう⓪【親友】［名］亲密的朋友,挚友△無二の～/最好的朋友

しんよう⓪【信用】［名・他サ］①信赖,信任△人を～する/相信人

②信用△～がある/守信用

しんらい⓪【信頼】[名・他サ]信頼

しんり①【心理】[名]心理【-学(がく)③】心理学

しんり①【真理】[名]真理

しんり⓪【審理】[名・他サ]審理(案件)

しんりゃく⓪【侵略】[名・他サ]侵略

しんりょく⓪【深緑】[名]深緑(色)

しんりょく⓪【新緑】[名](初夏時的)新緑,嫩緑

じんりょく①【尽力】[名・自サ]尽心尽力

しんりん⓪【森林】[名]森林

しんるい①⓪【親類】[名]亲戚,亲属

じんるい①【人類】[名]人类

しんろ①【進路】[名](前进的)方向△卒業後の～/毕业后的方向△台風の～/台风的路线

しんろう⓪【新郎】[名]新郎

しんわ⓪【神話】[名]神话,传说

す

す⓪【州・洲】[名]洲,沙洲【三角(さんかく)-④③】[名]三角洲

す①②【巣】[名]①巢,窝 ②住处,家庭 ③巢穴,贼窝

す①【酢・醋】[名]醋

ず⓪【図】[名]①图,图表 ②样子,情景,光影 ③预料,预想△～に当たる/如愿以偿,正中下怀【-星(ぼし)⓪①】[名]要害;心事◇図に乗(の)る/得意忘形

ず⓪【頭】[名]头◇～が高(たか)い/傲慢,无礼

ず[助動](上接动词和其他活用语的未然形)表示否定△無用の者入るべから～/闲人免进△本屋にはよら～、まっすぐ家に帰る/不去书店,直接回家

すあし①⓪【素足】[名]赤足,光(着)脚

ずあん⓪【図案】[名]图案,图样

すい①【粋】[名]①精华,精髓△技術の～をあつめる/集技术之精华 ②懂人情,通晓事理

ずい①【蕊】[名](花)蕊

ずい①【髄】[名]①骨髓 ②(植物根茎中的)芯

すいあ・げる④【吸(い)上げる】[他下一]吸上来,抽上来△ポンプで水を～/用水泵抽水

すいあつ⓪【水圧】[名]水压

すいい⓪【水位】[名]水位

すいい①【推移】[名・自サ]变迁,变化△時代の～/时代的变迁

ずいい⓪①【随意】[名・形動]随便,随意

すいいき⓪【水域】[名]水域

ずいいち①⓪【随一】[名]最优秀的,第一

ずいいん⓪【随員】[名]随员,随行人员

すいえい⓪【水泳】[名・自サ]游泳【寒中(かんちゅう)-⑤】[名]冬泳

すいおん⓪【水温】[名]水温

すいか⓪【西瓜・水瓜】[名]西瓜

すいか①【水火】[名]水灾与火灾◇水火の苦(くる)しみ/水深火热◇水火器物(きぶつ)を一(ひと)つにせず/水火不相容

すいがい⓪【水害】[名]水灾

すいかずら③【忍冬】[名]忍冬,金銀花

すいきゅう⓪【水球】[名]水球

すいぎゅう③⓪【水牛】[名]水牛

すいきょ①【推挙】[名・他サ]推举,推荐

すいきん⓪【水禽】[名]水禽

すいぎん⓪【水銀】[名]水银,汞

すいけい⓪【推計】[名・他サ]推算△人口を～する/推算人口【-学(がく)】[名]归纳统计学

すいげん③【水源】[名]水源【-地(ち)③】[名]水源地

すいこう⓪【推敲】[名・他サ]推敲△～を重ねる/反复推敲

すいこう⓪【遂行】[名・他サ]完成

すいごう⓪【水郷】[名]水乡◆亦作「すいきょう」

ずいこう⓪【随行】[名・自サ]随同,随行【-員(いん)③】[名]随员,随从人员

すいこ・む③【吸(い)込む】[他五]吸入,吸进△けむりを～/吸进烟

すいさいが⓪【水彩画】[名]水彩画

すいさつ⓪【推察】[名・他サ]推测,推察

すいさん⓪【水産(品)】[名]水产(品)【-資源(しげん)⑤】[名]水产资源

すいじ⓪【炊事】[名・自サ]炊事【-場(ば)⓪】[名]厨房,伙房

すいしつ⓪【水質】[名]水质【-検査(けんさ)⑤】[名]水质检验

すいしゃ①【水車】[名]水车【-小屋(こや)⑤】[名]水车房,磨房

すいじゃく⓪【衰弱】[名・自サ]衰弱【神経(しんけい)-⑤】[名]神经衰弱

すいじゅん⓪【水準】[名]水平,水准【生活(せいかつ)-⑧】[名]生活水平

すいしょう①【水晶】[名]水晶

すいしょう⓪【推賞】[名・他サ]推崇,称赞

すいじょう⓪【水上】[名]水上,水面【-競技(きょうぎ)⑤】[名]水上比赛【-スキー⑥】[名]滑水运动

すいじょうき③【水蒸気】水蒸气

すいしん⓪【推進】[名・他サ]推动,推进【-器(き)③】[名]推进器

すい・する③【推する】[他サ]推测

すいせい⓪【水星】[名]水星

すいせい⓪【彗星】[名]彗星

すいせいむし⑤【酔生夢死】[名]醉生梦死

すいせん⓪【水仙】[名]水仙

すいせん⓪【推薦】[名・他サ]推荐【-状(じょう)③】[名]推荐信

すいそ①【水素】[名]氢

すいそう⓪【水槽】[名]水槽

すいそく⓪【推測】[名・他サ]推测△～が当たる/猜中,猜对

すいぞくかん④③【水族館】[名]水族馆

すいたい⓪【錐体】[名]锥体

すいたい⓪【衰退・衰頽】[名・自サ]衰退

すいだ・す③【吸(い)出す】[他五]吸出来

すいちょう⓪【水鳥】[名]水鸟,水禽

すいちょく⓪【垂直】[名・形動]垂直

すいつ・く③【吸(い)付く】[自五](被)吸住,嘬住△釘が磁石に～/针子被磁石吸住

すいつ・ける④【吸(い)付ける】[他下一]①吸,吸住 ②(吸烟)对火 ③吸惯(某种烟)

スイッチ②【switch】[名]①开关,电门 ②(铁路)路闸

すいてい⓪【推定】[名・他サ]推定,推断【-人口（じんこう）⑤】[名]大约人口

すいでん⓪【水田】[名]水田

すいとう⓪【水痘】[名]水痘

すいとう⓪【水筒】[名]（旅行用）水壶

すいとう⓪【水稲】[名]水稻

すいとう⓪【出納】[名・他サ]出纳

すいどう⓪【水道】[名]①自来水△～を引く/安装自来水 ②航路,水路

すいどう⓪【隧道】[名]隧道

ずいとくじをきめる【随徳寺を決める】逃之夭夭

すいとりがみ④【吸取紙】[名]吸墨纸

すいと・る③【吸（い）取る】[他五]①吸,吸吮,吸取△インクを～/吸墨水 ②榨取

すいばく⓪【水爆】[名]氢弹,热核武器

すいび⓪①【衰微】[名・自サ]衰微,衰落

ずいひつ⓪【随筆】[名]随笔

すいふ①【水夫】[名]水手

すいぶん①【水分】[名]水分

ずいぶん①【随分】Ⅰ[副]很,非常,相当△～たくさんある/有很多△～大きい/相当大 Ⅱ[形动]〈俗〉太不象话△それは～な言いかただよ/这么说太不象话了

すいへい⓪【水平】[名・形动]水平△～に置く/水平放置【-線（せん）⓪】[名]水平线

すいへい①【水兵】[名]水兵

すいぼう⓪【衰亡】[名・自サ]衰亡△～にむかう/走向衰亡

すいぼくが⓪【水墨画】[名]水墨画

すいみつとう⓪【水蜜桃】[名]水蜜桃

すいみゃく⓪【水脈】[名]水脉

すいみん⓪【睡眠】[名・自サ]睡眠【-薬（やく）③】[名]安眠药【-不足（ぶそく）③】[名]睡眠不足

すいめん③⓪【水面】[名]水面

すいもあまいもしりぬく【酸いも甘いも知り抜く】饱经风霜

すいもん⓪【水門】[名]水闸

すいよう⓪③【水曜】[名]星期三【-日（び）③】[名]星期三

すいよく⓪【水浴】[名・自サ]冲凉,洗冷水澡

すいよ・せる④【吸（い）寄せる】[他下一]吸引过来

すいらい⓪【水雷】[名]水雷

すいり①【水利】[名]水利【-権（けん）③】[名]用水权

すいり①【推理】[名・他サ]推理【-小説（しょうせつ）④】[名]推理小说

すいりゅう⓪【水流】[名]水流

すいりょう③⓪【水量】[名]水量

すいりょう③⓪【推量】[名・他サ]推测,推想【当（あて）-③⑤】[名]猜想

すいりょく①⓪【水力】[名]水力【-発電（はつでん）⑦】[名]水力发电

すいれん①【睡蓮】[名]睡莲

すいろん⓪①【推論】[名・他サ]推论,推理

すう①【数】[名]①数 ②数量

す・う⓪【吸う】[他五]吸,抽△タバコを～/抽烟

すうがく⓪【数学】[名]数学

すうこう⓪【崇高】[名・形动]崇高

すうし⓪【数詞】[名]数词

すうじ⓪【数字】[名]数字【アラビア-⑤】[名]阿拉伯数字

すうじくこく④【枢軸国】[名]轴

心国

ずうずうし・い⑤【図図しい】[形]厚脸皮,不知羞耻

すうせい⓪【趨勢】[名]趋势,趋向△時代の〜/时代的趋势

ずうたい①【図体】[名]〈俗〉大个子,大个头儿

すうち①【数値】[名]数值,得数

すうはい⓪【崇拝】[名・他サ]崇拜【偶像(ぐうぞう)-⑦】[名]崇拜偶像

すうよう⓪【枢要】[名・形動]枢纽

すうりょう③【数量】[名]数量

すえ⓪【末】[名]①尽头,末端△野の〜/原野的尽头【-広(ひろ)がり③⓪】[名]逐渐扩展,逐渐兴盛 ②末【月末(つきずえ)③⓪】[名]月末 ③结果,终局△口論の〜/争论的结果 ④未来【-恐(おそ)ろしい⑥⓪】[形]可怕的未来,前途不堪设想 ⑤(兄弟姐妹中)最小的 ⑥无关紧要的

すえお・く③⓪【据(え)置く】[他五]搁置不动

スェーター②【sweater】[名]毛衣→セーター

すえつ・ける③【据(え)付ける】[他下一]安装△機械を〜/安装机器

すえっこ⓪【末っ子】[名]最小的孩子

す・える⓪【据える】[他下一]①安放,放置 ②放在某个职位上△社長に〜/放到社长的位置上 ③沉住气,稳定下来△腰を〜/沉下心来,专心致志【見(み)-】[他下一]定睛而视

ずが①【図画】[名]图画【-工作(こうさく)⑧】[名]画图工作

ずかい【図解】[名・他サ]图解

ずがいこつ②【頭蓋骨】[名]头盖骨

すがお①【素顔】[名]①未化妆的脸△〜がうつくしい/未化妆的脸好看 ②本来面目

すかし⓪【透かし】[名]①透亮,透空 ②间隙,空隙 ③(纸上的)水印

すか・す⓪【透かす】[他五]①留间隔△間(あいだ)を〜/留间隔 ②透过△ガラスを〜/透过玻璃

すか・す【空かす】[他五]空(肚子)△お中を〜/肚子饿了

すがすがし・い⑤【清清しい】[形]清爽,凉爽

すがた①【姿】[名]①姿态,身段△〜がいい/姿态优美 ②面貌,面目 ③打扮,装束△みすぼらしい〜をしている/穿戴非常寒酸【晴(は)れ-③】[名]盛装 △身影△〜を見せる/露面 △〜が消える/身影消失,销声匿迹

すがたみ③【姿見】[名]穿衣镜

スカート②【skirt】[名]裙子

スカーフ②【scarf】[名]头巾,围巾

ずがら⓪【図柄】[名]花样,花纹,图案

すがりつ・く④【すがり付く・縋り付く】[自五]缠住,抱住(不放)△袖に〜/抓住袖子(不放)

すが・る⓪【縋る】[自五]扶,拄,依靠△杖(つえ)に〜って歩く/拄着手杖走路【追(おい)-④】[自五]盯住不放,紧追

ずかん⓪【図鑑】[名]图鉴【動物(どうぶつ)-⑤】[名]动物图鉴

すかんぴん④【素寒貧】[名・形動]〈俗〉穷光蛋△〜になる/变成穷光蛋,身无分文

すき②【好き】[名・形動]爱,喜欢,爱好△水泳が〜だ/喜欢游泳◇好きこそ物(もの)の上手(じょうず)なれ/爱好才能精通

すき⓪【透き・隙】[名] ①间隙,缝儿【-間(ま)⓪】[名]缝子,缝隙②空子,可乘之机△～を狙う/伺机

すき⓪Ⅰ【鋤】[名]锄Ⅱ【犁】[名]犁

スキー【ski】[名]①滑雪板②滑雪△～をする/滑雪

すぎ⓪【杉】[名]杉树

-すぎ【過ぎ】[接尾]①(时间、年龄等)过了,超过△二時～/两点多②(上接动词连用形)过分,过于△食べ～/吃得太多了

スキー・ウエア【ski wear】[名]滑雪服

すきかって③【好(き)勝手】[名・形動] 随意,随心所欲

すききらい②③【好(き)嫌い】[名] 好恶,挑剔△～がはげしい/好挑剔

すきこの・む③【好き好む】[他五] 爱好,愿意(多用否定)△何も～んでこんなことをしているのではない/我可不是心甘情愿做这种事的

すぎさ・る⓪③【過(ぎ)去る】[自五](时间)流逝,过去△あっというまに～/时间转眼过去

すきずき②【好き好む】[名]各有所好,爱好不同◇蓼(たで)食(く)う虫(むし)も好き好き/人各有所好

すきっぱら⓪【空(き)っ腹】[名]空肚子

すきとお・る③【透(き)通る・透(き)透る】[自五]①透明,透澈△～ようなはだ/白晰的皮肤②清澈③清脆△～った声/清脆的声音

すきま⓪【透き間・隙間】[名]空隙,间隙,缝隙【-風(かぜ)】③[名]从缝隙中吹来的风

すきみ⓪【透(き)見】[名]窥视,偷看

すきやき⓪【すき焼(き)・鋤焼(き)】[名]鸡素烧(把肉、豆付、粉条等放在锅里边煮边吃的菜)

スキャンダル②【scandal】[名]丑闻△政界の～をあばく/揭露政界的丑闻

すぎゆ・く③①【過(ぎ)行く】[自五]①走过,通过②(时间)流逝

す・ぎる②【過ぎる】Ⅰ②[自上一]①经过,通过△横浜を～とまもなく東京です/过了横滨就快到东京了②(时间)流逝△花見(はなみ)を～ぎた/过了赏花的季节了③过份,过度,过于△遠慮が～/过于客气④超过,胜于△これに～ぎた光栄はありません/再没有比这更荣耀的事了。⑤(用"…にすぎない"的形式表示)不过是…,只不过…△それはただの口実に～ぎない/那不过是个借口而已Ⅱ[接尾](上接动词连用形和形容词,形容动词的词干表示)过份,过度△働(はたら)き～/干过了头儿△重(おも)～/太重了△静か～/过于安静了

ずきん②【頭巾】[名]头巾,围巾

す・く①②【好く】[自五]爱,喜欢,喜好△人に～かれる/招人喜爱

す・く⓪【梳く】[他五]梳△髪を～/梳头

す・く⓪【透く】[他五]①有间隙,有缝儿△戸と柱の間が～いている/门板和柱子间透着条缝儿②透过…看见

す・く⓪【空く】[自五]①空腹,腹が～/肚子饿了②有空,空着△席が～/空着座位③有空闲△手が～/有空闲

す・く⓪【鋤く】[他五]犁,锄△

田を～/犁田

すぐ①【直ぐ】[副]①马上，立即，立刻△～行きます/马上就去②(距离)很近△～のところ/很近的地方

すくい◎【救(い)】[名]救，救助△～を求める/求救

すく・う◎【掬う】[名]①捞，舀△砂糖を～/舀砂糖②抄(对方的脚等)△足を～/抄起对方的脚

すく・う◎【救う】[他五]救，拯救△命を～/救命

すくな・い③【少(な)い】[形]少△今年は雨が～/今年雨水少

すくなからず④【少なからず】[副]不少，很多△我々は～彼の影響を受けている/我们都受了他很大影响②很，非常

すくなくとも②【少(な)くとも】[副]至少，起码△～1万人参加した/至少有一万人参加

スクープ②【scoop】[名・他サ](报纸的)独家新闻

すく・む◎②【竦む】[自五]畏惧，畏缩，缩成一团【立(たち)-◎④】[自五](吓得)呆若木鸡

すく・める◎③【竦める】[他下一]缩△首を～/缩脖子

スクラップ③【scrap】①(报纸、杂志的)剪贴，剪报【-ブック◎】[名]剪贴簿②碎铁，碎铁渣

スクラム③【scrum】[名]①〈体〉(橄榄球)密集争球②互相挽臂

スクリーン③【screen】[名]银幕

スクール③【school】[名]学校

すぐ・れる③【優れる・勝れる】[自下一]①出色，优秀②(多用否定形表示)不佳△顔色(かおいろ)が～れない/脸色不好

ずけい◎【図形】[史]图，图形

スケジュール③【schedule】[名]日程表，时间表

スケッチ②【sketch】[名・他サ]①写生(画)②小品文

スケート②【skate】[名]①冰鞋【-靴(ぐつ)②】[名]冰鞋②滑冰

すげな・い③【素気無い】[形]冷淡△～くことわる/冷冷地拒绝

スケール②【scale】[名]①规模△～が大きい/规模大②尺寸，尺度

スコア②【score】[名]①得分②总谱

スコアラー②【scorer】[名]①记分员②得分者

すご・い②【凄い】[形]①可怕，吓人②很，非常△～く暑い/热得厉害△～美人/非常漂亮的人

すこし②【少し】[副]稍微，一点儿△ほんの～/一点点△～水をください/请给我点水

すこしも②◎【少しも】[副](与否定语相呼应表示)一点儿也(不)，丝毫也(不)△～わからない/一点也不明白

すご・す【過ごす】Ⅰ②[他五]①度过，过生活②过度，过量△酒を～/喝酒过量Ⅱ[接尾](上接动词连用形)放过不管△見～/视而不见

スコップ②【(荷)scoop】[名]铁锹，铁锨

すこぶる③【頗る】[副]非常，颇，很

すごみ③【凄み・凄味】[名]可怕，吓人△～をきかせる/恐吓人

すご・む②【凄む】[自五]恐吓，威吓

すこやか②【健やか】[形動]健康，健全△～に育つ/健康地成长

スコール②【squall】[名]急风；骤雨

すさまじ・い④【凄まじい】[形]①可怕，吓人②猛烈，厉害③不

象話

すさ・む⓪【荒む】［自五］①自甘堕落，颓废△～んだ心/颓废的心情△生活が～/堕落地生活②（势头）渐猛，猛烈【吹（ふき）-④⓪】［自五］猛刮，狂吹

ずさん⓪【杜撰】［形动］粗糙，偷工减料△～な工事/粗糙的工程

すし②①【寿司・鮨】［名］饭卷，饭团

すじ【筋】Ⅰ⓪［名］①筋【-張（ば）る③】［自五］筋络突起②血统③条理，道理△～がとおる/有条理【荒（あら）-⓪】［名］提要，梗概④素质△～がいい/素质好⑤有关方面，渠道△政府/官方/消息～/消息灵通人士Ⅱ［接尾］①数细长的东西时的量词△ひと～の道/一条路②沿…一带△街道～/沿街一带

ずし①【図示】［名・他せ］图示

すじがき⓪④【筋書（き）】［名］①（小说，戏剧的）梗概②计划，预想

すじちがい③【筋違い】［名・形动］①不合理△～な意見/不合理的意见②找错人，找错对象△わたしに文句を言うのは～だ/向我发牢骚，真是找错对象了

すしづめ⓪【すし詰（め）・鮨詰（め）】［名］挤满，塞满△～の電車/拥挤不堪的电车△～になる/挤得满满的

すじば・る③【筋張る】［自五］①筋络突起②死板，生硬

すじみち①②【筋道】［名］道理，条理△～が立つ/有条理△～が通る/条理通顺

すじょう⓪【素性・素姓】［名］①来历，来路，经历△～がしれない/不知（他的）来历②由来，来历△～のいい茶器/有来历的茶具

ずじょう⓪【頭上】［名］头上

すす①【煤】［名］煤烟子

すず⓪【鈴】［名］铃，铃铛

すず①【錫】［名］锡

すずかぜ②【涼風】［名］凉风

すす・ぐ⓪Ⅰ［他五］【漱ぐ】漱口△口を～/漱口Ⅱ【雪ぐ】洗刷△汚名を～/洗刷污史Ⅲ【濯ぐ】漂洗△せんたくものを～/漂洗衣物

すずし・い③【涼しい】［形］①凉快，凉爽②明亮，清澈△～目/明亮的眼睛◇涼しい顔（かお）/与己无关的样子

すす・む⓪【進む】［自五］①前进△行列が～/队列前进②（钟表）快③（顺利）进展，（顺利）进行△仕事が～/工作进展顺利④进步，先进△～んだ技術/先进的技术⑤升入，升△大学へ～/升入大学⑥恶化，加重△病気が～/病情恶化⑦积极，主动△～んで練習する/主动练习◇気（き）がすすまない/没心思，不起劲

すず・む②【涼む】［自五］乘凉，纳凉

すずめ⓪【雀】［名］麻雀◇雀の涙（なみだ）/微乎其微

すす・める⓪【進める】［他下一］①使…向前②推进，推动△会議を～/推进会议的进行③加快，拨快△時計の針を～/拨快表针

すす・める⓪［他下一］Ⅰ【勧める】劝，劝诱△酒を～/劝酒Ⅱ【薦める】推荐，推举

すずやか⓪【涼やか】［形动］①凉快②爽快

すずり⓪【硯】［名］砚台【-箱（ばこ）】④［名］砚台盒，墨盒

すすりあ・げる⑤【啜（り）上げる】［自下一］抽泣，抽抽搭搭△～げて泣く/抽抽搭搭地哭

すすりな・く④【すすり泣く・啜
（り）泣く】[自五] 啜泣，抽噎△
女の～声がする/听到有女人的
抽噎声

すす・る⓪【啜る】[他五] ①啜饮，
喝△茶を～/喝茶②抽，吸△鼻を
～/抽鼻涕

ずせつ⓪【図説】[名・他せ] 图解

すそ⓪【裾】[名] ①（衣服）下摆
【-模様（もよう）】③[名] 衣服下
摆的图案②山脚；河流下游【-野
（の）】⓪[名] 山麓③（靠近颈部
的）头发【-刈（が）り】⓪[名] 剃
去靠近后颈的头发

スター②【star】[名] ①星星②星星
符号③明星

スタイル③【style】[名] ①身段，身
材②样式，式样△ヘア～/发型③
风格△アメリカ-⑥【名】美国风
格④文体

スタジアム②③【stadium】[名] 运动
场，体育场，棒球场

スタジオ⓪②【studio】[名] ①摄影
棚②播音室，录音室

スターター②【starter】[名] ①（起
跑）发令员②起动机，发动机

スタッフ②【staff】[名] ①（共同工
作的）职员，成员②（电影、电视
除演员外的）工作人员

スタート【start】[名・自サ] ①出
发；起跑△～ライン/起跑线②
（新工作的）开始

すだれ⓪【簾】[名] 帘子

すた・れる⓪【廃れる】[自下一] 不
时兴，过时△この習慣はすでに
～れた/这习惯已经过时了

スタンド⓪【stand】[名] ①（运动
场的）台阶式看台②售货站△ガ
ソリン～/加油站③小吃店④（放
东西的）台子△インク～/放墨水
的台子⑤（「電気スタンド」的简
称）台灯

スタンドイン⑤【stand-in】[名] 替
身演员

スタンプ②【stamp】[名] ①图章，
戳子②（观光游览地的）纪念戳③
邮戳△～を押す/盖邮戳

スチーム②【steam】[名] ①蒸气②
暖气设备

スチュワーデス③【stewardess】
[名] 空中小姐

スチール②Ⅰ【steal】[名・他サ]
（棒球）偷垒Ⅱ【steel】[名] ①
钢②钢铁制器具（武器）

スーツ①【suit】[名] ①西服套装②
（上衣下裙的）女西服套装

ずつ[副助] 每，平均△1人一つ～
とってください/请每人拿一个
△少し～やれば、だんだん慣れ
るよ/一点一点地做，逐渐就会习
惯的△毎日二ページ～読む/每
天平均读两页。

ずつう⓪【頭痛】[名] ①头痛②烦
恼，苦恼△～の種（たね）/烦恼
的原因

すっかり③[副] 完全，全部△仕事
は～おわった/工作全部结束了

すっきり③[副・自サ] ①（心情）舒
畅②干净，利落③（文章）通顺

ズック①【(荷)doek】[名] ①帆布②
帆布鞋

スーツ・ケース④【suitcase】[名] 旅
行用皮箱

すっと①⓪Ⅰ[副・自サ] ①迅速地
②痛快，舒服△これで気持が～
した/这才舒心了

ずっと⓪[副] ①（距离、差距）大，
（时间）很长△駅はまだ～先で
す/火车站离这儿还好远呢△彼
とは～一緒だ/一直和他在一起
②一直，径直△これから先は～
下りだ/打这儿开始一直是下坡

すっぱ・い③【酸っぱい】[形] 酸

すっぽん⓪【鼈】[名] 鳖，甲鱼

すで②①【素手】[名] 赤手空拳，空手

すていし⓪【捨て石】[名] ①（日本庭院中作为点缀）散放的石头②（土木工程中）投入水底打基础的石头③（围棋）弃子

すてお・く③⓪【捨（て）置く】[他五] 置之不理，不管△しばらく～/暂时搁一搁

すてき⓪【素敵】[形動]（女性用语）极好，极漂亮△～な靴/极漂亮的鞋

ステーキ②【steak】[名] 烤肉

すてご⓪【捨（て）子】[名] 弃儿，弃婴

ステージ②【stage】[名] 舞台

ステーション⓪【station】[名] ①车站②…站△サービス～/服务站

ステッキ②【stick】[名] 手杖

ステップ②【step】[名] ①舞步②（汽车等的）台阶③三级跳远的第二步④（工作的）步骤

すでに①【既に・已に】[副] 业已，已经

ステープル・ファイバー⑥【staple fibre】[名] 人造纤维，人造棉，人造毛

す・てる⓪【捨てる・棄てる】[他下一] ①扔，扔掉△ごみを～/扔垃圾②舍弃，放弃△希望を～/放弃希望③不顾，不理◇棄てる神（かみ）あれば助（たす）ける神あり/天无绝人之路

ステレオ⓪【stereo】[名] 立体声音响装置

ステレオ・カメラ⑤【stereo(scopic) camera】[名] 立体照相机

ステレオ.テープ・レコーダー⑦【stereo tape recorder】[名] 立体声录音机

ステレオ・ラジオ・カセット・レコーダー【stereo radio cassette recorder】[名] 立体声收录两用机

ステレオ・レコーダー⑥【stereo recorder】[名] 立体声录音机

ステレオ・レコード⓪【stereo record】[名] 立体声唱片

ステンレス②【stainless】[名] 不锈钢

スト②【strike】[名・自サ]→ストライキ

ストア②【store】[名] 商店

ストップ②【stop】[名・自サ] 停止【-ウオッチ⑤】[名] 秒表

ストーブ②【stove】[名] 火炉，炉子

ストライキ③【strike】[名・自サ] 罢工，罢课

ストライク③【strike】[名]（棒球）好球

ストレート③【straight】Ⅰ[形動] ①直，笔直②直率△～な発言/直率的发言 Ⅱ[名] ①比赛连胜②（棒球）直线球③（拳击）直拳④不兑水（的酒），不放其它东西（的咖啡）

すな⓪【砂】[名] 沙，沙子

すなお①【素直】[形動] ①听话，顺从△～な子ども/听话的孩子②没有毛病△～な字/工整的字

スナック③【snack】[名] 快餐（店）

スナップ②【snap】[名] ①子母扣，摁扣②快照，快拍△～写真/快照相片

すなはま⓪【砂浜】[名] 海滨沙滩

すなわち②【即ち・則ち】[接] 即，即是

…ずに（は）いられない（上接动词未然形表示）①不得不…△モーターが急に故障を起したので，すぐ修理をせずにはいられなか

った/因为发动机突然发生了故障，所以不得不马上修理②不由地…△悲しやのあまり、泣かずにはいられなかった/因过于悲伤而不由地哭了起来

…ずにはおかない（上接动词未然形表示）必须，一定要△ての仕事はやりとげずにはおかない/这个工作非得完成不可

すね②【臑・脛】[名]胫，胫骨，小腿◇親（おや）の～をかじる/靠父母生活

す・ねる②【拗ねる】[自下一]别扭，发倔，闹脾气

ずのう①②【頭脳】[名]①头脑②首脑

スーパー①【super】[接头]①超级②超级市场【ーマーケット⑤】[名]超级市场

スパイ②【spy】[名・他サ]间谍

スパイク②【spike】[名・他サ]①钉子鞋 ②（排球）扣球

すばしっこ・い④[形]敏捷，灵活◆亦作「すばしこい」

スパゲッティ③【意 spagheti】[名]意大利面条，通心粉

スパナー②【spanner】[名]螺丝钳，螺丝板子

ずばぬ・ける④【ずば抜ける】[自下一]出众，超群

スーパーマーケット⑤【supermarket】[名]超级市场

すばや・い③【素早い】[形]敏捷，麻利

すばらし・い④【素晴らしい】[形]好，了不起△～できばえ/了不起的成绩

ずばり②③[副]直截了当，一语道破△～ひとことで言ってください/请你直截了当地一句话说出来

すばる①【昴】[名]〈天〉昴宿星团

ずはん①【図版】[名]插图

スピーカー②【speaker】[名]扩音器，扬声器

スピーチ②【speech】[名]讲演，演说，致词

スピード①【speed】[名]①速度△～をあげる/加速【-写真（しゃしん）⑥】[名]快像【フル-④】[名]全速②快速，迅速

スピード・アップ⑤【speed up】[名・自サ]加速，加快

スピード・スケート⑤【speed skate】[名]速度滑冰

ずひょう①【図表】[名]图表

スフ①【staple fibre】[名]→ステープル・ファイバー

スープ①【soup】[名]汤

ずぶぬれ①【ずぶ濡れ】[名]湿透，淋透△～になる/淋透了

スプリング③【spring】[名]①弹簧，钢丝②春，春天③「スプリングコート」的简称

スプリング・コート⑥【spring coat】[名]风衣，夹大衣

スプーン②【spoon】[名]匙子，调羹

すべ②①【術】[名]手段，方法△もはや施す～もない/已无计可施

スペア②【spare】[名]备件，备品【-タイヤ④】[名]备用轮胎

スペイン②【spain】[名]西班牙【-語（ご）①】[名]西班牙语

スペシャル②【special】[名]专门，特制

スペシャル・コレクション⑨【special collectian】[名]专题集邮

スペース②【space】[名]①空间，空隙，余地△へやの～/房间的空间②（报纸等的）空白处△～をうめる/补白③（文章的）字间，行间④宇宙

すべて①【全て・凡て・総べて】I
［名］全部，一切 II［副］全，都
△仕事は～終った/工作全部做
完了

スペード②⓪【spade】［名］(扑克牌
的) 黑桃

すべら・す③【滑らす】［他五］使
…滑出△口を～/说走了嘴△手
を～/失手

すべりこ・む⓪【滑(り)込む】［自
五］①滑进，滑入②(棒球) 滑进
③将将赶上△発車間際に～ん
だ/在将要开车时赶到了

すべりだい【滑(り)台】［名］滑梯

すべりだし⓪【滑(り)出し】［名］
开端，开始

すべ・る②【滑る】［自五］①滑，滑
行△スキーで～/穿着滑雪板滑
行②打滑，发滑△タイヤが～/轮
胎打滑△足が～/脚一滑 (摔倒)
③走嘴△口が～/说走嘴④没考
上△試験に～/没考上

スポイト⓪【(荷)spuit】［名］吸管

スポークスマン⑤【spokesman】
［名］(代表政府、団体的) 发言
人

スポーツ②【sports】［名］体育运
动

スポーツ・ウェア【sports wear】
［名］运动服

スポーツ・シャツ⓪④【sports shirt】
［名］运动衫

スポーツ・センター④【sports cen-
ter】［名］体育中心

スポーツ・ニュース⑤【sports
news】［名］体育新闻

スポーツマン④【sportsman】［名］运
动员

すぼま・る⓪③【窄まる】［自五］缩
窄，缩小

すぼ・む⓪【窄む】［自五］①(尖
端)变窄，变细△先の～んだズボ

ン/紧裤脚的裤子②萎缩△花が
～/花枯萎了

すぼ・める⓪【窄める】［他下一］由
缩，收拢△傘を～/合上伞

ズボン②【(法)jupon】［名］西服裤，
裤子△～をはく/穿裤子【長 (な
が) -③】［名］长裤

スポンサー②【sponsor】［名］资助
者，后援人

スポンジ⓪【sponge】［名］海绵

すまい②①【住まい】［名］住处，住
所【田舎住 (いなかずまい) ④】住
在乡下

すま・う②【住まう】［自五］居住

すま・す②【済ます】I［他五］①
做完，办完△仕事を～/做完工作
②了结，解决△金で～/用钱了结
③对付，将就△昼はそばで～し
た/午饭吃点面条对付过去了 II
［接尾］(上接动词连用形表示)彻
底，完全△成 (なり) ～/完全打
扮成…△行い～/全干完了

すま・す②【澄ます】［他五］①与
己无关的样子，冷漠的样子△み
んなが笑っているのに一人つん
と～している/大家都笑了，只有
他一人显出一付冷漠的样子②澄
清△水を～/澄清水◇耳 (みみ)
をすます/注意倾听

スマッシュ②【smash】［名・自サ］
(网球、乒乓球、排球的) 猛烈扣
杀

スマート②【smart】［形動］①苗条
△～なからだつき/苗条的身材
②潇洒△～にふるまう/举止潇
洒

すまな・い②【済まない】［形］对
不起△あなたには～く思ってい
る/我觉得真对不起你

すみ②【炭】［名］炭，木炭△～を
やく/烧炭

すみ①【隅・角】［名］角，角落

【-隅（ずみ）①②】[名] 各个角落，到处【-っこ①】[名] 角落，旮旯

すみ【墨】[名] ①墨，墨汁△～を磨る/研墨②（章鱼体内的）墨液②（锅底的）黑灰

すみえ②【墨絵】[名] 水墨画

すみか①②【住（み）処・棲（み）処】[名] 巢，窝

すみき・る⓪【澄（み）切る】[自五] 晴朗，清澈△～った青空（あおぞら）/晴空

すみごこち③【住み心地】[名] 居住的感觉△～がいい/住着很舒服

すみこみ⓪【住（め）込み】[名] 住在雇主家或工作现场

すみつ・く⓪【住（み）着く】[自五] 落户，定居

すみな・れる⓪【住（み）慣れる】[自下一] 住惯△長年～れた土地/多年住惯了的地方

すみばこ③【墨盒】[名] 墨盒

すみません④【済みません】①对不起②劳驾③谢谢

すみやか②【速やか】[形动] 快速，迅速△～に解決する/尽快解决

すみれ⓪【菫】[名] 紫花地丁【-色（いろ）⓪】[名] 深紫色

すみわた・る⓪④【澄（み）渡る】[自五] 晴朗，万里无云△～った空/晴朗的天空

す・む①【住む】[自五] ①住，居住△この家には誰も～んでいない/这房子无人居住②生息，栖居△ジャングルに～/动物/栖居在原始森林的动物△～住めば都（みやこ）/住惯了哪儿都是好地方

す・む①【済む】[自五] ①完了，终结△食事が～/吃完饭了②解决，了结△金で～/用钱了结

す・む①【澄む】[自五] ①清澈，

清新△～んだ空気/清新的空气②清亮，明亮△～んだ声/清脆的声音③纯洁△～んだ心/纯洁的心

スムーズ②【smooth】[形动] 顺利，流畅△～にいく/顺利进行◆亦作「スムース」

ずめん⓪①【図面】[名] 图纸，设计图

すもう⓪【相撲・角力】[名] 相扑△～を取る/相扑【腕相撲（うでずもう）③】[名] 掰腕子

スモーキング②【smoking】[名] 吸烟△ノー～/禁止吸烟

スモッグ②【smog】[名]（公害之一）烟雾，烟尘

すもも⓪【李】[名] 李子

すら[副助] 连，甚至△親に～知らせなかった/连父母都没告诉△ひらがな～満足に書けない/连平假名都写不好

スライド②⓪【slide】[名・自サ] ①幻灯机，幻灯②滑动，滑③工资随物价指数而变动④（显微镜）载片

ずら・す②【他五】①挪开②错开△出発を一週間～/把出发时间向后错开一周

すらすら①[副] 流利，顺利△～読む/流利地朗读△事が～はこぶ/事情进展顺利

スラックス②【slacks】[名] 女长裤

スラム①【slam】[名] 贫民窟，贫民区

ずらり②③[副] 一溜儿，一排△本棚に画集を～と並べる/在书架上摆一溜儿画册

すり①【掏摸・掏児】[名] 小偷，扒手

すり②【刷（り）】[名] 印刷，印刷品

ずりお・ちる⓪④【すり落ちる】[自上一] 滑落，滑掉△ベッドから～/从床上掉下来

すりか・える⓪【擦り替える】[他下一] 偷换

すりガラス③【磨りガラス】[名] 毛玻璃，磨玻璃

すりきず②【擦(り)傷】[名] 蹭伤，磨伤

すりこ・む⓪ [他五] Ⅰ【刷(り)込む】印上△さし絵を～/印上插图 Ⅱ【擦(り)込む】抹上，擦上△クリームを肌に～/把雪花膏擦在皮肤上

スリッパ②①【slipper】[名] 拖鞋

スリップ②【slip】[名・自サ] ①滑，滑动②长衬裙

すりつぶ・す⓪【擂(り)潰す】[他五] 研碎，磨碎△くるみを～/把核桃仁磨碎

すりぬ・ける⓪【擦(り)抜ける】[自下一] ①穿过，挤过△人人の間を～けて前に出る/穿过人群走上前去②蒙混过去△出まかせを言ってその場を～けた/扯了个谎，混过去了

すりばち②【すり鉢・擂(り)鉢】[名] 研钵

すりへら・す⓪【すり減らす・磨(り)減らす】[他五] 磨损，损耗△靴のかかとを～/磨坏鞋跟△神経を～仕事/耗损精力的工作

すりむ・く③【擦(り)むく・擦(り)剝く】[他五] 擦破，蹭破△膝を～いた/蹭破了膝盖

すりよ・る⓪【擦(り)寄る】[自五] 蹭近，靠近，贴近

すりもの②【刷(り)物】[名] 印刷物，印刷品，刊物

スリラー②【thriller】[名] 惊险

スリラーしょうせつ⑥【thriller 小説】[名] 惊险小说

スリラーえいが⑤【thriller 映画】[名] 惊险影片

スリル②①【thrill】[名] 惊险

す・る①【掏る】[他五] 扒窃，掏包

す・る①【刷る】[他五] ①印刷②印

す・る①【擦る】[他五] ①擦，磨擦②研磨△墨を～/研墨③(赌博等)赔光，输光

する⓪ Ⅰ [自他サ] ①有某种感觉△寒けが～/发冷△気が～/感觉到②表示某种状态△意識がはっきり～/意识清楚△病気を～/得病③值(多少钱)△この服はかなり～だろうね/这衣服值很多钱吧④表示时间的经过△三日して成功できる/再过三天就能成功⑤干，做，办，搞△いたずらを～/淘气△実験を～/做实验⑥表示某种下意识的动作△あくびを～/打呵欠△くしゃみを～/打喷涕⑦(用「…にする」的形式表示)使…成为，使…变为△彼を委員長に～/让他当委员长⑧表示事物的性质、本质△青い目をしている人形/蓝眼睛的偶人⑨带，戴△ネクタイを～/带领带⑩用「…とする」的形式表示)假定，假设△いま、マグニチュード7の地震がおきたと～/假设现在发生了七级地震⑪(用「…うとする」的形式表示)将要，正要△帰ろうと～ところに雨が降りだした/正要回去的时候，下起了雨 Ⅱ [补动](用「お…する」、「ご…する」的形式)表示自谦△このあいだお借りしたご本、お返しします/将上次借的书还给您△その件はご辞退します/那件事，我不打算干

ずる・い②[形] 狡猾，滑头

ずるずる①[副] ①拖拉着②拖延△ストが～と長びく/罢工拖延着③滑溜

すると⓪[接]①于是，那样△わたしはそのまま歩きつづけた。～駅前に出た/我一直走着，于是来到了车站前②这么说，那么～きみはぼくがおかしいと言うのですか/这么说，你是认为我可疑喽

するど・い③【鋭い】[形]①锋利，快②锐利③敏锐，灵敏△頭が～/头脑敏锐

するめ⓪[名]墨斗鱼干

すれすれ⓪[形动]①贴着，擦着△水面～に鳥が飛んだ/鸟掠过水面而飞去②将将，没有余地△合格点～で、試験に受かった/以将将及格的分数通过了考试

すれちが・う⓪【擦(れ)違う】[自五]①交错，相擦而过△電車が～/两辆电车相擦而过②错过③(事物)不一致，不协调

す・れる②【擦れる】[自下一]①磨损，磨破②油滑△～れた子供/油滑的孩子

ずれ・る②[自下一]①移动，错位②离开，脱离△時間が～/时间不

対頭

スローガン②【slogan】[名]标语，口号

すわ・る⓪【座る・坐る】[自五]①坐②居(要职)◇肝(きも)がすわる/沉着，有胆量◇目(め)がすわる/两眼发直

すんげき⓪【寸劇】[名]短剧，小话剧

すんし⓪【寸志】[名]寸心，小意思△～を表わす/聊表寸心

すんじ⓪【寸時】[名]片刻△もはや～も猶予ならぬ/已经刻不容缓

ずんずん⓪[副]迅速地

すんなり③[副・自サ]①细长，纤细△～した指(ゆび)/纤指②顺利

すんぴょう⓪【寸評】[名・他サ]短评

すんぽう⓪【寸法】[名]①尺码，尺寸△～をはかる/量尺寸②计划，安排△きみが説明し、ぼくが演じるという～だ/计划是你先讲解，然后我演

せ

せ⓪①【背】[名]①背，脊背②后方，背后③山脊④身高，身长△～が高い/个子高[-丈(たけ)]①[名]身高，身量

せ⓪【畝】[名]亩(土地的面积单位，一亩约合一公顷)

せ⓪【瀬】[名]①滩，浅滩②急流，湍流③机会，时机

ぜ①【是】[名]是◇是が非(ひ)でも/务必，无论如何

ぜ[终助](男子用语)①表示劝诱，感叹△早く行こう～/快走吧△

おもしろいのがあった～/有不错的哪 ②表示谈话人的意见，判断 △それはちょっとちがいます～/你说的不对

せい①【背】[名]→せ

せい①【所為】[名]原因，缘故△失敗を人の～にする/把失败的原因归于他人

せい①【生】[名]①生命②生存

せい①【姓】[名]姓，姓氏

せい①【性】[名]①性别②性③本性，秉性

せい①【精】[名]①精灵，妖怪②精力△～を出す/加劲，努力◇精も根(こん)も尽(つ)き果(は)てる/精疲力尽

ぜい①【税】[名]税△～をごまかす/偷漏税

せいあつ⓪【制圧】[名・他サ]镇压△反乱軍を～する/镇压叛乱军队

せいあん⓪【成案】[名]完整的方案，成熟的方案

せいい①【誠意】[名]诚意【誠心(せいしん)⓪-①】[名]诚心诚意

せいいき⓪【声域】[名]音域

せいいく⓪【生育・成育】[名・自他サ]①生育，繁殖②成长，发育

せいいっぱい③【精一杯】[副・形动]竭尽全力△～に働く/拚命工作

せいいん⓪【成因】[名]成因△火山の～を調べる/研究火山的成因

せいえい⓪【精鋭】[名・形动]精锐【-部隊(ぶたい)⑤】[名]精锐部队

せいえん⓪【声援】[名・他サ]声援△～を送る/助威

せいおう⓪【西欧】[名]西欧

せいおん①【清音】[名]清音

せいか①【生花】[名]①插花②鲜花

せいか①【成果】[名]成果，成就

せいか①【声価】[名]评价，声誉△～が高い/声誉很高

せいか①【青果】[名]蔬菜和水果

せいか①【盛夏】[名]盛夏

せいか①【精華】[名]精华

せいかい⓪【正解】[名]正确答案

せいかい⓪【政界】[名]政界

せいかい⓪【盛会】[名]盛会

せいかいけん③【制海権】[名]制海权

せいかく⓪【正確】[名・形动]正确，准确△～に伝える/准确地转达【不(ふ)-②】[形动]不正确

せいかく⓪【性格】[名]性格，性情△～があわない/性情不合

せいがく①【声楽】[名]声乐【-家(か)⓪】[名]声乐家

せいかつ⓪【生活】[名・自サ]生活，生计△～を送る/生活【国民(こくみん)-⓪】[名]国民生计【日常(にちじょう)-⑤】[名]日常生活

せいかっこう③【背格好】[名]身材

せいかん⓪【生還】[名・自サ]①生还，活着回来②(棒球)安全回到本垒

せいがん⓪【請願】[名・他サ]请愿

ぜいかん⓪【税関】[名]海关

せいき⓪【世紀】[名]世纪

せいき①【生気】[名]生气，活力，生机△～をとりもどす/恢复活力

せいき①【正規】[名]正规，正式△～の手続き/正式手续

せいぎ①【正義】[名]正义△～を守る/维护正义

せいきゃく⓪【政客】[名]政客

せいきゅう⓪【請求】[名・他サ]索要，索取△代金を～する/要帐【-書(しょ)⑤⓪】[名]帐单

せいきゅう⓪【性急】[形动]性急

せいきょ①【逝去】[名・自サ]逝世，去世

せいぎょ①【制御】[名・他サ]控制△感情を～する/控制感情【自動(じどう)-装置(そうち)⑦】[名]自控装置

せいきょう⓪【盛況】[名]盛况

せいきょうと⓪【清教徒】[名]清教

徒

せいきょく⓪【政局】[名] 政局

せいきょく⓪【正極】[名] 正极

ぜいきん⓪【税金】[名] 税款，税金△～を納める/纳税

せいく⓪【成句】[名] 成语，谚语

せいくうけん③【制空権】[名] 制空权

せいくらべ③【背比べ】[名] 比个儿

せいけい⓪【生計】[名] 生计，生活△～をたてる/谋生

せいけい⓪【西経】[名]（地理）西经

せいけい⓪【成型】[名・他サ] 成形，压制成形

せいけいげか⑤【整形外科】[名] 整形外科

せいけつ⓪【清潔】[名・形動] ①干净，洁净②清廉，廉洁△～な政治/廉洁的政治

せいけん⓪【政見】[名]【-発表（はっぴょう）⑤】发表政见【-放送（ほうそう）⑤】[名] 政见广播

せいけん⓪【政権】[名] 政权【-争（あらそ）い】[名] 权力之争

せいげん③【制限】[名・他サ] 限制【-速度（そくど）⑤】[名] 时速限制

せいご⓪【成語】[名] 成语，典故

せいこう⓪【成功】[名・自サ] 成功△～をおさめる/获得成功【-者（しゃ）③】[名] 成功者

せいこう⓪【性向】[名] 性格，性情

せいこう⓪【性行】[名] 品行，品质和行为

せいこう⓪【盛行】[名・自サ] 盛行，风行

せいこう⓪【精巧】[名・形動] 精巧，精致△～をきわめる/巧夺天

工

せいこう⓪【製鋼】[名・自サ] 炼钢

せいごう⓪【整合】[名・自他サ]①齐整，无缺陷②（理论）严谨

せいこつか⓪【整骨科】[名] 正骨科

せいごひょう⓪【正誤表】[名] 勘误表

せいざ⓪【星座】[名] 星座

せいざ⓪①【正座】[名・自サ] 端坐△きちんと～する/正襟危坐

せいざ⓪①【静座】[名・自サ] 静坐，安静地坐

せいさい⓪[名] Ⅰ【生彩】生气，活力△～をかく/缺乏活力 Ⅱ【精彩】色彩鲜艳△～を放つ/放光彩

せいさい⓪【制裁】[名・他サ] 制裁△～を加える/施加制裁

せいさい⓪【製材】[名・自サ] 制材，加工木材【-所（しょ）③】[名] 木材加工厂

せいさく⓪【政策】[名] 政策△～をねる/制定政策

せいさく⓪[名・他サ] Ⅰ【制作】制作【卒業（そつぎょう）-⓪】[名] 毕业设计 Ⅱ【製作】制造

せいさん⓪【成算】[名] 把握△～がある/有把握

せいさん⓪【生産】[名・他サ] 生产△～をあげる/提高生产【-力（りょく）③】[名] 生产力【-性（せい）⓪】[名] 劳动生产率【-高（だか）③】[名] 产量【-財（ざい）③】[名] 生产资料【-手段（しゅだん）⑤】[名] 生产手段【コスト⑤】[名] 生产成本，工本

せいさん⓪【清算】[名・他サ]①结算，结帐△借金を～する/结算借款②清算，了结△過去を～する/清算过去

せいし①【生死】[名] 生死△～を

ともにする/生死与共

せいし①【精子】[名]精子

せいし⓪【製紙】[名]造纸

せいし⓪①【正視】[名・他サ]正视,直视△～するに忍びない/不忍正视

せいし⓪【制止】[名・他サ]制止,阻拦

せいし⓪【静止】[名・自サ]静止【-衛星（えいせい）④】[名]同步卫星

せいじ⓪【政治】[名]政治【-家（か）⓪】[名]政治家【-権力（けんりょく）④】[名]政治权力【-力（りょく）②】[名]政治力量

せいしき⓪【正式】[名・形动]正式△～に許可する/正式许可

せいしつ⓪【性質】[名]①性格,性情△～がいい/性情好②（事物的）性质,特性

せいじつ⓪【誠実】[名・形动]诚实,真诚△～を欠く/缺乏诚意

せいじゃ①【聖者】[名]圣人

せいじゃく⓪【静寂】[名・形动]寂静,沉寂

ぜいじゃく⓪【脆弱】[名・形动]脆弱

せいしゅ⓪【清酒】[名]清酒（日本酒）

ぜいしゅう⓪【税収】[名]税收

せいしゅく⓪【静粛】[名・形动]肃静

せいじゅく⓪【成熟】[名・自サ]成熟

せいしゅん⓪①【青春】[名]青春

せいしょ⓪【清書】[名・他サ]誊清,誊写

せいしょ①【聖書】[名]圣经

せいしょう⓪【斉唱】[名・他サ]齐唱,齐呼

せいじょう⓪【正常】[名・形动]正常△～にもどる/恢复正常

せいしょうねん③【青少年】[名]青少年

せいしん⓪【精神】[名]精神【-衛生（えいせい）⑤】[名]精神保健◇精神一到（いっとう）何事（なにごと）か成（な）らざらん/有志者事竟成

せいじん⓪⓪【成人】[名・自サ]成人,成年人【-式（しき）③】[名]加冠礼

せいじん⓪【聖人】[名]圣人

せいしんびょう⓪【精神病】[名]精神病

せいしんせいい⑤【誠心誠意】[副]诚心诚意

せいず⓪【製図】[名・他サ]制图,绘图

せいすい⓪【盛衰】[名]盛衰,兴衰△栄枯（えいこ）～は世の常（つね）/荣枯盛衰是世之常事

せいずい⓪⓪【精髄】[名]精髓,精华

せいすう③【正数】[名]正数

せい・する③【制する】[他サ]①制止,抑止△さわぎ～/制止住争吵②控制△機先を～/先发制人

せいせい③【清清】[自サ]（心情）舒畅,痛快△借りを返してやっと～した/还清了借款,终于舒心了

せいせい⓪【精製】[名・他サ]精制,精炼

せいぜい⓪[副]①尽量,尽△どうせだめだろうが,～がんばるんだな/估计成功不了,你尽力而为吧②充其量,顶多△出席者は～百人程度だろう/顶多来一百人左右吧

せいせいどうどう⓪-③【正正堂堂】[形动]正大光明,堂堂正正△～と戦う/光明正大地斗争

せいせき⓪【成績】[名]成绩【-表

（ひょう）⑤［名］成绩单

せいせん⓪【生鲜】［形动］生鲜,新鲜【-食品（しょくひん）⑤［名］生鲜食品

せいせん⓪【精选】［名・他サ］精选

せいぜん⓪③【整然】［副］井然,整齐,井井有条△～とならぶ/排列得井井有条

せいそ①【清楚】［名・形动］整洁,素雅△～な身なり/穿戴素雅

せいそう⓪【清扫】［名・他サ］清扫,打扫【-车（しゃ）③［名］清洁车

せいそう⓪【盛装】［名・自サ］盛装

せいぞう⓪【制造】［名・他サ］制造,制作

せいそく⓪【生息・栖息】［名・自サ］生息,栖息,栖居△野生のさるの～地（ち）/野生猴子的栖息地

せいぞろい③【势ぞろい・势揃（い）］［名・自サ］聚集,聚齐△一族が～する/家族聚齐

せいぞん⓪【生存】［名・自サ］生存【-竞争（きょうそう）⑤［名］生存竞争

せいたい⓪【生态】［名］①生态②生活状况

せいたい⓪【声带】［名］声带

せいだい⓪【盛大】［形动］盛大,隆重△～に行う/隆重举行

せいたいもしゃ⑤【声带模写】［名］口技

ぜいたく④③【赘沢】［名・形动］奢侈,奢华【-品（ひん）⑥［名］奢侈品

せいち①【精致】［名・形动］细致,精密

せいちょう⓪【各・自サ】Ⅰ【成长】（人的）成长△人间として～する/成熟起来Ⅱ【生长】（植物的）生长,发育△～を促す/促进生长

せいちょう⓪【声调】［名］声调,语调

せいつう⓪【精通】［名・自サ］精通,通晓

せいてい⓪【制定】［名・他サ］制定△宪法を～する/制定宪法

せいてき⓪【政敌】［名］政敌

せいてつ⓪【制铁】［名・自サ］炼铁【-所（しょ）⑤［名］炼铁厂

せいてん③⓪【晴天】［名］晴天

せいでんき③【静电气】［名］静电

せいと①【生徒】［名］（中小学）学生【-手帐（てちょう）④［名］学生笔记本

せいど①【制度】［名］制度【教育（きょういく）-⑤［名］教育制度

せいとう⓪【政党】［名］政党【-政治（せいじ）⑤［名］政党政治

せいとう⓪【正当】［名・形动］正当,合理【-防卫（ぼうえい）⑤［名］正当防卫

せいとう⓪【正统】［名・形动］正统【-派（は）⓪［名］正统派

せいどう⓪【制动】［名・他サ］制动【-机（き）③［名］制动器,制动闸

せいどうき⑤【青铜器】［名］青铜器

せいどく⓪【精读】［名・他サ］精读

せいとん⓪【整顿】［名・自他サ］整顿,收拾,整理

せいなん⓪【西南】［名］西南

ぜいにく⓪【ぜい肉・赘肉】［名］（身体）多余的肉,脂肪

せいねん⓪【成年】［名］成年

せいねん⓪【青年】［名］青年【-团（だん）③［名］青年团

せいねんがっぴ⑤【生年月日】［名］出生年月日

せいのう⓪【性能】［名］性能

せいは①【制覇】［名・自サ］①称霸△世界～をたくらむ/妄图称霸世界 ②(比赛中)优胜

せいばい①【成敗】［名・他サ］惩罚,惩治◇喧嘩(けんか)両(りょう)成敗/双方各打五十大板

せいばつ①【征伐】［名・他サ］讨伐,征讨

せいはんたい③【正反対】［名・形動］完全相反△～の方向/完全相反的方向

せいひ①【成否】［名］成败

せいび①【整備】［名・自他サ］备齐,配备【自動車(じどうしゃ)-工場(こうじょう)②-④】汽车修配厂

せいひん⓪【清貧】［名］清贫

せいひん⓪【製品】［名］制品,产品

せいふ①【政府】［名］政府

せいぶ①【西部】［名］①西部②美国西南地区【-劇(げき)③】［名］西部片

せいふく⓪【制服】［名］制服

せいふく⓪【征服】［名・他サ］征服

せいぶつ①⓪【生物】［名］生物【-学(がく)④】［名］生物学

せいぶつ⓪【静物】［名］静物【-画(が)⓪】［名］静物画

せいふんじょ⓪⑤【製粉所】［名］面粉厂

せいぶん①【成分】［名］成分△水の～/水的成分

せいべつ⓪【性別】［名］性别

せいぼ①【聖母】［名］圣母

せいぼ①【歳暮】［名］①岁暮,年末②年末送的礼品

せいほう⓪【製法】［名］制作方法

せいぼう⓪【声望】［名］声望,名望△～が高い/名望高

せいぼう⓪【制帽】［名］(学生、警

察等戴的)特制的帽子

せいほうけい③【正方形】［名］正方形

せいほく⓪【西北】［名］西北

せいほく⓪【製本】［名・他サ］装订成书【-工場(こうじょう)⑤】［名］装订厂

せいまい⓪【精米】［名・自サ］①碾米②精白米,白米

せいみつ⓪【精密】［名・形動］①精密△～な機械/精密仪器②细致,严密【-検査(けんさ)⑤】［名］严密检查

せいむじかん④【政務次官】［名］政务次官

ぜいむしょ③【税務署】［名］税务局

せいめい①③【生命】［名］生命

せいめい⓪【声明】［名・自サ］声明【共同(きょうどう)-⑤】［名］联合声明

せいめい①③【姓名】［名］姓名【-判断(はんだん)⑤】［名］(依据名字)算命

せいもん⓪【正門】［名］正门

せいやく⓪【制約】［名・他サ］制约,限制△～を受ける/受限制

せいやく⓪【誓約】［名・他サ］誓约△～を守る/遵守誓约

せいゆ⓪【製油】［名・他サ］炼油【-所(しょ)⓪】［名］炼油厂

せいゆう⓪【声優】［名］广播剧演员,配音演员

せいよう①【西洋】［名］西洋【-料理(りょうり)⑤】［名］西餐,西菜【-風(ふう)⓪】［名］西式【-人(じん)③】西洋人

せいよう⓪【静養】［名・自サ］静养

せいようおんがく⑤【西洋音楽】［名］西洋音乐,西乐

せいようじん③【西洋人】［名］西

洋人

せいらい①【生来】［副］生来，天生

せいり①【生理】［名］①生理【-現象（げんしょう）④】［名］生理现象②月经

せいり①【整理】［名・他サ］①整理，收拾，整顿②清理，缩减【人員（じんいん）-⑤】［名］裁员

せいりつ⓪【成立】［名・自サ］成立，有效△予算が～する/预算通过△商談が～する/成交

ぜいりつ⓪【税率】［名］税率

せいりゃく①⓪【政略】［名］政治谋略，政略【-結婚（けっこん）⑤】［名］政治婚姻

せいりゅう⓪【整流】［名・他サ］〈物理〉整流【-器（き）③】［名］整流器

せいりょういんりょう⑤【清涼飲料】［名］清凉饮料

せいりょく①【勢力】［名］势力，权势△～を張る/扩张势力△～を振う/行使权势【-範囲（はんい）⑥】［名］势力范围

せいりょく①【精力】［名］精力【-絶倫（ぜつりん）①-⓪】［形動］精力充沛

せいれい⓪【精励】［名・自サ］勤奋，奋勉△勉学に～する/勤奋学习

せいれき⓪【西暦】［名］公历，公元

せいれつ⓪【整列】［名・自他サ］列队，整队

せいれん⓪【精錬】［名・他サ］冶炼

せいろん⓪【正論】［名］正论，正确的言论

せお・う②⓪【背負う】［他五］①背②担负，承担△責任を～/负责任

せおよぎ⓪【背泳ぎ】［名］仰泳

せかい①②【世界】［名］①世界，宇宙【-（いち）④】［名］世界第一【-和平（へいわ）④】［名］世界和平【全（ぜん）-③】［名］全世界【-観（かん）③】［名］世界观，宇宙观【-大戦（たいせん）④】［名］世界大战【-的（てき）⓪】［形動］世界的②领域，世界△こどもの～/孩子们的世界△学問の～/学术领域③视野，眼光△新しい～がひらける/打开新的视野◇世界にきこえている/世界闻名◇世界に類（るい）のない/举世无双◇世界を股（また）にかける/走遍天下

せかせか［副・自サ］急急忙忙，慌慌张张

せき①【隻】［名］（船等的数量单位）只，艘

せき②【咳】［名］咳嗽△～が出る/咳嗽

せき①【堰】［名］堰，堤坝

せき①⓪【席】［名］①座位，位子△～に着く/入坐②场所，场合△おおやけの～/公开场合③职位△課長の～/课长的位子

せき①【籍】［名］①加入某组织△野球部に～を置く/加入棒球队②户籍，户口△～を入れる/入籍，上户口

せきがいせん③⓪【赤外線】［名］红外线

せきこ・む⓪【せき込む・急き込む】［自五］着急，焦急△～んで話す/急切地讲

せきこ・む①【せき込む・咳き込む】［自五］猛烈地咳嗽

せきさい⓪【積載】［名・他サ］装载【-量（りょう）③】［名］装载量

せきざい⓪【石材】［名］石料

せきさん⓪【積算】［名・他サ］累

計

せきじ⓪【席次】［名］座次，名次△～を決める/定座次

せきじゅうじ③【赤十字】［名］红十字

せきしょ③【関所】［名］关卡△～を越える/过关卡

せきずい②【脊髄】［名］脊髓

せきせつ⓪【積雪】［名］积雪【-量（りょう）④】［名］积雪量

せきぞう⓪【石像】［名］石像

せきた・てる⓪【せき立てる・急（き）立てる】［他下一］催促，催赶

せきたん③【石炭】［名］煤炭，煤【-工業（こうぎょう）⑤】［名］煤炭工业

せきどう⓪【赤道】［名］赤道

せきと・める⓪【せき止める・塞（き）止める】［他下一］拦住，堵住△川を～/拦住河流

せきにん⓪【責任】［名］责任，职责△～を果す/尽责【-者（しゃ）③】［名］负责人

せきばく⓪【寂漠】［名・副］寂寞，荒凉△～たる荒野（こうや）/寂寞的荒野

せきばらい③【せき払（い）・咳払（い）】［名］干咳，清嗓子

せきひ⓪【石碑】［名］①石碑②墓碑△～をたてる/立碑

せきひんあらうがごとし【赤貧洗うが如し】一贫如洗

せきぶつ⓪【石仏】［名］石佛

せきべつ⓪【惜別】［名］惜别△～の情/惜别之情

せきぼく⓪【石墨】［名］石墨

せきめん⓪【石綿】［名］石棉

せきめん⓪【赤面】［名］害羞，脸红△～の至り/惭愧之至

せきゆ⓪【石油】［名］石油【-工業（こうぎょう）④】［名］石油工

业

せきらら⓪【赤裸裸】［形動］赤裸裸△～な告白/赤裸裸的自白

せきり①⓪【赤痢】［名］赤痢，痢疾

セクシー①【sexy】［形動］性感的

せけん①【世間】［名］世间，世上，社会【-知（し）らず④】不懂人情事故【-話（ばなし）④】［名］家常话，闲话

せさい⓪②【世才】［名］处世的才能

せしゅう⓪【世襲】［名・他サ］世袭

せじょう⓪【世上】［名］世间,世上,社会△～のうわさ/街谈巷议

せすじ⓪①【背筋】［名］①脊梁△～が寒くなる/不寒而栗 ②(衣服)脊缝

ゼスチュア①【gesture】［名］动作，手势◆亦作「ジェスチュア」「ジェスチャー」「ゼスチャー」

ぜせい⓪【是正】［名・他サ］矫正，纠正△不均衡を～する/纠正不平衡

せせこまし・い⑤【形】①窄小△～家/窄小的房屋②心胸狭小

せせらぎ⓪［名］小溪，小溪的流水声

せせらわら・う⑤【せせら笑う】［他五］嘲笑，冷笑，讥笑△鼻の先で～/嗤之以鼻

せそう⓪②【世相】［名］世风,世道，社会状况△～を反映する/反映世风

せぞく⓪①【世俗】［名］世俗

せぞくてき⓪【世俗的】［形動］世俗△～な音楽/世俗音乐

セーター①【sweater】［名］毛衣◆亦作「スェーター」

せたい①⓪【世態】［名］世态

せたい②①【世帯】［名］→しょたい

せだい①⓪【世代】[名]①代，一代 △若い～/年轻的一代【同（どう）-③】[名]同代人 ②世世代代，世代

せたけ②【背丈】[名]①身高②（衣服）身长

せちがら・い④【世知辛い】[形]日子不好过，处世艰难△～世の中/艰难的世道

せつ①【節】[名]①时候，时节②（诗、文章的）节③节操△～を守る/守节

せつ⓪①【説】[名]说法，见解

せつ①【切】[形动]诚恳，恳切△～に願う/恳切要求

ぜつえんたい⓪【絶縁体】[名]绝缘体

せっかい⓪【石灰】[名]石灰

せっかく⓪【折角】[副]①好不容易，难得△～の休日なんだから仕事の話はやめてくれよ/好不容易有个体息日，别再谈工作了②特意△～のご招待ですので、ぜひともうかがいます/承蒙特意邀请，我一定去

せっかち①[名・形动]性急

せっきじだい④【石器時代】[名]石器时代

せっきょう③①【説教】[名・自サ]①说教②传教，传道

せっきょく【積極】[名]积极【-性（せい）⓪】[名]积极性

せっきょくてき⓪【積極的】[形动]积极△～に発言する/积极地发言

せっきん⓪【接近】[名・自サ]接近△台風が～する/台风临近

せっく③⓪【節句・節供】[名]节日

セックス①【sex】[名]①性别②性，性欲③性交

せっけい⓪【設計】[名・他サ]设计

【-図（ず）③】[名]设计图【-技師（ぎし）⑤】[名]设计师

ぜっけい⓪【絶景】[名]绝景

せっけっきゅう③【赤血球】[名]红血球

せっけん⓪【石鹸】[名]肥皂【粉（こな）-③】[名]肥皂粉，洗衣粉

せっけん⓪【接見】[名・他サ]接见

せっこう⓪【石工】[名]石匠

せっこう⓪【石膏】[名]石膏

ぜっこう⓪【絶好】[名]绝好，极好△～のチャンス/极好的机会

ぜっこう⓪【絶交】[名・自サ]绝交△友と～する/和朋友绝交

せっこく⓪【石刻】[名]石刻，石印，石雕

せっさたくま①-①【切磋琢磨】[名・自サ]切磋琢磨

ぜっさん⓪【絶賛】[名・他サ]高度赞扬

せっし①【摂氏】[名]摄氏

せつじつ⓪【切実】[形动]①迫切，切身②切实△～に感じる/切实感到

せっしゃくわん①【切歯扼腕】[名・自サ]咬牙切齿△～して悔しがる/切齿悔恨

せっしゅ①【接種】[名・他サ]接种【予防（よぼう）-④】[名]预防接种

せっしゅ①【摂取】[名・他サ]摄取，吸取

せっしょう①【折衝】[名・自サ]交涉，谈判，磋商△～にあたる/进行交涉

せっしょう①【殺生】[形动]残忍，残酷

せっしょく⓪【接触】[名・自サ]①接触②交往，接触△～をたもつ/保持接触

せっしょく⓪【節食】[名・自サ]节食

ぜっしょく⓪【絶食】[名・自サ]绝食

せっすい⓪【節水】[名・自サ]节水

せっ・する⓪③【接する】Ⅰ[自サ]①紧接着，挨着△となりと～/紧挨着邻家△海に～している家/挨着海边的房屋②交往，接触△客と～/与客户接触③接到，遇上△悲報に～/接到悲痛的消息Ⅱ[他サ]使…挨上，连接△踵(きびす)を～/接踵，一个接一个△額(ひたい)を～/交头接耳

ぜっ・する⓪③【絶する】[自サ]绝，尽△言語に～/不可言状△想像を～/不可想象

せっせい⓪【節制】[名・自サ]节制△タバコを～する/节制吸烟

せっせと①[副]不停地，拼命地△～働く/拼命地工作

せっせん⓪【接戦】[名・自サ]势均力敌的战斗

せつぞく⓪【接続】[名・自他サ]连接，衔接

せつぞくし③④【接続詞】[名]接续词

せったい①【接待】[名・他サ]接待，招待【-費(ひ)⓪】[名]招待费

ぜったい⓪【絶対】[名・副]绝对△そんなことは～にありえない/绝不会有那种事【-服従(ふくじゅう)⑤】[名]绝对服从【-安静(あんせい)⑤】[名]绝对安静

せつだん⓪【切断】[名・他サ]切断，割断，截断

せっち①【設置】[名・他サ]设置，设立△審議会を～する/设置审议会

せっちゃくざい⓪④【接着剤】[名]粘合剂，粘接剂

せっちゅう⓪【折衷】[名・他サ]折中【-案(あん)③】[名]折中方案

ぜっちょう③【絶頂】[名]顶峰，顶点【人気(にんき)-⓪】[名]红极一时【-期(き)④】[名]走红期，最盛期

せっつ・く③⓪[他五]催，催促

せってい⓪【設定】[名・他サ]制定，拟定△問題を～する/设问，设立问题

せってん⓪【接点】[名]①接点，触点△～をみい出す/找出接点②(数学的)切点

せつでん⓪【節電】[名・自サ]节电

セット①【set】[名・他サ]①(器物等的)一套②电影布景，舞台背景③做头发，整理发型④调整，调节

せっとうご⓪【接頭語】[名]接头词，前缀词

せっとく⓪【説得】[名・他サ]说服，劝说【-力(りょく)④】[名]说服力

せつな・い③【切ない】[形]痛苦，难受

せつなる①【切なる】[連体]恳切，殷切△～願い/衷心的愿望

せつに①【切に】[副]恳切，深切

せっぱく⓪【切迫】[名・自サ]①临近，逼近②紧迫，急迫△事態が～する/事态急迫

せっぱつま・る①【切羽詰(ま)る】[自五]迫不得已，万不得已

ぜっぱん⓪【絶版】[名]绝版△～にする/绝版

せつび⓪【設備】[名・他サ]设备【-投資(とうし)④】[名]设备投资

せつびご⓪【接尾語】[名]接尾词，后缀词

せっぷく⓪【切腹】[名・自サ]剖腹自杀

せっぷく⓪【切腹】［名・他サ］说服，劝服

ぜっぺき⓪【絶壁】［名］绝壁，峭壁

せつぼう⓪【切望】［名・他サ］热切盼望

ぜつぼう⓪【絶望】［名・自サ］绝望△人生に～する/对人生绝望【-的（てき）】［形動］绝望

せつめい⓪【説明】［名・他］说明，解释

ぜつめつ⓪【絶滅】［名・自他サ］灭绝，根绝

せつやく⓪【節約】［名・他サ］节约，节省

せつりつ⓪【設立】［名・他サ］设立，创办

せつれつ⓪【拙劣】［名・形動］拙劣

せつわ⓪【説話】［名］民间传说，民间故事

せとぎわ⓪④【瀬戸際】［名］紧要关头，关键时刻△生死の～にある/处于生死关头

せともの⓪【瀬戸物】［名］陶瓷器

せなか⓪【背中】［名］①背，脊背△～を流す/搓背②后面

ゼネレーション③【generation】［名］一代；世代；同时代

ゼパード②【shepherd】［名］狼狗，军用犬

せばま・る③【狭まる】［自五］变窄△範囲が～/范围缩小

せば・める③【狭める】［他下一］缩小，缩短

ぜひ①【是非】Ⅰ［名］是非，好坏△～もない/不得已Ⅱ［副］无论如何，一定，务必△～ひきうけてくれ/请务必接受下来

ぜひとも①【是非とも】［副］（「ぜひ」的强调形）→ぜひ

せびろ⓪【背広】［名］（男子）西服

せぶみ③⓪【瀬踏（み）】［名・自サ］

试探△～をする/试探

せぼね⓪【背骨】［名］脊梁骨

せま・い②【狭い】［形］窄小，狭小△道が～/街道狭窄△心が～/小心眼儿

せまくるし・い⑤【狭苦しい】［形］狭窄，挤得慌△～部屋/非常狭窄的屋子

せま・る②【迫る】Ⅰ［自五］①临近，迫近△夕やみが～/天色将晚②逼近，靠近△敵が～/敌人逼近③紧迫，窘迫△息が～/呼吸紧迫Ⅱ［他五］逼迫，强迫△交際を～/强迫交往△内閣に総辞職を～/逼迫内阁总辞职

せみ⓪【蝉】［名］蝉

ゼミ①【(徳)Seminar】［名］「ゼミナール」的简称→ゼミナール

セミナー①【seminar】［名］→ゼミナール

ゼミナール③【(徳)Seminar】［名］（大学的）课堂讨论，讨论会，研究会

せむし③⓪【傴僂】［名］驼背，罗锅

せめあ・う⓪【責（め）合う】［自五］互相攻击

せめい・る③【攻（め）入る】［自五］攻进，攻入△敵陣に～/冲进敌阵

せめおと・す⓪【攻（め）落（と）す】［他五］攻克，攻陷

せめか・ける⓪【攻め懸ける】［他下一］进攻，攻上去

せめく②③【責め苦】［名］折磨△地獄の～にあう/遭受地狱的折磨

せめこ・む⓪【攻（め）込む】［自他五］攻进，攻入

せめさいな・む⓪【責（め）苛む】［他五］折磨△良心に～まれる/受到良心的谴责

せめた・てる⓪④【攻（め）立てる】

[他下一]连续进攻，猛攻

せめた・てる⓪【責（め）立てる】
[他下一]痛斥，严厉指责

せめつ・ける⓪【責（め）付ける】
[他下一]严厉责备，严加申斥

せめて①　[副]哪怕，至少△～五位
以内に入りたい/希望至少进入
前五名△～一目だけでも会いた
い/很想见一面，哪怕只看一眼

せめよ・せる【攻（め）寄せる】
[自下一]攻到附近，逼近

せ・める②【攻める】[他下一]攻，
攻击，进攻△城を～/攻城

せ・める②【責める】[他下一]①
责备，责难，指责△失敗を～/谴
责失败②折磨，拷打③催促，逼

セメント⓪【cement】[名]水泥

せり②【芹】[名]水芹，芹菜

ゼリー①【jelly】[名]果冻

せりあ・う⓪【競り合う】[自五]
竞争，争夺△トップを～/争夺第
一名

せりあ・げる⓪【競（り）上げる】
[他下一]争着提高价钱，哄抬价
格

せりあ・げる⓪【迫（り）上げる】
[他下一]①逐渐推上（舞台）②逐
渐增大△声を～/放大声音

せりおと・す【競（り）落（と）す】
[他五]拍板成交

せりだ・す⓪【せり出す・迫（り）
出す】[自他五]①（把布景）推上
（舞台）②向前突出△お中が～/
腆着肚子

せりふ⓪②【台詞・科白】[名]①台
词，道白△-回（まわ）し④[名]道
白技巧△論調，言论

せ・る【競る】[他五]①竞争②
争出高价

せる　[助動]（上接五段、サ変动词
未然形）①使，让，叫△犬にそり
を引か～/让狗拉雪橇△子供に

ピアノを習わ～/让孩子学钢琴
②任凭，任其，随他便△あの店で
はコーヒーを飲みたいだけ飲ま
～/那个店的咖啡愿意喝多少就
可喝多少③（用「…せていただき
ます」的形式表示）请允许我…△
見せていただきます/请让我看
看

セール①【sale】[名]贱卖，大减价
【バーゲン-】⑤[名]大甩卖

セルフサービス④【self-service】
[名]自我服务，自助餐

セルロイド③【celluloid】[名]赛璐
珞，硝纤象牙

ゼロ①【（法）zéro】①零，零数②无，
没有△この本は内容が～だ/这
本书毫无内容

セロテープ③【cellotape】[名]胶粘
纸带，胶带

セロハン①【cellophane】[名]胶带

せろん①【世論】[名]舆论【-調査
（ちょうさ）④】[名]民意测验

せわ②【世話】[名]①照看，照料
△～をやく/照料，照管△人の～
になる/得到别人的关照△余计
（よけい）なお～だ/多管闲事②
推荐，介绍△友人を会社に～す
る/把朋友推荐给公司△おめよ
さんを～する/介绍对象③麻烦，
难办的事△～がやける/麻烦人
△～をかける/添麻烦△通俗△
～にくだけた話/通俗的话

せわし・い③【忙しい】[形]忙，忙
碌

せん①【千】[名]千，一千

せん①【栓】[名]①塞子，瓶塞②
龙头，开关△水道の～をしめる/
关上水龙头

せん①【線】[名]①线△～をひく/
划线②线路③方针，路线△きま
った～にそう/按着既定的方针
办④界限，限度

ぜん①【善】［名］善，好事△～を
　なす/行善

ぜん⓪【禅】［名］禅

ぜん⓪【膳】［名］①（放饭菜的）食
　案②（放在食案上的）饭菜△お～
　を出す/上饭菜

ぜん-①【全】［接头］全，整个△～
　日本（にほん）/整个日本

ぜんあく①【善悪】［名］善恶

せんい①【繊維】［名］纤维【合成
　（ごうせい）-⑤】［名］合成纤维

ぜんい①【善意】［名］善意△～に
　解釈する/善意地解释

ぜんいき⓪①【全域】［名］整个地
　区，一切领域

せんいつ①⓪【専一】［名・形动]专
　一

せんいん⓪【船員】［名］船员，海
　员

ぜんいん⓪⓪【全員】［名］全体人员

せんえい⓪【先鋭・尖鋭】［名・形
　动]①锐利△～なナイフ/锋利的
　刀 ②激进，过激【-分子（ぶん
　し）⑤】［名］激进分子

ぜんえい⓪【前衛】［名］①（网球，
　排球的）前排②（运动的）先锋，
　前卫③（艺术）前卫派，先锋派【-
　画家（がか）⑤】［名］先锋派画家

せんえき①⓪【戦役】［名］战役

せんおう⓪【専横】［名・形动]专
　横

せんか①【戦火】［名］①战火，因
　战争引起的火灾②战争△～が広
　がる/战争扩展

せんか①【専科】［名］专科

せんかい⓪【旋回】［名・自他サ]
　盘旋，回旋

ぜんかい⓪【全快】［名・自サ]痊
　愈

ぜんかい①【前回】［名］上次，上
　回

ぜんがく⓪①【全額】［名］全数，全
　额

せんかくしゃ③【先覚者】［名］先觉
　者，先知者

せんがくひさい【浅学菲才】才疏
　学浅

せんかん⓪【戦艦】［名］战舰

ぜんき①【前期】［名］前期，上期，
　上半期

ぜんき①【前記】［名］上述，前述

せんきゃく⓪【船客】［名］乘船的旅
　客

せんきゃくばんらい【千客万来】
　客人络绎不绝，车马盈门

せんきょ①【占拠】［名・他サ]占据，
　占领【不法（ふほう）-④]［名］违法
　占据

せんきょ①【選挙】［名・他サ]选举
　△～に勝つ/选举获胜△～に出
　る/参加竞选【-権（けん）③】［名］
　选举权

せんきょう⓪【戦況】［名］战况

せんきょうし③【宣教師】［名］传教
　士

せんきょく⓪【戦局】［名］战局

ぜんきょく⓪①【全局】［名］①全局
　△～に目を注ぐ/照顾全局②（围
　棋、象棋）全盘

せんくしゃ③【先駆者】［名］先驱，
　前辈

せんぐんばんば⑤【千軍万馬】
　［名］①千军万马②身经百战

ぜんけい⓪【全景】［名］全景

ぜんけい⓪【前掲】［名・他サ]上
　述，上举

せんけつ⓪【先決】［名・他サ]先
　决，首先决定【-問題（もんだ
　い）⑤】［名］首先要解决的问题

せんけつ【鮮血】［名］鲜血

せんげつ①【先月】［名］①上月②
　前几个月

ぜんげつ①【前月】［名］上月

せんけん⓪【先見】［名］先见△～

の明（めい）/先见之明

せんげん⓪③【宣言】[名・他サ]宣言【独立（どくりつ）-⑤】[名]独立宣言

ぜんけん⓪【全権】[名]全权△～を委任する/委以全权【-大使（たいし）⑤】[名]（特命）全权大使

ぜんげん③⓪【前言】[名]①从前说过的话，前人的话②前言

せんげんばんご⑥【千言万语】[名]千言万语

せんご①【先後】[名・自サ]先后，前后

せんご①⓪【戦後】[名]战后（特指第二次世界大战后）

ぜんご【前後】Ⅰ①[名]①前后②周围情况，后果Ⅱ①[自サ]①顺序颠倒△話が～する/语无伦次②相继，紧挨着△彼らは～してやってきた/他们先后来到Ⅲ[接尾]左右△十二時（じゅうにじ）～/十二点左右△二十歳（にじっさい）～/二十岁上下

せんこう⓪【先行】[名・自サ]先行△時代に～する/先行于时代【-文献（ぶんけん）⑤】[名]先行文献

せんこう⓪【専攻】[名・他サ]专攻，专门研究【-科目（かもく）⑤】[名]专业科目

せんこう⓪【潜行】[名・自サ]①潜行△水中を～する/潜行水中②秘密活動【-運動（うんどう）⑤】[名]地下活动

せんこう⓪【線香】[名]线香，香△～をたく/焚香【蚊取（かとり）-④】[名]蚊香

せんこう⓪【選考・銓衡】[名・他サ]铨选，选拔

ぜんこう①【全校】[名]①全校②所有的学校

ぜんごう③【前号】[名]前一期，上一期（刊物）

せんこく⓪【先刻】Ⅰ[名]刚才，方才Ⅱ[副]已经，早就△～ご承知の通り…/正如您早已知道的那样…

せんこく⓪【宣告】[名・他サ]宣告，宣判△～をくだす/宣判

ぜんこく①【全国】[名]全国【-放送（ほうそう）⑤】[名]全国广播

せんさい⓪【戦災】[名]战争灾害，战祸【-孤児（こじ）⑤】[名]战争孤儿

せんさい⓪【繊細】[名・形動]纤细，敏感△～を神経/敏感的神经△～な感情/细腻的感情

せんざい⓪【洗剤】[名]洗涤剂

せんざい⓪【潜在】[名・自サ]潜在【-意識（いしき）⑤】[名]潜意识

ぜんさい⓪【前菜】[名]冷盘，拼盘

せんざいいちぐう⓪【千載一遇】千载难逢

せんさく⓪【穿鑿】[名・他サ]刨根问底【-ずき⑤】[名]喜欢刨根问底

せんさばんべつ①-⓪【千差万別】千差万别

せんさんこう③【穿山甲】[名]穿山甲

せんし①【戦士】[名]战士

せんし⓪【戦死】[名・自サ]战死【-者（しゃ）③】[名]阵亡者

ぜんし①【前史】[名]①前半部历史②以前的历史③史前

ぜんじ①【漸次】[副]逐渐，渐渐

せんじぐすり④【煎じ薬】[名]汤药

せんしつ⓪【船室】[名]客舱，船舱

せんじつ⓪③【先日】[名]前几天，

前些日子

ぜんじつ④⓪【前日】［名］前一天

せんじつ・める⑤【せんじ詰める・煎じ詰める】［他下一］①归根结底，总而言之△～と金の問題だ/说到底是钱的问题②（把药）煎透，熬透

ぜんじつせい⓪【全日制】［名］全日制

せんしばんこう①⓪【千思万考】［名・他サ］反复思考，深思熟虑

せんしばんこう①⓪【千紫万紅】万紫千红

せんしばんたい①⓪【千姿万態】千姿百态

せんしゃ①【戦車】［名］坦克，战车

せんしゃ①【前者】［名］前者

ぜんしゃのてつ【前車の轍】前车之鉴△～を踏む/重蹈覆辙

せんしゅ①【選手】［名］选手，运动员

せんしゅう⓪【先週】［名］上周，上星期

せんしゅう⓪【専修】［名・他サ］专修，专攻

せんしゅう⓪【選集】［名］选集

せんじゅう⓪【専従】［名・自サ］专职，专搞

ぜんしゅう⓪【全集】［名］全集

せんしゅうらく③【千秋楽】［名］（相扑、戏剧等连续演出的）最后一天

せんしゅつ⓪【選出】［名・他サ］选出

せんじゅつ⓪①【戦術】［名］战术

ぜんじゅつ⓪【前述】［名・自サ］上述，前述

ぜんしょ①⓪【善処】［名・他サ］妥善处理

せんしょう⓪【戦勝】［名・自サ］战胜

せんじょう⓪【戦場】［名］战场

せんしょう⓪【全勝】［名・自サ］全胜

せんしょく⓪【染色】［名・自サ］印染【-業（ぎょう）⑤】［名］印染业

せんしょくたい⓪【染色体】［名］染色体

せん・じる⓪③【煎じる】［他上一］煎，熬

せんしん⓪【先進】［名］先进【-国（こく）③】［名］发达国家

せんしん⓪【専心】［名・自サ］专心，一心一意【一意（いち い）-②-⓪】专心一意

せんじん⓪【先人】［名］前人

ぜんしん⓪【全身】［名］全身【-麻酔（ますい）⑤】全身麻醉【-全霊（ぜんれい）⓪-⓪】整个身心，全心全力

ぜんしん⓪【前進】［名・自サ］前进

ぜんしん⓪【漸進】［名・自サ］渐进

ぜんじん③⓪【前人】［名］前人，先人

せんしんばんく⑤【千辛万苦】［名・自サ］千辛万苦

せんす⓪【扇子】［名］扇子

センス①【sense】感觉，感受△～がいい/感受能力强，懂得事物的细微差别

せんすい⓪【潜水】［名・自サ］潜水【-夫（ふ）③】［名］潜水员【-泳法（えいほう）⑤】［名］潜泳

せんすいかん⓪【潜水艦】［名］潜艇

せん・する③【宣する】［他サ］宣布，宣告△開会を～/宣布开会

せんせい③【先生】［名］①先生②老师

せんせい⓪【宣誓】［名・他サ］宣誓△選手～/运动员宣誓

せんせい⓪【専制】[名]专制【-君主（ぐんしゅ）⑤】[名]专制君主【-政治（せいじ）⑤】[名]专制政治

ぜんせい⓪【全盛】[名]全盛【-期（き）③】[名]全盛期，鼎盛期

ぜんせいき③【前世紀】[名]上世纪

せんせいじゅつ③【占星術】[名]占星术

ぜんせかい③【全世界】[名]全世界

センセーショナル③【sensational】[形動]①引起轰动的②煽动感情的，富有煽动性的

センセーション③【sensation】[名]轰动的事件

せんせん⓪【宣戦】[名・自サ]宣战

せんせん⓪【戦線】[名]战线

ぜんせん⓪③【戦前】[名]战前

ぜんせん⓪【前線】[名]①前线②（气象）锋面【温暖（おんだん）-⑤】[名]暖锋【梅雨（ばいう）-④】[名]梅雨锋面

ぜんぜん⓪【全然】[副]①（与否定语相呼应表示）丝毫不，一点儿不△そんなことは～知らない/那件事我根本不知道②〈俗〉非常，很△～面白い/非常有趣

せんせんきょうきょう⓪【戦戦恐恐】[副]战战兢兢，心惊胆战

せんぞ①【先祖】[名]祖先，祖宗，先人△～の墓/先人之墓

せんそう⓪【戦争】[名・自サ]①战争【-反対運動（はんたいうんどう）⑨】[名]反战运动【核（かく）-③】[名]核战争②（喻）激烈的竞争【受験（じゅけん）-④】[名]升学竞争

ぜんぞう⓪【漸増】[名・自サ]渐增，逐渐增加

ぜんそく⓪【喘息】[名]哮喘，气喘【小児（しょうに）-④】[名]小儿哮喘

ぜんそくりょく④③【全速力】[名]全速△～で走る/全速奔跑

センター①【center】[名]①中心△贸易～/贸易中心②（足球、篮球的）中锋

せんたい①⓪【船体】[名]船身，船体

ぜんたい【全体】Ⅰ⓪[名]全体，总体，整体△～を把握する/把握总体△～にわたる/涉及全体【-会議（かいぎ）⑤】[名]全体会议Ⅱ①[副]①本来，原本△～出発点からまちがっているよ/原本开始就错了②究竟，到底△これは～どういうことなんだ/这究竟是怎么回事

ぜんだいみもん①⓪【前代未聞】前所未闻

せんたく⓪【洗濯】[名・他サ]洗，洗衣服【-屋（や）⓪】[名]洗衣房，洗染店

せんたく⓪【選択】[名・他サ]选择

せんだって⑤⓪【先だって】[副]前几天，前些日子，不久以前△～の件はどうなりましたか/前几天的那件事怎么样了

せんたん⓪【先端】[名]①尖端，顶端△塔の～/塔尖②前列，最前面△时代の～/时代的前列

せんだん⓪【専断】[名・他サ]独断专行

せんだん⓪【栴檀】[名]①楝树，苦楝②白檀

センチ①Ⅰ【centi】[名]→センチメートル Ⅱ【senti】[形動]→センチメンタル

ぜんち⓪【全治】[名・自サ]痊愈

センチグラム④【centigramme】

［名］厘克

ぜんちし③【前置詞】［名］前置词

ぜんちぜんのう①-⓪【全知全能】［名］全知全能△～の神/万能的主

センチメートル④【centimetre】［名］厘米

センチメンタル④【sentimental】［形動］感伤△～な詩/伤感的诗

センチメント①【sentiment】［名］①情感，感情 ②伤感，感伤

せんちょう①⓪【船長】［名］①船长 ②船的长度

ぜんちょう⓪【前兆】［名］先兆，预兆，前兆

せんて⓪【先手】［名］①（围棋、将棋）先走（的人）②（比赛）主动进攻，抢先进攻◇先手を打（う）つ/先发制人【-必勝（ひっしょう）⓪】先下手为强

せんてい⓪【選定】［名・他サ］选定

ぜんてい⓪【前提】［名］前提

せんてつ①⓪【銑鉄】［名］铣铁，生铁

せんでん⓪【宣伝】［名・自サ］宣传

ぜんてんこう③【全天候】［名］全天候【-機（き）⑤】［名］全天候飞机

センテンス①【sentence】［名］句，句子

せんてんてき⓪【先天的】［形動］先天△～な才能/天生的才能

せんど①【先途】［名］紧要关头，关键时刻

ぜんと①【前途】［名］前途【-洋洋（ようよう）①-⓪】前途远大

ぜんど①【全土】整个国土

せんとう⓪【先頭】［名］先导，最前头，最前列△～にたつ/站在前列△～をきる/抢在最前头

せんとう①【銭湯】［名］公共澡堂

せんとう⓪【戦闘】［名・自サ］战斗

せんどう⓪【先導】［名・他サ］先导，向导【-車（しゃ）③】［名］开道车

せんどう⓪【扇動・煽動】［名・他サ］煽动，蛊惑【-者（しゃ）③】［名］煽动者

せんどう③【船頭】［名］船夫，船老大

ぜんどう⓪【蠕動】［名・自サ］蠕动

ゼントルマン①【gentleman】［名］绅士

ぜんにちせい⓪【全日制】［名］全日制

せんにゅうかん③【先入観】［名］成见，先入之见△～にとらわれる/拘于成见

せんにょ①【仙女】［名］仙女

せんにん③【仙人】［名］仙人，神仙

せんにん⓪【専任】［名］专任，专职

ぜんにん⓪【前任】［名］前任

ぜんにん③【善人】［名］①好人，善人 ②老好人

せんぬき④③【栓抜（き）】［名］瓶起子

せんねん⓪【先年】［名］前些年，前几年

せんねん⓪【専念】［名・自サ］专心，埋头△仕事に～する/埋头工作

ぜんねん⓪【前年】［名］前一年，去年

ぜんのう⓪【全能】［名］全能，万能

ぜんのう⓪【前納】［名・他サ］预先付款【-金（きん）③】［名］预付金

せんばい⓪【専売】[名]专卖,包销【-特許（とっきょ）⑤】[名]专卖权

せんぱい⓪【先輩】[名]①先辈,前辈 ②先于自己进校、进入公司的人

せんぱい⓪【戦敗】[名]战败

ぜんぱい⓪【全廃】[名・他サ]完全废除

せんぱく⓪【船舶】[名]船舶,船只

せんぱく⓪【浅薄】[名・形動]浅薄,肤浅△～な知識/浅薄的知识

せんばつ⓪【選抜】[名・他サ]选拔

-せんばん①【千万】[接尾]很,非常△迷惑（めいわく）～/非常麻烦△無礼（ぶれい）～/极其无礼

せんばん⓪【旋盤】[名]车床,旋床

せんぱん①【先般】[副]（书信用语）前几天,前些日子,上次

せんぱん⓪【戦犯】[名]战犯

ぜんはん⓪【前半】[名]前半,上半

ぜんぱん⓪【全般】[名]整个,全面

せんび①【戦備】[名]战备

ぜんぶ①【全部】[名]全部

せんぷう③⓪【旋風】[名]旋风

せんぷうき③【扇風機】[名]电扇,风扇

せんぷく⓪【潜伏】[名・自サ]潜伏,潜藏【-期（き）④③】[名]潜伏期

ぜんぶん⓪【全文】[名]全文

ぜんぶん⓪①【前文】[名]①序文,前言 ②上文

せんべい①【煎餅】[名]酥脆饼干

せんべつ⓪【餞別】[名]送别的礼品,送别纪念

せんべつ⓪【選別】[名・他サ]选择,挑选

ぜんぺん①⓪【全編】[名]全篇

ぜんぺん①【前編】[名]前编,上篇,上集

せんぺんいちりつ①-⓪【千編一律】[名]千篇一律△～の内容/千篇一律的内容

せんぺんばんか⑤【千変万化】[名]千变万化

せんぼう⓪【羨望】[名・他サ]羡慕

せんぽう⓪【先方】[名]对方

ぜんぼう⓪【全貌】[名]全貌

ぜんぽう⓪【前方】[名]前方,前面

せんぼうきょう⓪【潜望鏡】[名]潜望镜

せんぼつ⓪【戦没】[名・自サ]阵亡,战死

ぜんまい⓪[名]发条,弹簧△～をまく/上弦【-秤（ばかり）⑤】[名]弹簧秤

せんむ①【専務】[名]①专任,专职（某项工作）②（公司的）常务董事

せんめい⓪【鮮明】[名・形動]鲜明△～な画像/鲜明的图象

せんめつ⓪【殲滅】[名・他サ]歼灭

ぜんめつ⓪【全滅】[名・自サ]全部歼灭

せんめん⓪【洗面】[名・自サ]洗脸

ぜんめん③【前面】[名]前面

せんめんき③【洗面器】[名]洗脸盆

せんめんじょ⑤⓪【洗面所】[名]盥洗室

ぜんめんてき⓪【全面的】[形動]全面

せんもん⓪【専門】[名]①专门 ②专业

せんもんか⓪【専門家】[名]专家

せんもんご⓪【専門語】[名]专业用语，术语

ぜんもんのとらこうもんのおおかみ【前門の虎後門の狼】前门拒虎后门进狼

ぜんや①【前夜】[名]前夜

せんやく⓪【先約】[名]前约

ぜんやく⓪【全訳】[名・他サ]①全部译出②全部译文

せんゆう⓪【占有】[名・他サ]占有，据为已有【-権（けん）③】[名]占有权

せんよう⓪【専用】[名・他サ]专用

せんりつ⓪【戦慄】[名・自サ]战栗△～すべき光景/令人战栗的景象

ぜんりつせん⓪【前立線】[名]前列腺

せんりのみちもいっぽよりはじまる【千里の道も一歩より始まる】千里之行，始于足下

せんりひん③【戦利品】[名]战利品

せんりゃく①⓪【戦略】[名]战略

ぜんりゃく①【前略】[名]省略前言，省略前文

せんりゅう⓪【川柳】[名]川柳（形式与俳句相同，由17个假名组成的诙谐、讽刺的短诗）

せんりょう③【染料】[名]染料

せんりょう⓪【占領】[名・他サ]占领，占据【-軍（ぐん）③】[名]占领军

ぜんりょう⓪【善良】[名・形动]善良

せんりょく①【戦力】[名]战斗力

ぜんりょく⓪①【全力】[名]全力△～をあげる/使出全力△～を尽す/竭尽全力

せんりょのいっしつ①-⓪【千慮の一失】智者千虑，必有一失

せんれい⓪【先例】[名]先例，惯例

せんれい⓪【洗礼】[名]①（基督教）洗礼△～を受ける/受洗礼②考验，锻炼

ぜんれい⓪【前例】[名]①先例，惯例②前面举的例子

せんれん⓪【洗練】[名・他サ]①洗练，精练△～された文章/精练的文章②高雅，脱俗

せんろ①【線路】[名]线路，轨道

そ

そ①【祖】[名]祖先，鼻祖

ぞ[終助]（男子用语）①表示说话人的意志、决心△さあ、がんばる～/好啦，要努力干哪②表示感叹的语气△やあ、いいものを見つけた～/哎，发现了一个好东西哟③提醒对方注意△いいか、なげる～/注意，我要扔啦

そあく⓪【粗悪】[形动]（质量）粗劣，粗糙【-品（ひん）⓪】[名]劣等货

-ぞい【沿い】[接尾]（上接体言）沿着，顺着△川～の家/沿河的人家

そいつ⓪【其奴】[代]①那个，那东西②那家伙，那小子

そいと・げる④【添（い）遂げる】[自下一]白头偕老

そう①【相】[名] 相貌，表情
そう①【僧】[名] 僧，僧侣
そう①【想】[名]构思△～をねる/构思
そう①【層】[名]层△大気の～/大气层
そ・う⓪【沿う】[自五] ①沿，顺△川に～って下る/顺河而下 ②按照，遵照
そ・う⓪【添う】[自五]①跟随，不离左右△人に～/跟随人【付(つ)き-⓪】[自五]跟随，照管，护理 ②符合(目的、期望)△目的に～/符合目的△期待に～/满足期望
そう Ⅰ⓪ [副](用于同意对方的意见时)那样△私も～思います/我也那样认为 Ⅱ① [感]是的，是△あれも～ですか/那个也是吗△～です/是的
そう-【総】[接头] 总△～收入/总收入△～人口/总人口
ぞう①【象】[名] 象，大象
ぞう①【像】[名] ①像，肖像 ②〈物理〉影像△～がうつる/显像
そうあたり③【総当たり】[名] ①循环赛 ②全部中彩
そうあん⓪【草案】[名] 草案
そうあん⓪【創案】[名・他サ] 发明，创造
そうい①【創意】[名] 创见，独创的见解
そうい⓪【相違】[名・自サ]相反，不同△案に～する/与预料的相反
そういん⓪①【総員】[名] 全体人员，总人数
ぞういん⓪【増員】[名・自サ] 增加人员，增加名额
ぞうお①【憎悪】[名・他サ]憎恶，憎恨△～の念/憎恨之心
そうおう⓪【相応】[名・形动・自サ]相称，相宜△能力に～した仕事/与能力相宜的工作【分(ぶん)-①-⓪】[形动]与身份相称
そうおん①【騒音・噪音】[名] 噪音
ぞうか①【造化】[名] ①造化，造物主 ②天地，万物，自然界
ぞうか⓪【増加】[名・自他サ] 增加
そうかい⓪【壮快】[名・形动] 令人痛快，振奋
そうかい⓪【総会】[名] 全会，全体会议
そうかい⓪【爽快】[名・形动] 爽快
そうがい⓪【霜害】[名] 霜害，霜灾
そうがかり③【総掛かり】[名] 大家齐动手
そうかく⓪【総画】[名](一个汉字的)总笔画数【-索引(さくいん)⑤】[名]笔画索引
そうがく⓪①【総額】[名] 总额
ぞうがく⓪【増額】[名・他サ] 增加金额
そうかつ⓪【総括】[名・他サ] ①总体，整体【-責任者(せきにんしゃ)⑦】[名] 总负责人 ②全面，总括【-質問(しつもん)⑤】全面性提问 ③总结
そうかつ⓪【総轄】[名・他サ] 总管，总辖
そうかん⓪【壮観】[名・形动] 壮观
そうかん⓪【相関】[名・自サ] 相关，互相关联【-関係(かんけい)⑤】[名]相互关联，关系
そうかん⓪【送還】[名・他サ] 遣返，遣送△捕虜を～する/遣返俘虏
そうかん⓪【創刊】[名・他サ] 创刊【-号(ごう)③】[名] 创刊号
ぞうかん⓪【増刊】[名・他サ] 增

刊

そうがんきょう⓪【双眼鏡】[名]望远镜

そうぎ①【争議】[名]（「労働争議」的简称）劳资纠纷

そうぎ①【葬儀】[名]葬礼【-社（しゃ）③】[名]殡仪馆

ぞうきばやし④【雑木林】[名]杂木林

そうきゅう①【送球】[名・自サ]传球，递球

そうきゅう⓪【早急】[名・形動]火速，赶快◆亦作「さっきゅう」

ぞうきゅう⓪【増給】[名・自サ]增加工资，增薪

そうきょ①【壮挙】[名]壮举

そうぎょう⓪【創業】[名・自サ]（企业、商店等)创立,创办

そうぎょう⓪【操業】[名・自サ]操作，作业

ぞうきょう⓪【増強】[名・他サ]增强，加强

そうきょくせん④【双曲線】[名]双曲线

そうきん⓪【送金】[名・自サ]寄钱，汇款

ぞうきん⓪【雑巾】[名]抹布，擦布

そうぐう⓪【遭遇】[名・自サ]遭遇，遇到

ぞうげ③⓪【象牙】[名]象牙

そうけい⓪【総計】[名・他サ]总计

そうげい⓪【送迎】[名・他サ]迎送，接送

ぞうけい⓪【造詣】[名]造诣△～がふかい/造诣深

ぞうけい⓪【造形・造型】[名・自サ]造型

そうけだ・つ④【総毛立つ】[自五]毛骨悚然

そうけっさん③【総決算】[名・他サ]总的结算

そうけん⓪【創見】[名]创见，独到的见解

そうけん⓪【壮健】[名・形動]健壮

そうけん⓪【創建】[名・他サ]创建，创立

そうげん⓪【草原】[名]草原

ぞうげん⓪【増減】[名・自他サ]增减

そうこ①【倉庫】[名]仓库

そうご①【相互】[名]相互，互相【-関係（かんけい）④】[名]相互关系【-作用（さよう）④】[名]相互作用

そうこう⓪【壮行】[名]送行，饯行【-会（かい）③】[名]壮行会，饯行宴

そうこう③【操行】[名]操行，品行

そうごう⓪【総合・綜合】[名・他サ]综合【-芸術（げいじゅつ）⑤】[名]综合艺术【-利用（りよう）⑤】[名]综合利用

そうこうげき③【総攻撃】[名・他サ]总攻击△～をかける/发动总攻

そうこく⓪【相克・相剋】[名・自サ]相克

ぞうごせいぶん④【造語成分】[名]构词成分

そうごん⓪【壮厳】[名・形動]庄严

そうさ①【捜査】[名・他サ]搜查

そうさ①【操作】[名・他サ]①操作 ②安排，处理（事务）③筹措（资金）

ぞうさ⓪③【造作・雑作】[名]费事，麻烦△～をかける/添麻烦

そうさい⓪【総裁】[名]总裁

そうさい⓪【相殺】[名・他サ]收入与支出相抵，抵销

そうざい⓪【総菜・惣菜】［名］家常菜

そうさく⓪【捜索】［名・他サ］搜索

そうさく⓪【創作】［名・他サ］①創作【-無踊（ぶよう）⑤】［名］舞蹈創作 ②捏造，编造

ぞうさく④③【造作】［名］①（建筑的）内部装饰 ②容貌，长相

ぞうさん⓪【増産】［名・他サ］増产【食糧（しょくりょう）-⓪】［名］粮食增产

そうじ⓪【相似】［名・自サ］相似

そうじ⓪【掃除】［名・他サ］扫除【-機（き）③】［名］吸尘器【-大（おお）③】［名］大扫除

ぞうし⓪【増資】［名・自サ］増加资本

そうしき⓪【葬式】［名］葬礼，丧事

そうししゃ③【創始者】［名］创始人

そうじしょく⓪【総辞職】［名・自サ］总辞职【内閣（ないかく）-⑦】［名］内阁集体总辞职

そうしそうあい①-⓪【相思相愛】［名］相亲相爱△～の仲（なか）/相亲相爱的伴侣

そうしつ⓪【喪失】［名・他サ］丧失【記憶（きおく）-④】［名］丧失记忆【自信（じしん）-④】［名］丧失信心

そうして⓪［接］→そして

そうじて①⓪【総じて】［副］总的说来，概说来△～いえば結果はよかった/总的说来结果很好

そうじゅう⓪【操縦】［名・他サ］操纵，驾驶【-席（せき）③】［名］驾驶舱【-士（し）③】［名］飞行员

ぞうしゅう⓪【増収】［名・自サ］増收，增加收入

そうじゅく⓪【早熟】［名・形動］早熟

そうしゅん⓪【早春】［名］早春

そうしょ⓪【草書】［名］草书

そうしょ⓪①【双書・叢書】［名］丛书

ぞうしょ⓪【蔵書】［名］藏书

そうじょう⓪【相乗】［名・他サ］（两个数）相乘

ぞうしょう⓪【蔵相】［名］大藏大臣

そうしょく⓪【装飾】［名・他サ］装饰△～を施す/加以装饰

ぞうしょく⓪【増殖】［名・自他サ］増殖

そうしれいかん④【総司令官】［名］总司令

そうしん⓪【送信】［名・自サ］发射，发报【-局（きょく）③】［名］发报台，发射台【-機（き）③】［名］发射机，发信机

ぞうしん⓪【増進】［名・他サ］増进，增强

ぞうすい⓪【増水】［名・自サ］水量增加

ぞうすい⓪【雑炊】［名］菜粥

そうすう③【総数】［名］总数

そう・する③【奏する】［他サ］①演奏△琴（こと）を～/奏琴 ②奏效，奏功△功を～/成功

ぞう・する③【蔵する】［他サ］藏，包藏

そうすると⓪［接］那么说△～、私は2時に出なければならない/那么说我两点就得出门

ぞうぜい⓪【増税】［名・自サ］増税

そうせいき③【創世記】［名］创世记

そうせつ⓪【創設】［名・他サ］创立，创建

そうせつ⓪【総説】［名・他サ］总论

ぞうせつ⓪【増設】[名・他サ]増設

そうぜん⓪③【騒然】[副・連体]骚动不安,动乱△～たる世相/动乱的社会

ぞうせん⓪【造船】[名・自サ]造船【-所（しょ）③][名]造船厂【-工業（こうぎょう）⑤][名]造船工业

そうせんきょ③【総選挙】[名]大选

そうそう⓪【早早】[副]①刚,刚刚△開店～火事にあった/刚刚开张就遭到火灾 ②急忙,赶紧△～に（して）立ち去る/匆忙地离去

そうそう①Ⅰ[副]（与否定语相呼应）不能…,无法…△長い休みだからといって、～のんびりとはしていられない/虽说假期很长,但也不能闲着Ⅱ[感]①（用于想起某事时）对了,想起来了△～、電話をするんだった/对了,我应打个电话 ②表示赞同对方△～、きみの言うとおりだ/是的,正象你说的那样

そうぞう⓪【創造】[名・他サ]创造

そうぞう⓪【想像】[名・他サ]想象△～がつく/可以想象得到△～に及ばない/无法想像

そうぞうし・い⑤【騒々しい】[形]①嘈杂,喧闹 ②不安宁,骚动不安△世間が～/世道不安宁

そうそく⓪【総則】[名]总则

そうぞく⓪③【相続】[名・他サ]继承【-税（ぜい）④][名]继承税【遺産（いさん）-④][名]继承遗产

そうそふ③【曾祖父】[名]曾祖父

そうそぼ③【曾祖母】[名]曾祖母

そう・だ[助動]①好象,仿佛,似乎△子供たちが楽し～に遊んでいる/孩子们似乎玩得很高兴△彼はあまりやる気がなさ～/他好象不太想干 ②眼看,差一点△石につまずいて転び～になった/被石头绊了一下,差一点摔到 ③有可能,有希望△こんどの試合には勝て～/这场比赛有可能赢 ④最好…△これは食べない方がよさ～/最好不要吃这个

そう・だ[助動]听说,据说△この靴が高い～/据说这双鞋很贵△天気予報によると、台風が近づいている～/据天气预报说,台风将要临近

そうたい⓪【草体】[名]草体,草书体

そうたい⓪【宋体】[名]宋体

そうたい⓪【相対】[名]相对【-的（てき）⓪][形動]相对

そうたい①⓪【総体】Ⅰ[名]总体,整体Ⅱ[副]全部△～むりな話だ/全部是做不到的事

そうだい⓪【総代】[名]总代表,全体代表

そうだい⓪【壮大】[形動]宏大,宏伟

ぞうだい⓪【増大】[名・他自サ]增多,增加,增长△需要が～する/需求增加

そうだつ⓪【争奪】[名・他サ]争夺

そうだん⓪【相談】[名・他サ]商量,商讨△～に乗る/参与商讨【-役（やく）③][名]顾问

そうち①【装置】[名・他サ]装置,设备【舞台（ぶたい）-④][名]舞台装置

ぞうちく⓪【増築】[名・他サ]增建,扩建

そうちょう⓪【早朝】[名]清早,清晨

そうちょう⓪【総長】［名］总长

そうちょう⓪【荘重】［名・形動］庄重，庄严

ぞうちょう⓪【増長】［名・自サ］①滋长，加剧 ②骄傲，妄自尊大

そうてい⓪【装丁・装幀】［名・他サ］装帧，装订

そうてい⓪【想定】［名・他サ］假定

ぞうてい⓪【贈呈】［名・他サ］赠送△記念品を～する/赠送纪念品

そうてん①【争点】［名］争论的焦点△～を明らかにする/弄清争论的焦点

そうでん⓪【送電】［名・自サ］输送电源

そうとう⓪【相当】Ⅰ［名・自サ］①相应，相称，适合△それ～の処置をする/做与之相应的处理 ②相当于，等于△重役に～する待遇/相当于董事的待遇 Ⅱ［副・形動］相当，很，颇△今日は～に寒い/今天相当冷

そうどう①【騒動】［名・自サ］骚动，骚乱【お家(いえ)-④］［名］内讧【学校(がっこう)-⑤］［名］学潮

ぞうとう⓪【贈答】［名・他サ］赠答，互相赠送【-品(ひん)③］［名］赠品，回礼

そうどういん③【総動員】［名］总动员

そうなん⓪【遭難】［名・自サ］遭难，遇难

そうねん⓪【壮年】［名］壮年

そうば⓪【相場】［名］①行情，行市△～が上がる/行市上涨 ②投机倒把【-師(し)③］［名］投机商 ③社会的评价，一般认为

そうはく⓪【蒼白】［名・形動］苍白

そうび①【装備】［名・他サ］装备，配备

そうふ①【送付】［名・他サ］寄，邮递

そうふうき③【送風機】［名］鼓风机，送风机

ぞうふく⓪【増幅】［名・他サ］放大【-器(き)④③］［名］放大器

そうべつ⓪【送別】［名・自サ］送别，送行

そうほう①【双方】［名］双方

そうほん⓪⓪【草本】［名］草本（植物）

そうまとう⓪【走馬灯】［名］走马灯

そうむ①【総務】［名］总务【-部(ぶ)③］［名］总务处

そうめい⓪①【聡明】［名・形動］聪明

そうめん①【素麵】［名］细挂面

ぞうよ①【贈与】［名・他サ］赠与，赠给

そうらん①【騒乱】［名］骚乱，骚动

そうらん⓪【総覧】［名・他サ］汇编

ぞうり⓪【草履】［名］（日本）草鞋

そうりだいじん④【総理大臣】［名］内阁总理大臣

そうりつ⓪【創立】［名・他サ］创立，创办【-者(しゃ)④］［名］创办人

そうりょ①【僧侶】［名］僧侣

そうりょう③⓪【送料】［名］邮费

そうりょう⓪【総領】［名］长子，长女

そうりょうじ③【総領事】［名］总领事

そうりょく①⓪【総力】［名］全力△～をあげる/倾全力

そうろ①【走路】［名］跑道

そうろん①⓪【争論】［名・自サ］争论，辩论

そうわ⓪【挿話】［名］插话

そうわ⓪⓪【総和】［名・他サ］总和，总计

そうわき③【送話器】［名］话筒,送话器

そえぎ【添え木・副木】［名］夹板，托板

そ・える⓪【添える】［他下一］附，附带△手紙を～/附上一封信【書（か）き-】［他下一］添写，补写◇口（くち）を添える/美言◇手（て）を添える/帮忙

そえん⓪【疎遠】［名・形動］疏远

そかい⓪【租界】［名］租界

そかい⓪【疎開】［名・自他サ］疏散

そがい⓪【阻害】［名・他サ］阻碍，妨碍△発展を～する/阻碍发展

そがい⓪【疎外】［名・他サ］疏远，冷淡【-感（かん）²】［名］疏远感

そかく⓪【組閣】［名・自サ］组阁

そく①【足】［名］（数袜子、鞋等的量词）双

そく⓪【束】［名］束，把，捆

ぞく【俗】Ⅰ⓪［形動］①俗，通俗△～な言い方をすれば…/通俗点说的话… ②低俗，粗俗 Ⅱ［名］（佛教）俗，未出家△～にかえる/还俗

ぞく⓪【賊】［名］贼

ぞくあく⓪【俗悪】［形動］庸俗,低级

そくおう⓪【即応】［名・自サ］适应,顺应△時代に～する/顺应时代

そくおん②【促音】［名］促音

ぞくご⓪【俗語】［名］俚语,俗语

そくざ①【即座】［名］当即,即刻△～に答える/当场回答

そくし⓪【即死】［名・自サ］当场死亡

そくじ①【即時】［名］立即,当即

そくじつ⓪【即日】［名］当日,即日

ぞくしゅつ⓪【続出】［名・自サ］①接连发生,不断发生 ②接连出现

そくしん⓪【促進】［名・他サ］促进

ぞくじん⓪【俗人】［名］①俗人,庸人 ②没出家的人

ぞくじん⓪【俗塵】［名］尘世,红尘

そく・する③【即する】［自サ］依照,符合△現状に～/符合现状

ぞく・する③【属する】［自サ］属于

そくせい⓪【促成】［名・他サ］促成【-栽培（さいばい）⑤】［名］人工速成栽培

ぞくせい⓪【属性】［名］属性

そくせき⓪【即席】［名］当场,即席【-ラーメン⑤】［名］方便面

そくせき⓪【足跡】［名］足迹

ぞくぞく①【副・自サ】①打冷战,打哆嗦△何だか～と寒気がする/不知怎么身上冷得打战 ②心情激动,非常兴奋△ほめられて～した/受到夸奖,心情激动 ③极度紧张,战战兢兢

ぞくぞく①【続続】［副］连续,继续不断,陆续△～と人が集まる/人陆续聚齐

そくたつ⓪【速達】［名］快信【-切手（きって）⑤】［名］快信邮票

そくだん⓪［名・他サ］Ⅰ【即断】当机立断,当场决定 Ⅱ【速断】轻率地决定，仓促判定

そくてい⓪【測定】［名・他サ］测定，测量

そくど①【速度】［名］速度△～をおとす/降低速度【-計（けい）⓪】［名］速度表

そくばく⓪【束縛】［名・他サ］束
縛△～を受ける/受束缚

そくめん③⓪【側面】［名］側面，旁
边［-図（ず）③］［名］側視図

そくりょう⓪②【測量】［名・他サ］
測量

そくりょく②【速力】［名］速度，速
力

そぐわな・い③［形］不符合，不相
称△気持に～/不合心意

ソケット②【socket】［名］①孔，洞
②插口，插座

そこ⓪【底】［名］①底部，底面△
海の～/海底 ②内心深处△心の
～/心底里△～がしれない/不摸
底

そこ⓪【代】①那儿，那里△～で待
っていてくれ/在那儿等我 ②表
示前面所提到的事物、状态△～
をもう一度読んでください/把
那个地方再念一遍

そご①【齟齬】［名・自サ］齟齬，分
岐△～をきたす/发生分岐

そこいじ②【底意地】［名］心眼儿
△～が悪い/心眼儿坏

そこう⓪【素行】［名］品行，行为

そこく①【祖国】［名］祖国

そこぢから③⓪【底力】［名］潜力

そこつ①【粗忽】［名・形動］马虎，
粗心［-者（もの）⓪］［名］冒失鬼

そこで⓪［接］①于是△翌朝は晴天
だった。～、わたしは早めに出発
した/第二天是晴天。于是，我早
早地出发了。②那么△大臣は憲
法を守ると言われる。～ひとつ
うかがいたい/大臣说要维护宪
法。那么我想问一个问题

そこな・う【損なう】Ⅰ⓪［他五］
損害，伤，伤害△機嫌を～/惹人
不高兴Ⅱ［接尾］（上接动词连用
形）①错过机会△見（み）～/看
错，错过看的机会 ②差点，险些

△死に～/差点死掉

そこはかとなく⓪［副］总觉得，总
感到△花の香が～漂う/总感到
有花的香味△～悲しい/总觉得
有些悲哀

そこびえ⓪【底冷（え）】［名］冷得
透骨

そざい⓪【素材】［名］素材

そざつ⓪【粗雑】［形動］不精细，
粗劣△～にあつかう/粗粗地处
理

そし①【素子】［名］元件，零件

そし①【阻止】［名・他サ］阻止

そじ①【素地】［名］基础

ソシアリスト④【socialist】［名］社
会主义者

ソシアリズム④【socialism】［名］
社会主义

そしき①【組織】［名・他サ］组织
△～をつくる/建立组织［-化
（か）⓪］［名］组织化［神経（し
んけい）-⑤］［名］神経组织

そしつ⓪①【素質】［名］素质△～が
ある/素质好

そして⓪［接］①然后，接着△雨が
やんだ。～青空がひろがった/雨
停了，接着天空开始晴朗起来 ②
还有，以及，而且△この部屋は大
きく、～明るい/这间房子宽敞
而明亮△冷害と大火、～疫病が
村をおそった/寒流和大火、以及
瘟疫袭击了村庄

そしな⓪【粗品】［名］微薄的礼品，
菲薄的赠品

そしゃく⓪【租借】［名・他サ］租
借

そしょう⓪【訴訟】［名・自サ］诉讼
△～をおこす/起诉

そしょく⓪【粗食】［名・自サ］粗食
［粗衣（そい）-①］布衣粗食

そしらぬ③【素知らぬ】［連体］佯
装不知△～顔で通す/一直装作

不知道

そし・る② 【謗る・譏る】［他五］
诽谤，诋毁△人を～/毁谤人

ソース① 【sauce】［名］辣酱油，调
味汁

そせい⓪ 【組成】［名・他サ］构成，
组成

そせい⓪ 【蘇生】［名・自他サ］复
苏，复活，再生

ぜい⓪① 【租税】［名］租税

せせき① 【礎石】［名］基石，基础

ソーセージ①③ 【sausage】［名］香
肠

そせん① 【祖先】［名］祖先

そそう① 【祖宗】［名］列祖列宗

そそう① 【粗相】［名・自サ］疏忽，
差错

そそう⓪ 【阻喪・沮喪】［名・自
サ］沮丧，颓丧【意気(いき)-①-⓪】
精神沮丧

そぞう⓪ 【塑像】［名］塑像

そそ・ぐ⓪② 【注ぐ】Ⅰ［自五］①流
入△川が海に～/河水流入大海
②降(雨)【降(ふ)(り)-⓪】［自
五］倾盆(大雨) Ⅱ［他五］①
倒入，注入△熱湯を～/灌开水
②浇，洒△花に水を～/给花浇水
③倾注，集中△注意を～/集中注
意力△心血を～/倾注心血

そそ・ぐ⓪② 【雪ぐ】［他五］雪洗，
洗刷△恥を～/雪耻

そそっかし・い⑤ ［形］冒失，毛手
毛脚△～性格/冒冒失失的性格

そそのか・す④ 【唆す】［他五］怂
恿，挑唆△彼に～されて学校を
サボった/受他挑唆我旷课了

そそりた・つ④② 【そそり立つ】［自
五］耸立，屹立

そそ・る⓪② ［他五］引起，唤起，激
起△興味を～/引起兴趣△食欲
を～/引起食欲

ソーダ① 【soda】［名］苏打 【-水

(すい)③ 苏打水

そだい⓪ 【粗大】［形動］粗大

そだち③ 【育ち】Ⅰ［名］①成长，生
长，发育，长势△～が早い/生长
快 ②成长的环境△彼は～が良
い/他生长在有教养的家庭 Ⅱ
［接尾］(上接名词)长于…地方△
温室～/长于温室△おじょうさ
ん～/娇小姐

そだ・つ② 【育つ】［自五］生长，成
长△子が～/孩子长大△研究
者が～/成长为研究人员

そだ・てる③ 【育てる】［他下一］
扶养，养育，培育，培养△苗を～/
培育秧苗△コーチとして多くの
若手選手を～てた/作为教练培
养出很多年轻的运动员

そち① 【措置】［名・他サ］措施△
～を講じる/采取措施

そちら⓪ ［代］①(表示方向)那边
△今～へまいります/马上就去
您那边 ②(指对方)你，你们△～
のご意見は/您的意见呢△～さ
ん、どうぞ/您先请

そつう⓪ 【疎通】［名・自サ］疏通，
沟通

ぞっか⓪ 【俗化】［名・自サ］庸俗
化，世俗化

ぞっかい⓪ 【俗界】［名］尘世，俗
世

そっき⓪ 【速記】［名・他サ］速记
【-者(しゃ)③［名］速记员

そつぎょう⓪ 【卒業】［名・他サ］毕
业【-式(しき)⓪［名］毕业典礼
【-論文(ろんぶん)⑤［名］毕业
论文

そっきん⓪ 【側近】［名］亲信，心
腹

ソックス① 【socks】［名］短筒袜
子

そっくり③ Ⅰ［副］全部，完全△給
料を～盗まれてしまった/工资

全被偷走了Ⅱ［形动］一模一样，酷似△横顔は父親に～だ/側面看去活象他父亲

そっけつ⓪【即決】［名・他サ］立即决定，立即裁决△-裁判 (さいばん)⑤/立即判决

そっけな・い④【素っ気ない】［形］冷淡，无情，漠不关心

そっこうじょ⑤【測候所】［名］气象站

そっこく⓪【即刻】［副］即刻，立刻

ぞっこく⓪【属国】［名］附属国，附庸国

そっせん⓪【率先】［名・自サ］率先，领头，带头

そっち③［代］那边；你那边△いま、～へ行く/现在就去你那儿

そっちゅう③【卒中】［名］→のうそっちゅう

そっちょく⓪【率直】［形动］直率，坦率△～に言う/直率地说

そっと⓪［副］①轻轻地，悄悄地△気づかれないように～近づく/不让人发觉地，悄悄地靠近 ②偷偷地，暗中△～仕事をはこぶ/暗中工作 ③不惊动

ぞっと⓪［副・自サ］①令人毛骨悚然△考えただけでも～する/只想一想都令人毛骨悚然 ②（用～しない表示）不怎么样

そっとう⓪【卒倒】［名・自サ］昏厥，晕厥

そで⓪【袖】［名］①袖子，衣袖△～をとおす/穿(新)衣服 ②舞台的两侧◇そでにする/抛弃，不理睬△袖を濡(ぬ)らす/落泪

そと①【外】［名］①外面，外边△～で食事をすませる/在外头吃饭△～へ出て遊ぶ/到外面玩 ②表面，外表△感情を～に表わす/感情外露

そとおもて③【外表】［名］将布的面朝外叠

そとがわ⓪【外側】［名］外面，外侧

そとまわり③【外回り】［名］①周围，外围 ②外环，外圈△～の電車/外环电车 ③外勤，跑外

そなえつ・ける⑤⓪【備(え)付ける】［他下一］设置，安装

そなえあればうれいなし【備えあれば憂いなし】有备无患

そな・える③【供える】［他下一］供，上供△霊前に花を～/在灵前供花

そな・える③【備える】［他下一］①准备，防备△万一に～/以防万一 ②置备，设置△図書館にビデオを～/图书馆配备录像机 ③具有，具备△才能を～/具有才能

ソナタ①【(意)sonata】［名］奏鸣曲

そなわ・る③【備わる】［自五］①具有，具备 ②设置，备有

その⓪【其の】［連体］①那，那个△～本は私のです/那本书是我的 ②指前面所说的事物△スキーに行って、～ときにけがした/去滑雪的时候受伤了

そのうえ④⓪【その上】［接］而且，并且，加之△あの子は健康で～頭がよい/那孩子很健康而且又很聪明△値段も安いし～品(しな)もよい/价钱便宜，东西又好

そのうち⓪【その内】［副］不久，过几天△～またお邪魔します/改天再来拜访

そのかわり⓪【その代わり】［接］与此相应地△品物はいいが、～ねだんが高い/东西很好，同时价格也贵

そのくせ⓪【その癖】［接］尽管如此却…，虽然…却△彼は口が悪

い、〜憎まれない/他虽然嘴厉害却不令人讨厌

そのご⓪【その後】［副］其后，以后△〜お変りありませんか/您一向好吗（书信用语）

そのせつ②【その節】［名］①那个时候，当时△〜はお世話になりました/那时候承蒙您多方关照了 ②届时，到时

そのた②【その他】［名］其他，其余

そのば⓪③【その場】［名］①（发生事件的）现场，场所△私は偶然に〜に居合せた/当时我偶然在场 ②当即，当场△要求を〜で拒否した/当即拒绝了对方的要求

そのまま④⓪Ⅰ［副］①原封不动，照原样△言われたことを〜実行する/按吩咐的去做 ②一…马上就…△カバンを投げだすと、〜遊びにいった/一扔下书包就玩去了Ⅱ［名・形動］丝毫未变△彼は子どものころ〜に、人なつっこい目をしている…/他和童年时期相比丝毫未变，仍有一双招人喜爱的眼睛

…そのものだ（表示加强前面的词意）①非常，极其△人に対しての態度は熱心そのものだ/对人的态度非常热情△彼は真剣そのものだ/他是极认真严肃的人 ②就其本身来说…，单就…来说△金そのものが悪いのではない/金钱本身，并没有什么不好

そば①【側・傍】［名］①旁边，附近△駅の〜/车站附近△〜による/靠近 ②刚一…就…△教わる〜から忘れてしまう/刚学完就忘了

そば①【蕎麦】［名］荞麦面条

そび・える③【聳える】［自下一］耸立，矗立，屹立△天に〜高層ビ

ル/耸入云霄的高层大楼

そびや・かす④【聳やかす】［他五］耸，端着△肩を〜/耸肩膀

そびょう⓪【素描】［名・他サ］素描

そひん⓪【粗品】［名］→［そしな］

そふ①【祖父】［名］祖父，外祖父

ソファー①【sofa】［名］沙发

ソフト①【soft】Ⅰ［形動］柔软Ⅱ［名］「ソフト帽」呢帽的简称

ソフト・ウェア④【soft ware】［名］软件，程序系统

ソフト・クラス【soft class】［名］软席

ソフト・クリーム【soft cream】［名］火炬冰激凌

ソフト・ボール④【soft ball】［名］垒球

ソプラノ⓪【（意）soprano】女高音，女高音歌唱家

そぶり①⓪【素振り】［名］举止，表情

そぼ①【祖母】［名］祖母，外祖母

そほうのうぎょう④【粗放農業】［名］粗放农业，粗放经营

そぼく⓪【素朴】［名・形動］朴素，朴实，纯朴

そまつ①【粗末】［形動］①简陋△〜な住い/简陋的住房 ②不重视，不爱惜△物を〜にする/糟蹋东西△親を〜に扱う/不孝顺父母

そま・る⓪【染まる】［自五］①染上，染成（某种颜色）△夕日に〜/夕阳染红了天空 ②沾染△悪習に〜った/染上恶习

そむ・く②【背く】［自五］①违背，违反△約束に〜/背约 ②违抗△命令に〜/违抗命令 ③辜负△期待に〜/辜负期望

そむ・ける③【背ける】［他下一］背过脸去△目を〜/背过脸去

そ・める◎【染める】［他下一］染色△かみの毛を～／染发◇手(て)を～／着手，开始(某项工作)

そや①【粗野】［名・形动］粗野

そよう◎【素養】［名］素养，修养△～に欠ける／缺乏修养

そよかぜ②【そよ風・微風】［名］微风，和风

そよ・ぐ【戦ぐ】［自五］微微摇动△風に～葦（あし）／迎风摇摆的芦苇

そよそよ①［副］(风)轻轻吹动△春風が～(と)ほおをなでる／春风拂面

そら【空】I①［名］①天，天空△～を飛ぶ／在空中飞翔 ②气候，天气【～模様（もよう）】③［名］天气 ③地点，场所△故郷の～／家乡△旅の～／旅途 ④心情，心境 ⑤暗记，背诵 II［接头］①故作，假装△～寝（ね）／装睡△～なみだ／假装流泪 ②无用，不可靠的△～だのみ／白指望△～談義（だんぎ）／空谈 ③无根据△～おそろしい／没来由地害怕

そらいろ◎【空色】［名］天蓝色，淡青

そら・す②【反らす】［他五］向后仰△胸を～／挺胸

そら・す②【逸（ら）す】［他五］①偏离，移开△ねらいを～／偏离靶心 ②转移，移开，岔开△目を～／避开视线△注意を～／转移注意力

そらぞらし・い⑤【空空しい】［形］显而易见的，虚假△～うそ／显而易见的谎话

そらとぼ・ける⑤【空惚ける】［自下一］装糊涂，装不知道△～けて聞く／明知故问

そらまめ②【空豆】［名］蚕豆

そり①【橇】［名］橇，雪橇，冰橇

そりかえ・る◎【反（り）返る】［自

五］①翘起，弯曲 ②(傲慢地)挺胸腆肚

そ・る①【反る】［自五］①翘，弯曲，翘起△板が～／板子翘起 ②(身体等)向后弯△胸が～／挺胸

そ・る①【剃る】［他五］剃，刮△ひげを～／刮胡子

それ◎【其（れ）】［代］①那，那个 ②表示正在谈论的事物△～はいい考えだ／这是个好主意

それから①［接］①还有，而且△今日は西瓜と蜜柑と～ぶどうがある／今天有西瓜和桔子，还有葡萄 ②从那以后，以后，然后△～彼と一度も会っていない／从那以后再也没见到过他

それぞれ②【名］各自，各个，每个

それだけ◎［名］①(表示程度)那些△～食べれば満足だろう／把那些吃了就差不多了吧 ②唯独，只△方法は～しかない／只有那一个办法△～はごめんだ／唯独那事我干不了

それで◎［接］①因此，所以 ②那么△～どうしましたか／那么，后来怎么样了呢

それでは③［接］①那样的话△～私もいきます／那样的话我也去 ②(表示结束谈话之意)那么

それでも③［接］尽管如此

それどころか②［副・接］岂止如此，不仅△私は反対しない、～あなたの力になりたいと思う／我不但不反对，而且还想帮你的忙

それとなく④［副］委婉地△～注意する／委婉地提醒注意

それとも③［接］还是，或者△きみがいくか、～ぼくがいこうか／是你去还是我去

それなのに③［接］尽管…可是，虽然那样△お医者さんに治療して

もらった。～まだすっかりなおり
ません/虽请医生治疗了，但是还
没完全好

それなら③［接］那么，那样的话△
～明日にしよう/那么明天再说
吧

それに⓪［接］而且，加之△この車
はねだんも高く，～性能もわる
い/这辆车价格贵而且性能也不
好△かき，なし～みかん/柿子，
梨还有桔子

それにしても⑤［接］即便如此，尽
管是那样

それほど⓪［副］那种程度△～いや
なら止めればいい/那么不愿意
就别干了

それゆえ⓪［接］因此，因而

そ・れる②【逸れる】［自下一］偏
离△話が～/话离题了

ソロ①［（意）solo］［名］独奏，独唱

そろい②【揃い】Ⅰ［名］①聚齐，齐
全△お～でどちらへ/一齐去哪
儿啊 ②同样的花色，衣服等 ③全
套，一套△全集を～で買う/买一
套全集 Ⅱ［接尾］套△ひと～/一
套△三つぞろい/三套

そろ・う②【揃う】［自五］①齐备，
齐全△条件が～/条件齐备 ②聚
齐△みんな～ったね，じゃ出発し
よう/大家都到齐了吧，那么出发
吧 ③整齐，协调△足なみが～/
步调一致 ④相同，一致△どの家
も～って車をもっている/每家都
有汽车

そろう⓪【粗漏・疎漏】［名・形
動］疏忽，疏漏，遗漏

そろ・える③【揃える】［他下一］
①使…一致，使…整齐△大きさ
を～/弄成一样大小△声を～/齐
声 ②配齐，凑齐△商品を～/配
齐商品 ③使…聚齐△顔を～/都
到齐了

そろそろ①［副］①渐渐，逐渐△病
気がよくなり，～と歩けるよう
になった/病好了，渐渐地可以走
路了 ②不久，马上应该△～出掛
けよう/该动身了

ぞろぞろ①［副］①成群结队 ②拖
拉着，长长地拖着△帯を～とひ
きずる/拖拉着带子

そろばん⓪【算盤】［名］算盘

そわそわ①［名・自サ］心神不宁，
坐卧不安△～と落着かない/心
神不宁

そん①【損】［名・形動］赔本，亏
损，吃亏△商売で～をする/买卖
赔了△骨折損（ほねおりぞん）⑤
［名］费力不讨好

そんえき①【損益】［名］损益，盈
亏

そんかい⓪【損壊】［名・自他サ］
损坏，毁坏

そんがい⓪【損害】［名・他サ］损
害，损失△～を受ける/受损失
【-賠償（ばいしょう）⑤］赔偿损失
【-保険（ほけん）⑤］［名］损失保
险

そんけい⓪【尊敬】［名・他サ］尊
敬△～の念/尊敬之意

そんざい⓪【存在】［名・自サ］①
存在 ②资格，存在的价值△～を
みとめる/受到承认【-価値（か
ち）⑤］存在的价值【-意義（い
ぎ）⑤］存在的意义 ③人物，人△
彼はクラスではあまり目だたな
い～だ/他在班里是个不太引人
注意的人

ぞんざい③［形動］①粗俗，不礼貌
②草率，马虎△～に扱う/草率对
待

そんしつ⓪【損失】［名・他サ］损
失△～をあたえる/造成损害

そんしょう⓪【損傷】［名・自他サ］
损伤，损坏

そん・じる⓪③【損じる】Ⅰ［他上一］損坏，损伤△きげんを～/惹人不高兴 Ⅱ・［接尾］（上接动词连用形）搞坏，失败，写错△書（か）き～/写错△し～/搞坏

ぞん・じる③⓪【存じる】［自上一］①（「知る」「知っている」的自谦语）知道，认识△よく～じております/和他很熟悉 ②（「思う」的自谦语）想，打算△お会いしたいと～じます/想见您一面

そん・する①【損する】［自サ］赔本，亏损，吃亏△いつも～してばかりいる/老是吃亏

そんぞく⓪【存続】［名・自他サ］继续存在，延续，遗留

そんぞく⓪①【尊属】［名］尊亲，长辈

そんだい⓪【尊大】［名・形动］自大，自高自大△～にかまえる/摆架子

そんちょう⓪【尊重】［名・他サ］尊重

そんとく①【損得】［名］得失，损益△～を計算する/计算得失【ぬき①-①】［名］不计较得失

そんな［连体］那样的△～事情で/由于那样的原因△まあ～ところでしょう/大概就那样了吧

そんなに⓪［副］那么样△～沢山は食べられない/吃不了那么多△～がっかりするな/不要那么灰心

ぞんぶん③⓪【存分】［名］尽情，充分△～に批判してやった/狠狠地批评了他【思（おも）う-⓪②】［副］尽兴

そんぼう⓪【存亡】［名］存亡

そんみん③⓪【村民】［名］村民

そんらく①⓪【村落】［名］村落

そんりつ⓪【存立】［名・自他サ］存在，存立

そんりょう③【損料】［名］租金，折旧费

た

た①【田】［名］水田，稻田

た①【他】［名］①别的，其他 ②别人，他人

た［助动］（上接用言连用形）①表示动作的过去，完了△父は十五年前になくなりまし～/父亲在十五年前去世了△あのときはうれしかっ～/那时很高兴 ②表示既成的事实△あっ、バスがき～/啊，车来了△あなたに会えてよかっ～/能见到你真令人高兴 ③表示状态的存续△まがっ～釘/弯钉子△とがっ～鉛筆/削尖了的铅笔

だ［助动］（上接体言）①（表示指定、断定）是△これは植物～/这是植物 ②表示突出强调某事物△さあ、出発～、用意はいいかい/好，该出发了，准备好了吗 ③起代替动词的作用△ぼくはカレーライス～/我吃咖喱饭

たい①【体】［名］①身体△～をかわす/把身子闪开 ②体系，形式△～をなさぬ/不成体统，不象样子 ③性质，本质

たい①【鯛】［名］鲷鱼，真鲷

たい①【対】［名］①对，比△五～一で勝った/以五比一获胜 ②对等

たい①【隊】［名］队，队伍△～を

組む/编队

タイ① 【tie】 ［名］①领带【-ピン③】［名］领带别针 ②比赛平局【記録（きろく）③】平记录 ③〈音〉连音；连结线

た・い ［助动］（上接动词连用形，构成形容词）①想，打算△水が飲み～/我想喝水△わたしはいき～くない/我不想去 ②希望，期望△人間はたがいに寛大であり～/愿人们互相宽大为怀 ③表示对方及第三者的愿望△なにを飲み～の/你想喝些什么

だい① 【大】 ［名］大△～なり小なり/不论大小

だい⓪ 【代】［名］①一代，世代△～がかわる/换代 ②费用【電気（でんき）-②】［名］电费【本（ほん）-⓪】［名］书费

だい① 【台】 ［名］①台，台子 ②表示数量的范围△四千円～の品物/四千多日元的东西 ③计算车辆、机器等的量词△バス五～/五辆公共汽车△一～のピアノ/一架钢琴

だい① 【題】 ［名］①题，题目 ②问题，命题

タイ・アップ③ 【tie up】 ［名・自サ］合作，协作

ダイアローグ④ 【dialogue】 ［名］对话

たいあん① 【大安】 ［名］吉日

たいあん⓪ 【対案】 ［名］对立的建议

たいい① 【大意】 ［名］大意△～をつかむ/抓住大意

たいい① 【体位】 ［名］①体质 ②姿势

たいいく① 【体育】 ［名］体育【-館（かん）④】［名］体育馆

だいいち① 【第一】 Ⅰ［名］第一【-印象（いんしょう）⑤】［名］第一印象 Ⅱ［副］首先，最重要的

たいいん⓪ 【隊員】 ［名］队员

たいいん⓪ 【退院】 ［名・自サ］出院

たいえき⓪ 【退役】 ［名・自サ］退役，退伍

たいおう⓪ 【対応】 ［名・自サ］①相对应 ②相应,适应△その場に～した服/适应那种场合的衣服 ③应付，对付△時局に～する/应付时局【-策（さく）③】［名］对策

ダイオード③ 【diode】 ［名］二极管

たいおん⓪① 【体温】［名］体温【-計（けい）③】［名］体温计

たいか① 【大家】 ［名］①大户人家，富贵人家 ②大家，权威，专家△書道の～/书法大家

たいか① 【大過】 ［名］大的错误，大的过失

たいか⓪ 【耐火】 ［名］耐火【-建築（けんちく）④】［名］耐火建筑

たいか① 【退化】 ［名・自サ］退化

だいか⓪ 【代価】 ［名］①价钱 ②代价

たいかい⓪ 【大会】 ［名］大会

たいかい⓪ 【退会】 ［名・自サ］退会

たいがい⓪ 【大概】 Ⅰ［名］大部分△～の人は知っている/大部分的人都知道了 Ⅱ［副］①大致，大概，大体△そのことなら～しっている/要是那件事,我大体知道一些 ②适度,适当△冗談も～にしろ/开玩笑也要适当

たいがいほうそう⓪ 【対外放送】 ［名］对外广播

たいがいぼうえき⓪ 【対外貿易】 ［名］对外贸易

たいかく⓪ 【体格】 ［名］体格

たいがく⓪ 【退学】 ［名・自サ］退

学【-処分（しょぶん）⑥】[名] 勒令退学

だいがく⓪【大学】[名] 大学

だいがくせい④③【大学生】[名]大学生

たいがんのかじ【対岸の火事】隔岸观火

たいき①⓪【待機】[名・自サ] 待机

たいぎ①【大義】[名] 大义△～に殉じる/殉于大义【-名分（めいぶん）①①】[名] 正当的理由

たいぎ①【大儀】[形動] ①（由于病、疲乏等感到）费力，吃力△座っているのさえ～だ/连坐着都费力 ②不爱（干），忧头△混雑しているところに出かけて行くのは～だ/我可不愿意去拥挤的地方

だいぎし③【代議士】[名] 众议院议员

だいきぼ③【大規模】[形動]宏伟，大规模△～な計画/宏伟的计划

たいきゃく⓪【退却】[名・自サ] 退却

たいきゅう⓪【耐久】[名]耐久【-性（せい）⓪】[名] 耐久性【-消費財（しょうひざい）⑦】[名]耐久消费品(车，家俱，电器等)

たいきょく⓪【大局】[名]大局△～からみる/从大处着眼

たいきょく⓪【対局】[名・自サ]对弈，下棋

たいきょくけん⑤【太極拳】[名]太极拳

たいきん⓪【大金】[名]巨款

だいきん⓪【代金】[名]货款

たいきん⓪【退勤】[名・自サ]下班

たいく①【体躯】[名]身躯，体格

だいく①【大工】[名]木匠，木工【-仕事（しごと）④】[名]木工活【-道具（どうぐ）④】[名]木工工具【日曜（にちよう）-⑤】[名]业余木匠

たいぐう⓪【待遇】[名・他サ]①招待，款待，对待△～がよい/招待得很好 ②待遇△～を改善する/改善待遇【-表現（ひょうげん）⑥】[名]待遇表现

たいくつ⓪【退屈】[名・形動・自サ]无聊△～をまぎらす/解闷儿

たいぐん⓪【大群】[名]大群△いなこの～/大群蝗虫

たいけい⓪【体系】[名]体系△～をたてる/建立体系【-的（てき）⓪】[形動]有系统

だいけい⓪【台形】[名]梯形

たいけつ⓪【対決】[名・自サ]决斗，较量△両雄の～/两雄的决斗

たいけん⓪【体験】[名・他サ]体验，经验，感受，体会【-談（だん）③】[名]经验之谈

たいげん①【体言】[名]体言（日语中名词、代词、数词的总称）

たいげん⓪【体現】[名・他サ]体现

たいげんそうご⑤【大言壮語】[名]说大话，夸海口

たいこ⓪【太鼓】[名]鼓△～を打つ/打(擂)鼓【でんでん太鼓（だいこ）③⑤】[名]拨浪鼓【-医者（いしゃ）③】[名]庸医，江湖医生◇太鼓をたたく/奉承

たいこう⓪【大綱】[名]大纲

たいこう⓪【対抗】[名・自サ]对抗，抗衡【-意識（いしき）⑥】[名]对抗意识【-馬（ば）③】[名](赛马)居第二而有希望获胜的马

たいこう⓪【退校】[名・自サ]①退学【-処分（しょぶん）⑥】[名]勒令退学 ②离校

だいこう⓪【代行】［名・他サ］代行，代理

たいこうじあい⑥【対校試合】［名］校际比赛

たいこく〈【大国】［名］大国〔-主´義（しゅぎ）⑤〕［名］大国主義

だいこくばしら⑥【大黒柱】［名］支柱，顶梁柱

だいこん⓪【大根】［名］萝卜

たいさ①【大差】［名］大的差别，显著的差别△～がない/没有显著的差别

たいざい⓪【滞在】［名・自サ］停留，逗留

だいざい⓪【題材】［名］题材

たいさく⓪【対策】［名］对策△～を練る/研究对策

たいざん①【大山】［名］大山◇大山鳴動（めいどう）して鼠（ねずみ）一匹（いっぴき）/虎头蛇尾，雷声大雨点小

だいさんしゃ①【第三者】［名］第三者，当事双方以外的人

たいし①【大使】［名］大使

たいじ①【対峙】［名・自サ］对峙

たいじ⓪【退治】［名・他サ］扑灭，消灭，降伏

だいし①【台紙】［名］硬版纸

だいじ【大事】Ⅰ③①［名］大事，重大的事△～にいたる/酿成大祸 Ⅱ⓪③［形動］①重要△～なこと/重要的事 ②保重，爱护，爱惜△からだを～にする/保重身体

ダイジェスト①【digest】［名・他サ］摘要，概要

たいしかん③【大使館】［名］大使馆

たいした①【大した】［連体］①了不起△～ものだ/真了不起 ②（与否定语相呼应）没什么了不起，不值一提△～ことはない/没什么了不起

たいしつ⓪【体質】［名］体质〔アレルギー-⓪〕［名］过敏体质

たいして①【大して】［副］（下接否定）不那么…，没怎么…△勉強もしないで、合格した/并没怎么学习就及格了△～うまくない/不那么好

たいしゃ⓪【退社】［名・自サ］①退职，辞职 ②下班〔-時間（じかん）④〕［名］下班时间

たいしゃく①【貸借】［名・他サ］借贷〔-関係（かんけい）⑤〕［名］借贷关系

たいしゅう⓪【大衆】［名］大众，群众

たいじゅう⓪【体重】［名］体重△～をはかる/称体重

たいしょ①【対処】［名・自サ］对待，处理

たいしょう①【大将】［名］①（军衔）大将，上将 ②头子，首领，头目△お山の～/山大王 ③（亲密，戏谑的称呼）老兄

たいしょう⓪【大勝】［名・自サ］大胜，大捷

たいしょう⓪【対称】［名］对称

たいしょう⓪【対象】［名］对象△研究の～/研究的对象

たいしょう⓪【大正】［名］大正（日本天皇时代的年号（1912～1926年）

たいしょう⓪【対照】［名・他サ］对照△原文と～する/与原文对照

たいじょう⓪【退場】［名・自サ］退场，（离开舞台）下场

だいしょう①【大小】［名］①大小 ②大刀与小刀

だいしょう⓪【代償】［名］①赔偿△～を支払う/赔偿 ②代价

だいじょうぶ③【大丈夫】［形動］不

要紧，没关系

たいしょく⓪【退職】［名・自サ］
退职

たいじん⓪【退陣】［名・自サ］①
撤退 ②下台，引退

だいじん①【大臣】［名］大臣

だいず⓪①【大豆】［名］黄豆

だいすう③【代数】［名］代数

だいすき①【大好き】［形動］最喜
欢，特别喜爱

たい・する③【体する】［他サ］体
会，领会△意を～/领会对方意图

たい・する③【対する】［自サ］①
面对，对着 ②对待△いつもえが
おで客に～/总是热情待客 ③对
于，对△地震に～そなえ/抗震的
准备 ④相对，对抗

だい・する③【題する】［他サ］题
字，题词

たいせい⓪【大成】Ⅰ［名・他サ］
出色完成 Ⅱ［名・自サ］成大器△
学者として～する/成为学者

たいせい⓪【大勢】［名］大势，大
局△～がきまった/大局已定

たいせい⓪【体制】［名］体制【-社
会（しゃかい）-④】［名］社会体制
【経済（けいざい）-⑤】［名］经济
体制

たいせい⓪【態勢】［名］姿态，体
态，态度△～を整える/作好一切
准备

たいせいよう③【大西洋】［名］大
西洋

たいせき①【体積】［名］体积

たいせき⓪【退席】［名・自サ］退
席

たいせつ⓪【大切】［形動］①重要，
宝贵△～な役目/重要的任务 ②
珍视，爱护△ものを～にする/爱
惜东西

たいせん⓪【大戦】［名］大战

たいぜんじじゃく⑤【泰然自若】

［副・連体］泰然自若

たいそう⓪【体操】［名］体操

たいそう①【大層】［副・行動］①
很，非常△～混雑している/很拥
挤 ②夸张

たいだ①【怠惰】［名・形動］怠惰，
懒惰

だいたい⓪【大体】Ⅰ［名］大略，概
要 Ⅱ［副］①大概，大约△ねだ
んは～いくらぐらいですか/大
概多少钱 ②差不多，基本上△～
おわった/基本上完了 ③从根本
上说来△～、さそったきみがわ
るい/从根本上说来，是你不该邀
请他

だいたい⓪【大隊】［名］大队

だいだい③【橙】［名］①橙子 ②
（「だいだい色」的简称）橙色

だいたすう③④【大多数】［名］大多
数

たいだん⓪【対談】［名・自サ］对
谈，交谈

たいだん⓪【退団】［名・自サ］退
出团体

だいたん③【大胆】［名・形動］大
胆，勇敢△～に立ち向う/勇敢地
反抗【-不敵（ふてき）③②】［形動］
胆大包天

だいち①【大地】［名］大地

だいちはぐのごとし【大智は愚の
如し】大智若愚

たいちょう⓪【隊長】［名］队长

だいちょう①【大腸】［名］大肠

だいちょう①【台帳】［名］①（商店
的）帐本 ②底帐【土地（とち）-③】
［名］地籍册

たいてい⓪【大抵】［副・形動］①
大体上，基本上 ②适度，适当 ③
（与否定语相呼应表示）普通，一
般△～のことでは許してもらえ
そうにない/一般是不会原谅的

たいど①【態度】［名］态度

たいとう⓪【台頭】[名・自サ]（某种势力）抬头

たいとう⓪【対等】[形動]对等，平等△～にあつかう/平等对待

だいどう③⓪【大道】[名]①大道，大街 ②道义，道德

だいどうしょうい⑤【大同小異】大同小异

だいどうみゃく③【大動脈】[名]大动脉

だいとうりょう③【大統領】[名]总统△[-選挙（せんきょ）⑦][名]总统选举，大选

たいとく⓪【体得】[名・他サ]掌握，领会△こつを～する/掌握窍门

だいどころ⓪【台所】[名]厨房

タイトスカート⑤【tight skirt】[名]紧身裙；西服裙

タイトル①【title】[名]①标题，题目 ②锦标赛，冠军（赛）

だいなし⓪【台無し】[名]糟蹋，弄坏△晴れ着が雨で～になった/礼服被雨弄坏了

ダイナマイト④【dynamite】[名]炸药

たいにん⓪【退任】[名・自他サ]卸任△任期満了で～する/任期届满卸任

たいのう⓪【滞納】[名・他サ]拖欠，欠交

たいはい⓪【退廃・頽廃】[名・自サ]颓废，堕落△～した生活/颓废的生活

たいはん③⓪【大半】[名]大半，多半，大部分

たいひ⓪【対比】[名・他サ]对比

タイピスト②【typist】[名]打字员

たいびょう①【大病】[名]大病，重病

だいひょう⓪【代表】[名・他サ]代表

タイピン③【tie pin】[名]领带别针

タイプ①【type】[名・他サ]①样式，式样 ②类型 ③打字；打字机

タイプペーパー④【type paper】[名]打字纸

だいぶ⓪【大分】[副]颇，很，相当△病気は～良くなった/病情大为好转

たいふう③【台風】[名]台风

だいぶぶん③【大部分】[名]大部分

タイプライター④【typewriter】[名]打字机

たいへいよう③【太平洋】[名]太平洋

たいへん⓪【大変】Ⅰ[形動]①厉害，严重△～な雨だった/下了暴雨 ②费力，够呛△そんなに忙しいのでは～ですね/那么忙，够辛苦的啊 Ⅱ[副]很，非常，相当△～面白かった/很有意思△～失礼しました/真对不起

だいべん③【大便】[名]大便

だいべん⓪【代弁】[名・他サ]替人辩解△[-者（しゃ）③][名]代言人

たいほ⓪【退歩】[名・自サ]退步

たいほ①【逮捕】[名・他サ]逮捕，拘捕△[-状（じょう）⓪][名]逮捕证

たいほう⓪【大砲】[名]大炮，炮

たいぼう⓪【待望】[名・他サ]盼望，期待

たいぼくはかぜにおられる【大木は風に折られる】树大招风

だいほん⓪【台本】[名]脚本

たいまん⓪【怠慢】[名・形動]怠慢

だいみょう③【大名】[名]（日本封建时代的诸侯）大名

タイミング⓪【timing】[名]时机△

いい～/好时机

タイム① 【time】［名］①时间△～をはかる/计时 ②（比赛）暂停

タイムリー① 【timely】［形动］适时,合时△～な発言/适时的发言

だいめい⓪ 【題名】［名］标题,题目

だいめいし② 【代名詞】［名］代名词,代词

たいめん③⓪ 【体面】［名］体面,面子△～を保つ/保持体面

たいめん⓪ 【対面】［名・自サ］相见,会面【初（しょ）-²】［名］初次见面

たいもう⓪ 【大望】［名］宏愿；奢望

だいもく⓪④ 【題目】［名］①题目,标题 ②（佛教日莲宗）「南無妙法蓮華経」七字△～を唱える/念经

だいもんじ③ 【大文字】［名］①大字 ②大块文章 ③8月16日晚在日本京都如意岳上燃烧的「大」字形篝火

タイヤ① 【tire】［名］轮胎,车胎

ダイヤ① ［名］①（扑克牌的）方块 ②「ダイヤグラム」的简称 ③「ダイヤモンド」的简称

たいやく⓪ 【大役】［名］重任

ダイヤグラム④ 【diagram】［名］行车时间表,列车时刻表 ◆亦作「ダイヤ」

ダイヤモンド④ 【diamond】［名］钻石,金刚石 ◆亦作「ダイヤ」

ダイヤモンドゲーム⑦ 【diamond game】［名］跳棋

ダイヤル①⓪ 【dial】［名］①日规,刻度盘 ②（电话机）拨号盘

たいよ① 【貸与】［名・他サ］出借,贷给

たいよう① 【太陽】［名］太阳

だいよう⓪ 【代用】［名・他サ］代

用

たいようしゅう③ 【大洋州】［名］大洋洲

たいら⓪ 【平ら】Ⅰ［形动］平,平坦△～な道/平坦的道路 Ⅱ［名］随便坐△どうぞお～に/请随便坐吧

たいら・げる④⓪ 【平らげる】［他下一］①平定,平息△賊を～/平定贼匪 ②吃完,吃光

だいり⓪ 【代理】［名・他サ］代理；代理人

たいりく①⓪ 【大陸】［名］大陆【-棚（だな）④】［名］大陆架

たいりくせいきこう ⓪ 【大陸性気候】［名］大陆性气候

だいりせき③ 【大理石】［名］大理石

たいりつ⓪ 【対立】［名・自サ］对立

たいりゃく⓪ 【大略】［名］大略,大概

たいりゅう⓪ 【対流】［名］〈物〉对流

たいりょう③⓪ 【大量】［名］大量,大批,成批【-生産（せいさん）⑤】［名］大量（成批）生产

たいりょう⓪ ［名］Ⅰ【大漁】渔业丰收 Ⅱ【大猟】猎获量大

たいりょく① 【体力】［名］体力△～をつける/增强体力

タイル① 【tile】［名］瓷砖

たいれつ⓪① 【隊列】［名］队列△～を組む/列队

だいろっかん① 【第六感】［名］第六感△～が働く/灵机一动

たいわ⓪ 【対話】［名・自サ］对话

たうえ③ 【田植え】［名］插秧【-機（き）④】［名］插秧机

ダウン① 【down】［名・自他サ］①下降,向下△成績が～する/成绩下降 ②（拳击）倒下 ③（生病、劳

累)躺倒,倒下

だえき①⓪【唾液】[名]唾液

たえしの・ぶ①⓪【耐（え）忍ぶ】[他五]忍受,忍耐△寒さを～/忍受寒冷

たえず①【絶えず】[副]不断地

たえて①【絶えて】[副]（与否定语相呼应）丝毫没有,一点儿也（不）△その後は～音沙汰がない/从那以后毫无音信

たえまな・い④【絶え間無い】[形]不间断△～努力/不懈的努力

た・える②【耐える・堪える】[自下一]①忍受,忍耐△ふんがいに～えない/极其愤怒 ②耐,胜任,经得住△高温に～/耐高温△任に～/胜任 ③值得△読むに～えない/不值得一读

た・える②【絶える】[自下一]断,断绝△息が～/断气△消息が～/消息断绝

だえん⓪【楕円】[名]楕圆

たお・す②【倒す】[他五]①推倒,弄倒,放倒△政府を～/推翻政府【押（おし）-】④[他五]推倒【切（き）（り）-】⓪[他五]砍倒 ②赖帐,借钱不还【借（かり）-】④[他五]赖债【踏（ふみ）-】④[他五]赖账不还

たお・る②【手折る】[他五]折,摘,掐

タオル①【towel】[名]毛巾

タオルケット④【（和）towel blanket】[名]毛巾被

たお・れる③【倒れる】[自下一]①倒,倒下 ②倒台,垮台△内閣が～/内阁倒台 ③病倒△病（や）まい）に～/病倒 ④死

たか①②【高】[名]額,数量△売り上げの～/销售量△生産～（せいさんだか）/产量◇高が知（し）れる/有限的,没什么了不起的◇高

を括（くく）る/轻视,不放在眼里

たか⓪【鷹】[名]鹰

たが②【箍】[名]箍◇～がゆるむ/松懈

だが①[接]可是△一つしかない。～君にあげよう/只有一个,不过送给你吧

たかい⓪【他界】[名・自サ]去世,逝世

たか・い②【高い】[形]①高△～山/高山△背が～/个子高 ②（价钱）贵△値段が～/价钱贵 ③（声音）高,大 ④（地位、评价）高◇鼻（はな）が高い/自高自大◇頭（ず）が高い/傲慢无礼◇目（め）が高い/有眼力

たがい⓪【互（い）】[名]互相,彼此【お⓪-】[名]双方【お-さま⓪⑥】[名]彼此彼此

だかい⓪【打開】[名・他サ]打开△難局を～する/打开僵局

たがいちがい④【互（い）違（い）】[名]相间,交错,交叉

たがいに⓪【互いに】[副]互相,相互△～助け合う/互相帮助

たが・う②【違う】[自五]①错,不一致△一銭も～わない/分毫不差 ②违反,违背△人情に～/不合乎人情

たが・える②【違える】[他下一]违反,违背△約束を～/违约

たかさ①【高さ】[名]高度

だがし⓪②【駄菓子】[名]粗点心,便宜的点心

たかだい⓪【高台】[名]地势高的地方

たかだか③⓪【高高】[副]①高高地△～と差し上げる/高高地举起 ②顶多,最多,充其量△～三百円の品/顶多不过三百日元的东西

だがっき②【打楽器】[名]打击乐器

た か と び④⓪【高跳び・高飛び】[名]①跳高【走(はし)(り)-④】[名]跳高【棒(ぼう)-⓪】[名]撑竿跳 ②逃跑，逃之夭夭

たかな・る③【高鳴る】[自五]①高声作响 ②心怦怦跳动△胸が～/心潮澎湃，心情激动

たかね②【高値】[名]高价

たかは⓪【たか派・鷹派】[名]鹰派

たかびしゃ⓪【高飛車】[形動]高压，强硬△～に出る/采取高压手段

たかぶ・る③【高ぶる】[自五]①兴奋，紧张△神経が～/兴奋 ②高傲，傲慢，自大

たかまくらでねる【高枕で寝る】高枕无忧

たかま・る③【高まる】[自五]高涨，升高，增强△士気が～/士气高昂

たか・める③【高める】[他下一]提高△学力を～/提高学力

たがや・す③【耕す】[他五]耕，耕作△田を～/种田

たから③【宝】[名]宝，宝贝，宝物△国の～/国宝【-さがし④】[名]寻宝【子宝(こだから)⓪④】[名]宝贝，宝宝

だから①[接]所以，因此

たからか②【高らか】[形動]大声，高声

たからくじ③④【宝くじ・宝籤】[名]彩票，奖券

だからといって【だからと言って】尽管如此…还是…，虽说…但是…△～言わずにいられなかった/尽管如此，还是要说△～彼を放っておくわけにもいかない/话虽这么说，但也不能不管他

たからもの⑤④【宝物】[名]宝物

たか・る⓪[自五]①聚集，聚拢，围拢△人が～/围着一群人 ②(虫等)爬满，落满 ③迫使(别人做某事)；敲诈，勒索

たが・る[助動](上接动词连用形，构成五段活用动词)想，希望△行き～/想去△見(み)～/想看

だかんけん②【兌換券】[名]兑换券

たき⓪【滝】[名]瀑布△～のような汗/汗如雨下

たき①【多岐】[名・形動]错综复杂，头绪多△問題が～にわたる/问题错综复杂

だきあ・う③【抱(き)合う】[他五]拥抱

だきあ・げる④【抱(き)上げる】[他下一]抱起△子供を～/抱起小孩

だきおこ・す④【抱(き)起す】[他五]扶起△病人を～/扶起病人

だきかか・える⑤【抱(き)抱える】[他下一]搂抱，抱在怀里△赤ちゃんを～/把婴儿抱在怀里

たきぎ⓪【薪】[名]木柴，薪

たぎご②【多義語】[名]多义词

だきこ・む③【抱(き)込む】[他五]拉拢，笼络

だきし・める④【抱(き)締める】[他下一]抱住，搂紧

だきすく・める⑤【抱(き)竦める】[他下一]抱住不让动

だきつ・く③【抱(き)着く】[自五]抱住，搂住

だきつ・ける④【焚(き)付ける】[他下一]①点燃△火を～/点着火 ②扇动，挑唆△人に～けられる/受人挑唆

だきと・める④【抱(き)留める】[他下一]抱住不放

だきと・る③【抱(き)取る】[他五]抱过来

たきび⓪【たき火・焚(き)火】

［名］①篝火 ②烧落叶（的火）

だきょう⓪【妥協】［名・自サ］妥协，让步【-案（あん）②】［名］妥协方案

たきょくか⓪【多極化】［名］多极化

たぎ・る②［自五］①煮开，滚沸△湯が～/水开了【煮（に）え-④】［自五］煮沸 ②（感情等）激动，高涨△血が～/热血沸腾 ③（急流等）翻滚

たく⓪【宅】［名］①自己的家 ②（妻子在别人面前称自己的丈夫）我丈夫

たく①【卓】［名］桌子，案，几

た・く⓪【炊く】［他五］煮，烧，焖△ご飯を～/烧饭

た・く⓪【焚く】［他五］烧，焚△香を～/焚香

だ・く⓪【抱く】［他五］①抱，搂△胸に～/抱在怀里 ②抱有，怀有△疑問を～/怀疑

だくおん⓪【濁音】［名］浊音

たくさん⓪①【沢山】［副・形動］①许多，很多△まだ～残っている/还剩很多 ②够了，不再想要△戦争はもう～だ/战争已经够了

タクシー①【taxi】［名］出租汽车

たくしあ・げる⑤【たくし上げる】［他下一］卷起，挽起

たくじしょ④【託児所】［名］托儿所

たくじょう⓪【卓上】［名］桌上【-カレンダー⑥】［名］台历

たく・する③【託する・托する】［他サ］①托付，委托△任務を～/托付任务△手紙を～/托人捎信 ②寄托，借…表达

たくそう⓪【託送】［名・他サ］托运

タグボート③【tugboat】［名］拖船，拖轮

たくまし・い④【逞しい】［形］①

魁伟，魁悟，健壮 ②旺盛 ③自由，随意△想像を～くする/随意想象

たくみ⓪①【巧み】Ⅰ［名］技巧，技术△～をこらす/精工细作Ⅱ［形動］巧，巧妙，高超△～にあやつる/巧妙地操纵

たく・む②【巧む】［他五］施技巧，下功夫△～まざる自然の美しさ/不加修饰的自然美

たくら・む③【企む】［他五］策划，谋划，企图，阴谋△謀返を～/阴谋造反

たぐりこ・む②④【手繰（り）込む】［他五］拉近，拉过来△記憶を～/追回记忆

たくわえ③⓪【蓄え・貯え】［名］①储存，储藏 ②积蓄，存款

たくわ・える④⓪【蓄える・貯える】［他下一］①储备，储藏，储蓄△実力を～/保存实力 ②留，蓄△髭を～/留胡子

たけ②【丈】［名］①高度△～が高い/身量高 ②身长【背（せ）-①】［名］身长 ③全部，一切△思いの～/心事，衷情

たけ⓪【竹】［名］竹子【-製品（せいひん）③】［名］竹制品，竹器◇竹を割（わ）ったよう/干脆，爽快，心直口快

だけ［副助］①只，单单，光，仅△あなたに～話してあげる/只告诉你一个人△十五分～休むことにしよう/只休息15分钟 ②（用「…ば…だけ」的形式表示）越…越…△練習すればする～上達する/越练习就越有进步 ③尽量△やれる～やった/能做的都做了 ④（上接「これ」「それ」「あれ」「どれ」）表示程度△これ～言ってもまだ分からないのか/我已经讲得这么明白了，还不懂吗

…だけあって（上接体言、用言连体形）正因为…△じゅうぶん練習をつんだ～うまいものだ/正因为经过充分练习，所以做得很好

たけうま⓪【竹馬】[名]①竹马 ②高跷

だげき⓪【打撃】[名]①敲打 ②打击，刺激△～を受ける/受打击 ③（棒球）打球，击球【-率（りつ）④】[名]击球率

たけだけし・い⑤【猛猛しい】[形]①勇猛，强悍 ②厚颜无耻

だけつ⓪【妥結】[名・自サ]谈妥，达成协议△交涉が～する/谈判达成协议

…だけでなく（上接体言、用言连体形）不仅…而且…△日本語を学ぶ～、英語も学ばねばならぬ/不仅要学日语，而且也要学英语△口～、行動が一番大切だ/不能只停留在口头上，重要的是行动

…だけに（上接体言、用言连体形）正因为…△彼は苦労しただけに人の気持がよく分る/正因为受过苦，所以他很能理解别人的心情△予想しなかっただけに喜びも大きかった/正因为是出乎预料，所以更加高兴

たけにつぎき【竹に接木】驴唇不对马嘴

たけのこ⓪【筍】[名]笋

た・ける②[自下一]Ⅰ【長ける】擅长△数学に～/擅长数学Ⅱ【闌ける】正盛，正浓△春が～/春意正浓

たけ・る②【猛る】[自五]①兴奋，激动 ②狂暴，怒号

たこ①【凧】[名]风筝△～をあげる/放风筝

たこ①【蛸】[名]章鱼

たこ①【胼胝】[名]胼胝，茧子，腿子◇耳（みみ）にたこができる/听腻了

たこく①【他国】[名]①他国，外国 ②他乡

たさい⓪【多彩】[名・形动]①五颜六色，色彩缤纷 ②丰富多彩△～な行事/丰富多彩的活动

たさつ⓪【他殺】[名]他杀

ださん⓪【打算】[名・自サ]打算，盘算，算计△～が働く/打如意算盘【-的（てき）⓪】[形动]自私自利，打小算盘

たし⓪【足（し）】[名]补贴，贴补△～にする/用以补助

たしか①【確か】Ⅰ[形动]①确实，确凿 ②可靠，牢靠Ⅱ[副]大概，多半△～田中という名前でした/大概叫田中△あれは～十七日だったと思う/我想那天大概是17号

たしか・める④【確かめる】[他下一]弄清，查明，确认△事実を～/弄清事实△答えを～/确认答案

たしざん②【足（し）算】[名]加法

たしな・む③【嗜む】[他五]①爱好，喜好△俳句を～/好写一点俳句 ②嗜好△酒を～/好喝酒

たしな・める④[他下一]劝戒，规劝，责备△不注意を～/责备疏忽

だしぬ・く⓪【出し抜く】[他五]抢先，先下手△人を～/抢在别人前头

だしぬけに⓪【出し抜けに】[副]突然，冷不防，出其不意

だしもの②【出し物】[名]节目

だしゃ①【打者】[名]（棒球）击球员

だじゃれ⓪【駄洒落】[名]打哈哈，无聊的笑话△～を飛ばす/说低级笑话

たしゅ①【多種】[名]多种，种类多△～多様/多种多样

たしょう⓪【他称】[名]第三人称

たしょう⓪【多少】Ⅰ［名］多少△～にかかわらず/不论多少 Ⅱ［副］多少，稍微，一些△～知っている/知道一些

たじろ・ぐ③［自五］退缩，后退△どんなことにも～がない/遇到什么事都不退缩

だしん⓪【打診】［名・他サ］①叩诊 ②探听，试探△意向を～する/探询意图

た・す⓪【足す】［他五］①添加，补充△水を～/添水【言（いい）-③】［他五］补充说明【付（つ）（け）-⓪】［他五］补充，增添 ②加△1に2を～と3だ/1加2等于3 ③干完，做完△用を～/办完事；解手

だ・す【出す】Ⅰ①［他五］①拿出，取出△ポケットから手を～/从口袋里拿出手来 ②派出，派遣，打发△使いを～/派人去办事△迎えの車を～/派车去迎接 ③显露出，露出△声を～/出声△ぼろを～/露出破绽 ④发行，出版，发表△本を～/出书△レコードを～/发行唱片 ⑤寄出△手紙を～/寄信 ⑥鼓起，打起△元気を～/打起精神△勇気を～/鼓起勇气 ⑦加快△スピードを～/加快速度 ⑧出产 ⑨产生，发生△熱を～/发烧△火事を～/发生火灾⑩得出（某种结果），出示△結論を～/下结论△答えを～/得出答案 ⑪给予△許可を～/给予许可△命令を～/下命令⑫提交，上交△宿題を～/交作业；留作业 Ⅱ［接尾］（上接动词连用形表示）开始…，…起来△歩き～/走起来△泣き～/哭起来△読み～/读起来

ダース①【dozen】［名］打（12个）

たすう⓪【多数】［名］多数【-決（けつ）②】［名］多数表决

たすか・る③【助かる】［自五］①获救，得救△命が～/得救 ②减轻负担，省钱，省事△費用が～/节省费用 ③得到帮助

たす・ける③【助ける】［他下一］①救，救助，援救△命を～/救命 ②帮助，援助△消化を～/助消化

たずさ・える④【携える】［他下一］①带，携带△大金を～/携带巨款 ②偕同，携手△手を～/携手

たずさわ・る④【携わる】［自五］从事，参与△農業に～/从事农业

たず・ねる③［他下一］Ⅰ【訪ねる】访问，拜访△人を～/拜访人△会社を～/访问公司 Ⅱ【尋ねる】①问，打听△安否を～/问安△道を～/问路 ②寻找，探寻△由来を～/探寻由来△人を～/找人

だせい⓪【惰性】［名］①惰性，惯性 ②习惯

たそう⓪【多相】［名］多相

たそがれ⓪【黄昏】［名］黄昏，傍晚

ただ①【只・唯】Ⅰ［名］①免费，白给，白送△～でもらう/白拿△～で働く/白干 ②普通，平常△～ではすまない/不能就那么完了 Ⅱ［副］①只不过，仅仅△～聞いてみただけだ/只不过打听一下 ②（强调数量极少）仅△～一つ/只一个△～一人/仅一人 Ⅲ［接］然而，唯有△彼はよくできる。～体が弱いのが心配だ/他学习成绩很好，唯有身体太弱，这一点令人担心△それはいい考えだ。～少少危険だ/那是个好主意，然而有点危险

ただい⓪【多大】［形动］巨大，极大△～な恩恵/极大的恩惠

ダダイズム③【Dadaism】［名］达达派

ただいま②④【唯今・只今】Ⅰ［名］

①现在 ②刚，刚才 ③马上，立刻
Ⅱ[感](外出回家时的寒喧语)我回来了

たた・える[3][0]【称える・賛える】[他下一] 称赞，歌颂

たた・える[3][0]【湛える】[自下一]①充满，装满 ②洋溢△満面に笑(え)みを～/笑容满面

たたかい[0]【戦い】[名]战斗，斗争

たたか・う[0] [自五] Ⅰ【戦う・闘う】战斗；作战△敵と～/与敌人作战 Ⅱ【闘う】斗争△病苦と～/与病痛作斗争

たたき[1]【三和土】[名] 三合土

たたきあ・げる[0][5]【たたき上げる・叩(き)上げる】[自下一]锻炼出来，熬成

たたきうり[3]【たたき売り・叩(き)売(り)】[名]①拍卖，叫卖 ②贱卖

たたきおこ・す[2][5]【たたき起こす・叩(き)起(こ)す】[他五]叫醒

たたきおと・す[5]【たたき落す・叩(き)落す】[他五]打落，打掉

たたきこわ・す[5]【たたき壊す・叩(き)壊す】[他五]打坏，敲碎，捣毁

たたきつ・ける[2][5]【たたき付ける・叩き付ける】Ⅰ[他下一]①(用力地)打 ②扔出，摔出 ③强硬地提出△社長に辞表を～/毅然决然地向总经理提出了辞呈 Ⅱ [自下一](雨等)猛下

たた・く[2]【叩く】[他五]①打，敲打△太鼓を～/擂鼓△手を～/拍手 ②打击，攻击△敵を～/打击敌人 ③还价，压价 ④ (用刀背)拍打(鱼肉等)◇口(くち)をたたく/喋喋不休

ただし[1]【但(し)】[接]不过△引き受けてもよい。～条件がある/接受是可以的，不过有个条件

ただし・い[3]【正しい】[形]①正确，合理△～答え/正确的回答 ②合乎标准，端正【礼儀(れいぎ)-[6]】[形] 彬彬有礼

ただ・す[2]【正す】[他五]①改正，纠正△誤りを～/纠正错误 ②辨别，辨明△是非を～/辨明是非 ③追究，盘查△罪を～/追究罪责

ただ・す[2]【質す】[他五]询问，质问

たたず・む[3]【佇む】[自五] 伫，伫立

ただちに[1]【直ちに】[副] 当即，立刻，马上△～出発する/立即出发

だだっぴろ・い[5] [形]空旷，宽敞

ただならぬ[4] [连体]不平常，不寻常，不一般△～気配(けはい)/不寻常的迹象

ただのり[0]【只乗り】[名] (不买票)白坐车

たたみ[0]【畳】[名] 塌塌米(和式房间地板上的草席)

たたみのうえのすいれん【畳の上の水練】 纸上谈兵

たた・む[0]【畳む】[他五]①折，叠△きものを～/叠和服△ふとんを～/叠被子 ②藏(在心里)△そのことを胸に～/把那件事藏在心里 ③关闭，合上△傘を～/合上伞 ④杀掉

ただよ・う[3]【漂う】[自五]①漂，漂浮△波間に～/漂浮在波浪间 ②飘散，飘动

ただよりたかいものはない【ただより高いものはない】吃人家的嘴短，拿人家的手短

たた・る[2]【祟る】[自五] ① (鬼怪) 作祟 ②遭受恶果△無理が～/过分劳累

ただ・れる[0]【爛れる】[自下一] (皮肉) 烂△傷口が～れた/伤口

烂了

たち①【質】［名］①生性，性格，体质△忘れっぽい～の人/生来好忘事的人 ②性质

たち①②【太刀】［名］大刀

たち-【立ち】［接头］（下接动词或动词的名词形）①加强语气△～働く/辛勤劳动 ②站着（做某事）△～食い/站着吃

-たち【達】［接尾］（表示人的复数）们△子供（こども）～/孩子们△きみ～/你们

たちあ・う⓪［自五］Ⅰ【立ち会う】在场，到场，临场 Ⅱ【立ち合う】格斗

たちあが・る⓪【立（ち）上がる】［自五］①起立，站起来△椅子から～/从椅子上站起来 ②振奋，振作 ③着手，开始行动

たちい・る⓪【たち入る】［自五］①进入△無断で～/擅自进入 ②干涉，干与，介入△他人の生活に～/干涉别人生活

たちうお②【太刀魚】［名］带鱼，刀鱼

たちおうじょう③【立（ち）往生】［名］进退不得，被困在那儿△大雪のため、列車が～している/由于大雪，火车困在半路

たちおく・れる⓪【たち後れる・たち遅れる】［自下一］落后，晚△対策が～/对策落后

たちおよぎ③【立（ち）泳ぎ】［名］踩水

たちかえ・る⓪【たち返る】［自五］回，返回，恢复，醒悟△本题に～/言归正传

たちぎき⓪【たち聞（き）】［名］偷听，窃听

たちき・る⓪【断（ち）切る】［他五］①切开，裁开，断开 ②切断，断绝△未練を～/斩断留恋

たちさ・る⓪【立（ち）去る】［自五］走开，离开△故郷を～/离开故乡

たちすく・む⓪④【立（ち）すくむ・立（ち）竦む】［自五］呆立不动，呆若木鸡

たちつく・す【立（ち）尽くす】［自五］伫立，始终站立△茫然と～/茫然地伫立着

たちどころに③⓪［副］立刻，立即，马上

たちどま・る⓪【立（ち）止まる】［自五］站住，止步△～って挨拶する/停步行礼

たちなお・る⓪【立（ち）直る】［自五］①恢复，康复，好转△ショックから～/从打击中恢复过来 ②复原，回升

たちの・く⓪【立（ち）退く】［自五］迁移，腾出，离开

たちのぼ・る⓪【たち上る】［自五］冒，升△煙が～/冒烟

たちば③【立場】［名］①立场 ②处境，立脚点△苦しい～/困境

たちはだか・る⓪⑤【立（ち）はだかる】［自五］阻挡，拦挡，阻碍

たちふさが・る⓪【立（ち）ふさがる・立ち塞がる】［自五］挡住，拦住，堵住

たちまち⓪［副］立刻，转眼间，不大功夫

たちまわり⓪【立（ち）回り】［名］①转来转去 ②武打场面，武打技巧 ③打架

たちむか・う⓪【立（ち）向かう】［自五］正视，面对；对付，对抗△難局に～/面对困境

たちゆ・く①⓪【たち行く】［自五］维持

だちょう⓪【駝鳥】［名］驼鸟

たちよ・る⓪【たち寄る】［自五］顺便，顺路△学校の帰りに、本屋

に～/回校的路上顺便去一趟书店

たつ⓪【竜】[名] 龙

た・つ①【立つ】[自五] ①站，站立，直立△山の上にアンテナが～った/山上架着天线 ②处于，占据△先頭に～/站在前头，带头 ③刺，扎，射中△とげが～/扎刺 ④离开，退出△席を～/离席，退席 ⑤冒，上升△煙りが～/冒烟 ⑥出发，出门△旅に～/去旅行 ⑦显眼；扩散△目に～/显眼，引人注目△うわさが～/传出风声，传出消息 ⑧起，生△波が～/起浪△風が～/起风 ⑨有能力，干得好△うでが～/手艺高超△役に～/有用，起作用 ⑩保住，维持△顔が～/保住面子，有面子△生計が～/维持生计 ⑪(时光)流逝△時間が～/时光流逝

た・つ①【建つ】[他五] 盖起，建△家が～/盖起房子

た・つ①【経つ】[他五] 经，经过△月日の～のは早いものだ/日月如梭

た・つ①[他五] Ⅰ【断つ】切断，截断△酒を～/戒酒△退路を～/切断退路 Ⅱ【絶つ】断绝△関係を～/断绝关系 Ⅲ【裁つ】裁，剪裁△紙を～/裁纸

だっきゃく⓪【脱却】[名・他サ] 摆脱△悪習を～する/摆脱坏习惯

たっきゅう⓪【卓球】[名] 乒乓球

だっし⓪【脱脂】[名・自サ] 脱脂【-綿(めん)③】[名] 脱脂棉，药棉

たっしゃ⓪【達者】[名・形动] ①健康，健壮 ②精通，熟练△～な英語/熟练的英语 ③机灵，精明

ダッシュ①【dash】[名・自サ] ①冲刺 ②破折号 ③「'」符号

だっすい⓪【脱水】[名・自サ] 脱水【-機(き)③】[名] 脱水机【-症状(しょうじょう)⑤】[名] 脱水症状

たっ・する⓪③【達する】Ⅰ[自サ] 到，到达，达到△山頂に～/到达山顶△合意に～/达成协议 Ⅱ[他サ] 达到，实现，完成△希望を～/实现希望

たっせい⓪【達成】[名・他サ] 达成，完成△目標を～する/达到目标

だつぜい⓪【脱税】[名・自サ] 偷税，漏脱

だっせん⓪【脱線】[名・自サ] ①出轨，脱轨 ②(行动、言论)离开本题，走题

だっそう⓪【脱走】[名・自サ] 逃走，逃跑【-兵(へい)③】[名] 逃兵

たった⓪ [副] 只，仅

だったい⓪【脱退】[名・自サ] 脱离，退出

タッチ①【touch】[名・自サ] ①触，碰 ②触觉，指触，弹拨 ③(棒球)触杀

たって① [副] 硬要，非要，一定要△～の願い/强烈的愿望

たって [接助] (接动词连用形) 即使，即便△あいつにはいくら言っ～わかりやしない/不论怎么跟那家伙说，他都不会懂

だって Ⅰ [接] (向人申诉理由) 因为；可是，话虽如此△何故昨日来なかったの？～知らなかったんだ/昨天怎么没来？我不知道啊 Ⅱ [副助] 连…也(都)，即使…也△子供～知っている/连孩子也知道△一日～休んだことはない/连一天也没休息过

たっと・い③【尊い】[形] 宝贵，珍贵，贵重，高贵

だっとう⓪【脱党】［名・自サ］退党

たっと・ぶ③【尊ぶ・貴ぶ】［他五］尊敬，尊重

だっぴ⓪【脱皮】［名・自サ］①脱皮，蜕皮 ②弃旧

タップ・ダンス①【tap dance】［名］踢踏舞

たっぷり③Ⅰ［副］足，足够，充足△～と眠った/睡足了Ⅱ［副・自サ］肥大，宽绰△～した服/肥大的衣服

だつぼう⓪【脱帽】［名・自サ］脱帽

だつらく⓪【脱落】［名・自サ］①脱落 ②脱离，掉队

たて①【盾・楯】［名］①盾，盾牌 ②挡箭牌，借口◇盾に取（と）る/借口，作挡箭牌

たて①【縦・竪】［名］纵，竖

-だて【立（て）】［接尾］①特意，故意△かくし～/故意隐瞒 ②（拉车的牲口头数）套△二頭～の馬車/两套马的马车 ③（电影等的）部，出△三本～/（同时上演）三部电影

たてか・える⓪【立（て）替える】［他下一］垫付

たてがき⓪【縦書（き）】［名］竖写△～にする/竖着写

たてか・ける⓪【立（て）掛ける】［他下一］立（竖）着放，戳起来

たてぐ②【建具】［名］（日式房屋的）拉门，拉窗，隔扇（等）【-屋（や）⓪】［名］（拉门等的）装修店

たてぐみ⓪【縦組（み）】［名］竖排

たてこ・む⓪【立（て）込む】［自五］①拥挤△店が～/店里拥挤 ②密集△家が～/房屋密集 ③繁忙，工作紧

たてつづけ⓪【たて続け】［名］接连，连续

たてなお・す⓪【立（て）直す】［他五］①重搞△計画を～/重拟计划 ②重建，修复△会社を～/重建公司

たてなお・す⓪【建（て）直す】［他五］翻盖，翻修△家（いえ）を～/翻盖房子

たてふだ②④【立（て）札】［名］揭示牌，告示牌

たてまえ⓪②【建（て）前・立（て）前】［名］①原则，方针 ②上梁

たてまつ・る④【奉る】［他五］①奉献 ②捧，恭维

たてもの②③【建物】［名］建筑物，房屋

たてやくしゃ③【立（て）役者】［名］①主角，主演 ②核心人物，台柱子

た・てる②【立てる】Ⅰ［他下一］①立，竖，竖立△柱を～/竖起柱子△えりを～/竖起领子 ②使…出现，使人注目△音を～/弄出声音 ③制定△計画を～/制订计划 ④扬起，冒（烟）△ほこりを～/扬起灰尘 ⑤使之有用△役に～/使之有用 ⑥派遣△使者を～/派遣使者 ⑦维持，保全△顔を～/保全面子△義理を～/尽情分 ⑧扎，刺△のどに魚のほねを～/鱼刺扎了嗓子Ⅱ［接尾］接动词连用形表示加强语气△つき～/猛撞，猛推△追い～/轰走，撵走

た・てる②【建てる】［他下一］建，盖，建筑

だとう⓪【妥当】［形動・自サ］妥当，妥善

たどうし②【他動詞】［名］他动词

たとえ②【譬え・喩え】［名］例子，比喻△～を引く/打比方，举例【-話（ばなし）④】［名］比方，比喻

たとえ⓪②［副］即使，无论，纵然△～どんな困難があろうとやり

抜く覚悟だ/纵有天大困难我也决心干到底

たとえ…ても（でも） 即使…也…，纵然…也…△たとえ冗談でもそんな事を言うものではない/就是开玩笑也不该说那种话△たとえ君の頼みでもそれは聞けない～/即使是你的请求我也不能答应

たとえば② ［副］比如，例如，譬如

たと・える③【譬える・喩える】［他下一］比喻，比方，比拟

たどく⓪【多読】［名・他サ］泛读，多读

たどたど・し⑤［形］(说话)不流利；(动作)不稳,笨拙

たど・る②【辿る】［他五］①走上，走△家路を～/走上归途△山道を～/走山路 ②寻访，追踪△記憶を～/寻访记忆△跡を～/追踪足迹 ③逐渐走向

たどん⓪【炭団】［名］煤球

たな⓪【棚】［名］①隔板△～をつる/钉隔板【本棚（ほんだな）①】［名］书架 ②架棚【藤棚（ふじだな）⓪】［名］藤萝架 ③大陆架【大陸棚（たいりくだな）④】［名］大陆架

たなからぼたもち【棚から牡丹餅】天上掉馅饼

たなにあげる【棚に上げる】置之不理，束之高阁

たなばた⓪【七夕】［名］七夕

たに②【谷】［名］①谷，山谷，山涧，溪谷【-底（そこ）⓪】［名］谷底【-間（あい）⓪】［名］山涧，峡谷 ②低谷△気圧の～/低压槽

たにま⓪【谷間】［名］山涧，峡谷

たにん⓪【他人】［名］①别人，他人 ②无血缘关系的人△赤の～/陌生人,外人 ③局外人,外人,旁人

たぬき①【狸】［名］狸【-寝入（ねい）り】④［名］装睡【-おやじ④】［名］老滑头

たね①【種】［名］①种子，籽儿，核儿△～をまく/播种△柿の～/柿子核儿【-まき②】［名］播种，种地 ②动物的品种,人的血统△～を宿（やど）す/怀孕【-馬（うま）②⓪】［名］种马 ③原因△悩みの～/烦恼的根源△けんかの～/争吵的原因 ④(文章，谈话的)材料△話の～/话题【新聞種（しんぶんだね）⑧】［名］报纸的题材 ⑤(做菜的)原料△すしの～/寿司上放的鱼、贝等 ⑥(戏法的)秘密△～をあかす/讲明戏法的秘密

たねん⓪【多年】［名］多年

だの［并助］(接体言，形容动词词干,其他活用语的终止形)表示并列△とんぼ～蝶～が沢山飛んでいる/蜻蜓呀，蝴蝶呀，到处飞着△好き～嫌い～言わずに何でも食べなさい/别说爱吃这不爱吃那，什么都吃吃

たのし・い③【楽しい】［形］快活，愉快，高兴

たのしみ④③【楽しみ】［名］乐趣，快乐

たのしみつきてかなしみきたる【楽しみ尽きて悲しみ来る】乐极生悲

たのし・む③【楽しむ】［他五］①快乐，愉快，享乐△人生を～/享乐人生 ②欣赏△音楽を～/欣赏音乐 ③期待，盼望

たのみ①③【頼み】［名］①请求，恳求 ②依赖，依靠，指望△～になる/可以信赖△～にする/依靠，依赖

たの・む②【頼む】［他五］①求，恳求，请求，拜托△留守を～/请人看家 ②靠，依仗，指靠△権勢を

～/仗势 ③雇△車を～/雇车

たのもし・い④【頼もしい】［形］
①靠得住 ②有出息，有前途，有指望

たば①【束】Ⅰ［名］束，捆◇～になってかかる/群起而攻之 Ⅱ［接尾］束，把，捆△一～/一束

タバコ①【（葡）tabaco 煙草・莨】［名］①烟草 ②烟△～を吸う/抽烟

たはた①【田畑】［名］田地△～を耕す/耕田

たば・ねる③【束ねる】［他下一］①束，捆，扎△かみの毛を～/束发 ②管理，治理

たび①【足袋】［名］和式短袜子

たび②【度】Ⅰ［名］①回，次，【-かさなる⑤⓪】［自五］屡次 ②（用「たびに」的形式）每当，每次△これを見る～に彼を思い出す/每逢看到这个就想起他 Ⅱ［接尾］回，次△一～/一次

たび②【旅】［名］旅行△～にたつ/出去旅行◇旅の恥（はじ）は掻（か）き捨（す）て/旅行在外出丑也无所谓◇旅は道連（みちづ）れ世（よ）は情（なさ）け/出门靠旅伴，处世靠朋友

たびじ②【旅路】［名］旅途，旅程

たびだ・つ③【旅立つ】［自五］外出旅行

たびたび⓪【度度】［副］常常，屡次

タービン①【turbine】［名］涡轮，透平(机)，汽轮机

タブー②①【taboo】［名］禁忌，戒律

だぶだぶ①［副・自サ］①（衣服）又肥又大 ②（肥胖貌 ③（液体）晃荡状

ダブル①【double】［名］①对，双 ②二倍，二重

ダブ・る②［自五］①重叠△予定が～/计划发生冲突 ②（棒球）双杀

ダブル・ベッド④【double bed】［名］双人床

たぶん【多分】Ⅰ［名］多，颇，很△そういう傾向が～にある/大有那种傾向 Ⅱ［副］大概，恐怕△あすは～雨でしょう/明天大概有雨吧

たべもの④③【食べ物】［名］食物

た・べる②【食べる】［他下一］①吃 ②生活

たほう②【他方】［名］其他，另一方面，其他方面

たぼう②【多忙】［名・形動］忙，繁忙△～をきわめる/极为忙碌

たま②［名］Ⅰ【玉】①（圆形物）球△目の～/眼珠 ②算盘珠 Ⅱ【球】球 Ⅲ【玉・球・弾】子弹；灯泡 Ⅳ【玉・珠】玉，珍珠◇玉にきず/美中不足

たま①【霊・魂】［名］灵魂

たまご②⓪【卵】［名］①卵，蛋 ②鸡蛋 ③未成熟者△医者の～/未来的医生

たましい①【魂】［名］魂，灵魂△～がぬける/失魂落魄

だま・す②【騙す】［他五］骗，欺骗△まんまと～される/上大当△客を～/欺骗顾客

たまたま⓪［副］①偶然，碰巧，②偶尔

たまつき④②【玉突（き）】［名］台球

たまな②【玉菜】［名］甘蓝，卷心菜

たまに②［副］偶尔，有时候

たまねぎ③⓪【玉葱】［名］葱头，洋葱

たまもの④⓪【賜物・賜】［名］赏赐，赐物△努力の～/努力的结果

たまらな・い⓪【堪らない】［形］

受不了，不得了△悔しくて～/后悔得不行

たま・る⓪【溜まる】［自五］积存，蓄积△金が～/攒下钱△雨水が～/积有雨水

だま・る②【黙る】［自五］不做声，沉默△～りこくる⑤［自五］一言不发【おし-④】［自五］默不作声

たみ①【民】［名］人民，百姓，臣民

ターミナル①【terminal】［名］①（铁路、汽车的）终点站 ②机场大楼 ③终端，末端

ターミナル・ビル⓪【terminal building】［名］①机场大楼 ②车站大楼

ダム①【dam】［名］坝，水坝，堰堤

ダムダムだん④⓪【dumdum 弾】［名］达姆弹

ため②【為】［名］①有益△～になる本/有益的书 ②为了，为 ③由于……原因△病気の～に死ぬ/因病死亡△台風の～、船は欠航します/因有台风，船停开

だめ②【駄目】［形动］①白费，白搭△行っても～だ/去也是白搭 ②不可能，无法实现△すぐ行けったって～だよ/就是让马上去也走不了 ③不许，不能△そっちへ行っちゃ～だ/不许去那儿 ④没用，没出息△まるで～なやつだ/真是个没用的家伙◇駄目を押（お）す/叮嘱

ためいき③【ため息・溜め息】［名］叹气△～をつく/叹气，长吁短叹

ためいけ⓪【溜（め）池】［名］蓄水池

ためし③【例し】［名］事例，前例，先例

ためし③【試し】［名］试，尝试

ため・す②【試す】［他五］试，尝试，试验

ためら・う③【躊躇】［自五］踌躇，犹豫△返事を～/犹豫如何答复

た・める⓪【溜める】［他下一］积存，攒△金を～/攒钱

た・める②【矯める】［他下一］矫正，改正

ためん⓪【多面】［名］多方面，面【-体（たい）⓪】［名］多面体【-的（てき）⓪】［形动］多方面的

たも・つ②【保つ】Ⅰ［他五］保持，维持，保全△体面を～/维持体面 Ⅱ［自五］维持，持续

たや・す②【絶やす】［他五］①灭，消灭，扑灭△跡を～/灭迹 ②（用「…を絶やさない」的形式表示）总是，一直△笑顔を～さない/总是笑容满面

たやす・い⓪③【容易い】［形］容易

たゆ・む②【弛む】［自五］松懈△うまず～まず/坚持不懈

たより①【便り】［名］①信，音信 ②消息

たより①【頼り】［名］①指望，依靠△～にする/依靠，以…为靠山△～になる/可靠，靠得住 ②线索

たよりな・い④【頼りない】［形］①靠不住，不牢靠 ②没有依靠，无依无靠

たよ・る②【頼る】［自五］靠，依靠，依赖△人を～/依靠别人△武力に～/凭借武力

たら①【鱈】［名］鳕鱼，大头鱼

たら Ⅰ［副助］（接体言常用「ったら」的形式表示）提示主題△お父さんっ～、またはだかで昼寝してるのよ/爸爸又光膀子睡午觉了 Ⅱ［終助］①（「ったら」的形式強調説話人的意見、想法△早くしてっ～/让你快点嘛 ②（妇女用

语）表示委婉地劝告、命令△さっさとやっ~/赶快干好不好△なさってみ~/试一下怎么样 ③（女性用语）表示厌烦的心情△まあ、あなたっ~/真是的，你呀 Ⅲ［接助］假定，如果

たらい⓪【盥】［名］盆

だらく⓪【堕落】［名・自サ］堕落【腐败（ふはい）-④】［名］腐败堕落

-だらけ［接尾］满是，净是△まちがい~/都是错儿△傷（きず）~/浑身是伤△泥（どろ）~/浑身是泥

だら・ける⓪③［自下一］懒散，疲倦△気分が~/精神懒散

だらしな・い④［形］邋遢，不整齐，不检点△没出息，懦弱

たら・す②【垂らす】［他五］①滴，流△はなを~/流鼻涕 ②垂，耷拉△両手を~/垂下双手

タラップ②【（荷）trap】［名］（船的）舷梯，（飞机）扶梯

だらり②③［副］无力地垂着，耷拉着△手が~とたれている/手无力地垂着

たり【并助】（接动词、形容词、形容动词的连用形）①又…又…，时而…时而…△読んだり書い~している/有时读，有时写△見~聞い~した事を書き留める/记下所见所闻△温度が上がっ~下がっ~する/温度忽高忽低△行っ~来~する/走来走去 ②表示示例△人に知られ~しては困る/让人知道可就麻烦了

ダリア①【dahlia】［名］大丽花

たりょう⓪【多量】［名・形動］大量

た・りる⓪【足りる】［自上一］①足，够 ②够用

たる⓪②【樽】［名］桶，木桶

た・る⓪【足る】［自五］①足，够

②满足，够用

たる［助動］文语助动词「たり」的连体形（=だ，である）△議員~者/作为议员△ゆうゆう~くらし/悠闲的生活

だる・い②【怠い】［形］发酸，疲倦△体が~/浑身又懒又乏

たる・む⓪【弛む】［自五］①松，松弛△ひもが~/带子松了 ②松懈，精神不振△気持が~/精神懒散

だれ①【誰】［代］谁

だれか①【誰か】［代］谁，某人

た・れる②【垂れる】Ⅰ［自下一］①滴，滴答△しずくが~/滴水滴 ②垂，耷拉△幕が~/垂着幕 Ⅱ［他下一］①教诲，示范△範を~/垂范 ②大小便△屁（へ）を~/放屁

だ・れる②［自下一］松懈，松弛，疲倦△気持ちが~/精神不振

タレント①⓪【talent】［名］（电视、电影、广播等的）演员

タワー①【tower】［名］塔

たわいな・い④［形］①无聊△~話/无聊的话 ②天真，孩子气

たわごと⓪②【たわ言】［名］梦话，废话，胡话

たわむ・れる④【戯れる】［自下一］玩耍，游戏【遊（あそ）び-⑦】［自下一］不务正业，玩乐，贪玩

たわら⓪【俵】［名］装米和木炭等使用的一种用稻草编的用具

たん①【反】［名］①布匹的长度单位「一反」约宽 34 厘米，长 10 米②土地面积单位，「一反」等于992 平方米

たん①【短】［名］不足，缺点△~を補う/补短

たん①【痰】［名］痰

たん①【端】［名］端，开端△~を発する/发端

だん①【段】［名］①阶梯，台阶，楼梯△～を上がる/上楼梯 ②层，格 ③（文章的）段落 ④（运动）等级△～が違う/力量悬殊 ⑤场合，地方△ご無礼の～お許しください/失礼之处，请多原谅

だん①【断】［名］果断，决定△最後の～を下す/做出最后决定

だん①【暖】［名］暖△～をとる/取暖

だん①【談】［名］谈，谈话

だん①【壇】［名］坛，台△～に登る/登台

だんあつ⓪【弾圧】［名・他サ］镇压，压制△言論を～する/压制言论

たんい①【単位】［名］①（度量等）单位△重さの～/重量单位 ②（组织等）单位 ③（学校教育的）学分△～をとる/取得学分

たんおん⓪【短音】［名］短音

たんか①【単価】［名］单价

たんか①【短歌】［名］短歌（由31个假名组成的和歌）

タンカー①【tanker】［名］油船，油轮

だんかい⓪【段階】［名］①阶段，时期 ②步骤，顺序

だんがい⓪【弾劾】［名・他サ］弹劾

だんがん⓪【弾丸】［名］子弹，炮弹

たんき①【短期】［名］短期【-大学（だいがく）④】［名］短期大学

たんき①【短気】［名・形動］急性子，没耐性△～を起す/急躁，发脾气

たんきゅう⓪【探求】［名・他サ］探求，追求

たんきょり③【短距離】［名］①短距离 ②（50～200米）短距离赛跑

タンク①【tank】［名］①罐 ②坦克

タングステン③【tungsten】［名］钨

だんけつ⓪【団結】［名・自サ］团结△～を固める/加强团结【一致（いっち）-④】［名］团结一致

たんけん⓪【探検・探険】［名・他サ］探险，探查【-隊（たい）⓪】［名］探险队

たんげん⓪⓪【単元】［名］单元【-学習（がくしゅう）⑤】［名］单元教学

だんげん③【断言】［名・他サ］断言，断定

たんご⓪【単語】［名］词，单词

たんご①【端午】［名］端午，端阳△～の節句/端午节

タンゴ①【tango】［名］探戈，探戈舞，探戈舞曲

たんごこうせいほう⑥【単語構成法】［名］构词法

だんこ①【断固・断乎】［副・連体］断然，坚决，果断△～としてやりぬく/坚决干到底

だんご⓪【団子】［名］①米粉丸子 ②圆圆的东西△～鼻（ばな）/蒜头鼻子◇花（はな）より団子/舍名求实

たんこう⓪【炭坑】［名］矿井

たんこう⓪【炭鉱】［名］煤矿

だんこう⓪【断交】［名・自サ］断交

だんごう③【談合】［名・自サ］商议，协议

ダンサー①【dancer】［名］①舞蹈家 ②舞女

たんさんガス⑤【炭酸 gas】［名］二氧化碳，碳酸气

たんさんすい③【炭酸水】［名］汽

水

だんし①【男子】［名］①男孩子 ②男子【美（び）-②】［名］美男子

だんじき④【断食】［名・自サ］绝食

だんじて⓪【断じて】［副］①断然△～拒否する/断然拒绝 ②（下接否定语表示）绝不…△～許さない/绝不允许

だんしのいちごんしばもおよばず【男子の一言四馬も及ばず】君子一言驷马难追

たんしゅく⓪【短縮】［名・他サ］缩短

たんじゅん⓪【単純】［名・形動］①简单△～な計算/简单的计算 ②单纯

たんしょ①【短所】［名］短处，缺点

たんしょ①【端緒・端初】［名］头绪，线索△～をつかむ/抓住头绪，找到线索

だんじょ①【男女】［名］男女【-同権（どうけん）①-⓪】［名］男女平权

たんじょう⓪【誕生】［名・自サ］诞生【-日（び）③】［名］生日【～石（せき）③】［名］生日宝石

だんしょう⓪【談笑】［名・自サ］谈笑

たんしん⓪【単身】［名］单身，只身【-赴任（ふにん）⓪】［名］单身赴任

たんしん⓪【短信】［名］简讯

たんす⓪【簞笥】［名］衣柜，衣橱

ダンス①【dance】［名］舞蹈

たんすい⓪【淡水】［名］淡水【-魚（ぎょ）③】［名］淡水鱼

だんすい⓪【断水】［名・自他サ］断水，停水

たんすう③【単数】［名］单数

ダンスパーティー④【dance party】［名］舞会

ダンス・ホール④【dance hall】［名］舞厅

だんせい⓪【男性】［名］男性

だんせい⓪【弾性】［名］弹性

だんせいてき⓪【男性的】［形動］男子气的

たんせき⓪【胆石】［名］胆结石

だんぜつ⓪【断絶】［名・自他サ］断绝，灭绝△家が～する/一家死光【国交（こっこう）-⓪】［名］断绝国交△世代の～/代沟

だんぜん⓪【断然】［副・連体］坚决

たんそ①【炭素】［名］炭

たんそう⓪【単相】［名］单相

たんそく⓪①【嘆息・歎息】［名・自サ］叹息，叹气

だんぞく⓪①【断続】［名・自サ］断续【-的（てき）⓪】［形動］断断续续

だんそんじょひ⑤【男尊女卑】［名］男尊女卑

たんだい⓪【短大】［名］短期大学

だんたい⓪【団体】［名］团体，集体【-旅行（りょこう）⑤】［名］集体旅行

だんだん【段段】Ⅰ①［名］①阶梯△～畑（ばたけ）/梯田 Ⅱ⓪［副］渐渐，逐渐

だんち⓪【団地】［名］集体住宅区【住宅（じゅうたく）-④】［名］住宅小区

だんちがいへいこうぼう⑧【段違い平行棒】［名］高低杠

たんちょう⓪【単調】［名・形動］单调△～な生活/单调的生活

たんちょうづる⑤【丹頂鶴】［名］丹顶鹤

たんつぼ③④【痰壺】［名］痰盂

たんてい⓪【探偵】［名・他サ］侦

探【私立（しりつ）-④】［名］私
家侦探【-小説（しょうせつ）⑥】
［名］侦探小说

だんてい⓪【断定】［名・他サ］断
定，判断

たんでき⓪【耽溺】［名・自サ］沉
溺，沉湎

たんとう③【短刀】［名］短刀，匕首

たんとう【担当】［名・他サ］担
当，担任【-者（しゃ）③】［名］负
责人

たんとうちょくにゅう⓪【単刀直
入】［名］单刀直入，开门见山

たんどく⓪【単独】［名］单独，独
自

だんな⓪【且那】［名］①(店)主人，
老板 ②店主对男顾客的称呼 ③
丈夫

たんなる①【単なる】［連体］只是

たんに①【単に】［副］仅，只，单

たんにん⓪【担任】［名・他サ］担
任△～の先生/班主任

たんねん⓪【丹念】［形動］精心，细
心

だんねん⓪【断念】［名・他サ］死
心，断了念头

たんのう⓪【胆嚢】［名］胆囊

たんのう⓪①【堪能】Ⅰ［名・形
动］长于，擅长△語学に～だ/擅
长外语 Ⅱ［名・自サ］十分满意

たんぱ①【短波】［名］短波

たんぱく⓪⓪【淡泊・淡白】［名・
形動］①清淡，素△～な味/清淡
的味道 ②恬淡，淡泊

たんぱくしつ④【蛋白質】［名］蛋
白质

たんぴょう⓪【短評】［名］短评

ダンピング①【dumping】［名・他
サ］倾销；甩卖

ダンプ・カー③【dump car】［名］
翻斗车，自卸卡车

たんぺん⓪【短編・短篇】［名］短
篇【-小説（しょうせつ）⑥】［名］
短篇小说

たんぼ⓪［名］田，水田

たんぽ①【担保】［名］抵押，担保
△～をとる/作保

だんぼう⓪【暖房】［名］暖气【-装
置（そうち）⑤】［名］取暖设备

たんぽぽ⓪［名］蒲公英

だんボール③【段ボール】［名］(包
装用)瓦楞纸

たんめい⓪【短命】［名］短命【-内
閣（ないかく）⑥】［名］短命内阁

タンメン①【(中国)tang mian】［名］
汤面

だんめん③【断面】［名］剖面，断
面，截面△社会の～/社会的侧面
【-図（ず）③】［名］断面图，剖面
图

たんもの⓪⓪【反物】［名］和服衣
料

だんやく⓪【弾薬】［名］弹药

だんゆう⓪【男優】［名］男演员

だんらく⓪④【段落】［名］段落

だんりゅう⓪【暖流】［名］暖流

たんりょく①【胆力】［名］胆力，胆
量

だんりょく⓪⓪【弾力】［名］弹力，
弹性

たんれん①【鍛練・鍛錬】［名・他
サ］锻炼

だんろ①【暖炉】［名］壁炉

だんろん⓪【談論】［名・自サ］谈
论

だんわ⓪【談話】［名・自サ］谈话
【-室（しつ）③】［名］谈话室【-会
（かい）④】［名］座谈会

ち

ち⓪【血】［名］①血，血液 ②血缘，血统△～がつながる/有血缘关系

ち①【地】［名］①地，大地 ②土地，地点，场所△～の利/地利 ③（书或货物等）下面

ち①【治】［名］①政治 ②太平

ち①【知・智】［名］智慧△～をみがく/磨练智力◇知余（あま）って勇（ゆう）足（た）らず/智有余而勇不足

ち①【乳】［名］①乳，奶 ②小环，鼻儿△旗の～/旗上的环儿

ちあん⓪⓪【治安】［名］治安△～が乱れる/治安混乱【-維持（いじ）④】［名］维持治安

ちい①【地位】［名］地位△～が上がる/地位上升

ちいき①【地域】［名］地域，地区△～社会/地域团体

ちいく①【知育】［名］智育

ちいさ・い③【小さい】［形］①（体积、面积、规模等）小△～声/小声△気が～/气量小 ②（数值等）少，低 ③（年龄）幼小

ちいさな①【小さな】［連体］小△～時計/小表（钟）

ちいさなながれもたいがとなる【小さな流れも大河となる】积少成多

ちえ②【知恵・智慧】［名］智慧△～を借りる/讨教，请别人出主意△～を絞る/动脑筋，想办法【猿知恵（さるぢえ）②】［名］小聪明【浅知恵（あさぢえ）⓪】［名］浅见，浅识

チェス①【chess】［名］国际象棋

チェック①【check】Ⅰ［名］①支票 ②（衣料的）格纹 Ⅱ［名・他サ］核对，检查

チェロ①【（意）cello】［名］大提琴

ちえん⓪【遅延】［名・自サ］迟延，误点

チェーン①【chain】［名］①链子，链条【タイヤ-④】［名］防滑链 ②连锁商店

チェンジ①【change】［名・自他サ］①交换 ②（棒球等）攻守调换【イメージ-⑤】［名］改变印象，改变形象

ちおん⓪【地温】［名］地温

ちか②【地下】［名］地下△～に眠る/长眠地下【-資源（しげん）③】［名］地下资源

ちかい⓪②【誓い】［名］誓言，誓词△～をたてる/发誓

ちかい⓪【地階】［名］（高楼的）地下室

ちか・い②【近い】［形］①（空间、时间的距离）近△海に～/离海近△五時に～/将近五点钟 ②（内容、数量）近于，将近△五十人～参加者/将近50位参加者△狂気に～/近于发疯 ③（关系）亲近△～親類/近亲

ちがい⓪【違（い）】［名］①差别，区别 ②差错，错误

ちがいな・い【違（い）ない】［形］一定，肯定△それは私の品に～/那肯定是我的东西

ちか・う⓪②【誓う】［他五］起誓，发誓△神に～/对天发誓

ちが・う⓪【違う】［自五］①不同，不一样△習慣が～/习惯不同 ②

不正确，错△答えが～/答错了
【聞(き)き-④】[自五]听错了

ちが・える◎【違える】[他下一]
①使之不同，违背 ②搞错，弄错
③扭(筋)

ちかく【近く】Ⅰ②◎[名]附近，近
处△学校の～に公園がある/学
校附近有公园 Ⅱ②[副]不久，近
期

ちかく◎②【地核】[名]地核

ちかく◎【知覚】[名・他サ]知觉

ちかごろ②【近ごろ・近頃】Ⅰ[名]
最近，近来 Ⅱ[副]非常，很

ちかし・い③【近しい】[形]亲近，
亲密

ちかぢか◎②【近近】[副]不久，最
近

ちかづ・く③◎【近付く】[自五]①
靠近，临近△歳末が～/迫近年底
②亲近，接近

ちかづ・ける④【近付ける】[他下
一]靠近，接近

ちかてつ◎【地下鉄】[名]地铁

ちかどう◎②【地下道】[名]地下通
道

ちかみち②【近道】[名]近路△～
をする/抄近路

ちかめ②【近目】[名]近视眼

ちかよ・る◎③【近寄る】[自五]靠
近，挨近

ちから③【力】[名]①能力△～が
ある/有能力△～が足りない/能
力不足 ②依靠的力量△～をか
す/帮助 ③力气，体力△～が強
い/力气大 ④武力，暴力 ⑤劲头，
干劲△～がぬける/泄气◇力を
入(い)れる/出力，努力◇力を落
(お)とす/灰心，泄气

ちからぞえ④◎【力添え】[名]帮
助，协助，援助

ちからづ・ける⑤【力付ける】[他
下一]鼓励，鼓舞△病人を～/鼓

励病人

ちからづよ・い⑤【力強い】[形]
①有信心，心里踏实 ②强有力

ちからもち③⑤【力持(ち)】[名]大
力士

ちきゅう◎【地球】[名]地球【-儀
(ぎ)②】[名]地球仪

ちぎ・る②【千切る】[他五]①撕，
掰△パンを～/把面包掰碎 ②
摘，揪△枝を～/揪树枝【食(く)
い-◎】[他五]咬断，咬掉

ちぎ・る②【契る】[他五]誓约，
约定

チキン②【chicken】[名]雏鸡；鸡
肉

ちく②◎【地区】[名]地区

ちくおんき③【蓄音機】[名]留声
机，唱机

ちくしょう③【畜生】[名]①牲畜
②(骂人话)畜牲

ちくせき◎【蓄積】[名・他サ]积
蓄，储备

ちけい◎【地形】[名]地形，地势
【-図(ず)②】[名]地形图

チケット②【ticket】[名]票，券

ちこく◎【遅刻】[名・自サ]迟到

ちじ①【知事】[名]知事

ちしき①【知識】[名]知识【-階級
(かいきゅう)④】[名]知识分子阶
层

ちしきじん③【知識人】[名]知识
分子

ちじょう◎【地上】[名]①地面，地
表 ②人世间△～の楽園/人间乐
园

ちじょく◎【恥辱】[名]耻辱△～を
受ける/蒙受耻辱

ちじん◎【知人】[名]相识，熟人，
朋友

ちず①【地図】[名]地图

チーズ①【cheese】[名]干酪，奶酪

ちすじ◎【血筋】[名]血统，血缘

ちせい②⓪【知性】［名］智力，才智，智能△～が高い/智力高，聪明

ちそう⓪【地層】［名］地层

ちたい⓪②【地帯】［名］地带【安全（あんぜん）-⓪】［名］安全地带【工業（こうぎょう）-⓪】［名］工业地带，工业区

ちたい⓪【遅滞】［名・自サ］迟误，迟延

ちだるま②【血達磨】［名］浑身是血，满身血迹

ちち②【父】［名］父亲

ちち②【乳】［名］①奶水，乳汁 ②乳房

ちちおや⓪【父親】［名］父亲

ちぢこま・る⓪【縮こまる】［自五］蜷缩，蜷曲△寒さで体が～/因寒冷蜷缩着身体

ちぢま・る⓪【縮まる】［自五］①缩，缩小，缩短△差が～/差距缩小 ②（因紧张、害怕而）抽缩，蜷缩△身が～思い/吓得缩成一团

ちぢ・む⓪【縮む】［自五］①缩，缩小 ②抽缩，蜷缩

ちぢ・める⓪【縮める】［他下一］①缩小，缩短△日程を～/缩短日程 ②蜷缩，蜷曲

ちちゅう⓪②【地中】［名］地里，地下

ちぢれげ⓪【縮れ毛】［名］卷发，卷毛

ちぢ・れる⓪【縮れる】［自下一］起皱褶，卷曲△～れた髪/卷发

チッキ①【check】［名］①寄存物件牌，行李票 ②托运的快件行李

ちつじょ②【秩序】［名］秩序△～を乱す/扰乱秩序

ちっそ①【窒素】［名］氮

ちっそく⓪【窒息】［名・自サ］窒息【-死（し）④】［名］窒息而死

ちっとも⓪［副］（下接否定语）一点儿也不，毫不△この映画は～面白くない/这个电影一点意思也没有

チップ①【tip】［名］①小费 ②（棒球）擦棒球

ちてき⓪【知的】［形動］①知识性的，脑力的 ②智慧，聪明

ちてん②⓪【地点】［名］地点【折返（おりかえ）し-⑦】［名］折返点

ちどん⓪【遅鈍】［名・形動］迟钝

ちなまぐさ・い⓪⑤【血腥い】［形］①血腥 ②流血，残酷△～事件/流血事件

ちなみに⓪①【因（み）に】［接］附带说一下，顺便提一下

ちにいてらんをわすれず【治に居て乱を忘れず】居安思危

ちねつ⓪【地熱】［名］地热

ちのう①⓪【知能・智能】［名］智能，智力△～が高い/智力高【-指数（しすう）④】［名］智商

ちのうけんさ④【知能検査】［名］智力检查，智力测验

ちのけ⓪【血の気】［名］①血色△～が引く/脸煞白 ②血气△～が多い/有血气，血气方刚

ちび①［名］矮子，矬子

ちぶさ①【乳房】［名］乳房

チフス①【（荷）typhus】［名］伤寒

ちへいせん②⓪【地平線】［名］地平线

ちほ①【地歩】［名］地位，位置

ちほう②【地方】［名］①地方，地区【関東（かんとう）-⑤】［名］关东地区 ②（相对中央而言）地方【-色（しょく）②】［名］地方色彩【-自治（じち）④】［名］地方自治【-公共団体（こうきょうだんたい）⑧】［名］地方政府，地方行政机关【-公務員（こうむいん）⑥】［名］地方国家机关职员【-裁判所（さいばんしょ）⑧】［名］地方

法院【-税（ぜ）い②】[名]地方税【-分権（ぶんけん）④】[名]地方分権

ちまき①⓪【粽】[名]粽子

ちまた①①【巷】[名]人世上，世间

ちまめ⓪【血豆】[名]血泡

ちみ①【地味】[名]地力△～が肥えている/地力很肥

ちみつ⓪【緻密】[形动]①周密，详尽②致密，细腻

ちみもうりょう①-⓪【魑魅魍魎】[名]魑魅魍魉，妖魔鬼怪

チーム①【team】[名]队，团体，小组【野球（やきゅう）-④】[名]棒球队【研究（けんきゅう）-⑤】[名]研究小组

ちめい⓪【地名】[名]地名

ちめい⓪【知名】[名・形动]知名，有名【-度（ど）②】[名]知名度【-人（じん）②】[名]名人

ちめいてき⓪【致命的】[形动]致命性的△～な打撃を受ける/受到致命的打击

ちゃ⓪【茶】[名]①茶，茶叶 ②茶色△～の靴/茶色的鞋

チャイナ①【china】[名]①中国 ②瓷器

ちゃいろ⓪【茶色】[名]茶色，棕色

チャオズ①【（中国）餃子】[名]饺子

ちゃか・す②【茶化す】[他五]①（拿正经事）开玩笑 ②（用开玩笑来）搪塞

-ちゃく【-着】[接尾]①到达，抵达△東京～/到达东京 ②（到达顺序）名△1～から3～まで/从第一名到第三名 ③（衣服的数量）件，套，身△3～のコート/三件大衣

ちゃくじつ⓪【着実】[名・形动]踏实，扎实

ちゃくしゅ①⓪【着手】[名・自サ]着手，动手，开始△研究に～する/开始研究

ちゃくしょく⓪【着色】[名・自サ]着色，上色

ちゃくせき⓪【着席】[名・自サ]就座，入席

ちゃくそう⓪【着想】[名]立意，构思

ちゃくちゃく⓪【着着】[副]稳步而顺利地，一步一个脚印地

ちゃくにん⓪【着任】[名・自サ]到任，上任

ちゃくふく⓪【着服】[名・他サ]私吞，侵吞，贪污△公金を～する/侵吞公款

ちゃくりく⓪【着陸】[名・自サ]着陆，降落【-地点（ちてん）⑤】[名]着陆地点

チャコ①【chalk】[名]（缝纫用）画粉

ちゃさじ⓪【茶さじ・茶匙】[名]茶匙

チャーシュー③【（中国）叉焼】[名]叉烧肉△～めん/叉烧面

チャーター①【charter】[名・他サ]租，包（车、船、飞机等）

ちゃだい⓪【茶代】[名]①茶钱 ②小费

ちゃだんす⓪【茶簞笥】[名]茶器柜，碗柜

ちゃっか⓪【着火】[名・自サ]着火，点火

チャック①【chuck】[名]①拉锁，拉链 ②夹盘，卡盘

ちゃっこう⓪【着工】[名・自サ]动工，开工

ちゃのま⓪【茶の間】[名]家里的饭厅，起居室

チャーハン①【（中国）炒飯】[名]炒饭

ちゃぶだい⓪【ちゃぶ台】[名]矮桌

桌

ちゃみせ⓪【茶店】[名]茶亭,茶馆

チャーミング①【charming】[形動]有魅力,迷人,可爱

チャーム①【charm】[名・他サ]魔力,魅力,吸引力

ちゃや⓪【茶屋】[名]①茶叶店,茶庄 ②茶亭,茶馆 ③(戏院、相扑场的)食堂

チャルメラ⓪【(葡) charamela】[名]七孔喇叭

ちゃわん⓪【茶わん・茶碗】[名]茶碗,饭碗

-ちゃん[接尾](接名词后)表示亲昵△ねえ～/姐姐

チャンス①【chance】[名]机会,良机△～をつかむ/抓住机会

ちゃんと⓪[名]①端正,规规矩矩△仕事を～する/踏踏实实地工作△～すわりなさい/你老老实实坐好 ②正当,正经,正派△～した職/正当职业 ③确实,的确,确凿△～した証拠/确凿的证据 ④完全,已经△用意は～出来た/已经准备好了 ⑤明显,显然△～顔に出ている/明显地露在脸上 ⑥整齐,整洁△～並ぶ/排列得整整齐齐 ⑦好地地,牢固地△戸を～しめなさい/好好把门关上 ⑧按期,准时△彼は時間は～守る/他很守时间 ⑨顺利,安然无事△～帰ってきた/安然无事地回来了 ⑩同…样,应该△彼にも～食べさせてください/也应该让他吃

チャンネル①【channel】[名]频道,周波

チャンピオン①③【champion】[名]冠军,优胜者

ちゆ①【治癒】[名・自サ]治愈,治好

チューイン・ガム③⑥【chewing-gum】[名]橡皮糖,口香糖

ちゆう⓪①【知友】[名]知友,知交

ちゅう①⓪【宙】[名]①空中,半空△～に浮く/浮在空中 ②背诵△～で言う/背着说

ちゅう⓪①【注・註】[名]注解,注释△～をつける/加注

ちゅうい①【注意】[名・自サ]①注意,小心,留神△～を払う/特别注意 【-力(りょく)】④[名]注意力 ②提防,警惕△～を喚起する/引起注意△落石～/注意落石 ③告戒,警告△～を受ける/受到警告

ちゅういぶか・い【注意深い】[形]特别小心,特别谨慎

ちゅうおう③【中央】[名]①中心△広場の～/广场中心 ②中央【-政府(せいふ)】⑤[名]中央政府

ちゅうおう⓪【中欧】[名]中欧,欧洲中部

ちゅうがえり③【宙返り】[名]筋斗,跟头

ちゅうがく⓪【中学】[名]中学

ちゅうがくせい③④【中学生】[名]中学生

ちゅうがっこう③【中学校】[名]中学

ちゅうかりょうり⑤【中華料理】[名]中国菜

ちゅうかん⓪【中間】[名]①中间【-地点(ちてん)】⑤[名]中间地带 ②中途 ③折中△～をとる/折衷

ちゅうかんしけん⓪⑥【中間試験】[名]期中考试

ちゅうぎ①【忠義】[名・形動]忠义,忠诚

ちゅうきゅう⓪【中級】[名]中级

ちゅうきょり③【中距離】[名]中距离

ちゅうきんとう③【中近東】[名]中近东

ちゅうぐらい①【中位】[名]中等,中常

ちゅうけい⓪【中継】[名・他サ]①中转,中继-点（てん）③[名]中转点-貿易（ぼうえき）⑤[名]转口贸易 ②转播【宇宙（うちゅう）-】④[名]卫星转播【なま-】[名]③实况转播

ちゅうけん⓪【中堅】[名]①中坚,骨干-幹部（かんぶ）⑤[名]骨干干部 ②（棒球）中场手,中外场手

ちゅうげんはみみにさからう【忠言は耳に逆らう】 忠言逆耳

ちゅうこ①【中古】[名]①中古时代 ②半旧半新-品（ひん）⓪[名]旧货-車（しゃ）③[名]半旧汽车

ちゅうこく⓪【忠告】[名・他サ]忠告,劝告△～を聞く/接受忠告,听从劝告

ちゅうごくご⓪【中国語】[名]中国话,中文,汉语

ちゅうさい⓪【仲裁】[名・他サ]仲裁,调停,调解△～に入る/劝解

ちゅうざいきしゃ⑤⓪【駐在記者】[名]特派记者

ちゅうし⓪【中止】[名・他サ]中止,中断

ちゅうし⓪【注視】[名・他サ]注视,注目,凝视

ちゅうじつ⓪①【忠実】[名・形動]忠实,诚实△職務に～だ/忠实于职务△原作に～だ/忠实于原著

ちゅうしゃ⓪【注射】[名・他サ]注射,打针△～をうつ/打针-器（き）③[名]注射器

ちゅうしゃ⓪【駐車】[名・自サ]停车【-場（じょう）⓪】[名]停车场【-禁止（きんし）④】[名]禁止停车

ちゅうしゃく⓪④【注釈・註釈】[名・他サ]注释△～を加える/加注

ちゅうしゅう⓪①【中秋】[名]中秋节,中秋△～の名月/中秋明月

ちゅうしゅつ⓪【抽出】[名・他サ]抽出,提炼,抽样,摘出△エキスを～する/提取精华

ちゅうじゅん⓪①【中旬】[名]中旬

ちゅうしょう⓪【中傷】[名・他サ]中伤,诽谤

ちゅうしょう⓪【抽象】[名・他サ]抽象-画（が）③[名]抽象画-芸術（げいじゅつ）⑤[名]抽象艺术

ちゅうしょうきぎょう⑤【中小企業】[名]中小企业

ちゅうしょうてき⓪【抽象的】[形動]抽象,空洞

ちゅうしょうは③【抽象派】[名]抽象派

ちゅうしょく⓪【昼食】[名]午饭,午餐

ちゅうしん⓪【中心】[名]①中心△～からそれる/偏离中心 ②核心,重点△～になる/成为重点【-人物（じんぶつ）⑤】[名]核心人物

ちゅうしん⓪【衷心】[名]衷心

ちゅうすう⓪【中枢】[名]中枢【-神経（しんけい）⑤】[名]中枢神经

ちゅうせい①【中世】[名]中世纪

ちゅうせい⓪【中性】[名]中性

ちゅうせい⓪【忠誠】[名]忠诚

ちゅうぜつ⓪【中絶】[名・自他サ]中断,中止

ちゅうせん⓪【抽選・抽籤】[名・

自サ] 抽签△～にあたる/中签

ちゅうだん⓪【中断】[名・自他サ]中断，中辍△仕事を～する/中断工作

ちゅうちょ①【躊躇】[名・自サ]踌躇，犹豫△～なく答える/毫不犹豫地回答

ちゅうと⓪【中途】[名]中途

ちゅうとう⓪【中東】[名]中东

ちゅうとう⓪【中等】[名]中等△-教育（きょういく）⑤[名]中等教育

ちゅうどうせいじ④【中道政治】[名]中庸政治

ちゅうどく①【中毒】[名・自サ]中毒【食（しょく）-③】[名・自サ]食物中毒【アルコール-⑥】[名]酒精中毒

ちゅうとはんぱ④【中途半端】[名・形動]①半途而废 ②左右不定，模棱两可△～な態度/模棱两可的态度

ちゅうとん⓪【駐屯】[名・自サ]驻屯，驻扎【-地（ち）③】[名]驻扎地

ちゅうねん⓪【中年】[名]中年

ちゅうは①【中波】[名]中波

チューバ①【tuba】[名]大号

ちゅうぶ①【中部】[名]中部

ちゅうぶる【中古】[名]半旧不新

ちゅうへん⓪【中編・中篇】[名]①中篇【小説（しょうせつ）⑤】[名]中篇小说 ②中卷，中册

ちゅうもく⓪【注目】[名・自他サ]注目，注视△～を浴る/受到注目△～のまと/注目的对象

ちゅうもん⓪⓪【注文・註文】[名・他サ]①订，订做，订购△～の品/订购的商品△～を受ける/接受订货 ②要求，希望△無理な～/无理的要求△～をつける/提

出要求

ちゅうや①【昼夜】[名]昼夜，日夜△～をわかたず/不分昼夜

ちゅうよう⓪【中庸】[名・形動]中庸△～をえる/不偏不倚

ちゅうりつ⓪【中立】[名]中立△～を守る/保持中立【-国（こく）④】[名]中立国

チューリップ①③【tulip】[名]郁金香

ちゅうりゅう⓪【中流】[名]①中流，中游 ②(社会的)中间阶层△～の家庭/中等家庭

ちゅうりゅう⓪【駐留】[名・自サ]驻扎，留驻【-軍（ぐん）③】[名]驻军

ちゅうわ⓪【中和】[名・自サ]①中和，平衡 ②〈化〉中和

ちょ①【著】[名]著，著作

ちょ①【緒】[名]开端△～につく/就绪

ちょいちょい①[副]常常，时常

ちょう①【庁】[名]厅，官厅

ちょう①【兆】[名]兆，万亿

ちょう①【疔】[名]疔疮

ちょう①【長】[名]①首长，首领△一家の～/一家之长 ②长处

ちょう①【町】[名]①镇(地方政府的一种，比村大，比市小) ②街，巷 ③古代的距离单位，「一町」约合109米 ④古代的面积单位，「一町」约合99.2公亩

ちょう①【腸】[名]肠，肠子

ちょう①【蝶】[名]蝴蝶

ちょういん⓪【調印】[名・他サ]签订，签署

ちょうえき⓪【懲役】[名]徒刑

ちょうえつ⓪【超越】[名・自サ]超越，超出，超脱△世俗を～する/超脱世俗

ちょうえん①【腸炎】[名]肠炎

ちょうおん①【長音】[名]长音

ちょうか⓪【超過】[名・自サ]超过
△時間を〜する/超过时间

ちょうかく【聴覚】[名]听觉

ちょうかん⓪【長官】[名]长官

ちょうかん⓪【朝刊】[名]晨报,早
报

ちょうかんし③【朝刊紙】[名]早
报,晨报

ちょうかんず⓪【鳥瞰図】[名]鸟瞰
图

ちょうき①【長期】[名]长期

ちょうきょう⓪【調教】[名・他サ]
调教,训练,驯[-師(し)③][名]驯
兽师

ちょうきょり③【長距離】[名]长距
离(的比赛)

ちょうこう⓪【兆候・徴候】[名]征
候,征兆,前兆

ちょうごう⓪【調合】[名・他サ]调
配,配制,配△薬を〜する/配制
药品

ちょうこうせい⓪【聴講生】[名]旁
听生

ちょうこく⓪【彫刻】[名・他サ]雕
刻

ちょうさ①⓪【調査】[名・他サ]
调查△事件を〜する/调查事件
【世論(よろん)-④][名]輿论
调查

ちょうざい⓪【調剤】[名・自サ]调
剂,配药[-師(し)③][名]药剂
师

ちょうざめ①【蝶鮫】[名]鰉,鰉鱼

ちょうさんぼし⑤【朝三暮四】[名]
朝三暮四

ちょうし⓪【調子】[名]①调子△〜
が狂う/音调不准[-はずれ⑨]
[名]走调,跑调②语气,语调△
〜を変える/换腔调③状况,情
况△からだの〜/身体状况④劲
头,势头△〜が出る/来劲儿,上
劲儿

ちょうじ⓪【弔辞】[名]哀辞,悼辞

ちょうしゅ①【聴取】[名・他サ]
听取,收听

ちょうしゅう⓪【聴衆】[名]听众

ちょうしゅう⓪【徴収】[名・他サ]
征收

ちょうしょ①【長所】[名]长处△
〜をのばす/发挥长处

ちょうじょ①【長女】[名]长女

ちょうしょう⓪【嘲笑】[名・他サ]
嘲笑

ちょうじょう③【頂上】[名]①山顶
②极点,顶点

ちょうしょく⓪【朝食】[名]早饭,
早餐

ちょうしん⓪【長針】[名](钟表的)
长针,分针

ちょうしんき③【聴診器】[名]听诊
器

ちょうせい⓪【調整】[名・他サ]调
整,协调△意见を〜する/协调意
见

ちょうせつ⓪【調節】[名・他サ]调
节

ちょうせん⓪【挑戦】[名・自サ]挑
战△記録に〜する/向纪录挑
战

ちょうせんあさがお⑥【朝鮮朝顔】
[名]曼陀罗

ちょうぞう⓪【彫像】[名]雕像

ちょうだい⓪【頂戴】[名・他サ]①
(「もらう」的自谦语)领受,收到
②(「食べる」的自谦语)吃③
(儿童用语,用法与「ください」
相同)请给(我)

ちょうたく⓪【彫琢】[名・他サ]雕
琢,琢磨,推敲

ちょうたつ⓪【調達】[名・他サ]筹
措,筹集△資金を〜する/筹集资
金

ちょうたんぱ③【超短波】[名]超短
波

ちょうチフス③【腸 typhus】[名]伤寒

ちょうちん③【提灯】[名]灯笼◇～に釣鐘(つりがね)/天渊之别,力量悬殊【-持(も)(ち)③】[名]捧场,拍马屁(的人)

ちょうつがい③【蝶番(い)】[名]铰链,合叶

ちょうづけ④【帳付(け)】[名]①记帐;记帐员 ②赊帐

ちょうてい⓪【調停】[名・他サ]调停,调解△紛争を～する/调解纠纷

ちょうてん①【頂点】[名]①(数学)顶点 ②山顶 ③顶点,极点

ちょうでん⓪【弔電】[名]唁电

ちょうど⓪【丁度】[副]①正,正好,整整△～五年になる/整整5年△～一万円だ/正好一万日元 ②好象是,宛如,恰似△～絵のようだ/宛如图画一样

ちょうとうは③【超党派】[名]超党派

ちょうなん③①【長男】[名]长子,大儿子

ちょうは①【長波】[名]长波

ちょうば③【帳場】[名]帐房,柜房

ちょうば⓪【跳馬】[名]跳马

ちょうはつ⓪【挑発・挑撥】[名・他サ]挑拨,挑动,挑衅△～に乗る/受挑拨【-的(てき)⓪】[形动]挑逗性,挑衅性

ちょうばつ①⓪【懲罰】[名・他サ]惩罚

ちょうへい⓪【徴兵】[名]征兵【-制(せい)③】[名]征兵制

ちょうへん⓪【長編・長篇】[名]长篇【-小説(しょうせつ)⑤】[名]长篇小说

ちょうぼ⓪【帳簿】[名]帐簿,帐本

ちょうぼ①【徴募】[名・他サ]征募,招募

ちょうほう①【重宝】Ⅰ[名・形动・他サ]①宝物,宝贝 ②好使,方便,适用

ちょうぼう⓪【眺望】[名・他サ]眺望,了望△～が開ける/豁然开朗

ちょうほうけい③⓪【長方形】[名]长方形

ちょうほんにん③⓪【張本人】[名]肇事者,罪魁祸首

ちょうみりょう③【調味料】[名]调味品,佐料【化学(かがく)-⑦】[名]化学调味品

ちょうみん⓪【町民】[名]街道居民,镇上的居民

-ちょうめ【-丁目】[接尾](街巷区划单位)段

ちょうめい①【長命】[名・形动]长命,长寿

ちょうめん③【帳面】[名]本子,笔记本,帐簿

ちょうもんのいっしん【頂門の一針】一针见血,切中要害

ちょうやく⓪【跳躍】[名・自サ]①跳跃 ②跳高、跳远等

ちょうらく⓪【凋落】[名・自サ]①凋落,凋谢 ②衰败,衰退,衰落△～の一途をたどる/日趋衰落

ちょうりほう③【調理法】[名]烹调法,烹调术

ちょうりゅう⓪【潮流】[名]潮流

ちょうりょく①【張力】[名]〈物〉张力【表面(ひょうめん)-⑤】[名]表面张力

ちょうりょく①【聴力】[名]听力

ちょうれいぼかい⓪【朝令暮改】[名]朝令夕改

ちょうろう⓪【長老】[名]老前辈,长老△文壇の～/文坛的老前辈

ちょうろう⓪【嘲弄】[名・他サ]嘲弄

ちょうわ⓪【調和】[名・自サ]调和，谐调△～を保つ/保持和谐

ちょきん⓪【貯金】[名・自他サ]存钱，存款，储蓄△～をおろす/提取存款【-箱（ばこ）②】[名]储蓄箱【-通帳（つうちょう）④】[名]存折

ちょく①【勅】[名]天皇的命令和讲话，诏敕，圣旨

チョーク①【chalk】[名]粉笔

ちょくご①②【直後】[名]…之后不久，紧接着△事件の～/事件发生之后不久

ちょくせつ⓪【直接】[名・自サ]直接【-選挙（せんきょ）⑤】[名]直接选举

ちょくせん⓪【直線】[名]直线【-コース⑤】[名]直道

ちょくぜん⓪【直前】[名]①即将…之前，将要…之前 ②眼前

ちょくつう⓪【直通】[名・自サ]直通，直达【-電話（でんわ）⑤】[名]直通电话

ちょくめん⓪【直面】[名・自サ]面临，面对△危機に～する/面临危机

ちょくやく⓪【直訳】[名・他サ]直译

ちょくりつ⓪【直立】[名・自サ]直立【-猿人（えんじん）⑤】[名]直立猿人

ちょくりゅう⓪【直流】Ⅰ[名・自サ]直流，笔直地流动 Ⅱ[名]〈电〉直流电

ちょげん⓪【緒言】[名]序文，序言

チョコレート③【chocolate】[名]①巧克力 ②（「チョコレート色」之略）巧克力色

ちょさく⓪【著作】[名・他サ]著作，著述【-者（しゃ）③】[名]著者，作家

ちょしゃ①【著者】[名]著者，作者

ちょじゅつ⓪【著述】[名・他サ]著述，写作

ちょしょ①【著書】[名]著作，著书

ちょすいち②【貯水池】[名]蓄水池

ちょぞう⓪【著増】[名・自サ]骤增，显著增加

ちょぞう⓪【貯蔵】[名・他サ]储藏，储备

ちょたん⓪【貯炭】[名]储煤

ちょちく⓪【貯蓄】[名・他サ]储蓄，存款

ちょっかく⓪④【直角】[名]直角

ちょっかく⓪【直覚】[名・他サ]直觉

ちょっかん⓪【直感】[名・他サ]直觉，直感△～にたよる/凭直感

ちょっかん⓪【直観】[名・他サ]直观

チョッキ⓪【（葡）jaque】[名]西服背心

ちょっけい⓪【直系】[名]直系，嫡系△～の子孫/直系子孙

ちょっけい⓪【直径】[名]直径

ちょっこう⓪【直行】[名・自サ]①直奔，直达△現場に～する/直奔现场 ②怎么想就怎么做

ちょっこう⓪【直航】[名・自サ]直达

ちょっと①⓪【一寸】Ⅰ[副]①稍微，一点△～散歩に行ってくる/我散散步去 ②一会儿，暂且△～これを持って下さい/请你帮我拿一下这个 ③（下接否定语）难以，不容易△～信じられない/简直不敢相信 Ⅱ[感]（打招呼）喂△～、どこへいくの/喂，上哪儿去

ちょめい⓪【著名】[名・形动]著

名

ちらか・す⓪【散らかす】［他五］
乱扔，弄乱

ちらか・る⓪【散らかる】［自五］
零乱，乱七八糟

ちらし⓪【散らし】［名］①散开，分
散【-模様（もよう）④】［名］零散
的花纹 ②传单△～をまく/散发
传单

ちら・す⓪【散らす】Ⅰ［他五］①
散开，飘散，乱扔△紙くずを～/
乱扔纸屑 ②涣散，散漫△気を
～/精神涣散 ③消肿 Ⅱ［接尾］
（接动词连用形表示）胡乱…△食
い～/乱吃

ちらば・る⓪【散らばる】［自五］
分散，零散

ちらほら①［副・自サ］稀稀拉拉，
零零星星，星星点点△桜が～咲
き始めた/樱花星星点点地开了

ちり①【塵】［名］①灰土，尘埃，垃
圾△～がたまる/积起灰尘 ②尘
世，俗世，红尘△浮世（うきよ）
の～/红尘 ③污垢，污点◇～も
積（つ）もれば山（やま）となる/
积少成多

ちり①【地理】［名］地理

ちりがみ⓪【ちり紙・塵紙】［名］
卫生纸，手纸

ちりょう⓪【治療】［名・他サ］治
疗，医治△～を施す/施行医治
【-室（しつ）②】［名］治疗室【-費
（ひ）②】［名］医疗费

ちりょく⓪【知力・智力】［名］智
力

ち・る⓪【散る】［自五］①散开，四
散△火花が～/火星四溅 ②涣
散△気が～/心散了，精神不集中
③消（肿）④（花）凋谢

ちん①【狆】［名］巴儿狗，哈巴狗，
狮子狗

ちん①【珍】［名］珍贵物，珍奇物

ちんあげ④⓪【賃上げ】［名］增薪，
加薪

ちんか①⓪【沈下】［名・自он サ］下
沉，沉陷【地盤（じばん）-④】
［名］地面下沉

ちんがし⓪【賃貸（し）】［名］出租，
租赁

ちんがり⓪④【賃借（り）】［名］租
借，租赁

ちんぎん①【賃金・賃銀】［名］工
资，薪水

ちんしゃく⓪【賃借】［名・他サ］
租，赁，租借【-権（けん）⑤】［名］
租借权

ちんじょう⓪【陳情】［名・他サ］
请愿【-団（だん）③】［名］请愿
团

ちんたい⓪【沈滞】［名・自サ］沉
滞，无生气△～した空気/沉闷的
空气

ちんたい⓪【賃貸】［名・他サ］出
租，出赁

ちんちゃく①⓪【沈着】［名・形动］
沉着

ちんちょう①⓪【珍重】［名・他サ］
珍重，珍视，珍贵

ちんつう⓪【沈痛】［名・形动］沉
痛

ちんでん⓪【沈殿・沈澱】［名・自
サ］沉淀【-物（ぶつ）③】［名］沉
淀物

ちんば①［名］①跛子，瘸子 ②不
成双，不成对△～の靴/不成双
的鞋子

チンパニー①【（意）timpani】［名］定
音鼓

チンパンジー③【chimpanzee】［名］
黑猩猩

ちんぷ①【陳腐】［名・形动］陈腐

ちんぷんかんぷん⑤［名・形动］
莫名其妙，糊里糊涂△～な話/令
人费解的话

ちんぼつ⓪【沈没】[名・自サ]沉没【-船（せん）⓪】[名]沉船

ちんもく⓪【沈黙】[名・自サ]沉默△～をやぶる/打破沉默

ちんれつ⓪【陈列】[名・他サ]陈列【-棚（だな）⑤】[名]陈列架

つ

ツァー①【(俄)Цapь】[名]沙皇

つい⓪【对】Ⅰ[名]①对，双，副 ②对句Ⅱ[接尾]对，双

つい⓪【副】①就在刚才△～さっきお帰りになりました/他刚走不一会儿 ②不禁，不由得，无意中△秘密を～漏らしてしまった/无意中泄露了秘密

ついおく⓪【追憶】[名・他サ]追忆，回忆△～にふける/沉浸在回忆中

ついか⓪【追加】[名・他サ]追加，追补，补加【-予算（よさん）④】[名]追加预算

ついきゅう⓪【追及】[名・他サ]追究，追查△責任を～する/追究责任

ついきゅう⓪【追求】[名・他サ]追求，追逐△利益を～する/追求利益

ついきゅう⓪【追究】[名・他サ]追究，探索△真理を～する/追求真理

ついしゅ⓪【堆朱】[名]雕漆

ついじゅう⓪【追従】[名・自サ]①追随，迎合 ②效法，模仿

ついしん⓪【追伸】[名]附笔，又及

ついせき⓪【追跡】[名・他サ]跟踪，追踪△犯人を～する/追踪罪犯【-調査（ちょうさ）⑤】[名]跟踪调查

ついたち④③【一日】[名]一号，一日，初一

ついたて⓪④【衝立て】[名]屏风

ついて①【就いて】①就，关于△計画に～意見を聞く/就计划征求意见 ②每△会費は1人に～5000円/会费每人五千日元

ついで⓪【序（で）】[名]顺便，顺路△お～の節/请顺便来玩儿

ついで⓪【次いで】[副]①接着，随后，其次 ②次于△北岳は富士山に～高い/北岳的高度仅次于富士山

ついでに⓪【序（で）に】[副]顺便，就便

ついとう⓪【追悼】[名・他サ]追悼，悼念△～の辞/悼词

ついに①【遂に・終に】[副]①终于，终究△～成功した/终于成功了 ②（下接否定）终于没，到底没，始终也没△彼女は～現れなかった/她终于没来

ついほう⓪【追放】[名・他サ]①驱逐，流放【国外（こくがい）-②】[名]驱逐出境 ②清除，开除【公職（こうしょく）-⓪】[名]开除公职

ついや・す⓪③【費やす】[他五]①费，花费，耗费△歳月を～/耗费岁月 ②浪费，白费

ついらく⓪【墜落】[名・自サ]坠落△飛行機が～する/飞机坠落

つう⓪【通】Ⅰ[名]通，精通【-ぶる】[自五]装内行，假行家Ⅱ[接尾]（接数量词后表示书信文件的份数）封，份△一～の手紙/一封信

つうか①【通貨】［名］通货，流通的货币

つうか⓪①【通過】［名・自サ］通过△関門を～する/通过关卡

つうかい⓪【痛快】［名・形动］痛快

つうかきき①-⓪【通貨危機】［名］通货危机，货币危机

つうかく⓪【痛覚】［名］痛觉

つうがく⓪【通学】［名・自サ］上学，走读

つうかビザ①【通過(法)visa】［名］过境签证

つうかん⓪【通関】［名］报关△～手続をする/办报关手续

つうきん⓪【通勤】［名・自サ］上班

つうこう⓪【通行】［名・自サ］①通行，往来【-禁止（きんし）⑤】［名］禁止通行 ②一般通用的，常用的△～の辞書/常用的辞典

つうこう⓪【通航】［名・自サ］通航

つうこく⓪【通告】［名・他サ］通知，通告

つうさん⓪①【通算】［名・他サ］总计，共计【-成績（せいせき）⑤】［名］总计成绩

つうさんしょう⓪【通産相】［名］通商产业大臣，通产相

つうしょう⓪【通商】［名・自サ］通商【-条約（じょうやく）⑤】［名］通商条约

つうじょう⓪【通常】［名］普通，平常，通常【-郵便物（ゆうびんぶつ）⑦】［名］普通邮件

つうじょうへいき⑤【通常兵器】［名］常规武器

つう・じる⓪【通じる】Ⅰ［自上一］①相通△電流が～/通电△電話が～/通电话 ②理解，理会△心が～/心心相通△言葉が～/语言

相通 ③通晓，精通△事情に～/通晓情况，知情 Ⅱ［他上一］①通过△テレビを～じてわかった/通过电视弄懂的 ②联系△気脈を～/暗中串通 ③在整个期间，在整个范围内△この地方は一年を～じて温暖だ/这地方通年（一年到头）暖和 ④通过△人を～じて面会を申し入れた/通过别人要求会见

つうしん⓪【通信】［名・自サ］①通信 ②通讯△～が途絶える/通讯中断

つうしんえいせい⑤【通信衛星】［名］通讯卫星

つうしんきょういく⑤【通信教育】［名］函授教育

つうしんしゃ③【通信社】［名］通讯社

つうせつ⓪【痛切】［形动］痛切，深切

つうぞく⓪①【通俗】［名・形动］通俗

つうち⓪【通知】［名・他サ］通知△～をうける/接到通知

つうちひょう⓪【通知表】［名］成绩单

つうふう⓪【通風】［名］通风，通气【-装置（そうち）⑤】［名］通风装置

つうほう⓪【通報】［名・他サ］报告，通报【気象（きしょう）-⑤】［名］气象报告

つうやく①【通訳】［名・自サ］口译，译员【同時（どうじ）-④】［名］同声传译

つうよう⓪①【通用】［名・自サ］①通用 ②有效【-期間（きかん）⑤】［名］有效期间

つうれい⓪①【通例】Ⅰ［名］通例，惯例△～にしたがう/按照惯例 Ⅱ［副］一般，通常

つうれつ⓪【痛烈】[名・形動] 猛烈，激烈△〜に批判する/严厉地批判

つうろ①【通路】[名] 通路，通道

つうわ⓪【通話】[名・自サ] 通话【-料（りょう）】③[名] 电话费

つえ①【杖】[名] 拐杖，手杖△〜をつく/柱拐杖

つか②【柄】[名] 把，柄

つか②【塚】[名] ①土堆，土台 ②坟墓

つが②①【栂】[名] 铁杉

つかい⓪【使（い）・遣（い）】[名] ①使者 ②被打发出去办事（的人）△〜をだす/派人△〜をやる/打发人去办事

つかいかた⓪【使（い）方】[名] 用法

つかいこ・む④【使（い）込む】[他五] ①窃用，挪用，盗用 ②用惯，使惯

つかいはた・す⑤【使（い）果たす】[他五] 用尽，用光△精力を〜/心力交瘁

つかいみち⓪【使（い）道】[名] 用途，用处，用场△〜に困る/无处可用

つかいもの⓪【使（い）物・遣（い）物】[名] ①有用的东西 ②礼品

つか・う⓪[他五] Ⅰ【使う】①使，用，使用 ②使唤△助手を〜/用助手 Ⅱ【使う・遣う】①花费△金を〜/花钱 ②说△おせじを〜/说奉承话 Ⅲ【遣う】费心，劳神△気を〜/费心，劳神

つか・える③【支える】[自下一] 堵，堵塞

つか・える⓪【仕える】[自下一] ①侍奉，服侍△神に〜/侍奉神 ②工作，服务

つかさど・る④【司る】[他五] 掌管，管理△事務を〜/掌管事务

つかま・える⓪【捕まえる】[他下一] ①捉拿，逮捕△犯人を〜/捉拿罪犯 ②揪，抓着

つかま・せる④【捕ませる】[他下一] ①行贿 ②骗人买，强迫人买

つかま・る⓪【捕まる】[自五] ①抓住，揪住 ②被捕，被逮住△犯人が〜/罪犯被捕了

つか・む②【摑む】[他五] ①抓住，揪住 ②掌握△チャンスを〜/不失良机△証拠を〜/掌握证据 ③领会，理解△こつを〜/掌握窍门

つかれ③【疲れ】[名] 疲乏，疲倦，疲劳△〜が出る/感到疲劳

つか・れる③【疲れる】[自下一] ①疲乏，疲倦，疲劳△神経が〜/精神疲倦 ②用旧，用乏

つか・れる③【憑かれる】[自下一] 被迷住，附体△狐に〜/被狐狸精迷住

つき②【月】[名] ①月亮△〜が出る/月亮出来了【-見（み）】③[名] 赏月 ②月（一年之中的十二个月） ③怀孕期◇月とすっぽん/天壤之别◇月に叢雲（むらくも）花（はな）に風（かぜ）/好事多磨

つき【付（き）】Ⅰ⓪[名] ①粘 ②运气△〜が回ってくる/时来运转 Ⅱ[接尾] ①样子，姿态△顔（かお）-⓪】[名] 表情，面貌【目（め）-⓪】[名] 眼神 ②附带【保証（ほしょう）-⓪⑤】[名] 保修

つぎ②【次】[名] 其次，下一个△〜から〜へ/一个接着一个

つきあい⓪【付（き）合い】[名] ①交往，交际 ②奉陪，陪伴，应酬△〜がわるい/不善应酬

つきあ・う③【付（き）合う】[自五] ①交往，交际 ②陪，陪伴，陪同△食事を〜/陪同吃饭

つきあた・る④【突(き)当(た)る】[自五]①撞上，碰上△自転車が塀に～った/自行车撞墙上了 ②到头儿，到尽头儿

つきあわ・せる⑥【突(き)合(わ)せる】[他下一]①紧挨着△顔を～/面对面 ②对照，查对

つきおと・す④【突(き)落(と)す】[他五]①推下去，推掉 ②(相扑)将对方摞倒，推倒

つきかげ②③【月影】[名]①月光，月色△～さやか/月色明朗 ②月影

つぎき⓪【接(ぎ)木】[名]嫁接树

つぎこ・む③【つぎ込む・注(ぎ)込む】[他五]①注入，倒入，灌入 ②投入

つきさ・す③【突(き)刺す】[他五]扎，刺

つきずえ③⓪【月末】[名]月末，月底

つきそい⓪【付(き)添(い)】[名]护理，看护人

つきそ・う⓪【付(き)添う】[自五]陪，陪伴

つきたお・す④【突(き)倒す】[他五]①推倒，撞倒 ②(相扑)撞倒

つきだ・す③【突(き)出す】[他五]①伸出，探出，挺出△唇を～/撅起嘴唇 ②扭送△泥棒を警察に～/把小偷扭送公安局 ③(相扑)推出界

つぎつぎ⓪【次次】[副]接连不断，络绎不绝

つきつ・める④【つき詰める】[他下一]追究，追问

つき・でる③【突(き)出る】[自下一]①突出，挺出 ②扎透，扎破

つきとお・す④【突(き)通す】[他五]①刺透，扎透 ②坚持△主張を～/坚持意见

つきとすっぽん【月とすっぽん】

天壌之別，天渊之別

つぎに②【次に】[副]接着，其次

つきはな・す④【突(き)放す】[他五]①推开，甩开 ②抛开，抛弃

つきひ②【月日】[名]时光，岁月△～が流れる/岁月流逝

つきまと・う④⓪【付(き)まとう・付(き)纏う】[自五]缠，纠缠，缠绕

つきみ③【月見】[名]①赏月 ②汤面中放的生鸡蛋△～そば/鸡蛋荞麦面

つぎめ⓪【継(ぎ)目】[名]接缝

つきやぶ・る④【突(き)破る】[他五]①捅破，撞破 ②冲破，打破

つきよにちょうちん【月夜に提灯】画蛇添足

つ・きる⓪②【尽きる】[自上一]①尽，完△命が～/生命结束 ②(用「…に尽きる」的形式表示)最好，再好不过

つ・く①②【付く】[自五]①沾上，附上△泥が～/沾上泥△色が～/着色 ②带有，配有△風呂の～いたアパート/带有洗澡间的公寓 ③跟随，紧跟△父に～いて旅行にいく/跟随父亲去旅行 ④增添，生，长出△元気が～/有精神头△力が～/长力气 ⑤得以解决，有结果△決心が～いた/拿定了主意 ⑥发觉，感觉△気が～/发觉，感到 ⑦运气好

つ・く⓪【吐く】[自五]①吐气△ため息を～/叹气 ②说△うそを～/说谎

つ・く【突く・撞く・衝く】[他五]①刺，扎△針で～/用针扎 ②拄，支撑△つえを～/拄拐杖 ③拍，拍打△羽根を～/打羽板球 ④撞，打，敲△鐘を～/敲钟 ⑤乘机，攻△不意を～/出其不意 ⑥冒着，顶着 ⑦刺鼻△悪臭が鼻を

～/恶臭刺鼻

つ・く①【点く】［自五］点，燃△電灯が～/电灯亮了

つ・く①②【就く】［自五］①起程，动身△帰途に～/踏上归途 ②就任，从事 ③从师，跟随

つ・く①②【着く】［自五］①到，到达，抵达 ②入席，就坐△食卓に～/就餐 ③碰，触

つ・く①②【憑く】［自五］被妖魔迷住，妖魔附体

つ・く①②【搗く】［他五］搗△米を～/搗米

つ・ぐ⓪【次ぐ】［自五］①接着，…之后 ②次于，亚于△東京に～大都会/仅次于东京的大城市

つ・ぐ⓪【注ぐ】［他五］倒，斟△酒を～/斟酒

つ・ぐ⓪［他五］Ⅰ【継ぐ】①继承△家業を～/继承家业 ②续，添加 ③补，缝补Ⅱ【接ぐ】拼合，接上△骨を～/接骨

つくえ⓪【机】［名］桌子，书桌

つく・す②【尽くす】Ⅰ［他五］①尽，竭尽△力を～/尽力 ②尽心尽力△社会のために～/为社会效劳Ⅱ［接尾］（接动词连用形）尽，光，完【言（いい）-④［他五］说完

つくづく③［副］①注意，凝视△～眺める/凝视 ②深感，痛感△～思う/深切地感到

つぐな・う③【償う】［他五］抵偿，补偿，赔偿△罪を～/赎（抵）罪

つぐ・む②【噤む】［他五］噤口，闭口

つくり③［名］Ⅰ【造り・作り】结构，样式Ⅱ【作り】①打扮△装，假装【-笑（わら）い】④［名］假笑

つくり③【旁】［名］右旁

つくりあ・げる⓪⑤【作り上げる】［他下一］①完成，作完 ②伪造，

捏造

つくりかた④【作り方】［名］作法

つくりた・てる⑤【作り立てる】［他下一］打扮，装饰

つく・る②［他五］Ⅰ【作る】①做，制△料理を～/做菜 ②组织，建立△内閣を～/组阁 ③栽培，栽种△花を～/栽（种）花 ④排列△列を～/排队 ⑤打扮，化妆△若く～った/打扮得年轻 ⑥虚构，假装△笑顔を～/强作笑脸 ⑦生育△子供を～/要孩子 ⑧挤（时间）△ひまを～/挤时间Ⅱ【造る】建造△家を～/盖房

つくろ・う③【繕う】［他五］①补，修补，缝补△かぎざきを～/补剐破的口子 ②整理，装修

つけ【付（け）】Ⅰ②［名］①账单，账△～を払う/付账 ②赊欠Ⅱ［接尾］（接动词连用形）经常，熟悉，习惯△いき～の店/常去的商店

つけあが・る⓪【付（け）上がる】［自五］放肆起来，得意忘形△ほめるとすぐ～/一夸就翘尾巴

つげぐち⓪【告（げ）口】［名］搬弄是非，告密

つけくわ・える⓪【付（け）加える】［他下一］补充，添加，增补

つけまつげ⓪【付け睫】［名］假睫毛

つけもの⓪【漬物】［名］咸菜，酱菜，泡菜

つ・ける②【付ける】Ⅰ［他下一］①沾，涂，粘，抹△バターを～/抹黄油 ②附加△利子を～/附加利息 ③派人跟踪 ④增长，增加△元気を～/打起精神 ⑤留下印迹△傷を～/划了个口子 ⑥评定，决定△点数を～/评分 ⑦开始做某事△手を～/动手做 ⑧记，写△日記を～/记日记 ⑨跟踪，盯梢Ⅱ［接尾］（接动词连用形）①

经常… ②加强语气△しかり～/严加申斥

つ・ける②【点ける】［他下一］①点燃 ②开△電気を～/开灯

つ・ける②【着ける】［他下一］①穿，佩戴△衣装を～/着盛装△首かざりを～/戴首饰 ②停靠△船を岸に～/船靠岸 ③就位，入席△席に～/入席，就坐

つ・ける⓪【漬ける・浸ける】［他下一］①泡，浸△水に～/泡在水里 ②腌，酱

つ・げる⓪【告げる】［他下一］告诉，通知△時刻を～/报时△暇（いとま）を～/告别，辞别

つごう【都合】Ⅰ⓪［名］情况，状况△～がいい/方便，合适【不（ふ）-②】［名・形动］不方便，不合适，不妥当 Ⅱ⓪［名・他サ］安排（时间），筹划（钱款）△～をつける/设法筹划△何とか～する/设法安排 Ⅲ①［副］合计，总计

つじ⓪【辻】［名］①十字路口，十字街头 ②街头，路旁

つた②【蔦】［名］常春藤，爬山虎

つた・う⓪【伝う】［自五］沿着，顺着

つた・える⓪【伝える】［他下一］①传导△熱を～/传热 ②转达，转告 ③传授，传播△仏教を～/传播佛教 ④广为告知

つたな・い③【拙い】［形］拙劣，不佳

つたわ・る⓪【伝わる】［自五］①传导 ②传播，流传△うわさが～/谣传四起 ③传，相传，流传△先祖から～/代代相传 ④传入，传来

つち②【土】［名］①土地 ②土，土壤

つち②【槌】［名］锤子

つちいろ⓪【土色】［名］土色，土黄色

つちか・う③【培う】［他五］①培养，培育 ②培植，栽种

つちぼとけのみずあそび【土仏の水遊び】形容做某种事情有灭顶之灾

つつ⓪②【筒】［名］筒，筒子

つつ［接助］（文章用语）①一面…一面…，边…边…△働き～学ぶ/半工半读 ②虽然…但是，尽管…但是△煙草は体に悪いと知り～もやめられない/明知抽烟对身体有害却戒不了 ③用「…つつある」的形式表示动作正在进行△列車は駅に近づき～ある/列车正接近车站

つづき⓪【続（き）】［名］接续，继续，连续不断

つつ・く②［他五］①杵，捅△背中を～/杵后背 ②挑，挑剔△欠点を～/挑人缺点，吹毛求疵 ③挑唆，唆使

つづ・く⓪【続く】［自五］①继续，连续△道が～/道路伸延 ②接着，跟着△彼に～/跟上他 ③接连发生

つづ・ける⓪【続ける】［他下一］①继续，持续△練習を～/继续练习 ②接着

つっこ・む③【突っ込む】Ⅰ［自他五］①冲入，闯入 ②深入△～んだ話しあいが必要だ/需要深入地谈一谈 Ⅱ［他五］塞进，插入

つつじ②【躑躅】［名］杜鹃花，映山红

つつし・む③［他五］Ⅰ【慎む】①谨慎，小心△言葉を～/说话谨慎 ②节制△酒を～/少喝酒 Ⅱ【謹む】谨，敬△～んでおわび申し上げます/谨请原谅

つっぱ・る③【突っ張る】Ⅰ［他五］固执己见 Ⅱ［自五］抽筋，痛◇欲

（よく）の皮（かわ）がつっぱる/
贪得无厌

つつみ③【包（み）】［名］包，包裹

つつみ③【堤】［名］堤，堤岸，坝

つつ・む②【包む】［他五］①包裹，
包上 ②环绕，笼罩△緑に～まれ
た町/绿色环绕的街道 ③隐藏，
遮掩

つづり⓪③【綴（り）】［名］①装订成
册 ②拼写法

つづ・る⓪②【綴る】［他五］①订，
装订△書類を～/装订文件 ②写
△随筆を～/写随笔 ③拼，拼写

って［終助］①表示传闻，听说△知
らない～言った/说是不知道 ②
（相当于「という」）说是，叫做△田
中～名前だ/叫做田中 ③（相当于
「というのは」）叫做…的是△銀
座～いい所ね/银座可是个好地
方 ④（相当于「といって」）说是…
△いなか者だから～、ばかにす
るな/别因为是乡下人就看不起
⑤表示疑问△あんな店でなんか
食うか～/那种铺子里有什么可
吃的△あれは誰か～ぼくも知ら
ないよ/你问我他是谁? 我也不清
楚啊

つど①【都度】［名］每逢，每当

つとま・る③【務まる・勤まる】
［自五］胜任，称职

つとめ③［名］Ⅰ【勤（め）】工作
△～をやめる/辞职，退职Ⅱ【務
（め）】义务，职责

つとめさき⓪⑤【勤（め）先】［名］工
作单位,工作地点

つとめて②【努めて・勉めて】
［副］尽量,尽力

つと・める③［他下一］Ⅰ【勤め
る】工作，做事△会社に～/在公
司工作Ⅱ【努める】①努力，尽力
△解決に～/努力解决 ②任，担
任，担当△議長を～/担任议长

つな②【綱】［名］①绳，绳索 ②依
靠，依赖

つながり⓪【繋がり】［名］①相
连，关系△血の～/血缘关系 ②
连接

つなが・る⓪【繋がる】［自五］①
连接，通△電話が～/电话接通
②有关系△血が～/有血缘关系

つな・ぐ⓪【繋ぐ】［他五］①拴，系
②接，连接△手を～/手拉手 ③
维持，延续△命を～/维持生命

つなひき④②【綱引（き）】［名］拔
河

つなみ⓪【津波】［名］海啸

つなわたり③【綱渡り】［名］走钢
丝

つね①【常】［名］①通常，平常△
～のごとく/象平常一样 ②常情
③平凡，普通△～の人/常人

つねに①【常に】［副］常常，经常，
时常

つね・る②【抓る】［他五］拧，掐，
捏

つの②【角】［名］①角，犄角 ②类
似角的东西◇角を折（お）る/态
度变软◇角を出（だ）す/女人吃
醋，嫉妒◇角を矯（た）めて牛（う
し）を殺（ころ）す/矫角杀牛

つの・る②⓪【募る】Ⅰ［自五］越
来越厉害△あらしが～/暴风雨
越来越猛Ⅱ［他五］募，募集△
寄付を～/募捐

つば②①【唾】［名］唾液，唾沫

つばき③【唾】［名］唾液，口水

つばき①【椿】［名］山茶，茶花

つばさ⓪①【翼】［名］①翅膀 ②机
翼

つばめ⓪【燕】［名］燕子

ツーピース③【two piece dress】
［名］（上衣下裙的）女西服套裙

つぶ①【粒】Ⅰ［名］粒，颗粒Ⅱ［接
尾］粒

つぶ・す⓪【潰す】[他五]①压碎，挤碎 ②使其无用，弄坏△声を～/喊哑了嗓子△顔を～/使其丢脸 ③毁灭△家を～/败家，破产 ④堵上，填满△ひまを～/消闲

つぶや・く③【呟く】[自五]叽咕，嘟嚷

つぶ・る⓪[他五]闭眼，合眼△目を～/①合眼,闭上眼睛 ②死，瞑目

つぶ・れる⓪【潰れる】[自下一]①压碎,挤碎△たまごが～/鸡蛋挤碎了 ②无用，失去功能△目が～/眼睛瞎了△胸が～/悲痛万分 ③崩溃，倒闭△会社が～/公司倒闭 ④消磨，浪费△時間が～/浪费时间

ツベリクリン④【(徳)Tuberkulin】[名]结核菌素

つぼ⓪【坪】[名]土地面积单位，「1坪」约合3.3平方米

つぼ⓪【壺】[名]①坛子，壶【茶(ちゃ)-⁰】[名]茶壶 ②(日本)瓷钵 ③(针灸)穴位 ④坑洼 ⑤关键，要害

-っぽ・い[接尾](接名词、动词连用形,构成形容词)表示某种倾向很强△忘れ～/健忘△水～/水分大

つぼみ③【蕾・莟】[名]花蕾，蓓蕾△～がふくらむ/含苞待放

つぼ・める⓪【窄める】[他下一]合拢，收拢△傘を～/收拢伞

つま①②【妻】[名]①妻子 ②(生鱼片等的)配菜 ③(房屋的)山墙，房山

つまさき③【つま先・爪先】[名]脚尖【-立(だ)つ⑤】[自五]用脚尖站立

つまし・い③【倹しい】[形]俭朴，节俭

つまず・く⓪【躓く】[自五]①绊，

绊倒△石に～/绊在石头上 ②失败，受挫

つまみ⓪【摘まみ】[名]①撮 ②(器具等)纽，把儿△蓋(ふた)の～/盖纽 ③酒菜，酒肴

つま・む⓪【摘まむ】[他五]①捏，撮，抓，掐 ②(夹起来)吃 ③摘要 ④(用「つままれる」的形式)被…迷惑住

つまようじ③【爪楊枝】[名]牙签

つまらな・い④[形]①没意思，无聊，没趣 ②没有价值，微不足道

つまり【詰まり】Ⅰ③[名]到头，尽头 Ⅱ①[接]就是，即

つま・る②【詰まる】[自五]①装满，塞满，挤满 ②塞住，堵塞，不通△鼻が～/鼻子不通气 ③窘迫，穷困△金に～/缺钱△言葉に～/无话可说【息詰(いきづ)まる④】[自五]紧张得喘不过气来 ④缩短

つみ①【罪】Ⅰ[名]①罪，罪行△～をおかす/犯罪 ②罪孽 ③处罚△～に服する/认罪 Ⅱ[形动]残忍，狠毒

つみあ・げる④【積(み)上げる】[他下一]摞，堆△本を～/把书摞起来

つみかさ・ねる⑤【積(み)重ねる】[他下一]摞起来，堆起来

つみき⓪【積(み)木】[名]积木

つみこ・む③【積(み)込む】[他五]装，载，装货△トラックに～/装上卡车

つみだ・す③【積(み)出す】[他五]装运，载运

つみた・てる④【積(み)立てる】[他下一]储蓄，积攒

つ・む⓪【摘む】[他五]①采，摘，掐△花を～/摘花 ②剪齐△かみの毛を～/剪齐头发

つ・む⓪【積む】Ⅰ[他五]①堆积，

積累△経験を〜/积累经验 ②装载△荷物を〜/装货Ⅱ[自五]积,堆△雪が〜/积雪

つめ⓪【爪】[名]①指甲,爪△〜をきる/剪指甲 ②拨子,指套 ③起重钩,锚爪◇つめに火(ひ)をともす/吝啬◇つめの垢(あか)ほど/一点点,微不足道

-づめ【詰(め)】[接尾]①装,包装△びん〜/瓶装 ②继续,连续△立ち〜/一直站着 ③表示常在某处工作

つめきり④③【爪切(り)】[名]指甲刀

つめこ・む⓪【詰(め)込む】[他五]塞,填,灌△知識を〜/硬灌知识

つめた・い⓪【冷たい】[形]①冷,凉 ②冷淡

つ・める②【詰める】[自他下一]①装,填塞△弁当を〜/装饭盒 ②连续,不间断△〜めて仕事をする/不停地工作 ③缩小,缩短 ④节俭△暮らしを〜/节俭生活 ⑤守候△会社に〜/在公司值勤 ⑥屏住△息を〜/屏息 ⑦竭尽△考えを〜/想尽办法

つもり⓪【積(も)り】[名]①打算,意图△大学へ行く〜だ/打算去大学 ②预先做好某种思想准备△あす行くから、その〜でいてくれ/我明天去,请等着我 ③就算是,就当作△子供に帰った〜ではしゃぎまわる/欢闹嬉笑,只当是又回到童年时代

つも・る②⓪【積(も)る】Ⅰ[自五]①积,堆积△雪が〜/积雪 ②累积,积攒Ⅱ[他五]估计,推测

つや⓪【艶】[名]①光泽,光润 ②兴趣,精采

つややか②【艶やか】[形动]有光泽,光润△〜な肌(はだ)/光润的皮肤

つゆ①【汁】[名]①汤 ②汁儿,液

つゆ⓪②【梅雨】[名]梅雨,梅雨季节

つゆ①【露】Ⅰ[名]①露水△〜がおく/下露水【夜(よ)-】[名]夜露 ②短暂,一刹那△〜の命/短命,暂短的生命Ⅱ[名](后接否定语)一点也不…,丝毫也不△私は彼を〜ほども疑わなかった/我一点也没怀疑过他

つよ・い②【強い】[形]①强△チーム/强队 ②强烈,厉害△〜風/大风 ③坚强,刚毅△気が〜/刚强,好胜 ④耐于…△夏に〜/不怕夏天

つよき③【強気】[名]①强硬,刚强△〜を出す/采取强硬态度 ②行情看涨△相場(そうば)は〜だ/行情看涨

つよ・める③【強める】[他下一]增强,加强△語気を〜/加强语气

つら②【面】[名]①〈俗〉脸(含有贬意)△〜の皮(かわ)/脸皮【外面(そとづら)④】[名]外表,外面【馬面(うまづら)⓪】[名]驴脸,长脸 ②面,表面【上(うわ)っ-⓪】[名]表面,外表

つら・い⓪【辛い】[形]①痛苦,艰难△〜世の中/艰难的世道 ②苛刻,刻薄△〜く当る/刁难

つらな・る③【連なる・列なる】[自五]①接连,连绵△山が〜/山连着山 ②参加,列席

つらぬ・く③【貫く】[他五]①穿过,穿通△南北を〜/贯穿南北 ②贯彻,贯通△信念を〜/坚持信念

つら・ねる③【連ねる・列ねる】[他下一]①连接,排列△軒(のき)を〜/鳞次栉比 ②参加,加入△袖(そで)を〜/伴同,同…一起△名を〜/联名

つらら⓪【氷柱】[名] 冰柱，冰溜

つり⓪【釣(り)】[名] ①钓鱼，垂钓 ②(「つり銭」的简称)找的零钱

つりあい⓪【釣(り)合(い)】[名] 平衡，均衡△～がとれる/相称，相配

つりあ・う③【釣(り)合う】[自五]①平衡，均衡△重さが～/重量均衡 ②相称，相配

つりあ・げる④[他下一] Ⅰ【釣(り)上げる】钓上来 Ⅱ【攣(り)上げる・吊(り)上げる】向上吊△眉を～/竖起眉毛 Ⅲ【吊(り)上げる・釣(り)上げる】抬高△相場を～/抬高行情

つりかわ⓪【つり革・吊(り)革】[名](电、汽车上的)吊环

つりせん⓪②【釣(り)銭】[名]找的钱

つりばし⓪【釣(り)橋・吊(り)橋】[名]吊桥

つりわ⓪【つり輪・吊(り)輪】[名](体操)吊环

つる②【蔓】[名] ①蔓，藤 ②眼镜腿△めがねの～/眼镜腿 ③线索，门路△～を辿る/找线索

つる①【鶴】[名] 鹤◇鶴の一声(ひとこえ)/权威者的一句话，一声令下

つ・る⓪[他五] Ⅰ【釣る】①钓 ②勾引，骗，引诱△甘言で～/用甜言蜜语勾引人 Ⅱ【吊る】①吊，挂，悬△蚊帳(かや)を～/挂蚊帐 ②(相扑)抓住对方的腰带提起来

つるしがき③【吊(し)柿】[名] 柿饼

つる・す⓪【吊(る)す】[他五]吊，挂，悬

つるつる① [副]①光滑 ②溜滑，打出溜△道が凍って～滑る/路冻得滑溜溜的

つるはし②①【鶴嘴】[名] 鹤嘴镐，十字镐

つるりと③② [副]哧溜△～滑った/哧溜一下滑倒了

つれ⓪②【連(れ)】[名]①同伴，伙伴△～になる/结伴，搭伙【二人連(ふたりづ)れ④】[名] 两人结伴 ②(能、狂言的)配角

つれあい②⓪【連(れ)合(い)】[名] ①爱人，老伴儿 ②同伴，伙伴

つれて⓪【連れて】(用「…につれて」的形式表示)随着，跟着，伴随着△年をとるに～体が衰えてくる/年龄越大，身体越衰弱

つ・れる⓪【連れる】[他下一] 带领，带着△子供を～/带着孩子

つんぼ① [名] 聋，聋子

て

て①【手】Ⅰ①[名]胳膊，臂膀 ②手 ③(器物的)把儿△ひしゃくの～/杓子把儿 ④人手，人力△～がたりない/人手不足 ⑤手段，方法△おくの～/绝招儿 ⑥本领，能力△～があがる/能力提高 ⑦(工作需要的)时间，劳力△～をぬく/偷工△～がかかる/费事 ⑧笔迹，手笔△～があがる/字写得好 ⑨关系，联系△～をきる/断绝关系 ⑩(自己手中的)牌、棋子◇手が届(とど)く/①周到，周密 ②够得着◇手が回(まわ)る/考虑周到(仔细) ◇手に汗(あ

せ）を握(にぎ)る/捏着一把汗，提心吊胆◇手に余(あま)る/无能为力◇手に入(い)れる/得到手◇手に負(お)えない/没办法，管不了◇手に取(と)るように/非常清楚◇手も足(あし)も出(で)ない/毫无办法，一筹莫展◇手を打(う)つ/①拍手 ②达成协议，谈妥 ③采取措施◇手を貸(か)す/帮助别人◇手を出(だ)す/①参与 ②吵架，打仗 ③干着试试看◇手を引(ひ)く/①牵手引路 ②洗手不干，罢手◇手を焼(や)く/棘手，难办 Ⅱ［接头］①加强语气△～きびしい/厉害，严厉 ②随身带的△～荷物/手提行李 Ⅲ［接尾］①做某动作的人△聞き～/听话人△買い～/买方 ②位置，方向△右～/右面，右手 ③性质，种类△傷，伤痕

て Ⅰ［接ロ］①表示动作并列△彼は歌っ～、踊っ～、うれしく遊んでいる/他又唱又跳玩得很高兴 ②表示继续发生的动作状态△電灯を消し～ベッドにはいった/关上电灯，躺下了 ③表示动作状态△手をふっ～走る/挥着手跑 ④表示手段、方法△手紙を書い～知らせる/写信通知 ⑤表示原因、理由△風邪をひい～頭が痛い/感冒了头疼 ⑥表示转折△見～見ぬふりをする/明明看见却装做没看见 ⑦上接动词下接补助动词，起连接前后两个动词的作用△書い～いる/在写△走っ～いく/跑去△走っ～くる/跑来 Ⅱ［终助］①表示柔和的命令语气△ちょっとまっ～よ/请等一会儿△かさは忘れないようにし～ね/你可不要忘记带伞 ②（女性用语）表示询问、确认△もうごらんになっ～/已经看完了吗 ③表

示说话人的看法、意见△私、知らなく～よ/我可不知道

で⓪【出】［名］①出来，出场，登场△～を待つ/等待上场△月の～/月出 ②出身，产地 ③分量，程度

で［格助］①表示场所△運動場～遊ぶ/在操场上玩 ②表示某个期间△あと～また来ます/以后再来 ③表示手段、方法、材料△ナイフ～切る/用刀切△ペン～書く/用钢笔写 ④表示原因、理由△風邪～休む/因感冒休息 ⑤表示动作的状态△ウォーミングアップなし～いきなり試合に出た/没做准备活动就立刻参加了比赛

であい⓪【出会(い)】［名］①不期而遇，邂逅 ②（河川、峡谷的）汇合处

であ・う⓪②【出会う・出合う】［自五］碰上，遇上，遇见△災難に～/遇到灾难

てあし①【手足】［名］①手脚 ②部下，手下人△社長の～となって働く/作为总经理的左右手从事工作

であし⓪【出足】［名］①起动，开端△～がいい/开端好，开始得顺利 ②客流量，人数△客の～が悪い/顾客来的少

てあたりしだい⑤【手当(た)り次第】［副］顺手△～投げつける/随手乱扔

てあつ・い⓪③【手厚い】［形］热诚，丰厚

てあて①【手当(て)・手当】［名］①津贴，补贴△～がつく/有津贴 ②治疗，医治△～をする/治疗 【応急(おうきゅう)-】⑤［名］应急治疗

てあらい②【手洗(い)】［名］①洗

手 ②盥洗室，厕所 ③洗手盆

てあら・い⓪【手荒い】［形］粗暴，粗鲁

てい①【体】［名］①外表，模样△ほうほうの〜で逃げ出す/狼狈逃窜 ②（做出某种）姿态△〜よく断わる/婉言拒绝

てい①【弟】［名］弟◇兄 (けい) たり難 (がた) く〜たり難し/难分优劣

てい①【底】［名］①底，底面 ②程度，种类 ③根底

てい①【艇】［名］艇，小船

ていあん⓪【提案】［名・他サ］提案，建议【-者 (しゃ)③】［名］提案者

ていいん⓪【定員】［名］定员，定额【-削減 (さくげん)⓪】［名］裁减编制

ていえん⓪【庭園】［名］庭园，园林

ていか①⓪【低下】［名・自サ］①下降，降低△気温が〜する/气温下降 ②（质量）下降△品質が〜する/质量下降

ていか⓪【定価】［名］定价【-表 (ひょう)④】［名］定价单

ていかん⓪【定款】［名］规章

ていき①【定期】［名］①定期 ②「定期券、定期預金」的简称【-券 (けん)③】［名］月票，季票【-預金 (よきん)④】［名］定期存款【-刊物 (かんぶつ)③】［名］定期刊物，期刊

ていき①【提起】［名・他サ］提出△問題を〜する/提出问题

ていぎ③①【定義】［名・他サ］定义△〜を下す/下定义

ていきあつ③【低気圧】［名］①低气压，低压 ②消沉，不高兴 ③（形势、气氛）不稳定，紧张

ていきけん③【定期券】［名］月票，季票

ていきゅう⓪【定休】［名］定期休息（日）【-日 (び)③】［名］定期休息日，公休日

ていきゅう⓪【低級】［名・形動］低级

ていきゅう⓪【庭球】［名］网球

ていきょう⓪【提供】［名・他サ］提供，供给△資料を〜する/提供资料

ていけい⓪【提携】［名・自他サ］合作，协作【技術 (ぎじゅつ)-④】［名］技术合作

ていけつ⓪【締結】［名・他サ］缔结，签订△条約を〜する/签订条约

ていけん⓪【定見】［名］定见，主见

ていげん③⓪【提言】［名・他サ］建议

ていこう⓪【抵抗】［名・自サ］①抵抗，反抗【-力 (りょく)⑤】［名］抵抗力 ②阻力，阻抗，反作用力【空気 (くうき)-④】［名］空气阻力【-器 (き)③】［名］电阻器

ていこく⓪【定刻】［名］准时，按时

ていこく⓪【帝国】［名］帝国【-主義 (しゅぎ)⑤】［名］帝国主义

ていさい⓪【体裁】［名］①样子，外表△〜を整える/修整门面 ②体面，体统△〜がいい/体面

ていし⓪【停止】［名・自他サ］①停止 ②停顿，中止【一時 (いちじ)-②】［名］暂时停止

ていじ⓪［名・他サ］Ⅰ【提示】提示 Ⅱ【呈示】出示

ていじ①【定時】［名］定时，定点【-発車 (はっしゃ)④】［名］定时发车

ていしゃ⓪【停車】［名・自他サ］

停车【急(きゅう)-③】[名]急刹车【-場(ば・じょう)⓪④】[名]停车场

ティーシャツ③【T shirts】[名]T恤衫

ていしゅ①【亭主】[名]①主人,老板,东家 ②丈夫【-関白(かんぱく)④】[名]大男子主义

ていじゅう⓪【定住】[名・自サ]定居,落户【-生活(せいかつ)⑤】[名]定居生活

ていしゅうは③【低周波】[名]低频

ていしょう⓪【提唱】[名・他サ]提倡

ていしょく⓪【定食】[名]份饭

ていしょく⓪【抵触・牴触】[名・自サ]抵触,违反△法に～する/违法

ていすう③【定数】[名]①定额,定员 ②〈数〉常数

ディスカッション③【discussion】[名・自他サ]讨论,议论

ディスコ①【disco】[名]迪斯科舞厅,流行音乐舞厅

てい・する③【呈する】[他サ]呈现

ていせい⓪【訂正】[名・他サ]订正,更正

ディーゼル①【(德)Diesel】[名]柴油(发动)机【-機関(きかん)⑥】[名]柴油机车,内燃机车

ていせん⓪【停戦】[名・自サ]停战,停火【-協定(きょうてい)⑤】[名]停火协定,停战协定

いた・い③【手痛い】[形]沉重,严重,致命△～打撃/沉重的打击

ていたい⓪【停滞】[名・自サ]停滞,停顿△生産が～する/生产处于停顿状态

ていちゃく⓪【定着】Ⅰ[名・自サ]①定居 ②因定下来 Ⅱ[名・他サ](照相)定影【-液(えき)④】[名]定影液

ていちょう⓪【丁重・鄭重】[名・形动]彬彬有礼,郑重△～を極める/极其郑重

ティー・テーブル①【tea table】[名]茶几

ていでん⓪【停電】[名・自サ]停电

ていど①⓪【程度】Ⅰ[名]①程度 ②限度 ③水平 Ⅱ[接尾]表示大概的时间、程度、数量等△三十分～/三十分钟左右

ていとう⓪【抵当】[名]抵押△～に入れる/作抵押,抵押

ていねい①【丁寧】[名・形动]①有礼貌,恭敬△～にあいさつする/礼貌地问候 ②细心周到,非常仔细△～に教える/详细地告诉

ていねん⓪【定年・停年】[名]退休,退休年龄【-退職(たいしょく)⑤】[名]退休

ていのう⓪【低能】[名・形动]低能

ていはく⓪【停泊・碇泊】[名・自サ]停泊,锚泊

ていひょう⓪【定評】[名]定评

ていへん①【底辺】[名]①(数)三角形的底边 ②(社会的)底层△社会の～/社会的底层

ていぼう⓪【堤防】[名]堤,堤坝,堤岸△～を築く/筑堤

ていやく⓪【締結】[名・自サ]缔约,缔结△通商条約を～する/缔结通商条约

ていらく⓪【低落】[名・自サ]低落,下跌△ドルが～している/美元下跌

ていり①【定理】[名](数)定理

でいり⓪【出入り】[名]①出入,进

出△人の〜が多い/进出的人很多 ②常来往，常客△〜の業者/常来往的同行 ③（指帮会组织之间的）纠纷

でいりぐち④【出入り口】［名］出入口

ていりゅう⓪【底流】［名］①（河、海的）底层水流 ②暗流，潜在的情绪，潜在的趋势

ていりゅうじょ⓪【停留所】［名］公共汽车站

ていれ③【手入（れ）】［名・他サ］①修整，维修 ②搜捕，搜索

ておくれ②【手遅れ・手後れ】［名］为时已晚，耽误△〜になる/为时已晚

ておけ⓪【手おけ・手桶】［名］提桶

てかがみ②【手鏡】［名］带柄的小镜子，手拿的镜子

てがかり②【手掛（か）り・手懸（か）り】［名］①抓头儿，抓手 ②线索，头绪△〜をつかむ/抓住线索

でか・ける⓪【出かける】［自下一］出门，外出△旅行に〜/出去旅行

てがた⓪【手形】［名］①手掌印，手印 ②票据【-割引（わりびき）】④［名］票据贴现

てがみ⓪【手紙】［名］信，书信，信函△〜を出す/寄信【置（お）き-】③［名］字条，便条

てがら③【手柄】［名］功劳，功勋△〜をたてる/立功

てがる・い⓪【手軽い】［形］简单，轻易△〜料理/简单的便饭

てき⓪【敵】［名］①敌人 ②敌手，对手◇敵は本能寺（ほんのうじ）に在（あ）り/声东击西◇敵を見（み）て矢（や）を矧（は）ぐ/临阵磨枪，临渴掘井

でき⓪【滴】［名］滴

でき⓪【出来】［名］①质量△〜がよい/质量好 ②收成，年成【-高（だか）②⓪】［名］产量

できあが・る【出来上（が）る】［自五］做完，完成△ようやく〜/终于完成了

てきおう⓪【適応】［名・自サ］适应，适合【-能力（のうりょく）】⑤［名］适应能力【-性（せい）】⓪［名］适应性

てきかく⓪【的確・適確】［形動］确切，准确△〜な判断/正确的判断

てきぎ①【適宜】［副・形動］①恰当，适宜，合适 ②适当，酌情△〜おぎなう/酌情补充

できごと②⓪【出来事】［名］事，事情

てきざい⓪【適材】［名］适当的人材【-適所（てきしょ）】⑤［名］人尽其才，量才而用

できし⓪【溺死】［名・自サ］溺死，淹死

テキスト①【text】［名］①教科书，课本，讲义 ②原本，原文

てき・する③【適する】［自サ］适于，适宜，适合

てきせい⓪【適性】［名］（适合做某种工作的）性质或能力

てきせい⓪【適正】［名・形動］公正，公道，适当△〜な処置/恰当的处理【-価格（かかく）】⑤［名］公道的价格

てきせつ⓪【適切】［名・形動］确切，恰当

てきちゅう⓪【的中】［名・自サ］猜中，推测准确△予報が〜する/预报准确

てきど①【適度】［名・形動］适度，适当

てきとう⓪【適当】［形動］①适当，

适宜 ②正好，正合适△3 万円ぐ
らいが～だろう/三万日元左右
正好吧 ③随便，马虎，敷衍

できないそうだん【できない相談】
不可能的事

てきなきにやをはなつ【敵なきに
矢を放つ】无的放矢

てきにん⓪【適任】［名・形動］胜
任，适合做某项工作

てきぱき①［副・自サ］麻利，利落
△～しない/不麻利，不利落

てきはつ⓪【摘発】［名・他サ］揭
发，检举△汚職を～する/揭发贪
污

てきよう⓪【適用】［名・他サ］适
用，应用

で・きる②【出来る】［自上一］①
发生，产生，出现△子供が～/怀
孩子△用事（ようじ）が～/有事
②建立，建成△ビルが～/大楼建
成 ③完成，做好△準備が～き
た/准备好了 ④优秀，出色△～
生徒/优秀的学生 ⑤会，能够，可
以△彼は日本語が～/她会日语

できるだけ 尽可能，尽量△～早く
帰るつもりだ/我尽量提早回来

てぎわ③【手際】［名］手法，手段

てぐすねひく【手ぐすね引く】磨
拳擦掌

でぐち①【出口】［名］出口

テクニック①【technique】［名］（艺
术上的）艺术，手法，技巧

テクノロジー③【technology】［名］
科学技术

てくび①【手首】［名］手腕子

てこ①【梃・梃子】［名］①杠杆△
～の原理/杠杆原理 ②橇棍，橇
杠，千斤顶◇梃でも動（うご）か
ない/死顽固，坚持己见

てこず・る③［自五］棘手，为难

てごたえ②【手答（え）・手応（え）】
［名］①手感 ②反应

でこぼこ⓪【凸凹】［名・形動］①
凸凹不平，坎坷不平△～した道/
坑洼不平的路 ②不平均，不均衡
△学力が～だ/学习参差不齐

てごろ⓪【手ごろ・手頃】［形動］
①合适（的长度、重量等）②（与
自己的能力、条件）相配，合适△
～な値段/合适的价钱

デザイン②【design】［名・自他サ］
①设计 ②花色图案，图样

てさき③【手先】［名］①手指头△
～が器用だ/手巧 ②爪牙，走狗

てさげ③【手提（げ）】［名］手提包

デザート②【dessert】［名］甜食

てざわり②【手触（り）】［名］手感
△～がいい/手感好

でし②【弟子】［名］弟子，徒弟

てした③⓪【手下】［名］手下，喽啰，
帮手

てじな①【手品】［名］戏法，魔术

でしゃば・る③【出しゃばる】［自
五］出风头，多管闲事，多嘴多舌

てじゅん①⓪【手順】［名］次序，步
骤△～が狂う/程序乱了

てじょう⓪①【手錠】［名］手铐△～
をかける/戴上手铐

です［助動］（判断助动词「だ」的敬
体）①是△大山先生はぼくらの
顧問～/大山先生是我们的顾问
②多以「ですね」「ですな」的形式
用于会话中，起调整语气的作用
△これは～な、わが社で新しく
開発したロボットで…/这个嘛，
这是我公司新研制的机器人 ③
以「お…です」的形式，对做动作
的人表示敬意△先生がおよび～
よ/先生在叫你呢 ④（上接形容
词）表示礼貌的语气△もういい
～/可以了 ⑤起代替语词的作用
△おじはいつもざるそば～/叔
叔总是吃面条

てすう②⓪【手数】［名・形動］麻

烦；手续△～がかかる/费事

ですから [接]因此，因而，所以△去年の冬はあまり雪が降らなかった，～今年は早ばつになった/去年冬天没怎么下雪，所以今年干旱

てすき③【手すき・手隙】[名]空闲，工夫△～になる/有空闲，有工夫

デスク①【desk】[名]①办公桌，写字台 ②(报社等的)编辑部

テスト①【test】[名・他サ]测验，考试△～を受ける/接受考试【-パイロット④】[名]试飞员

てぜま⓪【手狭】[名・形動]窄，狭窄

データ①【data】[名]资料，数据

データ・アウト④【data out】[名]输出数据

データ・イン④【data in】[名]输入数据

てだすけ②【手助け】[名]帮助，帮忙

てだて①【手立(て)】[名]手段，方法，办法△～を講じる/想办法

でたらめ⓪【出鱈目】[名・形動]胡说八道，胡来，胡闹△～をいう/胡说八道

てぢか⓪【手近】[形動]①身旁，身边，附近 ②常见，尽人皆知△～な問題/常见的问题

てちょう⓪【手帳・手帖】[名]效率手册，记事本

てつ⓪【鉄】[名]①铁 ②钢铁般的，坚强的△～の規律/铁的纪律

てつ①【轍】[名]车辙◇前車(ぜんしゃ)の轍をふむ/重蹈覆辙

てっかい⓪【撤回】[名・他サ]撤回，取消△前言を～する/收回前言

てっかく⓪【的確・適確】[形動]恰当，准确△～に分析する/正确地分析

てつがく②⓪【哲学】[名]①哲学【人生(じんせい)-⑤】[名]人生哲学 ②人生观，世界观，哲理

てっかん⓪【鉄管】[名]铁管

てっき⓪【鉄器】[名]铁器

てつき①【手付(き)】[名]手的姿势，手的动作

デッキ①【deck】[名]①(船)甲板 ②(火车)车门平台

てっきょう⓪【鉄橋】[名]铁桥，铁路桥

てっきん⓪【鉄筋】[名]钢筋【-コンクリート④】[名]钢筋混凝土

てっこう⓪【鉄鋼】[名]钢铁

てっ・する⓪③【徹する】[自サ]①彻底△金儲けに～/一心一意赚钱 ②透，彻△骨身に～/彻骨

てつだい③【手伝い】[名・他サ]帮，帮忙，帮助△～をする/帮忙

てつだ・う③【手伝う】Ⅰ[他五]帮，帮忙，帮助△家事を～/帮助干家务 Ⅱ[自五]再加上(某件事)△彼女の成功には幸運も～っている/她的成功也有点儿靠运气

てつづき②【手続(き)】[名]手续，程序△～を踏む/履行手续

てつづきりょう②【手続料】[名]手续费

てってい⓪【徹底】[名・自サ]①彻底，一贯 ②贯彻△命令を～させる/贯彻命令

てっていてき⓪【徹底的】[形動]彻底△～に聞く/刨根问底

てつどう⓪【鉄道】[名]铁路，铁道△～を敷く/铺设铁路【国有(こくゆう)-⑤】[名]国营铁路

てっとうてつび⑤【徹頭徹尾】彻头彻尾

デッドボール④【dead ball】[名](棒球)死球

てっとりばや・い⓪【手っ取り早い】[形]迅速,省事,简便△手紙より電話の方が～/电话比信更迅速

てつはあついうちにうて【鉄は熱いうちに打て】趁热打铁

てっぱい⓪【撤廃】[名・他サ]废除,废止△制限を～する/取消限制

てつぼう⓪【鉄棒】[名]①铁棍,铁杠 ②(体操)单杠

てっぽう⓪【鉄砲】[名]枪,步枪△～をうつ/开枪

てつめんぴ③【鉄面皮】[形動]厚脸皮,厚颜无耻

てつや⓪【徹夜】[名・自サ]彻夜,通宵△～で試験勉強をする/开夜车准备考试

デート①【date】[名・自サ]①日期,年代 ②(男女)约会 ③椰枣

テトロン①【Tetoron】[名]〈化〉涤伦,的确良

テナー①【tenor】[名]〈乐〉①男高音 ②高音乐器

でなお・す⓪【出直す】[自五]①重来,再来 ②重新开始(做起)

てなべ①【手鍋】[名]带提柄的锅◇手鍋下(さ)げても/(倘能与心上人结合)受苦也情愿

てなみ①⓪【手並み】[名]本事,本领

…てならない(接形容词连用形)…得不得了,…极了△私はうれしくてならない/我真高兴得不得了

てにかんをすてず【手に巻を捨てず】手不释卷

テニス①【tennis】[名]网球

てにもつ②【手荷物】[名]随身行李

てぬかり②【手抜かり】[名]疏忽,疏漏,遗漏

てぬぐい⓪【手拭(い)】[名]手巾

てぬる・い⓪③【手ぬるい】[形]宽大

てのこう①【手の甲】[名]手背

てのひら②①【掌】[名]手掌◇掌を返すよう/突然改变

テノール②【(德)Tenor】[名]〈乐〉①男高音 ②高音乐器

ては[接助]①(表示发生消极事物的条件)如果要…△こんなに雪が降っ～/バスがおくれるだろう/下这么大的雪,汽车要晚点了吧 ②表示同一动作或状态反复出现△取っ～投げ、取っ～投げ/拿起来又扔,扔了又拿起来

では① Ⅰ[接]那么,那△～行ってきます/那么我走了△～これで終ります/那么就到此结束 Ⅱ[副助]在…情况下,在…方面△現在～事情が変っている/现在情况已经变了

てはい②①【手配】[名]①安排,筹备△車を～する/筹备汽车 ②(为逮捕犯人)布置,指令【指名(しめい)-④】[名]通辑令

…てはいけない(接动词连用形)不可…,不许…△ここで写真をうつしてはいけない/不得在此照相

…てばかりいる(接动词连用形)净…,光…,老是△泣いてばかりいる/老是哭△彼女はいつも彼より早く来てばかりいる/她总是比他来得早

てはじめ②【手始め】[名]开始,开头,开端

てはず①【手はず・手筈】[名]步骤,程序,准备△～を整える/准备好

…ては…ては(动词连用形＋ては＋动词连用形＋ては)表示同一动作或状态反复出现△書いては消し,消してはまた書き改める/

写了又擦，擦了又写

デパート②【(美)department store】
[名]百货商店

てばな・す③【手放す】[他五]①
松手，放手，撒手 ②卖掉，转手
△土地を～/卖掉土地 ③放弃
(保护或统治) △領土を～/放弃
领土 ④中断

てばや・い③【手早い・手速い】
[形]麻利，迅速，敏捷△～くか
たづける/麻利地收拾

てびき①【手引(き)】[名]①向导，
指引 ②指南，入门△学習の～/
学习指南 ③引荐，介绍

デビュー①【(法)début】[名・自
サ]①初次登台 ②初次问世

てびろ・い③【手広い】[形]①广
泛，范围广 ②宽广，宽敞

テープ①【tape】[名]①纸带，胶带
②录音带 ③终点线

てぶくろ②【手袋】[名]手套

てぶそく②【手不足】[名・形動]
人手不足

てぶら⓪【手ぶら】[名・形動]空
手

てぶり①【手振(り)】[名]手势

テーブル⓪【table】[名]桌，饭桌

テーブル・スピーチ⓪【(和)table
speech】[名]席上致词

テープ・レコーダー⑤【tape
recorder】[名]磁带录音机，带
式录音机

てほん②【手本】[名]①字贴，画
贴，范本 ②榜样，模范△～を示
す/示范

てま②【手間】[名]劳力，时间，工
夫△～がかかる/费工夫【二度
手間(にどでま)⓪】[名]费二
遍事

テーマ①【(徳)Thema】[名]①主
题 ②题目

デマ①【(徳)Demagogie】[名]①

谣言，谣传 ②流言

てまえ⓪【手前】[名]①前，跟前
△～に引く/拉到跟前 ②体面，
面子△世間の～/在人前的面子
③本事，本领 ④(自谦)我，鄙人
⑤(卑称)你

てまえみそをならべる【手前みそ
を並べる】老王卖瓜，自卖自夸

でまえ⓪【出前】[名]①饭馆将顾
客所订饭菜送到家 ②上门服务

テーマ・ソング④【(和)Thema
song】[名](电影)主题歌

てまね①【手まね・手真似】[名]
手势，比划

てまわし②【手回し】[名]①手摇，
用手转动 ②安排，布置，准备

てまわりひん②【手回(り)品】[名]
随身用的物品

でまわ・る⓪【出回る】[自五]上
市，大量出现

てむか・う③【手向(か)う】[自五]
抵抗，反抗，对抗△親に～/同父
母对抗

でむかえ⓪【出迎え】[名]迎接，
接人△～に行く/去迎接

でむ・く⓪【出向く】[自五]前去，
前往

ても(でも)[接助]尽管…也，即
使…也；无论怎样△雨が降っ～
出発する/即使下雨也出发△間
に合っ～合わなく～行くだけは
行ってみよう/不管赶得上赶不
上，去一趟看看△いくら呼んで
もきこえなかった/无论怎样喊
也没听见

デモ①【demonstration】[名]示威，
示威游行

でも[副助]①表示例举△どこかで
コーヒー～飲もうか/打个地方
喝杯咖啡什么的吧△日曜に～訪
ねてみよう/或者是星期天去看
看 ②连…都，即使…都△だれ～

できる/谁都会 ③纵令，尽管…也…，就是…也…△雨天～挙行する/就是下雨也要举行

でも［接］可是，但是△車がきた、～もう間にあわなかった/车是来了，可是已来不及了

てもあしもでない【手も足も出ない】一筹莫展，毫无办法，束手无策

デモクラシー④【democracy】［名］①民主 ②民主主义 ③民主政治，民主政体 ④万民平等

…でもって用△電話でもって通知する/用电话通知△木でもって椅子を作る/用木头做椅子

…ても…ても（用言连用形＋ても＋用言连用形＋ても）不管…，不管…；…也好，…也好△寒くても暑くてもやることはやらねばならない/不管是冷还是热，该做的事必须做

てもと③【手元】［名］①身边，手头△～にある/在身边 ②手的动作△～がくるう/失手；手忙脚乱 ③手头的现款△～が苦しい/手头紧，手里不富裕

てら②【寺】［名］庙，寺院【-参（まい）り③】［名］拜佛

てら・う⓪②【衒う】［他五］炫耀，夸耀，显示

テラス①【terrace】［名］阳台，凉台

てら・す②【照（ら）す】［他五］①照，照耀 ②依照，对照△規則に～/依照规章

テラゾー①【terrazzo】［名］水磨石

デリケート③【delicate】［形动］①微妙 ②敏感

て・る①【照る】［自五］①照，照耀△日が～/阳光照耀 ②晴天

でる①【出る】［自下一］①出来△へやから～/从屋里出来 ②超出，越出△あまりが～/有剩余 ③离开，出发△家を～/离开家△旅に～/出去旅行 ④毕业△大学を～/大学毕业 ⑤到，达到 ⑥出席，参加△会議に～/出席会议 ⑦出现，现出，露出△声が～/出声 ⑧出版，刊登，登载△新聞に～/登在报纸上 ⑨发生，产生，△元気が～/有精神△熱が～/发烧 ⑩出产 ⑪得出某种结果△結論が～/得到结论 ⑫获得，得到△許可が～/得到许可 ⑬销出，卖出 ⑭采取…态度△したてに～/采取谦逊态度

でるくいはうたれる【出る杭は打たれる】枪打出头鸟，出头的椽子先烂

テレスコープ【telescope】［名］望远镜

テレタイプ③【teletype】［名］电传打字机

テレックス②【telex】［名］电传

テレビ①【television】［名］电视机 ♦亦作「テレビジョン」

テレビ・インタビュー⓪【television interview】［名］电视采访

テレビ・カー⓪【telecar】电视车

テレビ・カメラ④【television camera】［名］电视摄像机

テレビタワー④【television-tower】［名］电视塔

テレビドラマ④【television drama】［名］电视剧

テレビばんぐみ④【television 番組】［名］电视节目

テロ①【terror】［名］「テロリスト、テロリズム」的简称→「テロリスト、テロリズム」

テロリスト③【terrorist】［名］恐怖主义者，恐怖分子

テロリズム③【terrorism】［名］恐

怖主义，暴力主义

てわけ⓪【手分(け)】[名]分头△
～してさがす/分头去找

てをかえしなをかえ【手を替え品
を替え】千方百计

てをつかねてぼうかんする【手を
束ねて傍観する】袖手旁观

てをぬらさずにもうける【手を濡
さずに儲ける】不劳而获

てん①【天】[名]①天，天空△～
を仰ぐ/仰天△～の助け/
天助 ③天国，天堂 ④(书籍等
的)天头◇天に唾(つば)する/害
人反害己◇天高(たか)く馬(う
ま)肥(こ)ゆる秋(あき)/天高马
肥之秋

てん⓪【点】[名]①点 ②〈数〉点
③标点△～をつける/点标点 ④
(汉字训读时标的符号)【訓(く
ん)-⓪】[名]标在汉文旁的读法
符号 ⑤分数△～があまい/分数
给得宽 ⑥点，方面

テン①【ten】十△ベスト～/十佳

てん【貂】[名]貂

でんあつ⓪【電圧】[名]电压

てんいむほう①⓪【天衣無縫】天衣
无缝

てんいん⓪【店員】[名]店员

でんえん⓪【田園】[名]田园【-都
市(とし)】⑤[名]田园城市【-風
景(ふうけい)】⑤[名]田园风
光

てんか①【天下】[名]天下△～を
取る/得天下【かかあ-】④老婆当
家

でんか⓪【電化】[名・自他サ]电
气化

てんかい⓪【展開】[名・自他サ]
①展现 ②展开，进展△議論を～
する/展开议论 ③〈数〉(立体图，
公式的)展开

てんかい⓪【転回】[名・自他サ]
回转，回旋

てんかふん③⓪【天花粉】[名]痱子
粉，爽身粉

てんかん⓪【転換】[名・自他サ]
转换，变换【-期(き)】③[名]转
变期，过渡期

てんかん⓪③【癲癇】[名]癫痫

てんき①【天気】[名]①天气△～
がいい/天气好【-予報(よほ
う)】④[名]天气预报 ②晴天，好
天气 ③情绪△～が悪い/不高兴
【お-屋(や)】⓪[名]忽冷忽热，喜
怒无常的人

でんき⓪【伝記】[名]传记

でんき①【電気】[名]①电，电气
△～を切る/断电【静(せい)-】③
[名]静电 ②电灯△～をつける/
开灯

でんきアイロン④【電気 iron】
[名]电熨斗

でんきえいが【伝記映画】[名]
传记电影

でんきかいろ④【電気回路】[名]
电路

でんきかみそり④【電気剃刀】[名]
电动剃刀

でんききかんしゃ⑤【電気機関車】
[名]电气机车，电力机车

でんきけいさんき⑥【電気計算器】
[名]电子计算器

でんきこう④【電気工】[名]电工

でんきこうがく④【電気工学】
[名]电工学

でんきゅう⓪【電球】[名]灯泡

てんきょ①【転居】[名・自サ]迁
居，搬家【-先(さき)】④[名]搬
迁地址，迁入地址

でんきろ③【電気炉】[名]电炉

てんきん⓪【転勤】[名・自サ]调
职，调动工作

てんぐ⓪【天狗】[名]①天狗 ②自
夸，自负(的人)△～になる/自

負起来

てんぐさ①⓪【天草】[名] 石花菜

でんぐりがえ・る【でんぐり返る】[自五]①翻筋斗 ②颠倒，天翻地覆

てんけい⓪【典型】[名]典型【-的⓪】[形動] 典型的

てんけん⓪【点検】[名・他サ]查点，检验

でんげん③⓪【電源】[名]①电力资源【-開発（かいはつ）⓪】[名]开发电力资源 ②电源△～を切る/切断电源

てんこ①【点呼】[名・他サ]点名

てんこう⓪【天候】[名]天气，气候△～に恵まれる/遇上好天气

てんこう⓪【転向】[名・自サ]转向，改变（职业、生活、思想等）

てんこく⓪【篆刻】[名・他サ]篆刻

てんごく①【天国】[名]①〈宗〉天堂，天国 ②（喻）天堂，乐园△子供の～/孩子们的天堂

でんごん⓪③【伝言】[名・他サ]口信，传话【-板（ばん）⓪】[名]留言板

てんさい⓪【天才】[名]天才

てんさい⓪【天災】[名]天灾

てんざい⓪【点在】[名・自サ]散在，散布

てんさく⓪【添削】[名・他サ]删改，修改

てんし①【天使】[名]天使

てんじ⓪①【展示】[名・他サ]展览，陈列△見本を～する/展览样品【-品（ひん）③】[名]展品，陈列品

でんし①【電子】[名]电子

でんしおんがく【電子音楽】[名]电子音乐

でんしけいさんき⑤【電子計算機】[名]电子计算机

でんしけんびきょう⑥【電子顕微鏡】[名]电子显微镜

でんしこうぎょう④【電子工業】[名]电子工业

でんしゃ⓪【電車】[名]电车【-賃（ちん）④】[名]电车费

てんしょ⓪【篆書】[名]篆书，篆体

てんじょう⓪【天井】[名]天棚，天花板

でんしょう⓪【伝承】[名・他サ]相传，传说【民間（みんかん）-⑤】[名]民间传说

てんじょうからめぐすり【天井から目薬】徒劳无益，无济于事

てん・じる⓪【転じる】[自他上一]①转换，转变△話題を～/改变话题 ②迁居，搬家

でんしん⓪【電信】[名]电信【-機（き）③】[名]电报机

でんしんばしら⑤【電信柱】[名]电线杆

てんしんらんまん⑤【天真爛漫】[名・形動]天真烂漫，幼稚，天真

テンス①【tense】[名]（语法）时，时态

てんすう③【点数】[名]①分数△～をとる/得分 ②（商品、作品的）件数

てんせい①【天性】[名]天性，禀性

でんせつ⓪【伝説】[名]传说

でんせん⓪【伝染】[名・他サ]①传染 ②传播

でんせん⓪【電線】[名]电线

でんせんびょう⓪【伝染病】[名]传染病

でんそう⓪【電送】[名・他サ]传真【-写真（しゃしん）⑤】[名]传真照片

てんたい⓪【天体】[名]天体【-観測（かんそく）⑤】[名]天体观测

てんたい⓪【篆体】[名]篆体

でんたつ⓪【伝達】［名・他サ］传达

てんち①【天地】［名］①天地△～の果（はて）/天涯海角 ②（书，行李等的）上下△～をあける/上下空出空儿【-無用（むよう）①】［名］切勿倒置

でんち①【電池】［名］电池

てんてん③⓪【転転】［名・自サ］①滚转，来回滚动 ②转来转去△各地を～とする/辗转各地

てんてんはんそく⓪【輾転反側】辗转反侧

テント①【tent】［名］帐篷△～を張る/搭帐篷

てんとう⓪【転倒・顛倒】［名・自他サ］①翻倒，跌倒 ②颠倒△本末～/本末倒置 ③惊慌，魂不附体△気が～する/神魂颠倒

でんとう⓪【伝統】［名］传统△～をつぐ/继承传统

でんとう⓪【電灯】［名］电灯【懐中（かいちゅう）-⑤】［名］手电筒

でんどう⓪【伝道】［名・自サ］传道，传教

でんどうき③【電動機】［名］电动机，马达

でんねつき④③【電熱器】［名］电热器

てんねん①⓪【天然】［名］天然，自然

てんねんガス⑤【天然 gas】［名］天然气

てんねんとう⓪【天然痘】［名］天花，痘

てんねんほうせき⑤【天然宝石】［名］天然宝石

てんのう③【天皇】［名］天皇

でんぱ①【電波】［名］电波【-障害（しょうがい）④】［名］电波干扰

でんぴょう⓪【伝票】［名］单据，发票，传票△～を切る/开传票【出金（しゅっきん）-⑤】［名］付款单据【購入（こうにゅう）-⑤】［名］进货单据

てんびん⓪【天秤】［名］天平

てんぷく⓪【転覆・顛覆】［名・自他サ］①翻△車が～した/车翻了 ②颠覆，推翻

てんぷら⓪【(和)天麩羅・(葡)tempero】［名］日本式（裏面油炸鱼虾蔬菜等的）油炸食品△魚の～/炸鱼

てんぶん①⓪【天分】［名］天资，天分

でんぷん⓪【澱粉】［名］淀粉

テンポ①【(意)tempo】［名］①〈乐〉速度，拍子 ②发展速度

てんぼう⓪【展望】［名・他サ］①了望，眺望【-台（だい）③】［名］瞭望台 ②展望

でんぽう⓪【電報】［名］电报△～をうつ/拍电报

でんぽうきょく③【電報局】［名］电报局

てんまど⓪③【天窓】［名］天窗

てんもん⓪【天文】［名］天文【-学（がく）③】［名］天文学

てんらく⓪【転落】［名・自サ］①滚下，摔下 ②沦落，堕落

てんらんかい③【展覧会】［名］展览会

でんりゅう⓪【電流】［名］电流

でんりょく①⓪【電力】［名］电力【-計（けい）⓪】［名］电表

でんりょくこうぎょう⑤【電力工業】［名］电力工业

でんわ⓪【電話】［名］电话，电话机△～をかける/打电话【-番号（ばんごう）④】［名］电话号码【-番号係（がかり）④】［名］查号台

と

と⓪【戸】[名] 门，房门△～をあける/开门△～を立てる/关门【-口（ぐち）①】[名] 房门口△-じまり②②】[名] 关门，锁门【引き戸（ひきど）②】[名] 拉门【開き戸（ひらきど）③】[名] 带合页的门

と①【途】[名] 途，路途△帰国の～につく/启程回国

と①【都】[名]（日本行政区划之一）都△東京～/东京都

と Ⅰ[格助] ①（表示动作所要求的对象）和，同△弟～けんかをした/和弟弟吵架了△クラスメート～相談してみます/我和同学商量一下△あしたはとなり町のチーム～試合をします/明天将和邻镇的球队进行比赛 ②（表示共同行动的对方）和…一起△駅ビルのレストランでおじさん～食事をした/和叔叔一起在车站的饭馆吃了饭△小山君～博物館を見に行った/和小山君一起参观了博物馆 ③（表示比较的对象）同，和，与，跟△昔～違って、今では女性もおおぜい働いている/和过去不同，现在许多妇女也工作△あなたはお兄さん～よく似ていますね/你长得和你哥哥真象 ④（后接「なる」表示变化的结果、状态）成，成为△彼は三年後、優秀な選手～なった/他三年后，成了一名优秀的运动员△雨が夜にはいって雪～なった/到夜里，雨变成了雪 ⑤（后接「する」表示）当作，认作，作为△留学生の友人を語学の先生～する/认留学生朋友作自己的外语老师△つ

ぎの列車は当駅で運転うちきり～します/本站将是下次列车的终点 ⑥（后接「思う」「言う」等动词）表示说动、思考等的内容△バスはすぐ来る～思う/我觉得汽车很快就会来△彼は「知らないよ」～言った/他说"不知道"△映画館の中には禁煙～書いてある/电影院里写着"禁止吸烟" ⑦表示动作的状态△ころころ～ころがる/叽哩咕噜地滚△遊覧船はゆっくり～方向転換をした/游船慢慢地掉过头来 Ⅱ[并助]（表示并列）和，跟，与，同△かき～みかん/柿子和桔子△輸入～輸出/进口和出口 Ⅲ[接助] ①（接终止形，表示前后两个动作几乎同时或相继进行）刚一…就…△栓（せん）をひねる～、水がどっと流れだした/刚一拧开水龙头，水就哗地一声流出来了△ベルが鳴りおわる～、電車はゆっくり～動きはじめた/铃声刚停，电车就徐徐开动起来△彼は電燈を消す～、すぐ目を閉じた/他刚一关上灯，就马上闭上了眼睛 ②（上接终止形）表示继前一个动作之后，发现或看到了意料不到的后一个动作△窓をあけてながめる～、町のネオンがまたたき始めていた/推窗远眺，镇上的霓虹灯已在闪烁△家に帰る～、友だちからの手紙が来ていた/一到家，就看到了朋友的来信 ③（上接终止形，表示动作发展的必然性，前一动作是后一动作的条件或前提）一…就…△春になる、～

花が咲く/一到春天,花就开△彼は酒を飲む〜,顔が赤くなる/他一喝酒脸就红 ④(上接终止形,表示假定)如果…就…△天気がいい〜,気持ちがせいせいします/如果天气好,心情就舒畅△早く行かない〜,遅れるよ/如不快去就晚了 ⑤(上接「う」「よう」「まい」)不管,无论△どんなに非難されようへ,自分の計画は実行するつもりだ/无论受到什么样的责难,我都要实施自己的计划△雪が降ろう〜,降るまい〜,とにかく出発する/不管下不下雪,都出发

ど⓪【度】[名]①程度,限度△〜をこす/过度△日ましに親密の〜をましている/日益亲密 ②回,次△一〜も行ったことがない/一次也没有去过 ③(眼镜的)度数△〜があう/度数合适△〜がつよい/度数深◇度を失(うしな)う/惊慌失措,慌神

ドア①【door】[名]门

どあい⓪【度合い】[名]程度△強弱の〜/强弱程度

とい⓪【問い】[名]①疑问△〜を発する/提问 ②(试卷等提出的)问题△以下の〜に答えよ/请回答下列问题

とい⓪【樋】[名]①(引导房顶雨水下流的)落水管【雨樋(あまどい)②】[名]落水管 ②(竹筒等制的)导水管

といあわ・せる⑤【問(い)合わせる】[他下一]问,询问,打听△先方に〜/向对方询问

といか・ける④【問(い)掛ける】[他下一]询问,问

といただ・す④【問(い)質す】[他五]盘问,质问△事の真偽を〜/盘问事情的真假

ドイツ①【(荷)Duits】[名]德国【-語(ご)⓪】[名]德语△〜体操/德意志器械体操

どいつ①[代](「だれ」的粗俗说法)谁,哪个家伙

といつ・める④【問(い)詰める】[他下一]追问,逼问

といやのただいま⓪【問屋の只今】说了不做,不履行诺言

トイレ①[名]「トイレット」的简称→トイレット

トイレット③①【toilet】[名]洗手间,厕所【-ペーパー⑥】[名]卫生纸,手纸

とう①【唐】[名](中国的)唐朝【-三彩(さんさい)③】[名]唐三彩

とう①【党】[名]党,政党

とう①【塔】塔【テレビ-④】[名]电视发射塔

と・う⓪【問う】[他五]①问,询问△真意を〜/询问真意△安否(あんぴ)を〜/问安,问候 ②追究△責任を〜/追究责任 ③(用「…に問われる」的形式,表示法律上)被定为…罪△傷害罪に〜われる/被定为伤害罪 ④(以否定形式表示)不论,不管△年齢を〜わない/不问年龄大小△老若男女を〜わず…/不论男女老少都…◇問うは一時の恥(はじ),問わぬは末代(まつだい)の恥/问为一时之耻,不问为一生之耻

どう①【胴】[名]①(人体除去头部和四肢的)躯干△〜が長い/身子长【-まわり③】[名]臀围 ②(物体的)主体部分△飛行機の〜/飞机的机身 ③(鼓的)共鸣箱 ④(剑术)胸铠,护胸;对胸部的一击

どう①【堂】[名]①(寺院的)殿,堂 ②佛堂◇堂に入(い)る/(学

問、技芸）无可挑剔，炉火纯青

どう①【銅】[名] 铜

どう①[副] 怎么，怎样，如何△お体のぐあいは～ですか/您身体怎么样△～しよう/怎么办呢△～とも思わないね/我没觉得怎么样

どうあげ③④【胴上（げ）】[名]（为庆祝胜利等，众人将有功之臣）抛举起来△～する/抛举

とうあん⓪【答案】[名] 试卷△白紙（はくし）の～/白卷【模範（もはん）-④】[名]标准答案【-用紙（ようし）⓪】[名]（专写答案的）答卷纸

どうい⓪【同位】[名] 同位【-角（かく）⓪】[名] 同位角【-元素（げんそ）④】[名] 同位素

どうい⓪【同意】Ⅰ[名・自サ] 同意，赞成△～をえる/得到同意△～を求める/请求同意Ⅱ[名] 同义【-語（ご）⓪】[名]同义语

どういう①[連体] 怎样，什么样（=どんな）△～物が欲しいのですか/你想要什么样的东西△いったい～つもりなんだ/你到底打算干什么

どういたしまして①【どう致しまして】（寒喧语）不必客气

とういつ⓪【統一】[名・他サ] 统一【天下（てんか）-①-⓪】[名] 天下统一

どういつ⓪【同一】[名・形動] 同样，同等△～にあつかう/同样对待△～にみる/同样看待【-人物（じんぶつ）⑤】[名] 同一人物

とういん⓪【党員】[名] 党员

どういん⓪【動員】[名・他サ] 动员；调动

とうえいず③【投影図】[名] 透视图

とうおう⓪【東欧】[名] 东欧

とうおん①【唐音】[名]（指从平安时代末期开始传入日本的中国唐至清代的）汉字读音如京（きん）、行（あん）等，汉字读音以汉音、吴音最多，唐音只限于一小部分）

とうか⓪①【投下】[名・他サ]①投下，扔下△爆弾を～する/扔下炸弹 ②投入（资本）△資本を～する/投资

どうか⓪【同化】[名・自他サ] 同化△炭酸（たんさん）～作用/炭酸同化作用

どうか①[副]①请，务请，恳请△～よろしくお願いします/请务必多多关照 ②不知何时△～した拍子にこわれたらしい/好象什么时候碰了一下给弄坏的 ③想个办法，设法△学費だけは～してやりたい/真希望有个办法帮助他，至少解决学费问题 ④（以「どうかこうか」的形式表示）勉强△～こうか生きてます/勉强度日 ⑤（以「どうかする」的形式表示）反常，令人奇怪△このごろ、きみは～しているぞ/最近，你可有些反常 ⑥（以「どうかと思う」的形式表示）难以赞成，无法同意△その考えは～と思う/我难以同意那个意见

とうかいどう③【東海道】[名]①（江户时代）东京日本桥至京都三条大桥间的沿海道路 ②东京经静冈、名古屋、京都、大阪至神户的沿海公路【-本線（ほんせん）⑦】[名]东京至神户的沿海铁路

とうがいひん⓪【等外品】[名] 次品，残品，等外品

どうかせん⓪【導火線】[名]①引信，导火线 ②（事件等的）导火索

とうから①【疾から】[副] 很早，早就…△そんなこと、言われなく

ても～知っているよ/那件事你用不着说，我早就知道了

とうがらし③【唐辛子】［名］辣椒

とうがん③【冬瓜】［名］冬瓜

とうき①【冬季】［名］冬季【-オリンピック大会（たいかい）①-⑦】［名］冬季奥林匹克运动会

とうき①【冬期】［名］冬天期间

とうき①【投機】［名］投机

とうき①【陶器】［名］陶器

とうき①①【騰貴】［名・自サ］（物价）飞涨

どうき①【同期】［名］①同时期【-録音（ろくおん）④】［名］同期录音 ②同年（入学、入社）△～の仲間（なかま）/同一期的伙伴【-生（せい）③】［名］同一期的同学

どうき①①【動機】［名］动机△犯行の～/犯罪动机

どうき①【動悸】［名］心脏剧烈跳动，心砰砰地跳△～がうつ/心脏剧烈跳动

どうぎご③【同義語】［名］同义语（如「来年」「明年」、「投手」「ピッチャー」）

とうきゅう①【等級】［名］等级△～をつける/划分等级

とうきゅう①【投球】［名・自サ］（棒球）投球【全力（ぜんりょく）-⑤】［名］①（棒球）使出全力投球 ②全力以赴（工作中）

とうぎゅう①【闘牛】［名］①牛与斗牛的比赛；比赛中使用的牛 ②斗牛（人与牛斗）；比赛中使用的牛【-士（し）③】［名］斗牛士

どうきゅう①【同級】［名］①等级相同，同等级 ②同年级【-生（せい）③】［名］同年级的同学

どうきょ①【同居】［名・自サ］①同居，同住在一起△三世代（さんせだい）が～する/三代同堂【-人（にん）①】［名］同居者 ②同时存在

とうきょう①【東京】［名］东京

どうきょう①【同郷】［名］同乡，老乡

どうきょう①【道教】［名］（中国的）道教

とうきょり③【等距離】［名］等距离

どうぐ①【道具】［名］①工具，用具【大工（だいく）-④】［名］木工工具【所帯（しょたい）-④】［名］家庭必备的生活用具 ②手段，工具

どうくつ①【洞窟】［名］洞穴，山洞

とうげ③【峠】［名］①山顶△～をくだる/下山 ②顶峰，顶盛期△～をこす/过了顶盛期△病状も～をこした/病情好转（过了危险期）

どうけ③【道化】［名］①滑稽 ②滑稽的人【-師（し）③】［名］丑角滑稽师【-者（もの）①】［名］令人发笑的人【-役（やく）①④】［名］滑稽演员，丑角

とうけい①【統計】［名・他サ］统计△～をとる/作统计

どうけい①【同慶】［名］（书信用信）同庆，同贺△ご子息（しそく）様大学合格とのこと、ご～の至（いた）りです/听说令郎考入大学，可喜可贺

とうけつ①【凍結】［名・自他サ］①结冰 ②（资金等）冻结【賃金（ちんぎん）-⑤】［名］工资冻结

とうげんきょう①③【桃源郷】［名］乌托邦，世外桃源

とうこう①【登校】［名・自サ］去学校，上学

とうごう①【統合】［名・他サ］统一△意見を～する/统一意见

どうこう①【同好】［名］兴趣相同，爱好相同△～の士/兴趣相同之

士【-会（かい）③】[名] 爱好相同的人组成的俱乐部

どうこんしき③【銅婚式】[名] 纪念铜婚仪式

どうさ①⓪【動作】[名] 动作△～がすばやい/动作快【投球（とうきゅう）-⑤】[名]（棒球）投球动作

とうざい①【東西】东和西【-南北（なんぼく）⑤】[名]东西南北【-問題（もんだい）⑤】[名] 东西方之间的问题【古今（ここん）-④】[名] 古今中外

とうざよきん④【当座預金】[名] 支票活期存款（不带息）

とうさん⓪【倒産】[名・自サ] 破产

とうし⓪【投資】[名・自サ] 投资【-家（か）⓪】[名] 投资家【設備（せつび）-④】[名] 设备投资

とうじ⓪【冬至】[名] 冬至

とうじ①【当時】[名] 当时

どうし①⓪【同志・同士】[名]①同志 ②属于同一种关系的双方；们△恋人～/属于恋爱关系的双方△男～/男同胞们◆②多用「同士」或假名书写

どうし①【同氏】[名] 该氏

どうし⓪【動詞】[名] 动词

どうじ⓪①【同時】[名]①同时【-通訳（つうやく）④】[名] 同声传译【-進行（しんこう）④】[名] 同时进行 ②（用「…と同時に」的形式表示）既…又…△学者であると～に教育者でもある/既是学者又是教育家

とうじき③【陶磁器】[名] 陶瓷器

とうじつ⓪①【当日】[名] 当天【-売（うり）⓪】[名] 当天售出【-券（けん）⑤】[名] 当日有效的票、券

どうしつ⓪【同室】[名・自サ] ①同室 ②同室的人

どうして① Ⅰ[副]①如何，怎样△この問題を～解決したらいいだろう/怎样解决这个问题才好呢 ②为什么，什么理由△～きみは出来なかったのか/你为什么不会Ⅱ[感]①（多用「どうして、どうして」形式表示否定对方的话）哪里哪里，远不止那样△～、～、そんな程度じゃなかったよ/哪里，远不止那样 ②（表达出乎意料、吃惊时的感情）哟△～、あいつはたいしたもんだ/哟，那家伙还真了不起

どうしても④ [副] ①无论如何，必须△～行かなければならない/必须去 ②怎么也…△～できない/怎么也不会

とうしゃ①【当社】[名] ①本公司 ②本神社

とうしゃばん⓪【謄写版】[名]刻字蜡版【-原紙（げんし）⓪-①】[名] 蜡纸

とうしゅ①【投手】[名]（棒球）投手

とうしょ①【当初】[名] 当初，最初

とうしょ⓪【投書】[名・自他サ] 投书，投稿【-欄（らん）⑤】[名]群众来信专栏

とうじょう⓪【搭乗】[名・自サ]搭乘（飞机、船等）【-員（いん）③】[名]乘务员【-券（けん）③】[名]登机牌

とうじょう⓪【登場】[名・自サ]①登场，上场△ステージに～する/上舞台，登场【-人物（じんぶつ）⑤】[名] 出场人物 ②出世，问世△新製品が～する/新产品问世

どうじょう⓪【同情】[名・自サ]同情△～をかう/争取同情△～を

よせる/寄予同情

どうじょう③① 【道場】 [名] ①(佛教)修行的地方 ②(练习武艺等的)练习场所

とう・じる③⓪ 【投じる】 [自他上一](文语)投入，投身△仕事に身を～/投身到工作当中△時流(じりゅう)に～/投身到时代的洪流中去

とうしん⓪ 【答申】 [名・他サ] 回答上级机构的咨询【-案(あん)③】[名](回答上级咨询的)意见报告【-書(しょ)③】[名](回答上级咨询的)意见报告书

どうじん⓪ 【同人】 [名] 志同道合的人【-雜誌(ざっし)⑤】[名] 同人杂志

どうせ⓪ [副](多含有自暴自弃的心情)反正,无论如何△～失敗するんだ/反正是要失败△～ろくな者にはなれまい/反正我成不了什么大气候

とうせい⓪ 【統制】 [名・他サ] 统制,管制△言論を～する/管制言论(自由)【-経済(けいざい)⑤】[名] 计划经济【-委員会(いいんかい)⑥】[名] 管制委员会

どうせい⓪ 【同姓】 [名] 同姓【-同名(どうめい)⓪-⓪】[名] 同姓同名

どうせい⓪ 【同性】 [名] 同性

どうせい⓪ 【同棲】 [名・自サ] 同居，姘居

とうせん⓪ 【当選】 [名・自サ] 当选△市長に～する/当选为市长【-者(しゃ)③】[名] 当选的人

とうぜん⓪ 【当然】 [形动・副] 当然,理所当然△～なこと/理所当然的事情△～そうすべきだ/当然要那么做

どうぞ① [副] 请△～よろしくお願いします/请多多关照△～お先に/您先请吧△はい、～/请吧

とうそう⓪ 【逃走】 [名・自サ] 逃跑，逃脱

とうそう⓪ 【闘争】 [名・自サ] 斗争

どうそう⓪ 【同窓】 [名](同一学校毕业的)同学【-会(かい)③】[名]同学会【-生(せい)③】[名]同学,校友

とうだい⓪ 【灯台】 [名](水路)航标,灯塔【-守(もり)③】[名] 看守灯塔的人

とうたつ⓪ 【到達】 [名・自サ] 到达,达到△同じ結果に～した/达到相同结果【-点(てん)⑤】[名] 到达地点【-目標(もくひょう)⓪】[名] 达到的目标

とうち① 【当地】 [名](书信用语)本地,当地△～では初雪(はつゆき)をみましたが、そちらではいかがでしょうか/这里已经下了第一场雪，你们那里怎么样

とうち⓪ 【倒置】 [名・他サ] ①(顺序、位置)倒置 ②(句子)倒装【-法(ほう)⓪】[名](句子)倒装法

とうちゃく⓪ 【到着】 [名・自サ]到达【-時刻(じこく)⑥】[名] 到达时间

とうちょく⓪ 【当直】 [名・自サ]值班

とうてい⓪ 【到底】 [副](后接否定语)无论如何也,怎么也△こんな難しい問題は、～できない/这么难的题无论如何也不会△～無理だ/无论如何也干不了

どうてい⓪ 【童貞】 [名] 童男

どうてき⓪ 【動的】 [形动] 具有动感,具有动态△～なリズムを感じさせるデザイン/具有动感的设计

とうてん①⓪ 【読点】 [名] 顿点，顿

号

どうてん⓪【動転】［名・自サ］惊
恐失措△気が～する/慌神

とうと・い③［形］Ⅰ【貴い】①宝
贵,珍贵,贵重△～体験/宝贵的
经验 ②（身份、地位）高贵Ⅱ【尊
い】令人尊敬,尊贵

とうとう①［副］终于△長時間（ち
ょうじかん）の会議をした結果、
結論が～出た/开了很长时间的
会,终于有了结论

どうどう③【堂堂】［副・形動］①
（体魄）健壮△～たる体格/健壮
的体魄 ②（举止）堂堂△～と自
分の意見をのべる/堂堂正正地
发表自己的意见【正正（せいせ
い）-⓪】［副］堂堂正正

どうとく⓪【道徳】［名］道德【-教
育（きょういく）⓪】［名］道德教
育【公衆（こうしゅう）-⑤】［名］公
共道德

とうと・ぶ③【尊ぶ・貴ぶ】［他
五］尊敬,尊重

とうどり⓪④【頭取】［名］（银行的）
行长

とうなんアジア⑤【東南アジア】
［名］东南亚

どうにか①⓪［副］①好歹，总算△
～頂上まできた/总算爬上了山
顶 ②设法,想个办法△五千円ほ
しいんですが、～なりませんか/
我需要五千日元，你能不能帮我
想点办法

どうにも［副］（后接否定语）无
论如何也,怎么也△～ならない/
毫无办法△～助けようがない/
无法救助

とうにゅう⓪【豆乳】［名］豆浆

とうにょうびょう⓪【糖尿病】［名］
糖尿病

どうねん⓪【同年】［名］①同年龄
【-輩（ぱい）③】［名］同年龄的人

②同年,同一年

どうのこうの①-①　（表示不满）这
呀那呀△今さら～と言ってもし
ようがない/到现在再说这道那
的也没用了

とうは①【踏破】［名・自サ］走遍,
踏破△ジャングルを～する/走
遍森林

どうはい⓪【同輩】［名］①同年龄
的人 ②同一期（入学,参加工作）
的人

とうばつ⓪①【討伐】［名・他サ］
讨伐

とうばん①【当番】［名］①值班,值
日 ②值班人,值日生

とうひょう⓪【投票】［名・自サ］投
票【-区（く）③】［名］投票区【-者
（しゃ）⓪】　［名］投票人【-日
（び）③】［名］投票日【記名（きめ
い）-④】［名］记名投票【無記名（む
きめい）-⑤】［名］无记名投票

とうふ③【豆腐】［名］豆腐【-屋
（や）⓪】［名］豆腐店◇豆腐に鎹
（かすがい）/（忠告、意见等）徒
劳,不起作用

とうぶ①【東部】［名］东部地区

どうふう⓪【同封】［名・他サ］附
在信内△写真を～します/随信
寄去照片

どうぶつ⓪【動物】［名］动物【-園
（えん）④】［名］动物园

とうぶん①【糖分】［名］糖分

とうぶん⓪【等分】［名・他サ］等
分,均分△～に分ける/平均分

とうぶん①【当分】［副］暂时,目
前,最近△～の間/最近一段期间

とうべん⓪【答弁】［名・自サ］答
辩△～に立つ/起来答辩

とうぼう⓪【逃亡】［名・自サ］逃
亡

どうほう⓪【同胞】［名］同胞

とうほく⓪【東北】［名］（本州岛

的）东北部（包括青森、秋田、岩手、宫城、山形、福岛县）【-地方（ちほう）⑤】［名］东北地区

とうほん⓪①【謄本】［名］副本【戸籍（こせき）-④】［名］户籍的副本

どうまわり③【胴回り】［名］臀围

どうみゃく①【動脈】［名］动脉【-硬化（こうか）⑤】［名］动脉硬化

とうめい⓪【透明】［名・形動］透明△～なガラス/透明的玻璃【無色（むしょく）-④】［名］无色透明

どうめい⓪【同盟】［名・自サ］同盟△～をむすぶ/结成同盟【-罷業（ひぎょう）⑤】［名］罢工

どうメダル③【銅メダル】［名］铜牌

とうめん⓪③【当面】Ⅰ［名・自サ］当前，面临△～の問題/面临的问题△～の急務/当务之急Ⅱ［副］目前，暂时

どうも①Ⅰ［副］①（后接否定语）怎么也…△～上手に話せない/怎么也说不好△いろいろやってみたが、～うまくいかない/各种方法都试了，但怎么也弄不好②总觉得，好象，似乎△～体の調子がよくない/总觉得有些不舒服△～ちがうようだ/似乎不对③（表示毫无办法及惊讶的心情）真，实在△～あきれたやつだ/真是个令人没办法的家伙④（用于寒暄语前）很，非常△～ありがとう/非常感谢△～すみません/很抱歉Ⅱ［感］①用于省略「どうも」之后的词△先日は～/前些日子太感谢了（太对不起了）△～/哎呀，这太好了，谢谢您②表达犹豫、不满、委婉地拒绝等心情△「お願いできませ

んか」それはちょっと、～ね」/"能帮帮我的忙吗""这可有点不好办呀"

とうもろこし③【玉蜀黍】［名］玉米

どうやら①⓪［副］①好容易，终于△～先が見えてきたようだ/终于有盼头了②大概，好象△～雨になりそうだ/大概要下雨

とうゆ⓪【灯油】［名］煤油，灯油

とうよう⓪【東洋】［名］东洋（亚洲东部和南部）

どうよう⓪【童謡】［名］童谣

どうよう⓪【動揺】［名・自サ］①摇动，晃动△車体の～がはげしい/车身晃动得厉害②动摇

どうよう⓪【同様】［形動］同样△～にあつかう/同样对待△昨年と～のやりかた/和去年同样的做法

とうようかんじ⑤【当用漢字】［名］当用汉字（一九四六年日本政府公布的日常生活中常用的汉字，共1850个。后几经增补、调整，于一九八一年改为"常用汉字"

どうらく④③【道楽】［名・自サ］①嗜好【食（く）い-③】［名］嗜好吃②沉溺于吃喝嫖赌【-者（もの）⓪】［名］沉溺于吃喝嫖赌的人

どうり③【道理】［名］道理△～にあう/合乎道理△～にかなう/合乎道理

どうりで①［副］怪不得△二段ですか、～強いと思った/是围棋二段呀，怪不得这么厉害

とうりゅうもん③【登竜門】［名］飞黄腾达的台阶◆此词源于鲤鱼跳龙门的故事

どうりょう⓪【同僚】［名］同事

どうりょく①【動力】［名］动力

とうるい⓪【盗塁】[名・自サ](棒球)偷垒

どうろ①【道路】[名] 道路，公路【-標識(ひょうしき)④】[名](公路的)交通标志【高速(こうそく)-⑤】[名]高速公路【有料(ゆうりょう)-⑤】[名]收费公路

とうろう⓪【灯籠】[名]灯笼【-流(なが)し⑤】[名](盂兰盆会的末日夜里举行的)放河灯

とうろく⓪【登録】[名・他サ]登记，注册【住民(じゅうみん)-⑤】[名]申报户口【-商標(しょうひょう)⑤】[名]注册商标

とうろん①【討論】[名・自他サ]讨论

どうわ⓪【童話】[名]童话

とうわく⓪【当惑】[名・自サ]困惑，不知如何是好△～の色をかくせない/掩不住困惑的神情

とえい⓪【都営】[名]东京都经营【-バス④】[名]东京都经营的公共汽车【-地下鉄(ちかてつ)⓪】[名]东京都经营的地铁

とお①【十】①十 ②十个 ③十岁

とお・い⓪【遠い】[形]①(距离、时间)远，遥远△学校が～/学校远△～将来/遥远的将来△～むかし/很久很久以前 ②(关系)疏远△～親戚/远亲 ③听不清△電話が～/电话(远)听不清△耳が～/耳背◇遠くの親類(しんるい)より近(ちか)くの他人(たにん)/远亲不如近邻

とおか⓪【十日】[名]①十号②十天

とおざか・る④【遠ざかる】[自五]①远离，远去 ②(关系)疏远

-どおし【通し】[接尾](接动词连用形表示)一直做该动作△泣き～/一直哭

とお・す①【通す】[他五]①通，通过，穿过△針の穴に糸を～/穿针②通顺△すじを～/通情理 ③(决议等)通过，合格△法案を～/通过法律案 ④透过△放射線を～さない金属/放射线透不过去的金属 ⑤引进，领进△客を部屋に～/把客人领进屋 ⑥(用「～を通して」表示)通过，经过△テレビやラジオを～して宣伝する/通过电视、广播进行宣传 ⑦浏览△雑誌に目を～/浏览一遍杂志 ⑧始终保持(一种状态)△独身で～/坚持独身 ⑨始终坚持(自己的主张)△意地(いじ)を～/固执己见△我(が)を～/固执已见 ⑩(接动词连用形表示)干完，做到底△つらぬき～/贯彻到底△読み～/通读

とおの・く③【遠のく】[自五]①远去，远离 ②(关系)疏远

とおまわし③⑤【遠回し】[名]委婉，拐弯抹角△～に言う/委婉地说

とおまわり③【遠回り】[名]绕远△～の道/绕远的路

とおり【通り】Ⅰ⓪[名]①大街，马路△～に出る/上大街【大通(おおどお)り③】[名]大街【裏通(うらどお)り③】[名]后街，胡同 ②来往，交通△車の～が激(はげ)しい/来往车辆很多【-道(みち)⑤】[名]来往行人经过的路【人通(ひとどお)り⓪】[名]来往行人 ③通(风)△風の～がわるい/通风不好 ④(社会上)认可，通用△芸名のほうが～がよい/社会上多知道他的艺名【-相場(そうば)④】[名](社会上的)一般行情；公认的评价Ⅱ①[形动]按照…样△言われた～にしろ/按照说的那样去做△その～だ/正如(您所说的)那样△希望どおり/按照您所希望的那样Ⅲ[接尾]

表示事物的种类、次数△ふた〜
のやり方/二种干法△三（み）〜
の意见/三种意见

-どおり【通り】［接尾］①表示街、
路的名称△銀座（ぎんざ）〜/銀
座街 ②（表示程度）左右△九分
（くぶ）〜できた/完成了百分之
九十左右

とおりあめ④【通り雨】［名］阵雨

とおりいっぺん④【通り一遍】［形
動］表面，形式上，泛泛△〜のあ
いさつ/形式上的客套话

とおりがかり◎【通り掛かり】
［名］路过

とおりがけ◎【通り掛け】［名］路
过时顺便

とおりすがり◎【通りすがり】
［名］①路过 ②路过时顺便△〜
にでもお寄りください/以后路
过这里时，请顺便来玩

とおりな③【通り名】［名］通称

とお・る①【通る】［自五］①通，
通过，穿过△鉄道が〜/鉄道通
车△貨物列車が鉄橋を〜/货车
通过铁桥 ②（意思，条理）通顺
△すじが〜/合情理 ③（鼻子）通
气△つまっていた鼻が〜/堵着
的鼻子通气了 ④（声音）响亮△
声が〜/声音响亮 ⑤（决议等）通
过；（考试）合格△議会を〜/在议
会上通过△予選を〜/通过预选
△試験に〜/考试合格 ⑥进入△
どうぞお〜りください/请进 ⑦
（受到）承认，（多数人）知晓△意
見が〜/意见被采纳△名が〜/闻
名

とお・る①【透る】［自五］透明，透
光

とか　［副助］①（表示列举）…啦
啦/毎日掃除〜洗濯〜に追われ
ている/每天不是忙着扫除就是
忙着洗衣服△バナナ〜オレンジ

〜のくだもの/香蕉，桔子之类的
水果 ②要么…要么…，或者…或
者…△自分で本をさがす〜、図
書館に行く〜、いくらでも調べ
る方法はある/或者自己查书，或
者去图书馆，总之，查找的办法有
很多 ③表示不确实的传闻，不确
切的记忆△ちょうど出掛けると
ころがある〜で、くわしく話す
ことはできなかったけど/说是
要去个什么地方，所以，我们没能
深谈△じいさんは四年前に七十
幾つ〜で、亡くなった/爷爷在四
年前七十多岁的时候死去了

とかい◎【都会】［名］城市，都市

とかく◎　［副］①这个那个地指责
△子供について〜言うまえに、
まず親自身が反省しろ/在这个
那个训斥孩子之前，父母应首
先反省一下自己△〜のうわさが
流れる/社会上流传着种种不好
的传言 ②往往，常常△寒くなる
と、〜寝坊しがちだ/天一冷就往
往爱睡懒觉△成績がよいと〜う
ぬぼれがちだ/学习成绩一好，就
常常爱骄傲 ③总地说来△〜健
康がすぐれない/总地说来健康
状况不好 ④这个那个，不知不觉
△〜するうちに十日立った/不
知不觉地过了十天

とかげ◎【蜥蜴】［名］蜥蜴

とか・す②【梳かす】［他五］梳理
（头发）△頭を〜/梳头△髪を〜/
梳头

とか・す②【溶かす・解かす】［他
五］溶解，溶化△氷を〜/溶化冰
△なまりを〜/溶化铅

どかっと②　［副］①猛地放下重物貌
△〜すわる/重重地坐下△床の
上に包みを〜置く/把包袱猛地
放在地板上 ②下大雨（雪）貌△
雨は短時間に〜降ってきた/大

雨一下子就来了 ③（数量）一下子增加很多△大金(たいきん)が～ころがりこむ/一下子有了一大笔钱 ④物价骤然涨落貌

とが・める③【咎める】[他下一] ①责难，谴责△不注意を～/责怪他不小心△罪を～/谴责罪行 ②盘问△警官に～められる/受到警察的盘问 ③（内心感到）不安△気が～/于心不安

とが・らす③【尖らす】[他五] ①使…突出△口を～/噘嘴（表示不满）②（神经）过敏，紧张△神经を～/精神紧张起来 ③（生气时）声音尖利△声を～/高声（训斥）

とが・る②【尖る】[自五] ①（头儿）尖△～った鉛筆/尖尖的铅笔 ②（神经）过敏，紧张△神経が～/神经过敏 ③（生气时）尖利，高声△～った声/尖利的声音

とき①【鴇・朱鷺】[名] 朱鹭

とき②【時】[名] ①时间，光阴△～がたつ/光阴流逝 ②时代△～のうつりかわり/时代变迁 ③时期，时节△若い～/年轻时候△幼い～の思い出/童年的回忆 ④时刻，钟点△～を知らせる/报时 ⑤时机，机会△～をえる/得到机会△～を待つ/等待时机 ⑥当时，现时△～の人/名噪一时的人物 ⑦时候△欠席の～は届け出ること/缺席时，请事先假◇時は金(かね)なり/一寸光阴一寸金

どき①⓪【土器】[名] ①陶器 ②（新石器时期用泥土做的）容器

ときいろ⓪【鴇色】[名] 浅粉色

ときおり⓪【時折】[副] 有时，偶尔

…ときたら 要说…，提起…来△水泳ときたら彼にかなえる者はない/要说游泳，没人能比得过他

とまたま⓪【時たま】[副] 有时，偶尔△～会う/偶尔见面

ときどき【時時】I ④⓪[名] 每个时期△状況に応じて、～の実行計画をたてる/根据情况再订各个时期的计划 II ⓪[副] 时常，常常△～行く/时常去△～見かける/常常看到

どきどき①[副]（心）扑通扑通地跳（形容紧张，不安）△胸が～する/心扑通扑通地跳

ときならぬ④【時ならぬ】[連体] 不合季节的；令人意外的△～大雪/不合季节的大雪

ときに②【時に】I[副] ①有时△子供が～顔を見せに来る/孩子有时来看看我 ②时间正是…△～元禄十五年/时间正是元禄十五年 II[接]（用于谈话中途另换话题时）哎，那个

ときには②【時には】[副] 偶尔，有时△誰だって～失敗することがある/谁都有失败的时候

ときめ・く③[自五] 激动△胸が～/激动得心跳

どぎもをぬく【度肝を抜く】 使…吓破胆

ドキュメンタリー③【documentary】[名] 纪实电影（小说、广播节目）

ドキュメンタル③【documental】[形動] 纪实性

ドキュメント①【document】[名] 纪录，文献

どきょう①【度胸】[名] 胆量△～をすえる/壮起胆△-だめし④[名] 试胆量

どきょう⓪【読経】[名・自サ] 念经

とぎれとぎれ④[形動] 断断续续△～に話す/断断续续地说

ときわぎ③【常磐木】[名] 常青树

とく⓪【徳】[名] ①德，品德△～が高い/德高 ②恩德△～をほどこす/施德

とく⓪【得】[名・形動] 利益；得利，有利△～をする/得利△そんなことをしても，なんの～にもならない/既使那样做，也得不到什么便宜

と・く①【解く】[他五] I ①解开，解△靴のひもを～/解鞋带△むすび目を～/解扣儿 ②解除△警戒を～/解除警戒 ③消除△誤解を～/消除误解 △解答△なぞを～/猜迷语 ⑤解职△職を～/解职 II【溶く】溶解，溶化△メリケン粉を水で～/用水和面

と・く①【梳く】[他五] 梳理(头发)

と・く①【説く】[他五] 讲解，说明△ものの道理を～/讲道理

と・ぐ①【研ぐ・磨ぐ】[他五] ①磨(快)△包丁を～/磨刀 ②淘(米)△米を～/淘米

どく②【毒】[名] ①毒，毒药△～にあたる/中毒△～をあおぐ/服毒 ②有害，无益△目の～/看后无益(的东西)△食べすぎは体に～だ/暴饮暴食対身体有害◇毒にも薬(くすり)にもならぬ/既无害也无益◇毒を食(く)らわば皿(さら)まで/一不作二不休◇毒を以(も)って毒を制(せい)す/以毒攻毒

ど・く⓪【退く】[自五] 躲开，让开△じゃまになるから～いてくれ/你在那儿碍事，快躲开

どくあたり③【毒中り】[名] 中毒

とくい②⓪【得意】I [名・形動] ①得意△～そうに鼻をうごめかす/洋洋得意地抽动鼻子 ②(技艺等)擅长，拿手△～な種目/擅长的项目 II [名] 老主顾，常客△お～さんを大事にする/重视老主

顧【-先(さき)】⓪[名] 老主顾

とくい⓪【特異】[名・形動] 特异，异常，特殊

とくいく②【德育】[名] 德育

どくえん⓪【独演】[名・自他サ] 一个人演出【-会(かい)】③[名] 个人演出会，个人专场演出

どくがく⓪【独学】[名・自他サ] 自学

とくぎ①【特技】[名] 特长，特殊技能

どくけし④③【毒消(し)】[名] 解毒；解毒剂

どくさい⓪【独裁】[名・自サ] 独裁【-者(しゃ)】⓪[名] 独裁者【-政治(せいじ)】⑤[名] 独裁政治

とくさく⓪【得策】[名] 上策

とくさん⓪【特産】[名] 名特产【-物(ぶつ)】③[名] 名特产品

どくじ①⓪【独自】[名・形動] 独自，独立，独特△～のやりかた/独特的做法△～な考え/独立的见解【-性(せい)】⓪[名] 独立性

とくしつ⓪【物質】[名] 特征，特色

どくしゃ①【読者】[名] 读者

どくしゃく⓪【独酌】[名・自サ] 自斟自饮

とくしゅ⓪①【特殊】[名・形動] 特殊【-鋼(こう)】⓪[名] 特种钢【-学級(がっきゅう)】④[名] 全部是残疾或弱智儿童的年级【-教育(きょういく)】④[名] 对残疾及弱智儿童的教育【-切手(きって)】④[名] 特种邮票【-撮影(さつえい)】④[名] 特技摄影【-性(せい)】⓪[名] 特殊性

とくじゅ①【特需】[名] 特殊需要，军备需要(特指驻日美军的军备需要)

とくしゅう⓪【特集】[名・他サ]特集，专刊【-号（ごう）③】[名]专刊【-記事（きじ）⑤】[名]专题报道

どくしょ①⓪【読書】[名・自サ]读书，看书◇読書百遍（ひゃっぺん）意（い）自（おのずか）ら通（つう）ず/读书上百遍，意义自然通

とくしょう⓪【特賞】[名]特等奖

どくしょう⓪【独唱】[名・他サ]独唱

とくしょく⓪【特色】[名]特色，特点△～をだす/显示特色△～をいかす/发挥特点

どくしん⓪【独身】[名]未婚，单身，独身

どく・する③【毒する】[他サ]毒害

とくせい⓪【特製】[名]特制△～のケーキ/特制的蛋糕

どくぜつ⓪【毒舌】[名]辛辣的讽刺话，挖苦话【-家（か）⓪】[名]专爱挖苦人的人

とくせん⓪【特選】[名・他サ]①特别挑选出（的东西）【-品（ひん）⓪】[名]特别选出的产品 ②最佳，特佳【-作品（さくひん）⑤】[名]最佳作品

どくせん⓪【独占】[名・他サ]①独占△利益を～する/独占利润【-放送（ほうそう）⑤】[名]独家播送 ②垄断【-企業（きぎょう）⑤】[名]垄断企业【-禁止法（きんしほう）⑤】[名]〈法〉禁止垄断法

とくそう⓪【特捜】[名]特别捜査，特别调查【-班（はん）③】[名]专案组

どくそう⓪【独奏】[名・他サ]独奏

ドクター①【doctor】[名]①医生 ②博士【-コース⑤】[名]博士课程

とくだね⓪【特種】[名]独家消息，独家新闻

どくだん⓪【独断】[名・他サ]独断【-専行（せんこう）⓪】[名・自サ]独断专行

とくちょう⓪【特徴】[名]特征，特点△～のある顔/富有特征的脸

とくてい⓪【特定】[名・他サ]①特定，固定 ②指定，确定，确认△犯人を～することができない/无法确定谁是犯人

とくてん⓪③【得点】[名・自サ]得分

どくとく⓪【独特・独得】[名・形动]独特，独有

どくどくし・い⑤【毒毒しい】[形]①（色彩）浓艳，刺眼 ②凶狠，充满恶意

とくに①【特に】[副]①特别，意△～言うことはない/没有什么特别要讲的 ②格外△きょうは～寒い/今天格外冷

とくばい⓪【特売】[名・他サ]特别贱卖【-品（ひん）⓪】[名]廉价商品【-場（じょう）⓪】[名]廉价商品售货处

とくはいん③【特派員】[名]特派员（多指驻外记者）

どくはく⓪【独白】[名・自サ]独白

とくひょう⓪【得票】[名・自サ]得票【-数（すう）③】[名]得票数

とくべつ⓪【特別】[副・形动]特别，特殊△きょうは～なニュースがない/今天没有什么特殊新闻【-扱（あつか）い⑤】[名]特别对待【-急行列車（きゅうこうれっしゃ）⑨】[名]特快列车【-号（ごう）④】[名]特刊【-番組（ばんみ）⑤】[名]特别节目

とくほう⓪【特報】[名・他サ]特別报道，专题报道

どくほん⓪【読本】[名]读本，课本；指导性读物

とくめい⓪【匿名】[名]匿名

とくめい⓪【特命】[名]特命【-全権大使（ぜんけんたいし）⓪】[名]特命全权大使

どくやく⓪【毒薬】[名]毒药

とくゆう⓪【特有】[名・形動]特有△彼に～の魅力/他所特有的魅力△～な味とにおい/特有的味道和气味

どくりつ⓪【独立】[名・自サ]独立，自立【-独歩（どっぽ）⑤】[名]独立自主

とげ②【刺・棘】[名]刺儿△～をぬく/拔刺儿△～のあることば/带刺儿的话

とけあ・う⓪【解（け）合う】[自五]融洽

とけい⓪【時計】[名]钟表【腕時計（うでどけい）③】[名]手表【置（お）き時計（どけい）③】[名]座钟【電子時計（でんしどけい）④】[名]电子表【-台（だい）⓪】[名]钟楼【-屋（や）⓪】[名]钟表店

とけこ・む⓪【溶（け）込む】[自五]融洽，熟识，融为一体

どげざ⓪【土下座】[名・自サ]跪在地上△～してあやまる/跪在地上求饶

と・ける②［自下一］Ⅰ【解ける】①开，松开，散开△帯が～/带子开了②解除，消除③解决△問題が～/问题解决了Ⅱ【溶ける】溶化△氷が～/冰化了

と・げる②【遂げる】[他下一]①达到，完成，实现△目的を～/达到目的②取得（某种结果）△最期（さいご）を～/死去△進歩を～/取得进步

とこ⓪【床】[名]①床△～をしく/铺床△～につく/上床就寝②塌塌咪的垫子③「とこのま」的简称④河床⑤苗床【苗床（なえどこ）⓪】[名]苗床⑥地板

とこ「ところ」的简称→ところ

どこ①【何処】[代]何处，哪里

どこか①【何処か】[副]（说不清）什么地方，总觉得哪儿△～変だ/总觉得哪儿不对头

どことなく④［副]总觉得△～感じのいい店/令人感觉舒适的商店

とことんまで③［副]〈俗〉到底，最后△～やる/干到底

どこのうまのほね【何処の馬の骨】（骂人话）你是哪儿来的料

とこのま⓪【床の間】[名]（日本客厅里挂画、陈设装饰品的地方）壁龛◇床の間の置物（おきもの）/空摆设，有职无权

とこや⓪【床屋】[名]（理男发的）理发店；理发师

ところ③【所】[名]①（表示地理位置）地方，地点；住所，住处△高い～/高处△いたる～/到处【-番地（ばんち）④⓪】[名]地址门牌②（表示空间位置）范围，程度△いまの～、天気はくずれそうもない/现在看来天气不会变△～言えるのは、大体こんな～です/现在能说的，只有这些③（表示事物的某）部分，处，点△このレポートは終わりの～が不明瞭だ/这份报告书的结尾部分观点不明确△こわれた～を修理する/修理有毛病的地方△見た～よさそうな人だ/看上去是个不错的人④（作形式体言）所…△聞く～によれば/据说△そんなことは私の知る～ではない/那不是我该知道的⑤（用「…

するところだ」「…しているところだ」「…したところだ」表示某种状态)马上;正在;刚刚△会議がいま始まる～だ/会议马上就要开始△今調べている～です/正在查找 ⑥ (用「…するところだった」表示)差一点…△もうすこしで自動車にはねられる～だった/差点被车撞着 ⑦ (后接「へ」「に」「を」「で」等助词表示)正当…时候△出掛けようとしている～へ、電話が掛かってきた/刚要出门的时候，来电话了△お休みの～を、お騒がせしました/打扰您休息了△困っている～に、助け舟が来た/正在发愁时，救兵到了 ⑧ (用「…したところ」的形式表示后一分句是前一分句所叙事情的结果)果然；可是△実験してみた～、うまくできた/实验了一下，果然成功了△先生にうかがった～、先生も分らないとおっしゃった/向老师询问，可是老师说他也不清楚◇所変(か)われば品(しな)変わる/一个地方一个样

どころ【所】[副助]①岂止，远非△痛い～の騒ぎではない/岂止是疼(简直受不了啦)②根本谈不上，哪里谈得上△こんな忙しいのに、遊ぶ～ではないよ/这么忙，哪里谈得上玩啊

ところが I ③[接]可是，但是△夕立(ゆうだち)が降った。～少しも涼しくならない/傍晚下了阵雨，可是一点也没有凉快起来 II [接助]→[ところで] ③

どころか[接助]①不但不…(反倒…)，不仅没…(反而…)△天気がよくなる～、ひどい、風雨になった/天气不但不晴，反倒下起了暴风雨△病気～、ぴんぴんしている/不仅没病，反而活蹦乱跳

的 ②别说…(连…)，岂止…(也…)△英語～、フランス語も知っている/别说英语，连法语都会△話をする～会ってもくれなかった/别说谈话了，连见都没见我

ところきらわず⓪【所嫌わず】[副]随地，到处

ところで I ③[接]用于谈话中途转换话题△ところで、きみはなんの仕事をしているの/那么，你在干什么工作呀 II [接助]即使△いまさら走った～間に合うまい/即使现在跑去也来不及了△くやんだ～今さらどうなるものでもない/现在即使后悔也没用了

ところてん⓪【心太】[名](石花菜做的)凉粉

ところどころ④【所所】[名]这儿那儿，有些地方

とさか⓪【鶏冠】[名]鸡冠

とざ・す②⓪【閉ざす】[他五]①关闭，锁上△門を～/锁门 ②封闭△心を～/封闭心扉△口を～/封住嘴 ③封锁△国を～/锁国

とざん⓪①【登山】[名・自サ]登山△富士～/登富士山

とし②【年】[名]①年；年度△～があける/新年到 ②年龄△～をとる/年老，上年纪

とし①【都市】[名]城市

としうえ⓪④【年上】[名](比某人)年长，岁数大

としおとこ③【年男】[名]本命年的男子

としがいもない【年甲斐もない】白活那么大岁数

としこし④⓪【年越(し)】[名]过年(指除夕)【-そば】⑧[名]除夕吃的荞麦面条

とじこも・る⓪【閉(じ)籠もる】[自五](闷在屋中)不出门

としごろ⓪【年頃】［名］①大概年齢 ②正值…年龄（时期）△遊びざかりの～/正是贪玩的年龄 ③（女性进入结婚适龄期的）年龄△～の娘/适龄女性

としした⓪④【年下】［名］(比某人)年少，岁数小

としつき②【年月】［名］岁月，光阴

として I ［格助］①作为…，以…资格△医者～できるだけのことをした/作为一个医生该做的都做了 ②暂且不论△これはこれ～/这个暂且不论 II ［副助］(下接否定语)没有（不…）的△一人～涙を流さないものはいなかった/没有一个人不流泪的

どしどし①【副】①顺利，一个接一个 ②大量△～入荷する/大量进货 ③不断，踊跃△～質問してください/请踊跃发言提问

としのこう④【年の功】［名］年岁大阅历深◇亀（かめ）の甲（こう）より年の功/阅历最宝贵

とじまり②⓪【戸締（ま）り】［名］关门，锁门

どしゃぶり⓪【土砂降り】［名］倾盆大雨

としょ①【図書】［名］图书【-館（かん）】②［名］图书馆【-室（しつ）】②［名］图书室

どじょう④【泥鰌】［名］泥鳅

としより④【年寄（り）】［名］老人◇年寄りの冷（ひ）や水（みず）/不服老(干不量力的事)◇年寄りの物忘（ものわす）れ、若（わか）い者（もの）の物知（ものし）らず/老年人好忘事，年轻人不懂事

と・じる②【閉じる】［自他上一］①关，关闭△幕が～/落幕△目を～/闭上眼△本を～/合上书 ②结束△会が～/会议结束△店を

～/关门；停业

と・じる②【綴じる】［他上一］订，订缀

としわすれ③【年忘（れ）】［名］(年末举行的)忘年会,辞旧迎新会

としん⓪【都心】［名］①城市中心 ②东京都的中心地区【副（ふく）-】⓪［名］①(仅次于城市中心的)第二中心 ②指东京都的新宿一带

トースター①【toaster】［名］烤面包机

トースト①【toast】［名］(考好的)面包片

とせい⓪【都政】［名］东京都的行政

とそ①【屠蘇】［名］①屠苏散 ②(新年喝的)屠苏酒△お～を祝う/喝屠苏酒贺新年

どそう⓪【土葬】［名・他サ］土葬

どだい⓪【土台】［名］①地基，基座【-石（いし）】⓪［名］基石，奠基石 ②(事物的)基础△～を築く/打基础

とだ・える③【途絶える】［自下一］中断△便りが～/音信中断△通信が～/通信联络中断

とだな⓪【戸棚】［名］柜厨【食器（しょっき）-】④［名］餐具厨

トータル①【total】 I ［名・他サ］合计，总计△得点を～する/合计分数 II ［形動］全体，总，综合△～にとらえる/总地来看

とたん⓪【途端】［名］①(用「…したとたん」的形式表示)正当…时候,刚一…时候△外出した～、雨になった/刚一出门就下了雨 ②(用「とたんに」的形式表示)突然△～に態度を変えた/突然变了脸

トタン⓪【(葡)tutanaga】［名］马口铁，镀锌薄铁板【-板（いた）】④［名］铁板

とち⓪【土地】［名］①土地，大地△～をたがやす/耕地 ②当地，地方△～の言葉/当地话△～の人/当地人△初めての～/初次来到的地方【-勘（かん）⓪】［名］对当地情况了解程度【-っ子（こ）⓪】［名］土生土长的人

とちゅう⓪【途中】［名］中途，途中△～からひきかえす/中途返回【-下車（げしゃ）④】［名］中途下车

どちら①【代】①哪里，哪个方向△～へお出かけですか/您去哪里△～にお住まいですか/您住在哪里 ②哪个△コーヒーと紅茶と～になさいますか/您要咖啡还是红茶 ③哪一位△失礼ですが，～さまですか/对不起，请问您是哪一位

とっか⓪【特価】［名］物价【-品（ひん）⓪】［名］物价商品

どっかい⓪【読解】［名・他サ］（文章的）阅读和理解【-力（りょく）③】［名］阅读和理解能力

とっかん⓪【突貫】［名・自他サ］突击【-工事（こうじ）⑤】［名］突击施工

とっきゅう⓪【特急】［名］特别急行列车的简称→特别

とっきょ⓪【特許】［名］专利△～を申請する/申请专利【-庁（ちょう）③】［名］（属于通产省的）专利厅【-権（けん）③】［名］专利权

ドッキング①⓪【docking】［名・自サ］（宇宙飞船、人造卫星的）空中对接

ドック①【dock】［名］船坞

とっくに③【疾っくに】［副］早早，老早

とっくり⓪【徳利】［名］酒壶，温酒器（也叫「とくり」）

とっくん⓪【特訓】［名］（「特別训練」的简称）的别训练，特殊训练

とつげき⓪【突撃】［名・自サ］进攻，冲锋

とっこう⓪【特効】［名］特效【-薬（やく）③】［名］特效药

とっさ⓪①［名・副］瞬间，突然△～に身をかわす/突然闪开身

とつじょ①【突如】［副］突然，冷不防

どっしり③［副］①沉甸甸△～と重たい本/沉甸甸的书 ②沉着，镇静

とっしん⓪【突進】［名・自サ］突进，挺进

とつぜん⓪【突然】［副］突然

どっち①［代］「どちら」的口语形式→どちら

どっちつかず④【どっち付かず】摆不定，模棱两可

どっちみち⓪【どっち道】［副］无论怎么说，总而言之△～結果は同じだろう/无论怎么说结果可能都是一样的

とって③⓪【取っ手・把手】［名］把手

とっても⓪［副］「とても」的强调形→とても

とつにゅう⓪【突入】［名・自サ］冲入，毅然进入

とっぱ①⓪【突破】［名・他サ］突破，打破

とっぱんいんさつ⑤【凸版印刷】［名］凸版印刷

とっぴょうしもない【突拍子もない】越出常轨，异常

トップ①【top】［名］①第一，第一位，率先，首位【-クラス④】［名］首席，最高一级 ②「トップニュース」的简称【-ニュース④】［名］头版消息，头条新闻

とつめんきょう⓪【凸面鏡】［名］凸面镜

とつレンズ③【凸レンズ】[名]凸透镜

どて⓪【土手】[名]堤坝，土堤

とても⓪[副]①（下接否定语）无论如何也…，怎么也△そんなことは～言えません/那件事怎么也说不出口 ②非常，很△～寒い/很冷

とど・く②【届く】[自五]①够（得）到，达(到)△六十に手が～/快六十岁了 ②寄到△手紙が～/信寄到了 ③周到△目が～/照顾周到【行(ゆ)き-⓪】[自五]照顾周到 ④(愿望)达到,实现△思いが～/愿望实现

とどけ③【届(け)】[名]申报，报告△～をだす/提出报告【欠席(けっせき)-⓪】[名]请假条【結婚(けっこん)⓪】[名]结婚申请书

とど・ける③【届ける】[他下一]①送到 ②报告△警察へ～/报案

ととの・う③[自五]I【整う】完整，整齐△～った文章/内容、结构完整的文章 II【調う】①齐备△食事の準備が～/饭菜备齐了 ②谈妥，谈成△縁組(えんぐみ)が～/婚事谈妥了

ととの・える④[他下一]I【整える】(弄)整齐，整理△服装を～/整理服装 II【調える】①备齐，准备好△材料を～/备齐材料 ②谈妥，达成△縁談を～/谈妥婚事

とどま・る③【止まる・留まる】[自五]①留，停留△東京に～/停留在东京 ②止于，限于△～ところを知らない/无止境

とど・める③【止める・留める】[他下一]①留住，阻止 ②留下，停留△名を～/留名 ③止于，限于△被害を最小限に～/把灾害控制在最小范围内

とない⓪【都内】[名]东京都内（包括23个区）

とな・える③【称える】[他下一]称做，叫做

とな・える③【唱える】[他下一]①高声念；高声呼喊 ②倡导，主张△異議を～/提出不同建议

どなた①[代]谁，哪位

ドーナツ①⓪【doughnut】[名]炸面包圈

トーナメント①【tournament】[名]淘汰赛【-戦(せん)④】[名]淘汰赛

となり⓪【隣】[名]①邻，邻近△～の席/邻席【-近所(きんじょ)④】[名]左邻右舍，邻居【-合(あ)わせ④】比邻，毗邻

どな・る②【怒鳴る】[自五]①大声（喊），高声 ②大声训斥

とにかく①[副]总之,不管怎样△留守(るす)かもしれないが，～行ってみよう/可能不在家,不管怎样去看看吧

どの①[連体]哪个

-どの【殿】[接尾]（接在姓名下表示敬意,用于奖状等正式场合）先生

どのくらい【どの位】多少(时间、价钱、数量),(距离)多远,(体积)多大

…とはいうものの 虽说…可是△体がよわいとはいうもののまだ病気で休んだことはない/虽说身体弱，但从没因病请过假

…とはいえ 虽说…不过△貧乏とはいえ結構庭付きの家に住んでいる/虽说穷,不过他的家带个庭院挺不错

とば・す【飛ばす】I⓪[他五]①使…飞，放△風船を～/放气球 ②喷，溅△つばを～/喷唾沫△冗談を～/随口乱开玩笑 ③急驶，飞驰△車を～/驱车飞驰 ④跳

过，越过△～して読む/跳行看
(书) ⑤贬谪△支店に～された/
被贬到分社工作Ⅱ［接尾］接在
动词连用形下，以加强语气△蹴
(けっ) ～/踢开

どはずれ②【度外れ】［名］超出限
度，过度

とび①【鳶】［名］鸢◇鳶が鷹(た
か)を生(う)む/鸡窝里出凤凰，
儿子胜过老子

とびあが・る④［自五］Ⅰ【飛(び)
上がる】向高处飞Ⅱ【跳び上が
る】跳上，跳起来

とびいろ⓪【鳶色】［名］茶褐色，棕
色

とびうお②【飛(び)魚】［名］飞鱼

とびこみ⓪【飛(び)込(み)】［名］
①跳进，跳入△-自殺(じさつ)⑤
［名］扑向行驶中的火车(汽车等)
轮下自杀 ②〈体〉跳水【-台(だ
い)⓪】［名］跳台

とびこ・む③【飛(び)込む】［自
五］①跳进△海に～/跳海 ②闯
进，撞进△ドアがあいて弟が～
んできた/门开了，弟弟一头撞进
屋里 ③投身于…；主动参与…△
十八歳で歌手の道に～んだ/十
八岁时当了职业歌手

とびだ・す③【飛(び)出す】［自
五］①飞起来 ②跳出，跑出△外
へ～/跳到外面 ③露出，鼓出△
目玉が～ほど驚いた/大吃一惊
⑤突然出现△車の前に急に～/
突然闯到车前

とびた・つ③【飛(び)立つ】［自
五］飞起来

とびち・る③【飛(び)散る】［自
五］飞溅

とびばこ⓪【跳(び)箱】［名］〈体〉
跳箱

とびまわ・る④【飛(び)回る】［自
五］①盘旋飞翔 ②跑来跑去 ③四

处奔走

どひょう⓪【土俵】［名］①土袋，沙
袋 ②(相扑)摔跤场【-入(い)
り⓪】［名］相扑进入摔跤场的仪
式

とびら⓪【扉】［名］①门△～をた
たく/敲门△～をひらく/开门
②(书、书志的)扉页

どびん⓪【土瓶】［名］(陶制)茶壶

と・ぶ⓪［自五］Ⅰ【飛ぶ】①飞△
鳥が空を～/鸟在空中飞△パリ
へ～/乘飞机去巴黎△～ように
売れる/畅销 ②飞跑，急跑△犯
行現場に～んで行く/飞行现场赶
到犯罪现场△～んで帰る/急匆
匆地赶回家 ③流传，传送△デマ
が～/谣言四起 ④跳过，跃过(顺
序)△ページが～/跳页 ⑤断，分
离△ヒューズが～/保险丝断了
⑥被解雇△首が～/被解雇了 Ⅱ
【跳ぶ】①跳，跳跃△～んだりは
ねたりする/又蹦又跳 ②跳下，
落下△やねから～んで怪我をし
た/从房顶上跳下，结果受伤了◇
飛んで火(ひ)に入(い)る夏(な
つ)の虫(むし)/飞蛾扑火，自取
灭亡

どぶ⓪【溝・泥溝】［名］水沟，污
水沟

とべい⓪【渡米】［名・自サ］去美国

とほ①【徒歩】［名］徒步

とほうにくれる【途方に暮れる】
不知所措

とほうもない【途方もない】非同
一般，出奇

どぼく①【土木】［名］土木(工程)
【-工事(こうじ)④】［名］土木工程

とぼ・ける③［自下一］①装糊涂，
假装不知△～けてばかりいない
で、ちゃんと答えなさい/别总装
糊涂，请正面回答我 ②滑稽△～
けた演技で、客を笑わせる/滑稽

的表演使观众发笑

とぼし・い⓪③【乏しい】［形］①缺乏,不足△金が～/钱不够△知识が～/知识不足 ②贫穷△～生活/贫穷的生活

とぼとぼ①［副］步履沉重,无精打采地(走路)△～と歩く/拖着沉重的脚步走路

トマト①②【tomato】［名］西红柿,蕃茄

とまど・う⓪③【戸惑う・途惑う】［他五］不知如何是好,不知所措△駅の出口がわからず、～った/弄不清车站出口在哪里,不知如何是好

トマトケチャップ⑥【tomatoketchup】［名］蕃茄酱

とまりこ・む④【泊（ま）り込む】［自五］暂住(某地)△仕事で会社に～/因工作忙暂住在公司里

とま・る⓪【自五】I【止まる】停,停止,止住△息が～/停止呼吸△時計が～/表停了 II【止まる・留まる】栖,落△木の枝に小鳥が～っている/小鸟落在树枝上 III【留まる】留,留下△心に～/留在心里△耳に～らない/听不进去△目に～/看在眼里◆「とまる」也可写做「停まる」

とま・る⓪【泊まる】［自五］①住宿,投宿△宿屋（やどや）に～/投宿在旅店 ②(船)停泊

ドミノ①【domino】［名］多米诺骨牌

とみ①【富】［名］①财富 ②资源

と・む①【富む】［自五］①富有,有钱 ②(用「…に富む」表示)丰富,富有△才能に～/多才多艺△経験に～/富有经验

とむら・う⓪③【弔う】［他五］吊唁

とめがね⓪【留（め）金】［名］(手提包、钱包等的)金属卡子

と・める⓪［他下一］I【止める】停…停止,停住,止住,抑止△車を～/把车停下△息を～/屏住呼吸△血を～/止血 II【留める】使…固定△名札（なふだ）を胸にピンで～/用别针把姓名牌别在胸前△ボタンを～/系扣子 ②留,留下△目に～/看在眼里；引起注意△気に～/介意 III【止める・留める】制止,禁止△けんかを～/劝架

と・める⓪【泊める】［他下一］留宿,留住

とも②【友】［名］①朋友,友人 ②(用「…を友とする」的形式表示)以…为友△書物を～とする/以书为友

とも【共】I［接頭］共同△～かせぎ/双职工△～ばたらき/双职工 II［接尾］①都,全部△三つ～食べた/三个全都吃了 ②连…在内,包括…在内△住所、氏名～不明だ/住址、姓名都不清楚

ともI［副助］最(晚),至(少)遅く～十二月はじめには完成させたい/最迟也要在十二月初完成△多少～余裕はあるはずだ/多少总会有些富余 II［終助］当然△いい～/当然可以△そうです～/当然是那样

ども［接助］虽然,虽说△子供といえ～、ばかに出来ない/虽说是孩子,也不能小瞧△行け～行け～一面の草原であった/走了一程又一程,周围仍是大草原

-ども【共】［接尾］①表示多数 ②(谦逊的说法)接在第一人称下表示复数△わたくし～/我们

ともあれ①［接］不管怎么说△～、やっとおわった/不管怎么说,总算完成了

ともかく①［副］①总之,不管怎样

②暫且不论△色は～、がらがわるい/颜色暂且不论，图案太难看了

ともしび③⓪【灯し火・灯】[名]灯火

ともすると①[副]往往，动不动△部屋には電灯があったが、～つかないことがある/房间里虽然有电灯，但动不动就不亮

ともすれば①[副]→ともすると

ともだち⓪【友達】[名]朋友，伙伴，友人△幼（おさな）-④[名]童年的伙伴

ともづな⓪【纜】[名]船缆，缆绳

ともども②⓪【共共】[副]共同，双方

ともな・う③【伴う】[自他五]①带领△大臣は秘書官を～って会議に出かけた/大臣带着秘书出席了会议 ②伴随，随着△苦痛が～/伴随着痛苦△危険を～/伴随着危险

ともに⓪①【共に】[副]①共同△友人と～恩師を訪ねる/和朋友一起去拜访恩师 ②同时△嬉しく感じると～、すまなくと思う/感到高兴的同时又觉有几分歉意

どもり①【吃り】[名]口吃，结巴的人

とやかく①[副]说三道四△～言う/说三道四

どよう⓪【土曜】[名]星期六△～日（び）/星期六

とら⓪【虎】[名]虎◇虎の威（い）を借（か）る狐（きつね）/狐假虎威◇虎の尾（お）を踏（ふ）む/若踩虎尾(喻冒险极大危险)

どら⓪①【銅鑼】[名]锣，铜锣

とらい⓪【渡来】[名・自サ]由海外传来

ドライ②【dry】Ⅰ[名]①干燥【-クリーニング】⑤[名]干洗【-ミルク】④[名]奶粉 ②(糖分少的)辣酒 Ⅱ[形动]理智，现实△～な性格/理智的性格

ドライバー②【driver】[名]①螺丝刀 ②汽车驾驶员

ドライブ②【drive】[名・自サ]驾驶汽车兜风【-イン】⑤[名]公路旁的餐馆（商店等）【-ウェー】⑤[名]汽车路，公路

ドライヤー②【dryer】[名]干燥器，干燥机【ヘア-】④[名]（头发）吹风机

とら・える③【捕らえる・捉える】[他下一]①捉住，抓住△要点を～/抓住要点 ②捕获，捉拿△犯人を～/捉拿犯人

トラクター②【tractor】[名]拖拉机

トラック②【track】[名]①跑道 ②径赛【-競技（きょうぎ）】⑤[名]径赛

トラック②【truck】[名]卡车

トラブル②【trouble】[名]纠纷，摩擦

トラベラー②【traveler】[名]旅行者【-ズチェック】⑦[名]旅行支票

トラホーム③【(徳)Trachom】[名]〈医〉沙眼

ドラマ①②【drama】[名]剧，戏剧【テレビ-】④[名]电视剧

どらむすこ③【どら息子】[名]浪荡公子，败家子

トランク②【trunk】[名]①旅行箱 ②轿车的后背箱

トランジスター④【transistor】[名]①晶体管 ②晶体管收音机【-ラジオ】⑧[名]晶体管收音机

トランス②⓪【transformer】的简称[名]变压器

トランプ②【trump】[名]扑克牌

トランペット④【trumpet】[名]小

号

とり⓪【鳥】［名］①鸟 ②鸡

とりあえず③【取(り)敢えず】［副］
先,暂且先△～伝える/暂且先告
诉你一声△～御(おん)礼まで/
(书信用语)特此致谢

とりあ・げる⓪【取(り)上げる】
［他下一］①拿起△受話器を～/
拿起电话(听筒) ②采纳,接受△
議題として～/列为(会议)议题
③剥夺,没收△財産を～/剥夺财
产 ④助产,接生

とりあつか・う⓪【とり扱う】［他
五］①处理,办理△その件は戸籍
(こせき)係で～っている/那件
事在户籍科办理 ②操作,使用 ③
对待 ④销售,卖

とりい⓪【鳥居】［名］鸟居(神社
入口处的牌坊)

とりいそぎ⓪［副］(书信用语)匆
忙,草草△～お知らせまで/(时
间紧迫)暂且先草草通知与您

とりい・れる⓪【取(り)入れる】
［他下一］①采纳,吸收△新説を
～/吸收新学说 ②收获,收割

とりうちぼう④⓪【鳥打(ち)帽】
［名］鸭舌帽

とりえ③【取(り)柄】［名］长处,
优点

とりかえしがつかない【取(り)返
しがつかない】无可挽回

とりか・える⓪【とり替える】［他
下一］①换,更换 ②交换

とりかか・る⓪【とり掛かる】［自
五］开始,着手△仕事に～/着手
工作

とりく・む⓪【とり組む】［自五］
①致力于…,热心搞…△課題に
～/致力于课题研究 ②(相扑比
赛时)互相扭住

とりけ・す⓪【とり消す】［他五］
取消,收回

とりこ③⓪【虜・擒】［名］①俘虏
②着迷,成为…的俘虏△恋の～
になる/坠入情网

とりこしぐろう⑤【とり越し苦労】
［名］杞人忧天,不必要的忧虑

とりこみ⓪【取(り)込(み)】［名］
(家中发生不幸事等)忙乱,混乱
△お～中(ちゅう)失礼ですが
…/对不起,正忙乱时打搅您…

とりこ・む⓪【取(り)込む】［他五］
①拿进,取回△洗たくものを～/
把洗的东西拿进来 ②拉拢,拢络
③(家中)忙乱,混乱

とりさ・げる⓪【取(り)下げる】
［他下一］撤回,撤消△辞表を～/
撤回辞呈

とりざた②【取(り)沙汰】［名］(社
会上的)议论,舆论

とりしま・る⓪【取(り)締(ま)る】
［他五］取缔,监督,管理△スピー
ド違反を～/监督超速行驶

とりしら・べる⓪【とり調べる】
［他下一］审问,查问△容疑者を
～/审问嫌疑犯

とりすま・す⓪【とり澄ます】［自
五］装模作样,一本正经△～した
態度/装模作样的太度△～した
顔/一本正经的样子

とりだ・す⓪【取(り)出す】［他
五］①拿出,取出 ②挑选出

とりたて⓪【取(り)立て】［名］
①强行收取,征收△借金の～/讨
债 ②(水果、鱼虾等)刚摘下的△
～のみかん/刚摘下的桔子

とりた・てる⓪【取(り)立てる】
［他下一］①强行收取,征收 ②提
拔△課長に～/提拔(他)做课长
③(特别)提出,提及△～てて言
うほどのこともない/没有什么
特别值得一提的

とりつ①【都立】［名］(东京)都立

とりつ・く⓪【取(り)付く】［自

五]①开始，着手△仕事に～/着手工作 ②迷住，(鬼魂、妖魔)缠住△きつねに～かれる/狐狸精附体△妄想に～かれる/患了妄想症◇取り付く島(しま)もない/无依无靠；(态度冷谈)无法接近

とりつ・ける[0]【取（り）付ける】[他下一]①安装△ステレオを車に～/把立体声录音机安装在车上 ②使…成立；获得△契約を～/使条约生效

とりで[0][3]【砦】[名] 碉堡，堡垒

とりとめのないはなし【とり留めの無い話】不得要领的话，漫无边际的话

とりどり[2][0] [名] 各式各样△色～/五颜六色

とりなお・す[0]【取(り)直す】[他五]①改换拿法；重新拿△筆を～/重新拿起笔 ②振作(起精神)△気を～/振作起来 ③(相扑)重新比赛

とりのぞ・く[0]【取(り)除く】[他五]消除，清除，去掉△障害を～/清除障碍

とりはだ[0]【鳥肌・鳥膚】[名] 鸡皮疙瘩△～が立つ/起鸡皮疙瘩

とりひき[2][0]【取り引き・取引】[名] 交易，贸易△～をはじめる/开始进行交易

ドリブル[2]【dribble】[名・他サ] ①(足球)盘球，带球 ②(篮球)带球，运球 ③(排球)连击

とりま・く[0]【取（り）巻く】[他五] ①围，包围 ②奉承

とりもど・す[0]【取(り)戻す】[他五]①收回，取回△落としたものを～/取回丢失的东西 ②恢复△健康を～/恢复健康△意識を～/恢复知觉

どりょう[1][0]【度量】[名] ①度量(长度与容积)【-衡（こう）[2]】[名]度量衡 ②度量，气度△～がある/有度量△～がせまい/气度小

どりょく[1]【努力】[名・自サ] 努力，奋勉【-家（か）[0]】[名] 实干家

とりよ・せる[0]【取（り）寄せる】[他下一]（订购物品并令）送来，订购，邮购△料理を～/叫了一桌菜

ドリル[2]【drill】[名] ①钻，钻头【電気（でんき）-[4]】[名]电钻 ②反复练习

とりわけ[0] [副]特别，尤其△彼は飲みものの中でも、～コーヒーがすきだ/在饮料中他尤其喜欢喝咖啡

と・る[1] [他五] I【取る】①拿，取△手に～/拿在手中△手を～って教える/手把手地教，耐心地教 ②偷；抢，夺取△金を～/偷钱△強盗に五万円～られた/被强盗抢去5万日元△命を～/夺取生命 ③留出△間隔（かんかく）を～/留出间隔 ④占用（时间、空间)△時間を～/费时间△手間を～らせた/费事，费时间△席を～/占位子；订席位 ⑤掌握△バランスを～/掌握平衡△舵（かじ）を～/掌舵△手拍子（てびょうし）を～/打拍子△音頭（おんど）を～/起头，带头 ⑥奉承，讨好△きげんを～/奉承，讨好 ⑦除掉，去掉△草を～/除草，拔草△よごれを～/擦去灰尘 ⑧脱掉，摘掉△帽子を～/摘帽子△ネクタイを～/解领带 ⑨得到，取得△休暇を～/得到假期△学位を～/取得学位 ⑩吃，摄取△食事を～/吃饭 ⑪记，做（记录）△ノートを～/记笔记 ⑫迎娶，接收△婿（むこ）を～/迎女婿△弟

子を～/收徒弟 ⑬理解，领会△意味を～/领会意思 ⑭上（年纪）△年を～/上年纪 ⑮征收，收税金を～/收税 ⑯承担，担当△責任を～/承担责任 ⑰订阅，订购△新聞を～/订报纸 ⑱（用「…にとって」表示）对…来说△彼らが来てくれたのはわたしに～って好都合だった/对我来说他们来得正是时候 Ⅱ【捕る・取る】捕，捉△さかなを～/捕鱼△ねずみを～/捉老鼠 Ⅲ【採る・取る】①采，采集，收集△きのこを～/采蘑菇△データを～/收集数据△血を～/抽血 ②采用，录取△新人を～/录用新职工 ③选用，采纳△彼の説を～/采纳他的意见 Ⅳ【取る・執る】执，执掌，处理△政権を～/执政△事務を～/处理事务◇取るに足（た）らぬ/微不足道◇取りぬ狸（たぬき）の皮算用（かわざんよう）/指望过早

と・る①【撮る】［他五］摄影，照相△写真を～/照相

ドル①【dollar】［名］美元【-切下（きりさげ）①-⓪】［名］美元贬值

ドルビー①【Dolby】［名］杜比降噪，杜比

どれ①　Ⅰ［代］哪个 Ⅱ［感］（向对方提议）喂，嗳△～、ひと休みするか/喂，休息一下吧

どれい⓪【奴隶】［名］奴隶

ドレス①【dress】［名］女式西服，妇女礼服【イブニング-⓪】［名］晚礼服

ドレッサー②【dresser】［名］①穿衣有风度的人【ベスト-⑤】［名］服装最佳男士（女士）②梳妆台

ドレッシング②【dressing】［名］（调拌沙拉用的）调味汁【フレンチ-⑥】［名］调味汁

トレーナー②【trainer】［名］①〈体〉教练员 ②运动上衣

トレーニング②【training】［名］训练，练习

どれほど⓪　［副］①怎么，怎样△～強調しても、し過ぎることはない/怎么强调都不过分 ②多么，多少△君のことを～心配している分からない/我多替你担心啊△勘定（かんじょう）は～になりますか/一共多少钱

と・れる②　［自下一］Ⅰ【取れる】①脱落，掉下△ボタンが～/扣子掉了 ②止住，消失△痛みが～/止痛△つかれが～/恢复体力 ③没有棱角△角（かど）が～/圆滑 ④可以理解为…△皮肉（ひにく）に～/可以理解为是讽刺 ⑤协调，调和（的状态）△バランスが～/保持着平衡△調和が～/色调协调 Ⅱ【取れる・捕れる・採れる】出产△魚が～/产鱼△米が～/产大米

どろ②【泥】［名］泥△～にまみれる/一身泥◇泥を塗（ぬ）る/抹黑，丢脸-臭（くさ）い④】［形］土里土气

トロッコ②①【truck】［名］（在轨道上行驶的）手推车，矿车

ドロップ②【drop】［名］水果糖

とろとろ①　［副］①（固体溶化后的）粘糊糊状△～のジャム/粘糊糊的果酱 ②（火势）微弱△～と煮る/微火煮 ③打盹，瞌睡

どろぬま⓪【泥沼】［名］泥坑，沼泽，泥潭

トロフィー①②【trophy】［名］奖杯，优胜杯

どろぼう⓪【泥棒】［名］小偷，窃贼◇泥棒を見（み）て繩（なわ）をなう/临渴掘井,临阵磨枪

トロリーバス⑤【trolley bus】［名］

无轨电车

トロンボーン④【trombone】［名］
拉管，长号

トン①【ton】［名］吨（重量、容积
单位）

とんカツ【豚カツ】［名］炸猪排

どんかん⓪【鈍感】［名・形動］不
敏感，迟钝

どんぐり⓪①【団栗】［名］橡子◇団
栗の背（せい）くらべ/半斤八两
（都不怎么样）

どんす①【緞子】［名］缎子

どんぞこ⓪【どん底】［名］最底层

とんだ⓪［連体］①万没想到的，意
外的△～災難にあった/遇到了
意外的灾害 ②无可挽回的△～
失敗/无可挽回的失败

どんちゃんさわぎ【どんちゃん騒
ぎ】［名］边喝酒边唱歌地喧闹

とんで⓪【飛んで】［名］（高声念数
字时，表示数字的）零△三千～
五十一円なり/三千零五十一日
元

とんでもない⑤［形］①出乎意外
△～値段/貴得出奇 ②绝没有的
事，哪里话△人のものを盗むな
んて，～/岂有此理，我怎么会偷
别人的东西△「これもあなたの
おかげです」「～。わたしはなん
にもしてません」/"这都是托您

的福""哪里话，我什么也没有做"

とんでる⓪【翔んでる】［連体］
〈俗〉走在潮流前面的△～女/新
潮女性

どんでんがえし⑤【どんでん返し】
［名］局势完全逆转过来

どんどん①［副］①接连不断△質
問が～出た/问题一个接一个地
提出 ②顺利，迅速 ③（强劲的敲
打声）△太鼓を～たたく/咚咚地
敲鼓

どんな①［連体］什么样的，怎样的
△～人だった/他是个什么样的
人

どんなに⓪［副］①如何，怎样 ②
多么

トンネル⓪【tunnel】［名］隧道

どんぶり⓪【丼】［名］①大碗 ②盖
浇饭

とんぼ⓪【蜻蛉・蜻蜒】［名］蜻蜓

とんぼがえり④【蜻蛉返り】［名］
①空翻，翻筋斗 ②到目的地后马
上返回△出張先から～で帰って
きた/到出差地点未休息就马上
赶回来了

とんや⓪【問屋】［名］批发商店◇
そうは問屋がおろさない/不会
让你随心所欲的，没那么便宜

どんより③［副］①（天空）阴沉沉
②（色调、眼睛）混浊

な

な⓪【名】［名］①名称△「あかつ
き」という～の寝台特急/名称叫
做"曙光"的特快软卧 ②姓名，名
③名声，名誉△～が高い/有名△
～にはじない/不辱名声 ④名义
上△会長とは～ばかりで、実際
の仕事をするのは副会長だ/

（我）不过是个名义上的会长，真
正做工作的是副会长◇名ありて
実（じつ）なし/有名无实◇名を
成（な）す/成名◇名を残（のこ）
す/留名◇名を捨（す）てて実（じ
つ）をとる/舍名求实

な［終助］①（表示禁止）不要，不～

許△さわぐ～/不许喧哗 ②（上接动词连用形）表示命令（用于长辈对晚辈）△早く行き～/快去吧△そんなことやめ～/别干那种事 ③（接在「いらっしゃい」「ください」等命令形下）使语气委婉△ぜひ来てください～/请一定来△ちょっとこっちへいらっしゃい～/请过来一下 ④表示感叹△いい天気だ～/真是个好天气△そんことしちゃ困る～/你要那么做，我可就为难了 ⑤表示愿望△もっと上手になりたい～/真想练得更好些 ⑥发表自己的意见并征求对方同感△それは間違っていると思う～/我觉得不对 ⑦用于提请对方注意△君が貸してくれたあの本～、あれはなかなかいいよ/你借给我的那本书啊，真不错

なあ ［终助］→ な

な・い① 【無い】［形］①无，没有△金が～/没钱 ②（上接形容词，形容动词表示否定，用假名书写）不△彼は男らしく～/他不象个男子汉△正直で～/不诚实◇無い袖（そで）は振（ふ）れない/巧妇难为无米之炊

な・い ［助动］①（表示否定）不△もう十日も雨が降ら～/已经十天不下雨了 ②表示邀请，劝诱（句尾一般用升调）△一緒にテニスをし～か/不一块儿打网球吗△コーヒーを飲みに行か～/去喝杯咖啡吧 ③表示请求，命令，禁止△二日ほど貸してくれ～/借给我两天行吗△おい、やめ～か/喂，别干了 ④表示希望△はやく晴れ～かなあ/天能快点晴就好了

ないえん⓪ 【内苑】［名］（神社、皇宫的）内苑

ないえん⓪ 【内縁】［名］姘居（不合法的夫妇）

ないか①⓪ 【内科】［名］内科

ないがい① 【内外】［名］①内外 ②国内外

ないかく⓪ 【内閣】［名］内阁【-総理大臣（そうりだいじん）①-④】［名］内阁总理大臣

ないがしろ③⓪ ［形动］轻视，忽视△人を～にあつかう/轻视人△親を～にする/对父母不孝

ないこうてき⓪ 【内向的】［形动］内向△～な性格/内向的性格

ないし① 【乃至】［接］①至，到△二日～三日滞在する/停留两到三天 ②或者△校長～主任が出席する/校长或主任出席

ないしょ③⓪ 【内緒】［名］秘密△～にする/保密△～で出かける/秘密地出门【-話（ばなし）④】［名］悄悄话【-事（こと）⓪】［名］保密的事

ないしょく⓪ 【内職】［名・自サ］①（工作人员）搞副业 ②（家庭妇女在家做的）家庭副业

ないしん⓪③ 【内心】［名］①内心，心中 ②〈数〉多边形内切圆的中心，内心

ナイス① 【nice】［名］好，棒，精彩△～ボール/好球

ないせん⓪ 【内戦】［名］内战

ないせん⓪ 【内線】［名］电话分机【-番号（ばんごう）⑤】［名］分机号码

ないぞう⓪ 【内臓】［名］内脏

ナイター① 【（和）nighter】［名］（棒球等）夜晚举行的比赛

ナイチンゲール⑤ 【nightingale】［名］①夜莺 ②（护士的美称）白衣天使

ないてい⓪ 【内定】［名・自他サ］内定

ナイトクラブ④【night club】［名］夜総会

ないねんきかん⑥【内燃機関】［名］内燃机

ナイフ①【knife】［名］①餐刀 ②小刀

ないぶ①【内部】［名］内部

ないみつ【内密】［名・形動］暗中，秘密△〜に調査する/暗中调查△〜に済(す)ませる/私下了结

ないめん③⓪【内面】［名］①内部，里面△内心△〜の苦しみ/内心的苦痛

ないよう⓪【内容】［名］内容

ないらん⓪【内乱】［名］内乱

ないりく⓪【内陸】［名］内陆△-性気候(せいこう)⑦［名］大陆性气候

ナイロン①【nylon】［名］尼龙纤维

な・う①【綯う】［他五］搓(绳)

ナウ①【now】［形動］〈俗〉现代派◆形容词写作「ナウい」

なえ①【苗】［名］苗，秧

なお①【尚・猶】Ⅰ［副］①更△薬を飲んだら〜悪化した/吃了药反而更恶化了 ②还，再△〜二，三日余裕がある/还有两三天空闲时间 ③仍然，依旧△今〜行方が知れない/至今仍然不知去向 Ⅱ［接］又及△これできょうの会議はおわります。〜、次回は来月の十五日に開きます/今天的会议到此结束，下次会议在下月十五日举行

なおさら⓪①【尚更】［副］越发，更△富士は美しいが、雪の富士は〜美しい/富士山美，披上银装的富士山更美

なお・す②【直す】［他五］Ⅰ【直す】①修理，修缮△時計を〜/修表 ②修正，纠正△悪習を〜/改掉恶习

③修改△文章を〜/修改文章 ④改变(情绪)△機嫌を〜/快活起来 ⑤变换；换算△英文を和文に〜/将英文译成日文△センチメートルをメートルに〜/将厘米换算成米 Ⅱ【治す】治疗△病気を〜/治病

-なお・す［接尾］（接动词连用形，构成五段动词表示）重新，再△書き〜/重写△読み〜/重念

なおまた①【尚又】［副］此外，还有

なおも①【尚も】［副］仍然△病(やまい)に冒され、〜執筆を続ける/得了病还仍然坚持写作

なお・る②【直る】Ⅰ【直る】①修好，复原△故障が〜/故障排除了 ②改正△欠点が〜/缺点改正了 ③（情绪）好转△機嫌が〜/情绪好了 ④地位改变△本採用に〜/正式录用 Ⅱ【治る】痊愈，治好△きずが〜/伤好了

なか①【中】①里，内，中△部屋の〜/房间里△山の〜/山里△心の〜/心里 ②内部△会社の〜の事情/公司内部的情况 ③在…之中△お忙しい〜を、よくおいで下さいました/欢迎您百忙之中光临我处 ④中间，之中，其中△男の〜の男/男子汉中的佼佼者 ⑤（兄弟三人排行）第二△〜の兄/二哥 ⑥居中，折中△〜に立つ/居中（调停）△〜を取る/不偏不倚

なか①【仲】［名］关系，交情△〜がいい/关系好△犬猿(けんえん)の仲/水火不相容◇仲を裂(さ)く/挑拨离间

なが・い②【形】Ⅰ【長い】①（距离）长△〜ひも/长绳 ②（性子）慢△気が〜/慢性子【細(ほそ)-】⓪④［形］细长 Ⅱ【長い・

永い(时间)长△～あいだ/很长时期△話が～/话长◇長い目(め)で見(み)る/从长远的观点看◇長い物(もの)には巻(ま)かれろ/胳膊扭不过大腿

ながいき④③【長生き】[名]长寿

ながぐつ⓪【長靴】[名]长筒雨靴

なかごろ②⓪【中頃】[名]①中旬②中间，中部

ながさ①⓪【長さ】[名]长度

なが・す②【流す】Ⅰ[他五]①流，使…流动△泪を～/流泪△血を～/流血②冲洗，洗掉△風呂で汗を～/洗个澡冲掉汗水③散布，传播△うわさを～/散布风言风语△音楽を～/播放音乐④流产，作罢△計画を～/计划流产Ⅱ[自五](出租车、艺人等)串街揽客

なかたがい③【仲違い】[名]关系破裂

ながつき②【長月】[名](农历)九月

なかなおり③【仲直り】[名]和好，和解

なかなか⓪【中中】[副]①(下接否定语)怎么也(不)…△バスが～来ない/汽车怎么也不来②相当，很，非常△これは～のできだ/这个相当不错

ながなが③【長長】[副]①长，冗长△～とつまらない話/冗长无聊的话②身体都伸开貌△ベッドに～と寝そべる/四仰八叉躺在床上

なかば②【半ば】[名]①一半△会员の～は女性だ/有一半是女会员②中旬③途中，中途

ながび・く③【長びく】[自五]拖延，延长△病気が～/病拖了很久

なかま③【仲間】[名]同志，伙伴△～に入る/入伙

なかみ②【中身・中味】[名]①(装在容器里的)东西②内容

ながめ③【眺め】[名]景色

なが・める③【眺める】[他下一]①盯着，望着②眺望

なかゆび②【中指】[名]中指

なかよし②【仲良し】[名]好朋友，亲密的伙伴

ながら[接助]①(上接动词连用形表示)一边…一边…△手をふり～走る/一边招手一边跑②(上接体言、动词连用形、形容词连体形、形容动词词干,表示两种相反的动作同时存在)虽然,尽管△お金があり～買おうとしない/虽然有钱却不买△体は小さい～力はつよい/虽然个子小却有力气△他人事～心配である/尽管是别人的事，但我却很担心③(上接体言表示)原样,和…一样△昔～の建物/一如往昔的建筑△残念～/非常遗憾△しかし～/但是

ながら・える④【長らえる・永らえる】[自下一]长存

ながらぞく③【ながら族】[名]〈俗〉习惯于一面听音乐一面吃饭或看书的人

ながれ③【流れ】[名]①河流，水流△清い～/清澈的水△人の～/人流②潮流△時代の～/时代的潮流③流派△山田先生の～/山田学派④(用「お流れ」表示)停止，流产△雨で花見はお～になった/因为下雨,赏花活动取消了◇流れを汲(く)む/具有…血统；继承…流派

ながれさぎょう④【流れ作業】[名]流水作业

ながれぼし③【流れ星】[名]流星

なが・れる③【流れる】[自下一]①流，流动△川が～/河水流动着

△血が～/流血 ②（物体）漂动，流动，游动△台風のあとの川には、たくさんのごみが～れていた/台风过后，河里漂浮着很多垃圾△電気が～/电流通过 ③（气体）飘荡△雲が～/白云飘动△かおりが～/散发着香味 ④传播，流传△うわさが～/流传着风言风语 ⑤（岁月）流逝△十年の歳月が～/十年的岁月过去了 ⑥偏于，产生，倾向△怠惰（たいだ）に～/有些疏懒 ⑦停止，流产

なぎ②【凪】［名］风平浪静

なきくず・れる⑤【泣（き）崩れる】［自下一］失声痛哭

なぎたお・す⓪④【薙（ぎ）倒す】［他五］①割倒，砍倒△草を～/割草 ②击败，荡平

なきつ・く③【泣（き）つく】［自五］哀求，央求

なきつらにはち【泣（き）面に蜂】祸不单行

なきどころ⓪【泣（き）所】［名］弱点，痛处

なきねいり⓪⑤【泣（き）寝入り】［名］①忍气吞声 ②哭着睡了

なぎはら・う⓪④【薙（ぎ）払う】［他五］砍倒，横扫△草を～/将草砍倒

なきむし③④【泣（き）虫】［名］动不动就哭的人

なきわらい③【泣（き）笑い】［名］①破涕为笑 ②有悲有喜△～の人生/悲欢离合的人生

な・く⓪【泣く】［自五］①哭，哭泣 ②悲伤△悲運に～/为运气不好而悲伤 ③（咬咬牙）答应，允诺△五百円～きましょう/便宜你五百日元吧◇泣く子（こ）は育（そだ）つ/爱哭的孩子好养活◇泣く子と地頭（じとう）には勝（か）てぬ/①对方不讲理无可奈

何 ②胳膊扭不过大腿◇泣きを入（い）れる/哀求

な・く⓪【鳴く】［自五］（鸟、兽、虫等）叫唤，鸣叫◇鳴かず（と）飛ばず/消声匿迹◇鳴く猫（ねこ）は鼠（ねずみ）を捕（と）らぬ/好叫的猫不拿耗子

なぐさ・める⓪④【慰める】［他下一］安慰△心を～/给以心灵上的安慰

なく・す⓪［他五］Ⅰ【無す】①丢失；丧失，失掉 ②使…无，度绝◇事故（じこ）を～/度绝事故 Ⅱ【亡す】丧，死

なくてはならない①⁻②（上接动词未然形）必须，一定要△行かなくてはならない/一定要去

なくな・る⓪［自五］Ⅰ【無くなる】①丢失，遗失 ②尽，完，光△金が～/钱花光了△人気が～/不受欢迎了△夢が～/希望破灭 Ⅱ【亡くなる】故去，死去

なぐ・る②【殴る】［他五］①殴打，揍【-り倒（たお）す⑥】［他五］打倒【-り付（つ）ける②⑤】［他下一］狠狠地揍 ②（风、雨、雪等）扑打（在身上）

なげうり⓪【投（げ）売（り）】［名］抛售

なげキッス③【投げキッス】［名］飞吻◆也可写作「なげキス」

なげ・く②【嘆く】［自他五］悲叹△不運を～/悲叹命运不好

なげこ・む⓪【投（げ）込む】［他五］投入，扔进

なげだ・す③【投（げ）出す】［他五］①抛出，扔出，投出△かばんを～/扔下书包△足を～/伸开腿 ②放弃△試験を～/放弃考试

なげやり②【投（げ）槍】［名］①梭标 ②标枪

なげやり⓪【投（げ）遣り】［名・形

动]撇手不管,抛开不管△～な態度/不负责任的态度

な・ける⓪【泣ける】［自下一］①（感动得）流泪 ②深受感动

な・げる②【投げる】［他下一］①投,掷,扔△石を～/扔石头 ②提供△話題を～/提供话题 ③（相扑、柔道等将对方）摔到 ④放弃,断念△さじを～/放弃△身を～/自杀

なければならない（上接动词未然形）必须,一定△今度こそ合格しなければならない/这次一定要考及格

なこうど②【仲人】［名］媒人

なごやか②【和やか】［形动］和睦△～な雰囲気（ふんいき）/和睦的气氛

なごり③⓪【名残】［名］①遗痕△往時（おうじ）の～/往昔的回忆 ②惜别,留恋△～を惜しむ/惜别

なごりおし・い⑤【名残惜しい】［形］依依不舍,恋恋不舍△これでお別れとは、お～ことです/就此分别, 真有些舍不得

なさけ①③【情（け）】［名］同情,怜惜◇情けは人（ひと）のためならず/与人方便,自己方便◇情けをかける/怜悯

なさけしらず④【情（け）知らず】［名・形动］不懂人情的人,无情的人

なさけな・い④【情（け）ない】［形］①可叹,可悲,可怜△連敗とは～/接连失败,太可悲了 ②穷途潦倒△～身なり/穷途潦倒的样子

なさけぶか・い⑤【情（け）深い】［形］富有同情心

なさ・る②（「する」的敬语）I［他五］做△ここでは何を～ってもご自由です/您在这里做什么都行 II［补动五］（上接动词连用

形）表示尊敬△校長先生がお話し～います/请校长先生讲话△体に充分気をつけ～い/请多加注意身体

なし②【梨】［名］梨◇梨のつぶて/（去信后无回音）杳无音信

なしと・げる⓪④【成し遂げる・為し遂げる】［他下一］完成

なじみ③【馴染み】［名］熟识,熟悉△～が深い/非常熟悉△～の店/常去买东西的商店【顔（かお）-②】［名］熟人【幼（おさな）-④】［名］童年的朋友

なじ・む③【馴染む】［自五］熟悉

ナショナリスト④【nationalist】［名］国家主义者,国粹主义者,民族主义者

ナショナリズム④【nationalism】［名］国家主义,民族主义,国粹主义

なす①【茄子】［名］茄子

なすび①【茄子】［名］茄子

なぜ①【何故】［副］为何,为什么

なぜなら①【何故なら】［接］为什么呢,其理由(原因)是…

なぞ⓪②【謎】［名］①迷语 ②谜,难以理解的事物△～の人物/难以捉摸的人

なぞなぞ⓪【謎謎】［名］谜语,猜谜游戏

なだか・い③【名高い】［形］有名,著名

なたね②【菜種】［名］油菜籽

なだ・める③【宥める】［他下一］劝,哄,调解△子どもを～/哄孩子

なだれ③【雪崩】［名］雪崩

ナチ①【(德)Nazi】［名］纳粹党(党员)

ナチス①【(德)Nazis】［名］纳粹党

ナチュラル①【natural】 I ［形动］

自然，天然△～な味/（未加化学调料的）自然的味道 Ⅱ［名］〈音〉还原符号「ㄥ」

なつ②【夏】［名］夏天

なついん⓪【捺印】［名・自サ］盖章

なつかし・い④【懐かしい】［形］令人怀念，令人思念△故郷が～/怀念故乡

なつ・く②【懐く】［自五］（小孩、动物等毫无戒心地）接近（成人），熟识

なづ・ける③【名付ける】［他下一］起名，命名

なつじかん③【夏時間】［名］夏时制

なっせん⓪【捺染】［名・他サ］（布匹）印染

ナット①【nut】［名］螺母

なっとう③【納豆】［名］纳豆（类似我国的豆豉）

なっとく⓪【納得】［名・他サ］理解，领会△～がいく/理解

なつば⓪【夏場】［名］夏季，夏天

なつばしょ⓪【夏場所】［名］（五月举行的）相扑比赛

なっぱふく③【菜っ葉服】［名］工作服

なつめ⓪【棗】［名］枣

なつやすみ③【夏休（み）】［名］暑假

なつやせ⓪【夏痩せ】［名］苦夏

なでおろ・す④【撫で下ろす】［他五］（从上往下）按△胸（むね）を撫で下ろす/放心

なでがた②【なで肩・撫で肩】［名］溜肩膀

なでしこ②【撫子】［名］〈植〉瞿麦

な・でる②【撫でる】［他下一］①抚摸 ②梳整（头发）

など［副助］①等△秋は運動会や文化祭～で忙しい/秋天有运动

会、文化节等很忙△ラーメン～インスタント食品ばかり食べていては、体によくないよ/光吃方便面等速成食品，对身体不好 ②（表示委婉的语气）什么的△お見舞いにお花～がいいかもしれない/去探望时，带束花什么的也许好些 ③表示谦虚或轻蔑的语气△そんな高価なものは、わたし～にはもったいない/那么贵重的东西，我这样的用不起△お前～に言われなくても、わかってるよ/用不着你来教训我，我知道 ④加强否定语气△雨～全然降っていませんよ/一点也没下雨呀△あの人に人殺し～できるはずがありません/他决不会杀人

ナトリウム③【（徳）Natrium】［名］〈化〉钠

なな①【七】［名］七

ななころびやおき③-⓪【七転（び）八起（き）】［名］百折不回,不屈不挠

ななつ②【七つ】［名］①七 ②七岁 ③七个

ななめ②【斜め】［名］①斜，倾斜△日が～にかたむいてきた/斜阳西下 [-向（む）かい④【名】斜对面 ②不寻常△ご機嫌（きげん）～/心情不好

なに①【何】Ⅰ［代］（表示疑问）什么 Ⅱ［副］（与否定语相呼应）什么都…△～不自由なく生活している/过着自由自在的生活△～一つできていない/什么都没做好 Ⅲ［感］①表示否定、抗拒对方△～、たいしたことはない/哪里,没什么了不得的事△～、やる気か/怎么、要打架吗 ②用于自己否定某件事时△宿題を忘れたが、～、かまうものか/作业忘做了，管它呢 ③表示惊疑△～、そ

んなばかな/什么，居然有这种事

なにか①【何か】Ⅰ[代]（表示不定称）什么（的）△コーヒーか〜を用意する/准备些咖啡什么的 Ⅱ[副]（不知为什么）总觉得有些…△〜変だ/总觉得有些怪

なにかと◎【何彼と】[副]这个那个，种种△〜お世話になります/请您多关照

なにくわぬかお④【何食わぬ顔】若无其事的样子，假装不知道的样子

なにげな・い④【何気ない】[形]无意中，漫不经心△〜くふりむく/无意中一回头

なにしろ①【何しろ】[副]不管怎么说，总之△〜道が込んでいて、すっかり遅くなってしまった/总之，路上太挤，结果彻底晚了

なにとぞ◎【何とぞ】[副]请（比「どうぞ」语气强烈，用于书信等正式场合）△今後とも〜よろしくお願いします/今后还请您多多关照

なにはさておき①－①【何はさておき】别的且不管，首先△〜、これだけはしておきたい/别的且不管，只想先做完这件事

なにはともあれ①－①【何はともあれ】不管怎么样，总之△〜、うれしい話だ/不管怎么样，这是件高兴事

なにも①◎【何も】[副]①什么都，一切都△〜見えない/什么都看不见 ②用不着，不必△〜そうまでする必要はない/不必做到那种程度

なにもかも④【何も彼も】一切，完全，全都△〜忘れた/全都忘了

なにゆえ◎①【何故】[副]何故，为什么

なにより①【何より】[副]比什么都（好），最好△〜の証拠だ/最好的证据△〜うれしい/比什么都高兴

なぬか③◎【七日】[名]→なのか

なのか③◎【七日】[名]①初七，七号 ②七天

なのはな①【菜の花】[名]油菜花

なの・る◎②【名乗る】[自他五]①自称，自报△名を〜/自报姓名 ②改姓别人的姓△夫の姓を〜/改姓夫家的姓

なばかり②【名ばかり】[名]名义上的，有名无实

ナフキン①【napkin】[名]→ナプキン

ナプキン①【napkin】[名]餐巾

なふだ◎【名札】[名]姓名牌

ナフタリン③【（徳）Naphthalin】[名]卫生球

なべ①【鍋】[名]①锅 ②火锅【-物（もの）②】[名]火锅

なま【生】Ⅰ①[名]①生，不熟△〜で食べる/生着吃【-肉（にく）◎】[名]生肉 ②未加工的，本来的△〜の声/本来的声音【-放送（ほうそう）③】[名]现场直播 Ⅱ[接头]①不充分，不透彻△〜返事/不明确的回答△〜煮え/半生不熟 ②（后接形容词）微，有点△〜暖かい/微有暖意

なまいき◎【生意気】[名・形动]自大，狂妄

なまえ◎【名前】[名]①名称 ②姓名，名字

なまがし③【生菓子】[名]不易长期存放的点心（如带馅的点心、蛋糕等）

なまかじり③◎【生かじり・生嚙り】[名]一知半解，半通不通△〜の知識/一知半解的知识

なまきず②④【生傷】[名]新伤口

なまきをさく【生木を裂く】捧打

鴛鴦

なまぐさ‥い④【生臭い・腥い】［形］①腥，血腥，膻 ②俗气，世俗，流俗

なまクリーム④【生クリーム】［名］鲜奶油

なまけもの◎⑤［名］〈动〉树懒

なまけもの⑤◎【怠け者】［名］懒汉

なま・ける③【怠ける】［自他下一］懒，懒惰

なまこ③【生子・海鼠】［名］海参

なまごみ②【生ごみ】［名］（烂菜叶，剩饭等）垃圾

なまず◎【鯰】［名］鲇鱼

なまたまご③④【生卵】［名］生鸡蛋

なまなまし‥い⑤【生生しい】［形］非常鲜明，活生生

なまぬる‥い◎【生ぬるい】［形］①不够凉或不够热，乌涂△～お湯/乌涂的开水 ②不彻底△～処置/不彻底的处理措施

なまビール③【生ビール】［名］生啤酒，鲜啤酒

なまへんじ③【生返事】［名］含糊其词的回答

なまみず②【生水】［名］生水

なまもの②【生物】［名］不用火加工的食品（主要指生吃的鱼、奶油点心等）

なまやさし‥い◎①【生易しい】［形］轻而易举（多与否定语相呼应）

なまり◎【鉛】［名］铅

なまり③◎【訛り】［名］口音，地方口音

なま・る②【鈍る】［自五］①（刃具）钝 ②（技术等）退步

なみ②【波】［名］①波浪，波涛 ②起伏（的事物）△感情の～/感情的波澜△成績に～がある/成绩不稳定 ③潮流△人の～/人流 ④〈物〉波（如光波、声波等）

なみ【並・並み】Ⅰ◎［名］①普通，一般，平常△～の人間/普通人 ②下等（委婉的说法）△～定食/下等价格的份饭 Ⅱ［接尾］①同等△世間～/与世人同等△人～/与普通人相同 ②每△月～/每月

なみうちぎわ◎⑥【波打（ち）際】［名］汀线（海岸被海水侵蚀而形成的线状的痕迹），岸边

なみう・つ③【波打つ】［自五］①起波浪 ②起伏不平

なみき◎【並木】［名］道路两旁的树【-道（みち）③】［名］林荫道

なみせい◎【並製】［名］①普通制品 ②平装（书）

なみだ①【涙】［名］①泪水 ②怜悯△血も～もない/冷酷无情◇涙に暮（く）れる/悲痛欲绝◇涙を飲（の）む/忍气吞声

なみたいてい◎【並み大抵】［形动］（与否定语相呼应）一般，普通△～の努力では、できない/不是一般努力就能完成的

なみだぐまし‥い⑥【涙ぐましい】［形］令人感动

なみだもろ‥い⑤【涙脆い】［形］爱流泪，动不动就流泪

なみのり④③【波乗（り）】［名］〈体〉冲浪

なみはず・れる◎【並外れる】［自下一］不寻常，与众不同，非凡△～れた才能/非凡的才能

なむあみだぶつ⑤①【南無阿弥陀仏】［名］〈佛〉南无阿弥陀佛

なめらか②【滑らか】［形动］①滑溜，光滑△～なはだ/光滑的皮肤 ②顺利△会談が～に進んだ/会谈顺利进行 ③流利；流畅

な・める②【嘗める・舐める】［他下一］①舔△くちびるを～/舔嘴唇 ②经历，尝受△苦しみを～/

受苦 ③轻视，小看

なや・む② 【悩む】 ［自五］①（精神的）烦恼，忧虑△恋に～/为恋爱问题而烦恼△物价高に～/为物价昂贵而烦恼 ②（肉体的）痛苦，疼痛△頭痛に～/害头痛

なら ［助動］（助动词「だ」的假定形）①如果，要是△ほしい～あげるよ/要是想要的话，就送给你△クラス全員で賛成する～その案にしよう/如果全班都同意，就按这个决议办 ②（上接名词表示）就…而言，要说…△旅行～夏がいい/要说旅行还是夏天好

なら・う② ［他五］ Ⅰ 【習う】学习△ピアノを～/学习弹钢琴△先生に～/跟着老师学习 Ⅱ 【倣う】效仿，模仿，仿照△先輩に～/效仿前辈◇習うより慣（な）れよ/熟能生巧

なら・す⓪ 【鳴らす】 ［他五］①使…出声△ブザーを～/按门铃 ②闻名 ③嘟哝，责难△非を～/责难△不平を～/鸣不平，发牢骚

ならでは 只有△母～の気遣い/只有母亲才会有的关心△地方～の研究/只有在地方才能做的研究

ならば （助動）→なら①

ならびに⓪ 【並びに】 ［接］以及，和，与△町長～議長が挨拶する/镇长和议长致词

なら・ぶ⓪ 【並ぶ】 ［自五］①并排△～んで坐る/并排坐下 ②并列，排成行△～んで待つ/排队等候 ③（能力、成绩等）相同△成績で彼に～者はない/没有人能比得上他的成绩

なら・べる⓪ 【並べる】 ［他下一］①并排△肩を～/肩并肩 ②摆△品物を～/摆商品 ③罗列，列举△文句を～/发牢骚

ならわし④⓪ 【習わし・慣わし】

［名］风俗习惯

なり② 【形】 ［名］①体形，身材 ②打扮

なり Ⅰ ［接助］①立刻，刚一…就…△家にかばんを置く～，遊びにでかけた/进家后，放下书包就跑出去玩了 ②（接助动词「た」的连体形表示）原样不动△帽子をかぶった～で挨拶をするのは失礼です/戴着帽子致辞是不礼貌的 Ⅱ ［并助］①（表示列举并从所举事物中选择）或是…或是△味つけは、みそ～しょうゆ～，すきなものですればよい/调味料或是用酱或是用酱油，可根据自己的喜好而定 ②（表示笼统地提示一例，另有更合适的也可选择）比如，像△結果が分ったら、電話～なん～で知らせてください/结果一出来，就打个电话什么的通知我

-なり ［接尾］①像…形状△弓～になる/成弓状 ②按照…△言い～になる/唯命是从 ③与之相应的△わたしにはわたし～の考えがある/我自有我的想法

なりきん⓪ 【成金】 ［名］①（将棋）进入对方阵地后，取得「金将」资格的棋子 ②暴发户，暴富的人

なりすま・す⓪ 【なり済ます】 ［自五］装作，扮作，冒充△医者に～/扮作医生

なりた・つ⓪ 【成（り）立つ】 ［自五］①成立 ②组成，构成△国会は衆議院と参議院から～っている/国会由众议院和参议院组成

なりひび・く④ 【鳴（り）響く】 ［自五］①响彻△サイレンがあたりに～/汽笛响彻四方 ②驰名，闻名

なりゆき⓪ 【成（り）行き】 ［名］（事物的）变迁，发展△～にまかせ

る/听其自然

な・る① 【生る】［自五］结（果实）△実が～/结果

な・る① 【成る】Ⅰ［自五］①成为，变成△飛行士に～/当上飞行员△赤く～/变红了 ②（表示时间）到△春に～/春天到了△いまと～っては手おくれだ/事到如今一切都晚了 ③（表示结果）结果会，就应该△この道をまっすぐ行けば銀行の前に出ることに～/沿着这条路一直走，就会走到银行门口 ④有用，有益△ために～/有益 ⑤得病△病気に～/得病 ⑥（用「…からなる」的形式表示）由…构成△日本国憲法は103条から～/日本宪法共有103条 ⑦由…建造△名工の手に～建築/由名工巧匠建造的建筑 ⑧完成，成功Ⅱ［补动五］（用「お…になる」「ご…になる」的形式）表示尊敬△先生はお帰りに～りました/老师回去了

な・る⓪ 【鳴る】［自五］①响，出声音△電話が～/电话铃响△かみなりが～/打雷△耳が～/耳鸣 ②闻名

なるたけ⓪ ［副］→なるべく

なるべく⓪ ［副］尽量，尽可能

なるほど⓪ ［副］（用于长辈对晚辈）的确，果然△～本に書いてあったとおりだ/果然如书上写的那样

ナレーション② 【narration】［名］（电影、电视的）解说词

ナレーター② 【narrator】［名］解说人

なれなれし・い⑤ 【馴（れ）馴れしい】［形］故作亲密，过分亲密

な・れる② ［自下一］Ⅰ【慣れる】①习惯，适应△環境に～/适应环境 ②熟练△使い～れたもの/用

慣了的东西△聞き～/听惯了 Ⅱ【馴れる】（动物）驯顺，顺从 Ⅲ【熟れる】正好吃（的时候）△この鮨（すし）は味がよく～れている/这个寿司味道正好 Ⅳ【狎れる】狎，嬉皮笑脸

なわ② 【縄】［名］绳子△～にかかる/（因犯罪而）被捕，落网

なわとび③④ 【縄跳び】［名］跳绳

なわばり④⓪ 【縄張】［名］（帮会组织的）地盘，势力范围

なん① 【難】［名］①灾难，苦难△～をのがれる/避难 ②缺点，毛病

なん① 【何】［代］→なに

なんい① 【難易】［名］难易 【-度（ど）③】［名］难易程度

なんか ［副助］〈口〉①等々△その歌はテレビとかラジオ～でよくやってるよ/那首歌经常在电视、广播中播放 ②（表示委婉的语气）什么的，之类的△レコード～あげたら、喜ばれるんじゃないでしょうか/送个唱片什么的，也许会高兴吧 ③表示谦虚或轻蔑△わたしのかいた絵～、はずかしくて見せられません/我画的画不好，不好意思给你们看 ④（加强否定的语气）绝没有…△そんなこと～言ってませんよ/我绝没有那么说过

なんかい⓪ 【難解】［名・形动］难懂

なんかい① 【何回】［名］多少次，几回

なんかん⓪ 【難関】［名］难关△～を突破（とっぱ）する/攻克难关

なんきょく⓪ 【南極】［名］南极 【-大陸（たいりく）⑤】［名］南极大陆

なんきょく⓪ 【難局】［名］困难的局面

なんきんまめ③【南京豆】[名] (帯
殻的) 花生

なんきんむし③【南京虫】[名] 臭
虫

なんくせをつける【難癖をつけ
る】挑剔，吹毛求疵

なんこう①【軟膏】[名] 软膏

なんこう⓪【難航】[名・自サ] (会
议、交涉等) 进展得不顺利，搁浅
△工事が〜する/施工进展得不
顺利

なんざん①【難産】[名・自サ] 难
产

なんじゅう⓪【難渋】[名・形動・
自サ] ①迟迟不得进展△話し合
いが〜する/交涉迟迟没有进展
②吃力，费力③晦涩

ナンセンス①【nonsense】[名・形
動] 无聊，无意义

なんだい③【難題】[名] 难题△〜
をふっかける/故意出难题【無理
(むり)-③】[名] 无理要求

なんだか①【何だか】[副] ① (不
明白) 是什么△何が〜分らない/
不明白是什么②不知为什么，总
觉得△〜淋しい/总觉得有些寂
寞

なんだかんだ【何だかんだ】[副]
这个那个，种种△〜言っても，结
局これでよかった/七嘴八舌地
参谋半天，结果还是这个好

なんだって①【何だって】(反问对
方) 你说什么△〜、あいつが死ん
だ/你说什么? 他死了△〜、もう
一度言ってみろ/什么? 你敢再说
一遍

なんて[副助]〈俗〉① (表示委婉
的口气) 之类的，什么的△旅行に
行こうか〜友だちと話している
のです/正和朋友谈去旅行的事
②表示谦虚或轻蔑的语气△君た
ちの練習〜、遊びみたいなもの

だ/你们的训练简直像是做游戏
③ (表示意外) 所说的，所谓△彼
がそんなことをする〜信じられ
ない/我不信他会干那种事 ④
(加强否定的语气) 根本没有…△
雨〜降っていませんよ/根本没
有下雨

なんでも①【何でも】[副]①一切，
不论什么△〜食べる/什么都吃
(不挑食)②无论如何，不管怎样
△何が〜やる/不论如何要干 ③
仿佛，好像△〜、一、二、三日旅行し
てくるそうですよ/说是出门去
旅行两三天◇何でもない/不要
紧，没什么

なんてん③⓪【難点】[名] 疑难之
处，难点

なんと①【何と】①多么△〜きれ
いな花だろう/多漂亮的花啊 ②
怎样，如何△〜しよう/怎么干呀

なんど①【何度】[名]①几次，几
回 ②多次，屡次

なんとか①【何とか】[副]① (指
不明确的事物) 什么△〜言う会
社/一个什么公司②设法，想个
办法△〜したい/想 (帮他) 想个
法子△〜なるさ/总会有办法的
③好歹，总算△〜食っていける/
日子总算过得去

なんとなく④【何となく】[副]①
(不知为什么) 总觉得，不由地△
〜おもしろそうだ/觉得挺有意
思△〜行ってみたい/不知为什
么总想去看看 ②若无其事△知
らないふりをして〜ごまかし
た/装做不知道的样子，若无其事
地混过去了

なんとも①⓪【何とも】[副]① (后
接否定语) 表示无关紧要△〜な
いから安心して/没什么事，你放
心吧②无论怎么说，无论从哪方
面说△〜無事でよかった/无论

怎么说，平安无事就好 ③真，实在△～申し訳ありません/真对不起

なんなんたいわ【南南対話】[名] 南南对话

なんにも⓪【何にも】[副]→なにも

なんの①⓪【何の】①（没有）一点△～苦もなく/没费一点力气 ②（用「…のなんの」的形式表示）…啦，…的△難しいの～と言わずに早くやれ/别说难啦什么的了，快干吧 ③没什么，无关紧要△～これしきの傷/这点小伤没什么

なんぱ⓪【難破】[名・自サ]（船只）遇难

ナンバー①【number】①号数，号码

-ワン⑤[名]第一个；头一名 ②（杂志）期，号数 ③（爵士乐等的）曲目

なんばん⓪【南蛮】[名]指从室町时代末期到江户时代，经东南亚来日的葡萄牙人和西班牙人【-人（じん）】⑤[名]西洋人

なんびょう⓪①【難病】[名]难治的病

なんべい⓪【南米】[名]南美洲

なんぼくたいわ【南北対話】[名]南北对话

なんみん③⓪【難民】[名]难民

なんもん⓪【難問】[名]难题

なんよう⓪【南洋】[名]南洋；南太平洋的热带地区

に

に①【二】[名]①二，两个 ②第二

に I［格助]①（表示场所）在△頂上～立つ/站在山顶上 ②（表示时间、日期）于△会社は九時～始まる/公司九点开始上班△雪は翌日の朝～は消えていた/第二天早晨雪化了 ③（表示动作移动的方向、到达地点）去，到△東京～着く/到达东京△山～登る/（去）爬山△部屋～入る/进屋去 ④（表示动作的对象）给，对，向△友人～手紙を書く/给朋友写信△先生～習う/跟着老师学习 ⑤（表示原因、理由）因为，由于△火遊び～よる火事/由于玩火而引起的火灾△怒り～ふるえる/气得直发抖 ⑥表示动作、行为的归结点△悲しみを顔～現す/脸上现出悲伤△富士山を写真～撮る/将富士山摄入镜头 ⑦

（表示变化的结果）当，成，成为△将来はパイロット～なるつもりだ/我将来想当一名飞行员△会議は第二会議室～変わった/会议改在第二会议室进行△大豆を粉～引く/把大豆磨成粉 ⑧表示能力的主语△このクイズは君～できるかね/这个迷你会解吗△ぼく～はもったいない/（给我）太可惜了 ⑨表示尊敬△女王陛下～は予定どおり宮殿をご出発になりました/女王陛下按预定时间从宫殿出发了 ⑩表示动作行为的状态△あまり暗くならないうち～、おうちに帰りなさい/趁天还没黑，快回家吧△内密～調査する/暗中调查△若さ～あふれる/充满青春活力 ⑪表示比较的对象△XはY～ひとしい/X等于Y ⑫（表示比例）每△三

日～一回/每三天一次△十人～ひとり/每十人中出一个 ⑬（表示被动，使役）被，让，叫，使△母～叱られた/挨妈妈的骂了△車～ひかれた/被车撞了 ⑭用在同一动词中间以加强语气△走り～走る/一个劲儿地跑△考え～考えた末/反复考虑的结果 ⑮（用「…には…が」的形式）表示有条件的赞成，认可△カメラがほしい～はほしいが、いまお金がないので買えない/照相机我喜欢是喜欢，但现在没钱，买不了△この本を読む～は読んだが、ちょっと難しいので、分らない所が多い/这本书看是看了，但因为有些难，有很多不懂的地方 Ⅱ［并助］(表示同类事物的并列、添加)和，及△背広～ネクタイ～革靴といういでたち/(他的) 装束是西服加领带再配上皮鞋△ぶどう～りんご/葡萄和苹果

にあ・う②【似合う】［自五］相配，适合，般配△和服のよく～人/适合于穿和服的人

にいさん①【兄さん】［名］(敬语) 哥哥

にいづま⓪【新妻】［名］新婚妻子

にいろ⓪【丹色】［名］丹色

にえきらな・い④【煮え切らない】［形］(态度) 暧昧△～返事/暧昧的答复

にえゆをのまされる【煮え湯を飲まされる】被好友出卖

に・える⓪【煮える】［自下一］煮熟△まめが～/豆煮好了

におい②【臭(い)・匂(い)】［名］①气味△いやな～がする/有一股难闻的味儿△～をかぐ/闻味儿 ②情趣，特征△この小説には生活の～がある/这本小说具有生活的气息△人間の～/人情味

におう①【仁王】［名］(寺院的) 金刚力士，仁王△～-立(だ)ち⓪［名］仁立不动

にお・う②【臭う・匂う】［自五］①有…气味△梅の香(か)が～/梅花飘香 ②鲜艳，俊秀△～ばかりの美少年/俊秀的少年

にかい①【二階】［名］①二层的楼房△～-建(だ)て⓪［名］二层的楼房 ②第二层◇二階から目薬(めぐすり) 徒劳无益，毫无效验

にが・い②【苦い】［形］①苦△～薬/苦药 ②痛苦，不愉快△～顔/哭丧着脸

にがおえ⓪【似顔絵】［名］模拟像

にが・す②【逃がす】［他五］①放跑，放掉△飼っていた小鳥を～/把喂养的鸟放掉 ②没有抓到

にかた⓪【煮方】［名］①煮、炖的方法 ②煮、炖的火候△～が足りない/炖的火候不够 ③（专门负责煮、炖的）厨师

にがつ③【二月】［名］二月

にがて③【苦手】［名・形动］①发憷△どうもあの先生は真面目すぎて～だ/那个先生太认真，我很憷他 ②不擅长△～な科目/不擅长的学科

にがむしをかみつぶしたようなかお【苦虫を嚙みつぶしたような顔】愁眉苦脸

にかよ・う③【似通う】［自五］相似，相仿△～ったストーリー/相似的故事情节

にがわらい③【苦笑い】［名］苦笑

にがんレフ④【二眼レフ】［名］双镜头反光照相机

にきさく②【二期作】［名］一年种两茬（农作物）

にきび①【面皰】［名］粉刺

にぎやか②【賑やか】［形动］①热闹，繁华 ②活泼，开朗△～な笑

い声/欢笑声

にきょくしんくうかん① 【二極真空管】 ［名］二极真空管

にぎりずし③④ 【握(り)鮨】 ［名］饭团,寿司(上面放有鱼片或贝等)

にぎりめし⓪ 【握(り)飯】 ［名］饭团(呈三角形或圆形)

にぎ・る⓪ 【握る】 ［他五］①握△ハンドルを～/把握方向盘△手に汗を～/捏一把汗 ②抓住,掌握△政権を～/把握政权 ③做(饭团)

にぎわ・う③ 【賑わう】 ［自五］①热闹,繁华 ②(买卖)兴隆,兴旺△店が～/商店买卖兴隆

にく② 【肉】 ［名］①肌肉,肉△～がつく/长肉△～がおちる/掉肉△～づきがいい/不胖不瘦 ②肉类△～料理/肉菜

にく・い② 【憎い】 ［形］可憎,可恶

-にく・い ［接尾］(上接动词连用形)①难,不好办△書き～/不好写△言い～/难以开口 ②不容易△よごれ～/不易脏△こげ～/不易糊

にくいれ④③ 【肉入れ】 ［名］印泥盒

にくしみ④⓪ 【憎しみ】 ［名］憎恨,憎恶

にくしん⓪ 【肉親】 ［名］骨肉亲△～の情/骨肉情

にくせい⓪ 【肉声】 ［名］人口直接发出的声音

にくたい⓪③ 【肉体】 ［名］人体 [-労働(ろうどう)]⑤ ［名］体力劳动

にくづき⓪④ 【肉付(き)】 ［名］(人体的)胖瘦程度;(动物的)膘头儿△～のいい若い女/不胖不瘦的年轻姑娘

にくづけ④⓪ 【肉付(け)】 ［名］(为文章)充实,润色△文章に～する/为文章充实内容

にくひつ⓪ 【肉筆】 ［名］亲笔(书写的东西)△～のサイン/亲笔签名

にくぶと⓪ 【肉太】 ［名］笔道粗△～の字/粗体字,黑体字

にくまれぐち④ 【憎まれ口】 ［名］招人讨厌的话△～をきく/说讨人嫌的话

にくまん⓪ 【肉饅】 ［名］→にくまんじゅう

にくまんじゅう③ 【肉饅頭】 ［名］肉包子

にく・む② 【憎む】 ［他五］憎恨,恨△～んでもあまりある犯人/可恶之极的罪犯

にくらし・い④ 【憎らしい】 ［形］①可憎,讨厌,可恨 ②嫉妒△～ほどの美人/令人嫉妒的美女

にぐるま② 【荷車】 ［名］(人或牛、马拉的)大板车,架子车

ニグロ① 【Negro】 ［名］黑人,黑色人种

にげあし②⓪ 【逃(げ)足】 ［名］①逃跑速度△～が早い/逃得快 ②要逃跑的样子△～になる/准备逃跑

にげぐち② 【逃(げ)口】 ［名］退路,逃路

にげこうじょう③ 【逃(げ)口上】 ［名］遁辞,推托话

にげごし②⓪ 【逃(げ)腰】 ［名］①要逃跑的样子 ②要逃避责任的态度

にげだ・す⓪ 【逃(げ)出す】 ［自五］①逃出,跑掉,溜走 ②开始逃跑

にげまわ・る④ 【逃(げ)回る】 ［自五］四处逃窜

にげみち② 【逃(げ)道】 ［名］①逃路 ②逃避责任的途径

に・げる② 【逃げる】 ［自下一］①

逃跑 ②回避，逃避

にげん⓪【二元】[名]①二元△-論（ろん）②[名]二元论 ②〈数〉（两个未知数）二元△-方程式（ほうていしき）】[名]二元方程式 ③同频广播

にごう①【二号】[名]①第二号 ②〈俗〉妾

にごしらえ②【荷拵（え）】[名]捆行李，打包裹

にご・す②【濁す】[他五]①弄浑，使…混浊△水を～/把水弄浑 ②暧昧，含糊△言葉を～/含糊其词△お茶を～/支吾，搪塞

ニコチン⓪②【(徳)Nikotin】[名]尼古丁

にこにこ①[副]笑眯眯，笑微微

にこ・む②【煮込む】[他五]①煮，炖 ②煮熟，炖烂

にこやか②[形动]和蔼可亲，和颜悦色△～に話しかける/和蔼可亲地搭话

にこり②③[副]微笑△～ともしない/连笑也不笑

にご・る②【濁る】[自五]①混浊，污浊△川が～/河水混浊 ②（声音、颜色）不亮，不鲜亮△色が～/颜色不鲜亮 ③不纯洁，不正当△心が～/心地不纯洁 ④加浊音△「は」が～と「ば」になる/「は」带浊音就是「ば」

にさんかたんそ⑤【二酸化炭素】[名]二氧化炭

にし⓪【西】[名]①西边，西 ②西风◇西も東（ひがし）も分（わ）からない/不辨方向；（新手对一切）一无所知

にじ②⓪【虹】[名]彩虹△～がかかる/天空出彩虹

にじかい⓪【二次会】[名]（宴会之后换个地方接着开始的）小型宴会

にしかぜ⓪④【西風】[名]西风

にしがわ⓪【西側】[名]西方（国家）

にしき①【錦】[名]织锦缎◇錦を着（き）て故郷（こきょう）へ帰（かえ）る/衣锦还乡

にしきえ③【錦絵】[名]（日本「浮世絵」的）彩色版画

にしじん②【西陣】[名]「西陣織」的简称△-織（おり）⓪】[名]京都西阵产的织锦、绸缎

にじっせいき④【二十世紀】[名]二十世纪

にしにほん⑤【西日本】[名]①西部日本 ②九州一带

にしはんきゅう③【西半球】[名]西半球

にじみ・でる⓪【にじみ出る・渗み出る】[自下一]①渗出△インクが～/墨水渗出 ②自然流露，显露

にじ・む②【滲む】[自五]渗△額（ひたい）に汗が～/额头上冒出汗珠

にじゅうしき①【二十四気】[名]二十四节气

にじゅうしょう②【二重唱】[名]二重唱

にじゅうそう②【二重奏】[名]二重奏

にじゅうよじかん【二十四時間】[名]二十四小时，全天，整天

にしん①【鰊・鯡】[名]青鱼，鲱

にせ⓪【偽・贋】[名]假，赝品△～もの/赝品，冒牌货

にせい⓪【二世】[名]①二世，第二代△エリザベス～/伊丽莎白二世 ②（移民的）孩子

にせもの⓪[名] I【偽者】冒充的人 II【偽物】假货，冒牌货，赝品

にだい⓪【荷台】[名]（卡车的）车

厢;(自行车的)后车架

にた・つ②【煮立つ】[自五]煮开,煮沸

にたもの⓪【似た者】[名](性格)相似的人△～同士/性格相似的两个人【-夫婦(ふうふ)】⑤[名](性格及爱好)相似的夫妇

にたりよったり④【似たり寄ったり】相似,差不了多少△～の考え/类似的想法

にちぎん⓪【日銀】[名](「日本銀行」的简称)日本银行

にちじ②①【日時】[名]日期和时间

にちじょう⓪【日常】[名]日常,平常【-生活(せいかつ)】⑤[名]日常生活【-茶飯事(さはんじ)】⑥[名]毫不稀奇,司空见惯

にちぼつ⓪【日没】[名]日落

にちや①②【日夜】Ⅰ[名]日和夜,昼和夜 Ⅱ[副]总是,经常不断

にちよう⓪③【日曜】[名]星期日

にちよう⓪【日用】[名]日用【-品(ひん)】③[名]日用品

にちようび③【日曜日】[名]星期日

…について【…に付いて】关于,就…(而言)△右の件について申しあげます/就前边那件事,讲两句话

にっか⓪【日課】[名]每日要做的事△散歩が毎日の～だ/散步是我每日的功课

にっかん⓪【日刊】[名]日刊【-新聞(しんぶん)】⑤[名]每日出版的报纸【-紙(し)】③[名]每日出版的报纸

にっき⓪【日記】[名]日记△～をつける/记日记

にっきゅう⓪【日給】[名]日工资,日薪

にっきょうそ③【日教組】[名](「日本教職員組合」的简称)日本教职员工会

ニックネーム④【nickname】[名]绰号,外号

にづくり②【荷造り】[名]捆行李

にっけい⓪【日系】[名]日本血统,日裔

ニッケル⓪①【nickel】[名]〈化〉镍

にっこう①【日光】[名]日光,阳光【-浴(よく)】③[名]日光浴

にっこり③[副]微笑△～と笑う/微微一笑

にっさん⓪【日産】[名]日产量

にっし⓪【日誌】[名]日志△業務～/工作日志

にっしょく⓪【日食・日蝕】[名]日食

にっすう③【日数】[名]天数△～がかかる/需要天数【出席(しゅっせき)-】②[名]出席天数

にっちゅう⓪【日中】[名]白天

にっちょく⓪【日直】[名]①值日(的人)②白天值班(的人)

にってい⓪【日程】[名]日程△～がつまる/日程排得满满的△～にのぼる/提到日程上【-表(ひょう)】②[名]日程表

にってん⓪【日展】[名](「日本美術展覧会」的简称)日本美术展览会

ニット①【knit】[名]毛线编织物,针织△～のワンピース/毛线织的连衣裙

にっぽん③【日本】[名]→にほん

につま・る③【煮詰まる】[自五]①煮干,炖干△しるが～/汤汁炖干了②(争论的问题)接近解决△話が～/问题接近解决了

にてもにつかない②-②【似ても似つかない】一点也不像,毫无共同之处

にどと②【二度と】[副](下接否定语)再不…△～しない/再也不干

了△～ふたたび/「二度と」的强调说法

ニトログリセリン⑥【nitroglycerin】［名］〈化〉硝化甘油

にな・う②【担う】［他五］①担，挑 ②承担，担负（责任）△国政を～/担负起领导国家政治的责任

ににんしょう②【二人称】［名］第二人称

にぬり⓪【丹塗（り）】［名］涂上朱红色

ニヒリスト③【nihilist】［名］虚无主义者

ニヒリズム③【nihilism】［名］虚无主义

にぶ・い②【鈍い】［形］①（刃具）钝△切れあじが～/不好切 ②迟钝，迟缓△頭が～/头脑迟钝（不灵活）③（光线，声音）弱

にふだ【荷札】［名］货签，货物飞子

にぶ・る②【鈍る】［自五］①钝，不快 ②（本领、势力）减弱△決心が～/决心动摇了

にほん②【日本】［名］日本【-海（かい）②】［名］日本海【-人（じん）④】［名］日本人【-酒（しゅ）⓪】［名］日本酒，清酒

にほんご⓪【日本語】［名］日语

にほんばれ⓪【日本晴れ】［名］万里无云的好天气

にまいじた②【二枚舌】［名］撒谎，说话自相矛盾△～を使う/撒谎

にまいめ④【二枚目】［名］①（电影、戏剧中的）小生，演美男子角色的人 ②美男子

にもうさく②【二毛作】［名］（一块地上）一年收两茬（不同的农作物）

にもかかわらず【にも拘らず】尽管…可是△雨が降っている～、傘もささずに出て行った/尽管

下着雨，可他连伞也不打就出去了△日曜日～ご出勤だ/尽管是星期天，可他还去上班

にもつ①【荷物】［名］①行李 ②〈俗〉负担，累赘（多用「おにもつ」的形式）

にやにや①［副］嗤笑貌△意味ありげに～する/别有用意地笑着

ニュアンス②【（法）nuance】［名］（意义、音色、色调等的）微妙差异△～がちがう/有着细微的差异

ニュー①【new】［名］新【-タウン③】［名］（郊外的）新城，新住宅区【-フェース⓪】［名］（电影、歌唱演员的）新秀，新星

にゅういん⓪【入院】［名・自サ］住医院

にゅういんりょう③【乳飲料】［名］牛奶和果汁混合的饮料

にゅうか⓪【入荷】［名・自他サ］进货，到货

にゅうがく⓪【入学】［名・自サ］入学【-式（しき）④】［名］开学典礼【-試験（しけん）⓪】［名］入学考试

にゅうぎゅう⓪【乳牛】［名］奶牛

にゅうこく⓪【入国】［名・自サ］入境△～手つづき/入境手续【-ビザ⑤】［名］入境签证

にゅうさつ⓪【入札】［名・自サ］投标

にゅうし【入試】［名］（「入学試験」的简称）入学考试

にゅうしゃ⓪【入社】［名・自サ］进入公司（工作）

にゅうしょう⓪【入賞】［名・自サ］获奖△五位に～した/获得第五名【-者（しゃ）③】［名］获奖者

にゅうじょう⓪【入場】［名・自サ］入场【-券（けん）⓪】［名］入场券【-式（しき）③】［名］入

场式【-料（りょう）③】[名]门票钱

ニュース①【news】[名]新闻，消息【トップ-④】[名]头条新闻，头版消息【-映画（えいが）④】[名]新闻纪录片

にゅうせいひん③【乳製品】[名]乳制品

にゅうせき⓪【入籍】[名・自他サ]（因结婚、抱养等）加入（某家的）户籍

にゅうせん⓪【入選】[名・自サ]（作品）入选【-作（さく）③】[名]入选作品，获奖作品

にゅうばい⓪【入梅】[名]入梅，进入梅雨季节

ニューフェース③【new face】[名]（电影、歌唱演员的）新秀，新星

にゅうもん⓪【入門】[名・自サ]①进门 ②投师 ③入门（书）【-書（しょ）③】[名]入门书

にゅうよく⓪【入浴】[名・自サ]入浴

にょう①【尿】[名]尿，小便

にょうい①【尿意】[名]尿意，有尿

にょうそ①【尿素】[名]尿素

にょうどう⓪【尿道】[名]尿道

にょうどくしょう③④【尿毒症】[名]尿毒症

にょうぼう①【女房】[名]（称自己的）妻，老婆△うちの～/我老婆△～のしりにしかれる/怕老婆

にょかん⓪【女官】[名]（古代服务于宫中的）女官

にょきにょき①[副]（细长的东西）一个接一个地长出貌△竹の子が～と生える/竹笋一个接一个地长出来

にょろにょろ①[副]（蛇等）蜿蜒而行貌

にら②⓪【韮】[名]韭菜

にらむ②【睨む】[他五]①瞪△相手を～/瞪着对方 ②密切注视△情勢を～/密切注视形势 ③监视，盯 ④估计，推测△あいつが犯人だと～/估计他是罪犯

にらめっこ③【睨めっこ】[名]①（儿童游戏）做出各种滑稽表情，让对方先笑的游戏 ②（长时间地）互相盯视

にりつはいはん④【二律背反】[名]〈逻〉二律背反

にりゅうかたんそ⑤【二硫化炭素】[名]二硫化炭

にりんしゃ②【二輪車】[名]（自行车等）两轮车

にる⓪【似る】[自上一]像，相似△二人は顔だちがよく～ている/俩人长得很像

にる⓪【煮る】[他上一]煮，炖，熬

にるい①【二塁】[名]（棒球）二全（手）【-手（しゅ）②】[名]二垒手

にれ⓪①【楡】[名]楡树

にわ⓪【庭】[名]①院子，庭院，庭园 ②（农家）场院

にわか①【俄か】[形动]①突然，忽然 ②立刻，马上△急に言われても、～にはきめられない/提得太突然，无法马上做出决定

にわかあめ④【俄か雨】[名]阵雨

にわとり⓪【鶏】[名]鸡

-にん【人】[接尾]表示人数△三～/三个人

にんか⓪①【認可】[名・他サ]认可，批准△～をあたえる/给予批准

にんき⓪【人気】[名]受欢迎，走红△～がある/受欢迎【-者（もの）⓪】[名]红人

にんき①⓪【任期】[名]任期

にんぎょう⓪【人形】[名]①（用土、纸、布、塑料等做的）偶人【-劇（げき）③】[名]木偶戏 ②傀儡，木

偶

にんげん⓪【人間】[名]①人 ②人品△～ができている/人品好△～の屑（くず）/败类，品行恶劣的人◇人間到（いた）る処（ところ）青山（せいざん）あり/青山处处埋忠骨

にんしき⓪【認識】[名・他サ]认识△～を欠く/缺乏认识【-不足（ぶそく）⑤】[名]认识不足

にんじゃ①【忍者】[名]〈古代〉可飞檐走壁的人

にんしょう⓪【人称】[名]人称【-代名詞（だいめいし）⑦】[名]人称代词【一（いち）-③】[名]第一人称【二（に）-²】[名]第二人称【三（さん）-³】[名]第三人称

にんじょう①【人情】[名]人情【-味（み）③⓪】[名]人情味【義理（ぎり）-³】[名]人情世故

にんしん⓪【妊娠】[名・自サ]妊娠

にんじん⓪【人参】[名]胡萝卜

にんず①【人数】[名]→にんずう

にんずう①【人数】[名]①人数 ②许多人

にんそう①【人相】[名]相貌△～をみる/看相，相面

にんたい⓪【忍耐】[名・他サ]忍耐【-力（りょく）③】[名]忍耐力【-強（づよ）い③】[形]忍耐力强

にんち①⓪【任地】[名]工作地点

にんち①【認知】[名・他サ]①认识，确认 ②〈法〉承认，认可（非婚生子）

にんてい⓪【認定】[名・他サ]审定

にんにく⓪[名]大蒜

にんぷ⓪【妊婦】[名]孕妇

にんむ①【任務】[名]任务

にんめい⓪【任命】[名・他サ]任命

娠

ぬ

ぬ[助動・特殊型]（上接动词和部分助动词未然形）表示否定△知ら～がほとけ/眼不见心不烦△言わ～が花/少说为佳△お伺いもせず失礼いたしました△～去问候，实在抱歉◆「ぬ」常用于郑重的场合及惯用句，历史小说中。现代口语中为「ん」

ぬいあわ・せる⓪⑤【縫（い）合（わ）せる】[他下一]缝合（到一起）

ぬいぐるみ⓪【縫いぐるみ】[名]①（用布裹着棉花缝制的）偶人 ②（扮演动物而穿的）动物服装

ぬいなお・す⓪【縫（い）直す】[他

五]拆开重缝

ぬいめ③【縫（い）目】[名]①线缝儿△～がほころびる/开线了 ②针脚

ぬいもの④③【縫（い）物】[名]针线活，缝纫

ぬ・う①【縫う】[他五]①缝△着物を～/缝衣服△きずを～/缝合伤口 ②穿过（空隙）△人ごみを～って歩く/穿过人群而行

ぬか②【糠】[名]①糠，米糠 ②稻皮◇糠に釘（くぎ）/往糠里钉钉子（喻白费力气）

ぬかあめ③【糠雨】[名]细雨，毛毛雨

ぬか・す⓪【抜かす】[他五]①遺漏,漏掉△うっかり順番を～した/不小心把顺序弄乱了 ②跳过,省掉△朝食を～/不吃早饭◇腰(こし)を抜かす/惊呆

ぬかづけ⓪【糠漬け】[名](米糠和盐腌的)咸菜

ぬかるみ⓪【泥濘】[名](道路)泥泞

ぬきあしさしあし⓪-②【抜(き)足差(し)足】[名]蹑手蹑脚

ぬきうち⓪【抜(き)打ち】[名]①突然袭击,来个冷不防 ②(冷不防)拔刀就砍【-試験(しけん)】⑤[名]突然袭击的考试

ぬきがき⓪【抜(き)書(き)】[名]摘要,节录

ぬきだ・す③【抜(き)出す】[他五]挑出,选出,拔出

ぬきと・る③【抜(き)取る】[他五]①拔出,抽出△くぎを～/拔出钉子 ②窃取 ③挑出,选出

ぬきん・でる④【抜きん出る】[自下一]出类拔萃

ぬ・く【抜く】Ⅰ⓪[自五]①拔△かたなを～/拔刀△栓を～/拔瓶塞 ②去掉,放掉,消除△空気を～/放掉空气△力を～/松劲儿 ③省去△食事を～/不吃饭△手を～/偷工减料 ④穿透,扎透△かべを～/穿透墙 ⑤攻陷△城を～/攻陷城堡 ⑥超越,超过Ⅱ[接尾](上接动词连用形)①做到底△がんばり～/干到底,坚持到底△考え～/彻底地思考 ②非常,很△よわり～/非常为难

ぬ・ぐ①【脱ぐ】[他五]脱△上着を～/脱上衣

ぬぐ・う②【拭う】[他五]擦拭,揩掉△汗を～/擦汗△恥を～/雪耻◇口(くち)を拭う/装做若无其事

ぬくもり④⓪【温もり】[名]温暖,热气△はだの～/体温

ぬけがら⓪【抜(け)殻・脱(け)殻】[名]①(蝉、蛇等)蜕下的壳皮 ②(无魂的)躯壳

ぬけだ・す③【抜(け)出す】[自五]①溜走,脱身△教室を～/溜出教室 ②脱离,摆脱

ぬけ・でる③【抜(け)出る】[自下一]①逃出,摆脱,逃脱△敵のかこみを～/摆脱敌人的包围 ②杰出,突出

ぬけみち⓪【抜(け)道】[名]①近路 ②(逃避责任、法律的)办法,手段

ぬけめがない【抜(け)目がない】无漏洞,毫无破绽

ぬ・ける⓪【抜ける】[自下一]①脱落,掉下△歯が～/牙掉了 ②离开,退出△会議を～/退出会议 ③跑气,漏气△空気が～/漏气 ④消失△香りが～/香味消失△力が～/没劲儿△気が～/泄气 ⑤漏掉,缺少△ページが～/缺页 ⑥迟钝,缺心眼△～けた人/迟钝的人 ⑦陷落△ゆかが～/地板塌陷下去 ⑧穿过,通过◇腰(こし)が抜ける/瘫痪,站不起来;大吃一惊

ぬし①【主】[名]①主人,所有者【持(も)ち-】②[名]所有者【落(お)とし-】③[名]失主 ②老资格(的人、动物)

ぬすびと⓪【盗人】[名]盗贼,小偷◇盗人を見(み)て縄(なわ)をなう/临阵磨枪

ぬすみ③【盗み】[名]偷盗△～を働く/行窃【-聞(ぎ)き】⓪[名]偷听【-食(ぐ)い】⓪③[名]偷吃【-読(よ)み】⓪[名]偷看(书信等)

ぬす・む②【盗む】[他五]①偷盗,

偷窃△金を～/偷钱 ②欺瞒△人の目を～んで会う/瞒着人相会 ③偷闲△暇を～んで本を読む/抽时间看书

ヌード① 【nude】 ［名］裸体

ヌードル① 【noodle】 ［名］(西式)汤面

ぬの⓪ 【布】 ［名］布,布匹△～を織る/织布

ぬま② 【沼】 ［名］沼泽

ぬら・す⓪ 【濡らす】 ［他五］弄湿,沾湿△タオルを～/将毛巾弄湿

ぬらりくらり②-② ［副］态度暧昧,敷衍搪塞

ぬりぐすり③ 【塗(り)薬】 ［名］涂的药

ぬりたて⓪ 【塗(り)立(て)】 ［名］刚油漆过△ペンキ～につき注意/请注意,油漆未干

ぬりつ・ける④ 【塗(り)付ける】

［他下一］①涂上,抹上 ②推,转嫁△罪を人に～/嫁祸于人

ぬりもの⓪ 【塗(り)物】 ［名］漆器

ぬ・る⓪ 【塗る】 ［他五］①涂,抹△壁を～/抹墙△くすりを～/抹药 ②抹黑,损害名誉△人の顔にどろを～/往别人脸上抹黑

ぬる・い② 【温い】 ［形］①微温,半凉不热△～ふろ/半凉不热的洗澡水△お茶を～/茶水半凉不热 ②不严厉,温和

ぬれぎぬ⓪③ 【濡(れ)衣】 ［名］冤枉,冤罪△～を着せられる/受冤枉

ぬれねずみ③⑤ 【濡(れ)鼠】 ［名］浑身湿透,落汤鸡△～になる/淋个落汤鸡似的

ぬ・れる⓪ 【濡れる】 ［自下一］湿△雨に～/被雨淋湿△なみだに～/充满泪水

ね

ね⓪ 【音】 ［名］(悦耳的)声音△笛の～/笛声◇音をあげる/投降;受不了

ね① 【根】 ［名］①根,根部△～がつく/扎根 △～がはえる/生根 ②根源 ③天生的本质,本性△彼は～が正直だ/他本性诚实◇根に持(も)つ/怀恨在心,记仇◇根も葉(は)もない/无中生有,毫无根据

ね ［終助］①表示感叹△これはきれいな花～/这真是朵漂亮的花啊△これはうまい～/这个真好吃啊 ②表明自己的意见并使对方理解、认可自己的想法△このやり方は間違っていると思う～/我认为这种做法不对△きみ、

賛成してくれる～/你也同意吧 ③表示叮问△広場ではなにが始まるのか～/广场上要有什么活动吧 ④表示调整语气△これはだ～、わが社が…、最近開発した新製品を～…/这个呀,是我们公司呀,新研制出的产品…

ね ［感］ (用以对关系亲密的人打招呼、叮问或征求对方的同意、理解)喂△～、いいでしょう/喂,可以吧△～、おいでよ/喂,你过来一下

ねあがり⓪ 【値上がり】 ［名］价格上涨,涨价

ねあげ⓪ 【値上げ】 ［名］提高价格,提价

ねいき⓪ 【寝息】 ［名］睡眠中的呼

吸

ねい・る②【寝入る】［自五］①入睡　②睡熟

ねいろ⓪【音色】［名］音色，音质

ねうち⓪【値打（ち）】［名］价值△〜がある/值得△なんの〜もない/毫无价值

ねえ［感］「ね」的强调形式→ね［感］

ねえ［終助］→ね［終助］

ねえさん①【姉さん・姐さん】［名］①〈敬〉姐姐　②（对年轻女子的称呼）大姐

ネオン①【neon】［名］①〈化〉氖　②「ネオンサイン」的简称【-サイン④】［名］霓虹灯

ネガ①【negative】［名］（「ネガティブ」的简称，照相）底片，负片

ねがい②【願（い）】［名］①愿望，志愿△〜がかなう/如愿以偿　②请求△〜をきき入れる/接受请求　③申请书△入学〜/入学申请书

ねが・う②【願う】［他五］①希望，期望△合格を〜/希望成绩及格　②请求，恳求△手助けを〜/请求帮助　③（向神佛）祈求△神に〜/向神祈求◇願ったりかなったり/事从心愿，称心如意◇願ってもない/喜出望外

ねがえり④⓪【寝返り】［名］①（睡觉或躺着）翻身△〜を打つ/翻身　②叛变，倒戈

ねか・す⓪【寝かす】［他五］①使…睡觉，使…躺倒△子どもを〜/哄孩子睡觉　②放倒　③搁置（使之发酵）△二十年〜したブランデー/搁置了二十年的白兰地　④（商品、资金等）积存，存放不用△金を〜/将钱放在手边（不用）

ねぎ①【葱】［名］葱

ねぎら・う③【労う】［他五］慰劳，犒劳△労を〜/慰劳

ねぎ・る②【値切る】［他五］杀价，还价△五千円〜って買った/以便宜5千日元的价钱买下了

ネクタイ①【necktie】［名］领带

ねぐるし・い④【寝苦しい】［形］难以入睡，睡不好，睡不着

ねこ①【猫】［名］猫◇猫にかつお節（ぶし）/虎口送肉◇猫に小判（こばん）/对牛弹琴◇猫の手（て）も借（か）りたいほど/（忙得）不可开交◇猫の額（ひたい）ほど/（面积）狭小◇猫の目（め）のよう/变化无常◇猫も杓子（しゃくし）も/不论张三李四，不管是谁◇猫をかぶる/假装老实；伪装不知

ねこいらず③【猫要らず】［名］灭鼠药

ねこかぶり③【猫被（り）】［名］①假装老实（的人）②伪装不知（的人）

ねこぜ②【猫背】［名］水蛇腰

ねごと⓪【寝言】［名］梦呓，梦话

ねこなでごえ⑤【猫撫（で）声】［名］献媚声，撒娇声

ねこばば⓪【猫ばば】［名］（将拾得的物品）昧为己有△〜をきめこむ/把拾得的东西昧起来

ねこ・む②【寝込む】［自五］①熟睡　②（病а）卧床不起

ねさがり④⓪【値下がり】［名］跌价，落价

ねさげ⓪【値下げ】［名］减价，降价

ねじ①【名】①螺丝钉△〜をまわす/拧螺丝钉　②（钟表的）上发条装置◇ねじを巻（ま）く/（给表）上发条；给…打气，鼓励

ねじ・ける③【拗ける】［自下一］性情乖僻△心が〜/性情乖僻

ねしずま・る④【寝静まる】［自

五]夜深人静

ねじまわし③【ねじ回し】[名]螺丝刀

ねしょうがつ②【寝正月】[名]①(过年哪里都不去)呆在家里过年 ②(过年时)生病卧床

ねじ・る②【捩じる・捻じる】[他五]拧，扭△体を～/扭转身△びんのふたを～/拧瓶盖

ねじ・れる③【捩じれる・捻じれる】[自下一]①歪，歪扭△ネクタイが～/领带歪了 ②性情乖僻

ねずみ⓪【鼠】[名]老鼠

ねずみいろ⓪【鼠色】[名]深灰色

ねぞう⓪【寝相】[名]睡觉的姿势

ねた⓪[名]①话题，材料 ②证据，把柄

ねた・む②【妬む】[他五]嫉妒△人の成功を～/嫉妒他人的成功

ねだ・る⓪[他五]死乞白赖地请求，乞求△母に～/缠着妈妈央求

ねだん⓪【値段】[名]价格，价钱△～が上がる/价格上涨△～をつける/标价

ねつ②【熱】[名]①热，热度△～をくわえる/加热 ②发烧△～をはかる/试体温△～が下がる/退烧 ③入迷，热情△～を上げる/入迷△～がさめる/热情消失

ねつい①【熱意】[名]热情，热忱

ねつエネルギー⑤【熱エネルギー】[名]热能

ねつえん⓪【熱演】[名・他サ]充满激情地表演(演出)

ネッカチーフ④【neckerchief】[名]方头巾

ねっから①【根っから】[副]根本，生来，本来△彼は～の新聞記者だ/他生来就是当新闻记者的材料△酒は～だめだ/我生来就不会喝酒

ねつき⓪【寝付(き)】[名]入睡△

～がわるい/入睡难，不容易入睡

ねっきょう⓪【熱狂】[名・自サ]狂热，入迷

ねつ・く②【寝付く】[自五]①入睡 ②患病卧床

ねづ・く②【根付く】[自五]生根，扎根

ネックレス①【necklace】[名]项链

ネックレース④【necklace】[名]→ネックレス

ねつじょう⓪【熱情】[名]热情，热忱，热心△～をこめて語る/热心地讲述

ねっしん①③【熱心】[名・形動]热心，热情△～に説く/热情地劝说

ねっする⓪【熱する】[自他サ]①热，热起来 ②加热

ねっせん⓪【熱戦】[名]激烈的比赛

ねったい⓪【熱帯】[名]热带

ねっちゅう⓪【熱中】[名・自サ]热衷，着迷，入迷△野球に～する/热衷于打棒球

ねつっぽ・い④【熱っぽい】[形]①好像有点发烧△体が～/似乎有些发烧 ②热情

ネット①【net】[名]①网【ヘア-③】[名]发网 ②球网 ③触网 ④「ネットワータ」的简称 ⑤净重△～三百グラムの肉/净重三百克的肉

ねっとう⓪【熱湯】[名]滚开的水，开水

ネットワーク④【network】[名]广播电视网

ねづよ・い③【根強い】[形]深深，不易动摇△～人気/深受欢迎

ねつりょう②【熱量】[名]热量

ねつれつ⓪【熱烈】[形動]热烈△～に歓迎する/热烈欢迎

ねどいはどい④【根問（い）葉問い】
［名］刨根问底，问个不休

ねどこ⓪【寝床】卧具；床△～をしく/铺床△～に入る/就寝

ねばねば①［副・自サ］粘糊糊，发粘

ねばりづよ・い②【粘り強い】［形］不屈不挠，顽强△～く交渉する/顽强地进行交涉

ねば・る②【粘る】［自五］①粘△このもちは、よく～/这个年糕很粘 ②顽强地坚持

ねびき⓪【値引（き）】［名］减价

ねぶか・い③【根深い】［形］根深蒂固，由来已久△～対立/严重的分歧

ねぶくろ②【寝袋】［名］鸭绒睡袋

ネーブル①【navel orange】［名］广柑

ねぼう⓪【寝坊】［名・形動］睡懒觉(的人)【朝（あさ）-③】［名・形動］(早晨)睡懒觉

ねぼけまなこ④【寝惚けまなこ】［名］睡眼惺忪

ねほりはほり①-⓪【根掘り葉掘り】［名］刨根问底△～聞く/刨根问底地打听

ねまき⓪【寝巻き・寝間着】［名］睡衣

ねみみにみず【寝耳に水】事出突然，青天霹雳

ネーム①【name】［名］名字

ねむ・い⓪【眠い】［形］困，困倦

ねむけ【眠気】［名］睡意△～をもよおす/发困

ねむた・い⓪【眠たい】［形］困，想睡

ねむのき①【合歓の木】［名］合欢树，芙蓉树

ねむ・る⓪【眠る】［自五］睡觉，睡眠

ねらい⓪【狙（い）】［名］①目标，目的 ②瞄准△～をつける/瞄准

ねら・う⓪【狙う】［他五］①瞄准△えものを～/瞄准猎获物 ②以…为目标（为目的）△優勝を～/以取胜为目标 ③伺机△機会を～/寻找机会

ねりせいひん③【練（り）製品】［名］用鱼肉馅制成的熟食品(如鱼肠、鱼肉卷等)

ねりはみがき④【練（り）歯磨】［名］牙膏

ねる⓪【寝る】［自下一］①躺下，倒下△あおむけに～/仰面躺下 ②睡觉，就寝△ぐっすり～/睡熟 ③得病卧床△インフルエンザで一週間ねていた/得了流感，躺了一个星期 ④（商品、资金）积压△倉庫にねているテレビ/积压在仓库中的电视机◇寝る子（こ）は育（そだ）つ/能睡的孩子长得壮

ね・る①【練る】［他五］①揉，搅拌 ②熬制△あんを～/熬豆馅 ③推敲△文章を～/推敲文章 ④磨练 ⑤结队游行

ねん①【年】［名］年，一年

ねん①【念】［名］①念头，观念，心情△望郷の～/思乡之情 ②注意，小心△～がいる/充分留意◇念には念を入（い）れる/再三考虑◇念のため/为了慎重起见◇念を押（お）す/叮嘱；叮问

ねんが①【年賀】［名］贺年，拜年【-状（じょう）③⓪】［名］贺年片

ねんがっぴ③【年月日】［名］年月日

ねんがらねんじゅう①-⓪【年がら年中】［副］一年到头，终年

ねんかん⓪【年間】［名］①一年时间△計画（けいかく）⓪】［名］年计划 ②时期△大正～/大正时期

ねんかん⓪【年鑑】［名］年鉴

ねんきん⓪【年金】［名］每年支取

的定额养老金

ねんげつ①【年月】［名］岁月，年月

ねんこう⓪③【年功】［名］①（在某工作岗位上）工作多年的功劳【-序列（じょれつ）⑥】［名］按工作时间长短排队 ②多年工作的经验△～をつむ/积累工作经验

ねんごう③【年号】［名］年号

ねんざ⓪【捻挫】［名・他サ］扭伤（关节）

ねんさん⓪【年産】［名］年产量

ねんし①【年始】［名］①年初 ②贺年，拜年【-まわり④】［名］拜年

ねんじゅう①【年中】Ⅰ［名］全年，整年【-無休（むきゅう）①-⓪】［名］全年不休息(营业)Ⅱ［副］经常，一年到头

ねんじゅうぎょうじ⑤【年中行事】［名］一年中的例行节日或活动

ねんしょう⓪【燃焼】［名・自サ］①燃烧 ②干劲，热情

ねんだい⓪【年代】［名］年代

ねんちゃく⓪【粘着】［名・自サ］粘，粘着【-テープ⑤】［名］胶带，胶纸

ねんど①【年度】［名］·年度

ねんど①【粘土】［名］粘土

ねんない①⓪【年内】［名］年内，当年之内

ねんね①［名］①（幼儿语）睡觉△～しな/快睡觉吧 ②不懂事的孩子(多指女孩)

ねんねん⓪【年年】［副］每年，逐年

ねんぱい⓪【年配・年輩】［名］①大约的年龄△四十～の人/大约四十来岁的人 ②通晓世故的年龄，中年 ③年长

ねんぴょう⓪【年表】［名］年表

ねんぷ①【年譜】［名］年谱

ねんぶつ⓪【念仏】［名・自サ］念佛△～をとなえる/念佛

ねんぽう⓪【年俸】［名］年薪，年俸

ねんまつ⓪【年末】［名］年末【-大売（おおう）り出（だ）し⓪-③】［名］年末大甩卖

ねんりょう③【燃料】［名］燃料

ねんりん⓪【年輪】［名］①年轮 ②(事物的)逐年成长变化的历史

ねんれい⓪【年齢】［名］年龄，岁数

の

の①【野】［名］原野，田野

のⅠ［格助］①（表示所有、所属关系）的△私～シャツ/我的衬衣△市役所～小野さん/在市政府工作的小野 ②限定下面词语的内容、性质、状态、场所、时间等△栄養～調査/营养调查△となり～家/邻居 ③表示同格关系△院長～田中先生/院长、田中先生△次女～良子ちゃん/二女儿、良子 ④在定语句中表示主语△顔色～わるい子ども/脸色不好的孩子△私～好きな人/我喜欢的人 ⑤（上接体言、用言连体形，做形式体言）表示其上面的词语作为体言处理△行く～はいいけれど、帰りが大変だぞ/去倒是可以去，不过回来时可不好走△遺族

の涙を見る～がつらい/不忍目睹遗属们的眼泪△あなた～はどれですか/哪个是你的 ⑥（以「のです」「のだ」「のか」的形式）表示申述理由、说明解释或询问、命令等（口语用「ん」）△君たちに分けてやる食料はもうない～だ/应分给你们的食物已经没有了△このホテルで送别会が開かれた～です/就是在这个饭店开的欢送会△この動物園にはしま馬はいない～か/这个动物园里没有斑马吗 Ⅱ［并助］表示例举△行く～行かない～と、ちっともはっきり言わないんだ/又说去又说去不去, 老是含含糊糊的△これを買え～、あれを買え～と、るさいことばかり言う/又叫买这个, 又叫买那个, 真烦人△足が痛い～気分が悪い～と言い訳をする/又是脚疼啦又是难受啦的, 找借口 Ⅲ［终助］（女性、儿童用语）①表示委婉的判断△もう、いい～/已经可以了△明日、アメリカに出発する～/我明天将去美国△これから始めようと思っていたところな～/我刚要开始做 ②（用上扬的语调）表示询问△さち子ちゃん、どうした～/幸子, 你怎么啦△あなた、あしたの会にはいらっしゃる～/（妻子对丈夫）你参加明天的会吗 ③（语调强硬）表示诘问及命令△いったいどうした～、このちらかりようは/这到底是怎么回事？弄得乱七八糟的△テレビなんか見ていないで、勉强する～/别看什么电视, 好好学习吧

ノアのはこぶね①－⓪ ［名］〈宗〉诺亚方舟

ノイローゼ③【（德）Neurose】［名］神经官能症, 神经衰弱

のう①【能】［名］①能力, 本领△～がない/没有本领 ②能乐（日本古典戏剧）◇能ある鷹（たか）は爪（つめ）を隠（かく）す/真人不露相, 大智若愚◆的语调为⓪

のう①【脑】［名］①脑 ②脑力, 脑筋

のういっけつ③【脑溢血】［名］脑溢血

のうか①⓪【農家】［名］农户

のうがく⓪【能楽】［名］能乐（日本古典戏剧）

のうかんき③【農閑期】［名］农闲期

のうきょう⓪【農協】［名］（「農業協同組合」的简称）日本农业生产合作社

のうぎょう①⓪【農業】［名］农业

のうぎょうきょうどうくみあい①【農業協同組合】［名］日本农业生产合作社

のうきょうげん③【能狂言】［名］①狂言（演出能乐时, 中间穿插的喜剧）②能乐和狂言

のうぐ①【農具】［名］农具

のうけっせん③【脑血栓】［名］脑血栓

のうこう⓪【濃厚】［形动］①（色、味）浓, 浓重△～な味/味道浓 ②（气体、液体）浓△～なジュース/浓桔汁 ③（给人以）强烈刺激△～なラブシーン/给人以强烈刺激的爱情场面 ④（事态）明显

のうこつ⓪【納骨】［名・自サ］安放骨灰【-堂（どう）⓪】［名］骨灰堂【-式（しき）④】［名］骨灰安放仪式

のうさぎょう③【農作業】［名］农活, 庄稼活

のうさくぶつ④【農作物】［名］农作物

のうさんそん③【農山村】［名］农

村和山村

のうしゅく⓪【濃縮】[名・他サ]浓缩△～ジュース/浓缩桔汁

のうじょう⓪③【農場】[名] 农场

のうぜい⓪【納税】[名・自サ]纳税

のうそっちゅう③【脳卒中】[名]脑出血，脑溢血

のうそん⓪【農村】[名] 农村

のうち①【農地】[名] 农田

のうど①【濃度】[名] 浓度

のうどうてき⓪【能動的】[形动]能动，主动

のうは①【脳波】[名] 脑电波

のうはんき③【農繁期】[名]农忙期

のうひん⓪【納品】[名・自他サ]交货【-書（しょ）⓪⑤】[名] 交货单

のうふ⓪【農夫】[名] 农夫

のうふ①【農婦】[名] 农妇

のうべん⓪①【能弁】[名・形动]能言善辩【-家（か）⓪】[名] 雄辩家

のうまくえん④【脳膜炎】[名] 脑膜炎

のうみそ③【脳味噌】[名]〈俗〉脑，脑筋△～を絞る/绞尽脑汁

のうみん⓪【農民】[名] 农民

のうめん⓪【能面】[名]（能乐用的）面具

のうやく⓪【農薬】[名] 农药

のうりつ⓪①【能率】[名]效率△～が上がる/效率提高

のうりょう⓪【納涼】[名・自サ]纳凉，乘凉

のうりょく①【能力】[名] 能力

のうりょく⓪【濃緑】[名]深绿，浓绿

ノー①【no】Ⅰ[名]否定，否认Ⅱ[感]不，不是，否

のが・す【逃す】Ⅰ②[他五]错过，放过Ⅱ[接尾]漏掉△見～/看漏△きき～/听漏

のが・れる③【逃れる】[自下一]逃避，逃跑△責任を～/逃避责任

のき⓪【軒】[名]房檐，屋檐△～をつらねる/房屋鳞比

のぎく①【野菊】[名] 野菊花

のきさき⓪【軒先】[名]①檐端，屋檐头 ②屋檐下

のきした⓪【軒下】[名] 屋檐下

のきなみ⓪【軒並み】Ⅰ[名]屋檐栉比Ⅱ[副]①家家户户，挨家挨户 ②全部，都

のこぎり④③【鋸】[名]锯△～を引く/拉锯

のこ・す②【残す】[他五]①留下，剩下△食事を～/剩下饭△仕事を～/剩下工作 ②遗留△財産を～/留下财产

ノーコメント③【no comment】[名]无须说明，无可奉告

のこらず②【残らず】[副]一个不剩，全部△～食べる/全部吃了

のこりものにはふくがある【残り物には福がある】别人拿剩下的东西里有福气

のこ・る②【残る】[自五]①留下，剩下△食事が～/饭菜剩下了△家に～/留在家里 ②遗留△傷あとが～/留下伤疤△耳に～/（声音）留在耳边

のさば・る③ [自五]①横行霸道△世に～/在社会上横行霸道 ②（杂草）丛生

のしがみ②【熨斗紙】[名]贴在礼品上，作为送礼标志的色纸

ノスタルジア③【nostalgia】[名]思乡病，怀乡病，乡愁

ノースモーキング④【no smoking】[名]禁止吸烟

の・せる⓪【他下一】Ⅰ【載せる】①装载，载△荷物を～/载运行李

②放上,摆上△手のひらに～/放在手掌上△台に花瓶を～/把花瓶摆在台上 ③刊载,登载△広告を～/登广告△新聞に～/登在报纸上 Ⅱ【乗せる】①使…乘上△客を～/搭客 ②诱骗,欺骗△口車(くちぐるま)に～/用花言巧语骗人 Ⅲ ①和着拍子(节奏)△リズムに～せて歌う/和着节奏唱歌 ②播放,传导

のぞ・く⓪【除く】[他五]①除去,除掉△障害を～/除掉障碍 ②除外,除了△この点を～けば、賛成です/除了这一点之外都同意

のぞ・く⓪【覗く】Ⅰ[他五]①(从缝、孔中)窥视△中を～/窥视里边△窓から～/从窗户向外望 ②往下望△谷底を～/探身下望山涧底 ③稍微看一看,大致看一看,浏览△本屋を～/到书店转一转 ④窥探(别人的秘密)△秘密を～/窥探秘密 Ⅱ[自五]露出(一部分)△白い歯が～/露出雪白的牙△太陽が～/太阳露出头

のぞまし・い⓪④【望ましい】[形]符合心愿,最好,希望能…△みんなの協力が～/希望能得到大家的协助

のぞみ⓪【望(み)】[名]①愿望,期望△～がかなう/愿望实现 ②指望,希望,前途△前途に～ある少年/前途大有希望的少年

のぞ・む⓪②【望む】[他五]①希望,期望△出世を～/希望发迹 ②眺望,遥望

のぞ・む⓪②【臨む】[他五]①面临,面对△海に～/临海△死に～/临死 ②出席

のたれじに⓪⑤【のたれ死に】[名]①死在路边 ②死得可怜

のち⓪⓪【後】[名]①(时间)后,以后△曇り～晴れ/阴转晴△映画を見た～食事する/看完电影后吃饭 ②将来,未来

のちぞい⓪【後添(い)】[名]后妻,续弦

のちほど⓪【後程】[副]以后;一会儿△～またお目にかかります/以后再拜访您

ノック①【knock】[名・他サ]敲门,敲打

ノット①【knot】[名](船速单位)小时海里(「一ノット」等于一小时一海里)

のっと・る③【乗っ取る】[他五]劫持,夺取△飛行機を～/劫机

のっぽ①[名・形動]〈俗〉瘦高个,瘦高(的人)

ので[接助](上接用言连体形)因为,由于△雨が降らない～田植えができない/因为不下雨,所以不能插秧△線路工事をしております～、電車は徐行運転をいたします/由于线路正在施工,电车将慢速行驶

ノート①【note】[名・他サ]①记录,笔记△～をとる/记笔记 ②笔记本,本子【-ブック④】[名]笔记本,本子

のど①【喉・咽】[名]①咽候,喉咙△～がかわく/口渴 ②嗓音,歌声△～がいい/嗓音好◇喉から手(て)が出(で)る/非常渴望得到手

のどか①[形動]①悠闲△心～に散歩する/悠闲地散步 ②(春天天气)风和日丽△～な春の日/晴朗的春天

のどぼとけ③【喉仏】[名]喉节

のにⅠ[接助](上接用言连体形,表示语气转折)却,可是,竟△春が来た～花が咲かない/春天到了,花却不开△お金を持っていた～買わなかった/有钱却没买

Ⅱ［终助］表示不满，遗憾或惋惜的心情△またこわしてしまったか。あれほど注意しておいた～/又弄坏了，那么提醒你小心（怎么还弄坏了）△もう少し早く起きれば、汽車に間にあった～/再早起一点的话就能赶上火车啦（真可惜）

ののし・る③【罵る】［自他五］骂，吵骂△人を～/骂人

のば・す②【伸ばす】［他五］Ⅰ【伸ばす】①放长△髪を～/留头发 发 伸开，展开△うでを～/伸开胳膊△腰を～/伸腰 ③扩张，发展△勢力を～/扩张势力范围 ④增长，增强△才能を～/增长才能 ⑤〈俗〉揍趴下，打倒在地 Ⅱ【延ばす】①延长（时间，距离）△距離を～/延长距离△寿命を～/延长寿命 ②延期△出発を～/延期出发

のはら①【野原】［名］原野

のばら①【野薔薇】［名］野蔷薇

の・びる②【自上一】Ⅰ【伸びる】①长高，伸长△身長が～/个子长高了 ②展开，伸展△しわが～/皱纹展开了 ③发展，扩大△勢力が～/势力扩大了 ④增长，提高△学力が～/学力提高了 ⑤〈俗〉（累得）不能动弹，（累得）趴下 Ⅱ【延びる】①（时间，距离）拖长△立春をすぎて日が～/过了立春，天就长了 ②延期△期日が～/延期 ③变稀，铺散开 ④（失去弹性）变长△ゴムが～/皮筋失去弹性，变长了

のべ②【延（べ）】［名］总计△～面積/总计面积

の・べる②【延べる】［他下一］Ⅰ【伸べる】伸出△救いの手を～/伸出救援的手 Ⅱ【延べる】①展开，铺开△床を～/铺床 ②延期，推迟

の・べる②【述べる】［他下一］叙

述，陈述，阐述△意見を～/阐述意见

ノーベルしょう④【ノーベル賞】［名］诺贝尔奖

のぼ・せる⓪【逆上せる】［自下一］①（血往上涌）满脸通红△長湯で～/洗澡洗了很长时间，洗得满脸通红 ②入迷，迷恋△歌手に～/迷恋上歌手 ③骄傲自大

のぼり⓪［名］Ⅰ【登り・上り】①登，上 ②上坡路△急な～/陡坡 Ⅱ【上り】上行，进京【-列車（れっしゃ）④］［名］上行列车◆ⅠⅡ也可写做「昇り」

のぼりざか④【上り坂】［名］①上坡（路）②上升的状态

のぼ・る⓪［自五］Ⅰ【上る・昇る】①升，上升△日が～/太阳升起 ②（地位）提升，升级△大臣の位に～/升为大臣 Ⅱ【上る・登る】登，攀登△山に～/登山△坂を～/爬坡 Ⅲ【上る】①溯流而上 ②进京，上行△都に～/进京 ③（数量）达到，高达△百万円に～金額/高达一百万日元的金额 ④提出△日程に～/被提到日程上

のみ②【蚤】［名］跳蚤

のみ①【鑿】［名］凿子

のみ［副助］〈文〉只，唯，仅仅△住民の大部分は避難して、現地に残ったのは五人～となった/大部分居民都避难而去，当地只剩下五个人了

のみぐすり③【飲（み）薬】［名］内服药

のみこみ⓪【飲（み）込み】［名］理解，领会△～がわるい/不善于理解

のみこ・む⓪【飲（み）込む】［他五］①吞下，咽下△へびが蛙を～/蛇吞下青蛙 ②按下，忍住△怒りを～/强按下怒火 ③领会，理解△

要領を～/领会要领

のみて③【飲(み)手】[名]能喝酒的人

のみとりまなこ⑤【蚤取(り)眼】[名]不放过任何疑点（仔细寻找）

のみならず③①[接]不仅,不但△专门家～一般の人々も注目した出来事/不仅是专家学者,连普通人都关注的事情△彼は英語～フランス語にも才能をしめしている/他不但英语好,在法语方面也显示出才能

のみのいち④【蚤の市】[名]跳蚤市场,旧货市场

のみみず②【飲(み)水】[名]饮用水

のみもの②③【飲(み)物】[名]饮料

のみや②【飲(み)屋】[名]小酒馆

の・む①【飲む】[他五]①喝,饮△酒を～/喝酒△～まず食わず/不吃不喝△薬を～/喝药,吃药②吸△タバコを～/吸烟③按下,忍住△声を～/吞声△涙を～/忍住眼泪④（不得已）接受,答应△条件を～/（不得已）接受条件⑤压倒△敵を～/压倒敌人⑥暗中携带

のらいぬ①【野良犬】[名]野狗

のらしごと③【野良仕事】[名]农活

のらねこ①【野良猫】[名]野猫

のり②【海苔】[名]紫菜

のり②【糊】[名]浆糊△～をつける/刷浆糊

のりか・える④【乗(り)換える】[他下一]①换(车)△電車を～/换乘电车△電車からバスに～/由电车改乘汽车②改变（想法,方针）

のりき・る③【乗(り)切る】[自五]渡过,越过（难关）△難局を

～/渡过难关

のりくみいん①【乗組員】[名]①船员②飞行小组人员

のりく・む③【乗(り)組む】[自五]（作为工作人员）乘(飞机,船)△船に～/登船(工作)

のりこ・える④【乗(り)越える】[自下一]①翻越,越过△へいを～/翻墙②渡过,克服(难关)△危機を～/渡过危机③超过,超越

のりごこち③【乗(り)心地】[名]乘车(船)时的感觉

のりこ・す③【乗(り)越す】[他五]乘过站

のりこ・む③【乗(り)込む】[自五]①乘坐,坐上△車に～/坐上车②闯入

のりだ・す③【乗(り)出す】[自五]①乘船出去△大洋に～/乘船出海②积极着手（参与）△政界に～/积极参与政界事务③探出（上半身）△身を～して見る/探出身子看

のりもの①【乗(り)物】[名]交通工具

の・る①[自五]Ⅰ【乗る】①登上,踩上②乘,坐,骑△馬に～/骑马③参与△相談に～/帮助参谋④上当,受骗△口車に～/听信花言巧语而上当△計略に～/上圈套⑤乘势△気が～/起劲,有兴致⑥附着Ⅱ【載る】①放着,搁着△本ばこの上に時計が～っている/书箱上放着表②登载,刊载△新聞に～/登载在报纸上Ⅲ【のる】①传导△電波に～/通过电波(传出)②合节拍△リズムに～/合上节拍

のるかそるか①-①【のるか反るか】不管三七二十一,不管成败与否

ノルマ①【(俄)norma】[名](工作)定额

のれん⓪【暖簾】[名]①(门)帘子 ②(铺子开门时)挂在门口的帘子(上面写有铺子的字号)△～をくぐる/(顾客)进店△～を下ろす/停止营业

のろ・い②【鈍い】[形]①(速度)慢,迟缓△足が～/脚步慢△仕事が～/工作速度缓慢 ②(头脑)迟钝,(动作)笨拙

のろ・う②【呪う・詛う】[他五]诅咒

のろし③[名]狼烟,烽火

のろのろ①[副]慢腾腾△～と歩く/慢腾腾地走

のんき①[形动]①安闲,逍遥自在△～な生活/逍遥自在的生活 ②漫不经心,满不在乎

ノンストップ④【non stop】[名]中途不停车

のんびり③[副]悠闲,逍遥自在△田舎で～暮らす/在乡村悠闲地生活

ノンフィクション③【nonfiction】[名](报告文学、回忆录、传记等)非虚构的作品

のんべえ①【飲兵衛】[名]酒鬼

は

は①【刃】[名]刃,刀刃

は⓪【葉】[名]树叶,叶子

は①【歯】[名]①牙齿△～をみがく/刷牙 ②(机器的)齿△くしの～/梳齿 ③(木屐的)齿◇歯が浮(う)く/牙根松动;令人感到肉麻◇歯が立(た)たない/(硬得)咬不动;望尘莫及,抵挡不住◇歯に衣(きぬ)を着(き)せない/直言不讳◇歯の抜(ぬ)けたよう/冷冷清清,寂寞冷清◇歯の根(ね)が合(あ)わない/(冷得、吓得)牙打颤◇歯を食(く)いしばる/咬紧牙关

は[副助](发音为「わ」)①表示叙述的主题△この絵～松本くんが書いたものです/这幅画是松本画的△選手団～午後の特急で出発した/运动代表队坐下午的特快出发了△この装置を作ったの～伊藤さんのグループです/制造这套设备的是伊藤小组 ②表示两种事物的对比△体～小さい

が、力～強い/虽然身材矮小,但很有力气△右手～公園で、左手～学校だ/右边是公园,左边是学校△映画～あまり見ないが、テレビ～よく見る/不经常看电影,但经常看电视 ③表示特别提示某事物(以区别其他),句尾多为否定或与预期相反的结果△お父さんと～一緒に行きたくない/我不想和父亲一起去(和别人还可以)△そのことはよく～知りません/我不太了解那件事(只知道个大概)△一生懸命練習して～いるが、記録は平凡だ/我练习得很刻苦,但成绩平平

ば⓪【場】[名]①场所,地点 ②(用「その場」的形式表示)当时,当场△その～に居あわせる/当时在场△その～で答える/当场回答 ③(戏剧)场△第三幕第二～/第三幕第二场

ば[接助](接用言假定形)①(表示假定条件)如果…,假如…△あ

した雨が降れ〜、運動会は中止だ/如果明天下雨,运动会就停开△きょう来(く)れ〜よかったのに/你如果今天来就好了（真可惜）②（表示某种前提条件）一…就△人の顔さえ見れ〜、自慢ばかりしている/一见人就显耀△このボタンを押せ〜、ふたがあく/一按这个钮,盖子就打开了③（表示并列）既…又△英語もできれ〜、中国語もできる/既会英文又会中文△景色もよけれ〜、食物もうまい/(这里)风景优美,饭菜也好吃

バー①【bar】［名］①（跳高用的）横杆 ②酒吧

はあ　［感］①（用于应答时）是 ②（表示惊叹,用上扬声调）嗬 ③（表示疑问,用上扬声调）啊

ばあ　［名］〈俗〉①笨,愚蠢 ②失败,完蛋,落空△儲けが〜になる/赚钱的希望落空了 ③（剪子、锤子、布在划拳中的）布

ばあい⓪【場合】［名］①场合,情形,情况△時と〜/时间和场合△〜によっては/根据情况… ②时候

はあく⓪①【把握】［名・他サ］掌握

ばあさん①【祖母さん】［名］→おばあさん

はい①【杯】［名］酒杯△〜をかさねる/喝了好几杯酒

はい⓪【灰】［名］灰△〜になる/化为灰烬

はい⓪⓪【肺】［名］肺

はい①【蠅】［名］→はえ

はい①　［感］①（用于回答时）是,到,是的 ②（表示允许、同意）好,行,可以 ③（表示提醒）喂△〜、始めましょう/喂,开始吧

ハイ-【high】［接頭］①高【-ネッ

ク③】［名］高（衣）领【-ハードル③】［名］（田竞）高栏【-ヒール③】［名］高跟鞋 ②高级【-クラス③】［名・形動］（身份）高贵,（物品）高级【-スクール④】［名］高中【-センス③】［名・形動］（穿衣,打扮）雅致 ③高速【-ウエー③】［名］（汽车专用）高速公路【-スピード④】［名］高速【-テンポ③】［名］高速

ばい①【倍】［名］倍,加倍△〜にする/加倍△〜になる/成倍

パイ①【〈希腊〉π】［名］〈数〉圆周率

パイ①【pie】［名］（用小麦粉夹上水果馅烤的）夹馅点心【アップル-⑤④】［名］苹果排

はいいろ⓪【灰色】［名］①灰色 ②暗淡,阴郁△〜の青春/灰色的青春

ばいう①【梅雨】［名］梅雨

はいえき⓪【廃液】［名］废液

はいえん⓪【肺炎】［名］肺炎

ばいえん⓪【煤煙】［名］煤烟

バイオリニスト⑤【violinist】［名］小提琴手

バイオリン⓪【violin】［名］小提琴△〜をひく/拉小提琴

バイオレット④【violet】［名］①紫罗兰 ②紫罗兰色

はいかい⓪①【俳諧・誹諧】［名］①一种带诙谐趣味的「和歌」「连歌」②「连句」「俳句」「川柳」等的总称 ③俳句

ばいかい⓪【媒介】［名・他サ］媒介,中间人

はいがまい⓪【胚芽米】［名］带胚芽的大米

ハイカラ⓪【high collar】［名・形動］时髦,西洋气十足

はいかん⓪【廃刊】［名・他サ］停刊

はいき⓪【排気】［名］①排气【-口

（ぐち）③［名］排气口，排气孔
②（发动机排出的）废气【-ガス④】
［名］废气

はいき⓪【廃棄】［名・他サ］废弃，
废除；丢弃

ばいきゃく⓪【売却】［名・他サ］卖
光

はいきょ①【廃墟】［名］废墟

ばいきん⓪【黴菌】［名］细菌

ハイキング①【hiking】［名・自サ］
徒步旅行，郊游

はいく①③【俳句】［名］俳句（由五、
七、五三句共十七个音节组成的
短诗）

バイク①【bike】［名］轻便摩托车

はいぐうしゃ③【配偶者】［名］配
偶

はいけい①【拝啓】［名］（书信用
语）拜启

はいけい⓪【背景】［名］①（绘画、
照相）背景△みずうみを～にし
て写真をとる/以湖水为背景照
相 ②（舞台）布景【-セット⑤】
［名］布景 ③（事物）背景

はいけっかく③【肺結核】［名］肺结
核

はいけん⓪【拝見】［名・他サ］（自
谦语）拜读，看△ちょっと～しま
す/请让我看看△お手紙～しま
した/收到了您的来信

はいごう⓪【配合】［名・他サ］调
配，调合

ばいこく⓪【売国】［名］卖国【-奴
（ど）③④】［名］卖国奴

はいさつ⓪【拝察】［名・他サ］（多
为书信用语）敬察△みなさまに
はお元気のことと～いたしま
す/想必你们都很好

はいざら⓪【灰皿】［名］烟灰缸

はいし⓪【廃止】［名・他サ］废止，
废除

はいしゃく⓪【拝借】［名・他サ］

（自谦语）借△この本を～しま
す/请允许我借这本书

ばいしゃく⓪【媒酌】［名・他サ］
媒妁，作媒【-人（にん）⓪】［名］
媒人

ハイジャック③【hijack】［名・他
サ］劫持（飞机，船）

ばいしゅう⓪【買収】［名・他サ］①
购买（土地，房产）②收买

ばいしゅん⓪【売春】［名・自サ］卖
淫

はいじょ①【排除】［名・他サ］排
除

ばいしょう⓪【賠償】［名・他サ］赔
偿【-金（きん）⓪】［名］赔款

はいじん⓪【俳人】［名］（做「俳
句」的）诗人

はいすい⓪【排水】［名・自サ］排
水【-溝（こう）⓪】［名］排水沟【-量
（りょう）③】［名］排水量

はいすいかん⓪【配水管】［名］给
水管

はいすいのじん【背水の陣】背水
一战

はいせき⓪【排斥】［名・他サ］排
斥，抵制

はいせん⓪【敗戦】［名］战败（负
于战争、比赛等）

はいぞく⓪【配属】［名・他サ］（人
员的）分配

ハイソックス【high socks】［名］
（至膝盖的）丝袜

ばいたい⓪【媒体】［名］媒介物

はいたつ⓪【配達】［名・他サ］分
送，投递△郵便を～する/投递信
件

はいち⓪【配置】［名・他サ］配备，
安置

ばいてん⓪【売店】［名］小卖店，小
卖部

バイト → アルバイト

はいとう⓪【配当】［名・他サ］①

配給 ②分红利【-金（きん）⓪③】
[名]股息,红利

はいどく⓪【拝読】[名・他サ]（自谦语）拜读

ばいどく⓪①【梅毒】[名]梅毒

パイナップル③【pineapple】[名]菠萝

はいはい①　[感]①（痛快的应允声）好好,是是△～、承諾しました/是是,知道了 ②（不满时的回答声）行啦行啦,知道啦知道啦 ③（接电话时的回答声,针对「もしもし」而言）是啊是啊 ④（提醒对方注意时的吆喝声）喂喂△危ないから、～どいて…/危险,喂,请躲开… ⑤（驱马时的吆喝声）驾驾

バイバイ①【bye-bye】[感]〈俗〉再见

ばいばい①【売買】[名・他サ]买卖

ハイヒール →ハイ

はいふ⓪⓪[名・他サ]I【配布】散发△広報を～する/散发公报 II【配付】分发（给有关人员）

パイプ①【pipe】[名]①管【-ライン④】[名]管线,输油管道 ②烟斗

ハイファイ③【hifi】[名]（录音的）高保真度

はいふく⓪【拝復】[名]（书信用语）拜复

はいぶつ⓪【廃物】[名]废物,废品

バイブル①【Bible】[名]圣经

バイブレーション④【vibration】[名]①振动,颤动 ②颤声,颤音

はいぶん⓪【配分】[名・他サ]分配△利益を～する/分利

はいぼく⓪【敗北】[名・自サ]失败

はいほん⓪【配本】[名・自他サ]

①把出版的书批发给书店 ②（给订购者）分发书

ハイヤー①【hire】[名]出租汽车

はいやく⓪【配役】[名]角色分配

はいゆう⓪【俳優】[名]演员

ハイライト③【highlight】[名]①（照相等的）光线最强部分 ②（新闻等的）精彩部分

はいりょ①【配慮】[名・自他サ]关怀,照顾,关照,小心△～がいきとどく/无微不至地关怀

はい・る①【入る】[自五]①进,入,进入△部屋に～/进屋里△ふるに～/洗澡 ②参加,加入,入（学）△会社に～/进公司（工作）△大学に～/入大学 ③进入（某种状态）△梅雨に～/进入梅雨△交渉に～/进入交涉阶段 ④容纳,装进△水一リットル～瓶/能装一升水的瓶子 ⑤进入（目、耳、手等器官）△手に～/到手△耳に～/听到△目に～/看见 ⑥充满△熱が～/干劲十足

はいれつ⓪【配列・排列】[名・他サ]（顺序的）排列

パイロット③【pilot】[名]①飞行员 ②（海港）领水员

は・う【這う】[自五]①爬,爬行 ②（植物蔓）爬,攀缘

ハウス①【house】[名]①住宅【モデル-④】[名]标准设计住宅 ②暖房【ビニール-⑤】[名]暖棚,塑料大棚

パウダー①【powder】[名]①粉,粉末【ベーキング-⑥】[名]发酵粉 ②香粉,扑粉【ベビー-④】[名]婴儿香粉

はえ⓪【蝿】[名]苍蝇

は・える②【生える】[自下一]①（植物）生,长△草が～/长草△根が～/生根 ②生长 ③（动物）长（毛、角齿等）△ひげが～/长胡子

は・える②【映える・栄える】［自下一］①映照△夕日に〜山なみ/在夕阳映照下的山峦 ②（在…衬托下）显得格外美丽△〜えない一生を過ごす/平平淡淡地渡过一生

パオ①【（中国）包】［名］蒙古包

はおり⓪【羽織】［名］（男子和服外面的）短外褂

はお・る②【羽織る】［他五］披△コートを〜/披上大衣

はか②【墓】［名］坟墓【-参（まい）り③】［名］上坟,扫墓

ばか①【馬鹿】［名・形動］①傻瓜,笨蛋,愚蠢△人を〜にする/小看人△おまえは本当に〜だな/你可真傻【-者（もの）④】［名］傻瓜,笨蛋 ②极为热衷于某项事物,而对其它一无所知（的人）△あいつは碁にかけては、〜もいいところだ/那家伙别的不行围棋却不错【専門（せんもん）-⑤】［名］只钻研专业对其它一无所知的人 ③不合道理,不合情理△そんな〜な/绝不会有那种事 ④无聊,无价值△〜を言え、いまどきそんな安い土地があるものか/胡说,现在哪里有那么便宜的土地 ⑤不好使,不中用△風邪で鼻が〜になった/因感冒鼻子不好使了 ⑥（表示程度）非常,很△〜に寒いね/真冷啊【-でか・い④】［形］〈俗〉过于大,太大【-正直（しょうじき）③】［形動］死心眼,过于老实【-丁寧（ていねい）③】［形動］过于恭敬△馬鹿を見（み）る/吃亏,上当◇馬鹿の一（ひと）つ覚（おぼ）え/傻瓜会的唯一一件事（讽刺反复在人前显耀自己的某项特长的人）◇馬鹿にならない/不容轻视,不容忽视

はかい⓪【破壊】［名・自他サ］破坏

はがき⓪【葉書】［名］明信片

はが・す②【剝がす】［他五］揭下,剥下

はかせ①【博士】［名］①学识渊博的人【物知（ものし）り-⑤】［名］博学多识的人 ②〈俗〉博士

ばかちょんカメラ⑤［名］〈俗〉傻瓜照相机

はかど・る④【捗る】［自五］进展顺利

はかな・い③【果敢無い・儚い】［形］①无望,渺茫 ②短暂△〜命/短暂的生命

ばかばかし・い⑤【馬鹿馬鹿しい】［名］①毫无价值,无聊△〜話/无聊的话 ②（程度）过于,过甚△〜値段/过高的价格,不合理的价格

はかま②③【袴】［名］（男子）和服裤裙【はおり-④⑥】［名］（男子）有短外褂和裤裙的和式礼服

はかまいり③【墓参り】［名］上坟,扫墓

はがゆ・い③【歯痒い】［形］令旁观者着急

はから・う③【計らう】［他五］①采取措施,适当处理 ②商量

ばからし・い④【馬鹿らしい】［形］不值得一提,愚蠢,无聊

はかり③【秤】［名］秤△〜にかける/过秤【台秤（だいばかり）③】［名］台秤【さお秤（ばかり）③】［名］杆秤△【ばね秤（ばかり）③】［名］弹簧秤

ばかり［副助］①（表示大概的数量、程度）大约,左右△千円〜貸してくれませんか/能借我一千日元左右吗△風邪で三日〜休みました/由于感冒休息了大约三天 ②光,净,总是△甘いもの〜食べていると虫歯（むしば）にな

るぞ/光吃甜的,要长虫牙的△泣いて〜いる/一个劲儿地哭 ③刚刚△起きた〜でまだ顔も洗っていない/刚刚起来,脸还没有洗 ④几乎要,快要△頭をたたみにつけん〜におじぎをした/(头几乎要碰到地板上)深深地鞠了一躬 ⑤只剩下,就差△あとは清書する〜だ/就剩下誊写了 ⑥只因…△やせたい〜に食事せず、病気になってしまった/只因要减肥而不吃饭,结果生病了◆强调形为「ばっかり」

はか・る②[他五]Ⅰ【計る・量る・測る】測,量△距離を〜/测距离△容積を〜/测容积△めかたを〜/测重量△時間を〜/测时间 Ⅱ【量る・測る】推測,揣摩△相手の心を〜/揣摩对方的心理 Ⅲ【図る・謀る】①谋求△解決を〜/谋求解决△便宜を〜/谋求方便 ②企图,图谋△暗殺を〜/企图搞暗杀 Ⅳ【計る・謀る】欺骗,设圈套

はが・れる③【剝がれる】[自下一]剥落,脱落△めっきが〜/镀金剥落了

はき①【破棄】[名・他サ]撕毁

はぎ②②【萩】[名]〈植〉胡枝子

はきけ③【吐(き)気】[名]恶心,要呕吐△〜がする/要吐

はきだ・す②【吐(き)出す】[他五]①吐出 ②(烟等)冒出

はきもの②【履物】[名]脚上穿的东西的总称(鞋、靴、木屐等)

はきゅう②【波及】[名・自サ]波及,影响

バキュームクリーナー⑤【vacuum cleaner】[名]真空吸尘器

はきょく②【破局】[名]悲惨的结局

はぎれ③【歯切れ】[名](讲话时的)发音、口齿及内容的条理性△

〜のいい話しかたをする/说话清楚、流利

パーキング①【parking】[名]停车场

は・く①【吐く】[他五]①吐,吐出△つばを〜/吐唾沫 ②冒出,喷出△火山がけむりを〜/火山喷出烟雾 ③说出,吐露△本音を〜/吐露真情△弱音(よわね)を〜/说泄气话

は・く【穿く】[他五]穿(裤等)△ズボンを〜/穿裤子△パンツを〜/穿短裤

は・く①【掃く】[他五]①扫△ゆかを〜/扫地 ②(轻轻地)涂抹△まゆを〜/描眉

は・く②【履く】[他五]穿(鞋)

は・ぐ①【剝ぐ】[他五]①剥,扯掉,撕掉△ばけの皮を〜/撕掉画皮 ②剥夺,革除△官位を〜/革职

は・ぐ②【接ぐ】[他五]接上,缝补上

はくおし④【箔押(し)】[名]烫金(字)

はぐき①【歯茎】[名]牙床,齿龈

ばくぎゃくのとも【莫逆の友】莫逆之交

ばくげき②【爆撃】[名・他サ]轰炸

はくさい②③【白菜】[名]白菜

はくし②①【白紙】[名]①白纸,空白纸 ②原来的状态△〜にかえす/恢复到原来的状态

はくし①【博士】[名]博士

はくしゃ①【拍車】[名]马刺◇車をかける/加速

はくしゃく②④【伯爵】[名]伯爵

はくじゃく②【薄弱】[形动]①(身体)弱 ②(意志)薄弱 ③(理由、证据)不充分,不确凿

はくしゅ①【拍手】[名・自サ]鼓

掌

はくじゅ①【白寿】［名］九十九寿辰

はくしょ①【白書】［名］白皮书

はくじょう②①【白状】［名・他サ］坦白△罪を〜する/坦白罪行

ばくしょう⓪【爆笑】［名・自サ］哄堂大笑

はくじん⓪【白人】［名］白色人种，白人

ばくぜん⓪③【漠然】［副・連体］漠然，模糊，不明确△〜たる不安/漠然不安

ばくだい⓪【莫大】［形動］莫大，极大△〜な費用/巨大的费用

ばくだん⓪【爆弾】［名］炸弾△〜をおとす/投炸弾

はくち①⓪【白痴】［名］白痴

はくち⓪【博打・博奕】［名］赌博

ばくちく⓪【爆竹】［名］爆竹，鞭炮

はくちょう⓪【白鳥】［名］鹄，天鹅

ばくはつ⓪【爆発】［名・自サ］①爆炸△ガスが〜する/瓦斯爆炸②爆発△不満が〜する/不満爆発

ばくふ①⓪【幕府】［名］幕府（武家时代，将军建立的政权）△江戸〜/江户幕府

はくぶつかん④③【博物館】［名］博物館

はくぼく⓪【白墨】［名］粉笔

ばくやく⓪【爆薬】［名］炸药

はくらい⓪【舶来】［名］舶来（品），进口（货）【-品（ひん）⓪】［名］舶来品

はくらんかい③【博覧会】［名］博览会【万国（ばんこく）-⓪-③】［名］万国博覧会

はくりょく②【迫力】［名］迫力，动人的力量△〜に欠ける/缺乏动人的力量

はぐるま②【歯車】［名］齿轮

はぐ・れる Ⅰ③［自下一］（与同行的人）走散，走失△群れから〜/与同伴走散 Ⅱ［接尾］（接动词连用形）失掉机会△食い〜/没赶上饭

ばくろ①【暴露】［名・自他サ］①暴露②揭露△正体を〜する/揭露真面目

はけ②【刷毛】［名］刷子

はげ⓪【禿（げ）】［名］秃，光秃【-頭（あたま）③】［名］光头，秃头的人

はけぐち②【捌（け）口】［名］①排水口②销路③（感情）发泄的对象（机会）△不満の〜がない/无处发泄不满

はげし・い③【激しい・烈しい】［形］①（势头）猛烈，强烈，激烈，剧烈△〜雨/骤雨，大雨△〜く責める/强烈地谴责②（程度）厉害△〜痛み/疼得厉害△競争が〜/竞争激烈③频繁

バケツ⓪【bucket】［名］水桶

はげま・す③【励ます】［他五］鼓励，激励

はげ・む②【励む】［自五］努力，奋勉△勉強に〜/努力学习

ばけもの④【化（け）物】［名］妖怪，鬼怪

はげやま⓪【禿（げ）山】［名］秃山

は・げる②【禿げる】［自下一］秃，掉头发

は・げる②【剝げる】［自下一］①脱落，剥落△ペンキが〜/油漆脱落②褪色

ば・ける②【化ける】［自下一］①变，变化△きつねが娘に〜/狐狸变成小姑娘②化装，乔装

はけん⓪【派遣】［名・他サ］派遣

はけん⓪【覇権】［名］霸权

ばけん⓪【馬券】[名](赛马的）马票

バーゲンセール⑥【bargain sale】[名]大贱卖，大减价（也可做「バーゲン」)

はこ⓪【箱・函】[名]①箱,盒,匣②客车车厢

はごいた②【羽子板】[名]羽板球拍

はこいりむすめ⑥【箱入(り)娘】[名](父母十分疼爱的）千金小姐，闺秀

はごたえ②【歯応(え)】[名]①(咬食物时的感觉）嚼头△あまりにも軟らかくて～がない/太软，没嚼头②反应，效果△～のある仕事/有干头的工作

はこ・ぶ⓪【運ぶ】[自他五]①搬运，送运△にもつを～/搬运行李△船で～/用船运送②使…向前行△足を～/(步行）前往③(事物顺利）进展△話が～/谈话顺利进行

はごろも⓪【羽衣】[名]羽衣

バザー①【bazaar】[名]义卖市场，慈善市场

バザール②【(波斯)bazar】[名]①(西亚等地的）露天市场②(商店）贱卖，大减价

ぱさぱさ①[副・形动](头发）蓬乱

ぱさぱさ①[副・形动](头发等）干松(无油性）△～した髪/干松的头发

はさま・る③【挟まる】[自五]夹△食べたものが歯に～/食物塞在牙缝里

はさみ③【鋏】[名]Ⅰ【鋏】①剪子②剪票钳③(剪子、锤子、布划拳中的）剪子Ⅱ【螯】(螃蟹、虾的）夹子，螯

はさ・む②【挟む】[他五]①夹。△本をこわきに～/把书夹在腋下②隔△テーブルを～んでむかいあう/隔桌而坐③插（嘴）△口を～/插嘴

はさん⓪【破産】[名・自サ]破产,倒闭

はし⓪【端】[名]①(物体的）端,头△竿の～/竹竿头儿②边，缘△道の～/路边，路旁③碎片△切れ～/(剪下的）碎片△言葉の～/只言片语

はし①【箸】[名]筷子△～をつける/下筷子吃◇箸にも棒(ぼう)にもかからぬ/无法对付，软硬不吃

はし②【橋】[名]桥△～をかける/架桥

はじ②【恥】[名]耻辱，丢脸△～をかく/丢丑，丢脸△～をさらす/(当众）出丑△～をすすぐ/雪耻◇恥も外聞(がいぶん)もない/不顾羞耻◇恥の上塗(うわぬ)り/丑上加丑(越发丢脸）

はしおき②【箸置(き)】[名]筷架

はしか③【麻疹】[名]麻疹

はじ・く②【弾く】[他五]①弹△弦(げん)を～/拨弦②不受，排拒③打（算盘）△そろばんを～/打算盘

はしご⓪【梯子】[名]①梯子△～をかける/架梯子②「梯子酒」的简称【-酒(ざけ)⓪】[名](一家接一家地）连着喝酒

はじしらず③【恥知らず】[名・形动]不知羞耻，厚脸皮

ばじとうふう①-⓪【馬耳東風】[名]耳旁风,马耳东风

はしばみ⓪【榛】[名]榛树

はじまり⓪【始まり】[名]①开始②起因，起源

はじま・る⓪【始まる】[自五]开始△映画が～/电影开始了◇始まらない/无用，白搭

はじめ⓪【初め・始め】［名］①最初，开始△～から終りまで/由始至终 ②（用「…をはじめ」的形式表示）以…为首，以…为代表，以及△美術館を～、各種の文化施設がつくられている/正在建造以美术馆为代表的各种文化设施

はじめて②【初めて】［副］①初次，首次△～お目にかかります/初次见面 ②…之后才…△会って～誤解がとけた/见面之后才消除了误解

はじめまして④【始めまして】（寒暄语）初次见面△～、木村です、どうぞよろしく/初次见面，我是木村，请多关照

はじ・める【始める】Ⅰ⓪【他下一］开始，创办△商売を～/开始做买卖 Ⅱ［接尾］（接动词连用形）开始…△歩き～/开始走△書き～/开始写

ばしゃ①【馬車】［名］马车

はしゃ・ぐ⓪［自五］欢闹，欢跳

パジャマ①【pajamas】［名］睡衣

ばしょ⓪【場所】［名］①场所，地点△～をえらぶ/选择地点 ②座位，席位△～をとる/占座位 ③（举行相扑比赛的）时期△春～/春季相扑比赛大会

はしら⓪③【柱】［名］①柱子，支柱【電信柱（でんしんばしら）⓪】［名］电线杆 ②靠山，顶梁柱△一家の～/一家的顶梁柱【大黒（だいこくばしら）⑤】［名］顶梁柱，靠山

はしらどけい④【柱時計】［名］挂钟

はしりがき⓪【走り書き】［名］潦草书写（的东西）

はしりたかとび④【走り高跳び】［名］跳高

はしりはばとび④【走り幅跳び】

［名］跳远

はし・る②【走る】［自五］①跑△グランドを～/在运动场跑步 ②（车等）行驶，运行△電車が～/电车运行 ③闪（电）△いなずまが～/闪电 ④运笔自如，疾书 ⑤（道路、河流等的）走向△南北に～道/南北走向的路 ⑥（感情、行动）偏于，陷入△感情に～/感情用事

は・じる②【恥じる】［自上一］①羞，羞愧，害羞 ②（用「…に恥じない」的形式表示）不愧△名に～じない/不愧为…称号

バージン①【virgin】［名］处女

はす⓪【蓮】［名］莲，荷【-池（いけ）⓪】［名］荷花池

はず⓪【筈】［名］①（表示理所当然）应该，理应，按理说△彼ならできる～だ/按理说他会△～間に合う～だ/应该来得及 ②道理△そんな～はない/不会是那样的

バス①【（德）Bass】［名］①男低音 ②「コントラバス」的简称：低音大提琴 ③低音铜管乐器

バス①【bath】［名］西式洗澡间【-タオル③】［名］浴巾【-ルーム③】［名］洗澡间，浴室

バス①【bus】［名］公共汽车【-停（てい）⓪】［名］汽车站【-ガイド③】［名］游览客车的导游【観光（かんこう）-⑤】［名］游览观光汽车

パス①【pass】Ⅰ［名］①免费乘车票，免费入场券 ②月票 Ⅱ［名・自サ］①（考试）通过，录取 ②（兰球、足球等的）传球 ③（扑克牌游戏中）放弃出（叫）牌机会，不出牌，不叫牌 ④（跳高比赛中的）放弃试跳

はずかし・い④【恥ずかしい】［形］①羞耻，惭愧 ②害羞，不好意思

バスケット③【basket】［名］①提籃 ②「バスケットボール」的简称

バスケットボール⑥【basketball】［名］篮球

はず・す【外す】［他五］①摘下，取下，解开△めがねを～/摘下眼镜 ②开除 ③避开，躲开，放过△タイミングを～/放过机会 ④错过，没抓住△まとを～/偏离目标 ⑤离席，退(席)

バースデー①【birthday】［名］生日【-ケーキ⑥】［名］生日蛋糕

パステル①【pastel】［名］彩色粉笔；蜡笔【-画（が）⓪】［名］蜡笔画；彩粉画

バスト①【bust】［名］胸围

パスポート③【passport】［名］护照

はずみ⓪【弾み】［名］①弹力 ②兴致，兴头 ③(做某一动作时的)惯性，顺势

はず・む【弾む】［自五］①弹跳，跳，蹦 ②起劲，兴致(高)△心が～/心情激动△胸が～/心情激动 ③(呼吸)急促△息が～/呼吸急促

はずれ⓪【外れ】［名］①(答案、抽签等)不中 ②(期望)落空△期待～/期望落空 ③远离中心的地方，尽头△町の～/城镇边上【村（むら）-③】［名］村头

はず・れる⓪【外れる】［自下一］①(镶嵌物等)脱落，掉下△ボタンが～/钮扣掉了 ②远离(某一范围) ③脱离，不符合(标准)△调子が～/走调，跑调△常識から～/不合乎常理 ④(期望、目标等)落空△予想が～/预想落空△あてが～/希望落空

はせい⓪【派生】［名・自サ］派生【-語（ご）⓪】［名］派生词

パセリ④【parsley】［名］芹菜

パーセント③①【percent】［名］百分比△五～/百分之五

はそん⓪【破損】［名・自他サ］破损，损坏

はた②【旗】［名］旗，旗帜◇旗を揚（あ）げる/揭竿而起◇旗を巻（ま）く/投降；作罢，偃旗息鼓

はた⓪【端・側・傍】［名］①边，端△池の～/池边 ②周围(的人)，旁边(的人)△～の見る目/旁人看来△-迷惑（めいわく）③/给旁人添麻烦

はた②【機】［名］织布机

はだ①【肌】［名］①肌，肤，皮肤 ②(土地等的)表层，表面△木の～/树皮 ③风度，气质△学者の人/学者风度的人

バター①【butter】・［名］黄油

はたおり④③【機織（り）】［名］织布（人）

はだか⓪【裸】［名］①裸体，赤身露体 ②无遮盖物，裸露【-電球（でんきゅう）④】［名］无灯罩的灯 ③不加掩饰，坦率△～になって話しあう/坦率地交流意见 ④身无分文△一貫（いっかん）④】［名］身无分文，一无所有

はたき③【叩き】［名］掸子

はだぎ③【肌着】［名］内衣，内裤

はた・く②【叩く】［他五］①掸△ふとんを～/掸被子 ②倾囊△財布を～/倾囊

はたけ⓪【畑・畠】［名］①旱田△～をたがやす/耕地△段段畑（だんだんばたけ）⑤】［名］梯田 ②(专业的)领域，方面△-違（ちが）い④】［名］非本专业，专业不同

はださむ・い④【肌寒い】［形］(皮肤)感觉冷，微寒

はだし⓪【裸足】［名］①光脚，赤脚 ②赶不上，敌不过

はたして②【果たして】［副］①果
然△～思った通りだ/果然如我
想的那样 ②（表示疑问）果真△
そんなことが～おこりうるのだ
ろうか/真会发生那样的事吗

はた・す②【果（た）す】［他五］作
完,完成△目的を～/达到目的△
約束を～/践约,实现诺言

はたち①【二十・二十歳】［名］二
十岁

はたち◎【畑地】［名］旱田

ばたばた①［副］①（脚步）走动声,
（翅膀）扇动声△廊下を～と走
る/吧嗒吧嗒地从楼道跑过 ②
（连续倒下的状态）一个接一个
③（事物进展）迅速貌

バタフライ①【butterfly】［名］①
蝶泳 ②蝴蝶

はたらか・す◎【働かす】［他五］
使…动作起来△頭を～/开动脑
筋

はたらき◎【働（き）】［名］①工作,
劳动【-ざかり⑤】［名］年富力强
的时期【-者（もの）◎】［名］努力
工作的人 ②作用,机能△頭の～
がにぶる/头脑迟钝

はたら・く◎【働く】［自五］①工
作,劳动△工場で～/在工厂工作
②动（脑筋）△知恵が～/想办法
③起作用,发生效力 ④干（坏
事）△ぬすみを～/偷盗 ⑤词尾
变化,活用△五段に～/动词/按五
段活用的动词

はたん◎【破綻】［名・自サ］①破
绽 ②（关系）破裂

はだん◎【破談】［名］解除（婚约,
前约等）

パターン②【patten】［名］①类型,
开式 ②图案 ③（服装剪的）纸
样◆也可做「パタン」

はち②【八】［名］八,八个

はち◎【蜂】［名］蜂◇蜂の巣

（す）をつついたよう/像捅了马
蜂窝一样（乱成一团）

はち②【鉢】［名］①钵 ②（栽花
的）盆儿 ③头部【-巻（ま）き②】
［名］（为鼓舞气势）在头部缠的布
条

ばち②【罰】［名］报应△～があた
る/遭报应

ばちあたり③【罰当（た）り】［名・
形动］遭报应

はちうえ④【鉢植（え）】［名］盆栽
（的花草）

ばちがい②【場違（い）】［名・形
动］不合时宜

はちがつ④【八月】［名］八月

はちみつ◎【蜂蜜】［名］蜂蜜

はちミリ②【八ミリ】［名］八毫米
胶片（摄影机）

はちょう◎【波長】［名］波长

ぱちんこ◎［名］①弹子游艺 ②弹
弓

ばつ①【罰】［名］罚,处罚

ばつ①［名］表示不行时的符号「×」
△～をつける/划叉

はつあん◎【発案】［名・他サ］①
提议,设想 ②（会议上请大家讨
论的）提案

はついく◎【発育】［名・自サ］发
育

はつおん◎【発音】［名・他サ］发
音

はつおん◎【撥音】［名］拨音,鼻
音（用假名「ん」「ン」表示）

はつおんびん③【撥音便】［名］（语
法）拨音便（如「び」「み」「に」
下接「て」时变为「ん」,「飛ん
で」「摘んで」「死んで」等,又如
「あまり」变为「あんまり」等）

はつか◎【二十日】［名］①（每月
的）二十号 ②（第）二十天

はっかん◎【発刊】［名・他サ］发
刊,创刊

はっき⓪①【発揮】［名・他サ］发挥

はっきり③［副］①清楚，清晰，明了△～と見える/看得清楚 ②明确△～した態度/明确的态度

ばっきん⓪【罰金】［名］罚款

バック①【back】［名］①背景，背后 ②向后退△車が～する/倒车 ③「バックストローク」的简称：仰泳 ④(足球、橄榄球的)后卫

バッグ①【bag】［名］(妇女用)手提包

はっくつ⓪【発掘】［名・他サ］发掘

バックミュージック④【background music】［名］①(电影的)背景音乐 ②(咖啡店等播放的)小音量、使人轻松的音乐

バックミラー④【(和)back mirror】［名］(汽车的)后望镜

ばつぐん⓪【抜群】［名・形動］出类拔萃，出众

はっけっきゅう③【白血球】［名］白血球

はっけつびょう⓪【白血病】［名］白血病

はっけん⓪【発見】［名・他サ］发现

はつげん⓪【発言】［名・自サ］发言

はつこい⓪【初恋】［名］初恋

はっこう⓪【発行】［名・他サ］①出版 ②颁发(证明等) ③发行(货币、债券等)

はっこう⓪【発効】［名・自サ］生效

はっこう⓪【発酵・醱酵】［名・自サ］发酵

ばっさい⓪【伐採】［名・他サ］伐木，砍伐

はっさん⓪【発散】［名・自他サ］①散发 ②发泄

バッジ①【badge】［名］纪念章，徽章，证章

はっしゃ⓪【発車】［名・自サ］发车，开车

はっしゃ⓪【発射】［名・他サ］发射

はっしん⓪【発信】［名・自サ］发信，发报［-人 (にん)⓪］［名］寄信人，(电报)发报人

ばっすい⓪【抜粋】［名・他サ］拔萃，摘录△要点を～する/摘录要点

ばっ・する③⓪【罰する】［他サ］惩罚，处罚

はっせい⓪【発生】［名・自他サ］发生，出现△事故が～する/发生事故

はっそう⓪【発想】［名］①主意，想法△ユニークな～/独特的想法 ②思维方法△日本人の～/日本人的思维方法 ③〈音〉表达法

はっそう⓪【発送】［名・他サ］寄送，发送

ばった⓪［名］蚂蚱

バッター①【batter】［名］(棒球)击球员

はったつ⓪【発達】［名・自サ］①(身心)健康△心身の～/身心的健康 ②发展，发达△交通が～している/交通发达

ばったり③［副］①突然相遇，不期而遇△旧友と～出会う/与老友不期而遇 ②(事物)突然中断，突然停止貌

ばったり③［副］与「ばったり」意同，语感稍轻

はっちゃく⓪【発着】［名・自サ］(汽车、列车等的)出发和到达

ばっちり③［副］〈俗〉①精细，精明△～とかせぐ/会挣钱 ②(结果)很好，没错

ぱっちり③［副］亮晶晶的（大眼

晴)△～した目/亮晶晶的大眼睛

バッティング⓪①【batting】［名］（棒球）击球（动作）

バッテリー⓪【battery】［名］蓄电池

はってん⓪【発展】［名・自サ］①发展，展开【-途上国（とじょうこく）⓪】［名］发展中国家 ②进步，出息，发迹

はつでん⓪【発電】［名・自サ］发电

はっと①⓪［副］①猛然，突然△～气がつく/猛然觉察到 ②（因意外事而）受惊貌

バット①【bat】［名］（棒球）球棒

はつどうき③【発動機】［名］发动机

はつばい⓪【発売】［名・他サ］出售，发售【-中（ちゅう）⓪】［名］正在发售【新（しん）-③】［名］首次发售，发售新产品

はつばしょ⓪【初場所】［名］一月举行的相扑比赛

はつびょう⓪【発病】［名・自サ］发病，得病

はっぴょう⓪【発表】［名・他サ］发表【合格（ごうかく）-⓪】［名］公布成绩合格者

はっぽうびじん⑤【八方美人】［名］八面玲珑（的人）

はつみみ⓪【初耳】［名］初次听说

はつめい⓪【発明】［名・他サ］发明【-家（か）⓪】［名］发明家

はつもうで③【初詣で】［名］新年后初次谒拜神社，寺庙

はつらつ⓪【潑剌】［副・連体］朝气蓬勃，活泼

はて②【果（て）】［名］①边际，尽头△～がない/无边际，无尽头 ②结局，最后

はで②【派手】［名・形動］①（服装等）鲜艳 ②（行动等）显眼，大

規模

パーティ①【party】［名］①（茶会、晚会、宴会、舞会等交际性的）集会△～をひらく/举行招待会△クリスマス～/圣诞晚会 ②（登山等）同去的伙伴

はてしな・い④【果（て）しない】［形］无边际

はでやか②［形動］华丽，艳丽

パテント⓪①【patent】［名］专利（权）

はと①【鳩】［名］鸽子

ハート①【heart】①心，心脏 ②（扑克）红桃

はとう⓪【波濤】［名］波涛

ハードウェア④【hard ware】［名］计算机硬件

パトカー②［名］→［パトロールカー］

パートタイム④【part-time】［名］（一天中定时工作几个小时的）临时工作

パートナー①【partner】［名］①（工作等的）伙伴，同伴 ②舞伴

はとば⓪【波止場】［名］港口，码头

バドミントン③【badminton】［名］羽毛球◆也可作「バトミントン」

はどめ③【歯止（め）】［名］①车闸，制动器 ②（防止停在坡道上的车自然滑动的）挡车胎物 ③制止△円安の傾向に～をかける/抑制日元贬值

ハードル①⓪【hurdle】［名］〈体〉（障碍赛的）跨栏，跨栏赛

パトロール②【patrol】［名・自サ］（警察）巡逻【-カー⑤】［名］巡逻车（常略作「パトカー」）

ハトロンし③【ハトロン紙】［名］牛皮纸

バトンタッチ④【(和)baton touch】［名・他サ］①传递接力棒 ②交班，向继任者交待工作

はな②【花】[名]①花△～が咲く/花开 ②引人注目，惹人注意△彼女はクラスの～だった/她曾是班级里最漂亮的人 ③黄金时期，最宝贵的时期△人生の～/人生的黄金时期 ④纸牌 ⑤樱花◇花も実（み）もある/有名有实，名实俱备◇花より団子（だんご）/去华求实◇花を持（も）たせる/将荣誉让给别人◇両手（りょうて）に花/美人扶持左右◇言（い）わぬが花/少说为妙

はな⓪【鼻】[名]①鼻子△～がつまる/鼻子不通气△～がきく/鼻子灵，嗅觉灵敏 ②鼻涕△～をかむ/擤鼻涕◇鼻が高（たか）い/得意扬扬，骄傲◇鼻であしらう/冷淡地对待◇鼻にかける/骄傲自大◇鼻につく/厌腻，厌烦◇鼻の下（した）が長（なが）い/迷恋女人，好色◇鼻も引（ひ）っかけない/毫不理睬◇鼻を折（お）る/挫人锐气◇鼻を明（あ）かす/（超过处于优势的对手）使之大吃一惊◇木（き）で鼻をくくったよう/态度冷淡

はなお⓪【鼻緒】[名]（木屐上的）带

はながた②【花形】①出名的人物，明星△社交界の～/社交界的名人△-選手（せんしゅ）⓪[名]有名的运动员，受欢迎的运动员 ②（花的）图案

はなぐもり③【花曇（り）】[名]樱花开放季节时的微阴天气

はなごえ③⓪【鼻声】[名]①（撒娇时）娇滴滴的声音 ②（因鼻子不通气而发出的）鼻音

はなさき⓪【鼻先】[名]①鼻尖儿，鼻头 ②眼前，近前◇鼻先であしらう/冷淡地对待，爱搭不理

はなし③【話】[名]①话△～をする/说话△～がうまい/能说会道

【世間話（せけんばなし）④[名]家常话 ②（值得一听的）事情，消息△耳よりな～/值得一听的消息△～にならない/不值一提；（价格、提议等太过分）不敢问津，无法评论 ③商谈，商议△～に乗る/参谋，商议 ④道理，事理△～がわかる人/明事理的人 ⑤故事

【むかし話（ばなし）④[名]传说，故事 ⑥（相声等）引人发笑的语言△～の名人/语言大师◇…という話だ/据说…◇話に花（はな）が咲く/越说越热烈◇話に実（み）が入（はい）る/越说越起劲

はなしあ・う⓪【話し合う】[自五]①谈话，交流 ②商谈，商议

はなしか・ける⓪【話し掛ける】[自下一]①搭话△隣席の人に～/和邻座的人搭话 ②开始说，开始讲

はなしことば④【話し言葉】[名]口语，口头用语

はな・す②[他五]Ⅰ【放す】①松开，撒开，放开△手を～/松手 ②放掉，给…自由△小鳥を～/放掉小鸟 Ⅱ【離す】①使…离开，分开 ②隔开△目（め）を離す/不注意，忽略看管△手（て）が放せない/（有工作）离不开，脱不开身

はな・す②【話す】[他五]①说，谈，告诉△人に～/告诉他人 ②商量，磋商

はなたば②③【花束】[名]花束

はなぢ⓪【鼻血】[名]鼻血

はなつまみ⑤⓪【鼻摘まみ】[名]讨人嫌（的人）

バナナ①【banana】[名]香蕉

はなはだ⓪【甚だ】[副]非常，很，极其

はなはだし・い⑤【甚しい】[形]非常，很，太甚△～損害/巨大损

害

はなび①【花火】[名] 焰火

はなみ③【花見】[名] 赏(樱)花△〜に行く/去看樱花

はなむけ⓪④【贐・餞】[名] 饯别

はなむこ③【花婿】[名] 新郎

はなやか②【華やか】[形動]①盛大，豪华②显赫

はなよめ②【花嫁】[名] 新娘

はなればなれ④【離れ離れ】[名] 分离，零散△家族が〜に暮らしている/家人分散在各地

はな・れる③【自下一】I【放れる】脱离(束缚)△くさりから〜れた犬/脱离铁链束缚的狗 II【離れる】①脱离，离开△職を〜/离职②距离，相距△年が〜れている/年龄差距大 III【離れる・放れる】离开，远离△故郷を〜/离开故乡

はなわ⓪②【花輪・花環】[名]①花环②花圈(喜庆及吊丧时用)

はにか・む②【自五】羞怯，腼腆

パニック①【panic】[名]①经济恐慌②(因地震、火灾等引起的)混乱局面△〜におちいる/陷入混乱状态【-映画(えいが)⑤】[名] 恐怖电影

はね⓪[名] I【羽】①羽毛【羽布団(はねぶとん)③】[名] 鸭绒被，羽绒被②(鸟、昆虫的)翅膀③(飞机的)翼△飛行機の〜/机翼 II【羽根】①(器械类的)翼△扇風機の〜/电扇的叶片②(打羽板球用的)羽毛毽◇羽を伸(の)ばす/无拘无束

ばね⓪【発条】[名]①发条，弹簧②弹跳力

はねかえ・る⓪【跳(ね)返る】[自五]①反弹回，跳回△ボールが〜/球反弹回来②反过来影响△むりなことを言えば、結局自分の身に〜ってくる/如果不讲理，最后倒霉的还是自己

ばねばかり③【ばね秤】[名] 弹簧秤

ハネムーン③【honeymoon】[名]①蜜月②新婚旅行

は・ねる②【跳ねる】[自下一]①跳起，跃起②溅出，溅起△水が〜/水花飞溅③裂开，爆开△まめが〜/豆子爆开④(电影、戏剧)散场，终场

は・ねる②【撥ねる】[他下一]①(笔画)钩，撇②淘汰③撞△人を〜/(车)撞人④提成，抽取⑤砍掉△首を〜/砍(杀)头

はは①②【母】[名]①母亲②源泉△必要は発明の〜/需要是发明之母

はば⓪【幅】[名]①宽，幅度②成熟，有深度；(范围)宽，广泛③有伸缩余地△〜をあたえる/留有余地④两点之间的距离，幅度△値あげの〜が大きい/价格上涨的幅度大◇幅が利(き)く/有势力

パパ①【papa】[名]〈儿〉爸爸

パパイヤ②【papaya】[名] 木瓜

ははうえ②【母上】[名]〈敬〉母亲大人

ははおや⓪【母親】[名] 母亲

はばた・く③【羽ばたく】[自五](鸟等)拍打翅膀

はばとび⓪④③【幅跳び】[名] 跳远【走(はし)り-④】[名](助跑)跳远【立(た)ち-③】[名] 定点跳远

はばひろ・い④【幅広い】[形] 广泛，广阔，宽广

はば・む②【阻む】[他五] 阻止

パピルス①【(拉丁)papyrus】[名]①(古代造纸用的)纸草②(写在纸草上的)文章

ハーフ①【half】[名]①一半，二

分之一 ②（「half blood」的简称）混血儿【-サイズ④】[名] 小一半的尺寸【-タイム④】[名] ①（足球比赛时间的）半场 ②（比赛）中间休息

ハープ①【harp】[名] 竖琴

パフ①【haff】[名] 粉扑

はぶ・く②【省く】[他五] 省略，略去△てまを～/省事

はブラシ②【歯ブラシ】[名] 牙刷

はへん⓪【破片】[名] 碎片

はま⓪【浜】[名] 海滨，湖畔

パーマ①【permanent wave】[名] 烫发△～をかける/烫发

はまぐり②【蛤】[名] 文蛤，蛤蜊

はまなす③【浜茄子】[名]（玫瑰的一种）蔷薇

はまべ⓪【浜べ】[名] 海边，湖畔

はま・る⓪【嵌まる】[自五] ①正好嵌入△型に～/嵌入模具 ②合适，符合△条件に～/符合条件 ③陷入，落入△わなに～/落入圈套

はみがき②【歯磨】[名] ①刷牙；牙刷 ②牙粉，牙膏【-粉(こ)③】[名] 牙粉

ハミメロン④【(中国)哈密メロン】[名] 哈密瓜

ハミング①【humming】[名]（用鼻子）哼唱

ハム①【harm】[名] ①火腿 ②业余无线电爱好者

はめ②【羽目・破目】[名] ①挡板，板壁 ②苦境，窘境

はめつ⓪【破滅】[名・自サ] 破灭，毁灭，灭亡△～に瀕(ひん)する/濒于毁灭

は・める⓪【嵌める・塡める】[他下一] ①镶入，嵌入△指輪(ゆびわ)を～/戴戒指 ②使…陷入△計略に～/使…上当

ばめん①②【場面】[名] 场面

ハーモニー①【harmony】[名] ①〈音〉和声 ②协调

ハーモニカ⓪【harmonica】[名] 口琴△～をふく/吹口琴◆也作「ハモニカ」

はもの①【刃物】[名] 刃具

はもん⓪【波紋】[名] ①波纹 ②影响，波及

はや・い②[形] Ⅰ【速い】快，迅速△足が～/跑得快 Ⅱ【早い】①早△～く起きる/早起 ②为时尚早△話すのは、まだ、～/告诉你，还为时尚早

はやうまれ②③【早生まれ】[名] 生日大（一月一日至四月一日之间出生的人）

はやおき②【早起(き)】[名] 早起（的人）◇早起きは三文(さんもん)の徳(とく)/早起好处多

はやがてん③【早合点】[名]（没有完全理解、领会就）贸然下结论，不懂装懂

はやくち②【早口】[名] 说话速度快【-言葉(ことば)⑧】[名] 绕口令

はやし③【林】[名] 林，树林【雑木林(ぞうきばやし)④】[名] 杂树林

はやした・てる⑤【囃し立てる】(他下一) 吹打伴奏

はや・す②【生やす】[他五] 使…生长△ひげを～/留胡子

はやね⓪【早寝】[名] 早睡

はやのみこみ③【早吞(み)込(み)】[名] 自以为领会会理解

はやま・る③【早まる】[自五] ①提前△予定が～/计划提前了 ②着急，慌忙，慌慌张张

はやめ③【早目】[名] 提前，提早

はや・める⓪【早める】[他下一] ①加速，加快△足を～/加快脚步 ②提前

はや・る②【流行る】［自五］①盛行，时兴，流行△テニスが～っている/现在盛行打网球 ②（商店买卖）兴隆 ③（疾病）流行△風邪が～/感冒流行

はら①【原】［名］原野

はら②【腹】［名］①腹，肚子△～がへる/肚子饿△～がいっぱいになる/吃饱了△～をいためた子/亲生孩子△～ちがい/非同母所生 ②内心，心△～を割って話す/推心置腹地谈心△～を読む/揣摸他人的心思 ③度量△～がふとい/度量大△～にすえかねる/忍无可忍 ④（物体凸出的）肚△指の～/手指肚◇腹が黒（くろ）い/黑心肠，阴脸◇腹が立（た）つ/生气◇腹をたてる/生气,发怒◇腹に一物（いちもつ）/心怀叵测◇腹を抱（かか）える/捧腹（大笑）◇腹を肥（こ）やす/肥己,谋私利

ばら⓪【薔薇】［名］蔷薇

はらいこ・む⓪【払（い）込む】［他五］（通过银行等）缴纳（各种费用）

はら・う②【払う】［他五］①掸,拂,清除△ほこりを～/掸灰尘 ②付（款）△税金を～/纳税 ③处理,出售（废品）④给予（关怀等）△注意を～/提醒注意

バラエティー②【variety】［名］①多种多样 ②（歌、舞、相声等）联合演出

パラグラフ①【paragraph】［名］（文章的）段落，节

はらぐろ・い④【腹黒い】［形］黑心肠，阴险

パラシュート③【parachute】［名］降落伞

はら・す②【晴らす】［他五］消除，解除

パラソル②①【（法）parasol】［名］阳伞，旱伞

はらだたし・い⑤【腹立たしい】［形］可气，令人生气

はらだ・つ③【腹立つ】［自五］生气，发怒

はらだ・てる④【腹立てる】［自下一］生气，发怒

バラック②①【barracks】［名］临时性板房，简易房

バラード②【（法）ballade】［名］①叙事诗 ②〈音〉叙事曲

ばらにく②【ばら肉】［名］（牛、猪的）五花肉

はらのむしがおさまらない【腹の虫がおさまらない】怒气难平

はらばい②⓪【腹ばい・腹這い】［名］俯卧，趴△～になる/趴着

はらはら①［副］①（树叶、花等）飘落△～と散る紅葉/纷纷飘落的红叶 ②（眼泪、水滴等）接连落下貌△思わず～と涙をながした/不觉扑簌簌地落下泪来 ③非常担心

ばらばら①Ⅰ［形动］七零八落,零散△足並みが～だ/步伐零乱（不齐）Ⅱ［副］①（大雨等降落）劈里啪啦 ②（子弹、石头）连续打来声

パラフィン②【paraffin】［名］石蜡

はらまき②⓪【腹巻（き）】［名］（布、毛线织的）护肚巾

ばらま・く③【ばら散く】［他五］①撒，散布△うわさを～/散布流言 ②散财

はら・む②【孕む】［自他五］①怀孕，有孕 ②孕藏△危機を～/孕藏着危机

はらわた④③【腸】［名］肠，内脏◇腸が煮（に）え繰（くり）返（かえ）る/怒不可遏

バランス①【balance】［名］平衡，均衡△～をとる/保持平衡△～が

くずれる/失去平衡

はり① 【針】［名］①针 ②（仪表的）指针△時計の～/表针 ③（注射器的）针头 ④唱针 ⑤鱼钩【つり針（ばり）③⓪】［名］鱼钩 ⑥（花草、植物的）刺 ⑦蜂刺◇針蓆（むしろ）に坐（すわ）るよう/如坐针毡

はりあい⓪【張（り）合（い）】［名］劲头，干劲△～がある/有劲头

はりあ・げる④【張（り）上げる】［他下一］大声，拉开嗓门

バリエーション③【variation】［名］①变化，变种 ②变奏曲

はりがね⓪【針金】［名］铁丝，铜丝，钢丝，金属线

バリカン⓪【（法）bariquand】［名］理发推子

ばりき⓪【馬力】［名］①马力 ②精力，体力

はりき・る③【張（り）切る】［自五］劲头十足，精神百倍

バリケード③【barricade】［名］路障，街垒

はりこのとら【張（り）子の虎】纸老虎

はりこ・む③【張（り）込む】［自五］①埋伏，（暗中）监视△刑事が～/便衣警察在监视 ②豁出钱来

はりしごと③【針仕事】［名］针线活

はりつ・ける④【張（り）付ける・貼（り）付ける】［他下一］粘上，贴上

バリトン②⓪【baritone】［名］男中音

はりねずみ③【針鼠】［名］刺猬

はる①【春】［名］①春，春天 ②最盛期，青春△人生の～/人生的青春时代 ③春情，春心 ④新年

は・る⓪【張る】Ⅰ［自五］①结，覆盖△氷が～/结冰 ②伸展，扩张△木の根が～/树扎下根 ③紧张△気が～/精神紧张，拘谨 ④（面积）胀满，宽△かさが～/伞撑开着 ⑤（价格）昂贵△この絵は値が～/这张画很贵 Ⅱ［他五］①支开，张挂△アンテナを～/架天线△幕を～/挂幕 ②扩展△勢力を～/扩展势力 ③（将液体）装满△水槽に水を～/把水槽里装满水 ④挺起（胸膛）△胸を～/挺起胸膛 ⑤装点（门面）△みえを～/装门面，求虚荣 ⑥固执己见△意地（いじ）を～/固执 ⑦摆开（阵势）△論陣を～/展开辩论 ⑧贴，粘 ⑨打（嘴巴）△横っつらを～/打嘴巴 ⑩暗中监视◆⑧也写做「貼る」

パール①【pearl】［名］珍珠

はるか①【遙か】［副・形动］①（时间、距离）遥远△～昔/很久以前 ②（用「はるかに」的形式表示）两者差距大△太平洋は日本海より～に大きい/太平洋比日本海大得多

バルコニー③【balcony】［名］阳台

はるさめ⓪【春雨】［名］①春雨 ②粉丝

はるばしょ⓪【春場所】［名］每年三月在大阪举行的相扑比赛大会

はるばる②③【遙遙】［副］万里迢迢

バルブ①【valve】［名］阀，活门，气门

パルプ①【pulp】［名］纸浆

はるまき⓪②【春巻（き）】［名］春卷儿

はるまき⓪【春蒔（き）】［名］春播

はるめ・く③【春めく】［自五］春意渐浓

はるやすみ③【春休（み）】［名］春假（三月下旬至四月初）

はれ②①【晴(れ)】[名]①晴,晴天 ②盛大,隆重△～の入学式/隆重的入学典礼

バレエ①【(法)ballet】[名]芭蕾舞

はれぎ③【晴(れ)着】[名](入学典礼、毕业典礼、结婚仪式上穿的)盛装,礼服

ハレーすいせい④【ハレー彗星】[名]哈雷慧星

はれつおん⓪【破裂音】[名](语言学)爆破音

パレード②【parade】[名]庆祝游行(的队伍)

バレーボール④【volleyball】[名]排球

バレリーナ③【(意)ballerina】[名]女芭蕾舞演员

は・れる②【晴れる】[自下一]①(天)晴 ②(疑团)消失,心情舒畅△気が～/心情舒畅

は・れる⓪【腫れる】[自下一]肿

バレンタインデー④【Valentine Day】[名]情人节(二月十四日,届时女性可向自己喜欢的男性赠送巧克力)

バロメーター③【barometer】[名]①气压计 ②晴雨表

パワー①【power】[名]①(对社会的)影响力,能力,实力 ②马力,功率

はん①【判】[名]①印章,图章△～をおす/盖章 ②(书籍、纸的)开数

はん①【班】[名]班,组

はん①【藩】[名](江户时代的)诸侯领地

ばん⓪【晩】[名]晚上,傍晚

ばん⓪【番】[名]①顺序,次序△～を待つ/按顺序等候 ②值班,看守△～をする/值班

パン①【(葡)pao】[名]面包

はんい①【範囲】[名]范围

はんえい⓪【反映】[名・自他サ]①(光)反射,映照 ②反映

はんえい⓪【繁栄】[名・自サ]繁荣

はんか①【反歌】[名](和歌)长歌后面附加的短歌

はんが⓪【版画】[名]版画

ハンガー①【hanger】[名]衣架

ばんか⓪【挽歌】[名]挽歌

はんがく⓪【半額】[名]半价,五折【-セール⑤】[名]按五折大减价

ハンカチ①⓪【handkerchief】[名]手帕◆也写做「ハンケチ」「ハンカチーフ」

はんかん⓪【反感】[名]反感△～をかう/讨人嫌

はんき①【半期】[名]半年【上(かみ)-③】[名]上半年

はんき①【半旗】[名]半旗

はんきょう⓪【反響】[名・自サ]①〈物〉回声,回音 ②反响,反应

バンク①【bank】[名]银行

パンク⓪【puncture】[名・自サ]①(轮胎)放炮 ②胀破

ばんぐみ⓪④【番組】[名](广播、电视、演出等的)节目【-表(ひょう)⑤】[名]节目单

はんけい①【半径】[名]〈数〉半径

はんけい⓪【判型】[名](书籍的)开本,(纸张的)开数

はんげき⓪【反撃】[名・自サ]反击,反攻

はんけつ⓪【判決】[名・他サ]判决

ばんけん⓪【番犬】[名]看家狗

はんこ③【判こ】[名]〈俗〉印章,图章

はんご⓪【反語】[名]①反问法 ②反话

パンこ③【パン粉】[名]①面包渣

（做炸食物的面衣）②做面包的面粉

はんこう⓪【反抗】［名・自サ］反抗

はんこう⓪【犯行】［名］犯罪行为

ばんごう③【番号】［名］号码△へやの～/房间号

ばんこく①【万国】［名］万国，世界各国

ばんこん⓪【晩婚】［名］晩婚

はんざい⓪【犯罪】［名］犯罪

ばんざい⓪【万歳】Ⅰ［名］①万岁，万年△千秋～/千秋万年（繁荣昌盛）②投降Ⅱ［感］万岁

ハンサム①【handsome】［名］美男子

ばんさんかい③【晩餐会】［名］晩宴

はんじ①【判事】［名］推事，审判员

ばんじ①【万事】［名］万事◇万事休（きゅう）す/万事休矣

はんしゃ⓪【反射】［名・自他サ］①（光等）反射，折射②（生物受刺激后的）反应，反射

ばんしゃく⓪【晩酌】［名・自サ］晩饭时喝点酒

はんじょう⓪【繁盛】［名・自サ］繁荣，昌盛，兴隆

はんしょく⓪【繁殖】［名・自サ］繁殖

はんしん①【阪神】［名］①大阪和神户地区②「阪神電気鉄道株式会社」的简称

はんしん⓪③【半身】［名］半身△-不随（ふずい）⑤［名］半身不遂

はんすう⓪【反芻】［名・他サ］①反刍②反复玩味

はんすう③【半数】［名］半数

はんズボン③【半ズボン】［名］（男子穿的）短裤

はん・する③【反する】［自サ］①与…相反△期待に～/与期待的相反②违反

はんせい⓪【反省】［名・他サ］反省

はんせん⓪【反戦】［名］反战

ばんそう⓪【伴奏】［名・自サ］伴奏

ばんそうこう⓪【絆創膏】［名］橡皮膏，白胶布

はんそで⓪④【半そで・半袖】［名］半袖（衣服）

パンダ①【panda】［名］熊猫

はんたい⓪【反対】Ⅰ［名・形动］相反，颠倒△予想と～の結果/与预料相反的结局Ⅱ［名・自サ］反对，不赞成【-語（ご）⓪】［名］反义词

はんだくおん④【半濁音】［名］半浊音（日语中用「パ、ピ、プ、ペ、ポ」表示）

パンタロン①【（法）pantalon】［名］喇叭裤

はんだん①③【判断】［名・他サ］①判断②占卦

ばんち⓪【番地】［名］门牌号

パンチ①【punch】［名］①拳打，拳击②有力，响亮③剪票，（给纸）穿孔，打眼④穿孔机，剪票钳

ばんちゃ⓪【番茶】［名］粗茶◇番茶も出花（でばな）/十八丑女也好看

はんちゅう⓪【範疇】［名］范畴

パンツ⓪【pants】［名］①（男子穿的）裤叉②运动短裤【海水（かいすい）-⑥】［名］游泳裤【トレーニング-⑦】［名］运动短裤③长裤

はんつき④【半月】［名］半个月

はんてい⓪【判定】［名・他サ］①判断，判定②（柔道、拳击等比赛到时间未分胜负时，由裁判）裁

定

パンティー①【panties】[名]（女子穿）裤叉

はんてん③【半纏】[名]①无领的和式短外衣 ②（手艺人等工作时穿的）在衣服或后背印有姓名、店名的短外衣

バンド⓪【band】[名]①带【ヘア-③】[名]发带 ②皮带，腰带 ③乐队

はんとう⓪【半島】[名]半岛

はんどう⓪【反動】[名]①〈物〉反作用(力) ②反动

ばんとう③【番頭】[名]（商店、旅馆等的）二掌柜，管家

ハンドバッグ④【handbag】[名]（妇女用）手提包

ハンドボール④【handball】[名]手球

ハンドル⓪【handle】[名]①方向盘 ②（门等的）拉手，把手

ばんなん⓪①【万難】[名]万难

はんにち④【半日】[名]半天，半日

はんにん⓪【犯人】[名]罪犯

ばんねん⓪【晩年】[名]晚年

はんのう⓪【反応】[名・自サ]反应△化学的な～/化学反应

ばんのう⓪【万能】[名]①万能△コンピュータ～の時代/计算机万能的时代【-薬（やく）③】[名]万能药 ②全能

はんばい⓪【販売】[名・他サ]销售

ハンバーガー③【hamburger】[名]汉堡包,（内夹牛肉饼的）圆面包

ハンバーグ③【hamburg steak】[名]（「ハンバーグステーキ」的简称）汉堡牛(猪)肉饼

はんぱつ⓪【反発・反撥】[名・自他サ]①回跳，反弹【-力（りょく）④】[名]反弹力 ②抵制，抗拒

パンプス①【pumps】[名]高跟鞋

パンフレット④【pamphlet】[名]小册子

はんぶん③【半分】[名]一半，二分之一

はんぼいん③【半母音】[名]半元音

ハンマー①【hammer】[名]①锤子 ②（链球的）球【-投（な）げ⑤】[名]掷链球

はんめん③【反面】Ⅰ[名]反面,相反的方面 Ⅱ[副]另一方面

はんらん⓪【氾濫】[名・自サ]泛滥△川が～する/河水泛滥

はんれい⓪【凡例】[名]凡例

はんろん⓪【反論】[名・自他サ]反论，反驳

ひ

ひ【日】Ⅰ⓪[名]①太阳△～がのぼる/太阳升起△～がしずむ/日落 ②白天，白昼，昼△～がみじかい/昼短△夜を～についで/夜以继日 ③日光，阳光△～にあたる/晒太阳△～に焼ける/晒黑皮肤 ④一整天，一天△～をかさねる/日复一日 ⑤日数，天数△～をかぎる/期限 ⑥日期，日子△～をあらためる/改日 ⑦（特定的）节日，假日△文化の～/文化节△子どもの～/儿童节 ⑧时

期,时代△若き～の姿/青年时期的风姿Ⅱ[接尾](上接名词、发音为「び」)…日△誕生日(たんじょうび)/生日△日曜日(にちようび)/星期日

ひ①【火】[名] 火△～を燃やす/烧火◇火に油(あぶら)を注(そそ)ぐ/火上浇油◇火のない所(ところ)に煙(けむり)は立(た)たぬ/无风不起浪

ひ①【灯】[名] 灯,灯光△～をともす/点灯

ひ①【比】[名] 比,比值△AとBの～/A和B的比值

ひ①【非】[名] ①非,问题△～をあばく/揭露问题 ②缺点,错误△～をみとめる/承认错误 ③不利,糟,坏△形勢～なり/形势不利◇非の打(う)ちどころがない/无可非议,无懈可击

ひ⓪【碑】[名] 碑△～を建てる/立碑

び①【美】[名] 美好,美丽,美△自然の～/自然美

ひあい⓪【悲哀】[名] 悲哀△～満ちた物語/充满悲哀的故事

ひあたり⓪④【日当(た)り】[名] ①向阳处,阳光照射处 ②阳光照射程度△～がいい/阳光(照射程度)很好

ピアニスト③【pianist】[名] 钢琴家,钢琴演奏家

ピアノ⓪①【(意) piano】[名] ①钢琴 ②〈音〉弱音符号「p」

ひいき①【贔屓】[名・他サ] ①偏袒,偏向,偏爱◇ひいきの引(ひ)き倒(たお)し/过于偏袒,反而给人带来麻烦 ②庇护者

ひいきめ③【ひいき目・贔屓目】[名] 偏袒的看法△～に見る/往好里看

ひいては③ [副] 以至,进而,而且△彼自身の、～学校全体のめいよになる/是他自己以至学校的光荣

ひい・でる③【秀でる】[自下一] 优秀,卓越

ひうん①【悲運】[名] 悲惨的命运

ひえいせい②【非衛生】[名] 不卫生

ひえこ・む⓪【冷(え)込む】[自五] ①气温急剧下降,骤冷 ②(身体)觉得冷,着凉

ひ・える②【冷える】[自下一] ①冷,觉得冷△からだが～/身体感到冷 ②凉,变凉△～えたビール/冰镇啤酒 ③冷淡,淡漠

ピエロ①【(法) pierrot】[名] 丑角,小丑

びおん⓪【鼻音】[名] 鼻音

ひか②【皮下】[名] 皮下【-脂肪(しぼう)③】[名] 皮下脂肪【-注射(ちゅうしゃ)③】[名] 皮下注射

びか①【美化】[名・他サ] 美化【-運動(うんどう)③】[名] 美化运动

ひがい①⓪【被害】[名] 被害,受害【-者(しゃ)②】[名] 受害人

ひかえ②③【控(え)】[名] ①预备,备用△～の選手/预备队员 ②副件,副本,抄件,抄本△納品書(のうひんしょ)の～/交货单的副本

ひかえめ④【控(え)目】[名・形动] ①谨慎,客气△～に食べる/很客气地吃 ②节制△塩分を～にする/节制盐分,少吃盐

ひか・える③【控える】[自他下一] ①等待,等候 ②抑制,节制△酒を～/节制饮酒 ③临近,迫近 ④抄,记,抄录,记录△メモ帳に～/记在记事本上

ひかく⓪【比較】[名・他サ] 比较,对比△～にならない/无法

対比

ひかく⓪②【皮革】[名]皮革【-製品（せいひん）④】[名]皮革制品【人工（じんこう）-⑤】[名]人造皮革

びがく①【美学】[名]美学

ひかくてき⓪【比較的】[副]比较，较为

ひかげ⓪【日陰・日蔭】[名]背阴处，阴影

ひがさ②【日傘】[名]阳伞

ひがし③【東】[名]东，东面

ぴかぴか②【副】①闪闪发亮，闪亮△～とした靴/闪闪发亮的皮鞋 ②闪耀△稲妻が～と光る/电光闪闪

ひが・む②【僻む】[自五]抱有偏见；乖僻

ひかり③【光】[名]①光，光亮 ②光泽 ③视力△～をうしなう/失明 ④光明，光辉△希望の～/希望的火花 ⑤威势，威风

ひか・る②【光る】[自五]①发光，闪光△きらきら～/闪闪发光 ②出众，显眼

ひか・れる⓪【引かれる・惹かれる】[自下一]被…所吸引，为…所引诱△異性に～/为异性所吸引

ひかん⓪【悲観】[名・自他サ]悲观△将来を～する/对未来抱悲观态度【-的（てき）⓪】[形动]悲观

ひがん②【彼岸】①春分或秋分前后的七天期间 ②（佛教）彼岸◇暑（あつ）さも寒（さむ）さも彼岸まで/冷不过春分，热不过秋分

ひきあ・げる④【引（き）上げる・引（き）揚げる】[他下一]①拉，拽 ②提高，涨价△料金を～/提高费用 ③提拔，提升 ④返回，撤回 ⑤要回，索回△貸した道具を

～/要回借出的工具

ひき・いる③【率いる】[他上一]率领，带领△生徒を～/带领学生

ひきう・ける④【ひき受ける】[他下一]①接受，承担△責任を～/承担责任 ②担保，保证△身元（みもと）を～/人身担保

ひきおこ・す④【引き起こす】[他五]①拉起，扶起 ②引起，挑起△混乱を～/引起混乱△事件を～/挑起事端

ひきかえ・す③【引（き）返す】[自五]返回，折回△わすれものをして、家へ～/忘了东西，所以又折回家

ひきか・える④【ひき換える】[他下一]①交换，兑换 ②（用「…にひき換えて」的形式表示）与之相反，不同△昨年に～えて今年は楽だ/与去年相比今年较轻松

ひきがね⓪【引（き）金】[名]（枪的）扳机△～をひく/扣扳机

ひきこ・む③【引（き）込む】[他五]①拉入，引入△なかまに～/拉入伙 ②吸引，入迷△話に～まれる/被讲的话所吸引◇かぜを引き込む/伤风，感冒

ひきざん②【引（き）算】[名]减法

ひきしお⓪【引（き）潮】[名]退潮，落潮

ひきしま・る④【ひき締まる】[自五]①身体结实△肉が～/肌肉紧绷绷的 ②（身体、精神）紧张 ③（文章等）紧凑，无多余部分

ひきし・める④【ひき締める】[他下一]①绷紧，勒紧△口もとを～/紧闭着嘴角 ②振奋△気を～/振奋精神 ③紧缩△財政を～/紧缩财政

ひきず・る⓪【引（き）ずる・引（き）摺る】[他五]①拖，拖拉△足を～/拖着腿走 ②拖，拉，拽

③拖延

ひきだし[0]【引(き)出(し)・抽(き)出(し)】[名]①抽屉 ②提款，取款

ひきだ・す[3]【引(き)出す】[他五]①拖出，拉出，拽出 ②发掘出，开发出 ③引出，套出△本音（ほんね)を～/引出实话 ④取，提取△貯金を～/提取存款

ひきた・つ[3]【ひき立つ】[自五]①出众，超群，显眼△美しさが～/美丽超群 ②振作起来△気が～/精神振作起来

ひきた・てる[4]【ひき立てる】[他下一]①衬托，陪衬 ②（对商人、演员等的）照顾，扶持，提携△主任に～/提携为主任 ③振奋，振作△気を～/振奋精神 ④（将犯人、俘虏等）强行拉走，押走，带走△犯人を～/将犯人带走 ⑤（将门）关上

ひきつ・ぐ[3]【ひき継ぐ】[他五]接替，继承△仕事を～/接替工作

ひきつづき[0]【引(き)続き】I[名]继续，延续 II[副]接着，继续△「では、～、つぎの議題にうつります」/那么，接着进行下一个议题

ひきづな[0]【引(き)綱】[名]缆绳

ひきど[2][0]【引き戸】[名]拉门

ひきと・める[4]【ひき止める】[他下一]①留，挽留 ②劝止，阻止

ひきと・る[3]【ひき取る】I[自五]退下，离开，回避△どうぞお～りください/请退下 II[他五]①收，回收△古新聞を～/收旧报纸 ②收养，扶养△親に死なれた子どもを～/收养死去父母的孩子◇息(いき)をひき取る/咽气，死

ひきぬ・く[3]【引(き)抜く】[他五]①拔△くぎを～/拔钉子 ②挖(人)，抢夺

ひきのば・す[4][他五]I【引(き)伸ばす】①拉长，神长 ②放大(照片)△記念写真を大きく～した/把纪念照片放得很大 II【引(き)延ばす】施延，延长，延期△解決を～/延期解决

ひきょう[2]【卑怯】[形动]卑劣，卑鄙△～なふるまい/卑劣的行为

ひきわけ[0]【引(き)分(け)】[名]平局，不分胜负△～になる/打成平局

ひ・く[0]【引く】I[他五]①拉，拽△つなを～/拉缆绳△車を～/拉车 ②引入，安装△水道を～/安装自来水 ③伤（风）△かぜを～/伤风 ④吸引，招惹△人目(ひとめ)を～/引人注目△注意を～/引起注意 ⑤继承△先祖の血を～/流有祖先的血液 ⑥查阅△辞書を～/查辞典 ⑦引用△例を～/引例，举例 ⑧抽(签)△おみくじを～/抽签 ⑨减，减去△九から五を～/九减去五 ⑩削价，减价△一割(いちわり)～いて売る/削价一成出售 ⑪拖，拉△幕(まく)を～/拉幕 ⑫涂，抹△油を～/抹油 ⑬划（线）△線を～/划线 II[自五]①退，退却△潮(しお)が～/退潮 ②消失△熱が～/退烧◇あとを引く/留下影响◇身(み)を引く/退出；不再干涉

ひ・く[0]【弾く】[他五]弹，弹奏，拉△バイオリンを～/拉小提琴

ひ・く[0]【轢く】[他五]轧，压

ピーク[1]【peak】[名]①山顶 ②顶点，顶峰△混雑の～/混乱之极

ひく・い[2]【低い】[形]①矮△背が～/个子矮 ②低△海面より～土地/低于海平面的土地 ③低贱，微贱△地位が～/地位低

ひくつ[0]【卑屈】[名・形动]卑躬

屈膝

ピクニック①③【picnic】［名］郊游

ひぐれ⓪【日暮れ】［名］黄昏，傍晚

ひげ⓪【髭・鬚・髯】［名］胡须

ひげき①【悲劇】［名］悲剧

ひけつ⓪【否決】［名・他サ］否决

ひけつ⓪【秘訣】［名］秘诀△成功の～/成功的秘诀

ひごい⓪【緋鯉】［名］(观赏用) 绯鲤鱼

ひこう⓪【非行】［名］不轨行为

ひこう⓪【飛行】［名・自サ］飞行【低空 (ていくう)-⑤⓪】［名］低空飞行【-機 (き)②】［名］飞机【-士 (し)②】［名］飞行员【-場 (じょう)⓪】［名］飞机场

びこう⓪【尾行】［名・自他サ］跟踪，盯梢

ひこく⓪【被告】［名］被告【-人 (にん)⓪】［名］被告人，被告

ひごろ⓪【日ごろ・日頃】［名・副］平时，平日

ひざ⓪【膝】［名］膝，膝盖

ビザ①【visa】［名］签证

ピザ①【(意)pizza】［名］意大利馅饼，比萨饼

ひさし⓪【庇・廂】［名］①房檐，屋檐 ②帽檐儿

ひざし⓪【日差 (し)・陽射 (し)】［名］阳光，日光

ひさしぶり⑤⓪【久し振り】［名］相隔很久，好久△～に会う/隔了很久才见面◇お久し振り/久违了

ひざまず・く④【跪く】［自五］跪

ひさん⓪【悲惨】［名・形動］悲惨

ひじ②【肘・肱・臂】［名］肘，胳膊肘

ビジネス①③【business】［名］①工作，事务 ②商业，实业【-マン④】［名］实业家；公司职员

ひしめ・く③【犇く】［自五］拥挤

吵嚷

ひじゅう⓪【比重】［名］①〈物〉比重 ②重点

びじゅつ①【美術】［名］美术【-館 (かん)③】［名］美术馆【-品 (ひん)③】［名］美术品，美术作品

ひしょ②【秘書】［名］秘书

ひしょ②【避暑】［名・自サ］避暑

ひじょう⓪【非常】Ⅰ［名］非常，特殊△～の際 (さい)/非常时期【-口 (ぐち)②】［名］太平门【-手段 (しゅだん)④】［名］非常措施Ⅱ［形動］非常，很，极为△～に楽しい/非常愉快

びしょう⓪【微笑】［名・自サ］微笑

ひじょうきん②【非常勤】［名］临时，非正式【-講師 (こうし)⑥】［名］代课教师

ひじょうしき②【非常識】［名・形動］不合乎常理◇非常識にもほどがある/做事不能太出格

びじん①【美人】［名］美人，美女

ひすい②⓪【翡翠】［名］翡翠

ビスケット③【biscuit】［名］饼干

ヒステリー④③【(徳) Hysterie】［名］歇斯底里，癔病

ピストル⓪【pistol】［名］手枪

ピストン①【piston】［名］活塞

ひずみ⓪【歪 (み)】［名］①歪，斜，变形 ②畸形△経済の～/经济畸形

ひず・む⓪②【歪む】［自五］歪，斜，变形

ひずめ⓪①【蹄】［名］蹄，蹄子

びせいぶつ②【微生物】［名］微生物

びせきぶん③【微積分】［名］〈数〉微积分

ひそか②【密か・窃か】［形動］悄

悄,私下,暗中△～に出かける/
悄悄地溜出门

ひそ・む②【潜む】［自五］藏,潜
藏,隐藏△心に～/藏在心里

ひそ・める③【潜める】［他下一］
藏,隐藏△身を～/藏身

ひだ①【襞】［名］(衣服的)皱褶

ひたい⓪【額】［名］额,额头,天
庭

ひた・す②⓪【浸す】［他五］浸,浸
泡△タオルを～/浸泡毛巾

ひたすら②⓪［副］只顾,一心,一
味△～研究にうちこむ/一心搞
研究

ひだね②①【火種】［名］火种

ビタミン⓪【(德)Vitamin】［名］维
生素,维他命

ひだり⓪【左】［名］①左,左边△
～にまがる/向左拐【-きき③】
［名］左撇子 ②爱喝酒的人 ③左
派,左翼

ひだりて⓪【左手】①左手 ②左边,
左侧

ひた・る②⓪【浸る】［自五］①浸,
泡 ②沉浸在,耽于△思い出に
～/沉浸在回忆之中

ひつう⓪②【悲痛】［名・形动］悲
痛

ひっかか・る④【ひっ掛かる】［自
五］①挂住,刮上△あみに～/挂
在网上 ②受骗△わなに～/中圈
套 ③令人捉摸,令人放心不下△
彼の話にはなにか～ところがあ
る/总觉得他的话里什么地方有
问题

ひっか・ける④【ひっ掛ける】［他下
一］①挂 ②披△コートをかたに
～/把外衣披在肩上 ③骗,欺骗
④吐,啐△つばを～/(向某物
上)吐唾沫 ⑤喝(酒)△一杯～/
喝一盅 ⑥有关连◇はなもひっ掛
けない/毫不理睬

ひっき⓪【筆記】［名・他サ］①笔
记【-試験（しけん）⓪】［名］笔头
考试 ②记笔记

ひっきりなし⑤［形动］接连不断,
接二连三△～に来客がある/接
二连三地来客人

びっくり③［名・自サ］吃惊,吓一
跳【-仰天（ぎょうてん）③】［名・
自サ］大吃一惊,惊得目瞪口
呆

ひっくりかえ・す⑤【ひっくり返
す】［他五］颠倒△試合を～/反
败为胜

ひっくりかえ・る⑤【ひっくり返
る】［自五］①倒,摔倒△あおむ
けに～/仰面摔倒 ②翻,翻转,底
朝天△ボートが～/小船翻了 ③
逆转△形勢が～/形势逆转

ひづけ⓪【日付】［名］日期【-変更線
（へんこうせん）⓪】［名］国际日
期变更线

びっこ①【跛】［名］①瘸子,跛子
②不成双,不成对△～のくつ/不
成双的鞋

ひっこし⓪【ひっ越（し）】［名］搬
家,迁居

ひっこ・す③【ひっ越す】［自五］搬
家,迁居

ひっこ・む③【ひっ込む】［自五］①
退居,缩△いなかに～/隐居到乡
下 ②退下,降下△こぶが～/疙
瘩下去了 ③凹进

ひっこ・める④【ひっ込める】［他
下一］收回△提案を～/收回方
案

ひっし⓪①【必死】［名・形动］拼命,
拼死△～になる/拼命

ひつじ【羊】［名］羊

ひっしゃ①【筆者】［名］笔者,作
者

ひつぜん⓪【必然】［名］必然【-性
（せい）⓪】［名］必然性

ひっそり③ [副] 静悄悄△～とした室内/静悄悄的房间

ひったく・る④ [他五] 抢,抢夺

ピッチ① [pitch] [名] ①效率△～をあげる/提高效率 ②音频,音调 ③沥青

ピッチャー① [pitcher] [名] (棒球)投手,投球手

ひってき⓪ [匹敵] [名・自サ] 匹敌,媲美△～するものがない/无与伦比

ヒット①③ [hit] [名・自サ] ① (棒球)安打,安全打 ②热门【-ソング】④ [名] 热门歌曲

ひっぱ・る③ [引っ張る] [他五] ①拉,拽,拖△新入生をクラブに～/把新生拉进课外活动队 ②带走,押走△警察に～られた/被警察带走了 ③拖长,拉长

ヒップ① [hip] [名] (缝纫)臀围尺寸

ひづめ⓪① [蹄] [名] 蹄子,蹄

ひつよう⓪ [必要] [名・形动] 必要;需要△～がある/有必要△～な品物 (しなもの)/必需品

ひてい⓪ [否定] [名・他サ] 否定△うわさを～する/辟谣

ビデオ① [video] [名] 录相机【-テープ】④ [名] 录相带

ひと⓪② [人] [名] ①人,人类 ②社会上的人,一般人△知らない～/不认识的人 ③别人,他人△～とつきあう/与别人交往△～にたよる/依靠别人 ④有用的人,人材△～となる/成为有用的人 ⑤人品,品质◇人の口 (くち) に戸 (と) は立 (た) てられぬ/人言可畏◇人のふんどしで相撲 (すもう) を取 (と) る/损人利己

ひど・い② [酷い] [形] ①厉害,严重△～寒さ/极为寒冷 ②残酷,无情△～しうち/残酷的行为

ひといき② [一息] [名] ①一口气△～に飲みほす/一口气喝干 ②加一把力,加一把劲△頂上まではあと～だ/再加一把力就到山顶了

ひとがら⓪ [人柄] [名] 人品,品质△～がいい/人品好

ひときわ⓪ [一際] [副] 更,更加

ひとくち② [一口] [名] ①一口△～に食べる/一口吃下去 ②一点△～いかがですか/尝一点好吗 ③一句话,一言△とても～では言えない/一言难尽 ④ (捐款的)一份,一股

ひとこと② [一言] [名] 一句语,简单的话

ひとごと⓪ [人事] [名] 别人的事,与己无关的事△～ではない/并非与己无关的事

ひとごみ⓪ [人込み] [名] 人群△～にまぎれる/混入人群中

ひとさしゆび④ [人差 (し) 指・人指 (し) 指] [名] 食指

ひとし・い③ [等しい] [形] ①相等,相同 ②一致,均

ひとじち⓪ [人質] [名] 人质

ひとちがい③ [人違い] [名] 认错人,看错人△～をする/认错人

ひとつ② [一つ] Ⅰ [名] ①一,一个 ②一岁 ③全凭,取决于 ④一致,一体△全員が心を～にしてあたればかならず成功する/只要大家一条心就一定会成功 (用「一つとして…ない」「一つも…ない」「なに一つ…ない」等形式)加强否定的语气△一つとして完全なものはない/没有一个好的△身にやましいことはなに一つない/问心无愧 Ⅱ [副] 试一试△「どうです。～、話にのってみませんか」/怎么样,试一试吧◇一つ穴 (あな) の狢 (むじ

な）一丘之貉

ひとづま⓪【人妻】[名]①已婚的女子 ②他人的妻子

ひとで⓪【人手】[名]①人手，劳力△～がたりない/人手不足 ②人为，人工 ③他人之手，别人的手◇人手にかかる/被人杀害

ひとで⓪【人出】[名]到场的人△五万人の～があった/有五万人到场

ひととおり⓪【一通り】[名・副]①一般，普通 ②大概，大略，泛泛△～目をとおす/大略浏览一遍

ひとなつこ・い⓪【人懐こい】[形]很快与人熟，不认生△～子ども/不认生的孩子

ひとなみ⓪【人波】[名]人流

ひとなみ⓪【人並（み）】[名・形动]与别人一样，普通，平常△～のくらし/普通人的生活

ひとねむり②【一眠（り）】[名]小睡一会儿，打个盹儿

ひとまず②【一先ず】[副]暂且，首先△～、家へ帰ろう/先回趟家吧

ひとまわり②【一回り】[名・自他サ]①转一圈，绕一圈△会场を～する/绕会场一圈 ②（年龄）一轮△年が～ちがう/年龄差一轮 ③（才能等）差一层，差一等△人物が～大きい/才识高人一等

ひとみ②⓪【瞳】[名]瞳孔◇瞳を凝（こら）す/凝视

ひとめ⓪【人目】[名]他人的视线△～をひく/引人注目△人目につく/引人注意◇人目を忍（しの）ぶ/避人耳目

ひとやくかう【一役買う】主动承担某项任务

ひとやすみ②【一休（み）】[名]休息一会儿

ひとり②【一人・独り】Ⅰ[名]一人，一个人，独自△～で散歩する/独自散步 「まだ、～でおります」/还是一个人生活 Ⅱ[副]（与否定语相呼应表示）不单是，不仅是△～わが校だけの問題ではない/不单是我校的问题

ひとりごと⑤④【独り言】[名]自语，自言自语

ひとりっこ③【独りっ子】[名]独生子

ひとりでに⓪【独りでに】[副]自动地，自然而然△～なおる/自然而然地痊愈了

ひとりぼっち④【一人ぼっち・独りぼっち】[名]孤身一人，孤单一人

ひとりよがり④【独り善がり】[名・形动]自以为是

ひな【雛】Ⅰ①[名]①雏鸡（鸟）②偶人 Ⅱ[接头]小巧△～菊（ぎく）/雏菊

ビーナス①【Venus】[名]维纳斯

ひなた⓪【日向】[名]向阳处，阳光照射处【-ぼっこ④】[名]晒太阳

ピーナッツ①【peanuts】[名]花生◆也可作「ピーナツ」

ひなまつり③【ひな祭（り）・雛祭（り）】[名]三月三日女孩节

ひなん①【非難・批難】[名・他サ]非难，责难，遣责△はげしい～/猛烈的指责

ひなん①【避難】[名・自サ]避难【-民（みん）②】[名]难民

ひにく⓪【皮肉】[名・形动]讽刺，讥讽△～を言う/讽刺

ひにち⓪【日日】[名]①天数，日数 ②日期

ビニール②【vinyl】[名]①乙烯合成树脂 ②塑料薄膜【-ハウス⑤】[名]塑料薄膜大棚，暖棚

ひにん⓪【避妊】[名・自サ]避孕

ひねく・れる④［自下一］(性格)乖僻，別扭

ひね・る②【捻る】［他五］①捻，拧△スイッチを～/拧开关 ②扭伤(脚)△足を～/崴脚◇頭(あたま)をひねる/思索◇首(くび)をひねる/歪头(带有疑问)

ひのきぶたい④【ひのき舞台・檜舞台】［名］大显身手的场所

ひので◎【日の出】［名］日出

ひのもと②【火の元】［名］火源，有火处△～に用心する/小心火灾

ひばち①【火鉢】［名］火盆

ひばり◎【雲雀】［名］云雀

ひはん①◎【批判】［名・他サ］批判，批评

ひひ①【狒狒】［名］狒狒

ひび②【皸】［名］皲，皲裂

ひび②【罅】［名］裂口，裂痕

ひびき③【響(き)】［名］①声响，声音 ②回音，反响△このホールは、音の～がいい/这个大厅音响效果很好 ③影响，波及

ひび・く②【響く】［自五］①响，回荡 ②回响，回音 ③影响，波及△からだに～/影响身体△生活に～/波及生活 ④名扬△国中(くにじゅう)にその名が～/名扬全国

ひひょう◎【批評】［名・他サ］评论【-家(か)◎】［名］评论家

ひふ◎①【皮膚】［名］皮肤

ビーフ①【beef】［名］牛肉【-シチュー①】［名］炖牛肉【-ステーキ⑤】［名］烤牛肉

びぶん◎【微分】［名・他サ］〈数〉微分

ひま◎【暇・隙】Ⅰ［名］空余时间，闲暇△～がない/没空 Ⅱ［形動］闲暇，空余△～な一日/闲暇的一天◇暇をつぶす/打发空闲时间

◇暇を取(と)る/休假◇暇を盗(ぬす)む/抽空

ひまご①【ひ孫・曾孫】［名］曾孙

ひまわり②【向日葵】［名］向日葵

ピーマン②【(法)piment】［名］青椒，柿子椒

ひみつ◎【秘密】［名・形動］秘密△～をまもる/保守秘密

びみょう◎【微妙】［形動］微妙

ひめい①【悲鳴】［名］悲鸣，惊叫声△～をあげる/叫苦

ひも◎【紐】［名］①绳子△～をかける/捆上绳子 ②背后操纵者

ひやあせ③【冷(や)汗】［名］冷汗△～をかく/出冷汗

ひやか・す③【冷(や)かす】［他五］①挖苦，嘲弄 ②光问价不买货

ひゃく②【百】［名］百，一百

ひやく◎【飛躍】［名・自サ］飞跃

ひゃくねん②【百年】［名］①百年，一百年 ②长年，漫长的年月△～の計(けい)/百年大计

ひゃくぶんはいっけんにしかず【百聞は一見に如かず】百闻不如一见

ひや・す②【冷やす】［他五］①冰，冰镇△ビールを～/冰镇啤酒 ②使…冷静，镇定△頭を～/使头脑冷静

ひゃっかてん③【百貨店】［名］百货商店

ヒヤリング①【hearing】［名］听力(练习)

ひゆ①【比喩・譬喩】［名］比喻

ヒューズ①【fuse】［名］保险丝

ひよう①【費用】［名］费用，经费

ひょう◎【表】［名］表，表格

ひょう①【票】［名］选票

ひょう①【豹】［名］豹，豹子

ひょう①【雹】［名］雹，冰雹

びよう◎【美容】［名］①美丽的容

貌 ②美容【-体操（たいそう）④】
［名］美容体操【-院（いん）②】
［名］美容院

びょういん⓪【病院】［名］医院

ひょうか①【評価】［名・他サ］評
価

ひょうが①【氷河】［名］冰河

ひょうかい⓪【氷塊】［名］冰块

ひょうがじだい⑤【氷河時代】［名］
冰河期

びょうき⓪【病気】［名・自サ］病；
生病△～になる/生病

ひょうげん③⓪【表現】［名・他サ］
表现，表达

ひょうさつ【表札・標札】［名］门
牌，门上的名牌

ひょうざん①【氷山】［名］冰山

ひょうし③⓪【拍子】［名］①拍子，
节拍△～をとる/打拍子 ②…的
一刹那△ころんだ～にわすれて
しまった/摔了一跤就忘了

ひょうし③【表紙】［名］封面

ひょうじ⓪【表示】［名・他サ］①
表示 ②以表格的形式表示

びょうしつ⓪【病室】［名］病房

びょうしゃ⓪【描写】［名・他サ］描
写

びょうじゃく⓪【病弱】［名・形动］
病弱

ひょうじゅん⓪【標準】［名］标准
【-語（ご）⓪】［名］标准话，普通
话【-時（じ）⓪】［名］标准时间

ひょうじょう③⓪【表情】［名］表
情

びょうじょう⓪【病状】［名］病情

ひょうたん③【瓢箪】［名］①葫芦
②瓢◇瓢箪から駒（こま）/戏言
成事实

ひょうてん①【氷点】［名］冰点，零
点【-下（か）③】［名］零度以下，
零下

びょうどう⓪【平等】［名・形动］平
等△～にあつかう/平等对待

びょうにん⓪【病人】［名］病人△
～をみまう/探望病人

ひょうばん⓪【評判】［名］①评价
△～がいい/评价好 ②议论的话
题△～になる/成为人们议论的
话题

びょうぶ⓪【屏風】［名］屏风

ひょうほん⓪【標本】［名］标本△
～をつくる/制作标本

ひょうめん③【表面】［名］表面

ひょうり①【表裏】［名］表里，内
外，里外

ひょうろん⓪【評論】［名・他サ］评
论【-家（か）⓪】［名］评论家

ひよこ⓪【雛】［名］鸡（鸟）雏

ひより⓪【日和】［名］①天气△～
がいい/好天气 ②好天气【小春
日和（こはるびより）④】［名］小
阳春天气

ひよりみ⓪【日和見】［名］见机行
事【-主義（しゅぎ）⑤】［名］机会
主义

ひらいしん⓪【避雷針】［名］避雷
针

ひらおよぎ③【平泳（ぎ）】［名］蛙
泳

ひらがな④③【平仮名】［名］平假
名

ひらき③【開き】［名］①差距，距
离△～が大きい/差距大 ②（剖
开鱼腹的）干鱼 ③（「開き戸」
的简称）带合页的门

ひら・く②【開く】Ⅰ［自五］①
开着，敞开着△戸が～/门开着
②展开，扩展 ③差距大△差が
～/差距大 ④（花）开，开放△
花が～/花开 Ⅱ［他五］①打开△
門を～/开门 ②睁（眼）△目を
～/睁开眼睛 ③召开，开始△会
を～/召开会议 ④开设，设立△
口座を～/开户头 ⑤开辟△道を

～/开辟道路 ⑥（数学）开方

ひらた・い⓪【平たい】［形］①平，平滑 ②扁平△～顔/扁平脸 ③简单，易懂△～く言う/简单地说

ピラミッド③【pyramid】［名］金字塔

ひらめ⓪【平目・比目魚】［名］比目鱼

ひらめ・く③【閃く】［自五］①闪，闪烁 ②闪现△名案が～/（头脑中）闪现出一个好办法

ひらや⓪【平屋・平家】［名］平房

ひりつ⓪【比率】［名］比率△～が高い/比率高

ビリヤード③【billiards】［名］台球

ひりょう⓪⓪【肥料】［名］肥料△～をほどこす/施肥【化学（かがく）-④】［名］化肥

びりょく⓪⓪【微力】［名・形动］微力△～ながら協力させていただきます/愿尽微薄之力

ひる②【昼】［名］①白天，白昼 ②中午 ③午饭，中午饭△～を用意する/准备午饭

ビル①【building】［名］楼，大楼，大厦

ビール①⓪（荷）bier【名】啤酒

ひるがえ・る③【翻る】［自五］①飘舞，飘动，招展 ②（突然）翻过来，翻个儿

ビルディング①【building】［名］→ビル

ひるね⓪【昼寝】［名］午睡，午觉

ひるま③【昼間】［名］白天，白昼

ひるめし③【昼飯】［名］午饭，中午饭

ひるやすみ③【昼休（み）】［名］午休

ひれい⓪【比例】［名・自サ］〈数〉比例，正比

ひれつ⓪【卑劣】［名・形动］卑劣，卑鄙

ヒーロー①【hero】［名］①英雄，勇士 ②（小说中的）男主人公，男主角

ひろ・い②【広い】［形］广阔，辽阔，宽广，开阔△心が～/心胸开阔△～視野（しや）/开阔的视野

ヒロイン⓪【heroine】［名］①女杰 ②（小说中的）女主角，女主人公

ひろ・う⓪【拾う】［他五］①拣，拾△大金を～/拾到巨款△命を～/拣条命 ②挑，选△活字を～/拣铅字 ③在路上雇（出租汽车）△タクシーを～/雇出租汽车

ひろう①【披露】［名・他サ］披露，发表；展示，显示△うでまえを～する/显示本领【-宴（えん）②】［名］结婚披露宴

ひろう⓪【疲労】［名・自サ］疲劳，疲惫◇疲労困憊（こんぱい）/疲惫不堪

ひろが・る⓪【広がる】［自五］①展开，扩展，铺开 ②扩散，散开

ひろ・げる⓪【広げる】［他下一］①展开，打开△かさを～/打开伞 ②扩展，展开△両手を～/张开双手

ビロード⓪【（葡）veludo】［名］天鹅绒

ひろば①②【広場】［名］广场

ひろびろ③【広広】［副・自サ］宽广，辽阔

ひろま・る③【広まる】［自五］传播，流传△名声が～/名声大噪

ひろ・める③【広める】［他下一］推广，普及△宗教を～/传教

ひん⓪【品】［名］品格，品质△～がいい/文雅

びん①【瓶・壜】［名］瓶子

ピン①【pin】［名］①别针，大头针，发卡 ②（地滚球的）靶子

びんかん⓪【敏感】［名・形动］敏感△～に反応する/反应敏感

ピンク①【pink】［名］桃色，粉红色

ひんけつ⓪【貧血】［名］贫血

ひんこん⓪【貧困】［名・形动］①贫困 ②（知识等）贫乏

ひんしつ⓪【品質】［名］质量△～がおとる/质量低劣

ひんじゃく⓪【貧弱】［名・形动］①（知识等）贫乏△～な知識/贫乏的知识 ②软弱无力，单薄

ひんしゅ⓪【品種】［名］品种

びんじょう⓪【便乗】［名・自サ］①顺便搭乘（别人的车等）②趁势利用

ピンセット③【（荷）pincet】［名］镊子

びんせん⓪【便箋】［名］信纸

ピンチ①【pinch】［名］危机，关键时刻

ヒント①【hint】［名］暗示，提示△～をえる/受到启发

ひんど①【頻度】［名］频率△～がたかい/频率高

ピント⓪①【（荷）brandpunt】［名］①（照相机镜头的）焦距△～を合わせる/调焦距 ②中心，要点

ひんぱん⓪【頻繁】［形动］频繁△～におきる/频繁发生

ひんぷ①【貧富】［名］贫富△～の差/贫富之差

びんぼう①【貧乏】［名・形动・自サ］贫穷◇貧乏ひまなし/穷人没有娱乐的时间

びんぼうゆすり⑤【貧乏揺すり】［名］（坐着时膝盖等）不停晃动，摇晃

ピンぼけ⓪［名］①（焦距不对）相片模糊 ②抓不住要点，不得要领

ピンポン①【ping-pong】［名］乒乓球

ひんもく⓪【品目】［名］品种目录

びんらん⓪【便覧】［名］便览

びんわん⓪【敏腕】［名・形动］有能力，有才干，能干

ふ

ふ①【府】［名］①府（日本行政区划之一）【大阪（おおさか）-④】［名］大阪府【京都（きょうと）-③】［名］京都府 ②府，机关△学問の～/学府

ふ①【負】［名］①〈数〉负数 ②〈物〉负极

ふ⓪【腑】［名］脏腑，内脏◇腑に落（お）ちない/不能理解

ふ⓪【麩】［名］①麸子 ②一种麸质食品

ふ⓪【譜】［名］乐谱

ぶ⓪①【部】［名］①部，部分 ②（事物的）种类 ③（政府、机构的局以下课以上的）部 ④（团体俱乐部的组织划分）小组，队△野球～/棒球队 ⑤（书籍、报刊的量词）部、册、份

ファイア①【fire】［名］篝火△キャンプ～/野营篝火，篝火晚会

ぶあいきょう②【無愛嬌】［名・形动］不可爱，不招人喜爱

ぶあいそう②【無愛想】［名・形动］冷淡，爱搭不理△～な返事/冷淡的答复

ファクシミリ③【facsimile】［名］传真（装置）

ファシスト②【fascist】［名］法西斯

分子

ファシズム② 【fascism】［名］法西斯主义

ファースト①⓪ 【first】［名］①第一，最初【レディー-】［名］妇女优先②（棒球）一垒（手）

ファスナー① 【fastener】［名］拉锁，拉链

ぶあつ・い⓪ 【分厚い・部厚い】［形］很厚

ファッション① 【fashion】［名］时装【-ショー⑤】［名］时装表演

ふあん⓪ 【不安】［名・形动］不安，担心△～をいだく/感到不安

ファン① 【fan】［名］（运动、电影、歌曲的）狂热爱好者，迷

ふあんてい② 【不安定】［形动］不安定，不安稳

ファンデーション③ 【foundation】［名］粉底霜（液）

ふい⓪ 【不意】［名・形动］意外，突然△相手の～を突く/攻其不备

フィアンセ② 【（法）fiancé】［名］未婚夫（妻）

フィギュア① 【figure】［名］花样滑冰

フィクション① 【fiction】［名］①虚构②虚构的小说

フィート① 【feet】［名］英尺

フィルター① 【filter】［名］①过滤器②（相机的）滤色镜③（香烟的）过滤嘴

フィールド⓪ 【field】［名］①田赛②（研究）领域，范围

フィルム① 【film】［名］①胶卷②影片

ふう⓪ 【風】［名］①风俗，习惯②样子，状态

ふう① 【封】［名］封上（信等）△～をする/封口△～を切る/开封，启封

ふうう① 【風雨】［名］①风和雨②暴风雨

ふうか⓪ 【風化】［名・自サ］①地质风化②（记忆、印象）淡薄

ふうきり④⓪ 【封切（り）】［名］①开封，刚启封的东西②（电影）首次放映，首映

ふうけい① 【風景】［名］风景，景色【-画（が）⓪】［名］风景画【田園（でんえん）-⑤】［名］田园景色

ふうさ⓪① 【封鎖】［名・他サ］①封锁②〈经〉封锁，冻结

ふうさい⓪ 【風采】［名］相貌；衣着打扮

ふうし⓪ 【風刺・諷刺】［名・他サ］讽刺

ふうしゅう⓪ 【風習】［名］风习，风俗习惯

ふうしゃ① 【風車】［名］风车

ふう・じる⓪ 【封じる】［他上一］①封闭，封上△倉庫を～/封闭仓库②封锁△逃げ道を～/封锁退路③阻止住△口を～/封住（对方的）口

ふうせん⓪ 【風船】［名］气球

ふうそく⓪ 【風速】［名］风速

ふうぞく①【風俗】［名］①风俗【-画（が）⓪】［名］风俗画【-習慣（しゅうかん）⑤】［名］风俗习惯②风纪【-営業（えいぎょう）⑤】［名］指酒吧、舞厅、弹子球房等供客人游戏赌博的行业

ふうちょう⓪ 【風潮】［名］潮流，倾向△最近の～/最近的潮流

ふうど① 【風土】［名］风土，水土△～にあう/服水土【-病（びょう）⓪】［名］地方病

ふうとう⓪ 【封筒】［名］信封

ふうふ① 【夫婦】［名］夫妇△～になる/成为夫妇

ふうぶつ① 【風物】［名］①风景，

景色 ②应时, 应季的东西△水瓜
は夏の～だ/西瓜是夏季的时鲜
瓜果【-詩（し）④】[名]季节的
象征

ふうりゅう①【風流】[名・形動]①
高雅, 幽雅 ②风雅（指远离世俗,
迷于诗画, 茶道等）【-人（じん）③】
[名]风雅之士

ふうりん◎【風鈴】[名]（夏季吊在
屋檐下的）风铃

ふうん①【不運】[名・形動]不幸

ふえ◎【笛】[名]①笛子△～をふ
く/吹笛子 ②哨子

フェアプレー④【fair play】[名]光
明正大的比赛△～の精神/费厄
泼赖精神

ふえて②①【不得手】[名・形動]不
擅长

フェリー①【ferry boat】[名]（「フェ
リーボート」的简称）渡船（可同
时载汽车和乘客）

ふ・える②【自下一】I【増える】
增加, 增多△人口が～/人口增加
II【殖える】①（财产）增多 ②（生
物）繁殖

フォーカス①【focus】[名]（照相）
焦点

フォーク①【fork】[名]叉子

フォークソング④【folk song】[名]
①用吉它伴奏的欧美民歌 ②具
有欧美民歌风格的歌曲

フォークダンス④【folk dance】[名]
集体舞

フォーマル①【formal】[形動]正式,
合礼仪【-ウェア⑤】[名]礼服【-ド
レス⑤】[名]晚礼服

ぶか①【部下】[名]部下

ふか・い②【深い】[形]①深△底
が～/底很深 ②（感情, 思考的程
度）深, 深重△～く考える/深思
△～悲しみ/深切的悲哀 ③（知
识, 经验等）丰富, 渊博△造詣

（ぞうけい）が～/造诣深 ④（色）
深△～緑/深绿 ⑤浓, 茂密△霧
が～/雾浓△草が～/草茂密 ⑥
（睡得）沉△眠りが～/睡得沉

ふかい②【不快】[名・形動]不愉
快, 不高兴

ぶがく①【舞楽】[名]伴有舞蹈的
雅乐

ふかけつ②【不可欠】[名・形動]
不可少, 必需

ふか・す②【更かす】[他五]熬夜
△夜を～/熬夜

ふか・す②【吹かす】[他五]①吸
烟△タバコを～/吸烟 ②（使发
动机）高速运转 ③（用「…風を
ふかす」的形式表示）摆资格

ふか・す②【蒸かす】[他五]蒸

ふかのう②【不可能】[名・形動]不
可能, 做不到

ふかふか②【副・形動】松软, 喧腾
腾△～した布団/松软的被子

ぶかぶか①【形動】（衣裤等）肥大不
合体

ふかま・る③【深まる】[自五]深
起来, 加深△秋が～/秋意渐浓

ふかみ③【深み】[名]①（河, 海
的）深处 ②深度

ふか・める③【深める】[他下一]加
深, 加强△理解を～/加深理解

ふかんぜん②【不完全】[名・形
動]不完备, 不完全

ぶき①【武器】[名]武器

ふきかえ◎【吹（き）替（え）】[名]①
（外国电影, 电视等的）配音复制
【映画（えいが）⑤】电影译制片
②（戏剧, 电影的）替身

ふきげん②【不機嫌】[名・形動]不
愉快, 不高兴△～な顔つき/不高
兴的脸色

ふきこ・む③◎【吹（き）込む】I
[自五]吹进, 刮进△風が～/风吹
进来 II [他五]①教唆, 灌输 ②

录音，灌制△新曲を～/录制新歌

ふきそく②③【不規則】[名・形动] 不规律

ふきだ・す③⓪【噴(き)出す】[自五]①(液体、气体)涌出，冒出△温泉が～/温泉涌出 ②噗地笑出声来，忍不住笑起来

ふきつ⓪【不吉】[形动]不吉利，不祥△～な予感/不祥之感

ふきとば・す③⓪【吹(き)飛ばす】[他五]①刮跑 ②驱除，驱散△寒さを～/驱寒

ふきまく・る④⓪【吹(き)捲る】Ⅰ[自五](风)猛刮 Ⅱ[他五]说大话，吹牛皮△ほらを～/吹牛皮

ふきまわし⓪【吹き回し】[名](用「どういう風の吹き回しか」「どうした風の吹き回しか」的形式表示)不知刮得哪阵风△どうした風の～か，筆不精(ふでぶしょう)の彼が暑中見舞いをよこした)/不知刮得哪阵风，不爱写信的他，居然给我寄来暑期间候信

ぶきみ②①【不気味・無気味】[形动]瘆人，令人感到恐怖

ふきゅう⓪【普及】[名・他自サ]普及

ふきょう⓪【不況】[名]不景气，萧条

ぶきよう②【不器用・無器用】[名・形动]①(手)笨 ②笨，笨拙

ぶきりょう②【不器量・無器量】[名・形动](女人的)相貌丑

ふきんこう②【不均衡】[名]不均衡△貿易の～/贸易不均衡

ふく②【服】[名]衣服△～を着る/穿衣服

ふく②【福】[名]福气，幸福

ふ・く②①【吹く】Ⅰ[自五]刮(风)△風が～/刮风 Ⅱ[他五]①吹△火を～いておこす/吹火 ②吹奏△口ぶえを～/吹口哨 ③

(向外部)冒出，现出△芽を～/冒芽儿△あわを～/冒泡 ④吹牛，说大话△ほらを～/吹牛 ⑤铸造

ふ・く⓪【拭く】[他五]擦，拭△あせを～/擦汗

ふ・く⓪①【葺く】[他五]葺，修葺

ふ・く②①【噴く】[自他五]喷出△火を～/喷火

ふぐ①【河豚】[名]河豚

ふくあん⓪【腹案】[名]腹稿△～をねる/打腹稿

ふくいん⓪【復員】[名・自他サ]复员，退伍

ふぐう⓪【不遇】[名・形动]怀才不遇

ふくえん⓪【復縁】[名・自サ]复婚；恢复养父子关系

ふくぎょう⓪【副業】[名]副业

ふくげん⓪【復元・復原】[名・自他サ]复原，恢复原状

ふくごうご⓪【複合語】[名]复合词

ふくざつ⓪【複雑】[名・形动]复杂

ふくさよう③【副作用】[名]副作用

ふくし⓪【副詞】[名]副词

ふくし②【福祉】[名]福利△社会(しゃかい)-⑤】[名]社会福利

ふくしゃ⓪【複写】[名・他サ]①复印 ②复写【-紙(し)③】[名]复写纸

ふくしゅう⓪【復習】[名・他サ]复习

ふくしゅう⓪【復讐】[名・自サ]复仇

ふくじゅう⓪【服従】[名・自サ]服从

ふくしょう⓪【副賞】[名](正奖外的)副奖

ふくしょく⓪【服飾】［名］服饰

ふくしょく⓪【副食】［名］副食

ふくじょし③【副助詞】［名］副助詞

ふくしん⓪【副審】［名］副裁判员

ふくすう③【複数】［名］复数

ふくせい⓪【複製】［名・他サ］复制△名画を～する/复制名画

ふくせん⓪【伏線】［名］伏笔△～をしく/打下伏笔

ふくそう⓪【服装】［名］服装

ふくだい⓪【副題】［名］副标题

ふくどくほん③【副読本】［名］补充教材◆也写做「ふくとくほん」

ふくぶん⓪【複文】［名］〈语〉复句

ふく・む②【含む】［他五］①含着△口に水を～/嘴里含着水 ②包含，含有 ③含，带（某种感情、思想）△深い意味を～言葉/寓意深长的话

ふく・める③【含める】［他下一］①包括 ②叮嘱，教诲

ふくら・む②【膨らむ】［自五］膨胀起，鼓起△つぼみが～/花蕾鼓起

ふくり②【福利】［名］福利【-厚生（こうせい）④】［名］卫生福利

ふく・れる⓪【膨れる】［自下一］①膨大，鼓起△腹が～/肚子饱 ②生气，不高兴

ふくろ③【袋】［名］①袋，口袋 ②袋状物【胃袋（いぶくろ）②】［名］胃 ③（包在柑桔瓣等上的）薄膜◇袋のねずみ/瓮中之鳖

ふくろう②③【梟】［名］猫头鹰

ふくろだたき④【袋叩き】［名］多数人围打（一人）△～にする/大伙一齐打

ふけ⓪［名］头皮，头屑

ぶけ⓪①【武家】［名］①武士门第 ②武士

ふけいかい②【父兄会】［名］家长会

ふけいき②【不景気】［名・形动］①萧条，不景气 ②无精打采（的脸）

ふけいざい②【不経済】［名・形动］不经济，浪费

ふけつ⓪【不潔】［名・形动］不干净，不洁

ふ・ける③【老ける】［自下一］老，上年纪△～けて見える/显得老

ふ・ける②【更ける・深ける】［自下一］①（夜）深△夜が～/夜深 ②（秋）深

ふけ・る②【耽る】［自五］埋头于…，热衷于…，沉迷于…△読書に～/埋头于读书

ふこう②【不幸】［名・形动］①不幸△～中（ちゅう）のさいわい/不幸中之大幸 ②（亲属的）死亡△～がある/（家中）遇上不幸

ふこう②【不孝】［名・形动］不孝【親（おや）-④】［名］不孝敬父母【-者（もの）⑤】［名］不孝之子，逆子

ふごう⓪【符号】［名］符号

ふごうかく②【不合格】［名］（考试、检验）不合格，不及格

ふこうへい②【不公平】［名・形动］不公平

ふごうり②【不合理】［名・形动］不合理

ブザー①【buzzer】［名］蜂鸣器

ふさい②【夫妻】［名］夫妻，夫妇

ふさが・る⓪【塞がる】［自五］①堵，堵塞△車で道が～/车将路堵住了 ②关，闭△目が～/眼闭上 ③占满，占满△手が～/没功夫

ふさく⓪【不作】［名］欠收

ふさ・ぐ⓪【塞ぐ】Ⅰ［他五］①闭，捂△口を～/捂嘴 ②堵，塞，挡△道を～/堵塞道路 ③占有，占用 Ⅱ［自五］不舒畅，郁闷△気が

～/心里郁闷

ふざ・ける③［自下一］①开玩笑②小孩（疯吵），闹玩③愚弄人，捉弄人△～けたまねをするな/少拿人开玩笑

ぶさた⓪【無沙汰】［名］久疏问候，久未通信△長らくご～しています/久未通信了

ふさわし・い④【相応しい】［形］适合，相称△年齢に～/与年龄相称

ふし②【節】［名］①（竹、苇等的）节②（人、动物的）关节③（工作等）告一段落④〈音〉旋律，小节⑤地方，点

ふじ②【藤】［名］紫藤【-色（いろ）④】［名］淡紫色

ぶし①【武士】［名］武士

ぶじ①【無事】［名・形動］平安，平安无事△～をいのる/祝（您）平安

ふしあわせ②③【不幸せ】［名・形動］不幸

ふしぎ⓪【不思議】［名・形動］奇怪，不可思议△～に思う/感到不可思议

ふじさん①【富士山】［名］富士山

ふしぜん②【不自然】［形動］不自然

ぶしつけ⓪②【不躾】［名・形動］没礼貌，唐突，冒失

ふじのやまい【不治の病】［名］不治之症

ふじばかま③【藤袴】［名］兰草

ふしまつ②【不始末】［名・形動］①不注意，不经心②（行为）不检点，没规矩

ぶしゅ⓪【部首】［名］（汉字的）部首

ふじゆう①【不自由】［名・形動］不自由，不方便，不如意△金に～する/缺钱

ふじゅうぶん②【不十分・不充分】［名・形動］不充分，不完全

ぶじゅつ①【武術】［名］武术

ふしょう⓪【負傷】［名・自サ］负伤

ぶしょう②【不精・無精】［名・形動］懒，怠惰△筆（ふで）～な人/懒于动笔的人【-ひげ②】［名］因懒得剃而长长的胡子

ぶじょく⓪【侮辱】［名・他サ］侮辱

ふしん⓪【不信】［名］①无信义，不诚实②不相信△～をまねく/招致不信任

ふしん⓪【不審】［名・形動］奇怪，怀疑△～に思う/觉得奇怪

ふじん⓪【夫人】［名］夫人

ふじん⓪【婦人】［名］妇女【-警官（けいかん）④】［名］女警官【-科（か）⓪】［名］妇科

ふしんせつ②【不親切】［名・形動］不热情，冷淡

ぶす①［名］〈俗〉丑女，相貌难看的女人

ふすう②【負数】［名］负数

ふすま⓪③【襖】［名］（和式房间里的）隔扇，拉门

ふせい⓪【不正】［名・形動］（金钱上的）不正当行为△～をはたらく/干违法的事

ふぜい⓪①【風情】Ⅰ［名］①风趣，情趣△秋の～/秋天的情趣②状态，样子Ⅱ［接尾］（接在体言下面表示轻视或自谦）像…样的人△私～にこんなことまでしていただいておそれいります/对我这样的人竟照顾得如此周到，不胜感激

ふせ・ぐ②【防ぐ】［他五］①防卸，防守△敵を～/防卸敌人②防止，预防△火災を～/防火

ふ・せる②【伏せる】［他下一］①

趴，把身体伏在地面△草むらに～/趴在草丛中 ②向下，伏下△顔を～/埋下头　目を～/垂下眼帘 ③翻（过来），扣（过来）

ぶそう⓪【武装】[名・自サ] 武装

ふそうおう②【不相応】[名・形動] 不相称

ふそく⓪【不足】Ⅰ[名・形動・自サ] 不足，缺少△金が～する/缺钱【認識不足（にんしきぶそく）】⑤[名] 认识不足【睡眠不足（すいみんぶそく）】⓪[名] 睡眠不足 Ⅱ[名] 不满△～を言う/发泄不满

ふぞく⓪【付属・附属】[名・自サ] 附属

ふた⓪【蓋】[名] 盖子◇蓋を開(あ)ける/开始;揭晓

ふだ⓪【札】[名] ①牌子，条子，飞子【荷(に)-①】[名] 行李签儿【立(た)て-②④】[名] 告示牌 ②纸牌

ぶた⓪【豚】[名] 猪◇豚に真珠(しんじゅ)/明珠暗投

ぶたい①【部隊】[名] ①部队 ②队伍

ぶたい①【舞台】[名] 舞台【-装置(そうち)④】[名] 舞台装置

ふたえ③②【二重】[名] 双层，双重【-まぶた④】[名] 双眼皮

ふたご⓪【双子】[名] 双胞胎

ふたたび⓪【再び】[副] 又一次，再次

ふたつ③【二つ】[名] ①二，两个 ②两岁

ふたり③【二人】[名] ①二人；两个人 ②一对儿（人）

ふたん⓪【負担】[名・他サ] 承担，负担△～がおもい/负担重

ふだん①Ⅰ【不断】[名] ①不间断△～の努力/不断的努力 ②犹豫不决【優柔(ゆうじゅう)-⓪】[名・形動] 忧柔寡断 Ⅱ【普段】[名・副] 平素，日常【-着(ぎ)②】[名] 日

常穿的衣服

ふち②【淵】[名] ①渊，深水处 ②痛苦的境地，深渊

ふち②【縁】[名] ①边，缘，框△めがねの～/眼镜框 ②帽沿儿

ぶちころ・す⓪【打ち殺す】[他五]〈俗〉①打死 ②（「殺す」的强调形）杀

ぶちこわ・す⓪④【打ち壊す】[他五]〈俗〉①弄坏，打坏 ②破坏

ぶちま・ける⓪④[他下一] ①倾倒一空△バケツの水を～/把水桶里的水全部倒出来 ②完全说出

ふちゅうい②【不注意】[名・形動] 不注意，不小心，疏忽

ふちょう⓪【不調】[名・形動] ①不正常△エンジンが～だ/发动机不正常 ②失败，不成功

ぶちょう⓪①【部長】[名] 部长

ぶ・つ①【打つ】[他五] ①打 ②进行（演说）

ブーツ①【boots】[名] 靴子

ふつう⓪【不通】[名] ①（交通）不通 ②（音信）不通【音信(おんしん)-⓪】[名] 音信不通，毫无音信

ふつう⓪【普通】Ⅰ[名・形動] 普通，平常△ごく～の人/很普通的人【-預金(よきん)④】[名] 活期存款【-列車(れっしゃ)④】[名] 慢车【-名詞(めいし)④】[名] 普通名词 Ⅱ[副] 通常，一般

ふつか⓪【二日】[名] ①二日，二号 ②两天

ぶっか⓪【物価】[名] 物价

ぶっか・ける⓪④【ぶっ掛ける】[他下一]〈俗〉（猛）泼（水）

ふっかつ⓪【復活】[名・自他サ] ①复活 ②恢复，复兴

ぶつか・る⓪【自五】①撞，碰△トラックとタクシーが～/卡车和

出租车相撞 ②遇到△困難に～/遇到困难 ③(发生)冲突△適合，赶在一起△会合が二つ～/两个会赶到一块儿了

ふっかん⓪【復刊】[名・他サ]复刊

ぶっきょう③①【仏教】[名]佛教

ぶっきらぼう③④[名・形動]〈俗〉(说话、态度)生硬，粗鲁

ブック①【book】[名]①书，书籍 ②本子

ぶつ・ける⓪【他下一】①扔，投 ②碰，撞△車を～/撞车 ③发泄

ふつごう②【不都合】[名・形動]不合适，不方便△そんなことされては～だ/你那样做，对我很不利 【-千万(せんばん)】[名・形動]不可饶恕，实在不像话

ぶっころ・す⓪④ →ぶちころす

ぶっさん⓪【物産】[名]物产，土特产【-展(てん)】③[名]土特产展销会

ぶっし①【物資】[名]物资

ぶっしつ⓪【物質】[名]物质

ぶつぜん⓪【仏前】[名]①佛前 ②供在佛前的东西

ぶつぞう③⓪【仏像】[名]佛像

ぶったい⓪【物体】[名]物体

ぶったお・す⓪④【ぶっ倒す】[他五]〈俗〉(猛地)打倒

ぶつだん⓪【仏壇】[名]佛龛

ふっとう⓪【沸騰】[名・自サ]①(水)滚沸 ②(声望、争论)达到顶点，白热化，沸腾△人気が～する/红极一时

フットボール④【football】[名]足球

ぶつぶつ①Ⅰ[名]①小声嘟哝 ②牢骚，不满△～言う/发牢骚 Ⅱ[名]很多疙瘩

ぶつり①【物理】[名]物理【-学(がく)】③[名]物理学

ふりあい②【不釣り合い】[名・形動]不相称，不相配△～なカップル/不相配的一对儿

ふで⓪【筆】[名]①毛笔△～をとる/执笔 ②写文章(的能力)◇筆が立(た)つ/文章写得好◇筆を入(い)れる/修改文章◇筆を折(お)る/折笔，停止写文章◇筆を絶(た)つ/停笔，停止写文章

ふていしょう②【不定称】[名]不定称

ブティック②【(法)boutique】[名](专卖妇女服装和装饰品的)商店，时装店

ふでいれ④③【筆入(れ)】[名]文具盒

ふでたて④③【筆立(て)】[名]①笔架 ②笔筒

ふでばこ⓪【筆箱】[名]文具盒

ふでぶしょう③【筆不精・筆無精】[名・形動]懒于提笔(的人)

ふと⓪[副]①猛然，忽然△～思いだす/猛然想起 ②偶然

ふと・い②【太い】[形]①粗△～糸/粗线 ②(胆)大△胆(きも)が～/胆大 ③(声音)低沉，粗 ④脸皮厚△～やつ/脸皮厚的家伙◇神経(しんけい)が太い/不过于敏感，神经不脆弱◇腹(はら)が太い/有度量

ふとう⓪【不当】[名・形動]不正当

ふとう⓪【埠頭】[名]码头

ふどう⓪【不動】[名]①不动【-産(さん)】②[名]不动产 ②不可动摇△～の信念/坚定不移的信念 ③"不動明王"的简称【-明王(みょうおう)】⓪[名](佛)不动明王

ぶどう⓪【葡萄】[名]葡萄【-酒(しゅ)】②[名]葡萄酒【-糖(とう)】⓪[名]葡萄糖

ふとういつ⓪【不統一】[名・形動]不统一

ふところ⓪【懐】［名］①怀，胸 ②（腰包里的）钱△〜がさびしい（寒い）/手头紧，腰包里没几个钱 △〜が暖かい/手里有钱 ③心事，想法 ④四周被围的地方△山の〜/山坳◇懐を肥(こ)やす/肥私囊

ふとじ⓪【太字】［名］粗体字，黑体字

ふとした②【連体】一点，稍微

ふと・る②【太る】［自五］①胖，肥胖 ②增多

ふとん⓪【布団・蒲団】［名］被褥的总称△〜をたたむ/叠被褥

ふな①【鮒】［名］鲫鱼

ふなのり②【船乗り】［名］船员，海员

ふなばた⓪【舷】［名］船舷

ふなびん②【船便】［名］海运，船运

ふなよい⓪【船酔（い）】［名］晕船

ぶなん①【無難】［名・形动］无可非议

ふにん⓪【赴任】［名・自サ］赴任

ふね①【船・舟】［名］①船，舟 ②（装液体的）容器【湯船（ゆぶね）】①［名］浴盆，浴桶◇舟を漕(こ)ぐ/打盹儿

ふはい⓪【腐敗】［名・自サ］①（食物等）腐烂 ②腐败，腐朽△政治の〜/政治腐败

ふひょう⓪【不評】［名］评价不高，声誉不好

ふひょう⓪【浮標】［名］浮标，航标

ふびょうどう②【不平等】［名・形动］不平等

ぶひん⓪【部品】［名］零件

ふぶき①【吹雪】［名］暴风雪

ぶぶん①【部分】［名］部分，一部分【-食（しょく）②】［名］（日、月）偏蚀

ふへい⓪【不平】［名・形动］不满，牢骚

ふへん⓪【普遍】［名］普遍【-性（せい）⓪】［名］普遍性

ふべん①【不便】［名・形动］不方便

ふへんふとう⓪【不偏不党】［名］不偏不倚，中立

ふぼ①【父母】［名］父母

ふほう⓪【訃報】［名］讣告

ふほんい①【不本意】［名・形动］非本意，不得已

ふま・える③【踏まえる】［他下一］①踏，踩△大地を〜えて立つ/脚踏大地 ②依据，根据

ふまん⓪【不満】［名・形动］不满

ふみきり⓪【踏み切り】［名］①道口 ②〈体〉起跳（点）③下决心

ふみき・る③【踏（み）切る】［他五］①起跳 ②下决心，下决断

ふみこ・む③【踏（み）込む】［自五］①踩进，踏进 ②闯入

ふみだ・す③【踏（み）出す】［他五］①迈出 ②（事业、计划等）开始实施△再建の第一步を〜/迈出重新建设的第一步 ③（脚）出界

ふみづき②【文月】［名］阴历七月

ふみんしょう⓪【不眠症】［名］失眠症

ふ・む⓪【踏む】［他五］①踩，踏△ペダルを〜/踩（自行车的）脚蹬△舞台を〜/踏上舞台（演出）②经历过，经验过△場数（ばかず）を〜/有很多实际经验 ③履行 ④估价 ⑤押韵

ブーム①【boom】［名］一时的潮流，热潮

ふめい⓪【不明】［名・形动］①不明，不清楚【ゆくえ-⓪④】［名］去向不明 ②缺乏判断力，无能

ふもと③【麓】［名］山麓，山脚下

ぶもん①【部門】［名］部门

ふや・す②［他五］Ⅰ【増やす】増加△人を～/增加人Ⅱ【殖やす】繁殖，增多

ふゆ⓪【冬】［名］冬天，冬季

ふゆかい②【不愉快】［名・形动］不愉快，不高兴

ふゆごもり③【冬籠（も）り】［名］①（在家）过冬 ②（动物）冬眠

ふゆば⓪【冬場】［名］冬季

ふゆやすみ③【冬休み】［名］寒假

ふよう⓪［名・形动］Ⅰ【不用】不用,没用Ⅱ【不要】不需要，不要

ふよう⓪【扶養】［名・他サ］扶养△-家族（かぞく）④［名］（需）扶养的家庭成员

ぶよう⓪【舞踊】［名］舞蹈

プライド②【pride】［名］自尊心△～が高い/自尊心强

プライバシー②【privacy】［名］个人秘密，私生活，隐私

フライパン⓪【frying pan】［名］炒菜锅

プライベート②【private】［形动］个人，私人

ブラウス②【blouse】［名］女衬衫

ブラウンかん⓪【ブラウン管】［名］显像管

プラカード③【placard】［名］（游行时举的）标语牌△～をかかげる/高举标语牌

ぶらく①【部落】［名］部落，村落

プラグ①【plug】［名］（电源）插头

プラザ②【（西）plaze】［名］①广场 ②市场

ぶらさが・る⓪【ぶら下がる】［自五］①吊着，悬着 ②抓住，吊在…上 ③就在眼前

ぶらさ・げる⓪【ぶら下げる】［他下一］①挂着，佩带 ②提，拎

ブラシ①【brush】［名］刷子【歯（は）-②】［名］牙刷

ブラジャー②【（法）brassière】［名］乳罩

プラス①【plus】［名・他サ］①〈数〉加,加号 ②正数，正号 ③阳极；阳性 ④有益，有利△～になる/有益

プラスチック④【plastics】［名］塑料

プラチナ⓪【（荷）platina】［名］白金

ブラック②【black】［名］①黑色 ②（不放牛奶、糖的）咖啡

フラッシュ②【flash】［名］（照像机的）闪光灯

ブラッシング②【brushing】［名・自他サ］（用头刷）梳头

プラットホーム⑤【platform】［名］站台，月台

ふらふら①［副］①（头）晕，（眼）花△頭が～する/头晕 ②摇摇晃晃，东倒西歪 ③（决心、态度等）左右摇摆，不坚定

ぶらぶら①［副］①（悬空的东西）晃荡，摇晃 ②溜达△～と町を歩く/在街上溜达 ③无职闲居△～遊んでいる/游手好闲

プラン①②【plan】［名］计划，方案△～をたてる/订计划

ブランク②【blank】［名］空白，空栏

ぶらんこ①［名］秋千

フランス⓪【France】［名］法国

ブランデー②⓪【brandy】［名］白兰地酒

ブランド②【brand】［名］①商标 ②名牌商品

プラント②【plant】［名］成套设备

ふり①【不利】［名・形动］不利

ふり⓪【振（り）】［名］①挥动 ②样子△知らない～をする/装作不知道的样子△見て見ぬ～をする/看见装作没看见 ③（舞蹈的）

动作 ④(酒馆、旅馆)对新客人的称呼△～の客/第一次来的客人◇人(ひと)の振り見(み)てわが振りなおせ/借鉴他人,矫正自己

フリー② 【free】[名・形動]自由,不受束缚

ぶり① 【鰤】[名]鰤

-ぶり 【振り】(接尾)(接名词、动词连用形)①状态,样子△話し～/讲话时的样子△男～/男子汉的气概 ②(表示时间)相隔△十年～に再会する/相隔十年后,再次相见

ふりかえ・る③ 【振り返る】[自五]①回头看,回身看 ②回顾

ふりか・える④ 【振り替える】[他下一]①调换,转换△休日を～/调换休息日 ②转账

ふりがな⓪ 【振り仮名】[名]标明汉字读音的假名

ブリキ⓪ 【(荷)blik】[名]马口铁,白铁皮

ふりこ⓪ 【振り子】[名](钟等的)摆

ふりこ・む⓪ 【振り込む】[自五]转入(银行)户头

ブリッジ② 【bridge】[名]①(车站的)天桥 ②(船的)了望塔,舰桥 ③桥牌

ふりむ・く③ 【振り向く】[自五]回头,回转身

ふりょう⓪ 【不良】[名・形動]①不好,次△成績～/成绩不好【-品(ひん)⓪】[名]次品 ②(品行)不端【-少年(しょうねん)④】[名]小流氓

ぶりょく① 【武力】[名]武力

ふりん⓪ 【不倫】[名・形動]违背人伦△～の恋/违背人伦的恋爱关系

プリント⓪ 【print】[名・他サ]①印刷(品) ②印染,印花布 ③印相

ふ・る⓪ 【振る】[他五]①挥,摇△首を～/摇头△手を～/挥手 ②投掷 ③撒△塩を～/撒盐 ④扔掉,抛弃△女に～られた/被女人甩了 ⑤分配,发派△ルビを～/注汉字读音

ふ・る① 【降る】[自五]①降(雨等)△雨が～/下雨△雪が～/下雪 ②(灾难)降临△災難が～/灾难从天降而

フル① 【full】[名]最大限度,充分△～に働く/全力以赴地劳动【-スピード④】[名]全速

ブルー② 【blue】[名]蓝色

プール① 【pool】[名]游泳池

ふるい⓪ 【篩】[名]筛子◇篩にかける/筛选

ふる・い② 【古い】[形]①旧,老△～友人/老朋友 ②落后,陈旧,保守△あたまが～/思想保守

ふる・う⓪ 【奮う・振るう】Ⅰ[自五]①振奋 ②兴旺,兴隆△商売が～わない/生意不兴隆 ③与众不同,离奇△かなり～っている/相当与众不同 Ⅱ[他五]①挥动△筆を～/挥笔 ②发挥,显示△腕を～/发挥本领 ③鼓起,振奋起△勇気を～/鼓足勇气

ふる・える⓪ 【震える】[自下一]发抖,颤抖

ふるぎ⓪ 【古着】[名]旧衣服【-屋(や)⓪】[名]旧衣店

ふるさと②① 【故郷】[名]故乡

ブルジョア⓪ 【(法)bourgeois】[名]①资本家 ②资产阶级

フルーツ② 【fruits】[名]水果【-ナイフ⑤】[名]水果刀

フルート② 【flute】[名]长笛,横笛

ブルドーザー③ 【bulldozer】[名]推土机;压路机;掘土机

ふる・びる③ 【古びる】[自上一]

変得陈旧

ぶるぶる① ［副］哆嗦，发抖△寒さで～ふるえる/冻得打哆嗦

ふるぼ・ける④【古ぼける】［自下一］破旧

ふるほん⓪【古本】［名］旧书，古书

ふるま・う【振る舞う】Ⅰ［自五］动作，举止△自然に～/举止自然Ⅱ［他五］款待△酒を～/用酒款待

ふるめかし・い⑤【古めかしい】［形］古老，陈旧

ぶれい①【無礼】［名・形动］无礼，不恭敬

プレー②【play】［名］①比赛，演技【ファイン-④】［名］绝技，妙技 ②比赛开始，开球【-ボール④】［名］开球 ③玩耍，游戏【-ボーイ④】［名］花花公子

フレアスカート⑤【flare skirt】［名］斜裙，喇叭口裙

ブレーキ②【brake】［名］闸，制动器△～をかける/煞闸，煞车

プレゼント②【present】［名・他サ］礼品，赠品，礼物

プレッシャー・メーター②①【pressure meter】［名］压力表

フレッシュ②【fresh】［名・形动］新鲜【-ジュース⑤】［名］鲜果汁【-マン②】［名］大学的新生；公司的新职员

プレーヤー②【player】［名］①唱机 ②演奏员 ③运动员，选手

ふ・れる⓪【触れる】［自下一］①触摸，摸 ②听到，看到△耳に～/听到△目に～/看到 ③涉及，触及 ④遇到（机会）⑤违反，触及△法に～/触及法律

ふろ①②【風呂】［名］浴池，浴室△～に入る/洗澡

プロ①［名］①→「プロフェッショナル」②→「プロダクション」

フロア・スタンド⑤【floor stand】［名］落地灯

ふろく⓪【付録】［名］①附录 ②（杂志的）副刊

プログラム③【program】［名］①节目单 ②计划表，预定表 ③（计算机）程序

ふろしき⓪【風呂敷】［名］包袱皮

プロセス②【process】［名］①过程 ②工序

プロダクション②【production】［名］（也可略为「プロ」）①电影制片厂 ②（歌手、演员等所属的）事务所

ブローチ②【brooch】［名］胸针

ブロック②【block】［名］①〈建〉预制板 ②地区，区域 ③（排球）拦网

プロデューサー③【producer】［名］（电影）制片人

プロパンガス→ガス

プロフェッショナル③【professional】［名］（可略为「プロ」）专业，职业

プロペラ⓪【propeller】［名］螺旋桨，推进器

プロポーション③【proportion】［名］（身体的）比例△～がいい/体态匀称

プロポーズ③【propose】［名・自サ］求婚

プロマイド③【bromide】［名］（也可做「ブロマイド」）明星的照片

プロレス⓪［名］（「プロフェッショナル・レスリング」）的简称）职业摔跤

プロレタリア④【（德）proletarier】［名］无产者，无产阶级

フロント⓪【front】［名］①正面，前面 ②（饭店入口处的）登记，收款台，服务台

ふわふわ①［副］①轻轻飘动 ②心

神不定，静不下心来△気持ちが
～している/心静不下来 ③松软
△～した布団/松软的被子

ぶん①【文】①句子△～の成分/句
子成分 ②(文武的)文 ③散文 ④
文章

ぶん【分】[名]①(分的)份儿 ②
部分△足りない～を補う/补上
不足的部分 ③本分；身份，△～
を守る/守本分 ④(用「…分に
は」的形式表示)只要…△制限速
度を守っている～には、あぶな
いこともなかろう/只要不超速，
就不会有危险 ⑤程度，状态△こ
の～なら、明日中にはできそう
だ/按这个样子，明天可以完成

ふんいき③【雰囲気】[名]气氛

ふんか⓪【噴火】[名・自サ](火
山)喷发【-口(こう)】③[名]火
山口，喷火口【-山(ざん)】③
[名]活火山

ぶんか①【文化】[名]①文化 ②文
明

ぶんか①【文科】[名]文科【-系
(けい)⓪】[名]文科系統

ぶんかい⓪【分解】[名・自他サ]
①拆开，拆散 ②〈化〉分解

ぶんがく①【文学】[名]①文学 ②
文艺 ③哲学、历史、语言等的总
称

ぶんかさい③【文化祭】[名](学校
的)文化节

ぶんかざい③【文化財】[名]文化
财富，文物【重要(じゅうよう)-⑦】
[名](国家指定)重点文物

ぶんけい⓪【文型】[名]句型

ぶんげい⓪①【文芸】[名]文学艺
术

ぶんけん⓪【文献】[名]文献【参
考(さんこう)-⑤】[名]参考文
献，参考书目

ぶんこ①⓪【文庫】[名]①(普及版

的)廉价袖珍本【-本(ぼん)⓪】
[名]袖珍本 ②丛书 ③(装文具
类、文件、印章的)手提箱

ぶんご⓪【文語】[名]①书面语 ②
古语，文言【-体(たい)⓪】[名]
文言体

ぶんこう⓪【分校】[名]分校

ぶんごう⓪【文豪】[名]文豪

ぶんし①【分子】[名]①(物理、化
学)分子 ②〈数〉分子 ③(集团中
的)分子

ふんしつ⓪【紛失】[名・自他サ]
丢失

ぶんしゅう⓪【文集】[名]文集

ぶんしょ①【文書】[名]公文，文
件

ぶんしょう①【文章】[名]文章

ふんすい⓪【噴水】[名]①喷水池
②(喷水池)喷出的水

ぶんすう③【分数】[名]〈数〉分数

ぶんせき⓪【分析】[名・他サ]①
分析，研究 ②〈化〉分析，化验

ふんそう⓪【紛争】[名]纠纷△～
をひきおこす/引起纠纷

ぶんたん⓪【分担】[名・他サ]分
担

ぶんたい⓪【文体】[名]①文章的
体裁 ②(作家独特的风格)文体

ぶんだん①【文壇】[名]文学界

ぶんちん⓪【文鎮】[名]镇尺

ぶんつう⓪【文通】[名・自サ]通
信

ふんどし⓪【褌】[名](男子的)兜
裆布◇褌を締(し)めてかかる/
下定决心干一番

ぶんなぐ・る④【ぶん殴る】[他五]
〈俗〉痛打

ぶんな・げる④【ぶん投げる】[他
下一]〈俗〉猛地掷出，胡乱地投
出

ぶんぱい⓪【分配】[名・他サ]分
配，分给

ふんぱつ⓪【奮発】［名・自サ］(一狠心)拿出许多钱(买)

ぶんぴつ⓪【分泌】［名・自他サ］(生理)分泌(也可做「ぶんぴ」)

ぶんぷ⓪【分布】［名・自他サ］分布

ぶんぶつ①【文物】［名］文物

ぶんぶん①【副】①(气味)扑鼻，冲鼻 ②怒冲冲的样子

ふんべつ①【分別】［名］通达事理，有辨别力◇分別の上(うえ)の分別/三思而后行

ぶんぼ①【分母】［名］〈数〉分母

ぶんぽう⓪【文法】［名］文法，语法

ぶんぼうぐ③【文房具】［名］文房四宝

ぶんみゃく⓪【文脈】［名］文章的脉胳

ぶんめい⓪【文明】［名］文明

ぶんや①【分野】［名］领域，范围

ぶんらく⓪【文楽】［名］「人形浄瑠璃」的一种，合着「義太夫」歌谣演出的木偶戏

ぶんり⓪【分離】［名・自他サ］①(物理、化学)分离 ②分开，分离

ぶんりょう③【分量】［名］数量，重量△仕事の～/工作量

ぶんるい⓪【分類】［名・他サ］分类，分门别类

ぶんれつ⓪【分裂】［名・自サ］分裂

ふんわり③【副】膨松，松软△～した髪型/膨松的发型

へ

へ【格助】(读成"え")①表示行为，动作的方向、对象△飛行機は東～むけて飛びたった/飞机向东飞去了△友だち～手紙を書く/给朋友写信 ②(用「…ところへ」的形式)表示发生一件事情的过程中又发生了另一件事情△寝ようとしたところ～電話がかかってきた/正要睡觉时来了电话△いもうととけんかしているところ～友だちがやってきた/正和妹妹吵架时，朋友来了

へ①【屁】［名］屁

ヘア【hair】［名］头发，毛发【-オイル③】［名］头油，发油【-スタイル④】［名］发型，发式【-ネット③】［名］发网【-バンド③】［名］发带【-ピース③】［名］头套，假发

ペア①【pair】［名］一双，一对，成对的东西

ヘアピン③【hairpin】［名］发夹，发卡

ベアリング①⓪【bearing】［名］轴承

へい⓪【塀】［名］围墙

へいあん⓪【平安】［名・形動］平安

へいい⓪【平易】［名・形動］容易，浅显

へいえき⓪【兵役】［名］兵役

へいおん⓪【平穏】［名・形動］平稳；平安△～無事/平安无事

へいおんせつ③【閉音節】［名］闭音节

へいか①【陛下】［名］陛下

へいかい⓪【閉会】［名・自サ］闭幕

へいがい⓪【弊害】［名］弊病

へいき⓪【平気】［名・形動]若无

其事,不介意,不在乎△～をよそおう/装作若无其事的样子

へいき①【兵器】[名]兵器,武器

へいきん⓪【平均】[名・自サ]平均【-寿命(じゅみょう)⑤】[名]平均寿命【-台(だい)⑧】[名]平衡木【-点(てん)③】[名]平均分数

へいげん⓪【平原】[名]平原

へいこう⓪【平行】[名・自サ]平行【-線(せん)③⓪】[名]平行线【-棒(ぼう)⑧】[名]双杠

へいこう⓪【並行】[名・他サ]①并行 ②同时进行,一起办

へいこう⓪【閉口】[名・自サ]无法对付,没办法△暑さに～する/热得没办法

へいごう⓪【併合】[名・他サ]合并

べいこく⓪【米国】[名]美国

へいさ⓪【閉鎖】[名・他サ]封闭△門を～する/封门

へいさてき⓪【閉鎖的】[形动]封闭,孤僻△～な性格/孤僻的性格

へいし①【兵士】[名]士兵,战士

へいじ①【平時】[名]和平时期

へいじつ⓪【平日】[名]平日,星期、假日除外的日子

べいじゅ①【米寿】[名]米寿,八十八岁

へいじょう⓪【平常】[副]平常,平素

べいしょく⓪【米食】[名]以吃米为主

へいしんていとう⓪【平身低頭】[名・自サ]低头(认错)

へいせい⓪【平静】[名・形动]平静,镇静△～をうしなう/失去平静

へいぜい⓪【平生】[名]平时,平常

へいたい⓪【兵隊】[名]士兵

へいたん⓪【平淡】[名・形动]平淡

へいち⓪【平地】[名]平地

へいてん⓪【閉店】[名・自サ]①商店关门,休息 ②商店停止营业

へいどん⓪【併呑】[名・他サ]吞并

へいねん⓪【平年】[名]①非闰年 ②例年,常年

へいはんいんさつ⓪【平版印刷】[名]平版印刷

へいほう①⓪【平方】Ⅰ[名・サ]〈数〉平方 Ⅱ[名]①平方(与长席单位合用)△～メートル/平方米 ②正方形△三メートル～/边长为三米的正方形

へいほう①【兵法】[名]兵法

へいぼん⓪【平凡】[名・形动]平凡△～な人生/平凡的人生

へいまく⓪【閉幕】[名・自サ]闭幕

へいめん③⓪【平面】[名]平面【-図(ず)③】[名]平面图

へいめんてき⓪【平面的】[形动]浮浅△～な見方(みかた)/浮浅的看法

へいや①【平野】[名]平原

へいよう⓪【併用】[名・他サ]并用,同时使用

へいれつ⓪【並列】[名・自他サ]①并排,并列 ②并联

へいわ⓪【平和】[名・形动]和平

…べからず①表示禁止△花をとる～/禁止摘花 ②表示不能△この景観,筆舌(ひつぜつ)につくす～/此景之美,非语言文字所能表达

べき[助动]理应,应当,应该△悪いと思ったらすぐあやまる～だ/觉得不对就应该道歉△これは子供が見る～テレビじゃない/这不是小孩该看的电视节目

へきが⓪【壁画】［名］壁画

ヘクタール③【hectare】［名］公頃

ぺこぺこ①Ⅰ［形動］瘦△おなかが～だ/肚子饿得瘦瘦的Ⅱ［副・自サ］点头哈腰△社長に～する/对经理点头哈腰

へこ・む⓪【凹む】［自五］①凹下，凹陷△地面が～/地面凹陷 ②认输，蔫

ページ⓪【page】［名］页

ベース①【base】［名］①基础，基本【-アップ④】［名・自サ］加薪水 ②基地【-キャンプ④】［名］营地 ③（垒球）垒；垒垫

ベース①【bass】［名］〈音〉低音部

ペース①【pace】［名］速度，步调

ベスト①【best】［名］①最好，特优【-セラー④】［名］畅销书 ②全力△～をつくす/尽全力

へそ⓪【臍】［名］肚脐◇臍で茶（ちゃ）を沸（わ）かす/笑得肚子痛◇へそを曲（ま）げる/闹别扭，赌气

へそくり④⓪［名］私房钱

へた②【下手】［名・动形］拙劣△～な英語をしゃべる/满嘴蹩脚的英语◇下手の横好（よこず）き/虽不擅长，但很爱好

へだた・る③【隔たる】［自五］①间隔，有距离 ②隔阂，疏远△気持ちが～/内心有隔阂

へだて③【隔て】①间隔物 ②隔阂

へだ・てる③【隔てる】［他下一］隔，隔开

ペダル①【pedal】［名］（自行车等的）脚蹬子

へちま⓪【糸瓜】［名］丝瓜

べつ⓪【別】［名・形动］①另外，其它△～の機会/另外的机会 ②区别，不同△男女の～/男女之别

べっきょ⓪【別居】［名・自サ］分居

べっそう③⓪【別荘】［名］别墅

ベッド①【bed】［名］床【-カバー①】［名］床罩【-ルーム④】［名］寝室【ダブル-④】［名］双人床

ペット①【pet】［名］（饲养的）心爱的小动物

ベッドタウン④【（和）bed town】［名］卫星城

べつに⓪【別に】［副］（与否定语相呼应，表示）没有特别…，无特别的…△～ほしいものはない/没有特别想要的东西

べつべつ⓪【別別】［名・形动］分别，各自△～にする/分门别类

べつめい⓪【別名】［名］别名

ベテラン⓪①【veteran】［名］内行，专家

ぺてん⓪［名］欺骗，讹诈【-師（し）②】［名］骗子

べにふで②【紅筆】［名］口红笔

ベニヤいた④【ベニヤ板】［名］胶合板

へび⓪【蛇】［名］蛇◇蛇に足（あし）を添（そ）う/画蛇添足

ベビー①【baby】［名］①婴儿【-カー③】［名］婴儿车【-パウダー①】［名］婴儿爽身粉【-服（ふく）②】［名］婴儿服 ②小型，微型【-たんす④】［名］小衣柜

へま①［名・形动］①迟钝，愚蠢 ②过失，失误△～をやる/出差错

ヘモグロビン④【（德）Hä moglobin】［名］血色素

へや②【部屋】［名］①房间 ②（相扑）师傅训练弟子的场所

へら・す⓪【減らす】［他五］减少◇腹（はら）を減らす/肚子饿

ぺらぺら①［副］①流利，流畅△彼

は英語が～だ/他英语很流利 ②
哗啦哗啦（翻纸时的声音）△～
と、ノートを繰（く）る/哗啦哗
啦地翻本

ベランダ②⓪【veranda】[名]阳台，
晒台

へり②【縁】[名] 边沿，沿儿

へりくだ・る④④[自五]谦卑，谦
恭△～った態度/谦逊的态度

へりくつ②【屁理屈】[名]歪理△
～をこねる/强辞夺理

ヘリコプター③【helicopter】[名]
直升飞机

ヘリポート③【heliport】[名]直升
飞机场

へ・る⓪【減る】[自五]减少，下
降△人口が～/人口下降◇減る
ほど褒（ほ）める/过分夸奖◇腹
（はら）が減る/肚子饿

へる①【経る】[自下一]经，经过
△京都をへて大阪へ行く/经京
都去大阪

ベル①【bell】[名]铃，电铃

ヘルツ①【(德)Hertz】[名・接尾]
〈物〉赫兹

ベルト①【belt】[名]①皮带【安全
（あんぜん）-⑤】[名]安全带 ②
传动带【-コンベヤー⑥】[名]传
送带 ③狭长地区【グリーン-⑤】
[名]绿色林带

ヘルメット③【helmet】[名]安全
帽

ヘロイン②【(德)Heroin】[名]海洛
因

へん⓪【辺】[名]①〈数〉边 ②一
带，附近△きみはどの～に住ん
でいるの/你住在哪一带

へん①【変】Ⅰ[名]①变故，事变
②〈音〉降音 Ⅱ[形動]异常，怪△
～な味/怪味

へん⓪【偏】[名]偏旁【-旁（ぼ
う）⓪】[名]偏旁

べん①【便】[名]①方便，便利 ②
大小便

ペン①【pen】[名]①钢笔【-ネー
ム③】[名]笔名【-フレンド④】
[名]笔友 ②文章△～の力/文笔
◇ペンを折（お）る/不再写文章
◇ペンを執（と）る/写文章

へんあつ⓪【変圧】[名]变压【-器
（き）④③】[名]变压器

へんか①【変化】[名・自サ]变化
△～に応じる/适应变化

べんかい⓪【弁解】[名・自他サ]
辩解△～の余地がない/无可争
辩

へんかく⓪【変革】[名・自他サ]
变革△～をくわだてる/力图变
革

へんかん⓪【変換】[名・他サ]改
变，变换△方針を～する/变换方
针

べんぎ①【便宜】[名・形動]便利，
方便△～をはかる/谋求方便

ペンキ⓪【(荷)pek】[名]油漆

べんきょう⓪【勉強】[名・自他
サ]①学习，用功【-家（か）⓪】
[名]用功的人 ②收效，收益△～
になる/有收益 ③降价，贱卖

ペンギン⓪①【penguin】[名]企
鹅

へんくつ①【偏屈】[名・形動]怪
僻

へんけん⓪【偏見】[名]偏见

べんご①【弁護】[名・他サ]辩护

へんこう⓪【変更】[名・他サ]变
更，变动，改变△予定を～する/
改变计划

べんごし⓪【弁護士】[名]律师

へんさい⓪【返済】[名・他サ]还，
偿还△借金を～する/还钱

へんさん⓪【編纂】[名・他サ]编
纂，编写

へんじ③【返事・返辞】[名・自

サ①答应,回答△～にこまる/难以回答 ②回信△～をだす/回信

へんしつ⓪【変質】[名・自サ]①变质 ②性格异常【-者(しゃ)⓪】[名]径人

へんじゃ①【編者】[名]编者

へんしゅう⓪【編集・編輯】[名・他サ]编辑,编纂【-者(しゃ)③】[名]编者【-長(ちょう)③】[名]总编

へんしょ⓪【返書】[名]回信,复信

べんじょ③【便所】[名]厕所【公衆(こうしゅう)-⑤】[名]公共厕所

へんじょう⓪【返上】[名・他サ]还,归还

べんしょう⓪【弁償】[名・他サ]赔偿

べんしょうほう⓪【弁証法】[名]辩证法

へんしょく⓪【変色】[名・自サ]变色

へんせい⓪【編成】[名・他サ]组织,编组△予算を～/编制预算

へんせい⓪【編制】[名・他サ]编组,组建

へんせいき③【変声期】[名]变声期

へんせん⓪【変遷】[名・自サ]变迁

へんそう⓪【変装】[名・自サ]化装,乔装

へんそうきょく③【変奏曲】[名]〈音〉变奏曲

へんそく⓪【変則】[名]破格,不合常规

へんそく⓪【変速】[名・自サ]变速

へんたい⓪【変態】[名]变态

ペンダント①【pendant】[名]垂饰,项链

ベンチ①【bench】[名]长椅◇ベンチをあたためる/当板凳队员

ペンチ①【pinchers】[名]钳子

へんでんしょ⑤⓪【変電所】[名]变电所

へんどう⓪【変動】[名・自サ]变动

べんとう③【弁当】[名]盒饭【-箱(ばこ)③】[名]饭盒

へんとうせん⓪【扁桃腺】[名]扁桃腺,扁桃体

へんにゅう⓪【編入】[名・他サ]编入,编进

べんぴ⓪【便秘】[名・自サ]便秘

へんぴん⓪【返品】[名・他サ]退货;退的货

べんめい⓪【弁明】[名・自他サ]辩白,辩明△～をもとめる/请求辩解

べんり①【便利】[名・変動]方便,便利

へんれい⓪③【返礼】[名・自サ]还礼,回礼

へんれき⓪【遍歴】[名・自サ]①周游,游历 ②体验,经历【人生(じんせい)-①】[名]遍历人生

べんろん⓪⓪【弁論】[名・自サ]①发表意见,主张【-大会(たいかい)⑤】[名]演讲比赛 ②〈法〉申述,陈述【最終(さいしゅう)-⓪①】[名]〈法〉最后一次法庭辩论

ほ

ほ⓪①【帆】［名］帆△～をあげる/扬帆

ほ①【步】［名］步△～を運ぶ/迈步

ほ①【穂】［名］①（植物）穗 ②尖△筆（ふで）の～/毛笔尖

ボーイ①【boy】［名］①男孩 ②男服务员【-フレンド】⑤［名］男朋友

-ぽい［接尾］→っぽい

ほいく①⓪【保育】［名・他サ］保育【-園（えん）】④［名］保育园

ボイコット③【boycott】［名・自サ］罢工，罢市

ボイラー①【boiler】［名］锅炉

ぼいん⓪【母音】［名］母音，元音

ポイント①⓪【point】［名］①点，要点 ②分数，得分△～をかさねる/得分 ③时机 ④（鉄路）扳道机，轮辙机

ほう①【方】［名］①方向，方位△北の～/北方 ②方面△こっちの～/我这一方面△政府の～/政府方面 ③（以「…（より）…（の）方がいい」的形式）表示比较的结果△春よりも秋の～がすきだ/和春天比我更喜欢秋天

ほう⓪【法】［名］①法，法律 ②礼节，规矩 ③方法，做法（佛教）法

ぼう⓪【棒】［名］棒，棍子△足が～のようになる/腿累极了◇棒に振（ふ）る/白白断送

ほうい⓪【方位】［名］方位

ぼうえい⓪【防衛】［名・他サ］防卫，保卫【-庁（ちょう）】③［名］防卫厅

ぼうえき⓪【貿易】［名・自サ］貿易【自由（じゆう）-】④［名］自由貿易

ぼうえき⓪【防疫】［名］防疫

ぼうえんきょう⓪【望遠鏡】［名］望远镜

ぼうおん⓪【防音】［名］防音，隔音

ぼうか⓪【防火】［名］防火

ほうかい⓪【崩壊】［名・自サ］崩溃△家庭が～する/家庭解体

ぼうがい⓪【妨害】［名・他サ］妨碍，阻碍△～にあう/遇到阻碍

ほうがく⓪【邦楽】［名］日本（传统）音乐

ほうがく⓪【方角】［名］方位，方向

ぼうかん⓪【防寒】［名］防寒

ほうき①⓪【箒・帚】［名］笤帚

ほうき①【放棄】［名・他サ］放弃

ほうき①【法規】［名］法规

ほうきゅう⓪【俸給】［名］工资，薪水

ぼうぎょ①【防御・防禦】［名・他サ］防御，防卫

ほうけい⓪【方形】［名］四方形，方形

ほうけん⓪【封建】［名］封建【-時代（じだい）】⑤［名］封建时代【-主義（しゅぎ）】⑥［名］封建主义【-制度（せいど）】⑥［名］封建制度

ほうげん③【方言】［名］方言，地方语言

ぼうけん⓪【冒険】［名・自サ］冒险

ほうこう⓪【方向】［名］方向

ほうこう①【奉公】［名・自サ］帮

工，做佣人【-人（にん）⓪】[名]
帮工

ぼうこう⓪【暴行】[名・自サ]暴
行

ぼうこう⓪【膀胱】[名]膀胱

ほうこく⓪【報告】[名・他サ]报
告△部長に～する/向部长汇报
【-書（しょ）④③】[名]报告书

ほうさく⓪【方策】[名]对策

ほうさく⓪【豊作】[名]丰收

ぼうさん⓪【坊さん】[名]和尚

ほうし⓪【奉仕】[名・自サ]①服
务，效力△社会に～/为社会服务
②廉价，酬宾【-品（ひん）⓪】
[名]酬宾商品

ぼうし⓪【防止】[名・他サ]防止，
预防◇未然（みぜん）に防止す
る/防患于未然

ぼうし⓪【帽子】[名]帽子

ほうしき⓪【方式】[名]方式

ほうしゃ⓪【放射】[名・他サ]放
射【-線（せん）⓪】[名]放射线

ぼうじゃくぶじん⓪【傍若無人】
[名・形動]旁若无人

ほうしゅう⓪【報酬】[名]报酬

ほうじゅう⓪【放縦】[名・形動]放
纵，放荡不羁

ほう・じる⓪③【報じる】[他上一]
①报告，报导 ②回报△恩に～/
报恩

ほうしん⓪【方針】[名]方针

ぼうず①【坊主】[名]①僧，和尚
②秃头，光头【-頭（あたま）④】
[名]光头 ③光秃秃△山火事で
山が～になった/山被山火烧得
光秃秃的

ぼうすい⓪【防水】[名・自サ]防
水

ほうせき⓪【宝石】[名]宝石

ぼうせき⓪【紡績】[名]纺织

ぼうせつ⓪【防雪】[名]防雪

ほうそう⓪【放送】[名・他サ]广
播

ほうそう⓪【包装】[名・他サ]包
装

ほうそく⓪【法則】[名]①法则，规
律 ②规则

ほうたい⓪【包帯・繃帯】[名]绷
带

-ほうだい【放題】[接尾]任其…，
无限制地，随便△あれ～/土地荒
芜△食べ～/随便吃

ぼうだい⓪【膨大・厖大】[名・形
動]庞大，巨大

ぼうたかとび④③【棒高跳び】[名]
撑竿跳

ほうち⓪【放置】[名・他サ]放置，
搁下△問題を～する/将问题放
在一边

ほうちょう⓪【包丁・庖丁】[名]菜
刀

ぼうちょう⓪【膨脹・膨脹】[名・
自サ]①膨胀 ②增加，增长△予
算（よさん）が～する/预算增长

ほうてい⓪【法廷】[名]法庭

ほうてい⓪【法定】[名]法定

ほうていしき③【方程式】[名]方
程式

ほうどう⓪【報道】[名・他サ]报
导

ぼうどう⓪【暴動】[名]暴动，暴
乱△～をおこす/发生暴乱

ほうねん⓪【豊年】[名]丰年，好
年成

ぼうねん⓪【忘年】[名]①忘年，
不管年龄差异◇忘年の交（こう）
/忘年之交 ②忘年，辞旧【-会
（かい）③】[名]辞旧迎新会，忘
年会

ぼうはてい⓪【防波堤】[名]防波
堤

ぼうはん⓪【防犯】[名]防犯【-ベ
ル⑤】[名]防盗铃，警铃

ほうび⓪【褒美】[名]奖励，奖品，

奨賞△～をもらう/得到奖赏

ほうふ①⓪【抱負】[名]抱负，志向

ほうふ①【豊富】[形動]丰富

ぼうふう③【暴風】[名]暴风，风暴【-雨（う）③】[名]暴风雨

ほうふざい⓪【防腐剤】[名]防腐剂

ぼうふら⓪[名]孑孓

ほうほう⓪【方法】[名]方法，办法

ほうぼう①【方方】[名]各处，到处△～捜しまわる/各处寻找

ぼうぼう⓪③[副]①(草)丛生△草が～としげる/杂草丛生 ②(头发)蓬乱;(胡子)拉碴 ③(火)熊熊燃焼△火が～と燃えている/大火熊熊燃烧

ほうぼく⓪【放牧】[名・自サ]放牧

ほうむ①【法務】[名]①司法事务 ②佛法事务

ほうむ・る③【葬る】[他五]①葬，埋葬 ②掩盖，隐藏 ③抛弃△社会から～られる/被社会所抛弃

ぼうめい⓪【亡命】[名・自サ]逃亡，流亡

ほうめん③【方面】[名]①方面，方向 ②领域

ほうもん⓪【訪問】[名・他サ]访问，拜访

ほうよう⓪【抱擁】[名・自サ]拥抱

ぼうらく⓪【暴落】[名・自サ]〈经〉暴跌

ほうりだ・す④【ほうり出す・放り出す】[他五]①抛出，扔出△そとへ～/向外扔 ②扔下，不管，不顾△仕事を～/扔下工作

ほうりつ⓪【法律】[名]法律

ぼうりゃく①⓪【謀略】[名]谋略

ぼうりょく①⓪【暴力】[名]暴力，

武力△～をふるう/使用暴力

ボウリング⓪【bowling】[名]保龄球，地滚球

ほう・る⓪【放る】[他五]①扔，抛，甩△ボールを～/抛球 ②扔下，弃而不管△宿題を～ったままで、遊びに行く/不做作业出去玩耍

ほうれんそう③[名]菠菜

ほうろう⓪【放浪】[名・自サ]流浪，漂泊

ほうわ⓪【飽和】[名・自サ]饱和

ほ・える②【吠える・吼える】[自下一]吠，吼

ほお①【頰】[名]脸蛋，面颊◇ほおが落(お)ちそう/非常好吃

ほか⓪【外・他】[名]①其它地方，别处△～へ行く/去别处 ②另外，其他，别的△～の人/其他的人 ③以外，之外△思いの～/没想到

ほか[副助](与否定语相呼应表示)只得，不得不，除此之外别无他法△やると言ったからには、やる～ない/既然说干了就只得干

ほかく⓪【捕獲】[名・他サ]捕获

ぼか・す②[他五]①使颜色的浓淡界限不清 ②(使语言、说法)含糊不清，模糊

ほかならない【他ならない】①乃是，正是 ②(用于句首)既然是…△ほかならないきみの言うことだから…/既是你求我，那么…

ほがらか②【朗から】[形動]①开朗，爽朗 ②明朗，晴朗△～な空(そら)/明朗的天空

ほかん⓪【保管】[名・他サ]保管

ほきゅう⓪【補給】[名・他サ]补给，补充

ほきょう⓪【補強】[名・他サ]加固，加强

ぼきん⓪【募金】［名・自サ］募捐

ぼく①⓪【僕】［代］我（男子在晚辈、同辈前的自称）

ほくい①②【北緯】［名］北纬

ぼくじょう⓪【牧場】［名］牧场

ボクシング①【boxing】［名］拳击

ぼくそう⓪【牧草】［名］牧草

ぼくちく⓪【牧畜】［名］畜牧【-業（ぎょう）⑤】［名］畜牧业

ほくとしちせい⑤【北斗七星】［名］北斗七星

ほくりく⓪【北陸】［名］北陆（指福井、富山、石川、新潟四县）

ほけつ⓪【補欠・補缺】［名］替补，补缺【-選手（せんしゅ）④】［名］替补队员

ポケット②【pocket】Ⅰ［名］口袋，衣袋Ⅱ［接头］小型△～ラジオ／袖珍收音机

ぼ・ける②【呆ける・惚ける】［自下一］①痴呆△頭が～／头脑痴呆②模糊，不清晰△ピントが～／成相模糊

ほけん⓪【保健】［名］保健

ほけん⓪【保険】［名］①保险△～に入る／入保险【-金（きん）⓪】［名］保险金②（「健康保険」的简称）健康保险

ほこ①【矛・鉾】［名］矛

ほご⓪【保護】［名・他サ］保护【-者（しゃ）②】［名］保护人【-色（しょく）②】［名］保护色

ほご①【補語】［名］〈语〉补语

ぼご⓪【母語】［名］母语

ほこう⓪【歩行】［名・自サ］步行【-者（しゃ）②】［名］行人

ほこり⓪【埃】［名］灰尘△～がたつ／起灰

ほこり⓪③【誇（り）】［名］①自尊②自豪，引以为荣△～に思う／引以为荣

ほこ・る②【誇る】［他五］夸耀

ほころ・びる④【綻びる】［自上一］①绽线，开线△そでが～／袖子绽线②（花蕾）绽开△梅（うめ）が～／梅花初绽

ぼさつ①【菩薩】［名］菩萨

ほし⓪【星】［名］①星②五星形标志③目标，靶心④（相扑的）得分标志⑤嫌疑犯

ほじ①【保持】［名・他サ］保持

ぼし①【母子】［名］母子

ほし・い②【欲しい】［形］①想要△水が～／想喝水△お金が～／想要钱②希望，请△もっとすなおさが～／希望再坦率一些△こっちへ来て～／请到我这里来

ほしいまま②［形动］随心所欲，随意△権力を～にする／玩弄权势

ほしかげ③【星影】［名］星光

ポジション②【position】［名］①（球类运动的）防守位置②地位，职务

ほしもの②③【干（し）物】［名］晾晒的衣物

ほしゃく⓪【保釈】［名・他サ］保释【-金（きん）⓪】［名］保释金

ほしゅ①【保守】［名］保守

ほじゅう⓪【補充】［名・他サ］补充

ぼしゅう⓪【募集】［名・他サ］募集，征募，招募△生徒（せいと）を～する／招生

ほじょ①【補助】［名・他サ］补助

ほしょう⓪【保証】［名・他サ］保证，担保【-人（にん）⓪】［名］保人，担保人

ほしょう⓪【保障】［名・他サ］保障

ほしょう⓪【補償】［名・他サ］赔偿

ほ・す①【干す・乾す】［他五］①晾，晒△せんたくものを～／晾晒

洗好的衣物 ②弄干△池(いけ)を～/将池塘淘干 ③喝干，喝光△さかずきを～/干杯 ④〈俗〉不给工作，晒在一边

ポーズ①【pose】［名］①姿势△～をとる/摆姿势 ②姿态，态度

ポスター①【poster】［名］广告画，宣传画

ホステス①【hostess】［名］（酒吧的）女招待

ポスト①【post】［名］①邮箱，邮筒 ②职位，地位

ぼせいあい②【母性愛】［名］母爱

ほそ・い①【細い】［形］①细，纤细△～糸/细线 ②（声音）尖细△～声/尖细的嗓音 ③弱 ④脆弱△神経が～/神经质 ⑤（饭量）少

ほそく⓪【補足】［名・他サ］补充

ほそなが・い④【細長い】［形］细长

ほぞん⓪【保存】［名・他サ］保存，贮存

ぼだいじゅ②【菩提樹】［名］菩提树

ほたる①【蛍】［名］萤，萤火虫

ぼたん①【牡丹】［名］牡丹

ボタン⓪【（葡）botão】［名］纽扣，扣子△～をはめる/系扣子△～をはずす/解扣子

ボタン⓪【button】［名］电钮，开关

ぼち②【墓地】［名］墓地，墓场

ほちょう⓪【歩調】［名］步调

ほちょうき②【補聴器】［名］助听器

ぼっか⓪【牧歌】［名］牧歌

ほっきょく⓪【北極】［名］北极【-圏（けん）】④［名］北極圏【-星（せい）】④［名］北極星

ホック①【（荷）hoek】［名］（衣服的）挂钩△～をはめる/系挂钩

ボックス①【box】［名］①箱，盒，

匣 ②（剧院等）包厢 ③箱体小建筑【電話（でんわ）-】④［名］电话亭 ④（棒球）击球员区【バッター-】⑤［名］击球区，击球箱

ホッケー①【hockey】［名］曲棍球

ほっさ⓪【発作】［名］〈医〉发作

ぼっしゅう⓪【没収】［名・他サ］没收△財産を～/没收财产

ぼっ・する⓪【没する】［自他サ］沉没，没入△日が西に～/日落西山 ②隐藏△すがたを～/隐藏起来 ③去世，逝世 ④（与否定语相呼应）不可埋没△～ことのできない存在/不可埋没的人物

ほっそく⓪【発足】［名・自サ］（新建社团）开始活动

ほったん⓪①【発端】［名］开端，开始

ホッチキス①【Hotchkiss】［名］订书器

ぼっちゃん①【坊ちゃん】［名］①（对男孩子的敬称）公子 ②（蔑称）少爷【-育（そだ）ち】⑤［名］娇生惯养的少爷出身

ホット①【hot】［名・形动］①最新△～な話題/最新话题【-ニュース】④［名］最新消息 ②热【-コーヒー】④［名］热咖啡【-ドッグ】④［名］热狗 ③「ホットコーヒー」的简称 ④强烈，激烈，热烈【-ジャズ】④［名］（自由演奏的）节拍快的爵士乐

ほっと⓪⓪［副］①轻微叹气貌△～ため息をつく/叹了一口气 ②放心，安心△～胸をなでおろした/放下心来

ぼっとう⓪【没頭】［名・自サ］埋头，专心致志△研究に～する/埋头于研究

ぼっぱつ⓪【勃発】［名・自サ］爆发（战争等）

ぼつらく⓪【没落】［名・自サ］没

落，衰败

ボディー①【body】［名］①人体 ②人体模型 ③车身，机体 ④(拳击)人体腹部

ポテト①②【potato】［名］土豆，马铃薯【-チップ】④［名］炸土豆片

ホテル①【hotel】［名］饭店

ほど【程】Ⅰ①②［名］①限度，分寸△～を知る/知道分寸 ②程度△真偽の～/真假程度 ③(时间、数量等)大约，大概△年(とし)の～/大约年纪Ⅱ［副助］①(表示大体的数量)大约，左右△わたしの家は駅から十分～歩いたところだ/我家在从车站步行十分钟左右的地方 ②(与否定语相呼应表示)最…，再没有比这个更…△これ～おいしいものは食べたことがない/再没有吃过比这个更好吃的了 ③(以「…すれば…するほど」的形式表示)越…越…△見れば見る～かわいい動物だ/这动物越看越觉得可爱 ④(与否定语相呼应，表示程度对比)与…相比并不那么严重△ことしは去年～雪が降らない/今年与去年相比雪下得并不多△うわさに聞いた～には被害はひどくなかった/受灾情况并不像听说的那样严重 ⑤举出一事例，表示最高的程度△彼～の人ならうまくやれるでしょう/他这样的人是完全可以干好的吧

ボート①【boat】［名］小船，小艇【-レース】④［名］划船比赛

ほどう⓪【歩道】［名］人行道，便道【横断 (おうだん)-】⑤［名］人行横道【-橋 (きょう)】⓪［名］过街天桥

ほどう⓪【補導・輔導】［名・他サ］(对有犯罪倾向的青少年进

行)管教，训导

ほど・く②【解く】［他五］拆开，解开△荷物(にもつ)を～/拆行李△帯(おび)を～/解腰带

ほとけ③⓪【仏】［名］①佛，佛像△～をおがむ/拜佛 ②死者△～になる/逝世◇仏の顔(かお)も三度(さんど)/忍耐是有限的◇知(し)らぬが仏/眼不见心不烦

ほどこ・す⓪【施す】［他五］①施，施行 ②施舍△めぐみを～/施舍恩惠

ほどとお・い③【程遠い】［形］遥远，很远

ほととぎす③【時鳥・杜鵑・不如帰】［名］杜鹃，布谷鸟

ほどなく②【程なく】［副］不久，不一会

ほとんど②【殆んど】Ⅰ［副］几乎，差不多△あまりのショックに～気をうしないかけた/受到打击太大，差点晕过去Ⅱ［名］大部分，几乎所有△～の人は参加した/大部分的人参加了

ボーナス①【bonus】［名］(每年六月、十二月发的)奖金

ほにゅう⓪【哺乳】［名・自サ］哺乳，喂奶【-瓶 (びん)】②［名］奶瓶【-動物 (どうぶつ)】④［名］哺乳动物【-類 (るい)】②［名］哺乳类

ぼにゅう⓪【母乳】［名］母乳

ほね②【骨】［名］①骨，骨头△～が太い/骨头粗 ②鱼刺 ③骨架，支架△扇子 (せんす)の～/扇架 ④核心，骨干 ⑤骨气△～のある人物/有骨气的人△骨をおる/卖力气△骨がおれる/费力气◇骨を惜(お)しむ/舍不得力气◇骨に刻(きざ)む/刻骨铭心

ほねぐみ④⑧【骨組 (み)】［名］①(身体的)骨骼 ②骨架△文章の

～/文章的骨架(结构)

ほねみ②①【骨身】[名]骨肉◇骨身を惜(お)しまず/不辞辛苦

ほねやすめ③【骨休め】[名]休息△仕事がおわったら、二、三日～をする/事情办完后准备休息两三天

ほのお②①【炎・焔】[名]火焰

ほはば⓪【歩幅】[名]步幅△～が広い/步幅大

ポピュラー①【popular】[名・形动]大众，流行

ホープ①【hope】[名]希望，未来(指将来大有作为的人)△わが社の～/我公司的希望

ポプラ①【poplar】[名]白杨树

ほふ・る②【屠る】[他五]屠杀，杀△敵を～/杀敌

ほへい⓪【歩兵】[名]步兵

ほほ①【頬】[名]→ほお

ほぼ①【略・粗】[副]基本上，差不多△～できあがった/基本上做成了

ほぼ①【保母】[名]保母，保育员

ほほえ・む③【微笑む】[自五]微笑

ポマード②【pomade】[名](男用)发蜡

ほまれ③⓪【誉(れ)】[名]名誉，荣誉

ホーム①【home】[名]①家，家庭【-ドラマ】④[名]家庭剧，家庭片②故乡，家乡，老家【-シック】④[名]思乡③福利院，福利设施【老人(ろうじん)-⑤】[名]敬老院，养老院④(棒球「ホームベース」的简称)本垒

ホームベース④【home base】[名]棒球本垒

ホームラン③【home run】[名](棒球)本垒打

ほ・める②【褒める・誉める】[他

下一]赞美，赞扬，称赞

ほやほや①[名・副]①(刚出锅的食品)热腾腾，热乎乎△～の肉マン/热腾腾的包子②刚刚，不久△新婚～のカップル/新婚夫妇

ほよう⓪【保養】[名・自サ]休养，疗养

ほら①【法螺】[名]海螺◇法螺を吹(ふ)く/吹牛【-吹(ふ)き②】[名]牛皮大王,爱吹牛的人

ポラロイドカメラ⑥【polaroid camera】[名]一次成像的照相机

ほり②【堀】[名]护城河

ほりゅう⓪【保留】[名・他サ]保留

ボリューム②【volume】[名]①分量②音量△～を下(さ)げる/把音量关小

ほりょ①【捕虜】[名]俘虏

ボーリング①⓪【boring】[名・他サ](地质)钻探

ほ・る①【掘る】[他五]挖,掘,挖掘△穴を～/挖坑

ほ・る①【彫る】[他五]①雕,刻,雕刻△名まえを～/刻名字②刺(文身)

ホール①【hall】[名]①客厅②会馆③(「ダンスホール」的简称)舞厅

ボール【ball】[名]①球【-ペン④⓪】[名]圆珠笔②(棒球)坏球◆①为⓪型,②为①型语调

ボルト①【bolt】[名]螺栓△～をしめる/拧螺栓

ボルト①【volt】[名・接尾]伏特,伏(电压单位)【-アンペア⓪③】[名]伏安

ホルモン①【(德)Hormon】[名]激素,荷尔蒙

ほ・れる⓪【惚れる】[自下一]①爱,迷恋◇惚れた目(め)には痘痕(あばた)もえくぼ/情人眼里

出西施 ②入迷【聞(き)き-④】[自下一]听得入迷

ぼろ①【襤褸】[名]①破旧衣物 ②破烂，破烂货 ③破绽，短处△～が出る/露出破绽

ほろ・びる⓪③【滅びる・亡びる】[自上一]灭亡，灭绝，灭覆

ほろぼ・す⓪③【滅ぼす・亡ぼす】[他五]消灭，使…灭亡△敵を～/消灭敌人

ホワイトハウス⑤【White House】[名]白宫

ほん①【本】[名]书

ホーン①【horn】[名]汽车喇叭

ぼん①【盆】[名]盆

ほんあん⓪【翻案】[名・自サ](小说、戏剧的)改编

ほんい①【本位】[名]①中心，本位，基点 ②「本位貨幣」的简称【-貨幣(かへい)④】[名]〈経〉本位货币

ほんかく⓪【本格】[名]正式

ほんかくてき⓪【本格的】[形動]正式，真正△～な寒さ/真正的寒冷(季节)

ほんき⓪【本気】[名・形動]认真，实在△～で働(はたら)く/认真干

ぼんご⓪【梵語】[名]梵语

ほんごく①【本国】[名]本国

ぼんさい⓪【盆栽】[名]盆景

ほんしき⓪【本式】[名・形動]正式

ほんしつ⓪【本質】[名]本质

ほんじつ①【本日】[名]今天

ほんしゃ①【本社】[名]①总公司 ②主神社

ほんしょう③①【本性】[名]本性

ほうしん③①【本心】[名]①良心 ②本意，真意△～をうち明ける/说明真意

ぼんじん③⓪【凡人】[名]凡人，凡夫俗子

ほんせき①⓪【本籍】[名]原籍

ほんそう⓪【奔走】[名・自サ]奔走，东奔西走

ほんだな①【本棚】[名]书架，书柜

ぼんち⓪【盆地】[名]盆地

ほんてん⓪【本店】[名]总店，主店

ほんとう⓪【本当】[名・形動]真实，真△～にする/当真

ほんにん①【本人】[名]该人，本人

ほんね⓪【本音】[名]真心话△～を吐く/说真心话

ほんねん①【本年】[名]今年

ほんの⓪ [連体]仅仅，少许，一点点△～のすこし/极少

ほんのう①⓪【本能】[名]本能

ぼんのう⓪③【煩悩】[名]烦恼

ほんば⓪【本場】[名]①原产地△お茶の～/茶叶的原产地 ②发源地△～の英語/地道的英语

ほんばこ①【本箱】[名]书箱，书柜

ほんばん①【本番】[名]正式

ほんぶ①【本部】[名]总部

ポンプ①【(荷)pomp】[名]泵

ほんぶん①【本文】[名]正文

ほんぶん①【本分】[名]本分△学生の～/学生的本分

ほんみょう①【本名】[名]真名

ほんもの⓪【本物】[名]真货，真东西

ほんや①【本屋】[名]书店

ほんやく⓪【翻訳】[名・他サ]翻译

ぼんやり③ [副]①模糊，朦胧，不清楚 ②心不在焉△～とながめる/呆望

ぼんよう⓪【凡庸】[名・形動]平庸

ほんらい⓪【本来】Ⅰ[名・副]本来,原来△～のすがた/本来面目 Ⅱ[名]按道理,常规

ほんりゅう⓪【本流】[名]主流

ほんるい⓪⓪【本塁】[名]本垒

ほんろん⓪【本論】[名]本论,正文

ま

ま【真】Ⅰ⓪[名]真正 Ⅱ[接头]正△～東(ひがし)/正东

ま⓪【間】Ⅰ[名]①间隔,空隙 ②闲空,闲暇△知らぬ～/不知不觉之间 ③时机 ④房间△茶の～/饭厅 Ⅱ[接尾](房屋)数,间△三(み)～/三间◇間が抜(ぬ)ける/马虎;愚蠢◇間が悪(わる)い/不走运;不好意思

ま⓪①【魔】[名]魔,魔鬼◇魔が差(さ)す/鬼迷心窍

まあたらし・い⑤【真新しい】[形]崭新

まあまあ①[副]马马虎虎,一般,还可以

まい⓪【舞】[名]舞,舞蹈(多指日本传统舞)

まい①【枚】[名](计算平、薄物体的单位)枚,张,块,片

まい[助动]①也许不会…,大概不会…△まさかあのチームに負けることはある～/大概不会输给那个队的 ②绝不,绝不会△もうあんなところには行く～/绝不再去那种地方 ③因为不是…所以…△小さな子どもじゃあるまい～し,わからないはずはないよ/又不是小孩,不会不懂的

まいあさ③【毎朝】[名]每天早晨

マイカー③【my car】[名]私车,自家车

まいきょ①【枚挙】[名・他サ]枚举◇枚挙に暇(いとま)がない/不胜枚举

マイク①[名](「マイクロホン」的简称)麦克风,话筒

マイクロウェーブ⑥【microwave】[名]微波

マイクロバス⑤【microbus】[名]小型公共汽车,面包车

マイクロホン④【microphone】[名]麦克风,话筒

まいげつ⓪【毎月】[名]每月

まいご①【迷子・迷児】[名]迷路的小孩

まいしゅう③【毎週】[名]每星期,每周

まいぞう⓪【埋蔵】[名・自サ]埋藏

まいつき③【毎月】[名]每月,月月

まいど⓪【毎度】[名・副]①每次 ②常常,屡次△～ありがとうございます/屡蒙关照,深为感谢

まいとし③【毎年】[名]每年,年年

マイナス⓪【minus】Ⅰ[名・サ]减,减去 Ⅱ[名]①负,负数 ②负,负极,阴极 ③亏损,赤字 ④不利,不好

まいにち①【毎日】[名]每天,每日

まいねん①【毎年】[名]→まいとし

まいばん①【毎晩】[名]每天晚上

まい・る①【参る】[自五]①(「行

く」「来る」的自谦语)来；去△わたしはあしたまた～ります/我明天再来(去) ②参拜(神社或寺院) ③认输，折服△～った，許してくれ/我服了，饶了我吧 ④受不了，吃不消△暑さで～/热得吃不消△からだが～/身体受不了

マイル①【mile】[名]英里，哩

ま・う①①【舞う】[自五]①舞，舞动△舞を～/跳舞 ②飞舞，飘舞△木(こ)の葉が～/树叶飘舞

まうえ③【真上】[名]正上方

まえ①【前】Ⅰ[名]①前面，前方△～へすすむ/前进△～の大通(おおどお)り/前面的大路 ②以前，从前△五年～/五年前 ③(表示顺序)之前，前面△あらしの～/暴风雨来临之前△～の日/前一天 Ⅱ[接尾](接在人数后面，表示与人数对等的量)份△三人～/三份

まえあし①①【前足】[名]前腿，前趾，前足

まえおき①④【前置き】[名]前言

まえがき④①【前書(き)】[名]序言，序文

まえかけ①【前掛(け)】[名]围裙

まえば①【前歯】[名]门牙，前齿

まえばらい④【前払(い)】[名・他サ]预先付款

まえぶれ④①【前触れ】[名]①预先通知 ②先兆，前兆

まえむき①【前向(き)】[名]①向前，朝前 ②积极

まえもって③①【前もって】[副]事先，预先

まか・せる③【任せる】[他下一]①委托，托付△仕事を～/委托工作 ②任凭△想像に～/任凭想像

まかな・う③【賄う】[他五]①筹措 ②供给饭食

まかふしぎ①【摩訶不思議】[形动]真不可思议

まがりかど④【曲(が)り角】[名]①拐角，拐弯处 ②转折点△人生の～/人生的转折点

まが・る①【曲がる】[自五]①曲折，弯曲△道が～/道路弯曲 ②拐，转弯△右へ～/向右拐 ③歪斜△ネクタイが～/领带不正 ④(性格)乖僻△～った根性(こんじょう)/性情乖癖 ⑤(行为等)不正，邪

マカロニ①【(意)macaroni】[名]通心粉

まき①【薪】[名]薪，劈柴

まきこ・む③【巻(き)込む】[他五]卷入，卷进△事件に～まれる/被卷入事件之中

まきじゃく①【巻(き)尺】[名]卷尺

まきぞえ①【巻(き)添(え)】[名]牵连，连累△～をくう/受牵连

まぎら・す③【紛らす】[他五]①掩饰，隐藏 ②排解△たいくつを～/解闷

まぎらわし・い⑤【紛らわしい】[形]容易混淆，含糊不清

まぎ・れる③【紛れる】[自下一]①混入，混同△人ごみに～/混入人群 ②(由于忙碌)忘怀，(注意力等)分散△悲しみが～/忘掉悲痛

まぎわ①【間際・真際】[名]就要…的时候△出発～/将要出发前

まく②【幕】[名]幕

まく②【膜】[名]膜

ま・く①[他五]Ⅰ【蒔く】①播种 ②撒金粉 Ⅱ【撒く】①洒△水を～/洒水 ②散发△ビラを～/散发传单 ③摆脱(尾随者)△尾行を～/摆脱跟踪的人

ま・く①【巻く】[自他五]①卷△フィルムを～/卷胶卷 ②缠，缠绕

△包帯を～/缠绷带 ③拧△ぜんまいを～/上发条

マーク①【mark】［名・他サ］①记号△～をつける/做记号 ②创（记录）△世界記録を～する/创世界记录 ③〔体〕盯人，盯住

まくあき④⓪【幕開（き）】［名］开幕，揭幕

まぐち⓪【間口】［名］①房屋土地的正面宽度 ②知识或工作范围

マグニチュード③⓪【magnitude】［名］地震震级

まくら①【枕】［名］①枕头 ②开场白◇枕を高（たか）くして寝（ね）る/高枕无忧

まくらぎ③【まくら木・枕木】［名］枕木

まく・る⓪【捲る】［他五］①卷起，挽起，捋起△そでを～/卷起袖子 ②（上接动词连用形表示）拼命地…，一个劲地…△書きまくる/一个劲地写

まぐれ①［名］侥幸，偶然△‐当（あ）たり④［名］碰巧，歪打正着

マクロ①【（德）macro】［名］宏观，巨大

まぐろ⓪【鮪】［名］金枪鱼

まけ⓪【負（け）】［名］失败

まけおしみ④【負（け）惜しみ】［名］不服输，不认输△～を言う/嘴上不认输

まけずおとらず⓪‐②【負けず劣らず】［副］半斤八两，不相上下

ま・ける⓪【負ける】［自下一］①失败，输 ②经受不住△ゆうわくに～/经不住诱惑 ③减价，让价△もう百円～けてよ/再降一百日元吧

ま・げる⓪【曲げる】［他下一］①折弯，弄弯△パイプを～/将管子弄弯 ②放弃△信念を～/放弃信念 ③歪曲△事実を～/歪曲事实

まご【孫】Ⅰ②［名］孙子 Ⅱ［接头］隔代，隔辈

まごい⓪【真鯉】［名］黑鲤鱼

まごころ②【真心】［名］诚心诚意，真心

まごつ・く⓪［自五］不知所措△はじめての仕事をやらされて～いた/接手一件从未干过的工作有些不知所措

まこと⓪【誠・真・実】Ⅰ［名］①真实，实在 ②诚意，忠诚 Ⅱ［副］实在△～に申しわけありません/实在抱歉

まごのて③【孫の手】［名］（挠痒痒用的）老头乐

まごまご①［副］不知所措，六神无主△いそがしくてかえって～する/忙得反而不知该做什么

まさか①［副］①（与否定语相呼应表示）不可能，不会，不会有△～，あのことをしゃべったんじゃないだろうね/你不至于把那事说出来吧 ②意外，万一△～の時を考えて，遺言（ゆいごん）を書いておく/为预防万一，事先写下遗嘱

まさつ⓪【摩擦】［名・自他サ］摩擦

まさつおん③【摩擦音】［名］摩擦音

まさに①【正に】［副］①完全，的确△～その通り/完全如此 ②正要，将要 ③理应，理所当然△長男のきみこそ～家をつぐべきだ/作为长子的你，理应继承家业

まさ・る⓪②Ⅰ【勝る・優る】［自五］胜过，优于，强△相手に～/强于对手 Ⅱ【増さる】［自五］增多，增加

まざ・る②【交ざる・混ざる】［自五］掺杂，混杂，掺混

まし①【増（し）】Ⅰ［名］增加，增多【焼（や）き‐⓪】［名］（相片）加印

Ⅱ[形动]胜过,强于△ないより〜だ/比没有强

まじ・える③【交える】[他下一] ①掺杂,夹杂△私情を〜/掺杂私情 ②交错,交叉△ひざを〜/促膝交谈 ③交,交换△ことばを〜/交谈

ました③【真下】[名] 正下方

まして①⓪【況して】[副]何况,况且△大人でもわからないのに、〜小さい子供にわかるわけがない/连大人都不懂,更何况小孩子了

まじない⓪【呪い】[名] 咒语

まじめ⓪【真面目】[形动] ①认真△〜に働く/认真干 ②老实巴交,诚实老实△〜な男/正经人

ましゅ①【魔手】[名] 魔掌△〜にかかる/落入魔掌

まじゅつ①【魔術】[名] ①魔法②魔术△[-師(し)③][名] 魔术师

ましょうめん②【真正面】[名] 正对面

まじ・る②【交じる・混じる】[自五]掺杂,夹杂△アメリカ人の血が〜っている/有美国血统

まじわ・る③【交わる】[自五] ①交叉,交错,相交 ②交际,来往 ③性交

ます②【鱒】[名] 鳟鱼

ま・す⓪【増す】[自他五] 增加,增多△食欲が〜/食欲增加△速さを〜/加速

まず①【先ず】[副] ①先,首先 ②大约,大概△〜ふらないとは思うが、かさは持っていこう/我看大概不会下雨,但还是带着伞吧

ますい⓪【麻酔】[名] 麻醉△〜をかける/进行麻醉

まず・い②[形] ①不好吃△〜さかな/难吃的鱼 ②拙劣,差△字

が〜/字难看 ③不便,不方便△あしたはいいんだが、あさっては〜/明天可以但后天不方便

マスク①【mask】[名] ①口罩 ②面具 ③长相,貌相

マスゲーム③【mass game】[名] 团体操

マスコミュニケーション⑥【mass communication】[名] (常略作「マスコミ」)报导,宣传

まずし・い③【貧しい】[形] ①贫穷 ②贫乏

マスター①【master】[名・他サ] ①(酒吧等的)老板,雇主 ②硕士 ③掌握,精通△日本語を〜する/掌握日语 [-キー⑤][名] 万能钥匙

ますます②【益益】[副] 更加,越发△〜大きくなる/越来越大

ま・せる②[自下一] 老成

ま・ぜる②【交ぜる・混ぜる】[他下一] ①掺杂,混合 ②调合,调拌△色を〜/调色

また②【股・叉】[名] ①胯,腿根 ②叉

また【又】Ⅰ②[副] ①再,再次△〜会う日まで/后会有期 ②也,亦△彼も〜彼女がすきだ/他也喜欢她 ③另外,其它△その時代、子どもは〜労働力でもあった/当时,儿童又是劳动力 Ⅱ[接]同时,又△彼は歌手であり、〜、俳優でもあった/他是歌手,同时又是演员 Ⅲ[接头]间接△[-貸(が)し⓪][名] 转借

まだ①【未だ】[副] ①还,仍,仍然△火事は〜消えない/火还没扑灭 ②只,才△〜三年しかたっていない/才过了三年 ③另外,更加△機会は〜ある/另外还有机会 ④尚且,还算△これでも〜ましな方だ/这个还算是好的

またが・る③【跨(が)る・股(が)る】[自五]①跨,骑,乘△馬に～/骑马②横跨△一都三県に～平野/横跨一都三县的平原

また・ぐ②【跨ぐ】[他五]跨过,迈过△みぞを～/跨过水沟

またた・く③【瞬く】[自五]①眨眼△～間(ま)/转眼间②闪烁

または②①【又は】[接]或,或者△黒～青色のインクで書いてください/请用黑的或者蓝色的墨水写

マダム①【madam】[名]①夫人②(酒吧的)女老板

まだら⓪【斑】[名]斑点,斑纹

まち②[名]Ⅰ【町・街】城镇,镇Ⅱ【街】(商店)街,大街Ⅲ【町】①(日本行政区划)町②街道

まちあい⓪【待(ち)合(い)】[名]等候-室(しつ)③[名]候机室;候车室;候诊室

まちあわ・せる⓪【待(ち)合わせる】[自下一]约会

まぢか⓪⓪【間近】[形動]临近,接近,迫近△～にせまる/迫近

まちがい③【間違い】[名]①错误,谬误②过失,过错△～をおかす/犯错误

まちが・う③【間違う】[自他五]①错,错误②搞错,弄错△意味を～/把意思弄错了

まちが・える④③【間違える】[他下一]①搞错,弄错△計算を～/将计算搞错②看错,认错△道を～/认错路

まちかど④【街角】[名]街角

まちどおし・い⑤【待(ち)遠しい】[形]盼望已久△～夏休み/盼望已久的暑假

まちわ・びる⓪【特(ち)わびる・待(ち)侘びる】[他上一]焦急地等待,等得心焦

まつ①【松】[名]①松柏,松树②新年装饰在门前的松枝

ま・つ①【待つ】[他五]①等,等待②期待

まっか③【真(っ)赤】[形動]①鲜红,通红②完完全全,纯粹△～なうそ/纯属撒谎

まっき①【末期】[名]末期

まっくら③【真(っ)暗】[形動]漆黑◇お先(さき)真っ暗/前途暗淡

まっくろ②【真(っ)黒】[形動]乌黑,漆黑

まつげ①【睫・睫毛】[名]睫毛

まっさお③【真(っ)青】[形動]①深蓝②苍白△～な顔/苍白的面孔

マッサージ③【massage】[名・他サ]按摩

まっしろ③【真(っ)白】[形動]雪白△～なシーツ/洁白的床单

まっすぐ③【真(っ)直ぐ】[副・形動]①笔直△～にすすむ/一直向前②直接,不绕路△～帰る/直接回家③正直,坦率

まっせき⓪【末席】[名]末座,下等座位

まったく⓪【全く】[副]①完全,确实△～泳げない/一点也不会游△～だね/完全正确②真,实在△～すばらしい/真棒

まったん⓪【末端】[名]①末端②基层

マッチ①【match】Ⅰ[名]①火柴②比赛Ⅱ[名・自サ]相称,相配△ネクタイと背広(せびろ)がよく～している/领带和西服很相称

マット①【mat】[名]垫子

まつび⓪①【末尾】[名]末尾,最后

まつり⓪③【祭(り)】[名]①祭祀,祭典②(为招揽顾客、游客而举

行的各种)集市活动△古本(ふる
ほん)〜/旧书展卖

まつ・る⓪②【祭る・祀る】[他五]
①祭祀 ②当作神来供奉

まつわ・る③【纏わる】[自五]①
缠△あの子はいつも母親に〜っ
てはなれない/那孩子总是缠着
母亲一步也不离开 ②围绕,关于

まで[副助]①直至,到达△朝〜
寝る/睡到早晨△夕食〜に帰る/
晚饭前回来 ②表示事物到达的
程度△やわらかくなる〜煮る/
煮到软了为止△はい、それ〜/就
到此为止吧 ③甚至,连△子供に
〜ばかにされる/连小孩都愚弄
我

まと⓪【的】[名]①靶子△〜をは
ずす/脱靶 ②目标,目的

まど①【窓】[名]窗,窗户△〜を
しめる/关窗

まと・う②【纏う】[自他五]①缠,
绕 ②穿,使…缠绕△晴着(はれ
ぎ)を〜/身着盛装

まどぐち②【窓口】[名]①窗口 ②
问讯处

まとま・る⓪【纏まる】[自五]集
中,统一,一致△意見が〜/意见
统一

まと・める⓪【纏める】[他下一]
归纳,总结,集中△意見を〜/归
纳意见

まどわ・す③【惑わす】[他五]迷
惑,蛊惑△人心を〜/蛊惑人心

マドンナ⓪【(意)Madonna】[名]
圣母玛利亚(像)

マナー①【(和)manners】[名]礼
节,礼仪

まないた④⓪【俎】[名]切菜板◇ま
ないたに載(の)せる/提出问题
并加以议论

まながつお③【真魚鰹】[名]鲳鱼

まなこ①【眼】[名]眼,眼珠

まなざし②⓪【眼差(し)】[名]眼
光,眼神

まなつ⓪【真夏】[名]盛夏

まな・ぶ⓪【学ぶ】[他五]学习△
英語を〜/学习英语

マニア①【mania】[名](具有某种
兴趣爱好的人)…迷△切手(きっ
て)〜/邮票迷

まにあ・う③【間に合う】[自五]
①赶得上,来得及△終電車に〜/
赶得上末班车 ②够用,够了△一
万円で〜/一万日元够了

まにあわせ⓪【間に合わせ】[名]
权宜之计,暂时敷衍

マニキュア②【manicure】[名]修指
甲【-液(えき)⑤】[名]指甲油

まぬか・れる④⓪【免れる】[他下
一]避免,逃脱△大惨事を〜/避
免惨祸△責任を〜/逃脱责任

まね⓪【真似】[名]①仿效,模仿
△〜をする/模仿 ②作法,举止
△ばかな〜をするな/别胡来

まね・く②【招く】[他五]①招呼,
打招呼△手で〜/举手打招呼 ②
邀请△家に〜/邀请到家作客 ③
聘请,聘任 ④招致△危険を〜/
招致危险

マネージャー①②【manager】[名]
①(旅馆、饭店等的)经理 ②(体
育、文艺的)经纪人,管理人

ま・ねる②【真似る】[他下一]模
仿,仿效△動きを〜/模仿动作

まばゆ・い③【目映い・眩い】
[形]耀眼,晃眼

まひ①【麻痺】[名・自サ]麻痹,
瘫痪

まひる⓪【真昼】[名]正午

まぶし・い③【眩しい】[形]刺眼,
晃眼

まぶた①【瞼】[名]眼皮,眼睑

まふゆ③【真冬】[名]寒冬

マフラ(ー)①⓪【muffler】[名]①

囲巾，囲脖 ②消音器

まほう⓪【魔法】［名］魔法

まほうびん②【魔法瓶】［名］暖水瓶，暖水壶

まぼろし⓪②【幻】［名］幻影，幻觉，虚幻

まま②【儘】［名］①照旧，一如原样△もとの～/原样△むかしの～/和从前一样 ②随意，任意，自由△世（よ）の中は～ならぬ/世间的事不以人的意志为转移 ③任凭，听凭△どうなろうと～よ/静观其变吧

ママ①【mamma】［名］①妈妈 ②（酒吧）女老板

ままおや⓪【継親】［名］继父母

ままきょうだい③【継兄弟】［名］同父异母（同母异父）的兄弟姐妹

ままこ⓪【継子】［名］继子，继女

ままごと②【飯事】［名］（儿童游戏）过家家

ままちち⓪【継父】［名］继父

ままはは⓪【継母】［名］继母

まみず⓪【真水】［名］淡水

まみ・れる③【塗れる】［自下一］沾满，满身都是△どろに～/满身是泥△あせに～/浑身是汗

まめ②【豆】Ⅰ［名］①豆，大豆 ②水泡△～ができる/起水泡【血（ち）-】［名］血泡Ⅱ［接头］小，小型【-電球（でんきゅう）】②［名］小灯泡

まめ⓪［名・形動］①兢兢业业△～に働く/兢兢业业地工作 ②健康

まめつ⓪【摩滅・磨滅】［名・自サ］磨损

まめほん⓪【豆本】［名］袖珍本

まもなく②【間もなく】［副］不久，一会儿△～おわる/一会儿就好

まも・る②【守る】［他五］①守护，保护△自然を～/保护大自然 ②守，遵守△法を～/守法

まやく⓪【麻薬】［名］（大麻、鸦片等）毒品

まゆ①【眉】［名］眉毛△～をしかめる/皱眉【-墨（ずみ）】②［名］眉黛

まゆ①【繭】［名］蚕茧

まゆげ①【まゆ毛・眉毛】［名］眉毛

まよ・う②【迷う】［自五］①迷失△道に～/迷路 ②优柔寡断，犹豫△判断に～/优柔寡断 ③沉迷，迷恋 ④（佛教）执迷

まよなか②【真夜中】［名］深更半夜，午夜

マヨネーズ③【（法）mayonnaise】［名］（做沙拉用的）蛋黄酱

マラソン⓪【marathon】［名］马拉松

まり②【毬・鞠】［名］球，皮球

マリオネット④【marionnette】［名］提线木偶，提线木偶剧

まりょく①【魔力】［名］魔力

まる⓪【丸】Ⅰ［名］①圆，圆圈△～をつける/划圈儿（表示正确）②整个，整体△～一年/整一年 ③城廓的内部 ④句号Ⅱ［接尾］（接在人、船、狗、刀等名字的后面）…丸△大雪（だいせつ）～/（船）大雪号

まる・い⓪【丸い・円い】［形］①圆形△～顔/圆脸 ②没棱角△えんぴつが～くなる/铅笔尖变秃 ③圆满，妥善△けんかを～くおさめる/妥善地平息纷争

まるき⓪【丸木】［名］原木【-橋（ばし）】［名］独木桥【-舟（ぶね）】④［名］独木舟

マルキシスト④【Marxist】［名］马克思主义者

マルキシズム④【Marxism】［名］马克思主义

まるた⓪【丸太】［名］剥去皮的圆木头，木料

まるで⓪［副］①（与否定语相呼应）完全，简直△〜覚えていない/完全不记得了 ②宛如，好像△〜絵のようだ/好像画一样

まるのみ⓪【丸呑（み）】［名］①整个呑下，囫囵呑下△〜にする/整个呑下 ②生呑活剥，囫囵呑枣△人の意見を〜にする/生搬硬套别人的意见

まる・める⓪【丸める】［他下一］①团起来，揉成团△紙くずを〜/把废纸团成一团 ②落发（出家）△頭を〜/落发出家 ③任意，恣意

まるやけ⓪【丸焼（け）】［名］烧光，烧尽

まれ②⓪【稀・希】［名］稀少，稀罕，少见△〜なできごと/罕见的事情

まわ・す⓪【回す】Ⅰ［他五］①转，转动△ハンドルを〜/转动方向盘 ②围上，绕△木になわを〜/把绳子绕在树上 ③转移 ④轮流，传递△〜して読む/传阅◇手（て）を回す/暗中布置 Ⅱ［接尾］上接动词连用形表示遍及四周△乗（の）り〜/四处周游

まわた⓪【真綿】［名］丝棉

まわり⓪［名］Ⅰ【周り】①周围，四周 ②附近△〜の者/附近的人 Ⅱ【回り】①转动，旋转△あたまの〜がにぶい/脑筋转得慢 ②蔓延，扩展△火の〜が早い/火势蔓延得快 ③巡回，巡访△年始（ねんし）〜/拜年 Ⅲ［接尾］【回り】①周数，圈数△時計の針がひと〜する/表针转一圈 ②（比较大小的）圈△ひと〜大きい入れもの/大一圈的容器 ③（年龄）轮△年がひと〜ちがう/年龄差一轮

まわりみち⓪【回り道】［名］绕路，远道

まわ・る⓪【回る】Ⅰ［自五］①转，旋转，运转 ②围绕，球绕△惑星が太陽のまわりを〜/行星围绕着太阳转 ③绕到，迂回△うら口に〜/绕到后门 ④巡回，巡访△あいさつに〜/依次拜访 ⑤绕道△帰りに友人の家に〜/回家路上绕道去朋友家 ⑥扩展，发作△酒が〜/酒劲发作 ⑦（时间）超过△五時を〜/时间已过五点 Ⅱ［接尾］（上接动词连用形表示）到处，四处△歩き〜/四处走动△にげ〜/四处逃窜

マン①【man】［名］①人，男人 ②（表示从事某种职业的）人△カメラ〜/摄影师

まん①【万】［名］万

まんいち①【万一】［名・副］①万一△〜の場合/万一的情况下△〜たりなかったら追加する/万一不够的话再加

まんいん⓪【満員】［名］满员

まんえん⓪【蔓延】［名・自サ］蔓延

まんが⓪【漫画】［名］①漫画 ②讽刺画

まんかい⓪【満開】［名］盛开

まんき⓪【満期】［名］满期

まんげつ①【満月】［名］满月

マンゴー①【mango】［名］芒果

まんさい⓪【満載】［名・他サ］满载

まんざい③【漫才】［名］相声

まんざら⓪【満更】［副］（与否定语相呼应表示）未必，不一定△〜でもない/未必不好

まんじ①【卍】［名］卍字，万字

まんじゅう③【饅頭】［名］包子

マンション①【mansion】［名］（高级）公寓

まんせい⓪【慢性】［名］慢性

まんぞく⓪【満足】［名・形动・自他サ］①满足△現状に～/满足现状 ②满意 ③〈数〉满足

まんちょう⓪【満潮】［名］涨潮

マンツーマン⓪【man-to-man】［名］一对一

まんてん③【満点】［名］①满分△～をとる/得满分 ②绝佳，顶好

マント①【（法）manteau】［名］斗篷

マンドリン⓪【mandolin】［名］（乐器）曼陀林

マントル①【mantle】［名］（地质）地幔

マントルピース⑤【mantelpiece】［名］壁炉

まんなか⓪【真（ん）中】［名］正中，正中央

まんねんひつ③【万年筆】［名］钢笔

まんぽ①【漫歩】［名・自サ］漫步

まんまる⓪③【真（ん）丸】［名・形动］很圆，非常圆

まんりき④⓪【万力】［名］台钳

み

み⓪【身】［名］①身体，躯体△～にまとう/穿在身上 ②立场，角度△相手の～になって考える/站在对方的立场上思考 ③（动物的）肉 ④刀身◇身から出(で)たさび/自作自受◇身につける/掌握；穿着；携带◇身のまわり/日常生活

み⓪【実】［名］①果实△～がなる/结果 ②内容△～がある/内容充实 ③（添加在酱汤里的）菜，肉

みあい⓪【見合（い）】［名］相亲【-結婚（けっこん）④】［名］经媒人介绍结婚

みあ・う⓪【見合う】Ⅰ［自五］平衡，相抵△支出に～収入/与支出相抵的收入 Ⅱ［他五］对视

みあ・げる⓪【見上げる】［他下一］①仰视，抬头看△令人敬佩△～げたものだ/令人敬佩

みあた・る⓪【見当(た)る】［自五］找到，发现

みあわ・せる⓪【見合(わ)せる】［他下一］①暂停，罢手 ②对视，互相看△顔を～/互相看着

みいだ・す⓪【見いだす・見出す】［他五］寻求，寻找△解決策を～/录求解决方法

ミーティング①⓪【meeting】［名］开会，商谈会

ミイラ①【（葡）mirra】［名］木乃伊

みう・ける⓪【見受ける】［他下一］①看上去，看起来 ②看到，见到

みうごき②④【身動き】［名］转动身体

みうしな・う⓪【見失う】［他五］看不见，看丢△すがたを～/不见踪影

みうち⓪【身内】［名］①全身，周身 ②亲戚，亲属△～の者/亲戚 ③帮会弟兄

みえ②【見え】［名］①外表，虚荣，门面 ②（演员）亮相◇見えを張(は)る/装门面

み・える②【見える】［自下一］①看得见，映入眼帘△山が～/看见有座山 ②能看清楚△へやのな

かが暗くて〜えない/房间里很暗，看不见 ③看上去像…，似乎，好像△五十歳に〜/看上去像五十岁 ④（敬语）来△「お客様が〜えました」/"客人来了"

みおくり⓪【見送り】［名］送行

みおく・る⓪【見送る】［他五］①目送 ②送行，送别△客を〜/送客 ③放弃（而等待下次机会）△採用を〜/回绝录用 ④送终

みおと・す⓪【見落（と）す】［他五］看漏，忽略过去△誤字を〜/将错别字看漏过去

みおとり⓪【見劣（り）】［名］逊色

みおぼえ⓪【見覚え】［名］眼熟，仿佛见过△〜がある/仿佛见过

みおろ・す⓪【見下ろす】［他五］俯视，俯瞰，往下看△二階の窓から〜/从二楼往下看

みかい⓪【未開】［名］①未开化△〜人（じん）/未开化的人【-社会（しゃかい）】④［名］未开化的社会 ②未开垦△〜の土地/未开垦的土地

みかいけつ②【未解決】［名・形动］未解决

みかく⓪【味覚】［名］味觉

みが・く⓪【磨く・研く】［他五］①磨，研△歯（は）を〜/刷牙△靴を〜/擦鞋 ②磨练，修练△うでを〜/修练技艺

みかけ⓪【見掛（け）】［名］外表，表面【-だおし④】［名］徒有其表，空有虚名

みかける⓪【見掛ける】［他下一］看到，见到

みかた③②【見方】［名］①看的方法 ②看法，想法△〜をかえる/改变看法

みかた⓪【味方】［名］我方，同伙△〜になる/成为自己人

みがって②【身勝手】［名・形动］恣意，为所欲为△〜なふるまい/为所欲为的表现

みがる⓪【身軽】［形动］①轻盈，灵活 ②轻装△〜な服装/轻便的服装 ③（无负担）轻松△〜なひとり者（もの）/轻松一人

みかわ・す⓪【見交わす】［他五］互相看对方

みかん①【蜜柑】［名］桔子

みかんせい②【未完成】［名・形动］未完成，未完△〜の作品/尚未成的作品

みき①【幹】［名］①树干 ②（事物的）主体

みぎ⓪【右】［名］①右，右侧△〜の手/右手【-側（がわ）⓪】［名］右侧，右边【-手（て）⓪】［名］右手；右侧 ②（竖写文章时的）上文，前文△〜のとおり/正如前所述 ③保守，右倾【-寄（より）り⓪】［名］右倾 ④（用「右に出（で）る」的形式表示）胜过，强于△走ることにかけては、彼の〜に出る者はいない/说起跑步，没人比得上他

みきき①【見聞き】［名・自他サ］见闻，所见所闻

ミキサー①【mixer】［名］①（建筑）搅拌机 ②搅果汁器

みぎひだり③【右左】［名］①左右 ②左右颠倒

みくだ・す⓪【見下す】［他五］蔑视，小看，蔑视

みくび・る⓪【見くびる・見縊る】［他五］轻视，藐视△相手を〜/藐视对方

みくら・べる④【見比べる】［他下一］对比，比较

みぐるし・い④【見苦しい】［形］肮脏，不整洁

ミクロ①【（徳）Mikro】［名］微小，微观△〜の世界/微观世界

【-経済(けいざい)④】[名]微观经济

みけいけん②【未経験】[名]没体验过

みこ⓪①【神輿】[名](祭祀时装神位的)神轿

みこ・す⓪【見越す】[他五]预测,展望△先を～/展望未来

みごと①【見事】[形动]①出色,精彩△～なプレー/出色的比赛 ②完全,彻底△～にしくじる/彻底失败

みこみ⓪【見込(み)】[名]希望,前途△～がある/有希望

みこ・む⓪【見込む】[他五]①期待△きみを男と～んでたのみがある/觉得你是个男子汉,所以有件事请你帮忙 ②估计在内,推算在内△電車のおくれを～んで早めに出かける/把电车晚点时间估计在内,提前出门 ③纠缠住,盯上

みごろ③②【見ごろ・見頃】[名]观赏时节

みこん⓪【未婚】[名]未婚△～の女性/未婚的女性

ミサ①【(拉)missa】[名]〈宗〉弥撒

ミサイル②【missile】[名]导弹【核(かく)-④】[名]核导弹

みさき⓪①【岬】[名]岬,海角

みさ・げる⓪【見下げる】[他下一]轻视,蔑视,瞧不起

みさだ・める⓪【見定める】[他下一]看准,认准

みじか・い③【短い】[形]①短△足が～/腿短 ②(时间)短暂,短促△～時間/短时间◇気(き)が短い/性急

みじたく②【身支度】[名・自サ]打扮(做外出的准备)

みじめ①【惨め】[形动]悲惨,凄惨

みじゅく⓪①【未熟】[形动]①未成熟 ②不熟练

みしょう⓪【未詳】[名]不详

みしらぬ⓪【見知らぬ】[连体]不认识的,没见过的△～人/不认识的人

ミシン①【sewing-machine】[名]缝纫机△～をかける/使用缝纫机△～をふむ/踏缝纫机

ミス①【Miss】[名]①(对未婚女子的称呼)小姐 ②选美赛的优胜者

ミス①【miss】[名・自サ]错误,失误△～をおかす/出差错

みず⓪【水】[名]①水 ②生水

みずあか⓪【水あか・水垢】[名]水垢

みすい⓪【未遂】[名]未遂【殺人(さつじん)-⑤】[名]杀人未遂

みずいろ⓪【水色】[名]淡蓝色,浅蓝

みずうみ③【湖】[名]湖,湖泊

みずえ⓪【水絵】[名]水彩画

みす・える⓪【見据える】[他下一]①目不转睛地看△相手を～/目不转睛地看着对方 ②看准

みずかさ⓪【水かさ・水嵩】[名](河川等的)水位

みずから①【自ら】Ⅰ[副]亲自,亲身Ⅰ[名]自己△～の手ではじめてやいた陶器/第一次亲手烧制的陶器

みずがれ⓪④【水が(れ)・水涸(れ)】[名]干涸

みずぎ⓪【水着】[名]游泳衣

みずききん④③【水飢饉】[名]干旱

みずくさ⓪【水草】[名]水草

みずけ⓪【水気】[名]水分

みすご・す⓪【見過ごす】[他五]①忽略,看漏 ②视而不见,放过△だまって～せない/绝不能视

而不见

ミスター①【Mister】［名］先生

みずたま⓪【水玉】［名］①水珠 ②圆点图案

みずたまり⓪【水たまり・水溜（ま）り】［名］水坑,水洼

みずっぽ・い④【水っぽい】［形］水分多,不够味△～酒/味不浓的酒

みずでっぽう③【水鉄砲】［名］喷水枪（儿童玩具）

ミステリー①【mystery】［名］①神秘;不可思议 ②推理小说

みす・てる⓪【見捨てる・見棄てる】［他下一］抛弃

みずとり⓪【水鳥】［名］水鸟

みずぶくれ③⑤【水膨（れ）】［名］水肿,起泡;（水）泡涨

ミスプリント④【misprint】［名］印刷错误,印错

みすぼらし・い⑤①【形］寒酸,寒碜△～かっこう/寒酸相

みずみずし・い⑤【瑞瑞しい】［形］水灵,新鲜,细嫩△～くだもの/新鲜的水果△～はだ/细嫩的皮肤

みずむし⓪④【水虫】［名］脚癣,脚气

みずわり⓪【水割（り）】［名］兑水（酒）,掺水（酒）

みせ②【店】［名］商店,店铺

みせいねん②【未成年】［名］未成年【-者（しゃ）④】［名］（未满二十岁的）未成年的人

みせか・ける⓪【見せかける】［自下一］假装,装作

ミセス①【Mistress】［名］夫人,太太

みせつ・ける⓪【見せつける】［他下一］显示,卖弄

みせびらか・す⑤【見せびらかす】［他五］显示,卖弄,炫耀

みせびらき③【店開き】［名・自サ］①（一天的营业开始）营业 ②（店铺）开张

みせもの④③【見世物】［名］①（杂耍、魔术等）小节目 ②被人嘲弄的对象

み・せる②【見せる】Ⅰ［他下一］①给…看,展示,出示△ちょっと～せて下さい/请给我看看△医者に～/让医生看病 ②显露出△えがおを～/露出笑容Ⅱ［补动］①表示说话人的决心和意志△どんなことがあってもやりとげて～/不管出现什么事情,我都会坚决完成 ②表示做给别人看△先生がまずやって～せた/老师先做了示范

みぜん⓪【未然】［名］未然△～にふせぐ/防患于未然

みそ①【味噌】［名］①豆酱 ②豆酱似的东西【脳（のう）-③】［名］脑浆 ③独特之处◇みそもくそも一緒（いっしょ）/黑白不分,不分好坏◇みそをつける/丢脸

みぞ【溝】［名］①沟△～をほる/挖沟 ②纹,槽儿 ③隔阂△～ができる/出现隔阂

みぞう⓪②【未曾有】［名・形動］从未有过,空前绝后△～の大地震/空前绝后的大地震

みそこな・う⓪【見損なう】［他五］①看错,评价错 ②错过看的机会△映画を～/错过一场电影

みそしる③【味噌汁】［名］酱汤

みそ・める⓪【見初める】［他下一］一见钟情

みぞれ⓪【霙】［名］雨雪

みたい［接尾］（接体言、用言连体形、形容动词词干,构成形容动词表示）①像,如同△ゆめ～な話/像梦一般的话 ②（举例）像…那样△夏は水瓜～な水气の多いく

だものがおいしい/夏天像西瓜那样水份多的水果好吃 ③可能，大概，好像△どうも熱がある～だ/好像发烧了

みだし⓪【見出（し）】［名］①标题△～をつける/加标题 ②索引，目录

みた・す②【満たす】［他五］①灌满，注满△ガソリンを～/灌满汽油 ②满足△条件を～/满足条件

みだ・す②【乱す】［他五］搅乱，弄乱△髪（かみ）を～/弄乱头发

みだら①【淫ら】［形動］淫乱，淫荡

みだ・れる③【乱れる】［自下一］①乱，杂乱，混乱△心が～/心里乱△服装が～/衣冠不整△ことばが～/语无伦次 ②不安定，动乱△世のなかが～/社会动荡

みち⓪【道・路・途】［名］①路，道路△～をたずねる/问路 ②路程，路途△～が遠い/路途遥远 ③门路△なんとかして助ける～はないだろうか/有没有解救的门路 ④领域△そろぞれの～で活躍する/活跃在各个领域 ⑤道德

みち①【未知】［名］未知△-数（すう）②［名］未知数

みちあんない③【道案内】［名］①路标 ②向导

みぢか⓪【身近】［名・形動］①切身△～な問題/切身问题 ②身边，身旁

みちが・える⓪【見違える】［他下一］认不出来△すっかり大きくなって～えたよ/长大了，都认不出来喽

みちじゅん⓪【道順】［名］路线

みちしるべ③⑤【道しるべ・道標】［名］①路标 ②向导，指南

みちづれ⓪④【道連（れ）】［名］同行，同行者

みちばた⓪【道端】［名］路边，路旁

みちび・く③【導く】［他五］①领，带，引△広間（ひろま）へ～/领到大厅 ②指导，引导，领导

み・ちる②【満ちる】［自上一］①满△水が～/水满（了）②充满△自信に～/充满自信 ③（潮）涨，潮△潮が～/涨潮 ④期满△任期が～/任期届满

みっか⓪【三日】［名］①（每月的）三号 ②三天 ③时间短，无长性△-天下（てんか）④/短命政权△-坊主（ぼうず）④［名］做事无长性的人

みつが⓪【密画】［名］工笔画

みつかど⓪【三（つ）角】［名］①三角 ②三岔口

みつか・る⓪【見つかる】［自五］①找到，发现△仕事が～/找到工作 ②败露，被发觉

みつぎ①②【密議】［名］密谈

ミックス①【mix】［名・他サ］混合，掺混

みつげつ②⓪【蜜月】［名］蜜月△-旅行（りょこう）⑤［名］蜜月旅行

みつ・ける⓪【見付ける】［他下一］①找，寻找△仕事を～/找工作 ②发现 ③看惯△～けた風景/看惯的景色

みっこく⓪【密告】［名・他サ］告密

みっしゅう⓪【密集】［名・自サ］密集，稠密

ミッションスクール⑥【mission school】［名］教会学校

みっせつ⓪【密接】Ⅰ［名・自サ］紧接，紧挨 Ⅱ［形動］密切，紧密

みっちゃく⓪【密着】［名・自サ］①息息相关，有密切关系△生活に～する/与生活紧密相关 ②（摄

影)印相,印相纸
みっつ③【三つ】[名] ①三个 ②三岁
みつど①【密度】[名] ①密度【人口(じんこう)-⑤】[名] 人口密度 ②〈物〉密度△～が大きい/密度大 ③(小说、电影等)内容△～がこい/内容充实
みっともな・い⑤ [形] 不像样子，丢人，丑恶
みつばち②【蜜蜂】[名] 蜜蜂
みっぺい⓪【密閉】[名・他サ] 密封，封闭
みつ・める⓪【見つめる・見詰める】[他下一] 凝视，盯着
みつもり⓪【見積(も)り】[名] 估算，估计
みつも・る⓪【見積(も)る】[他五] 估算,估计△経費を～/估算经费
みつゆ⓪【密輸】[名・他サ] 秘密输出(入),(进出口的)走私
みづら・い③【見辛い】[形] ①不堪入目 ②不易看
みつりん⓪【密林】[名] 密林
みてい⓪【未定】[名・形动] 未定
みてくれ⓪【見てくれ】[名]外观，外表△～がいい/外观好看
みとおし⓪【見通し】[名]①瞭望，看得远△～がきく/便于瞭望 ②预测，预计 ③看透，看穿
みとお・す⓪【見通す】[他五] ①瞭望，一眼望尽 ②展望，预测△将来を～/展望未来 ③看透，看穿△心を～/看透心思 ④从头看到尾，一直看完
みどころ②【見所】[名] ①精采场面 ②前途，出息△彼はどこか～のある若者だ/他是个有前途的年轻人
みとど・ける⓪【見届ける】[他下一] 看到最后△最期(さいご)を～/送终
みと・める⓪【認める】[他下一] ①看见，看到△すがたを～/看到身影 ②断定，认为△異状が～められる/断定异常 ③准许，许可△外出を～/允许外出 ④承认△あやまりを～/认错 ⑤赏识，重视△世に～められる/为社会所承认△仕事ぶりを～/赏识(他的)工作态度
みどり①【緑】[名] ①绿，绿色 ②绿树，嫩芽
みと・れる⓪【見とれる】[自下一] 看得入神，看得入迷△けしきに～/为景色所吸引
みな【皆】Ⅰ⓪①[副] 全，都，皆△家中の者が～行く/家里人都去 Ⅱ②①[代] 诸位，各位
みなお・す⓪【見直す】[他五] ①再看，重看 ②重议，重新研究△外交政策を～/重议外交政策 ③重新认识，重新评价
みなかみ⓪【水上】[名](江河) 上游
みなぎ・る③【漲る】[自五] 充满△闘志が～/斗志昂扬
みなさま②【皆様】[代] 各位，诸位
みなしご③⓪【孤児】[名] 孤儿
みな・す⓪【見なす・看做す・見做す】[他五] 看做，作为
みなと⓪【港・湊】[名] 港口，码头
みなみ⓪【南】[名] 南，南边
みなもと⓪【源】[名] ①源头，水源 ②起源△文明の～/文明的起源
みならい⓪【見習(い)】[名]见习，实习【-工(こう)⓪】[名]学徒工
みなら・う⓪【見習う】[他五] ①模仿,以…为榜样△兄を～/仿效哥哥 ②见习，学习
みなり①【身なり】[名] 装束，打

扮

みな・れる⓪【見慣れる】[自下一] 看惯

ミニ①【mini】[名] 小，短【-カー⓪】[名] 小型汽车【-スカート④】[名] 超短裙

みにく・い③【醜い】[形] ①不好看，难看△～な身なり/难看的装束 ②丑恶，丑陋

ミニマム①【minimum】[名] 最小，极小，最小值

みぬ・く⓪【見抜く】[他五] 看穿，看透，看破

みね⓪②【峰・峯】[名] ①峰，山峰 ②刀背

みのうえ④【身の上】[名] ①身世，经历△～を明かす/讲明身世 ②命运，运气△～をうらなう/算命

みのが・す⓪【見逃す】[他五] ①放过，饶恕△罪を～/饶恕罪行 ②看漏，漏看 ③错过△好機を～/错过好机会

みのしろきん⓪【身の代金】[名] 赎金

みのまわり⓪【身の回り】[名] ①日常生活△～のせわをする/照料日常生活 ②日常（生活）用品

みの・る⓪②【実る・稔る】[自五] ①结果实，成熟△稲（いね）が～/稻谷成熟 ②有成绩，有结果

みはり⓪【見張（り）】[名] ①看守，警戒 ②岗哨，值班人

みは・る⓪【見張る】[他五] 看守，警戒△犯人を～/看管犯人◇目（め）を見張る/瞪目而视

みぶり⓪①【身振（り）】[名] 姿势，姿态【手振（てぶり）⓪①】[名] 动作手势

みぶるい②③【身震い】[名] 发抖，打颤△～がする/浑身发抖

みぶん①【身分】[名] 身份，地位△～がある/有身份【-証明書（しょうめいしょ）⑥】[名] 身份证

みぼうじん②【未亡人】[名] 遗孀

みほん⓪【見本】[名] ①样品，样本 ②例子，典型

みまい⓪【見舞（い）】[名] ①探望，慰问，问候【暑中（しょちゅう）-④】[名] 暑期问候 ②慰问品

みま・う⓪【見舞う】[他五] ①探望，慰问，问候△病人を～/探望病人 ②揍，打 ③遭受△災害に～われる/遭受灾害

みまも・る⓪【見守る】[他五] ①照顾，照料△子供を～/照顾孩子 ②注视，观注

みまわ・す⓪【見回す】[他五] 环视，环顾

みまわ・る⓪【見回る】[自五] 巡视，巡查

みまん①【未満】[名] 未满，不满△三十歳～/不满三十岁

みみ②【耳】[名] ①耳，耳朵 ②听，听力△～がいい/听力好【初（はつ）-⓪】[名] 第一次听说 ③（器物的）耳子，提手△なべの～/锅的耳子 ④（面包等的）边儿，缘△パンの～/面包边儿◇耳が遠（とお）い/耳背◇耳が早（はや）い/消息灵通◇耳にする/听到◇耳にたこができる/听腻◇耳にはさむ/偶尔听到◇耳を傾（かたむ）ける/倾听◇耳を澄（す）ます/侧耳倾听

みみあか④⓪【耳あか・耳垢】[名] 耳垢，耳屎

みみうち④③【耳打（ち）】[名・自サ] 耳语

みみかざり③【耳飾（り）】[名] 耳饰，耳环

みみざわり③【耳障り】[名・形動] 刺耳

みみず⓪【蚯蚓】［名］蚯蚓

みみたぶ③【耳たぶ・耳朶】［名］耳垂

みみなり④⓪【耳鳴（り）】［名］耳鸣△～がする/耳鸣

みみもと④【耳元・耳許】［名］耳根

みもと③⓪【身元・身許】［名］①经历，来历【-調査（ちょうさ）④】［名］经历调查【-不明（ふめい）④】［名］来历不明 ②身份【-保証（ほしょう）④】［名］担保【-保証人（ほしょうにん）⓪】［名］保人

みもの③【見物】［名］值得一看的东西

みゃく②⓪【脈】［名］①脉，血管 ②脉搏△～をみる/诊脉◇脈がある/有望

みゃくはく⓪【脈拍・脈搏】［名］脉搏

みゃくらく⓪【脈絡】［名］脉络

みやげ⓪【土産】［名］①土产，土产品 ②礼物，礼品

みやこ⓪【都】［名］①首都，首府 ②都市，城市

みやす・い③【見やすい・見易い】［形］①容易看，容易看清△～席/易观赏的席位 ②浅显，易懂△～道理/浅显的道理

みやぶ・る③【見破る】［他五］看穿，识破△正体を～/识破真面目

ミュージック①【music】［名］音乐【ダンス-⑥】［名］舞曲【-ホール④】［名］音乐厅

みょう①【妙】Ⅰ［名］妙，出色，巧妙Ⅱ［形動］奇怪，怪△～な男/奇怪的男人

みょうあん⓪【妙案】［名］好主意，妙计△～がうかぶ/想出妙计

みょうじ①【名字・苗字】［名］姓

みょうれい⓪【妙齢】［名］妙龄△～の女性/妙龄女子

みより⓪【身寄（り）】［名］亲人，亲属

ミラー①【mirror】［名］①镜子 ②反光镜

みらい①【未来】［名］未来，将来【-派（は）⓪】［名］〔艺术〕未来派

ミリ①【（法）milli】［名］①毫，千分之一 ②（「ミリメートル」的简称）毫米

ミリグラム③【（法）milligramme】［名・接尾］毫克

ミリバール③【（法）millibar】［名・接尾］〔气压〕毫巴

ミリメートル③【（法）millimètre】［名・接尾］毫米

みりょく①⓪【魅力】［名］魅力△～がある/富有魅力

ミリリットル③【（法）millilitre】［名・接尾］毫升

みる①Ⅰ［他上一］【見る】①看，观看△花を～/赏花△ゆめを～/做梦 ②阅读 ③品尝△味を～/品尝味道 ④观察△夕方の空模様（そらもよう）からみて，あしたの天気はまちがいない/从傍晚的天空来看，明天准是个好天 ⑤照看，照料，处理△事務を～/处理事务【診る】诊察，看病△患者を～/诊治病人△病気を～/看病Ⅱ［補動］试试看△まんがを書いてみた/试着画了幅漫画◇ばかをみる/吃亏◇痛（いた）い目（め）をみる/倒霉

みるからに①【見るからに】［副］一看就…△～おいしそう/一看就很香

ミルク①【milk】［名］①牛奶 ②炼乳 ③乳液

みるみるうちに①【見る見るうちに】［副］眼看着，转眼间△～あたりが暗くなってきた/转眼间天就黑了下来

みれん⓪【未練】[名・形动]留恋，依恋△〜がある/恋恋不舍【-がまし・い⑥】[形]不干脆，不果断

みわ・ける⓪【見分ける】[他下一]区分，分辨△ほんものを〜/分辨真货

みわた・す⓪【見渡す】[他五]①远望△〜限りの大海原（おおうなばら）/一望无际的大海 ②环视，环顾△会場を〜/环视会场

みんい①【民意】[名]民意

みんか①【民家】[名]民宅

みんかん⓪【民間】[名]民间【-放送（ほうそう）⑤】[名]民间电台

みんけん⓪【民権】[名]民权

みんじ①【民事】[名]民事

みんしゅ①⓪【民主】[名]民主【-主義（しゅぎ）④】[名]民主主义

みんしゅう⓪【民衆】[名]民众，大众

みんしゅく⓪【民宿】[名]（滑雪、游泳季节，农民开办的）临时简易旅馆

みんじょう⓪【民情】[名]民情

みんしん⓪【民心】[名]民心

みんぞく①【民俗】[名]民俗【-学（がく）④】[名]民俗学

みんぞく①【民族】[名]民族【-意識（いしき）⑤】[名]民族意识

みんな③⓪【皆】（「みな」的口语表现）→みな

みんぽう①【民法】[名]〈法〉民法

みんよう⓪【民謡】[名]民谣，民歌

みんわ⓪【民話】[名]民间传说

む

む①【無】[名]①无，没有△〜から有（ゆう）を生（しょう）じる/从无到有 ②徒劳，白费，化为乌有△長年（ながねん）の苦労を〜にする/长年的辛苦化为乌有

むい①【無為】[名]无为

むいか⓪【六日】[名]①六号，六日 ②六天

むぎ②【無意義】[名・形动]无意义

むいしき②【無意識】[名・形动]①昏迷，失去意识 ②下意识，无意识

むいちもん③【無一文】[名]身无分文

むいみ②【無意味】[名・形动]无意义，无价值

むえき①【無益】[名・形动]无益

むえん⓪【無縁】[名・形动]①无缘，无关 ②死后无亲友吊祭△〜仏（ほとけ）/野鬼

むかい⓪【向（か）い】[名]对面△〜の家/对面的住宅△お〜さん/对门的邻居【-合（あ）わせ⓪】[名]面对面

むがい①【無害】[名・形动]无害

むがい①【無蓋】[名]无盖，无顶【-貨車（かしゃ）④】[名]敞篷货车

むか・う⓪【向かう】[自五]①面对，面向，朝着△机に〜/面对桌子 ②迎击，对抗△敵に〜/迎敌 ③去，往△東京に〜/去东京 ④趋向，接近△暑さに〜/渐渐热起来

むかえ⓪【迎え】[名]迎接，接△

〜に行く/去迎接

むか・える⓪【迎える】［他下一］①迎接，接 ②请来，请△専門家を〜/请来专家 ③迎接（某一时期的来临）△新年を〜/迎接新年△死を〜/面临死亡

むがく①【無学】［名・形动］不学无术

むかし⓪【昔】［名］往昔，从前【ひと-②】［名］十年前【-话（ばなし）④】［名］传说，故事

むかつ・く⓪【自五】①恶心，想呕吐△胸が〜/心里恶心 ②不高兴，生气

むかで⓪【百足・蜈蚣】［名］蜈蚣

むがむちゅう①-⓪【無我夢中】［名］热中得忘掉一切，拼命△〜で逃げる/拼命逃窜

むかんけい②【無関係】［名・形动］无关，没关系

むかんしん②【無関心】［名・形动］不关心，不感兴趣

むき①【向き】［名］①方向△〜が变わる/方向变了 ②人△ご用の〜は受付（うけつけ）へおいでください/有事的人请到传达室 ③内容，趣旨 ④（行为等的）倾向 ⑤适合，合适△子ども〜の本/适合儿童阅读的书◇向きになる/（为一点小事）认真，生气

むき①【無期】［名］无期

むぎ①【麦】［名］麦，麦子

むきあ・う③【向（き）合う】［自五］相对，面对面

むきかごうぶつ④【無機化合物】［名］无机化合物

むきげん②【無期限】［名］无期，无期限【-スト⑤】［名］无限期罢工

むぎこ③②【麦粉】［名］麦粉，面粉

むきめい②【無記名】［名］无记名【-投票（とうひょう）⑤】［名］无记名投票

む・く⓪【向く】［自他五］①向△海に〜いた窓/朝海的窗户 ②（向某一方向）移动 ③适合△君は医者に〜/你适合当医生

む・く⓪【剥く】［他五］剥，剥开△皮（かわ）を〜/剥皮◇目（め）をむく/瞪眼睛◇歯（は）をむく/生气

むくい⓪②【報（い）】［名］报应△〜をうける/得到报应

むく・いる⓪③【報いる】［自他上一］酬劳，报答△労に〜/酬劳

むくち①【無口】［名・形动］沉默寡言，不爱说话△〜な人/沉默寡言的人

-むけ【向け】［接尾］以…为对象，面向△子ども〜の本/儿童读物

むく・む⓪②【浮腫む】［自五］浮肿

む・ける⓪【向ける】［他下一］①向，朝△顔を〜/转脸△背を〜/转身 ②派遣△使者を〜/派遣使者 ③调拨，挪用△予備費を穴うめに〜/用机动资金填补亏损△目（め）を向ける/注视△注意（ちゅうい）を向ける/观注

むげん⓪【無限】［名・形动］无限

むこ①【婿・聟・壻】［名］婿，女婿【花（はな）-③】［名］新郎

むご・い②【惨い・酷い】［形］①悲惨 ②残酷，残忍

むこう⓪【向こう】［名］①对面△〜の山/对面的山 ②那边，那边△〜じゃいまごろ雪がふっているだろう/那里现在正在下雪吧 ③远处，远方 ④以后，从今以后△三月から〜はいそがしくなる見こみだ/看来从三月以后该忙了 ⑤对方△〜の言い分（ぶん）/对方的辩解

むこう⓪【無効】［名・形动］无效

△～になる/失效，无效

むごん⓪【無言】［名］无言，沉默不语-劇（げき）②［名］哑剧

むざい⓪①【無罪】［名］无罪

むさくるし・い⑤［形］肮脏，乱七八糟

むさぼ・る③【貪る】［他五］贪婪△～ように本を読む/贪婪地读书

むさんかいきゅう④【無産階級】［名］无产阶级

むし⓪【虫】［名］①虫，虫子 ②（熱衷于某一事情的）人△本の～/书呆子△仕事の～/只知道工作的人-弱（よわ）-②［名］懦夫【泣（な）き-③④［名］爱哭的人◇虫がいい/自私自利◇虫が知（し）らせる/不祥的预感◇虫が好（す）かない/讨厌，厌恶◇腹（はら）の虫がおさまらない/怒气难消

むし⓪【無視】［名・他サ］无视

むし⓪【無私】［名・形動］无私△～の心/无私之心

むしあつ・い④【蒸し暑い】［形］闷热

むしくだし③【虫下し】［名］打虫药

むじつ⓪【無実】［名］①无事实根据△～の罪/无实之罪 ②无实

むしなべ③【蒸し鍋】［名］蒸锅

むしば①【虫歯】［名］虫牙，蛀齿，龋齿

むしぶろ⓪②【蒸し風呂・蒸し風呂】［名］蒸气浴

むしめがね③【虫眼鏡】［名］放大镜

むしゃ①【武者】［名］武士

むじゃき①【無邪気】［名・形動］天真，单纯

むじゅん⓪【矛盾】［名・自サ］矛盾

むじょう⓪【無常】［名・形動］①（佛教）无常 ②人世无常

むじょう⓪【無情】［名・形動］无情

むじょうけん②【無条件】［名］无条件-降伏（こうふく）⓪［名］无条件投降

むしょく①【無色】［名］①无色 ②无党无派，中立△～の立場/中立的立場

むしょく①【無職】［名］无职业

むしよけ④⓪【虫除（け）】［名］驱虫剂，驱虫药

むし・る⓪【毟る・抄る】［他五］①拔，薅，揪△毛を～/拔毛 ②剥，撕△さかなの肉を～/剥鱼肉

むしろ③【蓆・筵】［名］席子

むしろ①【寧ろ】［副］与其…不如…，倒不如△いいかげんにするくらいなら，～しない方がいい/马马虎虎地干倒不如不干

むしんけい②【無神経】［名・形動］感觉迟钝

むしんろん②【無神論】［名］无神论

む・す①【蒸す】［自他五］①蒸△ご飯を～/蒸饭 ②闷热

むすう②【無数】［名・形動］无数

むずかし・い⓪【難しい】［形］①难懂，不易理解△～文章/难懂的文章 ②复杂，麻烦，难解决△～仕事/复杂的工作 ③不好对付，好挑剔△～人物/不好对付的人 ④疑难，难治的病△～病気/疑难病 ⑤不高兴△～顔/不高兴的样子

むずがゆ・い⓪④【むず痒い】［形］刺痒

むすこ①【息子】［名］儿子，男孩子△うちの～/我儿子

むすび⓪【結（び）】［名］①结△蝶（ちょう）-③［名］蝴蝶结 ②结尾

△演説の～/演说的结束语 ③饭团

むすびめ⓪【結(び)目】[名]结扣，扣儿

むす・ぶ⓪【結ぶ】[自他五]①连接△直線で～/用直线连接 ②签订，缔结△契約を～/签合同 ③系△ネクタイを～/打领带 ④结束△会を～/结束会议 ⑤结(果)△実を～/结果

むすめ③【娘】[名]①女儿 ②年轻姑娘

むすめむこ【娘婿】[名]女婿

むせい⓪【無声】[名]无声△-映画(えいが)④【-化(か)④[名](发音的)无声化

むぜい①【無税】[名]免税

むせいげん②【無制限】[名・形动]无限制

むせいふ②【無政府】[名]无政府△-主義(しゅぎ)⑤[名]无政府主义

むせいせいしょく④【無性生殖】[名]无性生殖，无性繁殖

むせいぶつ②【無生物】[名]无生物

むせきにん②【無責任】[名・形动]不负责任

むせびな・く⓪【咽せび泣く・咽び泣く】[自五]抽泣

むせ・ぶ②【噎ぶ・咽ぶ】[自五]①(因烟，食物等)噎，呛 ②抽泣

む・せる②【噎せる】[自下一]①(食物)噎 ②(烟)呛

むせん⓪【無線】[名]①无线电△-放送(ほうそう)④[名]无线电广播 ②(「無線電信」的简称)无线电通讯 ③(「無線電話」的简称)无线电话

むそう⓪【夢想】[名・他サ]梦想

むぞうさ②【無造作】[名・形动]

①简单，容易 ②漫不经心，随便

むだ⓪【無駄】[名・形动]徒劳，白费△～になる/徒劳

むだあし⓪【無駄足】[名]白跑腿，空跑△～をふむ/白跑一趟

むだぐち⓪【無駄口】[名]废话;闲聊

むだづかい③【無駄遣い】[名]浪费(钱，物等)

むだばなし③【無駄話】[名]废话，没用的话;闲聊

むだん①⓪【無断】[名]擅自△～で使う/擅自使用

むち①【鞭・笞】[名]①鞭，鞭子 ②教鞭

むち①【無知・無智】[名・形动]无知，愚昧

むち①【無恥】[名・形动]无耻

むちゃ①【無茶】[名・形动]蛮不讲理，蛮横，过分△～を言う/蛮不讲理△～をする/胡作非为

むちゃくちゃ⓪【無茶苦茶】[名・形动]①胡乱，乱七八糟 ②过分

むちゅう⓪【夢中】[名・形动]①专心，着迷，热中△～になる/着迷 ②不顾一切，拼命△～で逃げた/不顾一切地逃走了 ③梦中，梦境中

むっつ③【六つ】[名]①六，六个 ②六岁

むつまじ・い④⓪【睦まじい】[形]和睦

むてき①【無敵】[名・形动]无敌

むてっぽう②【無鉄砲】[名・形动]鲁莽，顾前不顾后

むでん①【無電】[名]①(「無線電信」的简称)无线电报△～をうつ/拍电报 ②(「無線電話」的简称)无线电话

ムード①【mood】[名]气氛，情调

むとんじゃく②【無頓着】[名・形

动] 不介意，不在乎，不讲究

むなぐるし・い⑤【胸苦しい】[形] 胸闷

むなげ⓪【胸毛】[名] 胸毛

むなさわぎ③⑤【胸騒ぎ】[名・自サ] 忐忑不安，不祥之感△～がする/忐忑不安

むなざんよう③【胸算用】[名] 内心盘算

むなし・い⓪③【空しい・虚しい】[形] ①空洞，空虚△～生活/空虚的生活 ②徒劳，枉然△～努力/徒劳的努力

むに①【無二】[名] 无双△～の親友/最好的朋友

むね②【旨】[名] ①意思，内容 ②宗旨△当店では、サービスを～としております/本店以服务周到为宗旨

むね⓪②【棟】Ⅰ[名] ①屋脊 ②梁，大梁 Ⅱ[接尾] 栋，幢

むね②【胸】[名] ①胸△～に手をあてて考える/打心自问 ②肺△～の病気/肺病 ③心，心脏△～がどきどきする/心呼呼地跳△～がつぶれる/心碎◇胸が痛（いた）む/心痛◇胸が一杯（いっぱい）になる/非常激动◇胸が騒（さわ）ぐ/忐忑不安◇胸をなでおろす/放下心来◇胸を張（は）る/趾高气扬

むのう⓪【無能】[名・形動] 无能

むひ①【無比】[名] 无比

むひょうじょう②【無表情】[名・形動] 无表情

むふんべつ②【無分別】[名・形動] 好坏不分，不知好歹

むみかんそう①-⓪【無味乾燥】[形动] 枯燥无味

むめい⓪【無名】[名] ①无名 ②名气△～の新人/无名新人 ③匿名，没写姓名

むやみ①【無暗・無闇】[形动] ①随意，胡乱△～なことをするな/不要胡闹 ②拼命，过分，过度△～に食べる/拼命吃

むゆうびょう⓪【夢遊病】[名] 梦游病

むよう①⓪【無用】[名・形动] ①闲，没有事情△～の者の立ち入りを禁ず/闲人免进 ②无需，不必要△心配はご～です/无需担心

むよく⓪【無欲・無慾】[名・形动] 寡欲，无欲望

むら⓪[名・形动] ①(颜色) 深浅不均 ②朝三暮四，易变

むら②【村】[名] ①村落，村子 ②(行政区划) 村

むらが・る③【群がる】[自五] 聚集，群集△ありが～/蚂蚁聚集在一起

むらさき②【紫】[名] ①紫，紫色 ②酱油

むらびと②⓪【村人】[名] 村民

むり①【無理】[名・形动] ①无理，不讲道理 ②勉强，硬干△～をする/勉强 ③过分，难以做到△～な注文/过分的要求

むりすう②【無理数】[名] 〈数〉无理数

むりやり⓪【無理やり】[副] 强迫，硬

むりょう①⓪【無料】[名] 免费

むりょく①【無力】[名・形动] ①无力，没有力气 ②软弱，无钱无势

むれ②【群（れ）】[名] 群，帮，伙△羊の～/羊群

む・れる②【群れる】[自下一] 汇集，云集，成群

むろん⓪【無論】[副] 当然△～、きみのせいではない/当然不是你的过错

め

め①【目】Ⅰ［名］①眼睛△～をあける/睁眼△～をみはる/瞪眼△目をさます/醒 ②看，瞧△目をつける/看△目にうかぶ/浮现在眼前△目にとめる/看到△目もくれない/不屑一顾 ③目光△好奇の～/好奇的眼神△不信の～/不信任的目光 ④视力△～がわるい/视力差 ⑤判断力，眼力△～がいい/眼力好△～が高い/有眼力 ⑥中心△台風の～/台风中心 ⑦格，眼△あみの～/网眼△碁盤(ごばん)の～/围棋盘的格 ⑧(锯等的)齿△のこぎりの～/锯齿 ⑨针脚△～があらい/针脚大 ⑩视线，注意△人の～をひく/引人注目△人の～をぬすむ/背着人，偷偷 ⑪体验，经验△ひどい～にあう/吃苦头 Ⅱ［接尾］①(表示顺序)第△三人～/第三个人△五年～/第五年 ②(接形容词词干，表示程度和倾向)一点，一些△ほそ～/细点△すくな～/少些△はや～/早一点 ③(接动词连用形，表示)区分点，分界线△切れ～/空隙；切痕△折(お)り～/折痕，折缝△死に～/临死◇目が利(き)く/见多识广◇目が肥(こ)える/有鉴赏力◇目が回(まわ)る/天旋地转；非常忙◇目から火(ひ)が出(で)る/眼冒金星◇目と鼻(はな)の間(あいだ)/相隔咫尺◇目に余(あま)る/看不下去◇目に一丁字(いっていじ)もない/目不识丁◇目に角(かど)を立(た)てる/怒目而视◇目に付(つ)く/显眼◇目には目を歯(は)には歯を/以眼还眼，以牙还牙◇目の色(いろ)を変(か)える/(因吃惊、生气)变色◇目の上(うえ)のこぶ/碍事的人◇目の中(なか)に入(い)れても痛(いた)くない/含在嘴里怕化了(喻非常疼爱子女)◇目は口(くち)ほどに物(もの)を言(い)う/眼睛比嘴还能传情◇目を凝(こ)らす/凝视◇目を据(す)える/盯着看，凝视◇目を細(ほそ)める/满面笑容◇目を丸(まる)くする/(因吃惊)睁大眼

め①【芽】［名］①芽△木(こ)の～/树芽 ②(事物的)苗头△犯罪の～/犯罪的苗头

めあたらし・い⑥【目新しい】［形］新颖△～デザイン/新颖的设计

めあて①【目当(て)】［名］①目的 ②目标

めい①【姪】［名］侄女；外甥女

めいあん⓪【名案】［名］好主意

めいい①【名医】［名］名医

めいおうせい⓪【冥王星】［名］〈天文〉冥王星

めいが①【名画】［名］①名画 ②优秀影片

めいかい⓪【明快】［形动］明快，明白通畅

めいかく⓪【明確】［形动］明确△～に規定する/明确规定

めいがら⓪【名柄】［名］名牌【-品(ひん)⓪】［名］名牌商品

めいぎ③【名義】［名］名义

めいき①⓪【銘記】［名・他サ］铭记

△心に～する/铭刻在心

めいきゅう⓪【迷宫】[名]迷宫

めいきょく⓪【名曲】[名]名曲

めいく①【名句】[名]名句，名言

めいげつ①【明月・名月】[名]①明月 ②中秋的月亮△中秋の～/中秋节

めいげん⓪③【名言】[名]名言，名句

めいげん⓪③【明言】[名・他サ]明言，直言

めいさい⓪【明细】[名・形动]详细△～に記録する/详细记录【-書（しょ）⓪】[名]详单

めいさい⓪【迷彩】[名]迷彩

めいさく⓪【名作】[名]名著

めいさつ⓪【名刹】[名]名刹，古刹

めいさつ⓪【明察】[名]明察

めいさん⓪【名産】[名]特产，名特产

めいし⓪【名刺】[名]名片△～を交換する/交换名片

めいし⓪【名詞】[名]名词

めいしょ③⓪【名所】[名]名胜【-旧跡（きゅうせき）⓪】[名]名胜古迹

めいしょう⓪【名称】[名]名称

めいしょう⓪【名勝】[名]名胜

めい・じる⓪③【命じる】[他上一]①命令 ②任命△委員を～/任命委员 ③命名

めい・じる⓪③【銘じる】[自上一]铭记△肝（きも）に～/铭刻在心

めいしん⓪【迷信】[名]迷信

めいじん③【名人】[名]①（某种技艺的）名人，高手 ②（围棋、象棋的最高等级）名人

めい・ずる③【命ずる】→命じる

めい・ずる③【銘ずる】→銘じる

めいせい⓪【名声】[名]名声，名望

めいせき⓪【名跡】[名]有名的古迹

めいせき⓪【明晰】[名・形动]清晰，清楚

めいそう⓪【瞑想】[名・他サ]瞑想，瞑思

めいちゅう⓪【命中】[名・自サ]命中，击中△目標に～/命中目标

めいちょ①【名著】[名]名著

めいてい⓪【酩酊】[名・自サ]酩酊大醉

めいにち①【命日】[名]忌辰，忌日

めいはく⓪【明白】[形动]明明白白，明显，明摆着的△～な事実/明摆着的事实

めいふく⓪【冥福】[名]冥福△～をいのる/祈祷冥福

めいぶつ①【名物】[名]①名特产 ②成为议论的话题（的人）△～男/大家议论的中心人物

めいぶん⓪【名文】[名]有名的文章，名文

めいぶん⓪【名分】[名]①名分 ②名义，名目

めいぼ⓪【名薄】[名]名簿，名册

めいぼう⓪【名望】[名]名望

めいみゃく⓪【命脈】[名]命脉，生命△～をたつ/丧命

めいむ①【迷霧】[名]迷雾

めいめい⓪【命名】[名・自サ]命名△【-式（しき）⓪】[名]命名仪式

めいめい③【銘銘】[名]各人，各自，每个人

めいめいはくはく⓪【明明白白】[形动]明明白白

めいめつ⓪【明滅】[名・自サ]（灯光）闪烁，一亮一灭△ネオンサインが～する/霓虹灯一亮一灭

めいもく⓪【名目】[名]名目，名义

めいもん⓪【名門】[名]名门

めいやく⓪【名訳】[名]著名的译

作，绝妙的译文

めいやく⓪【盟約】［名］盟约△～を結ぶ/缔结盟约

めいゆう⓪【名優】［名］著名演员

めいゆう⓪【盟友】［名］盟友

めいよ①【名誉】［名・形动］①名誉△～をきずつける/破坏名誉【-教授（きょうじゅ）】④［名］名誉教授 ②光荣，荣誉△～に思う/感到光荣

めいり①【名利】［名］名利

めいりょう⓪【明瞭】［形动］明了【簡単（かんたん）-⓪-⓪】［名］简单明了

めいれい⓪【命令】［名・他サ］命令△～をくだす/下令【-形（けい）】⓪［名］(语法)命令形

めいろ①【迷路】［名］迷途

めいろう⓪【明朗】［形动］①明朗，快活，开朗 ②一清二楚，(帐目)清楚

めいわく①【迷惑】［名・形动・自サ］麻烦△～をかける/添麻烦【近所（きんじょ）-④】［名］影响四邻

メインスタンド⑤【(和)main stand】［名］主席台

めうえ⓪③【目上】［名］①上司 ②长者，长辈

めうつり②【目移(り)】［名］挑花眼，眼花缭乱

メーカー⓪【maker】［名］厂商，生产厂家，制造者

めが・ける③【目掛ける】［他下一］以…为目标

メガサイクル③【megacycle】［名］兆周

めがしら②【目頭】［名］眼角△～が熱くなる/热泪盈眶

めかた⓪【目方】［名］重量，分量

めがね①【眼鏡】［名］眼镜

メガヘルツ③【megahertz】［名］赫兹(频率单位)

メガホン①②【megaphone】［名］扩音喇叭筒

メーキャップ④【make up】［名・自サ］化妆

めぐすり①【目薬】［名］眼药△～をさす/点眼药

めくそ①【目屎・目糞】［名］眼屎◇目糞鼻糞（はなくそ）を笑（わら）う/乌鸦落在猪身上，看见人家黑，看不见自己黑

めくばせ②【目配せ】［名］眼色，使眼色

めぐま・れる⓪④【恵まれる】［自下一］①天赐△～れた環境/理想的环境 ②(非常幸运地)碰上，赶上，遇到△好天に～/碰上好天气

めぐ・む⓪②【恵む】［他五］施恩，恩赐

めぐ・む【芽ぐむ】［自五］发芽，萌芽

めくら③【盲】［名］盲，盲人

めぐりあ・う④【巡り会う】［自五］邂逅，偶然相遇

めぐりあわせ⓪【巡り合わせ】［名］运气，命运

めく・る⓪【捲る】［他五］翻△ページを～/翻页

めぐ・る⓪【巡る】［自五］①循回，往复，循环 ②周游，游历△名所を～/周游名胜 ③围绕，关于，有关△現代史を～諸問題/有关现代史的各种问题

めさき③【目先】［名］①眼前 ②目前，当前△～の利害にとらわれる/只顾及眼前的利害关系 ③远见，预见△～がきく/富有远见 ④(眼前的)状态，样子

めざ・す②【目指す・目差す】［他五］以…为目标△大学を～/把上大学作为目标

めざと・い③【目ざとい・目敏い】[形] 眼尖，目光敏锐

めざまし②【目覚（ま）し】[名]① 叫醒【-時計（どけい）⑥】[名] 闹钟 ②「目覚まし時計」的简称△～をかける/上闹钟

めざまし・い④【目覚（ま）しい】[形] 惊人△～成長/惊人的成长

めざめ⓪【目覚め】[名]① 睡醒 ② 觉醒，觉悟

めざ・める③【目覚める】[自下一]① 睡醒 ② 觉悟，觉醒△良心に～/良心发现

めざわり②【目障（り）】[名・形动]① 碍眼的东西△～になる/碍眼 ② 妨碍，阻碍

めし②【飯】[名]① 米饭 ② 饭△～を食（く）う/吃饭

めしあが・る⓪【召（し）上がる】[他五]〈敬〉吃；喝△たくさん～ってください/请多吃点

めしあ・げる⓪【召（し）上げる】[他下一] 收为国有，没收

めした③⓪【目下】[名]① 下级，部下 ② 晚辈

めしつかい③④【召使】[名] 佣人，仆人

めじり①【目尻】[名] 外眼角

めじるし②【目印】[名] 记号

めじろおし⓪【目白押し】[名]（很多人）紧排在一起△～にならぶ/很多人挤在一起

メス①【（荷）mes】[名] 手术刀◇メスを入（い）れる/采取措施

めす②【雌】[名] 雌，母

めずらし・い④【珍しい】[形]① 稀有，少见，罕见△～く早起きする/破例早起 ② 珍奇，新奇，奇异△～けもの/异兽 ③ 珍贵，贵重△～宝/珍宝

メゾソプラノ③【（意）mezzosopra-no】[名]〈音〉女中音

メーター①【meter】Ⅰ[名]（水、电、距离等的）计数器 Ⅱ[接尾] 米，公尺

めだ・つ②【目立つ】[自五] 显眼，引人注目

めだま③【目玉】[名] 眼球，眼珠◇お目玉をくう/挨骂

めだまやき⓪【目玉焼き】[名] 煎鸡蛋

メダリスト③【medalist】[名] 奖牌获得者

メタル⓪【metal】[名]① 金属 ②→メダル

メダル①【medal】[名] 奖牌【金（きん）-③】[名] 金牌

メタン①【（徳）Methan】[名] 沼气【-ガス④】[名] 沼气

めちゃくちゃ⓪【滅茶苦茶】[名・形动] 乱七八糟△～なことを言う/胡说八道

めちゃめちゃ⓪【滅茶滅茶】[名・形动]→めちゃくちゃ

めつき①【目つ（き）・目付（き）】[名] 眼神，目光

めっき⓪【鍍金・滅金】[名・自他サ] 电镀，镀【金（きん）-③】[名] 镀金

めつぎ③【芽接（ぎ）】[名] 嫁接

めっきん⓪【滅菌】[名・他サ] 灭菌，杀菌

メッセージ①【message】[名]① 声明，宣言 ② 问候，口信

めった①【滅多】Ⅰ[形动] 随便，不负责任，胡乱△～なことは言えない/不能乱说 Ⅱ[副]（与否定语相呼应表示）几乎，不常，很少△いそがしくて、～に休みがとれない/忙得很少休息

めつぼう⓪【滅亡】[名・自サ] 灭亡

めでた・い③【目出度い・芽出度い】[形]① 可喜可贺 ② 很好，非常好

めと・る②【娶る】［他五］娶△妻を～/娶妻

メートル⓪【（法）métre】［名］米，公尺

メトロポリス④【metropolis】［名］大城市

メニュー①【menu】［名］菜单

めぬきどおり④【目抜（き）通り】［名］繁华街道

めのう②⓪【瑪瑙】［名］玛瑙

めのたま④③【目の玉】［名］眼珠，眼球

めのまえ③【目の前】［名］①眼前，面前△～で事故がおこった/事故就发生在眼前 ②眉睫△～にせまる/迫在眉睫

めばえ③②【芽生え】［名］①发芽，出芽 ②（事物的）萌芽△恋（こい）の～/爱情的萌芽

めば・える③【芽生える】［自下一］①发芽，出芽 ②（事物的）萌芽

めばや・い③【目速い・目早い】［形］眼快，眼睛尖

めぶんりょう②【目分量】［名］目测

めまい②【眩暈】［名］目眩，眼晕，头晕△～がする/眩晕

めまぐるし・い⑥【目まぐるしい】［形］眼花瞭乱

めめし・い③【女女しい】［形］（指男子）没骨气，懦弱△～ことを言うな/别说那种没骨气的话

メモ①【memo】［名・他サ］笔记，记录△～をとる/记笔记

めもり③【目盛（り）】［名］刻度△～を読む/读刻度

めやす⓪【目安】［名］①大致目标 ②大致标准

メリケンこ⓪【メリケン粉】［名］面，面粉

メリット②【merit】［名］长处，优点，价值

メリヤス⓪【（西）medias】［名］针织

メロディー①【melody】［名］旋律

メロン①【melon】［名］①瓜 ②白兰瓜

めん⓪①【面】［名］①脸，面 ②面具 ③护面用具△～をつける/戴护面用具 ④…方面

めん①【綿】［名］棉，棉花

めん①【麹】［名］面粉

メーン①【main】［名］主要，中心

めんえき⓪【免疫】［名］免疫

めんおりもの③④【綿織物】［名］棉织品

めんかい⓪【面会】［名・自サ］会面，会见△～を申し込む/请求会面

めんきょ①【免許】［名・他サ］①许可，准许△～をとる/考执照【運転（うんてん）～】⑤［名］驾驶执照 ②（艺术）出师

めんきょしょう③【免許証】［名］执照，驾驶执照

めんし①【綿糸】［名］棉纱

めんじつゆ④【棉実油】［名］棉仔油

めんじょ①【免除】［名・他サ］免除，免去

めんじょう③⓪【免状】［名］①许可证，执照 ②毕业证书

めんしょく⓪【免職】［名・他サ］免职，解职

めん・じる⓪【免じる】［他上一］①免除，免去，免△授業料を～/免去学费 ②（用「…に免じて」的形式表示）鉴于△いままでのてがらに～じて、こんどの失敗は許してやる/鉴于以往的功绩，饶恕你此次的失败

メンス①【（徳）Menstruation】

［名］〈俗〉月経

めん・する③【面する】［自サ］①
面对,朝着△みずうみに～/面对
着湖 ②面临△危機に～/面临危
机

めん・ずる⓪③【免ずる】→めんじ
る

めんぜい⓪【免税】［名・他サ］免
税

めんせき①【面積】［名］面积△～
がひろい/面积大

めんせつしけん⓪【面接試験】
［名］面试

メンツ①【面子】［名］面子

めんどう③【面倒】［名・形動］①
麻烦△～をかける/添麻烦 ②照
料,照管△～をみる/照料

めんどうくさ・い⑥【面倒臭い】

［形］极为麻烦

めんどり⓪【雌ん鳥】［名］母鸡

メンバー①【member】［名］成员

めんぴ①【面皮】［名］脸皮【鉄
（てつ）-③】［名］厚脸皮

めんぼう①【綿棒】［名］药棉棍

めんぼう①【麺棒】［名］擀面杖

めんぼく⓪【面目】［名］面目,体
面,脸面△～を一新する/焕然一
新

めんぼくな・い⑤【面目無い】［形］
没脸面,丢脸

めんみつ⓪【綿密】［名・形動］细
致,周密

めんもく⓪【面目】［名］→めんぼ
く

めんるい①【麺類】［名］面类食品

も

も［副助］①也,还△あした～雨か
なあ/明天还是雨天吧△こちら
～たいへんな人出（ひとで）だ/
这里人也很多 ②（接疑问词之后
表示）全部,都△どれ～よくでき
ている/哪个都做得好△なんで
～わかる/什么都懂 ③（与否定
语相呼应表示）连…也,都△へや
にはだれ～いない/房间里连一
个人也没有△いちど～会ったこ
とがない/一次都没见过△一つ
～ない/一个都没有 ④（举出其
一,其余也不例外）连△電気～な
い山のなかで生活した/曽生活
在连电都没有的山里 ⑤（表示程
度）甚至,竟△学校まで二時間～
かかるんだ/去学校竟要两个小
时 ⑥顶多,最多△五十人～こな
いだろう/五十人都来不了吧△

十ページ～読めればいい方だ/
能读十页就算可以了 ⑦表示委
婉的语气△秋～ふかまってき
た/秋色渐浓了 ⑧（用「…も…
も」的形式表示）并列或并举△行
き～帰り～太郎くんといっしょ
だった/去和回来都是和太郎在
一起的△字～絵～へただ/字和
画都差劲

もう⓪①　［副］①已经△お菓子は
～ありません/点心已经没了△～
五時だ/已经五点了 ②这就,马
上△～お帰りですか/这就走吗
△仕事も～終わりだ/工作这就
结束 ③再,另外△～ちょっと待っ
てね/请再等会儿△～一つくだ
さい/请再给我一个

もうか①【猛火】［名］烈火

もうか・る③【儲かる】［自五］获

利△～商売/赚钱的买卖

もうきん⓪【猛禽】［名］猛禽

もうけ③【儲(け)】［名］利益，利润

もう・ける③【設ける】［他下一］①设，设置△席を～/设席 ②制造；寻找△口実を～/制造借口

もう・ける③【儲ける】［他下一］①赚，赚钱△金を～/赚钱 ②生(子)，得(子)△子を～/得一子

もうけん⓪【猛犬】［名］猛犬，烈犬

もうさいけっかん⑤【毛細血管】［名］毛细血管

もうしあ・げる⓪【申(し)上げる】Ⅰ［他下一］(「いう」的自谦语)说，讲，报告 Ⅱ［补动下一］(上接动词连用形或名词)表示尊敬△「お席へご案内～げましょう」/请允许我带您入席

もうしあわせ⓪【申(し)合(わ)せ】［名］协商，协议

もうしあわ・せる⓪⑥【申(し)合(わ)せる】［他下一］协商，商议，约定

もうしい・れる⓪⑤【申(し)入れる】［他下一］提出(意见、要求等)△苦情を～/提意见

もうしか・ねる⓪【申(し)兼ねる】［他下一］①难以启齿，不好意思说△「まことに～ねますが，そろそろ閉店させていただきます」/实在对不起，本店就要关门了 ②不能说出

もうしこみ⓪【申(し)込み】［名］申请

もうしこ・む⓪【申し込む】［他五］申请△試合を～/申请参赛

もうし・でる⓪【申(し)出る】［他下一］提出，申请△援助を～/申请援助

もうじゅう⓪【猛獣】［名］猛兽

もうしわけ⓪【申(し)訳】［名］申辩，辩解△～がない/对不起，抱歉

もうしわた・す⓪⑤【申(し)渡す】［他五］宣告△判決を～/宣告判决

もうじん③⓪【盲人】［名］盲人

もう・す①【申す】Ⅰ［他五］(「いう」「話す」的自谦语)说，讲，谈 Ⅱ［补动五］(上接动词连用形或名词)表示自谦△お待ち～/我等着

もうそう⓪【妄想・盲想】［名・他サ］妄想，空想

もうちょう①【盲腸】［名］盲肠△-炎(えん)⑧［名］盲肠炎

もうてん①【盲点】［名］①(眼球的)盲点 ②漏洞，破绽

もうどく⓪【猛毒】［名］剧毒

もうひつ⓪【毛筆】［名］毛笔

もうふ①【毛布】［名］毛毯，毯子

もうもく⓪【盲目】［名］盲目△-的(てき)⑤［形动］盲目，盲目性

もうれつ⓪【猛烈】［形动］猛烈，异常△～に勉強する/没命地学习

もうろく①【耄碌】［名・自サ］老朽，年老糊涂

も・える⓪【燃える】［自下一］①燃烧△火が～/火燃烧起来 ②激动，振奋

も・える⓪【萌える】［自下一］萌芽

もが・く②【踠く】［自五］挣扎

もぎ・る②【捥ぎる】［他五］揪下，摘下，拧下

もく⓪【木】［名］木，树

も・ぐ①【捥ぐ】［他五］摘，揪△なしを～/摘梨

もくぎょ②①【木魚】［名］木鱼

もくげき⓪【目撃】［名・他サ］目击△-者(しゃ)④③［名］目击

者

もくざい②⓪【木材】[名]木材

もくじ①【目次】[名]目录，目次

もく・する③【黙する】[自サ]沉
默

もくせい⓪【木星】[名]木星

もくせい③【木犀】[名]桂花树

もくせい⓪【木製】[名]木制

もくぜん⓪【目前】[名]①眼前，面
前 ②眉睫△～にせまる/迫在眉
睫

もくぞう⓪【木造】[名]木制

もくそく⓪【目測】[名・他サ]目
测

もくたん③【木炭】[名]①木炭 ②
炭笔

もくちょう⓪【木彫】[名]木雕，木
刻

もくてき⓪【目的】[名]目的【-地
(ち)④】[名]目的地【-語(ご)④】
[名]宾语

もくどく⓪【黙読】[名・他サ]默
读

もくにん⓪【黙認】[名・他サ]默
认

もくば⓪【木馬】[名]木马

もくひょう⓪【目標】[名]目标△～
に達する/达到目标

もくへん③⓪【木片】[名]木片

もくよう⓪③【木曜】[名]星期四
【-日(び)③】[名]星期四

もくよく⓪【沐浴】[名・他サ]沐
浴

もぐら⓪【土竜】[名]鼹鼠

もぐ・る②【潜る】[自五]①潜，潜
入△海に～/潜海 ②钻进，钻入
△ふとんに～/钻进被窝

もくろん⓪【目録】[名]①目录 ②
(赠品、赠款的)清单

もけい⓪【模型】[名]模型【-飛
行機(ひこうき)⑤】[名]航模
飞机

もさく⓪【模索,摸索】[名・他サ]
摸索，探索，探寻【暗中(あんちゅ
う)-⓪】[名]暗中摸索

もし①【若し】[副]假若，如果，万
一△～彼がきたらつたえてくだ
さい/如果他来的话请转告

もじ①【文字】[名]文字

もしかしたら①【若しかしたら】
[副]或许，说不定

もしかすると①[副]→もしかし
たら

もしくは①【若しくは】[接]或者，
或

もじどおり③【文字通り】[名]如
字面所示，完完全全，的确△彼は
～ひとりで事業をなしとげた/
他的确是一个人完成事业的

もじばん⓪【文字盤】[名]①字盘
②表盘 ③键盘

もしも①【若しも】[副]假使，万
一△～のこと/万一发生事故

もしもし①[感]喂喂

モーション①【motion】[名]①动作
②积极的行为

も・す①【燃す】[他五]燃烧

もぞう⓪【模造】[名・他サ]仿造
【-品(ひん)⓪】[名]仿制品

モーター①【motor】[名]马达，电
动机△～が回る/马达运转【-バ
イク⑤】[名]摩托车【-ボー
ト⑤】[名]艇，汽艇【-プー
ル⑤】[名]停车场

もだ・える③【悶える】[自他下
一]①烦恼，烦闷 ②(痛苦地)扭
动，挣扎△身を～/痛苦地扭动
身体

もた・げる⓪【擡げる】[他下一]
抬(头)

もた・せる③【持たせる】[他下
一]①让…拿△子どもに荷物を
～/让孩子拿行李 ②让某人带着
(东西)来(去) ③保持，维持 ④

让…负担（费用）△先方に費用を〜/由对方负担费用

もたら・す②③【齎す】［他五］带来，造成△繁栄を〜/带来繁荣

もた・れる③【凭れる・靠れる】［自下一］①倚，靠△かべに〜/靠墙 ②不消化，存食

モダン⓪【modern】［名・形动］现代，摩登，时髦【-アート④】［名］现代美术【-ジャズ④】［名］现代爵士乐

もち②【持（ち）】［名］①持久性，耐久性△〜がいい/耐久性强 ②持有，所有【力（ちから）-③⑤】［名］有力气的人，大力士 ③承担

もち⓪［名］I【餅】年糕△〜をつく/捣米做年糕 II【糯】粘性较强的米

もち⓪【黐】［名］粘鸟用的树皮胶

もちあが・る⓪【持（ち）上がる】［自五］①抬起，举起，搬起△五人がかりでやっと〜った/五个人才抬起来 ②发生，出现（麻烦事）△問題が〜/出现问题 ③教师（随学生升级）跟班走

もちあ・げる⓪【持（ち）上げる】［他下一］①抬起，举起，搬起△にもつを〜/抬行李 ②抬举，奉承

もちあじ②【持（ち）味】［名］①原有的味道 ②独特风格，独特风度

もちあわせ②【持（ち）合（わ）せ】［名］随身带的钱△〜がない/身上没带钱

もち・いる⓪【用いる】［他上一］①使用，用△道具を〜/使用工具 ②采用，采纳 ③录用，任用△新人を〜/录用新人 ④用心，注意△心を〜/用心，特别注意

もちごま②【持（ち）ごま・持（ち）駒】［名］①（日本将棋）赢来的对

方棋子 ②备用人材

もちこ・む⓪【持（ち）込む】［他五］①带入，拿进 ②提出（问题、意见）

もちごめ⓪【もち米・餅米】［名］糯米，江米

もちだ・す⓪【持（ち）出す】［他五］①拿出，带走△家財を〜/带走家产 ②偷盗△金を〜/偷走钱 ③提起，提出△話を〜/提起话题 ④分担（不足部分的）费用

もちなお・す⓪【持（ち）直す】［自五］①（病情等）好转△病人が〜/病人有所康复 ②改变拿法

もちぬし②【持（ち）主】［名］物主，所有者

もちば③【持（ち）場】［名］职权范围，管辖范围

もちもの②【持（ち）物】［名］①随身携带的东西 ②所有财产

もちろん②【勿論】［副］当然，不用说，不言而喻△〜のこと/不言而喻的事情

も・つ①【持つ】I［他五］①持，拿△かばんを〜/拿着提包 ②带，携带△ハンカチを〜/带着手帕 ③抱有，怀有△希望を〜/抱有希望 ④具备，具有△ねばりづよい性格を〜った人/具备顽强性格的人 ⑤有，持有△家を〜/有家庭△子どもを〜/有孩子 ⑥担负，担任△仕事を〜/有工作 ⑦负担△費用を〜/负担费用 II［自五］耐久，持久，耐用，经用△くつが〜/鞋很耐穿△体が〜ない/身体支持不住

もっか①【目下】［名］目前，当前

もっかんがっき⑤【木管楽器】［名］木管乐器

もっきん⓪【木琴】［名］木琴

もったいな・い⑤【勿体無い】［形］①可惜△時間が〜/时间太可惜

了　②不敢当，过分，惶恐△〜お
ことば/您过奖了

もって①「用…をもって」的形式表
示)界限△百点を〜満点とする/
以一百分为满分　②(表示)用，以
△文書を〜通知する/以书面通
知　③表示因为，由于

もってこい④【持って来い】[名]最
为合适△〜の天気/最为合适的
天气

もっと①[副]再，更加，进一步△
〜元気を出せ/再打起点精神来
△〜ください/请再给点

もっとも①③【尤も】Ⅰ[形动]合
理，合乎情理△〜な意見/合理意
见◇ごもっともです/您说的很
对Ⅱ[接]不过△〜例外もある/
不过也有例外

もっとも③①【最も】[副]最△世界
で〜うつくしい鳥/世界上最美
丽的鸟

もっともらし・い⓪【尤もらしい】
[形]①似乎很合情理，好像很合
理△〜理由/似乎能讲通的理由
②做作，装腔作势

もっぱら①⓪【専ら】[副]专心，净，
全部△〜遊ぶ/净玩

モップ①【mop】[名]拖把，墩
布

もつ・れる⓪③【縺れる】[自下一]
①缠绕，纠缠△糸が〜/线缠绕在
一起　②(言语、动作)不灵，不
听使唤△足が〜/腿脚不听使唤

もてあそ・ぶ⓪【玩ぶ・弄ぶ】[他
五]玩弄，摆弄△運命に〜ばれ
る/被命运摆布

もてな・す⓪[他五]招待，款待△
あつく〜/热情招待

も・てる②【持てる】[自下一]受
欢迎，有人缘△女性に〜/在女性
中很受欢迎

モデル①【model】[名]①模型　②

样品　③素材　④模特儿

もと②⓪【下】[名]①下，下面△旗
の〜にあつまれ/在旗子下面集
合　②跟前，身边△親の〜をはな
れる/离开父母身边　③(用「…の
もとに」的形式，表示)在…之下

もと①【元】[名・副]原来，从前
△〜校長/前任校长△〜どおり/
原样

もと⓪②[名]Ⅰ【本・元】根部，
底部△〜が太くなっている柱
(はしら)/底部粗的柱子Ⅱ【元
・本・素】根源，起源△火の〜/
火种△〜をたずねる/寻根求源
Ⅲ【本】根本△〜を正さなけれ
ば、政治はよくならない/不抓根
本，政治就搞不好Ⅳ【基】基础，
基盘△農業は国の〜/农业是国
家的基础Ⅴ【元・素】成本△〜
をとる/收成本◇元も子(こ)
もない/本利全光，鸡飞蛋打

もとい②【基】[名]基础，地基

もときん②⓪【元金】[名]资金，本
金

もど・す②【戻す】[他五]①还，归
还，退还△本を〜/还书　②还，恢
复△元に〜/还原　③吐，呕吐，反
胃

もとせん⓪【元栓】[名]总闸

もとづ・く③【基づく】[自五]根
据，按照，基于△事実に〜/根据
事实

もとで③⓪【元手】[名]资金，资本
△〜がかかる/需要本钱

もとね⓪【元値】[名]原价

もとめ③【求め】[名]需要，要求△
〜に応じる/根据需要

もと・める③【求める】[他下一]
①追求，寻求△富を〜/追求富贵
②请求，要求△助けを〜/求救
③寻找，寻求△職を〜/求职　④
买，购置△「この品はどこでお〜

めになりましたか」/"这东西在哪里买的"

もともと⓪【元元】 Ⅰ[名]依然如故,同原来一样「負けて～、あたってくだけろ」/即使输了也没什么损失,你应试试 Ⅱ[副]原来,原本△～活発な子だった/原本是个很活泼的孩子

もとより②⓪【固より・素より】 [副]原本,本来

もど・る②【戻る】 [自五]①回,返回△席に～/回到座位上 ②恢复△平熱(へいねつ)に～/恢复到正常体温

モニター①【monitor】 [名]①监视器 ②(对广播节目内容、商品等的)评论员

もの②【物】 [名]Ⅰ【物】东西,物△わたしの～/我的东西△食べる～がなければ生きられない/没有吃的东西就无法生存 Ⅱ【者】人,者△残りたい～は残れ/想留下的人留下△いなか-⓪[名]乡下佬△あわて-⓪[名]冒失鬼 Ⅲ【物】①事,事物△～を思う/想事△～も言わずに/一言不发 ②事理,道理△～が分(わ)かる/懂事◇ものともしない/不当回事◇ものになる/成功;成为了不起的人物

もの [終助](多用于妇女、儿童)带有不满、撒娇等情绪申述理由△あなたなら、わかってくださると思っていました～/我原以为你会理解我

ものおき④③【物置】 [名](储存东西用的)仓库,小屋

ものおしみ③【物惜しみ】 [名]吝啬,吝惜

ものおそろし・い⑥【物恐ろしい】 [形]非常可怕,非常恐怖

ものおと④③【物音】 [名]响动,动

静△～がする/有响动

ものおぼえ③【物覚(え)】 [名]记忆,记性△～がいい/记性好

ものおもい③【物思(い)】 [名]忧愁,思虑△～にふける/沉思

ものか [終助]岂能…,我会…△UFOが着陸したなんて、そんなことがある～/什么,UFO着陆了,岂能有这种事△もうあんなやつと口をきく～/我岂会再理睬

ものかげ③⓪ [名]Ⅰ【物影】身影,影子 Ⅱ【物陰】隐蔽处,藏身处,暗处

ものがたり③【物語】 [名]①故事②物语(从平安时代到室町时代的散文文学作品)

ものがた・る④【物語る】 [他五]①讲,讲述 ②表明,证明

モノクロ⓪【monochrome】 [名]①单色画 ②黑白照片

ものごし②⓪【物腰】 [名]态度,举止,言谈

ものごと②【物事】 [名]事物,事情

ものさし④③【物差し・物指し】 [名]①尺,尺子 ②尺度,标准

ものしり④③【物知り・物識り】 [名]事事通,博识的人

ものずき②【物好(き)】 [名・形动]好事,好奇,喜欢标新立异

ものすご・い④【物凄い】 [形]①可怕,恐怖△～顔つき/可怕的表情 ②(程度)惊人△～はやさ/惊人的速度

ものたりな・い⓪⑤【物足りない】 [形]总觉得缺点什么,不能令人十分满意,不够充足

ものの [接助](上接连体形)虽然…但是△学校は出た～、勤め先はない/毕业了,但还没有工作

ものほし④③【物干(し)】 [名]晾

晒（衣服等）；晾晒的场所

モノレール③【monorail】[名]单轨铁道

モノローグ③【monologue】[名]独白

ものわかり③【物分かり】[名]理解，体会△～がはやい/理解快

ものわすれ③【物忘れ】[名]健忘，好忘△～がひどい/非常健忘

ものわらい【物笑（い）】[名]笑料，笑柄△～になる/成为笑料

もはや【最早】[副]业已，已经△～夜明けが近い/黎明就要到来

もはん⓪【模範】[名]模范，示范△～をしめす/做示范

もふく【喪服】[名]丧服

もほう⓪【模倣・摸倣】[名・他サ]模仿，仿效

もみじ①【紅葉】[名]①红叶②枫树

も・む【揉む】[他五]①相互拥挤②揉，按摩△かたを～/揉肩③揉，揉搓△紙を～/揉纸△両手を～/搓着两手④（用「もまれる」的形式表示）锻炼，磨炼△世のあら波に～まれる/在社会上磨炼⑤练，训练◇気（き）をもむ/担心

もめごと⓪【もめ事・揉め事】[名]争执，纷争

も・める⓪【揉める】[自下一]争执，发生纠纷△会議が～/会议上（人们）争执起来◇気（き）がもめる/担心

もめん⓪【木棉】[名]棉，棉布

もも①【股・腿】[名]大腿

もも⓪【桃】[名]①桃②（「ももいろ」的简称）粉红色

ももいろ⓪【桃色】[名]桃色，粉红色

もやし③⓪【萌（や）し】[名]豆芽

もや・す⓪【燃やす】[他五]①烧，燃烧△火を～/烧火②激发△情熱を～/激发热情

もよう⓪【模様】[名]①图案②情况，情形

もよおし⓪【催（し）】[名]仪式，活动，集会△歓迎の～/欢迎仪式

もよお・す⓪③【催す】[他五]①举行，主办，召开△会を～/举行会议②感觉到△ねむけを～/发困

もより⓪【最寄（り）】[名]最近，附近△～の駅/最近的车站

もらいなき⓪【もらい泣き・貰い泣き】[名]陪着流泪

もらいもの⓪【もらい物・貰い物】[名]要来的东西，别人给的（东西）

もら・う⓪【貰う】Ⅰ[他五]①接受，领受，要△サインを～/请人签名②迎，娶③取胜，得胜Ⅱ[补动五]（请某人为自己做某事）请求，承蒙△静かにして～えませんか/能不能安静些

もら・す②【漏らす】Ⅰ[他五]①漏，泄漏△秘密を～/泄漏秘密②漏，漏出③遗尿Ⅱ[接尾]（上接动词连用形）漏掉△言い～/忘记说了△聞き～/听漏了

モラル①【moral】[名]道德

もり⓪【森・杜】[名]森林

もりあが・る④【盛（り）上がる】[自五]①隆起，鼓起△～った筋肉/隆起的肌肉②（气氛）热烈，高涨△ふんいきが～/气氛热烈起来

もりかえ・す③【盛（り）返す】[他五]恢复，重振

も・る⓪【盛る】[他五]①盛，添，堆积△ご飯を～/盛饭△土を～/填土②放（毒）△毒を～/下毒③补充（内容）

も・る⓪【漏る・洩る】[自五]漏

△雨が～/漏雨

モルタル①【mortar】［名］（建筑）灰浆

モルヒネ⓪②【（荷）morphine】［名］吗啡

もれなく③【漏れなく】［副］全部，无遗漏地

も・れる②【漏れる・洩れる】［自下一］①漏△油が～/漏油 ②泄漏，走漏△入試問題がいちぶの受験生に～れた/考题泄漏给了一部分考生 ③落选△選に～/落选

もろ・い②【脆い】［形］脆，脆弱△情に～/感情脆弱

もろて⓪【もろ手・諸手】［名］双手，两手

もん①【門】Ⅰ［名］①门，门口 ②先生的门下 Ⅱ［接尾］（计算大炮的单位）门

もんえい⓪【門衛】［名］门卫

もんがいかん③【門外漢】［名］外行，门外汉

もんく①【文句】［名］①语句，句

②牢骚，怨言△～を言う/发牢骚

もんげん③【門限】［名］关门时间

もんし①【門歯】［名］门齿，门牙

もんじ①【文字】［名］文字

もんぜん③【門前】［名］门前◇門前市（いち）をなす/门庭若市

もんぜんばらい⑤【門前払い】［名］闭门羹△～を食（く）う/吃闭门羹

もんだい⓪【問題】［名］问题，题目△～を出す/出题

もんちゅう⓪【門柱】［名］门柱

もんどう③【問答】［名・自サ］①问答 ②议论

もんなし⓪④【文無し】［名］身无分文

もんばん【門番】［名］门卫，看门人

もんぶしょう③【文部省】［名］文部省（日本中央机关之一，负责日本国民的教育、学术、文化等）

もんぺ⓪［名］（农村妇女劳动时穿的裤脚扎紧的）工作服

もんもう⓪【文盲】［名］文盲

や

や①【矢・箭】［名］①矢，箭 ②楔子

や Ⅰ［并助］（表示列举同类事物）…啦…，和…△野球～テニスなどの球技がすきだ/喜欢棒球啦网球什么的△家のまわりには、りんご～ぶどうの木がたくさんある/房子周围有许多苹果树、葡萄树等 Ⅱ［接助］（多采用「…やいなや」的形式表示）刚一…就…△戸がひらくやいなや外へとびだした/门刚一开就跑了出去 Ⅲ［副助］〈文〉用于加强语意

△いま～ロボットの時代となった/当今已是机器人的时代 Ⅳ［终助］①（用于比较亲近的人）表示劝诱△もうやめよう～/别干了吧 ②（用于自言自语）表达自己的心情△まあいい～/唉，就这样吧 ③（接在名字后面）用于对晚辈的称呼△次郎ちゃん～、ちょっとおいで/次郎呀，你来一下

-や【屋】［接尾］①（表示从事某种职业或经营某种商品的）人；店，铺△魚～/鱼店△八百（やお）～/菜店 ②（表示具有某种性格的）

人△お天気～/反复无常的人

やおや◎【八百屋】［名］菜店；卖菜的人

やがい①【野外】［名］野外，郊外

やがく①【夜学】［名］夜校

やがて◎［副］①不久△～夏休みもおわる/不久暑假亦将结束 ②必将，势必△自然をまもることは、～人間社会をすくう道につながるだろう/保护自然必将关系到拯救人类社会

やかまし・い④【喧しい】［形］①喧闹，吵闹，嘈杂△テレビが～/电视吵得慌 ②挑剔，吹毛求疵△服装に～/对服装很挑剔

やかん①【夜間】［名］夜间，晚上【-営業（えいぎょう）①】［名］晚间营业

やかん◎【薬缶】［名］水壶

やき◎【焼（き）】［名］①烧制（陶器等）②淬火，蘸火

やぎ①【山羊】［名］山羊

やきいしにみず【焼石に水】杯水车薪，无济于事

やきいも◎【焼（き）芋】［名］烤白薯

やきいん◎【焼（き）印】［名］烙印，火印

やきそば◎【焼（き）そば】［名］炒荞麦面条

やきつ・く【焼（き）付く】［自五］①留下深刻印象△心に～/在心里留下深刻印象 ②烤得粘在一起△～ような暑さ/灼热的天气

やきつけ◎【焼（き）付け】［名］①烧瓷，烧制 ②洗印照片

やきなおし◎【焼（き）直し】［名］①新洗印△写真を～/重印照片 ②（作品等）翻版，改编

やきはら・う④【焼（き）払う】［他五］烧尽，烧光

やきぶた◎【焼（き）豚】［名］叉烧猪肉

やきまし◎【焼（き）増（し）】［名］加印（照片）

やきもち④③【焼きもち・焼（き）餅】［名］①烤年糕 ②妒忌，吃醋△～をやく/吃醋

やきゅう◎【野球】［名］棒球

やぎゅう【野牛】［名］野牛

やぎょう◎【夜業】［名］夜班

やきょく①【夜曲】［名］〈音〉小夜曲

やきん◎【冶金】［名］冶金

やきん◎【夜勤】［名・自サ］夜班

やく②【役】［名］①任务 ②（剧）角色 ③职位，职务，（高的）地位◇役に立（た）つ/起作用

やく①【約】Ⅰ［名］约会，定约△～をはたす/践约 Ⅱ［副］约，大约△～一時間かかる/大约用一个小时左右

やく①【訳】［名］译文，翻译△～がいい/译文不错

や・く◎【焼く】［他五］①烧，焚烧△ごみを～/焚烧垃圾 ②烤，焙△さかなを～/烤鱼△炭を～/烧炭 ③（把皮肤）晒黑 ④（照相）晒相，印（洗）相◇世話（せわ）を焼く/细心照料◇手（て）を焼く/棘手

や・く◎【妬く】［他五］嫉妒，吃醋

やぐ①【夜具】［名］寝具

やくいん◎②【役員】［名］①干事 ②负责人，干部

やくえき②【薬液】［名］药水

やくがく②【薬学】［名］药学

やくがら④◎【役柄】［名］①职务性质，②身份，地位 ③角色类型

やくざ①Ⅰ［名］地痞，流氓 Ⅱ［形动］无用，废物

やくざい◎②【薬剤】［名］药剂【-師（し）③】［名］药剂师

やくしゃ⓪【役者】［名］演员

やくしゃ①【訳者】［名］译者

やくしゅ①【薬酒】［名］药酒

やくしょ③【役所】［名］官厅，官署，机关

やくしょ①【訳書】［名］译本

やくしん⓪【躍進】［名・自サ］跃进

やく・する③【訳する】［他サ］译，翻译

やくそう⓪【薬草】［名］草药

やくそく⓪【約束】［名・他サ］约定，约会△～をまもる/守约

やくだ・つ③【役立つ】［自五］有用，有效△知識が～/知识起作用

やくだ・てる④【役立てる】［他下一］派用场，发挥…作用

やくちゅう⓪【訳注】［名］译注

やくどし②【厄年】［名］厄运之年

やくにん⓪【役人】［名］公务员，官吏

やくば③【役場】［名］（日本的）村公所，镇公所

やくひん⓪【薬品】［名］药品

やくぶつ⓪【薬物】［名］药物

やくぶん⓪【訳文】［名］译文

やくほう②⓪【薬方】［名］药方，处方

やくほん⓪【訳本】［名］译本

やくみ③⓪【薬味】［名］调料

やくめ③【役目】［名］任务，职责△～をはたす/尽职

やくめい⓪【訳名】［名］译名

やくめい⓪【薬名】［名］药名

やくよう⓪【薬用】［名］药用

やくよけ④③【厄除（け）】［名］避邪

やぐら⓪【櫓】［名］①箭楼 ②瞭望塔，望楼

やくわり④⓪【役割】［名］任务，职责

やけ①【自棄】［名］自暴自弃△～をおこす/开始自暴自弃

やけあと⓪【焼（け）跡】［名］火灾后的废墟

やけい⓪【夜景】［名］夜景

やけつ・く③【焼け付く】［自五］烤得粘在一起△～ような暑さ/灼热的天气

やけど⓪【火傷】［名］烧伤，烫伤

や・ける⓪【焼ける】［自下一］①烧尽，烧光△家が～/家烧光了 ②灼热△地面が～/地面灼热 ③烤好，焙热△パンが～/面包烤好了 ④晒黑△日に～/被太阳晒黑了 ⑤晒褪色 ⑥（天空或云彩）变红

やけん⓪【野犬】［名］野狗，野犬

やこう⓪【夜光】［名］夜光

やこう⓪【夜行】［名］①夜班车 ②夜间活动

やさい⓪【野菜】［名］蔬菜，青菜

やさし・い⓪【易しい】［形］简单，容易

やさし・い⓪【優しい】［形］①温和，亲切 ②优雅，典雅

やし①【椰子】［名］椰子

やじうま⓪【やじ馬・野次馬】［名］瞧热闹，起哄（的人）

やしき③【屋敷・邸】［名］①房基地 ②宅邸

やしな・う③【養う】［他五］①养活，抚育△孤児を～/抚养孤儿△家族を～/养家 ②饲养，喂养 ③保养，调养

やじゅう⓪【野獣】［名］野兽

やしょく⓪【夜食】［名］夜餐

やじるし②【矢印】［名］箭形符号，箭头

やしん①【野心】［名］野心△～をいだく/抱有野心△-家（か）⓪［名］野心家△-満満（まんまん）⓪［名］野心勃勃

やす・い②【安い】［形］便宜，廉价△～ねだん/廉价◇安かろう

わるかろう/便宜没好货

やす・い②【易い】Ⅰ［形］(「やさしい」的旧时说法)容易,简单◇言(い)うはやすく行(おこ)なうは難(かた)し/说起来容易,做起来难Ⅱ［接尾］(上接动词连用形表示)容易…,易…△わかり～/易懂△書き～/容易写△まちがい～/容易错

やすうり⓪【安売(り)】［名・自サ］贱卖

やすっぽ・い④【安っぽい】［形］①(看起来)不值钱,便宜△～洋服/看起来不值钱的西装 ②(看起来)低贱,卑俗

やすね②⓪【安値】［名］低价,贱价

やすみ③【休(み)】［名］休息(日)△～をとる/请假△～の日/假日

やす・む②【休む】［自他五］①休息 ②暂时停止,中断 ③缺席,缺勤△学校を～/不去上课 ④睡觉,就寝「もうおそいからお～みなさい」/"已经很晚了,你睡吧"

やす・める③【休める】［他下一］①使…停下,使…止住△機械を～/停下机器 ②使…休息△頭を～/休息脑子

やすもの⓪【安物】［名］便宜货

やすり③⓪【鑢】［名］锉刀,钢锉

やせい⓪【野性】［名］野性

やせい⓪【野生】［名・自サ］野生△～のぶどう/野生葡萄

やせがまん③【やせ我慢・痩(せ)我慢】［名］硬挺着,强忍着

や・せる⓪【痩せる】［自下一］①瘦△～せた人/瘦瘦的人 ②贫瘠,不肥沃△～せた土地/贫瘠的土地

やせん⓪【夜戦】［名］夜间战斗

やせん⓪①【野戦】［名］野战【-病院(びょういん)④】［名］野战医院

ヤソきょう⓪【ヤソ教】［名］耶稣教

やたい①【屋台】［名］①(节日时搭的)临时舞台 ②流动售货车

やたら⓪［副・形动］随心所欲,恣意

やちょう⓪【野鳥】［名］野鸟

やちん①【家賃】［名］房费,房租

やつ①【奴】Ⅰ［名］〈俗〉家伙,东西△ほんとうにあいつはいやな～だ/那家伙真是个讨厌的东西Ⅱ［代］那小子,那家伙△～にはとてもかなわない/实在比不上那家伙

やつあたり③⓪【八つ当(た)り】［名］乱发脾气,拿别人撒气

やっかい①【厄介】Ⅰ［名］麻烦,累赘△～をかける/添麻烦Ⅱ［名・形动］棘手,难办△～な事件/棘手的事件

やつぎばや⓪【矢継(ぎ)早】［名・形动］接二连三地△～に質問する/接二连三地提问

やっきょく⓪【薬局】［名］药店,药房

やっこう⓪【薬効】［名］药效

やっつ③【八つ】［名］①八,八个 ②八岁

やっつ・ける④［他下一］①做完,干完 ②攻击,打击△敵を～/击败敌人

やっと⓪［副］好不容易,勉勉强强△～まにあった/勉强赶上△～できあがった/好不容易做出来了

やっぱり③［副］→やはり

やつ・れる③【窶れる】［自下一］憔悴△～れた顔/憔悴的面孔

やど①【宿】［名］①家,住处 ②旅店

ヤード①【yard】［名］（长度单位）码

やと・う②【雇う】［他五］①雇，雇佣△人を～/雇人 ②租用△ハイヤーを～/租用出租汽车

やとう⓪【野党】［名］在野党

やどちん⓪【宿賃】［名］房租，房费

やどなし⓪【宿無し】［名］无家可归，流浪者

やどや⓪【宿屋】［名］旅店，旅馆

やなぎ⓪【柳】［名］柳树

やにょうしょう⓪【夜尿症】［名］夜尿症

やぬし①⓪【家主】［名］①房主，房东 ②家长，一家之主

やね①【屋根】［名］屋顶，屋脊

やのあさって④［名］①大大后天 ②〈方〉大后天

やはり②［副］①依旧，仍然，还是 ②果然，不出所料△～優勝はむりだった/果然没能取胜 ③毕竟△経験者は～手つきがちがう/有经验的人毕竟手法不同

やはん①【夜半】［名］半夜，深夜

やばん⓪【野蛮】［名・形动］野蛮【-人（じん）】④［名］野蛮人

やぶ①【藪】［名］①灌木丛，草丛 ②（「やぶ医者」的简称）庸医◇やぶから棒（ぼう）/突如其来

やぶいしゃ⓪【藪医者】［名］庸医

やぶ・く⓪【破く】［他五］撕，扯

やぶ・る②【破る】［他五］Ⅰ①弄破，扯破△シャツを～/扯破衬衫 ②搅乱，打破△しずけさを～/打破寂静 ③破坏，违反△やくそくを～/破坏约定 Ⅱ【破る・敗る】①打破△記録を～/打破记录 ②击败，打败

やぶ・れる③【自下一】Ⅰ【破れる】①破裂△くつしたが～/袜子破了 ②破裂△調和が～/和解破裂

③破灭△ゆめが～/梦想破灭 Ⅱ【敗れる】失败，败北△たたかいに～/战败

やぶん①【夜分】［名］夜晚，夜间

やぼ①【野暮】［名・形动］①不通世故 ②土气，俗气

やぼう⓪【野望】［名］野心

やま②【山】［名］①山△～にのぼる/登山△～をおりる/下山 ②成堆的东西△にもつの～/行李堆 ③矿山 ④侥幸，冒险△～をかける/押宝；（考试前）押题△～があたる/（宝）押中了；（题）押对了 ⑤高潮，高峰△話の～/故事的最精彩处 ⑥山林

やまい①【病】［名］①病，疾病△不治の～/不治之症 ②毛病，恶癖△～が出る/暴露恶癖

やまいも⓪【山芋】［名］山芋，甘薯

やまおく③【山奥】［名］深山里

やまかぜ②【山風】［名］山风

やまくずれ③【山崩れ】［名］山崩

やまぐに⓪【山国】［名］山城

やまざくら③【山桜】［名］（樱花的一种）山樱

やまじ②【山路】［名］山路，山道

やまし・い③【疾しい】［形］内疚，问心有愧

やまたかぼうし④【山高帽子】［名］圆顶礼帽

やまと①【大和・倭】Ⅰ［名］①奈良县的旧称 ②日本国的旧称 Ⅱ［接头］表示日本固有的事物【-絵（え）】③［名］日本画

やまびこ⓪②【山びこ・山彦】［名］回声，回音

やまびらき③【山開（き）】［名］开放山林（允许登山）

やまみち②【山道・山路】［名］山路，山道

やまやき④⓪【山焼（き）】［名］烧

山，烧荒

やみ②【闇】［名］①黑暗△真の～/漆黑一团 ②阴郁△空は晴れても，心は～だ/虽然天气晴朗，但心情是阴郁的 ③黑市△～で買う/在黑市买

やみとりひき③【やみ取り引き・闇取り引き】［名］①黑市买卖，黑市交易 ②暗中交涉

やみね◎②【闇値】［名］黑市价格

やみよ◎【闇夜】［名］黑夜，漆黑的夜晚◇闇夜に烏（からす）/分辨不清，判断不出来

や・む◎【止む】［自五］停，停止△雨が～んだ/雨停了

や・む◎【病む】［自他五］①生病，得病△神経を～/神经有病△肺を～/肺病 ②担心，忧虑△気に病む/担心，忧虑

やむをえず④【やむを得ず】［副］不得已，只得

や・める◎【止める】［他下一］①终止，作罢△タバコを～/戒烟△計画を～/取消计划 ②辞掉，辞去△会社を～/辞掉公司的工作

やもうしょう◎【夜盲症】［名］夜盲症

やもめ◎［名］①寡妇 ②鳏夫

やもり①【守宮】［名］壁虎

やや①［副］稍微，略微△～大きめの茶わん/略大一些的碗

ややこし・い④［形］麻烦，复杂，让人费解

ややもすれば①［副］动不动就…

やゆ①【揶揄】［名・他サ］讽刺，嘲笑

やよい◎【弥生】［名］阴历三月

やら Ⅰ［并助］（用于列举同类事物时）啦…啦…△くつ～かばん～買いたいものがたんさんある/鞋啦、提包啦，有很多想买的东西

Ⅱ［副助］（表示轻微的疑问）好象，到底，不知△なに～言っているがよく聞こえない/好象在说什么，但听不清楚△いつ完成するの～自分でもわからない/到底什么时候完成连我也不知道

やらい①【夜来】［名］昨夜以来

やり◎【槍・鑓】［名］①矛，长矛 ②（将棋）香车

やりかえ・す③【や（り）返す・遣り返す】［他五］反驳，反击

やりかた◎【やり方・遣（り）方】［名］做法，干法△うまい～/高明的做法

やりきれな・い④【やり切れない・遣（り）切れない】［形］①做不完，干不完△一日では～/一天做不完 ②难以忍受，受不了△～気持ち/难以忍受的心情

やりくち②【やり口・遣（り）口】［名］作法，手段△～がきたない/手段卑鄙

やりくり②【や（り）繰（り）・遣（り）繰（り）】［名・他サ］安排，筹措，调遣

やりこ・める④【やり込める・遣（り）込める】［他下一］驳斥，驳倒，问住

やりそこな・う⑤【遣（り）損う】［他五］做错，失败

やりと・げる④【やり遂げる・遣（り）遂げる】［他下一］完成，干完

やりなお・す④【やり直す・遣（り）直す】［他五］重做，重新做

やりなげ④③【やり投（げ）・槍投（げ）】［名］〈体〉标枪

やりぬ・く③【遣（り）抜く】［他五］做完，干到底

や・る◎【遣る】Ⅰ［他五］①送△手紙を～/送信 ②派遣，派△車

を〜/派车 ③赏赐，给△小鸟に
えさを〜/给小鸟喂食△これを
おまえに〜/这个给你 ④做，干
△〜ってみる/做做看 ⑤（用「や
っていく」的形式表示）生活△こ
の給料では、とても〜っていけ
ない/靠这点收入实在无法生活
下去 ⑥喝(酒)△一杯〜/喝一杯
Ⅱ［补动五］①（用于同辈或晚
辈）表示给与△金を貸して〜/借
钱给你(他)②表示做完…看△殺
して〜/宰了你(他)

やるせな・い④【遣(る)瀬ない】
［形］郁郁不乐，无法排泄(忧愁)

やろう⓪②【野郎】Ⅰ［名］〈俗〉(骂
男人的话) 小子△ばか〜/混蛋
Ⅱ［代］那小子，那家伙

やわらか③【柔らか・軟らか】［形

动］①柔软，软乎乎△〜なふと
ん/软乎乎的被褥 ②和蔼 ③灵活
△あたまが〜だ/头脑灵活 ④随
便，不生硬(的话题)△〜な話/随
便的话题

やわらか・い④【柔らかい・軟ら
かい】［形］①软和，柔软△〜パン
/软和的面包 ②和煦，和暖△
〜日ざし/和煦的阳光 ③灵活 ④
和缓，不生硬(的话题等)

やわら・げる④⓪【和らげる】［他
下一］①缓和，使…柔和△態度を
〜/缓和态度 ②使…通俗易懂△
表現を〜/使表达通俗易懂

ヤンキー①【Yankee】［名］美国
人

ヤング①【young】［名］①年轻 ②
青年人

ゆ

ゆ①【湯】［名］①热水，开水△〜
をわかす/烧开水 ②洗澡水△〜
に入る/洗澡△温泉△〜の町/
温泉之城

ゆあか③【湯あか・湯垢】［名］水
锈，水垢

ゆあがり②【湯上がり】［名］①入
浴后 ②浴巾 ③浴衣

ゆいいつ①【唯一】［名］唯一，独
一◇唯一無二（むに）/独一无二

ゆいがどくそん①-⓪【唯我独尊】
［名］唯我独尊

ゆいごん⓪【遺言】［名・他サ］遗
嘱，遗言△〜を残す/留遗嘱

ゆいしょ①②【由緒】［名］①由来
②来历，阅历△〜ある家がら/
名门

ゆいしん⓪【唯心】［名］唯心【-論
（ろん）③】［名］唯心论

ゆいのう⓪【結納】［名］(双方互赠
的)定婚礼品,彩礼

ゆいぶつ⓪【唯物】［名］唯物【-論
（ろん）④】［名］唯物论

ゆ・う⓪【結う】［他五］系,结,扎
△かみを〜/结发

ゆうい①【優位】［名・形动］优越
地位，优势

ゆういぎ③【有意義】［名・形动］
有意义，有价值

ゆううつ⓪【憂鬱】［名・形动］忧
郁,郁闷△〜な気分/忧郁的心情

ゆうえき⓪【有益】［名・形动］有
益，有用，有效△〜に使う/有效
地使用

ゆうえつ⓪【優越】［名・自サ］优
越【-感（かん）④】［名］优越感

ゆうえんち③【遊園地】［名］游乐
场

ゆうが①【優雅】[名・形動]优雅，典雅，雅致

ゆうかい⓪【誘拐】[名・他サ]拐骗△子どもを～する/拐骗儿童

ゆうかい⓪【融解】[名・自他サ]①融解 ②融化【-点（てん）③】[名]融点

ゆうがい⓪【有害】[名・形動]有害

ゆうかげ③⓪【夕影】[名]夕阳，夕照

ゆうがた⓪【夕方】[名]傍晚

ゆうかん⓪【夕刊】晚报【-紙（し）③】[名]晚报

ゆうかん⓪【勇敢】[形動]勇敢

ゆうかんじしん⑤【有感地震】[名]有感地震

ゆうき①【勇気】[名]勇气

ゆうぎ①【友誼】[名]友谊，友情

ゆうぎ①【遊戯】[名]游戏

ゆうきおん④【有気音】[名]送气音

ゆうきゅう⓪【悠久】[名・形動]悠久

ゆうぐう⓪【優遇】[名・他サ]优待，优厚待遇

ゆうぐれ⓪【夕暮れ】[名]黄昏

ゆうげん⓪【有限】[名・形動]有限

ゆうこう⓪【友好】[名]友好，友谊△～をふかめる/加深友谊

ゆうこう⓪【有効】[形動]有效【-期限（きげん）⑤】[名]有效期

ゆうごう⓪【融合】[名・自サ]融合

ゆうこく⓪【夕刻】[名]傍晚

ゆうごはん③【夕御飯】[名]晚饭

ゆうしきしゃ④【有識者】[名]有识之士

ゆうしゅう⓪【優秀】[名・形動]优秀，优异

ゆうじゅうふだん⓪【優柔不断】[名・形動]优柔寡断

ゆうしょう⓪【優賞】[名]厚赏，重赏

ゆうしょう⓪【優勝】[名・自サ]①优胜 ②优者取胜【-劣敗（れっぱい）⓪】[名]优胜劣败

ゆうじょう⓪【友情】[名]友情，友谊

ゆうしょく⓪【夕食】[名]晚饭

ゆうしょくじんしゅ⑤【有色人種】[名]有色人种

ゆうじん⓪【友人】[名]友人，朋友

ゆうずう⓪【融通】[名・他サ]通融△～がきかない/不通融

ゆうすずみ③【夕涼（み）】[名]夜晚乘凉

ゆう・する③【有する】[他サ]有，拥有，持有

ゆうせい⓪【郵政】[名]邮政

ゆうせい⓪【優勢】[名・形動]优势△～をたもつ/保持优势

ゆうぜい⓪【郵税】[名]邮资，邮费

ゆうせいおん③【有声音】[名]（使声带震动发出的音）有声音

ゆうせいしょう③【郵政省】[名]邮政省

ゆうせん⓪①【有線】[名]有线

ゆうせん⓪【優先】[名・自サ]优先

ゆうぜん⓪③【悠然】[副・連体]悠然，从容

ゆうそう⓪【郵送】[名・他サ]邮寄，寄

ゆうたい⓪【優待】[名・他サ]优待，照顾，优厚待遇

ゆうだい⓪【雄大】[名・形動]宏伟，巨大，壮观△～ながめ/壮观的景色

ゆうだち⓪【夕立】[名]（夏季午后

下的）雷阵雨

ゆうち①【誘致】［名・他サ］①诱致 ②招揽

ゆうてん①【融点】［名］融点

ゆうとう⓪【優等】［名・形动］优等，优质【-生（せい）③】［名］优等生

ゆうどう⓪【誘導】［名・他サ］①诱导，引导 ②〈物〉诱导，吸引

ゆうどうだん【誘導弾】［名］导弹

ゆうどく⓪【有毒】［名・形动］有毒【-ガス⑤】［名］有毒气体，毒气

ゆうなみ⓪【夕波】［名］傍晚时的波浪

ゆうのう⓪【有能】［名・形动］有能力，有本事，有才能

ゆうはつ⓪【誘発】［名・他サ］诱发，导致，引起

ゆうばれ⓪【夕晴（れ）】［名］晚晴

ゆうはん⓪【夕飯】［名］晚饭

ゆうひ⓪【夕日・夕陽】［名］夕阳

ゆうび①【優美】［名・形动］优美

ゆうびん⓪【郵便】［名］①邮政【-局（きょく）③】［名］邮局，邮政局【-貯金（ちょきん）⑤】［名］邮政储蓄 ②邮件△～を出す/寄邮件

ゆうべ③【夕べ】［名］①傍晚 ②晚会△音楽の～/音乐晚会

ゆうべ③【昨夜・昨夕】［名］昨晚，昨天夜里

ゆうべん⓪①【雄弁】［名・形动］雄辩

ゆうぼう⓪【有望】［名・形动］有为，大有前途

ゆうぼく⓪【遊牧】［名・自サ］游牧【-民（みん）⓪】［名］游牧民

ゆうめい⓪【有名】［名・形动］有名，著名△～になる/成名【-税（ぜい）③】［名］名人的烦恼（如半强迫性的捐款及其它非自愿的事情）

ゆうもん⓪【幽門】［名］〈解〉幽门

ゆうやけ⓪【夕焼（け）】［名］晚霞

ゆうゆう③【悠悠】［副・连体］①悠然自得，不慌不忙△～たるあゆみ/悠闲的步子 ②悠久，久远

ゆうよ①【猶予】［名・他サ］①犹豫△一刻の～も許されない/刻不容缓 ②缓期，延缓，延期【執行（しっこう）-⑤】［名］缓期执行

-ゆうよ【有余】［接尾］（接汉语数词）有余△三年～のあいだ/在三年多的时间里

ゆうらん⓪【遊覧】［名・自サ］游览【-船（せん）⓪】［名］游览船，观光船

ゆうり①【有利】［形动］①有利可图，有便宜 ②有利△～な条件/有利条件

ゆうりょ①【憂慮】［名・他サ］忧虑

ゆうりょう⓪【有料】［名］收费【-道路（どうろ）⑤】［名］收费公路

ゆうりょう⓪【優良】［名・形动］优良，优质

ゆうりょく⓪【有力】［形动］有力△～な証拠（しょうこ）/有力的证据

ゆうれい①【幽霊】［名］幽灵，亡灵

ゆうわく⓪【誘惑】［名・他サ］诱惑

ゆえ【故】Ⅰ②［名］原因 Ⅱ［接助］因为，所以

ゆえに②【故に】［接］故，因此，所以△二つの三角形の各辺の長さはひとしい。～、二つの三角形は合同である/两个三角形的各边

长相等，故，两个三角形全等

ゆえん⓪【所以】[名] 原因，理由

ゆか①【床】[名] 地板

ゆかい①【愉快】[形动] 愉快△～にすごす/愉快地生活

ゆが・く②【湯掻く】[他五](用开水)煠

ゆかた⓪【浴衣】[名] ①浴衣 ②(夏季穿的) 便装和服

ゆが・む⓪【歪む】[自五] ①歪斜△～んだ帽子/歪斜的帽子 ②扭曲，不正，歪△～んだ見方/偏执的看法

ゆが・める⓪【歪める】[他下一] ①歪，斜△顔を～/歪着脸 ②歪曲△事実を～/歪曲事实

ゆかり⓪【縁り】[名] 关系，因缘

ゆき②【雪】[名] ①雪 ②雪白，洁白△～のはだ/雪白的皮肤

ゆきあそび③【雪遊(び)】[名・自サ] 玩雪

ゆきがっせん③【雪合戦】[名] 雪仗，打雪仗

ゆきき③②【行(き)来】[名] 来去，往来

ゆきぐに②【雪国】[名] 雪国，多雪的地方

ゆきげしき③【雪景色】[名] 雪景

ゆきす・ぎる④【行(き)過ぎる】[自上一] ①通过 ②走过头 ③过火，过分

ゆきだるま③【雪だるま・雪達磨】[名] 雪人

ゆきちがい⓪【行(き)違(い)】[名] ①走岔，没遇上 ②误会，误解

ゆきづ・まる④【行(き)詰(ま)る】[自五] ①走到尽头，无路可走 ②受阻，停滞不前△交渉は～った/交涉停滞不前

ゆきどけ④⓪【雪解(け)】[名] 雪融

ゆきとど・く④【行(き)届く】[自

五] 周到，无微不至

ゆきどまり⓪【行(き)止(ま)り】[名] 走到头，终点

ゆきなだれ③【雪雪崩】[名] 雪崩

ゆきみ③【雪見】[名] 赏雪

ゆきわた・る④【行(き)渡る】[自五] 遍及，遍布

ゆ・く⓪【行く・往く】[自五] →いく

ゆくえ⓪【行方】[名] ①去向，下落【-不明(ふめい)④】[名] 下落不明 ②前途，未来，将来

ゆくさき⓪【行(く)先】[名] ①目的地，要去的地方 ②将来，未来，前途

ゆくゆく⓪【行く行く】[副] ①一边走一边… ②将来

ゆげ①【湯気】[名] 热气，水蒸气

ゆけつ⓪【輸血】[名・自サ] 输血

ゆけむり②【湯煙】[名](澡塘、温泉等处)升起的蒸气

ユーザー①【user】[名] 用户

ゆしゅつ⓪【輸出】[名・他サ] 出口，输出【-品(ひん)⓪】[名] 出口商品

ゆしゅつにゅう③【輸出入】[名] 进出口

ゆす・ぐ⓪【濯ぐ】[他五] 涮，涮洗

ゆす・ぐ⓪【漱ぐ】[他五] 漱，漱口

ゆす・る⓪【揺する】[他五] 摇动，摇晃

ゆず・る⓪【譲る】[他五] ①让，让出，让给△席を～/让座位 ②出让，卖△車を安く～/将车贱卖出去 ③延期，改日

ゆせい⓪【油井】[名] 油井

ゆそう⓪【輸送】[名・他サ] 运输，输送

ゆたか①【豊か】[形动] ①富裕△～な暮らし/富裕的生活 ②丰富

△～な才能/丰富的才能 ③充实
△～な心/充实的内心

ゆだん⓪【油断】［名・自サ］大意，
疏忽◇油断大敵（たいてき）/切
勿麻痹大意

ユーターン③【Uターン】［名・自
サ］①（汽车等）调头 ②（从大都
市）返回故乡

ゆたんぽ②【湯たんぽ・湯湯婆】
［名］汤婆，热水袋

ゆちゃく⓪【癒着】［名・自サ］粘
连，粘合

ゆっくり③［副］①慢慢△～（と）步
く/慢步而行 ②从容△久しぶり
にきたんだから，～していきな
さい/你好久没来了，今天就多坐
会儿吧

ゆったり③［副］①轻松，愉快，舒
舒服服 ②宽大舒适△～した服/
宽大舒适的衣服

ゆでたまご③④【茹で卵】［名］煮鸡
蛋

ゆ・でる②【茹でる】［他下一］（白
水）煮△野菜を～/煮青菜

ゆでん⓪【油田】［名］油田

ユートピア③【Utopia】［名］乌托
邦，世外桃园

ゆとり⓪［名］宽裕，余地△～があ
る/有余地

ユニーク②【unique】［形動］独特△
～な考え/独特的想法

ユニバーシアード⓪【Universiade】
［名］世界大学生运动会

ユニフォーム③【uniform】［名］①
制服 ②（体育运动队等的）队服

ユニホーム③→ユニフォーム

ゆにゅう⓪【輸入】［名・他サ］进口
【-品（ひん）⓪】［名］进口商品，泊
来品

ユネスコ②【UNESCO】［名］国际
教科文组织

ゆのみ③【湯飲（み）・湯呑（み）】

［名］茶碗

ゆび②【指】［名］①手指 ②趾，脚
指头

ゆびおり④⓪【指折（り）】［名］①
屈指，屈指数数 ②屈指可数△～
の演奏家/屈指可数的演奏家

ゆびきり④③【指切り】［名］用小指
互相拉钩（立誓约）

ゆびさ・す③【指差す】［他五］用
手指

ゆびぬき④③【指ぬき・指貫（き）】
［名］顶针

ゆびわ⓪【指輪・指環】［名］戒指
【結婚（けっこん）-⑤】［名］结婚
戒指

ユーフォー⓪【UFO】［名］飞碟，不
明飞行体

ゆみ②【弓】［名］①弓△～を引き
しぼる/拉满弓 ②射箭技术，弓
术 ③琴弓，弓子

ゆみなり⓪【弓なり・弓形】［名］
弓形

ゆみや【弓矢】［名］弓箭

ゆめ②【夢】［名］①梦△～をみる/
做梦 ②梦想，幻想△～がやぶれ
る/梦想破灭

ゆめ・みる③【夢見る】Ⅰ［自上
一］做梦，梦见Ⅱ［他上一］梦
想，空想

ユーモア①【humour】［名］幽默，诙
谐△～がある/有幽默感

ゆや②【湯屋】［名］澡堂，公共浴
池

ゆらい⓪①【由来】Ⅰ［名・自サ］
由来，来历Ⅱ［副］从来，历来△
～、日本は自然の美しいことで
知られている/日本从来是以其
自然景观优美而闻名的

ゆら・ぐ⓪②【揺らぐ】［自五］①摇
动，晃动△風に～/随风摇动 ②
动摇△決心（けっしん）が～/决
心动摇了

ゆらゆら① ［副］（轻物体）轻轻飘动，晃动

ゆり⓪【百合】［名］百合

ゆる・い②【緩い・弛い】［形］①松，松驰△くつが～/鞋子松大 ②松懈，放松△警戒が～/戒备松懈 ③迟缓，缓慢△～テンポ/缓慢的节奏 ④稀，稀软

ゆる・ぐ②【揺(る)ぐ】［自五］动摇△信念が～/信念动摇了

ゆるし③【許(し)】［名］①许可，准许，允许△～をえる/得到许可 ②原谅，宽恕△～をこう/乞求宽恕

ゆる・す②【許す】［他五］①允许，准许，许可△使用を～/允许使用 ②宽恕，饶恕，原谅△あやまちを

～/原谅错误

ゆる・む②【緩む・弛む】［自五］①松懈，松驰△気が～/精神松懈 ②缓和△寒さが～/渐暖

ゆる・める③【緩める・弛める】［他下一］①放松，松开△ねじを～/松开镙钉 ②松懈△放慢，降低△スピードを～/放慢速度

ゆるやか②【緩やか】［形动］①缓慢 ②宽松，宽大

ゆ・れる⓪【揺れる】［自下一］①晃动，摇晃△船が～/船在摇晃 ②动摇△心が～/内心动摇

ゆわ・える③【結(わ)える】［他下一］系，扎，拴

ゆわかし②【湯沸(か)し】［名］烧水壶

よ

よ①⓪【世】［名］①世，世间，社会△～に出る/出世 ②时代，年代，时期△明治の～/明治时期◇世を去(さ)る/去世，逝世◇世を渡(わた)る/处世

よ①【余】Ⅰ［名］①余△三月(みつき)の～も入院していた/住了三个多月的医院 ②其他，另外△～の事/其他的事 Ⅱ［接尾］多，余△五十～か所/百余处

よ①【夜】［名］夜，夜晚△～がふける/夜深了△～を徹する/彻夜不眠◇夜を明(あ)かす/熬夜◇夜を日(ひ)に継(つ)ぐ/夜以继日

よ ［终助］①用于提醒对方注意△もう八時だ～/已经八点啦△そこはあぶない～/那儿可危险啊 ②加强命令，禁止，劝诱的语气△いっしょに行こう～/一起去吧△

よく考えなさい～/好好想想啊△そんなことするな～/别干那种事啊 ③同疑问词一起使用，表示责难△だれ～、わたしのケーキを食べたのは/谁呀，把我的点心吃了

よあけ③【夜明(け)】［名］黎明，拂晓△～の空/黎明的天空

よい⓪【宵】［名］傍晚

よい②①【酔い】［名］醉，醉酒△～がさめる/酒醒了

よ・い①【良い・善い・好い】［形］→いい

よいっぱり⓪【宵っ張(り)】［名］熬夜

よう①【用】［名］事情，工作△～がある/有事◇用をたす/解手，上厕所

よ・う①【酔う】［自五］①醉，喝醉△酒に～/醉酒 ②晕（车等）△

バスに～/晕车 ③醉心,沉醉,陶酔△音楽に～/醉心于音乐

よう［終助］（終助詞「よ」的强调形式）→よ

よう［終助］（上接非五段动词的未然形）①表示意愿△こんだはぼくがボールを投(な)げ～/这回我来投球吧△なにが入っているのか,のぞいてみ～よ/里边装的是什么,看看吧 ②表示推测,想象△当然そういう意見も出てこ～/当然也会出现此类意见的吧 ③（以「…ようが」「…ようと」「…ようとも」「…ようものなら」等形式）表示假设△人になんと言われ～が,平気だ/无论人们说些什么,都不在乎△台風がこ～と,地震がこ～とぜったいだいじょうぶだ/不管是台风还是地震,都绝对保险△仕事の手つだいをさせ～ものなら,あとのお礼がたいへんだ/要求帮工的话,其后的答谢是很麻烦的

-よう【様】［接尾］（上接动词连用形）①样子△彼のよろこび～といったらなかったね/别提他有多高兴了 ②样式,方法△やり～をくふうする/想办法

ようい⓪【用意】［名・自他サ］①准备△～がととのう/准备就绪 ②（口令）各就各位,预备

ようい⓪【容易】［形动］容易,简单△～なことではない/并不简单

よういく⓪【養育】［名・他サ］扶养

よういん⓪【要因】［名］主要原因

ようえき①【溶液】［名］溶液

ようおん⓪【拗音】［名］拗音

ようか【八日】［名］①八号,八日 ②八天

ようが⓪【洋画】［名］①西洋画 ②欧美的电影

ようが⓪【陽画】［名］(摄影)正片

ようかい⓪【妖怪】［名］妖怪

ようかい⓪【溶解・鎔解】［名・自他サ］①〈化〉溶解△-液(えき)③［名］溶解液 ②熔化,溶融

ようがい⓪【要害】［名］要塞,险关

ようがし③【洋菓子】［名］西式糕点

ようかん⓪【羊羹】［名］羊羹

ようがん⓪【溶岩・熔岩】［名］熔岩

ようき①【容器】［名］容器

ようき⓪【陽気】Ⅰ［名］天气,气候Ⅱ［形动］①开朗,爽朗△～な人/开朗的人 ②兴高彩烈△～にさわぐ/欢闹

ようぎ①⓪【容疑】［名］嫌疑△-者(しゃ)③［名］嫌疑犯

ようきゅう⓪【要求】［名・他サ］要求

ようぎょ①【養魚】［名］养鱼

ようきょく⓪【陽極】［名］阳极,正极

ようぐ①【用具】［名］用具,工具

ようけい⓪【養鶏】［名］养鸡

ようけつ⓪【要訣】［名］秘诀,窍门

ようけん③⓪【用件】［名］(需要商谈的)事,事情△～を言う/谈事情

ようけん③⓪【要件】［名］①要紧事 ②必要的条件

ようげん①【用言】［名］(日语语法)用言

ようご⓪【用語】［名］术语,专门用语

ようご①【擁護】［名・他サ］拥护

ようこそ①［感］欢迎

ようさい⓪【洋裁】［名］西装裁剪

ようさん⓪【養蚕】［名］养蚕

ようし⓪【用紙】[名]用纸,专用纸△答案(とうあん)～/答卷用纸

ようし①【要旨】[名]要点,大意△～をまとめる/归纳要点

ようし①【容姿】[名]姿容

ようし①【養子】[名]养子,继子△～をもらう/领养继子

ようじ⓪【用事】[名](应做的)事,事情△～がある/有事

ようじ⓪【幼児】[名]儿童,幼儿

ようじ⓪【楊枝】[名]牙签△～を使う/剔牙

ようしき⓪【洋式】[名]洋式,西式

ようしき⓪【様式】[名]样式,方式△きめられた～にしたがって書く/按照规定形式写

ようしつ⓪【洋室】[名]西式房间

ようしゃ①【容赦】[名・他サ]①宽恕,饶恕 ②客气

ようしゅ⓪【洋酒】[名]洋酒,西式酒

ようしょ⓪【要所】[名]①要塞,要道△交通の～/交通要道 ②要点△～をおさえる/抓住要点

ようじょ①【養女】[名]养女

ようしょう⓪【要衝】[名]要冲,要地

ようじょう③【養生】[名・自サ]①养生,养身 ②疗养,养病

ようしょく⓪【洋食】[名]西餐

ようしょく⓪【要職】[名]要职,重要职务

ようしょく⓪【養殖】[名・他]养殖

ようじん①【用心】[名・自サ]小心,留神,注意△火(ひ)の～/小心烟火【-深(ぶか)い⓪】[形]小心谨慎,小心翼翼

ようじん⓪【要人】[名]要人【政府(せいふ)-④】[名]政府要人

ようじんぼう③【用心棒】[名]①护卫,保镖 ②(为防犯而作为武器放在身边的)棒子,棍子 ③门闩

ようす⓪【様子】[名]①情况,情形△～をみる/看情况 ②样子,外表△みすぼらしい～/穷酸相 ③举止△あいつは,どうも,～がおかしい/那家伙举止实在可疑 ④(以「…ようすだ」的形式表示)好像,似乎△風もおさまりそうな～だ/似乎风要停了△なにか心配ごとがある～だ/好像有什么心事

ようすい⓪①【用水】[名]用水,使用水【-路(ろ)③】[名]水渠

よう・する③【要する】[他サ]需要△注意を～/需要注意

よう・する③【擁する】[他サ]拥有,具有

ようするに③【要するに】[副]总之,总而言之△～しっかりやれということだ/总之,要求踏踏实实地干

ようせい⓪【要請】[名・他サ]请求,要求

ようせい⓪【陽性】[名]阳性

ようせい⓪【養成】[名・他サ]培养△技術者を～する/培养技术人员

ようせき①【容積】[名]①容积,容量 ②体积

ようせつ⓪【溶接・熔接】[名・他サ]焊接【電気(でんき)-④】[名]电焊

ようそ①【要素】[名]要素,因素

ようそう⓪【洋装】[名・自サ]①(穿)西装 ②(书籍的)西式装订

よう・だ【様だ】[助動]①如同…一样,好像…一样△星の～に光っている/星光般地闪烁着 ②似乎,好像△事故があった～/好像

发生了事故 ③诸如，像△ラグビ
ーやサッカーの〜なはげしい運
動/诸如橄榄球、足球那样的激烈
运动 ④为，为了△はやく着く〜
にタクシーで行った/为了尽快
到达，就坐出租汽车去了

ようたい⓪【様態】［名］样子，状
态

ようたし④③【用足し・用達】［名］
①办事，做完事情 ②大小便 ③
（用「御用達」的形式表示）为政府
机关、公司送货的商人

ようだん⓪【用談】［名・他サ］商
谈

ようち①⓪【幼稚】［名・形动］①年
轻，年幼 ②幼稚△〜な考え/幼
稚的想法【-園（えん）③［名］幼
儿园

ようち①⓪【要地】［名］要地，要
冲

ようてん③【要点】［名］要点，重
点

ようでんき③【陽電気】［名］正电
荷，正电

ようと①【用途】［名］用途△〜が
ひろい/用途广泛

ようとうくにく⓪-①【羊頭狗肉】
［名］挂羊头卖狗肉

ようとん⓪【養豚】［名］养猪

ようび⓪【曜日】［名］星期△月〜/
星期一

ようひん⓪【用品】［名］用品，用
具

ようふ⓪【養父】［名］养父

ようふう⓪【洋風】［名］洋式，西
式【-建築（けんちく）⑤［名］西
洋建筑

ようふく⓪【洋服】［名］西服

ようぶん①【養分】［名］养分，营
养

ようぼ⓪【養母】［名］养母

ようほう⓪【用法】［名］用法，使
用方法

ようほう⓪【養蜂】［名］养蜂

ようぼう⓪【要望】［名・他サ］要
求，希望△〜にこたえる/应要求

ようぼう⓪【容貌】［名］容貌

ようま⓪【洋間】［名］西式房间

ようもう⓪【羊毛】［名］羊毛

ようやく⓪【漸く】［副］好容易，总
算△〜頂上にたどりついた/好
容易爬上了山顶

ようやく⓪【要約】［名・他サ］归
纳，整理

ようよう⓪③【洋洋】［副・连体］辽
阔，宽广，一望无际△〜とひろが
る海/一望无际的海洋△〜たる
前途/远大的前途

ようりゃく⓪【要略】［名・他サ］归
纳，概略

ようりょう③【用量】［名］（药剂
的）用量

ようりょう③【要領】［名］要领△〜
をえない/不得要领

ようりょう③【容量】［名］容量，容
积

ようれい⓪【用例】［名］例句△〜
を示す/举出例句

ようれき⓪【陽暦】［名］阳历

よえん⓪【余炎】［名］①余焰 ②残
暑

よか⓪【予科】［名］预科，预备科

よか①【余暇】［名］余暇，闲暇，空
闲时间

よかく⓪【余角】［名］〈数〉余角

よかぜ⓪【夜風】［名］夜风

よかれあしかれ①-③【善かれあし
かれ・善かれ悪しかれ】［副］不
论是好是坏，不管好坏都…△こ
うなってはもう、〜このまま進
むしかない/事到如今，不论是好
是坏都得干下去

よかん⓪【予感】［名・他サ］预感
△〜がする/预感到

よき①⓪【予期】[名・他サ]预测，预料△～に反する/与预料相反

よぎな・い③【余儀無い】[形]不得已，无奈

よきん⓪【預金】[名・自他サ]存钱，存款△～をおろす/取钱△-通帳（つうちょう）④】[名]存折【定期（てい き）-④】[名]定期存款【普通（ふつう）-④】[名]活期存款

よく②【欲・慾】[名]欲望，贪心△～が深い/贪心不足

よく①【翼】[名]（鸟、飞机）翼

よく①【良く】[副]①仔细，认真△～考える/认真考虑②经常，常常，总△～学校を休む/总不去上学③出色，好△～やった/干得很出色④（做反语用）真敢，竟然，竟敢△あれだけ人にめいわくをかけておいて、～平気でいられるものだ/给别人添了那么多麻烦，竟跟没事似的

よくあさ⓪【翌朝】[名]第二天早晨

よくあつ⓪【抑圧】[名・他サ]压制，压抑△言論の自由を～する/压制言论自由

よくげつ①②【翌月】[名]第二个月

よくしつ⓪【浴室】[名]浴室

よくじつ⓪【翌日】[名]翌日，第二天

よくじょう⓪【浴湯】[名]浴池【大衆（たいしゅう）-⑤】[名]公共浴池

よく・する①【善くする】[他サ]擅长，善于△画家でありながら俳句も～/虽然是画家，但也擅长作俳句

よく・する③【浴する】[自サ]①沐浴△日光に～/沐浴阳光②承受，蒙受（恩惠等）△恩恵に～/蒙受恩惠

よくせい⓪【抑制】[名・他サ]抑制，控制△インフレを～する/抑制通货膨胀

よくそう⓪【浴槽】[名]浴盆，浴缸

よくちょう⓪【翌朝】[名]第二天早晨

よくど①【沃土】[名]沃土，肥沃的土地

よくとし⓪【翌年】[名]→よくねん

よくねん⓪【翌年】[名]翌年，第二年

よくばり④③【欲張り】[名・形动]贪婪，贪得无厌，贪心

よくば・る③【欲張る】[自五]贪得无厌，贪婪，贪心△～と、かえって損をする/贪心反而受损

よくぼう⓪【欲望】[名]欲望△～をみたす/满足欲望

よくめ③②【欲目】[名]偏爱，偏心

ヨーグルト③【（徳）Yoghurt】[名]酸奶

よけい⓪【余計】Ⅰ[形动]多余，不必要△～な心配/多余的担心Ⅱ[副]①多△人より～練習した/比别人练习得多②更，更加△だめだと言われると～にやりたくなる/一说我不行就更想试试了

よ・ける②【避ける・除ける】[他下一]①让道，躲让△車を～/避让汽车②躲避，躲，避△雨を～/躲雨

よけん⓪【予見】[名・他サ]预见

よげん⓪【予言】[名・他サ]预言

よこ①【横】[名]①横，横向△～に広がる/横向扩展②旁边△～から口を出す/从旁插嘴③侧面△箱の～にシールをはる/将标签贴在箱子的侧面◇横になる/躺下◇首（くび）を横にふる/不

同意

よこう⓪【予行】[名]预演

よこがお③【横顔】[名]①侧脸 ②(一般人不知道的人物的)侧面,另一面

よこがき⓪【横書(き)】[名]横写 △～の文章/横写的文章

よこぎ・る③【横切る】[自五]横穿,横过 △道を～/横穿马路

よこく⓪【予告】[名・他サ]预告,事先通知 △次週の～/下周预告

よこぐみ⓪【横組(み)】[名](印刷)横排版

よこしま⓪【邪ま】[形动]邪恶,不正当

よこ・す②【寄越す】Ⅰ[他五]①寄给 △友だちが手紙を～した/朋友来信了 ②派,派给 △手伝いを二、三人～してください/请叫两三个人来帮忙 Ⅱ[补动五](以「…てよこす」的形式表示)…来 △国もとからみかんを送って～した/从家乡寄来了桔子

よご・す⓪【汚す】[他五]弄脏,玷污 △服を～/弄脏衣服

よこたわ・る④【横たわる】[自五]①躺 △ベッドに～/躺在床上 ②横亘 △山が前方に～っている/一座山横在眼前 ③摆着,面临着

よこちょう⓪【横町】[名]胡同,小街道

よこづな⓪【横綱】[名](相扑)横纲

よこどり⓪④【横取(り)】[名・他サ]抢,抢夺 △財産を～する/抢夺财产

よこなみ⓪【横波】[名]①(物理)横波 ②从侧面涌来的波浪

よこぶえ③⓪【横笛】[名]横笛

よこみち⓪【横道・横路】[名]①岔路,岔道 ②岐途 △～に入りこむ/进入岐途

よこむき⓪【横向(き)】[名]侧身,朝着侧面

よこめ⓪【横目】[名]斜眼(看) △～で見る/斜眼看

よこもじ⓪【横文字】[名]横写文字

よごれ⓪【汚れ】[名]污垢

よご・れる⓪【汚れる】[自下一]①脏,污浊,污秽 △手が～/手脏了 △～れた空気/污浊的空气 ②(心灵)肮脏,丑恶

よさん⓪【予算】[名]预算

よし⓪【葦・葭】[名]芦苇

よし①【由】[名]①缘由,理由 △～ありげな態度/似乎有什么事的样子 ②(多以「…由もない」的形式表示)无法…△知る～もない/无法知道 ③(以「…の由」的形式表示)内容,意思 △この～をお伝えください/请转告上述内容 ④(书信用语)据说,听说

よし①【良し】[形]〈文〉好,良

よし①[感]①(表示同意、答应)好,可以,行 △～許してやろう/好,就原谅你吧 ②(表示意志、决心)来,好 △～おれがやる/来,我来干△ ③(用于安慰、劝解)好了,算了,行了 △泣くな、～、/别哭了,好了,好了

よしあし①②【善しあし・善し悪し】[名]①好坏,善恶,是非 △～を見分ける/辨别是非 ②一利一弊,有好处也有坏处

よじげん②【四次元】[名]四维,四次元

よじのぼ・る⓪【よじ登る・攀(じ)登る】[自五]攀登,爬 △木に～/爬树

よしや①【縦(し)や】[副]纵然,即使,哪怕

よしゅう⓪【予習】[名・他サ]预习

よじょう⓪【余剰】[名]剩余 △-価

値（かち）④[名]剩余价值

よじ・る②【捩る】[他五]扭，拧△からだを～/扭动身体

よしん⓪【予審】[名]〈法〉预审

よしん⓪【余震】[名]余震

よじん⓪【余燼】[名]余烬，余火

よ・す【止す】[他五]停止，作罢△この話は～そう/别谈这个了

よせあつめ⓪【寄（せ）集め】[名]拼凑△～のチーム/拼凑起来的运动队

よせい⓪【余生】[名]余生△～を送る/度过余生

よ・せる⓪【寄せる】[自他一]①挨近，靠近△波が～/波浪涌来 ②移近，挪近△車を～/把车开到跟前 ③寄以（关心）△同情を～/寄以同情△関心を～/寄以关心 ④集中△額にしわを～/皱眉头 ⑤送，寄△感想文を～/寄读后感 ⑥凭借，借着△花に～せて思いを述べる/借花而抒怀

よせん⓪【予選】[名]预选

よそ②【余所・他所】[名]①别处，另外的地方△～へにげる/逃往别处 ②与己无关△～の国/其它国家△～の人/外人 ③(以「…をよそに」的形式,表示)将…放下不顾而…△任務を～に遊びほうける/将任务扔在一边而只顾玩乐

よそいき⓪【よそ行き・余所行き】[名]①外出时的服装 ②故作郑重

よそう⓪【予想】[名・自他サ]预想，预料△～に反して/同预料的相反

よそうがい②【予想外】[名・形动]预料之外，出乎预料

よそおい③⓪【装い】[名]①服装，装束△春の～/春装 ②装饰，修饰

よそお・う③【装う】[他五]①穿戴，打扮 ②假装，佯装△平気を～/假装不在乎

よそく⓪【予測】[名・他サ]预测

よそごと⓪【よそ事・余所事】[名]与己无关的事，分外之事△～とは思えない/不能认为是分外之事

よそみ③②【よそ見・余所見】[名]往旁边看△～をする/往旁边看

よぞら①②【夜空】[名]夜空

よだれ⓪【涎】[名]口水，垂涎△～が出る/流口水【-掛（か）け③】[名]围嘴

よち①⓪【予知】[名・他サ]预知△地震を～する/预测地震

よち⓪①【余地】[名]余地◇立錐（りっすい）の余地もない/无立锥之地

よつ②【四つ】[名]→よっつ

よっか⓪【四日】[名]①四号，四日 ②四天

よつかど⓪【四（つ）角】[名]①十字路口 ②(十字路口的)拐角

よっきゅう⓪【欲求】[名・他サ]欲望

よっつ③【四つ】[名]①四，四个 ②四岁

ヨット①【yacht】[名]快艇，游艇

よっぱらい⓪【酔（っ）払い】[名]喝醉酒的人△～運転/酒后开车

よっぱら・う⓪【酔っ払う】[自五]醉，醉酒

よっぽど⓪[副]→よほど

よつゆ①【夜露】[名]夜里的露水

よつんばい④【四つんばい・四つん遣い】[名]①趴，趴着 ②爬

よてい⓪【予定】[名・他サ]①预定 ②预约，约会△～がある/有预约

よとう⓪【与党】[名]执政党

よどおし⓪【夜通し】［副］通宵，一整夜

ヨードチンキ④【(德)Jodtinktur】［名］碘酒

よなか③【夜中】［名］半夜，三更半夜

よねつ⓪【余熱】［名］①(火的)余温 ②(病)余热

よのなか②【世の中】［名］①世，世间，社会△〜に出る/进入社会 ②世界，世道，时代△〜におくれる/落后于时代

よび①【予備】［名］①预备【-知識（ちしき）③】［名］预备知识 ②备用

よびか・ける④【呼（び）掛ける】［他下一］①呼唤，招呼 ②号召，呼吁△大衆に〜/向大众呼吁

よびすて⓪【呼（び）捨（て）】［名］不加敬称，直呼其姓、名

よびだ・す③【呼（び）出す】［他五］①叫出来，唤出来 ②(电话)传呼，传唤

よびりん⓪【呼（び）鈴】［名］电铃

よ・ぶ⓪【呼ぶ】［他五］①叫，召唤△名まえを〜/叫名字 ②招待，邀请△夕食に〜ばれる/被邀请吃晚饭 ③叫做，称为 ④引起，博得△反響を〜/引起反响△人気を〜/博得欢迎

よふかし②【夜更かし】［名］熬夜，开夜车

よふけ③【夜更（け）】［名］深夜，深更

よぶん⓪【余分】Ⅰ［名］余量，剩余 Ⅱ［形動］多余，不必要△〜な口出し/多嘴多舌

よほう⓪【予報】［名・他サ］预报【天気（てんき）-⓪】［名］天气预报

よぼう⓪【予防】［名・他サ］预防【-接種（せっしゅ）④】［名］预防接种

よほど⓪【余程】［副］①很，相当，颇，非常△〜大きなにもつ/相当大的行李 ②很想，差一点要…△〜むかえに行こうかと思ったがやめた/差一点要去接你，可后来没去

よみ①【黄泉】［名］黄泉，阴间

よみ②【読（み）】［名］①读，念 ②(汉字的)读法，念法△〜を調べる/查读法 ③算计，考虑△〜がふかい/沉思熟虑，看得远

よみあ・げる⓪【読（み）上げる】［他下一］①朗读，②读完，看完

よみがえ・る③【蘇る・甦る】［自五］①死而复生，复活 ②复苏，恢复△記憶が〜/恢复记忆

よみかき①【読（み）書き】［名］读写；读写能力

よみかた④③【読（み）方】［名］①读法，念法△漢字の〜/汉字读法 ②朗读 ③(对文章的)理解

よみせ⓪【夜店・夜見世】［名］夜摊，夜市

よみち①【夜道】［名］夜路

よみふけ・る⓪【読（み）ふける・読（み）耽る】［他五］读入迷，看入迷

よみもの②③【読（み）物】［名］读物

よ・む①［他五］Ⅰ【読む】①看，阅读△小説を〜/看小说 ②朗读，读，念△経（きょう）を〜/念经 ③读作，念作△「木瓜」と書いて「ぼけ」と〜/写作「木瓜」读作「ぼけ」④猜测，推断，推察△顔色（かおいろ）を〜/察颜观色△心を〜/猜测（对方的）心思 ⑤(棋类的)算步，想着数△手を〜/考虑着数 Ⅱ【詠む】咏，创作△詩を〜/作诗△花を〜/咏花

よめ⓪【嫁】[名]①儿媳△むすこの～/儿媳妇 ②老婆，媳妇

よめい①⓪【余命】[名]余生，残年

よめいり⓪【嫁入り】[名]出嫁△～道具（どうぐ）/嫁妆

よもや①【副】(与否定语相呼应表示)万万没有…，绝不会…△～あの相手に敗れようとは思わなかった/万万没有想到会输给对手△～知るまいと思ったら，よく知っていた/原以为他未必知道，没想到他早已了解得一清二楚

よもやま⓪①【よも山・四方山】[名](社会上的)各种各样的事情△～話/闲聊天

よやく⓪【予約】[名・他サ]预约，预订△～をとる/预约△ホテルを～する/预订饭店

よゆう⓪【余裕】[名]富裕，剩余，余裕△～がある/富裕；从容△-綽綽（しゃくしゃく）[名]从容不迫，从容

より①【副】更，更加△～楽しい人生/更美好的人生

より【格助】①比△すもう～野球の方がおもしろい/棒球比相扑有意思 ②〈文〉从，自△これ～試合を開始いたします/自现在开始比赛 ③(与否定语相呼应表示)除…以外没有…，只好…△自分でやる～しかたがない/只有自己干△こうする～ほかに方法がなかった/除这样做以外，没有其他方法

よりかか・る④【寄(り)掛(か)る・凭り掛(か)る】[自五]倚，靠，依靠△親に～って生活する/依赖父母而生活△かべに～/倚在墙上

よりどころ⓪③【より所・拠り所】[名]①根据，依据△～がない/无根据 ②寄托，依托△心の～/精神寄托

よりどり⓪【より取(り)・選り取(り)】[名]随意挑选

よりみち⓪【寄(り)道】[名]顺路，顺便△～をする/顺便去(别处)

よりょく⓪①【余力】[名]余力

よる①【夜】[名]夜，夜晚△～がふける/夜深了

よ・る⓪【因る・由る・依る】[自五]①由于，因为△不注意に～事故/由于粗心而引起的事故 ②要看，取决于△手術するかどうかは今後の病状に～/做不做手术要看今后的病情发展如何 ③根据，按照△規則に～れば，午後五時以後は入場できない/按照规定，下午五点以后不能入场

よ・る⓪【拠る】[自五]①依据，依照△多くの資料に～って新説を発表する/依据众多的资料发表新学说 ②依靠…为根据地△城に～/固守城池

よ・る⓪【寄る】[自五]①靠近，挨近△そばに～/靠到跟前 ②集中，聚集，凑在一起△しわが～/起皱褶 ③靠，倚△柱に～/靠着柱子 ④顺便，顺道△学校の帰りにデパートに～った/从学校回家的路上，顺便去了趟百货商店 ②(相扑)抓住对方腰带，推对方◇寄ってたかって/大家一起，全体

よ・る①【選る】[他五]选择，挑选

よ・る①【縒る・撚る】[他五]搓，拧，捻△糸（いと）を～/捻线

よれよれ⓪【副】(衣服)皱皱巴巴

よろ・ける⓪【自下一】踉跄

よろこばし・い⑤【喜ばしい・悦ばしい】[形]令人喜悦，高兴，可喜

よろこび④③【喜び・悦び】[名]① 喜悦，高兴，愉快△勝利の～/胜利的喜悦 ②表示祝贺，道喜△「新年のお～を申し上げます」/祝新年快乐

よろこ・ぶ③【喜ぶ・悦ぶ】[他五]①喜悦，高兴，欢喜△無事を～/为平安无事而欢喜 ②（用「喜んで…する」的形式表示）愿意，乐意△「～んでお手伝いする」/"乐意为您效劳"

よろし・い◎【宜しい】[形]①满好，妥当△「これで～しゅうございます」/这样就满好了△「ご病気は、もうお～のですか」/病已经好了吗 ②（表示答应、赞同等）好的，可以，行△帰って～/可以回去了△「～、ひきうけました」/好吧，我接受了

よろしく◎【副】①适当地△あとは～やっておいてくれ/以后的事你就看着办吧 ②表示问候，请求关照△～お願いします/请多关照△～お伝えください/请代为问好△今後ともどうぞ～/以后请多指教 ③就像…似的，好像△～外人…、大きなジェスチャーで話をする/就像个外国人似的，讲话时伴随着夸张的手势

ヨーロッパ③【(葡)Europa】[名]欧洲

よろめ・く③[自五]跟跄，步履蹒跚

よろよろ①[副・自サ]蹒跚，跟跟

跄跄(的样子)

よろん①【世論・輿論】[名]輿論△【-調査（ちょうさ）④[名]民意测验

よわ・い②【弱い】[形]①弱，软弱△からだが～/身体弱 ②不擅长△大山君は数学は強いが、国語が～/大山君擅长数学，但不擅长国语 ③微弱△～風/微风 ④（以「…によわい」的形式，表示）怕，经不起△寒さに～/怕冷△子どもに～/管不了孩子

よわき③◎【弱気】[名・形动]胆怯，怯懦

よわたり②【世渡り】[名]谋生；处世

よわね◎②【弱音】[名]泄气话，不争气的话△～を吐く/说泄气话

よわま・る③【弱まる】[自五]变弱△風が～/风小了

よわみ③【弱み】[名]弱点，短处

よわむし③【弱虫】[名]懦夫

よわ・める③【弱める】[他下一]使…变弱，减弱，削弱△力を～/削弱力量

よわよわし・い⑤【弱弱しい】[形]软弱无力

よわりめにたたりめ【弱り目に祟り目】祸不单行

よわ・る②【弱る】[自五]①衰弱，减弱 ②糟糕，为难，毫无办法△出先で雨にふられて～ったよ/出门挨了雨淋，真糟糕

よん①【四】[名]四，四个

ら

ら【等】[接尾]①们（用于同辈之间或对晚辈时）△きみ～/你们△彼～/他们△子ども～/孩子们 ②他们△佐藤～/佐藤他们 ③（上接「これ」「それ」「あれ」）表示复数△これ～/这些 ④（上

接「ここ」「そこ」「あそこ」「どこ」表示)附近,一带△そこ～/那附近△どこ～/哪一带

らいう①【雷雨】[名]雷雨,雷阵雨

ライオン①⓪【lion】[名]狮子

らいかん⓪【雷管】[名]雷管

らいきゃく⓪【来客】[名]来访者,来客

らいげつ①【来月】[名]下月,下个月

らいこう⓪【来校】[名・自サ]来校

らいさん⓪【礼賛・礼讃】[名・他サ]赞扬,歌颂△功績を～する/赞扬功绩

らいしゅう⓪【来週】[名]下星期,下周

らいしんし③【頼信紙】[名]电报纸

ライス①【rice】[名]米饭【カレー-④】[名]咖喱饭

らいせ①⓪【来世】[名](佛教)来世,来生

ライター①[名]Ⅰ【lighter】打火机【ガス-③】[名]气体打火机Ⅱ【writer】作家,作者【コピー-④】[名]广告作者

ライト①【light】[名]①光,光线②灯△～をつける/开灯③轻【-級(きゅう)⓪】[名]〈体〉轻量级④淡

ライト①【right】[名]①右,右边②(棒球)右翼,右侧

らいにち⓪【来日】[名・自サ]来到日本

らいにん⓪【来任】[名・自サ]前来就任

らいねん⓪【来年】[名]来年,明年

らいはい⓪【礼拝】[名・他サ]礼拜

ライバル①【rival】[名]①竞争对手②情敌

らいひん⓪【来賓】[名]来宾

ライフ①【life】[名]①一生②生命③生活

ライブラリー①【library】[名]①图书馆,图书室②藏书③丛刊

ライフル①【rifle】[名]来复线,膛线【-銃(じゅう)④】[名]来复枪

ライフワーク④【lifework】[名]毕生的事业

らいほう⓪【来訪】[名・自サ]来访

ライラック③【lilac】[名]丁香

ライン①【line】[名]①线【アンダー-⑤】[名]底线【スタート-⑤】[名]起跑线②列,队列【-アップ④】[名]排队③标准,水准【合格(ごうかく)-⑤】[名]及格标准,及格线④航线,线路【エア-③】[名]空中航线

ラウドスピーカー⑤【loud speaker】[名]扬声器

らかん①【羅漢】[名](佛教)罗汉

らく②【楽】Ⅰ[名・形動]①舒适,舒服△～にすわる/舒舒服服地坐着△気が～/心情舒畅②轻松,简单,容易△～に勝つ/轻易取胜△～に読める/很容易看懂Ⅱ[名]「千秋楽」的简称

らくいん⓪【烙印】[名]烙印

らくえん⓪【楽園】[名]乐园△子どもの～/儿童乐园△地上の～/人间天堂

らくご⓪【落語】[名](日本的)单口相声

らくさ①【落差】[名]①(水位)落差②高低之差

らくせん⓪【落選】[名・自サ]落选

らくだ⓪【駱駝】[名]骆驼

らくだい⓪【落第】[名・自サ]①

留级【-生（せい）③】[名]留级生
②不及格，落第△試験に～する/
考试不及格

らくてん⓪【楽天】[名]乐观，乐
天【-家（か）⓪】[名]乐天派
【-主義（しゅぎ）⓪】[名]乐观主
义

らくに②【楽に】[副]①容易，轻
松 ②富裕，舒服

ラグビー①【Rugby】[名]〈体〉橄
榄球

らくよう⓪【落葉】[名・自サ]落
叶

らくらく③【楽楽】[副]①很舒服，
很舒适 ②很容易，很轻松

ラケット②【racket】[名]球拍【テ
ニス-①】[名]网球拍

らし・い[助動]好像，看来，看样
子△あのようすでは、いくらた
のんでもだめ～/看那样子似乎
怎么求也没用△彼はどうやら不
合格だった～/看来他没及格

らし・い[接尾]有…样，有…风
度，像个…样△子ども～/像个孩
子样△男～/有男子汉的气概

ラジウム②【（徳）Radium】[名]镭

ラジオ①⓪【radio】[名]收音机，无
线电△～をつける/开收音机
【-ドラマ④】[名]广播剧

ラジカセ③【ラジオ・カセット・
レコーダー（之略）】[名]收录
机

ラシャ①【（葡）raxa】[名]呢绒

らしんばん⓪【羅針盤】[名]罗盘，
指南针

ラスト①【last】[名]最后，最末
【-チャンス④】[名]最后的机会
【-スパート⓪】[名]冲刺

らぞう⓪【裸像】[名]裸体像

らたい⓪【裸体】[名]裸体

らっか①⓪【落下】[名・自サ]落
下，降下

らっかさん②【落下傘】[名]降落
伞

らっかせい③【落花生】[名]花生

らっかん⓪【楽観】[名・他サ]乐
观

ラッキー①【lucky】[名・形動]幸
运

らっきょう⓪【辣韮】[名]〈植〉野
薤

ラッコ⓪①【（阿伊努）rakko】[名]海
獭

ラッシュアワー④【rush hour】[名]
交通最拥挤的时间，客流高峰

ラッパ⓪【喇叭】[名]喇叭

ラテックス②【latex】[名]胶乳，生
胶

ラテン①【Latin】[名]拉丁【-語
（ご）⓪】[名]拉丁语【-アメリ
カ④】[名]拉丁美洲

ラード①【lard】[名]猪油

らば⓪【騾馬】[名]骡，骡子

ラブ①【love】[名]爱，爱情【-シ
ーン③】[名]（电影等）男女恋爱
场面【-レター③】[名]情书【-ソ
ング③】[名]情歌

ラベル①【label】[名]（商品的）标
签

ラーメン①【（中）老麺】[名]汤面

られつ⓪【羅列】[名・自他サ]罗
列

ら・れる[助動]（上接五段、サ变
以外的动词未然形，构成下一段
活用动词）①（表示被动）被，挨
△車にどろみずをかけられた
/被汽车溅了一身泥水△昼寝をし
ているところを友だちに見られ
てしまった/正睡午觉的时候被
朋友看到了 ②表示尊敬△お父
さまは何時ごろにお宅を出られ
ましたか/令尊何时离开府上的
△あの方も試験を受けられると
ききました/听说那位先生也参

加考试 ③表示自发△家具をおきかえたら、へやが広くなったように感じられた/重新布置家具后，感觉房间好像变大了 ④（表示可能）能够，可以△いくらでも食べられます/有多少都能吃掉△きみ、五時に起きられるかね/你五点能起来吗

らく①【欄】［名］栏，格 ②栏目，专栏△婦人問題の～をつくる/编撰妇女问题专栏

らんおう⓪【卵黄】［名］蛋黄

らんかん⓪【卵管】［名］输卵管

らんかん⓪【欄干】［名］栏杆

ランク①【rank】［名・他サ］（排）顺序，（分）等级△一位に～する/列为第一△～をつける/排顺序

らんこん⓪【乱婚】［名］群婚

らんざつ⓪【乱雑】［名・形動］杂乱，乱七八糟，杂乱无章

らんし①【卵子】［名］卵子

らんし⓪①【乱視】［名］〈医〉散光

らんすい【乱酔】［名・自サ］大醉，泥醉

らんそう⓪【卵巣】［名］卵巢

ランチ①【launch】［名］汽艇

ランチ①【lunch】［名］午饭，午餐

らんどく⓪【乱読・濫読】［名・他サ］无计划地读书，有什么书看什么书

ランドセル③【（荷）ransel】［名］（小学生用的）肩背书包

ランナー①【runner】［名］①（田径的）赛跑运动员 ②（棒球）跑垒员

ランニング①⓪【running】［名］①跑步 ②（「ランニングシャツ」的简称）运动衣

らんぱく⓪【卵白】［名］蛋清，蛋白

らんばつ⓪【乱伐・濫伐】［名・他サ］乱砍，滥伐

らんぴつ⓪【乱筆】［名］笔迹潦草，字迹潦草

ランプ①【lamp】［名］煤油灯△～をともす/点煤油灯

らんぼう⓪【乱暴】［名・形動・自サ］①粗暴，粗野，粗鲁△～なことばづかい/粗野的话 ②（字迹）潦草△～な字/潦草的字 ③蛮横，不讲理△～をはたらく/动武△～にふるまう/蛮横无理

らんよう⓪【乱用・濫用】［名・他サ］滥用△職権を～/滥用职权

らんりつ⓪【乱立・濫立】［名・自サ］①无计划地乱建，乱设△スーパーが～する/乱设超级市场 ②无计划地排列，乱立

り

り⓪①【利】［名］①利益，利润△～をもとめる/追求利润 ②有利，方便△地の～/地利 ③利息

り①⓪【理】［名］①道理，理论 ②原理，规律

リアリスト③【realist】［名］现实主义者

リアリズム③【realism】［名］现实主义，写实主义

リアル①【real】［形動］现实，写实△～な描写/真实的描写

りえき①【利益】［名］利益△～をえる/得到利益

りえん①【離縁】［名・他サ］①离婚 ②断绝亲属关系

りか①【理科】［名］理科

りかい⓪⓪【理解】[名・他サ]理解，领会△～がはやい/理解得快【-力（りょく）②】[名]理解力

りがい①【利害】[名]利害，利弊【-関係（かんけい）④】[名]利害关系

りきがく②【力学】[名]力学

りきてん③⓪【力点】[名]①重点，重心 ②支点，支撑点

りき・む②【力む】[自五]①用力，使劲 ②虚张声势

りく⓪②【陸】[名]陆地△～にあがる/登陆

リーグ①【league】[名]同盟，联盟【-戦（せん）③】[名]联赛

りくあげ④【陸揚（げ）】[名]卸船，卸货

りくうん⓪【陸運】[名]陆地运输

リクエスト③【request】[名]点播【-番組（ばんぐみ）⑥】[名]点播节目【-曲（きょく）⑤】[名]点播歌曲

りくぐん②【陸軍】[名]陆军

りくじょう⓪【陸上】[名]①陆地，陆上【-運送（うんそう）⑤】[名]陆上运输 ②「陸上競技」的简称【-競技（きょうぎ）⑤】[名]〈体〉田径比赛【-選手（せんしゅ）⑥】[名]田径运动员

りくせん⓪【陸戦】[名]陆战【-隊（たい）⓪】[名]陆战队

りくつ⓪【理屈・理窟】[名]①道理△～を言う/讲道理 ②歪理△～をこねる/强词夺理

りこ①【利己】[名]利己

りこう⓪【利口・利巧・悧巧】[名・形動]聪明，伶俐，机灵

りこう⓪【履行】[名・他サ]履行

りこん①⓪【離婚】[名・自他サ]离婚

りさい⓪【罹災】[名・自サ]遭灾，罹灾

リサイタル②【recital】[名]①独奏会 ②独唱会

りし①【利子】[名]利息

りじ①【理事】[名]理事【-会（かい）②】[名]理事会【常務（じょうむ）-⑤】[名]常务理事

りしゅう⓪【履修】[名・他サ]学完（必修课程）

りじゅん⓪【利潤】[名]利润△～を追求する/追求利润

りす①【栗鼠】[名]松鼠

リスト①【list】[名]名单，一览表

リズム①【rhythm】[名]节奏，拍节△～に合わせる/合拍

りせい⓪【理性】[名]理性，理智△～をうしなう/失去理智【-的（てき）④】[形動]理智

りそう⓪【理想】[名]理想△～がたかい/理想远大【-主義（しゅぎ）④】[名]理想主义

りそく⓪【利息】[名]利息

りた①【利他】[名]利他，舍己利人

リーダー①【leader】[名]领袖，领导人【-シップ⑤】[名]领导能力；领导地位

りち①【理知・理智】[名]理智【-的（てき）⓪】[形動]理智

りつ①【率】[名]比率，比例△～がたかい/比率高

りつあん⓪【立案】[名・自他サ]①制定（计划）②起草

りっきょう⓪【陸橋】[名]过街天桥

りっけん⓪【立憲】[名]立宪【-政治（せいじ）⑤】[名]立宪政治

りっこうほ③【立候補】[名・自サ]当候选人△選挙に～する/当选举候选人

りっしん①【立身】[名・自サ]发迹，出息【-出世（しゅっせ）①】

[名] 出息，发迹，飞黄腾达

りったい⓪【立体】[名] 立体【-感（かん）③】[名] 立体感【-的（てき）⓪】[形动] 立体，有立体感【-交差（こうさ）⑤】[名] 立体交叉【-映画（えいが）⑤】[名] 立体电影

リットル①⓪【（法）litre】[名・接尾] 公升

りっぱ⓪【立派】[形动] ①出色，优秀△～な成績/优秀的成绩 ②漂亮，华丽 ③充分，完全△～に暮らす/完全自立地生活

りっぷく⓪【立腹】[名・自サ] 生气

りっぽう⓪【立方】[名] 立方【-根（こん）③】[名] 立方根【-体（たい）⓪】[名] 立方体

りっぽう⓪【立法】[名] 立法【-機関（きかん）⑥】[名] 立法机构

りつりょう②②【律令】[名] 律令（日本奈良、平安时代的法令）

りてい⓪【里程】[名] 里程，里数【-標（ひょう）⓪】[名] 里程碑

リード①【lead】[名・自他サ] ①领导，率领，带领 ②领先 ③（报纸上的）内容提要 ④（棒球跑垒员）离垒，出击

りねん①⓪【理念】[名] 理念，观念

リバイバル②【revival】[名・自サ]（以前流行过的电影、音乐等）再度流行

リハーサル②【rehearsal】[名] ①排练，彩排 ②练习

りはつ⓪【理髪】[名・自サ]（男子）理发【-店（てん）③】[名] 理发店

りふじん②【理不尽】[名・形动] 强词夺理，不讲理△～な要求/无理要求

リフト①【lift】[名] ①小型行李传送带 ②（滑雪场的）爬山吊车

リプリント③【reprint】[名・他サ] ①复制 ②再版

りべつ①⓪【離別】[名・自サ] ①离别 ②离婚

リベート②【rebate】[名] 回扣，提成△～をとる/拿回扣

リポート②【report】[名] ①报导，新闻报导【ニュース-⓪】[名] 新闻报导 ②（调查、研究等的）报告书△～を提出する/提交报告

リボン①【ribbon】[名] ①（装饰用）带子，发带 ②（打字机的）墨带

りめん①【裏面】[名] ①（纸的）背面 ②内幕△外交の～を語る/谈外交的内幕

リモコン⓪【remote control（之略）】[名・他サ] 遥控

りゃく①②【略】[名] 略，省略

りゃくご⓪【略語】[名] 略语，省略语

りゃくじ⓪【略字】[名] 简化字

りゃくしき⓪【略式】[名] 简便方式，简化方式

りゃくしょう⓪【略称】[名] 简称

りゃくず⓪【略図】[名] 简图，略图

りゃく・す③【略す】[他五] 省略，从简△敬称を～/省略敬称

りゃくそう⓪【略装】[名] 便服

りゃくだつ⓪【略奪・掠奪】[名・他サ] 掠夺，抢夺

りゆう⓪【理由】[名] 理由△～をつける/找理由

りゅう①【竜】[名] 龙

りゅうい①【留意】[名・自サ] 留意，注意

りゅういき⓪【流域】[名] 流域

りゅうがく⓪【留学】[名・自サ] 留学△日本に～する/留学日本【-生（せい）③④】[名] 留学生

りゅうかん⓪【流感】[名]（「流行性感冒」的简称）流感

りゅうがん①【竜眼】[名]龙眼-肉（にく）③[名]桂圆肉

りゅうけい⓪【流刑】[名]流刑，流放

りゅうこう⓪【流行】[名・自サ]流行△～のファッション/流行的时装【-歌（か）③[名]流行歌曲【-病（びょう）⓪】[名]流行性传染病

りゅうさん⓪【硫酸】[名]硫酸

りゅうざん①【流産】[名・自サ]流产

りゅうし①【粒子】[名]粒子，微粒

りゅうしゅつ⓪【流出】[名・自サ]外流△人口が～する/人口外流【才能（さいのう）-】[名]人材外流

りゅうすい⓪【流水】[名]流水

りゅうせい⓪【流星】[名]流星

りゅうせい⓪【隆盛】[名・形動]兴降，繁荣，昌盛

りゅうせんけい⓪【流線型】[名]流线型

りゅうたいりきがく⑥【流体力学】[名]流体力学

りゅうち⓪⓪【留置】[名・他サ]拘留【-場（じょう）⓪】[名]拘留所

りゅうちょう⓪【流暢】[形動]流畅，流利△～に英語をしゃべる/英语讲得流利

りゅうつう⓪【流通】[名・自サ]①（空气）流通 ②（商品等）流通【-貨幣（かへい）⑥】[名]流通货币

りゅうどう⓪【流動】[名・自サ]流动

りゅうとうだび⑤【竜頭蛇尾】[名]虎头蛇尾

りゅうにゅう⓪【流入】[名・自サ]流入，涌入

りゅうにん⓪【留任】[名・自サ]留任，留职

りゅうねん⓪【留年】[名・自サ]留级

りゅうは①【流派】[名]流派

りゅうほ⓪【留保】[名・他サ]保留（意见等）

りゅうぼう⓪【流亡】[名]流亡，流浪

りゅうり①【流離】[名・自サ]流离，流浪

りゅうりょう⓪【流量】[名]（水、电）流量

りゅうれい①【流麗】[形動]流丽△～な文体/流丽的文体

リュックサック④【（独）Rucksack】[名]（登山或旅行用的）背囊，背包

りよう⓪【利用】[名・他サ]利用△廃品を～する/利用废品

りょう①【量】[名]量△～が多い/量多

りょう①【猟】[名]①狩猎，打猎△～に出る/外出打猎 ②猎物，猎获物

りょう①【漁】[名]①打渔，捕鱼△～をする/打渔 ②渔获量

りょう①【寮】[名]宿舍△大学の～/大学的宿舍

りょうあし⓪【両足】[名]双脚，双足

りょういき⓪①【領域】[名]领域△考古学の～/考古学领域

りょういん⓪⓪【両院】[名]①众参两院 ②上下两院

りょういん⓪【料飲】[名]饮食

りょううで⓪【両腕】[名]双臂

りょうえん⓪【良縁】[名]良缘

りょうかい⓪【了解・諒解】[名・他サ]谅解；了解△～をもとめる/寻求谅解

りょうかい⓪【領海】［名］领海

りょうがえ⓪①【両替】［名・他サ］兑换

りょうがわ⓪【両側】［名］两侧，两边

りょうきょく⓪【両極】［名］①南极和北极 ②正极和负极 ③两个极端

りょうきん①【料金】［名］费用△～をはらう/交付费用【公共（こうきょう）-】⑤［名］公共费用

りょうくう⓪【領空】［名］领空【-侵犯（しんぱん）】⑥［名］侵犯领空【-権（けん）】③［名］领空主权

りょうけん①【了見・料簡・了簡】［名］想法，念头，主意

りょうこう⓪【良好】［名・形動］良好，优良

りょうこう⓪【良港】［名］良港△天然の～/天然良港

りょうさい⓪【良妻】［名］贤妻【-賢母（けんぼ）】⑤［名］贤妻良母

りょうじ① Ⅰ【猟師】［名］猎人 Ⅱ【漁師】［名］渔夫，渔民

りょうじ①【領事】［名］领事【-館（かん）】③［名］领事馆

りょうしき⓪【良識】［名］健全的判断力

りょうしつ⓪【良質】［名・形動］优质

りょうしゃ①【両者】［名］两者

りょうしゅ①【良種】［名］良种

りょうしゅ①【領主】［名］领主，庄园主

りょうしゅう⓪【領収】［名・他サ］领取，接受【-書（しょ）】⓪⑤［名］收据

りょうしょ①【両所】［名］①两处，两地 ②（敬）两位

りょうしょう⓪【了承・諒承】［名・他サ］谅解；知道△～をえる/得到谅解

りょうしょく⓪【糧食】［名］粮食，食粮

りょうしん①【両親】［名］父母，双亲

りょうしん①【良心】［名］良心△～がとがめる/良心自责

りょう・する③【諒する】［他サ］谅解，体谅

りょうせいるい③【両生類・両棲類】［名］(动物)两栖类

りょうぜん⓪【両全】［名］两全，两全其美

りょうたん⓪③【両端】［名］①两端 ②始末，首尾

りょうち①【領地】［名］领土，领地

りょうて⓪【両手】［名］两手，双手

りょうど①【領土】［名］领土

りょうどうたい⓪【良導体】［名］良导体

りょうぼ①【陵墓】［名］陵墓

りょうほう③⓪【両方】［名］双方，两者

りょうほう⓪【療法】［名］疗法，治疗方法

りょうめん③⓪【両面】［名］两面，两方面【-作戦（さくせん）】⑤［名］两面作战

りょうやく①【良薬】［名］良药◇良薬は口（くち）に苦（にが）し/良药苦口（忠言逆耳）

りょうよう⓪【療養】［名・自サ］疗养【-所（じょ）】⑤［名］疗养所

りょうり①【料理】［名・他サ］①烹饪，烹调 ②饭菜【西洋（せいよう）-】⑥［名］西餐 ③处理，料理△国政を～する/处理国务

りょうりつ⓪【両立】［名・自サ］共存，两立△運動と勉強とを～さ

せる/使体育锻炼与学习两者相调和

りょかく⓪【旅客】［名］旅客

りょかっき②【旅客機】［名］客机

りょかん⓪【旅館】［名］旅馆

りよく①【利欲】［名］利欲

りょくちゃ⓪【緑茶】［名］绿茶

りょけん⓪【旅券】［名］护照

りょこう⓪【旅行】［名・自サ］旅行△～に出る/外出旅行△世界中を～する/环游世界

りょしゅう⓪【旅愁】［名］旅愁

りょっか⓪【緑化】［名・他サ］绿化【-運動（うんどう）】④［名］绿化运动

りょひ⓪【旅費】［名］旅费

リラックス②【relax】［名・自サ］（精神上的）放松，轻松

りりつ①⓪【利率】［名］利率

リレー①【relay】［名］①接力赛 ②中转，转播

りれき⓪【履歴】［名］履历【-書（しょ）】②［名］履历书，履历表

りろん①⓪【理論】［名］理论△～と実践/理论与实践【-家（か）】⓪［名］理论家

りん①【鈴】［名］铃，铃铛

りんかく⓪【輪郭・輪廓】［名］①轮廓△～がぼける/轮廓模糊 ②概貌，概况△事件の～/事件的概况

りんきおうへん①⓪【臨機応変】［名］随机应变

りんぎょう⓪【林業】［名］林业

リンク①【rink】［名］滑冰场，溜冰场

りんご⓪【林檎】［名］苹果

りんごく①【隣国】［名］领国，领邦

りんじ⓪【臨時】［名］临时△～に召集する/临时召集

りんじゅう⓪【臨終】［名］临终，临死

りんしょう⓪【臨床】［名］〈医〉临床【-医学（いがく）】⓪［名］临床医学

りんじょう⓪【臨場】［名・自サ］临场，到场

りんじん⓪【隣人】［名］邻居

りんせつ⓪【隣接】［名・自サ］邻接，接邻

リンチ①【lynch】［名］私刑

りんと①【凛と】［副］严肃，凛然

リンパ①【（荷）Lymphe】［名］〈医〉淋巴【-腺(せん)】③［名］淋巴腺

りんぽう⓪【隣邦】［名］邻邦，邻国

りんり①【倫理】［名］①伦理 ②伦理学【-学（がく）】③［名］伦理学

りんりつ⓪【林立】［名・自サ］林立

る

るい①【塁】［名］①（棒球）垒△～をまもる/守垒 ②保垒

るい①【類】［名］①类似，相似△～がない/独一无二 ②类别，种类，类△～にわける/分类

るいえん⓪【類縁】［名］血缘，亲属

るいか⓪【累加】［名・自他サ］累加

るいぎご③【類義語】［名］近义词

るいけい①【累計】［名・他サ］累计

るいけい⓪【類型】［名］类型

るいご⓪【類語】［名］→るいぎご

るいじ①【累次】［名］累次，屡次

るいじ⓪【類似】［名・自サ］类似

るいしん⓪【塁審】［名］(棒球)审垒员，司垒员

るいじんえん③【類人猿】［名］类人猿

るいすい⓪【類推】［名・他サ］类推

るい・する③【類する】［自サ］类似，相似△児戯（じぎ）に～/如同儿戏

るいせき⓪【累積】［名・自他サ］累积【-赤字（あかじ）⑤】［名］累积赤字

るいせん⓪【涙腺】［名］泪腺

るいどう⓪【類同】［名・自サ］类同，类似

るいべつ⓪【類別】［名・他サ］分类，归类

るけい⓪【流刑】［名］流刑，流放罪

るす①【留守】［名・自サ］①外出，不在家△～にする/外出 ②看家△～をたのむ/请人看家 ③思想开小差△勉強がお～になる/学习溜号

るすばん⓪【留守番】［名］①看家，留守 ②看家的人，留守人员

ルート① Ⅰ【root】［名］〈数〉根号 Ⅱ【route】［名］途径，路径

ルビー①【ruby】［名］红宝石

るふ①【流布】［名・自サ］流传，传播

ルポ①→ルポルタージュ

ルポルタージュ④【(法)reportage】［名］①现场报导，报导 ②报告文学，纪录文学

ルーム①【room】［名］房间【ベッド-④】［名］寝室

ルール①【rule】［名］规则△～をまもる/遵守规则【交通（こうつう）-⑤】［名］交通规则

ルンバ①【(西)rumba】［名］①伦巴舞 ②伦巴舞曲

ルンペン①【(德)Lumpen】［名］流浪者，无业游民

れ

れい①【礼】［名］①礼貌，礼节 ②谢意，答谢

れい①【例】［名］①例，例子△～をひく/引例△～をあげる/举例 ②通常，往常△～のごとく/和往常一样

れい①【零】［名］〈数〉零

れい①【霊】［名］①灵魂 ②神灵△～をまつる/祭奠神灵

れいえん⓪【霊園】［名］公墓，陵园

れいか①【零下】［名］零下

れいがい⓪【例外】［名］例外△～なく/无一例外

れいがえし③【礼返し】［名］答礼，回礼

れいぎ③【礼儀】［名］礼仪，礼貌，礼节△～を欠（か）く/欠缺礼节【-作法（さほう）④】［名］礼节，礼貌

れいきゃく⓪【冷却】［名・自他サ］冷却【-装置（そうち）⑤】［名］冷却装置

れいぐう⓪【礼遇】［名・他サ］以礼相待，礼遇

れいぐう⓪【冷遇】［名・他サ］冷

遇

れいけつ⓪【冷血】［名］冷血【-動物（どうぶつ）】⑤［名］冷血动物

れいこう⓪【励行】［名・他サ］厉行，严格执行

れいこく⓪【冷酷】［名・形动］冷酷

れいし①【荔枝】［名］荔枝

れいじ⓪【例示】［名・他サ］例示，举例说明

れいじょう⓪【礼状】［名］感谢信△～をだす/发感谢信

れいせい⓪【冷静】［名・形动］冷静△～をうしなう/丧失冷静

れいせつ⓪【礼節】［名］礼节

れいせん⓪【冷戦】［名］冷战

れいぞうこ③【冷蔵庫】［名］冰箱

れいだい⓪【例題】［名］例题

れいたん③【冷淡】［名・形动］冷淡，冷漠

れいだんぼう③【冷暖房】［名］冷、暖气设备

れいとう⓪【冷凍】［名・他サ］冷冻【-食品（しょくひん）】⑤［名］冷冻食品

れいとうこ③【冷凍庫】［名］冷藏柜，冰柜

れいねん⓪【例年】［名］例年，往年

れいの⓪【例の】［連体］（指谈话双方都知道的事物）那△～店で待っている/在那个店里等着△～通り/和往常一样

れいはい⓪【礼拝】［名・他サ］礼拜

れいふく⓪【礼服】［名］礼服

れいぶん⓪【例文】［名］例句△～をあげる/举例句

れいほう⓪【礼砲】［名］礼炮

れいほう⓪【霊峰】［名］神圣的山

れいぼう⓪【冷房】［名］冷气设备

レインコート→レーンコート

れいれいし・い⑤【麗麗しい】［形］过分艳丽;炫耀

れきし⓪【歴史】［名］历史△～に名をとどめる/青史留名

れきしてき⓪【歴史的】［形动］①历史，传统△～な観点/传统观点 ②历史性，具有历史意义△～な事件/具有历史意义的事件

れきねん⓪【歴年】［名］长年累月，经历长时期

レギュラー①【regular】［名］①正式（选手）【-メンバー】①［名］正式选手，正式运动员 ②普通，一般【-ガソリン①-⓪】［名］普通汽油

レクリエーション④【recreation】［名］娱乐,消遣◆也可作「リクリエーション」

レコーダー②【recorder】［名］①记录员 ②记录仪【テープ-】⑤［名］录音机

レコード②【record】［名］①唱片，唱盘△～をかける/放唱片 ②记录△～をやぶる/打破记录

レコードプレーヤー⑥【record player】［名］唱机，留声机

レザー①【leather】［名］①皮革，皮 ②（「レザークロス」的简称）人造革【-コート】④［名］人造革大衣

レーザー①【LASER】［名］激光【-光線（こうせん）】⑤［名］激光光线，激光束

レシート②【receipt】［名］收据,发票

レシーバー②【receiver】［名］耳机

レジャー①【leisure】［名］闲暇娱乐

レース①【lace】［名］钩织的东西△～のカーテン/钩的窗帘

レストラン①【（法）restaurant】

［名］西餐厅，西餐馆

レスリング① 【wrestling】［名］摔跤（比赛）

レセプション② 【reception】［名］招待会

レター① 【letter】［名］信，书信【キャピタル-①】［名］大写字母

レーダー① 【radar】［名］雷达【観測（かんそく）-⑤】［名］观测雷达

レタス① 【lettuce】［名］生菜（形状似洋白菜）

れつ① 【列】［名］行列，队列△～をつくる/排队

れっきょう⓪ 【列強】［名］列强

れっしゃ⓪ 【列車】［名］列车，火车【急行（きゅうこう）-⑤】［名］快车

れっせき⓪ 【列席】［名・自サ］列席

レッテル①⓪ 【（荷）letter】［名］①商标，标签 ②（扣）帽子

れっとう⓪ 【列島】［名］列岛【日本-④】［名］日本列岛

れっとう⓪ 【劣等】［名］劣等，低劣△～生/劣等生【-感（かん）③】［名］自卑感

レディー① 【lady】［名］女士，妇人【-ファースト④】［名］女士优先

レバー① 【liver】［名］（猪、牛、鸡的）肝

レフェリー① 【referee】［名］（拳击、摔跤等的）裁判员

レフト① 【left】［名］①左，左边 ②（棒球）左外场，左场手

レベル① 【level】［名］①水准，标准 ②水平仪 ③电平

レポート② 【report】［名］→リポート

レモン⓪ 【lemon】［名］柠檬

れる［助动］（上接五段动词、サ变动词未然形，构成下一段活用动词）①（表示被动）被，挨，受△電車の中で足をふまれた/在电车里被踩了脚 ②表示尊敬△これは校長先生が書かれた文章です/这是校长先生写的文章△あなたが言われることはよくわかります/您所要说的我都很清楚 ③（表示自发）情不自禁，不由地△この音楽を聞くと小学生のころが思いだされる/一听到这首乐曲就不由地想起小学时代 ④（表示可能）能，能够，可以△歩いて行かれる距離/能走着去的路程◆②③④没有命令形

レール⓪① 【rail】［名］①铁轨，轨道 ②（窗帘等的）导轨【カーテン-⑤】［名］窗帘导轨

れんあい⓪ 【恋愛】［名・自サ］恋爱

れんか① 【恋歌】［名］情歌，恋歌

れんが① 【煉瓦】［名］砖，砖头

レーンコート④ 【raincoat】［名］雨衣

れんきゅう⓪ 【連休】［名］连休，连续休假

れんけい⓪ 【連係】［名・自他サ］联系

れんごう⓪ 【連合・聯合】［名・自他サ］联合【-軍（ぐん）③】［名］联军【国際（こくさい）-⑤】［名］联合国

れんこん⓪ 【蓮根】［名］藕

れんさ① 【連鎖】［名］连锁【-反応（はんのう）④】［名］连锁反应

れんさい⓪ 【連載】［名・他サ］连载【-小説（しょうせつ）⑤】［名］连载小说

れんじつ⓪ 【連日】［名］连日

れんしゅう⓪ 【練習】［名・他サ］练

习，训练【-曲（きょく）④】[名]练习曲

れんしょ①⓪【連署】[名・他サ]（在同一文件上）两人以上的签名

レンズ①【lens】[名]镜片；镜头

れんせつ⓪【連接】[名・自他サ]连接

れんそう⓪【連想】[名・他サ]联想

れんぞく⓪【連続】[名・自他サ]连续【-ドラマ⑤】[名]连续剧

れんたい⓪【連帯】[名・自サ]连带，协同，共同

れんたいけい⓪【連体形】[名]（语法）连体形

れんたいし③【連体詞】（语法）[名]连体词

レンタカー③【rent a car】[名]出赁汽车

れんちゅう⓪①【連中】[名]伙伴，同伴，同伙

レントゲン③【（德）Röntgen】[名] X光线，放射线

れんにゅう⓪【練乳・煉乳】[名]炼乳

れんぽう⓪【連邦】[名]联邦

れんめい⓪【連盟・聯盟】[名]联盟【国際（こくさい）-⑤】[名]国际联盟

れんようけい⓪【連用形】[名]（语法）连用形

れんらく⓪【連絡】[名・自他サ]联络，联系△～をとる/取得联系

ろ

ろ①【炉】[名]①火炉②熔炉

ろう①【蠟】[名]蜡

ろうえい⓪【朗詠】[名・他サ]朗诵，吟咏

ろうか⓪【老化】[名・自サ]老化【-現象（げんしょう）④】[名]老化现象

ろうか⓪【廊下】[名]走廊

ろうがん⓪【老眼】[名]老花眼【-鏡（きょう）⓪】[名]老花镜，花镜

ろうきゅう⓪【老朽】[名・自サ]老朽

ろうご①⓪【老後】[名]晚年

ろうじん③⓪【老人】[名]老人，老年人

ろう・する③【弄する】[他サ]玩弄，耍弄△詭弁を～/玩弄诡辩

ろうせい⓪【老成】[名・自サ]①老练，成熟②老成

ろうそく④③【蠟燭】[名]蜡烛

ろうどう⓪【労働】[名・自サ]劳动【-組合（くみあい）⑥】[名]工会【肉体（にくたい）-⑤】[名]体力劳动

ろうどうしゃ③【労働者】[名]工人

ろうどく⓪【朗読】[名・他サ]朗读

ろうにん⓪【浪人】[名・自サ]①（没有主子的）流浪武士②没有考上高一级学校闲散在家的学生

ろうねん⓪【老年】[名]老年【-期（き）③】[名]老年期

ろうば①【老婆】[名]老姬，老太婆

ろうばい⓪【狼狽】[名・自サ]狼狈，惊慌失措

ろうひ⓪①【浪費】[名・他サ]浪费

ろうまんしゅぎ⑤【浪漫主義】[名]

浪漫主义

ろうや③【牢屋】［名］牢房，监牢

ろうらく⓪①【籠絡】［名・他サ］笼络

ろうりょく①【労力】［名］劳力，劳动力△～をおしむ/惜力

ろうれい⓪【老齢】［名］老龄

ろうろう⓪③【朗朗】［副・連体］朗朗，声音嘹亮

ローカル①【local】［名・形動］地方性，地区性【-放送（ほうそう）】⑤［名］地方广播

ろく②【六】［名］六

ろくおん⓪【録音】［名・他サ］录音△～をとる/进行录音【実況（じっきょう）-】⓪［名］实况录音【-テープ】⑤［名］录音磁带【-室（しつ）】⑤［名］录音室

ろくが⓪【録画】［名・他サ］录像

ろくがつ④【六月】［名］六月

ろくさんせい⓪【六三制】［名］六三制（指日本义务教育，小学六年，中学三年）

ろくな⓪【碌な】［連体］（与否定语相呼应）没…像样的，没…正经的△あいつは～ことをしない/那家伙不干正经事

ろくに⓪【碌に】［副］（与否定语相呼应）不充分地，不能很好地△～見もしない/不好好看△～口をきかない/不怎么说话

ろくぶんぎ③【六分儀】［名］六分仪

ろくまく⓪【肋膜】［名］①肋膜，胸膜 ②「肋膜炎」的简称

ろくめんたい⓪【六面体】［名］六面体

ろくろく⓪【碌碌】［副］很好，充分

ロケット②【rocket】［名］火箭【-砲（ほう）】②［名］火箭炮

ろこつ⓪【露骨】［名・形動］露骨

ろじ①【路地】［名］①胡同 ②过道

ロジック①【logic】［名］逻辑

ろしゅつ⓪【露出】［名・自他サ］①露出，暴露出 ②（摄影）曝光

ロス①【loss】［名］损失，损耗

ロース①【roast】［名］（牛、猪的）里脊肉

ろせん⓪【路線】［名］路线

ロッカー①【locker】［名］①（存放衣物的）带锁的柜子 ②文件柜

ろっかく④【六角】［名］六角形

ロック① Ⅰ【lock】［名・他サ］锁，上锁△戸を～する/锁上门 Ⅱ【rock】［名］〈音〉摇滚乐

ろてん⓪【露天】［名］露天【-ぶろ⓪】［名］露天浴池，野外浴池

ろば①【驢馬】［名］驴

ロビー①【lobby】［名］（饭店、公司等入口处的）门厅，休息厅

ロープ①【rope】［名］钢缆，缆绳【-ウエー】⑤［名］空中索道车

ロボット②【robot】［名］机器人

ローマじ③⓪【ローマ字】［名］罗马字母，拉丁字母

ローマすうじ④【ローマ数字】［名］罗马数字，拉丁数字

ロマン②【（法）roman】［名］①故事，小说 ②浪漫【-主義（しゅぎ）】④［名］浪漫主义

ロマンチシズム⑤【romanticism】［名］浪漫主义

ロマンチスト④【romanticist】［名］浪漫主义者

ロマンチック④【romantic】［形動］罗曼蒂克，浪漫

ローラー①【roller】［名］①压路机 ②滚筒【-スケート⑥】［名］①早冰鞋 ②滑旱冰

ろん①【論】［名］议论，讨论◇論より証拠（しょうこ）/事实胜于雄辩

ローン①【loan】［名］贷款，借款
【住宅（じゅうたく）-⑤】［名］住
宅贷款

ろんぎ①【論議】［名・他サ］议论，
讨论

ろんきゅう⓪【論及】［名・自サ］论
及，谈到

ろんきょ①【論拠】［名］论据

ロング①【long】［名］长【-スカー
ト⑥】［名］长裙【-ソファー④】
［名］长沙发

ろんじゅつ⓪【論述】［名・他サ］论
述

ろん・じる⓪【論じる】［他上一］
①论，论述 ②辩论，议论△是非
（ぜひ）を～/辩论是非

ろんせつ⓪【論説】［名］评论，社
论【-文（ぶん）④】［名］论说文

ろんそう⓪【論争】［名・自サ］论
战，争论，辩论

ろんちょう⓪【論調】［名］论调

ろんてん⓪③【論点】［名］论点

ろんぶん⓪【論文】［名］论文【-集
（しゅう）③】［名］论文集【卒
業（そつぎょう）-⑤】［名］毕业
论文

ろんぴょう⓪【論評】［名・他サ］评
论

ろんり①【論理】［名］逻辑，条理，
道理△～がとおらない/逻辑不
通【-的（てき）⓪】［形動］逻辑上，
道理上

わ

わ①【輪】［名］①环，圈△～にな
る/围成圈儿 ②车轮◇輪をかけ
る/夸大其词

わ①【和】［名］①和睦△家庭の～/
家庭的和睦 ②和解，讲和△～を
むすぶ/讲和 ③〈数〉和，总和

わ［終助］（女子用语）①表示自己
的意志、想法△わたしはコーヒ
ーにする～/我要咖啡△この服
がいい～/这件衣服好 ②表示感
叹、惊讶△まあ、おいしそうだ～
ね/啊！好香啊△あら、ひどい熱
だ～/哎呀，烧得真厉害

-わ【羽】［接尾］（数鸡、兔时的单
位）只△3羽（さんば）/3只△6
羽（ろっぱ）/6只△8羽（はっ
ぱ）/8只△何羽（なんば）/几只

-わ【把】［接尾］捆，束，把△3把
（さんば）/3捆△6把（ろっぱ）/6
把△8把（はっぱ）/8捆

わあ①Ⅰ［感］（意外、吃惊时发出

的声音）啊△～、すばらしい/
啊，太好了Ⅱ［副］（哭声）哇△
～と泣き出した/哇地一声哭起
来了

わあわあ①［副］①（痛哭的声音）哇
哇 ②嘈杂声，喧嚷

わいきょく⓪【歪曲】［名・自他
サ］歪曲△事实を～する/歪曲
事实

ワイシャツ⓪【white shirts】［名］男
长袖衬衫

ワイフ①【wife】［名］妻子

ワイヤ①【wire】［名］①电线 ②
金属线

ワイヤロープ④【wire rope】［名］
钢缆，钢索，钢丝绳

わいろ①【賄賂】［名］贿赂△～を
使う/行贿

わいわい①［副］（很多人）大声吵
嚷貌

ワイン①【wine】［名］葡萄酒

わか①【和歌】［名］（日本固有形式的诗歌）和歌，短歌

わが①【我が・吾が】［连体］我（们）的△～国（くに）/我国△～輩は猫である/吾辈是猫

わか・い②【若い】［形］①年轻△～世代/年轻的一代 ②幼稚，未成熟△考えがまだ～な/想法还幼稚啊 ③有朝气△気が～/精力充沛，精力旺盛 ④（年纪）小△母はおばより二つ～/母亲比姨妈小两岁 ⑤（顺序、数、号码）小，少

わかい⓪【和解】［名・自サ］和好，和解

わかがえ・る③【若返る】［自五］变得年轻，返老还童，恢复青春活力

わかぎ⓪②【若木】［名］嫩树，小树

わかさ①【若さ】［名］年轻，青春

わかざかり③【若盛り】［名］正当年轻（的时候）

わがし②【和菓子】［名］日本点心

わかじに④⓪【若死（に）】［名・自サ］早死，夭折

わか・す⓪【他五】Ⅰ【沸かす】烧开，烧热△湯を～/烧开水△ふろを～/烧洗澡水 Ⅱ【涌かす】①使…沸腾△聴衆（ちょうしゅう）を～/使听众沸腾起来 ②使…产生△うじを～/使之生蛆

わか・つ②【分かつ・別つ・頒つ】［他五］①区分，划分△南北に～/分成南北 ②分开△たもとを～/分手，分道扬镳 ③分担，分享△かなしみを～/分担忧伤

わかて③⓪【若手】［名］年轻人

わがまま④③【我（が）儘】［名・形动］任性△～な人/任性的人△～を言う/说任性的话

わかめ②【若布・和布】［名］裙带菜

わかめ②【若芽】［名］嫩芽，新芽

わかもの⓪④【若者】［名］年轻人，青年

わからずや⓪【分からず屋】［名］不懂道理的人

わかり③【分かり】［名］领会，理解，明白△～がいい/善于领会

わか・る②【分かる】［自五］①懂，知道，明白△意味が～/明白意思△わけが～らない/莫明其妙△英語が～/懂英语 ②（弄）清楚，判明△身もとが～/弄清了身份△結果が～/知道结果 ③理解△心が～/理解人△ものが～/通情达理

わかれ③【別れ】［名］离别，分别△～をつげる/告别△～のあいさつ/离别赠言

わかれみち③【別れ道・分かれ道】［名］①岔道，岔路 ②岔路口△人生の～/人生的岔路口

わかれめ④③【別れ目】［名］①分界处，交界处 ②关键，分水岭△勝負の～/胜负的关键

わか・れる③［自下一］Ⅰ【別れる】①分别，分手，离别 ②（夫妇）离婚 Ⅱ【分かれる】①分开△道は～/道路分成二条△二つに～/分为两个 ②区分，被划分为△意見が～/意见不同△一日は午前と午後に～/一天被划分为上午下午

わかわかし・い⑤【若若しい】［形］年轻，朝气蓬勃

わかん①【和漢】［名］日本与中国

わき②【脇・腋】［名］①腋，胳肢窝，腋下△両～に荷物をかかえる/两腋下夹着东西 ②旁边，侧，边△机の～/桌子边△～から口を出す/在旁边插言△（路）旁，别的地方△～へそれる/走上岔道；离题 ④（戏、电影等的）配角

⑤（能乐的）配角

わきあが・る④【沸（き）上がる】(水)滚开【涌（き）上がる】①（云大量）涌出，卷起 ②沸腾，激动△いかりが～／义愤填膺△不満の声が～／怨声载道

わきが②【腋臭】[名]腋臭，狐臭

わきかえ・る③[自五] I【沸（き）返る】(液体)沸腾，翻滚 II【涌（き）返る】(群众)发狂，欢腾

わきた・つ③[自五] I【沸（き）立つ】(水)沸腾，滚开 II【涌（き）立つ】①（云大量）涌出 ②（观众）沸腾，欢腾

わきま・える④【弁える】[他下一] 辨别，识别

わきみ③②【わき見・脇見】[名]往旁处看【運転(うんてん)】④[名]（开车时思想不集中）往旁处看

わきみち②⓪【わき道・脇道】[名]①岔道，小道 ②歧途△～にそれる／走入歧途

わきめ③②【わき目・脇目】[名]①往旁处看，旁视 ②旁观者的眼睛，别人看来◇わき目も振(ふ)らず／聚精会神

わきやく⓪【脇役】[名]配角

わく②【枠】[名]①框△額(がく)の～／扁额的框△めがねの～／眼镜框 ②建筑构架 ③范围，界限，框框

わ・く⓪[自五] I【沸く】(水)沸腾，滚热△湯が～／水开了 II【涌く】①涌出，冒出，喷出△泉が～／泉水涌出 ②产生，生出△希望が～／有了希望 ③（生物）产生△ぼうふらが～／生孑孓 ④欢腾，轰动△場内が～／场内沸腾

わくぐみ④【枠組(み)】[名]①框架，构架△たてものの～／建筑物的构架 ②（计划等）大致情节，轮廓△論文の～／论文的大致轮廓

わくせい⓪【惑星】[名]惑星，行星

ワクチン①【（德）Vokzin】菌苗，疫苗

わくわく①[副]（由于高兴、期待、担心而引起的）心情不平静，紧张不安△胸が～する／心情激动

わけ①【分(け)】 I[接尾]①分开，区分开△組～／分组 ②分配△遺産～／分遗产 II[接头]（店铺）分号△～久松／久松分号

わけ①【訳】[名]①人情事故，道理△～知り／懂道理的人 ②意思，内容△ゆめにうなされて、～のわからないことばを口ばしる／被恶梦魇住，顺口胡言乱语 ③理由，原因，缘故△～がある／有其缘由 ④当然，怪不得△ジョージは日本で育ったのですか。どうりで日本語がうまい～だ／乔治是在日本长大的吗，难怪他日语说的好（当然日语好）⑤（用「…わけです」的形式）表示缓和的语气△これでどうやら一段落という～です／好歹到此告一段落了 ⑥（用「…わけにはいかない」的形式表示）不能△これをこのままにしておく～にはいかない／不能把这个就这么放置不管 ⑦（用「…わけではないが」的形式表示）并不是…△自慢する～ではないが、いちども休んだことがない／并不是自我吹嘘，我一次都没休息过

わけな・い①【訳無い】[形]简单，容易，轻而易举△～くやり上げた／轻而易举地做完了

わけまえ③②【分(け)前】[名]（自己）应得到的部分

わけめ③【分(け)目】[名]①分界处，区别点 ②（胜负、成败的）关键，关头

わ・ける② 【分ける】［他下一］①分，分开△均等に～/均分 ②分配，分给，分发△金を～/分钱 ③穿过△人波を～けてそとに出た/穿过人群到外面去了

わご① 【和語】［名］(对外来语而言的日本固有的语言)日语

わこう①⓪ 【倭寇・和寇】［名］倭寇

わこく① 【倭国】［名］倭国

わゴム⓪ 【輪ゴム】［名］(圆形的)皮筋儿

わざ② 【技・業】［名］①技能，技巧，技术△～をみがく/练技术 ②(相扑、柔道等)招数

わざと① ［副］故意地，有意识地△～知らん顔をする/故意佯装不知

わざとらしい⑤ ［形］故意，假惺惺

わさび① 【山葵】［名］山萮菜

わざわい⓪ 【災(い)・禍】［名］祸，灾祸，灾害，灾难△～をまねく/招灾

わざわざ① ［副］特意△～持ってきてくれて、ありがとう/特意为我带来，谢谢

わし⓪ 【鷲】［名］鹫，雕

わし⓪ ［代］(中年以上男子用语)我，俺

わし① 【和紙】［名］日本纸

わしき⓪ 【和式】［名］日本式

わしつ⓪ 【和室】［名］日本式房间

わしづかみ③ 【鷲摑(み)】［名］大把抓△～にする/大把抓

わしゅ⓪① 【和酒】［名］日本酒

わしょく⓪ 【和食】［名］日本饭菜

わずか① 【僅か】［副・形动］(数量、时间)一点点，稍微，仅△～だが貯金がある/虽然数量不多，但有点存款

わずらい⓪ ［名］Ⅰ【烦(い)】烦恼，苦恼△恋～/苦恋 Ⅱ【患(い)】病△長(なが)～/久病

わずら・う Ⅰ⓪ 【患う】［自他五］患病△肺を～/患肺病 Ⅱ【煩う】［接尾］(上接动词连用形)烦恼，苦恼，苦于…△思い～/忧虑△言い～/苦于启齿

わずらわし・い⓪⑤ 【煩わしい】［形］麻烦，复杂△～人間関係/复杂的人与人之间的关系

わずらわ・す⓪ 【煩わす】［他五］①使…烦恼(苦恼)△心を～/操心 ②麻烦，使…受累△手を～/添麻烦

わすれがた・い⑤ 【忘れ難い】［形］难忘，难以忘怀

わすれっぽ・い⓪ 【忘れっぽい】［形］好忘，健忘

わすれなぐさ④ 【忘れな草】［名］勿忘草

わすれもの⓪ 【忘れ物】［名］忘拿的东西，忘带的东西△～をする/忘拿了东西

わす・れる⓪ 【忘れる】［他下一］①忘，忘记△宿題を～/忘做作业△寝食(しんしょく)を～/废寝忘食 ②(因疏忽而)遗忘，丢下△かさを～/忘带伞了

わせい⓪ 【和製】［名］日本造(的)【-英語(えいご)④】［名］日本自造的英语

ワセリン⓪ 【Vaseline】［名］凡士林，矿脂

わそう⓪ 【和装】［名］①日本式服装 ②日本式装订

わた② 【綿】［名］①棉花 ②棉絮，被套

わだい⓪ 【話題】［名］话题△～をかえる/改变话题

わだかまり⓪ ［名］障碍，隔阂，思想上的疙瘩△～がとける/隔阂消除了

わだかま・る⓪④ ［自五］心有介

蒂，心存隔阂

わたくし⓪【私】Ⅰ［名］①私，个人 ②私利 Ⅱ［代］我

わたくししょうせつ⑤【私小説】［名］自叙体小说，私小说

わたくしりつ⓪【私立】［名］私立

わたし⓪【私】［代］我

わたし⓪【渡し】①摆渡，渡口 ②（把东西）给，交给

わたしば⓪【渡（し）場】［名］渡口

わたしぶね④【渡（し）船・渡（し）舟】［名］渡船

わた・す【渡す】Ⅰ⓪［他五］①架，搭△橋を～/搭（架）桥 ②渡，送过河去△小舟で人をむこう岸へ～/用小船把人送到对岸 ③交给递给 Ⅱ［接尾］（上接动词连用形）①表示一直在…，…到很远△見～/眺望远方②给，让与△売り～/卖给

わだち①⓪【轍】［名］车辙

わたり⓪【渡り】［名］①舶来品，进口货 ②交涉，关系△～をつける/搭上关系，搭线◇渡りに船（ふね）/凑巧，赶巧

わたりどり③【渡り鳥】［名］候鸟

わた・る【渡る・渉る】Ⅰ⓪［自五］①渡，过△川を～/渡河△アメリカへ～/到美国去 ②横穿，通过△橋を～/过桥△道を～/过马路③渡世，过日子△世間を～/过日子，渡世 ④到手，归…所有△人手に～/归别人所有 ⑤涉及，影呼（至某一范围）△静岡、愛知の両県に～ってじしんの被害があった/地震的危害涉及静冈、爱知两县 ⑥（时间的）延续，长达△三ケ月に～工事/长达三个月的工程 Ⅱ［接尾］（上接动词连用形表示）范围广，彻底△晴れ～/晴空万里△鳴り～/响彻△行き～/走遍◇渡る世間（せけん）に鬼（お

に）はない/人世间总有好人

わっ①Ⅰ［感］（吃惊时）呀，啊△～うれしい/呀，真高兴 Ⅱ［副］（哭声）哇△～と泣き出した/哇地哭起来了

ワット①【watt】［名］（电力单位）瓦，瓦特

わっぷ①【割賦・割付】［名］分期付款

わな①【罠】［名］①（捕鸟兽时用的）圈套，套子 ②（陷害人的）圈套，陷阱△～にかかる/上了圈套

わに①【鰐】［名］鳄鱼

ワニス①【varnish】［名］清漆，罩光漆

わび⓪②【侘び・佗び】［名］（「茶道」「俳句」所表现的情趣）幽闲，恬静

わび⓪【詫び】［名］赔不是，道歉赔礼△～をいれる/赔礼，道歉

わびし・い③【侘びしい】［形］①寂寞，寂静△～けしき/寂静的景色 ②孤单，孤寂△ひとり住（ず）まいは～ものだ/独居很孤单 ③贫困，寒酸的△～くらし/贫困的生活

わびじょう⓪②【わび状・詫び状】［名］道歉信

わ・びる【侘びる】Ⅰ［自上一］苦恼，痛苦 Ⅱ［接尾］（接动词连用形）一边…一边焦虑△待ち～/焦急地等待

わ・びる⓪【詫びる】［自他上一］道歉，赔不是△あやまちを～/道歉

わふう⓪【和風】［名］日本式△～料理/日本式饭菜

わふく⓪【和服】［名］和服，日本服装

わへい①【和平】［名］媾和，和睦

わめ・く②【喚く】［自他五］大声叫嚷

わら① 【藁】 [名] 稲秸，麦秸【-屋根（やね）⑨】[名] 草屋顶◇わらをもつかむ/溺水者连稲草都抓，急病乱投医

わらい⓪ 【笑い】[名] ①笑 ②嘲笑【-種（ぐさ）⓪】[名] 笑料，笑柄【-話（ばなし）④】[名] ①笑话 ②玩笑 ③笑柄【-者（もの）⓪】[名] 嘲笑的对象

わら・う⓪ 【笑う】[自他五] ①笑 ②嘲笑，嘲弄△人に～われる/被人嘲笑◇笑う門（かど）には福（ふく）きたる/和气生财

わらじ⓪ 【草鞋】[名] 草鞋

わらび① 【蕨】[名] 蕨菜

わらぶき⓪ 【藁葺（き）】[名] 稲草葺的屋顶

わらぶとん③ 【藁布団】[名] 草垫

わらべうた③ 【童歌】[名] 儿歌

わり⓪ [名] I 【割】①比例，比率 ②（盈利、亏损关系上的）比率△～がいい/合算，上算△～をくう/亏损 ③（用「割に」的形式，表示与其基准相比不符）虽然…但是△高い～にまずい/虽然价格高，但质量差△年の～に若く見える/虽然年龄已高，但看起来显得年轻 II 【割り】①分配△へや～/分配房间 ②分摊△あたま～/按人头均摊 ③加水稀释△水～/（酒中）加水，兑水

-わり 【割（り）】[接尾] 十分之一，成△一～びき/减价一成

わりあい⓪ 【割合】 I [名] ①比率，比例 ②（用「割合に」的形式，表示其基准相比不符）虽然…但是△年の～にませたことを言う/年纪轻轻的却说大人话 II [副] 比较，比预想△～早くついた/比较早地到了

わりあて⓪ 【割（り）当て】[名] ①分配（的工作）②分摊

わりあ・てる④ 【割（り）当てる】[他下一] 分配，分派△へやを～/分配房间△仕事を～/分派任务

わりかん⓪ 【割（り）勘】[名] 均摊付款△～にする/均摊

わりき・る③ 【割りきる】[他五] ①断然，果断△～った考え/断然的见解 ②〈数〉除尽，整除△3は6を～/三能将六除尽

わりき・れる④ 【割りきれる】[自下一] ①想得通，能理解 ②〈数〉能除尽，能整除

わりこみ③ 【割（り）込（み）】[名] ①挤进，插入 ②（交通规则）在十字路口附近停车或抢在将要停车的车前

わりこ・む③ 【割（り）込（む）】[自五] ①挤进，插入△列に～/加塞儿 ②抢嘴，插嘴△話に～/插嘴

わりざん② 【割（り）算】[名] 除法

わりだか⓪ 【割高】[形动]（与商品的质量相比）价格贵

わりに⓪ 【割に】[副] 比较△～安い/比较便宜◆也说「割と」

わりばし③ 【割りばし・割り箸】[名] 一次性筷子，卫生筷子

わりびき⓪ 【割引】[名] 折扣，减价【-券（けん）④】[名] 减价优待券

わりび・く③ 【割（り）引く】[他五] ①折扣，减价 ②（听话时）打折扣

わりやす⓪ 【割安】[形动]（与商品的质量相比）价格便宜

わる 【悪】 I ① [名] 坏蛋 II [接头] 坏△～知恵（ちえ）/坏主意 III [接尾] 坏事，坏人△意地（いじ）～/坏心眼（的人）

わ・る⓪ 【割る】[他五] ①切开，割开，劈开，掰开△三つに～/分成三个 ②打碎，弄碎△ガラスを～/打碎玻璃 ③插入，挤进△あいだに～って入る/加塞儿进去

④（加水）稀释△ウイスキーを水で〜ってのむ/喝兑水的威士忌　⑤不隐瞒，敞开△口を〜/坦白△腹を〜って話す/推心置腹地说　⑥除法△八を二で〜/八被二除

わる・い②【悪い】［形］①不道德，不礼貌，坏△行ないが〜/行为不道德　②财运不佳，不利△運が〜/运气不好△〜ことに/不凑巧　③（质量）低劣，（能力）差△頭が〜/脑筋不好使△つくりが〜/做得差　④（机能）不正常，出毛病△水の出が〜/水流不畅△胃の調子が〜/胃不好　⑤（感觉）不好△気味が〜/毛骨悚然，发疹△品（ひん）が〜/粗俗　⑥有过失，有失点，坏△こうなったのは，だれが〜のか/这样的结果，是谁的过失　⑦腐烂，（变）坏△〜くなる/（食品）腐烂　⑧对不起△さきに帰っては彼に〜から，のこっていよう/先回家对不起他，所以留下吧　⑨有害，不利△タバコは体に〜/抽烟对身体有害

わるぐち②【悪口】［名］说人坏话，骂人◆也说「わるくち」

わるぢえ④⓪【悪知恵・悪智慧】［名］坏主意△〜をはたらかす/使坏主意

ワルツ①【waltz】［名］圆舞曲，华尔兹舞

ワールド①【world】［名］世界【-カップ⑤】［名］世界杯（赛）

わるもの⓪【悪者】［名］坏蛋，坏家伙

われ①【我・吾】Ⅰ［名］自身，本身△〜も〜もと/争先恐后地△〜を忘れる/忘我，全神贯注　Ⅱ［代］〈文〉吾，吾方△〜は海の子/我（们）是海之骄子◇我に返（かえ）る/醒悟过来

われがちに⓪【我勝ちに】［副］争先恐后地

われしらず①⓪【我知らず】［副］不知不觉，无意识地

われながら①③【我ながら】［副］连自己都…△〜よくやったと思う/连自己都认为干得好

われめ⓪【割（れ）目】［名］裂缝，裂纹

われもの⓪【割（れ）物】［名］易碎物品

わ・れる⓪【割れる】［自下一］①碎，粉碎△ガラスが〜れた/玻璃碎了　②分裂，破裂△与党が左右両派に〜れた/执政党分裂为左右两派　③裂，裂开△頭が痛くて〜れそうだ/脑袋疼得像要裂开似的△〜ような拍手/雷鸣般的掌声　④暴露，泄露△ほしが〜/犯人暴露了

われわれ⓪【我我】［代］我们

ワン①【one】［名］一个

わん⓪【椀・碗・鋺】［名］①碗　②（盛入碗中的）汤△お〜がつく/（吃饭时）附带汤

わん①【湾】［名］海湾

わんきょく⓪【湾曲・彎曲】［名・自サ］弯曲△せぼねが〜する/脊梁骨弯曲

わんしょう⓪【腕章】［名］袖标，臂章△〜をつける/带臂章

ワンタン③【名］馄饨

わんぱく①⓪【腕白】［名・形動］淘气，淘气包

ワンピース③【one piece dress】［名］连衣裙

ワンマンカー③【one man car】［名］（司机兼售票员）一人驾驶的公共汽车（电车）

わんりょく①⓪【腕力】［名］①腕力　②武力△〜をふるう/动武△〜にうったえる/诉诸武力

わんわん① Ⅰ［名］(幼儿语)狗 Ⅱ ［感・副］①(狗叫声)汪汪 ②(痛 哭声)呜呜△～と泣く/呜呜地 哭

を

を［格助］①表示动作的目的、对象 △本～読む/读书△湯～沸かす/ 烧开水 ②表示动作的结果△計 画～立てる/制定计划△ご飯～ たく/烧饭 ③表示动作的场所△ 公園～散歩する/在公园散步△ 九州～ひとりで旅行した/一人 去九州旅行了 ④表示动作的起 点或经过的场所、时间△電車は 駅～出た/电车驶出车站△五時 ～まわったところだ/时针刚过5 点 ⑤表示动作持续的时间△ス タートから30分～経過した/从 出发到现在已过了30分钟

ん

ん［感］①(表示肯定的回答)嗯, 哎 ②(表示疑问)哦△～? なに?/哦,什么?

ん Ⅰ［助動］(否定助动词「ぬ」的 变化)不△君に分から～はずは 無かろう/你不会不知道吧 Ⅱ 〈文〉(推量助动词「む」的变 化)①表示正要,将要△木静(き しず)まら～と欲して風止まず/ 树欲静而风不止△彼の言わ～と するところは理解できる/他要 说的是可以理解的 ②表示劝诱 △見に行か～/去看吧

口 语 动 词 活 用 表

种类	行	基本形	词干	词尾					
				未然	连用	终止	连体	假定	命令
	カ	行く	行(い)	か/こ	き	く	く	け	け
	ガ	泳ぐ	泳(およ)	が/ご	ぎ	ぐ	ぐ	げ	げ
	サ	押す	押(お)	さ/そ	し	す	す	せ	せ
	タ	打つ	打(う)	た/と	ち	つ	つ	て	て
五	ワ	思う	思(おも)	わ/お	い	う	う	え	え
	バ	飛ぶ	飛(と)	ば/ぼ	び	ぶ	ぶ	べ	べ
段	マ	飲む	飲(の)	ま/も	み	む	む	め	め
	ラ	乗る	乗(の)	ら/ろ	り	る	る	れ	れ
	ラ	有る	有(あ)	ら/ろ	り	る	る	れ	れ
	ナ	死ぬ	死(し)	な/の	に	ぬ	ぬ	ね	ね
	ラ	蹴る	蹴(け)	ら/ろ	り	る	る	れ	れ

行	語	読							
カ	着る	(着)	き	き	きる	きる	きれ	きよ	きろ
ナ	似る	(似)	に	に	にる	にる	にれ	によ	にろ
ハ	干る	(干)	ひ	ひ	ひる	ひる	ひれ	ひよ	ひろ
マ	見る	(見)	み	み	みる	みる	みれ	みよ	みろ
ア	射る	(射)	い	い	いる	いる	いれ	いよ	いろ
ア	居る	(居)	い	い	いる	いる	いれ	いよ	いろ
カ	起きる	起(お)	き	き	きる	きる	きれ	きよ	きろ
ガ	過ぎる	過(す)	ぎ	ぎ	ぎる	ぎる	ぎれ	ぎよ	ぎろ
タ	落ちる	落(お)	ち	ち	ちる	ちる	ちれ	ちよ	ちろ
ザ	恥じる	恥(は)	じ	じ	じる	じる	じれ	じよ	じろ
ア	強いる	強(し)	い	い	いる	いる	いれ	いよ	いろ
バ	滅びる	滅(ほろ)	び	び	びる	びる	びれ	びよ	びろ
マ	試みる	試(こころ)	み	み	みる	みる	みれ	みよ	みろ
ア	悔いる	悔(く)	い	い	いる	いる	いれ	いよ	いろ
ラ	懲りる	懲(こ)	り	り	りる	りる	りれ	りよ	りろ

上　一　段

种类	行	基本形	词干	未然	连用	终止	连体	假定	命令	
									命	令
下一段	ア	得る	（得）	え	え	える	える	えれ	えよ	えろ
	カ	受ける	受（う）	け	け	ける	ける	けれ	けよ	けろ
	ガ	上げる	上（あ）	げ	げ	げる	げる	げれ	げよ	げろ
	サ	寄せる	寄（よ）	せ	せ	せる	せる	せれ	せよ	せろ
	ザ	交ぜる	交（ま）	ぜ	ぜ	ぜる	ぜる	ぜれ	ぜよ	ぜろ
	タ	捨てる	捨（す）	て	て	てる	てる	てれ	てよ	てろ
	ダ	出る	（出）	で	で	でる	でる	でれ	でよ	でろ
	ナ	尋ねる	尋（たず）	ね	ね	ねる	ねる	ねれ	ねよ	ねろ
	ハ	経る	（経）	へ	へ	へる	へる	へれ	へよ	へろ
	ア	考える	考（かんが）	え	え	える	える	えれ	えよ	えろ

活用の種類	行	基本形	語幹	未然形	連用形	終止形	連体形	仮定形	命令形	
下一段	バ	調べる	調(しら)	べ	べ	べる	べる	べれ	べよ	べろ
	マ	止める	止(と)	め	め	める	める	めれ	めよ	めろ
	ア	越える	越(こ)	え	え	える	える	えれ	えよ	えろ
	ラ	晴れる	晴(は)	れ	れ	れる	れる	れれ	れよ	れろ
	ア	植える	植(う)	え	え	える	える	えれ	えよ	えろ
カ変	カ	来る	(来)	こ	き	くる	くる	くれ	こ	い
サ変	サ	為る	(為)	せし さ	し	する	する	すれ	せよ	しろ
	サ	講ずる	講(こう)	ぜ じ	じ	ずる	ずる	ずれ	せよ	せろ

口语助动词活用表

种类	基本形	使役	被动 尊敬 自发 可能	敬体	过去完了	未来(推量意志)
未然形	(后续「ない・ぬ」)	せしめる	られる れる	ませ	(た だ)	よう う
	(后续「う・よう」)	させ	れ	ましょ	たろ だろ	
连用形	(中顿后续「ます」)	せしめ	れ	まし		
	(后续「た」)	させ	れ	ます		
终止形	(用于结句)	せしめる させる	られる れる	(ますする) ます	た だ	よう う

連体形（主要后续、体言）	假定形（表示假定，后续「ば」）	命令形（表示命令）	活用型	接续
（よう）			特殊型	未然形（五段・形动・形以外）
（う）			特殊型	未然形（五段・形动・形）
た	たら		特殊型	連用形（用言）
だ	だら			
ます（まする）	ますれ	ませ・まし	サ変型	連用形（动词）
れる	れれ	れろ・れよ	下一型	未然形（五段サ変）
られる	られれ	られろ・られよ	下一型	未然形（五段サ変以外）
せる	せれ	せろ・せよ	下一型	未然形（五段サ変）
させる	させれ	させろ・させよ	下一型	未然形（五段サ変以外・用言）

口语助动词活用表

种类		推量	否定	希望	指定	传闻	样态	比况
基本形		べし らしい まい	ない ぬ	たがる たい	です だ	そうです そうだ	そうです そうだ	ようです ようだ
未然形	(后续「ない・ぬ」)・(后续「う」)		なかろ	たがら たかろ	でしょ だろ		そうでしょ そうだろ	ようでしょ ようだろ ようだっ
连用形	(中顿后续「ます」)・(后续「た」)	(べく) らしく	なく ず なかっ	たがり たく たがっ た（とう）く	で だっ	そうで	そうでし そうに そうで そうだっ	ようでし ように ようで ようだっ
终止型	(用于结句)	まい (べし) らしい	ない ぬ（ん）	たがる たい	です だ	そうです （そうだ） そうだ	そうです そうだ	ようです ようだ

連体形	假定形	活用型	接　　续
（ようです）		特　殊　型	「の」。連体形（用言）・助词
ような	ようなら	形　动　型	「の」。連体形（用言）・助词
（そうです）		特　殊　型	词干（形容词・形动）連用形（动词）
そうな	そうなら	形　动　型	词干（形容词・形动）連用形（动词）
（そうです）		特　殊　型	終止形（用言）
（です）		特　殊　型	体形・助词「の」名词・用言連
な	なら	形　动　型	体形・助词「の」名词・用言連
たがる	たがれ	五　段　型	連用形（动词）
たい	たけれ	形容词型	連用形（动词）
ぬ（ん）	ね	特　殊　型	未然形（动词）
ない	なけれ	形容词型	未然形（动词）
（まい）		特　殊　型	未然形（五段以外）終止形（五段）
べき		文语形容词型	終止形（动词）
らしい	（らしけれ）	形容词型	終止形（动词・形容词）名词・形动词干

主要后续体言（言）　後续「ば」表示假定（假定 示）

口语形容词、口语形容动词活用表

种类	形容词		形容动词		
			ダ型活用		タルト型活用
基本形	堅い	楽しい	りっぱだ		堂堂たる
词干	かた	たのし	りっぱ		どうどう
未然形（后续「う」）	かろ		だろ	でしょ	
连用形（中顿后续用言）	く	かっ	で（中顿・后续「ある」「ない」用言） だっ	でし	と
连用形（后续「た」）	かっ		だっ	でし	
终止形（结句）	い		だ	です	
连体形（主要后续体言）	い		な	です	たる
假定形（后续「ば」）	けれ		なら		（たれ）
命令形（表示命令）					
例词	広い・早い・美しい・うれしい		さわやかだ 静かだ	さわやかです 静かです	漠然たる 茫然たる

口语中特殊活用的词

种类	同じだ（口语）	大きな（中）	柔らかだ	柔らかい
基本形	同じだ	大きな	柔らかだ	──
词干	おなじ	おおき	やわら	やわらか
未然形（后续「う」）	だろ		だろ	かろ
連用形（中頓后续用言）	で・に		で・に	く
連用形（后续「た」）	だっ		だっ	かっ
終止形（結句）	だ		だ	い
連体形（主要后续体言）	な	な	な	い
假定形（后续「ば」）	なら		なら	けれ
命令形（表示命令）				
例词	こんなだ そんなだ あんなだ どんなだ	小さな・おかしな	暖かい・だ 細かい・だ	

世界部分国家、地区、首都（或首府）名称对照表

国　名		首都（首府）	
日　文	中　文	日　文	中　文
アイスランド	冰岛	レイキャビク	雷克雅未克
アイルランド	愛尔兰	ダブリン	都柏林
アフガニスタン	阿富汗	カブール	喀布尔
アメリカ	美国	ワシントン	华盛顿
アラブ首長国連邦	阿拉伯联合酋长国	アブダビ	阿布礼比
アルジェリア	阿尔及利亚	アルジェ	阿尔及尔
アルゼンチン	阿根廷	ブェノスアイレス	布宜诺斯艾利斯
アルバニア	阿尔巴尼亚	チラナ	地拉那
アンゴラ	安哥拉	ルアンダ	罗安达
アンドラ	安道尔	アンドラ・ラ・ベッラ	安道尔
イエメン	也门	サナ	萨那
イギリス	英国	ロンドン	伦敦
イタリア	意大利	ローマ	罗马
イラク	伊拉克	バグダッド	巴格达
イラン	伊朗	テヘラン	德黑兰
インド	印度	ニューデリー	新德里
インドネシア	印度尼西亚	ジャカルタ	雅加达
ウガンダ	乌干达	カンパラ	坎帕拉

532

国名		首都（首府）	
日文	中文	日文	中文
ウルグアイ	乌拉圭	モンテビデオ	蒙得维的亚
エクアドル	厄瓜多尔	キト	基多
エジプト	埃及	カイロ	开罗
エチオピア	埃塞俄比亚	アジスアベバ	亚的斯亚贝巴
エルサルバドル	萨尔瓦多	サンサルバドル	圣萨尔瓦多
オーストラリア	澳大利亚	キャンベラ	堪培拉
オーストリア	奥地利	ウィーン	维也纳
オーマン	阿曼	マスカット	马斯喀特
オランダ	荷兰	アムステルダム	阿姆斯特丹
ガーナ	加纳	アクラ	阿克拉
ガイアナ	圭亚那	ジョージタウン	乔治敦
カタール	卡塔尔	ドーハ	多哈
カナダ	加拿大	オタワ	渥太华
カボベルデ	佛得角	プライア	普腊亚
ガボン	加蓬	リーブルビル	利伯维尔
カメルーン	喀麦隆	ヤウンデ	雅温得
ガンビア	冈比亚	バンジュル	班珠尔
カンボジア	柬埔寨	プノンペン	金边
ギニア	几内亚	コナクリ	科纳克里
ギニアビサウ	几内亚比绍	ビサウ	比绍

国 名		首 都 （首 府）	
日 文	中 文	日 文	中 文
キプロス	塞浦路斯	ニコシア	尼科西亚
キューバ	古巴	ハバナ	哈瓦那
キリシャ	希腊	アテネ	雅典
グアテマラ	危地马拉	グアテマラ	危地马拉
クウェート	科威特	クウェート	科威特
グレナダ	格林纳达	セントジョージズ	圣乔治
ケニア	肯尼亚	ナイロビ	内罗毕
コートジボアール	象牙海岸	アビジャン	阿比让
コスタリカ	哥斯达黎加	サンホセ	圣约瑟
コモロ	科摩罗	モロニ	莫罗尼
コロンビア	哥伦比亚	ボコタ	波哥大
コンゴ	刚果	ブラザビル	布拉柴维尔
ザイール	扎伊尔	キンシャサ	金沙萨
サウジアラビア	沙特阿拉伯	リヤド	利雅得
サントーメ・プリンシペ	圣多美利普林西比	サントーメ	圣多美
ザンビア	赞比亚	ルサカ	卢萨卡
サンマリノ	圣马力诺	サンマリノ	圣马力诺
シエラレオネ	塞拉利昂	フリータウン	弗里敦
ジブチ	吉布提	ジブチ	吉布提
ジャマイカ	牙买加	キングストン	金斯敦

国名 日文	国名 中文	首都（首府）日文	首都（首府）中文
シリア	叙利亚	ダマスカス	大马士革
シンガポール	新加坡	シンガポール	新加坡
ジンバブエ	津巴布韦	ソールズベリ	索尔兹伯里
スイス	瑞士	ベルン	伯尔尼
スウェーデン	瑞典	ストックホルム	斯德哥尔摩
スーダン	苏丹	ハルツーム	喀土穆
スペイン	西班牙	マドリード	马德里
スリナム	苏里南	パラマリボ	帕拉马里博
スリランカ	斯里兰卡	コロンボ	科伦坡
スワジランド	斯威士兰	ムババネ	姆巴巴纳
セーシェル	塞舌耳	ビクトリア	维多利亚
赤道ギニア	赤道几内亚	マラボ	马拉博
セネガル	塞内加尔	ダカール	达喀尔
ソマリア	索马里	モガディシオ	摩加迪沙
ソ連	苏联	モスクワ	莫斯科
タイ	泰国	バンコク	曼谷
タンザニア	坦桑尼亚	ダルエスサラーム	达累斯萨拉姆
チェコスロバキア	捷克斯洛伐克	プラハ	布拉格
チャド	乍得	エンジャメナ	恩贾梅纳
中央アフリカ	中非	バンギ	班吉

国名		首都（首府）	
日文	中文	日文	中文
中国	中国	ペキン	北京
チュニジア	突尼斯	チュニス	突尼斯
朝鮮	朝鮮	ピョンヤン	平壤
チリ	智利	サンチアゴ	圣地亚哥
ツワル	图瓦卢	フナフチ	富纳富提
デンマーク	丹麦	コペンハーゲン	哥本哈根
ドイツ	德国	ベルリン	柏林
トーゴ	多哥	ロメ	洛美
ドミニカ	多米尼加	サントドミンゴ	圣多明各
ドミニカ連邦	多米尼加联邦	ロゾー	罗索
トリニダード・トバゴ	特立尼加达和多巴哥	ポート・オブ・スペイン	西班牙港
トルコ	土耳其	アンカラ	安卡拉
トンガ	汤加	ヌクアロファ	努库阿洛法
ナイジェリア	尼日利亚	ラゴス	拉各斯
ナウル	瑙鲁	ナウル	瑙鲁
ナミビア	纳米比亚	ウィントフーク	温得利克
ニカラグア	尼加拉瓜	マナグア	马那瓜
西サハラ	西撒哈拉		
西サモア	西萨摩亚	アピア	阿皮亚
ニジェール	尼日尔	ニアメー	尼亚美

国名 日文	国名 中文	首都（首府）日文	首都（首府）中文
日本	日本	トウキョウ	东京
ニュージーランド	新西兰	ウェリントン	惠灵顿
ネパール	尼泊尔	カトマンズ	加德满都
ノルウェー	挪威	オスロ	奥斯陆
バーレーン	巴林	マナーマ	麦纳麦
ハイチ	海地	ポルトープランス	太子港
パキスタン	巴基斯坦	イスラマバード	伊斯兰堡
パナマ	巴拿马	パナマ	巴拿马城
バハマ	马哈马	ナッソー	拿骚
パプア・ニューギニア	巴布亚新几内亚	ポートモレスビー	莫尔兹比港
パラグアイ	巴拉圭	アスンシオン	亚松森
バルバドス	巴巴多斯	ブリッジタウン	布里奇顿
ハンガリー	匈牙利	ブダペスト	布达佩斯
ビルマ	缅甸	ラングーン	仰光
フィジー	斐济	スバ	苏瓦
フィリピン	菲律宾	マニラ	马尼拉
フィンランド	芬兰	ヘルシンキ	赫尔辛基
ブータン	不丹	ティンプー	廷布
プエルトリコ	波多黎各	サンファン	圣胡安

国名		首都（首府）	
日文	中文	日文	中文
ブラジル	巴西	ブラジリア	巴西利亚
フランス	法国	パリ	巴黎
ブルガリア	保加利亚	ソフィア	索非亚
ブルネイ	文莱	バンダル・スリ・バガワン	斯里巴加湾市
ブルンジ	布隆迪	ブジュンブラ	布琼布拉
ベトナム	越南	ハノイ	河内
ベニン	贝宁	ポルト・ノボ	波多诺伏
ベネズエラ	委内瑞拉	カラカス	加拉加斯
ベリーズ	伯利兹	ベルモパン	贝尔莫潘
ペルー	秘鲁	リマ	利马
ベルギー	比利时	ブリュッセル	布鲁塞尔
ポーランド	波兰	ワルシャワ	华沙
ボツワナ	博茨瓦纳	ハボロネ	哈博罗内
ボリビア	玻利维亚	ラパス	拉巴斯
ポルトガル	葡萄牙	リスボン	里斯本
ホンジュラス	洪都拉斯	テグシガルパ	特古西加尔巴
マダガスカル	马达加斯加	タナナリブ	塔那那利佛
マラウイ	马拉维	リロングウェ	利隆圭
マリ	马里	バマコ	巴马科
マルタ	马耳他	ラ・バレッタ	瓦莱塔

国名		首都（首府）	
日文	中文	日文	中文
マレーシア	马来西亚	クアラルンプール	吉隆坡
南アフリカ	南非	プレトリア	比勒陀利亚
メキシコ	墨西哥	メキシコ・シティ	墨西哥城
モーリシャス	毛里求斯	ポートルイス	路易港
モーリタニア	毛里塔尼亚	ヌアクショット	努瓦克肖托
モザンビーク	莫桑比克	マプト	马普托
モナコ	摩纳哥	モナコ	摩纳哥
モルジブ	马尔代夫	マーレ	马累
モロッコ	摩洛哥	ラバト	拉巴特
モンゴル	蒙古	ウランバートル	乌兰巴托
ユーゴスラビア	南斯拉夫	ベオグラード	贝尔格莱德
ヨルダン	约旦	アンマン	安曼
ラオス	老挝	ビエンチャン	万象
リビア	利比亚	トリポリ	的黎波里
リヒテンシュタイン	列支敦士登	ファドーツ	瓦杜兹
リベリア	利比里亚	モンロビア	蒙罗维亚
ルーマニア	罗马尼亚	ブカレスト	布加勒斯特
ルクセンブルク	卢森堡	ルクセンブルク	卢森堡
ルワンダ	卢旺达	キガリ	基加利
レソト	莱索托	マセル	马塞卢
レバノン	黎巴嫩	ベイルート	贝鲁特

（本表所据资料截止1990年11月）

日本都、道、府、県名称対照表

（一都、一道、二府、四十三県）

東京都（とうきょうと）	北海道（ほっかいどう）
京都府（きょうとふ）	大阪府（おおさかふ）
愛知県（あいちけん）	青森県（あおもりけん）
秋田県（あきたけん）	石川県（いしかわけん）
茨城県（いばらきけん）	岩手県（いわてけん）
愛媛県（えひめけん）	大分県（おおいたけん）
岡山県（おかやまけん）	沖縄県（おきなわけん）
香川県（かがわけん）	鹿児島県（かごしまけん）
神奈川県（かながわけん）	岐阜県（ぎふけん）
熊本県（くまもとけん）	群馬県（ぐんまけん）
高知県（こうちけん）	埼玉県（さいたまけん）
佐賀県（さがけん）	滋賀県（しがけん）
静岡県（しずおかけん）	島根県（しまねけん）
千葉県（ちばけん）	徳島県（とくしまけん）
栃木県（とちぎけん）	鳥取県（とっとりけん）
富山県（とやまけん）	長崎県（ながさきけん）
長野県（ながのけん）	奈良県（ならけん）
新潟県（にいがたけん）	兵庫県（ひょうごけん）
広島県（ひろしまけん）	福井県（ふくいけん）
福岡県（ふくおかけん）	福島県（ふくしまけん）
三重県（みえけん）	宮崎県（みやざきけん）
宮城県（みやぎけん）	山形県（やまがたけん）
山口県（やまぐちけん）	山梨県（やまなしけん）
和歌山県（わかやまけん）	

化学元素名称对照表

原子序数	元素符号	元素名称 日文	元素名称 中文
1	H	水素(すいそ)	氢
2	He	ヘリウム	氦
3	Li	リチウム	锂
4	Be	ベリリウム	铍
5	B	硼素(ほうそ)	硼
6	C	炭素(たんそ)	碳
7	N	窒素(ちっそ)	氮
8	O	酸素(さんそ)	氧
9	F	弗素(ふっそ)	氟
10	Ne	ネオン	氖
11	Na	ナトリウム	钠
12	Mg	マグネシウム	镁
13	Al	アルミニウム	铝
14	Si	硅素(けいそ),シリコン	硅
15	P	燐素(りん)	磷
16	S	硫黄(いおう)	硫
17	Cl	塩素(えんそ)	氯
18	Ar	アルゴン	氩
19	K	カリウム	钾
20	Ca	カルシウム	钙
21	Sc	スカンジウム	钪
22	Ti	チタン	钛

番号	元素記号	元素名	漢字		番号	元素記号	元素名	漢字
23	V	バナジウム	釩		38	Sr	ストロンチウム	鍶
24	Cr	クロム	鉻		39	Y	イットリウム	釔
25	Mn	マンガン	錳		40	Zr	ジルコニウム	鋯
26	Fe	鉄（てつ）	鐵		41	Nb	ニオブ	鈮
27	Co	コバルト	鈷		42	Mo	モリブデン	鉬
28	Ni	ニッケル	鎳		43	Tc	テクネチウム	鍀
29	Cu	銅（どう）	銅		44	Ru	ルテニウム	釕
30	Zn	亜鉛（あえん）	鋅		45	Rh	ロジウム	銠
31	Ga	ガリウム	鎵		46	Pd	パラジウム	鈀
32	Ge	ゲルマニウム	鍺		47	Ag	銀（ぎん）	銀
33	As	砒素（ひそ）	砷		48	Cd	カドミウム	鎘
34	Se	セレン	硒		49	In	インジウム	銦
35	Br	臭素（しゅうそ）	溴		50	Sn	スズ	錫
36	Kr	クリプトン	氪		51	Sb	アンチモン	銻
37	Rb	ルビジウム	銣		52	Te	テルル	碲

原子序数	元素符号	元素名称（日文）	（中文）
53	I	沃素（ようそ）	碘
54	Xe	キセノン	氙
55	Cs	セシウム	铯
56	Ba	バリウム	钡
57	La	ランタン	镧
58	Ce	セリウム	铈
59	Pr	プラセオジム	镨
60	Nd	ネオジム	钕
61	Pm	プロメチウム	钷
62	Sm	サマリウム	钐
63	Eu	ユーロピウム	铕
64	Gd	ガドリニウム	钆
65	Tb	テルビウム	铽

原子序数	元素符号	元素名称（日文）	（中文）
66	Dy	ジスプロシウム	镝
67	Ho	ホルミウム	钬
68	Er	エルビウム	铒
69	Tm	ツリウム	铥
70	Yb	イッテルビウム	镱
71	Lu	ルテチウム	镥
72	Hf	ハフニウム	铪
73	Ta	タンタル	钽
74	W	タングステン	钨
75	Re	レニウム	铼
76	Os	オスミウム	锇
77	Ir	イリジウム	铱
78	Pt	白金（はっきん）	铂

79	Au	金（きん）	金	92	U	ウラン	鈾
80	Hg	水銀（すいぎん）	汞	93	Np	ネプツニウム	鎿
81	Tl	タリウム	鉈	94	Pu	プルトニウム	钚
82	Pb	鉛（なまり）	鉛	95	Am	アメリシウム	镅
83	Bi	ビスマス	鉍	96	Cm	キュリウム	锔
84	Po	ポロニウム	釙	97	Bk	バークリウム	锫
85	At	アスタチン	砹	98	Cf	カリホルニウム	锎
86	Rn	ラドン	氡	99	Es	アインスタイニウム	锿
87	Fr	フランシウム	鈁	100	Fm	フェルミウム	镄
88	Ra	ラジウム	鐳	101	Md	メンデレビウム	钔
89	Ac	アクチニウム	錒	102	No	ノーベリウム	锘
90	Th	トリウム	釷	103	Lr	ローレンシウム	铹
91	Pa	プロトアクチニウム	鏷				

假 名 罗 马 字 拼 音 表

		直　音					拗　音		
		ア a	イ i	ウ u	エ e	オ o	ャ	ュ	ョ
清音	ア a	―	イ i	ウ u	エ e	オ o			
	カ ka	キ ki	ク ku	ケ ke	コ ko	キャ kya	キュ kyu	キョ kyo
	サ sa	シ si〈訓〉/shi〈黑〉	ス su	セ se	ソ so	シャ sya〈訓〉/sha〈黑〉	シュ syu〈訓〉/shu〈黑〉	ショ syo〈訓〉/sho〈黑〉
	タ ta	チ ti〈訓〉/chi〈黑〉	ツ tu〈訓〉/tsu〈黑〉	テ te	ト to	チャ tya〈訓〉/cha〈黑〉	チュ tyu〈訓〉/chu〈黑〉	チョ tyo〈訓〉/cho〈黑〉
	ナ na	ニ ni	ヌ nu	ネ ne	ノ no	ニャ nya	ニュ nyu	ニョ nyo
	ハ ha	ヒ hi	フ hu〈訓〉/fu〈黑〉	ヘ he	ホ ho	ヒャ hya	ヒュ hyu	ヒョ hyo
	マ ma	ミ mi	ム mu	メ me	モ mo	ミャ mya	ミュ myu	ミョ myo
	ヤ ya	(イ)(i)	ユ yu	(エ)(e)	ヨ yo			

日语罗马字拼音表

类别	a	i	u	e	o	ya	yu	yo
清音 ラ行	ラ ra	リ ri	ル ru	レ re	ロ ro	リャ rya	リュ ryu	リョ ryo
清音 ワ行	ワ wa	(イ) (i)〈训〉 wi〈日〉 (i)〈黑〉	(ウ) u	(エ) (e)〈训〉 we〈日〉 (e)〈黑〉	ヲ (o)〈训〉 wo〈日〉 (o)〈黑〉			
浊音 ガ行	ガ ga	ギ gi	グ gu	ゲ ge	ゴ go	ギャ gya	ギュ gyu	ギョ gyo
浊音 ザ行	ザ za	ジ zi〈训〉 ji〈黑〉	ズ zu	ゼ ze	ゾ zo	ジャ zya〈训〉 ja〈黑〉	ジュ zyu〈训〉 ju〈黑〉	ジョ zyo〈训〉 jo〈黑〉
浊音 ダ行	ダ da	ヂ zi〈训〉 ji〈黑〉	ヅ zu〈训〉 du zu〈黑〉	デ de	ド do	ヂャ zya〈训〉 ja〈黑〉	ヂュ zyu〈训〉 dyu ju〈黑〉	ヂョ zyo〈训〉 dyo jo〈黑〉
浊音 バ行	バ ba	ビ bi	ブ bu	ベ be	ボ bo	ビャ bya	ビュ byu	ビョ byo
半浊音 パ行	パ pa	ピ pi	プ pu	ペ pe	ポ po	ピャ pya	ピュ pyu	ピョ pyo

注：
1. 日语罗马字拼法共有三种。表中〈训〉为"训令式"，〈日〉为"日本式"，〈黑〉为"黑本式"。未注明者表示三种拼法相同。
2. 拨音〈黑〉用"n"表示。当"n"后面出现元音时，用"-"表示。如：an'i〈安易〉。但是，在"b，m，p"前出现拨音时，〈黑〉用"m"表示。如：rombun〈论文〉。
3. 促音用双写的辅音表示。如：kitte〈切手〉。但是，在"ch"前出现促音时，〈训〉用"t"表示。如：itchi〈一致〉。
4. 长音是在元音字母上方加"^"或"-"来表示。如：yūki〈勇气〉，kūki〈空气〉。当元音字母大写时，也可将其双写。如：Oosaka〈大阪〉。

主要度量衡名称对照表

各種度量衡呼称	略号	中国称呼
キロメートル	km	公 里 gong li
メートル	m	公 尺 gong chi
センチメートル	cm	公 分 gong fen
ミリメートル	mm	公 厘 gong li
マイル	M	英 里 ying li
フート	ft	英 尺 ying chi
ヘクタール	ha	公 顷 gong qing
アール	a	公 亩 gong mu
リットル	l	公 升 gong sheng
ガロン	gal	加 仑 jia lun
ポンド	lb	磅 bang
トン	t	吨 dun
キログラム	kg	公 斤 gong jin
グラム	g	克 ke

汉字音训读法部首索引

鼠 ·· 722

十四画

鼻 ·· 722

一画

、部

[丸] まる・まるい・まる
　める
丸太 まるた
丸木 まるき
丸呑 まるのみ
丸焼 まるやけ
丸薬 がんやく
[丹]
丹色 にいろ
丹念 たんねん
丹頂 たんちょう
丹塗り にねり
[主] しゅ・おも・おもな
　・おもに・あるじ・ぬし
主力 しゅりょく
主人 しゅじん
主人公 しゅじんこう
主任 しゅにん
主旨 しゅし
主体 しゅたい
主役 しゅやく
主客顛倒 しゅかくてんとう
主要 しゅよう
主食 しゅしょく
主流 しゅりゅう
主席 しゅせき
主格 しゅかく
主張 しゅちょう
主婦 しゅふ
主催 しゅさい
主義 しゅぎ
主演 しゅえん

主語 しゅご
主賓 しゅひん
主導権 しゅどうけん
主権 しゅけん
主観 しゅかん
主観的 しゅかんてき
主題 しゅだい
[丼] どんぶり

一部

[一] いち・いつ・ひとつ
一一 いちいち
一丁 いっちょう
一人 ひとり
一人称 いちにんしょう
一人ぼっち ひとりぼっち
一人前 いちにんまえ
一寸 いっすん・ちょっと
一口 ひとくち
一匹 いっぴき
一分 いちぶ
一元 いちげん
一元論 いちげんろん
一切 いっさい
一心 いっしん
一文 いちもん・いちぶん
一夫多妻 いっぷたさい
一日 いちにち・ついたち
一日千秋 いちにちせんしゅう
一月 いちがつ
一方 いっぽう
一方的 いっぽうてき
一方通行 いっぽうつうこう
一毛作 いちもうさく
一片 いっぺん
一世 いっせい
一代 いちだい
一本 いっぽん
一本気 いっぽんぎ
一本槍 いっぽんやり
一礼 いちれい
一旦 いったん

一目 いちもく	一歩 いっぽ
一目散 いちもくさん	一枚 いちまい
一生 いっしょう	一杯 いっぱい
一生涯 いっしょうがい	一知半解 いっちはんかい
一生懸命 いっしょうけん	一派 いっぱ
めい	一度 いちど
一石二鳥 いっせきにちょう	一括 いっかつ
一年 いちねん	一点 いってん
一休 ひとやすみ	一点張り いってんばり
一件 いっけん	一昨日 いっさくじつ・お
一先 ひとまず	とという
一次 いちじ	一昨年 いっさくねん・お
一回 いっかい・ひとまわり	ととし
一対 いっつい	一変 いっぺん
一式 いっしき	一段と いちだんと
一同 いちどう	一段落 いちだんらく
一向 いっこう	一発 いっぱつ
一行 いっこう	一面 いちめん
一系 いっし	一面識 いちめんしき
一衣帯水 いちいたいすい	一個 いっこ
一気に いっきに	一流 いちりゅう
一位 いちい	一家 いっか
一体 いったい	一途 いっと
一体全体 いったいぜんたい	一通 ひととおり
一応 いちおう	一席 いっせき
一芸 いちげい	一院制 いちいんせい
一役 ひとやく	一座 いちざ
一身 いっしん	一員 いちいん
一角 いっかく	一致 いっち
一見 いっけん	一般 いっぱん
一言 ひとこと	一息 ひといき
一言居士 いちげんこじ	一挙に いっきょに
一事 いちじ	一挙一動 いっきょいちどう
一刻 いっこく	一挙両得 いっきょりょう
一例 いちれい	とく
一定 いってい	一挙手一投足 いっきょしゅ
一味 いちみ	いっとうそく
一周 いっしゅう	一時 いちじ・いっとき
一妻多夫 いっさいたふ	一眠 ひとねむり
一往 いちおう	一笑 いっしょう
一夜 いちや	一級 いっきゅう
一服 いっぷく	一軒 いっけん

一敗　いっぱい
一進一退　いっしんいったい
一週　いっしゅう
一部　いちぶ
一部分　いちぶぶん
一堂　いちどう
一族　いちぞく
一葉　いちよう
一遍　いっぺん
一揆　いっき
一階　いっかい
一喝　いっかつ
一朝一夕　いっちょういっ
　せき
一番　いちばん
一喜一憂　いっきいちゆう
一着　いっちゃく
一筆　いっぴつ
一等　いっとう
一貫　いっかん
一蓮托生　いちれんたくしょう
一新　いっしん
一睡　いっすい
一触即発　いっしょくそく
　はつ
一路　いちろ
一層　いっそう
一際　ひときわ
一概に　いちがいに
一端　いったん
一種　いっしゅ
一緒　いっしょ
一酸化炭素　いっさんかたん
　そ
一斉　いっせい
一線　いっせん
一輪　いちりん
一頭　いっとう
一瞥　いちべつ
一覧　いちらん
一瞬　いっしゅん
一難　いちなん

一躍　いちやく
[丁]
丁目　ちょうめ
丁度　ちょうど
丁重　ていちょう
丁寧　ていねい
[七]　しち・なな・ななつ
七夕　たなばた
七日　なぬか・なのか
七月　しちがつ
七転八起　ななころびやお
　き
[与]　あずかる・あたえる
与党　よとう
[万]　まん
万一　まんいち
万力　まんりき
万年筆　まんねんひつ
万事　ばんじ
万国　ばんこく
万能　ばんのう
万歳　ばんざい
万難　ばんなん
[三]　さん・みっつ
三人　さんにん
三人称　さんにんしょう
三三五五　さんさんごご
三三九度　さんさんくど
三日　みっか
三月　さんがつ
三次　さんじ
三角　さんかく・みつかど
三角形　さんかくけい・さんかっ
　けい
三角関数　さんかくかんすう
三角洲　さんかくす
三味線　しゃみせん
三和土　たたき
三昧　さんまい
三面記事　さんめんきじ
三段跳　さんだんとび
三原色　さんげんしょく

三流　さんりゅう
三彩　さんさい
三部　さんぶ
三脚　さんきゃく
三塁　さんるい
[下]　おりる・おろし・お
　ろす・くださる・くださ
　い・くだす・くだり・く
　だる・くだらない・さが
　る・さげる・した・しも
　・もと
下一段活用　しもいちだん
　かつよう
下女　げじょ
下手　したて・へた・しも
　て
下心　したごころ
下水　げすい
下打合　したうちあわせ
下地　したじ
下旬　げじゅん
下坂　くだりざか
下町　したまち
下車　げしゃ
下見　したみ
下品　げひん
下剤　げざい
下流　かりゅう
下院　かいん
下書　したがき
下級　かきゅう
下馬　げば
下宿　げしゅく
下部　かぶ
下着　したぎ
下痢　げり
下等　かとう
下働　したばたらき
下層　かそう
下駄　げた
下調　したしらべ
下請　したうけ

[丈]　たけ
丈夫　じょうぶ
[上]　じょう・あがり・あ
　がる・あがったり・あげ
　・あげる・うえ・かみ・
　のぼり・のぼる
上下　じょうげ・あげさげ
上戸　じょうご
上水道　じょうすいどう
上手　じょうず・うわて
上方　かみがた
上半身　じょうはんしん
上辺　うわべ
上目遣い　うわめづかい
上気道　じょうきどう
上旬　じょうじゅん
上向　うわむき
上司　じょうし
上回　うわまわる
上位　じょうい
上役　うわやく
上坂　のぼりざか
上京　じょうきょう
上昇　じょうしょう
上空　じょうくう・うわの
　そら
上品　じょうひん
上映　じょうえい
上流　じょうりゅう
上書　うわがき
上級　じょうきゅう
上陸　じょうりく
上達　じょうたつ
上等　じょうとう
上着　うわぎ
上塗　うわぬり
上演　じょうえん
上潮　あげしお
上膳据膳　あげぜんすえぜん
上機嫌　じょうきげん
[不]　ふ・ぶ
不十分　ふじゅうぶん

不公平	ふこうへい	不動	ふどう
不可欠	ふかけつ	不都合	ふつごう
不可能	ふかのう	不得手	ふえて
不用	ふよう	不断	ふだん
不平	ふへい	不経済	ふけいざい
不平等	ふびょうどう	不規則	ふきそく
不正	ふせい	不釣合	ふつりあい
不本意	ふほんい	不満	ふまん
不充分	ふじゅうぶん	不遇	ふぐう
不安	ふあん	不愉快	ふゆかい
不安定	ふあんてい	不景気	ふけいき
不吉	ふきつ	不統一	ふとういつ
不合格	ふごうかく	不評	ふひょう
不合理	ふごうり	不意	ふい
不気味	ぶきみ	不精	ぶしょう
不当	ふとう	不審	ふしん
不自由	ふじゆう	不潔	ふけつ
不自然	ふしぜん	不調	ふちょう
不快	ふかい	不器用	ぶきよう
不完全	ふかんぜん	不器量	ぶきりょう
不作	ふさく	不機嫌	ふきげん
不孝	ふこう	不親切	ふしんせつ
不足	ふそく	不躾	ぶしつけ
不利	ふり	[且]	かつ
不良	ふりょう	[世]	よ
不均衡	ふきんこう	世上	せじょう
不況	ふきょう	世才	せさい
不治	ふち・ふじ	世中	よのなか
不定称	ふていしょう	世代	せだい
不注意	ふちゅうい	世俗	せぞく
不始末	ふしまつ	世相	せそう
不幸	ふこう・ふしあわせ	世界	せかい
不明	ふめい	世紀	せいき
不便	ふべん	世帯	せたい
不信	ふしん	世知辛	せちがらい
不要	ふよう	世間	せけん
不思議	ふしぎ	お世話	おせわ
不相応	ふそうおう	世話	せわ
不倫	ふりん	お世辞	おせじ
不通	ふつう	世態	せたい
不眠症	ふみんしょう	世論	せろん
不偏不党	ふへんふとう	世襲	せしゅう

[丘] おか
丘陵 きゅうりょう
[両] りょう
両方 りょうほう
両手 りょうて
両立 りょうりつ
両全 りょうぜん
両足 りょうあし
両所 りょうしょ
両者 りょうしゃ
両面 りょうめん
両院 りょういん
両側 りょうがわ
両棲類 りょうせいるい
両替 りょうがえ
両腕 りょううで
両極 りょうきょく
両端 りょうたん
両親 りょうしん
[並] なみ・ならびに・な
らぶ・ならべる・へい
並大抵 なみたいてい
並木 なみき
並外 なみはずれる
並列 へいれつ
並行 へいこう
並製 なみせい

乙・乚部

[九] きゅう・く・ここの
つ
九牛一毛 きゅうぎゅうの
いちもう
九分 くぶ
九月 くがつ
九日 ここのか
九仞 きゅうじん
九死 きゅうし
[乞]
乞食 こじき
[乱] らん・みだす・みだれる
乱用 らんよう

乱立 らんりつ
乱伐 らんばつ
乱婚 らんこん
乱視 らんし
乱酔 らんすい
乱筆 らんぴつ
乱読 らんどく
乱雑 らんざつ
乱暴 らんぼう
[乳] ちち・にゅう
乳牛 にゅうぎゅう
乳母車 うばぐるま
乳房 ちぶさ
乳飲料 にゅういんりょう
乳製品 にゅうせいひん
[乾] かん・かわかす・かわき・
かわく
乾杯 かんぱい
乾季 かんき
乾湿 かんしつ
乾電池 かんでんち
乾燥 かんそう

丨部

[中] ちゅう・うち・なか
お中 おなか
中小企業 ちゅうしょうき
ぎょう
中中 なかなか
中心 ちゅうしん
中止 ちゅうし
中世 ちゅうせい
中古 ちゅうこ・ちゅうぶ
る
中央 ちゅうおう
中立 ちゅうりつ
中年 ちゅうねん
中旬 ちゅうじゅん
中位 ちゅうぐらい
中近東 ちゅうきんとう
中身 なかみ
中波 ちゅうは

中性　ちゅうせい
中国語　ちゅうごくご
中学　ちゅうがく
中学生　ちゅうがくせい
中学校　ちゅうがっこう
中枢　ちゅうすう
中欧　ちゅうおう
中和　ちゅうわ
中毒　ちゅうどく
中東　ちゅうとう
中指　なかゆび
中秋　ちゅうしゅう
中途　ちゅうと
中途半端　ちゅうとはんぱ
中流　ちゅうりゅう
中級　ちゅうきゅう
中庸　ちゅうよう
中部　ちゅうぶ
中華料理　ちゅうかりょう
　り
中断　ちゅうだん
中頃　なかごろ
中道政治　ちゅうどうせい
　じ
中堅　ちゅうけん
中間　ちゅうかん
中間試験　ちゅうかんしけん
中等　ちゅうとう
中絶　ちゅうぜつ
中距離　ちゅうきょり
中傷　ちゅうしょう
中継　ちゅうけい
中編　ちゅうへん
中篇　ちゅうへん
[年]　ねん・とし
年上　としうえ
年下　としした
年中　ねんじゅう
年中行事　ねんじゅうぎょう
　じ
年内　ねんない
年月　ねんげつ・としつき

年月日　ねんがっぴ
お年玉　おとしだま
年功　ねんこう・としのこう
年代　ねんだい
年号　ねんごう
年末　ねんまつ
年甲斐　としがい
年年　ねんねん
年がら年中　ねんがらねんじゅう
年忘　としわすれ
年男　としおとこ
年始　ねんし
年表　ねんぴょう
年金　ねんきん
年度　ねんど
年俸　ねんぼう
年配　ねんぱい
年寄　としより
年産　ねんさん
年頃　としごろ
年越　としこし
年賀　ねんが
年間　ねんかん
年輩　ねんぱい
年輪　ねんりん
年齢　ねんれい
年譜　ねんぷ
年鑑　ねんかん
[串]　くし

亅部

[了]　りょう
了見　りょうけん
了承　りょうしょう
了解　りょうかい
了簡　りょうけん
[予]　よ・かねて
予行　よこう
予防　よぼう
予告　よこく
予見　よけん
予言　よげん

予定 よてい
予知 よち
予科 よか
予約 よやく
予習 よしゅう
予備 よび
予測 よそく
予期 よき
予報 よほう
予感 よかん
予想 よそう
予想外 よそうがい
予算 よさん
予審 よしん
予選 よせん
[争] そう・あらそい・あらそう
争点 そうてん
争奪 そうだつ
争論 そうろん
争議 そうぎ
[事] じ・こと
事欠 ことかく
事件 じけん
事実 じじつ
事物 じぶつ
事前 じぜん
事変 じへん
事柄 ことがら
事故 じこ
事務 じむ
事務的 じむてき
事情 じじょう
事無 ことなく
事項 じこう
事業 じぎょう
事態 じたい

ノ部

[乃]
乃至 ないし
[久]
久振 ひさしぶり

[乏] とぼしい
[乗] のせる・じょう・じょうじ
　る・のり・のる
乗切 のりきる
乗心地 のりごこち
乗出 のりだす
乗用車 じょうようしゃ
乗込 のりこむ
乗車 じょうしゃ
乗取 のっとる
乗物 のりもの
乗客 じょうきゃく
乗降 じょうこう
乗務 じょうむ
乗組 のりくむ
乗組員 のりくみいん
乗換 のりかえる
乗越 のりこえる・のりこす

二画

一部

[亡] ぼう・なくす・ほろびる・
　ほろぼす
亡命 ぼうめい
[玄] げん
玄人 くろうと
玄関 げんかん
[交] こう・かわす・まざる・ま
　じる・まじわる・まぜる
　・まじえる
交友 こうゆう
交付 こうふ
交代 こうたい
交流 こうりゅう
交通 こうつう
交差 こうさ
交渉 こうしょう
交換 こうかん
交替 こうたい
交番 こうばん
交際 こうさい

交歓　こうかん
交錯　こうさく
交響　こうきょう
[享]　きょう
享年　きょうねん
享受　きょうじゅ
享楽　きょうらく
[亭]　てい
亭主　ていしゅ
[高]　こう・たか・たかい・たか
　　さ・たかぶる・たかまる
　　・たかめる・たからか
高山　こうざん
高圧　こうあつ
高台　たかだい
高名　こうめい
高年　こうねん
高気圧　こうきあつ
高血圧　こうけつあつ
高低　こうてい
高価　こうか
高周波　こうしゅうは
高枕　たかまくら
高度　こうど
高架　こうか
高飛　たかとび
高飛車　たかびしゃ
高高　たかだか
高値　たかね
高原　こうげん
高速　こうそく
高速道路　こうそくどうろ
高校　こうこう
高級　こうきゅう
高温　こうおん
高等　こうとう
高裁　こうさい
高跳　たかとび
高鳴　たかなる
高層　こうそう
高障害競争　こうしょうがい
　　きょうそう

高齢　こうれい
高騰　こうとう
[率]　そつ・りつ・ひきいる
率先　そっせん
率直　そっちょく

ン部

[冬]　とう・ふゆ
冬瓜　とうがん
冬至　とうじ
冬休　ふゆやすみ
冬季　とうき
冬場　ふゆば
冬期　とうき
冬籠　ふゆごもり
[冴]　さえる
冴返　さえかえる
[冷]　れい・さめる・さます・つ
　　めたい・ひえる・ひやかす・ひ
　　やす
冷込　ひえこむ
冷汗　ひやあせ
冷血　れいけつ
冷却　れいきゃく
冷房　れいぼう
冷凍　れいとう
冷凍庫　れいとうこ
冷淡　れいたん
冷遇　れいぐう
冷暖房　れいだんぼう
冷戦　れいせん
冷酷　れいこく
冷静　れいせい
冷蔵庫　れいぞうこ
[冶]
冶金　やきん
[況]
況して　まして
[凄]　すごい・すごむ・す
　　さまじい
凄味　すごみ
[凌]　しのぐ

[凍] とう・こおる・こごえる

凍付 こおりつく

凍結 とうけつ

[凋] ちょう・しぼむ

凋落 ちょうらく

[凛と] りんと

[凝] ぎょう・こる・こらす・こごる

凝結 ぎょうけつ

一部

[冗]

冗談 じょうだん

[写] しゃ・うつし・うつす・うつる

写生 しゃせい

写実 しゃじつ

写実主義 しゃじつしゅぎ

写真 しゃしん

[冠] かん・かんむり・かんむる

冠婚葬祭 かんこんそうさい

[冥] めい

冥王星 めいおうせい

冥福 めいふく

二部

[二] に・ふたつ

二十 はたち

二十世紀 にじっせいき

二十四気 にじゅうしき

二十四時間 にじゅうよじかん

二人 ふたり

二人称 ににんしょう

二元 にげん

二毛作 にもうさく

二日 ふつか

二月 にがつ

二世 にせい

二号 にごう

二次会 にじかい

二枚目 にまいめ

二枚舌 にまいじた

二度と にどと

二律背反 にりつはいはん

二重 ふたえ

二重奏 にじゅうそう

二重唱 にじゅうしょう

二階 にかい

二塁 にるい

二期作 にきさく

二眼 にがん

二硫化炭素 にりゅうかたんそ

二極真空管 にきょくしんくうかん

二酸化炭素 にさんかたんそ

二輪車 にりんしゃ

[五] ご・いつつ

五十 ごじゅう

五十歩百歩 ごじっぽひゃっぽ

五十音図 ごじゅうおんず

五分五分 ごぶごぶ

五月 ごがつ・さつき

五月雨 さみだれ

五月晴 さつきばれ

五月蠅 うるさい

五里霧中 ごりむちゅう

五官 ごかん

五段活用 ごだんかつよう

五感 ごかん

五種競技 ごしゅきょうぎ

五線 ごせん

[井]

井戸 いど

[云]

云云 うんぬん

[互] たがい・たがいに

互恵 ごけい

互違 たがいちがい

お互様 おたがいさま

[些] さ

些少 さしょう
些細 ささい
[亜] あ
亜流 ありゅう
亜麻 あま
亜寒帯 あかんたい
亜硫酸ガス ありゅうさん
　ガス
亜鉛 あえん
亜熱帯 あねったい

十部

[十] じゅう・とお
十一月 じゅういちがつ
十人十色 じゅうにんと
　いろ
十人並 じゅうにんなみ
十二月 じゅうにがつ
十二指腸潰瘍 じゅうにし
　ちょうかいよう
十分 じゅうぶん
十日 とおか
十月 じゅうがつ
十六ミリ じゅうろくミリ
十字架 じゅうじか
十字路 じゅうじろ
十種競技 じっしゅきょう
　ぎ
[千] せん
千万 せんばん
千切 ちぎる
千言万語 せんげんばんご
千辛万苦 せんしんばんく
千客万来 せんきゃくばん
　らい
千軍万馬 せんぐんばんば
千姿万態 せんしばんたい
千変万化 せんぺんばんか
千思万考 せんしばんこう
千秋楽 せんしゅうらく
千差万別 せんさばんべつ
千紫万紅 せんしばんこう

千載一遇 せんざいいちぐう
千編一律 せんぺんいちりつ
千慮の一失 せんりょのい
　っしつ
[午] ご
午前 ごぜん
午後 ごご
[半] はん・なかば
半分 はんぶん
半日 はんにち
半母音 はんぼいん
半身 はんしん
半径 はんけい
半島 はんとう
半袖 はんそで
半期 はんき
半数 はんすう
半旗 はんき
半濁音 はんだくおん
半額 はんがく
半纏 はんてん
[卒] そつ
卒中 そっちゅう
卒倒 そっとう
卒業 そつぎょう
[協] きょう
協力 きょうりょく
協会 きょうかい
協同 きょうどう
協定 きょうてい
協約 きょうやく
協調 きょうちょう
協議 きょうぎ
[卓] たく
卓上 たくじょう
卓球 たっきゅう
[卑] ひ・いやしい
卑劣 ひれつ
卑怯 ひきょう
卑屈 ひくつ
[南] なん・みなみ
南北対話 なんぼくたいわ

南米　なんべい
南京虫　なんきんむし
南南対話　なんなんたいわ
南洋　なんよう
南無阿弥陀仏　なむあみだぶつ
南極　なんきょく
南蛮　なんばん
[博]　はく
博士　はくし・はかせ
博打　ばくち
博物館　はくぶつかん
博奕　ばくち
博覧会　はくらんかい

匚部

[区]　く
区切　くぎり・くぎる
区別　くべつ
区画　くかく
区域　くいき
区間　くかん
[匹]
匹敵　ひってき
[巨]　きょ
巨人　きょじん
巨大　きょだい
巨頭　きょとう
[医]　い
医者　いしゃ
医学　いがく
医師　いし
医院　いいん
医術　いじゅつ
医薬　いやく
医療　いりょう
[匿]
匿名　とくめい

厂部

[厄]
厄介　やっかい

厄年　やくどし
[厚]　こう・あつみ・あつい・あつかましい
厚化粧　あつげしょう
厚生　こうせい
厚地　あつじ
厚着　あつぎ
厚遇　こうぐう
厚意　こうい
[原]　げん・はら
原子　げんし
原子核　げんしかく
原子爆弾　げんしばくだん
原因　げんいん
原色　げんしょく
原状　げんじょう
原作　げんさく
原告　げんこく
原価　げんか
原油　げんゆ
原始　げんし
原物　げんぶつ
原型　げんけい
原点　げんてん
原泉　げんせん
原則　げんそく
原案　げんあん
原書　げんしょ
原料　げんりょう
原著　げんちょ
原理　げんり
原動　げんどう
原産　げんさん
原稿　げんこう
原爆　げんばく
原籍　げんせき
[雁]　がん・かり
[厭]　いとう・いとわしい・いや
厭世　えんせい
[歴]　れき
歴史　れきし

歴史的　れきしてき
歴年　れきねん
［暦］　こよみ

又部

［又］　また
［又］　また
［双］　そう
双子　ふたご
双方　そうほう
双曲線　そうきょくせん
双書　そうしょ
双眼鏡　そうがんきょう
［収］　しゅう・おさまる・おさめ
　る
収入　しゅうにゅう
収入印紙　しゅうにゅういんし
収支　しゅうし
収拾　しゅうしゅう
収容　しゅうよう
収納　しゅうのう
収集　しゅうしゅう
収賄　しゅうわい
収穫　しゅうかく
［支］　し・ささえ・ささえる・
　つかえる
支払　しはらう
支出　ししゅつ
支店　してん
支度　したく
支持　しじ
支流　しりゅう
支配人　しはいにん
支援　しえん
支給　しきゅう
支障　ししょう
支線　しせん
支離滅裂　しりめつれつ
［友］　ゆう・とも
友人　ゆうじん
友好　ゆうこう
友情　ゆうじょう

友達　ともだち
友誼　ゆうぎ
［及］　および・およぶ・お
　よぼす
及ばずながら　およばずな
　がら
及第　きゅうだい
［反］　はん・はんする・そる・そ
　らす・たん
反対　はんたい
反応　はんのう
反返　そりかえる
反抗　はんこう
反物　たんもの
反映　はんえい
反発　はんぱつ
反面　はんめん
反省　はんせい
反芻　はんすう
反射　はんしゃ
反動　はんどう
反撥　はんぱつ
反感　はんかん
反戦　はんせん
反語　はんご
反歌　はんか
反論　はんろん
反撃　はんげき
反響　はんきょう
［取］　とり・しゅ・とる・とれる
取入　とりいれる
取上　とりあげる
取下　とりさげる
取手　とって
取引　とりひき
取立　とりたてる
取付　とりつける
取込　とりこみ・とりこむ
取出　とりだす
取扱　とりあつかう
取沙汰　とりざた
取返がつかない　とりかえしがつ

かない

取材	しゅざい
取巻	とりまく
取戻	とりもどす
取直	とりなおす
取柄	とりえ
取急	とりいそぎ
取消	とりけす
取除	とりのぞく
取寄	とりよせる
取得	しゅとく
取敢	とりあえず
取締	とりしまる

[叔]

叔父	おじ
叔母	おば

[受] じゅ・うけ・うける・うかる

受入	うけいれる
受手	うけて
受付	うけつけ・うけつける
受合	うけあう
受身	うけみ
受取	うけとり・うけとる
受信	じゅしん
受持	うけもち・うけもつ
受容	じゅよう
受動	じゅどう
受渡	うけわたし
受継	うけつぐ
受話器	じゅわき
受像	じゅぞう
受賞	じゅしょう
受験	じゅけん

[叙] じょ

叙述	じょじゅつ
叙情	じょじょう

[叢]

叢書	そうしょ

卩・卩部

[印] いん・しるし・しるす

印肉	いんにく
印刷	いんさつ
印紙	いんし
印象	いんしょう
印象主義	いんしょうしゅぎ
印鑑	いんかん

[危] き・あぶなく・あぶない・あやうく

危地	きち
危急	ききゅう
危害	きがい
危険	きけん
危機	きき
危機一髪	ききいっぱつ
危篤	きとく

[即] そく・そくする・すなわち

即日	そくじつ
即死	そくし
即決	そっけつ
即応	そくおう
即刻	そっこく
即席	そくせき
即座	そくざ
即時	そくじ
即断	そくだん

[卵] らん・たまご

卵子	らんし
卵白	らんぱく
卵巣	らんそう
卵黄	らんおう
卵管	らんかん

[巻] かん・まき・まく

巻尺	まきじゃく
巻込	まきこむ
巻添	まきぞえ

[卸] おろし・おろす

刀部

[刀] かたな

[刃] は

刃物	はもの

[分] ぶん・わけ・わける・わか

り・わかる・わかれる
分子　ぶんし
分布　ぶんぷ
分母　ぶんぼ
分目　わけめ・わかれめ
分別　ふんべつ
分泌　ぶんぴつ
分担　ぶんたん
分析　ぶんせき
分前　わけまえ
分厚　ぶあつい
分校　ぶんこう
分野　ぶんや
分量　ぶんりょう
分裂　ぶんれつ
分数　ぶんすう
分解　ぶんかい
分類　ぶんるい
分離　ぶんり
[切]　せつ・せつない・せつに・
　せつなる・きり・きる・きれ・
　きれる
切上　きりあげる
切口上　きりこうじょう
切手　きって
切目　きれめ
切先　きっさき
切羽詰　せっぱつまる
切迫　せっぱく
切抜　きりぬける
切実　せつじつ
切放　きりはなす
切望　せつぼう
切断　せつだん
切符　きっぷ
切開　きりひらく
切歯扼腕　せっしやくわん
切替　きりかえる
切腹　せっぷく
切詰　きりつめる
切磋琢磨　せっさたくま
切離　きりはなす

[券]　けん
券売機　けんばいき

力 部

[力]　りきむ・ちから
力付　ちからづける
力学　りきがく
力持　ちからもち
力点　りきてん
力添　ちからぞえ
力強　ちからづよい
[加]　か・くわえる・くわわる
加入　かにゅう
加工　かこう
加速　かそく
加害者　かがいしゃ
加減　かげん
加盟　かめい
加熱　かねつ
[功]　こう
功名　こうみょう
功労　こうろう
功績　こうせき
[劣]　れつ・おとる
劣等　れっとう
[努]　つとめて・つとめる
努力　どりょく
[助]　じょ・たすける・たすかる
助手　じょしゅ
助言　じょげん
助教授　じょきょうじゅ
助産婦　じょさんぷ
助動詞　じょどうし
助詞　じょし
助数詞　じょすうし
[励]　れい・はげます・はげむ
励行　れいこう
[効]　こう
効力　こうりょく
効用　こうよう
効果　こうか
効能　こうのう

効率　こうりつ
［勃］
勃発　ぼっぱつ
［勅］　ちょく
［勇］　ゆう・いさましい・いさむ
勇気　ゆうき
勇敢　ゆうかん
［勉］　つとめて
勉強　べんきょう
［務］　つとめ・つとめる・
　つとまる
［勘］　かん
勘弁　かんべん
勘定　かんじょう
勘定高い　かんじょうだかい
勘案　かんあん
勘違　かんちがい
勘繰　かんぐる
［動］　どう・うごかす・うごき・
　うごく
動力　どうりょく
動作　どうさ
動的　どうてき
動物　どうぶつ
動員　どういん
動脈　どうみゃく
動悸　どうき
動転　どうてん
動詞　どうし
動揺　どうよう
動機　どうき
［募］　ぼ・つのる
募金　ぼきん
募集　ぼしゅう
［勤］　きん・つとめ・つとめる・
　つとまる
勤先　つとめさき
勤労　きんろう
勤勉　きんべん
勤務　きんむ
［勢］　せい・いきおい
勢力　せいりょく

勢揃　せいぞろい
［勧］　かん・すすめる
勧告　かんこく
勧善懲悪　かんぜんちょう
　あく
勧誘　かんゆう
［勲］
勲章　くんしょう

ト部

［占］　せん・うらない・うらなう
　・しめる
占有　せんゆう
占拠　せんきょ
占星術　せんせいじゅつ
占領　せんりょう

冂部

［円］　えん・まるい
円安　えんやす
円卓　えんたく
円価　えんか
円周　えんしゅう
円弧　えんこ
円柱　えんちゅう
円為替　えんかわせ
円高　えんだか
円転滑脱　えんてんかつだ
　つ
円満　えんまん
円滑　えんかつ
円熟　えんじゅく
円舞　えんぶ
円盤　えんばん
円錐　えんすい
［再］　さい・ふたたび
再三　さいさん
再生　さいせい
再建　さいけん
再版　さいはん
再発　さいはつ
再発現　さいはっけん

再起　さいき
再婚　さいこん
再検討　さいけんとう
再開　さいかい
再開発　さいかいはつ
再製　さいせい
再認識　さいにんしき

刂部

[刈]　かり・かる
刈入　かりいれ
刈込　かりこむ
[刊]　かん
刊行　かんこう
[刑]　けい
刑事　けいじ
刑法　けいほう
刑罰　けいばつ
[列]　れつ・つらなる・つ
　らねる
列車　れっしゃ
列席　れっせき
列強　れっきょう
列島　れっとう
[判]　はん
判子　はんこ
判決　はんけつ
判事　はんじ
判定　はんてい
判型　はんけい
判断　はんだん
[利]　り・きく・きかせる
利子　りし
利口　りこう
利他　りた
利用　りよう
利目　ききめ
利巧　りこう
利害　りがい
利息　りそく
利益　りえき
利率　りりつ

利欲　りよく
利潤　りじゅん
[別]　べつ・わかれ・わか
　れる・わかつ・べつに
別名　べつめい
別別　べつべつ
別居　べっきょ
別荘　べっそう
別道　わかれみち
[刺]　し・ささる・さす・とげ
刺身　さしみ
刺戟　しげき
刺繍　ししゅう
刺激　しげき
[到]　とう
到底　とうてい
到着　とうちゃく
到達　とうたつ
[刻]　きざみ・きざむ
刻付　きざみつける
[刷]　すり・する
刷毛　はけ
刷込　すりこむ
[制]　せい・せいする
制止　せいし
制圧　せいあつ
制作　せいさく
制定　せいてい
制服　せいふく
制空権　せいくうけん
制度　せいど
制限　せいげん
制約　せいやく
制海権　せいかいけん
制御　せいぎょ
制動　せいどう
制裁　せいさい
制覇　せいは
[則]　すなわち
[削]　さく・けずる
削除　さくじょ
削減　さくげん

[剃] そる
剃刀 かみそり
[前] ぜん・まえ・まえもって
お前 おまえ
前人 ぜんじん
前文 ぜんぶん
前方 ぜんぽう
前日 ぜんじつ
前月 ぜんげつ
前代未聞 ぜんだいみもん
前史 ぜんし
前立線 ぜんりつせん
前払 まえばらい
前半 ぜんはん
前世紀 ぜんせいき
前任 ぜんにん
前列 ぜんれつ
前向 まえむき
前回 ぜんかい
前号 ぜんごう
前兆 ぜんちょう
前年 ぜんねん
前言 ぜんげん
前車の轍 ぜんしゃのてつ
前足 まえあし
前夜 ぜんや
前者 ぜんしゃ
前述 ぜんじゅつ
前面 ぜんめん
前後 ぜんご
前途 ぜんと
前書 まえがき
前納 ぜんのう
前記 ぜんき
前掛 まえかけ
前進 ぜんしん
前菜 ぜんさい
前略 ぜんりゃく
前提 ぜんてい
前掲 ぜんけい
前期 ぜんき
前歯 まえば

前置 まえおき
前置詞 ぜんちし
前触 まえぶれ
前編 ぜんぺん
前線 ぜんせん
前衛 ぜんえい
[剣] けん
剣道 けんどう
[剛] ごう
剛健 ごうけん
[剰] じょう
剰余 じょうよ
[剥] はぐ・はがす・はが
　れる・はげる・むく
[副] ふく
副木 そえぎ
副作用 ふくさよう
副助詞 ふくじょし
副食 ふくしょく
副詞 ふくし
副審 ふくしん
副賞 ふくしょう
副題 ふくだい
[割] かつ・さく・わり・わりに
　・わる・われる・わりきる・わ
　りきれる
割引 わりびき・わりびく
割付 わっぷ
割込 わりこみ・わりこむ
割目 われめ
割安 わりやす
割合 わりあい
割当 わりあて・わりあて
　る
割拠 かっきょ
割物 われもの
割高 わりだか
割烹 かっぽう
割勘 わりかん
割愛 かつあい
割腹 かっぷく
割算 わりざん

割箸　わりばし
割賦　わっぷ
[創]　そう
創刊　そうかん
創世記　そうせいき
創立　そうりつ
創作　そうさく
創見　そうけん
創始者　そうししゃ
創建　そうけん
創造　そうぞう
創案　そうあん
創設　そうせつ
創意　そうい
創業　そうぎょう
[劇]　げき
劇作　げきさく
劇的　げきてき
劇画　げきが
劇場　げきじょう
劇薬　げきやく
劇職　げきしょく

匕部

[匕]
匕首　あいくち
[化]
化石　かせき
化合　かごう
化学　かがく
化物　ばけもの
化粧　けしょう
[北]　ほく・きた
北半七星　ほくとしちせい
北半球　きたはんきゅう
北回帰線　きたかいきせん
北陸　ほくりく
北風　きたかぜ
北極　ほっきょく
北緯　ほくい
[匙]　さじ

凵部

[凶]　きょう
凶年　きょうねん
凶器　きょうき
[凸]　とつ
凸レンズ　とつレンズ
凸版印刷　とっぱんいんさつ
凸面鏡　とつめんきょう
[凹]　くぼむ・へこむ・おう
凹凸　おうとつ
凹地　くぼち
凹版　おうはん
[出]　しゅつ・で・でる・でしゃ
　ばる・だす
出入　でいり・しゅつにゅう
出入口　でいりぐち
出力　しゅつりょく
出口　でぐち
出土　しゅつど
出火　しゅっか
出世　しゅっせ
出札　しゅっさつ
出生　しゅっせい・しゅっ
　しょう
出向　でむく
出回　でまわる
出合　であう
出会　であい・であう
出血　しゅっけつ
出迎　でむかえ
出抜　だしぬけ・だしぬく
出身　しゅっしん
出足　であし
出来　でき・できる
出来上　できあがる
出来事　できごと
出国　しゅっこく
出物　だしもの
出直　でなおす
出品　しゅっぴん
出版　しゅっぱん

出発	しゅっぱつ	公用	こうよう
出席	しゅっせき	公布	こうふ
出家	しゅっけ	公正	こうせい
出荷	しゅっか	公立	こうりつ
出納	すいとう	公平	こうへい
出掛	でかける	公民	こうみん
出張	しゅっちょう	公休	こうきゅう
出産	しゅっさん	公共	こうきょう
出場	しゅつじょう	公団	こうだん
出勤	しゅっきん	公式	こうしき
出演	しゅつえん	公有	こうゆう
出鱈目	でたらめ	公判	こうはん
[函]	かん	公私	こうし
函数	かんすう	公使	こうし
[画]	が	公定	こうてい
画仙紙	がせんし	公社	こうしゃ
画用紙	がようし	公表	こうひょう
画架	がか	公約	こうやく
画面	がめん	公約数	こうやくすう
画家	がか	公害	こうがい
画報	がほう	公海	こうかい
画期的	かっきてき	公孫樹	いちょう
画竜点晴	がりょうてんせい	公務	こうむ
画像	がぞう	公転	こうてん
画餅	がべい	公営	こうえい

八部

		公報	こうほう
		公然	こうぜん
[八]	はち・やっつ	公費	こうひ
お八	おやつ	公証	こうしょう
八日	ようか	公衆	こうしゅう
八月	はちがつ	公開	こうかい
八方美人	はっぽうびじん	公債	こうさい
八百屋	やおや	公園	こうえん
八当	やつあたり	公演	こうえん
[六]	ろく・むっつ	公認	こうにん
六三制	ろくさんせい	公論	こうろん
六分儀	ろくぶんぎ	[共]	きょう・ども・とも・とも
六月	ろくがつ		に
六日	むいか	共犯	きょうはん
六角	ろっかく	共用	きょうよう
六面体	ろくめんたい	共共	ともども
[公]	こう・おおやけ	共存	きょうそん

共有　きょうゆう
共同　きょうどう
共学　きょうがく
共和　きょうわ
共通　きょうつう
共産　きょうさん
共感　きょうかん
共謀　きょうぼう
[兵]　へい
兵役　へいえき
兵法　へいほう
兵隊　へいたい
兵器　へいき
[其]　その・それ
其奴　そいつ
[具]　ぐ
具合　ぐあい
具体　ぐたい
[典]　てん
典型　てんけい
典故　てんこ
[兼]　けん・かねる
兼用　けんよう
兼任　けんにん
[黄]　こう・きばむ・おう
黄色　きいろ・きいろい・
　　こうしょく
黄色人種　こうしょくじん
　　しゅ
黄体ホルモン　こうたいホ
　　ルモン
黄昏　たそがれ
黄金　こがね・おうごん
黄泉　よみ
黄砂　こうさ
黄麻　おうま
黄葉　こうよう
黄楊　つげ
[興]　こう・きょう・きょうじる
興行　こうぎょう
興味　きょうみ
興趣　きょうしゅ

興醒　きょうざめる
興奮　こうふん
[輿]　こし

人部

[人]　じん・にん・ひと
人工　じんこう
人工呼吸　じんこうこきゅう
人工衛星　じんこうえいせい
人口　じんこう
人手　ひとで
人出　ひとで
人込　ひとごみ
人生　じんせい
人生観　じんせいかん
人目　ひとめ
人民　じんみん
お人好し　おひとよし
人名　じんめい
人気　にんき
人体　じんたい
人形　にんぎょう
人材　じんざい
人事　じんじ・ひとごと
人妻　ひとづま
人波　ひとなみ
人物　じんぶつ
人並　ひとなみ
人参　にんじん
人差指　ひとさしゆび
人指し指　ひとさしゆび
人為　じんい
人柄　ひとがら
人相　にんそう
人造　じんぞう
人格　じんかく
人員　じんいん
人称　にんしょう
人情　にんじょう
人望　じんぼう
人間　にんげん
人違　ひとちがい

人道　じんどう
人道主義　じんどうしゅぎ
人数　にんず・にんずう
人種　じんしゅ
人権　じんけん
人質　ひとじち
人懐　ひとなつっこい
人類　じんるい
[今]　こん・いま・いまに・いま
　にも・いまや
今方　いましがた
今日　こんにち・きょう
今日は　こんにちは
今月　こんげつ
今週　こんしゅう
今回　こんかい
今頃　いまごろ
今年　ことし
今更　いまさら
今夜　こんや
今後　こんご
今度　こんど
今晩　こんばん
今晩は　こんばんは
[介]　かい・かいする
介入　かいにゅう
介抱　かいほう
[以]　い
以上　いじょう
以下　いか
以内　いない
以心伝心　いしんでんしん
以外　いがい
以呂波　いろは
以来　いらい
以前　いぜん
以後　いご
[企]　き・たくらむ・くわだて
　る
企画　きかく
企業　きぎょう
[会]　かい・かいする・あう

・え
会心　かいしん
会合　かいごう
会見　かいけん
会社　かいしゃ
会長　かいちょう
会則　かいそく
会計　かいけい
会食　かいしょく
会員　かいいん
会得　えとく
会釈　えしゃく
会場　かいじょう
会期　かいき
会費　かいひ
会話　かいわ
会談　かいだん
会稽恥　かいけいのはじ
会議　かいぎ
[余]　よ・あます・あまり
　・あまりに・あまる
余力　よりょく
余分　よぶん
余炎　よえん
余生　よせい
余地　よち
余角　よかく
余命　よめい
余所　よそ
余所見　よそみ
余所事　よそごと
余計　よけい
余剰　よじょう
余程　よほど
余暇　よか
余裕　よゆう
余儀無　よぎない
余熱　よねつ
余震　よしん
余燼　よじん
[倉]　そう
倉庫　そうこ

［俎］ まないた	内金　うちきん
［傘］ かさ	内苑　ないえん
傘屋　かさや	内科　ないか
	内面　ないめん

人部

［入］ にゅう・いり・いる・いれ	内容　ないよう
る・はいる	内縁　ないえん
入口　いりぐち	内側　うちがわ
入日　いりひ	内密　ないみつ
入用　いりよう	内陸　ないりく
入札　にゅうさつ	内部　ないぶ
入交　いりまじる	内戦　ないせん
入乱　いりみだれる	内蔵　ないぞう
入知恵　いれぢえ	内緒　ないしょ
入国　にゅうこく	内線　ないせん
入学　にゅうがく	内閣　ないかく
入物　いれもの	内輪　うちわ
入社　にゅうしゃ	内燃機関　ないねんきかん
入門　にゅうもん	内職　ないしょく
入海　いりうみ	［全］ すべて・ぜん・まっ
入荷　にゅうか	たく
入浴　にゅうよく	全力　ぜんりょく
入院　にゅういん	全土　ぜんど
入梅　にゅうばい	全文　ぜんぶん
入組　いりくむ	全日制　ぜんじつせい・ぜん
入場　にゅうじょう	にちせい
入換　いれかえ	全天候　ぜんてんこう
入智慧　いれぢえ	全世界　ぜんせかい
入替　いれかえ	全体　ぜんたい
入歯　いれば	全快　ぜんかい
入違　いれちがう	全局　ぜんきょく
入試　にゅうし	全身　ぜんしん
入賞　にゅうしょう	全知全能　ぜんちぜんのう
入選　にゅうせん	全治　ぜんち
入籍　にゅうせき	全国　ぜんこく
［内］ ない・うち	全面的　ぜんめんてき
内心　ないしん	全能　ぜんのう
内外　ないがい	全員　ぜんいん
内向的　ないこうてき	全速力　ぜんそくりょく
内気　うちき	全校　ぜんこう
内乱　ないらん	全般　ぜんぱん
内定　ないてい	全部　ぜんぶ
	全域　ぜんいき

全盛　ぜんせい
全訳　ぜんやく
全廃　ぜんぱい
全勝　ぜんしょう
全然　ぜんぜん
全集　ぜんしゅう
全景　ぜんけい
全滅　ぜんめつ
全貌　ぜんぼう
全権　ぜんけん
全編　ぜんぺん
全額　ぜんがく

勹部

[勿]
勿体無い　もったいない
勿論　もちろん
[勾]　こう
勾配　こうばい
勾留　こうりゅう
[匂]　におい・におう
[包]　ほう・つつみ・つつむ
包丁　ほうちょう
包装　ほうそう

几部

[几]
几帳面　きちょうめん
[凡]　ぼん・およそ・すべて
凡人　ぼんじん
凡例　はんれい
凡庸　ぼんよう
[処]　しょ・しょする
処女　しょじょ
処分　しょぶん
処方　しょほう
処方箋　しょほうせん
処理　しょり
処置　しょち
[凭]　もたれる
凭掛かる　よりかかる
[凱]　がい

凱旋　がいせん
凱歌　がいか

イ部

[仁]
仁王　におう
[仇]　あだ
仇討　あだうち
[仏]　ぶつ・ほとけ
仏前　ぶつぜん
仏教　ぶっきょう
仏像　ぶつぞう
仏壇　ぶつだん
[化]　ばける
お化け　おばけ
[仕]　し・つかえる
仕入　しいれる
仕上　しあげ・しあげる・
　しあがる
仕方　しかた
仕分　しわけ
仕切　しきり・しきる
仕付　しつけ
仕込　しこむ
仕立　したてる
仕払　しはらう
仕向　しむけ・しむける
仕返　しかえし
仕来　しきたり
仕事　しごと
仕送　しおくり
仕掛　しかけ・しかける・
　しかかる
仕組　しくみ・しくむ
仕様　しよう
仕業　しわざ
仕種　しぐさ
仕舞　しまう
[付]　ふ・つき・つけ・つける
　・つく
付上　つけあがる
付加　つけくわえる

付合	つきあい・つきあう	休学	きゅうがく
付添	つきそい・つきそう	休校	きゅうこう
付属	ふぞく	休息	きゅうそく
付睫	つけまつげ	休診	きゅうしん
付纏	つきまとう	休業	きゅうぎょう
付録	ふろく	休暇	きゅうか
［代］	だい・かえる・かわり・かわる	休電	きゅうでん
		休養	きゅうよう
お代わり	おかわり	休憩	きゅうけい
代弁	だいべん	休講	きゅうこう
代用	だいよう	［伐］	
代代	かわるがわる	伐採	ばっさい
代行	だいこう	［任］	まかせる
代名詞	だいめいし	任地	にんち
代価	だいか	任命	にんめい
代金	だいきん	任務	にんむ
代表	だいひょう	任期	にんき
代理	だいり	［伊］	
代数	だいすう	伊呂波	いろは
代償	だいしょう	［仲］	ちゅう・なか
代議士	だいぎし	仲人	なこうど
［他］	た・ほか	仲良	なかよし
他人	たにん	仲直	なかなおり
他方	たほう	仲裁	ちゅうさい
他国	たこく	仲間	なかま
他所	よそ	仲違	なかたがい
他界	たかい	［仰］	あおぐ・おっしゃる
他殺	たさつ	仰天	ぎょうてん
他称	たしょう	仰向	あおむく
他動詞	たどうし	［伝］	でん・つたう・つたえる・つたわる
［仙］	せん		
仙人	せんにん	伝言	でんごん
仙女	せんにょ	伝承	でんしょう
［伏］	ふせる	伝染	でんせん
伏線	そくせん	伝染病	でんせんびょう
［休］	きゅう・きゅうす・やすみ・やすむ・やすめる	伝記	でんき
		伝記映画	でんきえいが
お休み	おやすみ	伝票	でんぴょう
休日	きゅうじつ	伝達	でんたつ
休止	きゅうし	伝道	でんどう
休火山	きゅうかざん	伝統	でんとう
休会	きゅうかい	伝説	でんせつ

[仮] か・け・かり・かりに	[伽]
仮名 かな・かめい	お伽噺 おとぎばなし
仮名遣い かなづかい	[但] ただし
仮性 かせい	[伺] うかがい・うかがう
仮定 かてい	[伸] のばす・のびる・の
仮定形 かていけい	べる
仮初 かりそめ	伸縮 しんしゅく
仮面 かめん	[似] に・にる
仮病 けびょう	似合 にあう
仮設 かせつ	似者 にたもの
仮想 かそう	似通 にかよう
仮説 かせつ	似たり寄ったり にたりよ
仮親 かりおや	ったり
[住] じゅう・すむ・すまい・す	似顔絵 にがおえ
まう	[作] さ・さく・つくり・つく
住心地 すみごこち	る
住処 すみか	作上 つくりあげる
住込 すみこみ	作文 さくぶん
住民 じゅうみん	作方 つくりかた
住宅 じゅうたく	作用 さよう
住居 じゅうきょ・すまい	作立 つくりたてる
住所 じゅうしょ	作曲 さっきょく
住着 すみつく	作成 さくせい
住慣 すみなれる	作図 さくず
[位] い・くらい	作法 さほう
位置 いち	作物 さくもつ
[佇] たたずむ	作者 さくしゃ
[伴] ともなう	作品 さくひん
伴奏 ばんそう	作家 さっか
[何] なに・なにしろ・な	作戦 さくせん
により・なん	作業 さぎょう
何処 どこ	作製 さくせい
何回 なんかい	[伯]
何気ない なにげない	伯父 おじ
何とぞ なにとぞ	伯母 おば
何か なにか	伯爵 はくしゃく
何も彼も なにもかも	[低] てい・ひくい
何彼 なにかと	低下 ていか
何度 なんど	低気圧 ていきあつ
何故 なぜ・なにゆえ	低周波 ていしゅうは
何時か いつか	低能 ていのう
何時も いつも	低級 ていきゅう

低落　ていらく
[佝]
佝僂病　くるびょう
[体]　てい・たい・たいす
　　る・からだ
体力　たいりょく
体付　からだつき
体位　たいい
体系　たいけい
体言　たいげん
体制　たいせい
体育　たいいく
体重　たいじゅう
体面　たいめん
体格　たいかく
体得　たいとく
体現　たいげん
体軀　たいく
体温　たいおん
体裁　ていさい
体質　たいしつ
体操　たいそう
体積　たいせき
体験　たいけん
[依]　い・よる
依存　いぞん
依然　いぜん
依頼　いらい
[併]　へい・あわせる・しかし
併用　へいよう
併合　へいごう
併呑　へいどん
[佳]　か
佳人　かじん
佳品　かひん
佳節　かせつ
[侍]　さむらい
[使]　し・つかい・つかう
使方　つかいかた
使用　しよう
使用人　しようにん
使込　つかいこむ

使役　しえき
使命　しめい
使果　つかいはたす
使者　ししゃ
使物　つかいもの
使道　つかいみち
[供]　きょう・そなえる
お供　おとも
供述　きょうじゅつ
供給　きょうきゅう
[例]　れい・ためし
例の　れいの
例文　れいぶん
例外　れいがい
例示　れいじ
例年　れいねん
例題　れいだい
[侃]
侃侃諤諤　かんかんがくがく
[侘]　わび・わびる・わびしい
[価]　か・あたい
価値　かち
価値観　かちかん
価格　かかく
[信]　しん・しんじる
信心　しんじん
信天翁　あほうどり
信号　しんごう
信用　しんよう
信仰　しんこう
信任　しんにん
信者　しんじゃ
信念　しんねん
信頼　しんらい
信憑性　しんぴょうせい
[便]　べん・たより
便利　べんり
便宜　べんぎ
便所　べんじょ
便乗　びんじょう
便秘　べんぴ
便箋　びんせん

便覧	びんらん	俗界	ぞっかい
[侵]	しん・おかす	俗悪	ぞくあく
侵入	しんにゅう	俗塵	ぞくじん
侵害	しんがい	俗語	ぞくご
侵略	しんりゃく	[俄]	にわか
[保]	ほ・たもつ	俄雨	にわかあめ
保存	ほぞん	[侮]	あなどる
保守	ほしゅ	侮辱	ぶじょく
保姆	ほぼ	[係]	かかり・かかわる
保育	ほいく	[俺]	おれ
保持	ほじ	[倍]	ばい
保留	ほりゅう	[倦]	あぐむ・うむ
保健	ほけん	倦怠	けんたい
保険	ほけん	[俸]	
保釈	ほしゃく	俸給	ほうきゅう
保証	ほしょう	[俵]	たわら
保障	ほしょう	[借]	しゃく・しやつ・かり・か
保管	ほかん		りる
保養	ほよう	借切	かりきる
保護	ほご	借金	しゃっきん
[促]	そく・うながす	借家	しゃくや
促成	そくせい	[倹]	けん・つましい
促音	そくおん	倹約	けんやく
促進	そくしん	[値]	ね・あたい・あたいする
[修]	しゅう	値上	ねあがり・ねあげ
修了	しゅうりょう	値下	ねさがり・ねさげ
修士	しゅうし	値引	ねびき
修正	しゅうせい	値引	ねぎる
修交	しゅうこう	値打	ねうち
修行	しゅうぎょう	値段	ねだん
修好	しゅうこう	[倒]	とう・たおす・たおれる
修学	しゅうがく	倒産	とうさん
修理	しゅうり	倒置	とうち
修繕	しゅうぜん	[俳]	はい
修業	しゅぎょう・しゅうぎょう	俳人	はいじん
修辞	しゅうじ	俳句	はいく
修飾	しゅうしょく	俳諧	はいかい
修飾語	しゅうしょくご	俳優	はいゆう
修養	しゅうよう	[個]	こ・か
[俗]	ぞく・ぞつ	個人	こじん
俗人	ぞくじん	個人主義	こじんしゅぎ
俗化	ぞっか	個条	かじょう

個別	こべつ
個体	こたい
個所	かしょ
個性	こせい
個室	こしつ
個個	ここ
個展	こてん
［候］	こう
候鳥	こうちょう
候補	こうほ
［倫］	
倫理	りんり
［倭］	わ・やまと
倭国	わこく
倭寇	わこう
［停］	てい
停止	ていし
停年	ていねん
停車	ていしゃ
停泊	ていはく
停留所	ていりゅうじょ
停滞	ていたい
停戦	ていせん
停電	ていでん
［偏］	へん・かたよる
偏見	へんけん
偏屈	へんくつ
［健］	けん・すこやか
健全	けんぜん
健在	けんざい
健忘症	けんぼうしょう
健康	けんこう
健筆	けんぴつ
［側］	そく・そつ・がわ・そば・
	はた
側近	そっきん
側面	そくめん
［偶］	ぐう
偶然	ぐうぜん
偶数	ぐうすう
偶像	ぐうぞう
［偲］	しのぶ

［傍］	かたわら・そば・はた
傍若無人	ぼうじゃくぶじん
［備］	そなえる・そなわる
備付	そなえつける
［傑］	けつ
傑出	けっしゅつ
傑作	けっさく
［傀］	
傀儡	かいらい
［偉］	い・えらい
偉大	いだい
［傲］	
傲慢	ごうまん
［債］	
債券	さいけん
［傴］	
傴僂	せむし
［傾］	けい・かしげる・かたむき
	・かたむく・かたむける
傾向	けいこう
傾注	けいちゅう
傾倒	けいとう
傾斜	けいしゃ
傾聴	けいちょう
［催］	さい・もよおし・もよおす
催促	さいそく
催眠	さいみん
［傷］	きず・いためる
傷口	きずぐち
傷付	きずつける
傷跡	きずあと
［働］	はたらかす・はたらき
	・はたらく
［僧］	そう
僧侶	そうりょ
［僅］	わすか
［偽］	ぎ・いつわる
偽作	ぎさく
偽者	にせもの
偽造	ぎぞう
偽善	ぎぜん
偽証	ぎしょう

活用語 かつようご	流通 りゅうつう
活用語尾 かつようごび	流産 りゅうざん
活字 かつじ	流域 りゅういき
活気 かっき	流動 りゅうどう
活花 いけばな	流量 りゅうりょう
活版 かっぱん	流感 りゅうかん
活発 かっぱつ	流暢 りゅうちょう
活動 かつどう	流線型 りゅうせんけい
活劇 かつげき	流離 りゅうり
活躍 かつやく	流麗 りゅうれい
[派] は	[浪] ろう
派手 はで	浪人 ろうにん
派生 はせい	浪漫 ろうまん
派遣 はけん	浪費 ろうひ
[洒]	[酒] さか・さけ
洒落 しゃれ・しゃれる	酒屋 さかや
お洒落 おしゃれ	[涌] わく・わかす
[洩] もる・もれる	涌立 わきたつ
[浅] せん・あさみ・あさはか・	[浸] しん・つける・ひたす・ひ
あさい・あさましい	たる
浅学菲才 せんがくひさい	お浸し おひたし
浅緑 あさみどり	浸透 しんとう
浅薄 せんぱく	[消] しょう・きえる・けす
[浄] じょう	消火 しょうか
浄化 じょうか	消化 しょうか
浄水 じょうすい	消化液 しょうかえき
浄書 じょうしょ	消化器 しょうかき
浄瑠璃 じょうるり	消失 しょうしつ
[流] りゅう・ながす・ながれ・	消印 けしいん
ながれる	消防 しょうぼう
流入 りゅうにゅう	消毒 しょうどく
流亡 りゅうぼう	消音 しょうおん
流水 りゅうすい	消耗 しょうもう
流布 るふ	消耗品 しょうもうひん
流石 さすが	消息 しょうそく
流出 りゅうしゅつ	消極 しょうきょく
流行 りゅうこう・はやる	消費 しょうひ
流刑 りゅうけい・るけい	消費者 しょうひしゃ
流作業 ながれさぎょう	消滅 しょうめつ
流体力学 りゅうたいりきがく	[浮] うき・うく・うかす・うか
流派 りゅうは	ぶ・うかべる
流星 りゅうせい・ながれぼし	浮上 うかびあがる・うきあがる

浮世 うきよ	海賊 かいぞく
浮付 うわつく	海運 かいうん
浮気 うわき	海棠 かいどう
浮沈 うきしずみ	海溝 かいこう
浮浮 うきうき	海鳴 うみなり
浮彫 うきぼり	海綿 かいめん
浮雲 うきぐも	海藻 かいそう
浮腫 むくむ	[涎] よだれ
浮標 ふひょう	[浚] さらう
浮橋 うきはし	[浜] はま
浮顔 うかぬかお	浜辺 はまべ
[浴] よく・よくする・あびる・	浜茄子 はまなす
あびせる	[涙] なみだ・なみだぐましい
浴衣 ゆかた	涙腺 るいせん
浴室 よくしつ	涙脆 なみだもろい
浴湯 よくじょう	[淳]
浴槽 よくそう	淳朴 じゅんぼく
[海] かい・うみ	[涼] すずしい・すずやか
海上 かいじょう	・すずむ
海女 あま	涼風 すずかぜ
海水 かいすい	[済] すみません・すむ・
海王星 かいおうせい	すます・すまない
海月 くらげ	[液] えき
海辺 うみべ	液化 えきか
海外 かいがい	液体 えきたい
海老 えび	[深] しん・ふかい・ふける・ふ
海抜 かいばつ	かみ・ふかめる・ふかまる
海底 かいてい	深夜 しんや
海苔 のり	深刻 しんこく
海幸 うみのさち	深度 しんど
海岸 かいがん	深呼吸 しんこきゅう
海洋 かいよう	深海 しんかい
海草 かいそう	深緑 しんりょく
海峡 かいきょう	[淡] たん・あわい
海軍 かいぐん	淡水 たんすい
海浜 かいひん	淡白 たんぱく
海流 かいりゅう	淡泊 たんぱく
海域 かいいき	淡雪 あわゆき
海豹 あざらし	[清] せい・きよい・きよらか・
海産物 かいさんぶつ	きよめる
海豚 いるか	清水 しみず
海港 かいこう	清水舞台 きよみずぶたい

清刷　きよずり
清音　せいおん
清酒　せいしゅ
清涼飲料　せいりょういんりょう
清書　せいしょ
清清　せいせい・すがすがしい
清掃　せいそう
清教徒　せいきょうと
清貧　せいひん
清楚　せいそ
清算　せいさん
清潔　せいけつ
[淋]　さびしい・さみしい
[淑]　しとやか
[渋]　しぶい・しぶる
渋渋　しぶしぶ
渋滞　じゅうたい
[混]　こん・こむ・まざる・まじる・まぜる
混入　こんにゅう
混交　こんこう
混同　こんどう
混血　こんけつ
混合　こんごう
混乱　こんらん
混和　こんわ
混食　こんしょく
混紡　こんぼう
混淆　こんこう
混雑　こんざつ
混線　こんせん
混濁　こんだく
[渇]　かつ・かわき
渇望　かつぼう
[涸]　こ・かれる
涸渇　こかつ
[淫]　みだら
[添]　そう・そえる
添木　そえぎ
添遂　そいとげる

[渓]
渓流　けいりゅう
[淵]　ふち
[渡]　と・わたし・わたす・わたり・わたる
渡米　とべい
渡来　とらい
渡船　わたしぶね
渡鳥　わたりどり
渡場　わたしば
[湾]　わん
湾曲　わんきょく
[渾]
渾名　あだな
[湛]　たたえる
[渫]　さらう
[湖]　こ・みずうみ
湖水　こすい
湖畔　こはん
[涌]　わく
[測]　そく・そつ・はかる
測定　そくてい
測候所　そっこうじょ
測量　そくりょう
[港]　こう・みなと
港湾　こうわん
[湯]　ゆ
湯上　ゆあがり
湯気　ゆげ
湯呑　ゆのみ
湯沸　ゆわかし
湯垢　ゆあか
湯湯婆　ゆたんぽ
湯屋　ゆや
湯煙　ゆけむり
湯飲　ゆのみ
湯掻　ゆがく
[温]　おん・ぬくもり・ぬるい・あたたかい・あたたまる・あたためる
温和　おんわ
温度　おんど

温室	おんしつ	準決勝	じゅんけっしょう
温厚	おんこう	準急	じゅんきゅう
温柔	おんじゅう	準備	じゅんび
温泉	おんせん	[溢]	あふれる
温帯	おんたい	[溯]	さかのぼる
温順	おんじゅん	[溝]	どぶ・みぞ
温暖	おんだん	[漢]	かん
[湿]	しつ・しめっぽい・しめす	漢文	かんぶん
	・しめる	漢方薬	かんぽうやく
湿気	しっき・しっけ・しめりけ	漢字	かんじ
湿度	しつど	漢学	かんがく
[渦]	うず	漢和	かんわ
渦巻	うずまき	漢書	かんじょ
[満]	まん・みたす・みちる	漢数字	かんすうじ
満月	まんげつ	漢語	かんご
満更	まんざら	[漠]	
満足	まんぞく	漠然	ばくぜん
満点	まんてん	[滞]	たい
満員	まんいん	滞在	たいざい
満期	まんき	滞納	たいのう
満開	まんかい	[源]	げん・みなもと
満載	まんさい	源泉	げんせん
満潮	まんちょう	[滅]	めつ・ほろびる・ほろぼす
[減]	げん・げんじる・へらす・	滅亡	めつぼう
	へる	滅多	めった
減少	げんしょう	滅金	めっき
減価	げんか	滅茶苦茶	めちゃくちゃ
減退	げんたい	滅茶滅茶	めちゃめちゃ
減食	げんしょく	滅菌	めっきん
減速	げんそく	[溺]	おぼれる
減産	げんさん	溺死	できし
減税	げんぜい	[滑]	すべらす・すべり・すべる
[滓]	かす		・なめらか
[溶]	よう・とかす・とける・と	滑出	すべりだし
	く	滑込	すべりこむ
溶込	とけこむ	滑台	すべりだい
溶岩	ようがん	滑走路	かっそうろ
溶液	ようえき	滑稽	こっけい
溶接	ようせつ	[溜]	たまる・ためる
溶解	ようかい	溜出	りゅうしゅつ
[滝]	たき	溜息	ためいき
[準]	じゅん・じゅんじる	[漣]	さざなみ

[演] えん・えんじる
演出 えんしゅつ
演芸 えんげい
演技 えんぎ
演奏 えんそう
演習 えんしゅう
演説 えんぜつ
演歌 えんか
演劇 えんげき
演題 えんだい
[滴] てき・しずく
[漉] こす
[漬] つける
漬物 つけもの
[漸] ぜん・ようやく
漸次 ぜんじ
漸進 ぜんしん
漸増 ぜんぞう
[漂] ただよう
[漕] こぐ
漕着 こぎつける
[漱] すすぐ
[漆] うるし
漆器 しっき
[漏] もらす・もれなく・
　もれる・もる
漏斗 じょうご
[漲] みなぎる
[漫] まん
漫才 まんざい
漫画 まんが
漫歩 まんぽ
[滲] しん・しみる・にじむ
滲出 にじみでる
滲透 しんとう
[漁] ぎょ・りょう・あさる
漁夫 ぎょふ
漁民 ぎょみん
漁船 ぎょせん
漁業 ぎょぎょう
[潜] せん・くぐる・ひそむ・ひ
　そめる・もぐる

潜水 せんすい
潜水艦 せんすいかん
潜在 せんざい
潜伏 せんぷく
潜行 せんこう
潜望鏡 せんぼうきょう
[潮] ちょう・しお
潮干狩 しおひがり
潮水 しおみず
潮風 しおかぜ
潮流 ちょうりゅう
潮焼 しおやけ
潮騒 しおさい
[潔] けつ・いさぎよい
潔白 けっぱく
潔癖 けっぺき
[澄] すみ・すむ・すます
澄切 すみきる
澄渡 すみわたる
[潑]
潑剌 はつらつ
[潰] かい・つぶす・つぶれる
潰滅 かいめつ
潰瘍 かいよう
[潤] じゅん・うるおい・うるお
　う・うるむ
潤色 じゅんしょく
潤滑油 じゅんかつゆ
[澱]
澱粉 でんぷん
[濃] のう・こい・こまやか
濃度 のうど
濃厚 のうこう
濃緑 のうりょく・こみどり
濃縮 のうしゅく
[濁] だく・にごす・にごる
濁音 だくおん
[激] げき・げきする・はげしい
激励 げきれい
激情 げきじょう
激職 げきしょく
[濡] ぬらす・ぬれる・ぬれる

濡衣	ぬれぎぬ	安静	あんせい
濡鼠	ぬれねずみ	[宅]	たく
[灌]	すすぐ・ゆすぐ	お宅	おたく
[濫]	らん	[完]	かん
濫立	らんりつ	完了	かんりょう
濫用	らんよう	完全	かんぜん
濫伐	らんばつ	完全無欠	かんぜんむけつ
濫読	らんどく	完成	かんせい
[瀬]	せ	完投	かんとう
瀬踏	せぶみ	完備	かんび
瀬戸物	せともの	完結	かんけつ
瀬戸際	せとぎわ	完膚	かんぷ
[濾]	こす	完璧	かんぺき
[灌]	かん	[牢]	
灌漑	かんがい	牢屋	ろうや
		[宗]	

宀部

		宗教	しゅうきょう
[宇]	う	[定]	てい・じょう・さだめ・さ
宇宙	うちゅう		だめる・さだまる
[守]	しゅ・まもる	定石	じょうせき
守宮	やもり	定年	ていねん
守備	しゅび	定休	ていきゅう
守衛	しゅえい	定住	ていじゅう
[字]	じ	定見	ていけん
字引	じびき	定価	ていか
字典	じてん	定刻	ていこく
字幕	じまく	定食	ていしょく
[安]	あん・やすい・やすっぽい	定員	ていいん
安心	あんしん	定時	ていじ
安全	あんぜん	定期	ていき
安住	あんじゅう	定期券	ていきけん
安否	あんぴ	定着	ていちゃく
安売	やすうり	定理	ていり
安定	あんてい	定規	じょうき
安易	あんい	定款	ていかん
安価	あんか	定評	ていひょう
安物	やすもの	定義	ていぎ
安値	やすね	定数	ていすう
安眠	あんみん	定跡	じょうせき
安逸	あんいつ	[官]	かん
安堵	あんど	官庁	かんちょう
安楽	あんらく	官吏	かんり

官邸　かんてい
官能　かんのう
官僚　かんりょう
官職　かんしょく
[実]　じつ・じつに・じつは
　・まこと・み・みのる
実力　じつりょく
実用　じつよう
実在　じつざい
実行　じっこう
実地　じっち
実社会　じつしゃかい
実状　じつじょう
実物　じつぶつ
実況　じっきょう
実例　じつれい
実施　じっし
実家　じっか
実現　じつげん
実習　じっしゅう
実情　じつじょう
実証　じっしょう
実感　じっかん
実践　じっせん
実際　じっさい
実演　じつえん
実態　じったい
実質　じっしつ
実質的　じっしつてき
実績　じっせき
実験　じっけん
[宝]　ほう・たから
宝石　ほうせき
宝籤　たからくじ
[宛]　あて・あてがう
宛先　あてさき
宛名　あてな
[宙]　ちゅう
宙返　ちゅうがえり
[宜]　よろしい
[宣]　せん・せんする
宣伝　せんでん

宣言　せんげん
宣告　せんこく
宣教師　せんきょうし
宣戦　せんせん
宣誓　せんせい
[宥]　なだめる
[室]　しつ
室内　しつない
[客]　きゃく
お客さん　おきゃくさん
客死　かくし
客車　きゃくしゃ
客室　きゃくしつ
客間　きゃくま
客語　きゃくご
客観　きゃっかん
客観的　きゃっかんてき
[家]　か・や・いえ
家内　かない
家父　かふ
家出　いえで
家主　やぬし
家宅　かたく
家来　けらい
家具　かぐ
家事　かじ
家風　かふう
家計　かけい
家政婦　かせいふ
家柄　いえがら
家屋　かおく
家畜　かちく
家財　かざい
家庭　かてい
家常茶飯　かじょうさはん
家族　かぞく
家禽　かきん
家賃　やちん
家路　いえじ
家鴨　あひる
[宮]
宮殿　きゅうでん

[容] よう	宿命 しゅくめい
容易 ようい・たやすい	宿舎 しゅくしゃ
容姿 ようし	宿屋 やどや
容赦 ようしゃ	宿無 やどなし
容量 ようりょう	宿賃 やどちん
容疑 ようぎ	宿題 しゅくだい
容器 ようき	宿願 しゅくがん
容貌 ようぼう	[寒] かん・さむがり・さむい
容積 ようせき	寒気 かんき・さむけ
[害] がい・がいする	寒冷 かんれい
害虫 がいちゅう	寒波 かんぱ
害悪 がいあく	寒流 かんりゅう
[宵] よい	寒帯 かんたい
宵張 よいっぱり	寒害 かんがい
[宴]	寒暖計 かんだんけい
宴会 えんかい	[富] とみ・とむ
[密] みつ・ひそか	富士山 ふじさん
密告 みっこく	[寅]
密林 みつりん	寓話 ぐうわ
密画 みつが	[寝] しん・ね・ねかす・ねる
密度 みつど	寝入 ねいる
密接 みっせつ	寝込 ねこむ
密着 みっちゃく	寝正月 ねしょうがつ
密閉 みっぺい	寝台 しんだい
密集 みっしゅう	寝付 ねつき・ねつく
密輸 みつゆ	寝耳 ねみみ
密議 みつぎ	寝返 ねがえり
[寄] き・よせる・よる	寝言 ねごと
寄与 きよ	寝床 ねどこ
寄生 きせい	寝坊 ねぼう
寄付 きふ	寝苦 ねぐるしい
寄宿舎 きしゅくしゃ	寝室 しんしつ
寄越 よこす	寝相 ねぞう
寄集 よせあつめ	寝巻 ねまき
寄道 よりみち	寝息 ねいき
寄贈 きぞう	寝袋 ねぶくろ
[寂] さび・さびしい・さびれる	寝惚まなこ ねぼけまなこ
・さみしい	寝間着 ねまき
寂漠 せきばく	寝静 ねしずまる
[宿] しゅく・やど	[寛] かん・くつろぐ
宿泊 しゅくはく	寛大 かんだい
宿直 しゅくちょく	[寧] むしろ

[寡]
寡黙　かもく
[察]　さっする
[寮]　りょう
[審]　しん
審判　しんぱん
審査　しんさ
審美眼　しんびがん
審理　しんり
審議　しんぎ

广部

[庁]　ちょう
[広]　こう・ひろい・ひろがる・
　ひろげる・ひろまる・ひ
　ろめる
広広　ひろびろ
広角　こうかく
広告　こうこく
広場　ひろば
広義　こうぎ
広範　こうはん
[庇]　かばう・ひさし
[床]　とこ・ゆか
床几　しょうぎ
床屋　とこや
床間　とこのま
[序]　じょ・ついで
序に　ついでに
序曲　じょきょく
序列　じょれつ
序言　じょげん
序数詞　じょすうし
序論　じょろん
[店]　てん・みせ
店員　てんいん
店開　みせびらき
[底]　てい・そこ
底力　そこぢから
底辺　ていへん
底冷　そこびえ
底流　ていりゅう

底意地　そこいじ
[庖]
庖丁　ほうちょう
[府]　ふ
[度]　ど・たび
度外　どはずれ
度合　どあい
度肝　どぎも
度度　たびたび
度胸　どきょう
度量　どりょう
[座]　ざ・すわる
座右の銘　ざゆうのめい
座布団　ざぶとん
座席　ざせき
座談会　ざだんかい
座標　ざひょう
座敷　ざしき
座礁　ざしょう
[庭]　てい・にわ
庭球　ていきゅう
庭園　ていえん
[庶]
庶民　しょみん
[廂]　ひさし
[廊]
廊下　ろうか
[廃]　はい・すたれる
廃止　はいし
廃刊　はいかん
廃物　はいぶつ
廃液　はいえき
廃棄　はいき
廃墟　はいきょ
[腐]　くさる

辶部

[込]　こみ・こむ・こめる
込上　こみあげる
込合　こみあう
[辻]　つじ
[辺]　へん・あたり

[迂]		述語	じゅつご
迂回	うかい	[迫]	せまる
[辿]	たどる	迫力	はくりょく
[巡]	じゅん・めぐる	迫上	せまりあげる
お巡り	おまわり	迫出	せりだす
巡会	めぐりあう	[送]	そう・おくる
巡合	めぐりあわせ	送付	そうふ
巡査	じゅんさ	送仮名	おくりがな
[返]	へん・かえし・かえす・	送状	おくりじょう
	かえる	送迎	そうげい
返上	へんじょう	送別	そうべつ
返礼	へんれい	送金	そうきん
返返	かえすがえす	送信	そうしん
返事	へんじ	送風機	そうふうき
返済	へんさい	送球	そうきゅう
返咲	かえりざく	送料	そうりょう
返品	へんぴん	送話器	そうわき
返書	へんしょ	送電	そうでん
返辞	へんじ	送還	そうかん
[近]	きん・ちかく・ちかい・ち	[逆]	ぎゃく・ぎゃつ・さか
	かしい		・さからう
近世	きんせい	逆とんぼ	さかとんぼ
近代	きんだい	逆上	のぼせる
近代的	きんだいてき	逆立	さかだち
近目	ちかめ	逆光	ぎゃっこう
近付	ちかづく・ちかづける	逆行	ぎゃっこう
近近	ちかぢか	逆接	ぎゃくせつ
近来	きんらい	逆転	ぎゃくてん
近況	きんきょう	逆説	ぎゃくせつ
近所	きんじょ	逆境	ぎゃっきょう
近海	きんかい	逆様	さかさま
近眼	きんがん	[迷]	めい・まい・まよう
近寄	ちかよる	迷子	まいご
近頃	ちかごろ	迷児	まいご
近景	きんけい	迷信	めいしん
近視	きんし	迷宮	めいきゅう
近道	ちかみち	迷彩	めいさい
近幾	きんき	迷惑	めいわく
近親	きんしん	迷路	めいろ
[迎]	げい・むかえ・むかえる	迷霧	めいむ
迎賓	げいひん	[退]	たい・しりぞく・しりぞけ
[述]	じゅつ・のべる		る・どく

退化　たいか
退団　たいだん
退会　たいかい
退任　たいにん
退役　たいえき
退却　たいきゃく
退社　たいしゃ
退歩　たいほ
退屈　たいくつ
退治　たいじ
退学　たいがく
退院　たいいん
退席　たいせき
退校　たいこう
退陣　たいじん
退廃　たいはい
退勤　たいきん
退場　たいじょう
退職　たいしょく
[追]　つい・おう・おいかける・おって
追及　ついきゅう
追打　おいうち
追払　おいばらい・おいはらう
追込　おいこみ・おいこむ
追出　おいだす
追加　ついか
追求　ついきゅう
追究　ついきゅう
追伸　ついしん
追抜　おいぬく
追放　ついほう
追追　おいおい
追風　おいかぜ
追従　ついじゅう
追着　おいつく
追悼　ついとう
追越　おいこす
追詰　おいつめる
追跡　ついせき
追憶　ついおく

[逃]　とう・にがす・にげる・のがす・のがれる
逃口　にげぐち
逃口上　にげこうじょう
逃亡　とうぼう
逃出　にげだす
逃走　とうそう
逃足　にげあし
逃廻　にげまわる
逃道　にげみち
逃腰　にげごし
[這]　はう
[連]　れん・つらねる・つれ・つれて・つれる
連中　れんちゅう
連日　れんじつ
連用形　れんようけい
連合　つれあい・れんごう
連休　れんきゅう
連邦　れんぽう
連体形　れんたいけい
連体詞　れんたいし
連係　れんけい
連帯　れんたい
連接　れんせつ
連絡　れんらく
連盟　れんめい
連続　れんぞく
連想　れんそう
連署　れんしょ
連載　れんさい
連鎖　れんさ
[速]　そく・すみやか・はやい
速力　そくりょく
速度　そくど
速記　そっき
速達　そくたつ
速断　そくだん
[逝]
逝去　せいきょ
[通]　かよい・かよう・つう・つうじる・どおし・とおす

・とおり・どおり・とおる	造形 ぞうけい
通一遍 とおりいっぺん	造型 ぞうけい
通用 つうよう	造船 ぞうせん
通行 つうこう	造詣 ぞうけい
通告 つうこく	造語成分 ぞうごせいぶん
通例 つうれい	[透] とう・すかし・すかす・す
通知 つうち	き・すく・とおる
通知表 つうちひょう	透見 すきみ
通学 つうがく	透明 とうめい
通雨 とおりあめ	透通 すきとおる
通風 つうふう	透間 すきま
通俗 つうぞく	[逢]
通信 つうしん	逢引 あいびき
通信社 つうしんしゃ	[逮]
通信教育 つうしんきょういく	逮捕 たいほ
通信衛星 つうしんえいせい	[週] しゅう
通航 つうこう	週刊 しゅうかん
通訳 つうやく	週末 しゅうまつ
通常 つうじょう	週間 しゅうかん
通常兵器 つうじょうへいき	[進] しん・すすむ・すすめる
通商 つうしょう	進化 しんか
通産相 つうさんしょう	進出 しんしゅつ
通貨 つうか	進行 しんこう
通貨危機 つうかきき	進歩 しんぽ
通掛 とおりがけ	進学 しんがく
通報 つうほう	進級 しんきゅう
通勤 つうきん	進退 しんたい
通過 つうか	進度 しんど
通路 つうろ	進展 しんてん
通話 つうわ	進路 しんろ
通算 つうさん	進境 しんきょう
通関 つうかん	[逸] いっする・そらす・それる
[逞] たくましい	[遊] ゆう・あそばす・あそび・
[途] と・みち	あそぶ
途方 とほう	遊牧 ゆうぼく
途中 とちゅう	遊園地 ゆうえんち
途惑 とまどう	遊戯 ゆうぎ
途絶 とだえる	遊覧 ゆうらん
途端 とたん	[運] うん・はこぶ
[造] ぞう・つくり・つくる	運用 うんよう
造化 ぞうか	運河 うんが
造作 ぞうさ・ぞうさく	運命 うんめい

運送　うんそう
運航　うんこう
運営　うんえい
運動　うんどう
運転　うんてん
運試　うんだめし
運賃　うんちん
運搬　うんぱん
運輸　うんゆ
[遍]
遍歴　へんれき
[遂]　ついに・とげる
遂行　すいこう
[道]　どう・みち
道化　どうけ
道具　どうぐ
道案内　みちあんない
道連　みちづれ
道理　どうり
道教　どうきょう
道順　みちじゅん
道場　どうじょう
道路　どうろ
道楽　どうらく
道端　みちばた
道標　みちしるべ
道徳　どうとく
[達]　たち・たっする
達成　たっせい
達者　たっしゃ
[違]　い・ちがい・ちがいない
　　・ちがう・ちがえる・たがう
　　・たがえる
違反　いはん
違法　いほう
違背　いはい
違約　いやく
[過]　か・あやまち・あやまつ
　　・すぎ・すぎる・すごす
過大　かだい
過分　かぶん
過不足　かふそく

過去　かこ
過失　かしつ
過半数　かはんすう
過去　すぎさる
過行　すぎゆく
過言　かごん
過労　かろう
過信　かしん
過度　かど
過保護　かほご
過敏　かびん
過密　かみつ
過剰　かじょう
過疎　かそ
過渡　かと
過程　かてい
過激　かげき
[遅]　ち・おそい・おそくとも
　　・おくらせる・おくれ・おく
　　れる
遅早　おそかれはやかれ
遅刻　ちこく
遅延　ちえん
遅鈍　ちどん
遅滞　ちたい
[遠]　えん・とおい・とおざかる
　　・とおのく
遠大　えんだい
遠心　えんしん
遠回　とおまわし・とおまわり
遠足　えんそく
遠征　えんせい
遠洋　えんよう
遠称　えんしょう
遠視　えんし
遠距離　えんきょり
遠慮　えんりょ
[遣]　やり・つかい・つかう・や
　　る
遣口　やりくち
遣方　やりかた
遣切　やりきれない

遣込　やりこめる
遣抜　やりぬく
遣直　やりなおす
遣物　つかいもの
遣遂　やりとげる
遣損　やりそこなう
遣瀬ない　やるせない
遣繰　やりくり
［遙］　はるか
遙遙　はるばる
［遡］　さかのぼる
［適］　てき・かなう・かなえる・
　てきする
適切　てきせつ
適用　てきよう
適正　てきせい
適当　てきとう
適任　てきにん
適材　てきざい
適応　てきおう
適宜　てきぎ
適性　てきせい
適度　てきど
適確　てきかく
［遮］　しゃ・さえぎる
遮二無二　しゃにむに
遮断　しゃだん
遮断機　しゃだんき
［遭］　そう・あう
遭遇　そうぐう
遭難　そうなん
［選］　せん・えらぶ・よる
選手　せんしゅ
選出　せんしゅつ
選考　せんこう
選択　せんたく
選別　せんべつ
選抜　せんばつ
選定　せんてい
選取　よりどり
選挙　せんきょ
選集　せんしゅう

［遺］　い
遺伝　いでん
遺伝子　いでんし
遺体　いたい
遺児　いじ
遺志　いし
遺作　いさく
遺言　ゆいごん
遺物　いぶつ
遺風　いふう
遺品　いひん
遺恨　いこん
遺書　いしょ
遺骨　いこつ
遺族　いぞく
遺産　いさん
遺跡　いせき
遺稿　いこう
遺憾　いかん
遺骸　いがい
［避］　ひ・さける・よける
避妊　ひにん
避暑　ひしょ
避雷針　ひらいしん
避難　ひなん
［還］　かん・かえる
還元　かんげん
還暦　かんれき

忄部

［忙］　いそがしい・せわしい
［快］　かい・こころよい
快刀　かいとう
快活　かいかつ
快哉　かいさい
快楽　かいらく
快感　かいかん
快晴　かいせい
快適　かいてき
快調　かいちょう
快諾　かいだく
快癒　かいゆ

[怯] おびえる

[性] しょう・せい

性分 しょうぶん

性行 せいこう

性向 せいこう

性別 せいべつ

性急 せいきゅう

性能 せいのう

性格 せいかく

性質 せいしつ

[怖] こわい

怖気 おじけ

[怪] かい・あやしい・あやしむ

怪我 けが

怪物 かいぶつ

怪談 かいだん

怪獣 かいじゅう

[恒] こう

恒例 こうれい

恒星 こうせい

恒常 こうじょう

恒温 こうおん

恒温動物 こうおんどうぶつ

[恨] うらみ・うらむ・うらめしい

[恰] あたかも

[恍]

恍惚 こうこつ

[悦] よろこばしい・よろこび・よろこぶ

[悟] さとる

[悔] かい・くい・くやしい・くやみ・くやむ

悔改 くいあらためる

悔悛 かいしゅん

悔恨 かいこん

悔悟 かいご

[悩] なやむ

[情] じょう・なさけ

情けない なさけない

情状酌量 じょうじょうしゃくりょう

情況 じょうきょう

情知 なさけしらず

情深 なさけぶかい

情理 じょうり

情景 じょうけい

情報 じょうほう

情勢 じょうせい

情感 じょうかん

情愛 じょうあい

情熱 じょうねつ

[惚] ぼける・ほれる

[悼] いたむ

[惜] せき・おしい・おしむ

惜気 おしげ

惜別 せきべつ

[惰]

惰性 だせい

[愕]

愕然 がくぜん

[愉]

愉快 ゆかい

[慎] しん・つつしむ

慎重 しんちょう

[慌] あわてふためく・あわてる・あわただしい

[慢]

慢性 まんせい

[慣] かん・ならわし・なれる

慣用 かんよう

慣行 かんこう

慣例 かんれい

慣性 かんせい

慣習 かんしゅう

[惨] さく・みじめ・むごい

惨事 さんじ

惨憺 さんたん

[憧] あこがれ・あこがれる

[憤] いきどおり・いきどおる

[憎] にくい・にくしみ・にくらしい・にくむ

憎口 にくまれぐち

憎悪　ぞうお
[憶]
憶病　おくびょう
憶測　おくそく
[憾]　うらみ
[懐]　かい・ふところ・なつかし
　い・なつく
懐中　かいちゅう
懐郷　かいきょう
懐疑　かいぎ
[懺]
懺悔　ざんげ

干部

[干]　かん・ほし・ほす
干与　かんよ
干物　ほしもの
干害　かんがい
干渉　かんしょう
干魃　かんばつ
[平]　へい・たいら・たいらげる
　・ひらたい
平凡　へいぼん
平日　へいじつ
平方　へいほう
平目　ひらめ
平生　へいぜい
平年　へいねん
平仮名　ひらがな
平行　へいこう
平地　へいち
平安　へいあん
平気　へいき
平均　へいきん
平身低頭　へいしんていとう
平泳　ひらおよぎ
平易　へいい
平和　へいわ
平屋　ひらや
平版印刷　へいはんいんさつ
平面　へいめん
平面的　へいめんてき

平原　へいげん
平時　へいじ
平家　ひらや
平淡　へいたん
平常　へいじょう
平野　へいや
平等　びょうどう
平静　へいせい
平穏　へいおん
[幸]　こう・さち・さいわい
　・しあわせ
幸運　こううん
幸福　こうふく
[幹]　かん・みき
幹事　かんじ
幹部　かんぶ
幹線　かんせん

土部

[土]　ど・つち
土下座　どげざ
土仏　つちほとけ
土木　どぼく
土手　どて
土台　どだい
土地　とち
土色　つちいろ
土砂降　どしゃぶり
土俵　どひょう
土瓶　どびん
土産　みやげ
土葬　どそう
土器　どき
土曜　どよう
[圧]　あつ・あっする
圧力　あつりょく
圧迫　あっぱく
圧倒　あっとう
圧搾　あっさく
圧縮　あっしゅく
[在]　ざい・ある
在方　ありかた

在中 ざいちゅう	[均] きん
在宅 ざいたく	均一 きんいつ
在学 ざいがく	均等 きんとう
在校 ざいこう	均衡 きんこう
在庫 ざいこ	[坂] さか
在職 ざいしょく	坂道 さかみち
[地] じ・ち	[坪] つぼ
地べた じべた	[型] けい・かた
地元 じもと	型式 けいしき
地下 ちか	型破 かたやぶり
地下道 ちかどう	型通 かたどおり
地下鉄 ちかてつ	[垣] かき
地上 ちじょう	垣根 かきね
地方 ちほう	[城] しろ・じょう
地区 ちく	城下 じょうか
地中 ちちゅう	城跡 しろあと
地主 じぬし	[垂] たらす・たれる
地平線 ちへいせん	垂直 すいちょく
地名 ちめい	[垢] あか
地位 ちい	[埋] まい・うずめる・うずまる
地形 ちけい	・うめる・うまる・うもれる
地図 ちず	埋立 うめたてる
地所 じしょ	埋合 うめあわせ
地歩 ちほ	埋蔵 まいぞう
地味 じみ・ちみ	[埃] ほこり
地面 じめん	[培] つちかう
地点 ちてん	[執] しゅう・しつ・とる
地帯 ちたい	執行 しっこう
地域 ちいき	執念 しゅうねん
地球 ちきゅう	執念深い しゅうねんぶかい
地理 ちり	執着 しゅうちゃく
地階 ちかい	執筆 しっぴつ
地温 ちおん	執権 しっけん
地割 じわれ	[域] いき
地滑 じすべり	[堅] けん・かたい
地層 ちそう	堅気 かたぎ
地獄 じごく	堅忍 けんにん
地震 じしん	堅実 けんじつ
地熱 ちねつ	堅苦しい かたくるしい
地盤 じばん	堅固 けんご
[坊] ぼっちゃん	堅持 けんじ
坊主 ぼうず	[基] き・もと・もとい・

	もとづく	塩水	えんすい・しおみず
基本	きほん	塩田	えんでん
基地	きち	塩気	しおけ
基金	ききん	塩辛	しおからい
基数	きすう	塩焼	しおやけ
基準	きじゅん	塩漬	しおづけ
基調	きちょう	[塗]	ぬり・ぬる・まみれる
基盤	きばん	塗立	ぬりたて
基礎	きそ	塗付	ぬりつける
[堂]	どう	塗物	ぬりもの
堂堂	どうどう	塗薬	ぬりぐすり
[堆]		[墓]	はか
堆朱	ついしゅ	墓地	ぼち
[埠]		墓参	はかまいり
埠頭	ふとう	[塞]	ふさぐ・ふさがる
[堀]	ほり	塞止	せきとめる
[報]	ほう・ほうじる・むくい・	[塊]	かたまり
	むくいる	[塚]	つか
報告	ほうこく	[填]	はめる
報道	ほうどう	[塑]	
報酬	ほうしゅう	塑像	そぞう
[堰]	せき	[増]	ぞう・まし・ます・ふえる
[堪]	こたえる・こらえる	増大	ぞうだい
	・たえる・たまらない	増水	ぞうすい
堪忍	かんにん	増刊	ぞうかん
堪能	たんのう	増加	ぞうか
[堤]	てい・つつみ	増収	ぞうしゅう
堤防	ていぼう	増長	ぞうちょう
[場]	ば・じょう	増員	ぞういん
場内	じょうない	増設	ぞうせつ
場合	ばあい	増産	ぞうさん
場所	ばしょ	増進	ぞうしん
場面	ばめん	増強	ぞうきょう
場違	ばちがい	増幅	ぞうふく
[塔]	とう	増減	ぞうげん
[堕]		増殖	ぞうしょく
堕落	だらく	増税	ぞうぜい
[塁]	るい	増資	ぞうし
塁審	るいしん	増築	ぞうちく
[壻]	むこ	増額	ぞうがく
[塀]	へい	[墨]	すみ
[塩]	えん・しお	墨盒	すみばこ

墨絵　すみえ
[境]　きょう・さかい
境内　けいだい
境目　さかいめ
境地　きょうち
境界　きょうかい
境遇　きょうぐう
[塾]　じゅく
[塵]　ちり・ごみ
塵紙　ちりがみ
[墜]
墜落　ついらく
[壁]　かべ
壁画　へきが
壁紙　かべがみ
壁掛　かべかけ
壁新聞　かべしんぶん
[壇]　だん
[壊]　かい・こわす・こわれる
壊血病　かいけつびょう
壊物　こわれもの
壊滅　かいめつ
[壜]　びん

士部

[壮]　そう
壮大　そうだい
壮行　そうこう
壮年　そうねん
壮快　そうかい
壮挙　そうきょ
壮健　そうけん
壮観　そうかん
[声]　せい・こわ・こえ
声色　こわいろ
声価　せいか
声明　せいめい
声音　こわね
声変　こえがわり
声帯　せいたい
声帯模写　せいたいもしゃ
声高　こわだか

声望　せいぼう
声域　せいいき
声援　せいえん
声楽　せいがく
声調　せいちょう
声優　せいゆう
[売]　ばい・うり・うる・うれる
売上　うりあげ
売子　うりこ
売口　うりくち・うれくち
売切　うりきれる
売手　うりて
売込　うりこむ
売出　うりだす
売行　うれゆき
売却　ばいきゃく
売言葉　うりことば
売国　ばいこく
売物　うりもの
売店　ばいてん
売春　ばいしゅん
売買　ばいばい
[壺]　つぼ

工部

[工]　こう・く
工夫　くふう
工芸　こうげい
工作　こうさく
工具　こうぐ
工学　こうがく
工事　こうじ
工科　こうか
工員　こういん
工場　こうば・こうじょう
工業　こうぎょう
[巧]　こう・たくみ・たくむ
巧妙　こうみょう
巧言　こうげん
[左]　さ・ひだり
左手　ひだりて
左右　さゆう

左派	さは	対外放送	たいがいほうそう
左翼	さよく	対外貿易	たいがいぼうえき
左顧右眄	さこうべん	対処	たいしょ
[差]	さ・さし・さす	対局	たいきょく
差入	さしいる	対応	たいおう
差上	さしあげる	対抗	たいこう
差止	さしとめる	対決	たいけつ
差引	さしひき・さしひく	対岸	たいがん
差支	さしつかえ・	対峙	たいじ
	さしつかえる	対面	たいめん
差出	さしだす	対校試合	たいこうじあい
差出人	さしだしにん	対流	たいりゅう
差込	さしこみ・さしこむ	対案	たいあん
差向	さしむかい・さしむき	対称	たいしょう
差当	さしあたり	対象	たいしょう
差別	さべつ	対等	たいとう
差迫	さしせまる	対策	たいさく
差戻	さしもどす	対話	たいわ
差押	さしおさえる	対照	たいしょう
差異	さい	対談	たいだん
差掛	さしかかる	[寿]	
差控	さしひかえる	寿司	すし
差違	さい	寿命	じゅみょう
差置	さしおく	[封]	ほう・ふう・ふうじる
差障	さしさわり	封切	ふうきり

戈部

[式]	しき
式典	しきてん
式場	しきじょう

封建	ほうけん
封筒	ふうとう
封鎖	ふうさ
[耐]	たい・たえる
耐久	たいきゅう
耐火	たいか
耐忍	たえしのぶ

寸部

[寸]	すん	[専]	せん・もっぱら
寸志	すんし	専一	せんいつ
寸法	すんぽう	専心	せいしん
寸時	すんじ	専用	せんよう
寸評	すんぴょう	専任	せんにん
寸劇	すんげき	専売	せんばい
[寺]	てら	専攻	せんこう
[対]	たい・たいする・つい	専制	せんせい
対比	たいひ	専念	せんねん
対立	たいりつ	専門	せんもん

専門家　せんもんか
専門語　せんもんご
専科　せんか
専修　せんしゅう
専務　せんむ
専従　せんじゅう
専断　せんだん
専横　せんおう
[射]　しゃ・さす・いる
射止　いとめる
射撃　しゃげき
[将]　しょう
将来　しょうらい
将棋　しょうぎ
[尊]　そん・たっとい・たっとぶ
　・とうとい・とうとぶ
尊大　そんだい
尊重　そんちょう
尊敬　そんけい
尊属　そんぞく
[尋]　じん・たずねる
お尋者　おたずねもの
尋問　じんもん
[導]　どう・みちびく
導火線　どうかせん

扌部

[才]　さい
才気　さいき
才走　さいばしる
才能　さいのう
才媛　さいえん
才識　さいしき
[打]　だ・うち・うつ・ぶつ
打上　うちあげ・うちあげる
打止　うちどめ
打込　うちこむ
打合　うちあわせ・う
　ちあわせる
打返　うちかえす
打者　だしゃ
打取　うちとる

打明　うちあける
打砕　うちくだく
打留　うちどめ
打殺　ぶちころす
打破　うちやぶる
打開　だかい
打寄　うちよせる
打掛　うちかけ
打勝　うちかつ
打診　だしん
打楽器　だがっき
打算　ださん
打撃　だげき
打壊　ぶちこわす
[払]　はらう
払込　はらいこむ
[托]　たくする
[抗]　こう・あらがう
抗争　こうそう
抗議　こうぎ
[扶]
扶養　ふよう
[技]　ぎ・わざ
技巧　ぎこう
技芸　ぎげい
技師　ぎし
技能　ぎのう
技術　ぎじゅつ
[抉]　えぐる
[把]　わ
把手　とって
把握　はあく
[批]　ひ
批判　ひはん
批評　ひひょう
批難　ひなん
[投]　とう・とうじる・なげ・な
　げる
投キッス　なげキッス
投下　とうか
投手　とうしゅ
投出　なげだす

投込	なげこむ	抜群	ばつぐん
投売	なげうり	[拍]	はく・ひょう
投書	とうしょ	拍子	ひょうし
投票	とうひょう	拍手	はくしゅ
投球	とうきゅう	拍車	はくしゃ
投遣	なげやり	[拒]	きょ・こばむ
投資	とうし	拒否	きょひ
投槍	なげやり	拒絶	きょぜつ
投影図	とうえいず	[抵]	てい
投機	とうき	抵当	ていとう
[抑]	よく・おさえつける・おさえ	抵抗	ていこう
		抵触	ていしょく
抑圧	よくあつ	[拈]	ひねる
抑制	よくせい	[抽]	ちゅう
[折]	せつ・おり・おりから・おりよく・おる・おれる	抽出	ちゅうしゅつ
		抽象	ちゅうしょう
折目	おりめ	抽象的	ちゅうしょうてき
折合	おりあい・おりあう	抽象派	ちゅうしょうは
折返	おりかえし・おりかえす	抽選	ちゅうせん
		抽籤	ちゅうせん
折折	おりおり	[拘]	こう・こだわる
折角	せっかく	拘束	こうそく
折紙	おりがみ	拘留	こうりゅう
折衷	せっちゅう	拘置	こうち
折畳	おりたたむ	[拠]	きょ・よりどころ・よる
折節	おりふし	拠点	きょてん
折衡	せっしょう	[招]	しょう・まねく
[抓]	つねる	招待	しょうたい
[扱]	あつかい・あつかう・しごく	[拗]	すねる・ねじける
		拗音	ようおん
扱使	こきつかう	[拡]	かく
[抜]	ばつ・ぬき・ぬかす・ぬく・ぬける	拡大	かくだい
		拡充	かくじゅう
抜打	ぬきうち	拡声器	かくせいき
抜出	ぬきだす・ぬけだす・ぬけでる	拡張	かくちょう
		拡散	かくさん
抜目	ぬけめ	[拙]	つたない
抜取	ぬきとる	拙劣	せつれつ
抜書	ぬきがき	[抱]	ほう・いだく・かかえる・だき・だく
抜萃	ばっすい		
抜殻	ぬけがら	抱上	だきあげる
抜道	ぬけみち	抱込	かかえこむ・だきこむ

抱合　だきあう
抱抱　だきかかえる
抱取　だきとる
抱負　ほうふ
抱起　だきおこす
抱留　だきとめる
抱竦　だきすくめる
抱着　だきつく
抱締　だきしめる
抱擁　ほうよう
[担]　たん・かつぐ・になう
担当　たんとう
担任　たんにん
担保　たんぽ
[披]
披露　ひろう
[拝]　はい・おがむ
拝見　はいけん
拝借　はいしゃく
拝啓　はいけい
拝復　はいふく
拝察　はいさつ
拝読　はいどく
[押]　おさえ・おさえる・おし・
　おしつける・おす
押ボタン　おしボタン
押入　おしいれ・おしいる
押切　おしきり・おしきる
押付　おさえつける
押出　おしだし・おしだす
押込　おしこむ
押売　おしうり
押迫　おしせまる
押紙　おしがみ
押通　おしとおす
押掛　おしかける
押寄　おしよせる
押絵　おしえ
押詰　おしつめる・
　おしつまる
[拷]
拷問　ごうもん

[拭]　ぬぐう・ふく
[按]
按摩　あんま
[持]　じ・もたせる・もち・
　もつ・もてる
持上　もちあがる・もちあ
　げる
持主　もちぬし
持出　もちだす
持込　もちこむ
持合　もちあわせ
持って来い　もってこい
持参　じさん
持物　もちもの
持直　もちなおす
持味　もちあじ
持病　じびょう
持場　もちば
持続　じぞく
持駒　もちごま
[指]　し・ゆび・さす・ゆびさす
指ぬき　ゆびぬき
指切　ゆびきり
指示　しじ
指令　しれい
指名　しめい
指名手配　しめいてはい
指図　さしず
指折　ゆびおり
指定　してい
指絞　しもん
指貫　ゆびぬき
指揮　しき
指数　しすう
指摘　してき
指輪　ゆびわ
指導　しどう
指環　ゆびわ
[拾]　ひろう
[挑]　ちょう・いどむ
挑発　ちょうはつ
挑戦　ちょうせん

挑撥	ちょうはつ	接触	せっしょく
[括]	かつ・くくる	接戦	せっせん
括弧	かっこ	接続	せつぞく
[捛]	むしる	接続詞	せつぞくし
[挌]	かく	接種	せっしゅ
挌闘	かくとう	接頭語	せっとうご
[捗]	はかどる	[掠]	りゃく・かすめる・かすり
[捕]	ほ・つかまえる・つかまる		・かする
	・つかませる・とらえる	掠奪	りゃくだつ
捕虜	ほりょ	[捩]	よじる・ねじれる
捕獲	ほかく	[探]	たん・さぐり・さぐる・さ
[振]	しん・ふり・ぶり・ふる・		がす
	ふるう	探求	たんきゅう
振子	ふりこ	探険	たんけん
振込	ふりこむ	探偵	たんてい
振向	ふりむく	探検	たんけん
振仮名	ふりがな	[捲]	まくる・めくる
振返	ふりかえる	[捧]	ささげる
振動	しんどう	[掛]	かかり・かかる・
振替	ふりかえる		かけ・かける
振幅	しんぷく	掛合	かけあう
振舞	ふるまう	掛声	かけごえ
[挟]	はさまる・はさむ	掛持	かけもち
[捌]	さばく・さばける	掛時計	かけどけい
捌口	はけぐち	掛値	かけね
[挫]	くじく・くじける	掛替	かけがえ
挫折	ざせつ	掛軸	かけじく
[挨]		[措]	
挨拶	あいさつ	措置	そち
[捆]		[捺]	
捆包	こんぽう	捺染	なっせん
[控]	ひかえ・ひかえる	[掩]	
控目	ひかえめ	掩護	えんご
[接]	せつ・せっする・はぐ・つ	[掃]	そう・はく
	ぐ	掃除	そうじ
接木	つぎき	[据]	すえる
接見	せっけん	据付	すえつける
接近	せっきん	据置	すえおく
接尾語	せつびご	[掘]	ほる
接待	せったい	[排]	はい
接点	せってん	排水	はいすい
接着剤	せっちゃくざい	排斥	はいせき

排気	はいき	推論	すいろん
排除	はいじょ	推薦	すいせん
[捻]	ねん・ねじる・ねじれる	[捥]	もぎる・もぐ
	ひねる	[描]	びょう・えがく
捻挫	ねんざ	描写	びょうしゃ
[授]	じゅ・さずかる・さずける	[掟]	おきて
授受	じゅじゅ	[掲]	けい・かかげる
授業	じゅぎょう	掲示	けいじ
[採]	さい	掲足	あげあし
採用	さいよう	掲載	けいさい
採光	さいこう	[挿]	そう・さし
採決	さいけつ	挿木	さしき
採択	さいたく	挿絵	さしえ
採否	さいひ	挿話	そうわ
採取	さいしゅ	[捜]	そう・さがす
採点	さいてん	捜査	そうさ
採納	さいのう	捜索	そうさく
採掘	さいくつ	[捏]	こねる
採集	さいしゅう	[揮]	
採算	さいさん	揮発	きはつ
[捨]	すて・すてる	[挪]	
捨子	すてご	挪揄	やゆ
捨石	すていし	[揉]	もむ・もめる
捨置	すておく	揉事	もめごと
[掬]	すくう	[握]	あく・にぎる
[挽]		お握り	おにぎり
挽歌	ばんか	握力	あくりょく
[掏]	する	握手	あくしゅ
掏児	すり	握飯	にぎりめし
掏摸	すり	握鮨	にぎりずし
[推]	おす・すい・すいする	[提]	てい
推定	すいてい	提示	ていじ
推計	すいけい	提灯	ちょうちん
推挙	すいきょ	提言	ていげん
推移	すいい	提供	ていきょう
推進	すいしん・おしすすめる	提起	ていき
推理	すいり	提案	ていあん
推測	すいそく	提唱	ていしょう
推量	すいりょう・おしはかる	提携	ていけい
推敲	すいこう	[揚]	あがる・あげ・あげる
推察	すいさつ	揚句	あげく
推賞	すいしょう	揚物	あげもの

［援］　えん
援助　えんじょ
援護　えんご
［換］
換言　かんげん
換骨奪胎　かんこつだったい
換算　かんさん
［揃］　そろい・そろう・
　　そろえる
［搭］
搭乗　とうじょう
［搾］　しぼる
搾取　さくしゅ
［搔］　かき・かく
搔立　かきたてる
搔回　かきまわす
搔乱　かきみだす
搔寄　かきよせる
［損］　そん・そんじる・
　　そこなう
損失　そんしつ
損害　そんがい
損益　そんえき
損料　そんりょう
損得　そんとく
損傷　そんしょう
損壊　そんかい
［揺］　ゆする・ゆらぐ・
　　ゆるぐ・ゆれる
［搗］　つく
［摸］　も
摸倣　もほう
摸索　もさく
［摂］　せつ
摂氏　せっし
摂取　せっしゅ
［摘］　つまみ・つまむ・つむ
お摘　おつまみ
摘発　てきはつ
［摑］　つかむ
［携］　たずさえる・たずさわる
携帯　けいたい

［撞］　つく
［撤］　てつ
撤回　てっかい
撤廃　てっぱい
［撥］　はねる
撥音　はつおん
［撮］　とる
撮影　さつえい
［撫］　なでる
撫下　なでなろす
撫子　なでしこ
撫肩　なでがた
［撚］　よる
［擁］　ようする
擁護　ようご
［擂］
擂鉢　すりばち
擂潰　すりつぶす
［操］　そう・あやつる
操人形　あやつりにんぎょう
操行　そうこう
操作　そうさ
操業　そうぎょう
操縦　そうじゅう
［擦］　かする・こする・
　　する・すれる
擦込　すりこむ
擦拔　すりぬける
擦剝　すりむく
擦寄　すりよる
擦替　すりかえる
擦傷　すりきず
擦違　すれちがう
［擡］　もたげる
［擬］　ぎ
擬人法　ぎじんほう
擬声語　ぎせいご
擬音　ぎおん
擬態　ぎたい
擬心暗鬼　ぎしんあんき
［擤］　かむ

大部

[大] おお・おおいに・
おおきい・おおきな・
おおげさ・おおざっぱ・
おおっぴら・おおまる・
おおまか・おおよそ・た
い・だい

大人　おとな・おとなしい
大工　だいく
大小　だいしょう
大丈夫　だいじょうぶ
大山　たいざん
大口　おおぐち
大文字　だいもんじ
大木　たいぼく
大分　だいぶ
大水　おおみず
大半　たいはん
大正　たいしょう
大切　たいせつ
大写　おおうつし
大立者　おおだてもの
大目　おおめ
大目玉　おおめだま
大安　たいあん
大会　たいかい
大好　だいすき
大成　たいせい
大西洋　たいせいよう
大多数　だいたすう
大地　だいち
大同小異　だいどうしょうい
大名　だいみょう
大言壮語　だいげんそうご
大局　たいきょく
大豆　だいず
大臣　だいじん
大体　だいたい
大役　たいやく
大麦　おおむぎ
大形　おおがた

大物　おおもの
大学　だいがく
大学生　だいがくせい
大雨　おおあめ
大金　たいきん
大事　だいじ
大使　たいし
大使館　たいしかん
大国　たいこく
大抵　たいてい
大洋州　たいようしゅう
大変　たいへん
大風　おおかぜ
大柄　おおがら
大家　たいか・おおや
大屋　おおや
大型　おおがた
大食　おおぐい
大相撲　おおずもう
大胆　だいたん
大便　だいべん
大病　たいびょう
大通　おおどおり
大将　たいしょう
大笑　おおわらい
大根　だいこん
大砲　たいほう
大陸　たいりく
大陸性気候　たいりくせい
　きこう
大粒　おおつぶ
大理石　だいりせき
大略　たいりゃく
大掃除　おおそうじ
大雪　おおゆき
大掛　おおがかり
大差　たいさ
大部分　だいぶぶん
大望　だいもう
大規模　だいきぼ
大黒柱　だいこくばしら
大動脈　だいどうみゃく

大過	たいか	天花粉	てんかふん
大道	だいどう	天使	てんし
大幅	おおはば	天性	てんせい
大衆	たいしゅう	天国	てんごく
大勝	たいしょう	天皇	てんのう
大隊	だいたい	天候	てんこう
大統領	だいとうりょう	天真爛漫	てんしんらん
大智	たいち		まん
大量	たいりょう	天秤	てんびん
大意	たいい	天窓	てんまど
大概	たいがい	天然	てんねん
大義	たいぎ	天然宝石	てんねんほうせき
大勢	おおぜい・たいせい	天然痘	てんねんとう
大群	たいぐん	天晴	あっぱれ
大戦	たいせん	天麩羅	てんぷら
大腸	だいちょう	[夫]	ふ・おっと
大漁	たいりょう	夫人	ふじん
大綱	たいこう	夫妻	ふさい
大層	たいそう	夫婦	ふうふ
大様	おおよう	[失]	しつ・うしなう
大儀	たいぎ	失礼	しつれい
[太]	たい・ふとい・ふとる	失言	しつげん
太刀	たち	失明	しつめい
太刀魚	たちうお	失恋	しつれん
太平洋	たいへいよう	失格	しっかく
太字	ふとじ	失望	しつぼう
太極拳	たいきょくけん	失敗	しっぱい
太陽	たいよう	失敬	しっけい
太鼓	たいこ	失業	しつぎょう
[天]	てん	失調	しっちょう
天下	てんか	[奉]	ほう・たてまつる
天才	てんさい	奉公	ほうこう
天文	てんもん	奉仕	ほうし
天井	てんじょう	[弁]	
天分	てんぶん	奔走	ほんそう
天地	てんち	[奇]	き
天気	てんき	奇才	きさい
お天気屋	おてんきや	奇妙	きみょう
天衣無縫	てんいむほう	奇抜	きばつ
天邪鬼	あまのじゃく	奇怪	きかい
天災	てんさい	奇遇	きぐう
天体	てんたい	奇跡	きせき

奇想天外　きそうてんがい
奇数　きすう
奇縁　きえん
奇観　きかん
奇麗　きれい
[契]　けい・ちぎる
契約　けいやく
契機　けいき
[奏]　そうする・かなでる
[奢]　おごり・おごる
[奥]　おく・おくゆかしい
奥さん　おくさん
奥手　おくのて
奥付　おくづけ
奥行　おくゆき
奥地　おくち
奥底　おくそこ
奥深　おくぶかい
奥歯　おくば
奥様　おくさま
[奨]　しょう
奨励　しょうれい
奨学金　しょうがくきん
[奪]　うばう
[奮]　ふん・ふるう
奮発　ふんぱつ

廾部

[弄]　ろうする
[弊]
弊害　たいがい

九部

[尤]　もっとも
尤もらしい　もっともらしい
[就]　しゅう・ついて・つく
就任　しゅうにん
就学　しゅうがく
就業　しゅうぎょう
就職　しゅうしょく

己部

[己]　おのれ
[已]　すでに
[巷]　ちまた

弓部

[弓]　ゆみ
弓矢　ゆみや
弓形　ゆみなり
弓馬　きゅうば
[弔]　ちょう・とむらう
弔辞　ちょうじ
弔電　ちょうでん
[引]　いん・ひかれる・ひき・
　ひく
引力　いんりょく
引上　ひきあげる
引分　ひきわけ
引戸　ひきど
引火　いんか
引切無　ひっきりなし
引出　ひきだし・ひきだす
引用　いんよう
引込　ひきこむ
引伸　ひきのばす
引抜　ひきぬく
引返　ひきかえす
引延　ひきのばす
引金　ひきがね
引退　いんたい
引起　ひきおこす
引率　いんそつ
引張　ひっぱる
引喩　いんゆ
引続　ひきつづき
引算　ひきざん
引摺　ひきずる
引綱　ひきづな
引潮　ひきしお
[弘]
弘法　こうぼう

[弛] たゆむ・たるむ・
　　ゆるい・ゆるむ・ゆるめる
[弟] てい・おとうと
弟子 でし
[弦] げん
弦楽 げんがく
弦楽器 げんがっき
[弧] こ
弧線 こせん
[弥]
弥生 やよい
[弱] じゃく・よわい・よわる
　　・よわまる・よわめる
弱目 よわりめ
弱気 よわき
弱虫 よわむし
弱音 よわね
弱味 よわみ
弱点 じゃくてん
弱弱 よわよわしい
弱視 じゃくし
[張] ちょう・はり・はる
張力 ちょうりょく
張上 はりあげる
張子 はりこ
張切 はりきる
張本人 ちょうほんにん
張付 はりつける
張込 はりこむ
張合 はりあい
[強] きょう・ごう・しいて・
　　しいる・こわい・つよい・
　　つよめる
強力 ごうりき
強大 きょうだい
強引 ごういん
強心剤 きょうしんざい
強化 きょうか
強弁 きょうべん
強気 つよき
強行 きょうこう
強壮 きょうそう

強迫 きょうはく
強国 きょうこく
強制 きょうせい
強度 きょうど
強烈 きょうれつ
強情 ごうじょう
強盗 ごうとう
強硬 きょうこう
強奪 ごうだつ
強敵 きょうてき
強権 きょうけん
強調 きょうちょう
強襲 きょうしゅう
[弾] だん・たま・はじく・はず
　　み・はずむ・ひく
弾力 だんりょく
弾丸 だんがん
弾圧 だんあつ
弾性 だんせい
弾劾 だんがい
弾薬 だんやく
[彎]
彎曲 わんきょく

尸部

[尺] しゃく
尺八 しゃくはち
尺度 しゃくど
[尻] しり
尻目 しりめ
尻込 しりごみ
尻尾 しっぽ
尻取 しりとり
尻押 しりおし
尻馬 しりうま
尻餅 しりもち
[尼] あま
[尽] つきる・つくす
尽力 じんりょく
[局] きょく
局外 きょくがい
局面 きょくめん

［屁］　へ
屁理屈　へりくつ
［尿］　にょう
尿毒症　にょうどくしょう
尿素　にょうそ
尿道　にょうどう
尿意　にょうい
［尾］　お
尾行　びこう
尾鰭　おひれ
［届］　とどく・とどけ・
　とどける
［居］　きょ・いる・おる
居心地　いごこち。
居合　いあわせる
居住　きょじゅう
居所　いどころ・きょしょ
居留　きょりゅう
居酒屋　いざかや
居眠り　いねむり
居間　いま
居場所　いばしょ
［屈］　くっする・かがむ
屈伏　くっぷく
屈折　くっせつ
屈服　くっぷく
［屋］　おく・や
屋上　おくじょう
屋内　おくない
屋外　おくがい
屋台　やたい
屋根　やね
屋敷　やしき
［屏］
屏風　びょうぶ
［展］　てん
展示　てんじ
展望　てんぼう
展開　てんかい
展覧会　てんらんかい
［屑］　くず
［屠］　ほふる

屠蘇　とそ
［属］　ぞくする
属国　ぞっこく
属性　ぞくせい
［層］　そう
［履］　り・はく
履行　りこう
履物　はきもの
履修　はしゅう
履歴　りれき

廴部

［延］　えん・のべ
延延　えんえん
延長　えんちょう
延納　えんのう
延焼　えんしょう
延期　えんき
延着　えんちゃく
延滞　えんたい
［建］　けん・たつ・たてる
建立　こんりゅう
建物　たてもの
建国　けんこく
建具　たてぐ
建直　たてなおす
建前　たてまえ
建造　けんぞう
建設　けんせつ
建設的　けんせつてき
建築　けんちく
［廻］　かい
廻転　かいてん
廻覧　かいらん

子部

［子］　し・こ・ね
子午線　しごせん
子分　こぶん
子会社　こがいしゃ
子守　こもり
子沢山　こだくさん

子供　こども
子音　しいん・しおん
子持　こもち
子孫　しそん
子細　しさい
子煩悩　こぼんのう
[孔]　あな
孔雀　くじゃく
[孕]　はらむ
[存]　そん・ぞんじる・ぞんする
存亡　そんぼう
存分　ぞんぶん
存立　そんりつ
存在　そんざい
存続　そんぞく
[孝]
孝行　こうこう
[季]　き
季刊　きかん
季節　きせつ
[孤]
孤立　こりつ
孤児　みなしご・こじ
孤独　こどく
[孫]　そん・まご
孫手　まごのて

阝（左）部

[防]　ぼう・ふせぐ
防止　ぼうし
防火　ぼうか
防水　ぼうすい
防犯　ぼうはん
防波堤　ぼうはてい
防音　ぼうおん
防疫　ぼうえき
防雪　ぼうせつ
防御　ぼうぎょ
防寒　ぼうかん
防腐剤　ぼうふざい
防衛　ぼうえい
防禦　ぼうぎょ

[阪]
阪神　はんしん
[阿]　あ
阿片　あへん
阿呆　あほう
阿房　あほう
[阻]　そ・はばむ
阻止　そし
阻害　そがい
阻喪　そそう
[附]
附属　ふぞく
[限]　げん・かぎり・かぎる
限定　げんてい
限度　げんど
限界　げんかい
[降]　こう・おりる・おろす・ふる
降伏　こうふく
降参　こうさん
降雪　こうせつ
降服　こうふく
[陥]　かん・おちいる・おとしいれる
陥穽　かんせい
陥落　かんらく
[院]　いん
院長　いんちょう
院政　いんせい
[陛]
陛下　へいか
[除]　じょ・のぞく
除外　じょがい
除名　じょめい
除夜　じょや
除幕　じょまく
除籍　じょせき
除塵機　じょじんき
[陸]　りく
陸上　りくじょう
陸軍　りくぐん
陸揚　りくあげ

陸運	りくうん	階層	かいそう
陸戦	りくせん	[隆]	
陸橋	りっきょう	隆盛	りゅうせい
[陵]		[随]	ずい
陵墓	りょうぼ	随一	ずいいち
[陳]	ちん	随分	ずいぶん
陳列	ちんれつ	随行	ずいこう
陳情	ちんじょう	随員	ずいいん
陳腐	ちんぷ	随筆	ずいひつ
[陰]	いん・かげ	随意	ずいい
陰口	かげぐち	随徳寺	ずいとくじ
陰気	いんき	[隘]	
陰険	いんけん	隘路	あいろ
陰陽	いんよう	[隔]	かく・へだて・へだてる・
陰極	いんきょく		へだたる
陰暦	いんれき	隔日	かくじつ
陰謀	いんぼう	隔世	かくせい
[険]	けん・けわしい	隔絶	かくぜつ
険悪	けんあく	隔靴掻痒	かっかそうよう
[陶]	とう	隔離	かくり
陶磁器	とうじき	[隙]	すき・ひま
陶器	とうき	隙間	すきま
[隊]	たい	[隕]	
隊列	たいれつ	隕石	いんせき
隊長	たいちょう	[障]	しょう・さわり・さわる
隊員	たいいん	障子	しょうじ
[陽]	よう	障碍	しょうがい
陽気	ようき	障害	しょうがい
陽炎	かげろう	[隠]	いん・かくす・かくれる
陽画	ようが	隠元豆	いんげんまめ
陽性	ようせい	隠者	いんじゃ
陽射	ひざし	隠居	いんきょ
陽極	ようきょく	隠喩	いんゆ
陽電気	ようでんき	隠遁	いんとん
陽暦	ようれき	隠語	いんご
[隅]	すみ	[際]	さい・さいして・きわ
[隈]	くま	際立	きわだつ
隈取	くまどり	際物	きわもの
隈無	くまなく	[隣]	りん・となり
[階]	かい	隣人	りんじん
階級	かいきゅう	隣邦	りんぽう
階段	かいだん	隣国	りんごく

隣接　りんせつ
[隧]
隧道　すいどう

阝（右）部

[邪]　よこしま
邪魔　じゃま
[邦]
邦楽　ほうがく
[邯]
邯鄲　かんたん
[邸]　やしき
[郊]
郊外　こうがい
[部]　ぶ
部下　ぶか
部分　ぶぶん
部門　ぶもん
部長　ぶちょう
部屋　へや
部品　ぶひん
部厚　ぶあつい
部首　ぶしゅ
部落　ぶらく
部隊　ぶたい
[郵]　ゆう
郵便　ゆうびん
郵政　ゆうせい
郵政省　ゆうせいしょう
郵送　ゆうそう
郵税　ゆうぜい
[都]　と・みやこ
都内　とない
都心　としん
都合　つごう
都市　とし
都立　とりつ
都会　とかい
都度　つど
都政　とせい
都営　とえい
[郷]　きょう

郷土　きょうど
郷里　きょうり
郷愁　きょうしゅう
[鄭]
鄭重　ていちょう

口部

[口]　こう・くち・くちうるさい
口火　くちび
口元　くちもと
口出　くちだし
口汚　くちぎたない
口先　くちさき
口車　くちぐるま
口述　こうじゅつ
口実　こうじつ
口紅　くちべに
口真似　くちまね
口振　くちぶり
口笛　くちぶえ
口喧嘩　くちげんか
口裏　くちうら
口数　くちかず
口語　こうご
口頭　こうとう
口調　くちょう
口癖　くちぐせ
口籠　くちごもる
[叶]　かなえる
[叫]　さけぶ
[右]　う・みぎ
右左　みぎひだり
右往左往　うおうさおう
右翼　うよく
右顧左眄　うこさべん
[司]　し・つかさどる
司令　しれい
司会　しかい
司法　しほう
司書　ししょ
[召]　めし
お召し　おめし

召上 めしあがる・めしあげる
召使 めしつかい
[叩] はたき・たたき・たたく・
　はたく
叩上 たたきあげる
叩付 たたきつける
叩売 たたきうり
叩起 たたきおこす
叩壊 たたきこわす
叩落 たたきおとす
[可] か
可否 かひ
可決 かけつ
可哀相 かわいそう
可笑 おかしい
可能 かのう
可能性 かのうせい
可能動詞 かのうどうし
可愛 かわいい・かわいがる
　・かわいらしい
可憐 かれん
[史] し
史上 しじょう
史跡 しせき
史蹟 しせき
史劇 しげき
[台] たい・だい
台本 だいほん
台形 だいけい
台所 だいどころ
台風 たいふう
台紙 だいし
台帳 だいちょう
台詞 せりふ
台無 だいなし
台頭 たいとう
[号] ごう
号令 ごうれい
[叱] しかる
[只] ただ
只今 ただいま
只乗 ただのり

[古] こ・ふるい・ふるめかしい
　・ふるびる・ふるぼける
古文 こぶん
古文書 こもんじょ
古代 こだい
古本 ふるほん
古典 こてん
古典主義 こてんしゅぎ
古着 ふるぎ
古跡 こせき
古語 こご
[句] く
句切 くぎり・くぎる
句点 くてん
句読点 くとうてん
[名] めい・な・なばかり
名人 めいじん
名文 めいぶん
名目 めいもく
名付 なづける
名札 なふだ
名句 めいく
名曲 めいきょく
名字 みょうじ
名利 めいり
名声 めいせい
名作 めいさく
名言 めいげん
名医 めいい
名門 めいもん
名物 めいぶつ
名所 めいしょ
名刺 めいし
名画 めいが
名刹 めいさつ
名柄 めいがら
名前 なまえ
名乗 なのる
名案 めいあん
名高い なだかい
名残 なごり
名残惜 なごりおしい

名称	めいしょう
名訳	めいやく
名望	めいぼう
名著	めいちょ
名産	めいさん
名勝	めいしょう
名詞	めいし
名義	めいぎ
名誉	めいよ
名跡	めいせき
名優	めいゆう
名簿	めいぼ
[吉]	きち
吉日	きちじつ
[吃]	どもり
吐	はき・はく・つく
吐出	はきだす
吐気	はきけ
[同]	どう・おなじ・おなじく
同一	どういつ
同人	どうじん
同士	どうし
同氏	どうし
同化	どうか
同年	どうねん
同好	どうこう
同志	どうし
同位	どうい
同居	どうきょ
同姓	どうせい
同性	どうせい
同室	どうしつ
同胞	どうほう
同封	どうふう
同時	どうじ
同級	どうきゅう
同情	どうじょう
同窓	どうそう
同郷	どうきょう
同棲	どうせい
同期	どうき
同意	どうい

同盟	どうめい
同様	どうよう
同義語	どうぎご
同慶	どうけい
同僚	どうりょう
同輩	どうはい
[吊]	つり・つる・つるす
吊上	つりあげる
吊革	つりかわ
吊柿	つるしがき
吊輪	つりわ
吊橋	つりばし
[向]	こう・むかい・むかう・む き・むけ・むこう・むく・ むける
向上	こうじょう
向心力	こうしんりょく
向日葵	ひまわり
向合	むきあう
[合]	ごう・がっする・あい・あ う・あわせ・あわせて・ あわせる
合力	ごうりき
合口	あいくち
合冊	がっさつ
合弁	ごうべん
合本	がっぽん
合気道	あいきどう
合同	ごうどう
合成	ごうせい
合言葉	あいことば
合作	がっさく
合併	がっぺい
合性	あいしょう
合図	あいず
合金	ごうきん
合奏	がっそう
合計	ごうけい
合点	がってん
合流	ごうりゅう
合理	ごうり
合格	ごうかく

合唱　がっしょう
合掌　がっしょう
合意　ごうい
合歓木　ねむのき
合縁奇縁　あいえんきえん
[各]　かく・おの・おのおの
各人　かくじん
各自　かくじ
各地　かくち
各位　かくい
各種　かくしゅ
[吸]　すい・すう
吸上　すいあげる
吸収　きゅうしゅう
吸込　すいこむ
吸出　すいだす
吸付　すいつく・すいつける
吸取　すいとる
吸取紙　すいとりがみ
吸寄　すいよせる
[吹]　ふき・ふく・ふかす
吹込　ふきこむ
吹回　ふきまわし
吹飛　ふきとばす
吹雪　ふぶき
吹捲　ふきまくる
吹替　ふきかえ
[呉]　ご・くれる
呉服　ごふく
呉音　ごおん
[呈]　ていする
[呆]　あきれる・ほける
呆気ない　あっけない
[君]　くん・きみ
君子　くんし
君主　くんしゅ
[含]　がん・ふくめる・ふくむ
含蓄　がんちく
[吟]
吟味　ぎんみ
[告]　こく・つげる
告口　つげぐち

告示　こくじ
告白　こくはく
告別　こくべつ
告知　こくち
告発　こくはつ
告訴　こくそ
[呑]
呑兵衛　のんべえ
[吾]
吾妻　あずま
[否]　ひ・いなむ・いなや・
　　いなめない・いや
否決　ひけつ
否定　ひてい
[吼]　ほえる
[吠]　ほえる
[和]　わ・なごやか・やわらげる
和平　わへい
和式　わしき
和尚　おしょう
和服　わふく
和風　わふう
和食　わしょく
和室　わしつ
和紙　わし
和酒　わしゅ
和菓子　わがし
和装　わそう
和漢　わかん
和解　わかい
和製　わせい
和語　わご
和歌　わか
[命]　めい・いのち・めいじる・
　　めいずる
命日　めいにち
命中　めいちゅう
命令　めいれい
命名　めいめい
命取　いのちとり
命拾　いのちびろい
命脈　めいみゃく

命綱	いのちづな	哀愁	あいしゅう
命懸	いのちがけ	哀願	あいがん
[味]	み・あじ・あじわい・あじわう	[品]	ひん・しな
		品切	しなぎれ
味方	みかた	品目	ひんもく
味付	あじつけ	品物	しなもの
味気無	あじけない	品種	ひんしゅ
味見	あじみ	品質	ひんしつ
味覚	みかく	[唐]	とう・から
味噌	みそ	唐辛子	とうがらし
味噌汁	みそしる	唐音	とうおん
[呪]	のろう・まじない	[唆]	そそのかす
[呼]	こ・よび・よぶ	[唄]	うた
呼出	よびだす	[哺]	
呼応	こおう	哺乳	ほにゅう
呼吸	こきゅう	[唇]	くちびる
呼捨	よびすて	[哲]	
呼掛	よびかける	哲学	てつがく
呼鈴	よびりん	[商]	しょう・あきない・あきなう
[咎]	とがめる		
[周]	しゅう	商人	しょうにん
周辺	しゅうへん	商社	しょうしゃ
周囲	しゅうい	商売	しょうばい
周忌	しゅうき	商店	しょうてん
周波	しゅうは	商品	しょうひん
周知	しゅうち	商業	しょうぎょう
周旋	しゅうせん	商標	しょうひょう
周期	しゅうき	[唯]	ゆい・ただ
[呻]	うめく	唯一	ゆいいつ
[呟]	つぶやく	唯心	ゆいしん
[咽]	のど・むせぶ	唯今	ただいま
[咳]	せき	唯我独尊	ゆいがどくそん
咳込	せきこむ	唯物	ゆいぶつ
咳払	せきばらい	[啄]	
[咥]	くわえる	啄木鳥	きつつき
[咲]	さき・さく	[啜]	すする
咲乱	さきみだれる	啜上	すすりあげる
咲揃	さきそろう	啜泣	すすりなく
咲誇	さきほこる	[唱]	となえる
[哀]	あい・あわれ・あわれっぽい・あわれむ	[啓]	けい
		啓示	けいじ
哀惜	あいせき	啓発	けいはつ

啓蒙　けいもう
[唸]　うなり・うなる
[喜]　き・よろこび・うろこば
　　しい・よろこぶ
喜色　きしょく
喜怒哀楽　きどあいらく
喜劇　きげき
[喚]　わめく
喚問　かんもん
[喉]　のど
喉仏　のどぼとけ
[喪]
喪失　そうしつ
喪服　もふく
[喝]
喝采　かっさい
[喀]
喀血　かっけつ
[喇]
喇叭　ラッパ
[喩]　たとえ・たとえる
[喋]　しゃべる
[唾]　つば・つばき
唾液　だえき
[喫]　きつ・きっする
喫茶　きっさ
喫煙　きつえん
[喧]　やかましい
喧嘩　けんか
[喘]　あえぐ
喘息　ぜんそく
[善]　ぜん・いい・よい・
　　よくする
善かれ悪かれ　よかれあしかれ
善人　ぜんにん
善処　ぜんしょ
善良　せんりょう
善悪　ぜんあく・よしあし
善意　ぜんい
[嗅]　かぐ
嗅付　かぎつける
[嗜]　たしなむ

嗜好　しこう
[嗄]　かれる・しゃがれる
嗄声　しゃがれごえ
[嘆]　なげく
嘆息　たんそく
[嘘]　うそ
嘘付　うそつき
[嘗]　なめる
[噎]　むせぶ・むせる
噎泣　むせびなく
[噴]　ふん・ふく
噴水　ふんすい
噴火　ふんか
噴出　ふきだす
[嘶]　いななく
[噤]　つぐむ
[器]　き・うつわ
器用　きよう
器具　きぐ
器官　きかん
器械　きかい
器量　きりょう
器楽　きがく
[噂]　うわさ
[嘲]　ちょう・あざける
嘲弄　ちょうろう
嘲笑　ちょうしょう・
　　あざわらう
[嘴]　くちばし
[噪]　そう
噪音　そうおん
[噛]　かみ・かむ
噛分　かみわける
噛付　かみつく
噛合　かみあう
噛砕　かみくだく
噛殺　かみころす
[囀]　さえずる
[囁]　ささやく
[囃]
囃立　はやしたてる

□部

[四] し・よつ・よっつ・
よん

四月 しがつ
四方 しほう
四方山 よもやま
四日 よっか
四次元 よじげん
四角 しかく・しかくい・
よつかど
四季 しき
四面 しめん
四面楚歌 しめんそか
四這 よつんばい
四捨五入 ししゃごにゅう
四阿 あずまや
[因] いん・ちなみに・よる
因子 いんし
因果 いんが
因習 いんしゅう
因数 いんすう
因縁 いんねん
因襲 いんしゅう
[団] だん
団子 だんご
団地 だんち
団体 だんだい
団栗 どんぐり
団扇 うちわ
団結 だんけつ
[回] かい・まわり・まわす
・まわる
回収 かいしゅう
回生 かいせい
回虫 かいちゅう
回帰 かいき
回転 かいてん
回教 かいきょう
回答 かいとう
回復 かいふく
回道 まわりみち

回路 かいろ
回想 かいそう
回数 かいすう
回避 かいひ
回漕 かいそう
回覧 かいらん
回顧 かいこ
[図] ず
図示 ずし
図体 ずうたい
図説 ずせつ
図形 ずけい
図図 ずうずうしい
図表 ずひょう
図画 ずが
図柄 ずがら
図版 ずはん
図面 ずめん
図案 ずあん
図解 ずかい
図鑑 ずかん
[困] こん・こまる
困切 こまりきる
困果 こまりはてる
困者 こまりもの
困惑 こんわく
困難 こんなん
[囲] かこい・かこう・
かこみ・かこむ
囲炉裏 いろり
囲碁 いご
[固] ご・もとより・かたい・
かためる・かたまる
固守 こしゅ
固有 こゆう
固形 こけい
固体 こたい
固定 こてい
固唾 かたず
固執 こしつ・こしゅう
[国] こく・こっ・くに
お国 おくに

国力 こくりょく	国際 こくさい
国土 こくど	国際法 こくさいほう
国内 こくない	国際連合 こくさいれんごう
国文 こくぶん	国際語 こくさいご
国文法 こくぶんぽう	国歌 こっか
国文学 こくぶんがく	国語 こくご
国外 こくがい	国境 こっきょう・
国民 こくみん	くにざかい
国民性 こくみんせい	国旗 こっき
国民所得 こくみんしょとく	国慶節 こっけいせつ
国民総生産 こくみんそう	国賓 こくひん
せいさん	国籍 こくせき
国立 こくりつ	[園] えん
国立公園 こくりつこうえん	園芸 えんげい
国有 こくゆう	園長 えんちょう
国字 こくじ	
国会 こっかい	**巾部**
国交 こっこう	[市] し・いち
国名 こくめい	市内 しない
国技 こくぎ	市民 しみん
国防 こくぼう	市役所 しやくしょ
国定 こくてい	市長 しちょう
国学 こくがく	市販 しはん
国宝 こくほう	市街 しがい
国法 こくほう	市場 しじょう・いちば
国連 こくれん	[布] ぬの
国庫 こっこ	布団 ふとん
国家 こっか	[凧] たこ
国家公務員 こっかこうむいん	[帆] ほ
国書 こくしょ	[希] き・まれ
国産 こくさん	希望 きぼう
国鳥 こくちょう	希薄 きはく
国情 こくじょう	[帚] ほうき
国策 こくさく	[帝]
国営 こくえい	帝国 ていこく
国費 こくひ	[席] せき
国道 こくどう	席次 せきじ
国電 こくでん	[師] し
国債 こくさい	師走 しわす
国勢 こくせい	師匠 ししょう
国勢調査 こくせいちょうさ	師範 しはん
国鉄 こくてつ	[帳] ちょう

帳付 ちょうづけ	山茶花 さざんか
帳面 ちょうめん	山高帽子 やまたかぼうし
帳場 ちょうば	山脈 さんみゃく
帳簿 ちょうぼ	山桜 やまざくら
[帯] おび・おびる	山崩 やまくずれ
[帰] き・かえり・かえす・	山道 やまみち
かえる・きする	山稜 さんりょう
帰化 きか	山頂 さんちょう
帰宅 きたく	山奥 やまおく
帰国 きこく	山椒 さんしょう
帰省 きせい	山紫水明 さんしすいめい
帰納 きのう	山焼 やまやき
帰郷 ききょう	山開 やまびらき
帰還 きかん	山路 やまみち・やまじ
[常] つね・つねに	山葵 わさび
常用漢字 じょうようかんじ	山腹 さんぷく
常任 じょうにん	山査子 さんざし
常習犯 じょうしゅうはん	山麓 さんろく
常温 じょうおん	[岸] きし
常備 じょうび	[岩] いわ
常緑樹 じょうりょくじゅ	岩石 がんせき
常識 じょうしき	[岬] みさき
[幅] はば	[峰] みね
幅広 はばひろい	[峯] みね
幅跳 はばとび	[島] しま
[帽]	島国 しまぐに
帽子 ぼうし	島島 しまじま
[幕] まく	[崇] すう
幕府 ばくふ	崇高 すうこう
幕開 まくあき	崇拝 すうはい
	[崖] がけ
山部	[崩] くずす・くずれる
	崩書 くずしがき
[山] さん・やま	崩壊 ほうかい
山水 さんすい	[嵌] はまる・はめる
山羊 やぎ	[嵐] あらし
山地 さんち	[嵩] かさ
山芋 やまいも	嵩張 かさばる
山国 やまぐに	
山林 さんりん	**ツ部**
山岳 さんがく	
山風 やまかぜ	[労] ろう・ねぎらう
山彦 やまびこ	労力 ろうりょく

労働　ろうどう
労働者　ろうどうしゃ
[学]　がく・がつ・まなぶ
学力　がくりょく
学士　がくし
学生　がくせい
学用品　がくようひん
学会　がっかい
学年　がくねん
学芸　がくげい
学位　がくい
学究　がっきゅう
学制　がくせい
学府　がくふ
学者　がくしゃ
学科　がっか
学界　がっかい
学風　がくふう
学派　がくは
学徒　がくと
学校　がっこう
学級　がっきゅう
学部　がくぶ
学術　がくじゅつ
学習　がくしゅう
学問　がくもん
学期　がっき
学童　がくどう
学費　がくひ
学業　がくぎょう
学資　がくし
学歴　がくれき
学説　がくせつ
学齢　がくれい
学識　がくしき
学籍　がくせき
[単]　たん・たんに
単なる　たんなる
単刀直入　たんとうちょくにゅう
単元　たんげん
単身　たんしん
単位　たんい

単価　たんか
単独　たんどく
単相　たんそう
単純　たんじゅん
単数　たんすう
単調　たんちょう
単語　たんご
単語構成法　たんごこう
　せいほう
[栄]　えい・さかえる
栄光　えいこう
栄転　えいてん
栄誉　えいよ
栄養　えいよう
[挙]　きょ・あげて・あげる
挙句　あげく
挙行　きょこう
[巣]　す
[営]　えい・いとなむ
営利　えいり
営林　えいりん
営業　えいぎょう
[覚]　おぼえ・おぼえる・
　さます・さめる
覚束　おぼつかない
覚悟　かくご
[誉]　ほまれ・ほめる
[厳]　げん・いかめしい・おごそ
　か・きびしい
厳正　げんせい
厳冬　げんとう
厳守　げんしゅ
厳重　げんじゅう
厳格　げんかく
厳密　げんみつ
厳粛　げんしゅく
厳然　げんぜん
厳禁　げんきん
厳罰　げんばつ

⺾部

[芝]　しば

芝生　しばふ
芝居　しばい
[芋]　いも
芋名月　いもめいげつ
[芍]
芍薬　しゃくやく
[芳]　かんばしい
[芯]　しん
[芸]　げい
芸人　げいにん
芸能　げいのう
芸術　げいじゅつ
[芽]　め・めぐむ
芽出度　めでたい
芽生　めばえ・めばえる
芽接　めつぎ
[芥]　ごみ
[芹]　せり
[花]　か・はな
花火　はなび
花形　はながた
花束　はなたば
花見　はなみ
花道　かどう
花婿　はなむこ
花嫁　はなよめ
花輪　はなわ
花曇　はなぐもり
花環　はなわ
[芦]　あし
[苛]　いじめる
苛立　いらだたしい・
　いらだつ
[苦]　く・くるしい・
　くるしみ・くるしむ・
　くるしめる・にがい
苦心　くしん
苦手　にがて
苦汁　くじゅう
苦肉　くにく
苦言　くげん
苦労　くろう

苦衷　くちゅう
苦悩　くのう
苦笑　くしょう・にがわらい
苦情　くじょう
苦痛　くつう
苦楽　くらく
苦境　くきょう
苦難　くなん
[若]　もし・もしも・わかわかし
　い・わかい
若干　じゃっかん
若木　わかぎ
若手　わかて
若死　わかじに
若芽　おかめ
若者　わかもの
若若　わかわかしい
若返　わかがえる
若盛　わかざかり
[茂]　しげる
[茅]
茅茸　かやぶき
[茄]
茄子　なす・なすび
[苗]　なえ
[英]　えい
英文　えいぶん
英雄　えいゆう
英語　えいご
[苺]　いちご
[苔]　こけ
[茎]　くき
[茨]　いばら
[荒]　こう・あら・あらい・
　あらっぽい・あらす・あれ・
　あれる・すさむ
荒立　あらだてる
荒地　あれち
荒狂　あれくるう
荒肝　あらぎも
荒性　あれしょう
荒果　あれはてる

荒物　あらもの
荒削　あらけずり
荒荒　あらあらしい
荒海　あらうみ
荒野　あらの・こうや
荒廃　こうはい
荒筋　あらすじ
荒模様　あれもよう
荒稼　あらかせぎ
荒磯　あらいそ
荒療治　あらりょうじ
[荊]
荊棘　けいきょく
[茸]　きのこ
[茘]
茘枝　れいし
[草]　そう・くさ
草むら　くさむら
草木　くさき
草本　そうほん
草花　くさばな
草体　そうたい
草案　そうあん
草原　くさはら・そうげん
草書　そうしょ
草深　くさぶかい
草葉　くさば
草鞋　わらじ
草履　ぞうり
[荘]　そう
荘重　そうちょう
荘厳　そうごん
[茶]　ちゃ
お茶　おちゃ
茶化　ちゃかす
茶代　ちゃだい
茶色　ちゃいろ
茶店　ちゃみせ
茶屋　ちゃや
茶匙　ちゃさじ
茶道　さどう
茶間　ちゃのま

茶碗　ちゃわん
茶簞笥　ちゃだんす
[茹]　ゆでる
茹卵　ゆでたまご
[莫]
莫大　ばくだい
[莓]　いちご
[荷]　に
荷札　にふだ
荷台　にだい
荷車　にぐるま
荷物　にもつ
荷重　かじゅう
荷造　にづくり
[莟]　つぼみ
[莫]
莫蓙　ござ
[華]　か・はなやか
華氏　かし
華道　かどう
華麗　かれい
[菫]　すみれ
[菩]　ぼ
菩提樹　ぼだいじゅ
菩薩　ぼさつ
[著]　ちょ・いちじるしい
　　　・あらわす
著名　ちょめい
著作　ちょさく
著者　ちょしゃ
著述　ちょじゅつ
著書　ちょしょ
著増　ちょぞう
[菓]
菓子　かし
[萌]　もやし・もえる
[菌]　きのこ
[菜]
菜花　なのはな
菜葉服　なっぱふく
菜種　なたね
[萎]　しおれる・しなびる

～・しほむ
[菊] きく
[落] らく・らつ・おち・おちる・おとす
落ちぶれる　おちぶれる
落入　おとしいれる
落下　らっか
落下傘　らっかさん
落込　おちこむ
落目　おちめ
落合　おちあう
落花生　らっかせい
落度　おちど
落差　らくさ
落第　らくだい
落葉　おちば・らくよう
落着　おちつき・おちつく
落語　らくご
落潮　おちしお
落選　らくせん
[葉] は
葉書　はがき
[葬] そう・ほうむる
葬式　そうしき
葬儀　そうぎ
[葭] よし
[葦] あし・よし
[葺] ふく
[韮] にら
[萩] はぎ
[葡]
葡萄　ぶどう
[葱] ねぎ
[蒲]
蒲団　ふとん
[蒟]
蒟蒻　こんにゃく
[蓆] むしろ
[蓄] ちく・たくわえ・たくわえる
蓄音機　ちくおんき
蓄積　ちくせき

[蓋] ふた
[蓮] はす
蓮根　れんこん
[蒸] じょう・ふかす・むし・むす
蒸気　じょうき
蒸気機関車　じょうききかんしゃ
蒸風呂　むしぶろ
蒸発　じょうはつ
蒸暑　むしあつい
蒸溜水　じょうりゅうすい
蒸鍋　むしなべ
[蒔] まく
[蒼] あおい
蒼白　そうはく
[蔓] つる
蔓延　まんえん
[蔑] さげすむ
[慕] したう・したわしい
[蔦] つた
[蕊] ずい
[蕨] わらび
[蔬] そ
[蔵] ぞう・くら・ぞうする
お蔵入り　おくらいり
蔵相　ぞうしょう
蔵書　ぞうしょ
[蕁]
蕁麻疹　じんましん
[蕎]
蕎麦　そば
[薄] うす・うすい・うすめる・うすらぐ
薄化粧　うすげしょう
薄目　うすめ
薄弱　はくじゃく
薄雪　うすゆき
薄着　うすぎ
薄雲　うすぐも
薄暗い　うすぐらい
[薪] たきぎ・まき

[蕾]	つぼみ
[薔]	ばら
[薙]	
薙払	なぎはらう
薙倒	なぎたおす
[薊]	あざみ
[薬]	やく・くすり
薬方	やくほう
薬用	やくよう
薬名	やくめい
薬局	やっきょく
薬効	やっこう
薬学	やくがく
薬味	やくみ
薬物	やくぶつ
薬指	くすりゆび
薬草	やくそう
薬品	やくひん
薬酒	やくしゅ
薬剤	やくざい
薬液	やくえき
薬罐	やかん
[薦]	すすめる
[藁]	わら
藁布団	わらぶとん
藁葺	わらぶき
[藪]	やぶ
藪医者	やぶいしゃ
[薫]	かおり・かおる
[繭]	まゆ
[藩]	はん
[藍]	あい
[藤]	ふじ
藤袴	ふじばかま
[薩]	
薩摩芋	さつまいも
[蘇]	よみがえる
蘇生	そせい
[蘆]	あし

小部

[小]	しょう・お・こ・
	ちいさな・ちいさい
小人	しょうじん
小刀	こがたな
小太	こぶとり
小止	こやみ
小切	こぎれ
小切手	こぎって
小父さん	おじさん
小生意気	こなまいき
小包	こづつみ
小母さん	おばさん
小耳	こみみ
小豆	あずき
小児科	しょうにか
小児麻痺	しょうにまひ
小見出し	こみだし
小坊主	こぼうず
小利口	こりこう
小走	こばしり
小麦	こむぎ
小麦粉	こむぎこ
小売	こうり
小形	こがた
小作	こさく
小言	こごと
小声	こごえ
小刻	こきざみ
小雨	こさめ
小学生	しょうがくせい
小学校	しょうがっこう
小波	さざなみ
小金	こがね
小食	しょうしょく
小柄	こがら
小屋	こや
小指	こゆび
小便	しょうべん
小春日和	こはるびより
小型	こがた
小脇	こわき
小娘	こむすめ
小荷物	こにもつ

小鳥　ことり
小粒　こつぶ
小理屈　こりくつ
小脳　しょうのう
小道　こみち
小数点　しょうすうてん
小遣　こづかい
小僧　こぞう
小説　しょうせつ
小銭　こぜに
小綺麗　こぎれい
小躍　こおどり
[少]　しょう・すこし・すこしも
　・すくない・すくなからず
　・すくなくとも
少女　しょうじょ
少少　しょうしょう
少年　しょうねん
少食　しょうしょく
少量　しょうりょう
少数　しょうすう
[尖]　とがらす・とがる
尖鋭　せんえい
[当]　とう・あたり・あたる・あ
　て
当らず障らず　あたらずさ
　わらず
当分　とうぶん
当日　とうじつ
当用漢字　とうようかんじ
当込　あてこむ
当外　あてはずれ
当付　あてつける
当地　とうち
当字　あてじ
当年　あたりどし
当初　とうしょ
当社　とうしゃ
当直　とうちょく
当前　あたりまえ
当面　とうめん
当座預金　とうざよきん

当時　とうじ
当惑　とうわく
当然　とうぜん
当嵌　あてはまる・あてはめる
当散　あたりちらす
当番　とうばん
当障　あたりさわり
当選　とうせん
当擦　あてこすり
[肖]
肖像　しょうぞう
[尚]　なお・なおも
尚又　なおまた
尚早　しょうそう
尚更　なおさら

夕部

[夕]　ゆう・ゆうべ
夕日　ゆうひ
夕方　ゆうがた
夕刊　ゆうかん
夕立　ゆうだち
夕刻　ゆうこく
夕波　ゆうなみ
夕食　ゆうしょく
夕涼　ゆうすずみ
夕焼　ゆうやけ
夕陽　ゆうひ
夕晴　ゆうばれ
夕御飯　ゆうごはん
夕暮　ゆうぐれ
夕影　ゆうかげ
[外]　がい・そと・ほか・はずす
　・はずれ・はずれる
外人　がいじん
外出　がいしゅつ
外交　がいこう
外回　そうまわり
外形　がいけい
外来　がいらい
外来語　がいらいご
外見　がいけん

外表 そとおもて
外国 がいこく
外的 がいてき
外界 がいかい
外祖父 がいそふ
外祖母 がいそぼ
外柔内剛 がいじゅうないごう
外相 がいしょう
外食 がいしょく
外科 げか
外面 がいめん
外套 がいとう
外務大臣 がいむだいじん
外務省 がいむしょう
外貨 がいか
外患 がいかん
外側 そとがわ
外部 がいぶ
外資 がいし
外傷 がいしょう
外電 がいでん
外聞 がいぶん
外線 がいせん
外観 がいかん
[多] だ・おおく・おおくとも
・おおい
多かれ少なかれ おおかれ
すくなかれ
多大 ただい
多分 たぶん
多少 たしょう
多目 おおめ
多年 たねん
多忙 たぼう
多岐 たき
多面 ためん
多相 たそう
多彩 たさい
多量 たりょう
多極化 たきょくか
多義語 たぎご
多数 たすう

多読 たどく
多種 たしゅ
[夜] や・よ・よる
夜中 よなか
夜分 やぶん
夜半 やはん
夜行 やこう
夜光 やこう
夜曲 やきょく
夜更 よふかし
夜尿症 やにょうしょう
夜来 やらい
夜見世 よみせ
夜学 やがく
夜具 やぐ
夜空 よぞら
夜盲症 やもうしょう
夜明 よあけ
夜店 よみせ
夜食 やしょく
夜風 よかぜ
夜通し よどおし
夜間 やかん
夜勤 やきん
夜景 やけい
夜道 よみち
夜戦 やせん
夜業 やぎょう
夜露 よつゆ
[夢] む・ゆめ
夢中 むちゅう
夢見 ゆめみる
夢遊病 むゆうびょう
夢想 むそう
[夥] おびただしい

夂部

[麦] むぎ
麦粉 むぎこ
[変] へん・かえる・
かわり・かわる
変化 へんか

変圧	へんあつ	狩人	かりゅうど
変目	かわりめ	狩猟	しゅりょう
変動	へんどう	[独]	どく・ひとり・ひとりでに・ひとりぼっち
変色	へんしょく		
変更	へんこう	独子	ひとりっこ
変身	かわりみ	独白	どくはく
変声期	へんせいき	独占	どくせん
変奏曲	へんそうきょく	独立	どくりつ
変則	へんそく	独自	どくじ
変革	へんかく	独身	どくしん
変速	へんそく	独言	ひとりごと
変装	へんそう	独学	どくがく
変換	へんかん	独奏	どくそう
変電所	へんでんしょ	独酌	どくしゃく
変態	へんたい	独特	どくとく
変遷	へんせん	独得	どくとく
変種	かわりだね	独断	どくだん
変質	へんしつ	独唱	どくしょう
[夏]	か・なつ	独裁	どくさい
夏休	なつやすみ	独善	ひとりよがり
夏季	かき	独楽	こま
夏時間	なつじかん	独演	どくえん
夏場	なつば	[狭]	せまい・せばまる・せばめる
夏場所	なつばしょ		
夏期	なつき	狭苦	せまくるしい
夏瘦	なつやせ	[狼]	おおかみ

犭部

		狼狽	ろうばい
		[狸]	たぬき
[犯]	はん・おかす	[猜]	
犯人	はんにん	猜疑	さいぎ
犯行	はんこう	[猛]	もう・たける
犯罪	はんざい	猛火	もうか
[狆]	ちん	猛犬	もうけん
[狂]	きょう・くるい・くるう	猛毒	もうどく
狂犬病	きょうけんびょう	猛烈	もうれつ
狂言	きょうげん	猛猛	たけだけしい
狂乱	きょうらん	猛禽	もうきん
[狒]		猛獣	もうじゅう
狒狒	ひひ	[猪]	いのしし
[狙]	ねらい・ねらう	[猶]	なお
[狐]	きつね	猶予	ゆうよ
[狩]	かり	[猫]	ねこ

猫背　ねこぜ
猫要らず　ねこいらず
猫被　ねこかぶり
猫撫声　ねこなでごえ
猫ばば　ねこばば
［猟］　りょう
猟師　りょうし
［猿］　さる
［獲］
獲物　えもの
獲得　かくとく

彳部

［彷］
彷徨　さまよう
［役］　やく
役人　やくにん
役目　やくめ
役立　やくだつ・やくだてる
役者　やくしゃ
役所　やくしょ
役柄　やくがら
役員　やくいん
役割　やくわり
役場　やくば
［征］　せい
征伐　せいばつ
征服　せいふく
［往］　おう・いく・ゆく
往生　おうじょう
往来　ゆきき・おうらい
往復　おうふく
［彼］　かれ
彼ら　かれら
彼女　かのじょ
彼氏　かれし
彼岸　ひがん
［律］
律令　りつりょう
［待］　まつ・たい
待合　まちあい・まちあわ
　せる

待侘　まちわびる
待望　たいぼう
待遇　たいぐう
待遠　まちどおしい
待機　たいき
［後］　こう・あと・うしろ・のち
　・おくれ・おくればせ・
　おくれる
後めたい　うしろめたい
後半　こうはん
後生　ごしょう・こうせい
後払　あとばらい
後付　あとづけ
後回　あとまわし
後先　あとさき
後向　うしろむき
後足　あとあし
後戻　あともどり
後知恵　あとぢえ
後始末　あとしまつ
後味　あとあじ
後退　あとずさり・こうたい
後書　あとがき
後脚　あとあし
後悔　こうかい
後家　ごけ
後姿　うしろすがた
後進　こうしん
後添　のちぞい
後祭　あとのまつり
後期　こうき
後援　こうえん
後程　のちほど
後楯　うしろだて
後輩　こうはい
後遺症　こういしょう
［徒］　あだ
徒歩　とほ
［徐］　じょ
徐行　じょこう
徐徐　じょじょに
［従］　じゅう・したがって・した

がう
従兄弟　いとこ
従来　じゅうらい
従姉妹　いとこ
従事　じゅうじ
従順　じゅうじゅん
従属　じゅうぞく
従業員　じゅうぎょういん
［得］　とく・うる・えない
　　・える
得手　えて
得体　えたい
得点　とくてん
得票　とくひょう
得策　とくさく
得意　とくい
得難　えがたい
［御］　お・ご
御不承　ごふしょう
御用　ごよう
御目出度　おめでたい
御存　ごぞんじ
御苦労　ごくろう
御免　ごめん
御座います　ございます
御陰　おかげ
御飯　ごはん
御無沙汰　ごぶさた
御馳走　ごちそう
御機嫌　ごきげん
御覧　ごらん
［復］　ふく・ふつ
復元　ふくげん
復刊　ふっかん
復活　ふっかつ
復原　ふくげん
復員　ふくいん
復習　ふくしゅう
復縁　ふくえん
復讐　ふくしゅう
［循］
循環　じゅんかん

［微］　び・かすか
微生物　びせいぶつ
微力　びりょく
微分　びぶん
微妙　びみょう
微風　そよかぜ
微笑　びしょう・ほほえむ
微積分　びせきぶん
［徴］　ちょう
徴収　ちょうしゅう
徴兵　ちょうへい
徴候　ちょうこう
徴募　ちょうぼ
［徳］　とく
徳利　とくり
徳育　とくいく
［徹］　てつ・てっする
徹底　てってい
徹底的　てっていてき
徹夜　てつや
徹頭徹尾　てっとうてつび
［黴］　かび・かびる
黴菌　ばいきん

彡部

［形］　けい・かた・かたち
形式　けいしき
形式名詞　けいしきめいし
形式的　けいしきてき
形成　けいせい
形状　けいじょう
形体　けいたい
形見　かたみ
形容詞　けいようし
形容動詞　けいようどうし
形跡　けいせき
形勢　けいせい
形象　けいぞう
形態　けいたい
形影　けいえい
［彫］　ちょう・ほる
彫刻　ちょうこく

彫琢　ちょうたく
彫像　ちょうぞう
[影]　えい・かげ
影法師　かげぼうし
影響　えいきょう

女部

[女]　じょ・おんな
女女　めめしい
女子　じょし
女中　じょちゅう
女王　じょおう
女官　にょかん
女性　じょせい
女性的　じょせいてき
女性語　じょせいご
女学生　じょがくせい
女学校　じょがっこう
女房　にょうぼう
女流　じょりゅう
女将　おかみ
女優　じょゆう
[奴]　やつ
奴隷　どれい
[妄]
妄想　もうそう
[好]　こう・いい・このましい・
　このみ・このむ・すき・
　すく・よい
お好み　おこのみ
好加減　いいかげん
好勝手　すきかって
好好　すきずき・すきこのむ
好奇　こうき
好尚　こうしょう
好物　こうぶつ
好都合　こうつごう
好転　こうてん
好天　こうてん
好運　こううん
好景気　こうけいき
好評　こうひょう
好嫌　すききらい
好意　こうい
好感　こうかん
好調　こうちょう
[如]
如才ない　じょさいない
如何　いかが
[妨]　さまたげる
妨害　ぼうがい
[妙]　みょう
妙案　みょうあん
妙齢　みょうれい
[妥]　だ
妥協　だきょう
妥結　だけつ
妥当　だとう
[妊]　にん
妊娠　にんしん
妊婦　にんぷ
[妖]
妖怪　ようかい
[妹]　いもうと
[妻]　つま
妻子　さいし
[姑]　しゅうと・しゅうとめ
[妬]　ねたむ・やく
[姐]　ねえさん
[姓]　かばね・せい
姓名　せいめい
[姉]　あね・ねえさん
姉女房　あねにょうぼう
姉妹　しまい
[委]　い
委任　いにん
委員　いいん
委託　いたく
委細　いさい
[始]　し・はじまり・はじまる
　・はじめ・はじめる
始末　しまつ
始発　しはつ
始終　しじゅう

[姿] すがた
姿見 すがたみ
姿勢 しせい
[威] い・おどす
威力 いりょく
威圧 いあつ
威信 いしん
威風 いふう
威張 いばる
威勢 いせい
威厳 いげん
[姪] めい
[姦] かしましい
[姿]
婆婆気 しゃばけ
[娘] むすめ
娘婿 むすめむこ
[娯]
娯楽 ごらく
[婆]
お婆さん おばあさん
[婉]
婉曲 えんきょく
[娶] めとる
[婦]
婦人 ふじん
[婚] こん
婚礼 こんれい
婚姻 こんいん
婚約 こんやく
[媚] こび・こびる
[媒] ばい
媒介 ばいかい
媒体 ばいたい
媒酌 ばいしゃく
[嫁] よめ
嫁入 よめいり
[嫉]
嫉妬 しっと
[嫌] けん・いや・いやがる・
　　きらい・きらう
嫌味 いやみ

嫌悪 けんお
嫌嫌 いやいや
嫌疑 けんぎ
[嬉] うれしい
嬉涙 うれしなみだ
[嬢]
お嬢様 おじょうさま

幺部

[幻] げん・まぼろし
幻滅 げんめつ
幻想 げんそう
幻灯 げんとう
[幼] よう・おさない
幼なじみ おさななじみ
幼子 おさなご
幼心 おさなごころ
幼児 ようじ
幼稚 ようち
[幽] ゆう
幽門 ゆうもん
幽霊 ゆうれい
[幾] いく・いくつ・いくら
幾分 いくぶん
幾度 いくど
幾重 いくえにも

川部

[川] せん・かわ
川舟 かわぶね
川床 かわどこ
川岸 かわぎし
川柳 せんりゅう
川原 かわら
川幅 かわはば
[州] す

四画

灬部

[点] てん・つける・つく
点検 てんけん

点数　てんすう

［烈］　はげしい

［烏］　からす

烏賊　いか

［煮］　に・にえる・にる

煮方　にかた

煮立　にたつ

煮切らない　にえきらない

煮込　にこむ

煮沸　しゃふつ

煮湯　にえゆ

煮詰　につまる

［無］　ぶ・む・ない・なくす・
　　　なくなる

無一文　むいちもん

無二　むに

無力　むりょく

無口　むくち

無比　むひ

無分別　むふんべつ

無礼　ぶれい

無生物　むせいぶつ

無用　むよう

無名　むめい

無気味　ぶきみ

無色　むしょく

無声　むせい

無花果　いちじく

無沙汰　ぶさた

無邪気　むじゃき

無我夢中　むがむちゅう

無条件　むじょうけん

無私　むし

無言　むごん

無事　ぶじ

無効　むこう

無制限　むせいげん

無実　むじつ

無性生殖　むせいせいしょく

無味乾燥　むみかんそう

無学　むがく

無知　むち

無表情　むひょうじょう

無限　むげん

無茶　むちゃ

無茶苦茶　むちゃくちゃ

無為　むい

無神経　むしんけい

無神論　むしんろん

無政府　むせいふ

無害　むがい

無造作　むぞうさ

無恥　むち

無料　むりょう

無能　むのう

無益　むえき

無記名　むきめい

無常　むじょう

無情　むじょう

無視　むし

無理　むり

無理やり　むりやり

無理数　むりすう

無欲　むよく

無断　むだん

無産階級　むさんかいきゅう

無責任　むせきにん

無期　むき

無期限　むきげん

無税　むぜい

無蓋　むがい

無愛想　ぶあいそう

無愛嬌　ぶあいきょう

無意義　むいぎ

無意識　むいしき

無意味　むいみ

無数　むすう

無暗　むやみ

無頓着　むとんじゃく

無罪　むざい

無電　むでん

無鉄砲　むてっぽう

無精　ぶしょう

無駄　むだ

無駄遣 むだづかい	[熱] ねつ・あつい・
無駄口 むだぐち	ねっする
無駄話 むだばなし	熱中 ねっちゅう
無駄足 むだあし	熱心 ねっしん
無器用 ぶきよう	熱狂 ねっきょう
無器量 ぶきりょう	熱帯 ねったい
無慾 むよく	熱烈 ねつれつ
無敵 むてき	熱情 ねつじょう
無縁 むえん	熱湯 ねっとう
無線 むせん	熱量 ねつりょう
無論 むろん	熱意 ねつい
無関係 むかんけい	熱戦 ねっせん
無関心 むかんしん	熱演 ねつえん
無機化合物 むきかごうぶつ	[燕] つばめ
無闇 むやみ	
無職 むしょく	**斗部**
無難 ぶなん	
[為] ため	[料] りょう
為遂 しとげる	料金 りょうきん
為替 かわせ	料理 りょうり
[然] しかし・しかるべき	料飲 りょういん
然乍 しかしながら	料簡 りょうけん
[焦] あせる・こがす・	[斜] しゃ・ななめ
こがれる・こげる・じらす	斜面 しゃめん
・じれる	斜塔 しゃとう
焦茶 こげちゃ	[幹]
焦点 しょうてん	幹旋 あっせん
焦点距離 しょうてんきょり	
焦臭 こげくさい	**文部**
[煎] せんじる・いる	
煎詰 せんじつめる	[文] ぶん・もん・あや
煎餅 せんべい	文月 ふみづき
煎薬 せんじぐすり	文化 ぶんか
[照] しょう・てる・てらす	文化財 ぶんかざい
照合 しょうごう	文化祭 ぶんかさい
照会 しょうかい	文句 もんく
照明 しょうめい	文字 もじ
[熊] くま	文字通 もじどおり
[熟] じゅく・じゅくす	文字盤 もじばん
熟練 じゅくれん	文体 ぶんたい
熟語 じゅくご	文芸 ぶんげい
熟慮 じゅくりょ	文法 ぶんぽう
	文学 ぶんがく
	文房具 ぶんぼうぐ

文明　ぶんめい
文物　ぶんぶつ
文盲　もんもう
文型　ぶんけい
文科　ぶんか
文庫　ぶんこ
文通　ぶんつう
文書　ぶんしょ
文脈　ぶんみゃく
文部省　もんぶしょう
文章　ぶんしょう
文無　もんなし
文集　ぶんしゅう
文楽　ぶんらく
文献　ぶんけん
文語　ぶんご
文豪　ぶんごう
文壇　ぶんだん
文鎮　ぶんちん

方部

[方]　ほう・かた・がた
方方　かたがた・ほうぼう
方式　ほうしき
方向　ほうこう
方位　ほうい
方形　ほうけい
方言　ほうげん
方角　ほうがく
方法　ほうほう
方面　ほうめん
方針　ほうしん
方程式　ほうていしき
方策　ほうさく
[施]　し・ほどこす
施工　しこう
施行　しこう
施設　しせつ
[旁]　つくり
[旅]　りょ・たび
旅立　たびだつ
旅行　りょこう

旅券　りょけん
旅客　りょかく
旅客機　りょかっき
旅費　りょひ
旅愁　りょしゅう
旅路　たびじ
旅館　りょかん
[旋]　せん
旋回　せんかい
旋風　せんぷう
旋盤　せんばん
[旗]　はた

戸部

[戸]　と
戸惑　とまどう
戸棚　とだな
戸締　とじまり
戸籍　こせき
[戻]　もどす・もどる
[所]　しょ・ところ・どころ
所以　ゆえん
所在　しょざい
所在ない　しょざいない
所有　しょゆう
所作　しょさ
所所　ところどころ
所為　せい
所帯　しょたい
所得　しょとく
所得税　しょとくぜい
所属　しょぞく
所詮　しょせん
所嫌わず　ところきらわず
[扁]
扁桃腺　へんとうせん
[扇]　せん・おうぎ・あおぐ
扇子　せんす
扇風機　せんぷうき
扇動　せんどう
[扉]　とびら

ネ部

[礼] れい・らい
お礼 おれい
礼返 れいがえし
礼状 れいじょう
礼拝 れいはい・らいはい
礼服 れいふく
礼砲 れいほう
礼遇 れいぐう
礼節 れいせつ
礼儀 れいぎ
礼賛 らいさん
礼讃 らいさん
[社] しゃ
社会主義 しゃかいしゅぎ
社交 しゃこう
社交界 しゃこうかい
社会 しゃかい
社会人 しゃかいじん
社会科 しゃかいか
社会科学 しゃかいかがく
社会保険 しゃかいほけん
社宅 しゃたく
社長 しゃちょう
社員 しゃいん
社説 しゃせつ
[祀] まつる
[祈] き・いのり・いのる
祈念 きねん
祈禱 きとう
[祖] そ
お祖父さん おじいさん
祖父 そふ
祖先 そせん
お祖母さん おばあさん
祖母 そぼ
祖宗 そそう
祖国 そこく
[神] しん・じん・かみ
神だのみ かみだのみ
神社 じんじゃ

神宮 じんぐう
神秘 しんぴ
神経 しんけい
神経質 しんけいしつ
神道 しんとう
神聖 しんせい
神童 しんどう
神様 かみさま
神話 しんわ
神輿 みこし
[祝] しゅく・いわい・いわう
祝日 しゅくじつ
祝電 しゅくでん
祝福 しゅくふく
祝儀 しゅうぎ
[視] し
視力 しりょく
視点 してん
視界 しかい
視野 しや
視覚 しかく
視察 しさつ
視線 しせん
視聴率 しちょうりつ
視聴覚教育 しちょうかく
　　きょういく
[福] ふく
福利 ふくり
福祉 ふくし
[禍]
禍福 かふく
[禅] ぜん

心部

[心] しん・こころ
心おきなく こころおきなく
心中 しんじゅう
心太 ところてん
心外 しんがい
心有 こころある
心尽 こころづくし
心地 ここち

心当　こころあたり
心身　しんしん
心苦　こころぐるしい
心持　こころもち
心待　こころまち
心変　こころがわり
心残　こころのこり
心配　こころくばり
　　　しんぱい
心掛　こころがけ・
　　　こころがける
心得　こころえ・こころえる
心得難い　こころえがたい
心得違い　こころえちがい
心強　こころづよい
心細　こころぼそい
心理　しんり
心情　しんじょう
心覚　こころおぼえ
心筋　しんきん
心遣　こころづかい
心意気　こころいき
心電図　しんでんず
心構　こころがまえ
心境　しんきょう
心臓　しんぞう
[必]　ひつ・かならず・かならず
　　　しも
必死　ひっし
必要　ひつよう
必然　ひつぜん
[応]　おう・おうじる・こたえる
応用　おうよう
応対　おうたい
応急　おうきゅう
応接　おうせつ
応募　おうぼ
応答　おうとう
応援　おうえん
応酬　おうしゅう
[忌]　いまわしい・いむ
忌中　きちゅう

忌忌　いまいましい
[忍]　にん・しのび・しのぶ
忍冬　すいかずら
忍者　にんじゃ
忍耐　にんたい
[志]　し・こころざし・こころ
　　　ざす
志望　しぼう
志願　しがん
[忘]　ぼう・わすれっぽい・わす
　　　れる
忘年　ぼうねん
忘物　わすれもの
忘れな草　わすれなぐさ
忘難　わすれがたい
[忽]　たちまち
忽然　こつぜん
[忠]　ちゅう
忠言　ちゅうげん
忠告　ちゅうこく
忠実　ちゅうじつ
忠誠　ちゅうせい
忠義　ちゅうぎ
[念]　ねん
念仏　ねんぶつ
[思]　し・おもい・おもう・お
　　　もわず・おもいがけず
　　　おもいがけない
思上　おもいあがる
思切　おもいきって・おも
　　　いきり
思出　おもいで・おもいだす
思立　おもいたつ
思外　おもいのほか
思召　おぼしめし
思付　おもいつき
思考　しこう
思当　おもいあたる
思余　おもいあまる
思返　おもいかえす
思思　おもいおもい
思春期　ししゅんき

思案	しあん	恋文	こいぶみ
思索	しさく	恋愛	れんあい
思浮	おもいうかべる	恋歌	れんか
思過	おもいすごす	[恩]	おん
思詰	おもいつめる	恩人	おんじん
思想	しそう	恩返	おんがえし
思遣	おもいやり・	恩知らず	おんしらず
	おもいやる	恩師	おんし
思違	おもいちがい	恩給	おんきゅう
思慕	しぼ	[恐]	きょう・おそらく・おそろ
思慮	しりょ		しい・おそれ・おそる
[怠]	たい・だるい・おこたる・		・おそれる・こわい・
	なまける		こわがる
怠者	なまけもの	恐入	おそれいる
怠惰	たいだ	恐怖	きょうふ
怠慢	たいまん	恐慌	きょうこう
[怒]	いかり・いかる・	恐竜	きょうりゅう
	おこりっぽい・おこる	恐縮	きょうしゅく
怒鳴	どなる	[息]	いき
[怨]	うらめしい・うらみ	息子	むすこ
	・うらむ	息切	いきぎれ
[急]	きゅう・きゅうに・	息抜	いきぬき
	いそぐ	息吹	いぶき
急立	せきたてる	息苦	いきぐるしい
急込	せきこむ	息詰	いきづまる
急用	きゅうよう	[恵]	めぐまれる・めぐむ
急死	きゅうし	[患]	わずらい・わずらう
急行	きゅうこう	患者	かんじゃ
急足	いそぎあし	[悠]	ゆう
急所	きゅうしょ	悠久	ゆうきゅう
急性	きゅうせい	悠悠	ゆうゆう
急変	きゅうへん	悠然	ゆうぜん
急病	きゅうびょう	[悉]	ことごとく
急速	きゅうそく	[悪]	あく・あしからず・
急進	きゅうしん		わる・わるい
急患	きゅうかん	悪人	あくにん
急転	きゅうてん	悪口	わるぐち
急増	きゅうぞう	悪化	あっか
急激	きゅうげき	悪友	あくゆう
[恋]	れん・こい・こいしい・	悪用	あくよう
	こいする	悪名	あくめい
恋人	こいびと	悪者	わるもの

悪知恵　わるぢえ
悪事　あくじ
悪習　あくしゅう
悪循環　あくじゅんかん
悪運　あくうん
悪筆　あくひつ
悪業　あくごう
悪意　あくい
悪辣　あくらつ
悪様に　あしざまに
悪趣味　あくしゅみ
悪質　あくしつ
悪戯　いたずら
悪癖　あくへき
悪魔　あくま
[惣]
惣菜　そうざい
[惑]　まどわす
惑星　わくせい
[惹]　ひかれる
[悲]　ひ・かなしい・かなしみ
　・かなしむ
悲哀　ひあい
悲惨　いさん
悲痛　ひつう
悲鳴　ひめい
悲運　ひうん
悲劇　ひげき
悲観　ひかん
[愁]　うれい
[想]　そう
想出　おもいで
想定　そうてい
想像　そうぞう
[愛]　あい・あいする・
　いとしい
愛人　あいじん
愛用　あいよう
愛好　あいこう
愛玩　あいがん
愛国心　あいこくしん
愛妻　あいさい

愛着　あいちゃく
愛鳥　あいちょう
愛情　あいじょう
愛敬　あいきょう
愛煙家　あいえんか
お愛想　おあいそ
愛想　あいそ
愛読　あいどく
愛嬌　あいきょう
愛護　あいご
[意]　い
意中　いちゅう
意外　いがい
意地　いじ
意地悪　いじわる・いじわるい
意気地　いくじ
意気　いき
意気込　いきごみ・いきごむ
意向　いこう
意図　いと
意志　いし
意見　いけん
意味　いみ
意味深長　いみしんちょう
意思　いし
意訳　いやく
意欲　いよく
意義　いぎ
意趣　いしゅ
意識　いしき
意識的　いしきてき
[愚]　ぐ・おろか
愚図愚図　ぐずぐず
愚者　ぐしゃ
愚痴　ぐち
[感]　かん・かんじ・
　かんじる・かんずる
感化　かんか
感心　かんしん
感光度　かんこうど
感服　かんぷく
感受性　かんじゅせい

感染　かんせん
感度　かんど
感冒　かんぼう
感情　かんじょう
感動　かんどう
感動詞　かんどうし
感慨　かんがい
感慨無量　かんがいむりょう
感覚　かんかく
感覚神経　かんかくしんけい
感覚的　かんかくてき
感傷　かんしょう
感触　かんしょく
感想　かんそう
感嘆　かんたん
感銘　かんめい
感激　かんげき
感謝　かんしゃ
感歎　かんたん
[慈]
慈善　じぜん
[慇]
慇懃　いんぎん
[態]
態度　たいど
態勢　たいせい
[慧]
慧星　すいせい
[憂]
憂目　うきめ
憂鬱　ゆううつ
[慰]　い・なぐさめる
慰安　いあん
慰労　いろう
[憑]　つく・つかれる
[穏]　おん・おだやか
穏当　おんとう
穏便　おんびん
穏健　おんけん
[憲]　けん
憲法　けんぽう
憲章　けんしょう

[慶]　けい
慶弔　けいちょう
慶祝　けいしゅく
慶賀　けいが
[憩]　いこい
[懇]　こん
懇談　こんだん
懇親会　こんしんかい
[懲]　ちょう・こらしめる・こりる
懲役　ちょうえき
懲罰　ちょうばつ
懲懲　こりごり
[懸]　けん・かかる・かける
懸命　けんめい
懸念　けんねん
懸案　けんあん
懸賞　けんしょう
懸橋　かけはし

火部

[火]　か・ひ
火力　かりょく
火中　かちゅう
火山　かざん
火口　かこう
火元　ひのもと
火成岩　かせいがん
火気　かき
火災　かさい
火事　かじ
火事場泥棒　かじばどろぼう
火炎　かえん
火星　かせい
火葬　かそう
火勢　かせい
火傷　やけど
火鉢　ひばち
火種　ひだね
火薬　かやく
火燵　こたつ
火曜　かよう

[灰] はい
灰皿 はいざら
灰色 はいいろ
灰燼 かいじん
[灯] とう・ともしび
灯台 とうだい
灯油 とうゆ
灯籠 とうろう
[灸] きゅう
[災] さい・わざわい
災害 さいがい
災難 さいなん
[炎] えん・ほのお
炎上 えんじょう
炎症 えんしょう
炎暑 えんしょ
[炒] いためる・いる
[炙] あぶる
[炊] たく
炊事 すいじ
[炉] ろ
[炬]
炬燵 こたつ
[炭] たん・すみ
炭団 たどん
炭坑 たんこう
炭素 たんそ
炭鉱 たんこう
炭酸 たんさん
炭酸水 たんさんすい
[烟]
烟草 タバコ
[烙]
烙印 らくいん
[焙] あぶる
[焚] たく
焚火 たきび
焚付 たきつける
[焔] ほのお
[焜]
焜炉 こんろ
[焼] しょう・やき・やく・やけ

る
焼払 やきはらう
焼印 やきいん
焼付 やきつく・やきつけ
　・やけつく
焼失 しょうしつ
焼芋 やきいも
焼死 しょうし
焼直 やきなおし
焼酎 しょうちゅう
焼豚 やきぶた
焼増 やきまし
焼餅 やきもち
焼跡 やけあと
焼蕎麦 やきそば
[煉]
煉瓦 れんが
[煙] えん・けむい・けむたい・
　けむり・けむる
煙突 えんとつ
煙幕 えんまく
[煤] すす
煤煙 ばいえん
[煩] わずらわしい・
　わずらい・わずらう・
　わずらわす
煩悩 ぼんのう
[熔] よう
熔岩 ようがん
熔接 ようせつ
[煽] あおり・あおる・
　おだてる
煽動 せんどう
[熨]
熨斗紙 のしがみ
[燃] ねん・もえる・もす・もや
　す
燃料 ねんりょう
燃焼 ねんしょう
[燻] いぶす・いぶる・
　くすぶる
[爆] ばく

爆竹　ばくちく
爆発　ばくはつ
爆笑　ばくしょう
爆弾　ばくだん
爆撃　ばくげき
爆薬　ばくやく
[爛]　ただれる

王部

[王]　おう
王妃　おうひ
王者　おうじゃ
王室　おうしつ
王朝　おうちょう
王様　おうさま
[玉]　ぎょく・たま
お玉じゃくし
　おたまじゃくし
玉石混交　ぎょくせきこんこう
玉突　たまつき
玉菜　たまな
玉葱　たまねぎ
玉蜀黍　とうもろこし
[玩]　もてあそぶ
[珍]　ちん・めずらしい
珍重　ちんちょう
[珊]
珊瑚　さんご
[班]　はん
[珠]　たま
[球]　たま
[理]　り
理不尽　りふじん
理由　りゆう
理知　りち
理性　りせい
理事　りじ
理屈　りくつ
理念　りねん
理科　りか
理智　りち
理想　りそう

理窟　りくつ
理解　りかい
理論　りろん
理髪　りはつ
[現]　げん・あらわす・あらわれ
　　・あらわれる・うつつ
現代　げんだい
現行　げんこう
現行犯　げんこうはん
現在　げんざい
現有　げんゆう
現地　げんち
現状　げんじょう
現役　げんえき
現物　げんぶつ
現実　げんじつ
現金　げんきん
現象　げんしょう
現場　げんじょう・げんば
現像　げんぞう
現職　げんしょく
[斑]　まだら
[琴]　こと
琴瑟相和す　きんしつあいわす
[琥]
琥珀　こはく
[瑞]
瑞瑞　みずみずしい
[瑪]
瑪瑙　めのう
[環]　かん
環状　かんじょう
環境　かんきょう

戈部

[成]　せい・なる
成人　せいじん
成分　せいぶん
成立　せいりつ・なりたつ
成功　せいこう
成句　せいく
成行　なりゆき

成年	せいねん	戦況	せんきょう
成因	せいいん	戦前	せんぜん
成否	せいひ	戦後	せんご
成果	せいか	戦敗	せんぱい
成金	なりきん	戦略	せんりゃく
成長	せいちょう	戦術	せんじゅつ
成育	せいいく	戦備	せんび
成型	せいけい	戦勝	せんしょう
成済	なりすます	戦場	せんじょう
成案	せいあん	戦戦恐恐	せんせんきょう
成敗	せいばい		きょう
成就	じょうじゅ	戦慄	せんりつ
成遂	なしとげる	戦線	せんせん
成語	せいご	戦闘	せんとう
成算	せいさん	戦艦	せんかん
成熟	せいじゅく	[戯]	たわむれる
成績	せいせき	戯曲	ぎきょく

瓦部

[戒]	いましめ・いましめる
戒厳令	かいげんれい

[瓦]	かわら
[瓶]	びん・かめ

[我]	が・わが・われ
我田引水	がでんいんすい
我知らず	われしらず
我流	がりゅう

木部

我勝	われがちに
我慢	がまん
我儘	わがまま
[或]	ある・あるいは
[裁]	たつ
[戦]	せん・そよぐ・たたかい・
	たたかう

[木]	もく・き・こ
木片	もくへん
木立	こだち
木材	もくざい
木実	このみ
木炭	もくたん
木星	もくせい
戦力	せんりょく

戦力	せんりょく
戦士	せんし
戦火	せんか
戦犯	せんぱん
戦争	せんそう
戦死	せんし
戦没	せんぼつ
戦利品	せんりひん
戦車	せんしゃ
戦災	せんさい
戦局	せんきょく
戦役	せんえき

木枯	こがらし
木馬	もくば
木造	もくぞう
木彫	きぼり・もくちょう
木魚	もくぎょ
木陰	こかげ
木琴	もっきん
木棉	もめん
木犀	もくせい
木葉	このは
木管楽器	もっかんがっき
木製	もくせい

木霊　こだま
木曜　もくよう
[本]　ほん・もと
本人　ほんにん
本文　ほんぶん
本分　ほんぶん
本心　ほんしん
本日　ほんじつ
本名　ほんみょう
本年　ほんねん
本当　ほんとう
本式　ほんしき
本気　ほんき
本来　ほんらい
本社　ほんしゃ
本位　ほんい
本物　ほんもの
本店　ほんてん
本性　ほんしょう
本国　ほんごく
本屋　ほんや
本音　ほんね
本流　ほんりゅう
本能　ほんのう
本格　ほんかく
本格的　ほんかくてき
本塁　ほんるい
本部　ほんぶ
本番　ほんばん
本場　ほんば
本棚　ほんだな
本論　ほんろん
本箱　ほんばこ
本質　ほんしつ
本籍　ほんせき
[未]　み・いまだに・まだ
未亡人　みぼうじん
未成年　みせいねん
未来　みらい
未完成　みかんせい
未知　みち
未定　みてい

未経験　みけいけん
未婚　みこん
未遂　みすい
未満　みまん
未開　みかい
未然　みぜん
未曾有　みぞう
未解決　みかいけつ
未詳　みしょう
未練　みれん
未熟　みじゅく
[末]　まつ・すえ
末子　すえっこ
末尾　まつび
末席　まっせき
末期　まっき
末端　まったん
[札]　さつ・ふだ
お札　おふだ
[机]　つくえ
机上　きじょう
[杜]　もり
杜撰　ずさん
杜鵑　ほととぎす
[村]　そん・むら
村人　むらびと
村民　そんみん
村落　そんらく
[材]　ざい
材木　ざいもく
材料　ざいりょう
[杖]　つえ
[李]　すもも
[杏]　あんず
杏子　あんず
[束]　そく・たば・たばねる
束縛　そくばく
[杓]
杓子定規　しゃくしじょうぎ
[杉]　すぎ
[杙]　くい
[条]　じょう

［梢］こずえ

［梃］てこ

梃子　てこ

［梅］うめ

梅干　うめぼし

梅雨　つゆ・ばいう

梅毒　ばいどく

［梨］なし

［梟］ふくろう

［梶］かじ

［棒］ぼう

棒高跳　ぼうたかとび

［棲］

棲処　すみか

棲息　せいそく

［棟］むね

［棗］なつめ

［棘］とげ

［植］しょく・うえる

植木　うえき

植付　うえつけ・うえつける

植字　しょくじ

植物　しょくぶつ

植林　しょくりん

植樹　しょくじゅ

［森］もり

森林　しんりん

［桟］

桟橋　さんばし

［椅］いす

［棹］さお

［棚］たな

［椎］

椎茸　しいたけ

［棉］

棉実油　めんじつゆ

［椀］わん

［検］けん

検出　けんしゅつ

検死　けんし

検事　けんじ

検定　けんてい

検査　けんさ

検討　けんとう

検挙　けんきょ

検案　けんあん

検診　けんしん

検察　けんさつ

検察庁　けんさつちょう

検察官　けんさつかん

検算　けんざん

検閲　けんえつ

［棄］すてる

棄子　すてご

棄権　きけん

［楔］くさび

［椿］つばき

［椰］

椰子　やし

［楠］くすのき

［極］きょく・ごく・きわ

　　　まる・きわめて・きわめる

極刑　きょっけい

極限　きょくげん

極度　きょくど

極点　きょくてん

極悪　ごくあく

極彩色　ごくさいしき

極楽　ごくらく

極端　きょくたん

［楫］かじ

［楊］

楊枝　ようじ

［業］ぎょう・わざ

業者　ぎょうしゃ

業務　ぎょうむ

業腹　ごうはら

業績　ぎょうせき

［楡］にれ

［楓］かえで

［楯］たて

［楕］

楕円　だえん

［槌］つち

[榊] さかき
[楽] がく・らく・らくに
　・たのしい・たのしみ・
　たのしむ
楽天　らくてん
楽曲　がっきょく
楽屋　がくや
楽隊　がくたい
楽器　がっき
楽楽　らくらく
楽園　らくえん
楽観　らっかん
楽譜　がくふ
[概] おおむね・がい・
　がいして
概念　がいねん
概括　がいかつ
概要　がいよう
概略　がいりゃく
概数　がいすう
概説　がいせつ
概算　がいさん
概観　がいかん
[榛] はしばみ
[構] こう・かまう・かまえ・
　かまえる
お構い　おかまい
構内　こうない
構成　こうせい
構図　こうず
構造　こうぞう
構想　こうそう
[槍] やり
槍投　やりなげ
[搾] しぼる
搾取　さくしゅ
[模] も
模型　もけい
模造　もぞう
模索　もさく
模倣　もほう
模様　もよう

模範　もはん
[樋] とい
[様] よう・ようだ・さま
様子　ようす
様式　ようしき
様様　さまざま
様態　ようたい
[樟] くすのき
樟脳　しょうのう
[標] ひょう
標本　ひょうほん
標札　ひょうさつ
標準　ひょうじゅん
[横] おう・よこ・よこたわる
横文字　よこもじ
横切　よこぎる
横目　よこめ
横行　おうこう
横向　よこむき
横町　よこちょう
横波　よこなみ
横取　よこどり
横柄　おうへい
横書　よこがき
横笛　よこぶえ
横組　よこぐみ
横断　おうだん
横着　おうちゃく
横道　よこみち
横路　よこみち
横暴　おうぼう
横網　よこづな
横顔　よこがお
[槿]
槿花　きんか
[樫] かし
[権] けん
権力　けんりょく
権利　けんり
権限　けんげん
権威　けんい
権勢　けんせい

[樽]	たる	犬馬	けんば
[樹]	じゅ	犬猿	けんえん
樹木	じゅもく	[状]	じょう
樹立	じゅりつ	状況	じょうきょう
樹氷	じゅひょう	状態	じょうたい
[橙]	だいだい	[献]	けん
[橇]	そり	献立	こんだて
[橋]	はし	献血	けんけつ
[機]	き・はた	献身	けんしん
機会	きかい	献金	けんきん
機能	きのう	[獣]	けだもの・けもの
機敏	きびん	獣医	じゅうい
機械	きかい		
機密	きみつ		**歹部**
機運	きうん	[死]	し・しぬ
機嫌	きげん	死人	しにん
機構	きこう	死亡	しぼう
機関	きかん	死去	しきょ
機関車	きかんしゃ	死刑	しけい
機関銃	きかんじゅう	死別	しべつ
機縁	きえん	死体	したい
機織	はたおり	死物狂	しにものぐるい
[檜]		死者	ししゃ
檜舞台	ひのきぶたい	死傷	ししょう
[檻]	おり	死際	しにぎわ
[櫂]	かい	死骸	しがい
[櫓]	やぐら	[殆]	ほとんど
[櫛]	くし	[殊]	ことに
[欄]	らん	殊更	ことさら
欄干	らんかん	[殉]	じゅん
		殉情	じゅんじょう
	无部	殉職	じゅんしょく
[既]	き・すでに	[殖]	ふやす・ふえる
既成	きせい	殖民地	しょくみんち
既定	きてい	[残]	ざん・のこす・
既知	きち		のこらず・のこる
既得	きとく	残存	ざんぞん
既製	きせい	残物	のこりもの
		残念	ざんねん
	犬部	残品	ざんぴん
[犬]	けん・いぬ	残虐	ざんぎゃく
犬死に	いぬじに	残留	ざんりゅう

残高　ざんだか
残暑　ざんしょ
残業　ざんぎょう
残酷　ざんこく
残額　ざんがく
[殲]
殲滅　せんめつ

止部

[止]　さし・さす・とどまる
　・とどめる・とまる・
　とめる・やむ・やめる・よす
止血　しけつ
[正]　しょう・せい・ただしい・
　ただす・まさに
正午　しょうご
正月　しょうがつ
正反対　せいはんたい
正方形　せいほうけい
正正堂堂　せいせいどうどう
正札　しょうふだ
正当　せいとう
正気　しょうき
正式　せいしき
正体　しょうたい
正直　しょうじき
正門　せいもん
正面　しょうめん
正真正銘　しょうしんしょうめい
正座　せいざ
正常　せいじょう
正規　せいき
正視　せいし
正極　せいきょく
正解　せいかい
正統　せいとう
正義　せいぎ
正数　せいすう
正誤表　せいごひょう
正確　せいかく
正論　せいろん
[凪]　なぎ

[此]　この・これ
此間　こないだ
此程　これほど
[歩]　ほ・あるく・あゆみ
　・あゆむ
歩行　ほこう
歩寄　あゆみよる
歩幅　ほはば
歩道　ほどう
歩調　ほちょう
[武]　ぶ
武力　ぶりょく
武士　ぶし
武者　むしゃ
武家　ぶけ
武術　ぶじゅつ
武装　ぶそう
武器　ぶき
[歪]　ひずみ・ひずむ・
　ゆがむ・ゆがめる
歪曲　わいきょく
[歳]　さい
歳月　さいげつ
歳末　さいまつ
歳暮　せいぼ

日部

[日]　か・ひ・につ
日日　ひにち
日中　にっちゅう
日出　ひので
日用　にちよう
日刊　にっかん
日付　ひづけ
日本　にっぽん・にほん
日本晴　にっぽんばれ
日本語　にほんご
日系　にっけい
日光　にっこう
日当　ひあたり
日向　ひなた
日没　にちぼつ

日和	ひより	早生	はやうまれ
日和見	ひよりみ	早目	はやめ
日直	にっちょく	早早	そうそう
日夜	にちや	早合点	はやがてん
日食	にっしょく	早呑込	はやのみこみ
日差	ひざし	早苗	さなえ
日記	にっき	早急	さっきゅう・そうきゅう
日射	ひざし	早春	そうしゅん
日時	にちじ	早速	さっそく
日展	にってん	早起	はやおき
日教組	にっきょうそ	早朝	そうちょう
日産	にっさん	早寝	はやね
日常	にちじょう	早蕨	さわらび
日頃	ひごろ	早熟	そうじゅく
日陰	ひかげ	[旨]	むね・うまい
日給	にっきゅう	旨味	うまみ
日程	にってい	[旬]	しゅん
日傘	ひがさ	[早]	
日数	にっすう	早魃	かんばつ
日銀	にちぎん	[昔]	むかし
日蝕	にっしょく	[昆]	こん
日暮	ひぐれ	昆布	こんぶ
日誌	にっし	昆虫	さんちゅう
日蔭	ひかげ	[昇]	のぼる
日課	にっか	昇降	しょうこう
日曜	にちよう	昇格	しょうかく
日曜日	にちようび	昇進	しょうしん
[旦]		[明]	めい・あくる・あかるみ・
旦那	だんな		あかるい・あかす・あかり
[旧]	きゅう		・あき・あきらか・
旧石器時代	きゅうせっき		あきらめる・あく・あけ・
	じたい		あける
旧式	きゅうしき	明方	あけがた
旧交	きゅうこう	明白	めいはく
旧年	きゅうねん	明月	あした・あす
旧悪	きゅうあく	明言	めいげん
旧跡	きゅうせき	明快	めいかい
旧蹟	きゅうせき	明と	あかあかと
[早]	そう・はやい・はやまる・	明明白白	めいめいはくはく
	はやめる	明放	あけっぱなし
お早う	おはよう	明後日	あさって
早口	はやくち	明透	あけすけ

明朗	めいろう	昨年	さくねん
明細	めいさい	昨夜	さくや・ゆうべ
明晰	めいせき	昨晩	さくばん
明滅	めいめつ	[昴]	すばる
明暮	あけくれ・あけくれる	[時]	じ・とき・ときに・とき
明察	めいさつ		には・ときたま・ときならぬ
明確	めいかく	時化	しけ
明瞭	めいりょう	時代	じだい
[易]	やすい・やさしい	時折	ときおり
易者	えきしゃ	時雨	しぐれ
[昼]	ちゅう・ひる	時効	じこう
昼休	ひるやすみ	時刻	じこく
昼夜	ちゅうや	時限	じげん
昼食	ちゅうしょく	時点	じてん
昼飯	ひるめし	時計	とけい
昼間	ひるま	時差	じさ
昼寝	ひるね	時速	じそく
[春]	しゅん・はる・はるめく	時時	ときどき
春分	しゅんぶん	時時刻刻	じじこっこく
春休	はるやすみ	時鳥	ほととぎす
春巻	はるまき	時期	じき
春雨	はるさめ	時間	じかん
春場所	はるばしょ	時間表	じかんひょう
春蒔	はるまき	時報	じほう
春機発動期	しゅんきはつ	時評	じひょう
	どうき	時勢	じせい
春闘	しゅんとう	時節	じせつ
[是]	ぜ	時機	じき
是正	ぜせい	[晒]	さらし・さらす
是非	ぜひ・ぜひとも	晒粉	さらしこ
[映]	えい・えいじる・うつる・	[景]	けい
	はえる	景色	けしき
映写	えいしゃ	景気	けいき
映画	えいが	景物	けいぶつ
映像	えいぞう	景品	けいひん
[星]	ほし	景勝	けいしょう
星座	せいざ	[普]	ふ
星影	ほしかげ	普及	ふきゅう
[昨]	さく	普段	ふだん
昨夕	ゆうべ	普通	ふつう
昨今	さっこん	普遍	ふへん
昨日	きのう・さくじつ	[晴]	はらす・はれ・はれる

晴天　せいてん
晴着　はれぎ
[暑]　あつさ・あつい
暑中　しょちゅう
暑中見舞　しょちゅうみまい
暑気中り　しょきあたり
暑苦　あつくるしい
[智]　ち
智力　ちりょく
智能　ちのう
智慧　ちえ
[晩]　ばん
晩年　ばんねん
晩酌　ばんしゃく
晩婚　ばんこん
晩餐会　ばんさんかい
[暗]　あん・くらい
暗中模索　あんちゅうもさく
暗号　あんごう
暗示　あんじ
暗夜　あんや
暗室　あんしつ
暗記　あんき
暗殺　あんさつ
暗渠　あんきょ
暗黒　あんこく
暗唱　あんしょう
暗然　あんぜん
暗喩　あんゆ
暗算　あんざん
暗誦　あんしょう
暗黙　あんもく
暗闇　くらやみ
暗礁　あんしょう
暗鬱　あんうつ
[暇]　いとま・ひま
[暖]　だん・あたたかい・
　あたたまる・あたためる
暖房　だんぼう
暖炉　だんろ
暖流　だんりゅう
暖簾　のれん

[暫]　しばらく
[暴]　ぼう・あばく・あばれる
暴力　ぼうりょく
暴行　ぼうこう
暴風　ぼうふう
暴動　ぼうどう
暴落　ぼうらく
暴露　ばくろ
[暮]　くらし・くらす・くれ
　・くれる
暮方　くれがた
[曇]　くもり・くもる
[暁]　あかつき
[暖]
曖昧　あいまい
[曙]　あけぼの
[曜]
曜日　ようび
[曠]
曠野　あらの

日部

[曰]　いわく
[曲]　きょく・まがる・
　まげる
曲尺　かねじゃく
曲角　まがりかど
曲者　くせもの
曲解　きょっかい
曲線　きょくせん
[更]　こう・さらに・ふかす
　ふける
更生　こうせい
更年期　こうねんき
[冒]　おかす
冒険　ぼうけん
[書]　しょ・かき・かく
書たてる　かきたてる
書上　かきあげる
書方　かきかた
書出　かきだす
書込　かきこむ

書付　かきつけ
書言葉　かきことば
書拔　かきぬき
書店　しょてん
書画　しょが
書取　かきとり
書直　かきなおす
書表　かきあらわす
書物　しょもつ
書記　かきしるす
書流　かきながす
書残　かきのこす
書留　かきとめ
書斎　しょさい
書道　しょどう
書落　かきおとす
書置　かきおき
書翰　しょかん
書簡　しょかん
書類　しょるい
書籍　しょせき
[曾]　そう
曾祖父　そうそふ
曾祖母　そうそぼ
曾孫　ひまご
[替]　かわる
[最]　さい・もっとも
最大　さいだい
最上　さいじょう
最小　さいしょう
最中　さいちゅう・さなか
最少　さいしょう
最早　もはや
最良　さいりょう
最初　さいしょ
最近　さいきん
最低　さいてい
最長　さいちょう
最後　さいご
最高　さいこう
最高裁判所　さいこう
　　さいばんしょ

最恵国　さいけいこく
最寄　もより
最終　さいしゅう
最悪　さいあく
最善　さいぜん
最期　さいご
最短　さいたん
最適　さいてき

比部

[比]　ひ・くらべる
比目魚　ひらめ
比例　ひれい
比重　ひじゅう
比率　ひりつ
比喩　ひゆ
比較　ひかく
比較的　ひかくてき

母・毋部

[母]　ぼ・はは
お母さん　おかあさん
母子　ぼし
母上　ははうえ
母性愛　ぼせいあい
母乳　ぼにゅう
母音　ぼいん
母屋　おもや
母家　おもや
母語　ぼご
母親　ははおや
[毎]　まい
毎日　まいにち
毎月　まいげつ・まいつき
毎年　まいねん・まいとし
毎度　まいど
毎週　まいしゅう
毎朝　まいあさ
毎晩　まいばん
[毒]　どく・どくする
毒中　どくあたり
毒舌　どくぜつ

毒毒　どくどくしい
毒消　どくけし
毒薬　どくやく

水部

[水]　すい・みず・みずっぽい
水力　すいりょく
水上　すいじょう・みなかみ
水火　すいか
水夫　すいふ
水分　すいぶん
水牛　すいぎゅう
水玉　みずたま
水平　すいへい
水圧　すいあつ
水田　すいでん
水母　くらげ
水仙　すいせん
水瓜　すいか
水虫　みずむし
水気　みずけ
水色　みずいろ
水車　すいしゃ
水兵　すいへい
水利　すいり
水位　すいい
水泳　すいえい
水門　すいもん
水草　みずくさ
水垢　みずあか
水面　すいめん
水星　すいせい
水害　すいがい
水浴　すいよく
水流　すいりゅう
水素　すいそ
水脈　すいみゃく
水彩画　すいさいが
水飢饉　みずききん
水産　すいさん
水族館　すいぞくかん
水涸　みずがれ

水球　すいきゅう
水域　すいいき
水鳥　すいちょう・みずとり
水割　みずわり
水痘　すいとう
水着　みずぎ
水道　すいどう
水温　すいおん
水晶　すいしょう
水量　すいりょう
水筒　すいとう
水郷　すいきょう
水絵　みずえ
水源　すいげん
水準　すいじゅん
水溜　みずたまり
水蒸気　すいじょうき
水雷　すいらい
水嵩　みずかさ
水鉄砲　みずでっぽう
水禽　すいきん
水密桃　すいみつとう
水墨画　すいぼうが
水稲　すいとう
水銀　すいぎん
水槽　すいそう
水質　すいしつ
水曜　すいよう
水爆　すいばく
[氷]　ひょう・つらら・こおり
氷水　こおりみず
氷河　ひょうが
氷河時代　ひょうがじだい
氷砂糖　こおりざとう
氷点　ひょうてん
氷塊　ひょうかい
[永]　えい・ながい・ながらえる
永久　えいきゅう
永眠　えいみん
永遠　えいえん
永続　えいぞく
[求]　もとめ・もとめる

求愛　きゅうあい
［泉］　いずみ
［泰］
泰然自若　たいぜんじじゃく

爻部

［爽］　さわやか
爽快　そうかい

父部

［父］　ちち
お父さん　おとうさん
父母　ふぼ
父兄会　ふけいかい
父親　ちちおや
［斧］　おの
［釜］　かま
［爺］
お爺さん　おじいさん

気部

［気］　き・きまま・け・げ
気さく　きさく
気づく　きづく
気力　きりょく
気丈夫　きじょうぶ
気分　きぶん
気立　きだて
気圧　きあつ
気安　きやすい
気合　きあい
気色　きしょく・けしき
気体　きたい
気位　きぐらい
気迫　きはく
気性　きしょう
気取　きどる
気長　きなが
気味　きみ
気前　きまえ
気品　きひん
気の毒　きのどく

気持　きもち
気後れ　きおくれ
気風　きふう
気兼　きがね
気の病　きのやまい
気配　けはい
気弱　きよわ
気骨　きこつ・きぼね
気候　きこう
気息奄奄　きそくえんえん
気脈　きみゃく
気強い　きづよい
気温　きおん
気軽　きがる
気運　きうん
気晴（らし）　きばらし
気象　きしょう
気象台　きしょうだい
気詰　きづまり
気違　きちがい
気遣　きづかう
気勢　きせい
気楽　きらく
気概　きがい
気障　きざ
気管　きかん
気質　きしつ・かたぎ
気難　きむずかしい

牛・牛部

［牛］　ぎゅう・うし
牛肉　ぎゅうにく
牛耳　ぎゅうじる
牛乳　ぎゅうにゅう
牛飲馬食　ぎゅういんばしょく
牛蒡　ごぼう
牛飼い　うしかい
［牡］
牡丹　ぼたん
牡蠣　かき
［牧］　ぼく

牧草　ぼくそう
牧畜　ぼくちく
牧場　ぼくじょう
牧歌　ぼっか
[物]　ぶつ・もの
物干　ものほし
物分　ものわかり
物好　ものずき
物足りない　ものたりない
物忘　ものわすれ
物体　ぶったい
物事　ものごと
物価　ぶっか
物知　ものしり
物凄　ものすごい
物音　ものおと
物差　ものさし
物指　ものさし
物思　ものおもい
物恐　ものおそろしい
物笑　ものわらい
物産　ぶっさん
物理　ぶつり
物惜　ものおしみ
物陰　ものかげ
物覚　ものおぼえ
物資　ぶっし
物置　ものおき
物腰　ものごし
物語　ものがたり・ものがたる
物影　ものかげ
物質　ぶっしつ
物識　ものしり
[牴]
牴触　ていしょく
[特]　とく・とつ・とくに
特有　とくゆう
特色　とくしょく
特技　とくぎ
特売　とくばい
特別　とくべつ
特効　とっこう

特定　とくてい
特命　とくめい
特価　とっか
特使　とくし
特派員　とくはいん
特急　とっきゅう
特訓　とっくん
特殊　とくしゅ
特産　とくさん
特許　とっきょ
特異　とくい
特捜　とくそう
特報　とくほう
特集　とくしゅう
特需　とくじゅ
特種　とくだね
特徴　とくちょう
特賞　とくしょう
特選　とくせん
特製　とくせい
特質　とくしつ
[牽]　けん
牽制　けんせい
牽強付会　けんきょうふかい
[犀]　さい
[犇]　ひしめく
[犂]　すき
[犠]
犠牲　ぎせい

手部

[手]　しゅ・て・てぬるい・てぶら
手入　ていれ
手工業　しゅこうぎょう
お手上げ　おてあげ
手下　てした
手不足　てぶそく
手元　てもと
手引　てびき
手分　てわけ
手立　てだて

手広	てびろい	手頃	てごろ
手本	てほん	手帳	てちょう
手甲	てのこう	手術	しゅじゅつ
手付	てつき	手筈	てはず
手早	てばやい	手袋	てぶくろ
手回	てまわし	手紙	てがみ
手回品	てまわりひん	手痛	ていたい
手当	てあて	手提	てさげ
手当次第	てあたりしだい	手遅	おくれ
手先	てさき	手軽	てがるい
手向	てむかう	手間	てま
お手伝い	おてつだい	手答	てごたえ
手伝	てつだい・てつだう	手順	てじゅん
手折	たおる	手腕	しゅわん
手拔	てぬかり	手話	しゅわ
手形	てがた	手数	てすう
手足	てあし	手隙	てすき
手助	てだすけ	手触	てざわり
手近	てぢか	手続	てつづき
お手の物	おてのもの	手続料	てつづきりょう
手並	てなみ	手際	てぎわ
手放	てばなす	手繰込	たぐりこむ
手取早	てっとりばやい	手鏡	てかがみ
手帖	てちょう	手懸	てがかり
手始	てはじめ	[承]	しょう・うけたまわる
手首	てくび	承知	しょうち
手前	てまえ	承認	しょうにん
手洗	てあらい	承諾	しょうだく
手拭	てぬぐい	[拳]	こぶし
手柄	てがら	拳骨	げんこつ
手荒	てあらい	[掌]	てのひら
手品	てじな	[撃]	うつ
手後	ておくれ	撃退	げきたい
手段	しゅだん	撃破	うちやぶる
手狭	てぜま	[攀]	
手振	てぶり	攀登	よじのぼる
手荷物	てにもつ		
手配	てはい	**毛部**	
手速	てばやい		
手真似	てまね	[毛]	もう・け
手掛	てがかり	毛布	もうふ
手桶	ておけ	毛皮	けがわ
		毛虫	けむし

毛糸　けいと
毛細血管　もうさいけっかん
毛筆　もうひつ
毛織物　けおりもの
[毟]　むしる
[毬]　まり

攵部

[攻]　せめる
攻入　せめいる
攻立　せめたてる
攻込　せめこむ
攻寄　せめよせる
攻落　せめおとす
攻撃　こうげき
攻懸　せめかける
[改]　かい・あらためて・
　あらたまる・あらためる
改心　かいしん
改正　かいせい
改札　かいさつ
改行　かいぎょう
改良　かいりょう
改定　かいてい
改訂　かいてい
改変　かいへん
改革　かいかく
改修　かいしゅう
改俊　かいしゅん
改造　かいぞう
改組　かいそ
改善　かいぜん
改装　かいそう
改新　ていしん
改選　かいせん
[放]　ほう・ほうる・はなす・
　はなれる
放出　ほうりだす
放牧　ほうぼく
放浪　ほうろう
放射　ほうしゃ
放棄　ほうき

放置　ほうち
放縦　ほうじゅう
[政]　せい
政見　せいけん
政局　せいきょく
政治　せいじ
政府　せいふ
政客　せいきゃく
政界　せいかい
政党　せいとう
政略　せいりゃく
政策　せいさく
政敵　せいてき
政権　せいけん
[故]　こ・ゆえに
故郷　こきょう・ふるさと
故意　こい
故障　こしょう
[致]　いたす
致命的　ちめいてき
[教]　きょう・おしえ・おしえる
　・おそわる
教会　きょうかい
教材　きょうざい
教条　きょうじょう
教育　きょういく
教室　きょうしつ
教科　きょうか
教科書　きょうかしょ
教皇　きょうこう
教訓　きょうくん
教唆　きょうさ
教員　きょういん
教務　きょうむ
教師　きょうし
教徒　きょうと
教授　きょうじゅ
教養　きょうよう
教壇　きょうだん
教頭　きょうとう
[敗]　はい・やぶれる・やぶる・
　まけ・まける

敗北	はいぼく	数学	すうがく
敗戦	はいせん	数珠	じゅず
[敏]	びん	数値	すうち
敏腕	びんわん	数詞	すうし
敏感	びんかん	数量	すうりょう
[救]	きょう・すくい・すくう	[敵]	てき・かたき
救出	きゅうしゅつ	敵役	かたきやく
救世	きゅうせい	[敷]	しく
救助	きゅうじょ	敷石	しきいし
救国	きゅうこく	敷布	しきふ
救命	きゅうめい	敷布団	しきぶとん
救急	きゅうきゅう	敷地	しきち
救済	きゅうさい	敷居	しきい
救援	きゅうえん	敷金	しききん
救護	きゅうご	敷物	しきもの
[敬]	けい・うやまう	[整]	せい・ととのう・ととのえる
敬体	けいたい		
敬具	けいぐ	整列	せいれつ
敬服	けいふく	整合	せいごう
敬称	けいしょう	整体	せいたい
敬意	けいい	整形外科	せいけいげか
敬遠	けいえん	整流	せいりゅう
敬愛	けいあい	整骨科	せいこつか
敬語	けいご	整理	せいり
敬譲	けいじょう	整備	せいび
[敢]	あえて	整然	せいぜん
敢然	かんぜん	整頓	せいとん
[散]	さん・ちらかす・ちらかる・ちらし・ちらす・ちらばる・ちる		

月部

散文	さんぶん	[月]	げつ・つき
散在	さんざい	月下	げっか
散見	さんけん	月日	つきひ
散歩	さんぽ	月末	つきずえ
散散	さんさん	月光	げっこう
散策	さんさく	月見	つきみ
散漫	さんまん	月夜	つきよ
散髪	さんぱつ	月食	げっしょく
[数]	すう・かず・かぞえ・かぞえる	月給	げっきゅう
		月影	つきかげ
数ならぬ	かずならぬ	月賦	げっぷ
数字	すうじ	月謝	げっしゃ
		月曜	げつよう

[有] ゆう・ゆうする・ある

有りったけ　ありったけ

有力　ゆうりょく

有合　ありあわせ

有色人種　ゆうしょくじんしゅ

有名　ゆうめい

有気　ありげ

有気音　ゆうきおん

有声音　ゆうせいおん

有利　ゆうり

有余　ゆうよ・ありあまる

有効　ゆうこう

有金　ありがね

有限　ゆうげん・あるかぎり

有毒　ゆうどく

有為転変　ういてんへん

有害　ゆうがい

有益　ゆうえき

有料　いうりょう

有望　ゆうぼう

有頂天　うちょうてん

有得ない　ありえない

有能　ゆうのう

有勝　ありがち

有無　うむ

有触　ありふれる

有意義　ゆういぎ

有様　ありさま・ありよう

有感地震　ゆうかんじしん

有線　ゆうせん

有難　ありがたい・ありがとう

有識者　ゆうしきしゃ

[望] のぞましい・のぞみ
　・のぞむ

望遠鏡　ぼうえんきょう

[朗] ろう・ほがらか

朗朗　ろうろう

朗詠　ろうえい

朗読　ろうどく

[期] き・きする

期日　きじつ

期末　きまつ

期限　きげん

期待　きたい

期間　きかん

[朝] ちょう・あさ

朝夕　あさゆう

朝三暮四　ちょうさんぼし

朝日　あさひ

朝令暮改　ちょうれいぼかい

朝刊　ちょうかん

朝刊紙　ちょうかんし

朝食　ちょうしょく

朝起　あさおき

朝焼　あさやけ

朝晩　あさばん

朝飯　あさはん・あさめし

朝寝　あさね

朝寝坊　あさねぼう

朝鮮朝顔　ちょうせんあさ
　がお

[朧] おぼろ

月（肉）部

[肋]

肋骨　あばらぼね

肋膜　ろくまく

[肌] はだ

肌寒　はださむい

肌着　はだぎ

[肝] かん・きも

肝心　かんじん

肝油　かんゆ

肝炎　かんえん

肝胆　かんたん

肝銘　かんめい

肝臓　かんぞう

[肘] ひじ

[育] いく・そだち・そだつ・
　そだてる

育成　いくせい

育児　いくじ

[肩] かた

肩身　かたみ

肩書　かたがき
肩掛　かたかけ
肩幅　かたはば
肩凝　かたこり
[肱]　ひじ
[肥]　こえ・こえる・こやし
　・こやす
肥料　ひりょう
[服]　ふく
服従　ふくじゅう
服装　ふくそう
服飾　ふくしょく
[肯]
肯定　こうてい
[股]　また・もも・もたがる
[肺]　はい
肺炎　はいえん
肺結核　はいけっかく
[胡]　こ・ご
胡弓　こきゅう
胡瓜　きゅうり
胡桃　くるみ
胡麻　ごま
胡麻塩　ごましお
胡椒　こしょう
[胚]
胚芽米　はいがまい
[背]　はい・せ・せい・そむく・
　そむける
背丈　せたけ
背水陣　はいすいのじん
背中　せなか
背広　せびろ
背泳　せおよぎ
背格好　せいかっこう
背骨　せぼね
背筋　せすじ
背負　せおう
背景　はいけい
[胃]　い
胃カメラ　いカメラ
胃炎　いえん

胃病　いびょう
胃液　いえき
胃痙攣　いけいれん
胃腸　いちょう
胃潰瘍　いかいよう
[胆]　たん
胆力　たんりょく
胆嚢　たんのう
[脊]
脊髄　せきずい
[胼]
胼胝　たこ
[脅]　きょう・おどかす・おどす
　・おびやかす
脅迫　きょうはく
脅威　きょうい
脅喝　きょうかつ
[脇]　わき
脇目　わきめ
脇見　わきみ
脇役　わきやく
脇道　わきみち
[胴]　どう
胴上　どうあげ
胴回　どうまわり
[脂]　あぶら
脂気　あぶらけ
脂身　あぶらみ
脂性　あぶらしょう
脂肪　しぼう
[胸]　きょう・むね
胸中　きょうちゅう
胸毛　むなげ
胸苦　むなぐるしい
胸部　きょうぶ
胸算用　むなざんよう
胸襟　きょうきん
胸騒　むなさわぎ
[能]　のう
能力　のうりょく
能弁　のうべん
能狂言　のうきょうげん

能面	のうめん	腕比	うでくらべ
能率	のうりつ	腕前	うでまえ
能動的	のうどうてき	腕相撲	うでずもう
能楽	のうがく	腕時計	うでどけい
[脈]	みゃく	腕章	わんしょう
脈拍	みゃくはく	腕組	うでぐみ
脈絡	みゃくらく	[腋]	わき
脈搏	みゃくはく	腋臭	わきが
[脆]	もろい	[腑]	ふ
脆弱	ぜいじゃく	[勝]	しょう・かち・かつ・すぐ
[脱]	だつ・ぬぐ		れる・まさる
脱水	だっすい	勝ちとる	かちとる
脱皮	だっぴ	勝手	かって
脱却	だっきゃく	勝利	しょうり
脱走	だっそう	勝負	しょうぶ
脱退	だったい	勝星	かちぼし
脱脂	だっし	勝敗	しょうはい
脱殻	ぬけがら	[腎]	
脱落	だつらく	腎臓	じんぞう
脱帽	だつぼう	[腱]	けん
脱税	だつぜい	[腰]	こし
脱線	だっせん	腰掛	こしかけ・こしかける
[豚]	ぶた	[腿]	もも
豚カツ	ぶたカツ	[腥]	なまぐさい
[脛]	すね	[腭]	あご
[脚]	きゃく	[腸]	ちょう・はらわた
脚本	きゃくほん	腸炎	ちょうえん
脚光	きゃっこう	[腫]	はれる
脚気	かっけ	腫瘍	しゅよう
脚色	きゃくしょく	[腹]	はら
脚注	きゃくちゅう	お腹	おなか
[脳]	のう	腹立	はらだたしい・はらだつ
脳血栓	のうけっせん		・はらだてる
脳卒中	のうそっちゅう	腹巻	はらまき
脳波	のうは	腹案	ふくあん
脳味噌	のうみそ	腹這	はらばい
脳溢血	のういっけつ	腹黒	はらぐろい
脳膜炎	のうまくえん	[膏]	
[腕]	わん・うで	膏薬	こうやく
腕ずく	うでずく	[膜]	まく
腕力	わんりょく	[膀]	
腕白	わんぱく	膀胱	ぼうこう

［膝］　ひざ
［膠］
膠着　こうちゃく
［膳］　ぜん
［膨］　ぼう・ふくらむ・ふくれる
膨大　ぼうだい
膨張　ぼうちょう
膨脹　ぼうちょう
［謄］　とう
謄本　とうほん
謄写版　とうしゃばん
［臂］　ひじ
［膿］　うみ
［臍］　へそ
臍繰　へそくり
［臑］　すね
［謄］
騰貴　とうき

殳部

［段］　だん
段段　だんだん
段落　だんらく
段階　だんかい
段違平行棒　だんちがい
　へいこうぼう
［殴］　なぐる
［殺］　さつ・ころす
殺人　さつじん
殺到　さっとう
殺風景　さっぷうけい
殺害　さつがい
殺菌　さっきん
［殻］　から
［殿］　どの

欠部

［欠］　けつ・かく・かける
欠乏　けつぼう
欠如　けつじょ
欠伸　あくび
欠点　けってん
欠席　けっせき
欠陥　けっかん
欠航　けっこう
欠勤　けっきん
［次］　じ・つぎ・つぎに・ついで
　・つぐ
次女　じじょ
次元　じげん
次次　つぎつぎ
次男　じなん
次第　しだい
［欲］　よく・ほしい
欲目　よくめ
欲求　よっきゅう
欲望　よくぼう
欲張　よくばり・よくばる
［欺］　あざむく
［款］
款待　かんたい
［歌］　か・うた・うたう
歌人　かじん
歌手　かしゅ
歌曲　かきょく
歌声　うたごえ
歌詞　かし
歌集　かしゅう
歌劇　かげき
歌舞伎　かぶき
歌謡　かよう
歌謡曲　かようきょく
［歎］
歎息　たんそく
［歓］　かん
歓心　かんしん
歓迎　かんげい
歓声　かんせい
歓送　かんそう
歓待　かんたい
歓楽　かんらく

片部

［片］　かた

片方 かたほう	断切 たちきる
片手 かたて	断水 だんすい
片田舎 かたいなか	断交 だんこう
片付 かたづく・かたづける	断言 だんげん
片仮名 かたかな	断定 だんてい
片言 かたこと	断固 だんこ
片思 かたおもい	断面 だんめん
片恋 かたこい	断念 だんねん
片時 かたとき	断然 だんぜん
片側 かたがわ	断絶 だんぜつ
片道 かたみち	断続 だんぞく
片棒 かたぼう	[斯] かくして
片隅 かたすみ	[新] しん・あたらしい・
片寄 かたよる	あらた
片意地 かたいじ	新人 しんじん
[版]	新入 しんにゅう・しんいり
版画 はんが	新手 あらて

氏部

[氏] し	新石器時代 しんせっき
氏名 しめい	じだい
[民] みん・たみ	新式 しんしき
民心 みんしん	新年 しんねん
民主 みんしゅ	新車 しんしゃ
民法 みんぽう	新学期 しんがっき
民事 みんじ	新妻 にいづま
民俗 みんぞく	新居 しんきょ
民家 みんか	新版 しんぱん
民宿 みんしゅく	新型 しんがた
民族 みんぞく	新品 しんぴん
民情 みんじょう	新郎 しんろう
民衆 みんしゅう	新陳代謝 しんちんたいしゃ
民間 みんかん	新婚 しんこん
民話 みんわ	新婦 しんぷ
民意 みんい	新進 しんしん
民権 みんけん	新幹線 しんかんせん
民謡 みんよう	新語 しんご
	新聞 しんぶん

斤部

[断] だん・だんじて・	新調 しんちょう
ことわる・たつ	新緑 しんりょく
断乎 だんこ	新鋭 しんえい
	新興 しんこう
	新築 しんちく
	新館 しんかん

新鮮　しんせん

爪部

[爪]　つめ
爪切　つめきり
爪先　つまさき
爪楊枝　つまようじ

五画

穴部

[穴]　あな
穴埋　あなうめ
[究]　きゅう
究明　きゅうめい
究極　きゅうきょく
[突]　とつ・つき・つく
突入　とつにゅう
突出　つきでる・つきだす
突込　つっこむ
突如　とつじょ
突合　つきあわせる
突当　つきあたる
突拍子　とっぴょうし
突刺　つきさす
突放　つきはなす
突破　とっぱ・つきやぶ
突倒　つきたおす
突通　つきとおす
突貫　とっかん
突進　とっしん
突張　つっぱる
突然　とつぜん
突落　つきおとす
突撃　とつげき
[空]　くう・から・そら・
　あき・あく・あける・
　すかす・すく・むなしい
空手　からて
空中　くうちゅう
空白　くうはく
空地　あきち

空色　そらいろ
空回　からまわり
空気　くうき
空豆　そらまめ
空空　そらぞらしい
空念仏　からねんぶつ
空威張　からいばり
空前　くうぜん
空軍　くうぐん
空屋　あきや
空席　くうせき
空間　あきま・くうかん
空惚　そらとぼける
空虚　くうきょ
空理空論　くうりくうろん
空景気　からげいき
空港　くうこう
空腹　すきっぱら・くうふく
空想　くうそう
空論　くうろん
空輸　くうゆ
空騒　からさわぎ
空襲　くうしゅう
[穿]　せん・はく
穿山甲　せんざんこう
穿鑿　せんさく
[窃]　ひそか
[窄]　すぼまる・すぼめる・
　すぼむ・つぼめる
[窒]　ちつ
窒素　ちっそ
窒息　ちっそく
[窓]　まど
窓口　まどぐち
[窪]　くぼむ
窪地　くぼち
[窮]　きゅうする・きわまる
　・きわめる
窮状　きゅうじょう
窮屈　きゅうくつ
窮鼠　きゅうそ
[窺]　うかがう

[寠]	やつれる	童謡	どうよう
[竈]	かまど	[堅]	たて
		[端]	はし・たん・はた

立部

[立]	りつ・たち・たちはだかる・たつ・だて・たてる	端午	たんご
		端初	たんしょ
立上	たちあがる・たちのぼる	端緒	たんしょ
立方	りっぽう	[競]	きょう・せる・きそう
立止	たちどまる	競上	せりあげる
立込	たてこむ	競合	せりあう
立去	たちさる	競争	きょうそう
立札	たてふだ	競技	きょうぎ
立合	たちあう	競走	きょうそう
立会	たちあう	競売	きょうばい
立尽	たちつくす	競泳	きょうえい
立向	たちむかう	競馬	けいば
立回	たちまわり	競落	せりおとす
立体	りったい		

广部

立身	りっしん	[疔]	ちょう
立役者	たてやくしゃ	[疢]	やましい
立法	りっぽう	[疣]	いぼ
立往生	たちおうじょう	[疫]	
立泳	たちおよぎ	疫病	えきびょう
立直	たちなおる・たてなおす	[症]	
立派	りっぱ	症状	しょうじょう
立退	たちのく	[疲]	つかれ・つかれる
立前	たてまえ	疲労	ひろう
立候補	りっこうほ	[疾]	とっくに
立案	りつあん	疾から	とうから
立掛	たてかける	[疼]	うずく
立場	たちば	[病]	びょう・やまい・やむ
立竦	たちすくむ	病人	びょうにん
立替	たてかえる	病気	びょうき
立腹	りっぷく	病状	びょうじょう
立塞	たちふさがる	病室	びょうしつ
立憲	りっけん	病院	びょういん
[章]	しょう	病弱	びょうじゃく
[竦]	すくむ・すくめる	[痔]	じ
[童]	どう	[痒]	かゆい
童貞	どうてい	[痘]	
童歌	わらべうた	痘痕	あばた
童話	どうわ	[痣]	あざ

［痛］　つう・いたい・いたましい
　・いたみ・いたむ・いためる
痛手　いたで
痛切　つうせつ
痛快　つうかい
痛烈　つうれつ
痛痛　いたいたしい
痛覚　つうかく
［痰］　たん
痰壺　たんつぼ
［痺］　しびれ・しびれる
［痩］　やせる
痩我慢　やせがまん
［癪］　しゃく
［癇］　かん
癇癪　かんしゃく
［瘤］　こぶ
［療］　りょう
療法　りょうほう
療養　りょうよう
［癌］　がん
［癖］　くせ
［癒］　いやす
癒着　ゆちゃく
［癲］
癲癇　てんかん

衤部

［初］　しょ・はつ・うい・はじめ
　・はじめて
初耳　はつみみ
初対面　しょたいめん
初初　ういういしい
初版　しょはん
初歩　しょほ
初恋　はつこい
初校　しょこう
初級　しょきゅう
初場所　はつばしょ
初等　しょとう
初期　しょき
初詣　はつもうで

［衿］　えり
［袖］　そで
袖手傍観　しゅうしゅ
　ぼうかん
［被］　ひ・かぶせる・かぶる・
　こうむる
被告　ひこく
被害　ひがい
［袷］　あわせ
［袴］　はかま
［補］　ほ・おぎなう
補欠　ほけつ
補充　ほじゅう
補足　ほそく
補助　ほじょ
補缺　ほけつ
補強　ほきょう
補給　ほきゅう
補語　ほご
補導　ほどう
補償　ほしょう
［裾］　すそ
［裸］　ら・はだか
裸一貫　はだかいっかん
裸足　はだし
裸体　らたい
裸像　らぞう
［複］　ふく
複文　ふくぶん
複写　ふくしゃ
複合語　ふくごうご
複数　ふくすう
複雑　ふくざつ
複製　ふくせい
［褐］
褐色　かっしょく
［褪］　さめる・あせる
［襖］　ふすま
［襤］
襤褸　ぼろ
［襟］　えり
襟巻　えりまき

示部

[示] しめす
示唆 しさ
[祟] たたる
[祭] まつり・まつる
お祭り おまつり
祭日 さいじつ
[票] ひょう
[禁] きん・きんじる
禁止 きんし
禁物 きんもつ
禁制 きんせい
禁酒 きんしゅ
禁煙 きんえん
禁断 きんだん

甘部

[甘] かん・うまい・あまい・
　あまえ・あまえる・あまや
　かす・あまんじる
甘口 あまくち
甘味 かんみ・あまみ
甘草 かんぞう
甘栗 あまぐり
甘酒 あまざけ
甘納豆 あまなっとう
[甚] はなはだ・はなはだしい
[甜]
甜菜 てんさい

石部

[石] せき・せつ・いし・こく
石工 せっこう
石仏 せきぶつ
石灰 せっかい
石材 せきざい
石刻 せっこく
石油 せきゆ
石炭 せきたん
石綿 せきめん・いしわた
石碑 せきひ

石膏 せっこう
石榴 ざくろ
石像 せきぞう
石墨 せきぼく
石器時代 せっきじだい
石頭 いしあたま
石橋 いしばし
石鹸 せっけん
[研] けん・とぐ・みがく
研究 けんきゅう
研修 けんしゅう
[砂] さ・すな
砂丘 さきゅう
砂利 じゃり
砂浜 すなはま
砂漠 さばく
砂塵 さじん
砂糖 さとう
砂糖きび さとうきび
砂糖大根 さとうだいこん
[砕] くだく・くだける
砕氷 さいひょう
[破] は・やぶく・やぶる・
　やぶれる
破片 はへん
破局 はきょく
破裂音 はれつおん
破産 はさん
破棄 はき
破損 はそん
破滅 はめつ
破綻 はたん
破談 はだん
破壊 はかい
[砦] とりで
[硫]
硫黄 いおう
硫酸 りゅうさん
[硯] すずり
[硝]
硝酸 しょうさん
[硬] こう・かたい

硬化	こうか
硬度	こうど
硬球	こうきゅう
硬貨	こうか
[碇]	いかり
碇泊	ていはく
[碁]	ご
碁盤	ごばん
[碑]	ひ
[確]	かく・かつ・たしか・たしかめる
確立	かくりつ
確乎	かっこ
確固	かっこ
確定	かくてい
確実	かくじつ
確保	かくほ
確信	かくしん
確率	かくりつ
確答	かくとう
確証	かくしょう
確認	かくにん
[碌]	ろくな・ろくに
碌碌	ろくろく
[磁]	じ
磁力	じりょく
磁石	じしゃく
磁気	じき
磁界	じかい
磁器	じき
[磨]	とぐ・みがく
磨滅	すりへらす
磨滅	まめつ
[磯]	いそ
[礎]	いしずえ
礎石	そせき

矛部

[矛]	ほこ
矛盾	むじゅん

癶部

[発]	はつ・ほつ・
発生	はっせい
発刊	はっかん
発行	はっこう
発条	ばね
発車	はっしゃ
発足	ほっそく
発言	はつげん
発見	はっけん
発作	ほっさ
発売	はつばい
発効	はっこう
発育	はついく
発表	はっぴょう
発明	はつめい
発信	はっしん
発送	はっそう
発音	はつおん
発射	はっしゃ
発案	はつあん
発展	はってん
発病	はつびょう
発掘	はっくつ
発動機	はつどうき
発着	はっちゃく
発散	はっさん
発揮	はっき
発達	はったつ
発想	はっそう
発酵	はっこう
発端	ほったん
[登]	と・とう・のぼり・のぼる
登山	とざん
登校	とうこう
登場	とうじょう
登録	とうろく
登竜門	とうりゅうもん

疋（正）部

[疎]	そ・うとい・うとましい

・うとむ・おろそか
疎外 そがい
疎通 そつう
疎開 そかい
疎遠 そえん
疎漏 そろう
[疑] ぎ・うたがわしい・
　うたがい・うたがう
疑心暗鬼 ぎしんあんき
疑点 ぎてん
疑問 ぎもん
疑惑 ぎわく

目部

[目] もく・め・めまぐるしい
お目 おめ
目下 めした・もっか
目上 めうえ
目方 めかた
目分量 めぶんりょう
目立 めだつ
目尻 めじり
お目玉 おめだま
目玉 めだま・めのたま
目玉焼き めだまやき
目出度 めでたい
目白押し めじろおし
目印 めじるし
目付 めつき
目安 めやす
目次 もくじ
目当 めあて
目早 めばやい
目先 めさき
目抜通り めぬきどおり
目的 もくてき
目前 めのまえ・もくぜん
目屎 めくそ
目指 めざす
目映 まばゆい
目差 めざす
目配 めくばせ

目速 めばやい
目盛 めもり
目掛 めがける
目敏 めざとい
目移 めうつり
目覚 めざまし・めざましい
　・めざめ・めざめる
目測 もくそく
目障 めざわり
目撃 もくげき
目標 もくひょう
目頭 めがしら
目薬 めぐすり
目録 もくろく
目糞 めくそ
[盲] もう・めくら
盲人 もうじん
盲点 もうてん
盲想 もうそう
盲腸 もうちょう
[直] ちょく・ちょつ・じかに・
　じき・じきに・すぐ・ただちに
　・なおす・なおる
直立 ちょくりつ
直行 ちょっこう
直系 ちょっけい
直角 ちょっかく
直径 ちょっけい
直前 ちょくぜん
直面 ちょくめん
直後 ちょくご
直流 ちょくりゅう
直通 ちょくつう
直航 ちょっこう
直訳 ちょくやく
直接 ちょくせつ
直覚 ちょっかく
直感 ちょっかん
直線 ちょくせん
直観 ちょっかん
[眉] まゆ
眉毛 まゆげ

[盾]	たて	真水	まみず
[省]	かえりみる・はぶく	真中	まんなか
省略	しょうりゃく	真白	まっしろ
[県]	けん	真冬	まふゆ
[看]	かん	真赤	まっか
看板	かんばん	真似	まね・まねる
看病	かんびょう	真夜中	まよなか
看護	かんご	真実	しんじつ
[相]	そう・あい	真空	しんくう
相いれない	あいいれない	真空管	しんくうかん
相互	そうご	真青	まっさお
相手	あいて	真直	まっすぐ
相生	あいおい	真面目	まじめ
相対	そうたい	真昼	まひる
相次	あいついで・あいつぐ	真相	しんそう
相当	そうとう	真為	しんぎ
相合傘	あいあいがさ	真夏	まなつ
相応	そうおう・ふさわしい	真珠	しんじゅ
相克	そうこく	真剣	しんけん
相似	そうじ	真理	しんり
相性	あいしょう	真魚鰹	まながつお
相変わらず	あいかわらず	真黒	まっくろ
相剋	そうこく	真新	まあたらしい
相思相愛	そうしそうあい	真暗	まっくら
相乗	あいのり・そうじょう	真意	しんい
相殺	そうさい	真綿	まわた
相容れない	あいいれない	真鯉	まごい
相場	そうば	[眠]	ねむい・ねむたい・
相棒	あいぼう		ねむる
相違	そうい	眠気	ねむけ
相槌	あいづち	[着]	ちゃく・きこなす・
相続	そうぞく		きせる・きる・つく・
相関	そうかん		つける
相談	そうだん	着の身着のまま	
相撲	すもう		きのみきのまま
[眩]	まぶしい	着工	ちゃっこう
眩暈	めまい	着心地	きごこち
[真]	しん・まこと・ま・まつ	着火	ちゃっか
真上	まうえ	着手	ちゃくしゅ
真下	ました	着付	きつけ
真丸	まんまる	着任	ちゃくにん
真心	まごころ	着色	ちゃくしょく

着実	ちゃくじつ	[甲]	こう
着服	ちゃくふく	甲状腺	こうじょうせん
着物	きもの	甲板	こうはん・かんぱん
着席	ちゃくせき	甲高	かんだかい
着着	ちゃくちゃく	甲骨文	こうこつぶん
着陸	ちゃくりく	甲斐	かい
着替	きがえ・きがえる	甲斐甲斐	かいがいしい
着想	ちゃくそう	甲羅	こうら
[眼]	がん・まなこ	[申]	しん・もうす
眼力	がんりき	申入	もうしいれる
眼下	がんか	申上	もうしあげる
眼目	がんもく	申出	もうしでる
眼光	がんこう	申込	もうしこみ・もうしこむ
眼科	がんか	申合	もうしあわせ・
眼界	がんかい		もうしあわせる
眼差	まなざし	申告	しんこく
眼鏡	めがね	申兼	もうしかねる
[眺]	ながめ・ながめる	申訳	もうしわけ
眺望	ちょうぼう	申渡	もうしわたす
[睦]	むつまじい	申請	しんせい
[睫]	まつげ	[男]	だん・おとこ
睫毛	まつげ	男子	だんし
[睨]	にらめっこ・にらむ	男女	だんじょ
[睡]	すい	男性	だんせい
睡眠	すいみん	男性的	だんせいてき
眠蓮	すいれん	男尊女卑	だんそんじょひ
[瞑]		男優	だんゆう
瞑想	めいそう	[町]	まち・ちょう
[瞳]	ひとみ	町民	ちょうみん
[瞬]	またたく	[畏]	かしこまる
瞬間	しゅんかん	[畑]	はたけ
[瞼]	まぶた	畑地	はたち
		[畝]	せ

田部

		[畜]	
[田]	た	畜生	ちくしょう
田舎	いなか	[畔]	あぜ
田畑	たはた	[留]	りゅう・とどまる・とどめ
田植	たうえ		る・とめる
田園	でんえん	留守	るす
[由]	よし・よる	留守番	るすばん
由来	ゆらい	留任	りゅうにん
由緒	ゆいしょ	留年	りゅうねん

留学　りゅうがく
留金　とめがね
留保　りゅうほ
留置　りゅうち
[畠]　はたけ
[畦]　あぜ
畦道　あぜみち
[異]　い・ことなる
異口同音　いくどうおん
異母兄弟　いぼきょうだい
異同　いどう
異性　いせい
異国　いこく
異物　いぶつ
異変　いへん
異常　いじょう
異教　いきょう
異郷　いきょう
異様　いよう
異説　いせつ
異端　いたん
異論　いろん
異質　いしつ
異議　いぎ
[略]　りゃく・りゃくす・
　ほぼ
略字　りゃくじ
略式　りゃくしき
略図　りゃくず
略称　りゃくしょう
略装　りゃくそう
略語　りゃくご
略奪　りゃくだつ
[番]　ばん
番犬　ばんけん
番号　ばんごう
番地　ばんち
番茶　ばんちゃ
番組　ばんぐみ
番頭　ばんとう
[畳]　たたみ・たたむ

罒部

[罠]　わな
[置]　おき・おく
置所　おきどころ
置物　おきもの
置時計　おきどけい
置換　おきかえる
置場　おきば
[罪]　つみ
罪人　ざいにん
罪状　ざいじょう
罪悪　ざいあく
[罫]　けい
[署]
署名　しょめい
[罰]　ばち・ばつ・ばっする
罰当　ばちあたり
罰金　ばっきん
[罵]　ののしる
[罹]
罹災　りさい
[羅]　ら・かかる
羅列　られつ
羅針盤　らしんばん
羅漢　らかん

皿部

[皿]　さら
[孟]
孟蘭盆　うらんぼん
[盃]　さかずき
[盆]　ぼん
お盆　おぼん
盆地　ぼんち
盆栽　ぼんさい
[益]　えき
益虫　えきちゅう
益益　ますます
益鳥　えきちょう
[盛]　せい・さかり・さかん・
　もる

盛大	せいだい	生年月日	せいねんがっぴ
盛上	もりあがる	生気	せいき
盛行	せいこう	生来	せいらい
盛会	せいかい	生返	いきかえる
盛返	もりかえす	生返事	なまへんじ
盛況	せいきょう	生花	いけばな・せいか
盛衰	せいすい	生卵	なまたまご
盛装	せいそう	生延	いきのびる
[盗]	ぬすみ・ぬすむ	生育	せいいく
盗人	ぬすびと	生物	いきもの・なまもの
盗塁	とうるい		・せいぶつ
[盟]	めい	生茂	おいしげる
盟友	めいゆう	生長	せいちょう
盟約	めいやく	生易	なまやさしい
[盥]	たらい	生命	せいめい
[監]	かん	生計	せいけい
監修	かんしゅう	生活	せいかつ
監査	かんさ	生姜	しょうが
監視	かんし	生変	うまれかわる
監督	かんとく	生垣	いけがき
		生臭	なまぐさい

生部

		生息	せいそく
[生]	き・せい・しょうじる	生粋	きっすい
	・いかす・いき・いきる	生捕	いけどる
	・いける・うまれ・	生残	いきのこる
	うまれる・うむ・なま・なる	生真面目	きまじめ
	・はえる・はやす	生埋	いきうめ
生きがい	いきがい	生徒	せいと
生一本	きいっぽん	生産	せいさん
生子	なまこ	生涯	しょうがい
生方	いきかた	生理	せいり
生木	なまき	生菓子	なまがし
生水	なまみず	生彩	せいさい
生立	おいたち	生温	なまぬるい
生出	うみだす	生意気	なまいき
生甲斐	いきがい	生傷	なまきず
生生	いきいき・なまなましい	生憎	あいにく
生字引	いきじびき	生態	せいたい
生死	せいし	生還	せいかん
生先	おいさき	生薑	しょうが
生存	せいぞん	生鮮	せいせん
生地	きじ	生嚙	なまかじり

[産]　さん・さんする・
　　うまれる・うむ
産出　さんしゅつ・うみだす
産地　さんち
産休　さんきゅう
産声　うぶごえ
産児　さんじ
産卵　さんらん
産物　さんぶつ
産品　さんぴん
産科　さんか
産婦　さんぷ
産婦人科　さんふじんか
産業　さんぎょう
[甦]　よみがえる
[甥]　おい

矢部

[矢]　や
矢印　やじるし
矢継早　やつぎばや
[知]　ち・しらせ・しらせる
　　・しる・しれる
知人　ちじん
知力　ちりょく
知友　ちゆう
知合　しりあい
知名　ちめい
知育　ちいく
知事　ちじ
知性　ちせい
知的　ちてき
知らず知らず　しらずしらず
知恵　ちえ
知能　ちのう
知能検査　ちのうけんさ
知覚　ちかく
知識　ちしき
知識人　ちしきじん
[矩]
矩尺　かねじゃく
[短]　たん・みじかい

短刀　たんとう
短大　たんだい
短気　たんき
短波　たんぱ
短所　たんしょ
短命　たんめい
短信　たんしん
短評　たんぴょう
短期　たんき
短距離　たんきょり
短歌　たんか
短篇　たんぺん
短編　たんぺん
短縮　たんしゅく
[雉]　きじ
雉子　きじ
[矯]　ためる
矯正　きょうせい

禾部

[禿]　はげ・はげる
禿山　はげやま
[私]　し・わたし・わたくし
私小説　ししょうせつ・
　　わたくししょうせつ
私用　しよう
私生活　しせいかつ
私立　しりつ・わたくしりつ
私有　しゆう
私企業　しきぎょう
私服　しふく
私学　しがく
私費　しひ
私腹　しふく
私鉄　してつ
[秀]　ひいでる
秀才　しゅうさい
[科]　か
科目　かもく
科白　せりふ
科学　かがく
[秋]　あき・あきめく

秋刀魚　さんま
秋口　あきぐち
秋日和　あきびより
秋分　しゅうぶん
秋虫　あきむし
秋空　あきぞら
秋雨　あきさめ
秋風　あきかぜ
秋晴　あきばれ
[租]　そ
租界　そかい
租借　そしゃく
租税　そぜい
[秘]　ひ
秘書　ひしょ
秘訣　ひけつ
秘密　ひみつ
[秩]
秩序　ちつじょ
[秤]　はかり
[称]　となえる・たたえる
[移]　い・うつす・うつる
移民　いみん
移行　いこう
移気　うつりぎ
移変　うつりかわる
移動　いと
移転　いてん
移植　いしょく
[稀]　まれ
[程]　ほど
程度　ていど
程無　ほどなく
程遠　ほどとおい
[税]　ぜい
税収　ぜいしゅう
税金　ぜいきん
税務次官　ぜいむじかん
税務署　ぜいむしょ
税率　ぜいりつ
税関　ぜいかん
[稔]　みのる

[種]　しゅ・たね
種目　しゅもく
種種　しゅじゅ
種類　しゅるい
[穀]
穀物　こくもつ
[稲]　いね
稲光　いなびかり
稲妻　いなずま
[稿]　こう
[稼]　かせぎ・かせぐ
[穂]　ほ
[積]　せき・つもり・つもる・つ
　み・つむ
積上　つみあげる
積木　つみき
積込　つみこむ
積出　つみだす
積立　つみたてる
積重　つみかさねる
積雪　せきせつ
積極　せっきょく
積極的　せっきょくてき
積載　せきさい
積算　せきさん
[穏]　おん・おだやか
穏当　おんとう
穏健　おんけん
[稽]
稽古　けいこ

用部

[用]　よう・もちいる
用水　ようすい
用心　ようじん
用心棒　ようじんぼう
用件　ようけん
用足　ようたし
用言　ようげん
用例　ようれい
用法　ようほう
用具　ようぐ

用事　ようじ
用品　ようひん
用紙　ようし
用途　ようと
用量　ようりょう
用意　ようい
用語　ようご
用談　ようだん

皮部

[皮]　ひ・かわ
皮下　ひか
皮肉　ひにく
皮革　ひかく
皮算用　かわざんよう
皮膚　ひふ
[皸]　あかぎれ・ひび
[皺]　しわ
皺寄　しわよせ

白部

[白]　はく・しろ・しろっぽい・
　しろい・しろばむ
白あり　しろあり
白バイ　しろバイ
白人　はくじん
白目　しろめ
白白　しらじらしい
白血病　はっけつびょう
白血球　はっけっきゅう
白身　しろみ
白寿　はくじゅ
白状　はくじょう
白金　しろがね
白砂糖　しろざとう
白紙　はくし
白書　はくしょ
白粉　おしろい
白黒　しろくろ
白菜　はくさい
白鳥　はくちょう
白煮　しらに

白痴　はくち
白熊　しろくま
白樺　しらかば
白髪　しらが
白墨　はくぼく
白蟻　しろあり
[百]　ひゃく
百合　ゆり
百年　ひゃくねん
百足　むかで
百貨店　ひゃっかてん
百聞　ひゃくぶん
[的]　てき・まと
的中　てきちゅう
的確　てきかく・てっかく
[皇]　こう
皇居　こうきょ
皇室　こうしつ
[皆]　かい・みな・みんな
皆目　かいもく
皆既食　かいきしょく
皆無　かいむ
皆勤　かいきん
皆様　みなさま

瓜部

[瓜]　うり
[瓢]
瓢簞　ひょうたん

六画

衣部

[衣]　い・ころも
衣服　いふく
衣食　いしょく
衣食住　いしょくじゅう
衣料　いりょう
衣裳　いしょう
衣装　いしょう
衣類　いるい
[表]　おもて・ひょう・

あらわす・あらわれる

表ざた　おもてざた
表示　ひょうじ
表向　おもてむき
表看板　おもてかんばん
表面　ひょうめん
表紙　ひょうし
表現　ひょうげん
表情　ひょうじょう
表裏　ひょうり
[衰]　すい・おとろえる
衰亡　すいぼう
衰退　すいたい
衰弱　すいじゃく
衰微　すいび
衰頽　すいたい

〔衷〕

[衷]
衷心　ちゅうしん
[袈]
袈裟　けさ
[袋]　ふくろ
お袋　おふくろ
袋叩　ふくろだたき
[裁]　さい・さばく
裁判　さいばん
裁決　さいけつ
裁定　さいてい
裁断　さいだん
裁縫　さいほう
[裂]　さく・さける
[裏]　うら
裏口　うらぐち
裏切　うらぎる
裏手　うらて
裏付　うらづけ
裏地　うらじ
裏門　うらもん
裏町　うらまち
裏返　うらがえす
裏表　うらおもて

裏面　りめん
裏書　うらがき
裏道　うらみち
裏街　うらまち
[装]　そう・よそおい・よそおう
装丁　そうてい
装備　そうび
装幀　そうてい
装飾　そうしょく
装置　そうち
[製]　せい
製本　せいほん
製図　せいず
製材　せいざい
製油　せいゆ
製法　せいほう
製品　せいひん
製造　せいぞう
製紙　せいし
製粉所　せいふんじょ
製帽　せいぼう
製鉄　せいてつ
製鋼　せいこう
[褒]　ほめる
褒美　ほうび
[襞]　ひだ
[襲]　おそう
襲撃　しゅうげき

羊部

[羊]　よう・ひつじ
羊毛　ようもう
羊頭狗肉　ようとうくにく
羊羹　ようかん
[美]　び・うつくしい
美人　びじん
美化　びか
美学　びがく
美容　びよう
美術　びじゅつ
[羞]
羞恥　しゅうち

[羚] かもしか	粘土 ねんど
[翔] かける・とんでる	粘強 ねばりづよい.
[羨] うらやましい・うらやむ	粘着 ねんちゃく
羨望 せんぼう	[粗] そ・あら・あらい・ほぼ
[群] ぐん・むらがる・	粗大 そだい
むれ・むれる	粗方 あらかた
群集 ぐんしゅう	お粗末 おそまつ
群雄割拠 ぐんゆうかっきょ	粗末 そまつ
[義] ぎ	粗目 ざらめ
義父 ぎふ	粗忽 そこつ
義母 ぎぼ	粗放農業 そほうのうぎょう
義兄弟 ぎきょうだい	粗削 あらけずり
義務 ぎむ	粗食 そしょく
義理 ぎり	粗相 そそう
義憤 ぎふん	粗品 そしな・そひん
[養] よう・やしなう	粗探し あらさがし
養女 ようじょ	粗野 そや
養子 ようし	粗悪 そあく
養分 ようぶん	粗筋 あらすじ
養父 ようふ	粗漏 そろう
養母 ようぼ	粗雑 そざつ
養生 ようじょう	[粟] あわ
養成 ようせい	[粥] かゆ
養育 よういく	[粽] ちまき
養豚 ようとん	[精] せい
養魚 ようぎょ	精一杯 せいいっぱい
養殖 ようしょく	精力 せいりょく
養蜂 ようほう	精子 せいし
養鶏 ようけい	精巧 せいこう
	精米 せいまい
米部	精励 せいれい
	精神 せいしん
[米] べい・こめ	精神病 せいしんびょう
米寿 べいじゅ	精通 せいつう
米国 べいこく	精華 せいか
米食 べいしょく	精密 せいみつ
[粉] こ・こな	精進 しょうじん
粉ミルク こなミルク	精錬 せいれん
粉薬 こなぐすり	精製 せいせい
[粋] いき・すい	精読 せいどく
[粒] つぶ	精選 せいせん
粒子 りゅうし	精鋭 せいえい
[粘] ねん・ねばる	

精緻　せいち
精髄　せいずい
[糊]　のり
[糖]　とう
糖分　とうぶん
糖尿病　とうにょうびょう
[糠]　ぬか
糠雨　ぬかあめ
糠漬　ぬかづけ
[糞]　くそ
糞味噌　くそみそ
[糧]
糧食　りょうしょく

老部

[老]　ろう・おい・おいる・
　ふける
老いぼれる　おいぼれる
老人　ろうじん
老化　ろうか
老朽　ろうきゅう
老年　ろうねん
老成　ろうせい
老後　ろうご
老眼　ろうがん
老婆　ろうば
老舗　しにせ
老齢　ろうれい
[考]　こう・かんがえ・かんがえ
　る
考込　かんがえこむ
考古　こうこ
考事　かんがえごと
考物　かんがえもの
考査　こうさ
考違　かんがえちがい
考察　こうさつ
考慮　こうりょ
[者]　もの
[耄]
耄碌　もうろく

西部

[西]　せい・にし
西日本　にしにほん
西北　せいほく
西瓜　すいか
西半球　にしはんきゅう
西欧　せいおう
西風　にしかぜ
西南　せいなん
西洋　せいよう
西洋人　せいようじん
西洋音楽　せいようおんがく
西陣　にしじん
西側　にしがわ
西経　せいけい
西部　せいぶ
西暦　せいれき
[要]　かなめ・よう・ようする・
　ようするに・いる
要人　ようじん
要地　ようち
要旨　ようし
要件　ようけん
要因　よういん
要求　ようきゅう
要所　ようしょ
要約　ようやく
要点　ようてん
要素　ようそ
要害　ようがい
要略　ようりゃく
要望　ようぼう
要訣　ようけつ
要領　ようりょう
要請　ようせい
要衝　ようしょう
要職　ようしょく
[覆]　おおい・おおう・
　くつがえす
[覇]
覇権　はけん

耳部

[耳] みみ
耳元 みみもと
耳打 みみうち
耳朶 みみたぶ
耳垢 みみあか
耳許 みみもと
耳飾 みみかざり
耳障 みみざわり
耳鳴 みみなり
耳鼻科 じびか
[耽] ふける
耽溺 たんでき
[恥] はじ・はずかしい・
　はじる
恥知らず はじしらず
恥辱 ちじょく
[聖] せい
聖人 せいじん
聖母 せいぼ
聖者 せいじゃ
聖書 せいしょ
[聡]
聡明 そうめい
[聯] れん
聯盟 れんめい
[聳] そびえる
[聴] ちょう・きく
聴力 ちょうりょく
聴取 ちょうしゅ
聴覚 ちょうかく
聴衆 ちょうしゅう
聴診器 ちょうしんき
聴講生 ちょうこうせい
[職] しょく
職人 しょくにん
職員 しょくいん
職能 しょくのう
職務 しょくむ
職場 しょくば
職業 しょくぎょう

職業病 しょくぎょうびょう

至部

[至] し・いたって・いたり・
　いたる
至上 しじょう
至尽 いたれりつくせり
至急 しきゅう

羽部

[羽] はね・わ
羽ばたく はばたく
羽子板 はごいた
羽目 はめ
羽衣 はごろも
羽織 はおり・はおる
[翌] よく
翌日 よくじつ
翌月 よくげつ
翌年 よくとし・よくねん
翌朝 よくあさ・よくちょう
[習] しゅう・ならわし・ならう
習字 しゅうじ
習性 しゅうせい
習得 しゅうとく
習慣 しゅうかん
[翡]
翡翠 ひすい
[翼] つばさ・よく
[翻] ほん・ひるがえる
翻案 ほんあん
翻訳 ほんやく

艮部

[良] りょう・いい・よく・よし
　・よい
良心 りょうしん
良好 りょうこう
良妻 りょうさい
良港 りょうこう
良種 りょうしゅ
良縁 りょうえん

良質　りょうしつ
良導体　りょうどうたい
良薬　りょうやく
良識　りょうしき
[艱]
艱難　かんなん

虍部

[虎]　とら
虎穴　こけつ
虎視眈眈　こしたんたん
[虐]　ぎゃく・しいたげる
虐待　ぎゃくたい
虐殺　ぎゃくさつ
[虚]　きょ・うつろ
虚心　きょしん
虚栄心　きょえいしん
虚弱　きょじゃく
虚脱　きょだつ
虚虚実実　きょきょじつじつ
虚無　きょむ
虚勢　きょせい
虚構　きょこう
[虜]　とりこ

虫部

[虫]　むし
虫下　むしくだし
虫除　むしよけ
虫眼鏡　むしめがね
虫歯　むしば
[虱]　しらみ
[虹]　にじ
[蚊]　か
蚊帳　かや
蚊遣　かやり
[蚤]　のみ
蚤市　のみのいち
蚤取眼　のみとりまなこ
[蚕]　かいこ
[蛇]　へび
蛇口　じゃぐち

[蛋]
蛋白質　たんぱくしつ
[蚯]
蚯蚓　みみず
[蛙]　かえる
[蛔]
蛔虫　かいちゅう
[蛤]　はまぐり
[蜃]
蜃気楼　しんきろう
[蛹]　さなぎ
[蛸]　たこ
[蛾]　が
[蜂]　はち
蜂蜜　はちみつ
[蜈]
蜈蚣　むかで
[蜻]
蜻蛉　とんぼ
蜻蛉返　とんぼがえり
蜻蜓　とんぼ
[蜥]
蜥蜴　とかげ
[蜘]
蜘蛛　くも
[蜜]　みつ
蜜月　みつげつ
蜜柑　みかん
密蜂　みつばち
[蝸]
蝸牛　かたつむり
[蝦]　えび
[蝶]　ちょう
蝶番　ちょうつがい
蝶鮫　ちょうざめ
[蝗]　いなご
[蝙]
蝙蝠　こうもり
[螢]　けい
螢火　ほたる
螢光灯　けいこうとう
螢雪　けいせつ

[蟹] かに
[蠍] さそり
[蠕]
蠕動 ぜんどう
[蠢] うごめく
[蠟] ろう
蠟燭 ろうそく

肉部

[肉] にく
肉入 にくいれ
肉太 にくぶと
肉付 にくづき・にくづけ
肉声 にくせい
肉体 にくたい
肉筆 にくひつ
肉親 にくしん
肉饅 にくまん
肉饅頭 にくまんじゅう
[腐] くさる
腐敗 ふはい

缶部

[缶]
缶詰 かんづめ
[罅] ひび

耒部

[耕] こう・たがやす
耕地 こうち
耕作 こうさく
耕耘機 こううんき

舌部

[舌] した
舌先 したさき
舌足 したたらず
舌鼓 したつづみ
[舐] なめる

竹部

[竹] たけ

竹刀 しない
竹馬 たけうま
[竿] さお
[笑] わらい・わらう
笑納 しょうのう
笑顔 えがお
[笊] ざる
[笠] かさ
[第] だい
第一 だいいち
第三者 だいさんしゃ
第六感 だいろっかん
[笛] ふえ
[笞] むち
[符]
符号 ふごう
[等] とう・ひとしい
等分 とうぶん
等外品 とうがいひん
等級 とうきゅう
等距離 とうきょり
[策] さく
策略 さくりゃく
[筆] ひつ・ふで
筆入 ふでいれ
筆立 ふでたて
筆不精 ふでぶしょう
筆無精 ふでぶしょう
筆者 ひっしゃ
筆記 ひっき
[筒] つつ
[答] とう・こたえ・こたえる
答弁 とうべん
答申 とうしん
答案 とうあん
[筋] きん・すじ
筋肉 きんにく
筋書 すじがき
筋骨 きんこつ
筋張 すじばる
筋道 すじみち
筋違 すじちがい

［筍］　たけのこ
［筈］　はず
［節］　せつ・ふし
お節介　おせっかい
節水　せっすい
節句　せっく
節制　せっせい
節供　せっく
節食　せっしょく
節約　せつやく
お節料理　おせちりょうり
節電　せつでん
［筵］　むしろ
［箔］
箔押　はくおし
［管］　かん・くだ
管弦楽　かんげんがく
管制　かんせい
管理　かんり
管楽器　かんがっき
管轄　かんかつ
［箸］　はし
箸置　はしおき
［箍］　たが
［箒］　ほうき
［算］　さん
算術　さんじゅつ
算数　さんすう
算盤　そろばん
［箇］　か
箇条　かじょう
箇所　かしょ
［箭］　や
［範］　はん
範囲　はんい
範疇　はんちゅう
［箱］　はこ
箱入娘　はこいりむすめ
［篆］　てん
篆体　てんたい
篆刻　てんこく
篆書　てんしょ

［篝］
篝火　かがりび
［篤］　あつい
［築］　きずく
［篩］　ふるい
［簡］　かん
簡明　かんめい
簡易　かんい
簡単　かんたん
簡便　かんべん
簡素　かんそ
簡約　かんやく
簡略　かんりゃく
簡潔　かんけつ
簡閲　かんえつ
［簞］
簞笥　たんす
［籍］　せき
［籠］　かご・こもる・こめる
籠耳　かごみみ
籠絡　ろうらく
［籤］　くじ

舛部

［舞］　ぶ・まい・まう
舞台　ぶたい
舞楽　ぶがく
舞踊　ぶよう

色部

［色］　しき・いろ
色づく　いろづく
色目　いろめ
色気　いろけ
色合　いろあい
色色　いろいろ
色刷　いろずり
色盲　しきもう
色素　しきそ
色紙　いろがみ
色彩　しきさい
色眼鏡　いろめがね

色調　しきちょう
[艶]　つや・つややか

自部

[自]　じ・おのずから・みずから
自己　じこ
自力　じりき
自分　じぶん
自分勝手　じぶんかって
自弁　じべん
自白　じはく
自主　じしゅ
自立　じりつ
自立語　じりつご
自由　じゆう
自由型　じゆうがた
自在　じざい
自伝　じでん
自宅　じたく
自我　じが
自身　じしん
自体　じたい
自画　じが
自供　じきょう
自治　じち
自制　じせい
自画自賛　じがじさん
自発　じはつ
自重　じちょう
自叙　じじょ
自信　じしん
自律神経　じりつしんけい
自家　じか
自殺　じさつ
自問自答　じもんじとう
自習　じしゅう
自惚　うぬぼれる
自動　じどう
自動車　じどうしゃ
自動的　じどうてき
自動制御　じどうせいぎょ
自動詞　じどうし

自転　じてん
自転車　じてんしゃ
自覚　じかく
自営　じえい
自給　じきゅう
自尊　じそん
自然　しぜん
自然科学　しぜんかがく
自筆　じひつ
自堕落　じだらく
自愛　じあい
自費　じひ
自粛　じしゅく
自滅　じめつ
自棄　やけ
自意識　じいしき
自業自得　じごうじとく
自慢　じまん
自嘲　じちょう
自暴自棄　じぼうじき
自衛　じえい
自衛隊　じえいたい
自縄自縛　じじょうじばく
[臭]　くさみ・くさい・
　　におい・におう
臭覚　しゅうかく

臼部

[臼]　うす
[舅]　しゅうと

血部

[血]　ち・けつ
血小板　けっしょうばん
血圧　けつあつ
血気　けっき・ちのけ
血色素　けっしきそ
血沈　けっちん
血豆　ちまめ
血相　けっそう
血脈　けつみゃく

血球	けっきゅう
血液	けつえき
血液型	けつえきがた
血液銀行	けつえきぎんこう
血清	けっせい
血統	けっとう
血筋	ちすじ
血縁	けつえん
血腥	ちなまぐさい
血管	けっかん
血糖	けっとう
[衆]	しゅう
衆院	しゅういん
衆望	しゅうぼう
衆議院	しゅうぎいん

舟部

[舟]	ふね
[航]	こう
航空	こうくう
航海	こうかい
航路	こうろ
[舵]	かじ
[舷]	ふなばた・げん
[船]	せん・ふね
船体	せんたい
船長	せんちょう
船客	せんきゃく
船室	せんしつ
船乗	ふなのり
船便	ふなびん
船員	せんいん
船舶	せんぱく
船酔	ふなよい
船頭	せんどう
[舶]	
舶来	はくらい
[艇]	てい
[艦]	
艦隊	かんたい

行部

[行]	こう・ぎょう・いき・いく
	・おこない・おこなう・
	おこなわれる・ゆく
行方	ゆくえ
行水	ぎょうずい
行止	いきどまり・ゆきどまり
行先	ゆくさき
行列	ぎょうれつ
行行	ゆくゆく
行来	いきき・ゆきき
行届	いきとどく・ゆきとどく
行事	ぎょうじ
行為	こうい
行政	ぎょうせい
行書	ぎょうしょ
行倒	いきだおれ
行進	こうしん
行脚	あんぎゃ
行動	こうどう
行渡	ゆきわたる
行過	いきすぎ・いきすぎる
	・ゆきすぎる
行違	いきちがい・ゆきちがい
行楽	こうらく
行詰	いきづまる・ゆきづまる
行儀	ぎょうぎ
行灯	あんどん
[衙]	てらう
[術]	すべ・じゅつ
術語	じゅつご
[街]	がい・まち
街角	まちかど
街道	かいどう
街路樹	がいろじゅ
街頭	がいとう
[衡]	くわえる
[衝]	しょう・つく
衝突	しょうとつ
衝動	しょうどう
衝撃	しょうげき
[衛]	えい
衛生	えいせい
衛星	えいせい

糸部

[糸] けい・いと
糸口 いとぐち
糸目 いとめ
糸瓜 へちま
[系]
系統 けいとう
[糾]
糾弾 きゅうだん
[紅] こう・くれない
紅一点 こういってん
紅白 こうはく
紅茶 こうちゃ
紅葉 こうよう・もみじ
紅筆 べにふで
[約] やく
約束 やくそく
[紀] き
紀元 きげん
紀行 きこう
[素] そ・す
素人 しろうと
素子 そし
素手 すで
素地 そじ
素行 そこう
素朴 そぼく
素早 すばやい
素足 すあし
素材 そざい
素っ気ない そっけない
素姓 すじょう
素知らぬ そしらぬ
素性 すじょう
素直 すなお
素振 そぶり
素描 そびょう
素晴らしい すばらしい
素寒貧 すかんぴん
素養 そよう
素質 そしつ

素敵 すてき
素顔 すがお
素麺 そうめん
[純] じゅん
純毛 じゅんもう
純文学 じゅんぶんがく
純白 じゅんぱく
純朴 じゅんぼく
純度 じゅんど
純粋 じゅんすい
純真 じゅんしん
純情 じゅんじょう
純量 じゅんりょう
純綿 じゅんめん
純潔 じゅんけつ
[納] のう・おさまる・おさめる
納豆 なっとう
納品 のうひん
納骨 のうこつ
納得 なっとく
納涼 のうりょう
納税 のうぜい
[紛] ふん・まぎらわしい・
　　まぎらす・まぎれる
紛失 ふんしつ
紛争 ふんそう
[級]
級友 きゅうゆう
[紙] し・かみ
紙一重 かみひとえ
紙芝居 かみしばい
紙型 しけい
紙挟 かみばさみ
紙屑 かみくず
紙幣 しへい
[索]
索引 さくいん
[紐] ひも
[紡]
紡績 ぼうせき
[経] けい・たつ・へる
経文 きょうもん

経由　けいゆ
経理　けいり
経費　けいひ
経済　けいざい
経済成長率　けいざい
　　せいちょうりつ
経済的　けいざいてき
経過　けいか
経営　けいえい
経歴　けいれき
経緯　いきさつ・けいい
経験　けいけん
[絆]　きずな
絆創膏　ばんそうこう
[紹]
紹介　しょうかい
[組]　そ・くみ・くむ
組み　くみ
組込　くみこむ
組立　くみたて・ぐみたてる
組合　くみあい・くみあわせ
　　・くみあわせる
組み合い　くみあい
組成　そせい
組版　くみはん
組替　くみかえる
組閣　そかく
組織　そしき
[紳]
紳士　しんし
[細]　さい・こまかい・ほそい
細工　さいく
細切　こまぎれ
細心　さいしん
細君　さいくん
細長　ほそながい
細胞　さいぼう
細細　こまごま
細菌　さいきん
細雪　ささめゆき
細緻　さいち
[累]　るい

累加　るいか
累次　るいじ
累計　るいけい
累積　るいせき
[終]　しゅう・ついに・しまう・
　　おえる・おわり・おわる
終了　しゅうりょう
終止形　しゅうしけい
終列車　しゅうれっしゃ
終身　しゅうしん
終助詞　しゅうじょし
終夜　しゅうや
終始　しゅうし
終発　しゅうはつ
終点　しゅうてん
終着　しゅうちゃく
終業　しゅうぎょう
終戦　しゅうせん
終電車　しゅうでんしゃ
[紺]　こん
紺屋　こうや
[絞]　しぼり・しぼる・
　　しまる・しめる
お絞り　おしぼり
[統]　とう
統一　とういつ
統合　とうごう
統制　とうせい
統計　とうけい
[結]　けつ・むすび・むすぶ・
　　ゆう・ゆわえる
お結び　おむすび
結目　むすびめ
結石　けっせき
結末　けつまつ
結局　けっきょく
結果　けっか
結納　ゆいのう
結核　けっかく
結婚　けっこん
結晶　けっしょう
結腸　けっちょう

結構　けっこう
結膜炎　けつまくえん
結論　けつろん
[紫]　むらさき
紫外線　しがいせん
紫陽花　あじさい
[給]　きゅう
給水　きゅうすい
給油　きゅうゆ
給食　きゅうしょく
給料　きゅうりょう
[絵]　え
絵入　えいり
絵本　えほん
絵画　かいが
絵具　えのぐ
絵葉書　えはがき
[絶]　ぜつ・たえず・たえて・
　たえる・たつ・たやす・
　ぜっする
絶交　ぜっこう
絶対　ぜったい
絶好　ぜっこう
絶版　ぜっぱん
絶食　ぜっしょく
絶頂　ぜっちょう
絶望　ぜつぼう
絶間　たえま
絶景　ぜっけい
絶滅　ぜつめつ
絶賛　ぜっさん
絶縁体　ぜつえんたい
絶壁　ぜっぺき
[絨]　じゅう
絨毯　じゅうたん
絨緞　じゅうたん
[絡]　からむ・からまる・
　からめる
[継]　けい・つぐ
継子　ままこ
継父　けいふ・ままちち
継母　けいぼ・まままは

継目　つぎめ
継兄弟　ままきょうだい
継走　けいそう
継承　けいしょう
継電器　けいでんき
継続　けいぞく
継親　ままおや
[絹]　きぬ
絹糸　けんし
[続]　ぞく・つづき・つづく・
　つづける
続出　ぞくしゅつ
続続　ぞくぞく
[綜]
綜合　そうごう
[綻]　ほころびる
[綺]
綺麗　きれい
[綾]　あや
綾織　あやおり
[綴]　つづり・つづる・
　とじる
[網]　あみ
網戸　あみど
[綱]　つな
綱引　つなひき
綱渡　つなわたり
[緑]　みどり
緑化　りょっか
緑茶　りょくちゃ
[綽]
綽名　あだな
[維]　い
維持　いじ
維新　いしん
[綿]　わた・めん
綿糸　めんし
綿密　めんみつ
綿棒　めんぼう
綿織物　めんおりもの
[綯]　なう
[緋]

緋鯉	ひごい	緞子	どんす
[緒]	お・ちょ	[線]	せん
緒言	ちょげん	線香	せんこう
[締]	てい・しまり・しまる・しめる	線路	せんろ
		[縁]	ふち・へり・ゆかり・えん
お締り	おしまり		
締切	しめきり・しめきる	縁切	えんきり
締出	しめだす	縁台	えんだい
締括	しめくくる	縁起	えんぎ
締約	ていやく	縁側	えんがわ
締結	ていけつ	縁組	えんぐみ
[緯]	い	縁結	えんむすび
緯度	いど	縁続	えんつづき
緯線	いせん	縁遠	えんどおい
[編]	へん・あむ	縁談	えんだん
編入	へんにゅう	[縋]	すがる
編出	あみだす	縋付	すがりつく
編目	あみめ	[縞]	しま
編成	へんせい	縞馬	しまうま
編物	あみもの	[縛]	いましめ・しばる
編者	へんしゃ	[縫]	ぬい・ぬう
編制	へんせい	縫目	ぬいめ
編集	へんしゅう	縫合	ぬいあわせる
編棒	あみぼう	縫直	ぬいなおす
編輯	へんしゅう	縫物	ぬいもの
編纂	へんさん	[縦]	たて・よしや
[練]	れん・ねる	縦書	たてがき
練乳	れんにゅう	縦組	たてぐみ
練習	れんしゅう	縦横	じゅうおう
練歯磨	ねりはみがき	[縒]	よる
練製品	ねりせいひん	[綴]	
[緊]	きん	緻密	ちみつ
緊迫	きんぱく	[縮]	しゅく・ちちこまる・ちぢむ・ちぢれる・ちぢめる
緊要	きんよう		
緊急	きんきゅう	縮小	しゅくしょう
緊張	きんちょう	縮毛	ちぢれげ
緊密	きんみつ	縮図	しゅくず
緊縮	きんしゅく	[繁]	はん・しげい・しげる
[緩]	ゆるい・ゆるやか・ゆるむ・ゆるめる	繁栄	はんえい
		繁盛	はんじょう
緩和	かんわ	繁殖	はんしょく
[綴]		[総]	そう・そうじて・

すべて

総力 そうりょく
総毛立 そうけだつ
総代 そうだい
総司令官 そうしれいかん
総当 そうあたり
総会 そうかい
総合 そうごう
総体 そうたい
総攻撃 そうこうげき
総決算 そうけっさん
総長 そうちょう
総和 そうわ
総画 そうかく
総則 そうそく
総員 そういん
総括 そうかつ
総計 そうけい
総理大臣 そうりだいじん
総掛 そうがかり
総務 そうむ
総菜 そうざい
総動員 そうどういん
総裁 そうさい
総数 そうすう
総辞職 そうじしょく
総領 そうりょう
総領事 そうりょうじ
総説 そうせつ
総選挙 そうせんきょ
総覧 そうらん
総轄 そうかつ
総額 そうがく
[繊] せん
繊細 せんさい
繊維 せんい
[縺] もつれる
[繃]
繃帯 ほうたい
[織] おる
織女 しょくじょ
織込 おりこむ

織物 おりもの
[縄] なわ
縄飛 なわとび
縄張 なわばり
[繋] つながり・つながる
[繰] くる
繰上 くりあげる
繰下 くりさげる
繰広 くりひろげる
繰合 くりあわせる
繰返 くりかえす
繰言 くりごと
[繻]
繻子 しゅす
繻袢 じゅばん
[纏] まつわる・まとう・
　まとまる・まとめる
[纜] ともづな
[繕] つくろう

七画

辛部

[辛] からい・からくも・
　かろうじて・つらい
辛子 からし
辛口 からくち
辛抱 しんぼう
[辞] じ・いなむ・じする
辞令 じれい
辞典 じてん
辞表 じひょう
辞書 じしょ
お辞儀 おじぎ
辞職 じしょく
[辣]
辣韭 らっきょう

臣部

[臥]
臥薪嘗胆 がしんしょうたん
[臨] りん・のぞむ

臨床 りんしょう
臨時 りんじ
臨終 りんじゅう
臨場 りんじょう
臨機応変 りんきおうへん

言部

[言] げん・いわば・
　いいつける・いう
言いなり いいなり
言分 いいぶん
言切 いいきる
言付 ことづけ・ことづける
言立 いいたてる
言込 いいこめる
言伝 いいつたえ・ことづて
言行 げんこう
言回 いいまわし
言交 いいかわす
言争 いいあらそう
言返 いいかえす
言含 いいふくめる
言直 いいなおす
言草 いいぐさ
言残 いいのこす
言通 いいとおす
言習 いいならわし
言掛 いいがかり
言訳 いいわけ
言張 いいはる
言動 げんどう
言葉 ことば
言葉遣い ことばづかい
言換 いいかえる
言触 いいふらす
言損 いいそこなう
言語 げんご
言種 いいぐさ
言聞 いいきかせる
言論 げんろん
[計] けい・はからう・
　はかる

計画 けいかく
計略 けいりゃく
計測 けいそく
計量 けいりょう
計算 けいさん
計算尺 けいさんじゃく
計算機 けいさんき
[記] き・しるす
記入 きにゅう
記号 きごう
記念 きねん
記述 きじゅつ
記者 きしゃ
記事 きじ
記章 きしょう
記載 きさい
記録 きろく
記憶 きおく
[討] とう
討伐 とうばつ
討取 うちとる
討論 とうろん
[訂]
訂正 ていせい
[訃]
訃報 ふほう
[託] たくする・かこつける
託児所 たくじしょ
託送 たくそう
[訓] くん
訓令式 くんれいしき
訓読 くんどく
訓練 くんれん
[訊]
訊問 じんもん
[訪] おとずれ・おとずれる
　・たずねる
訪問 ほうもん
[訝] いぶかしい
[許] きょ・ゆるし・ゆるす
許可 きょか
許容 きょよう

許婚	いいなずけ	[詳]	くわしい
許嫁	いいなずけ	詳細	しょうさい
[設]	せつ・もうける	[試]	し・こころみ・こころみる
設立	せつりつ		・ためし・ためす
設定	せってい	試写	ししゃ
設計	せっけい	試行錯誤	しこうさくご
設備	せつび	試合	しあい
設置	せっち	試金石	しきんせき
[訛]	なまり	試航	しこう
[訳]	わけ・やく・やくする	試案	しあん
訳文	やくぶん	試問	しもん
訳本	やくほん	試運転	しうんてん
訳名	やくめい	試験	しけん
訳者	やくしゃ	試験管	しけんかん
訳書	やくしょ	[詩]	し
訳註	やくちゅう	詩人	しじん
訳無	わけない	詩歌	しいか
[註]	ちゅう	[詰]	つまり・つまる・つめ
註文	ちゅうもん		・つめる
註釈	ちゅうしゃく	詰込	つめこむ
[評]	ひょう	[誇]	ほこり・ほこる
評判	ひょうばん	誇張	こちょう
評価	ひょうか	[誠]	せい・まこと
評論	ひょうろん	誠心誠意	せいしんせいい
[詞]	し・ことば	誠実	せいじつ
[詛]	のろう	誠意	せいい
[診]	しん	[詮]	
診断	しんだん	詮衡	せんこう
診察	しんさつ	[話]	はなし・はなす
[詐]		お話	おはなし
詐欺	さぎ	話合	はなしあう
[訴]	うったえる	話言葉	はなしことば
訴訟	そしょう	話掛	はなしかける
[証]	しょう・あかし	話題	わだい
証人	しょうにん	[誂]	あつらえ・あつらえる
証言	しょうげん	[説]	せつ・とく
証拠	しょうこ	説伏	せっぷく
証券	しょうけん	説明	せつめい
証明	しょうめい	説教	せっきょう
証書	しょうしょ	説得	せっとく
[詫]	わび・わびる	説話	せつわ
詫状	わびじょう	[語]	ご・かたり・かたる

語口	かたりくち	[読]	どく・よみ・よむ
語手	かたりて	読上	よみあげる
語句	ごく	読方	よみかた
語気	ごき	読本	どくほん
語尾	ごび	読者	どくしゃ
語形	ごけい	読物	よみもの
語学	ごがく	読点	とうてん
語草	かたりぐさ	読書	よみかき・どくしょ
語脈	ごみゃく	読耽	よみふける
語釈	ごしゃく	読経	どきょう
語族	ごぞく	読解	どっかい
語順	ごじゅん	[諄]	
語源	ごげん	諄諄	くどくど
語感	ごかん	[諒]	りょう・りょうする
語幹	ごかん	諒承	りょうしょう
語彙	ごい	諒解	りょうかい
語弊	ごへい	[談]	だん
語調	ごちょう	談合	だんごう
[誓]	ちかい・ちかう	談笑	だんしょう
誓約	せいやく	談話	だんわ
[認]	にん・みとめる	談論	だんろん
認可	にんか	[請]	せい・うける
認定	にんてい	請人	うけにん
認知	にんち	請求	せいきゅう
認識	にんしき	請負	うけおい・うけおう
[誤]	ご・あやまる	請願	せいがん
誤用	ごよう	[諸]	しょ
誤差	ごさ	諸手	もろて
誤診	ごしん	諸君	しょくん
誤植	ごしょく	諸国	しょこく
誤解	ごかい	諸島	しょとう
誤算	ごさん	[論]	ろん・ろんじる
誤魔化	ごまかす	論及	ろんきゅう
[誘]	ゆう・さそう	論文	ろんぶん
誘拐	ゆうかい	論争	ろんそう
誘発	ゆうはつ	論拠	ろんきょ
誘致	ゆうち	論述	ろんじゅつ
誘惑	ゆうわく	論点	ろんてん
誘導	ゆうどう	論理	ろんり
誘導弾	ゆうどうだん	論評	ろんぴょう
[誕]		論説	ろんせつ
誕生	たんじょう	論調	ろんちょう

論議	ろんぎ
[課]	か・かする
課外	かがい
課長	かちょう
課税	かぜい
課程	かてい
課題	かだい
[調]	ちょう・しらべ・しらべる ・ととのう・ととのえる
調子	ちょうし
調印	ちょういん
調合	ちょうごう
調和	ちょうわ
調味料	ちょうみりょう
調剤	ちょうざい
調査	ちょうさ
調理法	ちょうりほう
調停	ちょうてい
調教	ちょうきょう
調達	ちょうたつ
調節	ちょうせつ
調整	ちょうせい
[誰]	だれ・だれか
[諦]	あきらめる
[諺]	ことわざ
[諮]	
諮問	しもん
[謎]	なぞ
謎謎	なぞなぞ
[諫]	いさめる
諫言	かんげん
[謀]	はかる
[諭]	さとす
[諷]	
諷刺	ふうし
[譚]	
諢名	あだな
[謗]	そしる
[謙]	けん
謙称	けんしょう
謙虚	けんきょ
謙遜	けんそん

謙譲	けんじょう
謙譲語	けんじょうご
[講]	こう・こうじる
講和	こうわ
講師	こうし
講座	こうざ
講堂	こうどう
講習	こうしゅう
講義	こうぎ
講読	こうどく
講演	こうえん
講壇	こうだん
[謡]	うたう
[謝]	しゃ・あやまる
謝礼	しゃれい
謝恩	しゃおん
謝絶	しゃぜつ
謝罪	しゃざい
[謹]	きん
謹啓	きんけい
謹賀	きんが
謹慎	きんしん
謹聴	きんちょう
謹厳	きんげん
[識]	しき
識見	しきけん
識別	しきべつ
識者	しきしゃ
[譜]	ふ
[議]	ぎ
議会	ぎかい
議決	ぎけつ
議長	ぎちょう
議院	ぎいん
議員	ぎいん
議席	ぎせき
議論	ぎろん
議題	ぎだい
[譬]	たとえる
譬喩	ひゆ
[警]	けい
警告	けいこく

警戒　けいかい
警官　けいかん
警視　けいし
警部　けいぶ
警笛　けいてき
警備　けいび
警報　けいほう
警察　けいさつ
警護　けいご
[譖]
譖言　うわごと
[譏]　そしる
[謳]　うたう
[護]
護衛　ごえい
[讃]
讃美　さんび
[譲]　ゆずる
譲歩　じょうほ

走部

[走]　そう・はしる
走馬灯　そうまとう
走書　はしりがき
走高跳　はしりたかとび
走幅跳　はしりはばとび
走路　そうろ
[赴]　おもむく
赴任　ふにん
[起]　き・おきる・おこす・
　おこり・おこる
起用　きよう
起立　きりつ
起死回生　きしかいせい
起伏　きふく
起床　きしょう
起承転結　きしょうてんけつ
起点　きてん
起重機　きじゅうき
起訴　きそ
起源　きげん
[越]　ごし・こす・こえる

[超]　ちょう・こす・こえる
超党派　ちょうとうは
超越　ちょうえつ
超過　ちょうか
超短波　ちょうたんぱ
[趣]　しゅ・おもむき
趣向　しゅこう
趣旨　しゅし
趣味　しゅみ
[趨]
趨勢　すうせい

赤部

[赤]　せき・あか・あかみ・あか
　い
赤ちゃん　あかちゃん
赤とんぼ　あかとんぼ
赤十字　せきじゅうじ
赤土　あかつち
赤札　あかふだ
赤外線　せきがいせん
赤身　あかみ
赤坊　あかんぼう
赤字　あかじ
赤血球　せっけっきゅう
赤赤　あかあか
赤松　あかまつ
赤面　せきめん
赤茶　あかちゃける
赤砂糖　あかざとう
赤信号　あかしんごう
赤道　せきどう
赤痢　せきり
赤裸裸　せきらら
赤恥　あかはじ
赤電車　あかでんしゃ
赤電話　あかでんわ
赤旗　あかはた
赤銅色　しゃくどういろ
赤錆　あかさび

豆部

[豆]　とう・まめ

豆本	まめほん	転回	てんかい
豆乳	とうにゅう	転居	てんきょ
豆腐	とうふ	転倒	てんとう
[豊]	ほう・ゆたか	転転	てんてん
豊年	ほうねん	転落	てんらく
豊作	ほうさく	転勤	てんきん
豊富	ほうふ	転換	てんかん
[豌]		転覆	てんぷく
豌豆	えんどう	[軸]	じく
		[輔]	

車部

		輔導	ほどう
[車]	くるま・しゃ	[軽]	けい・かるい・かろやか
車内	しゃない	軽口	かるくち
車両	しゃりょう	軽工業	けいこうぎょう
車庫	しゃこ	軽快	けいかい
車検	しゃけん	軽食	けいしょく
車軸	しゃじく	軽音楽	けいおんがく
車掌	しゃしょう	軽挙妄動	けいきょもうどう
車道	しゃどう	軽率	けいそつ
車輛	しゃりょう	軽装	けいそう
車輪	しゃりん	軽業	かるわざ
[軋]		軽軽	かるがる
軋轢	あつれき	軽傷	けいしょう
[軍]	ぐん	軽蔑	けいべつ
軍人	ぐんじん	軽薄	けいはく
軍門	ぐんもん	[輝]	かがやかしい・かがやく
軍事	ぐんじ	[輪]	りん・わ
軍隊	ぐんたい	輪ゴム	わゴム
軍備	ぐんび	輪郭	りんかく
軍縮	ぐんしゅく	輪廓	りんかく
[軌]	き	[輸]	ゆ
軌道	きどう	輸入	ゆにゅう
軌範	きはん	輸出	ゆしゅつ
[軒]	のき	輸出入	ゆしゅつにゅう
軒下	のきした	輸血	ゆけつ
軒先	のきさき	輸送	ゆそう
軒並	のきなみ	[轉]	
[軟]	やわらか・やわらかい	轉転反側	てんてんはんそく
軟膏	なんこう	[轍]	わだち・てつ
[転]	てん・てんじる・ころがす	[轢]	ひく
	・ころがる・ころげる・ころぶ	[轡]	くつわ
転向	てんこう		

酉部

[配] はい・くばる
配水管 はいすいかん
配分 はいぶん
配付 はいふ
配布 はいふ
配本 はいほん
配列 はいれつ
配合 はいごう
配当 はいとう
配役 はいやく
配偶者 はいぐうしゃ
配属 はいぞく
配達 はいたつ
配置 はいち
配慮 はいりょ
[酌] しゃく
[酢] す
[酪]
酪酊 めいてい
[酵] こうそ
酵素 こうそ
酵母 こうぼ
[酷] ひどい・むごい
酷寒 こっかん
酷暑 こくしょ
[酸] さん
酸化 さんか
酸性 さんせい
酸素 さんそ
[酔] よい・よう
酔払 よっぱらい・よっぱらう
酔生夢死 すいせいむし
[醋] す
[醜] みにくい
[醤]
醤油 しょうゆ
[醗]
醗酵 はっこう
[醸] かもす

辰部

[農] のう
農山村 のうさんそん
農夫 のうふ
農民 のうみん
農地 のうち
農村 のうそん
農作物 のうさくぶつ
農作業 のうさぎょう
農協 のうきょう
農具 のうぐ
農家 のうか
農場 のうじょう
農婦 のうふ
農閑期 のうかんき
農業 のうぎょう
農業協同組合 のうぎょう
　　きょうどうくみあい
農薬 のうやく
農繁期 のうはんき

豸部

[象] しょう・ぞう
象牙 ぞうげ
象形文字 しょうけいもじ
象徴 しょうちょう
[豪]
豪快 ごうかい
豪雨 ごうう
豪雪 ごうせつ
豪華 ごうか
豪傑 ごうけつ

里部

[里] さと
里芋 さといも
里帰 さとがえり
[重] じゅう・え・おもさ・おも
　　み・おもい・おもたい・おもり
　　・おもんじる・かさなる
　　・かさねて・かさねる

重力　じゅうりょく
重大　じゅうだい
重工業　じゅうこうぎょう
重文　じゅうぶん
重心　じゅうしん
重化学工業　じゅうかがく
　　こうぎょう
重体　じゅうたい
重役　じゅうやく
重労働　じゅうろうどう
重宝　ちょうほう
重版　じゅうはん
重苦　おもくるしい
重点　じゅうてん
重要　じゅうよう
重奏　じゅうそう
重病　じゅうびょう
重視　じゅうし
重症　じゅうしょう
重荷　おもに
重量　じゅうりょう
重量挙　じゅうりょうあげ
重傷　じゅうしょう
重複　じゅうふく
重態　じゅうたい
重箱　じゅうばこ
重箱読み　じゅうばこよみ
[野]　の・や
野心　やしん
野牛　やぎゅう
野犬　やけん
野外　やがい
野生　やせい
野次馬　やじうま
野良犬　のらいぬ
野良仕事　のらしごと
野良猫　のらねこ
野性　やせい
野郎　やろう
野党　やとう
野原　のはら
野菊　のぎく

野望　やぼう
野球　やきゅう
野菜　やさい
野鳥　やちょう
野蛮　やばん
野戦　やせん
野暮　やぼ
野獣　やじゅう
野薔薇　のばら
[量]　りょう・はかる

貝部

[貝]　かい
貝殻　かいがら
[負]　ふ・おう・おえる・
　　まけ・まける
お負け　おまけ
負担　ふたん
負惜　まけおしみ
負数　ふすう
負傷　ふしょう
[貢]
貢献　こうけん
[財]　さい・ざい
財布　さいふ
財団　ざいだん
財政　ざいせい
財界　ざいかい
財産　ざいさん
財閥　ざいばつ
財源　ざいげん
[責]　せめる
責付　せめつける
責立　せめたてる
責任　せきにん
責合　せめあう
責苛　せめさいなむ
責苦　せめく
[貫]　つらぬく
貫禄　かんろく
[貪]　むさぼる
[貧]　びん・ひん・まずしい

貧乏	びんぼう	貸与	たいよ
貧乏揺すり	びんぼうゆすり	貸切	かしきり
貧血	ひんけつ	貸付	かしつけ
貧困	ひんこん	貸借	たいしゃく
貧弱	ひんじゃく	[貿]	
貧富	ひんぷ	貿易	ぼうえき
[貨]	か	[貰]	もらう
貨物	かもつ	貰泣	もらいなき
貨幣	かへい	貰物	もらいもの
[販]		[資]	し
販売	はんばい	資本	しほん
[貯]	ちょ・たくわえ・たくわえる	資本主義	しほんしゅぎ
		資材	しざい
貯水池	ちょすいち	資金	しきん
貯金	ちょきん	資料	しりょう
貯炭	ちょたん	資格	しかく
貯蓄	ちょちく	資産	しさん
貯蔵	ちょぞう	資源	しげん
[費]	ついやす	[賊]	ぞく
費用	ひよう	[賄]	まかなう
[賀]		賄賂	わいろ
賀状	がじょう	[賃]	ちん
[貴]	き・たっとぶ・とうとい・とうとぶ	賃上	ちんあげ
		賃金	ちんぎん
貴女	あなた	賃借	ちんがり・ちんしゃく
貴方	あなた	賃貸	ちんがし・ちんたい
貴男	あなた	賃銀	ちんぎん
貴重	きちょう	[賑]	にぎやか・にぎわう
貴族	きぞく	[賠]	
貴様	きさま	賠償	ばいしょう
貴賓	きひん	[賭]	かけ・かける
[買]	かう	[賢]	かしこい
買入	かいいれる	賢明	けんめい
買上	かいあげる	[賤]	いやしい
買収	ばいしゅう	[賞]	しょう
買手	かいて	賞与	しょうよ
買込	かいこむ	賞状	しょうじょう
買占	かいしめる	賞金	しょうきん
買言葉	かいことば	賞品	しょうひん
買物	かいもの	[賜]	たまもの
買得	かいどく	賜物	たまもの
[貸]	たい・かし・かす	[質]	しち・しつ・たち・

	ただす	見世物	みせもの
質屋	しちや	見失	みうしなう
質素	しっそ	見出	みだし・みいだす
質問	しつもん	見合	みあい・みあう・
質量	しつりょう		みあわせる
[賛]	さん・たたえる	見回	みまわす・みまわる
賛成	さんせい	見見	みるみる
賛否	さんぴ	見劣	みおとり
賛美	さんぴ	見当	けんとう・みあたる
[賽]		見交	みかわす
賽銭	さいせん	見地	けんち
[購]	こう	見守	みまもる
購入	こうにゅう	見呉	みてくれ
購買	こうばい	見拔	みぬく
[贅]	ぜい	見辛	みづらい
贅肉	ぜいにく	見初	みそめる
贅沢	ぜいたく	見定	みさだめる
[贈]	ぞう・おくる	見所	みどころ
贈与	ぞうよ	見物	みもの・けんぶつ
贈呈	ぞうてい	見苦	みぐるしい
贈物	おくりもの	見易	みやすい
贈答	ぞうとう	見受	みうける
[贋]	がん・にせ	見事	みごと
贋作	がんさく	見知	みしらぬ
贋造	がんぞう	見学	けんがく
[贔]	ひ	見直	みなおす
贔屓	ひいき	見届	みとどける
贔屓目	ひいきめ	見送	みおくり・みおくる
		見逃	みのがす
見部		見通	みとおし・みとおす
[見]	けん・みせる・みる・みえ	見破	みやぶる
	・みえる	見頃	みごろ
見上	みあげる	見覚	みおぼえ
見下	みおろす・みくだす	見習	みならい・みならう
	・みさげる	見張	みはり・みはる
見比	みくらべる	見据	みすえる
見方	みかた	見做	みなす
見分	みわける	見捨	みすてる
見付	みせつける・みつかる	見掛	みかけ・みかける・
	・みつける		みせかける
見本	みほん	見違	みちがえる
見込	みこみ・みこむ	見過	みすごす

見損　みそこなう
見渡　みわたす
見落　みおとす
見越　みこす
見舞　みまい・みまう
見詰　みつめる
見解　けんかい
見聞　けんぶん・みきき
見慣　みなれる
見棄　みすてる
見蕩　みとれる
見積　みつもり・みつもる
見縊　みくびる
見識　けんしき
[規]　き
規定　きてい
規則　きそく
規制　きせい
規律　きりつ
規約　きやく
規格　きかく
規模　きぼ
規準　きじゅん
規範　きはん
[覗]　のぞく
[親]　しん・おや・したしい・
　したしみ・したしむ
親子　おやこ
親友　しんゆう
親父　おやじ
親切　しんせつ
親不孝　おやふこう
親出　おやだし
親孝行　おやこうこう
親近感　しんきんかん
親知らず　おやしらず
親指　おやゆび
親戚　しんせき
親善　しんぜん
親愛　しんあい
親類　しんるい
親譲　おやゆずり

[観]　かん
観光　かんこう
観念　かんねん
観点　かんてん
観客　かんきゃく
観桜　かんおう
観測　かんそく
観衆　かんしゅう
観察　かんさつ
観賞　かんしょう
観閲　かんえつ
観覧　かんらん

足・足部

[足]　あし・そく・たし・
　たす・たりる・たる
足止　あしどめ
足元　あしもと
足代　あしだい
足任　あしまかせ
足取　あしどり
足並　あしなみ
足音　あしおと
足首　あしくび
足留　あしどめ
足袋　たび
足掛　あしかけ・あしがかり
足許　あしもと
足搔　あしかく
足場　あしば
足馴　あしならし
足跡　あしあと・そくせき
足腰　あしこし
足慣　あしならし
足算　たしざん
足踏　あしぶみ
[距]
距離　きょり
[跛]　びっこ
[跡]　あと
跡継　あとつぎ
[跨]　またがる・またぐ

［跳］　ちょう・とぶ・はねる
跳返　はねかえる
跳馬　ちょうば
跳躍　ちょうやく
［路］　ろ・みち
路地　ろじ
路線　ろせん
［跪］　ひざまずく
［踊］　おどり・おどる
［踝］　くるぶし
［踏］　ふまえる・ふむ
踏切　ふみきり・ふみきる
踏込　ふみこむ
踏出　ふみだす
踏破　とうは
［踠］　もがく
［蹄］　ひずめ
［蹴］　ける
蹴飛　けとばす
［蹲］　うずくまる
［踵］　かかと・きびす
［躊］
躊躇　ちゅうちょ
［躍］　おどる
躍進　やくしん
［躑］
躑躅　つつじ
［躓］　つまずく

豸部

［豹］　ひょう
［貂］　てん

谷部

［谷］　たに
谷間　たにま

釆部

［釆］
采配　さいはい
［彩］　いろどり・いろどる
彩色　さいしき
［釈］
釈迦　しゃか
釈放　しゃくほう

角部

［角］　かど・すみ・つの・かく
角力　すもう
角立　かどだつ
角度　かくど
角砂糖　かくざとう
角膜　かくまく
［解］　かい・かいする・とかす とく・とける・ほどく
解任　かいにん
解合　とけあう
解決　かいけつ
解体　かいたい
解析　かいせき
解放　かいほう
解除　かいじょ
解約　かいやく
解毒　げどく
解消　かいしょう
解剖　かいぼう
解凍　かいとう
解釈　かいしゃく
解散　かいさん
解雇　かいこ
解答　かいとう
解説　かいせつ
解読　かいどく
解熱　げねつ
［触］　しょく・さわり・さわる・ふれる
触角　しょっかく
触覚　しょっかく
触媒　しょくばい

身部

［身］　しん・み
身上　みのうえ・しんじょう

身元　みもと
身内　みうち
身分　みぶん
身代金　みのしろきん
身仕度　みじたく
身回　みのまわり
身体　しんたい
身体検査　しんたいけんさ
身体障碍者　しんたいしょう
　がいしゃ
身近　みぢか
身形　みなり
身長　しんちょう
身振　みぶり
身寄　みより
身許　みもと
身動　みうごき
身軽　みがる
身勝手　みがって
身障　しんしょう
身震　みぶるい
[躾]　しつけ・しつける

八画

雨部

[雨]　う・あめ・あま
雨がさ　あまがさ
雨上　あめあがり
雨乞　あまごい
雨戸　あまど
雨天　うてん
雨水　あまみず・うすい
雨足　あまあし
雨空　あまぞら
雨具　あまぐ
雨季　うき
雨風　あめかぜ
雨後　うご
雨垂　あまだれ
雨脚　あまあし
雨宿り　あまやどり

雨期　うき
雨間　あまあい
雨量　うりょう
雨漏　あまもり
雨樋　あまどい
雨模様　あまもよう・
　あめもよう
雨靴　あまぐつ
雨曝　あまざらし
[雫]　しずく
[雪]　ゆき・すすぐ・そそぐ
雪合戦　ゆきがっせん
雪見　ゆきみ
雪国　ゆきぐに
雪崩　なだれ
雪遊　ゆきあそび
雪達磨　ゆきだるま
雪景色　ゆきげしき
雪解　ゆきどけ
[雲]　うん・くも
雲行　くもゆき
雲泥　うんでい
雲間　くもま
雲散霧消　うんさんむしょう
[雰]
雰囲気　ふんいき
[雷]　らい・かみなり
雷雨　らいう
雷管　らいかん
[電]　でん
電力　でんりょく
電力工業　でんりょく
　こうぎょう
電子　でんし
電子工業　でんしこうぎょう
電子音楽　でんしおんがく
電子計算機　でんしけいさんき
電子顕微鏡　でんしけんび
　きょう
電化　でんか
電圧　でんあつ
電灯　でんとう

電池　でんち
電光　でんこう
電気　でんき
電気工　でんきこう
電気工学　でんきこうがく
電気回路　でんきかいろ
電気炉　でんきろ
電気剃刀　でんきかみそり
電気計算器　でんきけいさん
　き
電気機関車　でんききかん
　しゃ
電車　でんしゃ
電波　でんぱ
電送　でんそう
電信　でんしん
電信柱　でんしんばしら
電流　でんりゅう
電球　でんきゅう
電動機　でんどうき
電報　でんぽう
電報局　でんぽうきょく
電話　でんわ
電源　でんげん
電熱器　でんねつき
電線　でんせん
［零］れい・こぼす・
　こぼれる
零下　れいか
［電］ひょう
［需］
需要　じゅよう
［震］しん・ふるえる
震度　しんど
震動　しんどう
［霊］たま・れい
霊峰　れいほう
霊園　れいえん
［霰］みぞれ
［霜］しも
霜害　そうがい
霜焼　しもやけ

［霞］かすみ・かすむ
［霧］きり
霧雨　きりさめ
［霰］あられ
［露］ろ・つゆ・あらわ
露天　ろてん
露出　ろしゅつ
露骨　ろこつ

青部

［青］せい・あお・あおみ・あお
　い
青ざめる　あおざめる
青少年　せいしょうねん
青白　あおじろい
青年　せいねん
青色　あおいろ
青青　あおあお
青空　あおぞら
青味　あおみ
青物　あおもの
青果　せいか
青信号　あおしんごう
青臭　あおくさい
青春　せいしゅん
青桐　あおぎり
青海原　あおうなばら
青梅　あおうめ
青菜　あおな
青葉　あおば
青銅器　せいどうき
［静］せい・しずか・しずまる・
　しずめる
静止　せいし
静物　せいぶつ
静脈　じょうみゃく
静座　せいざ
静粛　せいしゅく
静寂　せいじゃく
静電気　せいでんき
静養　せいよう

長部

[長] ちょう・ながさ・
　ながい・ながらえる たける
長女 ちょうじょ
長月 ながつき
長引 ながびく
長方形 ちょうほうけい
長生 ながいき
長老 ちょうろう
長男 ちょうなん
長長 ながなが
長官 ちょうかん
長所 ちょうしょ
長波 ちょうは
長命 ちょうめい
長音 ちょうおん
長針 ちょうしん
長期 ちょうき
長距離 ちょうきょり
長靴 ながぐつ
長編 ちょうへん
長篇 ちょうへん

門部

[門] かど・もん
門出 かどで
門外漢 もんがいかん
門松 かどまつ
門限 もんげん
門前 もんぜん
門前払 もんぜんばらい
門柱 もんちゅう
門歯 もんし
門番 もんばん
門衛 もんえい
[閂] かんぬき
[閃] ひらめく
[閉] へい・しまる・しめる・と
　ざす・とじる
閉口 へいこう
閉切 しめきる

閉会 へいかい
閉店 へいてん
閉音節 へいおんせつ
閉幕 へいまく
閉鎖 へいさ
閉鎖的 へいさてき
閉籠 とじこもる
[問] もん・とい・とう
問合 といあわせる
問屋 とんや
問掛 といかける
問答 もんどう
問詰 といつめる
問質 といただす
問題 もんだい
[悶] もだえる
[開] かい・あく・あける・ひら
　き・ひらく
お開き おひらき
開化 かいか
開会 かいかい
開花 かいか
開拓 かいたく
開店 かいてん
開店休業 かいてんきゅう
　ぎょう
開放 かいほう
開国 かいこく
開始 かいし
開発 かいはつ
開削 かいさく
開音節 かいおんせつ
開通 かいつう
開校 かいこう
開票 かいひょう
開設 かいせつ
開閉 かいへい
開港 かいこう
開腹 かいふく
開幕 かいまく
開催 かいさい
開業 かいぎょう

開演	かいえん	関所	せきしょ
開懇	かいこん	関東	かんとう
[閑]	かん	関係	かんけい
閑古鳥	かんこどり	関連	かんれん
閑静	かんせい	関税	かんぜい
閑談	かんだん	関節	かんせつ
[間]	あいだ・ま・かん	[閲]	
間一髪	かんいっぱつ	閲覧	えつらん
間口	まぐち	[濶]	
間合	まにあわせ・まにあう	濶達	かったつ
間色	かんしょく	[闇]	やみ
間近	まぢか	闇夜	やみよ
間奏	かんそう	闇取引	やみとりひき
間食	かんしょく	闇値	やみね
間接	かんせつ	[闘]	とう・たたかう
間違	まちがい・まちがう	闘牛	とうぎゅう
	・まちがえる	闘争	とうそう
間隔	かんかく		
間際	まぎわ	**非部**	
[聞]	きかせる・きこえ・	[非]	ひ
	きこえる・きく	非行	ひこう
聞えよがし	きこえよがし	非常	ひじょう
聞つける	ききつける	非常識	ひじょうしき
聞入	ききいる・ききいれる	非常勤	ひじょうきん
聞手	ききて	非衛生	ひえいせい
聞分	ききわける	非難	ひなん
聞耳	ききみみ	[靠]	もたれる
聞返	ききかえす		
聞辛	ききづらい	**金部**	
聞苦	ききぐるしい		
聞取	ききとり	[金]	かね・きん
聞覚	ききおぼえ	金メダル	きんメダル
聞落	ききおとす	金仏	かなぶつ
[閣]	かく・かつ	金石	きんせき
閣下	かっか	金字塔	きんじとう
閣僚	かくりょう	金色	きんいろ
閣議	かくぎ	金物屋	かなものや
[関]	せき・かん・かんする	金具	かなぐ
関与	かんよ	金星	きんせい
関心	かんしん	金持	かねもち
関白	かんぱく	金剛石	こんごうせき
関西	かんさい	金庫	きんこ
		金科玉条	きんかぎょくじょう

金婚式　きんこんしき	鉱石　こうせき
金魚　きんぎょ	鉱物　こうぶつ
金貨　きんか	鉱泉　こうせん
金属　きんぞく	鉱脈　こうみゃく
金槌　かなづち	鉱業　こうぎょう
金貸　かねかし	[鉄]　くろがね・てつ
金遣　かねづかい	鉄面皮　てつめんぴ
金銭　きんせん	鉄砲　てっぽう
金髪　きんぱつ	鉄筋　てっきん
金縁　きんぶち	鉄棒　かなぼう・てつぼう
金権　きんけん	鉄道　てつどう
金融　きんゆう	鉄管　てっかん
金融市場　きんゆうしじょう	鉄器　てっき
金融資本　きんゆうしほん	鉄橋　てっきょう
金融機関　きんゆうきかん	鉄鋼　てっこう
金環食　きんかんしょく	[銃]　じゅう
金曜　きんよう	[銀]　しろがね・ぎん
金額　きんがく	銀行　ぎんこう
[針]　はり	銀杏　いちょう・ぎんなん
針仕事　はりしごと	銀河　ぎんが
針灸　しんきゅう	銀婚式　ぎんこんしき
針金　はりがね	銀貨　ぎんか
針鼠　はりねずみ	銀幕　ぎんまく
[釘]　くぎ	銀髪　ぎんぱつ
[釣]　つり・つる	[銅]　あかがね・どう
釣上　つりあげる	銅メダル　どうメダル
釣合　つりあい・つりあう	銅婚式　どうこんしき
釣銭　つりせん	銅鑼　どら
釣橋　つりばし	[銓]
[鈍]　にぶい・のろい・	銓衡　せんこう
にぶる・なまる	[銑]
鈍感　どんかん	銑鉄　せんてつ
[鉢]　はち	[銘]　めい・めいじる・めいずる
鉢植　はちうえ	銘記　めいき
[鈴]　すず・りん	銘銘　めいめい
[鉋]　かんな	[鉾]　ほこ
[鉤]　かぎ	[銭]
鉤針　かぎばり	銭湯　せんとう
[鉛]　なまり	[鋭]　えい・するどい
鉛筆　えんぴつ	鋭気　えいき
[鉱]　こう	鋭利　えいり
鉱山　こうざん	鋭敏　えいびん

[鋏] はさみ
[鋤] すき・すく
鋤焼 すきやき
[銹] さび
[録] ろく
録画 ろくが
録音 ろくおん
[鋳] い・いる
鋳物 いもの
鋳型 いがた
[錠] じょう
錠剤 じょうざい
[錯]
錯覚 さっかく
錯誤 さくご
[鋸] のこぎり
[鋼] こう
鋼材 こうざい
鋼鉄 こうてつ
鋼管 こうかん
[錫] すず
[錐] きり
錐体 すいたい
[錦] にしき
錦絵 にしきえ
[錨] いかり
[錘] おもり
[錆] さび・さびる
錆つく さびつく
[鍍] めっき
[鍵] かぎ・けん
鍵盤 けんばん
[鍋] なべ
[鍬] くわ
[鍛] たん・きたえる
鍛治 かじ
鍛練 たんれん
鍛煉 たんれん
[鎔]
鎔解 ようかい
[鎹] かすがい
[鎮] しずまる・しずめる

[鎖] くさり
鎖国 さこく
[鎌] かま
[鏡] かがみ
鏡台 きょうだい
[鏝] こて
[鐘] かね
鐘乳石 しょうにゅうせき
[鑑] かん・かがみ
鑑定 かんてい
鑑賞 かんしょう
[鑢] やすり
[鑿] のみ
鑿岩 さくがん

隹部

[隻] せき
[雀] すずめ
[雇] やとう
雇用 こよう
[集] しゅう・あつまり・あつま
　　る・あつめる
集中 しゅうちゅう
集団 しゅうだん
集合 しゅうごう
集会 しゅうかい
集金 しゅうきん
集計 しゅうけい
集積回路 しゅうせきかいろ
[雅] が
雅俗 がぞく
雅量 がりょう
[雄] ゆう・おす
雄大 ゆうだい
雄弁 ゆうべん
雄鳥 おんどり
雄雄しい おおしい
雄鶏 おんどり
[雌] めす
雌鳥 めんどり
[雑] ざつ・ぞう
雑巾 ぞうきん

雑木林　ぞうきばやし
雑文　ざつぶん
雑用　ざつよう
雑多　ざった
雑作　ぞうさ
雑居　ざっきょ
雑念　ざつねん
雑炊　ぞうすい
雑音　ざつおん
雑草　ざっそう
雑魚　ざこ
雑貨　ざっか
雑費　ざっぴ
雑誌　ざっし
雑談　ざつだん
雑踏　ざっとう
[雛]　ひな・ひよこ
雛祭　ひなまつり
[離]　り・はなれる
離別　りべつ
離婚　りこん
離縁　りえん
離離　はなればなれ
[難]　かたい・なん
　むずかしい
難民　なんみん
難局　なんきょく
難易　なんい
難点　なんてん
難航　なんこう
難病　なんびょう
難渋　なんじゅう
難破　なんぱ
難産　なんざん
難問　なんもん
難解　なんかい
難関　なんかん
難癖　なんくせ
難題　なんだい

斉部

[斉]

斉唱　せいしょう
[齎]　もたらす

九画

音部

[音]　おと・ね・おん
音色　ねいろ・おんしょく
音沙汰　おとさた
音声　おんせい
音便　おんびん
音信　おんしん
音訓　おんくん
音速　おんそく
音訳　おんやく
音符　おんぷ
音量　おんりょう
音楽　おんがく
音痴　おんち
音節　おんせつ
音読　おんよみ・おんどく
音質　おんしつ
音調　おんちょう
音頭　おんど
音響　おんきょう
[響]　ひびき・ひびく

首部

[首]　しゅ・くび
首ったけ　くびったけ
首吊　くびつり
首尾　しゅび・しゅびよく
首府　しゅふ
首相　しゅしょう
首都　しゅと
首脳　しゅのう
首飾　くびかざり
首輪　くびわ

革部

[革]　かく・かわ・あらたまる
革命　かくめい

革新	かくしん	[領]	りょう
革靴	かわぐつ	領土	りょうど
[靴]	くつ	領主	りょうしゅ
靴下	くつした	領収	りょうしゅう
靴屋	くつや	領地	りょうち
靴墨	くつずみ	領空	りょうくう
[鞄]	かばん	領事	りょうじ
[鞍]	くら	領海	りょうかい
鞍馬	あんば	領域	りょういき
[鞘]	さや	[頗]	すこぶる
[鞠]	まり	[頬]	
[鞭]	むち	頽廃	たいはい
		[頷]	うなずく

頁部

[頂]	ちょう・いただき・いた	[頭]	あたま・かしら・ず
	だく	頭巾	ずきん
頂上	ちょうじょう	頭上	ずじょう
頂門	ちょうもん	頭打	あたまうち
頂点	ちょうてん	頭金	あたまきん
頂戴	ちょうだい	頭取	とうどり
[頃]	ころ	頭痛	ずつう
頃合	ころあい	頭割	あたまわり
[項]	こう	頭脳	ずのう
項目	こうもく	頭数	あたまかず
[順]	じゅん	頭蓋骨	ずがいこつ
順応	じゅんのう	[頼]	たのもしい・たのみ
順序	じゅんじょ		・たのむ・たよりない・
順位	じゅんい		たよる
順接	じゅんせつ	頼信紙	らいしんし
順番	じゅんばん	[頬]	ほお・ほほ
順順に	じゅんじゅんに	[頻]	ひん・しきりに
順路	じゅんろ	頻度	ひんど
順調	じゅんちょう	頻繁	ひんぱん
[頑]	がん・かたくな	[題]	だい・だいする
頑として	がんとして	題目	だいもく
頑丈	がんじょう	題名	だいめい
頑固	がんこ	題材	だいざい
頑張	がんばる	[顎]	あご
頑強	がんきょう	[額]	ひたい・がく
[預]	あずける・あずかり	額面	がくめん
	・あずかる	[顔]	かお
預金	よきん	顔なじみ	かおなじみ
		顔付	かおつき

顔色　かおいろ・がんしょく
顔合　かおあわせ
顔向　かおむけ
顔形　かおかたち
顔見知　かおみしり
顔負　かおまけ
顔馴染　かおなじみ
[類]　るい・るいする
類人猿　るいじんえん
類同　るいどう
類似　るいじ
類型　るいけい
類推　るいすい
類義語　るいぎご
類語　るいご
類縁　るいえん
[顕]　けん
顕著　けんちょう
顕微鏡　けんびきょう
[願]　がん・ねがい・ねがう
願書　がんしょ
[顛]　てん
顛倒　てんとう
顛覆　てんぷく
[顧]　こ・かえりみる
顧客　こかく
顧慮　こりょ
[顰]　しかめる
顰めっ面　しかめっつら

面部

[面]　おもて・つら・めん
　・めんする
面子　メンツ
面白　おもしろい
面皮　めんぴ
面目　めんもく
面会　めんかい
面持　おももち
面接試験　めんせつしけん

面皰　にきび
面倒　めんどう
面倒臭　めんどうくさい
面影　おもかげ
面積　めんせき

飛部

[飛]　ひ・とんで・とぶ・とばす
飛上　とびあがる
飛出　とびだす
飛込　とびこみ・とびこむ
飛立　とびたつ
飛行　ひこう
飛回　とびまわる
飛沫　ひまつ
飛魚　とびうお
飛散　とびちる
飛箱　とびばこ
飛躍　ひやく

食部

[食]　しょく・くう・くらう
食いこむ　くいこむ
食いしばる　くいしばる
食いつく　くいつく
食いはぐれる　くいはぐれる
食パン　しょっパン
食中毒　しょくちゅうどく
食用　しょくよう
食気　しょくけ
食いしん坊　くいしんぼう
食事　しょくじ
食券　しょっけん
食卓　しょくたく
食物　たべもの・しょくもつ
食品　しょくひん
食後　しょくご
食倒　くいだおれ
食料　しょくりょう
食料品　しょくりょうひん
食堂　しょくどう
食欲　しょくよく

食塩　しょくえん
食違　くいちがう
食費　しょくひ
食器　しょっき
食糧　しょくりょう
[飢]　うえる
飢死　うえじにに
飢餓　きが
[飲]　いん・のみ・のむ
飲水　のみみず
飲手　のみて
飲込　のみこみ・のみこむ
飲物　のみもの
飲屋　のみや
飲食　いんしょく
飲料　いんりょう
飲薬　のみぐすり
[飯]　めし
飯事　ままごと
[飼]　し・かう
飼犬　かいいぬ
飼育　しいく
飼料　しりょう
飼葉　かいば
[飾]　かざり・かざる
飾物　かざりもの
[飽]　あきっぽい・あき・
　　あきる・あく
飽足　あきたりない
飽和　ほうわ
[飴]　あめ
飴玉　あめだま
[餅]　もち
餅米　もちごめ
[餌]　えさ
餌食　えじき
[餓]
餓死　がし
[餞]　はなむけ
餞別　せんべつ
[餡]　あん
餡こ　あんこ

餡パン　あんパン
餡掛　あんかけ
[饂]
饂飩　うどん
[饅]
饅頭　まんじゅう
[饑]
饑饉　ききん

香部

[香]　か・こう・こうばしい
　　・かおり・かおる
香水　こうすい
香木　こうぼく
香辛料　こうしんりょう
香料　こうりょう

風部

[風]　かざ・かぜ・ふう
風上　かざかみ
風土　ふうど
風化　ふうか
風向　かざむき
風当　かぜあたり
風呂　ふろ
風呂敷　ふろしき
風車　ふうしゃ
風刺　ふうし
風邪　かぜ
風邪薬　かぜぐすり
風采　ふうさい
風物　ふうぶつ
風雨　ふうう
風俗　ふうぞく
風速　ふうそく
風流　ふうりゅう
風情　ふぜい
風習　ふうしゅう
風船　ふうせん
風景　ふうけい
風鈴　ふうりん
風潮　ふうちょう

[颯]
颯爽　さっそう

十画

髟部

[髪]　かみ
髪の毛　かみのけ
髪形　かみがた
髪型　かみがた
[髭]　ひげ
[髯]　ひげ
[鬘]　かつら

馬部

[馬]　ば・うま
馬力　ばりき
馬耳東風　ばじとうふう
馬車　ばしゃ
馬券　ばけん
馬鹿　ばか・ばからしい
馬鹿馬鹿　ばかばかしい
[馴]　なれる
お馴染　おなじみ
馴染　なじみ・なじむ
馴馴　なれなれしい
[駄]
駄目　だめ
駄洒落　だじゃれ
駄菓子　だがし
[駆]　かける・かる
駆引　かけひき
駆出　かけだす
駆足　かけあし
駆使　くし
駆落　かけおち
[駅]　えき
駅長　えきちょう
駅員　えきいん
[駐]　ちゅう
駐屯　ちゅうとん
駐在記者　ちゅうざいきしゃ

駐車　ちゅうしゃ
駐留　ちゅうりゅう
[駒]　こま
[駝]
駝鳥　だちょう
[駱]
駱駝　らくだ
[験]
験算　けんざん
[騎]
騎士　きし
[騒]　そう・さわがしい・さわぎ
　　・さわぐ
騒がせる　さわがせる
騒乱　そうらん
騒音　そうおん
騒動　そうどう
騒然　そうぜん
騒騒　そうぞうしい
[騙]　かたる・だます
[騾]
騾馬　らば
[驚]　きょう・おどろき・おどろ
　　く・おどろかす
驚異　きょうい
驚嘆　きょうたん
[驢]
驢馬　ろば

骨部

[骨]　ほね・こつ
骨休み　ほねやすみ
骨身　ほねみ
骨格　こっかく
骨組　ほねぐみ
骨董　こっとう
骨粉　こっぷん
[骰]
骰子　さいころ
[骸]
骸骨　がいこつ

［儡］ずい

鬯部

［鬱］
鬱蒼　うっそう

鬼部

［鬼］おに
鬼ごっこ　おにごっこ
［魂］たま・たましい
［魅］
魅力　みりょく
［魑］
魑魅魍魎　ちみもうりょう
［魔］ま
魔力　まりょく
魔手　ましゅ
魔法　まほう
魔法瓶　まほうびん
魔術　まじゅつ

竜（龍）部

［竜］たつ・りゅう
竜眼　りゅうがん
竜頭蛇尾　りゅうとうだび

十一画

麻部

［麻］ま・あさ
麻糸　あさいと
麻疹　はしか
麻酔　ますい
麻痺　まひ
麻薬　まやく
［摩］ま
摩訶不思議　まかふしぎ
摩滅　まめつ
摩擦　まさつ

鹿部

［鹿］しか

［麓］ふもと
［麗］うるわしい・うららか
麗麗　れいれいしい
［麒］
麒麟　きりん
［麝］
麝香　しゃこう

（麥）部

［麦］むぎ
［麩］ふ
［麹］こうじ
［麺］めん
麺類　めんるい

魚部

［魚］うお・さかな
魚市場　うおいちば
［鮒］ふな
［鮎］あゆ
［鮑］あわび
［鮫］さめ
［鮮］せん・あざやか
鮮血　せんけつ
鮮明　せんめい
［鮪］まぐろ
［鮭］さけ
［鮨］すし
鮨詰　すしづめ
［鯉］こい
鯉幟　こいのぼり
［鯨］くじら
鯨飲馬食　けいいんばしょく
［鯖］さば
［鯛］たい
［鯡］にしん
［鯰］なまず
［鰊］にしん
［鰓］えら
［鰐］わに
［鰯］いわし
［鰤］ぶり

[鰥]
鰥夫 やもめ
[鱈] たら
[鰻] うなぎ
[鱗] うろこ
[鱒] ます

鳥部

[鳥] とり
鳥打帽 とりうちぼう
鳥肌 とりはだ
鳥膚 とりはだ
鳥居 とりい
鳥賊 いか
鳥瞰図 ちょうかんず
[鳩] はと
[鳶] とび
鳶色 とびいろ
[鳴] なく・なる・ならす
鳴響 なりひびく
[鴇] とき
鴇色 ときいろ
[鴉] からす
[鴨] かも
[鵜] う
鵜呑 うのみ
[鶉] うずら
[鵲] かささぎ
[鶏] にわとり
鶏犬 けいけん
鶏冠 とさか
[鶴] つる
鶴嘴 つるはし
[鶯] うぐいす
[鷲] わし
鷲摑 わしづかみ
[鷗] かもめ
[鷹] たか
鷹派 たかは
[鷺] さぎ
[鸚]
鸚鵡 おうむ

黒（黒）部

[黒] こく・くろ・くろい・
　くろずむ
黒人 こくじん
黒山 くろやま
黒白 こくびゃく
黒字 くろじ
黒色人種 こくしょくじん
　しゅ
黒板 こくばん
黒砂糖 くろざとう
黒幕 くろまく
黒鉛 こくえん
黒潮 くろしお
黒檀 こくたん
[黙] もく・だまる
黙認 もくにん
黙読 もくどく

亀部

[亀] かめ

十二画

黽部

[鼈] すっぽん

黍部

[黍] きび
[糯] もち

歯（歯）部

[歯] は
歯入 はいれ
歯切 はぎれ
歯止 はどめ
歯応 はごたえ
歯車 はぐるま
歯茎 はぐき
歯科 しか
歯痒 はがゆい

歯磨　はみがき
［齟］
齟齬　そご
［齧］　かじる
齧付　かじりつく

十三画

鼓部

［鼓］　こ
鼓笛　こてき
鼓膜　こまく

鼎部

［鼎］　かなえ

鼠部

［鼠］　ねずみ

鼠色　ねずみいろ
［鼬］　いたち

十四画

鼻部

［鼻］　はな
鼻先　はなさき
鼻血　はなぢ
鼻声　はなごえ
鼻音　びおん
鼻摘　はなつまみ
鼻緒　はなお
［鼾］　いびき

汉日部分

i

目　　录

用 法 说 明

一、本词典所收条目分单字条目和多字条目。单字条目用大字排印，多字条目用小字排印并加鱼尾号（【 】）。

二、单字条目按汉语拼音字母次序排列。同音异调的汉字按声调次序排列，同音同调的汉字按笔画多少排列。单字条目用汉语拼音字母注音。

三、多字条目按第一个字排列在单字条目之后。多字条目不止一条时，按第二字的汉语拼音字母次序排列，多字条目不注音。

四、条目一般用对应的日语释义。单字条目、多字条目多义项的用①②③等数码标出顺序，同一义项有两个以上日语释义时，用句号（。）隔开。如：

将…①…しようとする。②けしかける。わざと怒らせる。③…によって。…で。

【将就】我慢する。どうにかこうにか。

五、日语汉字一般使用日本文部省公布的当用汉字。日语汉字一般不注假名，只在一些难读字后注假名，假名注在圆括号（（ ））内。外来语用片假名标写。

六、条目释义后，根据需要，收入词、词组或句子作为例证。例证中与本单字、多字条目相同的部分用代字号（～）表示。如：

结…①结目。△打一个～/结目を作る。

【纠正】是正する。正す。△～错误/誤りを是正する。

七、条目释义、例证或其译文中如有说明、补充、注释等部分时，用圆括号（（ ））括出。如：

【开辟】（道を）切り開く。

八、每个独立的日语对应词之后用句号。中文例句中用逗号，句末用“/”将中文例句与日文译文隔开。日文例句中用顿号，句末用句号。

九、词典正文前附有《检字表》。《检字表》按汉字笔画多少排列，同笔画字按横（一）、竖（丨）、撇（丿）、点（丶）、折（→）顺序排列。

十、符号

△……表示例句

◇……表示成谚语

→……表示参照某词条

检 字 表

六 画

八 画

九画

十四画

二十四画

A

a

阿 ā

【阿飞】不良青少年。与太者（よたもの）。

【阿姨】①（子供が母と同年輩の女性を呼ぶときの呼び方）おばさん。おばちゃん。②（幼稚園の保母を呼ぶときの呼び方）おばさん。おばちゃん。

啊 ā á ǎ à　どう。なに。はて。はい。ええ。

ai

哎 āi　①おい。こりゃあ。②あのね。ほら。

【哎哟】おや。おやおや。ああ。あっ。

哀 āi　①悲しい。悲しみ。悲しむ。△喜怒～乐/喜怒哀楽。②痛み。痛み悲しむ。哀悼。③哀れむ。

【哀悼】哀悼する。

【哀歌】哀歌。悲歌。

【哀怜】哀れむ。

【哀求】哀願する。

【哀伤】嘆き悲しむ。悲しみ痛む。

【哀思】哀悼の気持ち。悲しい思い。

【哀叹】悲しみ嘆く。

挨 āi　①順順に。ひとつひとつ。②寄りかかる。寄りそう。

【挨次】順順に。次次に。順をおっ

て。

唉 āi　①はい。ええ。△～，我就去/はい、すぐまいります。②（ため息をつく声）ああ。△～，可怜/ああ、かわいそうに。

【唉声叹气】ため息をつく。

呆 ái

【呆板】融通がきかない。ぎこちない。一本調子だ。

挨 ái　①…される。…を受ける。…目に合う。△～冻/寒い目にあう。②しのぐ。堪え忍ぶ。③（時間を）つぶす。ぐずぐずする。△～时间/時間をつぶす。

癌 ái　がん。

矮 ái　①低い。△个子～/背が低い。②（ものが）低い。下だ。△～墙/低いへい。

【矮墩墩】低くて太っている。ずんぐりしている。

【矮胖】低くて太っている。

【矮小】小柄だ。低くて小さい。

【矮子】ちび。ちんちくりん。

蔼 ái　なごやかだ。もの柔らかだ。

爱 ái　①愛する。△～祖国/祖国を愛する。②大切にする。重んじる。△～公物/公の物を大切にする。③好む。好きだ。④よく…する。…しやすい。…がちだ。△～开玩笑/よく冗談を言う。

【爱戴】敬愛する。

【爱抚】愛ぶする。

【爱国】愛国。国を愛する。

【爱好】①好む。好きだ。喜ぶ。②趣味。

【爱护】愛護する。大切にする。

【爱恋】ほれる。

【爱面子】体面を気にする。面目に拘る。

【爱慕】愛慕する。愛し慕う。

【爱人】①夫。妻。②恋人。

【爱惜】重んじる。惜しむ。大切にする。

隘 ài

【隘路】山あいの狭い道。あい路。

碍 ài 妨げる。邪魔になる。△有～交通/交通を妨げる。

【碍事】①邪魔になる，不便だ。差し支える。②ひどい。大した。△他的病不～/彼の病気は大丈夫だ。

暧 ài

【暧昧】①(態度が)あいまいだ。はっきりしない。②いかがわしい。怪しい。あいまいだ。△他们俩关系～/彼ら二人の関係が怪しい。

ān

安 ān ①安定している。落ち着いている。②安定させる。安心させる。③満足に思う。④安全だ。無事だ。⑤配置する。⑥取り付ける。すえ付ける。△～空调/クーラーを取り付ける。⑦(考えやたくらみなど)を持つ。抱く。△～坏心/下心を持つ。

【安插】(人員などを)配置する。配属する。

【安定】①安定している。落ち着いている。平穏だ。②安定させる。

【安顿】落ち着かせる。具合よく配置する。△心里～多了/心は大分落ち着いた。

【安放】置く。安置する。

【安分】分に安んじる。本分を守る。

【安好】無事だ。達者だ。

【安家】①家を構える。定住する。②家庭を持つ。所帯を持つ。

【安静】①静かだ。②穏やかだ。③落ち着いている。慌てない。

【安康】無事で健康だ。安康だ。

【安乐】安楽だ。安らかで楽しい。

【安眠】安眠する。ぐっすり眠る。△～药/催眠剤。睡眠薬。

【安宁】①安寧だ。平穏だ。安定している。②安らぐ。安心する。落ち着く。

【安排】あん排する。手配する。配置する。

【安全】安全だ。無事だ。△～帽/ヘルメット。

【安然】①無事だ。平安だ。②平静としている。泰然としている。△～自在/落ち着いて自若としている。

【安如磐石】磐石のように泰然としている。

【安身】身を寄せる。身を置く。身を落ちつける。

【安神】気を静める。心を落ち着かせる。

【安适】気楽でのんびりとしている。静かで心地よい。楽だ。

【安慰】①慰める。②慰め。

【安稳】①安定している。②落ち着いている。どっしりとしている。

【安息】①静かに休む。②(死者を弔う)安らかに眠る。

【安闲】安闲としている。気楽だ。のんびりしている。ゆったりしている。

【安详】おっとりしている。ゆったりしている。

【安心】①料简。②安心する。（気持ちが）落ち着く。

【安逸】安逸だ。

【安营】兵営を設けて駐とんする。

【安葬】てい重に埋葬する。

【安置】善処する。あてがう。

【安装】取り付ける。すえ付ける。組み立てる。

氨 ān　アンモニア。

【氨基】アミノ基。アミノ。

【氨水】アンモニア水。

鞍 ān　くら。△马～/馬のくら。

【鞍马】①あん馬（ば）。②旅行、戦いに出ること。

岸 àn　岸（きし）。

【岸标】沿岸標識。

【岸然】厳粛だ。厳かだ。厳めしい。

按 àn　①押す。△～电铃/ベルを押す。②さいて置く。さして置く。③抑制する。おさえる。製する。△～不住心头怒火/心の怒りをおさえきれない。④手で押える。手を当てる。⑤…に基づいて。…によって。…に準じて。…に応じて。△～收入交会费/収入に準じて会費を納める。

【按部就班】順序を追って事を運ぶ。きまった段取りを踏む。

【按劳分配】労働に応じて分配する。

【按理】理屈から言えば。本来ならば。

【按脉】脈を見る。脈を取る。

【按摩】①あん摩する。②マッサージ。

【按捺】押える。

【按钮】押しボタン。

【按期】期限通りに。

【按说】道理から言えば。本当ならば。

【按需分配】必要に応じて分配する。

【按语】（編集者、作者が原文の注釈として書き入れる言葉）編集者の言葉。

【按照】…に照らして。…に基づいて。…によって。…にしたがって。

案 àn　①長卓。テーブル。②事件。案件。裁判事件。訴訟事件。③公文書。書類。

【案板】まないた。

【案件】事件。裁判事件。訴訟事件。

【案卷】保存してある文書。

【案情】事件のいきさつ。事件の筋。

【案头】机の上。卓上。

【案由】事件のあらまし。

【案子】①長形の机。②事件。

暗 àn　①暗い。△灯光～/電燈が暗い。②密かに。陰で。こそこそと。

【暗暗】密かに。心の中で。

【暗藏】隠れる。こっそりかくす。

【暗淡】暗い。暗たんする。

【暗害】暗殺する。他人をおとしいれる。

【暗号】合図。

【暗合】暗合する。偶然に一致する。期せずして一致する。

【暗记】暗記する。

【暗箭】やみ討ち。密かに人を傷つけたり、陥れたりする行為や計略。

【暗礁】暗礁。

【暗杀】暗殺する。

【暗示】①暗示する。ほのめかす。②暗示。

【暗室】暗室。

【暗算】陥れる。陰謀を回らす。計略に掛ける。

【暗探】密てい。スパイ。

【暗笑】①心密かに笑う。②密かにあざ笑う。

【暗语】隠語。合言葉。

【暗中】①暗中。暗やみの中。暗がりの中。②陰で。密かに。こっそり。

黯 àn

【黯然】①暗い。②暗然と。悲しくて心がふさぐ。

ang

肮 āng

【肮脏】汚ない。不潔だ。汚らわしい。

昂 áng　（頭を）上げる。もたげる。△～首挺胸/頭を上げ、胸を張る。

【昂贵】値段が非常に高い。

【昂然】こう然している。

【昂扬】（意気が）揚がる。高まる。高揚する。

盎 àng

【盎然】満ちあふれる。

【盎司】オンス。

ao

凹 āo　①くぼむ。へこむ。△～凸

不平/でこぼこしている。②くぼみ。

【凹面镜】おう面鏡。

【凹陷】くぼむ。へこむ。

熬 āo　煮る。煮詰める。△～白菜/白菜を煮る。白菜の煮もの。

遨 áo

【遨游】漫遊する。周遊する。

熬 áo　①煮る。煮詰める。②せんじる。△～药/薬をせんじる。③辛抱する。我慢する。堪え忍ぶ。

【熬夜】夜更かしする。徹夜する。

翱 áo

【翱翔】こうしょうする。鳥が空を飛びかける。

袄 ǎo　（中国服の一種）裏付きの上着。

傲 ào　①高ぶる。ごう慢だ。

【傲慢】ごう慢だ。高망だ。

【傲然】ごう然と。誇らしげに。

奥 ào　①奥深い。△深～/奥深い。②深い所。奥底。

【奥秘】神秘。奥深くて知り難いこと。

【奥妙】奥深くて微妙だ。楽屋うら。

懊 ào　恨む。悔やむ。悩む。

【懊悔】後悔する。悔やむ。悔やしがる。

【懊恼】思い脳やむ。

【懊丧】悔やんで力を落とす。がっかりする。

B

ba

八 bā 八（はち）。
【八成】八割。
【八月】八月。
巴 bā ①へばりつく。△爬山虎～在墙上/つたが壁にへばりついている。②くっつく。こびりつく。③近付く。近い。④〈物〉（圧力の単位）バール。
【巴不得】切望する。熱望する。ぜひとも…したい。
【巴豆】はず。
【巴结】へつらう。機嫌を取る。
【巴望】希望する。願う。熱望する。渇望する。
【巴掌】掌（てのひら）。
扒 bā ①へばり付く。②掘り返す。ほじくる。取り壊す。△～土/土を掘り返す。③かき分ける。押し分ける。△～开草丛/草をかき分ける。④はぐ。むく。
【扒拉】かき分ける。
芭 bā はな。
【芭蕉】芭蕉。△～扇/芭蕉の扇。
【芭蕾舞】バレエ。バレエ・ダンス。
疤 bā ①傷跡。②（器物の）傷。
拔 bá ①抜く。抜き出す，抜き取る。△～草/草を取る。②（毒や液状のものを）吸い出す。吸い取る。△～浓/濃を吸い出す。③選抜する。選り抜く。選ぶ。④

伸びる。張り上げる。高める。△～嗓子嚷/声を張り上げて叫ぶ。⑤抜きん出る。秀（ひい）でる。⑥奪い取る。攻め落とす。攻略する。
【拔除】抜き取る。取り除く。
【拔河】綱引き。
【拔尖】①ずば抜けて勝れている。抜群。②でしゃばる。勝ち気だ。
跋 bá ①越える。踏む。②ばつ文。ばつ。
【跋扈】ばっこする。のさばる。
【跋涉】ばっ渉する。
把 bǎ ①握る。持つ。つかむ。取る。△～着手教/手を取って教える。②一手に握る。ほしいままにする。牛耳る。③見守る。見張る。番をする。④（自転車などの）ハンドル。⑤束。△稲草～/稲わらの束。⑥助数詞（ひとつかみの量）。△一～米/ひとつかみの米。
【把柄】弱み。弱点。痛い所。
【把持】一手に握る。牛耳る。
【把关】①関を守る。②点検する。調べる。
【把守】守る。守備する。
【把握】①握る。つかむ。把握する。②確信。自信。△有～/自信がある。
【把戏】①曲芸。軽わざ。奇術。②ごまかし。からくり。
靶 bǎ 的（まと）。標的。△中～/的に当る
【靶场】射的場。射撃場。

【靶心】的。標的。

把 bǎ ①(器物の)柄。握り。取っ手。②(植物の)花こう。葉柄。

【把子】柄。取っ手。握り。

坝 bà ①ダム。えん堤。②堤(つつみ)。土手(どて)。

爸 bà お父ちゃん。お父さん。父ちゃん。

耙 bà ①まぐわ。②まぐわで地をならす。

罢 bà ①止める。△欲～不能/やめようとしてもやめられない。②免職する。免ずる。△～其官職/その官職を免ずる。③終わる。済ます。

【罢工】ストライキ(をする)。

【罢官】免官する。官職を免ずる。

【罢教】(教師の)ストライキ。授業放棄。

【罢课】(学生の)ストライキ。授業放棄。授業ボイコット。

【罢免】罷免する。免職する。

【罢市】商店スト。閉店スト。

【罢手】手を引く。止める。

【罢休】止める。あきらめる。

霸 bà ①古代の諸侯間の首領。②ボス。頭。③占拠する。奪い取る。

【霸道】①は道。②横暴だ。

【霸权】支配権。は権。

【霸占】不法占有する。

bai

掰 bāi (両手で)割る。折る。ちぎる。もぎ取る。△～玉米/とうもろこしをもぎ取る。

白 bái ①白い。△～发/白髪(しらが)。②はっきりとする。明らかだ。③空白だ。何もな

い。④いたずらに。むだに。△～～浪費時間/むなしく時間をすごす。⑤無料で。ただで。△～吃/ただで食べる。⑥反動や反革命の象徴。△～区/白色区。⑦白眼をむく。

【白白】①真白に。②むだに。

【白报纸】新聞用紙。

【白菜】白菜。

【白痴】白痴。ばか。

【白饭】白米の飯。

【白费】むだに使う。むだにする。

【白喉】ジフテリア。

【白话】①そら言(ごと)。むだ話。②口語。

【白桦】白かば。

【白金】①プラチナ。白金。②銀。

【白净】(はだが)白くて綺麗だ。

【白酒】焼ちゅう。

【白卷】白紙答案。

【白开水】さゆ。

【白兰地】ブランデー。

【白茫茫】見渡す限り白色だ。白がいがい。

【白米】米。白米

【白面】小麦粉。メリケン粉。

【白热】白熱。インカンデセンス。

【白人】白人。

【白色】白色。白い色。

【白薯】さつまいも。

【白糖】砂糖。白砂糖。

【白天】昼。昼間。日中。

【白熊】白熊。北極熊。

【白血球】白血球。

【白眼】白い眼。白眼。冷淡な目付き。

【白杨】白楊。ポプラ。

【白蚁】白蟻。

【白银】銀。

【白纸黑字】白紙に黒字を書いたようにはっきりしている。

【白昼】白昼。昼間。

【白字】あて字。誤字。

百　bǎi　①百。②多いこと。もろもろの。あらゆる。

【百般】いろいろ。あれこれ。

【百倍】百倍。

【百发百中】百発百中。

【百分比】百分比。パーセンテージ。

【百分之百】100パーセント。全部。

【百分制】百点満点制。

【百合】ゆり。

【百花齐放，百家争鸣】百花斉放、百家争鳴。

【百货】百貨。

【百科全书】百科全書。

【百灵】コウテンシ。

【百年】一生。終身。

【百万】百万。

【百闻不如一见】百聞は一見に如かず。

【百姓】平民。庶民。

【百叶窗】よろい戸。シャッター。

柏　bǎi　かしわ。

【柏油】アスファルト。

摆　bǎi　①並べる。置く。②見せびらかす。ひけらかす。…ぶる。△～学者架子/学者ぶる。③揺れる。振る。④振り子。

【摆布】①飾り付ける。②（人を）支配する。操る。

【摆动】揺らぐ。振る。

【摆渡】①渡し舟。②船で対岸に運ぶ。

【摆架子】偉ぶる。もったいぶる。威張る。

【摆阔】金持ちぶる。はでに振舞う。

【摆弄】①もて遊ぶ。いじくる。②翻ろうする。ふざける。

【摆设】①装飾品。飾り物。置き物。②装飾する。飾り付ける。

【摆摊子】露店をだす。露店を張る。

【摆脱】抜け出す。逃れる。脱却する。

败　bài　①敗れる。負ける。②打ち敗る。負かす。③失敗する。しくじる。④ぶち壊す。⑤除く。散らす。△～毒/毒を除く。⑥衰える。散る。△花开～了/花が散った。

【败坏】（名誉などを）傷付ける。汚す。乱す。

【败家子】道楽息子。どら息子。

【败局】敗勢。

【败类】堕落分子。くず。

【败暴】（陰謀が）ばれる。露顕する。

【败落】落ちぶれる。衰える。

【败诉】敗訴する。

【败退】敗退する。

【败兴】興ざめる。

【败仗】敗戦。

拜　bài　①額付く。拝む。△～佛/仏を拝む。②御辞儀をする。祝う。△～年/新年のあいさつをする。③訪問する。あいさつに行く（来る）。△回～/答礼のため訪問する。④弟子入りをする。

【拜倒】拝伏する。平伏す。

【拜访】訪問する。お訪ねする。

【拜年】新年のあいさつをする。年始回（ねんしまわ）りをする。

ban

扳　bān　引っ張る。引く。△～倒/引き倒す。

【扳道员】転てつ手。ポインツマ

ン。

【扐机】（銃の）引き金。

【扐手】①スパナ。レンチ。②ハンドル。取手。

班　bān　①班。組。クラス。②勤務。職場。番。組。△上～/出勤する。③（軍隊の）分隊。④（芝居などの）一座（いちざ）。⑤（定時に運行する交通機関の）便。号。

【班车】定期バス。

【班次】①学級。クラス。②交通機関の定期運行回数。便数。

【班底】一座のもの。わき役。顔触（ぶ）れ。

【班房】①（小役人の）当直室。②刑務所や留置場の俗称。

【班机】（航空機の）定期便。

【班级】学年。クラス。

【班长】①（学校の）級長。②（軍隊の）分隊長。

【班主任】学級担任。学級受け持ち。

【班子】①芝居の一座（いちざ）。②グループ。

般　bān　様子。種類。たぐい。…のよう。△暴风雨～的掌声/あらしのような拍手。

颁　bān

【颁布】発布する。公布する。

【颁行】公布施行する。

斑　bān　まだら。ぶち。はん点。染み。△红～/赤いはん点。

【斑白】ごましお。ごましお頭。

【斑点】はん点。まだらな点。

【斑鸠】きじばと。

【斑斓】いろいろの色彩が入り交じって美しい。五色に染まっている。

【斑马】ゼブラ。しま馬。

搬　bān　①運ぶ。移す。△～行李/荷物を運ぶ。②引っ越す。③（無理に）採用する。借用する。引用する。当てはめる。△～教条/ドグマを引用する。

【搬家】引っ越す。転宅する。転居する。

【搬弄】①手で動かす。②ひけらかす。見せびらかす。

【搬运】運搬する。運ぶ。

板　bǎn　①板。②商店の表戸。③板材（いたざい）。④（楽器用の）拍子木。⑤（音楽の）速さ。拍子。テンポ。⑥不活発だ。堅苦しい。⑦硬くなる。強張る。

【板壁】板仕切り。板壁。羽目板。

【板擦】黒板ふき。

【板凳】（細長い木製の）腰掛け。

【板栗】くり。くりの実。

【板书】板書する。

【板刷】（着物などを洗う時に使う）ブラシ。

【板鸭】塩づけにして、押して平たくし、かわかしたあひる。

【板烟】押して板状にした刻みたばこ。

【板羽球】①追い羽根（ばね）。追羽子（おいはご）。②羽子（はご）。

版　bǎn　①版。△底～/原版。②原板。ネガ。③出版物の刊行回数。△第二～/再版。第二版。④（新聞の）面。ページ。△头～新闻/一面の記事。

【版本】版。版本。

【版画】版画。

【版刻】木雕（きぼり。もくちょう）。

【版面】①紙面。誌面。②割り付け。レイ・アウト。

【版权】版権。出版権。著作権。

【版税】印税。

【版图】版図。国土。

办 bàn ①する。やる。処理する。取り扱う。△〜手续/手続きをする。②運営する。作る。経営する。開設する。△〜工厂/工場を経営する。③仕入れる。整える。支度する。④処罰する。処分する。懲らしめる。△严〜/ひどく懲らしめる。

【办案】①事件を処理する。②事件の捜査をする。

【办法】方法。手段。やり方。

【办公】事務をとる。執務する。△〜室/事務室。オフィス。

【办理】取り扱う。処理する。

【办事】仕事をする。事務を取る。

半 bàn ①半ば。半分。2分の1。②わずか。ほんの少し。△他连〜句话都不说/彼はひとこともしゃべろうとしない。③不完全だ。十分でない。△〜旧货/中古品。

【半百】(年齢について言う)五十。

【半边】半面。片側。片方。一方。

【半成品】半製品

【半导体】半導体。

【半岛】半島。

【半点】少し。ごくわずか。

【半封建】半封建。

【半工半读】働きながら学校に通うこと。

【半价】半値。半価。

【半截】①(細長いものについて言う)半分。②半分。中途半端だ。

【半斤八两】似たり寄ったり。五分五分。

【半径】半径。

【半空中】中空。

【半路】①道中。途中。②中途。

【半票】(乗車券など)5割引券。

【半日制学校】半日制学校。

【半身不遂】半身不随。片麻痺。

【半身像】半身像。

【半生】半生。

【半数】半数。

【半天】①半日。②長い時間のこと。△我等了〜了/私はもう長いこと待っていた。

【半途而废】中途で止める。中途でざ折する。

【半夜】夜半。

【半元音】半母音。

【半月刊】半月刊。

扮 bàn ①ふん装する。装う。演じる。△他〜主角/かれが主役を演じる。②仮装する。△女〜男装/女が男装する。

【扮相】舞台姿。ふん装。

【扮演】ふんする。演じる。

【扮装】ふん装する。

伴 bàn ①連れ。伴。仲間。△让我来跟你做〜吧/私がお伴しましょう。②お伴する。伴う。付き従う。付き添う。

【伴唱】コーラス。

【伴侣】伴侶。仲間。連れ。

【伴随】伴う。付き従う。従う。

【伴奏】伴奏する。

拌 bàn かき交ぜる。交ぜ合わせる。△〜饺子馅/ギョーザのあんをかき交ぜる。

【拌和】かき交ぜる。こうはんする。

【拌面】うどんに調味料をまぜ合わせる。

【拌嘴】口げんかをする。口論する。

绊 bàn 絡み付く。まとい付く。つまずく。△被石头〜倒了/石につまずいてころんだ。

【绊脚石】障碍物。邪魔者。

瓣 bàn ①花弁。花片。②(果

実や球茎などの)弁。△蒜～/にんにくの弁。③かけら。きれ。破片。④(助数詞)ひら。弁。きれ。△一～蒜/一きれのにんにく。

【瓣膜】弁膜。

bang

邦 bāng 国。国家。

【邦交】国交。

帮 bāng ①助ける。手伝う。援助する。△互～互学/お互いに助け合い学び合う。②(物体の)両側。外側。③グループ。集団。仲間。④(助数詞)群。△一～无赖/一群のごろつき。

【帮厨】炊事の手伝いをする。

【帮工】手伝い人。

【帮会】秘密結社。

【帮忙】手伝う。手助けする。援助する。

【帮派】派閥。

【帮腔】①唱和する。(歌や節に)調子を合わせる。②口添えをする。

【帮手】手助けする人。助手。

【帮凶】共犯者。

绑 bǎng 縛る。くくる。巻き付ける。△～东西/荷物をくくる。

【绑匪】人さらい。

【绑架】ら致する。

【绑票】人質を取る。

【绑腿】ゲートル。

榜 bǎng 掲示。張り出し。△考试发～/試験の合格者を発表する。

【榜样】手本。模範。

膀 bǎng ①肩。②翼。羽。

【膀臂】片腕。

蚌 bàng 二枚貝(にまいがい)。

谤 bàng そしる。悪口を言う。

傍 bàng ①近寄る。…に近い。△依山～水/山を背にして水に臨む。②ころ。ころ合。時分。

【傍晚】夕方。

棒 bàng ①棒。②(体力が)強い。(能力が)優れている。(成績が)いい。△字写得很～/字がとてもうまい。達筆だ。

【棒槌】洗たくつち。

【棒球】①野球。ベース・ボール。②(野球の)ボール。

磅 bàng ①ポンド。②台ばかり。③台ばかりで計る。

【磅秤】台ばかり。

镑 bàng (貨幣の)ポンド。

bao

包 bāo ①(紙などで)包む。くるむ。△用纸～书/紙で本を包む。②包み。△打了个～/包みを作った。③袋。入れ物。かばん。④(助数詞)つつみ。△一～衣服/一包みの着物。⑤こぶ。はれもの。⑥囲む。取り巻く。⑦含める。引っくるめる。⑧引き受ける。請け負う。△～运/運送を請け負う。⑨保証する。請け合う。△～修/請け負いで修理する。⑩借り切る。△～车/貸し切りの車。車を借り切る。

【包办】①一手(いって)に引き受ける。一人で引き受ける。②一人決めでやる。独断専行する。

【包庇】(悪人などを)かばう。ひ護する。

【包藏】包蔵する。ひめる。

【包产】生産量の請け負い。

【包场】（映画、芝居などの座席
　を）借り切る。
【包抄】包囲して攻める。包囲攻撃
　する。
【包袱】①ふろしき。②ふろしき包
　み。③（精神的な）負担。重荷。
【包干】(仕事を)責任を持って引き
　受ける。
【包管】保証する。責任を持つ。請
　け合う。
【包裹】①包む。くるむ。②包み。
　小包み。
【包含】含む。包含する。
【包涵】大目に見る。容赦する。
【包金】金張り。
【包括】包含する。含む。含める。
【包揽】（全部）引き受ける。
【包罗】綱らする。△～万象/万象
　を綱らする。
【包赔】責任を持って弁償する。賠
　償の責任を負う。
【包皮】①（包装用の）包被。②
　（生理）包皮。
【包容】大目に見る。勘弁する。
【包围】①取り囲む。囲む。②包囲
　する。
【包厢】ボックス。予約用特別席。
【包销】専売する。一手販売する。
【包扎】(ほう帯を)巻く。くるむ。
【包装】包装する。荷造りする。
【包子】肉まん頭。バオズ。

炮 bāo ①強火（つよび）でいた
　める。△～羊肉/羊の肉の切り
　身をいためる。②あぶる。ほう
　じる。△把湿衣服～干/ぬれた
　服をあぶる。

胞 bāo ①えな。②はらから。同
　腹。△～兄/実兄。

剥 bāo むく。はぐ。△～香蕉/
　バナナの皮をむく。

褒 bāo 誉める。誉め称える。称

賛する。
【褒贬】（善し悪しを）論評する。
【褒义】誉める意味。

雹 báo ひょう。
【雹灾】ひょうの災害。

薄 báo ①薄い。△～被/薄い布
　団。②つれない。冷淡だ。△情
　分～/薄情だ。③（味が）薄い。
　④（地味が）やせている。△～
　田/やせ地。
【薄板】薄い木の板。
【薄饼】メリケン粉をこねて薄く
　伸ばして焼いたもの。
【薄脆】メリケン粉をこねて薄く
　伸ばして油で上げたもの（薄く
　て脆い）。

宝 bǎo ①貴重なもの。宝（たか
　ら）。宝物。②貴重だ。立派だ。
　よい。△～刀/宝刀。
【宝宝】赤ちゃん。坊（ぼう）や。お
　嬢ちゃん。
【宝贝】①宝物。珍しい物。②愛し
　子（ご）。
【宝贵】①貴重だ。貴い。②大切に
　する。重視する。重んずる。
【宝剑】宝剣。剣（つるぎ）。
【宝库】宝庫。
【宝石】宝石。
【宝塔】宝塔。塔。
【宝藏】①秘蔵の宝物。②地下資
　源。
【宝座】①（皇帝、王様の）玉座。王
　座。②（仏様の）宝座。仏座。

饱 bǎo ①満腹だ。腹が一杯だ。
　△已经吃～了/もう腹一杯になっ
　た。②充実している。満ち満
　ちている。△谷粒～满/穀物の
　粒が実っている。③十分に。存
　分に。△～经世故/十分世故に
　たけている。④満足させる。
【饱嗝儿】げっぷ。

【饱和】飽和する。

【饱满】①豊満だ。充実している。②張り切っている。

【饱学】博学だ。学識に富む。博識だ。

保　bǎo　①守る。保護する。△～卫祖国/祖国を守る。②保つ。保持する。③請け合う。保証する。△～质～量/質、量共に保証する。④保証人。身元引き受け人。⑤保険。△投～/保険に加入する。

【保安】①保安。治安を維持する。②安全を守る。

【保镖】用心棒。ボディー・ガード。護衛。

【保不住】①免れない。保証できない。…かもしれない。…とは限らない。②持ち堪えられない。保持できない。

【保藏】大切に保存する。大切にしまっておく。

【保持】保つ。維持する。保持する。

【保存】保存する。残しておく。

【保单】保証書。

【保管】①保管する。②保証する。請け合う。

【保护】保護する。保全する。

【保健】保健。

【保洁箱】ごみ箱。

【保龄球】ボーリング。

【保留】①保つ。②棚上げにする。③残しておく。保存する。保留する。

【保密】機密を守る。内緒にする。

【保姆】お手伝いさん。保母。

【保全】守る。保全する。

【保释】保釈する。

【保守】①守る。②保守的だ。

【保送】推薦、派遣して学習させる。

【保卫】防衛する。守る。

【保温】保温する。

【保险】①保険。②安全だ。大丈夫だ。

【保修】修理保証する。

【保养】①養生する。保養する。②（機械などの）手入れをする。

【保佑】加護する。

【保育】（幼児を）保育する。

【保障】保障する。

【保证】保証する。請け合う。きっと…する。

葆　bǎo　保つ。保護する。△永～青春/青春を永遠に保つ。

堡　bǎo　とりで。トーチカ。

【堡垒】ほう塁。トーチカ。

报　bào　①知らせる。告げる。申し込む。△～信/消息を知らせる。②答える。△～以热烈的掌声/あらしのような拍手で答える。③報いる。返す。報じる。△～恩/恩を返す。④仕返しする。報復する。復しゅうする。あだ討ちをする。⑤報い。⑥新聞。⑦電報。電信。

【报案】事件を届け出る。

【报表】報告表。

【报偿】報いる。弁償する。

【报仇】あだ討ちをする。復しゅうする。

【报酬】報酬。謝礼。

【报答】報いる。答える。

【报到】到着を報告する。赴任を届け出る。

【报道】①報道する。②レポート。

【报恩】恩に報いる。恩返しをする。

【报废】①物品の廃棄処分を申請する。②だめになる。壊れる。

【报复】報復する。仕返しする。

【报告】①報告する。演説する。②報告。レポート。

【报捷】勝利を報告する。
【报界】新聞界。
【报警】(警察に)届け出る。
【报刊】新聞と雑誌。
【报考】受験を申し込む。
【报名】申し込む。応募する。志願する。
【报社】新聞社。
【报失】紛失届けを出す。
【报时】時刻を知らせる。時報。
【报数】番号。
【报摊】露天の新聞売店。
【报头】新聞紙名の題字。
【报务员】通信係り。通信員。
【报喜】めでたい成果を報告する。吉報を知らせる。
【报销】①収支を清算する。②廃棄処分をする。
【报信】消息を知らせる。
【报应】応報。
【报账】決算報告をする。
【报纸】①新聞。②新聞用紙。新聞紙。

刨 bào (かんなや平削り盤で)削る。かんなを掛ける。△～木板/板を削る。
【刨冰】氷水 (こおりみず)。
【刨床】平削り盤。かんな盤。
【刨花】かんなくず。

抱 bào ①抱く。抱える。△～孩子/子供を抱く。②(子供また孫が)できる。△～孙子了/お孫さんができた。③もらい子をする。④堅く結び合う。一塊になる。△～团/堅く結び合う。⑤抱く。⑥巣に付く。ひなをかえす。⑦(助数詞)抱え。△一～草/一抱えの草。
【抱病】病気を抱える。
【抱不平】義憤を感ずる。
【抱负】抱負。

【抱恨】恨みを抱く。痛恨する。
【抱愧】恥ずかしく思う。恐縮だ。
【抱歉】済まなく思う。申し訳なく思う。
【抱养】もらい子をして育てる。
【抱怨】怨む。怨み言を言う。不平を並べる。

豹 bào 豹。

暴 bào ①突然激しく。不意に激しい勢いで。△～跌/暴落する。②荒々しい。粗暴だ。③損う。粗末にする。△自～自弃/やけくそになる。自暴自棄だ。
【暴病】急病。
【暴跌】暴落する。
【暴动】暴動。一揆 (いっき)。
【暴发】①爆発。②成金。
【暴风】暴風。
【暴风雪】暴風雪。吹雪 (ふぶき)。
【暴风雨】暴風雨。あらし。
【暴风骤雨】あらし。暴風しゅう雨。
【暴光】露光する。露出する。
【暴君】暴君。
【暴力】暴力。武力。
【暴利】暴利。
【暴露】暴露する。さらけ出す。
【暴乱】反乱。
【暴怒】激怒する。かんしゃくを起こす。
【暴虐】暴虐だ。凶暴だ。
【暴徒】暴徒。暴漢。
【暴行】暴行。残虐な行為。
【暴雨】豪雨。大雨。
【暴躁】怒りっぽい。気短で荒い。
【暴涨】暴騰する。
【暴政】暴政。

爆 bào 破裂する。弾ける。はぜる。
【爆发】爆発する。沸き上がる。突発する。噴火する。
【爆裂】破裂する。弾ける。割れる。

【爆破】爆破する。発破する。
【爆炸】爆破する。爆発する。
【爆竹】爆竹。

bei

杯 bēi ①杯（さかずき，はい）。湯のみ。コップ。グラス。△茶～/茶わん。コップ。湯のみ。②優勝杯。優勝カップ。賞杯。

卑 bēi ①低い。（身分、地位が）低い。卑しい。②卑劣だ。下品だ。下卑（げび）る。△～俗/卑俗だ。③手厚い。恭しい。
【卑鄙】卑劣だ。下品だ。
【卑贱】①（身分、出身が）低い。卑しい。②下劣だ。卑劣だ。

背 bēi ①背負う。おんぶする。△～小孩/子供をおんぶする。②背負い込む。△～债/借金を背負い込んだ。
【背包】背のう。リュックサック。
【背带】サスペンダー。

悲 bēi ①悲しむ。②悲しみ。△～不自禁/悲しみに堪えない。③憐れむ。同情する。△可～的事情/憐れむこと。
【悲哀】悲哀。悲しみ。
【悲惨】悲惨だ。惨めだ。痛ましい。
【悲悼】悲しみ痛む。
【悲愤】悲憤する。悲しみ憤ろ。
【悲歌】①エレジー。悲歌。②悲しそうに歌う。
【悲观】悲観的だ。悲観する。
【悲剧】①悲劇。②（不幸に命運）悲劇的だ。

碑 bēi 碑。石碑。△立～/碑を立てる。
【碑帖】拓本。
【碑文】碑文。

北 běi ①北。△～方/北の方。

北方（ほっぽう）。②負ける。失敗する。
【北斗星】北斗星。北斗七星。
【北极】①北極。②（磁石の）陽極。

贝 bèi ①貝（かい）。②古代の貨幣。貝貨。
【贝雕】貝がらぼり。
【贝壳】貝がら。
【贝类】貝類。

备 bèi ①備わる。具備する。整う。そろっている。△万事齐～/万事整っている。②用意する。準備する。整える。◇有～无患/備えあれば憂いなし。③備える。防備する。△以～万一/万一に備える。④つぶさに。ことごとく。完全に。
【备案】記録に止める。記録に載せる。
【备查】審査に備える。検査に備える。
【备而不用】時たまの用のために備える。
【备荒】備荒。自然災害に備える。
【备件】予備部品。スペア・パーツ。
【备考】備考。
【备课】授業の準備をする。
【备料】材料を用意する。材料供給。
【备取】補欠として取る。
【备忘录】覚え書。メモランダム。
【备用】必要に備える。
【备战】戦争に備える。
【备注】①備考欄。②注釈（する）。

背 bèi ①背。背中。②（物の）背面。裏。③背にする。背を向ける。△～山面海/山を背にして海に望む。④（人目を）避ける。隠す。△～人耳目/人目を避ける。⑤暗しょうする。暗記す

る。△～单词/单語を暗記する。⑥背く。違反する。△～约/約束に違反する。⑦辺ぴだ。寂しい。△这里太～/この辺は大変寂しい。⑧具合が悪い。不調だ。⑨（耳が）遠い。

【背道而驰】逆行する。背反した道を進む。背馳する。

【背后】①後。②陰で。背後で。

【背景】背景。バック。

【背离】①離れる。②背離する。離反する。背く。

【背面】裏。背面。

【背叛】反逆する。裏切る。

【背诵】暗しょうする。暗記する。

【背心】①チョッキ。②ランニング・シャツ。

【背信弃义】背信。信義に背く。

被 bèi ①掛布団。②（受動文の中で、動作の発動者を表わす）…によって。…に。…から。△那本书～人拿走了/その本は誰かに持っていかれた。③（動詞の前に置き受け身を表わす）…れる。…られる。△～开除了/除名された。

【被袋】（旅行用の）布団袋。

【被单】掛布団カバー。

【被动】受動。受け身。

【被服】被服。

【被俘】捕えられる。捕虜になる。

【被告】被告。

【被害人】被害人。

【被里】布団の裏。

【被面】布団の表。

【被迫】強要される。余儀なく。

【被褥】布団。夜具。

【被子】掛ぶとん。

倍 bèi ①倍。②ますます。ひとしお。△～加爱护/ひとしおいたわる。

【倍数】倍数。

辈 bèi ①ら。ともがら。類。△吾～/われら。われわれ。②（家族関係）代。世代。③一生。生涯。△后半～/後半生。

【辈分】（家族、親戚などの）長幼の序。

ben

奔 bēn ①走る。駆ける。△东～西走/あちこち駆け回る。東奔西走する。②急ぎ。急ぐ。赴く。△～赴前线/大急ぎで前線へ赴く。③逃げる。逃走する。

【奔波】奔走する。苦労する。

【奔驰】速く走る。疾走する。

【奔放】奔放だ。

【奔流】①激しい勢いで流れる。②急流。奔流。

本 běn ①（草や木の）茎。根。△草～植物/草本植物。②根本。元。根源。△不要离了～/根本を離れてはいけない。③元金（もときん，がんきん）。資本。資金。△蚀～生意/元手を食いこむ商売。④もともと。もとより。本来。元来。⑤こちらの。自分の方の。△～校/本校。⑥現在の。いまの。△～月/今月。本月。⑦基づく。△～着政策处理/政策に基づいて事を処理する。⑧書物やノートの類。△户口～/戸籍薄。⑨版本。△精装～/上製本。⑩台本。脚本。⑪（助数詞）冊。巻。△五～书/本5冊。

【本地】地元。当地。地方。

【本分】①本分。職責。本務。②本分を守っている。

【本国】自国。本国。祖国。

【本行】本職。

【本届】今回。

【本金】①元金。元手。②資本。資本金。元手。資金。

【本科】（大学の）本科。

【本来】①本来の。元の。②もともと。元来。

【本领】腕。腕前。能力。

【本末】①一部始終。首尾。いきさつ。委細。②本末。元と末。

【本末倒置】本末転倒。

【本能】①本能。②本能的だ。

【本钱】元金（もときん，がんきん）。元手。資本。

【本人】①わたし。ぼく。②当人。本人。

【本色】本来の面目。本来の姿。

【本身】自身。自体。

【本事】才能。能力。腕前。△没有真～/ほんとうの腕はない。

【本题】話の本題。本筋。

【本土】①故郷。郷里。②本土。内地。

【本位】①（貨幣計算の単位）本位。②自分の所属する部門。自分の責任範囲。

【本性】本性。本質。

【本义】本義。本来の意味。

【本意】本意。真意。

【本源】本源。根源。

【本职】本職。

【本质】本質。

【本子】冊子。帳面。ノート。書物。

【本族语】当民族語。

奔　bèn　①まっしぐらに行く。目指して行く。突進する。△各～前程/各自の前途に向かってまい進する。②身を寄せる。頼って行く。③手が届く。

【奔头】張り合い。いきがい。

笨　bèn　①愚かだ。のろまだ。間

抜けだ。頭が悪い。△脑筋～/頭が悪い。②不器用だ。下手だ。△拙嘴～腮/口下手だ。③重い。扱いにくい。

【笨蛋】間抜け。のろま。間抜け野郎。

beng

崩　bēng　①崩れる。崩す。△山～地裂/山が崩れ、地が裂ける。②破裂する。△把气球吹～了/風船玉を吹き割った。③跳ねる。弾ける。飛び散る。④銃殺する。⑤（皇帝、君主が）崩ずる。お隠れになる。崩御する。△驾～/天子が崩ずる。

绷　bēng　①ぴんと張る。引っ張る。△把绳子一直/紐をぴんと張る。②（着物が）窮屈だ。ぴたりと付く。△衬衫紧～在身上/シャツが窮屈だ。③弾ける。跳ねる。爆ぜる。△弹簧～飞了/ばねが弾けて飛んだ。④仕付けをする。目荒く縫う。（針で）止（と）める。

【绷带】ほう帯。

【绷子】刺しゅうわく。刺しゅう台。

甭　béng　…する必要がない。…なくてもよい。…には及ばない。△～去啦/いかなくてもいい。

绷　běng　①（顔を）強張らせる。△～着脸/顔を強張らせる。②（力を）込める。力む。△～着劲拉车/力んで車を引く。

迸　bèng　ほとばしる。飛び散る。△打铁时火星乱～/鉄を鍛える時火花があちこち飛び散る。

【迸发】沸き上がる。ほとばしる。

【迸裂】破裂する。裂けて飛び散る。

泵 bèng ポンプ。

【泵房】ポンプ室。

绷 bèng 裂ける。割れる。はぜる。△石榴熟透了,自己～开/ざくろは熟しきると自然にはぜる。

蹦 bèng 跳ぶ。跳ねる。△欢～乱跳/跳んだり跳ねたりする。

bi

逼 bī ①追い詰める。無理じいに…させる。△～着他喝酒/無理じいに酒を飲ませる。②無理やりに取り立てる。迫め立てる。△～人还债/借金の返済を強要する。③迫る。近づく。

【逼供】強迫して自供させる。拷問を掛けて白状をしいる。

【逼近】迫る。近づく。

【逼迫】強制する。せまる。しいる。

【逼真】①真に迫る。本物そっくりだ。②はっきりしている。

荸 bí

【荸荠】くろぐわい。

鼻 bí 鼻（はな)。

【鼻孔】鼻の穴。鼻孔。

【鼻梁】鼻柱。鼻筋。

【鼻腔】鼻腔。

【鼻涕】鼻汁（はなしる)。鼻水。

【鼻息】鼻息。呼吸。

【鼻炎】鼻炎。

【鼻音】鼻音。

【鼻祖】鼻祖。始祖。元祖。

匕 bǐ

【匕首】匕首（あいくち)。短剣。

比 bǐ ①比べる。競う。△～较/比べる。比較する。②比べることができる。…のようなものだ。△近邻～亲/隣人は親類のようなものだ。③手まねする。手で示す。ゼスチュア。△用手～画/手で示す。④たとえる。なぞらえる。⑤…の通りにする。…をまねる。△～着葫芦画瓢/ひょうたんをまねてひさごを描く。⑥比較対照する。引き比べる。△将心～心/人の心をわが心に引き比べる。⑦比率。割合。比。⑧（試合の）対。△以二～一胜/二対一で勝つ。⑨より△今天的风～昨天的更大了/今日は昨日よりも風がずっと強い。⑩ぴったりくっつく。並ぶ。△栉～鳞次/家屋がすき間なく立ち並んでいる。

【比方】①たとえ。たとえる。②たとえ。かりに。まし。

【比画】手まねをする。手ぶりをする。

【比价】比価。

【比较】①比較する。比べる。②…に比べて。より。③比較的に。割合に。

【比例】①比例。②割合。比率。

【比率】比率。

【比目鱼】平目（ひらめ)。比目魚（ひらめ)。

【比拟】比べる。なぞらえる。

【比如】たとえば。

【比赛】①試合。②試合する。競技する。

【比翼】比翼。翼を並べる。

【比喻】ひゆ。たとえ。たとえる。

【比照】①…にならって。…の通りに。②比較対照する。

【比值】比率。比の値。

【比重】①比重。②重要さの割合。比重。

彼 bǐ ①あの。あれ。あちら。△

～时/あのごろ。②彼。相手。△
知己知～/おのれを知り、相手
をも知る。

【彼此】①互いに。両方。②お互い
さま。

笔 bǐ ①（文字また絵を書く用
具）筆。ペン。鉛筆など。②筆
法。△书法名家之～/名書家の
筆法。③（筆で）書く。④筆画。
字画。⑤（助数詞）くち。△一
～钱/一口の金。⑥書画を書く
こと。△他能画儿～山水画/彼
は山水画が少し書ける。

【笔画】筆画。文字の画。

【笔迹】筆跡。

【笔记】①筆記。メモ。ノート。②
随筆。随感録。紀行文。

【笔记本】手帳。ノートブック。

【笔架】筆立て。筆架。筆掛け。

【笔尖】筆の穂先。ペン先。

【笔帽】筆のさや。ペンや鉛筆の
キャップ。

【笔名】筆名。ペン・ネーム。

【笔墨】文字や文章。

【笔试】筆記試験。

【笔算】筆算する。

【笔筒】筆筒（ふでづつ）。

【笔头】①筆の穂。ペン先。②（文
章などを）書く力。

【笔误】書き違い。

【笔心】①鉛筆のしん。②（ボール
ペンの）チップ。

【笔译】翻訳する。

【笔者】筆者。作者。

【笔直】まっすぐだ。

鄙 bǐ ①卑しい。下品だ。△～
言/下品な言葉。②自分の言行
をへりくだって言うこと。△～
见/愚見。③軽んじる。軽べつす
る。卑しむ。

【鄙陋】無知だ。見識が浅薄だ。

【鄙人】小生。

【鄙视】卑しむ。軽べつする。

币 bì 貨幣。△金～/金貨。

【币值】貨幣価値。

必 bì ①必ず。きっと。△午后
三点～到/午後三時にきっと来
る。②必ず…ねばならない。ど
うしても…しなければならぬ。
△二者～取其一/どうしても両
者のうちの一つを取らねばな
らない。

【必定】きっと。必ず。まちがいな
く。

【必然】①必然的だ。きっと。必ず。
②必然。

【必修课】必修科目。

【必须】①必ず…なければならな
い。どうしても…なければなら
ない。△我～去/私はどうして
も行かなければならない。②必
ず…せよ。是非。是非とも。△
～留神/是非とも気を付けなさ
い。

【必需】なくてはならぬ。必要だ。

【必要】なくてはならぬ。必要だ。

闭 bì ①閉じる。締める。△～
上眼/目を閉じる。②ふさがる。
詰まる。△～气/息が詰まる。

【闭会】閉会する。

【闭幕】①閉幕する。②終わる。閉
会する。

【闭塞】①詰まる。ふさがる。②
（交通が）不便だ。③（文化、風
俗が）開けていない。

毕 bì ①終わる。完了する。△
今日事今日～/その日の仕事は
その日の中に終わる。②すっか
り。完全に。△真相～露/真相が
完全に暴露される。

【毕竟】①つまり。結局。②さすが
に。なんといっても。

【毕生】生涯。終生。
【毕业】卒業する。

庇 bì
【庇护】ひ護する。かばう。

陛 bì　宮殿の階段。
【陛下】陛下。

毙 bì　①死ぬ。△路〜/行き倒れ。②銃殺する。
【毙命】死ぬ。命を落とす。

婢 bì　はしため。下女。

裨 bì　有益だ。役に立つ。ためになる。△无〜于事/事に役立たない。無益だ。
【裨益】ひ益する。役立つ。

蓖 bì
【蓖麻】ひ麻。唐ご麻。

碧 bì　①青玉。サファイア。②青緑。

蔽 bì　覆う。さえぎる。△衣不〜体/衣服がぼろぼろで体を覆い隠すに足りない。

弊 bì　①不正行為。△考试作〜/カンニングをする。②弊害。悪弊。△有利有〜/よい点もあれば弊害もある。
【弊病】弊害。悪弊。

篦 bì　すきぐしですく。△〜头发/すきぐしで髪をすく。

避 bì　①避ける。回避する。△〜风/風を避ける。②防止する。予防する。
【避雷器】避雷器。アレスター。
【避雷针】避雷針。
【避免】避ける。防止する。
【避难】避難する。
【避暑】避暑する。

壁 bì　①壁。へい。②壁のような役割を果すもの。③絶壁。がけ。④とりで。塁壁。

【壁报】壁新聞。
【壁橱】押し入れ。
【壁灯】壁に取り付けた電燈。
【壁画】壁画。
【壁垒】塁壁。とりで。
【壁炉】ペーチカ。
【壁毯】壁かけじゅうたん。

臂 bì　腕。
【臂膊】腕。
【臂章】腕章。

bian

边 biān　①辺。②端（はし）。縁（ふち）。へり。ほとり。わき。△床〜/ベットのへり。③（装飾用の）縁。へり。△镶〜/へりを付ける。ふちを取る。④境界。辺境。△〜民/辺境地带の住民。⑤際限。⑥そば。傍（かたわら）。⑦…の方。…の側。
【边地】国境に近い地区。辺地。
【边防】国境警備。辺境守備。
【边际】はてし。限り。際限。
【边界】境界。国境。
【边境】辺境。
【边框】額ふち。わく。
【边门】大門のわきにある小門。通用門。
【边缘】①周辺。周縁。②隣接する。△〜科学/隣接科学。

编 biān　①編む。△〜草帽/麦わら帽子を編む。②配列する。組む。編成する。△〜组/組に分ける。③編集する。△〜杂志/雑誌を編集する。④創作する。作る。書く。△〜剧本/脚本を創作する。シナリオを書く。⑤でっちあげる。作り上げる。ねつ造する。△信口胡〜/出まかせを言う。⑥編。△续

～/続編。△上～/上編。
【编导】①（劇を）作る。監督する。②（劇の）作者。監督。
【编队飞行】編隊飛行。
【编号】①番号を付ける。②番号。
【编辑】①編集する。②編集者。編集人。
【编剧】脚本作家。劇作家。

鞭 biān ①むち。△扬～/むちを上げる。②（古代兵器）むち。③爆竹。④むち打つ。むちを当てる。
【鞭策】べんたつする。むち打つ。励する。
【鞭打】むち打つ。
【鞭挞】酷評する。攻撃する。さいなむ。

贬 biǎn ①下げる。落す。△～值/値段を下げる。△～职/降職する。②けなす。おとしめる。
【贬词】けなす意味に用いる語。
【贬低】低く評価する。けなす。
【贬义】けなす意味合い。
【贬值】平価切り下げ。

扁 biǎn 平たい。へん平だ。
【扁担】天びん棒。
【扁豆】隠元豆（いんげんまめ）。隠元。隠元ささげ。
【扁桃】はたんきょう。アメンドー。
【扁桃腺】扁桃腺。

匾 biǎn ①額。へん額。②ざる。

变 biàn ①変る。変化する。変じる。…になる。△情况～了/事情が変った。②変える。改変する。改める。△～农业国为工业国/農業国を工業国に変える。③事変。変。不意の出来事。△边境有～/辺境に変乱が起こった。
【变本加厉】前よりいっそうひどくなる。

【变成】…に変化する。
【变电站】サブステーション。変電所。
【变动】①変動する。変化する。②変動。変化。
【变革】変革する。
【变更】変更する。変える。変る。
【变故】非常の出来事。変事。事件。変故。
【变卦】気が変る。心変りする。
【变化】①変化する。変る。②変化。
【变幻莫测】変化が測り知れぬこと。
【变换】変る。変える。変換する。
【变节】変節する。寝返りを打つ。
【变脸】顔色を変える。
【变乱】変乱。騒乱。戦乱。
【变卖】（自分の物を）売る。
【变迁】①移り変り。②変遷する。
【变色】①変色する。色が変る。②顔色を変える。
【变态】変態。
【变通】時と場合に応じて方法を変える。融通をきかす。
【变戏法】手品をする。

便 biàn ①便利だ。都合がよい。調法だ。△请～/ご自由に。ご都合のよいように。②都合のよい。ついでに。△顺～拜访/ついでにお伺いします。③任意に。随意に。勝手だ。△去不去随你的～/行くも行かぬもきみの勝手しだいだ。④手軽だ。簡便だ。正式でない。△～餐/手軽な食事。⑤排せつ物。大便（する）。⑥もう。すでに。すぐ。△说做～做/やると言えばすぐやる。⑦たとえ…しても。よしんば。
【便当】便利だ。都合がよい。容易だ。
【便道】①近道。早道。②歩道。人

道。③仮設道路。

【便饭】手軽な食事。粗飯。

【便服】ふだん着。平服。

【便壶】しゅびん。しびん。

【便笺】便せん。

【便览】便覧。

【便利】①便利だ。便宜だ。②便利にする。

【便帽】普段用の帽子。

【便门】通用門。くぐり戸。勝手口。

【便条】書き置き。

【便鞋】軽便なくつ。布ぐつ。

【便宴】手軽な宴席。

遍 biàn ①あまねく。くまなく。全面的に。△走～全国/国中をくまなく歩きまわる。②(助数詞)回。度。遍。△再说一～/もう一度話してください。

【遍布】散在している。至る処にある。

【遍及】…まで及んでいる。行渡る。

辨 biàn 見分ける。

【辨别】弁別する。識別する。見分ける。

【辨认】識別する。見きわめる。見分ける。

【辨析】弁別し分析する。

辩 biàn 弁解する。弁明する。言い訳する。

【辩白】弁明する。弁解する。

【辩驳】弁ぱくする。

【辩才】弁才。

【辩护】弁護する。

【辩护士】弁護士。

【辩解】弁解する。言い開きをする。

【辩论】弁論する。論争する。

【辩证】弁証法的だ。

辫 biàn ①弁髪。おさげ。②さなだ。打ちひも。

【辫子】①弁髪。おさげ。②さなだ。打ちひも。

biao

标 biāo ①事物の表面。うわべ。枝葉末節。②標識。目印(めじるし)。マーク。△路～/道路標識。③表示する。(しるし)を付ける。△货物～上价码/商品に値札を付けておく。④賞品。優勝杯。⑤入札する。

【标本】①表面と根本。②標本。

【标兵】①コースの目印として立つ兵士または人。②模範。

【标尺】ロッド。標尺。

【标灯】クレセット。ピーコン・ライト。

【标点】①句読点。②句読点を付ける。

【标记】標識。記号。ラベル。

【标价】値段を付ける。正札を付ける。

【标明】表記する。明示する。記す。

【标签】ラベル。レッテル。

【标枪】①(やり投げの)やり。ジャベリン。②やり投げ。③(古代兵器の一種)投げやり。

【标题】見出し。表題。タイトル。

【标语】スローガン。

【标志】①標識。記。②表わす。示す。

【标致】別品だ。美しい。奇麗だ。

【标准】①基準。②標準。レベル。水準。

彪 biāo ①小虎。②体付きがたくましい。

【彪形大汉】雲つくばかりの大男。体格の立派な大男。

膘 biāo (肉の)脂身。

表 biǎo ①表。表面。△徒有其

〜/見掛け倒しだ。②従兄。従妹。△〜叔/父の従兄。③表わす。表示する。△深〜謝意/深く感謝の意を表わす。④（漢方医の言い方）身体の表面部。⑤模範。手本。△为人师〜/人の師表となる。⑥（昔天子に奉った）文書。⑦表。△对数〜/対数表。⑧計器。メーター。△温度〜/温度計。⑨時計。ウオッチ。

【表白】釈明する。言い訳をする。

【表册】表のとじ込み。製本にした表。

【表层】表層。

【表尺】照尺。

【表达】表現する。表わす。表する。

【表带】腕時計のバンド。

【表格】（調査表などの）表。

【表决】表決する。採決する。

【表露】表われる。表わす。

【表蒙子】時計のガラス。

【表面】表面。上べ。表向き。

【表明】表明する。示す。

【表盘】時計の文字盤。ダイヤル。

【表亲】従兄（従妹）関係の親戚。

【表情】①表情を表わす。感情を表わす。②表情。

【表示】①表する。表示する。表わす。示す。②物語る。意味する。③表われ。

【表率】手本。模範。

【表态】態度を表明する。

【表现】①現わす。示す。②現われ。態度。

【表演】①演じる。出演する。②実演する。やって見せる。

【表扬】表彰する。

【表语】「是」を用いた文の中で、「是」以下の成分。

【表彰】（功績を）ほめ称える。表彰する。

bie

憋　biē　①（外に出ないように）押える。封じ込める。（怒りなどを）こらえる。我慢する。△〜不住/我慢できない。②気がふさぐ。気がむしゃくしゃする。息が詰まる。△〜得不透气/息が詰まる。

【憋闷】気がふさぐ。気がめいる。うっとうしい。

别　biē　①別れる。別離する。△久〜重逢/久し振りに再会する。②別の。他の。③区別する。分ける。区分する。△区〜/区別する。④差。△天壤之〜/雲でいの差。⑤（ピンで）止める。⑥さしはさむ。差し込む。⑦…するな。…してはいけない。△〜说笑话/冗談を言ってはいけない。

【别出心裁】新機軸を出す。

【别管】…を問わず。…かかわらず。…であろうと。

【别具一格】変った風格を備えている。

【别离】別れる。別離する。

【别名】別名。別称。

【别人】外の人。他人。

【别墅】別荘。

【别有用心】下心がある。下心を持つ。

【别针】安全ピン。ピン。

【别致】一風変っている。風変りだ。

蹩　biē　粗末で質が悪い。

【蹩脚】みっともない。粗末で質が悪い。粗悪だ。

瘪　biē　へこむ。くぼむ。すぼむ。△气球〜了/風船がすぼんだ。

别 biè
【别扭】①（性格が）ひねくれている。ねじけている。②やりにくい。思う通りに行かない。③気分が晴れ晴れしない。不愉快だ。いやになる。④仲が悪い。折り合いが悪い。⑤（話や文章の）後味が悪い。

bin

宾 bīn　客。お客さん。△～朋/お客さんと友人。
【宾词】賓辞。
【宾馆】迎賓館。
【宾客】賓客。
【宾语】目的語。客語。
彬 bīn
【彬彬有礼】みやびやかで礼儀正しい。
滨 bīn　①水辺（みずべ）。水ぎわ。ほとり。△湖～/湖のほとり。②（海などに）近い。臨む。沿う。△～江大道/川に沿った大通り。
缤 bīn
【缤纷】いろいろなものが入り乱れるさま。
濒 bīn　①（水辺）に近い。臨む。△东～大海/東は海に臨む。②近付く。差し迫る。ひんする。△～死/死にかかる。ひん死。
摈 bìn　捨てる。排除する。退ける。排斥する。
【摈斥】排斥する。
【摈除】排除する。
【摈弃】捨てる。退ける。
殡 bìn　棺を安置する。ひつぎを墓場へ送る。△～仪/葬儀。葬式。

【殡仪馆】葬儀場。

bing

冰 bīng　①氷。△结～/氷が張る。②ひやひやする。ひやりとする。③冷やす。△把汽水～上/サイダーを冷やしておく。
【冰雹】ひょう。
【冰场】スケート場。
【冰川】氷河。
【冰蛋】冷凍卵。
【冰棍】アイスキャンデー。
【冰河】氷河。
【冰窖】氷室。
【冰凉】非常に冷たい。
【冰激淋】アイスクリーム。
【冰球】①アイス・ホッケー。②アイス・ホッケー用のボール。
【冰山】①氷山。②当てにならない後だてのたとえ。
【冰上运动】氷上競技。
【冰糖】氷砂糖。
【冰箱】冷蔵庫。アイス・ボックス。
【冰鞋】スケートぐつ。
【冰镇】氷で冷やす。
【冰砖】アイス・ケーキ。
兵 bīng　①兵器。武器。②軍人。軍隊。③兵士。兵隊。兵卒。④軍事の。戦争の。
【兵变】軍隊の反乱。
【兵船】軍艦。
【兵法】用兵の法。戦術。
【兵工厂】造兵廠。
【兵舰】軍艦。
【兵力】兵力。
【兵马】兵馬。軍隊。
【兵团】兵団。
【兵蚁】兵隊蟻。
【兵役】兵役。
【兵营】兵営。

丙 bing ひのえ。丙（へい）。

秉 bing ①持つ。執る。握る。△～筆/筆を執る。②握る。主張する。

【秉承】意を受ける。従う。承（う）けたまわ（る。

【秉公】公平を主張する。公平にする。

柄 bing ①柄。取っ手。柄（つか）。△勺～/ひしゃくの柄。②（花や葉が枝や茎とつながっている部分）柄（え）。③（物笑いの）種（たね）。人の弱点。△笑～/笑い草。④握る。掌握する。△～权/政権を握る。⑤権力。

饼 bing ①メリケン粉をこねて丸く延ばして鍋で焼いた食べ物。②丸くて平ったい物。

【饼干】ビスケット。

屏 bing 息をころす。

【屏息】息をころす。

禀 bing ①上申する。申し上げる。報告する。△～告/申し上げる。②上申書。報告書。

【禀赋】天賦。生まれつき。

【禀性】天性。生まれつき。

幷 bing ①合併する。一緒にする。一つにまとめる。ひとまとめにする。②並ぶ。並べる。△肩～肩/肩を並べる。③共に。そろって。併存する。④（否定を強める言い方）別に。何も。それほど。そんなに。△～不冷/そんなに寒くはない。

【幷发】併発する。

【幷肩】肩を並べる。

【幷举】同時に実行する。同時にとりあげる。

【幷列】並列する。

【幷排】並列する。並ぶ。

【幷且】①かつ。そうして。それから。②その上。しかも。

【幷吞】併どんする。

【幷行不悖】並行してもとらず。同時に行なっても互いに矛盾しない。

【幷重】同じように重んずる。

病 bing ①病（やまい）。病気。△因～休息/病気で休む。②病気になる。病気に掛かる。③心配事。やましいこと。④欠点。誤り。⑤損害を与える。

【病变】病変。

【病虫害】病虫害。

【病床】病床。ベッド。

【病倒】病気で倒れる。

【病毒】病毒。ウィルス。

【病房】病室。病棟。

【病根】①持病。②病根。禍根。

【病故】病気で死ぬ。病死する。病没する。

【病号】病人。患者。

【病假】病気欠勤。病欠。

【病菌】病菌。病原菌。

【病况】病状。

【病理】病理。

【病历】病歴。カルテ。

【病例】病例。

【病人】病人。患者。

【病容】病人らしい様子。

【病势】病勢。

【病态】病的状態。変態。

【病痛】ちょっとした病気。

【病危】危篤に陥る。

【病象】病状。容体。

【病因】病因。

【病愈】病気が直る。全ゆする。

【病院】専科病院。

bo

波 bō ①波。△微～/さざなみ。ささなみ。②波。波動。ウェーブ。△电～/電子波。③風波。波らん。もめごと。

【波荡】波折つ。うねる。

【波动】揺れ動く。不安定だ。

【波段】波長帯。バンド。

【波及】波及する。影響する。

【波澜】波とう。波らん。

【波纹】波紋。ウェービネス。リップル。

【波折】う余曲折。

拨 bō ①（手足や棒状のもので横のほうに）押しやる。横に払う。（とげを）ほじく。（門を）こじ明ける。△～开门/門をこじ明ける。②分け与える。調達する。やる。△调～粮食/食糧を調達する。③（方向や意見を）変える。⑤（助数詞）隊組。グループ。△分成两～/二組に分かれる。

【拨付】（金を）支給する。払い渡す。支払う。

【拨号盘】ダイヤル。

【拨款】支出金。

【拨乱反正】混乱を治め、秩序を取り戻す。はつ乱反正。

【拨弄】①動かす。つつく。はじく。いじくる。②そそのかす。つつく。

玻 bō

【玻璃】①ガラス。②（ガラスのように透明なもの）セルロイド。プラスチック。ナイロン。△～牙刷/ナイロン歯ブラシ。

剥 bō

【剥夺】①はく奪する。収奪する。奪い取る。奪い取る。②（法律に基いて）はく奪する。

【剥离】はく離する。

【剥削】榨取する。

菠 bō

【菠菜】ほうれん草。

【菠萝】パインアッポル。パイナップル。

播 bō ①放送する。広める。伝える。伝わる。送る。△～映电视/テレビを放送する。②（種子を）まく。

【播弄】①もて遊ぶ。手玉に取る。翻ろうする。②挑発する。唆す。つつく。

【播送】（番組やニュースなどを）放送する。送る。

【播音】（放送局が番組を）放送する。

伯 bó ①伯父（おじ）。伯父さん。②兄弟の順序で最年長の者を指す。△～兄/長兄。③（父より年上の男子に対する呼び方）伯父さん。

【伯母】①伯母（おば）。②（父より年上の男子の妻に対する呼び方）伯母さん。

驳 bó ①反ばくする。論ばくする。△不值一～/反ばくする価値がない。②（色が）交じる。純一でない。まだらだ。△色彩斑～/色がまだらだ。③はしけで運ぶ。△起～/はしけで荷を運び出す。④はしけ船。

【驳斥】誤った言論や意見を反ばくする。

【驳船】はしけ船。バージ。ライター。

【驳倒】論破する。説き負かす。

【驳回】（願いや請求を）却下する。断わる。（意見などを）拒む。取

り上げない。

【驳壳枪】モーゼル拳銃。

【驳杂】雑ぱくだ。入り混じる。

泊 bó　接岸する。船を岸に付ける。てい泊する。△〜岸/船を岸につなぐ。接岸する。

【泊位】バース。

帛 bó　絹。絹織物。

勃 bó　盛んなさま。

【勃勃】盛んなさま。

【勃发】①はつらつとしている。生き生きとしている。②ぼっ発する。

【勃然】①さかんに興るさま。②顔色を変えて怒る。

【勃兴】ぼっ興する。盛んに興る。

脖 bó　首（くび）。

【脖颈】首筋。えり首。

博 bó　①（量が）多い。豊かだ。（知識が）広い。△地大物〜/土地が広く、物産が豊かだ。②大きい。広い。③博する。得る。△〜人之欢/人の機嫌を取る。④と博。博打。

【博爱】博愛。

【博得】博する。得る。

【博览】広く書物を見る。

【博取】博する。得る。

【博士】博士。

【博物】博物。

【博学】博学だ。

搏 bó　①格闘する。組み打ちする。襲い掛かる。つかみ掛かる。②はく動する。

【搏动】はく動する。

【搏斗】格闘する。組み打ちする。戦う。

箔 bó　①（葦やコウリャンの茎で作った）むしろ。すだれ。△苇〜/葦のすだれ。②まぶし。③

（金属の）箔（はく）。④（死者のめい福を祈るために焼く）金ぱくなどを付けた紙。△金〜/金ぱく。

薄 bó　①わずか。少ない。△〜利多销/薄利多売。②不親切だ。つれない。軽薄だ。△〜待/つれなくあしらう。③軽べつする。軽視する。冷遇する。④近付く。迫る。△日〜西山/太陽が西山にかたむく。

【薄利】薄利。

【薄暮】薄暮。夕暮れ。たそがれ。

【薄情】薄情だ。つれない。

【薄弱】薄弱だ。手薄だ。

跛 bó　びっこ。ちんば。びっこをひく。

【跛子】びっこ。ちんば。

簸 bó　（箕で穀物を）ひる。

【簸荡】（上下左右に）揺れる。

薄 bó

【薄荷】①薄荷（はっか）。めぐさ。②（薬の）薄荷。

簸 bò

【簸箕】①箕。ちりとり。②弓状またはてい状の指紋。

bu

卜 bǔ　①占（うらな）う。△〜卦/占いを立てる。②予測する。推し量る。△人心不〜/人の心は推し量れない。③（場所を）選ぶ。△〜居/ぼっ居する。居所を定める。

补 bǔ　①繕う。修繕する。△〜衣服/衣服を繕う。②補充する。補足する。補う。③（営養を）補給する。摂取する。④益する。役立つ。ためになる。

【补白】新聞雑誌のブランクを埋
　める短文。
【补偿】補償する。償う。
【补充】①補充する。補足する。
　②追加する。補足する。
【补丁】つぎ。
【补发】補い支払う。
【补救】取り返す。
【补考】追試験。
【补课】①補習する。補講する。
　②やり直す。
【补品】強壮剤。
【补习】補習する。
【补遗】補遺。
【补益】ためになる。
【补语】補語。
【补助】①補助を与える。②補助
　金。

捕 bǔ 捕る。捕える。つかまえ
　る。△～鲸/くじらを捕える。
【捕获】逮捕する。捕獲する。取り
　押える。
【捕捞】漁ろうする。漁獲する。漁
　（りょう）をする。
【捕食】（動物が）捕食する。捕え
　て食う。

哺 bǔ ①食べ物を口に入れて
　やる。物を食べさせる。②そ
　しゃく中の食物。口中に含んで
　いる食物。
【哺乳】ほ乳。
【哺育】ほ育する。飼う。育む。

不 bù ①否定を表わす。△～
　去/行かない。②（不＋名詞
　で）形容詞を構成する。△～法
　之徒/不法の徒。③否定的に答
　える。△“他不知道吧？”“～，
　他知道。”/「彼は知らないで
　しょう。」「いいえ、彼は知って
　います。」④文末に付けて疑問
　を表わす。△他近来身体好

～？/かれは最近元気ですか。
⑤（その動作が）不可能である
ことを表わす。△拿～动/持て
ない。⑥ "不" の前後に同じ名
詞を重ねて、「問題にしない」
や「かまわない」などの意を
表わす。△钱～钱的没关系/お
金なんかかまわない。⑦二者
択一を表わす。△～是看书，就
是看报/本か新聞かどちらかを
必ず読む。

【不安】①不安だ。落ち着かない。
　②不穏だ。
【不备】無防備だ。
【不比】…と違って。
【不必】…する必要がない。…す
　るに及ばない。△你～去/君は
　行くに及ばない。
【不便】①不便だ。便利でない。
　不自由だ。△交通～/交通が不
　便だ。②…するまでもない。都
　合が悪い。具合が悪い。△当着
　他～说明/彼の前でははっきり
　とはいいにくい。③手元が不如
　意だ。金に不自由する。
【不测】思いがけない。計り知れ
　ない。意外だ。
【不成】①いけない。だめだ。②
　出来ない。役に立たない。
【不出所料】予想通り。はたして。
　案の定。
【不辞辛苦】苦労をいとわない。
【不错】間違いない。なるほど。
【不大】①大きくない。②あまり
　…でない。さほど…でない。△
　～结实/さほど丈夫でない。
【不但】…ばかりでなく。…のみ
　ならず。
【不当】不当。不穏当。
【不倒翁】だるま。起上がり小法
　師。
【不道德】不道徳だ。

【不得】①…するわけにはいかない。…してはいけない。△那种事做～/そんなことしてはいけない。②…を得ない。…てはならない。…できない。

【不得不】…しなければならない。△～早回去/早く帰らねばならない。

【不得了】①大変だ。一大事だ。△～，着火啦/大変だ、火事だ。②はなはだ。非常に。

【不得已】止むを得ない。仕方がない。

【不等】一様でない。まちまちだ。

【不定】きまらない。分からない。

【不断】絶えず。絶間なく。次次と。

【不対】誤り。間違い。

【不法】不法だ。法に背く。

【不凡】非凡だ。月並でない。

【不妨】かまわない。…してもいい。差しつかえない。

【不服】①承認しない。服しない。②慣れない。△～水土/気候風土に慣れない。

【不符】合わない。一致しない。

【不甘】甘んじない。

【不敢当】恐れ入ります。どういたしまして。

【不公】不公平だ。片手落ちだ。

【不够】不足している。足りない。十分でない。

【不顾】①顧みない。度外視する。②夢中に。ものともしない。

【不管】…にかかわらず。…を問わず。かまわない。△～是谁都可以去/誰にもかかわらず行ける。

【不規則】不規則だ。

【不过】①一番。最も。非常に。この上なく。②…に過ぎない。③ただし。だが。しかし。△我一

定去，～要晩一点/行くことは行きますが、ただし、少し遅くなります。

【不含糊】偉い。立派だ。見事だ。

【不寒而栗】寒くないのにふるえる。恐ろしくて身の毛がよだつ。思わずぞっとする。

【不好意思】①恥ずかしい。決り悪い。むげに…できない。すげなく…できない。あつかましく…することができない。

【不合】①合わない。一致しない。合致しない。②…すべきではない。

【不和】仲が悪い。しっくりしない。

【不欢而散】気まずい思いで別れる。

【不会】①できない。②ありえない。…のはずがない。

【不及】①…に及ばない。しかず。②間に合わない。

【不計其数】数えきれないほど多い。無数だ。

【不简单】すごい。たいしたものだ。

【不见】①会わない。顔を見ない。②なくなる。紛失する。

【不见得】…とは思えない。…とはきまらない。…とはかぎらない。

【不解】わきまえない。

【不禁】思わず。…せずにいられない。△～鼓起掌来/思わず拍手し出す。

【不仅】…だけでなく。ばかりでなく。

【不久】ほどなく。間もなく。

【不拘】①拘らない。拘でいしない。②構わない。

【不堪】①堪えられない。②出来ない。堪えない。忍びない。

【不可】①いけない。…してはいけない。…てはならない。②できない。③…でなければいけない。是非とも…しなければならない。

【不快】①気持ちが悪い。不愉快だ。②（体の）具合が悪い。

【不愧】…名に恥じない。ふさわしい。さすが…だけはある。

【不理】放任する。相手にしない。△置之～/放任しておく。

【不力】努力が足りない。十分な努力を払っていない。力をつくさない。

【不利】不利だ。ためにならない。

【不良】不良。よくない。

【不料】思い掛けない。意外だ。はからずも。

【不灵】効き目がない。機能の働きがにぶい。

【不论】…であろうと。…を問わず。…ても。…う（よう）と。△～大小/大小を問わず。

【不满】不満だ。不満に思う。

【不免】…せざるを得ない。どうしても…になる。…ないわけにはいかない。

【不妙】（事情などが）怪しい。悪い。おもしろくない。

【不明】明白でない。

【不能】①できない。②いけない。△你～走/君は帰ってはいけない。③…というほどのことはない。

【不能不】…ないわけにはいかない。△～去/行かないわけにはいかない。

【不平】①不公平だ。②不平だ。不平を持つ。

【不平衡】不均衡。

【不巧】あいにく。

【不屈】屈服しない。

【不然】①（話や事情が）違う。別だ。②（否定を表わす）違う。そうでない。③…でないと。さもないと。さもなければ。

【不忍】耐えられない。忍びない。

【不容】許さない。…させない。

【不如】…に及ばない。…より…方がいい。…の方が増しだ。

【不时】時時。おりおり。度度。

【不适】（体の）調子が悪い。具合が悪い。

【不通】①意味が通じない。②事理に通じない。

【不同】同じくない。異る。それぞれの。

【不妥】穏当でない。適当でない。

【不惜】惜まない。いとわない。

【不下于】①…に劣らない。②…を下らない。

【不相干】関係がない。拘わりを持たない。無関係だ。

【不相容】相容れない。

【不相上下】優劣がない。差がない。似たりよったり。

【不像话】話にならない。ひどい。

【不屑】①…するに値しない。…するのをいさぎよしとしない。②軽べつする。さげすむ。

【不懈】たゆまない。

【不行】①いけない。許さない。だめだ。よくない。②だめだ。役に立たない。③（死にかかる状態）だめになる。④…てこまる。…てたまらない。はなはだしい。

【不省人事】人事不省。前後不覚。

【不幸】①ふしあわせだ。不幸だ。②遺憾ながら。不幸にも。③わざわい。不幸。

【不朽】不朽。不滅。

【不锈钢】ステンレス・スチール。ステンレス鋼。

【不许】许さない。いけない。

【不言而喩】言わずして明らかだ。言うまでもない。

【不厌】…をいとわない。

【不要】…してはいけない。…するな。△～麻痹大意/油断するな。

【不要紧】①差し支えない。構わない。大丈夫だ。大したことはない。②…するのはよいが。…おかげで。…はまだいいが。…まではよかったが。

【不宜】よくない。…すべきでない。いけない。

【不遗余力】全力を尽す。全力をあげる。

【不义之财】あぶく銭。不義の富。

【不意】思いがけない。はからずも。不意。

【不在】①死んでしまう。②ない。いない。

【不在乎】平気だ。問題にしない。気にかけない。気にとめない。意に介しない。

【不折不扣】掛け値なし。正真正銘だ。

【不知不覚】知らず知らず。いつの間にか。

【不知所措】どうしたらよいか分からない。手も足も出ない。

【不値】値打ちがない。値しない。

【不止】①止まらない。やめない。続ける。②…に止まらない。…を越している。

【不只】…ばかりでなく。

【不至于】…までには至らない。…するほどのことはない。それほどではない。

【不中用】役に立たない。

【不准】許さない。…してはいけない。

【不足】①不十分だ。足りない。満たない。②…するに足りない。③いけない。できない。

【不做声】声を出さない。黙って口をきかない。物を言わない。

布 bù ①ぬの。織り物。②宣言する。申し立てる。公布する。③分布する。④手配する。

【布店】布地屋。コットンショップ。

【布尔什维克】ボルシェヴィキ。

【布防】防備の兵力を配置する。

【布告】①布告する。②布告。

【布谷】郭公。布穀鳥。

【布景】①（舞台などの）背景。セット。②絵画の風景の配置。背景。

【布局】①（囲碁などの）布石。②（絵画などの）構成。組み立て。配置。分布。

【布雷】機雷敷設。（地雷、水雷を）仕掛ける。

【布匹】綿布類。綿布。

【布纹纸】布目紙。

【布置】①しつらえる。整える。飾る。②手配する。手はずをする。割り振る。

步 bù ①歩み。足取り。歩調。◇寸～难行/一歩も進めない。②段取り。歩。③境地。程度。④歩く。歩む。⑤踏む。従う。△～人后尘/人後に従う。

【步兵】歩兵。

【步步】一歩一歩と。漸次。

【步伐】歩調。足並み。足どり。テンポ。

【步枪】小銃。

【步哨】歩しょう。

【步行】歩行する。歩いていく。

【步骤】物事を進行する順序。段取り。

怖 bù 恐れる。こわがる。△恐～/恐ろしい。こわい。

部 bù ①部分。部。△北～/北部。北の部分。②部。部門。△编辑～/編集部。③（軍隊の指導機関またはその所在地）部。△司令～/司令部。④軍隊。兵。

【部队】部隊。軍部。

【部分】部分。

【部件】部品。

【部类】部類。

【部落】部落。

【部门】部門。

【部署】配置する。布石する。手配する。

【部位】部位。位置。

【部下】部下。配下。

【部长】大臣。△外交～/外務大臣。

埠 bù ①港。港町。②開港場。△开～/開港する。

簿 bù 帳面。帳薄。

【簿籍】帳簿。名簿。

【簿记】簿記。

【簿子】帳面。帳簿。

C

cɑ

擦 cā ①摩擦する。擦る。△～火柴/マッチをする。②ふく。ぬぐう。みがく。△～眼泪/涙をぬぐう。③付ける。塗る。△～粉/おしろいを付ける。④かすめる。すれすれになる。△～肩而过/すれ違う。

【擦边球】エッジ・ボール。

【擦试】ふく。ぬぐう。みがく。

【擦网球】ネット・イン。

【擦澡】ぬれ手ぬぐいで体を洗う。

cai

猜 cāi ①当てる。察する。解く。解ける。△～迷语/なぞを解く。なぞを解ける。②疑う。

【猜测】推測する。推量する。

【猜忌】疑いねたむ。

【猜迷】なぞを当てる。

【猜想】…だろうと思う。推測する。

【猜疑】さい疑する。邪推する。

才 cái ①才能。能力。△多～多艺/多才多芸。②…したばかりだ。いましがた。たったいま。△稿子～写完/原稿をたったいま書き上げたところだ。③やっと。今頃。今になって。△你怎么～来/君はどうして今頃来たのか。④やっと。はじめて。△我这～明白/これでやっと分かった。⑤わずか。たった。…にすぎない。△他～十岁/彼はわずか10歳だ。⑥とても。ばかに。すごく。△我～不去呢/ぼくは行ってなんかやるものか。

【才干】腕前。才能。

【才华】才気。

【才识】才識。才知と識見。

【才学】才学。才能と学問。

【才智】才知。才能と学問。

【才子】才子。才物。

材 cái ①木材。材木。②棺。棺
おけ。③人材。役に立つ人物。
【材料】①材料。原料。②（勉強
などに使う）資料。材料。③人
材。

財 cái 財（ざい）。金（かね）。
【財宝】財宝。
【財产】財産。
【財阀】財閥。
【財富】富（とみ）。財産。財。
【財礼】結納（ゆいのう）の金品。
【財力】財力。経済力。
【財貿】財政。金融。商業。貿易。
【財迷】金もうけに夢中な人。
【財务】財務。
【財物】財物。金銭と物資。
【財源】財源。
【財政】財政。
【財主】金持ち。資本家。

裁 cái ①切る。裁つ。裁ち切
る。裁断する。△〜衣服/着物
を裁つ。②取り除く。減らす。
解雇する。免職する。△〜員/
人員を減らす。
【裁撤】（機構を）廃止する。
【裁缝】裁縫職人。仕立て職人。
【裁减】縮減する。削減する。減
らす。
【裁决】裁決する。
【裁判】①裁判する。②審判する。
③アンパイア。レフェリー。審判
員。

采 cǎi ①摘む。摘み取る。△〜
茶/茶を摘む。②掘る。採掘す
る。掘り出す。△〜煤/石炭を掘
る。③採取する。採集する。△
〜标本/標本を採取する。④選
び取る。取り入れる。取る。
【采伐】伐採する。
【采访】取材する。探訪する。
【采购】（機関や団体のために）購

入する。買い付ける。購買する。
【采集】採集する。蒐集する。
【采掘】採掘する。
【采矿】採鉱する。マイニング。
【采纳】（意見要求などを）採用す
る。採択する。受け入れる。
【采取】（方針、手段などを）取
る。講ずる。用いる。使う。
【采用】採用する。

彩 cǎi ①色。色彩。②色絹。③
彩り。多彩だ。④宝くじ。富く
じ。△中〜/宝くじに当たる。
【彩绸】色絹（いろぎぬ）。
【彩带】彩色の帯。
【彩绘】上絵（うわえ）。色絵。
【彩礼】→【財礼】
【彩排】ゲネプロ。試演する。
【彩棚】飾り付けのある小屋がけ。
【彩票】宝くじ。富くじ。
【彩旗】彩色旗。
【彩色】彩色。彩り。カラー。

睬 cǎi 取り合う。相手にする。
構う。△别理〜他/彼を相手に
するな。

踩 cǎi 踏む。
【踩水】立ち泳ぎをする。

采 cǎi
【采邑】さい地。領地。

菜 cài ①野菜。そ菜。△种〜/
野菜を作る。②おかず。料理。△
中国〜好吃/中華料理はおいし
い。
【菜场】野菜売場。
【菜单】献立。メニュー。
【菜刀】ほう丁。
【菜地】野菜畑。
【菜豆】隠元豆（いんげんまめ）。
【菜花】①カリフラワー。花野菜。
花キャベツ。②油菜（あぶらな）
のはな。
【菜窖】野菜を入れる穴蔵（あな

ぐら）。

【菜农】野菜栽培の農民。

【菜色】（栄養失調で）青ざめた顔色。菜色。

【菜摊】野菜を売る露店。

【菜心】野菜の芯。

【菜肴】おかず。料理。

【菜油】菜種油。

【菜园】菜園。野菜畑。

【菜籽】①野菜の種。②菜種（なたね）。

can

参 cān　①入る。参加する。△〜战/参戦する。②調べる。参考する。△〜以他书/他の書物を参考する。

【参观】参観する。見学する。

【参加】①参加する。加わる。加入する。②（意見を）出す。

【参军】兵役に服する。入隊する。

【参看】参閲する。参考する。

【参考】参考にする。参照する。

【参谋】①参謀。②相談相手になる。知恵をかす。

【参与】あずかる。参与する。参画する。

餐 cān　①食事する。食べる。△饱〜一顿/腹一杯食べる。②食事。料理。△早〜/朝食。

【餐车】食堂車。ダイニング・カー。

【餐巾】ナプキン。

【餐具】食器。

【餐厅】食堂。ダイニング・ルーム。

残 cán　①不完全だ。欠けている。△〜本/残欠本。欠本。②残りの。余分の。△〜雪/残雪。③傷付ける。損う。△同类相〜/同

類のものが傷付けあう。

【残存】残存する。残る。

【残废】①片輪になる。不具になる。②片輪。不具者。身障者。

【残骸】残がい。

【残害】傷害を加える。殺害する。殺す。

【残货】傷物の商品。

【残酷】残酷だ。無残だ。むごたらしい。

【残品】傷物。不良品。

【残年】①晩年。余生。②年末。暮れ。

【残缺】欠けている。そろわない。不完全だ。

【残杀】残殺する。虐殺する。

【残余】残余。残り。残存物。

蚕 cán　蚕（かいこ）。△养〜/養蚕。蚕を飼う。

【蚕豆】蚕（空）豆（そらまめ）。野良豆（のらまめ）。

【蚕蛾】蚕の蛾（が）。

【蚕茧】繭。蚕繭。

【蚕食】蚕食する。

【蚕丝】生糸（きいと）。

【蚕子】蚕卵。

惭 cán　恥じる。恥ずかしく思う。

【惭愧】ざんきする。恥ずかしく思う。

惨 cǎn　①悲惨だ。無残だ。痛ましい。むごたらしい。△〜遭杀害/無残に殺害される。②ひどい。はなはだしい。惨めだ。

【惨案】虐殺事件。さん殺事件。

【惨白】①青白い。薄暗い。②（顔色が）青白い。青ざめる。

【惨败】惨めに負ける。

【惨淡】ものすごく薄暗い。

【惨祸】惨禍。

【惨境】悲惨な境遇。

【惨剧】惨劇。惨事。

【惨然】惨然。いたわしい。

【惨痛】痛ましい。苦しい。

【惨无人道】きわめて凶悪残忍だ。

【惨重】(損失が)極めて大きい。ひどい。

【惨状】惨状。

灿 càn

【灿烂】きらびやかに輝く。きらめく。

粲 càn　あざやかだ。きらびやかだ。

【粲然】①さんぜんとしている。②歯をむき出して笑うさま。

cang

仓 cāng　倉。倉庫。△粮～/穀物の倉庫。

【仓促】あわただしい。あたふたと。そそくさと。

【仓皇】倉皇。慌てふためく。慌てる。

【仓库】倉庫。

伧 cāng　粗野だ。

【伧俗】粗野で俗っぽい。

沧 cāng

【沧海】そう海。青海原(あおうなばら)。大海(おおうみ)。

苍 cāng　①青色。△～松/青い松。②灰白色

【苍白】①灰色。そう白だ。青白い。②生命力が弱い。活力がない。

【苍苍】①半白。灰白色。そうそうとしている。②おい茂る。

【苍翠】深緑。濃緑色。青青としている。

【苍老】①ふける。年寄りじみる。②枯れる。枯淡だ。

【苍茫】蒼茫としている。見渡すかぎり広広としている。

【苍天】そう天。青空

【苍蝇】はえ。

舱 cāng　(飛行機の)客室。(船舶の)船室。船倉。

【舱位】(汽船や飛行機の)座席。シート。船室のベッド。

藏 cáng　①隠れる。隠す。潜める。潜む。△～在心里/心の中に秘めておく。②貯蔵する。貯える。しまっておく。△贮～/貯蔵する。

【藏身】身を隠す。身を置く。

【藏书】蔵書。

cao

糙 cāo　粗末だ。粗い。ぞんざいだ。大まかだ。△粗～/あらい。

操 cāo　①執る。持つ。手にする。握る。扱う。操る。△～刀/刀を執る。②従事する。携わる。△重～旧业/再び元のかぎょうに従事する。③(楽器を)弾く。△～琴/琴を弾く。④(外国語または方言を)操る。使う。話す。⑤体操。教練。

【操场】運動場。

【操持】切り回す。切り盛りする。

【操劳】苦労する。辛労する。あくせくと働く。

【操练】訓練する。教練する。

【操切】焦る。せっかちだ。性急だ。

【操守】操守。節操。操(みさお)。

【操心】気を配る。心配をする。

【操行】操行。品行。

【操纵】①(機械を)操縦する。操作する。②支配する。操る。操縦する。

【操作】操作する。操業する。

嘈 cáo

【嘈杂】騒がしい。がやがやする。

槽 cáo　①飼い葉おけ。②おけ。△水〜/水おけ。水そう。③みぞ。くぼみ。

【槽坊】造酒場。

【槽牙】きゅう歯。奥歯（おくば）。

草 cǎo　①草（くさ）。まぐさ。②大ざっぱだ。ぞんざいだ。ざっと。粗雑だ。いい加減だ。③草稿。下書き。

【草案】草案。

【草本】草本。

【草草】ざっと。いい加減に。そそくさと。

【草创】草創する。創始する。

【草丛】草むら。

【草地】①芝生。草地。②草原。ステップ。

【草垛】わらにお。わらぐま。わらずか。

【草房】わらぶきの家。わら屋。

【草稿】草稿。下書き。

【草料】かいば。まぐさ。

【草绿】もえぎ色。

【草帽】むぎわら帽子。ストロー・ハット。

【草莓】いちご。ストロベリー。

【草拟】起草する。草案を立てる。

【草棚】わらぶき小屋。

【草坪】芝生。ローン。

【草率】（仕事が）いい加減だ。粗雑だ。ぞんざいだ。

【草图】見取り図。略図。下図。

【草席】ござ。むしろ。

【草鞋】わらじ。

【草药】漢方薬。

【草鱼】草魚（そうぎょ）。

【草原】草原。

【草约】仮条約。仮契約。

【草泽】①沢。②民間。在野。草

もう。

【草纸】わら紙。ちり紙。

【草子】草の種子。

ce

册 cè　①冊子。本。とじ本。△纪念〜/記念帳。②冊。巻。△上〜/上巻。

【册子】とじ本。冊子（さっし）。

厕 cè　便所。トイレット。お手洗い。

侧 cè　①側（かわ）。そば。かたわら。△道路两〜/道の両側。②斜めにする。そばめる。横になる。△〜卧/横になって寝る。おうがする。

【侧记】側面からの記述。側面観。

【侧门】サイド・ドア。

【侧面】側面。わき。

【侧目】横目で見る。

【侧身】体を横にする。

【侧翼】側翼。フランク。

【侧影】横顔。プロフィル。

【侧泳】横泳ぎ。サイド・ストローク。

【侧重】主として。…に重点をおく。重点的に。

测 cè　①はかる。測量する。②はかる。おしはかる。推測する。

【测定】測定する。

【测度】推測する。推しはかる。推量する。

【测绘】測量して製図する。マッピング。

【测量】測量する。

【测验】テストする。試験する。調べる。

策 cè　①はかりごと。計略。②むち。むちうつ。

【策动】策動する。

【策反】敵に働きかけて寝返りを打たせる。

【策划】画策する。策をめぐらす。

【策略】戦術。

【策应】策応する。

【策源地】策源地。発祥地。

cen

参 cēn

【参差】まちまちだ。参差（しんし）としている。ふぞろいだ。

ceng

层 céng ①（助数詞）階。重。層。△三～楼/三階建て。②物体の表面から取り除くことのできるもの。△池水结了一～薄冰/池に氷がうすく張っている。

【层层】十重（とえ）はた重に。幾重（いくえ）にも。△～包围/十重はた重に囲む。

【层出不穷】次次に現われて切りがない。ひっきりなしに現われる。

【层次】①文脈。筋道。②機構の段階。

蹭 cèng ①こする。擦る。△～破了手/手を擦りむいた。②擦り付ける。△～了一身油/全身が油で汚れている。③足を引きずる。ぐずぐずする。△一点一点往前～/一歩一歩と足を引きずっていく。

cha

叉 chā ①さ状の物。フォーク状の物。△鱼～/やす。②つく。刺す。△～鱼/魚をつく。③ペ

ケ（"×"）。ばつ。△打个～/ばつ印をつける。

【叉腰】手を腰にあてる。

【叉子】フォーク。さすまた。

差 chā 差。違い。隔り。△时～/時差。

【差别】差別。差異。

【差错】①過ち。間違い。②思わぬ災難。意外な出来事。

【差额】差額。

【差价】価格差。

【差距】隔り。開き。

【差异】差異。違い。相異。

插 chā ①挿す。挿し込む。つっ込む。△～上门/かんぬきを挿す。②挿しはさむ。加入する。△～嘴/口をはさむ。

【插班】編入する。

【插话】①口をはさむ。②そう話。エピソード。

【插曲】①間奏曲。インタールード。②（映画や劇の中の主題歌以外の）間奏曲。③エピソード。

【插入】挿し込む。突入する。

【插身】①割り込む。押し分けて入る。②かかり合う。関係する。

【插手】手をつける。介入する。

【插头】プラグ。

【插图】さし絵。

【插销】①止め金②プラグ。

【插秧】田植をする。

【插页】インセット。

【插足】手を出す。介入する。立ち入る。

【插座】ソケット。コンセント。ジャック。

茬 chá ①刈り株。△麦～/麦の刈り株。②（助数詞）作付け回数。取り入れ回数。△一年种两～/一年に二毛作できる。

茶 chá　お茶。△沏～/お茶を入れる。

【茶杯】ティーカップ。

【茶匙】茶さじ。ティー・スプーン。

【茶炊】大型の湯沸かし。

【茶点】さ菓。ちゃか。

【茶缸】大きい湯飲みコップ。

【茶館】喫茶店。

【茶壺】急須（きゅうす）。ティー・ポット。

【茶花】①椿（つばき）。②茶の花。

【茶会】茶話会。

【茶几】茶卓。

【茶具】茶器。茶道具。ティー・セット。

【茶盘】茶盆。

【茶钱】茶代。

【茶水】お茶。お湯。

【茶托】茶たく。ソーサー。

【茶叶】茶。茶の葉。

【茶油】茶油。

【茶砖】だん茶。固形茶。

【茶座】①茶屋。喫茶店。②（茶店などの）座席。

查 chá　①検査する。調べる。△～血/血液検査をする。②調べる。調査する。△～原因/原因を調べる。③引く。調べる。△～辞典/辞典を引く。

【查办】罪状を取り調べて処罰する。

【查点】点検する。数を調べる。△～人数/人数を点検する。

【查对】照合する。照らし合わせる。

【查封】差し押える。

【查禁】取り締まる。

【查究】追究する。糾問する。

【查看】調査する。調べる。

【查考】考究する。考証する。

【查明】調べて明らかにする。調査判明する。

【查哨】歩しょうを巡察する。

【查问】査問する。

【查询】①問い合せる。②査問する。

【查阅】調べてみる。

【查账】会計検査をする。

【查证】①調査し…を証明する。②調査し…をただす。

搽 chá　塗る。つける。擦りつける。△～药/薬を擦りつける。

察 chá　つぶさに見る。調べて見る。

【察觉】気付く。感付く。

【察看】観察する。見る。

碴 chá

【碴儿】①欠けら。②切れ口。かけ口。③あら。手落ち。△找～打架/あらを捜してけんかを売る。④話の接ぎ穂。

叉 chǎ　またを開く。足を踏ん張る。△～着腿站着/またを広げて立っている。

杈 chà　木のまた。△树～/木のまた。

岔 chà　①分岐する。分れる。△三～路口/三叉路（さんきろ）。②それる。そらす。△把话～开/話をそらす。

【岔开】そらす。

【岔路】別れ道。わき道。

【岔子】①別れ道。②手違い。手落ち。事故。

诧 chà

【诧异】不思議がる。いぶかしい。

刹 chà　寺。仏寺。

【刹那】せつな。瞬間。またたく間。

差 chà　①違う。同じでない。△

一点不～/少しも違わない。②
間違う。間違える。△说～了/言
い間違った。③足りない。欠け
る。△还一二个人/あと二人足
りない。④劣る。悪い。△学习
成绩～/学校のできが悪い。

【差不多】①ほぼ同じだ。大差が
　ない。②たいていの人。
【差点儿】①少し劣る。ちょっと
　違う。②危うく。もう少しで。
　△～没赶上火车/もう少しで汽
　車に間に合わないところだっ
　た。
【差劲】まずい。程度が低い。

chai

拆　chāi　①ほどく。開封する。
　△～信/手紙を開封する。②取
　り外す。分解する。△～桥/橋
　を取り壊す。
【拆除】取り壊す。取り払う。
【拆穿】暴く。すっぱ抜く。暴露
　する。
【拆毁】取り壊す。
【拆伙】解散する。
【拆开】解体する。分解する。
【拆散】ばらにする。
【拆台】足もとを掘り崩す。失脚さ
　せる。
【拆洗】ほどいて洗って仕立て直
　す。
【拆卸】分解する。取り外す。

差　chāi　①派遣する。差し遣わ
　す。△～人去/人をやる。②小役
　人。△当～/小役人を勤める。③
　公務。△出～/出張する。
【差遣】差し遣わす。差遣する。
【差事】公務。役目。

柴　chái　薪（たきぎ）。しば。△
　干～/まき。

【柴火】しば。薪。
【柴油】ディーゼル・オイル。

豺　chái　山犬（やまいぬ）。

chan

搀　chān　①手を貸す。体を支え
　てやる。△～着老人走路/老人
　に手を貸して歩かせる。②混ぜ
　る。割る。△往沙子里～石灰/砂
　に石灰を混ぜる。
【搀扶】支える。助ける。
【搀和】①混ぜる。混ぜ合わす。
　②かかり合いになる。
【搀假】にせ物を混ぜる。混ざり
　ものをする。
【搀杂】混ぜる。入りまじる。

谗　chán
【谗害】ざん言で他人を落とし入
　れる。
【谗言】ざん言。中傷。

馋　chán　食いしんぼう。口卑し
　い。△～嘴/口卑しい。
【馋涎欲滴】よだれを垂らす。よ
　だれが出そうになる。

缠　chán　①巻く。巻きつける。
　△用绷带～伤口/包帯で傷口を
　巻く。②絡む。せがむ。付きま
　とう。△孩子～着妈妈要点心/
　子供は母さんに付きまとって
　お菓子をねだる。
【缠绵】①まつわりつく。絡み
　付く。②歌声などが美しい。
【缠绕】ものにまつわる。

蝉　chán　せみ。
【蝉联】続ける。連続する。引き
　続く。
【蝉翼】せみの羽。

潺　chán
【潺潺】さらさらと流れる音。

产 chǎn ①生む。出産する。△头～/初産（ういざん）。②作り出す。生産する。△增～工业品/工業品を増産する。③産する。産出する。△菠萝～于南方/パイナップルは南方で産する。④物産。産物。△土～/土産品。⑤財産。資産。△家～/家産。

【产地】産地。産出地。

【产儿】産児。

【产房】産室。産屋（うぶや）。

【产妇】産婦。

【产假】産休。出産休暇。

【产科】産科。

【产量】出産高。産量。

【产品】製品。

【产权】財産権。

【产生】生み出す。生ずる。

【产物】所産。産物。

【产业】①財産。資財。②産業。

【产值】生産額。

谄 chǎn へつらう。おもねる。

【谄媚】こびへつらう。おべっかを使う。

【谄笑】へつらい笑う。お世辞笑いをする。

铲 chǎn ①スコップ。シャベル。△锅～/フライがえし。②シャベルですくう。△～煤/シャベルで石炭をすくいとる。

【铲除】取り除く。除き取る。

阐 chǎn 説き明かす。明らかにする。

【阐发】明らかにする。

【阐明】解明する。せん明する。

【阐释】詳しく解釈する。

【阐述】解明する。論じる。

忏 chàn

【忏悔】ざんげする。

颤 chàn 震える。△声音发～/声が震える。

【颤动】振動する。震える。揺れ動く。

【颤抖】おののく。震える。

【颤巍巍】よろよろと。ふらふらと。

【颤音】①トリル。せん音。②せん動音。

【颤悠】ゆらゆらとゆれるさま。揺めくさま。

chang

昌 chāng 盛んだ。

【昌明】興隆発達する。

【昌盛】隆盛だ。栄える。

猖 chāng

【猖獗】激しく暴れる。しょうけつする。

【猖狂】狂気染みる。気違い染みる。

娼 chāng しょうぎ。

【娼妇】しょう婦。

【娼妓】しょうぎ。

长 cháng ①長い。△～街/長い通り。②長さ。△～六米/長さ6メートル。③長所。◇取～补短/長を取り短を補う。④長ずる。得意だ。△～于绘画/絵画に長ずる。

【长波】長波。

【长处】長所。取り柄。

【长笛】フルート。

【长度】長さ。

【长方形】長方形。

【长工】作男（さくおとこ）。常雇い。

【长颈鹿】ジラフ。きりん。

【长久】①長い間。②長く続く。

【长空】大空。

【长裤】長ズボン。

【长眠】永眠する。

【长年】年中（ねんじゅう）。年がら年中。

【长袍】長い中国服。

【长跑】長距離競走。

【长篇小说】長編小説。

【长期】長期。

【长枪】①やり。②小銃。

【长驱】長い距離を早く走る。長駆する。

【长寿】長寿。長生き。

【长叹】大きいため息（をつく）。

【长统袜】長靴下。ストッキング。

【长途】長途。長距離。△～电话/長距離電話。

【长远】長期の。長い先の。△～利益/長期の利益。

【长征】長征する。遠征する。

场 cháng　①脱穀場。平らな空地。△打～/脱穀場で脱穀する。②（助数詞）場。回。度。△一～雨/一雨（ひとあめ）。

【场院】脱穀場。

肠 cháng　腸。はらわた。

【肠胃】腸と胃。胃腸。

【肠炎】腸炎。腸カタル。

【肠衣】ケーシング。

尝 cháng　なめる。味わう。△～咸淡/塩加減を見る。

【尝试】①試み。②試みる。ためしてみる。

【尝新】初物（はつもの）を食べる。

常 cháng　①常。△人情之～/人情の常。②常に。いつも。△～绿树/常緑樹。③しばしば。時時。よく。△～来往/よく往来する。

【常备不懈】常に備えを怠らない。

【常备军】常備軍。

【常常】時時。しばしば。

【常规】慣例。常例。通常。△～武器/通常兵器。

【常会】例会。通常会。

【常见】さらにある。よく見かける。

【常例】常例。慣例。

【常情】常情。

【常人】普通の人。

【常任】常任。

【常设】常設する。

【常识】常識。

【常数】常数。コンスタント。

【常态】常態。

【常委】常務委員の略称。

【常务】常務。

【常用】常用する。△～词语/常用語。

【常驻】常駐する。△～大使/常駐大使。△～记者/常駐記者。

偿 cháng　①償う。△～命/命を償う。②かなう。果たす。◇如愿以～/願いがかなう。

【偿付】支払う。

【偿还】償還する。返済する。

【偿清】全部返済する。

厂 chǎng　工場。△钢铁～/製鋼所。

【厂房】工場の建物。

【厂矿】工場と鉱山。

【厂商】メーカー。

【厂长】工場長。

【厂址】工場所在地。

【厂主】工場主。工場経営者。

场 chǎng　①場所。△战～/戦場。②舞台。△上～/登場する。③（助数詞）場。シーン。回。△三幕七～/三幕七場。△演出两～/二回公演する。

【场地】用地。空地。グラウンド。△施工～/工事用地。

【场合】場合。

【场面】①場面。シーン。②体裁。みえ。③光景。

【场所】場所。

敞 chǎng ①広い。△宽〜/広い。②あけ放しにする。あけ広げる。△〜着门/ドアをあけ放しにしている。

【敞车】①オープン・カー。②無がい貨車。

【敞开】開け放す。広げる。

【敞亮】広くて明るい。

怅 chàng 思うようにならない。

【怅然】ちょう然とする。

【怅惘】ぼう然とする。ぼうっとする。

畅 chàng ①滞りない。順調だ。△〜通/滞りなく通じる。②気持よい。痛快だ。△〜饮/痛飲する。

【畅快】のびやかだ。晴れ晴れする。痛快だ。

【畅所欲言】言いたいことを存分に言う。

【畅谈】心おきなく語り合う。十分に話す。

【畅销】売れ行きが良い。△〜书/ベストセラー。

【畅叙】思う存分に語り合う。

【畅游】①思う存分に遊覧する。②思う存分に泳ぐ。

倡 chàng 唱える。

【倡议】①提議する。提議する。提案する。②提案。提唱。△提出〜/提案を出す。

唱 chàng ①歌う。△〜歌/歌を歌う。②鳴く。叫ぶ。高い声で呼ぶ。△〜票/票を読み上げる。

【唱词】歌詞。

【唱段】京劇などの歌のくだり。

【唱对台戏】向こうを張る。

【唱反调】異議を唱える。

【唱高调】大口をたたく。うそぶく。大言する。

【唱机】レコード・プレーヤ。

【唱片】レコード。

【唱头】ピックアップ。

【唱戏】演劇する。

【唱针】レコードの針。

chao

抄 chāo ①写す。書き写す。△〜稿子/原稿を写す。②さっとつかむ。素早くつかみ取る。△〜起活就干/すぐさま仕事に取りかかる。③捜査し没収する。△〜家/家宅を捜査する。④近回りをする。△〜近道走/近回りをする。

【抄本】写本。抄本。

【抄件】コピー。複本。

【抄袭】①剽窃する。②踏襲する。

【抄写】写し取る。写す。

吵 chāo

【吵吵】わめく。騒ぐ。

钞 chāo 紙幣。札。△现〜/現金。

【钞票】紙幣。札。

绰 chāo つかみ取る。△〜起棍子/棍棒をつかみ取る。

超 chāo ①超過する。越える。△〜车/前の車を追い越す。②ぬきんでる。ずば抜ける。③超越する。△〜现实/現実を超越する。

【超产】ノルマを超過する。

【超等】特級。飛び切り優れている。

【超短波】超短波。

【超短裙】ミニスカート。

【超额】ノルマを上回る。定額を超

過する。

【超过】①追い越す。追い抜く。②上回る。越える。

【超级】最上等の。特級の。スーパー。△～大国/超大国。△～市场/スーパー・マーケット。

【超群】群を拔く。拔群。

【超然】超然としている。

【超人】①ずば拔ける。②超人。スーパーマン。

【超声波】超音波。

【超脱】①俗離れする。②超脱する。

【超音速】超音速。

【超越】踏み越える。超越する。

【超支】支出オーバー。

【超重】オーバーウェート。積み過ぎ。

巢 cháo　巢。△鸟～/鳥の巢。

【巢穴】巢。巢くつ。

朝 cháo　①朝廷。△上～/参朝。②王朝。△明～/明朝。③向く。向かう。面する。△～西的屋子/西向きの部屋。

【朝拜】朝拜する。参詣（さんけい）する。

【朝臣】朝廷の官吏。

【朝贡】朝貢（ちょうこう）する。

【朝见】朝見する。

【朝廷】朝廷。

潮 cháo　①潮（しお）。潮せき。△涨～/上げ潮。②湿る。△花生～了/ピーナッツが湿った。③すう勢。△思～/思潮。

【潮呼呼】湿っぽい。

【潮流】①潮流。②時代のすう勢。

【潮气】湿り気。湿気（しっけ）。

【潮湿】湿っぽい。じめじめする。

【潮水】潮。潮水。タイド・ウォーター。

【潮汐】潮せき。潮。

嘲 cháo　あざける。ちょう笑する。

【嘲讽】あざける。からかう。

【嘲弄】からかう。ちょうろうする。愚弄する。

【嘲笑】ちょう笑する。

吵 chǎo　①騒ぐ。騒がしい。やかましい。△别～/騒ぐな。②言い争う。口げんかをする。

【吵架】言い争う。口げんかをする。

【吵闹】①やかましく言い争う。②騒ぐ。

【吵嚷】騒ぎ立てる。わめき立てる。

【吵嘴】口げんかをする。

炒 chǎo　いためる。いる。△～白菜/白菜をいためる。

【炒菜】①いため物。いためた料理。②いため料理を作る。

【炒冷饭】二番煎じ。

【炒米】いり米。

【炒面】①いためうどん。焼きそば。②はったい粉。香運。

【炒勺】フライ・パン。中華なべ。

che

车 chē　①車。△坦克～/戦車。②機械。△开～/機械を始動する。③切削する。△～光/切削してつやを出す。④水車で水を汲み上げる。△～水/水車で水を汲み上げる。

【车把】かじ棒。ハンドル。

【车床】旋盤。レース。

【车次】汽車の番号。バスなどの順番。

【车刀】バイト。

【车费】車賃。

【车工】①旋盤作業。②旋盤工。

【车祸】交通事故。

【车技】自転車の曲乗り。

【车架】車体骨。フレーム。

【车间】職場。ショップ。

【车库】車庫。

【车辆】車輛。

【车轮】車輪。

【车马费】車馬賃。交通費。

【车皮】貨車の空車。

【车票】きっぷ。乗車券。

【车胎】タイヤ。

【车厢】(汽車などの)箱。車の胴。

【车闸】ブレーキ。

【车站】駅。停留所。ステーション。

【车照】①転免許　②通行の鑑札。

【车辙】わだち。てつ。

【车轴】車軸。心棒。アクスル。

扯 chě ①ひっぱる。△～袖子/
そでをひっぱる。②引き裂く。
引きはがす。△～下假面具/仮
面を引きはがす。③布を買う。
△～布/布を買う。④閑談する。
△～家常/世間話をする。

【扯后腿】手足まといになる。あと
足をひっぱる。

【扯谎】うそをつく。

【扯皮】いいかげんな言い争い。

彻 chè　突き通る。貫き通す。

【彻底】徹底する。徹底的だ。

【彻骨】身に染みる。骨身にこたえ
る。

【彻头彻尾】徹頭徹尾。

【彻夜】徹夜。一晩中。

澈 chè　清い。澄んでいる。

撤 chè　①取り除く。免じる。△
～职/免職する。②退く。後退す
る。△～下去/引きあげる。△从前线往下
～/前線から引きあげる。

【撤兵】撤兵する。

【撤除】取り除く。取り消す。

【撤换】入れかえる。更迭する。

【撤回】①引きあげる。召還する。
②撤回する。

【撤离】引きあげる。

【撤退】撤退する。撤収する。

【撤销】取り消す。△～处分/処分
を取り消す。

chen

抻 chēn　引き伸ばす。ひっぱ
る。△～长/長く引き伸ばす。

【抻面】手伸ばしうどん。

嗔 chēn

【嗔怪】とがめる。不満をもつ。

【嗔怒】怒る。

尘 chén　ちり。ほこり。

【尘垢】ほこりとあか。

【尘世】俗世間。

【尘土】ほこり。ちり。

臣 chén　①臣民。②臣。臣下。

沉 chén　①沈む。沈める。△～
船/船を沈める。②落ち着かせ
る。△～下心来/気を静める。③
はなはだしい。深い。△睡得很
～/ぐっすり眠っている。④重
い。△这箱子很～/この箱はと
ても重い。

【沉淀】沈でんする。

【沉积】①沈積。②沈積する。た
い積する。

【沉寂】静寂だ。ひっそりしてい
る。

【沉浸】浸る。

【沉静】①静まり返る。②もの静
かだ。平静だ。

【沉沦】落ちぶれる。沈りんする。

【沉闷】①重苦しい。うっとうし
い。②沈うつだ。重苦しい。

【沉迷】ふける。△～在幻想里/幻
想にふける。

【沉湎】沈めんする。おぼれる。

たんできする。△～于酒/酒に
沈めんする。

【沉没】沈没する。

【沉默】①無口だ。②沈黙する。
黙る。

【沉睡】熟睡する。

【沉思】沈思する。考え込む。

【沉痛】①痛切だ。②深刻だ。重
大だ。

【沉吟】沈吟する。首をかしげる。

【沉冤】長年のえん罪。

【沉渣】沈でんしたかす。

【沉重】重い。

【沉住气】気を落ち着かせる。

【沉着】①沈着だ。②沈着。△色素
～/色素沈着。

【沉醉】沈酔する。酔いしれる。

陈 chén ①並べる。陳列する。
②陳述する。述べる。△详～/詳
しく述べる。③古い。△这酒是
～的/この酒は古いのだ。

【陈兵】軍隊を配置する。

【陈词滥调】古臭いでたらめな論
調。

【陈腐】陳腐だ。古臭い。

【陈规】古い仕来たり。

【陈货】たなざらし。

【陈酒】古酒。老酒。ひね酒。

【陈旧】古い。古臭い。

【陈列】陳列する。△～品/陳列
品。

【陈设】①飾り付ける。陳列する。
②飾りつけ。

【陈述】陳述する。陳じる。△～
句/平叙文。

【陈诉】陳述する。訴える。

晨 chén

【晨光】しょ光。

【晨曦】しょ光。朝日の光。

【晨星】しん星。暁の星。

衬 chèn ①下に当てる。下に着

る。裏打ちする。△～上一张纸
/紙を一枚裏打ちする。②裏あ
ての布など。△～领/えりあて。
③引き立てる。△白雪～着红梅
/白雪が紅梅を引き立てる。

【衬布】あて布。

【衬裤】ズボン下。

【衬裙】シュミーズ。

【衬衫】シャツ。

【衬托】引き立てる。きわ立たせ
る。

【衬衣】下着。はだ着。シャツ。

称 chèn かなう。つり合う。ぴ
ったり合う。△相～/つり合う。

【称身】体に合う。

【称心】心にかなう。△～如意/心
にかなう。意に満ちる。

【称意】意にかなう。気にあう。

【称职】適任だ。

趁 chèn ①…のうちに。…に乗
じて。…を利用して。△～势/勢
いに乗る。△～热/熱いうちに。
②たくさん持つ。△～钱/金を
たくさん持っている。

【趁便】ついでに。…の機会を利
用して。

【趁火打劫】火事場どろ棒を働く。

【趁机】機に乗じる。

【趁空】暇な時に。

【趁热打铁】鉄は熱いうちに打た
ねばならぬ。

【趁早】①早いうちに。早めに。②
はじめから。

cheng

称 chēng ①称する。△自～/自
称する。②名称。△俗～/俗称。
③言う。△据～/言うところに
よれば。④計る。△用秤～/秤で
計る。

【称霸】覇（は）を唱える。

【称病】仮病を使う。

【称得起】…と称するに足る。

【称号】称号。

【称呼】①呼ぶ。②呼び名。

【称颂】ほめたたえる。

【称谓】称呼。

【称羡】ほめ慕う。

【称谢】礼を言う。謝意を述べる。

【称雄】雄を唱える。

【称赞】称賛する。ほめる。

撑 chēng ①支える。△用棍子～住/棒で支えておく。②さおをさす。△～船/さおをさして舟を進める。③こたえる。保持する。△～场面/体面を保持する。④広げる。△～伞/かさをさす。⑤はち切れる。△吃多～着了/お中がはち切れるほどに食べすぎた。

【撑持】持ちこたえる。支える。

【撑竿跳高】棒高飛び。

【撑腰】あと押しする。てこ入れする。

成 chéng ①成功する。成しとげる。△～事/事を成しとげる。②助成する。助けて全うさせる。③…になる。…となる。△不～问题/問題にならない。④成長する。△～人/成人。⑤数量がある単位に達したことを表わす。◇～千上万/千万にのぼる。⑥承諾する。△～，就这么办/よし、そうしよう。

【成本】コスト。原価。△～核算/原価計算。

【成材】物になる。有用な人間になる。

【成分】①成分。要素。②出身。出身階級。

【成功】成功する。

【成规】従来の仕来たり。

【成果】成果。

【成婚】結婚する。

【成活】成育。育成。

【成绩】成績。

【成家】①結婚する。家を持つ。②学術などで一家を成す。

【成见】先入観。

【成交】成約する。

【成就】①成果。成績。②成就（じょうじゅ）する。完成する。

【成立】①成立する。創立する。②成り立つ。

【成名】名を成す。

【成年】①成年。②年中。

【成批】大量の。多数の。

【成品】完成品。既製品。

【成亲】結婚する。

【成全】助力して全うさせる。助けて成功させる。

【成群】群れを成す。

【成熟】成熟する。熟す。

【成套】完全な一そろい。ワンセット。

【成天】一日中。終日。

【成为】…になる。…となる。

【成文】①既成の文章。②文章で表わされたもの。△～法/成文法。

【成效】効果。効き目。

【成心】わざと。故意に。

【成形】成形。成型。ホーミング。

【成药】調剤ずみの薬。調合した薬。

【成衣】出来合いの服。レディーメード。

【成因】成因。

【成语】成語。熟語。

【成员】成員。メンバー。△～国/加盟国。

【成长】成長する。生長する。

呈 chéng ①呈する。露呈する。△面～喜悦之色/顔に喜びの色

を現わしている。②差し上げる。呈する。△謹〜/謹呈する。

【呈报】上申する。上司に報告する。

【呈递】ほう呈する。

【呈文】上申書。

【呈现】現われる。現わす。呈する。

诚 chéng ①真心（まごころ）。②誠に。実に。

【诚恳】懇切だ。真心を込める。

【诚然】①確かに。なるほど。②無論…であるけれど。

【诚实】誠実だ。

【诚心】真心。

【诚意】誠意。真心。

【诚挚】誠意に満ちる。

承 chéng ①支える。△用钢梁〜住/はがねのはりで支える。②引き受ける。奉ずる。△〜命/命令を受ける。③…に預かる。被る。△〜您夸奖/おほめにあずかりまして。④受け継ぐ。△〜前文/前文を受け継ぐ。

【承办】引き受ける。

【承包】請負う。△〜商/請負い業者。

【承担】引き受ける。になう。負う。△〜责任/責任を取る。

【承继】①跡取り息子になる。跡継ぎになる。②跡継ぎにする。養子にする。

【承蒙】…に預かる。…していただく。

【承认】認める。承認する。

【承受】①耐える。②受け継ぐ。継承する。

城 chéng ①城（しろ）。城（じょう）。△〜外/城外。②城。△东〜/東城。③都市。△〜乡/都市と農村。

【城堡】城。

【城池】城。都市。

【城防】都市の防衛。

【城关】城門外に近い区域。

【城壕】城のほり。

【城里】城内。

【城楼】城楼。城門の物見やぐら。

【城门】城門。

【城墙】城壁。

【城区】市内とその市に近い区域。

【城市】都市。△〜居民/都市の住民。

乘 chéng ①乗る。△〜车/車に乗る。②…に付け込んで。…に乗じて。△〜敌不备/敵の不備に乗じて。③掛ける。△〜法/掛算（かけざん）。

【乘便】ついでに。

【乘机】機に乗じる。

【乘客】乗客。

【乘凉】納涼する。涼む。

【乘人之危】他人の危機に付け込む。

【乘胜】勝利に乗じる。

【乘务员】乗務員。

【乘隙】すきに乗じる。すきを見る。

【乘兴】興に乗る。

盛 chéng ①盛る。よそう。△〜饭/ご飯を盛る。②納める。入れる。収容する。△这口袋能〜十斤/この袋は十斤はいれる。

程 chéng ①道のり。△起〜/出発する。②順序。手順。△议〜/会議の順序。③規則。規定。△章〜/規則。

【程度】程度。

【程式】書式。規格。△〜化/規格化。

【程序】段取り。プロセス。プログラム。

惩 chéng 処罰する。懲らしめ

る。△严～/厳罰に処する。

【惩罚】懲罰する。

【惩戒】懲戒する。

【惩前毖后】前の誤りを後の戒めとする。

【惩治】懲罰する。

澄 chéng ①澄む。②はっきりさせる。整とんする。

【澄清】①澄み切る。②はっきりさせる。明らかにする。

逞 chěng ①見せびらかす。ひけらかす。△～威风/威勢を張る。②放任する。△～性子/气ままにふるまう。③たくらみが思いのままになる。△得～/たくらみが思うままになる。

【逞能】強がる。強がりをする。

【逞强】強がる。空威張りをする。

秤 chèng はかり。

【秤锤】分銅。

【秤杆】はかりざお。

【秤盘子】はかりざら。

chi

吃 chī ①食べる。食う。飲む。△～药/薬を飲む。②食事をする。△～食堂/食堂で食事をする。③…で暮しを立てる。△～利息/利息で暮らす。④受ける。喫する。被る。△～败仗/敗戦を喫する。

【吃不开】とおらない。幅がきかない。

【吃不下】満腹で食べられない。

【吃醋】焼もちをする。しっとする。

【吃饭】①ご飯を食べる。食事を取る。②暮しを立てる。

【吃紧】緊張する。ひっ迫する。緊迫する。

【吃惊】びっくりする。驚く。

【吃苦】苦労する。苦しい目に合う。

【吃亏】損をする。ばかを見る。

【吃老本】古い手柄のうえにあぐらをかく。

【吃力】骨が折れる。苦労する。

【吃零嘴】間食をする。

【吃奶】お乳をすする。

【吃素】精進料理を食べる。

【吃香】歓迎される。受ける。もてる。

【吃斋】①精進料理を食べる。②おときを食べる。

【吃一堑，长一智】失敗するごとに知恵がつく。

【吃重】①重い。骨が折れる。②積載量。

痴 chī ①間抜け。ばか。愚かだ。△白～/間抜け。②むやみに好む。無我夢中になる。△～情/痴情。

【痴呆】間が抜けている。ばか。のろま。

【痴想】もう想。

嗤 chī あざわらう。△～笑/あざわらう。

池 chí 池。△游泳～/プール。

驰 chí はせる。速く走る。△～骋/駆け巡る。

【驰名】名声をあげる。名声をはせる。

迟 chí ①のろい。ぐずぐずする。△事不宜～/事はぐずぐずしてはいられない。②遅い。遅れる。△一步来～/一足遅れた。

【迟到】遅刻する。

【迟钝】のろい。にぶい。

【迟缓】緩慢だ。のろい。

【迟误】遅れる。遅れて支障をきたす。

【迟延】遅延する。長びく。

【迟疑】ためらう。ちゅうちょする。△毫不～/いささかもちゅうちょしない。

【迟早】遅かれ早かれ。

【迟滞】滞（とどこお）る。

持 chí ①持つ。△～保留态度/態度を保留する。②対抗する。対峙する。△相～不下/相対峙して譲らない。③掌握する。管理する。△主～/主催する。④支持する。△维～/維持する。

【持家】家事を切り盛りする。

【持久】持久する。長続きする。△～和平/恒久的平和。

【持球】ホールディング。

【持续】持続する。続く。

【持有】所持する。持っている。

【持重】慎重だ。

匙 chí さじ。スプーン。△茶～/茶さじ。

踟 chí

【踟蹰】ためらう。ちゅうちょする。

尺 chí ①尺。②物差し。△用～量/物差しで測る。③定規。△丁字～/丁字形定規。

【尺寸】寸法。

【尺牍】せきとく。手紙。文書。

【尺度】尺度。

齿 chí 歯。△锯～/のこぎりの歯。

【齿轮】歯車。ギヤー。

【齿龈】歯ぎん。はぐき。

耻 chí ①恥ずかしい。恥じる。△毫不知～/全くの恥知らず。②恥。恥辱。△引以为～/恥とする。

【耻辱】恥。恥辱。

【耻笑】あざける。笑う。

叱 chì しかる。どなる。△怒～/どなりつける。

【叱喝】大声でしかりつける。

【叱骂】しかりののしる。

【叱责】しかりとがめる。叱責（しっせき）する。

斥 chì ①責める。△怒～/おこって責める。②退ける。引き離す。△驳～/反駁する。

【斥骂】責めののしる。

【斥责】厳しく責める。責めつける。

赤 chì ①赤い。②真心。△～心/赤心。③裸の。はだ脱ぎの。

【赤膊】はだ脱ぎになる。はだ脱ぎ。

【赤诚】真心。

【赤道】赤道。

【赤豆】あずき。

【赤脚】はだし。素足。

【赤金】純金。

【赤裸裸】赤裸裸（せきらら）だ。

【赤贫】赤貧。

炽 chì

【炽烈】し烈だ。

【炽热】しゃく熱。

翅 chì 羽。翼。△～膀/羽。翼。

chong

冲 chōng ①湯をつぐ。△～茶/お茶を入れる。②水で洗い落とす。押し流す。△大水～了庄稼/洪水で作物が流された。③突進する。突破する。△～向敌阵/敵陣に向かって突進する。④現像する。△～胶卷/フィルムを現像する。

【冲刺】ラスト・スパート。

【冲淡】薄める。弱める。

【冲动】衝動。心のはずみ。血気に
　はやる。
【冲锋】突撃する。
【冲击】①打ちつける。衝撃を与
　える。②衝撃。ショック。③突撃
　する。
【冲积】ちゅう積。
【冲力】インパルス。衝撃力。
【冲破】突き破る。突破する。
【冲杀】突撃する。
【冲刷】浸蝕する。
【冲突】衝突する。
【冲洗】①洗い落とす。②現像す
　る。
【冲撞】①ぶちあたる。②たて突
　いて相手の機げんを損う。

充　chōng　①満ちる。②満たす。
　△～电/充電する。③あたる。担
　任する。△～向导/案内役にあ
　たる。④偽る。装う。…のふり
　をする。△～内行/くろうとの
　ふりをする。
【充斥】氾濫する。あふれる。
【充当】担当する。務める。
【充耳不闻】全然耳を貸そうとし
　ない。
【充分】①充分だ。②出来るかぎ
　り。極力。
【充公】没収して公有または国有
　とする。
【充饥】飢えをしのぐ。腹の足し
　にする。
【充满】満ちあふれる。充満する。
【充沛】満ちあふれる。いっぱい。
【充其量】せいぜい。たかだか。
【充塞】いっぱいになる。充満す
　る。
【充实】①充実している。②充実さ
　せる。強化する。
【充数】数を充たす。
【充裕】余裕がある。たっぷりある。
【充足】満ち足りる。十分だ。充

足する。

忡　chōng
【忡忡】憂えるさま。◇忧心～/心
　配で気が気でない。

舂　chōng　つく。つき砕く。△～
　米/米をつく。

憧　chōng
【憧憧】行ったり来たりするさま。
　揺れ動くさま。△灯影～/ほ影
　が揺らめく。
【憧憬】あこがれる。憧憬（どうけ
　い）する。

虫　chóng　虫。昆虫。
【虫害】虫害。
【虫胶】シェラック。
【虫情】虫害の情況。
【虫牙】虫歯。
【虫灾】虫害。
【虫子】虫。昆虫。

重　chóng　①重なる。重複する。
　△书买～了/同じ本を2冊買っ
　た。②再び。もう一度。重ねて。
　△～说一遍/もう一度言う。③
　重。層。△双～人格/二重人格。
【重重】重なり。幾重にも重なり
　合うさま。△～包围/十重はた
　重に囲む。
【重叠】幾重にも重なる。重複す
　る。
【重返】再びもどる。
【重犯】再犯。
【重逢】再会する。
【重复】①重複する。重なる。②
　繰り返す。
【重婚】重婚。△～罪/重婚罪。
【重建】再建する。建て直す。
【重申】重ねて述べる。
【重孙】そう孫。ひまご。
【重孙女】そう孫娘。ひ孫娘。
【重提】再び持ち出す。
【重围】重囲。△陷入～/重囲に陥

る。

【重温】再び復習する。

【重新】①再び。もう一度。②再び始める。新たに始める。△～做人/(前非を悔いて)生まれ変わる。

【重演】再演する。同じ事を繰り返す。二の舞を演じる。

【重印】再版する。

崇 chóng ①高い。△～山峻岭/高くて険しい山山。②あがめる。敬(うやま)う。

【崇拜】崇拝する。あがめ敬う。

【崇奉】信仰する。

【崇高】崇高だ。気高い。

【崇敬】崇敬する。あがめ敬う。

【崇尚】とうとぶ。あがめとうとぶ。

宠 chǒng ちょう愛する。特別にかわいがる。△得～/ちょう愛を受ける。

【宠爱】ちょう愛する。

【宠儿】ちょう児。

【宠信】ちょう愛して信任する。

冲 chòng ①意気込がある。激しい。△说话～/激しい言葉づかいをする。②鼻をつく。ぷんぷんする。きつい。△这个烟挺～/このたばこは非常に強い。③…に向かって。△～着他说话/彼に向かって話をする。

【冲床】押し抜き機。ポンチ・プレス。

【冲压】押し抜く。スタンピング。

chou

抽 chōu ①引き出す。抜き出す。△～签儿/くじを引く。②一部分を抽出する。△～时间/時間を裂く。③出る。伸び出

る。△～穂/穂が出る。④吸う。吸い込む。△～烟/たばこを吸う。⑤縮む。△这种布一洗就～/この種の布は洗うと縮む。⑥打つ。ひっぱたく。△用鞭子～陀螺/むちでこまをひっぱたく。

【抽查】抜き打ち検査をする。

【抽打】むちで打つ。

【抽调】引き抜いてよそへやる。選び出して派遣する。

【抽风】引き付け。

【抽筋】筋が引きつる。

【抽泣】すすり泣く。

【抽球】スマッシュ。

【抽身】抜け出す。身をひく。

【抽水】水を吸い上げる。△～机/吸い上げポンプ。

【抽税】税金を取り立てる。

【抽缩】縮む。

【抽屉】引き出し。

【抽象】①抽象する。②抽象的だ。

仇 chóu ①あだ。かたき。△～敌/かたき。②恨み。遺恨。怨恨。△记～/恨みに思う。

【仇恨】①憎む。恨む。②憎しみ。

【仇人】かたき。あだ。

【仇杀】恨みからの殺人。

【仇视】敵視する。

惆 chóu

【惆怅】感傷。憂える。

绸 chóu　薄い絹織り物。しゅす。シルク。

【绸缎】絹織り物の総称。

愁 chóu ①心配する。憂える。②悩み。悩む。△不～没有工作/仕事がないという心配はない。

【愁眉】愁眉(しゅうび)。◇～不展/愁眉開かね。

【愁闷】気がふさぐ。憂え悩む。

【愁容】心配そうな顔付き。

稠 chóu ①濃い。△～糊/濃い糊 (のり)。②多い。密だ。△地窄人～/土地が狭く、人口がちょう密だ。

【稠密】ちょう密だ。多い。

酬 chóu ①報いる。②報酬。

【酬报】謝礼をする。報いる。

【酬金】報酬。謝礼金。

【酬劳】①労をねぎらう。慰労する。②慰労金。謝礼金。

【酬谢】謝礼をする。

【酬应】交際する。付き合う。

筹 chóu ①数取り棒。②計画する。企画する。△～款/金策する。

【筹办】企画する。

【筹备】企画準備する。△～会议/予備会議。

【筹划】企画する。

【筹集】調達する。

【筹建】設立を企画する。

【筹码】①数取り用の札。②証券類。

【筹商】商協する。商談する。

踌 chóu

【踌躇】①ちゅうちょする。ためらう。②得意なさま。

丑 chǒu ①醜い。ぶ器量だ。②みっともない。恥ずべき。いやらしい。△～闻/スキャンダル。③うし (十二支の第二)。

【丑恶】醜悪だ。無様 (ぶざま) だ。

【丑化】戯画化する。醜く描く。

【丑剧】茶番劇。

【丑角】道化役者。三枚目。

【丑事】醜行。恥ずべきこと。

【丑态】醜態。

臭 chòu ①臭い。△这肉有点儿

～/この肉はすこし臭い。②いやらしい。鼻持ちならない。△名声～/評判が悪い。

【臭虫】とこじらみ。なんきん虫。

【臭骂】悪罵する。罵倒する。

【臭名远扬】悪名高い。

【臭气】臭気。臭いにおい。

chu

出 chū ①出る。△～城/城から出る。②出す。△～考题/試験問題を出す。③産出する。取れる。△这里～煤/ここは石炭が取れる。④生ずる。起こる。△～问题了/めんどうな事が起こった。⑤支出する。△入不敷～/収支相償わない。⑥ぬきん出る。超過する。△不～一年/一年を越えない。⑦助数詞。△两～戏/二つの芝居。⑧動詞の後について、動作が内から外へ出る、現われる、でき上がるなどの意味を添える。△做～成绩/成績を上げる。

【出版】出版する。

【出榜】掲示する。発表する。

【出殡】棺を安置所または墓地に移す。出棺する。

【出兵】出兵する。

【出操】教練する。体操をやる。

【出差】出張する。

【出产】産出する。生産する。

【出厂】工場から出荷する。

【出场】①舞台に出る。②出場する。

【出超】輸出超過。出超。

【出车】車を出す。

【出丑】醜態をさらす。恥をかく。

【出处】出処。出典。由来。

【出错】間違いを犯す。間違いが出る。

【出点子】入れ知恵をする。

【出动】①出動する。②軍隊を派遣する。

【出发】①出発する。立つ。②…の観点から。…の見地から。

【出风头】出しゃばる。ひけらかす。

【出格】度を過ごす。

【出工】働きに出かける。

【出轨】①脱線する。②常軌を逸する。はずれる。

【出国】出国する。

【出海】出航する。出港する。船に乗って海に出る。

【出汗】汗が出る。

【出航】出航する。

【出乎意料】予想に反する。思いがけない。

【出活】①仕事を仕上げる。②仕事の能率が上がる。

【出击】出撃する。

【出家】出家する。△～为僧/出家して僧になる。

【出嫁】嫁に行く。

【出境】国境を出る。

【出口】①口に出す。②出港する。③輸出する。④出口（でぐち）。

【出来】①出てくる。②…てくる。…だす。△拿不～/持ち出せない。

【出类拔萃】抜群。群を抜く。

【出力】力を出す。力を尽くす。

【出笼】①せいろうから取り出すこと。②売り出す。発行する。現われる。

【出路】①出道。進路。活路。②はけ口。

【出马】出陣する。出馬する。

【出卖】①売る。売り出す。②裏切る。売り渡す。

【出毛病】事故が起きる。間違いが出る。

【出门】①外出する。よそへ出かける。②旅に出る。家を離れて遠くへ行く。

【出面】顔を出す。表に出る。

【出名】名が知れる。有名になる。

【出没】出没する。△～无常/出没常ならず。

【出谋划策】献策する。策略をめぐらす。

【出纳】①出納（すいとう）する。②出納係り。

【出品】生産する。産する。

【出其不意】不意を打つ。相手の意表に出る。

【出奇】特別だ。格別だ。珍らしい。

【出气】うっぷんを晴らす。八つ当りする。

【出勤】①出勤する。②外勤する。

【出去】外に出る。出ていく。

【出让】譲渡する。譲り渡す。

【出入】①出入りする。②食い違う。合わない。

【出色】出色。すばらしい。

【出身】出身。

【出神】うっとりする。ぼう然となる。

【出生】誕生する。生まれ出る。△～率/出生率。

【出师】①見習い工が年期があけて一人前になる。②出兵する。出師（すいし）。

【出使】使節として外国へ行く。

【出示】見せる。

【出世】①生まれ出る。出生する。②俗世を超脱する。

【出事】事故が起きる。

【出售】売る。

【出庭】出廷する。法廷に出頭する。

【出头】①日の目を見る。解放される。②顔を出す。③あまり。以上。上回る。

【出席】出席する。

【出息】前途。見込み。

【出現】出現する。現われる。浮かぶ。

【出院】退院する。

【出診】往診する。

【出征】出征する。戦争に行く。

【出众】衆をぬきんでる。抜群。

【出走】①出奔する。②家出。

【出租】賃貸する。貸し出す。△～汽车/タクシー。

初　chū　①初め。最初。△～夏/初夏。②初めて。第一回。△～会/最初の面会。③最低の。初級の。△～石器时代/初石器時代。④元来の。もとの。△～愿/初志。

【初版】初版，第一版。

【初步】初歩の。一応の。大体の。

【初次】初回。初めて。

【初等】初等の。初級の。△～数学/初等数学。

【初犯】初犯。

【初稿】未定稿。

【初级】初級。△～读本/初級読本。

【初交】交わりの日の浅いこと。知り合って間もない。

【初恋】①初恋（はつこい）。②恋愛の初期。

【初露锋芒】初めて才能を現わす。初めて頭角を現わす。

【初期】初期。

【初审】第一審。

【初试】①最初の実験。②一回目の試験。一次試験。

【初小】初級小学校の略称。

【初诊】初診。

【初中】初級中学校の略称。

除　chú　①除く。取り除く。△为民～害/人民のために害を除く。②…を除いて。…の外。△～了他谁都行/彼以外の人は誰でもいい。③割る。除する。△用二～十得五/2で10を割れば五になる。

【除草】除草。△～机/除草器。

【除尘器】ダスト・セパレーター。

【除法】割り算。除法。

【除非】…してこそ初めて。…ないかぎり。…より外ない。△～星期日,否则没工夫/日曜でなければ暇がない。

【除根】根絶する。徹底的に取り除く。

【除名】除名する。除籍する。

【除外】除外する。…を除く。△谁都行,但他～/彼を除いて誰でもいいが。

【除夕】除夜。

厨　chú

【厨房】台所。調理場。炊事場。

【厨师】コック。調理師。料理人。

锄　chú　①すき。②すきのぞく。すき返す。△～地/すきで耕す。③除き去る。除く。△～奸/裏切り者を除く。

雏　chú　ひな。ひよこ。△～鸡/鶏のひよこ。

【雏形】①最初の形態。②模型。ひな型。

橱　chú　戸だな。たんす。△碗～/食器戸だな。

【橱窗】①ショー・ウィンド。②絵や写真などの陳列窓。

【橱柜】①食器戸だな。茶たんす。②低い戸だな。

处　chǔ　①付き合う。△她脾气好,容易～/彼女は気立てが優しいから付き合いやすい。②…におかれている。立つ。身をおく。△～于险境/危険な境遇に

立っている。③処理する。処置
する。△〜事/事務を処理する。
④処罰する。処する。△〜以死
刑/死刑に処する。
【处罚】処罰する。
【处方】①処方する。②処方せん。
【处分】①処分。②処分する。
【处境】境遇。立場。
【处决】①死刑を執行する。②決
裁する。
【处理】①処理する。解決する。
②安く売り払う。特売する。△
〜品/特売品。
【处女】①処女。②初めてのたと
え。△〜作/処女作。
【处世】処世。世渡り。
【处死】死刑に処する。
【处心积虑】腐心する。苦心する。
【处刑】処刑する。刑罰に処する。
【处之泰然】泰然自若としている。
【处置】①処置する。②処罰す
る。処分する。

储　chǔ　たくわえる。貯蔵する。
【储备】①備蓄。②たくわえる。
【储藏】①貯蔵する。蓄蔵する。
②埋蔵する。つみたくわえる。
【储存】①たくわえ。②貯蔵す
る。蓄蔵する。
【储蓄】貯蓄する。貯金する。△
〜存款/貯蓄預金。

楚　chǔ　①苦しみ。苦痛。②周朝
の国名。

处　chù　①ところ。場所。△别
〜/ほかのところ。②処。△总务
〜/総務処。③個所。点。△长〜/
長所。
【处处】どこでも。いたるところ。
【处所】場所。ところ。

畜　chù　きん獣。△家〜/家畜。
【畜肥】きゅう肥。
【畜力】畜力。

【畜生】きん獣。畜生（ちくしょ
う）。

触　chù　①触れる。さわる。ぶつ
かる。◇一〜即发/一触即発。②
心に触れる。胸にこたえる。△
〜及痛处/痛いところに触れ
る。
【触电】感電する。
【触动】①ぶつかる。突き当た
る。②心に触れる。記憶を呼び
起こす。
【触发】触発する。
【触犯】犯す。侵す。触れる。△〜
法律/法律を犯す。
【触礁】暗礁に乗り上げる。坐礁
する。ストランド。
【触角】触角。触手。
【触目】目に触れる。目につく。
【触怒】怒りに触れる。怒りを買
う。
【触手】触手。
【触诊】触診。

矗　chù
【矗立】そびえ立つ。そそり立つ。

chuai

揣　chuāi　しまう。隠す。押し込
む。入れる。△把相片〜在口袋
里/写真をポケットに押し込
む。

揣　chuǎi　推し計る。推量する。
【揣测】推測する。推量する。
【揣摩】吟味する。推察する。せ
んさくする。

踹　chuài　①ける。△用脚〜门/
足でドアをける。②踏む。△一
脚〜进水沟/みぞの中に踏み込
んだ。

chuan

川 chuān ①川。△山～/山と川。②原。平原。△这里一路平～，没有山/ここはずっと平原で、山はない。

【川流不息】絶え間なく続く。ひっきりなしに行き来する。

【川资】旅費。

穿 chuān ①破れる。穴があく。△看～/見抜く。②通り抜ける。通る。△横～马路/大通りを横ぎる。③着る。はく。△～衣/着物を着る。

【穿插】①織り込む。織り交ぜる。②そう話。エピソード。

【穿戴】着るものとかぶるもの。服装。

【穿孔】せん孔。

【穿梭】ひっきりなしに行ったり来たりする。

【穿堂风】通り抜けの風。吹き通りの風。

【穿越】通り抜ける。

【穿针】めどに系を通す。

【穿着】身なり。服装。

【穿凿】こじつける。

传 chuán ①伝わる。伝える。△由古代～下来的文化遗产/古代から伝わってきた文化遺産。②伝授する。教え伝える。△～世/後世に伝える。③広く伝わる。広める。広まる。△消息很快～开了/ニュースは直ちに知れ渡った。④伝導する。伝える。△～热/熱を伝導する。⑤召喚する。呼びつける。出頭させる。△～证人/証人を召喚する。⑥表現する。△难以言～/言い表わし難い。⑦伝染する。

【传播】伝ぱする。広く伝える。

【传抄】相伝えて写しとる。

【传达】①伝える。伝達する。②取りつぐ。受け付ける。△～室/受け付け。

【传单】宣伝びら。びら。△撒～/びらをまく。

【传导】伝導する。

【传递】伝送する。次から次へと伝える。

【传动】伝動する。ドライビング。

【传呼】呼び出し。△～电话/呼び出し電話。

【传教】伝道する。布教する。△～士/宣教師。

【传令】命令を伝える。

【传票】①召喚状。②伝票。

【传奇】①伝奇。②伝奇的だ。

【传染】伝染する。△～病/伝染病。

【传神】生き生きとして真に迫る。

【传声筒】①メガホン。②人の言ったことを受け売りする人。

【传授】伝授する。

【传说】①言い伝える。②伝説。言い伝え。

【传诵】伝誦する。

【传送】伝送する。△～带/ベルト・コンベヤー。

【传统】①伝統。②伝統的だ。

【传闻】①伝聞する。②うわさ。

【传讯】召喚して審問する。

【传扬】伝わり広まる。伝ぱする。

【传阅】回覧する。

【传真】①肖像を描く。②写真電送。△～电报/ファクシミリ電報。△～照片/ラジオホト。電送写真。

船 chuán 船。船舶。△上～/船に乗る。

【船舱】船室。船倉。

【船票】乗船切符。

【船期】出船期日。船の出入港の日時（にちじ）。

【船体】船体。

【船尾】船尾。とも。

【船坞】ドック。船きょ。

【船舷】げん側。

【船员】船員。船のり。

【船长】船長。マスター。キャプテン。

【船只】船。船舶。

【船主】船主。

喘 chuǎn ①あえぐ。息を切らす。息切れがする。△他累得直～/彼は疲れてしきりにあえいでいる。②ぜん息。△气～/ぜん息。

【喘气】①呼吸する。②一息入れる。ひと休みする。一服する。

【喘息】①あえぐ。②一息入れる。一服する。

【喘吁吁】息をはぁはぁはずませている。息せき切っている。

串 chuàn ①貫く。貫いて糸を通す。△～珠子/真珠に糸を通す。②ぐるになる。△～骗/ぐるになって詐欺を働く。③ずれる。それる。△电话～线/電話が混線する。④歩き回る。△～亲戚/親戚を訪ね歩く。⑤劇に出演する。芝居を演ずる。△客～/素人の飛び入り出演。⑥（助数詞）つながり。さし。△一～珍珠/一さしの真珠。

【串联】①順順に連絡すお。②直列。シリーズ・コネクション。

【串门儿】人の家へ遊びに行く。

【串通】気脈を通じる。ぐるになる。結托する。

chuang

创 chuāng

【创痕】傷跡。

【创口】傷口。

【创伤】傷。外傷。傷跡。

疮 chuāng ①でき物。かさ。△头上长～了/頭にでき物ができた。②外傷。△刀～/切り傷。

【疮疤】傷跡。そうこん。

【疮口】傷口。

窗 chuāng 窓。△玻璃～/ガラス窓。

【窗洞】明かり取り。明かり窓。

【窗格子】窓のこう子。

【窗户】窓。

【窗花】窓飾りに用いる切り紙細工。

【窗口】①窓のすぐ前。②窓口。

【窗框】窓わく。

【窗帘】（窓に張る）カーテン。

【窗纱】（窓に張る）寒冷しゃ。金綱（かなあみ）。

【窗台】窓台（まどだい）。窓の下の出っぱり。

床 chuáng ①寝台。ベッド。△双人～/ダブル・ベッド。②ベッドのような物。③（助数詞）枚。△两～被/掛け布とん2枚。

【床单】シーツ。シート。

【床架】ベッドの台。ベッドのわく。

【床头】まくらもと。

【床位】ベッド。ベッド数。

闯 chuǎng ①突入する。突進する。△～进去/突入する。②開拓する。△～新路/新しい道を開拓する。

【闯祸】禍を招く。問題を起こす。

【闯江湖】放浪生活をする。世間

を放浪して渡り歩く。

【闯将】勇将。猛将。

创 chuàng 始める。やり始める。作る。△～新记录/新記録を作る。

【创办】創立する。創設する。

【创见】創見。独創的な見解。

【创举】始めての試み。最初の出来事。

【创刊】創刊する。

【创立】創立する。打ち建てる。

【创始】創始する。

【创新】新しい物を創造する。

【创业】事業を始める。創業する。

【创造】創造する。作り出す。開く。△～性/創意性。

【创制】新たに制定する。

【创作】①文芸作品を作り出す。創作する。②作品。創作。

chui

吹 chuī ①吹く。△～灯/ランプを吹き消す。②吹き鳴らす。△～笛/笛を吹く。③風が吹く。△风～日晒/風雨にさらされる。④ほらを吹く。△胡～/でたらめなほらを吹く。⑤だめになる。△那件事～了/あの件はだめになった。

【吹风】①風に当たる。②髪にドライヤーをかける。③ほのめかす。

【吹风机】ドライヤー。

【吹拂】吹く。なでる。

【吹鼓手】①吹奏者。楽人。②太鼓持ち。

【吹冷风】冷やかで皮肉めいたことを言い散らす。

【吹毛求疵】故意にあら捜しをする。

【吹牛】ほらを吹く。大きなことを言う。

【吹捧】ほめそやす。おだてる。

【吹嘘】吹聴する。

【吹奏】吹奏する。吹き鳴らす。△～乐/吹奏楽。

炊 chuī かしぐ。飯をたく。炊事する。

【炊具】炊事道具。

【炊事】炊事。△～员/料理人。

【炊烟】炊煙。かまどの煙。

【炊帚】ささら。たわし。

垂 chuí たれる。下がる。△～泪/涙を流す。

【垂死】垂死。ひん死。死にかかる。

【垂头丧气】意気消沈。しょげる。がっかりする。

【垂危】危篤に陥る。死にひんする。

【垂涎】よだれをたらす。ほしくてたまらない。

【垂直】垂直。

捶 chuí こぶしやたたき棒で打つ。たたく。△～背/背をたたく。

【捶胸顿足】胸をたたき、じだんだを踏む。しきりに悔しがる。

锤 chuí ①つち。ハンマー。②つちで打つ。鍛える。◇千～百炼/鍛えに鍛える。

【锤炼】①練磨する。②工夫を凝らす。みがきにみがきをかける。

chun

春 chūn ①春。△～色/春色。②色情。情欲。△～情/情欲。

【春播】春まき。

【春风】春風。

【春耕】春耕。春の農作業。

【春光】春光。春純色。

【春假】春休み。

【春节】旧正月。旧暦の元旦。

【春雷】春雷。

【春笋】春の竹の子。

【春天】春。春季。

【春意】春めく。春らしさ。

【春游】春のピクニック。

【春装】春の服装。春の装い。

純　chún　①純粋だ。交じり気がない。△～毛/純毛。②単純だ。純一だ。△～白/純白。③極めて熟練している。

【純粋】①純粋だ。②単に。全く。もっぱら。

【纯度】純度。

【纯洁】①清らかだ。汚れがない。純潔だ。②純潔にする。

【纯利】純利。純益。

【纯朴】純ぼくだ。素ぼくだ。

【纯熟】熟達する。精通する。

【纯真】純真だ。無邪気だ。

【纯正】①純正だ。生粋（きっすい）。②純潔で正しい。

唇　chún　くちびる。

【唇膏】口紅。ルージュ。

【唇枪舌剑】舌端火を吐く。鋭い弁舌。

【唇舌】口数（くちかず）。言葉。

【唇音】しん音。

蠢　chǔn　①愚かだ。ばかげている。△～人/ばかもの。②のろまだ。太ってぶかっこうだ。

【蠢材】ばか者。間抜け。

【蠢动】うごめく。しゅん動する。

chuo

戳　chuō　突く。突き抜く。△一～就穿/ちょっと突くと穴があ

く。

【戳穿】①突き通す。②あばく。

绰　chuò　ゆるやかだ。ゆったりする。

【绰绰有余】余裕しゃくしゃくとしている。

【绰号】あだ名。ニックネーム。

ci

疵　cī　欠点。きず。△完美无～/完全無欠だ。

词　cí　①語。単語。②語句。言葉。文句。△讲演～/演説の言葉。

【词典】辞書。辞典。

【词法】語形論。形態論。

【词根】語幹。語根。

【词汇】語い。

【词句】語句。字句。

【词类】品詞。

【词素】造語成分。

【词头】接頭語。

【词尾】接尾語。

【词序】語順。

【词义】単語の意味。

【词语】字句。語句。

【词缀】接頭語と接尾語の総称。

【词组】句。連語。

祠　cí　やしろ。ほこら。

【祠堂】①祖びょう。し堂。②やしろ。ほこら。

瓷　cí　磁器。

【瓷漆】エナメル・ペイント。

【瓷器】磁器。瀬戸物（せともの）。

【瓷砖】タイル。

辞　cí　①辞する。別れを告げる。△告～/別れを告げる。②いとう。逃げる。かこつけて逃げる。△不～辛苦/苦労をいと

わない。③辞職する。やめる。△把工作〜了/仕事をやめた。④解雇する。暇を出す。△把保姆〜了/お手伝いさんに暇を出した。

【辞別】いとまごいをする。別れを告げる。

【辞呈】辞職願い。辞表。

【辞典】辞典。辞書。

【辞令】辞令。応対の言葉使い。△外交〜/外交辞令。

【辞书】辞書。

【辞退】解雇する。暇を出す。

【辞谢】お断りする。丁寧に辞退する。

【辞行】いとまごいをする。別れを告げる。

【辞藻】詞そう。言葉の詩文の美しい語句。

【辞章】①韻文と雑文の総称。②修辞。

【辞职】辞職する。△〜书/辞表。

慈　cí　①いつくしむ。②情け深い。あわれみ深い。

【慈爱】いつくしみ愛する。慈愛。

【慈悲】慈悲深い。同情する。いつくしみ哀れむ。

【慈善】慈悲深い。慈善。△〜事业/慈善事業。

磁　cí　磁性。磁気。マグネット。

【磁场】磁場。マグネチック・フィールド。

【磁带】マグネチック・テープ。マグネット・バンド。

【磁力】磁力。マグネチック・フォース。

【磁铁】マグネット。磁石。

【磁针】磁針。マグネチック・ニードル。

雌　cí　雌（めす）。△〜狮/め獅子。

【雌花】雌花（めばな）。

【雌雄】①雌と雄。②勝敗。優劣。△一决/一気に勝敗を決す。

此　cǐ　これ。この。ここ。△〜地/ここ。

【此处】ここ。

【此后】こののち。これから。

【此刻】現在。今。この時。

【此起彼伏】あちらこちらから沸上がる。

【此时】このとき。

【此外】この外。これ以外。

【此致敬礼】敬具。かしこ。

次　cì　①順序。順位。△依〜/順次に。②二番の。次の。△〜子/次男。③品質が劣る。△〜布/悪い布地。④回。△首〜/初めて。一回目。

【次等】第二等。

【次第】①順序。次第。②順を追って。順次に。

【次货】二流品。二級品。

【次品】二流品。

【次数】回数。度数。

【次序】順序。順番。

【次要】副次的だ。二次的だ。

【次之】これに次ぐ。二番目。その次。

伺　cì

【伺候】世話をする。かしずく。人に仕える。

刺　cì　①刺す。突き刺す。△〜伤/刺して傷付ける。②刺激する。突く。△〜鼻/（においが）鼻に突く。③暗殺する。△行〜/暗殺する。④とげ。骨。△鱼〜/魚の小骨。⑤ふう刺する。とげがある。△他说话带〜/彼の言葉にはとげがある。

【刺刀】銃剣。

【刺耳】耳ざわりだ。聞きづらい。

【刺骨】はだを刺す。身に染みる。

【刺激】①刺激する。②刺激。

【刺客】刺客。暗殺者。

【刺杀】①暗殺する。②銃剣術。

【刺探】てい察する。情報を探る。

【刺猬】針ねずみ。

【刺绣】①刺しゅう。②縫い取りする。

【刺眼】①まばゆい。②目ざわりだ。

赐　cì　①賜わる。授ける。△～以勋章/勲章を賜わる。②賜わり物。

【赐教】ご指導くださる。ご教示を頂く。

【赐予】賜わる。下さる。

cong

从　cōng

【从容】①落ち着きはらっている。ゆうゆうとしている。②余裕がある。緊迫していない。

匆　cōng　あわたたしく。そこそこに。

【匆匆】あわただしく。そそくさに。

【匆促】あわてる。せかせかと。あわただしい。

【匆忙】急ぐ。忙しい。せかせかと。

葱　cōng　ねぎ。

【葱翠】青青と茂っているさま。

【葱花】ねぎのみじん切り。

【葱茏】青青と茂っているさま。

【葱绿】①もえぎ色。②青青としている。

【葱头】玉ねぎ。

聪　cōng　①聴覚。△左耳失～/左耳が聞こえない。②耳が鋭い。耳ざとい。△耳～目明/耳とく目が鋭い。

【聪明】利口だ。賢い。そう明だ。

从　cóng　①…から。…より。△～現在起/今から。②これまで…ない。いままで…ない。△～没见过/今まで見たことがない。③聞き従う。服従する。△～命/命令に従う。④参加する。従事する。△～军/従軍する。⑤従者。お供。△随～/随行員。⑥従属的だ。副次的だ。△～犯/従犯。

【从此】これから。いまから。今後。

【从而】従って。これによって。

【从来】今まで。かつて。これまで。

【从略】省略する。簡略する。

【从前】前に。以前に。昔。

【从事】①従事する。携わる。②処理する。

【从属】従属する。付き従う。

【从速】すみやかに。できるだけ速く。

【从头】始めから。一から。

【从小】幼い時から。小さい時から。

【从中】中間に立って。中に立って。

丛　cóng　①草などが茂っているところ。△草～/草むら。②人または物が一か所に集まること。△人～/人混み。

【丛林】①林。密林。ジャングル。②僧林。大きな寺。

【丛生】①群がり生える。②一時に発生する。

【丛书】そう書。シリーズ。

cou

凑　còu　①集める。寄せ集める。

そろえる。△～钱/お金をかき集める。②ある機会に乗じる。△正～上个星期天/ちょうど日曜日に出くわした。③近寄る。近付く。△往前～/前の方へのり出す。

【湊合】①寄り合う。集まる。②寄せ集める。③我慢する。間に合わせる。

【湊集】寄せ集める。

【湊巧】折よく。都合よく。

【湊趣】①人の興味に迎合して喜ばせる。②冗談を言う。冗談を言って人を笑わせる。

【湊熱闹】①興に乗って遊びごとの仲間入りをする。②邪魔をする。厄介をかける。

【湊手】都合よく手元にある。間に合う。

【湊数】一定の数をそろえる。頭数（あたまかず）をそろえる。

cu

粗 cū ①太い。△画一道～线/太い線を引く。②荒い。ざらざらしている。△～布/粗布（あらぬの）。③声が太くて低い。△～声大气/荒荒しく太い声。④うかつだ。粗こつだ。注意が足りない。△心太～/大変不注意だ。⑤荒荒しい。粗野だ。ぞんざいだ。△说话很～/言葉づかいがあまりにもぶっきらぼうだ。④ほぼ。ちょっと。あらまし。だいたい。△～具规模/ほぼ規模が整った。

【粗暴】荒い。乱暴だ。荒っぽい。

【粗笨】①無器用だ。鈍い。のろい。②粗末で大きい。

【粗糙】①ざらざらしている。荒い。②粗末だ。

【粗大】①太い。でっかい。②声や音が大きい。

【粗话】卑俗な話。

【粗活】荒仕事。力仕事。

【粗粮】雑穀。

【粗劣】粗末だ。粗悪だ。

【粗鲁】荒っぽい。無骨だ。

【粗略】ざっと。おおざっぱに。大略。

【粗浅】やさしい。分りやすい。

【粗率】ぞんざいだ。いい加減だ。

【粗俗】俗っぽい。下品だ。

【粗心】不注意だ。うかつだ。そそっかしい。

【粗野】粗野だ。荒荒しい。

【粗枝大叶】おおざっぱだ。いい加減だ。

【粗制滥造】粗製濫造。

【粗重】①声が太くて大きい。②太くて力強い。がんじょうだ。③かさばって重い。④太くて濃い。⑤重くて骨が折れる。

【粗壮】①たくましい。がっしりしている。②（声）が太い。

促 cù ①時間が迫る。時間が短い。△时间短～/時間が短く迫っている。②促す。促進する。△～其发展/その発展を促す。③接近する。近寄る。◇～膝谈心/ひざを交え、打ちあけて話し合う。

【促成】完成するように助力する。促して成就させる。

【促进】促進する。促す。

【促使】促進する。…するように仕向ける。

醋 cù ①酢（す）。②ねたみ。しっと。△吃～/焼きもちをやく。

【醋栗】①すぐり。②すぐりの実。

【醋酸】アセテイック・アシッド。酢酸。

【醋劲儿】ねたみ。やきもち。嫉妬心。

簇 cù ①群がる。群を成す。②（助数詞）群れ。束。△一～花/ひと束の花。

【簇新】真新しい。きわめて新しい。

【簇拥】群がって取り囲む。取り巻く。

cuan

氽 cuān （材料を煮え湯の中に入れて）さっと煮る。△～丸子/肉団子をゆでる。

蹿 cuàn ①逃げ回る。△东逃西～/あちこち逃げ回る。②書き改める。改ざんする。

【蹿犯】侵入する。侵犯する。

【蹿改】改ざんする。

【蹿扰】かく乱する。かき乱す。

【蹿逃】逃亡する。逃げ回る。

篡 cuàn 奪い取る。乗っ取る。△～权/権力を乗っ取る。

【篡改】改ざんする。曲解する。

【篡位】君位をさん奪する。

cui

催 cuī せき立てる。急がせる。促す。△～他赶紧办/彼に急いでやるよう促す。

【催促】促す。せき立てる。

【催泪弹】催涙弾。催涙ガス弾。

【催眠】催眠する。△～术/催眠術。

摧 cuī 打ち壊す。破壊する。粉砕する。

【摧残】しいたげる。打ち壊す。迫害する。

【摧毁】打ち壊す。打ち砕く。打ち破る。

脆 cuì ①もろい。破れやすい。△这种纸不算薄，就是太～/この紙はたいして薄くはないがとても破れやすい。②歯切れが良い。△又～又甜/歯切れが良くておいしい。③声が澄んでいる。さえている。△嗓音～/声が澄んでいる。

【脆弱】もろくて弱い。

淬 cuì

【淬火】急冷。焼き入れ。

啐 cuì 吐き出す。吐く。△～痰/痰を吐く。

粹 cuì ①純粋だ。交じり気がない。②精粋。△精～/精粋。

翠 cuì ①緑。緑色。ひすい色。△～竹/緑の竹。②ひすい。

【翠绿】すい緑。エメラルド・グリーン。

【翠鸟】かわせみ。

cun

村 cūn ①村。村落。△小～/小さな村。②下品だ。粗野だ。△～言/下品な言葉。

【村庄】村。村落。

存 cún ①生存する。存在する。残る。△片瓦无～/ひとかけらの瓦すら残っていない。②貯える。保存する。△～粮/食糧を貯える。③たまる。ためる。貯える。△水库～满了水/ダムには水がいっぱいたまった。④金を預ける。貯金する。△把钱～银行里/金を銀行に預ける。⑤預ける。△～车处/自転車預かり所。⑥そのままにしておく。

△肚子里～不住话/どんな話で
も腹の中にしまっておけない。
⑦残余。余り。有り高。△库～/
在庫品。⑧いだく。心に留める。
△～有戒心/戒心をいだく。

【存案】登録する。登記する。

【存查】保存して後日の調べに備
える。

【存单】預金証書。

【存档】公文書をファイルに保存
する。

【存放】預けておく。

【存根】(小切手などの) 控え

【存户】預金者。預け主。

【存货】ストック。在庫品。手持ち
の商品。

【存款】①預金。②金を預ける。

【存栏数】家畜の飼育頭数。

【存身】身を置く。身を寄せる。

【存亡】存亡。

【存项】残金。残高。

【存心】①わざと。故意に。②料
けん。根性。

【存疑】疑問のままにしておく。
疑問としておく。

【存在】①存在する。ある。②存
在。

【存折】預金通帳。

寸 cùn ①寸。②短い。わずか
の。◇～土必争/寸土たりとも
譲らぬ。

【寸步】寸步。わずかの歩み。△～
不离/寸步も離れない。

cuo

搓 cuō もむ。こする。よる。△
～手/手をもむ。

【搓板】洗濯板。もみ板。

【搓澡】①背中を流す。②湯屋で
浴客のあかを落とす。

磋 cuō

【磋商】協議する。意見をかわす。

撮 cuō ①かき集める。さらい
集める。すくい取る。△～了一
簸箕土/ごみ取りいっぱいの土
をすくい取った。②1 升の1000
分の1。③ごく少量の。ひとつま
み。ひと握り。△一小～坏人/ひ
と握りの悪者。

【撮合】間を取りもつ。仲立ちを
する。

【撮弄】①からかう。なぶる。ば
かにする。②そそのかす。おだ
てる。

蹉 cuō

【蹉跎】月日がむだに流れ去る。

挫 cuò ①くじける。ざ折する。
失敗する。△屡～不馁/しばし
ば失敗してもくじけない。②押
えつける。低める。

【挫伤】①ざ傷。②くじく。

【挫折】ざ折する。さてつする。

措 cuò ①配置する。処理する。
◇手足无～/手も足も出ない。
②取り計らう。工面する。△筹
～资金/資金を工面する。

【措辞】措辞。言葉づかい。

【措施】措置。対策。

【措手不及】手を下す間 (ま) がな
い。処置を取る暇がない。

锉 cuò ①やすり。②やすりを
かける。やすりでする。△～锯
齿/のこぎり歯を目立てする。

【锉刀】やすり。ファイル。

错 cuò ①交錯する。錯雑する。
入り交じる。△交～/交錯する。
②こすれ合う。③すれ違う。行
き違う。△～车/車がすれ違う。
④ずらす。△往后～/あとにず
らす。⑤誤る。間違う。△写～/

書き間違う。⑥あやまち。過失。間違い。△这是我的～/これは私のあやまちだ。

【错别字】誤字と当て字。

【错处】過ち。過失。

【错怪】誤って人を悪く思う。誤解する。

【错过】取り逃がす。逸する。△～机会/機会を逸する。

【错觉】錯覚。

【错乱】錯乱する。こんがらかる。

【错误】①誤る。間違う。②誤り。間違い。

【错杂】錯雑する。入り交じっている。

【错字】誤字。誤植。

【错综复杂】複雑で入り組む。込み入る。

D

da

搭 dā ①かける。建てる。△～桥/橋をかける。②掛ける。つるす。△把衣服～在绳上/着物をひもにかける。③接触する。関係する。△～上关系/渡りをつける。④持ち運ぶ。△～桌子/テーブルを移動させる。⑤乗る。乗せる。△～飞机/飛行機に乗る。

【搭档】相棒になる。コンビになる。

【搭伙】①共同で事業をする。仲間入りする。②共同炊事に加わる。

【搭配】取り合わせる。組み合わせる。

【搭腔】口を出す。言葉をはさむ。

【搭讪】きまり悪そうにその場を取り繕う。

答 dā

【答应】①答える。返事する。②承諾する。承知する。

打 dá （助数詞）ダース。△一～铅笔/1ダースの鉛筆。

达 dá ①通じる。△这条路四通八～/この道は四方八方に通じている。②表現する。通じる。△词不～意/言葉意を達せず。③達する。△不～目的决不罢休/目的に達するまで決して手を引かない。

【达成】話がまとまる。合意する。結ぶ。

【达官】高官。顕官。

沓 dá （助数詞）重ね。束。△一～钞票/一束の札。

答 dá 答える。返事する。△一问一～/一問一答。

【答案】答案。解答。答え。

【答辩】答弁する。

【答词】答辞。

【答复】返答する。回答する。

【答谢】お礼を言う。お礼を述べる。

打 dǎ ①たたく。打つ。△～钟/鐘を打つ。②鉄を鍛える。△～铁/鉄を打つ。③割る。割れる。△～鸡蛋/卵を割る。④なぐる。打つ。△～人/人をなぐる。⑤く

くる。△～行李/荷物をくくる。
⑥編む。△～毛衣/セーターを
編む。⑦描く。△～格儿/けいを
引く。⑧農薬をまく。△～农药
/農薬をまく。⑨掘る。△～井/
井戸を掘る。⑩掲げる。持つ。△
～伞/かさをさす。⑪送る。打
つ。△～电报/電報を打つ。△～
电话/電話をかける。⑫腹から
虫を出す。△～蛔虫/回虫をく
だす。⑬（共同食堂で）盛る。汲
む。△～粥/（食堂で）おかゆを
盛る。⑭刈る。脱穀する。△～
柴/しば刈りをする。⑮買う。△
～酱油/しょう油を買う。⑯漁
をする。狩りをする。△～鱼/魚
を捕る。⑰書く。△～草稿/下書
きをする。⑱築く。作る。△～
地基/土台をつくる。⑲作る。△
～家具/家具を作る。⑳遊ぶ。や
る。△～蓝球/バスケットをや
る。㉑…から。…より。△～毕
业后/卒業してから…。

【打靶】射撃練習。

【打败】①打ち負かす。②負ける。
敗戦する。

【打扮】①ふん装する。メーキャッ
プする。②いでたち。身なり。③
飾る。装う。

【打岔】茶茶（ちゃちゃ）を入れる。
口だしをする。（他人の話を）邪
魔する。

【打场】脱穀する。

【打成一片】一つにとけ合う。一
体となる。

【打倒】打ち倒す。打倒する。

【打掉】打ち下す。

【打动】感動させる。胸を打つ。
心を動かす。

【打赌】かけをする。かける。

【打断】①たたき折る。②打ち切
る。断ち切る。

【打盹】居眠りする。

【打哆嗦】震える。身震いする。

【打耳光】横つらをぶんなぐる。

【打发】①派遣する。遣（つかわ）
す。②行かせる。③（時間）を
つぶす。

【打翻】ひっくりかえす。

【打嗝】しゃっくりする。げっぷが
でる。

【打官腔】役人ぶる。役人ぶった口
をきく。

【打官司】訴訟する。裁判ざたにす
る。

【打滚】転げ回る。転がる。

【打哈欠】あくびをする。

【打鼾】いびきをかく。

【打火机】ライター。

【打击】打ちたたく。やっつける。
打撃を与える。

【打架】けんかする。なぐり合う。

【打交道】交際する。付き合う。

【打搅】邪魔をする。

【打劫】①奪い取る。強奪する。
②（囲碁で）劫（こう）にする。
劫に打つ。

【打结】結び目をつくる。

【打开】①明ける。開く。②打開
する。切り開く。③スイッチを
入れる。

【打量】①見回る。観察する。②推
察する。見積る。

【打乱】乱す。混乱させる。

【打破】打ち破る。打倒する。

【打气】①空気を入れる。②気合
いを入れる。力づける。

【打拳】けん法をやる。

【打扫】①掃除する。②片付ける。

【打手】用心棒。

【打算】①…するつもりだ。…す
る予定だ。②考え。打算。もくろ
み。

【打胎】堕胎する。

【打听】尋ねる。聞く。

【打消】打ち消す。思いとどめる。

【打游击】①ゲリラ戦をする。②きまった場所なしに、仕事をしたりするたとえ。

【打杂】雑役をする。

【打战】震える。身震いする。おののく。

【打仗】①戦争する。戦う。②けんかする。

【打针】注射する。

【打中】命中する。当たる。

【打字】タイプを打つ。△～员/タイピスト。

大 dà ①大きい。△～城市/大都市。②大きさ。△有苹果那么～/りんごほどの大きさだ。③大きくする。△说～声点儿/声を大きくして言いなさい。④長(ちょう)…。一番上の。△～哥/長兄。⑤大いに。△～吃一惊/びっくり仰天する。⑥相手に関する事柄を敬って言う。△～作/貴著。

【大半】①大半。大部分。②多分。おそらく。

【大便】大便。

【大部】大部分。

【大吵大闹】どなりちらしておお騒ぎをする。

【大臣】大臣。

【大吹大擂】大ぶろしきを広げる。

【大葱】ねぎ。

【大大】大大的に。大いに。

【大胆】大胆だ。度胸があるさま。

【大地】大地。

【大典】①大きな式典。②重大な典籍。

【大殿】正殿。本堂。

【大豆】大豆。

【大度】度量が大きい。

【大多数】大多数。

【大方】①気前がいい。②おっとりしている。③上品だ。あかぬける。

【大方向】基本的な方針。

【大风】大風。

【大副】1等航海士。チーフオフィサー。

【大概】①概略。あらまし。②およその。③多分。恐らく。

【大干】大いにやる。

【大纲】大綱。大要。

【大规模】大がかりだ。大規模だ。

【大汉】大男（おおおとこ）。

【大号】①ご芳名。②チューバ。

【大合唱】大合唱。

【大轰大嗡】から景気をあおる。虚勢を張る。

【大红】深紅（しんく）。まっ赤だ。

【大后年】明明後年（みょうみょうごねん）。

【大后天】しあさって。

【大话】大言壮語。ほら。△说～/ほらを吹く。

【大会】大会。

【大伙儿】みんな。みなさん。

【大家】①大家（たいか）。②名門。③みんな。みなさん。

【大家庭】大家庭。大家族。

【大将】大将。

【大街】大通り。

【大节】大きな節操。

【大惊小怪】から騒ぎ。大げさに騒ぎたてるさま。

【大局】大勢（たいせい）。大局。

【大举】大挙。

【大军】大軍。

【大考】本試験。学期末試験。

【大课】合併授業。

【大快人心】人心を大いに喜ばせる。

【大理石】大理石。

【大力】大いに。…に精を出す。

【大力士】力持ち。力士（りきし）。

【大量】大量。おびただしい。

【大楼】ビル。ビルディング。

【大陆】大陸。

【大略】①おおかた。②すぐれた知略。

【大麻】麻。ヘンプ。大麻。

【大麦】大麦。

【大拇指】親指。

【大脑】大脳。

【大炮】①大砲。②よく放言する人。ほら吹き。

【大批】大量の。数多い。

【大气】①大気。△〜污染/大気汚染。②大息。

【大权】政権。大きな権限。

【大人】①おとな。②大人（たいじん）。立派な人物。

【大人物】大立者（おおだてもの）。大物（おおもの）。

【大赦】大赦。

【大师】①巨匠。大家。②大師。法師。

【大师傅】板前さん。コックさん。

【大使】大使。

【大事】大事。大きな事柄。

【大势】大勢（たいせい）。

【大是大非】原則にかかわる是非。根本的な是非。

【大手大脚】金使いが荒く浪費するさま。

【大蒜】にんにく。

【大体】①大切な所。大局。②大体。

【大厅】大広間。ホール。

【大庭广众】大勢の前。

【大同小异】大同小異。

【大头针】虫ピン。

【大团圆】大団円。ハッピー・エンド。

【大腿】太もも。

【大王】①王。②その道の達人。③

（トランプの）ジョーカー。

【大无畏】何物にもおじけない。何物をも恐れない。

【大喜】非常にめでたいこと。

【大小】①大きさ。②おとなと子供。大と小。③上下。尊卑。

【大写】①（中国数字の）大字。②大文字。

【大型】大型。大規模だ。

【大选】総選挙。

【大学】大学。

【大洋】①大洋。②（昔の）銀貨。

【大衣】外とう。オーバーコート。

【大意】①大意。あらまし。粗筋。②油断する。うかつだ。

【大雨】大雨。豪雨。

【大元帅】大元帥。

【大约】①およそ。ほぼ。②多分。恐らく。

【大灶】①大きなかまど。②普通の共同炊事。

【大张旗鼓】大がかりに。大大的に。

【大志】大きな志。大志。

【大致】①大体。②おおよその。

【大众】大衆。

【大专院校】大学と高等専門学校。

【大宗】①大口の。大量の。②数量の多いさま。

【大总统】大統領。

dai

呆　dɑi　①愚かだ。頭が鈍い。間が抜ける。△这个人真〜/この人はほんとうに間が抜けている。②ぼんやりする。△发〜/ぼんやりする。③ぶらぶらしている。△他现在没事，〜着呢/彼は今仕事がなくてぶらぶらしている。④いる。△〜在家里/家にいる。

【呆若木鸡】あっけに取られる。

待 dāi 滞在する。とどまる。△～了三天/三日間滞在した。

歹 dǎi 悪い。悪事。△为非作～/悪事の限りを尽くす。

【歹徒】悪党。悪人。

大 dài

【大夫】医者。

代 dài ①代わる。△～人受过/他人に代わって責めを負う。②代理する。△～部长/部長代理。③古～/古代。④世代。△一～新人/新しい世代。

【代办】①代行する。②代理公使。代理大使。

【代办所】代理事務取扱所。

【代笔】代筆する。

【代表】①代表する。△～作/代表作。②代表。

【代词】代名詞。

【代购】代理買い付けをする。

【代号】略号。符帳。

【代价】代価。

【代课】人に代わって講義する。

【代理】①代理する。代行する。②代理。

【代乳粉】代用粉ミルク。

【代售】代理小売りをする。

【代数】代数。

【代替】代わる。とってかわる。

【代销】代理販売する。

【代谢】代謝する。

【代言人】代弁者。

【代用】代用する。△～品/代用品。

带 dài ①帯。バンド。ひも。ベルト。△皮～/皮ベルト。②タイヤ。△自行车～/自転車のタイヤ。③地帯。△热～/熱帯。④携帯する。持つ。△你～着笔吗/ペンをお持ちですか。⑤ついで

に持って行く。言付ける。△请给他带～个口信/あの人に言付けてください。⑥帯びる。含む。△面～笑容/顔に微笑を浮べる。⑦付いている。△～叶的桔子/葉っぱの付いたみかん。⑧連れる。率いる。△～兵打仗/兵を率いて戦う。⑨世話する。△～孩子/子供の世話をする。

【带病】病気がありながら…する。

【带动】導く。率先する。

【带劲】①張り切っている。元気がいい。②すばらしい。おもしろい。

【带领】引率する。率いる。

【带路】道案内をする。

【带头】先頭に立つ。率先する。

【带孝】喪服（もふく）または喪章（もしょう）をつける。

【带鱼】太刀魚（たちうお）。

待 dài ①扱う。遇する。△～人诚恳/人に親切だ。②もてなす。接待する。△～客/客をもてなす。③待つ。△～机/時機を待つ。④…しようとする。

【待价而沽】値段の上がるのを待って売る。

【待考】検討を待つ。

【待命】待命する。命令を待つ。

【待续】続く。

【待遇】①待遇。扱い。②給与。待遇。

贷 dài ①借りる。借り入れる。貸す。貸し出す。②（責任など

を）逃れる。転嫁する。

【贷方】貸し方。

【贷款】①金を貸し出す。金を借り入れる。②貸し付け金。借款。

怠 dài

【怠惰】怠惰だ。怠ける。

【怠工】怠業する。サボタージュ。

【怠慢】①そっけなく扱う。冷淡にあしらう。②不行届きだ。

袋 dài ①袋。△米～/米ぶくろ。②（助数詞）ふくろ。△一～水泥/1ふくろのセメント。

【袋鼠】カンガルー。袋鼠（ふくろねずみ）。

【袋装】袋入り。パック詰め。

逮 dài

【逮捕】逮捕する。つかまえる。

戴 dài つける。かける。△～眼鏡/眼鏡をかける。△～手套/手袋をはめる。△～花儿/花をつける。

dan

丹 dān ①赤色。②煉薬（ねりぐすり）。丹（たん）。

【丹方】民間に伝わっている漢方薬の処方。

【丹田】丹田（たんでん）。

【丹心】丹心。真心（まごころ）。赤心。

单 dān ①単一の。単独の。△～扇门/1枚戸。②奇数の。△～号/奇数番号。③単独に。△～放起来/別のところに置く。④ただ。単に。△不能～靠书本知识/単に書物の上の知識にだけ頼ってはならない。

【单薄】①薄着。②やせてひ弱だ。③手薄だ。不足だ。

【单纯】①単純だ。②単に。ひたすら。

【单词】単語。ワード。

【单调】単調だ。変化に乏しい。

【单独】単独。

【单方面】一方的だ。

【单干】単独経営。個人経営。単独でやる。

【单杠】鉄棒。

【单个】①ただ一人。一人だけ。②一つだけ。片割れ。

【单价】単価。

【单间】①ひと間だけの家。②一人べや。（料理屋の）別室。

【单句】単文。

【单据】証票。伝票。

【单枪匹马】たった一騎で突き進む。他の力を借りないで一人でやる。一匹狼。

【单人床】シングル・ベッド。

【单身】独身。シングル。

【单数】奇数。

【单位】①単位。②機関、団体またはそれに属する各部門。

【单项】各種目別。

【单行本】単行本。

【单一】単一。

【单衣】ひとえもの。

【单音词】単音語。

【单元】単元。ユニット。

【单子】①シーツ。敷布（しきふ）。②書き付け。

【单字】単語。

担 dān ①担う。担ぐ。△～水/水を担う。水を汲む。②担当する。引き受ける。負う。△～责任/責任を負う。

【担保】保証する。請け合う。

【担当】担当する。受け持つ。担任する。

【担负】負う。持つ。負担する。

【担架】担架。

【担惊受怕】びくびくする。驚かされる。

【担任】担当する。担任する。受け持つ。

【担心】心配する。気遣う。気掛かりだ。

耽 dān

【耽搁】①滞留させられる。②遅らせる。

【耽误】暇取って…に影響を及す。

胆 dǎn ①胆のう。②胆力。胆っ玉（きもったま）。△壮～/勇気をつける。

【胆大】胆っ玉が大きい。

【胆敢】あえて…する。大胆にも…する。

【胆寒】胆を冷す。冷冷する。

【胆量】度胸。

【胆略】胆略。

【胆识】胆力と識見。

【胆小】臆病（おくびょう）だ。

【胆战心惊】驚き恐れてわなわな震える。

掸 dǎn はたく。△～灰/ほこりをはたく。

【掸子】はたき。

旦 dàn ①明け方。②日。△元～/元旦。

但 dàn ①しかし。けれども。②ただ。だけ。ばかり。△～求无过/過ちのないことだけを願う。

【但凡】…でさえあれば。…しさえすれば。

【但是】しかし。けれども。ところが。…が。△这东西虽便宜，～质量好/これは安いが、質がよい。

【但书】但し書（ただしがき）。

【但愿】ひたすら…だけを願う。

担 dàn ①50キロ。△一～棉花/50キロの線。②（助数詞）かつぎ。△一～水/一かつぎの水。

诞 dàn

【诞辰】誕生日。

【诞生】生まれる。誕生する。

淡 dàn ①（味が）薄い。甘い。

△这个菜太～了/この料理が薄すぎる。②薄い。淡い。△～茶/薄茶。③（色が）浅い。△～红/浅紅（せんこう）。④冷淡だ。淡泊だ。△～然处之/淡泊に処する。

【淡薄】①希薄だ。薄い。②興味などが薄い。薄らぐ。

【淡化】脱塩する。

【淡季】閑散期。

【淡漠】冷淡だ。不熱心だ。

【淡水】淡水。

【淡忘】少しずつ忘れる。風化する。

【淡雅】あっさりして奥ゆかしい。

蛋 dàn 卵（たまご）。△鸡～/鶏卵。

【蛋白】卵の白身（しろみ）。

【蛋白质】たん白質。

【蛋粉】乾燥卵（かんそうたまご）。

【蛋糕】カステーラ。ケーキ。

【蛋黄】卵の黄身（きみ）。

【蛋壳】卵のから。

【蛋品】卵と卵製品。

弹 dàn 玉。弹丸。△～如雨下/弹丸が雨のように飛んでくる。

【弹弓】ぱちんこ。

【弹壳】①薬（やっ）きょう。②外かく。

【弹坑】爆弾の穴。

【弹片】（砲弾などの）破片。

【弹头】弾頭。

【弹丸】①弾丸。②はじき玉。

【弹药】弾薬。

【弹子】玉つき。ビリヤード。

氮 dàn 窒素。

【氮肥】窒素肥料。

dang

当 dāng ①…べきだ。…しなけ

ればならない。△早～开会解决
/早急に会を開いて解決すべき
だ。②…を前にして。面と向か
って。△～众撒谎/公然とうそ
をつく。③ちょうど…のころ。
…に当たる。△～场/その場で。
④担当する。…になる。△～兵
/兵隊になる。⑤管理する。△这
个家不好～/この家の切り盛り
が難しい。⑥受ける。引き受け
る。

【当初】当初。昔。最初。
【当代】現代。当世。当代。
【当地】その土地。地元。
【当机立断】時機を外さず即断す
　る。
【当即】すぐさま。直に。
【当家】当主になる。家事を切り
　回す。
【当局】当局。
【当令】季節向きだ。
【当年】①当時。あの時。②年盛
　り。
【当前】①目の前にいる。②当面
　の。今の。
【当权】権力を握る。
【当然】当然だ。当り前だ。もちろ
　ん。いうまでもなく。
【当时】当時。その時。
【当事人】当事者。
【当务之急】当面の急務。
【当下】直に。即刻。すぐさま。
【当先】真っ先。先頭に立つ。
【当心】用心する。気を付ける。
【当选】当選する。
【当政】政権を握る。
【当中】①まん中。②…の中。…
　の内。
【当众】みんなの前で。大勢の前
　で。

挡　dǎng　①よける。△～雨/雨
　をよける。②ふさぐ。△～路/道

をふさぐ。③覆う。さえぎる。△
拉上窗帘～住阳光/カーテンを
ひいて光をさえぎる。
【挡驾】門前払いをする。来訪を
　断る。
【挡箭牌】口実。かこつけ。

党　dǎng　①政党。②徒党。一味。
　◇结～营私/徒党を組んで私利
　を図る。
【党报】党の機関紙。
【党费】党費。
【常纲】党の綱領。
【党籍】党籍。
【党纪】党の規律。
【党魁】徒党の頭（かしら）。
【党龄】党歴。在党年数。
【党派】党派。
【党旗】党旗。
【党徒】徒党。同類。
【党务】党務。
【党校】党学校。
【党性】党派性。
【党员】党員。
【党章】党規約。
【党证】党員の身分証明書。
【党中央】党中央。
【党组】党グループ。

当　dàng　①適切だ。ふさわし
　い。△用词不～/言葉遣いが不
　適当だ。②…に相当する。…に
　匹敵する。◇以一～十，以十～
　百/一騎当千。③…とする。…
　と見なす。△拿茶～酒/お茶を
　酒のつもりにする。④…と思
　う。…と考える。△你～我不知
　道/私が知らないとでも思って
　いるのか。⑤質（しち）に入れ
　る。△～衣服/着物を質に入れ
　る。
【当年】その年。同年。同じ年。
【当票】質札（しちふだ）。

【当铺】質屋（しちや）。

【当日】当日。その日。

【当时】直に。即座（そくざ）に。すぐさま。

【当真】①真（ま）にうける。本気にする。②本当だ。果たして。

【当做】…と見なす。…と思う。

荡 dàng ①揺れる。揺れ動く。ゆすぶる。△～秋千/ぶらんこに乗る。②ぶらつく。ぶらぶらする。

【荡船】船を漕ぐ。

【荡涤】洗い流す。洗い清める。

【荡漾】軽く揺ぐ。漂う。

档 dàng ①木の枠。戸だな。キャビネット。②保存書類。△查～/保存書類を調べる。③級。クラス。△高～商品/高級商品。

【档案】保存書類。

dao

刀 dāo ①刃物類。△一把～/ナイフ1ちょう。②紙を数える助数詞。△一～纸/100枚の紙。

【刀把子】①刃物類の柄（え）。②権力。

【刀背】刀の峰（みね）。

【刀兵】武器。戦争。

【刀叉】ナイフとフォーク。

【刀豆】なた豆。

【刀锋】刀の切っ先。

【刀具】カッター。刃物（はもの）。

【刀口】①やいば。②手術の切り口。

【刀片】①機械につけて切削に用いるやいば。②安全かみそりの刃（は）。

【刀枪】刀ややり。武器。

【刀鞘】刀剣のさや。

叨 dāo

【叨唠】くどくど言う。愚痴（ぐち）をこぼす。

导 dǎo ①導く。△～向正轨/正しい途に導く。②伝導する。△～电/電気伝導。

【导弹】ミサイル。誘導弾。

【导航】航法する。

【导火线】①リード。フューズ。導火線。②きっかけ。導火線。

【导师】①指導教師。②教師。リーダー。

【导线】①導線。リード線。②導火線。

【导言】緒言（しょげん）。序言。前書き。

【导演】①演出する。監督する。②演出家。映画監督。

【导游】①案内する。ガイドする。△～图/案内図。②ガイド。

【导致】招く。引き起こす。もたらす。

岛 dǎo 島。

【岛国】島国。

【岛屿】島しょ。島。

倒 dǎo ①倒れる。横倒しになる。△摔～/つまずいて倒れる。②失敗する。つぶれる。△内阁～了/内閣が倒れた。③のどを傷める。△嗓子～了/のどを傷めてしまった。④換える。移す。△～车/（バスなどに）乗り換える。

【倒把】相場をする。空取引（からとりひき）する。

【倒班】勤務交替をする。

【倒闭】倒産する。破産する。

【倒戈】寝返りをうつ。反旗を翻す。

【倒卖】やみ取引をする。

【倒霉】運が悪い。間が悪い。

【倒手】転売する。また売りする。

【倒塌】崩れる。倒れる。

【倒台】ひっくり返る。

【倒胃口】①胃を悪くする。食べ飽きる。②うんざりさせられる。

捣 dǎo ①つく。つき砕く。△～米/米をつく。②打つ。たたく。△～衣/洗たく物をたたく。

【捣蛋】からむ。言いがかりをつける。

【捣鬼】悪だくみをする。かき回す。

【捣毁】ぶち壊す。たたき壊す。

【捣乱】①かく乱する。めちゃくちゃにする。②邪魔だてをする。いやがらせをする。

祷 dǎo

【祷告】祈る。祈願する。

到 dào ①到着する。着く。△公共汽车～站了/バスがバス停に着いた。②行く。△～群众中去/大衆のなかに入って行く。③…まで。△～一定程度/ある程度まで。④周到だ。行きとどく。

【到场】出席する。顔を出す。

【到处】至る所。あちこち。方方（ほうぼう）。

【到达】到着する。着く。

【到底】①とうとう。ついに。②一体。そもそも。③やっぱり。さすがに。④最後まで。あくまで。

【到会】会議に出席する。

【到家】最大限に達する。十分なところまで達する。

【到来】到来する。来る。

【到期】期限が来る。期限が切れる。

【到手】手に入る。入手する。

【到头】極限に達する。尽きる。

倒 dào ①逆様にする。逆にする。△～立/逆立（さかだち）をする。②逆に。反対に。③逆に動かす。後退させる。△～车/車をバックさせる。④開ける。傾ける。捨てる。△～垃圾/ごみを捨てる。⑤かえって。⑥案外。

【倒彩】半畳（はんじょう）。やじ。△喝～/半畳を入れる。

【倒流】逆流する。

【倒数】①逆数。②後から数える。

【倒退】後退する。逆もどりする。

【倒行逆施】逆行的行動。

【倒叙】追叙法。

【倒因为果】原因と結果を転倒する。

【倒影】倒影。

【倒置】倒置する。転倒する。

【倒转】逆転する。

【倒装句】倒置句。

悼 dào 悼む。△追～/追悼する。

【悼词】悼辞。弔辞。

【悼念】悼む。

盗 dào ①盗む。△仓库的东西被～了/倉庫の物を盗まれた。②強盗。

【盗汗】寝汗をかく。

【盗卖】物を盗んで売り飛ばす。

【盗匪】ひ賊。盗賊。

【盗窃】窃盗する。窃取する。盗む。△～犯/窃盗犯。

【盗印】窃取する。

【盗用】盗用する。横領する。

道 dào ①道路。道。△小～/小道（こみち）。②流れ。流れる方向。△河流改～/川の流れが変わる。③道。△养生之～/養生の道。④教え。道。△孔孟之～/孔孟の道。⑤線。棒。△一条斜～/1本の斜線。⑥言う。話す。△能说会～/口先がうまい。

【道白】せりふ。

【道別】別れを告げる。

【道徳】道徳。

【道賀】お祝いを述べる。

【道具】大道具と小道具。

【道理】①道理。わけ。②理屈。道理。

【道路】道路。道。

【道歉】わびる。謝る。

【道听途说】またぎきの風説。あてにならないうわさ。

【道谢】お礼を言う。謝意を述べる。

【道义】道義。

稲 dào 稲。△早～/わせ。

【稲草】稲わら。△～人/かかし。

【稲糠】米ぬか。

【稲壳】もみがら。

【稲田】水田。田。

【稲秧】早苗（さなえ）。

de

得 dé ①得る。手に入れる。獲得する。△～到一个好消息/嬉しいニュースが入った。②…できる。…してよい。③得意になる。△自～/自得する。④でき上がる。△饭～了/ご飯ができた。⑤…になる。△二三～六/2に3をかけると6になる。⑥よろしい。⑦しまった。ちえっ。

【得便】ついでの時。都合の良い時。

【得不偿失】損得が償わない。引き合わない。

【得逞】思いのままになる。実現する。

【得出】引き出す。見いだす。

【得当】当を得る。適当だ。

【得到】①得る。手に入れる。②受ける。得る。

【得法】方法がただしい。要領を得ている。

【得分】得点。ポイントをかせぐ。

【得计】計略がうまくいく。思い通りになる。

【得奖】受賞する。

【得空】手が明く。暇になる。

【得力】①有能だ。腕ききの。②有力だ。力強い。

【得胜】勝利を得る。勝つ。

【得失】①損得。得失。②利害。よしあし。

【得势】羽振（はぶ）りが良い。勢力が強くなる。

【得手】順調に運ぶ。調子が良い。

【得闲】手が明く。暇になる。

【得心应手】思う通りに手が動く。思うようにできる。

【得以】…することができる。…し得る。

【得意】得意になる。

【得志】志を遂げる。願いがかなう。

【得罪】人の感情を害する。機げんを損ねる。

徳 dé 徳。道徳。品行。△美～/美徳。

【徳才兼备】才徳兼備。

【徳高望重】徳が高く、非常に声望がある。

【徳行】徳行。

【徳语】ドイツ語。

【徳育】徳育。

【徳政】徳政。

deng

灯 dēng 明かり。燈火。ランプ。△电～/電燈。

【灯光】①明かり。②照明。

【灯火】燈火。ともしび。
【灯笼】燈ろう。ちょうちん。
【灯笼裤】ニッカー・ボッカーズ。
【灯泡】電球。
【灯塔】燈台。ライト・ハウス。
【灯头】①ソケット。②口金（くちがね）。
【灯心绒】コールテン。
【灯油】燈油。
【灯罩】ランプのほや。電燈のかさ。

登 dēng ①登る。あがる。△～岸/岸にあがる。②踏む。踏みつける。踏み切る。△～水车/水車を踏む。③掲載する。載せる。△～广告/広告を載せる。④足をかける。踏む。△脚～在椅子上/足を椅子にかけている。
【登报】新聞に載せる。新聞に掲載する。
【登峰造极】極地に達する。
【登高】高みに登る。登高する。
【登记】登録する。登記する。
【登陆】上陸する。
【登门】参上する。訪問する。
【登山】登山する。山登り。
【登台】①舞台に立つ。②講壇に立つ。演壇に立つ。
【登载】登載する。掲載する。

等 děng ①等級。△分三～/3等級に分ける。②等しい。同じだ。△大小不一～/大小まちまちだ。③待つ。△～车/車を待つ。④…てから。△～我写完信再去/手紙を書いてから行く。⑤など。等。△衣帽、鞋袜～/服や帽子、くつやくつしたなど。
【等待】待つ。
【等到】…てから。…なると。
【等号】等号。イコール。
【等候】待つ。

【等级】等級。
【等价】等価。
【等式】等式。
【等同】同一視する。同じくする。
【等外】等外。
【等于】①…に等しい。イコール。②同じだ。

凳 dèng 腰掛け。

澄 dèng （液体を）澄す。こす。
【澄清】澄す。
【澄沙】こしあん。

瞪 dèng ①見張る。見開く。△～着眼看/目を大きくして見る。②にらみつける。じろりと見る。△～了他一眼/彼をちょっとにらんだ。
【瞪眼】①目を見張る。目を大きく開く。②にらみつける。

di

低 dī ①低い。△水位～/水位が低い。②等級が低い。△～年级学生/低学年の学生。③下げる。たれる。△～头/頭を下げる。
【低产】低位収獲。
【低潮】①低潮。干潮。②下り坂。退潮期。低調だ。
【低沉】①空がどんよりと曇っているさま。②音が低く沈んでいる。③気が沈んでいる。
【低估】過小評価する。
【低级】①低い段階。②低級だ。下品だ。
【低廉】安い。格安だ。
【低劣】非常に悪い。下等だ。
【低烧】微熱。
【低声】小声。小さい声。
【低洼】地勢が低い。くぼんでいるさま。

【低微】①低い。細い。微微たる。
　②身分などが低い。

【低温】低温。

【低息】低利。

【低圧】①低圧。低圧力。②低気
　圧。③心臓拡張期血圧。

堤 dí 堤（つつみ）。土手（ど
　て）。堤防。

提 dí

【提防】用心する。警戒する。

滴 dí ①垂らす。滴（したた）
　る。△～眼药/目薬をさす。②
　滴。△一～水/1滴の水。

【滴答】①滴る。垂れ落ちる。②
　（水の滴る音）ぽたぽた。③（時
　計の音）かちかち。

的 dí

【的确】確かに。疑いなく。

【的确良】テトロン。

敌 dí ①敵（てき）。敵（かた
　き）。△～机/敵がたの飛行機。
　②抵抗する。敵する。△以弱～
　强/弱者が強者に対抗する。

【敌对】敵対する。

【敌国】敵国。

【敌后】敵の銃後。

【敌军】敵軍。

【敌情】敵情。敵の動静。

【敌视】敵視する。

【敌手】敵手。ライバル。

【敌探】スパイ。間ちょう。

【敌我矛盾】敵味方の間の矛盾。

【敌意】敵意。

涤 dí すすぐ。洗う。△洗～/洗
　いすすぐ。

【涤除】払い除く。

【涤荡】洗い清める。洗い流す。

【涤纶】テトロン。テリレン。

笛 dí 笛。横笛。△汽～/汽笛。

嘀 dí

【嘀咕】①ひそひそ話す。ささや
　く。②疑う。ためらう。

嫡 dí ①嫡（ちゃく）。△～长子
　/嫡男。②正統。直系。

【嫡传】嫡伝する。正統の相伝。

【嫡派】①直系。②直伝（じきで
　ん）を受けた一派。

【嫡亲】直系の。実の。

【嫡系】正統。直系。

诋 dí

【诋毁】ひぼうする。けなす。中傷
　する。

邸 dí 屋敷（やしき）。△官～/
　官邸。

底 dí ①底（そこ）。△缸～/か
　め底。②事の子細。わけ。内情。
　△露～儿/種がばれてしまっ
　た。③草稿。写し。控え。△留
　～/控えを取っておく。④末。終
　り。最後。△年～/年末。⑤地
　（じ）。図案の下地。△白～/白い
　地。

【底层】下層。どん底。

【底稿】原稿。草稿。

【底牌】トランプの手持ち札。切り
　札。

【底片】ネガチブ。

【底细】詳しい事情。実情。内情。

【底下】①下。△桌～/机の下。②
　そのあと。その先。

抵 dí ①突っ張る。支える。△
　以棍～门/棒で戸を支える。②
　防ぎ止める。抵抗する。食い止
　める。△～住压力/圧力を受け
　止める。③相当する。匹敵する。
　償う。△～命/命を償う。④かた
　に入れる。かたにする。△用房
　屋做～/家屋を抵当にする。⑤
　つり合いが取れる。△收支相
　～/収支のつり合いが取れる。
　⑥着く。到着する。△～家/家に

着く。

【抵触】抵触する。衝突する。反ぱつする。

【抵达】到着する。着く。

【抵挡】防ぎ止める。食い止める。

【抵抗】抵抗する。

【抵赖】言い逃れをする。言い抜ける。

【抵消】相殺（そうさい）する。帳消しになる。

【抵押】①抵当。②抵当に入れる。

【抵卸】防ぎ止める。食い止める。

地 dì ①地。大地。△～底下/地下。②土地。田畑。△麦～/麦畑（むぎばたけ）。③床。鋪道。△水泥～/コンクリート鋪装の床。④地区。地方。△各～/各地。⑤地。所。場所。△目的～/目的地。⑥境地。立場。△容身之～/身の置き場。⑦道のり。路程。△两站～/二停留所ほどの道のり。

【地板】板敷の床。床板（ゆかいた）。

【地堡】トーチカ。

【地步】①境地。状態。②…ほど。…にまで。

【地层】地層。

【地产】土地不動産。

【地带】地帯。地域。地区。

【地道】①地下道。②生粋だ。本場だ。

【地点】地点。場所。

【地段】区間。作業区。

【地方】①地方。②当地の。地元の。③所。場所。

【地基】敷地。土台。

【地窖】穴蔵（あなぐら）。

【地界】地境。

【地雷】地雷。

【地理】地理。

【地利】①地の利。△天时～/天時

と地利。②地力。

【地面】①地面。②鋪装地盤。③区域。地区。

【地名】地名。

【地皮】①建築用地。敷地。②地面。地表。

【地痞】地回（じまわ）り。よたもの。

【地平线】地平線。

【地壳】地殻。

【地球】地球。

【地区】地域。地区。

【地势】地勢。

【地毯】じゅうたん。カーペット。

【地图】地図。

【地位】①地位。ポスト。②場所。

【地下】①地下。△～资源/地下資源。②地下。非合法だ。

【地形】地形。

【地狱】地獄。

【地域】地域。

【地震】地震。△～烈度/震度。

【地址】住所。当て先。

【地质】地質。

【地主】①地主。②土地の人。地元の者。

【地租】地代。小作料。年貢。

弟 dì 弟。△堂～/従兄。

【弟弟】弟。

【弟妹】①弟と妹。②おとうと嫁。

【弟兄】兄弟。

【弟子】弟子。門人。

的 dì 的（まと）。△中～/的に当る。

帝 dì ①天帝。帝。②皇帝。天子。△称～/帝と称する。

【帝国】帝国。

【帝王】帝王。

【帝制】君主制。

递 dì ①手渡す。伝える。△请把报纸～给我/その新聞を私に

渡してください。②次第に。順序を追って。△～补/順次に補欠する。

【递减】逓減する。

【递交】手渡す。手交する。奉呈する。△～国书/国書を奉呈する。

【递送】逓送する。届ける。配達する。

【递增】逓増する。

第 dì ①序数詞に冠して順序を示す。②邸宅。やしき。

【第三者】第三者。

【第一】①第一。1番目。②何よりも重要だ。

【第一流】一流。最上級。

【第一性】第一義。

缔 dì

【缔交】国交を結ぶ。

【缔结】締結する。結ぶ。△～条约/条約を締結する。

【缔造】築き上げる。創建する。創設する。

dian

掂 diān 手で重さを量る。

【掂量】①手に乗せて重さを量る。②考える。心づもりをする。

颠 diān ①頂。頂上。てっぺん。△山～/山の頂。②（上下に）揺れる。△卡车～得利害/トラックががたがた揺れる。

【颠簸】ひどく揺れる。

【颠倒】①逆様にする。転倒する。②気が転倒する。

【颠覆】転覆する。

【颠沛流离】困窮して流浪の身となる。

【颠三倒四】つじつまが合わない。混乱しているさま。

巅 diān 山頂。頂上。△泰山之～/泰山の頂。

典 diǎn ①式典。儀式。△开国大～/建国の大式典。②規準となる書籍。◇引经据～/経典などの書籍から引用する。③典故。典拠。故実。△引～不当/故実の引用が適切でない。④質にとって金を貸す。

【典当】質に入れる。

【典范】手本。典範。模範。

【典故】典故。故実。

【典礼】式典。儀式。典礼。

【典型】①典型。手本。モデル・ケース。②典型的だ。

【典雅】みやびやかだ。上品だ。優雅だ。

【典章】典章。法令制度。

点 diǎn ①しずく。△雨～/雨粒（あまつぶ）。②ほし。ぽち。はん点。△墨～/墨のぽち。③面。点。△优～/長所。④少し。ちょっと。△给我～纸/紙を少しください。⑤指定する。指摘する。△～了这件事/このことが指摘された。⑥垂れ落とす。△～眼药/目薬をさす。⑦調べる。数える。△～～数/数えてみてください。⑧指定する。△～菜/料理を注文する。⑨教える。暗示を与える。△一～就明/ヒントを与えるとすぐ察しがつく。⑩火をつける。△～灯/明りをつける。⑪時。時刻。△几～了/何時ですか。

【点火】①火をつける。火をともす。②せん動する。あおりたてる。

【点名】①点呼する。出席を取る。②名指す。指名する。

【点破】かっ破する。すっぱぬく。

【点燃】点火する。燃やす。火をつ

けLE。

【点收】查收する。調べて受け取る。

【点数】数える。調べる。

【点题】テーマを浮き出させる。

【点头】①会釈する。うなずく。②首肯する。うなずく。同意する。

【点心】菓子。間食。

【点缀】①引き立たせる。飾り付ける。②飾り。添え物。

【点子】①ちょぼ。ぽち。②リズム。③かぎ。肝じんなところ。④考え。知恵。方法。

碘 diǎn　沃素。ヨード。

【碘酊】ヨードチンキ。

【碘仿】ヨードホルム。トリヨードメタン。

【碘酒】ヨードチンキ。

踮 diǎn　爪立つ。伸び上がる。△～着脚走/爪先立って歩く。

电 diàn　①電気。△送～/送電する。②感電する。電撃する。△手～了一下/手に感電した。③電信。電報。△加急～/ウナ電。

【电报】電報。電信。

【电表】①ワット時計。電力計。②電気時計。

【电冰箱】電気冷蔵庫。

【电波】電波。

【电唱机】電気蓄音機。レコード・プレーヤー。

【电车】電車。エレクトリック・カー。

【电池】電池。

【电灯】電燈。

【电动机】電動機。モーター。

【电工】①電気工学。②電気技術工。

【电光】電光。エレクトリック・ライチンダ。

【电焊】電気よう接。

【电化教育】AV教育。視聴覚教育。

【电话】電話。

【电机】発電機。

【电缆】ケーブル。電纜。

【电烙铁】電気はんだこて。

【电力】電力。

【电料】電気器具材料。

【电铃】ベル。

【电流】電流。

【电炉】電気ストーブ。電気こんろ。電気炉。

【电码】電信符号。コード。

【电门】電気のスイッチ。

【电钮】スイッチの押しボタン。

【电气】電気。

【电器】電気器具。

【电扇】扇風機。

【电视】テレビジョン。テレビ。

【电台】①ラジオ放送局。②無線放送受信機。

【电烫】パーマネントをかける。

【电梯】エレベーター。

【电筒】懐中電燈。

【电文】電文。

【电线】電線。

【电信】電気通信。電信。

【电讯】①電話通信。電報通信。テレビ通信。②無電の信号。

【电影】映画。

【电源】電源。

【电灶】電気こんろ。

【电子】電子。エレクトロン。

佃 diàn　小作をする。

【佃户】小作人。

【佃农】小作農。

店 diàn　①宿屋。△住～/宿屋に泊まる。②店。商店。△书～/本屋。

【店员】店員。従業員。

玷 diàn ①玉の上のはん点。玉の傷。◇白圭之〜/玉に傷。②汚（けが）す。恥ずかしめる。△有〜清白/廉潔を汚す。

【玷辱】恥ずかしめる。汚す。侮辱を加える。

【玷污】汚（よご）す。汚（けが）す。

垫 diàn ①下に敷く。下にあてる。△〜平/平らにならす。②下にあてがう物。△椅〜/いす座ぶとん。③立て替える。

【垫肩】①肩あて。②肩あて。パット。

【垫款】立て替え金。

【垫上运动】マット・ワーク。

淀 diàn

【淀粉】でん粉（ぷん）。

惦 diàn 気にかける。心配する。

【惦记】気にかける。心配する。

【惦念】気にかける。気に止める。

奠 diàn

【奠定】うちたてる。きずく。かためる。

【奠基】基礎をおく。基礎を確立する。△〜典礼/定礎式。

殿 diàn 宮殿。神殿。仏殿。

【殿军】入賞した第三位。

【殿下】殿下。

diao

刁 diāo 悪らつだ。こうかつだ。ずるい。△那个人很〜/あいつはなかなかずるい。

【刁悍】こうかつで凶悪だ。

【刁滑】こうかつだ。ずる賢い。

【刁难】難癖をつける。意地悪く人を困らせる。

刁钻 悪賢い。かん知にたけている。

叼 diāo くわえる。△嘴里〜着烟卷/口にたばこをくわえている。

凋 diāo しおれる。しぼむ。衰える。△草木〜落/草木がちょう落する。

【凋敝】（生活が）困窮する。（事業が）衰える。

【凋零】しおれる。しぼみ落ちる。

【凋谢】しぼみ落ちる。散る。

貂 diāo てん。マーテン。

【貂皮】てんの毛皮。

【貂裘】てんの皮衣（かわごろも）。てんの皮衣（かわぎぬ）。

碉 diāo

【碉堡】トーチカ。

【碉楼】望楼。やぐら。

雕 diāo ①彫る。彫り付ける。彫刻する。△〜朵花/花を一つ彫る。②わし。いぬわし。

【雕刻】彫刻する。

【雕塑】彫塑する。

【雕像】彫像。

【雕琢】①彫たくする。②過度に文章を飾ること。

吊 diào ①つる。つるす。つり下げる。△〜打/つるし上げて打つ。②引き上げる。引き下げる。△〜上去/上に引き上げる。③着物の表地、裏地あるいは毛皮を縫い合わせて仕立てる。△〜面儿/表地をつける。

【吊车】クレーン。起重機。

【吊床】ハンモック。つり寝台。

【吊灯】つり下げ式のランプ。

【吊桥】つり橋。

【吊死】縊死する。首をくくって死ぬ。

【吊桶】つるべ。バケット。

【吊袜带】くつ下つり。ガーター。

【吊销】取り上げる。取り消す。

【吊唁】弔問する。弔意を表する。

【吊装】起重機などで組み立てる。

钓 diào ①つる。△～鱼/魚を
つる。②名利をあさる。求め
る。

【钓饵】つりえさ。えさ。

【钓竿】つりざお。

【钓钩】つりばり。

【钓具】つり道具。

调 diào ①異動させる。移動さ
せる。回す。△新～来的干部/今
度転任してきた幹部。②なま
り。調子。△地方～/地方のなま
り。③アクセント。④節。メロ
ディー。調子。△唱的～很好听
/歌の調子はとてもよい。

【调兵遣将】軍隊を派遣する。人員
を配置する。

【调拨】振り向ける。調達する。

【调查】調査する。調べる。取り
調べる。

【调动】①異動する。転勤する。②
動員する。

【调度】①管理してあん配する。配
置する。②配置がかり。バッチャ
ー。

【调换】取り替える。交換する。

【调配】配置する。配分する。

【调遣】指し図する。派遣する。

【调运】調達して送る。

【调职】転任する。

【调子】①調。調子。②メロディー。
③語調。

掉 diào ①落ちる。落とす。△
～泪/涙を落とす。②無くす。失
う。△钥匙～了/かぎを落とし
た。③換える。△～座位/座席を
換える。④向きを変える。回す。

△～过车头/車の向きを変え
る。

【掉队】落伍する。立ち遅れる。

【掉色】色があせる。色がさめる。

【掉以轻心】おろそかにする。軽
視する。

【掉转】向きを変える。

die

爹 diē とうちゃん。おとっつあ
ん。△～娘/親（おや）。

跌 diē ①転ぶ。つまずく。△～
倒/転ぶ。②下がる。下落する。
△物价下～/物価が下落する。

【跌价】値段が下がる。値下げす
る。

【跌交】①転ぶ。つまずく。②
過ちを犯す。失敗する。

迭 diē ①かわるがわる。交代
に。△刚柔～用/硬軟両様の手
口をかわるがわる使う。②し
ばしば。たびたび。△～挫强敌
/強敵をつぎつぎとくじく。

【迭次】たびたび。しばしば。しき
りに。

【迭起】相次いで起こる。

谍 diē

【谍报】諜報（ちょうほう）。

喋 diē

【喋喋不休】しゃべり続ける。くど
くど言う。

牒 diē 公文書。△最后通～/最
後通ちょう。

叠 diē ①積み重ねる。△层峦
～嶂/山が重なり合っている。
②畳む。折り畳む。△～被子/
ふとんを畳む。

【叠罗汉】タンブリング。

碟 diē 小（こ）さら。

蝶 dié　ちょう。こちょう。
【蝶泳】バタフライ。

ding

丁 dīng　①成年の男子。△成
〜/成年になる。②家族数。人
口。③第四位。
【丁香】①ライラック。リラ。②ちょ
うじ。丁香（ちょうこう）。

叮 dīng　①刺す。△叫蚊子〜了
一下/蚊に刺された。②問いた
だす。念を押す。だめを押す。△
我又〜了他一句/私はすぐまた
一言念を押した。
【叮嘱】懇ろに言いつける。言いき
かせる。

盯 dīng　①見詰める。にらむ。
△他紧紧地〜着我/彼はじっと
私を見詰めている。②後にぴっ
たりくっつく。食い下がる。△
人〜人战术/マンツーマン戦
法。
【盯梢】尾行する。あとをつける。

钉 dīng　①くぎ。②催促する。
促す。△他健忘，你勤〜着点/
彼は忘れっぽいからつねに催
促してください。
【钉锤】金（かな）づち。ハンマー。
【钉耙】くま手（で）。
【钉鞋】スパイク・シューズ。
【钉子】くぎ。

顶 dǐng　①頂。てっぺん。△山
〜/山の頂。②頭上に乗せる。い
ただく。△头〜着罐子/頭にか
めを乗せている。③たてつく。
口答えする。△他心里想〜他几
句/彼は心の中で反ぱくしよう
と思ったが。④取って代わる。代
わりをする。替え玉になる。△

夜班他由〜着/夜勤は彼が代わ
りを勤める。⑤向かう。△〜风
骑车/向かい風に自転車を走ら
せる。⑥相当する。匹敵する。△
一个人〜十个人的力量/一人で
十人の力に匹敵する。⑦（助数
詞）個。はり。⑧一番。最も。き
わめて。
【顶端】てっぺん。頂。
【顶风】①風に逆らう。②向かい
風。逆風。
【顶峰】最高峰。
【顶棚】天井。
【顶事】役に立つ。有力だ。効き
目がある。
【顶替】交替する。替え玉を使う。
替え玉になる。
【顶用】役に立つ。
【顶针】指ぬき。
【顶住】支える。持ちこたえる。
【顶撞】たてつく。突っ張る。逆ら
う。
【顶嘴】言い争う。口げんかする。
口答えする。

订 dìng　①取り決める。締結す
る。△〜约/条約を締結する。
②注文する。予約する。△〜菜
/料理を注文する。③とじる。と
じ合わせる。△〜笔记本/ノー
トをとじる。
【订单】注文リスト。注文書。
【订费】購読料。
【订购】発注する。
【订婚】婚約する。
【订货】注文する。発注する。
【订书机】ホチキス。

钉 dìng　①打つ。打ち付ける。
△〜钉子/くぎを打ち付ける。
②縫い付ける。△〜扣子/ボタ
ンを縫い付ける。

定 dìng　①落ち着く。定まる。

静まる。△心神不～/気が落ち着かない。②決める。定まる。決定する。△～计划/計画を立てる。△注文する。予約する。△～票/切符を予約する。④きっと。必ず。△～能取胜/必ず勝利をかち取ることができる。

【定案】①事件を処決する。②最終的と決定した案。断案。

【定本】書物の決定版。

【定额】定額。ノルマ。

【定稿】①脱稿する。②最終稿。

【定计】計画を定める。

【定价】定価。

【定见】定見。

【定居】定住する。

【定局】①結着が着く。最後の決定をする。②定まった状態。不動の局面。

【定理】定理。

【定量】定量。

【定律】定律。

【定论】定説。定論。

【定期】①定期。②定期的だ。

【定钱】手付け金。

【定神】①目を凝らす。注意力を集中する。②気を静める。気を落ち着ける。

【定时炸弹】時限爆弾。

【定向】①方向づける。オリエンテーション。②一定の方向。

【定型】①定型化する。②定型。

【定义】定義。

【定影】（写真の）定着。フィッキシング。

【定语】連体修飾語。

【定罪】罪を決定する。罪を言い渡す。

【定做】あつらえる。オーダーする。

diu

丢 diū ①無くす。落とす。△～了本书/本を無くした。②投げる。捨てる。ほうり出す。△把枪～下跑了/銃を捨てて逃げてしまった。③忘れる。△把约会～到脑后/約束を忘れてしまう。

【丢掉】①無くす。落とす。②捨てる。取り捨てる。

【丢脸】面目をつぶす。顔をつぶす。恥をかく。

【丢弃】捨てる。投げ捨てる。

【丢三落四】忘れっぽい。よくもの忘れをする。

【丢手】手を引く。手を放す。止める。

【丢眼色】目配せする。目で合図する。

dong

东 dōng ①東。△～风/東風。②主人。△房～/大家（おおや）。③主人役。△做～/主人役を務める。

【东奔西跑】東奔西走する。八方に奔走する。

【东道】主人役。ホスト。

【东拉西扯】出任せにしゃべる。

【东鳞西爪】断片的でまとまりのない書きもの。

【东拼西凑】あちこちから工面して寄せ集める。

【东西】①物。物事。②やつ。

【东张西望】あっちこっち眺める。きょろきょろする。

冬 dōng ①冬。②どんどん。とんとん。

【冬耕】冬期耕作。

【冬菇】しいたけ。

【冬瓜】冬瓜（とうがん）。

【冬眠】冬眠。

【冬笋】冬の竹の子。

【冬衣】冬の服装。冬物。

董 dǒng ①監督する。取り締まる。②理事。重役。

【董事】取締り役。専務理事。重役。

懂 dǒng 分る。知る。理解する。△～英语/英語が分る。

【懂得】分る。理解できる。

【懂行】通じる。…に明るい。玄人だ。

【懂事】ものが分かる。物心がつく。

动 dòng ①動く。△站住，不准～/止まれ、動くな。②動作。行動する。△一举一～/一挙一動 ③動かす。移動する。△屋内的东西有人～过/部屋の中のものに誰かが手をつけたらしい。④…する。手をつける。△～脑筋/頭を使う。⑤引き起こす。激発する。△～感情/感情的になる。

【动笔】書く。筆を取る。

【动不动】ややもすれば。△～就感冒/よく風邪を引く。

【动产】動産。

【动词】動詞。

【动荡】①揺らめく。たゆたう。②動揺する。激動する。

【动工】着工する。工事に取り掛かる。

【动画片】漫画映画。アニメーション。

【动机】動機。

【动静】①物音。②様子。動静。

【动力】動力。原動力。

【动乱】動乱。

【动脉】動脈

【动怒】怒る。腹を立てる。かんしゃくを起こす。

【动气】怒る。

【动情】①激情に駆られる。②愛慕の情を起こす。

【动人】感動的だ。人の心を打つ。

【动身】旅立つ。出発する。

【动手】①始める。着手する。手を下（くだ）す。②手を触れる。③手を動かす。やる。④手を出す。人をなぐる。

【动手术】手術する。

【动态】動態。動き。

【动听】聞く人をひきつけるさま。

【动武】腕力ざたになる。腕力を振るう。武力に訴える。

【动物】動物。△～园/動物園。

【动向】動向。動き。

【动心】心を動かす。心が動く。

【动刑】刑具を使う。体刑を加える。

【动摇】①動揺する。ぐらつく。揺り動く。②動揺させる。ぐらつかせる。

【动议】動議。

【动用】使用する。手をつける。

【动员】動員する。立ち上がらせる。

【动作】①動作。動き。②行動する。動く。動かす。

冻 dòng ①凍る。△河水～了/川の水が凍った。②ジェリー。煮こごり。△肉～/肉の煮こごり。③凍える。霜焼けになる。△手脚～了/手足が霜焼けになった。

【冻冰】氷が張る。結氷する。

【冻疮】凍そう。霜焼け。

【冻豆腐】氷豆腐。

【冻僵】かじかむ。凍えきる。

【冻结】①凍結する。凍りつく。②

凍結する。

【冻伤】凍傷。霜焼け。

【冻死】凍え死にする。

【冻土】凍土。

洞 dòng　①穴。ほら穴。△山～/山のほら穴。②はっきりしているさま。透徹しているさま。△～悉/知り抜く。

【洞察】洞察する。見抜く。見通す。

【洞房】新婚夫婦の部屋。

恫 dòng

【恫吓】おどかす。威嚇する。どうかつする。

栋 dòng　①棟木（むなぎ）。②（助数詞）むね。△一～房子/一棟の建物。

【栋梁】棟梁（とうりょう）。

dou

都 dōu　①すべて。みな。全部。△他们～来齐了/かれらはみな来そろった。②…でさえ。…よりも。少しも…ない。△一句话～不懂/一言も分らない。③もう。すでに。△～十二点了，快睡吧/もう十二時だよ、早く寝ろ。

兜 dōu　①ポケット。袋状のもの。△裤～/ズボンのポケット。②包む。包み手に下げる。△用手绢～花生/ハンカチでピーナツを包む。③囲む。取り巻く。ぐるりと回る。△到街上～个圈/通りに出てぐるっと一回りする。④責任を負う。引き受ける。△出了事故我～着/事故が起こったら私が責任を負う。⑤さらけ出す。あばき出す。

【兜风】①風をはらむ。②ドライブする。

【兜揽】①客を引く。客を集める。②一手に引き受ける。余計なことにかかり合う。

【兜圈子】①回る。堂堂巡りする。②回りくどい。堂堂巡りする。

【兜售】売りさばく。

斗 dǒu　①斗（と）。△一～米/米1斗。②ます。斗。△～大的字/ますほど大きな字。

【斗笠】かさ。

【斗篷】マント。

抖 dǒu　①震える。身震いする。△浑身发～/全身がぶるぶる震える。②払う。振るう。△～掉身上的雪花/服についた雪を払う。③奮い起こす。奮い立たせる。△～起精神干吧/元気を出してやろう。

【抖动】①震える。揺り動く。揺れる。②払う。打ち払う。

【抖擞】奮い起こす。元気を出す。はつらつとしている。△精神～/元気ははつらつとしている。

【抖威风】いばって見せる。強いところを見せる。

陡 dǒu　①険しい。傾斜が急だ。△这楼梯很～/この階段はとても急だ。②にわかに。突然。急に。△天气～变/天気が急に変わる。

【陡立】切り立つ。

【陡峭】険しい。切り立つ。

【陡然】にわかに。急に。△～而富/にわかに金持になる。

斗 dòu　①打ち合う。けんかする。たたき合う。②闘争する。やっつける。つるしあげる。◇战天～地/大自然と闘う。③闘わせる。勝負ごとをさせる。△～鸡/闘鶏。鶏合わせ。

【斗争】①闘争する。②闘い。③奮

闘する。

【斗志】闘志。ファイト。

【斗智】知恵比べをする。知恵を闘わせる。

豆 dòu 豆。

【豆包】あずきあん入りまんじゅう。

【豆饼】豆かす。

【豆腐】豆腐。△～皮/湯葉（ゆば）。

【豆浆】豆乳。

【豆角】隠元豆（いんげんまめ）。

【豆蓉】豆で作ったあん。

【豆沙】こしあん。

【豆芽】もやし。

【豆油】豆油（まめあぶら）。大豆油。

【豆制品】豆で作った製品。

逗 dòu ①あやす。からかう。△～孩子/子供をあやす。②引き起こす。誘う。△这孩子～人喜欢/この子はほんとうにかわいい。③おもしろい。△这故事真～/この話はじつにおもしろい。

【逗号】読点。コンマ。

【逗留】逗留する。滞在する。

【逗弄】あやす。からかう。

痘 dòu 天然痘。

【痘苗】痘苗。

du

都 dū ①都。首都。△建～/都を建てる。②都会。

【都城】首都。都。

【都市】都市。都会。

督 dū 監督する。取締る。△～战/督戦する。

【督察】監督する。監察する。

【督促】催促する。促す。

嘟 dū ①ぷうぷう。ぶうぶう。△喇叭～～响/ラッパがぷうぷうと鳴る。②うるさくしゃべる。△小孩嘟和她睛～～/子供が彼女にやたらにしゃべる。

【嘟噜】①ふさ。束（たば）。△一～钥匙/一束（ひとたば）のかぎ。②るるる…と舌を振るわせる音。

【嘟囔】ぶつぶつ小言を並べる。ぶつぶつ言う。△小声～/小声でつぶやく。

毒 dú ①毒。△服～/毒をあおぐ。②有毒なもの。毒物。△贩～/麻薬を販売する。③有毒だ。毒のある。△～汁/毒の入った汁。④毒殺する。△～死/毒殺する。⑤悪らつだ。猛烈だ。ひどい。△太阳～得厉害/太陽がぎらぎらとどぎつい。

【毒害】毒する。害毒を流す。

【毒化】①麻薬を常用させて中毒させる。②毒する。害毒を流す。

【毒计】悪巧み。悪計。

【毒剂】→【毒药】

【毒辣】悪らつだ。

【毒瘤】がん。がんしゅ。

【毒品】麻薬。

【毒气】毒ガス。

【毒蛇】毒じゃ。

【毒手】毒手。悪らつな手段。

【毒刑】残酷な体刑。

【毒性】毒性。

【毒药】毒薬。

独 dú ①一人（ひとり）。単一の。△～子/一人っ子。②ひとりで。単独で。△～居/一人住（ずま）い。

【独霸】制覇する。霸を唱える。

【独白】独白する。モノローグ。

【独裁】①独裁する。②専制。

【独唱】独唱。

【独出心裁】独創的な考えを出す。

【独创】独創する。

【独断】独断する。一人決（ぎ）めする。

【独力】独力で。自力で。

【独立】①一人立っている。②独立する。△～国/独立国。③単独で。独力で。△～思考/単独で物事を考える。

【独特】独特だ。特有の。ユニークだ。

【独一无二】唯一無二。

【独占】独占する。一人占めにする。

【独自】ひとりで。独自に。単独で。

【独奏】①独奏する。②独奏。

读　dú　①読む。朗読する。△～报/新聞を読む。②勉強する。△～了三年日语/三年間日本語を勉強した。

【读本】読本。教科書。テキスト。

【读书】①本を読む。読書する。△～笔记/読書ノート。②学校へ行く。勉強する。

【读物】読み物。

【读音】字の読み方。

【读者】読者。

渎　dú　汚す。冒とくする。冒（おか）す。

【渎职】とく職。汚職。

犊　dú　子牛。

牍　dú　①木簡（もっかん）。竹簡（ちっかん）。②文書。書簡。手紙。

黩　dú　①汚す。辱（はずか）しめる。②軽率だ。ほしいままにする。

【黩武】みだりに武力を用いる。

肚　dǔ　動物の胃。△鱼～/にべ。

堵　dǔ　①ふさぐ。せき止める。埋める。△～洞/穴をふさぐ。②気がふさぐ。憂うつだ。△心里～得慌/気がめいってやりきれない。

【堵塞】ふさぐ。せき止める。△交通～/交通渋滞。

【堵嘴】口止（ど）めをする。口をふさぐ。

赌　dǔ　①賭博をする。ばくちをする。△～场/賭博場。②かけ事をする。△咱们～～～输赢/どちらが勝つかかけをしよう。

【赌本】ばくちの元手。

【赌博】賭博。ばくち。

【赌棍】ばくちうち。博徒。

【赌具】賭博の道具。

【赌窟】賭博の巣窟。

【赌气】意地になる。えこじになる。

【赌咒】誓う。誓いを立てる。

【赌注】賭博にかけた金や物。

睹　dǔ　見る。目にする。△目～/目にする。

杜　dù　杜絶させる。絶やす。△～私运/密輸を絶やす。

【杜鹃】①ほととぎす。②つつじ。

【杜绝】杜絶する。根絶やしにする。

【杜撰】ずさん。作り事。

肚　dù　腹。おなか。

【肚脐】へそ。

【肚子】①腹。おなか。△～痛/おなかが痛い。②物の腹部。△大～瓶/腹の大きい瓶。

妒　dù　ねたむ。しっとする。△忌贤～能/才能のある者をしっとする。

【妒忌】しっとする。ねたむ。

度　dù　①度。△九十～角/90度

の角。②限度。度合い。③たび。
度。回。△一年一〜/1年に1度。
④過ごす。暮らす。△〜假/休暇
を過ごす。

【度量】度量。

【度量衡】度量衡。

【度日】日を過ごす。日を送る。△
靠借债〜/借金で暮らす。

【度数】度数。

渡 dù ①渡る。△〜河/川を渡
る。②渡す。△这船不〜货/この
船は荷物は渡さない。

【渡船】渡し船。フェリー・ボー
ト。

【渡口】渡し場。

镀 dù めっきする。はくをつけ
る。△电〜/電気めっきする。電
気めっき。

【镀金】①金めっきする。②はくを
つける。

【镀镍】ニッケルめっきする。

【镀银】銀めっきする。

蠹 dù ①しみ類の虫。△书〜/
しみ。②むしばむ。虫食う。

【蠹虫】①しみ類の虫。②悪党。悪
者。

【蠹鱼】しみ。

duan

端 duān ①端（はし）。先。△
两〜/両端。②端（たん）。△举
其一〜/その一端をあげる。③
正しい。端正だ。△〜坐/姿勢正
しく坐る。④持つ。ささげる。△
〜茶盘子/お盆を両手で持ち運
ぶ。

【端详】①委細。子細。②容姿が正
しく穏やかだ。③よくよく眺め
る。しげしげと眺める。

【端正】①端正だ。きちんとして

いるさま。②方正だ。正しい。③
正す。きちんとさせる。△〜学
习态度/学習の態度を正す。

【端庄】端正で重重しい。荘重だ。

短 duǎn ①短い。△时间〜/時
間が短い。②少ない。欠けてい
る。△〜你三块钱/きみに3元
の借りがある。③欠点。短所。△
揭人家的〜儿/人の欠点をあば
く。

【短波】短波。

【短处】欠点。短所。

【短促】短い。時間が差し迫る。

【短工】臨時雇い。日雇い。

【短见】①浅はかな考え。短見。②
自殺。

【短距离】短距離。

【短裤】半ズボン。

【短命】若死にする。短命だ。

【短跑】短距離競走。スプリント。

【短篇小说】短編小説。

【短评】短評。

【短期】短期。短期間。

【短浅】浅はかだ。

【短枪】けん銃。ピストル。

【短缺】不足する。欠乏する。

【短少】不足する。足りない。

【短途】短距離。道のりが近い。

【短小】小さい。小柄だ。△〜精悍
/小柄できびきびしている。

【短语】連語。

【短暂】時間が短い。

段 duàn ①長い物の一部分。
△一〜木头/一切れの丸太。②
段落。くだり。△一〜话/話の
一くだり。

【段落】段落。くだり。切れ目。

断 duàn ①切る。断ち切る。折
れる。△〜成两截/二つに切る。
②断絶する。絶える。切れる。△
〜水/水源が切れる。③やめる。

断つ。△～烟/たばこをやめる。
④決断する。決定する。◇优柔
寡～/優柔不断。⑤断じて。絶対
に。△～不能信/決して信じて
はならない。

【断定】断定する。

【断断续续】断続的だ。とぎれとぎ
れ。

【断根】根を断つ。根切りする。

【断交】外交関係を断絶する。

【断绝】断絶する。

【断奶】離乳する。乳離（ちばな）
れする。

【断气】息が絶える。息を引き取
る。死ぬ。

【断然】断固として。

【断送】棒に振る。台無しにする。
失う。

【断言】断言する。

【断语】結論。

【断章取义】章を断じて義を取る。
断章取義。

缎 duàn　どんす。しゅす。サテ
ン。△～纹/しゅす織。

锻 duàn　鍛造する。鍛える。△
～铁/鉄を鍛える。

【锻工】①鍛造。②鍛造工。

【锻炼】鍛える。鍛練する。△～身
体/体を鍛える。

dui

堆 duī　①積む。積み重ねる。△
粮食～成山/穀物が山ほど積み
上げる。②山。△煤～/石炭の
山。③（助数詞）やま。△一～
石头/一山（ひとやま）の石。

【堆砌】積み重ねる。△～词藻/美
辞麗句を並べる。

【堆栈】倉庫業。倉庫。

队 duì　①行列。列をつくる。△

整～/整列する。②隊。チーム。
△蓝球～/バスケットチーム。
③（助数詞）隊。列。△一～兵
/一隊の兵士。

【队部】隊本部。

【队列】隊列。行列。

【队旗】ペナント。

【队伍】①軍隊。部隊。②隊列。△
游行～/デモ隊。

【队形】隊形

【队员】隊員。メンバー。

【队长】隊長。キャプテン。

对 duì　①答える。返答する。△
无言以～/返す言葉がない。②
…に対する。…について。△～
人和气/人に対してはやさし
い。③向かい合う。△～坐/向か
い合って坐る。④照らし合わせ
る。△～笔迹/筆跡を照らし合
わせて調べる。⑤適合する。ぴ
ったり合う。△～脾气/気が合
う。⑥正しい。正常だ。△脸上
神气不～/顔の様子がおかし
い。⑦混ぜる。（水を）割る。△
汤里～些水/お汁に水を少し混
ぜる。⑧対応するもの。向こ
う。△～岸/向こう岸。⑨合わ
せる。△～表/時計を合わせる。
⑩（助数詞）対（つい）。組。△
一～花瓶/一対（いっつい）の花
瓶。

【对白】せりふ。対話。

【对比】①対比する。比較する。②
比例。割合。

【对不起】済まない。申しわけな
い。

【对策】対策。

【对称】対称。つり合っている。

【对待】対処する。臨む。当る。

【对得起】申しわけが立つ。期待に
背かない。

【对等】対等だ。

【对方】相手。先方。

【对付】①対処する。あしらう。②間に合わせる。

【对号】①番号に合わせる。②チェック・マーク。

【对话】①対話する。②対話。

【对劲儿】①すっきりする。適切だ。②気が合う。馬が合う。

【对抗】①対抗する。対立する。②抵抗する。歯向（はむか）う。

【对立】対立する。

【对联】ついれん。たいれん。

【对路】①需要に合う。向く。②好みに合う。気に入る。

【对门】向かい合っている。向こう側。

【对面】①真正面。向い。向い側。②面と向い合う。

【对手】①相手。②好敵手。

【对头】①正しい。適切だ。②正常だ。③仇敵。敵（かたき）。

【对外】①対外。△〜贸易/対外貿易。②外部に。

【对虾】くるまえび。

【对象】①対象。②結婚相手。恋人。

【对应】対応する。相応する。

【对照】①照らし合わせる。②対照。対比。

【对证】突き合わせる。

【对症下药】病症に応じて薬をきめる。事情に応じて適宜に処理する。

【对质】対質する。問いただす。

【对峙】対じする。向き合って立つ。

【对准】ねらいを定める。向ける。

兑 duì

【兑换】両替する。

【兑换率】為替相場。

【兑现】①現金に引き換える。②約束を果たす。

dun

吨 dūn　トン。

【吨位】トン数。トンネイジ。

敦 dūn

【敦促】促す。

【敦睦】とんぼくする。睦まじくする。

【敦请】懇ろに招く。懇請する。

墩 dūn　①分厚い石または木。△树〜/木の切り株。②（助数詞）そう生または幾本か一緒に生えている植物を数える。△一〜谷子/一叢（ひとむら）の粟。

【墩布】モップ。

蹲 dūn　①しゃがむ。うずくまる。△〜着说话/しゃがんで話をする。②ぶらぶらする。△〜在家里/家でくすぶっている。

盹 dǔn　うたたね。居眠り。△打〜儿/居眠りをする。

囤 dùn　囲（かこ）い。△麦〜/麦囲い。

炖 dùn　煮込む。煮詰める。△〜肉/肉を煮つめる。

盾 dùn　①盾（たて）。②たて形につくったもの。

【盾牌】盾。

钝 dùn　なまくらだ。にぶい。よく切れない。△菜刀〜了/包丁が切れなくなった。

【钝角】鈍角。

顿 dùn　①ちょっと止まる。△说到这儿，他〜了一下/ここまで述べて、彼はちょっと言葉をとぎらせた。②にわかに。急に。△〜然省悟/はっと悟る。③

（助数詞）回。度。△一天吃三
～饭/1 日に 3 度の食事をす
る。

【顿足捶胸】じだんだ踏んでくや
しがる。

遁　dùn　逃げる。身をくらま
す。△远～/遠くへ逃げる。

【遁词】逃げ口上。とん辞。

duo

多　duō　①多い。△相当～/ずい
ぶん多い。②余分だ。…より多
い。△～了本书/本が一冊余分
にある。③余り。…過ぎ。△六
十～岁/60 過ぎの人。△一年
～/一年余り。④よほど。ずっ
と。はるかに。△病人好～了/病
人はだいぶよくなった。

【多半】①大半。過半。②たぶん。
恐らく。

【多变】変化が多い。目まぐるしい
変化。

【多才多艺】多芸多才。

【多次】しばしば。たびたび。いく
ども。

【多多益善】多ければ多いほどよ
い。

【多方】いろいろと。多方面で。

【多亏】幸い。…のおかげで。

【多么】なんと。どんなに。△～好
呀/なんと立派なこと。

【多面手】多芸多能の人。

【多幕剧】2 幕以上の劇。

【多情】情が深い。

【多少】①多いと少ない。多少。②
多かれ少なかれ。いくらか。③
どれだけ。どれほど。いくら。△
这个班有～学生/このクラスに
は学生が何人いますか。

【多时】久しい間。長い間。

【多事】①余計なことをする。②多
事だ。△～之秋/多事多難の時。

【多数】多数。

【多谢】ありがとう。

【多心】気を回す。疑い深い。

【多样化】多様化。

【多义词】多義語。

【多余】余計だ。余分だ。

【多种经营】多角経営。

【多嘴】余計なことを言う。口出し
する。

咄　duō

【咄咄逼人】すごい剣幕で人に迫
る。居丈高（いたけだか）になっ
て人を威圧する。

【咄咄怪事】奇奇怪怪なこと。奇怪
千万なこと。

哆　duō

【哆嗦】震える。震え上がる。びく
びくする。

夺　duó　①奪う。奪い取る。△～
下匕首/合口（あいくち）を奪い
取る。②勝ち取る。△～冠军/優
胜を争う。③突き破る。△～门
而出/戸を突き破る勢いで出て
いく。

【夺回】奪還する。奪い返す。

【夺目】まばゆい。目を奪う。

【夺取】①奪い取る。△～政权/政
权を奪取する。②勝ち取る。△
～新胜利/新たな勝利を勝ち取
る。

踱　duó　ゆっくり歩く。△～来
～去/ゆっくり行ったり来たり
する。

朵　duǒ　輪。塊（かたまり）。△
一～花/1 輪の花。

垛　duǒ　姫（ひめ）がき。△城墙
～口/城壁の上の弓を射る口。

躲　duǒ　避ける。よける。身を隠

す。△～在家里/家の中に隠れ
ている。△～雨/雨やどりをす
る。

【躲避】避ける。隠れる。

【躲藏】逃げ隠れる。身を隠す。

【躲懒】怠ける。ずるける。

【躲闪】身をかわす。よける。

剁 duò　切り刻む。切り砕く。切
る。△～肉馅/肉を引き肉に切
り刻む。

垛 duò　①きちんと積み上げ
る。△～草/草を積み上げる。
②…の山。…積み。△麦～/麦
の山。

舵 duò　かじ。ラッダー。△掌

～/かじを取る。

【舵轮】ハンドル。

【舵手】かじ取り。だ手。

堕 duò

【堕落】堕落する。落ちぶれる。

【堕入】陥る。はまり込む。△～五
里雾中/五里霧中に陥る。

【堕胎】堕胎する。

惰 duò

【惰性】①惰性。慣性。②不活性。
△～气体/不活性ガス。③従来
の癖。惰性。

跺 duò　足をトントン踏む。

E

阿 ē　おもねる。へつらう。

【阿谀】おもねりへつらう。あゆ
する。おべっかを使う。

讹 é　①間違い。誤り。◇以～传
～/誤伝する。②ゆする。たか
る。△～人/人をゆする。

【讹传】誤伝する。

【讹误】誤り。

【讹诈】かたる。ゆする。おどす。

俄 é　にわかに。ほどなく。

【俄语】ロシア語。

鹅 é　がちょう。

【鹅黄】淡黄色。プリムローズ。

【鹅卵石】卵円形の石。

【鹅毛】①が毛。△～大雪/ぼたん
雪。②軽少な物のたとえ。

蛾 é　蛾（が）。△～子/蛾。

额 é　①額（ひたい）。②額（が
く）。△匾～/へん額。③規定の

数量。額。△生产～/生産額。

【额定】規定数量。定額。

【额角】こめかみ。

【额外】規定外。定額以外。△～开
支/超過支出。

恶 ě

【恶心】①吐き気がする。むかつ
く。②いやらしい。おう吐を催
する。

厄 è　①険しい所。△险～/険し
い所。②災い。災難。△～难/や
く難。

【厄运】不運。やく運。

扼 è　①おさえる。つかむ。握り
締める。△力能～虎/力よく虎
をも取りひしぐ。②やくする。
制御する。守る。△～住要塞/要
害の地をおさえる。

【扼杀】やく殺する。締め殺す。

【扼守】要所に頼って守る。

【扼要】要点をかい摘まむ。要約する。

恶 è ①悪。悪事。△无～不作/悪事と名のつくものは何でもする。②ひどい。激しい。凶悪だ。△～狗/猛犬。③悪い。△～行/悪行。

【恶霸】悪質ボス。

【恶报】悪い報い。

【恶臭】悪臭。いやなにおい。

【恶毒】悪らつだ。毒毒しい。

【恶感】悪感。悪感情。

【恶棍】悪漢。無頼漢。ならずもの。

【恶果】悪い結果。悪果。△自食～/自業自得のうきめにあう。

【恶化】①悪化する。②悪化させる。

【恶劣】下劣だ。あくどい。

【恶魔】①悪魔。②極悪人。

【恶人】悪人。悪者。

【恶习】悪習。△染上～/悪習に染まる。

【恶性】悪性。△～通货膨胀/悪性インフレ。

【恶意】悪意。

【恶浊】汚濁する。汚れ濁る。

【恶作剧】悪ふざけ。いたずら。

饿 è ①ひもじい。飢える。腹がすく。△～得慌/とても飢えている。②飢えさせる。ひもじい思いをさせる。

【饿殍】餓死者。餓死死体。

愕 è

【愕然】驚く。びっくりする。がく然とする。

遏 è おさえる。こらえる。◇怒不可～/怒りをおさえることができない。

【遏制】抑制する。おさえ止める。

腭 è あご。△硬～/硬口がい。

噩 è

【噩耗】訃報。凶報。

【噩梦】悪夢。

鳄 è わに。△～鱼的眼泪/鬼の空念仏。

en

恩 ēn 恩。恵み。△施～/恵みを施す。

【恩爱】恩愛。

【恩赐】恵む。恩賜。

【恩惠】恩恵。恵み。

【恩情】恩情。恩。なさけ。

【恩人】恩人。

【恩怨】恩えん。恩しゅう。

摁 èn 押す。△～电铃/ベルを押す。

【摁钉】押しピン。画びょう。

【摁扣儿】スナップ。押しホック。

er

儿 ér ①子供。小児。②息子。③接尾語。△盆～/はち。

【儿歌】童謡。

【儿科】小児科。

【儿女】①息子と娘。子供。②男と女。

【儿孙】息子と孫。跡継ぎ。

【儿童】児童。子供。△～节/国際児童節の略称。

【儿媳妇】息子の妻。嫁。

【儿戏】児戯。冗談。

而 ér ①そして。しかも。かつ。△强～有力/強くかつ力がある。②…ても。…て。◇不劳～获/労せずして得る。③…から…まで。△由南～北/南から北まで。

手形、証券類。
【废品】①不良品。おしゃか。②廃物。廃品。
【废气】廃ガス。排気ガス。
【废弃】捨て去る。廃棄する。
【废寝忘食】寝食を忘れる。
【废人】①廃人。不具者。②無用の人。役にたたない人。
【废水】廃水。工場廃水。
【废物】①廃物。役に立たない品物。②役立たず。無用な奴。無能の者。
【废墟】廃墟。
【废油】廃油。
【废止】廃止する。廃止になる。
肺 fèi 肺。肺臓。
【肺癌】肺がん。
【肺病】肺病。肺結核。
【肺腑】①肺臓と腑。②真心。心の底。
费 fèi ①費用。料金。経費。△入院～/入院費用。②費やす。消費する。かかる。△～钱/金がかかる。
【费工】手間がかかる。手数がかかる。
【费工夫】①時間がかかる。②手間がかかる。
【费话】余計な話（をする）。
【费解】わかりにくい。難解。
【费尽心机】頭をしぼる。脳みそをしぼり尽す。
【费劲】骨が折れる。苦労する。
【费力】①精力を費やす。骨を折る。苦労する。②(事が)やりにくい。やっかいだ。
【费事】めんどうだ。やっかいだ。
【费心】気を使う。心配をかける。面倒をかかる。
【费用】費用。料金。△生活～/生活の費用。
痱 fèi
【痱子】あせも。

fen

分 fēn ①分ける。分割する。△把一个瓜～两半/一つの瓜を二つに分ける。②分配する。配当する。△把这个工作～给你/この仕事は君に割当てる。③識別する。見分ける。△不～皂白/黒白を弁ぜず。④全体から分かれた(もの)。派生したもの。△部～/部分。⑤区分した部分(分数を表わす)。△二～之一/二分の一。△百～之七/7パーセント。⑥分数。△约～/約分する。⑦補助通貨単位(日本円の銭に当る)。1「圓(元)」の100分の1。1「角」の10分の1。△5元6角4～/5元64銭。⑧時間の単位。1「小時」の60分の1。△7点40～/7時40分。⑨圓周、角度の単位。1「度」の60分の1。⑩成績を表わす点数、得点数。△考试得了满～/テストで満点をとった。⑪利率の単位(年利の1「分」は10分の1、月利の1「分」は100分の1で計算する)。
【分辨】区別する。判別する。見分ける。△～是非/是非を見分ける。
【分辩】弁解する。言い訳をする。
【分别】①別れる。②区別する。弁別する。見分ける。③それぞれ。別別に。
【分布】分布する。散らばる。
【分寸】節度。程合い。△不知～/(身の)程を知らない。
【分担】分担する。

【分发】①それぞれ配る。分けて送る。②分けて派遣する。配属する。

【分割】分割する。分断する。

【分工】分業する。

【分号】①セミコロン「;」。②支店。

【分化】①分化する。分かれる。②分裂させる。分かれさせる。③分化。

【分家】①分家(ぶんけ)する。②分離する。

【分解】①分解する。②分解。③紛争を解決する。仲裁する。和解させる。④分裂する。⑤解説する。

【分居】別居する。一家が別別に暮らす。

【分句】分文。複文を構成する文。

【分类】分類する。△～学/分類学。

【分离】①分離する。分割する。②別離する。別れる。

【分裂】①分裂する。②関係を絶つ。

【分泌】分泌する。

【分娩】分娩する。出産する。

【分明】①はっきりしている。明らかだ。△黑白～/是非がはっきりしている。②明らかに。明白に。

【分派】①それぞれ派遣する。分属配置する。②(費用を)分担させる。

【分配】①分配する。割り当てる。②配置する。配属する。

【分期】時期を分ける。期間を分ける。△～付款/分割払いをする。

【分歧】①(思想、意見などが)一致しない。食い違う。②不一致。食い違い。相違。

【分清】はっきり区別する。はっきり分ける。

【分散】①分散する。分かれ分かれになる。ばらばらになる。②それぞれ分け与える。ばらまく。

【分手】別れる。離れる。

【分数】①得点。②分数。

【分水岭】①分水嶺 ②分岐点。異なる事物の境界。

【分摊】分担する。割り当てる。

【分析】分析する。

【分心】心配する。気を散らす。心を散らす。

【分忧】心配を共にする。

【分赃】盗品を山分けする。

芬 fēn

【芬芳】①香りよい。芳しい。②香気。芳香。

吩 fēn

【吩咐】言いつける。命令する。

纷 fēn 入り乱れる。盛んだ。△大雪～飞/雪が盛んに降る。

【纷繁】入り乱れている。繁雑だ。

【纷纷】①雑多なさま。入り乱れているさま。盛んなさま。②続続と。次次と。

【纷乱】入り乱れる。ごたごたする。

【纷扰】混乱する。ごたごたと乱れる。

【纷纭】入り乱れている。紛紛としている。△众说～/諸説紛紛。

【纷争】騒ぎ。紛争。

【纷至沓来】次次と訪れる。続続と来る。続続と発生する。

坟 fén 墓。塚。△上～/墓参りする。

【坟地】墓地。

【坟头】土饅頭(どまんじゅう)の隆起した部分(石やレンガで築いたものもある。)

焚 fén 焼く。燃やす。△～香/香をたく。焼香する。

【焚化】（人骨、神像、紙銭など
　を）焼く。

【焚毀】焼き打ちにする。焼いて破
　壊する。

【焚焼】焼く。燃やす。

粉 fěn ①こな。粉末。△面〜/
　小麦粉。②おしろい。③桃色。淡
　紅色。ピンク。

【粉笔】白ぼく。チョーク。

【粉红】桃色。ピンク。

【粉剂】粉剤。

【粉皮】緑豆やさつまいもの澱粉
　で作った薄皮状の食品。

【粉扑】パフ。おしろいたたき。

【粉身碎骨】粉骨砕身。

【粉饰】粉飾する。飾る。

【粉刷】（壁に）石灰を塗る。

【粉丝】はるさめ。

【粉碎】①こなごなだ。②こなご
　なにする。打ち砕く。

【粉条】太いはるさめ。

分 fèn ①成分。△盐〜/塩分。
　②職責、権利の限度。△本〜/本
　分。③「份」に同じ。

【分量】①目方。重さ。②（言葉な
　どの）重み。

【分内】本分内。職分の範囲内。す
　べき範囲内。当然すべきこと。

【分外】①とりわけ。格別に。②本
　分以外の。

【分子】分子。△知识〜/知識分子。

份 fèn ①…分（ぶん）。分け前。
　持ち前。△股〜/株。△分成三
　〜/三つに分ける。②一揃いの
　もの、新聞などを数える。△一
　〜菜/料理一人前。△两〜报/新
　聞2部。③省、県、年、月」な
　どの後につき分けられた単位
　を示す。△省〜/省。

【份儿饭】定食。

奋 fèn ①奮う。奮い立つ。元気

を出す。△振〜/奮い立つ。奮い
立たす。②振り上げる。△〜臂
一呼/腕を振り上げてオーイと
呼ぶ。

【奋斗】奮闘する。

【奋发】発奮する。奮起する。

【奋力】力を奮う。力をふりしぼ
　る。

【奋起】奮起する。奮い立つ。

【奋勇】勇気を奮い起こす。

【奋战】奮戦する。力いっぱいに戦
　う。

粪 fèn 糞（くそ）。糞便（ふん
　べん）。大便。

【粪便】ふん便。

【粪车】屎尿車（しにょうしゃ）。

【粪堆】肥料の小積み。堆肥（たい
　ひ）。下肥（しもごえ）の堆積。

【粪肥】下肥（しもごえ）。糞尿肥
　料。

【粪坑】①肥だめ。②糞つぼ。

【粪筐】ふんを入れる籠（かご）や
　箕（み）。

【粪桶】肥桶。

【粪土】①糞尿のまじった土。腐っ
　た土。②価値のないもののたと
　え。

愤 fèn 憤る。憤慨する。立腹す
　る。

【愤愤不平】（憤り、もだえのため
　に）不平満満だ。

【愤恨】憤り恨む。

【愤慨】憤慨する。

【愤怒】憤る。（ひどく）立腹する。
　怒りに燃える。

【愤世嫉俗】世俗を憤る。

feng

丰 fēng ①豊かだ。多い。盛ん
　だ。△〜衣足食/衣食が満ち足

りている。②大きい。△～功伟绩/偉大な功績。③穀物がよく実る。△～年/豊年。④容姿が美しい。△～姿/美しい容姿。

【丰碑】大きくて高い石碑。

【丰产】豊作。

【丰富】①豊富だ。△～多彩/多彩だ。多種多様だ。△～的知识/豊かな知識。②豊富にする。豊かにする。

【丰厚】①ふっくらと厚い。②手厚い。厚い。

【丰满】①豊かだ。いっぱいだ。②豊満だ。ふっくらとしている。

【丰茂】よく茂っている。

【丰饶】豊かだ。豊じょうだ。

【丰润】豊潤だ。豊満で水水しい。

【丰盛】豊かだ。盛大だ。

【丰收】豊作。

【丰硕】多くて大きい。豊かで実りが多い。

【丰裕】裕福だ。豊かだ。

风 fēng ①風。△刮～/風が吹く。②風の力で…する。△～干/風で乾かす。③気風。風俗。習慣。△节约成～/節約が世の風習となる。④景色。情景。△～景/風景。景色。⑤態度。ありかた。作風。△作～/作風。ものごとのやり方、態度。⑥うわさ。便り。消息。△走～/うわさが飛ぶ。消息をもらす。⑦確実な根拠のないもの。△～传/うわさに聞く。うわさとして伝わる。⑧民謡。民歌。△采～/民歌を収集する。

【风暴】①あらし。暴風雨。②(規模が大きく勢いの激しい事件や現象のたとえ)あらし。ストーム。

【风波】もめごと。風波。

【风采】①風采。態度。②(人の)優

美さ。しとやかさ。

【风潮】騒ぎ。騒動。紛争。

【风尘】①旅路の苦労。②乱れた世。さすらいの身の上。

【风度】風格。風采。

【风格】①風格。品格。②文体、文学上のスタイル。

【风光】風景。景色。

【风寒】冷たい風と寒気。冷えこみ。寒さ。

【风华】風采と才華。

【风化】①風俗教化。②風化する。③風解する。

【风纪】風紀。規律。軍紀。△～扣/(つめえりの)ホック。

【风景】風景。景色。△～画/風景画。△～区/風致区。

【风镜】ちりよけの眼鏡。風防眼鏡。

【风浪】①風と波。②危険な事。

【风力】風力。風速。

【风凉】風があって涼しい。

【风凉话】からかい。皮肉。ひやかし。

【风流】①功績、文才がある。②風流だ。③男女間の色ごと。

【风气】気風。習慣。

【风琴】オルガン。

【风情】①風向き。風力などの状態。②男女の恋愛の情。

【风趣】おもしろさ。ユーモア。

【风骚】①(「风」は《詩経》の《国风》、「骚」は屈原の《離騒》を指す)文学の総称。②女性の行動が浮気っぽい。

【风色】①風向き。②動き。様子。

【风扇】扇風機。

【风尚】気風。風習。

【风俗】風俗。

【风味】色彩。特色。

【风闻】①風聞。うわさ。②伝え聞く。風の便りに聞く。

幅 fú ①反物などの幅。△双
　～/二幅。②広く幅を指す。△
　振～/振幅。③(助数詞)幅。枚。
　△一～画/一枚の絵。
【幅度】幅。度合い。△大～增长/
　大幅に増える。
【幅员】領土の面積。土地の広さ。

福 fú 幸福だ。しあわせだ。
【福利】福利。福祉。△～费/福祉
　費。
【福气】幸運。幸せ。福運。

辐 fú スポーク。輻(や)。
【辐射】①放射する。②輻射する。
【辐照】放射形照射。

抚 fǔ
【抚摩】手で軽くなでる。
【抚慰】慰撫(いぶ)する。いたわ
　る。慰める。
【抚恤】(国家や組織が公務により
　死傷した者の家族を)なぐさめ
　救済する。△～金/救済金。弔慰
　金。
【抚养】養い育てる。

府 fǔ ①官庁。役所。△政～/政
　府。△市～/市役所。②旧時、貴
　族や大官の邸宅。△王～/親王
　邸。③国家の元首が執務する所
　や住む所。△总统～/大統領官
　邸。④(相手の家の敬葉)お宅。
　△贵～/お宅。
【府绸】ポプリン。
【府第】邸宅。
【府上】①お宅。②ご家族。

斧 fǔ ①斧(おの)。②(古代の
　武器の一つ)まさかり。
【斧正】ふ正。添削。

俯 fǔ 下をむく。うつむく。
【俯冲】急降下攻撃する。
【俯视】見おろす。
【俯拾即是】非常に多い。ざらにあ

る。
【俯首】頭を下げる。△～听命/お
　となしく言う事を聞く。

辅 fǔ 助ける。補助する。
【辅币】補助貨幣。
【辅导】補導する。指導する。△～
　员/指導員。補導員。
【辅音】子音。
【辅助】①補助する。助ける。手伝
　う。②補助的だ。△～机构/補助
　機構。△～作用/補助的な働き。

腐 fǔ 腐る。△～肉/腐った肉。
【腐败】①腐る。②堕落する。
【腐化】①腐敗する。堕落する。△
　～分子/堕落分子。②腐敗させ
　る。堕落させる。
【腐烂】①腐る。②堕落する。
【腐乳】豆腐を発酵させて塩づけ
　にしたもの。
【腐蚀】①腐蝕する。②人を堕落さ
　せる。

父 fù ①父。父親。②親族の男
　性尊属。△祖～/父方の祖父。△
　姑～/父の姉妹の夫。
【父老】父老。お年寄り。
【父母】父母。両親。
【父系】①父方。△～亲属/父方の
　親族。②父系。

讣 fù 死亡通知。
【讣告】①死亡を通知する。②死亡
　通知。

付 fù ①付する。渡す。与える。
　△～之一笑/一笑に付する。②
　金を払う。支出する。△～电费
　/電気料金を支払う。
【付出】支出する。支払う。費す。
　△～代价/代価を払う。
【付方】貸方。
【付款】支払う。△～人/支払人。
【付排】組版に回す。
【付讫】支払済。

【付清】支払済にする。すっかり返金する。

【付息】利息を支払う。

【付现】現金で支払う。即金で支払う。

【付印】印刷にする。上梓する。

【付邮】郵送する。

【付帐】勘定を支払う。

【付之一炬】焼却する。焼いてしまう。

负 fù ①背負う。△～薪/まきを背負う。②担う。負う。引き受ける。△身～重任/重任を担う。△如释重～/重荷をおろしたようだ。③受ける。被害を蒙る。△～伤/負傷する。④持つ。有する。享受する。△素～盛名/かねてから盛名がある。⑤背く。たがえる。△忘恩～义/恩恵を忘れて道義に背く。⑥負ける。敗れる。△不分胜～/勝負がつかない。⑦負（ふ）。マイナス。△～号/マイナス符号。△～极/陰極。△～电/陰電気。

【负担】①引き受ける。負う。負担する。②負担。責任。重荷。△精神～/精神的な重荷。

【负片】（写真の）ネガフィルム。

【负气】腹を立てる。かっとなる。

【负数】負数。マイナス。

【负约】約束に背く。約束を破る。

【负责】①責任を負う。責任を持つ。②責任感を持つ。責任感が強い。

【负债】借金する。

妇 fù ①婦人。既婚の女子。△少～/若い人妻。②妻。△夫～/夫婦。

【妇科】婦人科。

【妇女】婦人。女性。△～病/婦人病。△～节/国際婦人デー。

附 fù ①付け加える。そえる。△～寄/同封して送る。②近づく。接近する。△～耳交谈/耳もとでひそひそささやく。③付属する。従属する。従う。

【附带】①ついでに。△～地说明/付け加えて説明する。②副次的だ。補助的だ。

【附和】付和する。迎合する。

【附加】①付け加える。付加する。②付加の。追加の。△～税/付加税。

【附件】①付属文書。付加項目。②付属品。部品。

【附近】付近。近所。近く。

【附录】付録。

【附设】付設する。

【附属】①付属の。△～机构/付属機構。②付属する。帰属する。

【附图】付図。

【附小】附属小学校の略称。

【附言】①後書き。後記。②付帯的な言葉。

【附议】①他人の提案に賛成し、共同提案者となる。②議案に賛成する。同意する。

【附庸】①属国。②従属物。

【附中】附属中学の略称。

【附注】付注。

【附着】付着する。つく。△～力/付着力。粘着力。

服 fù （漢方薬の煎じ薬を数える助数詞）服。△吃了一～药/薬を1服のんだ。

赴 fù 赴く。行く。△～宴/宴会に出席する。△～任/赴任する。職場に赴く。

【赴约】約束があってでかける。

【赴汤蹈火】水火をも辞さない。

复 fù ①重ねる。重複する。△～制/複製する。②くり返す。反

复する。△循环往～/行きつ戻
りつ循環する。③答える。回答
する。返事する。△～信/返信す
る。④回復する。元どおりにな
る。△～职/復職する。⑤報復す
る。△～仇/仇を討つ。⑥再び。
また。重ねて。△一去不～返/一
度去ってまた返らず。

【复本】(同一書籍の)副本。
【复查】再検査する。再審査する。
【复电】返電。
【复方】複方。
【复工】仕事を再開する。
【复合】複合する。△～词/複合語。
△～句/複合文。複文。
【复核】①つき合わせる。チェック
する。△～数字/数字をチェック
する。②再審理する。再調査す
る。
【复活】①復活する。②復活させ
る。
【复句】複文。
【复刊】復刊する。
【复课】授業を再開する。
【复赛】準決勝。
【复审】再審する。
【复述】復しょうする。
【复数】①複数。②複素数。
【复苏】よみがえる。復活する。
【复习】復習する。△～功课/勉強
のおさらいをする。
【复写】複写する。△～纸/複写紙。
カーボン紙。
【复兴】①復興する。②復興させ
る。△文艺～/ルネッサンス。
【复学】復学する。
【复印】複写する。コピーをする。
△～机/複写機。△～纸/複写用
紙。コピー用紙。
【复员】復員する。△～军人/退役
軍人。
【复原】①健康を回復する。②復元

する。元の状態に返る。
【复杂】複雑だ。△～性/複雑性。

副 fù ①副。次位の。第二の。△
～总理/副総理。△～教授/助教
授。②適合する。合致する。か
なう。△名不～实/名が実にそ
ぐわない。③(助数詞)対。つが
い。そろい。△一～筷子/一対
の箸。△一～担架/一組の担架。
④顔の表情に用いる。△一～笑
脸/笑った顔。満面の笑み。

【副本】副本。コピー。
【副产品】副産物。
【副词】副詞。
【副官】副官。
【副刊】新聞の文芸、学術欄。
【副品】規格外製品。等外品。
【副食】副食物。△～商店/副食品
店。
【副手】助手。アシスタント。
【副业】副業。
【副作用】副作用。

富 fù ①富む。財産がたくさん
ある。△贫～/貧富。②豊富だ。
豊かだ。富む。△～于创造性/独
創性に富む。

【富贵】富貴だ。
【富豪】富豪。大金持ち。
【富矿】富鉱。
【富丽堂皇】華麗で立派だ。
【富农】富農。
【富强】豊かで強大だ。富強だ。
【富饶】豊かだ。財や富が多い。
【富翁】金持ち。富豪。△百万～/
百万長者。
【富有】①豊かだ。富裕だ。②…に
富む。豊富に持つ。△～经验/経
験に富んでいる。
【富裕】裕福だ。豊かだ。
【富余】あり余る。余裕がある。
【富源】自然資源。

【富足】満ち足りている。豊かで充分だ。

賦 fù ①与える。授ける。②昔の土地の税。③（昔の文体の一つ）賦（ふ）。④詩を作る。△～詩一首/詩を一首作る。

【賦税】旧時の年貢および税金。

【賦予】与える。授ける。付与する。

傅 fù ①補佐する。指導する。教え導く。②師匠。師傅（しふ）。△師/師匠。師傅。③付ける。付け加える。△～粉/おしろいをつける。

腹 fù 腹。

【腹背受敌】腹背に敵を受ける。

【腹地】奥地。内陸地。

【腹稿】腹案。

【腹腔】腹腔。

【腹痛】腹痛。腹が痛い。

【腹泻】下痢。腹くだし。

【腹心】①物事の急所。②腹心。③誠意。

缚 fù 縛る。△手无～鸡之力/手に鶏をしばる力もない。

覆 fù ①覆う。かぶせる。②ひっくり返る。転覆する。ひっくり返す。△天翻地～/天地がひっくり返る。

【覆盖】①覆う。②地表の植物を指す。

【覆灭】→覆没②

【覆没】①転覆して沈む。②潰滅する。全滅する。

【覆亡】覆滅する。滅びる。

【覆辙】失敗の前例。△重蹈～/前車の轍（てつ）を踏む。

馥 fù 香気。かおりよい。

G

ga

咖 gā
【咖喱】カレー。△～饭/カレーライス。△～粉/カレー粉。

嘎 gā
【嘎吱】ぎいぎい。ぎしぎし。

gai

该 gāi ①…しなければならない。…すべきだ。△学生～好好儿地念书/学生はしっかり勉強すべきだ。②…の番だ。…が…

する番だ。△～我了/ぼくの番だ。③当り前だ。当然のことだ。△～！谁叫他不听话来着/当り前だよ、言うことを聞かないからだ。④きっと…するにちがいない。…となるに決まって手いる。△再不浇水，花～蔫了/これ以上水をやらないでいたら、花はしおれるにきまっている。⑤借りがある。借金している。△我～他一千块钱/ぼくはかれに千円借りがある。⑥当。その。あの。上記の。前記の。△～校/当校。△～书/その本。

【该当】…すべきだ。…するのが当然だ。

【该死】けしからん。こん畜生。い
　まいましい。

改　gǎi　①変える。変わる。△这
　儿～样儿了/この辺が変わった
　ね。②手を入れる。直す。▲能
　不能帮我――这首诗/この詩
　を直してもらえませんか。③改
　める。改まる。△提醒他好多次
　了也不～/何回注意してあげて
　も改めない。④改革する。△土
　～/土地改革。

【改编】①改作する。②（軍隊など
　を）編成替えする。

【改变】①変わる。変化する。②変
　える。変更する。

【改道】①旅行コースを変更する。
　②（川の）流れが変える。

【改掉】すっかり改める。

【改订】改訂する。改正する。訂正
　する。

【改动】改める。変更する。

【改革】改革する。

【改观】面目を一新する。

【改过】過ちを改める。悔い改め
　る。△～自新/心を入れかえる。
　改心する。

【改行】職業を変える。転業する。

【改换】変える。改める。

【改悔】悔い改める。△毫无～之意
　/全然悔い改めようとしない。

【改嫁】（女性が）再婚する。

【改进】改善する。改良する。

【改口】言葉を改める。言い直し
　をする。

【改良】改良する。△～主义/改良
　主义。

【改期】期日を変更する。

【改日】日を改めて…。

【改善】改善する。

【改头换面】うわべだけを変える。

【改邪归正】邪道から正道に立ち
　返る。悪事から足を洗う。

【改写】書きかえる。書き直す。

【改选】改選する。

【改造】改造する。△～自然/自然
　を改造する。

【改正】改める。改正する。

【改锥】ドライバー。

【改组】改組する。

钙　gài　カルシウム。

【钙化】カルシウム化する。石灰化
　する。

盖　gài　①ふた。△锅～/なべの
　ふた。△瓶～儿/びんのせん。②
　ふた状のもの。動物の甲ら。△
　乌龟～儿/かめの甲ら。△头～
　骨/頭蓋骨（ずがいこつ）。③覆
　う。かぶせる。覆い隠す。△丑
　事想～也~不住/スキャンダル
　は隠そうとしても隠しきれな
　い。④（印鑑を）押す。△～章
　/判を押す。⑤圧倒する。⑥建て
　る。△～房子/家を建てる。

【盖世】一代を圧倒する。がい世
　の。△～英雄/蓋世（がいせい）
　の英雄。

【盖子】①ふた。②動物の甲ら。

概　gài　①大略。あらまし。おお
　むね。大体。△梗～/梗概。粗筋。
　②一切。すべて。△～不追究/一
　切追究しない。

【概况】概況。

【概括】①概括する。総括する。ま
　とめる。②要点を押える。要約
　する。

【概略】概略。概要。あらまし。

【概论】概論。

【概念】概念。△～化/概念化する。

【概要】概要。要約。あらまし。

gan

干　gān　①関係する。かかわる。

△与你何～/君と何のかかわり
があるか。②えと。十干。③乾
く。乾燥する。△衣服凉～了/き
ものが乾いた。④乾燥した食
物。干したもの。乾物。△饼～/
ビスケット。△葡萄～/干し葡
萄。⑤なくなる。空になる。△
把钱花～了/お金を使い果て
た。⑥むだに。いたずらに。む
なしく。ただ。△～着急/ただ焦
るばかりだ。⑦義理の親族関
係。△～女儿/義理の娘。

【干巴】ひからびる。かさかさだ。

【干巴巴】①ひからびている。乾い
てからだ。②無味乾燥だ。
生気がない。

【干杯】乾杯する。

【干瘪】①ひからびる。しなびた。
②無味乾燥だ。

【干菜】乾燥野菜。干し野菜。

【干草】干し草。

【干脆】あっさり。さっぱり。きっぱ
り。

【干电池】乾電池。

【干饭】(かゆに対して)ご飯。

【干果】①乾果。②干した果物。

【干旱】日照り。かんばつ。

【干净】①清潔だ。きれいだ。②き
れいさっぱり。一つも残ってい
ない。すっかり。△忘得干干净
净/きれいさっぱり忘れてしま
った。

【干净利落】きれいさっぱりしてい
る。すっかりきれいになる。

【干枯】①枯れる。②涸れる。

【干酪】チーズ。

【干扰】①邪魔する。妨げる。②電
波妨害によるノイズ。

【干涉】①干渉する。②かかわる。
関係する。

【干洗】ドライクリーニングする。

【干系】関連。関係。

【干燥】①乾燥している。②おもし
ろ味がない。

甘　gān　①甘い。△～泉/おいし
い水の涌く泉。②甘んじる。△
不～失败/失敗に甘んじない。

【甘拜下风】甘んじて人の風下(か
ざしも)に立つ。心服して負け
を認める。

【甘苦】①甘苦。苦楽。△同～共患
难/患難苦楽を共にする。②つ
らさと楽しさ。

【甘美】美味だ。おいしい。

【甘薯】かんしょ。さつまいも。

【甘心】①願う。…したいと思う。
喜んで…する。②満足する。

【甘于】甘んじて…する。喜んで…
する。

【甘蔗】さとうきび。

杆　gān　①さお。太(ふと)ざお。
②柱状のもの。△旗～/旗ざお。
△电线～/電信柱(でんしんば
しら)。

肝　gān　肝臓。レバー。肝。

【肝癌】肝臓がん。

【肝火】かんしゃく。癇(かん)。怒
り。△动～/かんしゃくをおこ
す。

【肝炎】肝炎。

泔　gān

【泔水】米のとぎ汁。

柑　gān　ポンかん。大きく皮の
厚いみかん。

【柑橘】柑橘(かんきつ)。

竿　gān　さお。△竹～/竹ざお。
△钓鱼～/つりざお。

尴　gān

【尴尬】①状態、境遇、立場が苦し
い。進退窮まる。②(態度、様
子が)おかしい。正常でない。

杆　gǎn　①器物の棒状部分。柄。

取っ手。軸など。△枪～/銃把（じゅうは）。銃身。②棒状のものを数えるのに用いる。△一～笔/筆1本。

【杆秤】さおばかり。

【杆菌】かん菌。

秆 gǎn わら。茎。△高粱～/こうりゃんがら。△麻～/麻がら。

赶 gǎn ①追いかける。追い付く。追い越す。△你追我～/追いつ追われ(つ)。②（間に合うように）急ぐ。急いで…する。△～路/道を急ぐ。③駆(か)る。駆り立てる。御す。△～马车/馬車を御す。④追う。追い払う。△～苍蝇/はえを追う。⑤出くわす。出合う。ぶつかる。△～上一场雨/雨にあった。

【赶集】市へ行く。

【赶紧】急いで。早く。さっそく。

【赶快】速く。急いで。さっさと。

【赶忙】急いで。

【赶巧】折よく。ちょうどその時。

【赶上】①追いつく。間に合う。②出くわす。ぶつかる。あう。③…に匹敵する。

【赶时髦】流行を追う。

敢 gǎn ①勇気がある。度胸がある。△勇～/勇敢だ。②…する勇気がある。大胆に…する。あえて…する。△～想～干/大胆に考え、思い切って実行する。③（謙譲語）恐れ入りますが…。大変ぶしつけですのが…。△～问/ちょっとお尋ねいたしますが。

【敢情】①（新たに気づいた事に）なんと。意外にも。②なるほど。道理で。③もちろん。むろん。

【敢于】思い切って…する。勇気を持って…する。

感 gǎn ①感ずる。覚える。△～兴趣/興味を感じる。②（心を）動かす。感動する。△深有所～/深く心をうたれる。③感謝する。△深～厚谊/ご厚情に深く感謝する。④感情。情感。感じ。思い。△好～/好感。△百～交集/万感こもごも至る。

【感触】感触。感じ。感概。感動。

【感动】①感動する。②感動させる。

【感恩】恩に着る。ご恩に感謝する。

【感官】感覚器官の略称。

【感光】感光する。△～纸/感光紙。

【感化】感化する。影響を与える。

【感激】感激する。感謝する。

【感觉】①感覚。感じ。②…と思う。…のような気がする。

【感慨】感慨。△～万端/感慨無量だ。

【感冒】①かぜ。②かぜを引く。

【感情】①感情。感じ。気持ち。②（人や物に対する）愛情。愛着。

【感染】①感染する。②感動する。感化する。△～力/感化力。

【感伤】感傷。△～主义/センチメンタリズム。

【感受】①感受する。影響を受ける。△～性/感受性。②体験。感銘。

【感叹】感嘆する。

【感想】感想。感じ。

【感谢】感謝する。△～不尽/感謝に堪えない。

【感性】感性。

【感应】①誘導。感応。②反応する。

【感召】感化。感銘。

擀 gǎn 棒でのす。平たくのす。△～面条/うどんを打つ。

【擀面杖】面棒。

橄 gǎn
【橄榄】かんらん。オリーブ（の実）。△～油/オリーブ油。
【橄榄球】ラグビー（ボール）。

干 gàn ①みき。もと。事物の主体。胴体。△树～/樹の幹。②幹部を指す。△高～/高級幹部。③やる。する。④才能のある。手腕のある。△他很有才～/彼はなかなか才能がある。
【干部】①公職にある職員。②幹部。△工会～/労働組合幹部。
【干才】①才能。腕前。②腕前のある人。有能な人材。
【干掉】やっつける。殺す。
【干活】仕事をする。働く。
【干将】やり手。腕きき。
【干劲】意気込み。
【干练】腕ききだ。練達だ。
【干吗】①なぜ。なんで。どうして。②なにをするか。
【干事】幹事。
【干线】（鉄道などの）幹線。本線。（水道、送油パイプなどの）本管。
【干校】干部学校の略称。

gang

刚 gāng ①堅い。強い。激しい。△他性情太～/彼は気性が激しすぎる。②ちょうど。うまい具合に。△大小～合适/大きさはちょうどいい。③やっと…できる。どうにか。△箱子不大，～够装衣服和书的/箱はあまり大きくない、やっと衣類と書物が入るだけだ。④たったいま。今しかた。…したばかり。△他～从东京回来/彼は東京から帰ってきたばかりだ。⑤後にくる

「就」と呼応して、二つの事柄の時間的な密着を示す。△～开学一下子就忙起来了/学校が始まったと思ったら急に忙しくなった。
【刚才】今さっき。たった今。
【刚好】ちょうどいい。適当だ。
【刚健】剛健だ。力強い。たくましい。
【刚劲】力強い。たくましい。
【刚强】意志が強い。
【刚毅】意志が堅い。しんが強い。
【刚正】剛直だ。意志が強く正直だ。

纲 gāng ①綱のおおづな。②事物の主要な部分。大綱。要点。△总～/大綱。③（生物学分類上の）綱（こう）。
【纲领】綱領。テーゼ。大綱。
【纲要】①大要。要旨。②概要。提要。

肛 gāng
【肛门】肛門（こうもん）。

缸 gāng かめ。△水～/水がめ。△汽～/シリンダー。
【缸子】円筒形の器。△茶～/湯飲み（ぢゃわん）。

钢 gāng 鋼（はがね）。鋼鉄。スチール。
【钢板】①鋼板。②謄写版。③（自動車の）板ばね。スプリング。
【钢笔】ペン。万年筆。
【钢材】鋼材。
【钢锭】（鋼鉄）インゴット。鋼塊。
【钢骨水泥】鉄筋コンクリート。
【钢管】鋼管。
【钢轨】（鉄道の）レール。軌条。
【钢筋】鉄筋。△～混凝土/鉄筋コンクリート。
【钢精】アルミニウム。
【钢盔】鉄かぶと。ヘルメット。

【钢琴】ピアノ。△～家/ピアニスト。

【钢丝】鋼線。針金。

【钢铁】①鉄鋼。鋼と鉄の総称。②堅く強いものの例え。△～意志/鉄の意志。

【钢印】ドライ・スタンプ。

【钢珠】スチール・ボール。鋼球。

岗 gǎng ①丘。△黄土～/黄土の丘。②見張り場所。△站～/歩哨に立つ。

【岗楼】望楼。

【岗哨】①歩哨所。見張り所。②歩哨。見張り。

【岗亭】①哨舎。②ポリス。ボックス。

【岗位】①警官、歩哨などが見張りに立つ場所。守備位置。②職場。持ち場。

港 gǎng ①港。港湾。△军～/軍港。②香港（ホンコン）の略称。△～澳同胞/ホンコンとマカオの同胞。

【港口】港。港湾。

杠 gàng ①太い棒。②棒状の運動器具。△单～/鉄棒。△双～/平行棒。③太い傍線。太線。④傍線を引く。△～了许多杠子/傍線をたくさん入れた。

【杠杆】てこ。槓杆（こうかん）。

【杠铃】バーベル。

钢 gàng 刃物を研ぐ。△这把小刀儿钝了，要～一～/このナイフは切れなくなった、研がなければならない。

gao

高 gāo ①高い。△～山/高い山。②高さ。△那座楼有多～/あのビルはどのくらいの高さ

があるか。③程度が高い。優れている。よい。△～价/高い値段。④等級が上だ。△～年级学生/上級生。⑤過（酸基又は化合物の標準酸基が一つ多く酸素分子を含んだもの）。△～锰酸钾/過マンガン酸カリウム。⑥敬意を表す語（人のことについて用いる）。△～见/ご高見。ご見解。お考え。

【高矮】高さ。

【高昂】①（頭を）高く上げる。②（声や気分が）高まる。昂揚している。③（物価が）高い。騰貴している。

【高傲】尊大だ。おごり高ぶっている。高慢だ。

【高不可攀】高くてよじ登ることができない。

【高才生】優等生。秀才。

【高产】高生産。

【高超】特に優れている。

【高潮】①満潮。②高まり。盛り上がり。③山場（やまば）。クライマックス。

【高大】高くて大きい。

【高档】高級の。一流の。上等の。

【高等】高等。△～教育/高等教育。大学教育。

【高低】①高さ。高低。②優劣。③ほど。かげん。

【高调】①高い調子。②上っ調子（うわっちょうし）。

【高度】高度。高さ。

【高尔夫球】①ゴルフ。②ゴルフ・ボール。

【高峰】①高峰。②最高点。ピーク。

【高跟鞋】ハイヒール。

【高贵】①高尚だ。崇高だ。②高貴だ。（身分が）高い。

【高级】①（階級、クラスなどが）高級。高い。②（品質、水準など

が）高級だ。上等だ。△～衣料/
高級衣料。

【高空】高空。高所。△～作業/高
所作業。

【高利贷】高利貸（こうりかし・
こうりがし）。高利の金。

【高梁】高粱（こうりゃん）。

【高龄】高齢。

【高帽子】おだて言称。お世辞。

【高妙】巧妙で優れている。

【高明】①優れている。傑出して
いる。②優れた人物。

【高强】（武芸が）優れている。達者
だ。

【高跷】①（民間舞踊の一種）芝居
や伝説中の人物に扮し、高い棒
を両足につけ踊り歩く。②同上
の竹馬式の棒。

【高尚】高尚だ。

【高烧】高熱。

【高射炮】高射砲。

【高深】（学問、技術などの造詣
が）深い。深遠だ。

【高手】名手。腕のよい人。

【高耸】高くそびえる。

【高速】高速度。高速。△～增长/
高度成長する。

【高温】高温。

【高兴】①嬉しい。楽しい。喜ぶ。
②喜んで…する。愉快に…す
る。

【高血压】高血圧。

【高压】①高圧。②高圧的だ。△～
政策/高圧的政策。

【高原】高原。

【高瞻远瞩】高い所に立ち、遠く
を見渡す。遠い将来を見通す。

【高涨】高まる。高ぶる。上昇する。

羔　gāo　①羊の子。②動物の子。

【羔皮】子羊の毛皮。

膏　gāo　①脂肪。油。②濃いのり

状のもの。△牙～/練り歯みが
き。

【膏剂】練り薬。

糕　gāo　米粉、小麦粉などで作
った食品。

【糕点】おかし。

篙　gāo　（舟をこぐ）棹（さお）。

搞　gǎo　①する。やる。なす。行
う。△～展览/展覧会を催す。②
つくる。設立する。経営する。△
～宪法/憲法を作る。③なんと
かして手に入れる。△～一辆自
行车/自転車を一台手に入れ
る。④ある関係をつける。△～
关系/関係をつける。

稿　gǎo　①原稿。下書き。△初
～/初稿。△投～/投稿する。②
心づもり。構想。計画。③公文
の草稿。△拟～/（公文書の）草
稿を作る。

【稿费】原稿料。

【稿件】原稿。寄稿。

【稿约】投稿規定。原稿募集規則。

【稿纸】原稿用紙。

镐　gǎo　つるはし。

告　gào　①告げる。知らせる。言
う。△不可～人的目的/人に言
えないような目的。②訴える。
告発する。③求める。願い出る。
△～假/休暇をもらう。④はっ
きりと述べる。はっきりと示
す。△不～而别/あいさつしな
いで別れる。⑤…を告げる。△
～一段落/一段落を告げる。

【告别】①別れる。△～宴会/お別
れパーティー。②別れを告げ
る。いとまごいをする。③死者
との別れをする。

【告吹】だめになる。ふいになる。

【告辞】辞去する。いとまごいをす

る。
【告发】告発する。
【告急】急を告げる。
【告捷】①勝つ。②勝利を告げる。勝利を知らせる。
【告诫】(上の者が下の者へ)警告を与える。戒める。
【告密】密告する。
【告示】告示。布告。揭示。
【告诉】告げる。話し知らせる。
【告知】告げる。知らせてやる。
【告终】終わりになる。終わりを告げる。ピリオドを打つ。
【告状】①起訴する。訴える。②(上級、責任者に)窮状を訴える。(子供が)告げ口する。言いつける。

ge

戈　gē　古代兵器の一種。ほこ。
【戈壁】ゴビ。砂漠(さばく)。

疙　gē
【疙瘩】①できもの。はれもの。②かたまり。結び目。③わだかまり。心掛り。

哥　gē　兄。
【哥儿】①兄弟。②坊ちゃん。ぼんぼん。
【哥儿们】①兄弟たち。②男同士間での親しみをこめた呼び方。

胳　gē
【胳膊】うで(肩から手首までの部分)。△～肘/ひじ。

鸽　gē　鳩(はと)。△家～/家ばと。どばと。△信～/伝書ばと。

割　gē　刈る。切る。切り取る。切断する。△～麦子/麦を刈る。
【割爱】割愛する。
【割草机】草刈機(くさかりき)。

【割除】切り取る。摘出する。
【割地】領土を割譲する。領土を分譲する。
【割断】断ち切る。断絶する。
【割据】割拠する。△群雄～/群雄割拠。
【割裂】引き裂く。引ひ離す。
【割让】割譲する。
【割舍】割愛する。放り捨てる。

搁　gē　①置く。入れる。△把书～在桌子上/本を机の上に置く。②放っておく。ほったらかす。△这件事～一～再办吧/この事はしばらく放っておこう。
【搁浅】①(船が)浅瀬に乗り上げて動かなくなる。②事が障害につきあたって進まなくなる。
【搁置】放っておく。棚上げにする。

歌　gē　①歌。△民～/民謡。②うたう。△高～/大声でうたう。
【歌本】歌の本。歌集。
【歌唱】①うたう。△～家/声楽家。②歌や朗読でほめたたえる。謳歌する。
【歌词】歌詞。
【歌功颂德】功績や徳を賛美する。
【歌剧】オペラ。歌劇。△～院/オペラ劇場。
【歌谱】歌譜。
【歌曲】歌曲。歌。
【歌手】歌手。
【歌颂】ほめたたえる。賛美する。
【歌舞】歌と踊り。歌舞。△～团/歌舞団。
【歌谣】民歌。民謡。童謡。
【歌咏】うたう。歌唱。△～比赛/歌唱コンクール。

革　gé　①毛を取り去って加工した獣皮。レザー。△皮～/皮革。△制～/製革する。②改め

る。変える。△变～/变革。③
除名する。免職にする。△～职
/免职にする。解職する。

【革除】①取り除く。②免官にす
る。免職する。

【革履】革靴。

【革命】①革命。②革命する。△产
业～/产業革命。

【革新】①革新。②革新する。△技
术～/技術革新。

阁 gé ①高殿(たかどの)。②内
阁。△组～/組閣。③女性の居
室。△出～/嫁に行く。

【阁楼】屋根裏(部屋)。

格 gé ①格子(こうし)。四角い
ますめ。△方～儿布/格子じま
の布。②標準。規則。△合～/合
格する。③品格。品質。△人～/
人格。④打つ。取り組む。△～
斗/格闘する。⑤格。

【格调】①格調。②品格。風格。

【格格不入】互いにことごとく相
いれない。しっくりしない。

【格局】構造と様式。方式。

【格式】様式。パタン。規則。

【格外】①格別に。特別に。とりわ
け。②別に。他に。

【格言】格言。

【格子】格子(こうし)。仕切り。

搁 gé 堪える。受ける。△～不
住压/圧迫に堪えられない。

隔 gé ①隔てる。仕切る。△把
屋子～成两间/部屋を二間に仕
切る。②隔たる。離れる。△相
～千里/千里も隔たっている。

【隔壁】隣家。隣室。となり。

【隔断】仕切り。

【隔阂】隔たり。みぞ。

【隔绝】隔絶する。遮断する。

【隔离】①隔てる。分離する。△种
族～/アパルトヘイト。②(病人

などを)隔離する。△～病房/隔
離病室。

【隔膜】①感情に隔たりがある。②
通暁していない。…にくらい。

【隔夜】一夜を隔てる。

【隔音】防音する。

嗝 gé ①げっぷ。おくび。△打
～儿/げっぷをする。げっぷがで
る。②しゃっくり。

个 gè ①広い物を数える助数
詞。△两～人/二人。△我想买
～电视/私はテレビを一台買い
たい。②概数を表す。△不着
急,晚～三、四天也没关系/急が
ないから、三日か四日ぐらい遅
れてもかまわない。③一回の
動作、行為を指す。△洗～澡/
ひとふろ浴びる。④動詞と補
語の間に使う。△吃～饱/腹い
っぱい食べる。⑤単独の。それ
ぞれ。めいめい。△～人/個人。

【个别】①個別の。別個の。単独の。
②特殊だ。まれだ。

【个个】一つ一つ。どれもこれも。
一人一人。

【个儿】①背たけ。体つき。②大き
さ。③一人。一つ。

【个人】①個人。△～崇拜/個人崇
拝。②自分のこと。私。

【个体】個体。個人。△～经济/私
有経済。個人経済。△～户/個人
経営者。

【个性】個性。

各 gè おのおのの。それぞれ
の。めいめいの。△～地/各地。
△～有所长/それぞれ長所が
ある。

【各别】①それぞれ。別別に。②特
別だ。変わっている。

【各持己见】それぞれ自己の意見
を主張し譲らない。

【各个】各個の。すべての。

【各界】各界。△～人士/各界の名士。

【各尽所能】能力に応じて働く。

【各取所需】おのおの必要なだけ取る。

【各人】各人。めいめい。

【各色】各種の。各様の。

【各抒己见】各自自分の見解を述べる。

【各位】各位。みなさん。

【各行其是】それぞれ自分のやり方でやる。

【各有所好】各々その好む所がある。

【各自】各自。めいめい。

硌 gè　ごつごつする。ごりごりする。

gei

给 gěi　①与える。あげる。やる。贈る。△哥哥～了我一本相册/兄ちゃんがぼくにアルバムを一冊くれた。②…に。…のために。△～父母写信/両親に手紙を書く。△我的话～他听见了/私の話は彼に聞かれてしまった。③受動、処置などの意味を表す文の述語動詞の前に用い、語気を強める。△弟弟把花瓶～打了/弟が花瓶を壊した。④命令文で「我」と連用して強制を表す。△你～我小心点儿/気をつけてくれよ。

【给以】与える。△～援助/援助を与える。

gen

根 gēn　①根。△树～/木の根。②根もと。付け根。きわ。△城墙～/城壁の根もと。③事の起こり。もと。△祸～/災いのもと。④余すところなく。根こそぎ。△～除/根だやしにする。根絶する。⑤根（こん）。ルート。⑥イオン化した基をいう。△硫酸～/硫酸基。⑦細長いものを数える。△两～筷子/箸二本。△一～绳子/一本のひも。

【根本】①根本。根底。②もともと。元来。③全く。始めから。少しも。④徹底的に。完全に。

【根底】①根底。根本。②いきさつ。内情。

【根基】①基礎。土台。②すじょう。家柄。

【根究】徹底的に究明する。

【根据】①基づく。根拠とする。よりどころにする。②根拠。よりどころ。

【根绝】根絶する。

【根深蒂固】根が深い。根強い。

【根源】①根源。ルーツ。②根源とする。源をもつ。

【根治】根治する。徹底的に治す。

跟 gēn　①足や靴やくつした後部。かかと。△鞋后～/靴のかかと。②つく。従う。後に続く。△请～我来/ついていらっしゃい。③嫁ぐ。嫁に行く。④に。△已经～他说过好多次了/もう何回も彼に話してある。⑤…と…。△我～他是同学/ぼくと彼は同級生だ。⑥比較の基準を表す。△现在～十年前不一样/今は十年前とは違う。

【跟前】①そば。近く。②ひざもと。身のまわり。

【跟上】後につく。後をつける。

【跟头】もんどり。とんぼ返り。

【跟踪】後をつける。尾行する。

geng

更 gēng ①変える。改める。△除旧～新/古いものを取り除き、新しいものを発展させる。②旧時一夜を「五更」とした。「一更」は大体2時間。△初～/午後7時～8時頃。△三～半夜/真夜中。

【更动】変える。改める。変更する。

【更改】変更する。変える。

【更换】取り替える。交換する。

【更生】①更生する。②再生する。

【更新】更新する。あらたまる。

【更衣】着換えをする。△～室/更衣室。化粧室。

【更正】訂正する。

耕 gēng （田畑を）耕す。△深～/深く耕す。深耕する。

【耕畜】農耕用家畜。役畜（えきちく）。

【耕地】①田畑を耕す。②耕地。

【耕牛】耕作用の牛。役牛（えきぎゅう）。

【耕耘】耕して草をとる。耕耘する。

【耕作】耕作する。

羹 gēng 肉や野菜で作ったどろりとしたスープ。あつもの。吸いもの。△鸡蛋～/茶わんむし。△羊～/ようかん。

【羹匙】スプーン。

埂 gěng ①あぜ。②うね。③（土で築いた）堤防。堤。土手。

耿 gěng ①明るい。②気骨がある。剛直だ。

【耿耿】①明るい。②忠誠であるさま。忠誠の念に燃えるさま。③心に気にかかることがあるさま。

哽 gěng むせぶ。のどがつまる。

【哽咽】むせび泣く。

梗 gěng ①植物の枝又は茎。△菠菜～/ほうれんそうの茎。②まっすぐにする。△～着脖子/首をまっすぐにしている。③気性がまっすぐだ。一本気だ。④塞ぐ。阻む。妨げる。△从中作～/間にいて妨げをする。中に立って邪魔する。

【梗塞】①ふさがる。通じない。②梗塞（こうそく）。△心肌～/心筋梗塞。

【梗直】正直で率直だ。

更 gèng さらに。いっそう。その上。なおさら。△～上一层楼/さらに一階上へあがる。さらに一歩進める。

【更加】更に。いっそう。ますます。

gong

工 gōng ①労働者。△女～/婦人労働者。②仕事。労働。△上～/仕事に出る。出勤する。③工事。△动～/着工する。工事をする。④工業。△轻～/軽工業。⑤一人の労働者、農民が一日にする仕事の量。人工（にんく）。手間。⑥芸。技術。テクニック。⑦長じる。得意だ。上手だ。△～书画/書画に長じている。⑧精密だ。精細だ。△～巧/精巧だ。

【工本】生産原価。テスト。

【工厂】工場。

【工场】仕事場。作業場。

【工潮】労働争議。ストライキ。

【工程】工事。工程。△～师/技師。

【工地】工事現場。作業現場。

【工蜂】働き蜂。
【工夫】①（費やす）時間。②ひま。③腕前.造詣。わざ。④努力。苦心。
【工会】労動組合。
【工间操】職場体操。業間体操。
【工件】機械部品。
【工具】①工具。仕事道具。②手段。道具。
【工科】工科。
【工龄】（労働者、職員の）勤続年数。在職年数。
【工钱】①手間賃。②賃金。
【工人】労働者。△～运动/労働運動。△～阶级/労働者階級。
【工伤】労働災害。公傷。
【工时】労働時間。作業時間。
【工事】防御工事。防備施設。
【工头】（雇われた）現場監督。職工長。
【工效】仕事の能率。工率。
【工休日】工場などの定休日。
【工序】製造工程。プロセス。
【工业】工業。△～国/工業国。△～化/工業化する。
【工艺】①技術工程。②手工芸。△～美术/工芸美術.△～品/工芸品。手工芸品。
【工装裤】作業ズボン。
【工资】賃金。給料。サラリー。
【工作】①仕事をする。働く。②職業。③業務。作業。任務。△～量/作業量。

弓　gōng　①弓.△～箭/弓と矢。②弓の状をしたもの。③曲げる。△～着身子/体を曲げている。
【弓弦】弓の弦。

公　gōng　①国家又は集団に属するもの。△～私不分/公私混同。②公共の。共同の。△～有制/公有制。③国際間に共通する。△～海/公海。△～斤/キログラム。④公にする。公開する。△～之于世/世間に公表する。⑤公平だ。公正だ。⑥公用。公務。△因～外出/公用で外出する。⑦公爵（古代の爵位の第1位)。⑧年寄りの男性に対する尊称。△张～/張氏。張先生。⑨夫の父。しゅうと。⑩雄の。△～鸡/おんどり。
【公安】公安。治安。△～局/警察署。
【公报】①コミュニケ。声明。②官報。
【公布】公布する。公表する。
【公尺】メートル。
【公出】①公務出張。②出張する。
【公道】①公平だ。公正だ。②公正な道理。正道。
【公德】公徳。公衆道徳。
【公敌】共通の敵。公共の敵。
【公断】①仲裁裁定する。②公正な判断をする。
【公费】公費。公用費。
【公分】①センチメートル。②「克（グラム)」の旧称。
【公愤】公憤。
【公告】政府の告示。公示。公告。
【公共】公共の。共用の。△～汽车/バス。
【公害】公害。
【公函】同級機関の間及び従属関係にない機関、団体の間で往復する公文書。公用手紙。
【公开】①公開する。公にする。②公開の。公に。公然と。△～信/公開状。
【公款】公金。
【公里】キロメートル。
【公理】①公理。②正当な道理。
【公路】自動車道路。

【公论】公論。世論。

【公民】公民。△～权/公民権。

【公亩】アール。

【公墓】共同墓地。

【公平】公平だ。公正だ。

【公仆】公僕。

【公顷】ヘクタール。

【公然】公然と。

【公社】①「人民公社」の略。②コンミューン。△巴黎～/パリ・コンミューン。

【公审】公開して裁判する。

【公使】公使。△～馆/公使館。

【公式】①公式。②書式。公式。△～化/公式化する。形式化する。

【公事】公務。公用。

【公司】会社。コンス。

【公诉】公訴する。起訴する。

【公文】公文書。公文。

【公务】公務。△～人员/公務員。

【公物】公共物。公の物。

【公休】公休日。

【公演】公演する。

【公议】衆議する。おおぜいで評議する。

【公益】公益。公共の利益。△～金/公益金。共益金。

【公用】公共の。共同で使用する。△～电话/公衆電話。

【公有】共有する。公有の。公共の。△～化/公有化。

【公寓】①(旧時の)下宿屋。②アパート。マンション。共同住宅。

【公元】西暦紀年。△～一九八二年/紀元1982年。

【公园】公園。

【公约】①協定。約定。条約。△北大西洋～/北大西洋条約。②規約。規則。申し合わせ。

【公允】公平妥当。

【公债】公債。

【公章】公印。

【公正】公正だ。公平だ。

【公证】公証。△～人/公証人。

【公职】公職。

【公众】公衆。大衆。

【公主】王女。プリンセス。

功 gōng ①功労。功績。手柄。△立大～/大手柄を立てる。②成果。効果。ききめ。△劳而无～/骨折り損のくたびれもうけ。③技術。修練。素養。④仕事。

【功臣】功労者。

【功德】①功績と徳行。②功徳(くどく)。

【功绩】功績。てがら。

【功课】授業。勉強。

【功劳】功労。手柄。

【功利】功利。

【功能】機能。効用。働き。

【功用】機能。効用。用途。

攻 gōng ①攻める。△～城/城を攻める。②責める。人の誤りを指摘する。③研究する。習う。△专～文学/文学を専攻する。

【攻打】攻撃する。

【攻关】①要所を攻める。難関を突破する。②難しい研究に没頭する。

【攻击】①攻撃する。攻める。②非難する。とがめる。

【攻克】攻めおとす。攻めとる。

【攻破】攻め破る。

【攻势】攻勢。

【攻占】攻略する。攻めおとして占領する。

供 gōng ①供給する。△～不应求/供給が需要に追い付かない。②供する。提供する。△仅～参考/ただ参考に供するだけです。

【供给】供給する。給与する。

【供养】（老人を）扶養する。

【供应】供給する。提供する。△～
　緊張/供給不足。

宫 gōng ①宫殿。△故～/故宫。
　②道教、ラマ教の寺院の名につ
　ける。③ホール（文化娱楽場の
　名称に用いる）。△文化～/文化
　ホール。文化センター。

【宫女】女官。宫仕えの女。

【宫廷】①宫廷。②帝王、大臣に
　よって構成された支配者集団。

恭 gōng うやうやしい。控え目
　で礼儀正しい。△洗耳～听/と
　くと拝聴する。

【恭贺】恭しく祝う。謹んでお祝い
　を申し上げる。△～新禧/新年
　おめでとうございます。

【恭候】恭しくお待ちする。△～光
　临/おいでをお待ちする。

【恭顺】従順だ。すなおに服従す
　る。

【恭维】おべっかを使う。ご機嫌を
　取る。お世辞を言う。△～话/お
　世辞。

【恭喜】（お祝いのことば）おめで
　とう。

躬 gōng ①自ら。わが身。自分
　で。△～行实践/自ら実践する。
　②体を曲げる。△鞠～/おじぎ
　をする。

巩 gǒng

【巩固】強固だ。しっかりしてい
　る。ゆるぎない。

拱 gǒng ①突き上げる。おしの
　ける。突き出る。△芽从土里～
　出来了/芽が土の中から突き出
　てきた。△用肩膀～开了门/肩
　でとびらを突きあけた。②アー
　チ型。△～门/アーチ型の門。

【拱手】両手を組んでひじを上げ
　敬意を表す。

【拱桥】アーチ型の橋。

共 gòng ①共通の。同じ。△～
　性/共通性。②共にする。△同
　甘～苦/苦楽を共にする。③共
　に。一緒に。△和平～处/平和共
　存。④合計して。全部で。合わ
　せて。△～收散文八篇/全部で8
　篇の散文を収めている。⑤「共
　产党」の略称。

【共产党】共産党。

【共产主义】共産主義。

【共存】共存する。

【共和】共和。△～国/共和国。

【共计】合計。全部で。

【共鸣】①共鳴する。共感する。②
　共感。共鳴。

【共青团】共産主義青年団の略称。

【共事】いっしょに仕事をする。

【共同】①共通の。共同の。△～点
　/共通点。△～市场/共同市場。
　②共に。共同で。一緒に。

【共享】共に享受する。

贡 gòng 貢ぐ。貢ぎ物。△进～/
　進貢する。

【贡献】貢献する。寄与する。ささ
　げる。

供 gòng ①供える。△～佛/仏
　前に供える。②お供え。△上～/
　供え物をする。お供え物を供え
　る。③供述する。自白する。△
　招～/自供する。

【供词】供述。自白内容。

【供品】供え物。供物。

【供认】白状する。自供する。

【供养】供養する。供える。

【供状】供述書。自白書。

【供桌】お供え台。

gou

勾 gōu ①消す。塗り消す。塗り

つぶす。△把他的名字～去/彼
の名前を消してしまう。②くま
どる。ふちどる。輪郭を描く。△
～出轮廓/輪郭を描く。③塗り
ふさぐ。△～墙缝/壁のすきま
を塗りふさぐ。④引き起こす。
引き出す。さそい出す。△～出
真心话/本音を引き出す。

【勾搭】①結託する。ぐるになる。
②うまい言葉で人を誘惑する。
【勾画】輪郭だけを描く。
【勾结】結託する。ぐるになる。
【勾销】消す。取り消す。
【勾引】(悪い事に)誘い込む。誘
惑する。

沟 gōu　みぞ。水路。下水道。小
川。谷間。△河～/小川。△阴～/
暗渠(あんきょ)。

【沟渠】みぞ。用水路。
【沟通】疎通をはかる。交流させ
る。つなぐ。

钩 gōu　①鈎(かぎ)。△秤～/さ
おばかりのかぎ。②(漢字の筆
画「亅、乛、乚、乀」)はね。③
(かぎで)ひっかける。釣り上げ
る。△把掉在井里的水桶～上来
/井戸に落ちた水おけをつりあ
げる。④かぎばりで編む。

【钩心斗角】暗闘する。互いに秘
策をねって争う。
【钩针】(編物用の)かぎばり。クロ
シェー。

篝 gōu
【篝火】かがりび。たきび。

苟 gǒu　①かりそめにする。な
おざりにする。いいかげんにす
る。△一笔不～/一筆もゆるが
せにしない。②仮に。もしも。△
～不努力, 必将落后/もしも努
力しなければ、きっと落伍する
だろう。

【苟安】一時的な安逸をむさぼる。
【苟合】野合する。私通する。
【苟且】かりそめな生き方をする。
【苟且】①目先の事に追われる。
一寸逃れをする。②なおざり
にする。いいかげんにする。③
野合する。
【苟全】一時(生命を)全うする。
【苟延残喘】かろうじて一時生き
ながらえる。一時の余命を保
つ。

狗 gǒu　犬。
【狗急跳墙】窮鼠(きゅうそ)猫をか
む。
【狗腿子】手先。犬。
【狗窝】犬小屋。
【狗熊】①熊。黒熊。②つまらない
やつ。おろかなやつ。

勾 gòu
【勾当】(良くない)事。事柄。悪
事。インチキ。

构 gòu　①組み立てる。構成す
る。△～词/语构成。②組み合わ
せる。△虚～/虚構。フィクショ
ン。△(文芸)作品。△佳～/佳
作。
【构成】構成する。組み立てる。
形づくる。
【构词法】造語法。
【构思】構想する。考えを練る。
【构图】構図。構成。
【构陷】人をわなにかけて罪にお
としいれる。
【构造】構造。構成。△人体～/人
体構造。

购 gòu　買う。買い入れる。購入
する。△～货/品物を買い入れ
る。
【购货单】購入証。
【购买】購入する。買い入れる。△
～力/購買力。

垢 gòu ①汚ない。汚れる。不潔だ。△蓬头～面/乱れ髪にあかだらけの顔。②汚れ。垢（あか）。△油～/油あか。③恥。恥辱（ちじょく）。

够 gòu ①（数量が）足りる。充分だ。△一句话就～了/一言で十分です。②（一定の標準、程度に）達する。△～朋友/友だちがいがある。③（手を）伸ばす。（手が）届く。△一抬手就能～到天花板/手をあげると天井にとどく。

【够本】原価に足りる。引き合う。

【够格】標準に達している。合格する。

媾 gòu ①婚姻関係を結ぶ。△婚～/結婚する。②交合する。③友好関係を結ぶ。△～和/講和する。

gu

估 gū 推測する。見積もる。△～产/生産見積もりする。

【估计】見積もる。推量する。見通しをつける。

【估价】①（価格を）見積もる。算定する。②評価する。

沽 gū ①買う。△～酒/酒を買う。②売る。△待价而～/値段が上がるのを待って売る。

【沽名钓誉】不正な手段で名誉をかすめとる。

咕 gū （めんどり、はとなどの鳴き声）。こっこ。くっく。

【咕咚】ごとん。ずどん。どしん。

【咕嘟】ぐらぐら。ごくごく。ぐつぐつ。ごとごと。

【咕噜】①ごろごろ。ぐっと。ぐうぐう。②ぶつぶつ言う。

【咕哝】小声でぶつぶつ言う。

孤 gū ①孤児。みなし子。②単独の。ひとりぼっちの。寂しい。△～岛/孤島。

【孤单】一人ぼっちだ。孤独だ。

【孤独】一人ぼっちだ。孤独だ。

【孤儿】親なし子。みなし子。

【孤军】孤軍。

【孤苦伶仃】一人ぼっちで頼るところがない。

【孤立】①孤立的だ。②孤立させる。

【孤僻】性格がひねくれていて人づきあいをしない。

姑 gū ①父の姉妹。②夫の姉妹。△大～子/夫の姉。△小～子/夫の妹。③しゅうとめ。④尼（あま）。

【姑夫】父の姉妹の夫。おじ。

【姑母】父の姉妹。おば。

【姑娘】①未婚の女子。若い女。娘。②（親の立場からの）娘。

【姑且】しばらく。ひとまず。とりあえず。

【姑息】甘やかす。寛容すぎる。△～养奸/寛大すぎて、かえって悪人をはびこらせる。

辜 gū 罪。

【辜负】（期待、好意に）背く。無にする。

箍 gū ①（針金などで）たがをかける。たがをはめる。△～桶/おけにたがをかける。②たが。たが状の物。△铁～/鉄のたが。帯鉄。

骨 gú

【骨头】①骨。△～架子/骨組み。②やせこけた人。③人柄。気骨。△软～/いくじなし。

古 gǔ ①古代。いにしえ。△太

【古奥】（詩文の内容が）古風で奥
深いため難解だ。

【古板】かたくなだ。融通がき
かない。

【古代】古代。△～史/古代史。

【古典】①出典。②古典。△～文
学/古典文学。△～音乐/クラシ
ック音楽。

【古董】①骨董品。古物。②頭の
古い人間。頑固者。

【古怪】とっぴだ。風変わりだ。変
わっている。

【古迹】旧跡。古跡。△名胜～/名
所旧跡。

【古旧】古い。古くさい。古めかし
い。

【古老】（時間的に）古い。

【古人】昔の人。古代人。

【古诗】①古体詩。②古代の詩歌。

【古书】古書。

【古铜色】赤銅色。古銅色。

【古玩】骨董品。

【古为今用】古いものを今に役立
てる。古いものを現在に生か
す。

【古文】①（五四運動以前の）文言
文の総称。②（漢代の通用文字
である隷書に対し）秦以前の字
体をいう。

【古物】古物。古代の器物。

【古装】古代の服装。△～戏/時代
劇。

谷　gǔ　①谷。谷間。△深～/深
い谷。②穀物。穀類。△五～/五
穀。③あわ。

【谷仓】穀倉（こくそう・こくぐ
ら）。

【谷草】あわがら。

【谷壳】もみがら。

股　gǔ　①もも。②（機関、団体の
一部門）係。△总务～/総務係。
③出資金。株。△合～/合資す
る。④なわ、ひも、糸の構成部
分。△双～线/二子（ふたこ）糸。
⑤長い線状をなしたものを数
える。△一～泉水/一筋の泉の
流れ。△一～线/1本の糸。一筋
の糸。⑥においや力を指す。△
一～香味/一筋のよいにおい。
△一～劲/ぐっと入れた力。⑦
一まとまりの人を数える。△一
～敌军/一隊の敵軍。

【股本】①株式会社の資本。②資
本。資本金。

【股东】株主。出資者。

【股份】①株式。株。△～公司/株
式会社。②消費協同組合の投入
資金の単位。

【股票】株券。△～行市/株式相場。
△～交易所/株式取引所。

【股息】株式利息。配当金。

【股长】係長。

骨　gǔ　①骨。②物の骨また骨に
似たもの。△钢～水泥/鉄筋コ
ンクリート。③気性。気骨。気
質。気概。人柄。

【骨粉】骨粉。

【骨干】①骨幹。②中堅。中心。△
～分子/中堅分子。

【骨骼】骨格。

【骨灰】①骨灰。遺骨。△～盒/骨
箱（こつばこ）。△～堂/納骨堂。
②動物の骨を焼いた灰。骨灰
（こっかい・こっぱい）。

【骨架】骨組み。体格。

【骨节】骨の関節。

【骨科】整骨科。△～医生/整形外
科医。

【骨膜】骨膜。

【骨气】①気骨。気概。②書道の筆力。筆の勢い。

【骨肉】親族。肉親。骨肉。

【骨髓】骨髄（こつずい）。

【骨折】骨折する。

【骨子】器具の骨。△伞～/傘の骨。

【骨子里】内面。心中。裏。

蛊 gǔ　伝説上の害虫。

【蛊惑】まどわす。△～人心/人心をまどわす。

鼓 gǔ　①鼓（つづみ）。太鼓。②太鼓のような形、音、働きをするもの。△耳～/鼓膜。③たたき鳴らす。打つ。△～掌/拍手する。④（ふいごなどで）風を起こす。あおる。△～风机/送風機。⑤動かす。奮い起こす。△～起勇气/勇気を奮い起こす。⑥ふくれる。ふくらます。△肚子吃得太～了/食べすぎて腹がパンパンになっている。

【鼓吹】鼓吹する。宣伝する。

【鼓劲】励ます。激励する。扇動する。

【鼓励】励ます。勇気づける。力づける。

【鼓舞】鼓舞する。元気づける。奮いたつ。

【鼓噪】一時に大騒ぎする。わめき立てる。

【鼓足干劲】大いに意気込む。

固 gù　①丈夫だ。堅い。しっかりした。△稳～/安定して堅固だ。②かたく。しっかり。△～辞/固辞する。③固める。堅くさせる。△～防/守りを固める。④もともと。もとから。以前から。△～当如此/もともとこうあるべきだ。⑤もとより。無論。△坐车～可, 坐船亦无不可/車に乗るのはもとよりよいが、船に乗るのも悪くはない。

【固定】①固定する。△～资本/固定资本。②固定させる。固める。

【固然】もとより。もちろん。無論。

【固体】固体。△～燃料/固体燃料。

【固有】固有の。在来の。もとから有る。△～名词/固有名詞。

【固执】固執する。強情だ。頑固だ。

故 gù　①事故。意外な事件。△变～/事故。災難。②原因。理由。わけ。ゆえ。△不知何～/どういうわけか知らない。③わざと。故意に。ことさらに。△明知～犯/知っていながら故意に違反する。④ゆえに。△因有信心,～能战胜困难/信念があるので困難に打ち勝つことができたのだ。⑤古い。昔の。以前の。もともとの。△依然如～/あいかわらずもとのままだ。⑥旧知。(古い)友人。友情。△一见如～/一見旧の如し。⑦(人が)死ぬ。みまかる。△病～/病気で亡くなる。病没する。

【故步自封】現状に安んじて進歩を求めない。

【故都】古都。古い都。

【故宫】旧王朝の宮殿。特に北京の故宫(「紫禁城」とも)をいう。

【故居】旧居。故居。

【故弄玄虚】はったりをやる。

【故人】昔なじみ。旧友。

【故世】世を去る。逝去する。

【故事】①物語。話。△民间～/民間説話。民話。②ストーリー。筋。

【故土】ふるさと。故郷。

【故乡】故郷。ふるさと。

【故意】故意に。わざと。

【故障】故障。

顾 gù ①ふり返る。顧みる。見る。△四～/あたりを見まわす。②気を配る。注意を払う。△兼～/両方のことを考える。③訪問する。訪ねる。△三～茅庐/三顾の礼。

【顾及】…まで考慮する。…のことまで気にかける。

【顾忌】気がねする。はばかる。

【顾客】お客。顧客。

【顾虑】顧慮する。懸念する。心配する。

【顾全】気を配る。配慮する。△～大局/大局に心を配る。

【顾问】顧問。

雇 gù 雇う。△～人/人を雇う。

【雇工】①人を雇う。②雇われ者。（農家の）作男。

【雇农】雇農。

【雇佣】雇用する。雇う。

【雇员】雇員。

【雇主】雇い主。

痼 gù 長くかかって治らない。長い間に身について直りにくい。△～癖/改めにくい悪癖。

【痼疾】①持病。長わずらい。②直しにくい欠点。

【痼习】容易に直らない悪習。

gua

瓜 guā うり。△西～/すいか。

【瓜分】分割する。分け取りする。

【瓜葛】かかりあい。ひっかかり。

【瓜子】すいか、かぼちゃ、ひまわりの種。

呱 guā

【呱呱叫】りっぱだ。すてきだ。

刮 guā ①削る。剃る。むく。

△～胡子/ひげを剃る。②搾り取る。かすめ取る。△～钱/金をかすめ取る。③吹く。△～大风/大風が吹く。

【刮刀】スクレーパ。

【刮脸】顔を剃る。ひげを剃る。△～刀/かみそり。

【刮目相看】刮目する。新しい目で見る。

寡 guǎ ①少ない。欠けている。△沉默～言/だんまりで言葉が少ない。②やもめ。未亡人。△守～/やもめ暮らしを守る。後家（ごけ）を立てる。

【寡不敌众】衆寡敵せず。

【寡妇】未亡人。後家（ごけ）。やもめ。

【寡头】寡頭。△～政治/寡頭政治。

卦 guà 卦（け）。△占～/八卦を見る。占いをする。

挂 guà ①掛ける。掛かる。△把地图～在墙上/地図を壁に掛ける。②電話を切る。△请～上电话等/電話を切ってお待ち下さい。③電話をつなぐ。電話を掛ける。△请～医务室/医務室へつないで下さい。④気にかける。気にかかっている。⑤登録する。名前を出す。△～失/紛失を届け出る。⑥そろいのやつながったものを数える。△一～葡萄/一房（ひとふさ）のぶどう。

【挂彩】①門に色とりどりの絹布を飾る。②戦闘の中で負傷流血する。

【挂车】トレーラー。付随車。

【挂钩】①（車などの）連結器。②物を掛けるかぎ。③列車を連結する。④関係をつける。手をつ

なぐ。

【挂号】①申し込む。番号を登録
する。②書留にする。△〜信/
書留郵便。

【挂慮】→【挂念】

【挂面】干しうどん。

【挂名】名義だけの。名ばかりの。

【挂念】気にかける。気にかかる。
心配する。

【挂帅】①元帥となる。指導者と
なる。②優先する。第一にす
る。

【挂图】掛け図。

【挂衣钩】洋服掛け。

【挂钟】柱時計。掛け時計。

褂　guà　ひとえの上着。△小〜
儿/短いひとえの上着。

guai

乖　guāi　①（子供が）おとなし
い。言うことをよく聞く。②賢
い。利口だ。△学〜了/利口にな
った。③（性質、行動が）正常で
ない。ひねくれている。

【乖觉】機敏だ。利口だ。

【乖戾】ひねくれている。

【乖谬】でたらめだ。異常だ。

【乖僻】ひねくれて偏屈だ。

【乖巧】利口だ。機敏だ。賢い。

拐　guǎi　①曲がる。向きを変え
る。△往右一〜就到了/右へ曲
がればすぐ着きます。②びっこ
をひく。△走路一〜一〜的/
ぴょこぴょことびっこをひきな
がら歩く。③松葉杖。④だまし
取る。ごまかす。かどわかす。△
〜孩子/子供をかどわかす。

【拐棍】つえ。ステッキ。

【拐角】曲がりかど。

【拐骗】だまし取る。誘拐する。

かどわかす。

【拐弯】①角を曲がる。方向を換
える。②（考えの方向、言葉な
どを）切り替える。

【拐弯抹角】①まがりくねった道
を歩く。②回りくどく話す。遠
回しに言う。

【拐杖】→【拐棍】

【拐子】ちんば。びっこ。

怪　guà　①怪しい。おかしい。変
だ。不思議だ。△〜事/怪しいこ
と。不思議なこと。②怪物。妖
怪。ばけもの。△鬼〜/幽霊と妖
怪。③責める。咎める。△这不
能一人家、全〜你不好/これは
人のせいにしてはいけない、あ
なたが悪いんです。④たいへ
ん。すごく。なかなか。ばかに。
△〜不好意思的/どうもきまり
が悪い。

【怪不得】①道理で。もっともだ。
②責めることはできない。

【怪诞】奇怪だ。不思議で奇異だ。

【怪话】①とりとめのない話。でた
らめな話。②不平不満。文句。

【怪模怪样】おかしな様子。へん
てこな様子。

【怪僻】ひねくれている。偏屈だ。

【怪物】①怪物。妖怪。②変わり
者。変人。

【怪异】①奇怪だ。不思議だ。②
奇妙な現象。不思議な現象。

guan

关　guān　①閉める。閉じる。
（スイッチを）切る。△〜窗户/
窓を閉める。△〜灯/電灯を消
す。②閉じ込める。閉じこも
る。△一到星期天总〜在屋子
里看书/日曜になるといつも

部屋に閉じこもって本を読んでいる。③（企業などが）倒産する。つぶれる。△那个店已经～了/あの店はもう倒産した。④税関。△海～/税関。⑤関門。関所。△难～/難関。⑥かかわる。関連する。△不～他的事/彼にかかわりはない。

【关闭】①閉める。閉じる。②休業する。閉店する。

【关怀】配慮をする。関心を示す。

【关键】かぎ。かなめ。キーポイント。

【关节】①関節。△～炎/関節炎。②キーポイントとなる部分。重要な一環。

【关口】①関門。関所。②→【关头】

【关联】関連する。つながる。

【关门】①営業停止する。閉店する。②言い切る。議論の余地なしとする。

【关切】①親しみ深い。②関心を持つ。気を配る。配慮する。

【关税】関税。

【关头】重要な時期。瀬戸際（せとぎわ）。分かれ目。

【关系】①関係する。関連する。かかわる。②間柄。関係。つながり。△外交～/外交関係。③影響。かかわり。△没～/かまわない。大したことはない。④原因。都合。△由于时间～,我就说到这儿/時間の関係でわたしの話はこれで終わります。⑤（組織との関係を示す）書類。証明書。

【关心】①気を配る。関心を寄せる。②思いやり。

【关押】拘留する。監禁する。

【关于】…について。…に関して。

【关照】①世話をする。面倒を見る。配慮する。②通知する。知らせる。

【关注】関心を持つ。配慮する。

观 guān ①見る。ながめる。△～日出/日の出を見る。②ながめ。目にした景色。△外～/外観。③見解。見かた。△世界～/世界観。

【观察】観察する。△～家/オブザーバー。

【观点】①観点。立場。②政治的観点。

【观感】感想。印象。

【观光】観光する。見物する。△～者/観光客。

【观礼】式典に参列する。△～台/観覧スタンド。

【观摩】見学する。参観して研究をする。

【观念】観念。意識。考え。

【观赏】観賞する。

【观望】①様子を見る。観望する。②見わたす。眺める。

【观众】観客。観衆。見物人。

官 guān ①旧時の役人。官吏。②公職にある人。△外交～/外交官。③器官。△五～/五官。

【官场】旧時の官界または官吏。

【官邸】官邸。

【官方】政府当局。政府側。△～消息/政府筋のニュース。公式なニュース。

【官复原职】もとの官職にもどる。

【官架子】官僚気取り。役人かたぎ。

【官阶】官位。官等。

【官僚】①官僚。△～主义/官僚主義。②官僚的だ。

【官能】官能。感官。

【官腔】役人口調。

【官司】訴訟。訴え。

【官衔】官職名。

【官样文章】紋切り型の文章。お役所式の文章。

【官员】役人。官公吏。官員。政府職員。

【官职】官職。

冠 guān ①かんむり。帽子。②とさか。△鸡～/にわとりのとさか。③形が帽子に似たもの。△花～/花冠。

【冠冕堂皇】外見は堂堂として立派だ。もっともらしい。

棺 guān 棺(かん)。ひつぎ。△～材/棺おけ。

鳏 guān 男やもめ。やもお。

【鳏夫】男やもめ。やもお。

馆 guǎn ①宿。旅館。△旅～/旅館。△宾～/迎賓館。ホテル。②外国使節の執務場所。△大使～/大使館。③サービス業の店。屋。△饭～/料理屋。食堂。△照相～/写真屋。④文化財を収蔵、陳列したり、文化的な行事をする公共的建物。△图书～/図書館。△博物～/博物館。

管 guǎn ①円筒形のもの。管。パイプ。△气～/気管。△橡皮～/ゴム管。②管楽器。△单簧～/クラリネット。③管理する。担当する。引き受ける。④教育する。しつける。△～孩子/子供をしつける。⑤口出しする。かまう。世話をする。△你别～他/彼にかまうな。⑥保証する。請け合う。△不好的～换/不良品は必ずお取り替えいたします。

【管保】きっと。ぜったいに。かならず。

【管道】パイプ。

【管风琴】パイプオルガン。

【管家】①家事を管理する。②管理人。世話人。

【管教】教育する。しつける。

【管理】①管理する。統制する。②世話をする。

【管事】①責任を持って管理する。とりしきる。②効果がある。役に立つ。

【管束】拘束する。しつける。取り締まる。

【管辖】管轄する。

【管弦乐】管弦楽。△～队/管弦楽団。オーケストラ。

【管乐器】管楽器。

【管制】①管制する。統制する。②拘束する。監視する。

贯 guàn ①貫く。徹する。通じる。△学～古今/学識が古今に通じる。②連ねる。連なる。③原籍。出生地。△籍～/本籍(地)。

【贯彻】貫徹する。貫く。

【贯穿】①貫通する。通り抜ける。②→【贯串】

【贯串】貫く。一貫する。

【贯通】①通暁する。精通する。②貫通する。貫く。

【贯注】集中する。注ぎ込む。傾注する。

冠 guàn ①帽子を戴く。②呼び名、文字などを冠する。③最優秀となる。第一位を占める。

【冠词】冠詞。

【冠军】優勝(チーム)。第一位。チャンピオン。

惯 guàn ①慣れる。習慣になる。△走～了/歩き慣れた。②放任する。甘やかす。△独生子女也不能～着/一人っ子でも甘やかしてはいけない。

【惯犯】常習犯。

【惯技】常套手段。

【惯例】慣例。

【惯窃】窃盗常习犯。

【惯用】常用する。使い慣れる。

盥　guàn　（手や顔を）洗う。

【盥洗】手や顔を洗う。洗面する。△～室/洗面所。△～用具/洗面用具。

灌　guàn　①灌漑する。水をやる。△引水～田/水を引いて田に注ぐ。②注ぐ。つぐ。注ぎ込む。△往暖瓶里～开水/ポットに湯を注ぐ。③録音する。（レコードを）吹き込む。

【灌肠】①灌腸する。②ソーセージの一種。

【灌唱片】レコードを吹き込む。

【灌漑】灌漑する。

【灌木】低木。灌木。

【灌输】①水を引き入れる。水を注ぎ込む。②注入する。植えつける。

【灌音】録音する。

罐　guàn　①缶。つぼ。△茶叶～/茶缶。②（炭鉱用の）炭車。

【罐头】かん詰め。

【罐子】缶。つぼ。

guang

光　guāng　①光。△日～/日光。△灯～/ともしび。②景色。△风～/風光。③光栄。ほまれ。④敬意を表す語。△～顾/ご愛顧。⑤つやがある。つるつるしている。すべすべしている。△这种纸很～/この種の紙はすべすべしている。⑥何もなくなる。何も残らない。△已经～了/もうすっかりなくなった。⑦むき出しにする。露出させる。△～着头/帽子もかぶらずに。⑧ただ…だけ。△～说不做/言うだけ

で何もしない。

【光波】光波。

【光彩】①色とつや。色彩と光沢。②光栄だ。誉れだ。

【光复】（滅んだ国、失地を）回復する。

【光棍】無頼漢。やくざもの。

【光棍儿】（男性の）独身者。独り者。男やもめ。

【光华】明るい輝き。

【光滑】なめらかだ。すべっこい。つるつるしている。

【光辉】①光輝。輝き。②輝しい。明るい。

【光景】①風景。景色。②状況。光景。様子。③（推定、推量を表す）模様。様子。ほど。ばかり。

【光亮】明るい。光沢がある。ぴかぴか光る。

【光临】ご来臨。△敬请～/おいでをお待ちしております。

【光芒】光線。光ぼう。

【光明】①光明。明るい光。②明るい。③光明に満ちている。希望がある。④公明だ。△～正大/公明正大だ。

【光荣】光栄だ。光栄ある。△～榜/表彰板。

【光天化日】白昼。真っ昼間。

【光头】①坊主あたま。②帽子をかぶらない。無帽だ。

【光线】光線。

【光阴】時間。光陰。△～似箭/光陰矢の如し。

【光泽】光沢。つや。

广　guǎng　①広い。△地～人稀/土地が広くて人口が少ない。②多い。△大庭～众/人の多い公開の場。③広める。大きくする。

【广播】放送する。△～电台/放送局。△～剧/ラジオ・ドラマ。△～体操/ラジオ体操。△～员/ア

ナウンサー。

【广博】（学識が）広い。広博だ。

【广场】広場（ひろば）。

【广大】①広大だ。②規模が大きい。③大勢の。多数の。

【广度】広さ。広まりの程度。

【广泛】広範だ。幅広い。

【广告】広告。△～画/ポスター。

【广阔】広広としている。広大だ。

【广漠】果てしなく広い。広ばくとしている。

【广义】広義。

逛 guàng　ぶらぶら歩く。ぶらぶらする。ぶらつく。△～大街/町をぶらつく。

【逛荡】①ぶらつく。ぶらぶら歩き回る。②（液体を）ゆすぶる。揺り動かす。

gui

归 guī　①帰る。△无家可～/帰るべき家がない。②返す。戻す。△物～原主/物を元の所有者に返す。③…に帰する。…のものになる。…に属する。△光荣～大家/光栄は皆様のものだ。④一カ所へ集まる。△众望所～/衆望の赴く所。⑤一緒にする。まとめる。

【归案】犯人を所定の司法機関へ引き渡す。

【归并】①合併する。合わせる。②まとめて。全部で。

【归档】（文書、資料を）分類し保存する。

【归队】①帰隊する。②もとの専門業務に戻る。

【归根结底】結局。つまるところ。とどのつまり。

【归功于】功績を…に帰する。…

の手柄とする。

【归国】帰国する。

【归还】返還する。返す。

【归结】①概括する。要約する。しめくくる。②結果。結末。

【归类】分類する。類別する。

【归纳】帰納する。

【归属】帰属する。

【归宿】落ち着く所。行きつく所。

【归心似箭】帰心矢の如し。

【归于】①…に帰する。…に属する。②…の方向にある。結局…になる。

【归罪】（他者に）罪を帰する。…のせいにする。

龟 guī　亀（かめ）。

【龟甲】かめの甲羅。

【龟缩】首をひっこめる。ちぢこまる。

规 guī　①コンパス。②規則。きまり。しきたり。△校～/校則。③いさめる。

【规避】うまく回避する。避ける。

【规程】規則。規定。

【规定】①規定する。定める。②規則。

【规范】①規範。手本。②規範に合う。

【规格】規格。仕様。

【规划】①計画。企画。②計画する。企画する。

【规矩】①規則。きまり。②きちんとしている。まじめだ。品行が正しい。

【规律】法則。規則。△～性/法則性。

【规模】規模。スケール。

【规劝】いさめる。忠告する。勧告する。

【规则】①規則。ルール。△交通～/交通規則。②規則正しい。きち

んとしている。

圉 guī　女子の居間。
【圉女】①未婚の女子。②娘。

瑰 guī　珍しい。珍奇だ。
【瑰宝】珍貴な宝。
【瑰丽】すばらしく美しい。

轨 guī　①レール。△铺〜/レールを敷く。②従うべき手本、やり方、規則、おきて、秩序など。△越〜/常軌を逸する。のりを越える。
【轨道】①レール。軌道。②軌道。③(行動上の)きまり。範囲。

诡 guī　①欺く。ずるい。②不思議で怪しい。奇異だ。
【诡辩】①き弁。②き弁を弄する。
【诡计】き計。トリック。
【诡密】秘密で察知しがたい。はかり知れない。
【诡诈】悪賢い。狡猾だ。ずるい。

鬼 guī　①幽霊。亡霊。②人を軽蔑する言葉。△酒〜/飲んべえ。③こそこそしている。後ろ暗い。いかがわしい。④腹黒い。悪だくみ。△心里有〜/腹に一物(いちもつ)ある。⑤劣悪だ。悪い。△〜天气/いやな天気。困った天気。⑥機転が利く。ずる賢い。△这孩子真〜/この子は本当に利口だ。
【鬼怪】幽霊と妖怪。
【鬼鬼祟祟】かげで悪だくみをする。かげでこそこそとする。
【鬼话】うそ。でたらめ。たわごと。
【鬼混】①遊んで過ごす。②不正な事をして暮らす。放とうする。
【鬼脸】①お面。②あかんべえ。
【鬼迷心窍】魔がさす。邪念のとりこになる。

【鬼神】鬼神。
【鬼主意】悪だくみ。
【鬼子】中国を侵略する外国人に対する憎悪の言葉。

刽 guì
【刽子手】①死刑執行人。首切り役人。②下手人。元凶。

柜 guì　①戸だな。箱。△衣〜/たんす。△保险〜/金庫。②帳場。商店。
【柜台】カウンター。勘定台。

贵 guì　①(値が)高い。△这里交通费〜/ここでは交通費が高い。②貴重だ。価値が高い。大切にする。△春雨〜如油/春の雨は油のように貴重だ。③地位が高い。△〜妇人/貴婦人。④貴ぶ。貴しとする。△兵〜神速/兵は神速を貴ぶ。⑤敬意を表す語。△〜国/お国。△您〜姓/お名前は何とおっしゃいますか。
【贵宾】貴賓。
【贵金属】貴金属。
【贵族】貴族。△〜阶级/貴族階級。

桂 guì　①もくせい。△金〜/金もくせい。②肉桂(にっけい)。③月桂樹(げっけいじゅ)。④せいろん肉桂。
【桂冠】桂冠。月桂冠。
【桂花】もくせい。もくせいの花。
【桂皮】桂皮(けいひ)。
【桂圆】竜眼。△〜肉/竜眼肉。

跪 guì　ひざまずく。
【跪拜】叩頭(こうとう)する。ひざまずいて拝む。
【跪倒】ひざまずく。ひれ伏す。

gun

滚 gǔn　①(ころころ)転がる。

転げる。回す。△～雪球/雪転が
しをする。②(湯が)沸騰する。
たぎる。沸き立つ。△～开的水
/よく沸いた湯。③去れ。出てい
け。△～开/出てうせろ。どけ。
【滚蛋】出てゆけ。出てうせろ。
【滚动】転がる。回転する。
【滚滚】勢い激しくうねり逆巻く
さま。△～浓烟/もくもくと上
がる濃煙。
【滚珠】ベアリングのボール。△
～轴承/ボール・ベアリング。

棍 gùn ①棒。ステッキ。②悪
党。無頼。ごろつき。△赌～/
ばくちうち。ギャンブラー。
【棍棒】①棍棒。②(体操用の)棒。

guo

锅 guō ①なべ。△沙～/土な
べ。②加熱用の器具。△火～/
しゃぶしゃぶ用のなべ。③器物
についているなべ状のもの。
△烟袋～儿/キセルの雁首(が
んくび)。
【锅巴】お焦げ。
【锅炉】ボイラー。△～房/ボイラ
室。
【锅台】かまど。へっつい。
【锅贴儿】焼きギョーザ。
【锅子】①→锅③②しゃぶしゃぶ用
のなべ。

国 guó ①国。国家。△祖～/祖
国。△外～/外国。②国家を代表
するもの。△～旗/国旗。③自国
やその国に属する。△～药/漢
方薬。
【国宝】国宝。
【国宾】国賓。
【国策】国策。
【国产】国産の。

【国耻】国辱。
【国都】首都。首府。
【国法】国法。
【国防】国防。△～力量/国防力。△
～军/国防軍。
【国歌】国歌。
【国画】中国伝統の絵画。水墨画。
墨絵。
【国微】国章。
【国会】国会。
【国货】国産品。
【国籍】国籍。
【国计民生】国家の経済と人民の
生活。
【国际】国際。△～形势/国際情勢。
△～歌/インターナショナルの
歌。△～音标/国際音声記号。
【国家】国家。国。
【国界】国境。国界。
【国境】一国の領土。版図。△～线
/国境線。
【国库】国庫。△～券/国庫債券。
【国力】国力。
【国民】国民。△～经济/国民経済。
△～生产总值/国民総生産
(額)。GNP(ジーエヌピー)。
【国难】国難。国家の危難。
【国内】国内。
【国情】国情。
【国庆】建国記念日。△～节/国慶
節。
【国事】国事。国の政治。国家の大
事。△～访问/公式訪問。
【国手】国きっての名手(医師、棋
士などについて言う)。
【国土】国土。領土。
【国外】国外。外国。
【国王】国王。
【国务院】国務院(内閣に当た
る)。
【国宴】(国家元首や政府首脳が国
賓を招いて催す)公式宴会。国

宴。

果 guǒ ①果物。果実。△开花结～/花が咲き実がなる。②結果。事の結末。△恶～/悪い結果。③断固として。きっぱりしている。④果たして。△～不出所料/やっぱり思ったとおりだ。

【果断】決然と。断乎と。きっぱりと。

【果脯】果物の砂糖づけ。乾燥フルーツ。

【果敢】果敢だ。

【果酱】ジャム。

【果木】果樹。

【果皮】果皮。△～箱/くずもの入れ。

【果品】果物類と干した果物の総称。

【果然】結果として。果たして。案の定(じょう)。

【果仁】果物の核。種の中味。さね。

【果肉】果肉。

【果实】①果実。②革命闘争、労働生産による収穫。獲物。

【果树】果樹。

【果园】果樹園。

【果汁】果汁。ジュース。

【果子】①果物。果実。△～酒/果実酒。△～露/シロップ。②油で揚げためん類。

裹 guǒ ①くるむ。巻く。包む。△用绷带把伤口～好/包帯で傷口をしっかり巻く。②吸う。

【裹腿】きゃはん。ゲートル。

【裹胁】取り囲んで脅す。脅迫する。

【裹足】纒足(てんそく)する。△～不前/(ためらって)前に進まない。たじろいで進まない。

过 guò ①通過する。渡る。横切る。過ぎる。△～桥/橋を渡る。△～马路/大通りを横切る。②甲から乙に移す。△～帐/他の帳簿に転記する。③時間が経過する。月日が過ぎる。過ごす。△～冬/冬を越す。△～节/祝日を過ごす。④取りかわす。やりとりする。往来する。△～从/交際する。行き来する。⑤ある処理、方法を通す。△～秤/はかりにかける。⑥超過する。ある範囲や限度を越す。△树长得～了房/木が伸びて屋根を越した。⑦過ち。過失。△改～/過ちを改める。⑧(「動詞＋得」の後に用いて)勝る。負かす。通れる。△他怎么瞒得～我/彼が私の目をかすめるものか。⑨(動詞の後に置き動作の完了を示す)すでに…した。△你吃～饭了吗/食事が済みましたか。⑩(動詞の後に置き過去の経験を示す)…したことがある。△他去年来～北京/彼は去年北京に来たことがある。

【过不去】①通れない。通過できない。②困らせる。③気がすまない。

【过场】①(京劇で)役者が舞台を素通りする。②いい加減に形だけ一応やってすます。うわべを繕う。

【过程】過程。プロセス。

【过错】過失。過ち。

【过道】(入口から各部屋への)通路。廊下。

【过得去】①通り抜けられる。②どうにか暮せる。暮らしが立つ。③まあいける。まあ我慢できる。まあまあである。④気がすむ。

【过度】過度の。度を越える。△～疲劳/過労。

【过渡】①過渡。△～时期/過渡期。②移行する。渡る。

【过分】行き過ぎる。過度だ。△～强调/オーバーに強調する。

【过关】関所を通過する。パスする。

【过后】①後になって。後で。その後。②今後。これから。

【过户】不動産などを譲渡する。(法的な)名義書き換えをする。

【过活】生活する。暮らす。

【过火】やり過ぎる。言い過ぎる。度を越す。

【过激】過激だ。

【过境】境界線を通過する。

【过客】旅客。通りすがりの客。

【过来】①やってくる。△快～/早く来なさい。②時間、能力、数量が充分あることを表す(主に「得」「不」と連用)。△忙不～/忙しくてたまらない。③自分と正面に向かうことを表す。△把手心翻～让我瞧瞧/手のひらを返して見せてごらん。④正常な状態に戻ることを表す。△醒～了/意識を取り戻した。

【过路】道を通る。通行する。△～人/通行人。通りがかりの人。

【过虑】心配し過ぎる。余計な心配をする。

【过滤】ろ過する。こす。△～嘴/(巻きたばこの)フィルター。

【过敏】過敏。アレルギー。

【过目】目を通す。見る。

【过年】新年を迎える。新年を祝う。正月を過ごす。

【过期】期限を過ぎる。期限を越す。△～作废/期限を過ぎた場合は無効とする。

【过谦】謙遜しすぎる。

【过去】①過去。以前。昔。②通り過ぎる。③世を去る。亡くなる。④動詞の後につき、離れたり経過していくことを表す。△游～/泳いで渡る。⑤物の裏側を向けることを表す。△把课本翻～/教科書を裏返しておきなさい。⑥元の状態や正常な状態が失われることを表す。△病人晕～了/病人は気を失った。⑦…し得ることを表す。△骗～了/だますことができた。

【过人】人並み以上だ。△勇气～/勇気が人並み以上だ。

【过剩】過剰だ。△生产～/生産過剰。

【过失】過失。△～杀人罪/過失致死罪。

【过时】①時間が過ぎる。時間に遅れる。②時代遅れだ。旧式だ。

【过手】処理する。取扱う。

【过头】①度を越す。…しすぎる。②ひどすぎる。

【过往】①往き来する。往来する。②付き合う。交際する。

【过望】望外。望み以上。

【过问】口を出す。掛け合う。関与する。

【过细】詳しく。細密に。細かく。

【过夜】夜を明かす。一夜を過す。

【过意不去】済まない。恐縮に思う。

【过瘾】たん能する。胸がすっとする。

【过于】すぎる。余りにも。…に過ぎる。

【过誉】誉めすぎる。過分に誉める。

【过帐】転記する。

H

ha

哈 hā ①息をはあっと吐く。△
～了口气/はあっと息を吐い
た。②（笑う声）はっはっ。△～
～大笑/はっはっと大笑いする。

【哈欠】あくび。△打～/あくびを
する。

【哈腰】①腰を曲げる。②腰をか
がめてあいさつすること。

hai

咳 hāi ああ。へえ。

【咳声叹气】ため息をする。

还 hái ①まだ。△～未完成/ま
た完成していない。②さらに。
また。△～有一天就到期了/も
う一日で期限になる。③やは
り。あいかわらず。④まあ。
まずまず。△今天～算暖和/きょ
うはまあ暖かいほうだ。⑤さ
え。すら。△他～搬不动，何况
我呢/彼でさえ動かせないのに
ぼくなんかがおきらいじゃない
か。⑥案外。存外。△这布～真
结实/この布は案外丈夫です
ね。

【还好】まあまあ。まずまず。

【还是】①まだ。やはり。②案外。
存外。③…する方がいい。④…
か、それとも…か。

孩 子供。△女～儿/女の子。

【孩子】hái 子供。

【孩子气】稚気（ちき）。子供っぽ
い。

海 hǎi ①海。②海のようなも
の。△火～/火の海。③大きい。
△～碗/どんぶりばち。

【海岸】海岸。

【海拔】海抜。エレベーション。

【海报】ポスター。張り紙。

【海豹】あざらし。海ひょう。

【海滨】海浜。海べ。浜。

【海产】海産物。

【海船】海を航行する船。

【海带】昆布(こんぶ)。

【海岛】海の島。島。

【海盗】海賊。

【海堤】海えん。護岸壁。シー・
バンク。

【海底】海底。

【海防】海防。海岸警備。

【海风】海風。

【海港】港湾。港。

【海关】税関。

【海军】海軍。△～陆战队/海軍陸
戦隊。

【海里】かいり。ノット。

【海路】海路。

【海米】ほしえび。

【海绵】海綿。スポンジ。

【海鸥】かもめ。

【海上】海上。

【海参】なまこ。

【海市蜃楼】蜃気楼（しんきろう）。
ミラージュ。海市。

【海誓山盟】愛情のいつまでも変
らぬことを誓う。

【海水】海水。

【海滩】浜。ビーチ。

【海图】海図。

【海外】海外。国外。

【海湾】入海（いりうみ）。海湾。

【海王星】海王星。

【海味】海の幸（さち）。△山珍～/海の幸、山の幸。

【海峡】海峡。

【海员】海員。船員。

【海运】海運。

【海战】海戦。

【海蜇】くらげ。

骇 hài　驚く。びっくりする。

【骇然】驚くさま。がくぜんとする。

【骇人听闻】聞く人をびっくりさせる。

害 hài　①害。災（わざわ）い。△为民除～/人民のために害を除く。②害する。損う。△～人不浅/ひどい目に合わせる。③殺す。△遇～/暗殺される。④病気にかかる。患（かずら）う。△～大病/重い病気にかかる。

【害虫】害虫。

【害处】弊害。

【害鸟】害鳥。

【害怕】恐れる。怖がる。怖い。

【害群之马】大勢の人の迷惑になる者。

【害臊】恥ずかしめる。きまりわるがる。

【害兽】害獣。

【害羞】恥ずかしがる。はにかむ。

【害眼】目を病む。眼病にかかる。

han

酣 hān　たけなわだ。心行くまで…する。△～睡/熟睡。△～饮/思う存分酒を飲む。

【酣畅】思う存分。気持ちよく。十分に。

憨 hān　①ばか。薄ばか。②素直だ。無邪気だ。

【憨厚】素直だ。温厚で篤実だ。

鼾 hān　いびき。△打～/いびきをかく。

【鼾声】いびきの音。

【鼾睡】いびきをかいて熟睡する。

含 hán　①口に含む。△～着糖/あめをしゃぶる。②浮かべる。△～泪/目に涙を浮かべる。③含有する。含む。④抱く。帯びる。こもる。△～恨/恨みを抱く。

【含苞】つぼみがつく。つぼむ。

【含糊】①あいまいだ。はっきりしない。②いい加減だ。③弱みを見せる。恐れる。

【含混】はっきりしない。あいまいだ。

【含怒】怒りを含む。怒りをこめる。

【含沙射影】遠回しに非難する。それとなく人を中傷する。

【含笑】笑いを浮かべる。微笑む。

【含羞】はにかむ。恥ずかしがる。

【含蓄】含蓄がある。含みがある。

【含义】意味。

函 hán　①箱。ケース。②手紙。書簡。△～购/郵便で商品を注文し買い入れる。通信販売。

【函授】通信教育。

涵 hán

【涵洞】カルバート。地下水道。暗きょ。

【涵养】①修養。②（水分を）蓄える。

寒 hán　①寒い。寒さ。△～风

/寒風。②恐れる。△心惊胆～/びくびくする。戦戦恐恐とする。③貧しい。貧乏だ。みすぼらしい。△～舍/拙宅。

【寒伧】みすぼらしい。

【寒带】寒帯。

【寒假】冬休み。

【寒噤】身震い。△打～/身震いする。

【寒冷】寒い。

【寒流】寒流。

【寒气】寒気（さむけ）。寒さ。

【寒暑表】寒暖計。

【寒酸】貧乏たらしい。貧乏くさい。

【寒心】愛想を尽かす。情けない。

【寒暄】あいさつする。

罕 hǎn　まれだ。めったにない。珍らしい。△～见/まれに見る。◇人迹～至/人跡まれだ。人跡未踏。

喊 hǎn　①叫ぶ。△～口号/スローガンを叫ぶ。②呼ぶ。△～他来/彼を呼んで来る。

【喊冤叫屈】無実の罪を申し立てる。

汉 hàn　①漢民族。②男。△好～/立派な男。

【汉奸】売国奴。民族の裏切り者。

【汉语】漢語。中国語。

【汉字】漢字。

【汉子】男。男子。

汗 hàn　汗。△出～/汗をかく。

【汗流浃背】びっしょりと汗をかく。

【汗马功劳】汗馬の労。

【汗毛】うぶ毛。

【汗衫】下着。はだぎ。

旱 hàn　①日照（ひで）り。かんばつ。△天～/日照りになる。②陸。陸地。△～稻/陸稲（おか

ぼ）。

【旱季】乾期。

【旱路】陸路。

【旱田】①畑。②乾田。

【旱象】日照りの現象。

【旱烟】刻みたばこ。葉たばこ。

【旱灾】干害。

悍 hàn

【悍然】横暴にも。強硬に。むりおしに。

捍 hàn

【捍卫】守る。防衛する。

焊 hàn　溶接する。はんだづけする。ウェルディング。

【焊工】溶接工。

【焊接】溶接する。ウェルディング。

【焊枪】溶接銃。溶接ガン。溶接トーチ。

【焊条】溶接棒。溶接ワイヤ。

憾 hàn　残念だ。遺憾だ。△引以为～/遺憾とする。残念に思う。

【憾事】残念なこと。遺憾なこと。

撼 hàn　揺り動かす。ゆさぶる。

【撼动】揺り動かす。

hang

夯 hāng①胴突き。たこ。△打～/胴突きをする。②（たこで）固める。地がためをする。△～实/突き固める。

行 háng　①行。列。△排成两～/二列に並べる。②（兄弟姉妹の）順番。△我排～第二/私は兄弟の中で二番目です。③業種。職業。△各～各业/各業種。④商店。△米～/米問屋。⑤行や列になるものを数える助数詞。△一

～字/一行の文字。

【行当】①職業。商売。②役柄。

【行话】職業語。合い言葉。

【行家】専門家。玄人（くろうと）。エキスパート。

【行列】列。行列。隊列。

【行情】市況。相場。

吭 háng のど。△引～高歌/声をはり上げて高らかに歌う。

航 háng ①航海する。②飛行する。

【航标】航路標識。

【航程】航程。航続距離。レンジ。

【航道】航路。ルート。

【航海】航海する。

【航空】航空。△～母舰/航空母艦。空母。

【航天】宇宙飛行。

【航线】航路。

【航向】針路。コース。

【航行】運行する。航行する。

【航运】水上運送業。海運。

hao

薅 hāo むしる。

【薅草】草をむしる。

号 háo ①叫ぶ。どなる。△北风怒～/北風がうなりを立てる。②泣き叫ぶ。泣きわめく。△哀～/悲しんで泣きわめく。

【号啕】泣きわめく。号泣する。

毫 háo ①毫（ごう）。△狼～笔/いたちの毛の筆。②筆。毫。△挥～/毫を振る。③ちっとも。全然。いささかも。△～无道理/なんの理屈もない。

【毫厘】こうり。きわめて少ないこと。

【毫毛】ごう毛。産毛（うぶげ）。

豪 háo

【豪富】豪富。

【豪华】豪華だ。ぜい沢だ。

【豪杰】豪傑。

【豪迈】豪まいだ。雄大だ。勇壮だ。

【豪气】豪気。

【豪强】①強暴だ。②権勢をたてに横暴にふるまう人。

【豪情】豪気。△～壮志/雄雄しい志。

【豪爽】豪放でさっぱりしている。豪そうだ。

【豪兴】豪興。強い興味。

【豪言壮语】豪語。誇り高い言葉。

【豪壮】雄大だ。勇壮だ。

壕 háo ほり。みぞ。△掘～/ほりを掘る。

【壕沟】①ざんごう。②ほり。みぞ。

【壕堑战】ざんごう戦。

嚎 háo ほえる。△狼～/おおかみがほえる。

好 hǎo ①良い。すばらしい。立派だ。△～消息/すばらしいニュース。②仲がいい。親密だ。△～朋友/仲のいい友だち。③健康だ。病気が治る。良くなる。△病～了/病気はよくなった。④称賛、賛成またはしめくくりの語気を表わす。△～、就这么办/よし、そうしよう。⑤…しやすい。△这个问题～回答/この問いは答えやすい。⑥…するのに便利だ。…するのに都合がよい。△告诉我他在哪儿，我～去找他/彼がどこにいるか教えてくれ、さがしに行くから。

【好比】あたかも。まるで…ようだ。

【好吃】おいしい。

【好处】①利点。長処。取りえ。②好意。恩恵。

【好歹】①善しあし。分別。道理。②いい加減に。ざっと。③善かれあしかれ。とにもかくにも。どうにかこうにか。
【好感】好感。
【好过】①暮しが楽だ。②気分がよい。
【好汉】好漢。立派な男。
【好话】①忠告。良い言葉。②称賛の言葉。
【好评】好評。いい評判。
【好人】①善人。立派な人。②健康な人。③お人よし。
【好日子】①吉日。めでたい日。②婚礼の日。③いい暮し向き。いい生活。
【好容易】ようやく。やっと。せっかく。
【好事】①良い事。役に立つ事。②慈善事業。③めでたい事。
【好手】巧手。腕きき。名人。
【好受】快適だ。気持ちが良い。気分が良い。
【好玩】愛きょうがある。おもしろい。愛らしい。
【好象】…のようだ。…らしい。
【好笑】おかしい。
【好些】多くの。たくさんの。
【好心】好意。善意。
【好意】好意。親切気。
【好在】幸い。都合のいいことに。
【好转】好転する。よい方へ向かう。

号 hào ①号。別名。△绰～/あだ名。②店。商店。③標識。符号。印(しるし)。合図。信号。△加～/プラスの記号。④号。番号。△第一～/第一号。⑤級。△大～鞋/大きいサイズの靴。⑥あまり。△一百多～人/百人あまりの人。⑦チェックする。印をつける。△～房子/家屋の使用を指定する。⑧命令。号令。△发～施令/号令を出す。⑨ラッパ。△小～/トランペット。⑩ラッパでする合図。△起床～/起床ラッパ。
【号称】①…で有名だ。②…と称する。
【号角】角笛(つのぶえ)。ラッパ。
【号令】号令。△发～/号令する。
【号码】番号。ナンバー。
【号手】ラッパ手。
【号外】(新聞の)号外。
【号召】①呼び掛け。②呼び掛ける。

好 hào ①好きだ。好む。△～学/勉強が好きだ。②よく…する。…しがちだ。△～伤风/よくかぜをひく。
【好吃懒做】食うのは好きだが働くのはきらい。
【好高务远】実際に即しない高遠な目標を追求すること。
【好客】客好き。
【好奇】①好奇。△～心/好奇心。②物好きだ。
【好强】勝ち気だ。負けん気。
【好胜】負けん気。負けずぎらい。
【好事】物好きだ。いらぬ世話を焼く。
【好恶】好ききらい。
【好逸恶劳】楽なことを好んで労をいとう。
【好战】①好戦。②好戦的だ。

耗 hào 消耗する。つぶす。費やす。△～煤量/石炭消耗量。△～神/精力を費やす。
【耗费】消費する。むだにする。
【耗尽】消耗し尽くす。使い果たす。
【耗损】減らす。すり減らす。
【耗子】ねずみ。

浩 hào

【浩大】雄大だ。大きい。盛んだ。△声勢～/気勢が盛んだ。

【浩荡】こうこうたる。広く雄大なさま。

【浩繁】おびただしい。繁雑だ。

【浩劫】大きな災禍。

【浩气】こう然の気。正気。

皓 hào　①白い。△～齿/まっ白い歯。②明るい。△～月/白くさえた月。

he

呵 hē　吐く。吹き掛ける。△～一口气/はあと息を吹き掛ける。

【呵斥】(大声で)責める。しかりつける。

【呵欠】あくび。△打～/あくびをする。

喝 hē　①飲む。△～茶/お茶を飲む。②酒を飲む。△～醉/酔っ払う。

禾 hé

【禾本科】禾本科。

【禾苗】穀類作物の苗。

合 hé　①閉じる。△～眼/目を閉じる。②合わせる。一緒にする。△～力/力を合わせる。③全体。全部。△～家团聚/一家団らんする。④かなう。ぴったり合う。△～得来/気が合う。⑤…に当たる。相当する。△1 日元～多少人民币/1 円は人民幣のいくらに当たりますか。

【合并】①合併する。一括する。②併発する。

【合不来】気が合わない。

【合唱】①合唱する。②コーラス。

【合成】①合成する。②合成。

【合订本】合冊。合本。

【合法】①合法。②合法的だ。△～斗争/合法闘争。

【合格】合格する。規格に合う。

【合乎】合う。合致する。当てはまる。かなう。△～逻辑/ロジックにかなう。

【合伙】共同でする。

【合击】連合して攻撃する。

【合计】①合計する。②考え込む。思案する。③検討する。相談する。

【合金】合金。△～钢/合金鋼。

【合刊】合併号。

【合理】①合理。②合理的だ。道理にかなう。△～化/合理化。

【合流】合流する。

【合谋】共謀する。

【合拍】調子が合う。一致する。

【合情合理】理にかなう。道理にかなう。

【合群】とけあう。打ち解ける。

【合身】体に合う。

【合适】適当だ。ちょうど良い。合う。具合がいい。ぴったりする。

【合算】①引き合う。勘定に合う。②計算する。

【合同】契約。契約書。△订～/契約を結ぶ。

【合页】ちょうつがい。

【合意】気に入る。心にかなう。

【合影】一緒に写真を取る。

【合著】共著。

【合奏】合奏する。

【合作】合作する。協力する。提携する。

何 hé　①なに。どこ。どちら。どれ。△～人/何人(なにびと)。△～时/いつ。②なぜ。なんで。どうして。

【何不】どうして…しないのだ。…したらどうか。△既然有事，～早说/用があるのにどうして早く言わないのだ。

【何妨】…したっていいじゃないか。△～试试/ひとつためしてみたらどうか。

【何苦】なぜわざわざ…するか。△～为一点小事生气/ちょっとした事で腹をたてることはないじゃないか。

【何况】まして…は言うまでもない。△他都不行，～我/彼でさえだめだ、ましてぼくなどなおさらだ。

【何以】どうして。なぜ。

【何在】…どこにあるか。なにか。△原因～/原因はなにか。

【何止】…だけではない。△人人都去，～我一个/私一人だけじゃなく、みんな行くから。

河 hé 川。△大～/大河（たいが）。

【河岸】川岸（かわぎし）。

【河床】川床。川底。

【河沟】小川。

【河谷】河谷。

和 hé ①安らかだ。和やかだ。△～风/柔かな風。②むつまじい。仲がいい。△不～/仲が悪い。③和する。△讲～/講和する。④引き分けになる。△那盘棋～了/あの一局は引き分けになった。⑤…したまま。…ごと。△～衣而卧/着物を着たまま横になる。⑥…と一緒に。…と比べて。…に向かって。△～我一样高/私と同じ高さだ。⑦と。△工人～农民/労働者と農民。

【和蔼】優しい。穏やかだ。

【和好】仲直りする。

【和缓】①柔かだ。穏やかだ。②和げる。緩和する。

【和会】講和会議。

【和解】和解する。

【和局】引き分け。

【和睦】むつまじい。仲がいい。

【和平】①平和だ。△～共处/平和共存。②穏やかだ。温和だ。③和平。

【和气】①穏やかだ。温和だ。②仲がいい。③むつまじい感情。

【和善】温和で善良だ。優しい。

【和尚】わしょう。僧りょ。

【和声】ハーモニー。

【和谈】和談。平和交渉。

【和谐】調和が取れている。

【和煦】暖かい。のどかだ。

【和颜悦色】にこやかで優しい顔付き。

【和约】和戦条約。平和条約。

荷 hé はす。

【荷包】袋物。きん着（ちゃく）。

【荷花】はすの花。

【荷叶】はすの葉。

核 hé ①核。種。△桃～/桃の種。②核。△细胞～/細胞核。③原子核。△～能/原子エネルギー。④照合する。付き合わせる。△～准/審査の上許可する。

【核定】査定する。裁定する。

【核对】付き合わせる。調べる。照合する。

【核仁】〈生〉胚(はい)。

【核实】確める。

【核试验】核実験。

【核酸】核酸。

【核算】計算する。採算する。

【核桃】くるみ。

【核武器】核兵器。

【核心】核心。中心。中核。

【核战争】核戦争。

【核装置】核装置。

盒　hé　①箱。ふた物。ケース。△帽～/帽子入れ。②(助数詞)箱。△一～火柴/マッチ一箱。

和　hé　①調子を合わせる。②和する。△～诗/他人の詩に和する。

贺　hè　賀する。祝う。

【贺词】祝辞。賀詞。

【贺电】祝電。

【贺礼】祝いの贈り物。

【贺年】賀正。年賀。△～片/年賀状。

【贺喜】祝いを述べる。

【贺信】賀状。

荷　hè　①担う。担ぐ。△～枪/銃を担う。②荷。負担。△肩负重～/重荷を負う。

【荷载】荷重。

喝　hè　どなる。大声で叫ぶ。△大～一声/いっかつする。

【喝彩】かっさいする。

【喝倒彩】半畳を入れる。

褐　hè　かっ色(しょく)。

【褐煤】かっ炭。

【褐色土】かっ色土。

赫　hè

【赫赫】輝かしい。かっかくたる。△～战功/かっかくたる戦功。

【赫兹】ヘルツ。

鹤　hè　つる。

【鹤嘴镐】つるはし。

壑　hè　谷あい。△沟～/山あい。

hei

黑　hēi　①黒い。△～发/黒髪。②暗い。△天～了/日が暮れ

た。③秘密。やみ。△～交易/やみ取引。④悪い。腹黒い。△～心肠/腹黒い。

【黑暗】①暗い。②暗黒だ。△～统治/暗黒な支配。

【黑白】①白黒。白と黒。②是非。黑白。善悪。

【黑板】黒板。△～擦儿/黒板ふき。

【黑帮】悪党。

【黑豆】黒豆。

【黑话】隠語。

【黑货】やみの商品。禁制品。脱税品。

【黑名单】ブラック・リスト。

【黑幕】(暗黒な)内幕。

【黑人】①黒人。ニグロ。②戸籍のない人。

【黑色】黒い。黒色。△～金属/鉄合金。フェラス・メタル。

【黑市】やみ市(いち)。ブラック・マーケット。

【黑油油】黒光りするさま。黒くてつやつやするさま。

hen

痕　hén　跡(あと)。跡形(あとかた)。△刀～/刀の傷跡。

【痕迹】①跡。こん迹(せき)。②面影(おもかげ)。

很　hěn　非常に。大変。とても。随分。△～快/非常に速い。

狠　hěn　①むごい。残忍だ。△心～/心が残忍だ。②思いきって。我慢する。△～下心和他分手了/思いきって彼と別れた。③思いきって。手痛い。△～～打击/手痛い打撃を加える。

【狠毒】むごい。悪らつだ。

【狠心】心が冷酷だ。心を鬼にし

て。

恨 hèn ①憎む。憎しみ。△怀
〜/恨みを抱く。②残念がる。後
悔する。悔み。△遗〜/遗恨。

【恨不得】…できないのがもどか
しい。…したいものだ。△〜插
翅飞去/羽をつけて飛んで行き
たいものだ。

【恨事】恨事。残念なこと。

heng

享 hēng
【享通】順調だ。△万事〜/万事順
調に行く。

哼 hēng ①（うなる声）うん。△
〜了一声/うんとうなった。②
鼻歌を歌う。△〜曲子/鼻歌を
歌う。

恒 héng ①永久に。常に。△永
〜/永久だ。②根気。恒心。△持
之以〜/根気よく続ける。③常。
いつもの。△〜态/常態。

【恒心】恒心。根気。
【恒星】恒星。

横 héng ①横。△〜断面/横断
面。②横にする。横たえる。△
把板凳〜在门口/ベンチをドア
に横たえる。③横切る。横につ
らぬく。△这条铁路〜贯五省/
この鉄道は五つの省を横切る。
④縦横に入り乱れている。△老
泪〜流/老いの涙をぼろぼろと
こぼす。⑤むりやりに。乱暴に。
△〜加阻扰/むりやりに邪魔を
する。

【横冲直撞】しゃにむに走り回る。
縦横無尽に突き進む。

【横队】横隊。
【横幅】横物（よこもの）。
【横跨】横たわる。またがる。

【横眉怒目】眉を立て目を怒らせ
る。目かどを立てる。

【横归】一掃する。
【横竖】どうせ。どのみち。△〜我
不撒谎/どうあってもうそは言
わない。

【横心】思い切る。腹を決める。
【横行】横行する。のさばる。◇
〜霸道/非道横暴なことをす
る。

【横征暴敛】かれん誅求（ちゅう
きゅう）。むちゃくちゃに重税を
取り立てる。

衡 héng ①はかりざお。はか
り。②計る。③評定する。判断
する。

【衡量】①判断する。評定する。②
考える。考慮する。

横 hèng ①横柄だ。△说话〜/
横柄な口をきく。②意外だ。不
吉だ。

【横暴】横暴だ。凶暴だ。
【横财】意外なもうけ。あぶく銭。
悪銭（あくせん）。

【横祸】不慮の災難。思わぬ災い。
【横死】変死。横死（おうし）。

hong

轰 hōng ①（擬声語）どかん。
ごろごろ。どん。△〜的一声炸
响了/どかんと爆発した。②砲
撃する。大砲を打つ。△炮〜敌
舰/敵艦を砲撃する。③追い払
う。追い出す。△〜他出去/彼
を追い出す。

【轰动】沸きたたせる。センセー
ションを巻き起こす。△〜全国
/全国を沸きたたせる。

【轰轰烈烈】すさまじい勢い。
【轰击】砲撃する。

【轰隆】どかん。どん。ごろごろ。

【轰鸣】とどろく。ごうごうと鳴り響く。

【轰炸】爆撃する。△～机/爆撃機。ボミング・プレーン。

哄　hōng　がやがや。どっと。△～堂大笑/みんなどっと笑い声をあげる。

【哄传】大評判になる。盛んに言いふらされる。

【哄然】がやがや。どっと。わっと。△～大笑/どっと笑う。

【哄抬】つり上げる。△～物价/物価をつり上げる。

烘　hōng　①あぶる。乾かす。暖める。△～手/手をあぶる。②際立たせる。

【烘焙】ほうじる。

【烘烤】火であぶる。

【烘托】中心の物や事を特に際立たせる。

【烘箱】乾燥装置。オーブン。

弘　hóng　大きい。広い。

【弘大】広くて大きい。

红　hóng　①赤い。赤らめる。△～布/赤い布。②売り出す。人気がある。認められる。△那个女演员近来～起来了/あの女優最近人気が出た。③革命の。革命的だ。

【红榜】表彰者掲示板。表彰板。

【红宝石】ルビー。紅玉。

【红茶】紅茶。

【红豆】①あずき。②とうあずき。

【红军】中国労農赤軍。

【红利】配当金。純益。

【红脸】①顔を赤らめる。②けんかする。

【红领巾】①赤いネッカチーフ。②少年先鋒隊員。

【红绿灯】交通信号燈。ゴー・ス

トップ。

【红木】したん類の木材。

【红旗】①赤旗。②先進的だ。

【红润】血気がいい。赤くつややかだ。

【红烧】しょう油煮。しょう味の煮つけ。

【红薯】甘しょ。さつまいも。

【红糖】黒砂糖。

【红通通】まっ赤だ。

【红星】赤い星。

【红血球】赤血球。

【红药水】マーキュロクロム水溶液。赤チン。

【红晕】ほんのりと赤い。

宏　hóng　偉大だ。巨大だ。大きい。

【宏大】巨大だ。偉大だ。△規模～/規模が非常に大きい。

【宏图】こう図。

【宏伟】壮大だ。雄大だ。

洪　hóng　①大きい。②洪水。大水。△防～/洪水を防ぐ。

【洪大】大きい。

【洪峰】①高水のピーク。フラッド・ピーク。②増水期。

【洪亮】(音声が)よく通る。よく響く。

【洪流】洪水の流れ。奔流。

【洪水】洪水。大水。カタクリズム。

虹　hóng　にじ。

【虹吸管】サイフォン・パイプ。

【虹吸现象】サイフォン。

鸿　hóng　①おおがり。ひしくい。②手紙。書簡。△来～/来簡。③大きい。△～图/こう図。

【鸿沟】隔り。みぞ境（さかい）。

【鸿雁】おおがり。

哄　hòng　①だます。欺く。△～人/人をだます。②機げんを取

る。あやす。あかす。△～孩子
/子供をあやす。

【哄骗】だます。欺く。

哄　hòng　わいわい騒ぐ。やじ
を飛ばす。からかう。△一～而
散/わっと声をあげて解散す
る。

hou

侯　hóu　①侯爵。②高官や貴
人。

【侯爵】侯爵。

喉　hóu　こう頭。のど。

【喉结】のど仏（ほとけ）。

【喉咙】いんこう。

【喉舌】①喉舌。②代弁者。宣伝
機関。

猴　hóu　①さる。②利口だ。す
ばしこい。賢い。△这孩子可～
了/この子はとても利口だ。

【猴皮筋】ゴムひも。

【猴戏】さる芝居。

吼　hǒu　①ほえる。△狮子～/
ライオンがほえる。②どなる。
どなりつける。△大～一声/大
かつ一声。③鳴り響く。とどろ
く。△狂风怒～/狂風が吹きす
さぶ。

后　hòu　①後の。後方の。△屋
～/家の後方。②将来の。あと
の。△课～/授業のあと。③跡継
ぎ。子孫。△无～/跡継ぎがな
い。④后（きさき）。

【后半】後半の部分。△～夜/後半
夜。

【后备】後備。予備。たくわえ。△
～力量/予備力。

【后辈】①子孫。②後輩。

【后代】①後代。後（のち）の時

代。②後代の人。子孫。

【后爹】まま父（ちち）。継父。

【后盾】後だて。あと押し。

【后方】後方。

【后顾】振り返る。回顧する。

【后果】結果。

【后患】後患△不留～/後患を絶
つ。

【后悔】後悔する。△～莫及/後悔
先にたたず。

【后记】後書き。

【后继】後を継ぐ。後から続いて
くる。

【后进】後進。後輩。

【后劲】①あとになって強くなる
作用または力,②最後のがんば
り。後半の努力。

【后来】①その後。それから。②
あとから来る。△～人/後継者。
後進。

【后路】①退路。②余地。ゆとり。

【后门】①後門。裏門。裏口。②
裏口取引。

【后面】①後。後方。②（順序の）あ
と。

【后年】明後年。さ来年。

【后娘】まま母（はは）。継母。

【后期】後期。

【后起】新進。△～之秀/優秀な新
人。

【后勤】後方勤務。

【后世】後世。後（のち）の時代。

【后事】①以後の事。それから先
の事。②死後の後始末。葬儀。△
料理～/死後の後始末をする。
③後事（こうじ）。

【后台】①楽屋。舞台裏。②黒幕。

【后天】①明後日。あさって。②後
天。

【后退】後退する。あとずさる。

【后裔】後えい。

【后援】後援。

【后缀】接尾語。

厚 hòu ①厚い。△～棉衣/厚
い綿入れ。②(感情が)深い。こ
まやかだ。△交情～/付き合い
が深い。③温厚だ。篤実だ△忠
～/篤実だ。④多い。大きい。△
～礼/手厚い贈り物。⑤味が濃
い。濃厚だ。△～味/味が濃い。
⑥手厚い。重視する。△～待/
厚遇する。手厚くもてなす。
【厚道】温厚だ。篤実だ。
【厚度】厚さ。厚み。
【厚望】大きな望み。大きな期待。
【厚颜无耻】厚顔無恥。鉄面皮。
【厚意】厚意。

候 hòu ①待つ。△请稍～/
ちょっとお待ちください。②ご
機げんを伺う。あいさつをす
る。△致～/あいさつをする。
【候补】候補。
【候车室】待合室。ウェーティング
・ルーム。
【候鸟】渡り鳥。候鳥(こうちょ
う)。
【候选人】立候補者。
【候诊】診察を待つ。

hu

呼 hū ①息を吐き出す。△～
出一口气/ひと息はく。②大声
を上げる。叫ぶ。△～口号/ス
ローガンを叫ぶ。③呼ぶ。呼び
寄せる。△直～其名/呼びすて
にする。
【呼唤】呼ぶ。呼びかける。
【呼救】声を上げて助けを求める。
【呼哨】口笛。
【呼声】呼び声。叫び
【呼吸】呼吸する。吸う。△～新鲜
空气/新鮮な空気を吸う。△～

道/呼吸道。
【呼啸】高くて長い音を立てる。
【呼应】呼応する。照応する。
【呼吁】アピールする。

忽 hū 急に。たちまち。△～冷
～热/暑かったり寒かったりす
る。
【忽略】ゆるがせにする。おろそか
にする。
【忽然】にわかに。突然。急に。
【忽视】ゆるがせにする。おろそか
にする。△～困难/困難をおろ
そかにする。

糊 hū 塗りつぶす。△～一层
泥/一面にどろをぬりつける。

囫 hú
【囫囵】丸ごと。そっくりそのま
ま。△～呑/丸のみにする。
【囫囵吞枣】うのみにする。丸のみ
にする。

狐 hú きつね。
【狐臭】わきが。
【狐媚】こびを売る。こびる。
【狐群狗党】悪人の仲間。
【狐疑】疑う。

弧 hú 弧。
【弧度】弧度。ラジアン。
【弧光】弧光。アーク。△～灯/ア
ーク燈。
【弧形】弧状。弓形。

胡 hú ①勝手だ。でたらめだ。
いい加減だ。△～吹/だぼらを
吹く。②ひげ。△留～子/ひげ
をはやす。
【胡扯】①世間話をする。雑談を-
かわす。②でたらめを言う。う
そを言う。
【胡蜂】すずめばち。
【胡搞】→【胡来】
【胡话】うわ言。

【胡椒】胡椒。

【胡搅】①茶茶を入れる。②横紙破りの事を言う。△～蛮缠/無理難題を吹っかける。むやみにごてつく。

【胡来】①でたらめにやる。いいかげんにする。②でたらめな事をする。むちゃをする。

【胡乱】①いいかげんに。そそくさに。②やたらに。みだりに。勝手に。

【胡罗卜】にんじん。

【胡麻】ご麻。

【胡闹】むやみに騒ぐ。でたらめな事をする。

【胡思乱想】あれやこれやとくだらぬことを思いめぐらす。

【胡同】横町（よこちょう）。小路（こうじ）。

【胡须】ひげ。

壶 hú ①つぼ。びん。きゅうす。△茶～/きゅうす。②酒を数える助数詞。△一～酒/酒一本。

核 hú 核。種。

【核儿】核。種。△梨～/梨の種。

湖 hú 湖（みずうみ）。

【湖泊】湖の総称。

【湖色】薄緑色（うすみどりいろ）。

葫 hú

【葫芦】ひょうたん。ひさご。

糊 hú ①（のりで）貼る。貼りつける。△～墙/壁に紙を貼る。②焦げる。焦がす。△饭～了/飯が焦げた。

【糊精】糊精（こせい）。デキストリン。

【糊墙纸】壁紙（かべがみ）。

【糊涂】①物分かりが悪い。はっきり理解できない。②めちゃくちゃだ。ごちゃごちゃだ。

蝴 hú

【蝴蝶】こちょう。ちょう。△～结/ちょう結び。

虎 hǔ ①とら。②勇猛で威勢がある。△～将/勇将。

【虎口】こ口。△～余生/こ口からの命拾い。

【虎头蛇尾】りゅう頭だ尾。

【虎穴】こ穴。

唬 hǔ おどかす。おどす。ごまかす。△你别～人/おどかすな。

琥 hǔ

【琥珀】こはく。

户 hù ①戸。戸口（とぐち）。△足不出～/戸口を一歩も出ない。②家。世帯。△家家～～/家家。③家柄。④口座。△存～/預金者。

【户籍】戸籍。

【户口】①戸口。②戸籍。

【户头】口座。

【户主】戸主。世帯主。

互 hù 互いに。相互。△～通情报/互いに情報を通じ合う。

【互惠】互恵。

【互利】互いに利益がある。

【互相】相互に。互いに。△～尊重/互いに尊重しあう。

【互助】互助。互いに助けあう。

护 hù ①保護する。守る。△～林/山林保護。②かばう。ひ護する。△～孩子/子供をかばう。

【护航】軍艦や飛行機を護送する。△～舰/護送艦。

【护理】①看護する。△～员/付添い看護員。②保護管理する。

【护身符】護身符。お守り。守り札。

【护士】看護婦。看護員。

【护送】護送する。

【护照】パスポート。旅券。

糊 hù 粥のような食物。
【糊弄】①ふまじめにする。②ごまかす。

hua

花 huā ①花。△桃～/桃の花。②模様。あや。△白地兰～/白地に青い模様。③花で飾りつけた。模様のついた。△～衣服/模様のある着物。④（目が）かすむ。くらむ。△人老眼～/年をとって目がかすむ。⑤使う。費やす。△～钱/お金を使う。
【花瓣】花弁。花びら。
【花边】①模様のついた縁どり。②レース。
【花布】サラサ。
【花茶】花の香りをつけたお茶。
【花房】草花を栽培する温室。
【花费】使う。費やす。△～心血/心血を注ぐ。
【花岗岩】花崗岩。
【花环】花輪。
【花椒】山しょう。
【花篮】①花かご。②美しく飾ったかご。
【花露水】オーデコロン。ローションなどの化粧水。
【花名册】名簿。
【花呢】模様のついたラシャ。
【花炮】花火と爆竹。
【花瓶】花びん。
【花圃】花畑（はなばたけ）。
【花圈】花輪。
【花色】①柄と色。②色色な種類。
【花生】落花生。
【花饰】装飾模様。
【花束】花束（はなたば）。
【花坛】花壇。
【花纹】模様。図案。

【花言巧语】①美辞麗句。巧みな言葉。②甘い言葉をかける。
【花样】①模様。様式。種類。△～滑冰/フィギュア・スケート。②手口。手管。
【花椰菜】①カリフラワー。②キャベツ。
【花园】花園（はなぞの）。庭園。
【花招】①（武術での）けれん。あや。②術策。手管。

划 huá ①こぐ。かく。△～船/船をこぐ。②そろばんに合う。引き合う。△～不来/引き合わない。③（とがった物で）切る。切り開く。△～玻璃/ガラスを切る。④こする。
【划拳】けんを打つ。じゃんけんをする。
【划算】①胸算する。思案する。②わりに合う。そろばんに合う。
【划子】小舟。ボート。

华 huá ①光る。華やかだ。△～屋/華やかな部屋。②豪勢だ。にぎやかだ。△繁～/にぎやかだ。③精粋。△精～/精華。
【华尔兹】ワルツ。
【华贵】①美しくて貴重だ。ぜいたくだ。②豪華だ。
【华丽】きらびやかだ。華やかだ。華美だ。
【华侨】華僑。
【华裔】華僑の二世。

哗 huá 騒がしい。やかましい。
【哗变】軍隊が反乱をおこす。
【哗然】騒然と。やかましい。
【哗笑】大勢の者がどっと笑う。
【哗众取宠】大衆の人気に投じる。

滑 huá ①なめらかだ。つるつるする。すべすべする。△路～/道がつるつるする。②すべる。

△～了一跤/すべって転んだ。
③ずるい。小ざかしい。こうか
つだ。△要～/ずるく立ちまわ
る。

【滑冰】スケート。スケートする。

【滑动】すべり。

【滑稽】こっけいだ。△～戏/喜
劇。

【滑润】なめらかだ。つるつるす
る。

【滑梯】すべり台。

【滑头】①ずるい人。こうか◐な
人。②ずるがしこい。こうかつ
だ。

【滑翔】滑しょうする。滑空する。
コースティング。△～机/グライ
ダー。

【滑行】滑走する。

【滑雪】スキーする。△～板/スキ
ー。

化　huà　①変わる。変化させ
る。化ける。△～公为私/公の
物を私物にする。②溶ける。△
冰～了/氷が溶けた。③焼く。
△焚～/焼きはらう。④布施を
求める。⑤化。△现代～/現代
化。⑥化学

【化肥】化学肥料。

【化工】化学工業。

【化脓】化のうする。

【化身】①化身(けしん)。権化(ご
んげ)。②化身。

【化石】化石。

【化为乌有】すっからかんになる。

【化学】化学。△～战争/化学戦。

【化验】化学検査する。化学分析
する。

【化妆】化粧する。△～品/化粧品。

【化装】①ふん装する。②仮装す
る。変装する。

划　huà　①分ける。区分する。

△～界/境界を決める。②振り
替える。△～款/金を振り替え
る。③描く。引く。△～线/線
を引く。④はかる。計画する。

【划分】①分ける。画定する。②区
別する。

【划清】はっきり区別する。明白に
区分する。

【划时代】画期的だ。

【划一】①画一する。一律にする。
②一致させる。統一する。

话　huà　①話。言葉。言語。△
留～/言づてを頼む。②話す。
言う。△～家常/世間話をする。

【话别】別れのあいさつを述べる。

【话柄】話の種。笑いぐさ。

【话剧】新劇。現代劇。

【话题】話題。

【话筒】①受話器。②マイクロ
フォン。③メガホン。スピーカ
ー。

【话头】話の腰。△打断～/話の腰
を折る。

【话务员】電話交換手。

画　huà　①描く。書く。△～画
/絵を書く。②絵。絵画。△油
～/油絵。③絵で装飾する。△～
堂/絵で飾りつけた殿堂。④ひ
く。画する。

【画板】画板。

【画报】画報。グラフ。

【画笔】絵筆(えふで)。画筆(がひ
つ)。

【画布】画布。キャンバス。

【画册】画集。

【画家】画家。

【画架】画架。イーゼル。

【画匠】画工。絵書き。

【画境】画境。

【画具】絵を書く用具。

【画廊】画廊。ギャラリー。

【画面】画面。
【画片】絵はがき。絵カード。
【画室】画室。アトリエ。
【画图】①絵画。絵巻。②製図する。
【画像】①肖像をかく。②肖像画。
【画展】画展。
【画轴】掛け軸。

huai

怀 huái ①懐（ふところ）。胸。△敞～/胸をはだける。②思い。気持ち。心の中。◇正中下～/ちょうど思うつぼにはまる。③抱く。持つ。△胸～壮志/胸に壮志を抱く。△～乡/故里が恋しい。⑤はらむ。妊娠する。
【怀抱】①懐に抱く。②懐。胸。③心に抱く。
【怀表】懐中時計。
【怀恨】恨みを抱く。恨みに思う。
【怀念】しのぶ。懐しく思う。
【怀疑】①疑惑を抱く。疑う。②推測する。推し量る。
【怀孕】懐妊する。妊娠する。身ごもる。

踝 huái くるぶし。

坏 huài ①悪い。△～天气/悪い天気。②壊れる。だめになる。△机器～了/機械が壊れた。③たいへん。すっかり。…てたまらない。△气～了/ひどく腹を立てた。④悪知恵。悪巧み。△使～/意地悪をする。
【坏处】害。不利な点。悪い所。
【坏蛋】悪人。悪玉。
【坏东西】悪人。悪者。
【坏分子】悪質分子。
【坏话】悪口。

【坏人】①→【坏东西】②→【坏分子】
【坏事】①悪事。②だめにする。破壊する。
【坏血病】壊血病。

huan

欢 huān ①喜ぶ。嬉しがる。△～唱/楽しく歌う。②盛んだ。勢いがいい。△火着得～/火が盛んに燃える。
【欢畅】愉快だ。嬉しくて痛快だ。
【欢度】楽しく過す。
【欢呼】歓呼する。歓呼の声をあげる。
【欢聚】楽しくつどう。団らんする。
【欢快】晴やかだ。浮き浮きする。
【欢乐】歓楽。喜び。
【欢庆】喜び祝う。
【欢声】歓声。
【欢送】歓送する。愉快に送別する。△～会/歓送会。
【欢腾】喜びに沸く。狂喜する。
【欢喜】①嬉しい。歓喜する。②好む。好きだ。
【欢笑】歓笑する。朗（ほが）らかに笑う。
【欢心】歓心。△讨取～/歓心を買う。機げんを取る。
【欢欣鼓舞】欣喜雀躍（きんきじゃくやく）。きん快の至り。
【欢迎】歓迎する。喜んで受け入れる。△～大会/歓迎大会。

还 huán ①帰る。もどる。△～乡/帰郷する。②返す。返却する。返済する。△～书/本を返す。③答える。仕返す。△～嘴/口答えする。
【还击】反撃する。

【还价】值切る。

【还礼】①答礼する。②返礼する。お返しをする。

【还清】完済する。

【还手】打ち返す。なぐり返す。

【还原】①復元する。②還元する。

【还债】返金する。借金を返す。

环 huán ①輪。△耳～/イヤリング。②一環。△总政策的一～/総政策の一環。③回り。囲む。△四面～山/回りは山に囲まれる。

【环抱】取り巻く。

【环顾】ぐるりと見渡す。見回す。

【环节】①環節。②一環。部分。

【环境】環境。△～保护/環境保全。△～污染/環境汚染。

【环球】①地球を巡る。②地球。全世界。

【环绕】取り囲む。取り巻く。巡る。

【环行】環状に走る。△～公路/環状線。

缓 huǎn ①遅い。のろい。△～步/ゆっくり歩く。②遅らせる。延期する。△～办/後回しにする。③緩める。緩和する。息を吹き返す。よみがえる。△～口气/一息入れる。

【缓冲】緩衝する。△～地带/緩衝地帯。②〈化〉緩衝する。

【缓和】①緩和する。和ぐ。②緩和させる。和げる。

【缓慢】緩慢だ。のろい。

【缓期】期限を延ばす。延期する。△～付款/支払い猶予。支払い延期。

【缓刑】執行猶予。

幻 huàn ①幻(まぼろし)。△虚～/幻。②奇異に変化する。△变～/変幻する。

【幻灯】スライド。幻燈。△～机/スライドプロジェクター。

【幻境】幻の世界。幻の境地。

【幻觉】幻覚。幻聴。

【幻灭】幻滅する。

【幻术】幻術。

【幻想】幻想。△～曲/幻想曲。

【幻象】幻想的な形象。

【幻影】幻影。

宦 huàn ①官。官吏。△～途/官途。②かん官。

涣 huàn 散る。消えてなくなる。

【涣然】涣然と。

【涣散】散漫になる。だらける。分散させる。

换 huàn ①交換する。引き換える。△用工艺品/机器/工芸品を機械と交換する。②換える。取り替える。△～句话说/言い替えれば。

【换班】勤務交替をする。

【换车】①乗り換え。②乗り換える。

【换气】換気する。空気を入れ替える。

【换钱】①両替する。②（品物を）金に替える。

【换取】交換によって手に入れる。

【换人】人を換える。

【换算】換算する。

【换文】覚え書きの交換。交換文書。

唤 huàn 呼ぶ。叫ぶ。

【唤起】喚起する。

【唤醒】呼び醒す。

焕 huàn 光り輝く。

【焕发】焕発する。取りもどす。

【焕然一新】ぱっと面目を一新する。

患 huàn ①災い。災難。災害。

◇防～于未然/災難を未然に防
ぐ。②憂える。心配する。◇有
备无～/備えあれば憂いなし。
③患う。△～病/病気にかかる。

【患得患失】利害得失にくよくよ
する。損得に心を悩ます。

【患难】患難。難儀。△～与共/患
難を共にする。

【患者】患者。

huang

荒　huāng　①荒れる。荒らす。
△地～了/畑が荒れた。②未墾
地。荒地。△垦～/荒地を開墾
する。荒れはてて物寂しい。
△～村/荒れはてて物寂しい
村。④不作。凶作。飢きん。△
储粮备～/食糧を貯えて飢きん
に備える。⑤ほったらかしにす
る。△别把功课～了/学業をほ
ったらかしにしてはいけない。
⑥欠乏する。不足する。△房
～/住宅難。

【荒诞】荒誕だ。でたらめだ。荒唐
だ。

【荒地】荒地。未墾地。

【荒废】①荒れ廃れる。②ほったら
かしにする。③（時間を）むだに
する。

【荒唐】①荒唐だ。でたらめだ。②
放とうだ。

【荒芜】荒れはてる。

【荒野】荒野。

【荒淫】荒いん。

慌　huāng　慌てる。あわてふた
めく。△别～/あわてるな。

【慌忙】急いで。そそくさ。慌て
て。

皇　huáng　皇帝。天子。

【皇帝】皇帝。天子。

【皇宫】皇宫

【皇冠】王冠。

【皇后】皇后。

【皇权】皇帝の権力

【皇上】陛下。お上。

【皇室】皇室。

【皇太后】皇太后。

【皇太子】皇太子。太子。

【皇族】皇族。

黄　huáng　①黄色。黄ばむ。②
黄河。③だめになる。こわれる。
おじゃんになる。

【黄澄澄】まっ黄色に光る。

【黄豆】大豆。

【黄瓜】きゅうり。

【黄昏】たそがれ。夕方。

【黄金】黄金（おうごん）。金。ゴー
ルド。△～时代/黄金時代。

【黄牛】あめうし。

【黄泉】黄泉。あの世。

【黄色】①黄色。②せん情的だ。
わいせつだ。△～小说/エロ小
説。

【黄铜】黄銅。真ちゅう。

【黄土】黄土。

【黄莺】こうらいうぐいす。

【黄油】①グリース。②バター。

【黄鱼】石持（いしもち）。

【黄种】黄色人種。

惶　huáng　恐れる。びくびくす
る。

【惶惶】びくびくする。不安だ。

【惶惑】恐れ惑う。

【惶恐】あわて恐れる。

蝗　huáng　いなご。△～灾/い
なごの災害。

恍　huǎng　あたかも…のよう
だ。△～如梦境/あたかも夢の
ようだ。

【恍惚】①ぼんやりする。こうこ
つたる。ぼうっとする。②…の

ような気がする。どうも…のようだ。

【恍然大悟】はっと悟った。

晃　huǎng　①まぶしい。△〜眼的阳光/まぶしい日ざし。②ちらりとする。△人影一〜就不见了/ちらりと人影がしてすぐ見えなくなった。

谎　huǎng　うそ。△说〜/うそをつく。

【谎言】虚言。うそ。

幌　huǎng

【幌子】看板。△挂〜/看板をかける。

晃　huǎng　振り動かす。揺れ動く。△〜〜手/手を振る。

【晃动】揺れ動く。揺めく。振る。

【晃悠】ゆらゆらする。よろよろする。

hui

灰　huī①灰。②ほこり。③石灰。しっくい。△抹〜/石灰を塗る。④ねずみ色。灰色。△〜马/灰色の馬。⑤意気消沈する。がっかりして何もする気にならない。◇心〜意冷/落胆して意気があがらない。

【灰暗】薄暗い。鮮明でない。

【灰白】薄灰色。青白い。

【灰尘】ほこり。じんあい。

【灰烬】灰じん。

【灰溜溜】①薄暗い灰色。②がっかりして生気がない。すごすごと。

【灰蒙蒙】薄暗くてぼうっとしている。どんよりしている。

【灰色】①灰色。②あいまいな態度。

【灰心】気落ちする。落胆する。しょ

げる。

诙　huī

【诙谐】滑けいだ。△〜曲/ユーモレスク。

恢　huī

【恢复】復する。回復する。取りもどす。

挥　huī①振う。振る。振り回す。△〜刀/刀を振り回す。②流す。△〜泪/涙を流す。③号令する。指揮する。④散る。散らす。△〜金如土/金を湯水（ゆみず）のように使う。

【挥动】振る。振う。

【挥发】揮発する。△〜油/揮発油。ベンジン。

【挥霍】金使いが荒い。金をぱっぱと使う。

【挥手】手を振る。

辉　huī　輝かしい光り。△余〜/余光。

【辉煌】光り輝く。輝かしい。△〜的成就/輝かしい成果。

徽　huī　印。徽章。△校〜/学校のバッジ。

【徽号】あだな。美称。

【徽章】記章。バッジ。

回　huí　①回る。曲がりくねる。△迂〜/遠回する。②帰る。返す。もどす。△〜家/家に帰る。③向きを変える。回す。△〜身/向きを変える。④答える。返事をする。△〜信/返書。⑤（助数詞）回。回数。度数。

【回避】回避する。△〜困难/困難を回避する。

【回答】①返答する。答える。②答え。

【回访】答訪する。

【回顾】回顧する。顧みる。

【回合】わたり合う回数。ラウンド。

【回击】反撃する。

【回教】回教。

【回绝】断わる。

【回来】帰ってくる。もどってくる。

【回声】反響。木霊（こだま）。エコー。

【回收】回収する。△～率/回収率。イルド・バリュー。

【回头】①振り返る。振り向く。②改心する。③後で。後ほど。しばらくしてから。

【回味】①後味（あとあじ）。②がん味する。反すうする。

【回乡】帰郷する。

【回想】回想する。思い出す。

【回心转意】思い直して態度を改める。

【回信】①返信。返書。②返事。言付（ことづけ）。

【回忆】回想する。追憶する。思い浮かべる。△～录/回想録。

【回音】①木霊。②返事。

【回执】領収書。

【回转】回転する。向きを変える。

茴 huí

【茴香】ういきょう。

蛔 huí

【蛔虫】回虫。腹の虫。

悔 huǐ　悔いる。悔やむ。後悔する。

【悔改】悔い改める。

【悔恨】悔やむ。後悔する。

【悔悟】悔悟する。

【悔罪】罪を悔いる。

毁 huǐ　①壊す。損う。だめにする。△～坏人的名誉/人の名誉を傷つける。②焼く。△焚～/焼き壊す。③悪口を言う。ひぼ

うする。

【毁谤】ひぼうする。

【毁灭】かい滅する。すっかり破壊する。

【毁约】契約に背く。違約する。

汇 huì　①一カ所に集まる。合流する。△～成巨流/合流して大きな流れとなる。②集める。まとめる。△～齐/全部そろえる。③まとまったもの。△词～/語い。④為替（かわせ）で送る。△电～/電信為替。

【汇报】報告する。

【汇编】集。△资料～/資料集。

【汇兑】為替取引。

【汇合】合流する。

【汇集】①集める。編集する。②集まる。

【汇款】①為替で送金する。②為替。

【汇率】為替レート。

【汇票】為替手形。郵便為替証書。

卉 huì　草の総称。△奇花异～/珍しい草花。

会 huì　①集まる。集う。△在门口～齐/玄関で落ち合う。②合う。面見する。△～见/会見する。③会。集会。△欢送～/送別会。④団体組織。会。△工～/労働組合。⑤できる。通暁する。△～英语/英語ができる。⑥上手にできる。うまい。△～过日子/家計のやりくりがうまい。⑦可能性がある。…するはずだ。△他不～不来/彼が来ないはずはない。⑧勘定を払う。

【会餐】会食する。

【会场】会場。

【会费】会費。

【会合】合流する。集まる。落ち合う。

【会话】会話。対話。
【会聚】集合する。集まる。
【会客】客に会う。△～室/応接間。
【会商】談合する。相談する。
【会审】①立会審理する。②共同審査する。
【会谈】会談する。
【会堂】会堂。
【会心】会得する。納得する。得心する。
【会演】交流公演。コンクール。
【会议】会議。
【会员】会員。
【会长】会長。
【会帐】勘定を払う。
【会诊】共同診察する。立ち合い診察する。

讳　huì　①忌（い）む。忌みはばかる。△直言不～/遠慮なくずばりと言う。②忌（き）い。△犯～/忌いに触れる。
【讳言】明言しない。言いしぶる。

诲　huì　教え導く。
【诲人不倦】人を教え導いてうまない。
【诲淫诲盗】悪事をそそのかす。

绘　huì　描く。
【绘画】絵画。絵。
【绘声绘色】絵に書いたように巧みに描写しまたは説明する。描写が生き生きとして真に迫る。

烩　huì　①あんかけ。△～豆腐/あんかけ豆腐。②ご飯と菜を交ぜて煮る。△～饭/交ぜご飯。

贿　huì　賄（わい）ろ。△受～/賄ろを受け取る。
【贿赂】①賄ろを使う。贈賄する。②賄ろ。そでの下。

晦　huì　①つごもり。②暗い。

【晦暗】暗い。
【晦气】運が悪い。縁起が悪い。
【晦涩】かい渋だ。

秽　huì　①きたない。△～土/え土（ど）。②醜（みにく）い。△～行/醜行。

惠　huì　①恵み。恵む。△受～/恵みを受ける。②お。ご。恵。△～贈/恵贈。
【惠存】恵存。

慧　huì　賢い。
【慧黠】そう明で狡猾だ。
【慧心】さとい心。
【慧眼】けい眼。さとい眼力。

hun

昏　hūn　①日暮れ。たそがれ。△晨～/朝晩。②暗い。△～黄/薄暗い。③くらくらする。くらむ。△头～/頭がくらくらする。④こん迷する。気を失う。気絶する。△～倒/卒倒する。
【昏暗】暗い。
【昏沉】①暗い。②頭がぼうっとする。
【昏花】目がほんやりかすむ。
【昏厥】卒倒する。気を失う。
【昏乱】こん乱する。
【昏迷】こん迷する。気が遠くなる。意識不明になる。
【昏睡】こん睡する。
【昏头昏脑】ほんやりするさま。目が回る。
【昏眩】目がくらむ。目まいがする。
【昏庸】愚まいだ。

荤　hūn　生臭物（なまぐさもの）。肉食。△～油/ラード。

婚　hūn　結婚。婚姻。△未～/未

婚。

【婚礼】婚礼。結婚式。

【婚期】婚礼の期日。

【婚姻】婚姻。

【婚約】婚約。

浑 hún ①濁る。△～水/濁った
水。②ばかだ。物分りが悪い。
△～人/ばか者。分からず屋。③
飾り気がない。△～朴/重厚で
質朴だ。④全部。すべて。△～
似/酷似する。

【浑厚】①温厚だ。重厚だ。②飾り
気がなく奥ゆかしい。

【浑身】体中。全身。

【浑水摸鱼】火事場どろぼうを働
く。

魂 hún 魂(たましい)。霊魂。
精神。

【魂不附体】ど胆を抜かれる。びっ
くり仰天する。

混 hùn ①交ぜる。交じる△～
在一起/いっしょに交ぜる。②
ごまかす。③いい加減に過す。
無為に日を送る。△～日子/無
為に日を過ごす。④でたらめ
だ。いい加減。△～出主意/い
い加減な入れ知恵をする。

【混充】…のふりをする。

【混纺】混紡。ブレンディング。

【混合】混合する。混じり合う。
△～双打/混合ダブルス。

【混进】混入する。紛れ込む。

【混乱】混乱する。

【混凝土】コンクリート。

【混同】混同する。

【混为一谈】ごちゃ混ぜに論ずる。
同一視する。

【混淆】①混こうする。入り混じ
る。②混同させる。△～是非/是
と非を混同させる。

【混血儿】混血児。あいの子。

【混杂】混雑する。混み合う。

huo

豁 huō ①投げ出す。奮発す
る。△～出一百元钱把它买下/
100 元奮発してそれを買って
しまう。②裂ける。決壊する。
△扣眼～了/ボタン・ホール
が裂けた。

【豁出去】命をかける。どんな犠
牲をも惜しまない。

【豁口】割れ目。裂け目。

【豁嘴】三つ口。

和 huó こねる。混ぜる。

【和面】小麦粉をこねる。

活 huó ①生きる。生存する。
△～捉/生け捕る。②変更でき
る。自由にとりはずしがきく。
△脑子～/頭が働く。③生き生
きとしている。躍如としてい
る。△写得～/描写が躍如とし
ている。④仕事。手仕事。△重
～/きつい仕事。⑤製品。△出
～儿/製品がたくさん出る。

【活茬】のら仕事。

【活动】①動く。運動する。②ぐ
らつく。動く。△牙～了/歯が動
いた。③流動する。④活動。策
動。△～家/活動家。

【活该】あたりまえだ。いい気味
だ。ざまを見ろ。

【活活】生きながら。むざむざ。

【活计】①仕事。②製品。

【活结】片結び。

【活力】活気。元気。盛んな生命
力。

【活路】①活路。生計の手だて。
②解決の道。打開策。③仕事。肉
体労働。

【活命】①生きていく。生命を維

持する。②命が助かる。命を助
ける。

【活泼】活発だ。生き生きとして
いる。元気がいい。

【活期】普通預金。△～储蓄/普通
預金。

【活页】ルーズリーフ。

【活跃】①活躍する。活発だ。②活
発にする。

火　huǒ　①火。△生～/火を起
こす。②武器弾薬。△军～/武
器弾薬。③かっとなる。かんか
んになる。△动～/怒り出す。
④火事。△着～了/火事になっ
た。

【火柴】マッチ。

【火车】汽車。△～司机/機関士。

【火攻】火攻(ひぜ)め。

【火光】火の光。

【火锅】鍋。寄せ鍋。なべ料理。

【火红】真紅(しんく)。まっ赤だ。

【火花】火花。

【火碱】苛性リーダ。水酸化ナト
リウム。

【火箭】ロケット。△～筒/バズー
カ。

【火警】火事。火災警報。

【火炬】たいまつ。

【火坑】生き地獄。どろ沼。

【火辣辣】①焼けつくようにあつ
い。②ぴりぴりする。③顔がほ
てる。

【火力】火力。

【火炉】こんろ。ストーブ。かま
ど。

【火苗】炎(ほのお)。火焰。

【火炮】大砲。

【火热】火のように熱い。

【火山】火山。

【火伤】やけど。

【火上浇油】火に油を注ぐ。事態
の発展を助長する。

【火舌】火の手。火。

【火石】火打ち石。ライター石。

【火腿】ハム。

【火险】火災保険。

【火线】火線。

【火星】①火星。②火花。

【火焰】火焰。炎。

【火药】火薬。

【火灾】火災。

【火葬】火葬する。

伙　huǒ　①食事。賄(まかな)
い。△起～/炊事をする。②仲
間。△店～/店員。③群れ。組。
△一～人/一群の人。④共同し
て。一緒に。組んで。△～办/共
同して事業をおこす。

【伙伴】仲間。同僚。

【伙房】炊事場。

【伙计】①相棒。共同者。仲間。②
店員。常雇(じょうやと)い。作
男。

【伙食】食事。賄い。

或　huò　①もしかすると。ひょ
っとすると。②あるいは。また
は。もしくは。

【或然】がい然。

【或者】→或

和　huò　混ぜる。こねる。△～
药/薬をとく。

【和稀泥】原則を無視した妥協主
義でまるめる。

货　huò　①商品。△销～/商品
を売りさばく。②やつ。者。△
蠢～/のろま。

【货币】貨幣。

【货车】貨車。トラック。荷車。

【货船】貨物船。

【货架子】商品だな。陳列だな。荷
台。

【货款】商品代金。

【货品】商品。商品の種類。

【货色】①商品。品物。②代物（しろもの）。

【货摊】露天売り場。屋台。

【货物】商品。貨物。

【货样】商品見本。サンプル。【货源】物資の供給源。商品の仕入れ先。

【货运】貨物輸送。

【货栈】倉庫。

获 huò ①取る。手に入れる。△～奖/受賞する。②取り入れる。△收～/収穫。

【获得】獲得する。得る。収める。△～独立/独立をかち取る。

祸 huò ①災い。災難。不幸。△车～/交通事故。②損う。災いをもたらす。

【祸根】禍根。災いのもと。

【祸国殃民】国と人民に災いをもたらす。

【祸害】①禍害。災難。②禍根。③損う。害を及ぼす。

【祸心】禍心。悪巧（わるだく）み。

惑 huò ①惑う。迷う。△惶～/恐れ惑う。②惑わす。迷わす。◇造谣～众/デマを飛ばして民衆を惑わす。

豁 huò

【豁达大度】度量が大きくてかっ達だ。

【豁亮】①広広として明るい。②声がよく通っている。

【豁免】免除する。

【豁然开朗】かつ然と明るくなる。

J

ji

几 jī 小さい机。

【几乎】①…に近い。ほとんど。②危うく。もう少しで。

讥 jī 非難する。そしる。

【讥讽】遠回しにそしる。皮肉る。

【讥笑】そしり笑う。あざ笑う。

击 jī ①打つ。たたく。△～鼓/太鼓をたたく。②攻める。攻撃する。△打～/打撃する。③当たる。ぶつかる。△～中要害。/急所に当たる。

【击败】打ち負かす。打ち破る。

【击毙】打ち殺す。射殺する。

【击沉】撃沈する。打ち沈める。

【击毁】撃砕する。

【击中】命中する。当たる。

叽 jī

【叽咕】ささやく。ひそひそ話す。

【叽叽喳喳】①小鳥が騒がしく鳴く声。②人が小さい声でぺちゃぺちゃしゃべる声。

饥 jī ①飢える。ひもじい。②飢きん。凶作。

【饥饿】空腹。飢え。飢餓。

【饥寒交迫】飢えと寒さにさいなまれる。

机 jī ①機械。△蒸汽～/蒸気機関。②飛行機。△客～/旅客機。③きっかけ。かなめ。△转～/転機。④折り。チャンス。機会。△趁～/機に乗じる。

【机场】飛行場。空港。

【机车】機関車。

【机床】工作機械。

【机动】①機械で動かす。②素早く活動できること。機動性。③予備の。応急の。△～粮/応急米。

【机构】①組み立て。メカニズム。②組織。機構。

【机关】①仕掛け。からくり。②機械仕掛けの。③機関。組織。④悪賢いはかりごと。

【机会】機会。チャンス。

【机警】機敏だ。

【机灵】素早い。機敏だ。気がきく。

【机密】①機密だ。②機密。機密な事柄。

【机敏】機敏だ。

【机能】機能。働き。

【机器】機械。機器。△～人/ロボット。

【机枪】機関銃。マシーシ・ガン。

【机群】編隊飛行の飛行機。

【机械】①機械。マシン。②機械的だ。

【机要】機密だ。

【机翼】ウィング。機翼。

【机油】マシーン・オイル。機械油。

【机缘】機会と因縁。きっかけ。チャンス。

【机智】機智。とん知。ウィット。

肌　jī　筋肉。

【肌肤】筋肉と皮膚。

【肌肉】筋肉。

【肌体】体。

鸡　jī　鶏。△公～/おんどり。△母～/めんどり。

【鸡蛋】鶏卵。卵。

【鸡尾酒】カクテル。△～会/カクテル・パーティー。

【鸡窝】鶏小屋（とりごや）。鶏舎。

奇　jī　奇数。△～数/奇数。

迹　jī　①痕跡。跡。△足～/足跡。②古跡。

【迹象】模様。兆し。

积　jī　①積む。積み上げる。◇～土成山/土積もりて山となる。②ためる。蓄える。積み集める。△～欵/お金をためる。

【积弊】積年の弊。

【积存】ためる。蓄える。

【积肥】①肥料をためる。たい肥を作る。②積み肥。

【积极】①積極的だ。②熱心だ。

【积累】①蓄積する。積み重ねる。蓄える。②資本の蓄積。

【积木】積み木。

【积少成多】ちりも積れば山となる。

【积蓄】①蓄える。蓄積する。②貯金。ためたお金。

【积压】たまる。寝せておく。△～物资/死蔵品。

基　jī　①基（もとい）。土台。基礎。△～房/家屋の土台。②根本的だ。始めの。③基。△氨～/アミノ基。

【基本】①基礎。基（もとい）。根本。②根本的だ。③主要だ。主だ。④大体。

【基层】末端組織。下部組織。△～单位/末端機構。

【基础】①基礎。土台。礎（いしずえ）。②基礎。基盤。△～知识/基礎知識。

【基地】基地。

【基点】①重点。中心。②根底。出発点。

【基调】①主音。主調。ルート。②基調。主調。

【基督】キリスト。△～教/キリスト教。

【基金】基金。

【基于】…に基づく。…による。△
　～上述理由/上述の理由によ
　る。

绩 jī ①うむ。紡（つむ）ぐ。②
　成果。成績。手柄。△战～/戦
　績。

缉 jī 捕える。つかまえる。

【缉拿】捕える。逮捕する。

【缉私】密輸を取り締まる。密売
　者を捕える。

畸 jī

【畸形】①奇形だ。②片具（かた
　わ）。

稽 jī ①考える。調べる。検査
　する。△有案可～/記録文書に
　よって調べることができる。②
　とどまる。時を延ばす。遅らせ
　る。△～延/時を延ばす。③言い
　争う。

【稽考】考える。考察する。

激 jī ①（水が）勢いよくぶつか
　る。打ちつける。②高ぶる。激
　動する。奮い立つ。△～于义愤/
　義憤に燃える。③急激だ。激し
　い。速い。△～战/激戦する。

【激昂】激こうする。気が立つ。奮
　い立つ。

【激荡】激しく揺れ動く。激しく
　ゆさぶる。

【激动】①高ぶる。興奮する。②
　ときめかす。心を動かす。感動
　させる

【激愤】憤激する。いきり立つ。

【激光】レーザー。

【激化】激化する。激しくなる。

【激进】急進する。過激だ。

【激励】激励する。励ます。

【激烈】激烈だ。極めて激しい。

【激流】激流。

【激怒】激怒する。激しく怒る。
　怒らせる。

【激情】激情。激しい感情。

【激增】急に増える。激増する。

羁 jī ①馬の面（おも）がい。②
　束縛する。まつわる。△事务～
　身/事務が身にまつわる。③泊
　まる。宿泊する。

【羁绊】①束縛する。②きずな。

【羁留】①滞在する。②拘留する。

及 jī ①及ぶ。届く。達する。△
　力所能～/力の及ぶ限り。②間
　に合う。追い付く。△来得～/間
　に合う。③と。及び。△住址～
　姓名/住所及び氏名。

【及格】合格する。及第する。

【及时】①適当な時に。折よく。適
　時に ②直ちに。早速。時を移さ
　ず。

【及物动词】他動詞。

【及早】早い内に。早目に。

【及至】…になって。…におよん
　で。

汲 jī 水をくむ。

【汲取】くみ取る。

吉 jī めでたい。縁起がいい。
　良い。△～日/吉日。

【吉普车】ジープ。

【吉庆】めでたいこと。慶事。

【吉他】ギター。

【吉兆】吉兆。めでたい兆し。

级 jī ①等級。クラス。△八～
　工资制/8 等賃金制度。②学年。
　△同～不同班/学年が同じで組
　が違う。③階段。△石～/石段。
　④（助数词）段。重。△十多～台
　阶/10 余段の階段。

极 jī ①窮まり。絶頂。△无礼
　之～/無礼窮まりない。②極。
　△～地/極地。③窮める。頂点に
　達する。尽くす。△～尽描绘之
　能事/描写の限りを尽くす。④

ごく。きわめて。この上ない。はなはだ。△～重要/きわめて重要だ。

【极点】極点。はて。

【极端】①極端。②きわめて。極度に。

【极力】極力。懸命に。

【极权】独裁。

即 jí ①近付く。接する。触れる。△不～不离/つかず離れず。②着く。△～位/即位する。③当。目下。目前。△成功在～/成功が目前に迫っている。④その場で。即座に。△～興/即興。⑤すなわち。つまり。△非此～彼/これでなければあれだ。⑥すぐ。直ちに。

【即将】まもなく。ほどなく。やがて。

【即刻】即刻。即時。すぐさま。直ちに。

【即使】たとえ。よしんば。△～明天下雨，我也要去/たとえ明日雨が降るとしてもわたしは行くつもりだ。

急 jí ①あせる。いら立つ。急ぐ。△～着要走/出掛けようとあせっている。②いらだたせる。△慢腾腾的,把人～死/のろのろして人をいらだたせる。③怒る。△我没想到他真～了/彼が怒り出すとは思わなかった。④にわかに。急激だ。急だ。△水流很～/流れがとても急だ。⑤差し迫し。緊急だ。△～事/急用。⑥緊急事。急。急務。△应～/応急。

【急促】①差し迫っている。あわただしい。②時間が差し迫っている。

【急电】至急電報。急電。ウナ電。

【急风暴雨】あらし。暴風雨。

【急件】至急送達を要する書類。緊急文書。

【急进】急進する。

【急救】救急。救急手当。△～包/救急箱。

【急剧】急だ。急速だ。急激だ。

【急流】急流。ジェット流。ジェット・ストリーム

【急忙】急いで。あわただしく。

【急迫】差し迫る。切羽詰まる。

【急切】①急切だ。差し迫っている。②すぐに。にわかに。

【急速】急いで。急速だ。

【急行军】急行軍。

【急需】急ぎの需要。至急必要。至急入用。

【急用】急ぎの入用。

【急于】あせる。急ぐ。急だ。

【急躁】①いらいらする。いら立つ。あせる。②急ぐ。せっかちだ。

【急诊】急診。

【急症】急病。急症。

【急智】とっさの機転。機知。

疾 jí ①病。病気。△眼～/眼病。②憎む。恨む。◇～恶如仇/悪人を憎むこと仇敵を憎むが如し。③速い。素早い。△～风/疾風。はやて。

脊 jí
【脊梁】背中。△～骨/背骨。

棘 jí さねぶとなつめの木。いばら。

【棘手】手を焼く。手こずる。手に余る。

集 jí ①集まる。集める。△群～/むらがり集まる。②市(いち)。定期市。△赶～/市に行く。③集。集録。△诗～/詩集。

【集成电路】集積回路。IC回路。

【集合】集合する。集める。

【集会】集会。

【集结】集結する。結集する。

【集权】集権。

【集市】定期市。市（いち）。

【集思广益】衆人の知恵を寄せ集め、広はんに有益な意見を求める。

【集体】集団。団体。△～领导/集団指導。△～经济/集団経営。

【集团】集団。団体。グループ。ブロック。一味。△～军/集団軍。

【集训】集団訓練。合宿する。

【集邮】切手収集。

【集镇】町。

【集中】集中する。まとめる。集める。傾注する。△～精力/精力を傾注する。△～营/収容所。ラーゲル。

【集装箱】コンテナー。

嫉 ji　ねたむ。そねむ。

【嫉妒】しっとする。ねたむ。

【嫉恨】ねたむ。ねたましい。

籍 ji　①書籍。本。帳簿。△古～/古書。②籍。△户～/戸籍。③本籍。原籍。△回～/本籍に帰る。

几 ji　①いくつ。いくら。どれほど。何。△需要～天/何日かかるか。②何。いくつかの。△我买了～本书/私は何冊かの本を買った。

【几何】幾何学。△～图形/幾何図形。

已 ji　おのれ。自分。△引为～任/自分の任務とする。

【己方】自分の方。味方。

挤 ji　①絞る。絞り出す。押し出す。△～牛奶/牛乳を絞る。②時間を裂く。△～时间/暇を裂く。③割り込む。押し合いへ

し合いをする。△～进去/中へ割り込む。④ぎっしり詰まる。いっぱい詰まる。込み合う。込む。△屋里～满了人/室内は人でいっぱいだ。

【挤眉弄眼】目くばせする。

给 ji　①供給する。△粮食自～/食糧が自給する。②豊かだ。余裕がある。

【给养】給養物資。

【给予】与える。△～机会/機会を与える。

脊 ji　①背骨。②背骨状の部分。△山～/山の背。山の尾根。

【脊背】背中。

【脊髓】せき髄。

【脊柱】せき柱。

【脊椎】せきつい。△～骨/つい骨。

计 ji　①計算する。合計する。数える。△数以万～/数が万にのぼる。△合～三百元/合計300元。②計器。メーター。△水量～/ウォーターメーター。③計りごと。計画。方策。△妙～/すぐれたはかりごと。

【计策】計りごと。計略。方法。

【计划】①計画。もくろみ。②計画する。△～经济/計画経済。

【计件工资】出来高払い賃金。

【计较】①問題にする。こだわる。気にかける。②口論する。争論する。③考える。

【计时工资】時間給。

【计数】計算。数の計算。△～器/カウンター。

【计算】①計算する。算定する。②思案する。考慮する。

记 ji　①覚える。記憶する。△～不清/はっきり覚えていない。②書き留める。記録する。

書きつける。△～下电话号码/
電話番号を書き留める。③記事
文。紀行文。△游～/紀行文。④
符号。印。マーク。△暗～/秘密
記号。⑤あざ。

【記分】点数をつける。採点する。
カウント。△～册/スコアブッ
ク。△～員/採点係。

【記功】功績として考課状に記録
する。

【記过】過失として考課状に記録
する。

【記号】印。しるし。

【記录】①記録する。書き留める。
②記録。覚え書。③記録係。④
記録。レコード。△创新～/新記
録をつくる。

【記名】記名する。

【記事】①物事を書きしるす。②物
心がつく。

【記述】記述する。

【記诵】暗しょうする。

【記性】物覚え。記憶。

【記叙】記述する。

【記忆】①覚えている。思い出せ
る。記憶する。②記憶。

【記载】①書きしるす。記載する。
②書き物。記録。

【記帐】①記帳する。帳薄をつけ
る。②掛け売りする。貸し売り
する。

【記者】記者。新聞記者。ジャーナ
リスト。△～招待会/記者会見。

纪　jì　①記律。△军～/軍の規
律。②しるす。記載する。△～
事/史実を書きしるす。③紀。
年代。△世～/世紀。

【紀律】紀律。おきて。

【紀念】①記念する。②記念の。
△～碑/記念碑。③記念品。

【紀要】要点を記録した文章。書
き抜き。

【紀元】①西暦の紀元。西紀。②紀
元。時代。

伎　jì

【伎俩】やり口。トリック。手段。

技　jì　わざ。腕前。技能。技術。
△末～/つまらぬ技術。

【技工】技術工。技術労働者。

【技能】技能。腕前。

【技巧】技巧。技法。テクニック。

【技師】技師。

【技术】技術。△～革新/技術革新。

【技艺】(美術、工芸方面の)技術。
技芸。

系　jì　結ぶ。締める。かける。△
～鞋带/くつひもを結ぶ。△
～领带/ネクタイを締める。

忌　jì　①ねたむ。②恐れる。は
ばかる。△～横行无～/なにはば
かるところなく横行する。③禁
忌する。忌む。△～生冷/生物
(なまもの)を忌む。④やめる。
断つ。△～烟/たばこをやめる。

【忌惮】はばかる。恐れる。

际　jì　①きわ。果(はて)。はず
れ。△天～/天のはて。②相互
の間。△校～比赛/対校試合。③
内。中。△脑～/頭の中。④際。
折。時。△临别之～/別れに際し
て。⑤…に当たって。

妓　jì

【妓女】娼妓。遊女。売春婦。

【妓院】女郎屋。遊女屋。

季　jì　①季節。シーズン。△四
～/四季。②時期。時節。

【季度】四半期。

【季风】気候風。モンスーン。

【季节】季節。時節。時期。△农忙
～/農繁期。

【季刊】季刊。四季報。クォータリ
ー。

剤 ji ①薬剤。薬品。△麻酔〜/麻酔剤。②せんじ薬を数える。△一〜药/一服の薬。

【剤量】①薬の分量。薬量。②放射線量。ドーセージ。

済 ji ①（川を）渡る。◇同舟共〜/同舟共済。②救う。助ける。△経世〜民/世をおさめ、民を救う。③役に立つ。ためになる。頼りになる。◇无〜于事/役に立たぬ。

既 ji ①既（き）。すでに。△〜得利益/既得の利益。②…したからには。…した以上は。△〜要说明，就得说彻底/説明するからには徹底的にしなければならない。③…でもあり…でもある。△〜高且大/高い上に大きい。

【既成事実】既成の事実。

【既定】既定。

【既然】…した以上は。…したからには。

【既往不咎】過去の過失はとがめない。

继 ji ①継ぐ。続く。受け継ぐ。△夜以〜日/夜を日に継ぐ。②続いて。次いで。

【继承】受け継ぐ。相続する。継承する。△〜财产/財産を相継する。

【继父】継父。まま父。

【继母】継母。まま母。

【继任】①職務を引き継ぐ。②後任。あとがま。

【继续】継続する。続く。引き続き。

寄 ji ①郵送する。出す。送る。△〜包裹/小包を郵送する。②預ける。委託する。寄せる。△〜希望于青年/青年に希望をか

ける。③頼る。△〜食/居そうろうになる。

【寄存】預ける。預かる。

【寄放】預けておく。

【寄卖】委託販売する。

【寄生】①寄生する。②寄生生活をする。△〜虫/寄生虫。

【寄宿】①寝泊りする。②寄宿する。△〜生/寮生。

【寄托】①預ける。②託する。寄せる。よりどころとする。

寂 ji 静かだ。しんとしている。△〜无一人/しんとして人っ子ひとりいない。

【寂静】静寂（せいじゃく）だ。ひっそりと静まり返る。

【寂寞】寂しい。

祭 ji ①弔（とむら）う。弔いをする。△公〜烈士/烈士の告別式を挙行する。②祭る。△〜天/天を祭る。

【祭奠】弔う。弔いをする。供養（くよう）する。

【祭礼】①祭りの儀式。祭典。②供え物。

【祭品】供え物。

【祭坛】祭壇。

【祭文】祭文（さいもん）。

jia

加 jia ①加える。足す。重ねる。△二〜三等于五/二に三を足すと五になる。②増える。増やす。増強する。補強する。△〜工资/給料を増やす。③付ける。加える。△〜注/注釈を加える。

【加班】①残業する。②超過勤務。残業。

【加倍】①倍増する。倍にする。②倍になるほど。人一倍。△〜努

力/人一倍努力する。

【加工】加工する。仕上げ。

【加固】固める。補強する。

【加紧】速める。馬力をかける。拍車をかける。

【加剧】激化する。つのる。激しくなる。△病勢～/病気が日一日とつのる。

【加快】速める。

【加码】①値上げする。②割り増しをする。

【加强】強める。強化する。

【加入】①入れる。②参加する。加わる。

【加深】深める。深まる。深くする。

【加速】速める。速度を速める。加速する。

【加重】重くする。重くなる。つのる。強める。△～语气/語調を強める。

夹　jiā　①はさむ。△书里～着书签/本の中にしおりがはさんである。②わきにかかえる。△～着书包/かばんをわきにかかえる。③入り混じる。△～在人群里/込みの中に混じる。④（ものをはさむ用具）はさみ。△纸～/紙ばさみ。

【夹板】はさみ板。添え木。

【夹道】①両側ともへいのある狭い道。犬走り。②道をはさむ。

【夹缝】すき間。

【夹攻】はさみうちにする。きょう撃する。

【夹生】半煮え。生煮え。△～饭/半煮え飯。

【夹馅】あん入りの。△～面包/あんパン。

佳　jiā　良い。立派だ。美しい。△～肴/ごちそう。

【佳话】逸話。美談。

【佳期】①結婚の日。②あい引きの日。

枷　jiā　首かせ。

【枷锁】かせと鎖（くさり）。

家　jiā　①家庭。人家。一族。△～事/家事。②うち。△回～/家に帰る。③ある種の職業に従事する人。△船～/船人（ふなびと）。④ある種の専門知識を身につけた人。ある種の専門活動に従事する人。△科学～/科学者。△社会活动～/活動家。⑤学術の流派。家（か）。△诸子百～/諸子百家。⑥自分の肉身の目上の人または年上の人を言う時に用いる。△～父/父。⑦飼育する家畜類。△～兔/うさぎ。

【家产】家産。財産。

【家常】日常の。日常生活の。△～便饭/ふだんの食事。

【家丑】家の恥。家のほろ。

【家畜】家畜。

【家当】財産。身代（しんだい）。

【家访】家庭訪問。

【家鸽】いえばと。どばと。

【家伙】①道具。武器。得物。②やつ。

【家教】家庭教育。家庭の仕付け。

【家境】家庭の暮し向き。家計。

【家具】家具。

【家眷】家族。

【家禽】家きん。

【家属】家族。

【家庭】家庭。所帯。△～教师/家庭教師。

【家务】家事。

【家乡】故郷。故里。郷里。

【家信】家への手紙。家からの手紙。

【家用】家庭の生活費用。

【家喻户晓】家ごとに知れ渡る。

【家园】家の庭園。郷里。

【家长】①家長。一家の主人。②保護者。父母。父兄。△～会/父兄会。

【家族】家族。

痂 jiā　かさぶた。かさ。

嘉 jiā　①良い。美しい。立派だ。△～宾/貴賓。②よみする。ほめる。

【嘉奖】報奨する。表彰する。

夹 jiá　あわせの。△～祆/あわせ(の着物)。

荚 jiá　さや。

【荚果】莢果(きょうか)。豆果。

颊 jiá　ほお。ほほ。△两～消瘦/ほおがこける。

甲 jiǎ　①第一となる。最も優れる。△～级/1等。②甲ら。甲。△龟～/かめの甲ら。③よろい。△盔～/かぶととよろい。

【甲板】甲板(かんぱん)。デッキ。

【甲虫】甲虫(こうちゅう)。

【甲壳】甲殻。

【甲鱼】すっぽん

假 jiǎ　①偽りの。にせの。見せ掛けの。人造の。△～肢/義肢。△～货/にせ物。②借りる。借用する。△～此机会/この機会を借りて。③もしも。かりに。

【假扮】変装する。

【假充】…のふりをする。本物だと偽る。

【假定】①かりに…とする。仮定する。②科学上の仮設。仮定。仮説。

【假发】かつら。

【假公济私】公にかこつけて私腹をこやす。

【假花】造花。

【假话】うそ。空言。

【假借】借りる。口実にする。

【假面具】①仮面。マスク。②化けの皮。仮面。

【假如】もし…なら。かりに…とすれば。

【假手】他人を利用する。他人の手を借りる。

【假托】①…を口実にする。かこつける。②他人の名義を偽る。

【假想】①仮想する。想像する。②架空。

【假象】仮象（かしょう）。偽りの姿。

【假牙】入れ歯。義歯。

【假意】①見せ掛け。②わざと。…を装う。

【假造】①偽造する。にせものを造る。②でっち上げる。ねつ造する。

【假装】…のふりをする。仮装する。

价 jià　①値段。価格。△批发～/おろし価格。②値打ち。価値。△估～/値段を見積る。

【价款】代金。

【价目】値段。定価。△～表/料金表。

【价钱】値段。価格。△讲～/値段をかけ合う。

【价值】①価値。②値打ち。

驾 jià　①馬に車などを引かせる。②御する。操縦する。

【驾驶】操縦する。運転する。△～员/運転手。パイロット。△～执照/運転免許証。

【驾驭】①御する。走らせる。②自分の思うままにさせる。支配する。

架 jià　①たな。台。骨組み。△衣～/ハンガー。△书～/本だ

な。②掛ける。架設する。立てかける。△～桥/橋をかける。③ら致する。△被强行～走/强行に連れて行かれる。④なぐり合い。けんか。△劝～/けんかを仲裁する。⑤(助数詞)台。機。挺。△五～钢琴/ピアノ5台。

【架设】かけ渡す。架設する。

【架势】姿勢。身構え。

【架子】①骨組み。台。たな。②骨組み。③もったいぶる。威張る。

假 jià 休暇。△暑～/夏休み。

【假期】休暇期間。休みの間。

【假条】欠席届け。欠勤届け。休暇願い。

嫁 jià ①とつぐ。嫁に行く。△～女儿/娘を嫁にやる。②なすりつける。転嫁する。

【嫁祸于人】罪を他人になすりつける。

【嫁娶】嫁入りと嫁とり。婚姻。

【嫁妆】嫁入り道具。

稼 jià ①種をまく。は種する。②殻物。△庄～/農作物。

jiān

尖 jiān ①とがった先。△针～/針の先。②とがる。△把铅笔削～/鉛筆を削ってとがらせる。③甲高い。△～叫/甲高い声で叫ぶ。④さとい。鋭い。鋭敏だ。△耳朵～/耳ざとい。⑤一番だ。トップだ。

【尖兵】せん兵。

【尖刀】先鋒。先陣。先がけ。

【尖端】せん端。最も進んだ。せん端的だ。最新だ。△～科学/最も進んだ科学。ハイテク。

【尖刻】辛らつだ。情け容赦がない。

【尖利】鋭い。

【尖锐】①鋭い。②鋭敏だ。鋭い。③激しい。

【尖酸】とげとげしい。辛らつだ。

【尖子】抜群の人物。一番だ。トップだ。エリート。

奸 jiān ①かん悪だ。よこしまだ。悪い。△～计/悪だくみ。②不忠者。裏切り者。△锄～/裏切り者を除く。③みだらだ。不義だ。△通～/かん通する。④ずるい。悪がしこい。

【奸猾】ずるい。悪賢い。

【奸商】かん商。悪徳商人。

【奸污】强かんする。かんいんする。

【奸细】スパイ。回し者。間者。

【奸险】かん悪で陰険だ。

【奸诈】かん悪で偽る。

间 jiān ①間。中間。△同志之～/同志の間。②ある一定の空間または時間。△晚～/夜間。③部屋。△工作～/仕事部屋。④(助数詞)間(ま)。へや。

歼 jiān せん滅する。

【歼击机】戦闘機。ファイター。

【歼灭战】せん滅戦。

坚 jiān ①堅い。丈夫だ。堅固だ。△～冰/堅く凍った氷。②堅固な陣地。△攻～/堅塁を攻略する。③断固としている。堅い。強い。

【坚持】①堅持する。がんばる。②押し通す。△～己见/我意を通す。

【坚定】①しっかりしている。確固としている。②固める

【坚固】堅固だ。丈夫だ。

【坚决】きっぱりと。断固と。決断と。△～反对/断然反対する。

【坚强】①強い。粘り強い。②強

める。強化する。

【坚韧】強じんだ。粘り強い。

【坚如磐石】ばんじゃくのように堅い。

【坚实】①強固だ。②丈夫だ。がんじょうだ。

【坚守】堅く守る。堅守する。△～岗位/持ち場を堅守する。

【坚硬】堅い。

【坚贞】堅く節操を守る。

肩 jiān ①肩。②になう。負う。△身～大任/身に大任をになう。

【肩负】になう。背負う。

【肩章】肩章。

艰 jiān 困る。難しい。

【艰巨】極めて困難だ。非常に骨が折れる。

【艰苦】困難に満ちる。苦しい。△～的生活/苦しい生活。

【艰难】困難だ。困窮する。△行动～/歩行が困難だ。

【艰深】難しくて分りにくい。

兼 jiān ①倍の。2倍の。△～程/兼行する。②兼ねる。掛け持ちする。共に。△～管/兼ねて管轄する。

【兼并】兼併する。併どんする。

【兼顾】各方面に配慮を配る。

【兼课】授業を兼任する。掛け持ちで教える。

【兼任】兼任する。

【兼职】兼職する。兼務する。

监 jiān ①見張る。監視する。監督する。△～考/試験を監督する。②監獄。ろう屋。刑務所。

【监察】監察する。

【监督】監督する。

【监工】工事監督。現場監督。

【监禁】監禁する。

【监视】見張る。監視する。

【监听】モニター。

【监狱】監獄。刑務所。

缄 jiān 閉じる。封をする。

【缄口】口をつぐむ。黙ってものを言わない。

【缄默】口を閉じて何も言わない。沈黙する。

煎 jiān ①油でいためる。油でいる。△～鸡蛋/卵焼き。目玉焼き。②せんじる。△～药/薬をせんじる。

拣 jiǎn 選ぶ。よる。△～重活干/重い仕事を選んでする。

茧 jiǎn ①まゆ。コクーン。②たこ。

柬 jiǎn 書状、名刺などの総称。△请～/招待状。

俭 jiǎn 倹約する。節倹する。

【俭朴】つましい。質素だ。

捡 jiǎn 拾う。△～麦穂/落ち穂を拾う。

检 jiǎn ①調べる。点検する。②慎み。しまり。△行为不～/行ないがだらしない。

【检查】検査する。点検する。調べる。△～身体/身体検査をする。

【检察】審査する。取り調べる。②検察。

【检点】①点検する。調べる。②慎む。注意する。

【检举】告発する。摘発する。

【检讨】反省する。自己批判する。

【检修】検査と修理。オーバーホール。

【检验】検査する。検証する。インスペクション。

【检疫】検疫する。クオランティーン。

【检阅】①閲兵する。観閲する。②査閲する。

剪 jiǎn ①はさみ。②はさみで切る。△～指甲/つめを切る。③除く。取り去る。

【剪裁】①裁断する。裁つ。②（文章の材料を）取捨選択する。添削する。

【剪除】取り除く。切り取る。

【剪刀】はさみ。

【剪辑】①モンタージュ。②カッティング。

【剪贴】①切り抜き。②切り紙細工。切り紙をする。

【剪纸】切り紙細工。切り紙。

减 jiǎn ①引く。減らす。差し引く。△四～二等于二/四から二を引くと二になる。②減る。衰える。落ちる。△～半/半減する。

【减产】減産する。

【减低】下げる。弱める。低くする。△～成本/コストを下げる。

【减价】①値引き。②値下げする。

【减轻】軽くする。

【减弱】弱くなる。弱める。

【减色】見劣りがする。つや消しだ。衰える。

【减少】減らす。少なくする。減少する。

【减退】減じる。減退する。下がる。

【减刑】減刑する。

【减员】減員する。欠員になる。

简 jiǎn ①簡単だ。△～而言之/簡単に言えば。②簡にする。③竹簡。④手紙。

【简报】短いニュース。

【简编】簡略編。

【简便】簡便だ。手軽だ。

【简称】①略称する。②略称。

【简单】①簡単だ。易しい。無造作だ。②平凡だ。人なみだ。△真不～哪/たいしたものですね。③いい加減だ。軽軽しい。

【简化】簡易化する。簡略化する。

【简洁】簡潔だ。

【简介】簡単な説明書。案内書。

【简历】略歴。

【简练】簡潔で要領をつかんでいる。

【简略】簡略だ。簡単だ。おおざっぱだ。

【简慢】行き届かない。粗末だ。

【简明】簡明だ。簡単明りょうだ。

【简谱】略譜。

【简写】略筆する。

【简易】簡易だ。簡単だ。

【简章】簡単な規約。

碱 jiǎn ①塩基。②アルカリ。ソーダ。

【碱地】アルカリ性土じょう。

【碱性】アルカリ性。

见 jiàn ①見える。目に入る。見る。△所～所闻/見聞きしたこと。②当てる。さらす。触れる。△这种药怕～光/こういう薬は光に当ててはいけない。③現われる。見える。△他不～老/彼はふけて見えない。④…見よ。参照。△～附图/グラフ参照。⑤会う。面会する。引き合わす。お目にかかる。△求～/面会を求める。⑥見方。考え方。意見。見解。△依我之～/私の考え方では。

【见地】見解。見識。

【见多识广】博識で経験が多い。見聞が豊かで知識が広い。

【见怪】悪く思う。△请不要～/どうかあしからず。

【见机】折を見て。チャンスをねらって。

【见解】見解。見方。考え方。

【见面】面会する。対面する。顔を合わせる。

【见世面】見聞を広める。世間を知る。

【见识】①見聞を広める。②経験と知識。見聞。見識。

【见闻】見聞。

【见习】見習う。△～技术员/見習い技手。

【见效】効き目が出る。効能がある。

【见证】証明する。証人に立つ。

件 jiàn ①件。△一～事/用事一件。②公文書。文書。△密～/密書。

间 jiàn ①すき。すき間。△乘～而入/すきに乗じて入る。②間をおく。隔てる。③仲を裂く。離間する。△离～/離間する。④間引く。△～萝卜苗/大根の苗を間引く。

【间谍】間ちょう。スパイ。

【间断】間断する。とぎれる。

【间隔】間隔。隔たり。

【间接】間接。△～经验/間接的経験。

【间隙】すき間。余暇。

【间歇】間けつ。

建 jiàn ①建てる。建築する。造る。△～新厂房/新しい工場の建物を建てる。②創立する。建設する。設置する。△～党/党を創立する。③提案する。

【建都】国都を定める。

【建国】建国する。

【建交】外交関係を結ぶ。

【建军】軍隊を創設する。

【建立】打ち建てる。建設する。樹立する。結ぶ。

【建设】建設する。造り上げる。

【建树】①功績を立てる。手柄を立てる。②功績。手柄。

【建议】①建議する。提案する。②建議。提案。申し出。

【建制】編制。制度。

【建筑】①造る。建築する。敷設する。築く。②建物。建築物。

剑 jiàn 剣。△～鞘/剣のさや。

【剑拔弩张】一触即発の状態。

荐 jiàn 推薦する。紹介する。

【荐举】推薦する。紹介する。

贱 jiàn ①安い。△～卖/安く売る。②身分が低い。卑しい。③下品だ。卑屈だ。

涧 jiàn 谷。谷川。

舰 jiàn 軍艦。

【舰队】艦隊。

【舰艇】艦艇。

【舰长】艦長。

健 jiàn ①丈夫だ。健やかだ。②丈夫にする。強める。△～胃/胃を強くする。③…に長ずる。△～谈/口達者だ。

【健将】①達人。もさ。健児。②運動選手の最高級の称号。

【健康】①健康だ。健やかだ。②健全だ。

【健美】健康美に富む。

【健全】①健全だ。健やかだ。②完備している。整っている。③健全にする。しっかりさせる。

【健身房】ヘルス・センター。

【健忘】忘れっぽい。健忘。

【健壮】がん丈だ。たくましい。

谏 jiàn いさめる。かんげんする。

渐 jiàn 次第に。段段と。△天气～冷/天気が段段寒くなる。

【渐变】漸進的変化。

【渐渐】段段。次第に。

【漸进】漸進する。次第に進む。

濺 jiàn　はねあがる。飛び散る。△～了一身泥/全身にどろがはねあがった。

践 jiàn　①踏む。踏みつける。②実行する。履行する。
【践踏】①踏みつける。踏む。②踏みにじる。
【践约】約束を履行する。

腱 jiàn　腱(けん)。筋。
【腱鞘】腱鞘(けんしょう)。

毽 jiàn　あしでけってあそぶはね。

鉴 jiàn　①鏡。②戒め。△引以为～/戒めとする。③照らす。映る。つぶさに見る。△水清可～/顔が映るほど水が澄んでいる。
【鉴别】鑑別する。識別する。
【鉴定】①評定する。②鑑定する。検査する。
【鉴赏】鑑賞する。△～力/鑑賞能力。

箭 jiàn　矢。△光阴似～/光陰矢の如し。
【箭靶】的。標的。
【箭杆】矢竹。
【科头】①やじり。②矢印(やじるし)。

jiang

江 jiāng　①大きな川。②揚子江の略。
【江湖】①河と湖。②世間。③野師。
【江米】もち米(ごめ)。△～酒/甘酒。
【江山】山河。国土。国家。

将 jiāng　①…しようとする。…するであろう。△大风～至/大風が来らんとしている。②けしかける。わざと怒らせる。③…によって。…で。△～功折罪/手柄によって罪を償う。④…を。△～傻子赶走/ばかを追い払う。⑤(将棋で)王手を掛けること。⑥助ける。手を貸す。支える。⑦…したり…したりする△～信～疑/信じたり疑ったりする。
【将计就计】相手の計略の裏をかく。
【将近】…に近い。ほぼ。間もなく。
【将就】我慢する。どうにかこうにか。
【将军】①将軍。②王手をかける。③難題を吹掛ける。
【将来】将来。
【将要】間もなく…しようとする。

姜 jiāng　しょうが。

浆 jiāng　①汁。液。△纸～/紙パルプ。②(衣服などに)のりを付ける。△～衬衫领子/ワイシャツのえりをのり付けする。

僵 jiāng　①かじかむ。こわ張る。△手脚冻～了/手足がかじかんだ。②行き詰まる。△把事情搞～了/事を行き詰まらせてしまった。
【僵持】双方対立して譲らない。
【僵化】硬化する。こう着状態になる。
【僵局】こう着状態。難局。△陷入～/難局に陥る。
【僵尸】硬直した死体。
【僵硬】①硬直する。②融通が利かない。

疆 jiāng
【疆场】戦場。
【疆域】領域。国土。

讲 jiǎng ①言う。話す。△～故事/物語を話す。②説明する。解釈する。△～清道理/道理をはっきり説明する。③注意する。気を付ける。△～卫生/衛生に注意する。④相談する。交渉する。

【讲稿】講演原稿。

【讲和】講和する。

【讲话】①講演する。発言する。話をする。②あいさつする。

【讲价】値段を掛け合う。

【讲解】解説する。説明する。

【讲究】①重んずる。気を付ける。②わけ。理由。隠れた意味。③凝る。念を入れる。

【讲课】講義する。授業する。

【讲理】①是非を論究する。②道理が分かる。

【讲明】詳しく説明する。

【讲评】評論する。

【讲情】人のためにわびを入れる。

【讲求】重んずる。

【讲师】講師。

【讲授】講義する。

【讲述】話す。述べる。

【讲台】教壇。演壇。

【讲坛】演壇。

【讲堂】教室。

【讲习】講習する。

【讲学】学問の講義をする。

【讲演】講演する。演説する。

【讲义】教材。プリント。

【讲座】講座。

奖 jiǎng ①ほう美。賞品。賞状。△得～/賞品をもらう。②励ます。誉める。△～励/奨励する。

【奖杯】優勝カップ。賞杯。

【奖金】賞金。

【奖品】賞品。

【奖学金】奨学金。

【奖章】ほう章。

【奖状】賞状。

桨 jiǎng かい。オール。

匠 jiàng 職人。細工人。△木～/大工。

【匠心】工夫。考案。

降 jiàng ①降りる。下(くだ)る。△～到冰点/氷点まで下った。②降る。△～雨/雨が降る。③落とす。下げる。△～速/スピードを落とす。

【降低】下がる。下げる。△～成本/コストを引き下げる。

【降格】(身分、標準などを)下げる。格下げする。

【降级】①左遷する。②落第する。

【降临】来る。訪れる。

【降落】着陸する。降下する。△～伞/落下さん。

【降水】降水する。△～量/降雨量。

将 jiàng 将官。

【将领】高級将校。

【将士】将兵。将士。

强 jiàng 強情だ。意地っ張りだ。△倔～/強情っ張りだ。

【强嘴】強弁する。口答えする。

酱 jiàng ①みそ。②ジャム状の食品。△果～/ジャム。③みそづけにする。△～黄瓜/きゅうりのみそづけ。

【酱菜】つけ物。みそづけ野菜。

【酱油】しょうゆ。

犟 jiàng 強情だ。がん固だ。意地を張る。

糨 jiàng 濃い。ねっとりしている。△粥太～/おかゆが濃すぎる。

【糨糊】のり。

jiao

交 jiāo ①渡す。納める。△～税/税を納める。②相接する。変り目。△春夏之～/春と夏の変り目。③交際する。△～朋友/友だちになる。④友情。△和他没有深～/彼とは深い交わりはない。⑤こもごも。△悲喜～集/悲喜こもごも至る。⑥入(はい)る。△～子时/子(ね)の時になる。⑦転ぶ。△跌～/つまずいて転ぶ。

【交班】勤務交替する。番を替わる。

【交叉】①交差する。②交錯する。

【交错】交錯する。

【交代】①言いつける。②白状する。③始末を付ける。

【交底】詳細を引きつぐ。実情を知らせる。

【交锋】交戦する。

【交付】交付する。渡す。△已～使用/もう使用に交付された。

【交工】工事を完成して引き渡す。

【交换】交換する。△～意见/意見を交す。△～价值/交換価値。

【交货】商品の引き渡し。

【交际】交際する。付き合う。△～舞/ソシアル・ダンス。

【交接】①交替する。②交際する。③連接する。

【交界】境界。

【交流】交流する。交換する。交す。△～经验/経験を交す。

【交纳】納める。払い込む。

【交情】友情。よしみ。

【交涉】交渉する。話し合う。

【交谈】話を交す。話し合う。

【交替】①交替する。②代る代る。

【交通】交通。△～规则/交通規則。△～要道/交通要路。

【交往】付き合う。

【交响乐】交響楽。△～队/交響楽団。

【交易】取引する。交易する。△～所/取引所。

【交战】交戦する。△～国/交戦国。

【交帐】①帳簿を引き渡す。②(仕事などの結果を)報告する。

【交织】織りまぜる。織りなす。

郊 jiāo 郊外。市外。

【郊区】近郊地区。

【郊外】郊外。

【郊游】ピクニック。遠足。

浇 jiāo ①水を掛ける。△～花/花に水をやる。②かんがいする。

【浇灌】かんがいする。

娇 jiāo ①可愛らしい。美しい。②ひ弱だ。③甘やかす。

【娇惯】甘やかして育てる。

【娇媚】なまめかしく美しい。

【娇气】弱弱しい。お上品すぎる。

【娇小玲珑】小柄で可愛らしい。

【娇艳】あでやかだ。なまめかしい。

骄 jiāo おごりたかぶる。傲慢だ。

【骄傲】①おごる。たかぶる。②誇りとする。

【骄横】専横だ。横暴だ。

胶 jiāo ①にかわ。②くっつける。③ゴム。

【胶布】ゴム引き布テープ。

【胶合板】ベニヤ板。

【胶卷】フィルム。

【胶水】ゴムのり。

【胶鞋】ゴムぐつ。

【胶印】オフセット印刷。

教 jiāo 教える。

【教书】教師になる。

焦 jiāo ①焦げる。△饭烧～了/ご飯が焦げた。②焦る。いら立つ。
【焦点】焦点。
【焦黄】黄色く乾からびた色。
【焦急】じりじりする。焦る。
【焦炭】コークス。がい炭。
【焦头烂额】散散な目に会う様。
【焦躁】いらいらする。焦せる。

椒 jiāo 山しょう。△辣～/唐辛子（とうがらし）。△胡～/こしょう。

礁 jiāo 暗礁。
【礁石】暗礁。

嚼 jiáo かむ。かみ砕く。
【嚼舌头】①ぺちゃくちゃしゃべる。②つまらない口争いをする。
【嚼子】くつわ。

角 jiǎo ①角（つの）。△牛～/牛の角。②ラッパ。③角（かど）。すみ。△拐～/曲がり角。④角。
【角度】①角度。②角度。見地。
【角落】すみ。すみっこ。
【角膜】角膜。

侥 jiǎo
【侥幸】まぐれ。幸い。思いがけないこと。

狡 jiǎo ずるい。狡猾だ。△～计/ずるい企み。
【狡辩】ずるい言い分けをする。言い逃れをする。
【狡猾】狡猾だ。ずるい。
【狡赖】ずるくいい逃れる。強弁する。

绞 jiǎo ①絞る。△～尽脑汁/脳味そを絞る。②絞首刑に処する。③削る。△～孔/あなを削る。
【绞车】巻き上げ機。
【绞架】絞首台。
【绞肉机】肉引き機。
【绞杀】締め殺す。
【绞索】首締めなわ。
【绞刑】絞首刑。

饺 jiǎo
【饺子】ギョーザ。

皎 jiǎo 月の白く光るさま。△～月/さえた月。明るい月。

铰 jiǎo ①はさみで切る。②削る。
【铰链】蝶番（ちょうつがい）。

脚 jiǎo ①足。△手～/手足。②（動物および道具の）足。△桌子～/机の足。
【脚背】足の甲。
【脚本】脚本。シナリオ。
【脚步】足なみ。足取り。△～声/足音。
【脚蹬子】ペダル。
【脚跟】かかと。
【脚尖】足の先。つま先。
【脚镣】足かせ。
【脚踏实地】着実だ。真面目だ。
【脚腕子】足首。
【脚心】土踏まず。
【脚印】足跡。
【脚掌】足の裏。
【脚指头】足指。
【脚注】脚注。

矫 jiǎo
【矫健】たくましい。壮健だ。
【矫揉造作】気どる。わざとらしくて不自然だ。
【矫枉过正】誤りを正すのに度を越す。
【矫正】矯正する。直す。

搅 jiǎo ①かき回す。かき交ぜる。△用匙子～和/スプーンでかき回す。②邪魔する。

【搅拌】かくはんする。△～机/かくはん機。

【搅和】①入り交じる。②かき回す。

【搅乱】①攪乱する。②乱す。めちゃくちゃにする。

剿 jiǎo　討伐する。△～匪/匪賊を討伐する。

缴 jiǎo　①納める。引き渡す。△～税/税金を納める。②武器を引き渡させる。

【缴获】ぶんどる。

【缴械】武装を解除する。

叫 jiào　①叫ぶ。△大～/大声で叫ぶ。②呼ぶ。△有人～你/だれかがあなたを呼んでいる。③注文する。△～菜/料理を注文する。④…と言う。…と呼ぶ。△这个～什么/これはなんと言いますか。⑤…させる。△～他拿来/彼れに持って来させなさい。⑥…に…られる。△～人打了/人になぐられた。

【叫喊】叫ぶ。

【叫好】かっさいする。

【叫唤】①叫ぶ。わめく。②鳴く。

【叫苦】悲鳴を上げる。苦情が出る。

【叫骂】大声でののしる。

【叫卖】振り売りする。呼び売りする。

【叫门】ドアをノックする。

【叫醒】呼び起こす。

【叫做】…と呼ばれる。…と称する。

觉 jiào　眠り。睡眠。△午～/昼寝。

校 jiào　校正する。正す。△～稿/原稿を校正する。

【校订】校訂する。

【校对】①校正する。②照らし合わせる。

【校样】校正刷り。

【校正】校正する。直す。

较 jiào　①わりあいに。比較的。やや。△～好/比較的よろしい。②明らかだ。

【较量】比べる。競争する。

轿 jiào　かご。こし。

【轿车】①セダン。乗用車。②箱馬車。

教 jiào　①教え。教育する。△家～/家庭教育。②宗教。△信～/宗教を信じる。

【教案】教案。

【教材】教材。

【教程】教程。

【教导】①教え。②教え導く。指導する。

【教皇】法王。

【教会】教会。

【教科书】教科書。

【教练】①コーチする。訓練する。②コーチ。

【教师】教師。教員。

【教士】宣教師。伝道師。

【教室】教室。

【教授】①教授する。講義する。②教授。

【教唆】教唆する。△～犯/教唆犯。

【教堂】教会堂。教会。

【教条】教条。教義。△～主义/教条主義。

【教徒】信徒。教徒。

【教务】教育上の事務。教務。△～长/教務主任。

【教学】カリキュラム。教育過程。

【教训】①教えさとす。説教する。②教訓。

【教研室】教育研究室。

【教养】①仕付ける。教え育てる。

②教養。
【教义】教義。
【教益】有益な教え。
【教育】①教育する。②教育。△中等～/中等教育。
【教员】教員。教師。

窖 jiào ①穴ぐら。②貯蔵する。

酵 jiào 発酵する。
【酵母】酵母。イースト。

jie

阶 jiē ①階段。△石台～/石段。②等級。階級。
【阶层】階層。
【阶段】段階。
【阶级】階級。△～成分/出身階級。
【阶梯】きざはし。階段。

皆 jiē 皆(みな)。全部。
【皆大欢喜】皆大喜びだ。

结 jiē 結ぶ。△～果/実を結ぶ。
【结巴】①どもる。②どもり。
【结实】丈夫だ。

接 jiē ①寄せる。△交头～耳/耳に口を寄せてこそこそささやく。②つなぐ。つながる。続ける。△～电线/電線をつなぐ。③受ける。受け取る。△～到来信/手紙を受け取った。④出迎える。迎える。△～客人/客を迎える。⑤交代する。引き継ぐ。
【接班】①勤務を交替する。②後継する。
【接触】①触れる。触(さわ)る。②接触する。
【接待】接待する。応接する。△～室/応接間。
【接济】救済する。援助する。
【接见】接見する。面会する。

【接近】近付く。近寄る。
【接力】リレー。△～赛跑/リレー・レース。
【接连】続けざまに。連続して。
【接洽】交渉する。打ち合わせる。
【接生】助産する。
【接收】①受け取る。②接収する。
【接受】受け入れる。引き受ける。△～教训/教訓をくみ取る。
【接替】交代する。受け継ぐ。
【接头】①つなぎ合わせる。②つぎ目。
【接吻】①接ぷんする。キスする。②口づけ。キッス。

揭 jiē ①はがす。めくる。△～下墙上的画/壁の絵をはがす。②取る。△～盖子/ふたを取る。③暴く。暴露する。△～矛盾/矛盾を暴露する。
【揭穿】暴く。すっぱ拔く。△～阴谋/陰謀を暴く。
【揭发】暴く。すっぱ拔く。
【揭开】はがす。めくる。
【揭露】暴き出す。暴露する。
【揭示】①揭示する。②明らかにする。
【揭晓】発表する。ふたを明ける。

街 jiē 町。通り。
【街道】①街路。通り。②町内の。△～工场/町工場。
【街谈巷议】ちまたのうわさ話。
【街头】街頭。△流落～/路頭に迷う。

孑 jié
【孑孓】ぼうふら。
【孑然】一人ぽっちだ。△～一身/一人ぽっちだ。

节 jié ①物の節(ふし)。関節。△～骨头～/骨関節。②段落。句ぎり。③要約する。一部を削除する。△～译/抄訳する。④記念

日。祝祭日。△国庆～/国慶節。
⑤節約する。△～电/電気を節
約する。⑥操(みさお)。
【节本】抄本。
【节俭】節約する。
【节流】経費を節減する。
【节录】抄録する。メモする。
【节目】番組(ばんぐみ)。プログラ
ム。
【节日】記念日。祝日。節句。
【节省】節約する。△～时间/時間
を節約する。
【节余】節約した残り。
【节约】節約する。△～开支/支出
を節約する。
【节制】①指揮する。②制限する。
△～饮食/飲食を控え目にす
る。
【节奏】(音楽の)リズム。

劫 jie ①強奪する。②災難。
【劫持】乗っ取る。ハイジャック。
△～客机事件/旅客機ハイ
ジャック事件。
【劫夺】強奪する。
【劫掠】略奪する。

杰 jie
【杰出】傑出する。
【杰作】傑作。

诘 jie 詰問する。責める。
【诘责】譴責する。詰る。

洁 jie 清潔だ。奇麗だ。
【洁白】潔白だ。真っ白い。
【洁身自好】①自己の安全ばかり
を考え、めんどうなことには一
切かかり合わないこと。②純潔
を守って悪に染まらないこと。

拮 jie
【拮据】手元が不如意だ。

结 jie ①結ぶ。編む。△～绳/な
わを結ぶ。②結び目。△打一个

～/結び目を作る。③結末を付
ける。④固まる。凝結する。△
～冰/氷が張る。
【结案】案件を結了する。
【结伴】連れ立つ。
【结肠】結腸。
【结仇】仇敵となる。
【结存】決算後の残高。
【结党营私】党徒を組んで私利を
計る。
【结构】①構成。仕組み。②構造。
③組織。
【结果】①結果。結局。②殺して
しまう。③…ところが。…の
に。
【结合】①結合する。結び付ける。
②夫婦になる。結ばれる。
【结核】結核。
【结婚】①結婚する。②結婚。△～
证书/結婚証書。
【结集】集まる。集結する。
【结交】交際する。付き合う。
【结晶】①結晶。②結晶する。
【结局】結果。結末。
【结论】結論。
【结盟】盟約を結ぶ。△不～国家/
非同盟諸国。
【结清】清算する。
【结社】結社。
【结识】知り合う。知り合いにな
る。
【结束】終わる。終了する。結末を
付ける。△～语/(文章や講演
の)結び。
【结算】決算する。
【结尾】①結末を付ける。②最後の
締め括り。
【结业】終了する。卒業する。
【结余】残り。余り。
【结怨】恨みの種をまく。

捷 jie ①すばしこい。敏捷だ。
②戦勝する。

【捷报】勝報。

【捷径】近道。早道。

【捷足先登】早い者勝ち。

睫 jié

【睫毛】まつげ。

蝎 jié　尽くす。

【竭诚】誠意を尽くす。誠心誠意。

【竭尽】力を尽くす。

【竭力】力を尽くして。一生懸命。

截 jié　①切断する。断ち切る。△～成两段/二つに断ち切る。②さえぎる。止める。△～车/車を止める。③区切りに分けられるものを数える。△一～儿木头/ひと切れの木材。

【截断】①切断する。②さえぎる。

【截获】（途中で）捕獲する。

【截击】迎え撃つ。

【截然】はっきりと。明らかに。△～不同/はっきり異なっている。全く違う。

【截止】①締切る。②締切り。

【截至】…まで締め切る。

姐 jié　①姉。②（若い女性に対する称）姉さん。

【姐夫】姉婿。兄さん。

【姐妹】姉妹。女兄弟。

解 jiě　①解（ほど）く。解く。△～扣儿/ボタンを外（はず）す。②理解する。分かる。△百思不～/いくら考えてもわからない。③解釈する。△～说/解説する。

【解除】解除する。△～武装/武装解除する。

【解答】解答する。

【解放】解放する。

【解雇】解雇する。首にする。

【解救】救い出す。

【解决】解決する。

【解开】解く。解（ほど）く。

【解渴】渇をいやす。

【解闷】憂さを晴らす。

【解剖】解剖する。△～学/解剖学。

【解散】解散する。

【解释】解釈する。説明する。言い訳する。

【解说】解説する。△～词/ナレーション。

【解体】解体する。解散する。

【解脱】①抜け出す。②解脱（げだつ）する。

【解围】包囲を解く。助け船を出す。

【解约】約束を取り消す。解約する。

介 jiè　①はさまる。介在する。②よろい。から。

【介词】中国語品詞の一つ。名詞、代名詞の前に位置して、それと動詞、形容詞とを関係せしめ、方向、対象、方法、場所、原因などの関係を表わす詞。

【介壳】貝がら。

【介入】介入する。

【介绍】①紹介する。△自我～/自己紹介をする。②了解させる。知らせる。△～事件的真相/事件の真相を知らせる。

【介意】気に掛ける。気にする。△毫不～/ちっとも気に掛けない。

芥 jiè　芥子菜（からしな）。

【芥菜】→芥。

【芥蒂】わだかまり。

【芥末】からし粉。

戒 jiè　①警戒する。②戒める。△以此为～/これをもって戒めとする。③絶つ。止める。△～烟/タバコを止める。禁煙する。

【戒备】警備する。△～状态/戒厳状態。

【戒律】戒律。

【戒心】警戒心。

【戒严】戒厳。戒厳令をしく。

届 jiè ①至る。②回、期などの次数。△本～毕业生/今期の卒業生。

【届满】満期になる。

【届时】その時。当日。その時になって。

诫 jiè 警告する。戒める。

界 jiè ①境界。境（さかい）。△国～/国境。②社会層。界。△文艺～/文芸界。③類。界。△无机～/無機類。

【界限】①限界。②限度。切り。

借 jiè ①借りる。△～钱/金を借りる。②貸す。△房子给他/かれに家を貸してやる。③頼る。すがる。④託ける。

【借贷】①借金する。②借金。

【借故】口実を設ける。

【借火】たばこの火を借りる。

【借鉴】参考にする。戒めとする。

【借据】借用証書。

【借口】①口実にする。②口実。言い訳。

【借款】①借金。②金を借りる。

【借宿】宿を借りる。

【借以】それによって。

【借用】借用する。借りる。

【借债】借金する。

【借支】前借する。

【借助】…の力を借りる。

jin

巾 jīn ①布。きれ。②頭巾

【巾帼】婦人。△～英雄/女傑。

今 jīn ①現在。現代。②今日。現在の。△～晩/今晩。△～冬/今年の冬。

【今后】今後。これから。

【今年】ことし。

【今生】この一生。今生（こんじょう）。

【今天】①きょう。②今日。現在。

斤 jīn 重さの単位（1"斤"は500グラム）。

【斤斤计较】細かい事にこだわる。そろばんをはく。

金 jīn ①金属。②黄金。③金銭。④金色の。⑤金（1115—1234 年）。

【金币】金貨。

【金额】金額。

【金刚石】ダイヤモンド。

【金黄】金色。黄金（こがね）色。

【金库】国庫。

【金钱】金銭。金。

【金融】金融。△～市场/金融市場。

【金色】黄金色。

【金属】金属。

【金条】金の延べ棒。

【金星】金星。

【金鱼】金魚。

【金字塔】ピラミッド。

津 jīn ①つば。②汗。③川の渡し。

【津津有味】興味しんしん。

【津贴】手当。

矜 jīn ①哀れむ。②誇る。自ぼれる。

【矜持】堅くなる。おのれを押え慎む。

筋 jīn ①筋。②静脈。

【筋斗】とんぼ返り。もんどり。

【筋骨】筋骨。

【筋疲力尽】非常に疲労する。

【筋肉】筋肉。

禁 jīn ①堪える。持ち堪える。

△这鞋~穿/このくつは長く持
てる。②我慢する。堪える。

【禁不起】堪えられない。

【禁不住】①堪えられない。…に
弱い。②思わず。

【禁得起】堪えられる。

【禁得住】堪えられる。

襟 jīn ①中国服の前みごろ。
②姉妹の夫どうし。

【襟怀】きん壊。

仅 jǐn わずか。ただ。△~有一
个/ただ一つしかない。

【仅仅】ただ…だけ。わずかに…
だけ。△~一点儿/ほんのわず
か。

尽 jǐn ①出来るだけ。なるべ
く。△~早/なるべく早く。②
…の範囲内で。△~着三天把
事情办好/3日以内に仕事を済
ます。③一番。もっとも。△~
前头/一番前。④まず。真っ先
に。

【尽管】①構わずに。遠慮なく。
②…にもかかわらず。

【尽可能】出来るだけ。

【尽快】出来るだけ速く。

【尽量】なるべく。出来るだけ。

紧 jǐn ①引き締める。ぴんと
張る。△系~/きつく締める。
②きつい。△这双鞋太~/この
靴はきつすぎる。③厳格だ。△
管制得很~/厳重に管制する。
④急いで。△~走/急いで歩
く。⑤（手元が）不如意だ。△
手头~/手元が苦しい。

【紧凑】きちんとしていて、無駄
がない。

【紧急】緊急だ。差し迫る。△~
状态/差し迫った状態。

【紧紧】しっかりと。

【紧邻】すぐ隣り。

【紧密】緊密だ。

【紧迫】急迫している。

【紧缩】緊縮する。縮小する。△
~开支/财政を緊縮する。

【紧要】重要だ。大切だ。△无关~
/たいした影響はない。

【紧张】①緊張する。②忙しい。激
しい。③供給不足。

锦 jǐn ①にしき。②非常に美
しいこと。

【锦标】優勝の印（しるし）。優勝
旗。

【锦缎】にしき。

【锦纶】ナイロン。

【锦囊妙计】絶妙の秘策。

【锦旗】優勝旗。

【锦上添花】錦上花を添える。

【锦绣】非常に美しいこと。

谨 jǐn ①慎む。△~记在心/慎
んで銘記する。②慎んで。△~
启/謹啓。

【谨防】用心する。慎重に防ぐ。

【谨上】拝具。

【谨慎】慎み深い。謹慎する。

【谨小慎微】小心翼翼。

【谨严】謹厳だ。

尽 jìn ①尽きる。無くなる。②
出来るだけ。尽くす。△~心竭
力/全精力を傾ける。③全部。す
べて。△~数收回/全部取りも
どす。

【尽力】全力を尽くす。

【尽量】出来るだけ。なるべく。

【尽情】思う存分。

【尽人皆知】だれもかも知ってい
る。

【尽善尽美】善美を極わめる。

【尽头】果て。外（はず）れ。

【尽心】心を尽くす。

【尽兴】思う存分。

【尽职】職責を果たす。

进 jìn ①進む。前進する。△更～一層/更に進む。②入る。中へ入れる。△～大学/大学にはいる。③収入。
【进步】①進歩する。②進歩的だ。③進歩。
【进程】過程。
【进出】①出入りする。②収入と支出。
【进度】進度。
【进犯】侵犯する。
【进攻】攻撃する。
【进化】進化する。△～论/進化論。
【进口】①入口（いりぐち）。②輸入する。△～税/輸入税。
【进来】入ってくる。
【进去】入っていく。
【进入】入る。△～新阶段/新しい段階に入る。
【进退】進退。
【进行】行なう。進行する。進める。△～曲/行進曲。
【进修】研修する。△～班/研修会。
【进一步】さらに。一層。
【进展】進展する。はかどる。

近 jìn ①近い。△离海～/海に近い。△～来/近ごろ。②…に近い。近付く。△年～五十/50に近い年。③新しい。△～友/近い友人。
【近代】近代。
【近郊】近郊。
【近况】近況。
【近路】近道。
【近亲】近い親戚。
【近日】近ごろ。このごろ。
【近视】近眼。近視。
【近似】近似している。

劲 jìn ①力。△用～儿/力を入

れる。②意気。気持ち。△鼓足～儿/大いに意気込む。③…さ。…加減。△亲热～儿/親しさ。

浸 jìn 浸す。水に付ける。△把衣服～在水里/着物を水に付ける。
【浸膏】エキス剤。
【浸泡】水に浸たす。
【浸润】浸潤する。次第に染み込む。
【浸透】染み透る。水浸たしになる。

晋 jìn ①進む。△～京/上京する。②晋（265～420 年）。
【晋级】昇級する。
【晋见】謁見する。

禁 jìn ①禁じる。△～赌/と博を禁じる。②監禁する。
【禁闭】禁足。
【禁忌】禁忌。
【禁令】禁令。
【禁区】立ち入り禁止地区。
【禁书】禁書。
【禁止】禁止する。△～通行/通行禁止。

jing

京 jīng ①首都。都。②ペキンを指す。
【京剧】京劇。

茎 jīng 茎（くき）。

经 jīng ①経営する。△～商/商売をする。②経典。③縦系。④経由する。△～途～北京归来/ペキン経由で帰ってくる。⑤堪える。△～得起考验/試練に堪えられる。
【经常】①いつも。常に。②経常。平常。

【经典】経典。

【经费】経費。

【经管】管理する。取り扱う。

【经过】①経過する。経る。②経過。いきさつ。

【经纪】経営する。△～人/マネージャー。

【经济】①経済。△～危机/経済恐慌。②経済的だ。

【经久】①長持する。②長い間。

【经理】①経営する。②経営者。支配人。

【经历】①経験する。②経験。体験。

【经手】手掛ける。取り扱う。

【经受】堪える。

【经售】取り次ぎ販売をする。

【经心】気を配る。気を付ける。

【经验】経験。△～丰富/経験に富んでいる。

【经营】①経営する。②工夫する。苦心する。

【经由】経由する。

荆 jing いばら。

【荆棘】①いばら。②困難のたとえ。

惊 jing ①びっくりする。驚く。②馬が驚いてあばれる。

【惊动】驚かす。邪魔する。

【惊慌】驚き慌てる。

【惊恐】驚き恐れる。

【惊奇】不思議がる。意外に思う。

【惊扰】騒がせる。

【惊人】人を驚かす。驚異的だ。

【惊叹】驚嘆する。

【惊涛骇浪】荒れ狂う波。

【惊天动地】天地もひっくりかえるようだ。

【惊喜】驚喜する。

【惊险】スリル。△～小说/スリラー小説。

【惊心动魄】驚くべきだ。人の心を強くゆさぶる。

【惊醒】驚いて眼をさます。

【惊讶】事の意外さに驚く。

晶 jing ①明るい。きらめく。②水晶。

【晶体】結晶体。△～管/トランジスター。

晴 jing 目。ひとみ。△定～一看/目をすえて見ると。

精 jing ①優れている。△兵～精足/兵は精鋭で糧食は充足している。②エキス。エッセンス。△柠檬～/レモンのエッセンス。③賢い。△这个人很～/この人は何事にもぬけ目がない。④精通する。△～于外科/外科に精通している。⑤化け物。お化け。⑥精液。

【精彩】すばらしい。

【精粹】精粋。

【精打细算】精密に計画する。細かく見積ること。

【精当】適切で正しい。

【精读】精読する。

【精干】敏腕だ。

【精悍】精かんだ。

【精华】精華。

【精简】簡素化する。

【精力】精力。精神と力。

【精练】①精錬する。②練れている。

【精良】優れている。精良だ。

【精灵】①妖精。フェアリー。②賢い。利巧だ。

【精美】精緻で美しい。

【精密】精密だ。

【精明】そう明だ。利口だ。

【精疲力竭】へとへとに疲れる。

【精辟】透徹している。

【精巧】精巧だ。

【精确】精確だ。

【精锐】精鋭だ。

【精神】①精神。心。△～病/精神病。△～负担/精神的负担。②精力。元気。△有～/元気がある。

【精通】精通する。△～日语/日本語に精通する。

【精细】精細だ。緻密だ。

【精心】心を込める。丹念だ。

【精盐】精製塩。

【精益求精】研究の上に研究をかさねる。いよいよ念を入れる。

【精制】精製する。

【精致】精巧だ。手が込んでいる。

【精装】上製。△～本/上製本。

【精子】精子。精虫。

兢　jīng

【兢兢业业】勤勉だ。まじめた。

鲸　jīng　くじら。

井　jǐng　①井戸。②（砿山の）坑。③きちんとしている。

【井井有条】きちんとしている。整然としている。

【井然】きちんとしている。整然としている。

阱　jǐng　落とし穴。

颈　jǐng　首。

【颈椎】けいつい。

景　jǐng　①景色。風景。△雪～/雪景色。②背景。バック。③景気。

【景况】境遇。状況。

【景气】①景気。②景気がいい。

【景色】景色。風景。

【景象】様子。有様。

警　jǐng

【警报】警報。アラーム。

【警备】警備する。

【警察】警察。巡査。

【警笛】①呼び子。②サイレン。

【警告】警告する。

【警戒】①警戒する。用心する。②戒める。

【警句】アフォリズム。名言。金言。

【警觉】警戒心。

【警犬】警察犬。

【警惕】警戒する。

【警卫】①警備する。②警備員。

【警钟】警鐘。

劲　jìng　力強い。強い。

【劲敌】強敵。

【劲旅】精鋭部隊。

净　jìng　①奇麗だ。清らかだ。△～水/奇麗な水。②奇麗にする。△洗～/奇麗に洗う。③全部。残らず。△钱用～了/金をすっかり使い果たした。④純粋だ。△～利/純利益。⑤ばかり。だけ。

【净化】浄化する。

【净余】余り。残り。

【净重】正味重量。

径　jìng　①小道。△曲～/曲りくねった道。②方法。手段。△捷～/速道。③直接に。△～行办理/直接処理する。

【径赛】トラック。

胫　jìng　すね。

【胫骨】けい骨。

痉　jìng

【痉挛】けいれん。

竞　jìng　競う。競争する。

【竞技】競技。

【竞赛】競争する。競技する。

【竞选】①立候補する。②選挙戦。

【竞争】競争する。争う。

【竞走】競歩。

竟　jìng　①終わる。△整理既～/整理はすでに終わった。②まるまる。全部。△～夜/夜もすがら。③結局。ついに。△有

志者事～成/志あるものは事
つひに成る。④意外にも。
【竟敢】あえて。
【竟然】意外にも。こともあろう
に。

敬 jìng　①敬う。尊敬する。△
致～/敬意を表する。あいさつ
をする。②物を差し上げる。△
～茶/お茶を差し上げる。
【敬爱】敬愛する。
【敬辞】敬語。
【敬老院】老人ホーム。
【敬礼】①御辞儀をする。②敬具。
【敬佩】敬服する。
【敬仰】敬慕する。
【敬意】敬意。
【敬重】尊敬する。

境 jìng　①境。国境。②境遇。△
家～/家の境遇。③処。△如入无
人之～/無人の境に入ったよう
だ。
【境界】①境界。②境地。立場。
【境况】生活状況。境遇。
【境遇】境遇。生活状況。

静 jìng　静かだ。静まっている。
△～一～/静かにしてくださ
い。
【静脉】静脈。△～注射/静脈注
射。
【静默】沈黙する。静黙する。
【静悄悄】静まりかえっている。
【静养】静養する。
【静止】静止する。
【静坐】静坐する。△～罢工/座り
込みストライキ。

镜 jìng　①鏡。②レンズ。
【镜框】額縁。
【镜片】レンズ。眼鏡のレンズ。
【镜头】①（カメラなどの）レン
ズ。②(映画の)場面。シーン。

jiong

迥 jiǒng　非常に。はるかに。
【迥然】はるかに。華々しく。△～
不同/はるかに異なっている。

炯 jiǒng
【炯炯】きらきら。けいけいたる。
△目光～/目がけいけいと輝
く。

窘 jiǒng　①苦しい。困窮する。
△家境很～/暮らしがとても苦
しい。②困る。苦しい。△陷入
～境/苦しい羽目に陥る。
【窘迫】①非常に苦しい。②行き詰
まる。
【窘态】窮状。

jiu

纠 jiū　①まつわる。②正す。直
す。
【纠察】①ピケを張る。②ピケッ
ト。
【纠缠】①まつわり付く。付きま
とう。②邪魔する。付きまと
う。
【纠纷】紛糾。もめ事。
【纠葛】もめ事。もつれ。
【纠集】寄せ集める。糾合する。
【纠正】正す。是正する。△～错
误/誤りを是正する。

究 jiū　①極める。追究する。②
結局。一体(いったい)。
【究竟】①結果。②結局。一体。

阄 jiū　くじ。△抓～/くじを引
く。

揪 jiū　つかむ。握る。引っ張る。
【揪辫子】揚げ足を取る。
【揪心】気をもむ。気が落ち着か

ない。

九 jiǔ　九。ここのつ。
【九九表】九九（くく）。
【九泉】黄泉。あの世。
【九死一生】九死に一生。
【九霄云外】空のかなた。
【九月】9 月

久 jiǔ　①久しい。長い。△〜别
重逢/久しぶりに再会する。②
時間の長さ。△来了有多〜/来
てからどれくらいになるか。
【久而久之】長く続けると。そのう
ちに。
【久久】長い間。長いこと。
【久违】お久しぶりです。
【久仰】かねて承っております。
【久远】長い間。

灸 jiǔ　きゅう（をすえる）。

韭 jiǔ
【韭菜】にら。

酒 jiǔ　酒。
【酒吧间】バー。
【酒菜】①酒と料理。②酒のさか
な。
【酒鬼】のんべえ。酒飲み。
【酒会】パーティー。
【酒精】アルコール。
【酒量】酒量。
【酒窝】えくぼ。
【酒席】酒席。宴会。
【酒意】酒気。酔い。
【酒盅】ちょく。小さな杯。

旧 jiù　①古い。昔の。△〜经验
/古い経験。②古い。△〜衣服/
古着。③旧知。
【旧案】長いこと処理されていな
い案件。
【旧货】古物。古い商品。
【旧交】旧友。古くからの友人。
【旧式】旧式だ。

【旧书】①古本。②古書。

臼 jiù　うす。
【臼齿】きゅう歯。

疚 jiù　やましい。気がとがめ
る。△内〜于心/気がとがめ
る。

咎 jiù　①過失。罪。△〜由自取
/身から出たさび。自業自得。②
とがめる。

柩 jiù　ひつぎ。棺。△〜车/霊
きゅう車。

救 jiù　救う。助ける。△〜人/
人を助ける。
【救兵】援軍。
【救护】救護する。
【救火】消火する。
【救急】救急。急場を助ける。
【救济】救済する。△〜费/救済
金。
【救命】①命を助ける。②（救助を
求めるために呼ぶ語）助けてく
れ。
【救生】①生命を救う。②救命。
△〜圈/ライフ・ブイ。△〜艇/
救命艇。
【救援】救助する。救援する。
【救灾】救災する。
【救助】救助する。

厩 jiù　馬屋。馬小屋。

就 jiù　①近付く。側に寄る。△
〜着灯光/明りの側に寄る。②
就く。従事する。△〜学/就学す
る。③完成する。成し遂げる。△
功成业〜/功成り名遂げる。④
…に添える。△那菜是〜饭吃的
/あのお菜はご飯に添えて食べ
るのだ。⑤すぐ。直ちに。△我
这〜来/すぐまいります。⑥既
に。もう。△他上午〜去了/彼は
もう午前行った。⑦…するな

り。するやいなや。△他一到家
〜躺下睡了/彼は帰ってくるなり寝てしまった。⑧だけ。ただ。
△〜剩他一个人了/彼一人だけ
残っている。

【就此】すぐここで。これを機会
　に。これで。

【就地】現地で。

【就近】近くで。手近に。

【就算】たとえ…でも（ても）。仮
　に。

【就绪】用意ができる。

【就业】就職する。

【就医】医者に掛かる。

【就义】義のために死ぬ。

【就职】就任する。

舅 jiù　①母の兄弟。おじ。②妻
　の兄弟。

【舅母】母の兄弟の妻。おば。

ju

拘 jū　①捕える。逮捕する。②
　拘る。△〜于形式/形式に拘る。
　③制限する。△不〜多少/数量
　に制限はない。

【拘捕】逮捕する。

【拘谨】堅苦しい。謹直だ。

【拘禁】拘禁する。

【拘留】拘留する。

【拘泥】拘る。拘でいする。△〜
　于形式/形式に拘る。

【拘束】①拘束する。束縛する。
　②堅苦しい。

居 jū　①住む。居住する。②住
　まい。住所。△新〜/新しい住ま
　い。③…にある。…に立つ。…
　を占める。△〜首/トップに立
　つ。

【居多】多数を占める。多い。

【居功】功績を鼻に掛ける。

【居间】中立ちをする。

【居留】居留する。△〜权/居留
　権。

【居然】意外にも。なんと。

【居心】料見。意図。

【居住】居住する。住まう。

驹 jū　①馬。②子馬。

掬 jū　すくう。△以手〜水/手
　で水をすくう。

鞠 jū　養う。育てる。

【鞠躬】御辞儀をする。

【鞠躬尽瘁】献身的に精力を傾け
　る。

局 jú　①局。△事务〜/事務局。
　②セット。ゲーム。

【局部】一部分。局部。

【局促】①狭い。②気詰まりだ。

【局面】①局面。②規模。

【局外人】局外者。

【局限】局限する。限る。

菊 jú　菊。

【菊科】菊科。

橘 jú　みかん。オレンジ。

【橘红】①橘紅。②みかん色。

【橘黄】オレンジ色。

【橘汁】オレンジジュース。

沮 jǔ　①阻止する。さえぎる。
　②がっかりする。元気が無くな
　る。

【沮丧】がっかりする。気落ちす
　る。

咀 jǔ　かむ。

【咀嚼】①かみ砕く。②味わう。

举 jǔ　①持ち上げる。上げる。
　△〜手/手を上げる。②挙動。行
　動。△一〜一动/一挙一動。③
　起こす。始める。△〜义/義兵
　を上げる。④選挙する。推挙す
　る。△选〜/選挙する。⑤上げ
　て。全部。△〜国/国を上げて。

⑥上げる。提示する。△～一个
例子/例を一つ上げる。
【举办】行なう。開く。催す。△～
展览会/展覧会を開く(催す)。
【举动】動作。挙動。
【举棋不定】ためらって定らない。
【举世】世を上げて。△～无双/天
下無双。
【举行】行なう。挙行する。△～
会谈/会談を行なう。
【举止】ふるまい。動作。
【举重】重量上げ。
【举足轻重】一挙手一投足がある。
ことに決定的な力を持っている
こと。

巨 jù 大きい。巨大だ。△～款
/大金。
【巨大】巨大だ。
【巨额】ばく大な額。△～逆差/巨
額の赤字。
【巨人】①巨人症に掛かった人。②
巨人。
【巨头】巨頭。首(かしら)。
【巨著】大著。

句 jù 文。△造～/文を作る。
【句法】①文の構造。②シンタク
ス。
【句号】句点。終止符。
【句型】文型。
【句子】文。センテンス。

拒 jù ①抵抗する。防ぎ止め
る。△～敌/敵を防ぎ止める。
②拒絶する。断る。
【拒捕】逮捕に抵抗する。
【拒绝】拒絶する。断る。

具 jù ①器具。△工～/道具。②
備える。持つ。△略～轮廓/ほぼ
形を備えている。
【具备】備える。持つ。
【具体】①具体的だ。②具体化す
る。③実際の…。

【具有】持つ。備える。

炬 jù たいまつ。

俱 jù いずれも。皆。全部。
【俱乐部】クラブ。
【俱全】全部そろっている。

剧 jù ①劇。芝居。②激しい。ひ
どい。△～痛/激しい痛み。
【剧本】脚本。シナリオ。
【剧场】劇場。
【剧烈】激しい。
【剧目】芝居の外題(げだい)。
【剧情】劇の筋。ストーリー。
【剧团】劇団。
【剧照】芝居や映画のスチール。

惧 jù 恐れる。恐がる。△毫无
所/少しも恐れない。
【惧色】おじけた顔付き。

据 jù ①占拠する。△～为己有
/人のものを不法に占有する。
②…による。根拠とする。△～
报道/報道によれば。③証拠。
【报点】拠点。
【报守】守る。
【据说】聞くところによれば。…
そうだ。

距 jù ①離れる。△相～不远/
そう離れていない。②けづめ。
③距離。
【距离】①離れる。②距離。

飓 jù
【飓风】ハリケーン。

锯 jù ①のこぎり。②のこぎり
で切る(引く)。△～木头/木材
をひく(きる)。
【锯齿】のこぎり歯。
【锯末】のこくず。
【锯子】のこぎり。

聚 jù 集まる。集合する。△～
在一起商量/一緒に集まって相
談する。

【聚餐】会食する。
【聚会】①集まり。②集まる。
【聚积】蓄える。
【聚集】集中する。
【聚精会神】わき目も振らず。一心に。
【聚居】一カ所に集まって住む。

juan

捐 juān ①捨てる。△～躯/一命をなげうつ。②寄付する。△募～/募金する。
【捐款】①金を寄付する。②寄付金。
【捐税】税金。
【捐赠】寄贈する。
【捐助】寄付する。

娟 juān
【娟秀】秀麗だ。美しい。

圈 juān 囲う。囲いの中に入れる。△把羊～起来/羊を囲いの中に入れる。

卷 juǎn ①巻く。まくる。△～袖子/袖をまくる。②巻き上げる。巻き込む。△～入漩涡/渦中に巻き込む。③巻いたもの。△纸～/紙を巻いたもの。④巻いたものを数える。△一～纸/紙一巻き。
【卷尺】巻き尺。
【卷发】①髪をカールする。②ウェーブした髪。
【卷入】巻き込む。
【卷土重来】巻土重来。再起を計る。
【卷烟】巻きタバコ。

卷 juàn ①書物。本。△手不释～/手から本を放さない。②巻。△上～/上巻。③答案。
【卷子】答案用紙。△改～/答案を採点する。
【卷宗】①分類保存されている公文書。②公文書を入れるファイル。

倦 juàn ①疲れる。②うむ。飽きる。△诲人不～/人を教えて飽きることがない。

绢 juàn 絹。
【绢本】絹本。
【绢纺】絹紡。
【绢丝】絹糸。

眷 juàn ①家族。△家～/ご家族。②心に掛ける。
【眷恋】懐かしむ。名惜り惜しむ。
【眷念】気に掛ける。懐かしがる。
【眷属】家族。身内。

圈 juàn 家畜小屋。△羊～/羊小屋。
【圈肥】きゅう肥。

jue

撅 juē ①ぴんと立てる。△～着尾巴/しっ尾を立てている。②折る。

决 jué ①決める。判断する。△犹豫不～/決定しかねる。②決して。絶対に。△～不反悔/絶対に後悔しない。③死刑にする。④決壊する。切れる。△～堤了/せきが切れた。
【决策】①策略などを決める。②決定。
【决定】①決定する。②決定。
【决斗】決闘する。
【决断】決断する。決断を下す。
【决计】①きっと。必ず。②計画を定める。
【决口】せきが切れる。
【决裂】決裂する。

【决赛】決勝戦。

【决胜】決勝をする。

【决死】決死。必死。

【决算】①決算する。②決算。

【决心】①決心する。②決心。

【决议】決議。

【决意】決意する。

【决战】決戦する。

诀 jué ①方法。△秘～/秘密の方法。②別れる。

【诀别】決別する。

【诀窍】秘決。

抉 jué

【抉择】選ぶ。選択する。

角 jué ①役。②俳優。役者。△名～/名優。

【角逐】角逐する。

觉 jué ①感じる。…に気が付く。△～着饿/空腹を感じる。②醒める。△大梦初～/長い夢からやっと醒める。

【觉察】気付く。感付く。

【觉得】①感じる。②…と思う。…のような気がする。

【觉悟】悟る。自覚する。

【觉醒】目醒める。

绝 jué ①断つ。断ち切る。△～交/絶交する。②尽きる。終わる。△法子都想～了/あらゆる方法を考えつくした。③極めて。ごく。最も。△～早/最も早く。④決して…ない。絶対に…ない。△～无此意/決してそんな積もりはない。

【绝版】絶版。

【绝壁】絶壁。

【绝对】絶対に。きっと。必ず。

【绝后】①跡継ぎがない。②絶後。

【绝迹】全く無くなる。跡を絶つ。

【绝技】絶技。

【绝路】どんづまりの路。

【绝密】極秘。

【绝妙】絶妙だ。この上なくよい。

【绝命书】遺書。

【绝望】①絶望する。②絶望。

【绝无仅有】唯一無二だ。またとない。

【绝症】不治の病。

倔 jué

【倔强】強情（ごうじょう）だ。

掘 jué 掘る。△～井/井戸を掘る。

【掘墓人】墓掘り人。

【掘土机】エクスカベーター。

崛 jué

【崛起】①そびえ立つ。②奮い立つ。

厥 jué 気絶する。昏倒する。

爵 jué 爵位。△封～/爵位を授ける。

【爵士】ナイト。△～乐/ジャズ。

【爵位】爵位。

蹶 jué つまずく。転ぶ。△一～不振/一蹶振るわず。

攫 jué

【攫取】つかみ取る。強奪する。

倔 juè 頑固だ。強情だ。△这孩子真～/この子は本当に強情だ。

【倔头倔脑】がん固一徹だ。

jun

军 jūn ①軍隊。②軍団。△第四～/第四軍団。

【军备】軍備。

【军队】軍隊。

【军阀】軍閥。

【军法】軍法。

【军费】軍費。

【军服】軍服。

【军港】軍港。

【军官】将校。

【军国主义】軍国主義。

【军火】兵器弾薬。

【军机】①軍略。②軍事上の機密。

【军籍】軍籍。

【军纪】軍紀。

【军舰】軍艦。

【军令】軍令。

【军旗】軍旗。

【军情】軍事情況。

【军人】軍人。

【军事】軍事。△～工业/軍事工業。

【军衔】軍隊の階級。

【军心】（軍隊の）士気。

【军需】軍需品。

【军训】軍事訓練。

【军医】軍医。

【军用】軍用。△～飞机/軍用機。

【军乐队】軍楽隊。

【军装】軍服。

均　jūn ①等しい。平等だ。△贫富不～/貧富が等しくない。②いずれも。全部。皆。△各项工作～已布置就绪/すべての仕事がすっかり段取りが付いた。

【均等】均等だ。

【均分】均等に分配する。

【均衡】均衡。

【均匀】①むらがない。②平均にする。

君　jūn ①君主。国王。②君。△张～/張君。

【君权】君権。

【君主】君主。

【君子】君子。紳士。

龟　jūn

【龟裂】き裂。

菌　jūn 菌類。

【菌苗】ワクチン。

俊　jùn 美しい。奇麗だ。

【俊杰】俊傑。優れた人。

【俊俏】容貌が奇麗だ。

郡　jùn 郡。

峻　jùn ①山の高く険しいさま。②厳しい。激しい。

【峻峭】山が高くて険しい。

骏　jùn

【骏马】しゅんめ。しゅんば。

菌　jùn

【菌肥】細菌肥料。

竣　jùn （仕事が）終わる。完了する。

【竣工】工事が完成する。

K

ka

咖　kā

【咖啡】コーヒー。△～馆/喫茶店。カフェー。

【咖啡因】カフェイン。

卡　kǎ 押える。調達しない。

【卡车】トラック。

【卡片】カード。△目录～/目録カード。

咯　kǎ かっと吐く。

【咯血】かっ血する。

kai

开 kāi ①開ける。開く。△〜锁/錠前を開ける。②開ける。切り開く。△〜荒/荒地を切り開く。③咲く。△花〜了/花が咲いた。④溶ける。△河〜了/川の氷が溶けた。⑤運転する。動かす。△〜机器/機械を動かす。⑥創設する。△〜工厂/工場を創設する。⑦開く。行なう。△〜运动会/運動会を開く。⑧書く。△〜药方/処方せんを書く。⑨沸く。沸かす。△水〜了/湯が沸いた。⑩カラット。⑪離れる。分ける。

【开采】採掘する。

【开场】芝居が始まる。幕があく。△〜白/プロローグ。前置き。

【开除】除名する。免職する。

【开创】創業する。切り開く。

【开刀】①やっつける。②手術をする。

【开导】教え導く。

【开动】動かす。運転する。△〜脑筋/頭を働かす。

【开发】①開発する。②支払う。

【开饭】食事を始める。

【开放】①咲く。開く。②開放する。公開する。

【开工】①仕事を始める。②工事を始める。

【开关】①スイッチ。②じゃぐち。

【开航】航行を開始する。

【开花】①花が咲く。②うれしいさま。

【开怀】心ゆくまで。

【开会】開会する。会議を開く。

【开课】①授業が始まる。②講義をする。

【开口】口を切る。話を始める。言う。

【开阔】①広々としている。②広げる。③度量が大きい。

【开朗】①明るく広々としている。②明るい。朗らかだ。

【开路】道を切り開く。

【开绿灯】青信号を出す。パスさせる。

【开门】門をあける。

【开明】見識のあること。保守的でないこと。△〜人士/開明人士。

【开幕】①幕があく。②開会する。開幕する。△〜式/開幕式。

【开辟】①（道を）切り開く。②開設する。設ける。△〜航线/航路を開設する。③開拓する。

【开枪】銃を打つ。

【开始】①始まる。取り掛かる。②最初。始め。

【开庭】開廷する。

【开玩笑】冗談を言う。からかう。

【开销】①支払う。②費用。出費。

【开心】①気を晴らす。心が晴れる。②からかう。

【开学】学校が始まる。

【开演】開演する。始まる。

【开业】①開業する。②営業を始める。

【开夜车】夜業する。

【开展】①繰広げる。②かっ達だ。

【开战】開戦する。

【开张】開店する。開業する。

【开支】①支払う。②支払い。

凯 kǎi 勝どき。

【凯歌】がい歌。

【凯旋】がい旋する。

慨 kǎi

【慨然】①慨然と。②快く。

【慨叹】慨嘆する。

楷 kǎi ①模範。手本。②かい書。

kan

刊 kān ①刊行する。出版する。△创～/创刊する。②修訂する。削除する。
【刊登】載せる。登載する。
【刊物】刊行物。

看 kān ①番をする。見守る。△～孩子/子守りをする。②拘禁する。
【看管】①番をする。めんどうを見る。②監視する。
【看护】看護する。看病する。
【看家】①留守番をする。②奥の手。
【看守】①番をする。②監視する。

勘 kān ①校正する。②実地調査する。
【勘測】測量調査をする。
【勘察】探査する。
【勘探】地下資源の実地調査をする。
【勘误】訂正する。△～表/正誤表。

堪 kān …に堪える。…出来る。△～胜重任/重任に堪える。△不～入耳/聞くにたえない。

坎 kǎn ①くぼみ。②（土など
の）段。
【坎坷】①でこぼこだ。②志を得ない。不遇だ。

砍 kǎn 切る。刈る。△～柴/しばを刈る。
【砍刀】なた。
【砍伐】切りたおす。伐採する。

看 kàn ①見る。△～电视/テレビを見る。②読む。△～书/本を読む。③…と考える。…と思う。△我～这个办法可以/このやり方はいいと思う。④見舞う。⑤取り扱う。△另眼～待/特別扱いをする。⑥診察してもらう。⑦…して見る。△想想～/考えて見る。
【看病】①診察する。②診察を受ける。
【看不起】軽蔑する。ばかにする。
【看穿】見抜く。見破る。
【看法】見方。見解。
【看风使舵】日より見。
【看见】見える。見掛ける。
【看轻】軽蔑する。軽視する。
【看上】①見て気に入る。②眼を付ける。
【看台】スタンド。観覧席。
【看望】見舞う。訪ねる。伺う。
【看做】見なす。…と考える。

kang

康 kāng ①安らかだ。②ぬか。
【康复】健康を回復する。
【康健】健康だ。丈夫だ。
【康乐】安楽だ。

慷 kāng
【慷慨】①激越だ。②気前がいい。△～解囊/気前よく金を出す。

糠 kāng ぬか。

扛 káng 担ぐ。担う。△～枪/銃を担ぐ。

亢 kàng ①高い。②ひどい。
【亢奋】極度に興奮する。

抗 kàng ①抵抗する。△～暴/暴力に抗する。②拒む。
【抗衡】対抗する。張り合う。
【抗议】抗議する。

【抗战】抗戦する。

炕 kàng　オンドル。

【炕席】アンペラ。

kao

考 kǎo　①試験する。△招～新生/新入生を試験募集する。②試験を受ける。③無くなった父。

【考查】考査する。

【考察】実地調査をする。考察する。

【考场】試験場。

【考古】考古を行なう。

【考核】審査する。

【考究】①突き止め調べる。②凝っている。

【考卷】試験の答案。

【考虑】考える。考慮する。

【考勤】出欠を調べる。△～簿/出勤簿。

【考取】試験に合格して採用される。

【考生】受験生。

【考试】①試験する。テストする。②試験。テスト。

【考题】試験問題。

【考问】試問する。

【考验】試煉。

拷 kǎo　たたく。拷問する。

【拷贝】コピー。

【拷打】拷問する。

【拷问】拷問する。

烤 kǎo　あぶる。焼く。火で乾かす。△～羊肉/羊の肉を焼く。△～面包/トーストパン（を作る）。△～肉/肉をあぶる。焼き肉。

铐 kào　①手錠を掛ける。②手錠。手かせ。

犒 kào

【犒劳】ねぎらう。

靠 kào　①寄り掛かる。△～墙/壁に寄り掛かる。②近寄る。寄る。△请向右边～一～/右へお寄りください。③頼る。寄る。△～劳动生活/労働に頼よって生活する。④信用する。△那个人～不住/あの人は信用できない。

【靠背】背もたれ。

【靠边】道のわきに寄る。

【靠不住】当てにならない。信用できない。

【靠得住】信用できる。

【靠垫】クッション。

【靠近】①近寄る。②近付く。

【靠山】頼り。バック。

【靠手】椅子などの肘掛け。

ke

苛 kē　ひどい。厳しすぎる。苛酷だ。

【苛待】むごい扱いをする。

【苛捐杂税】苛酷な税金。

【苛刻】苛酷だ。ひどい。

【苛求】厳しすぎる要求。

【苛政】虐政。

科 kē　①科。△文～/文科。②課。△人事～/人事課。③科。△松～/松科。④科する。△～以罚金/罰金を科する。

【科班】その分野の正規の教育と訓練を受けることにたとえられる。△～出身/正式の訓練を受けた人。

【科技】科学技術。

【科教片】科学教育映画。

【科举】科挙。

【科目】科目。

【科学】①科学。△～实验/科学実
験。②科学的だ。

【科研】科学研究。

棵 kē　株。本。△一～白菜/一株
の白菜。

颗 kē　粒。△一～珠子/一粒の
真珠。

磕 kē　ぶつかる。ぶっつける。
△脸上～破了皮/顔を擦りむい
た。

【磕碰】①ぶつかる。②いざこざ。

【磕头】ぬかずく。

瞌 kē

【瞌睡】眠い。△打～/居眠りす
る。

蝌 kē

【蝌蚪】おたまじゃくし。

壳 ké　から。△鸡蛋～/卵のか
ら。

咳 ké　せき。せきをする。

【咳嗽】せきをする。

可 kě　①(同意を表わす)よい。
△不置～否/よいとも悪いとも
いわない。②…てよろしい。…
できる。…しうる。△～有～无
/あってもなくてもよろしい。
③…すべきだ。△～敬/尊敬に
値する。④適う。△～了他的心
/かれの気に入った。⑤けれど
も。しかし。が。⑥とても。誠
に。△她待人～好了/彼女はと
ても親切だ。

【可爱】かわいい。

【可悲】哀れだ。悲しむべきだ。

【可鄙】軽べつすべきだ。

【可耻】恥ずかしい。恥ずべきだ。

【可观】①見る価値がある。②大
したものだ。

【可见】①見える。②…ということ
が分かる。

【可靠】①信用できる。頼りにな
る。②確実だ。△～消息/確かな
消息。

【可可】ココア。

【可口】口に合う。口当たりがい
い。

【可怜】①かわいそうだ。気の毒
だ。②ごく少ない或は質が極め
て悪いことなどを表わす。

【可能】①可能だ。…できる。②…
かもしれない。③可能性。見込
み。

【可是】しかし。…が。けれども。

【可恶】憎らしい。

【可惜】惜しい。残念だ。

【可喜】喜ばしい。めでたい。

【可笑】おかしい。滑稽だ。

【可心】気に入る。

【可行】実行してよい。

【可疑】疑わしい。

【可以】①…できる。②…てよい。
③割合よい。④大したものだ。

渴 kě　①のどが乾く。②切に。

【渴望】渴望する。

克 kè　①制する。△柔能～刚/
柔よく剛を制す。②勝つ。攻め
落とす。△攻无不～/攻めれば
落ちないものはない。③…でき
る。④日限を限る。⑤グラム。

【克敌制胜】敵に打ち勝つ。

【克服】克服する。(困難に)打ち勝
つ。

【克制】抑える。自制する。

刻 kè　①刻む。彫る。△～图章
/印章を彫る。②(時間の)15
分。△两点一～/二時十五分。③
時刻。間(ま)。△即～/即刻。

【刻板】①版木に字をほる。②紋切
り型。

【刻薄】冷酷だ。辛らつだ。

【刻不容缓】一刻の猶予も許され

ない。
【刻刀】彫刻刀。
【刻度】目盛り。
【刻骨】骨身に染みる。骨髄に徹する。
【刻画】描写する。
【刻苦】心身をひどく苦しめるほど努力する。

客　kè　①客。△来了一位～人/お客さんが一人来られた。②旅客。③顧客。お得意。
【客车】①バス。②客車。
【客船】客船。
【客串】素人の飛び入り出演。
【客店】宿屋。
【客观】客観的だ。
【客气】①丁寧だ。②遠慮する。△请不要～/どうぞ遠慮しないでください。
【客人】①お客さん。②乗客。旅客。
【客套】①あいさつ。他人行儀の言葉。②あいさつを交わす。
【客厅】応接間。客間。

恪　kè　慎む。
【恪守】厳守する。忠実に守る。

课　kè　①課目。△必修～/必修課目。②授業。△上～/授業に出る。③（教科書の）課。④（授業の時間単位）時間。こま。
【课本】教科書。テキスト。
【课表】授業時間表。
【课程】課程。
【课堂】教室。
【课题】課題。
【课外】課外。△～活动/課外活動。
【课文】教科書の本文。テキスト。

ken

肯　kěn　①承諾する。同意する。△劝说了半天他才～了/いろいろなだめたので彼はやっと同意した。②…したい。こころよく聞き入れる。△他不～来/彼は来ようとしない。
【肯定】①肯定する。②確かに。間違いなく。③肯定的だ。

垦　kěn　開墾する。
【垦荒】開墾する。荒れ地を開拓する。

恳　kěn　①懇（ねんごろ）に。△～谈/懇談する。②願う。頼む。
【恳切】懇切に。
【恳请】懇請する。
【恳求】懇願する。

啃　kěn　かじる。△～骨头/骨をかじる。

keng

坑　kēng　①くぼみ。穴。△挖～/穴を掘る。②坑道。△矿～/鉱山の坑道。③ひどい目にあわせる。△～人/他人をひどい目に合わす。
【坑道】①坑道。②地下道。トンネル。
【坑害】人をひどい目にあわせる。
【坑坑洼洼】①でこぼこ。②でこぼこだ。

吭　kēng　ものを言う。声を立てる。△一声不～/一言も言わない。
【吭哧】①うんうんなどのうなり声。②口ごもってむにゃむにゃ言う。

铿 kēng

【铿锵】楽器などのリズミカルな音。△～悦耳/どんちゃんがんちゃんと快く響く。

kong

空 kōng

①からっぽだ。△～箱子/から箱。②そら。③むだに。ただ…するだけ。△～跑一趟/むだ足をふむ。

【空荡荡】がらんがらんだ。

【空洞】①空どう。②中身がない。空しい。

【空话】空論。

【空间】空間。宇宙。

【空军】空軍。

【空气】①空気。②ふん囲気。

【空前】かつてない。空前。△～绝后/空前絶後。

【空谈】空論。

【空头支票】①不渡り手形。②実行されない約束。

【空袭】空襲する。

【空想】空想する。△～家/空想家。

【空虚】空虚だ。空しい。

【空运】空輸する。

【空中】空中。空。△～楼阁/空中楼閣。

【空转】から運転。空回り。

孔 kǒng

穴。△鼻～/鼻の穴。

【孔道】要路。

【孔雀】くじゃく。

恐 kǒng

①恐れる。②驚かす。③恐らく。△～不可靠/恐らく当てにならないだろう。

【恐怖】恐怖。テロ。

【恐吓】脅迫する。威す。△～信/脅迫状。

【恐慌】①恐れ慌てる。②恐慌。パ

ニック。

【恐惧】恐れる。おびえる。

【恐怕】恐らく。多分。

空 kòng

①空にする。明ける。△请把座位～出来/座席を明けておいてください。②がらんと。明く。△～屋子/空間。空室。③暇(ひま)。△没～/暇がない。④すき間。明き。△留个～/明きを取る。

【空白】空白。余白。△填～/ブランクをうめる。

【空地】空地。

【空额】欠員。不足額。

【空缺】欠員。

【空隙】①すき間。②暇。空間。

【空闲】①暇。明いている時間。②手が空く。

【空子】①すき間。明いているところ。②すき。

控 kòng

①制する。制御する。②訴える。△上～/上訴する。

【控告】告訴する。告発する。

【控诉】訴える。

【控制】制御する。支配する。押える。コントロールする。

kou

抠 kōu

①ほじくる。△把玉米粒儿～下来/とうもろこしの実をほじくり落とす。②彫り付ける。彫刻する。③けちだ。けちけちする。△他花钱太～了/彼は金の使い方が余りにもけちけちしている。④掘り下げる。

口 kǒu

①口。②出入りする口。③(容器の)口。ふち。△瓶～/びん口。④裂け目。傷口。△茶碗裂了一个～/茶碗に欠け目が一つできた。⑤人、家畜、

器物などをさす。△五～人/5
人家族。△三～猪/3 頭の豚。

【口才】弁舌の才。

【口吃】①どもり。②どもる。

【口齿】弁舌。歯切れ。△～清楚/
歯切れがいい。

【口袋】①ポケット。②袋。

【口供】供述。

【口号】スローガン。

【口红】口紅。

【口技】声帯模写。声色(こわい
ろ)。

【口径】①口径。②寸法。情況。

【口诀】九九のように口ずさんで
覚えるように作られている調
子のよいことば。

【口角】口論する。

【口口声声】しきりに。一再なら
ず。

【口粮】口糧。

【口令】①号令。②合い言葉。

【口气】①口調。②口振り。言葉
付き。

【口腔】口こう。

【口琴】ハーモニカ。

【口哨】口笛。

【口舌】①言い争い。いざこざ。②
言葉。

【口实】言い草。

【口试】口頭試問。

【口述】口述する。

【口水】よだれ。

【口头】①口先き。②口頭。

【口头语】口癖。

【口味】味。味わい。好み。

【口吻】口ぶり。口ふん。

【口香糖】チューイン・ガム。

【口信】言付け。伝言。

【口译】①通訳する。②通訳。

【口音】①発音。②なまり。

【口语】口語。

【口罩】マスク。

【口子】①傷口。②割れ目。③家
内。内の人。

扣 kòu ①掛ける。止める。は
める。△～扣子/ボタンをはめ
る。②被せる。伏せる。△用碗
把菜～上/碗で料理にふたをし
ておく(被せておく)。③押え
る。④天引きする。差し引く。⑤
割引。△打九～/1 割引にする。
⑥結び目。⑦ボタン。

【扣除】差し引く。天引きする。

【扣留】差し押える。

【扣帽子】レッテルを貼る。

寇 kòu ①強盗。△賊～/強盗。
②侵略者。③侵入する。△入～/
侵入する。

ku

枯 kū ①枯れる。△～树/枯れ
木。②つくねんと。面白味がな
い。△～坐/つくねんと座る。

【枯竭】枯渇する。枯れる。

【枯燥】無味乾燥だ。味気ない。

哭 kū 泣く。△～声/泣き声。

【哭哭啼啼】めそめそ泣く。

【哭泣】しくしく泣く。

【哭丧着脸】苦い顔をする。

【哭笑不得】泣くに泣けず笑うに
笑えない。

窟 kū ①ほら穴。△山～/山の
ほら。②巣。巣くつ。△匪～/匪
賊の巣。

【窟隆】①穴。②借財を作る。

骷 kū

【骷髅】どくろ。されこうべ。

苦 kǔ ①苦い。②つらい。苦し
い。△～日子/苦しい生活。③苦
しむ。苦しい目にあう。④一生
懸命に。極力。△～劝/極力勧め

る。
【苦工】苦役。
【苦功】こつこつ勉強すること。
【苦海】苦界。
【苦口】①極力くどき勧めること。②口に苦い。
【苦闷】苦悶する。
【苦难】苦難。
【苦恼】苦悩する。悩ましい。
【苦于】①苦しむ。困る。②…よりつらい。

库 kù　倉庫。
【库存】残高。在庫品。

裤 kù　ズボン。△短〜/半ズボン。
【裤衩】さるまた。パンツ。
【裤裆】ズボンのまち。
【裤脚】ズボンのすそ。
【裤腿】ズボンの足の部分。
【裤线】ズボンの折目。
【裤腰】ズボンの胴。

酷 kù　①むごい。△〜待/むごく扱う。②ひどく。非常に。△〜爱/ひどく愛する。
【酷暑】酷暑。
【酷刑】厳刑。

kua

夸 kuā　①大げさに言う。誇張する。②誉める。
【夸大】大げさに言う。
【夸奖】誉める。
【夸耀】見せびらかす。誇る。
【夸张】①大げさに言う。②誇張法。

垮 kuǎ　壊れる。つぶれる。△公司〜了/会社がつぶれた。
【垮台】瓦解する。倒れる。

挎 kuà　①腕を組む。②肩に掛

ける。腰にぶら下げる。△〜着照相机/カメラを肩に掛けている。

胯 kuà　もも。
【胯骨】寛骨。

跨 kuà　①跨ぐ。△〜进大门/門をまたいで入る。②跨がる。△〜在马上/馬に跨がる。△〜年度/年度に跨がる。
【跨越】跨がる。越える。

kuai

会 kuài
【会计】①会計。②会計係。

快 kuài　①速い。△腿〜/足が速い。②速さ。△这车能跑多〜/この車の速さはどのぐらいですか。③速く。急いで。△〜上车/急いで乗りなさい。④まもなく。もうじき。もうすぐ。ほどなく。△火车〜到了/もうすぐ汽车が来る。⑤頭がよく働く。△这人脑子〜/この人は頭がよく働く。⑥(刀などが)よく切れる。△这把剪子真〜/このはさみはよく切れる。⑦晴れ晴れする。愉快だ。喜ぶ。△心中不〜/気持ちが晴れ晴れとしない。
【快报】速報。
【快餐】ファーストフード。
【快车】急行列車。急行バス。
【快递】急便。速達。
【快感】快感。
【快活】愉快だ。嬉しい。楽しい。
【快手】敏速な働き手。手速い人。
【快艇】モーターボート。
【快信】速達郵便物。
【快意】よい心地。さわやかな気持ち。

块 kuài ①固まり。△糖～/あめ玉。②(助数詞)個。固まり。△両～香皂/化粧石けん2個。

脍 kuài
【脍炙人口】人口にかいしゃする。

筷 kuài はし。
【筷子】はし。

kuan

宽 kuān ①幅が広い。△～肩膀/広い肩幅。②幅。③気が楽になる。△放～心/ほっとする。④寛大だ。△从～处理/寛大に処分する。
【宽敞】広い。広広としている。
【宽大】①(面積が)広い。②寛大だ。
【宽待】寛大に取り扱う。
【宽厚】寛大で思いやりがある。親切だ。
【宽阔】広広とする。
【宽容】大目に見る。寛容だ。
【宽恕】寛じょする。許す。
【宽慰】慰む。安どする。
【宽心】安心する。慰める。
【宽银幕】ワイド・スクリーン。
【宽裕】豊かだ。たっぷりある。ゆとりがある。△时间～/時間がたっぷりある。

款 kuǎn ①懇だ。いんぎんだ。②持て成す。△～客/客を厚く持て成す。③款。条目。④金。金額。経費。
【款待】ねんごろに持て成す。
【款式】様式。格式。

kuang

匡 kuāng ①正す。△～谬/誤り

を直す。②助ける。

诓 kuāng だます。欺く。△～人/人をだます。

框 kuāng ①わく。②わくを付ける。
【框框】①わく。②わく。仕来り。

筐 kuāng かご。

狂 kuáng ①気違い。気が狂う。△发～/発狂する。②激しい。ものすごい。△～饮/酒をむちゃ飲みする。③狂おしい。物狂おしい。気違いじみる。④高慢だ。
【狂暴】荒れ狂う。狂暴だ。
【狂飙】暴風。
【狂风】荒れ狂う風。暴風。
【狂欢】気も狂わんばかりに喜ぶ。狂喜する。
【狂热】熱狂する。
【狂人】狂人。気違い。
【狂妄】狂気じみて無知なこと。ごう慢で身のほど知らずだ。
【狂笑】物狂(ものぐる)おしげに笑う。
【狂言】狂気じみた広言。

况 kuàng ①状況。様子。△近～/近況。②たとえる。△以古～今/昔を今にたとえ比べる。
【况且】その上。おまけに。

旷 kuàng ①むやみに広い。△四周空～/回りはむやみに広い。②心がくつろぐこと。気持ちがのびのびすること。△心～神怡/心がくつろぎ気持ちが愉快だ。
【旷废】疎かにする。
【旷费】浪費する。むだにする。
【旷工】勝手に欠勤する。
【旷课】授業をサボる。
【旷日持久】時間をむだに費やし

て事を長引かせること。

矿 kuàng ①鉱。鉱床。△煤～/炭鉱。②鉱物。鉱石。③鉱山現場。

【矿藏】埋蔵鉱石。地下資源。

【矿产】鉱産物。

【矿床】鉱床。

【矿灯】鉱山用ランプ。

【矿工】鉱山労働者。鉱夫。鉱員。

【矿井】(鉱山の)竪坑(たてこう)。

【矿脉】鉱脈。

【矿区】鉱区。グラウンド。

【矿泉】鉱泉。ミネラル・スプリング。

【矿山】鉱山。

【矿石】①鉱石。②(ラジオ用の)鉱石。

【矿物】鉱物。

【矿业】鉱業。

【矿渣】鉱滓。スラグ。

框 kuàng ①わく。かまち。△窗～/窓のわく。②額縁(がくぶち)。△眼镜～/めがねの縁。

眶 kuàng 目縁(まぶち)。△热泪盈～/熱い涙が目にあふれる。

kui

亏 kuī ①損をする。△～损/損をする。②欠ける。不足する。③(恩義などに)背く。(好意などに)むくいない。④おかげで。さいわい。△幸～你提醒我/さいわいきみが注意してくれた。

【亏本】欠損する。元がとれない。

【亏待】不当な待遇をする。

【亏空】①欠損する。赤字を出す。②借金。赤字。

【亏损】①欠損する。②衰弱する。

【亏心】やましい。後めたい。後暗

い。△～事/やましいこと。

盔 kuī ヘルメット。

【盔甲】甲冑(かっちゅう)。よろいとかぶと。

窥 kuī うかがう。のぞく。

【窥测】ひそかに探る。うかがい知る。△～时机/チャンスをうかがう。

【窥见】のぞく。察する。

【窥视】のぞく。のぞき見る。

【窥伺】うかがう。ねらう。

【窥探】のぞき見る。うかがいさぐる。

葵 kuí

【葵花】ひまわり。△～子/ひまわりの種。

魁 kuí ①首領。かしら。首席。トップ。△夺～/トップを占める。首位をかち取る。②(体が)大きい。

【魁梧】(体格が)大きくて立派だ。体がたくましい。堂堂としている。

睽 kuí

【睽睽】見つめるさま。△众目～/衆人の眼が大きく見張られている。

傀 kuǐ

【傀儡】①操り人形。でく。ロボット。②かいらい。△～政府/かいらい政府。

溃 kuì ①決潰する。くずれる。△～堤/堤防が決潰する。②突き破る。突破する。③かい敗する。敗れる。△～不成军/軍隊が総崩れになる。④(筋肉の組織が)ただれる。

【溃败】(軍隊が)かい敗する。崩れる。

【溃烂】かい乱する。崩れただれ

る。

【溃灭】かい滅する。

【溃散】かい走する。潰れてばらばらになる。

【溃逃】敗走する。

【溃疡】かいよう。△胃～/胃かいよう。

馈 kuì　物を贈る。

【馈赠】(物を)贈る。

愧 kuì　恥じる。△于心有～/心に恥じることがある。

【愧色】ざんきの色。恥じいった顔付き。

kun

坤 kūn　女性。婦人用。△～表/婦人用時計。

昆 kūn

【昆虫】こん虫。

捆 kǔn　①括る。束ねる。縛る。△～行李/荷物を括る。②(助数詞)束(たば)。把(わ)。△一～柴火/一くくりのたきぎ。

困 kùn　①悩む。苦しむ。△～于贫穷/貧乏に悩む。②閉じ込める。△把敌人～在山沟里/敵を谷間に閉じ込める。③眠い。△你～了就先睡/眠かったら先に休みなさい。

【困惑】とまどいする。困惑する。

【困境】苦しい立場。苦境。△陷于～/苦しい立場に追い込まれる。

【困倦】体がだるくて眠たい。

【困苦】貧困だ。生活が苦しい。

【困难】①困難だ。△处于～的境地/難しい立場にいる。②(生活が)苦しい。貧しい。

【困守】立てこもる。

kuo

扩 kuò　拡張する。広げる。拡大する。

【扩充】拡充する。ふやす。

【扩大】広める。拡大する。

【扩建】拡張する。増築する。

【扩军】軍備を拡張する。

【扩散】拡散する。

【扩展】拡大する。広げる。

【扩张】拡張する。

括 kuò

【括号】括弧。

阔 kuò　①広い。②幅。広さ。

【阔步】かっ歩する。大股に歩く。

【阔绰】(生活が)ぜいたくだ。派手だ。

【阔老】(年寄りの)金持ち。金満家。

【阔气】豪しゃだ。ぜいたくだ。

L

la

拉 lā ①引く。ひっぱる。△～车/車をひっぱる。②運ぶ。運送する。△～肥料/肥料を運ぶ。③(率いて)移動させる。④(楽器を)弾く。△～小提琴/バイオリンを弾く。⑤長く伸ばす。引き伸ばす。

【拉倒】止める。止す。

【拉关系】コネを付ける。関係を付ける。てづるをたどる。

【拉后腿】あと足を引っぱる。後退させる。

【拉交情】関係を付ける。人に取り入る。機げんを取り結ぶ。

【拉脚】荷車で人を乗せたり荷物を運送したりすること。

【拉拉扯扯】①ひっぱる。②なれあう。

【拉拉队】応援団。

【拉力】牽引力。引張力。

【拉链】チャック。ファスナー。

【拉拢】ろうらくする。丸め込む。うまく取り入る。

【拉屎】大便をする。

【拉手】①握手する。手をつなぐ。②ハンドル。取っ手。引き手。

【拉杂】まとまりがない。条理が立っていない。取り留めのない。

拉 lā
【拉圾】ごみ。ちり。△～箱/ごみ箱。

拉 lá ①(刃物で)切る。傷を付

ける。切開する。②おしゃべりする。雑談する。△～家常/世間話をする。

喇 lǎ
【喇叭】①ラッパ。②拡声ラッパ。拡声器。

【喇叭花】あさがお。

【喇嘛】ラマ。ラマ教の僧。

落 là ①抜かす。書き落とす。抜ける。△～两个字/二字が抜けている。②置き忘れる。△我把词典～在教室了/辞典を教室に忘れてきた。

腊 là 陰暦12月。

【腊肠】くん製の腸詰め。ソーセージ。

【腊梅】臘梅(ろうばい)。からうめ。

【腊肉】ベーコン。塩づけに干した豚肉。

【腊月】陰暦の12月。師走。

辣 là ①辛い。②(辛さで)口の中がひりひりする。△～得直流泪/辛くて涙が出た。③ひどい。むごい。悪らつだ。△心黑手～/腹黒い上に手口が悪らつだ。

【辣酱】唐辛子の味そ。

【辣酱油】ソース。

【辣椒】唐辛子。

蜡 là ①ろう。②ろうそく。

【蜡版】謄写原版。

【蜡笔】クレヨン。クレパス。

【蜡黄】ろうのように黄色い色。(顔色が)青ざめていること。

【蜡台】しょく台。

【蜡纸】①パラフィン紙。ろう紙。ワックス・ペーパー。②謄写原紙。

瘌 là

【瘌瘌】頭にできて禿になる皮膚病。

【瘌痢头】皮膚病で禿げた頭。

lai

来 lái ①来る。やってくる。△还没〜/まだ来ない。②(問題や事件などが)発生する。到来する。来る。△春天〜了/春が来た。△客人〜了/お客さんが来た。③未来を表わす。△〜年/来年。④約。ぐらい。ばかり。ほど。△十〜天/10 日ばかり。

【来宾】来賓。

【来不及】間にあわない。

【来得及】間にあう。

【来访】①来訪する。②訪問。

【来复枪】ライフル銃。

【来回】①往復して。②往復。③行ったり来たりする。

【来人】使いの者。

【来生】来世。

【来势】勢い。

【来头】①来歴。身分。②いわれ。わけ。来由。

【来往】往来する。行き来する。通行する。

【来往】交際する。付き合う。

【来文】郵送または届けて来た文書。

【来信】手紙をよこす。便りがある。

【来意】来意。

【来源】①出所。源泉。△经济〜/お金の出所。②…からくる(生まれる)。…に由来する。…によ

る。

赖 lài ①頼る。頼りにする。…に待つ。②居座る。△〜着不走/居座ったまま動こうともしない。③責任や過失などを否認する。言い逃れをする。④人に擦り付ける。転嫁する。人のせいにする。⑤悪い。よくない。劣っている。

【赖皮】ごろつき行為。

【赖帐】借金を踏み倒す。

癞 lài らい病。ハンセン氏病。

【癞蛤蟆】がま。ひきがえる。

【癞皮狗】下品で恥知らずのたとえ。

lan

兰 lán 蘭(らん)。

【兰草】ふじばかま。

【兰花】蘭(らん)。

拦 lán さえぎる。止める。△〜住了去路/行く手をさえぎっている。

【拦挡】さえぎる。引き止める。阻止する。

【拦坝】ダム。

【拦截】さえぎる。食い止める。阻む。

【拦腰】(半ばの所から)さえぎる。切断する。せき止める。

栏 lán ①手すり。欄干。△凭〜远眺/欄干にもたれて遠方を眺める。②囲い。さく。△牛〜/牛を飼う囲い。③新聞、雑誌などの欄。△广告〜/広告欄。囲い。

【栏杆】欄干。手すり。

阑 lán まさに尽きようとしている。

【阑干】①入り乱れる。②欄干。

手すり。おばしま。

【阑尾】虫垂（ちゅうすい）。△～炎
/虫垂炎。盲腸炎。

蓝 lán ①あい色。②あい。

【蓝宝石】サファイア。青玉。

【蓝本】原本。種本。テキスト。

【蓝靛】①インジゴ。②濃いあい
色。

【蓝色】あお色。あい色。

【蓝图】青写真。(計画などの)予想
図。青図。ブルー・プリント。

谰 lán

【谰言】ぼう言。でたらめな言い
掛かり。たわごと。

澜 lán　大波。波とう。

褴 lán

【褴褛】(着物が)ぼろぼろだ。△
衣衫～/着物がぼろぼろだ。

篮 lán ①かご。△竹～/竹か
ご。②バスケット。△投～/シュ
ートする。

【篮球】①バスケット・ボール。
②(バスケット・ボールの)ボ
ール。

览 lǎn ①見る。目を通す。△一
～无余/一望の中におさめる。
②読む。△阅～室/閲覧室。

揽 lǎn ①抱き寄せる。引き寄
せる。△把孩子～在怀里/子供
を抱き寄せる。②軽く括る。△
用绳子～上/なわで括る。③一
手に引き受ける。請け負う。④
手に握る。掌握する。△独～/
一手に握る。

缆 lǎn ①ともづな。△解～/と
もづなを解く。出帆する。②太
いなわ。ロープ。△电～/ケーブ
ル。

【缆车】ケーブル・カー。

懒 lǎn ①無精（ぶしょう）だ。

ものぐさだ。△笔～/筆不精
（ふでぶしょう）だ。②だるい。

【懒得】おっくうだ。気が進まな
い。

【懒惰】無精だ。なまける。

【懒汉】怠け者。無精もの。ものぐ
さ太郎。

【懒散】だらけている。ぶらぶら
している。ずぼらだ。

【懒洋洋】ものうさそうな様子。元
気のないさま。気の進まないさ
ま。

烂 làn ①柔かになる。②腐る。
腐敗する。△桃子容易～/桃は
腐りやすい。③ぼろぼろにな
る。くずになる。△衣服穿～了
/着物がぼろぼろになった。④
手の付けようもない。出たら目
だ。

【烂湖】(食物を煮て)非常に柔ら
かい。

【烂漫】①色があざやかだ。②率
直で飾り気がない。

【烂泥】どろどろのどろ。ぐちゃぐ
ちゃのどろ。

滥 làn 度を過ごして。みだり
に。むやみに。やたらに。△～
发货币/みだりに貨幣を発行す
る。

【滥调】くだらない論調。出たら目
な言い草。たわごと。

【滥用】濫用する。やたらに使う。
みだりに用いる。△～职权/職
権濫用。

lang

郎 láng ①(古代の)官名。△待
～/侍郎。②男子に対する呼び
名。△放牛～/牛飼い。

【郎舅】夫と妻の兄弟の間柄。義

兄弟の間柄。

狼 láng　狼（おおかみ）。

【狼狈】困り果てる。ろうばいする。△〜为奸/ぐるになって悪事を働く。

【狼狗】セパード。

【狼吞虎咽】（ご飯を）大急ぎでかき込む。急速に丸呑みする。がつがつとむさぼり食べる。

廊 láng　廊下。ひさし。ぬれ縁。△画〜/画廊。

【廊檐】ひさし。

朗 láng　①明るい。②声が透き通っている。

【朗读】朗読する。

【朗诵】朗しょうする。朗読する。

浪 làng　①波。△风平〜静/風がなくて、波が静かだ。②放縦だ。勝手気ままだ。

【浪潮】あらし。怒とう。

【浪荡】①ごろつく。ぶらぶらする。②放とうする。

【浪费】浪費する。むだ使いをする。

【浪花】波のしぶき。

【浪漫】①ロマンチックだ。△〜主义/ロマン主義。ロマンチシズム。②放縦だ。ふしだらだ。

【浪头】①波。②潮流。

【浪子】道楽息子。放とう息子。

lao

捞 lāo　①すくい上げる。取る。△〜鱼/魚を取る。②（不正な手段で）得る。手に入れる。△〜一把/ひともうけする。

【捞本】搏打で損をした元を取り返そうとする。穴埋めをする。

【捞着】機会を得る。恵まれる。

牢 láo　①ろう屋。監獄。②強固

だ。堅固だ。

【牢不可破】堅固で打ち破ることができない。確固不抜だ。

【牢固】堅固だ。がんじょうだ。

【牢记】心に刻み付ける。心に止める。銘記する。

【牢靠】①丈夫だ。堅固だ。がんじょうだ。②信頼できる。確実だ。

【牢笼】①おり。かご。②わな。計略。

【牢骚】不平。不満。愚痴。△发〜/愚痴をこぼす。

劳 láo　①働く。労働する。②煩らわす。めんどうを掛ける。△〜你帮个忙/ごめんどうですが、どうか手伝って下さい。③骨が折れる。疲れる。④手柄。功名。いさお。⑤慰労する。ねぎらう。

【劳保】労働保険。

【劳动】①働く。労働する。②肉体労働。

【劳动力】①労働力。②労働者。労働能力のある人。

【劳改】矯正労働。強制労働による思想改造。

【劳绩】功労。功積。

【劳驾】すみません。ごめんください。おそれいります。

【劳苦】労苦。苦労。

【劳累】働きすぎて疲労する。

【劳力】労力。労働力。

【劳民伤财】人力と財力をむだにする。人民に苦労をかけ財物をすりへらす。

【劳模】模範労働者。

【劳神】神経を使う。気を使う。

【劳心】①心を労する。②心づかいをする。世語をやく。心配する。

【劳役】強制労働。

【劳逸】労働と休息。

【劳资】労資。

痨 láo　結核。△肺～/肺結核。

老 lǎo　①年を取る。老いる。年寄る。②年寄り。老人。③古くからの。昔からの。△～朋友/昔からの友人。旧友。④古くなる。使い古す。古い。△～机器/古い機械。⑤（野菜が）ひねる。△～茄子/ひねたなす。⑥（色が）濃い。△～绿/深緑。⑦長い間。久しく。△～没见了/久しくお会いしませんでした。⑧いつも。つねに。⑨非常に。大変。随分。△～早/随分早い。

【老百姓】庶民。大衆。

【老板】（私営商店の）主人。店主。

【老本】元手。

【老粗】無学なもの。無骨者（ぶこつもの）。

【老搭挡】長年の相棒。古い仲間同志。

【老大娘】おばあさん。

【老大爷】おじいさん。

【老调】お決まり文句。いつもの論調。

【老底】内情。旧悪。△揭～/旧悪をあばく。

【老虎】とら。

【老虎钳】①まんりき。バイス。②やっとこ。ペンチ。

【老化】エージング。老化する。

【老话】①ことわざ。②古い話。昔話。

【老家】故郷。郷里。

【老将】①老将。②将棋の王将。

【老练】老練だ。ものなれている。さばけている。

【老毛病】①持病。旧病。②古くからの癖。習慣。

【老谋深算】深思熟慮する。深謀遠慮（しんぼうえんりょ）。

【老年】老年。年寄り。老齢。

【老牌】老舗（しにせ）の商品。名の売れた商標。

【老婆】女房。妻。細君。

【老师】先生。

【老师傅】年寄りの師匠。

【老实】①まじめだ。誠実だ。正直だ。②おとなしい。温順だ。

【老手】熟練者。腕利き。ベテラン。

【老鼠】ねずみ。

【老兄】①貴兄。あなた。②兄の弟に対しての自称。自分。おれ。

【老爷】①だんな。②（昔は召し使いが主人に対する呼び名）だんな。

【老一辈】一世代前の（人）。一代先輩の（人）。前の世代者。

【老一套】古いやり方。古くさいしきたり。紋切切り型。

【老帐】古い債務。過ぎ去った昔のことのたとえ。

涝 lào　冠水する。（雨のため作物が）水びたしになる。

【涝灾】水害。

烙 lào　①こてを当てる。アイロンを掛ける。△～衣服/着物にアイロンを掛ける。②こねた小麦粉を伸ばしてフライパンで焼く。

【烙饼】こねた小麦粉を丸く伸ばしてなべで焼いたもの。

【烙铁】火のし。やきごて。アイロン。

【烙印】らく印。やきいん。

落 lào

【落色】色がさめる。

【落枕】首を寝違える。

酪 lào　①ジャンケット。②果物またはその種の仁で作ったク

リーム状の食品。

le

乐 lè ①楽しい。うれしい。愉
快だ。喜ぶ。△快〜/楽しい。う
れしい。②喜びとする。好む。…
することが好きだ。△〜于助人
/人を助けることを好む。③笑
う。△你〜什么/何を笑ってい
ますか。
【乐观】楽観する。楽観的だ。
【乐趣】楽しみ。
【乐意】喜んで…をする。…のが好
きだ。…したい。
勒 lè ①手綱を引き締める。②
強制する。無理に…させる。
【勒索】ゆする。巻き上げる。

lei

勒 lēi （なわなどでくくってか
ら）ぎゅっと締める。きつく縛
る。しっかり締める。△〜緊裤
带/ベルトをしっかりと締め
る。
累 léi
【累累】①やつれて元気がないさ
ま。②物が多く連なっているさ
ま。鈴なり。△果实〜/果実が鈴
なりになっている。
【累赘】①めんどうだ。やっかい
だ。煩わしい。足手まといにな
る。②（文章が）くどくどしい。
雷 léi ①雷（かみなり）。②爆破
用の兵器。雷（らい）。
【雷达】電波探知器。レーダー。
【雷管】雷管。
【雷厉风行】疾風迅雷。厳格かつ
迅速に執行する。
【雷声】雷声。雷鳴。

【雷霆】激しい雷（かみなり）。へ
きれき。
【雷同】雷同する。
【雷阵雨】雷（かみなり）を伴うに
わか雨。夕立ち。
垒 lěi ① （れんがや石などを）
積み上げる。（れんがや石など
で）築く。△〜墙/へいを築く。
②とりで。ほう塁。△两军对〜/
両軍が対陣する。
【垒球】ソフトボール。
累 lěi ①積み重ねる。累積す
る。△经年〜月/年月を経る。
年月が立つ。②続く。度度。△
〜教不改/いくら教育しても改
めない。
【累犯】①連続犯。累犯。②しば
しば罪を犯す。
【累积】累積する。積み重ねる。積
み立てる。
【累计】累計する。
【累进】累進する。△〜税/累進
税。
【累累】積み重ねるさま。沢山連
なるさま。
磊 lěi
【磊落】らい落だ。おおらかで細か
いことに拘らぬさま。△光明
〜/光明正大だ。
肋 lèi あばら。△两〜/両方の
あばら。
【肋骨】ろっ骨。あばら骨。
【肋膜】ろくまく。
【肋条】ろっ骨。あばら。
泪 lèi 涙（なみだ）。
【泪痕】るいこん。涙のあと。
【泪花】目に浮んでいる涙。涙の
露。
【泪水】涙。
【泪汪汪】目に涙を一杯ためてい
るようす。涙ぐんでいるさま。

【泪眼】涙ぐんだ目。

类 lèi ①種類。類（たぐい）。△同～/同類。②似る。類似する。

【类比】類比する。アナロジー。

【类别】①類別。②分類する。

【类似】類似する。類する。似かよう。

【类推】類推する。

【类型】類型。タイプ。型。

累 lèi ①疲れる。△我～极了/くたくたに疲れた。②疲れさせる。ひどく使う。③きつい労働をする。働く。△从早～到晚/朝から晩まで働き通す。

擂 lèi 打つ。たたく。△～鼓/太鼓を打つ。

【擂台】武芸の試合をする高い台。

leng

棱 léng ①角（かど）。角（かく）。△桌～/テーブルの角。②物体の表面に条状にもり上がた筋。しわ。△搓板的～/洗た く板のすじ。

【棱角】①角。②角張る。角立つ。

【棱镜】三りょう鏡。プリズム。

冷 lěng ①寒い。冷たい。②冷やかだ。無愛想だ。冷淡だ。よそよそしい。△态度～/態度が冷淡だ。

【冷冰冰】冷やかだ。冷酷だ。

【冷不防】不意に。突然。

【冷藏】冷蔵する。冷凍する。

【冷场】①（芝居などで役者がどもって）舞台がだんまりになること。②座が白ける。

【冷嘲热讽】皮肉を言ったり当て擦ったりする。冷やかなちょう笑と辛らつな諷刺。

【冷淡】①寂れる。ひっそりする。

不景気だ。②冷淡だ。冷やかだ。

【冷冻】冷凍する。

【冷汗】冷汗。

【冷荤】冷肉。前菜。コールド・ミート。

【冷静】冷静だ。沈着だ。落ち着いている。

【冷酷】冷酷だ。むごい。不人情だ。

【冷冷清清】ひっそりしている。物寂しい。

【冷落】①寂しい。物寂しい。ひっそりしている。②閑散だ。不景気だ。

【冷门】人気がない。はやらない。

【冷僻】人跡稀れ。辺鄙（へんぴ）。

【冷气】①冷気。②冷房装置。

【冷清】ひっそりしている。物寂しい。

【冷食】冷たい食品。冷やしもの。

【冷水】①冷たい水。冷水。△～浴/冷水浴。②生水（なまみず）。

【冷飕飕】（風が）冷え冷えとする。寒風の激しい様。

【冷笑】冷笑する。さげすみ笑う。せせら笑う。

【冷言冷语】皮肉たっぷりの冷やかな言葉。

【冷眼】①冷静な眼。客観的な態度。②冷眼。冷やかな目付き。△～旁观/冷たい目で見る（傍観する）。

【冷饮】冷たい飲みもの。清涼飲料。

【冷战】身ぶるい。△打～/身ぶるいをする。

愣 lèng ①ぼんやりする。ぽかんとする。あっけに取られる。△不由得一～/思わずぎょっとする。②むてっぽうだ。強引だ。△～小子/むてっぽうな若者。

li

离 lí ①離れる。別れる。離別
する。△寸步不～/（ぴったりく
っついて）少しも離れない。②
（距離）…から…まで。△车站～
这五公里/駅はここから5キロ
離れている。③欠く。

【离别】別れる。

【离婚】①離婚する。離縁する。②
離婚。離縁。

【离间】仲を裂く。水を差す。仲違
（たがい）させる。

【离境】国境を離れる。

【离开】離れる。立ち去る。△～
北京/ペキンを離れる。

【离奇】奇怪千万だ。風変りだ。珍
らしい。

【离任】離任する。離職する。

【离散】離散する。ちりぢりにな
る。離れ離れになる。

【离题】話などが本題から離れる。

梨 lí 梨（なし）。

【梨膏】梨で作ったシロップ（咳止
めに利く）。

犁 lí ①すき。プラウ。からす
き。②（すきで田畑を）すく。

【犁铧】すきの刃。

黎 lí 多くの人。

【黎民】民衆。庶民。百姓。

【黎明】れい明。明け方。夜明け
前。

篱 lí まがき。

【篱笆】まがき。矢来（やらい）。

礼 lǐ ①儀式。式。△葬～/葬
式。②礼儀。お辞儀。あいさつ。
③贈り物。進物。

【礼拜】①神仏を拝する。礼拝す
る。拝む。△做～/教会へ行く。

礼拝をする。②週。△下～/来
週。

【礼服】礼服。式服。

【礼花】祝賀に打ち上げる花火。

【礼节】礼節。礼儀。儀礼。

【礼貌】礼儀。エチケット。

【礼炮】礼砲。

【礼品】贈り物。進物。

【礼让】礼譲。

【礼尚往来】礼は往来を尚（たっと）
ぶ。付き合いのお義理。

【礼堂】講堂。式場。ホール。

【礼遇】礼遇。手厚い待遇。厚いも
てなし。

李 lǐ すもも。

里 lǐ ①裏。△被～/布団の裏。
②中。裏側の。③故郷。ふるさ
と。△返～/故郷に帰る。帰省す
る。④中国の道の距離を計る単
位。△一～/500メートル。

【里边】中。内部。

【里程】①道程（みちのり）。里
数。里程。②過程。道筋（みちす
じ）。△～碑/里程標。

【里带】タイヤのチューブ。

俚 lǐ 民間の。通俗な。△～歌
/民謡。り謡。

【俚俗】ひなびる。俗だ。

【俚语】方言。り言。俗語。

理 lǐ ①木目（きめ）。木目（も
くめ）。あや。△肌～/肌（は
だ）の木目（きめ）。②道理。理
屈。理（ことわり）。わけ。△按
～说/道理から言えば。③自然
科学（特に物理をさす）。△数～
化/数学、物理、化学。④管理す
る。処理する。取り扱う。△～
家/家計の切り盛りをする。⑤
整理する。整える。△～～书
籍/書物を整理する。⑥相手に
なる。相手にする。構う。取り

合う。掛かり合う。△他并~我/かれはわたしを相手にしてくれない。

【理财】①理财。②财务を管理する。

【理睬】相手にする。構う。取り合う。

【理发】散髪する。理髪する。△~推子/バリカン。

【理会】①理解する。分かる。会得する。②気が付く。気に止める。③相手にする。取り合う。

【理解】理解する。分かる。

【理科】理科。

【理亏】理に欠ける。（行為などが）道理に合わない。

【理论】①理論。②論争する。議論する。

【理事】理事。△~会/理事会。

【理所当然】理の自然。道理から見て当り前だ。

【理想】①理想。②理想的だ。

【理性】①理性的だ。知的だ。②理性。

【理应】当り前だ。当然…すべきだ。

【理由】理由。わけ。

【理智】①理知。△丧失~/理知を失う。気が狂う。②理知的だ。

鲤 li 鯉（こい）。

力 li ①力。②能力。力。作用。△理解~/理解力。③体力。△四肢无~/手足がだるい。④努力する。力を尽くす。力を入れる。

【力不从心】やりたいが力がそれに伴わない。心に任せぬ。

【力不胜任】能力がその任に堪えない。

【力戒】極力戒める。△~浪费/極力浪費を戒める。

【力量】①力。勢力。②能力。力量。③作用。効き目。

【力求】努めて心掛ける。出来るだけ努める。

【力挽狂澜】荒れ狂う波を押し止める。

【力学】力学。

【力争】①出来るだけ…するように努める。力一杯争う。②やっきになって言い争う。

历 li ①経る。経つ。経過する。△~时十年/10年を経る。②経てきたところの。これまでの。過去の。③一つ一つ。次次と。△~访诸国/諸国を次々と訪れる。④暦（れき）。⑤暦（こよみ）。カレンダー。日めくり。

【历程】歴程。過程。

【历次】今まで。各回の。たび重なる。

【历代】代代の。世世の。歴代の。

【历法】暦法。

【历届】今までの。各回の。歴代の。

【历来】これまでずっと。昔から。従来。

【历历】ありありと。一つ一つはっきりしている。△~在目/ありありと目に浮ぶ。

【历年】今までの。数年来の。毎年毎年。

【历史】歴史。歴史的。△~唯物主义/史的唯物論。唯物史観。

【历书】歴書。歴本。暦（こよみ）。

立 li ①立つ。△坐~不安/居ても立っても居られない。②立てる。立て掛ける。△~木桩/くいを立てる。③直立の。立ての。④（計画などを）立てる。△~合同/契约を結ぶ。契約書を作る。⑤すぐ。たちまち。△~奏奇效/たちまち奇効を奏す

る。

【立案】登録する。登記する。

【立场】立場。態度。

【立法】立法。法律を定める。△
～权/立法権。

【立方】①立方。②立方体の略。③
立方メートル。

【立功】手柄を立てる。

【立柜】大きなたんす。洋服だん
す。

【立刻】ただちに。立ち所(どこ
ろ)に。すぐ。即刻。

【立论】立論する。論を立てる。

【立体】立体。△～声/ステレオ。

【立志】志を立てる。

【立足】立脚する。足場を定める。
△～点/立脚地。

厉 li ①厳しい。厳格だ。②厳
粛だ。いかめしい。厳しい。△
声色俱～/声も顔付きも厳し
い。

【厉行】励行する。厳格に実施す
る。断行する。△～节约/節約を
励行する。

吏 li ①小役人。下役人。②官
吏。役人。

沥 li ①滴る。②滴り。しずく。

【沥青】コール・タール。ピッチ。

丽 li 美しい。奇麗だ。△～人
/美人。麗しい女性。

励 li 励ます。△～志/志を励
ます。

【励精图治】政治に精励する。

利 li ①鋭い。よく切れる。△
～刃/鋭い刃。鋭利な刃物。②よ
い。都合がよい。順調だ。△不
～/都合が悪い。③利益。得。④
利潤。利息。もうけ。利子。⑤
有利にする。都合よくさせる。

【利弊】利益と弊害。利害。

【利害】利害。損得。△不计～/損
得にかかわらず。

【利己主义】利己主義。エゴイズ
ム。

【利令智昏】利に目がくらむ。欲
に目がくらむ。

【利率】利率。歩合。

【利落】①てきぱきしている。き
びきびしている。きっぱり。△办
事～/仕事ぶりがてきぱきして
いる。②きちんとしている。

【利润】利潤。△～率/利潤率。

【利息】利息。利子。

【利益】利益。

【利用】利用する。生かす。

【利诱】利で人を誘う。利益で人
をつる。

例 li ①例。事例。実例。△举
～/例を挙げる。②前例。先例。
△有～在先/前例がある。③実
例。ケース。△病～/病気の実
例。④規則。規定。格式。きま
り。

【例会】例会。

【例假】①定休日。②月経。生理。

【例句】例。例文。

【例如】たとえば。例を挙げて言
えば。

【例题】例題。

【例外】例外。

【例证】例証。

【例子】例。

隶 li ①奴隷。下人(げにん)。
②小役人。

【隶属】隷属する。従属する。

荔 li

【荔枝】れいし。

栗 li ①くりの(木)実。②震え
る。おののく。身ぶるいする。△
不寒而～/思わず身ぶるいをす
る。

【栗色】くり色。

粒 lì 粒（つぶ）。△豆〜/豆粒。
【粒子】粒子。パーティクル。

笠 lì かさ。かぶりがさ。△斗〜/かさ。

痢 lì
【痢疾】赤痢。

lia

俩 liǎ ①二人。二つ。△咱〜/私達二人。②少し。いくらか。△跟你借〜钱/少しお金をお借りしたいのですが。

lian

连 lián ①つながる。連なる。連ねる。△心〜心/心と心がつながる。②続けざまに。立て続けに。引き続き。△〜下三天雨/雨が三日も続く。③加えて。入れて。含めて。△〜你六个人/君を入れて6人だ。④（軍隊の編制）中隊。⑤…さえ。さえも。でも。△〜小孩都知道/子供さえ知っている。
【连词】接続詞。
【连队】（軍隊の）中隊。
【连贯】一貫する。貫通する。つながる。
【连环】連環。連続する。
【连接】つながる。連なる。連接する。つなぐ。
【连襟】相婿（あいむこ）。義理の兄弟同士。
【连累】巻き添えにする。巻き添えをくわす。
【连连】続いて絶えない。続けざまに。しきりに。
【连忙】大急ぎで。急いで。

【连绵】連綿と続く。続いて絶えない。
【连年】連年。毎年。年年。
【连篇】①（文章が）一篇一篇と続く。②全篇に渡る。△〜累牍/冗長な文章。
【连任】再任する。居座る。
【连日】連日。いく日も続いて。
【连天】①連日。②絶えず。③天に連なる。
【连续】続けざまに。立て続けに。続けて。
【连夜】夜を日に続いで。夜通し。
【连衣裙】ワン・ピース。
【连用】連用する。続けて使う。
【连载】（作品を）連載する。
【连长】（軍隊の）中隊長。

帘 lián ①（布で作った）看板用の旗。暖れん。②すだれ。カーテン。△窗〜/カーテン。

怜 lián ①憐れむ。同情する。②かわいがる。愛する。いつくしむ。△〜爱/かわいがる。愛する。
【怜悯】憐れむ。同情する。かわいそうに思う。

涟 lián
【涟漪】さざなみ。

莲 lián はす。
【莲花】はす。
【莲蓬】はすの花たく。
【莲蓬头】シャワー・ヘッド。
【莲子】はすの実。

联 lián 連ねる。連なる。結び付ける。△〜军/連合軍。
【联邦】連邦。
【联播】（いくつかの放送局が同じプログラムを）同時に放送する。
【联防】共同防衛。
【联合】①連合する。団結する。

連携する。②共同。合同。△～
公报/共同コミュニケ。共同声
明。③結合。△耻骨～/恥骨結
合。

【联合国】国際連合。国連。

【联合会】連合会。

【联欢】交歓する。

【联结】連結する。結び付ける。

【联络】連絡する。つながりを付
ける。

【联盟】連盟。同盟。

【联名】連名。連署。

【联赛】リーグ戦。

【联席会议】連合会議。合同会議。

【联系】①関連する。結びつく。②
つながり。関係。③打ち合わせ
る。

【联想】連想する。

廉 lián ①廉潔だ。②安い。安
価だ。△价～/値段が安い。

【廉耻】廉恥。

【廉价】廉価だ。安価だ。△～出
售/安売りをする。

镰 lián かま。

敛 liǎn ①収まる。収める。し
まう。止まる。止める。△～足
/踏み止まる。立ちすくむ。②徴
収する。収めさせる。△～财/財
をかき集めて私腹を肥やす。

脸 liǎn ①顔。△洗～/顔を洗
う。②（物の）前の部分。正面。
表。③面目。体面。メンツ。△
丢～/面目を失う（なくす）。体
面を失う。顔をつぶす。④顔付
き。表情。△笑～/笑顔（えが
お）。にこにこ顔。

【脸蛋】ほっぺた。ほお。

【脸红】顔が赤くなる。赤面する。

【脸面】面目。体面。名誉。

【脸盆】洗面器。

【脸皮】①顔。②つらの皮。△～

厚/つらの皮が厚い。厚かまし
い。ずうずうしい。

【脸色】①顔色。②顔付き。顔色。

练 liàn ①練習する。訓練す
る。△～字/習字をする。手習
いをする。②（生系を煮て柔ら
かく白くする）練る。③白絹。
練り絹。

【练兵】練兵する。訓練する。

【练操】操練する。

【练功】武芸のけい古をする。武
術を練る。

【练习】①練習する。けい古する。
②練習問題。

炼 liàn ①精練する。精製す
る。△～钢/製鋼する。②焼く。
③（文章を）練る。

【炼乳】練乳。コンデンス・ミル
ク。

【炼油】①石油精製。製油する。
②動植物の脂肪を精製する。

恋 liàn ①恋。恋する。恋愛す
る。△初～/初恋（はつこい）。②
懐かしむ。恋しがる。名残りを
惜しむ。

【恋爱】①恋愛する。恋する。②
恋愛。恋い。

【恋恋不舍】名残りを惜しむ。

链 liàn 鎖（くさり）。△项～/
首飾り。

【链球】①（陸上競技の）ハンマ
投げ。②ハンマー。

【链条】鎖。チェーン。

liang

良 liáng ①よい。立派だ。優れ
ている。△～友/よい友。良友。
②善良な人。良民。③非常に。大
変。はなはだ。△获益～多/大変
ためになる。

【良方】①よい処方箋。②よい方法。善策。

【良好】良好だ。優れている。よい。

【良机】好機。よいチャンス。

【良师益友】良師と益友。

【良心】良心。

【良种】優良品種。

凉 liáng ①涼しい。冷たい。薄ら寒い。△～风/冷たい風。②がっかりする。気抜けする。失望する。△一听这个消息,他心里就～了/その知らせを聞いて、彼はがっかりした。

【凉菜】冷たい料理。前菜。

【凉粉】緑豆のでん粉で作ったところてんのような食物。

【凉快】①涼しい。②涼しくて気持ちがよい。

【凉棚】日おおい。日よけ。

【凉爽】さわやかだ。涼しい。涼しくて気持ちがよい。

【凉水】①冷水。冷たい水。②生水。

【凉台】露台。テラス。ベランダ。

【凉席】むしろ。敷き物。夏ござ。

【凉鞋】サンダル。

梁 liáng ①はり。うつばり。ガーダ。△架～/はりを掛ける。②橋。橋りょう。

量 liáng ①計る。△～体温/体温を計る。②見積る。推し量る。

【量规】ゲージ。

【量具】計量器。測定具。

粱 liáng ①粟の優良品種の総称。②上等な主食物。

粮 liáng ①穀物。食糧。②農業税としての穀物。

【粮仓】穀物倉庫。

【粮店】食糧供給店。

【粮库】食糧倉庫。

【粮票】食糧切符。給食券。

【粮食】穀物。食糧。主食。

两 liǎng ①二。二つ。△～本书/二冊の本。②両方とも。双方とも。二つとも。△～利/双方ともに利がある。③(不定数を表わす)少し。ちょっと。△我跟你说～句/君とちょっと話がある。④重さの単位。△一～/50グラム。

【两败俱伤】(争いの結果)共倒れになる。双方とも損傷を受ける。

【两半】半分。

【两边】①両側。両端。②両方。双方。両面。

【两便】双方ともに都合がよい。

【两重】二重。△～性/二重性。

【两回事】異なったこと。全然関係のない二つの事柄。別のこと。

【两口子】夫婦。

【两面】①両面。表と裏。②両方。両側。二つの方面。③物事の相対する二面。

【两难】ぬきさしならぬ羽目。板ばさみ(の窮境)。

【两旁】両側。

【两栖】両せい。△～动物/両せい動物。

【两全】両全。△～之策/両全の策。

【两手】①両手。②腕前。

【两头】①両端。②両方。双方。

亮 liàng ①明るい。△明～/明るい。②光る。夜が明ける。△皮鞋擦得～/くつがぴかぴかとみがかれている。③(声が)大きい。よく響く。△嗓子～/のどがいい。④(声を)張り上げる。⑤(気持ちなどが)晴れ晴れする。明るくなる。⑥見せる。出

して見せる。

【亮度】輝度。明るさ。

【亮晶晶】きらきら輝く。ぴかぴか光る。

【亮堂】①明るい。②(胸が)明るい。はっきりしている。すっきりする。晴れ晴れする。

凉 liàng 冷す。△把药～一～再喝/薬を少し冷してから飲む。

谅 liàng ①諒とする。寛じょする。許す。△尚希见～/どうかお許し下さい。ご寛じょを請う。②推し量る。恐らく。多分。△～他不能来/あの人は多分来られないだろう。

【谅解】諒解する。察する。

晾 liàng ①陰干しする。△～干菜/野菜を陰干しする。②干す。日光にさらしてかわかす。△～衣服/洗たくものを干す。

量 liàng ①分量。数量。目方(めかた)。②推し量る。見はかる。△不知自～/身のほどを知らない。

【量变】量的変化。

【量词】助数詞。

【量力】力相応にする。△～而行/力相応に事を行なう。

踉 liàng

【踉跄】よろめく。よろよろと歩く。よろける。

liao

撩 liāo ①からげる。まくり上げる。△～裙子/スカートのすそをからげる。②(手で水をしゃくり上げるようにして)打つ。まく。振り掛ける。△～水/水を打つ(振り掛ける)。

辽 liáo

【辽阔】果てしなく広い。広広としている。

【辽远】果てしなく遠い。はるかに遠い。

疗 liáo 治療する。いやす。

【疗程】治療のコース。規定された一定の治療期間。

【疗法】療法。

【疗效】治療の効能。利き目。

【疗养】療養する。△～院/療養所サナトリウム。

聊 liáo ①まずもって。ひとまず。△～以自慰/まずもって自らを慰む。②話をする。雑談する。

【聊天】雑談する。世間話をする。

寥 liáo

【寥廓】広広としている。果てしない。

【寥寥】極めて少ない。りょうりょうと。△～无几/りょうりょうとしていくばくもない。

【寥落】少ない。疎らだ。

僚 liáo ①官僚。②旧時の官吏の同僚を言う。

【僚机】僚機。

寮 liáo 小屋。

撩 liáo ちょう発する。からかう。△春色～人/春色心を浮かす。

【撩拨】いどむ。からかう。

嘹 liáo

【嘹亮】(声や音が)高らかに響き渡ること。

缭 liáo ①まつわる。②まつる。かがる。△～缝/継ぎ目をかがる。

【缭乱】入り乱れる。まつわり乱れる。△心绪～/心が乱れる。

【缭绕】うずを巻いて立ち上る。ゆるゆる立ち上る。

燎 liáo 焼く。△～原之势/りょう原の火のごとき勢い。

【燎泡】やけどによる水ぶくれ。

了 liǎo ①終わる。完結する。済む。△这件事已经～啦/その件はもう結末が付いた。②分かる。はっきりする。

【了不得】①ものすごい。大変だ。…てたまらない。△痛得～/痛くてたまらない。②大変だ。

【了不起】すばらしい。すごい。大したものだ。

【了结】けりが付く。解決する。

【了解】①はっきり分かっている。よく知っている。②調べる。尋ねる。

【了局】①結果。終わり。結末。②けりを付ける方法。長期の策。

【了如指掌】掌(たなごころ)を指す。事情にとても明るい。

【了事】(いい加減にまたはやむを得ず)事を済ます。けりを付ける。△草草～/いい加減にけりを付ける。

潦 liǎo

【潦草】ぞんざいだ。いい加減だ。

【潦倒】落ちぶれる。零落する。

了 liào 高い所から遠く見渡す。

【了望】高い所から遠くを見渡す(見張りする)。△～哨/遠見やぐら。

料 liào ①推し量る。推測する。予測する。△～事如神/神様のように物事を正確に予測できる。②材料。原料。③飼料用の穀物。

【料到】思い至る。見越す。予知する。

【料酒】(調味用の)酒。

【料理】処理する。切り盛りする。△～后事/死後の如末をする。

【料想】推測する。予測する。思う。

【料子】服地。生地。

撂 liào ①置く。ほうって置く。△那件事～下半个月了/その件は半月もほったらかしている。②倒す。

【撂挑子】ほったらかす。ほうり出す。

镣 liào 足かせ。

【镣铐】足かせと手かせ。しっこく。

lie

咧 liě

【咧嘴】(口を横に)開く。口をゆがめる。

列 liè ①列。行列。②列を作る。並ぶ。並べる。③(ある一類に)入れる。取り入れる。取り上げる。△～入议程/議事日程に取り上げる。④部類。仲間。△不在此～/この部類ではない。⑤おのおの。各。△～国/各国。

【列兵】兵卒。

【列车】列車。△～员/列車の乗務員。

【列岛】列島。

【列举】列挙する。

【列宁主义】レーニン主義。

【列强】列強。

【列席】列席する。

【列传】列伝。

劣 liè ①劣っている。よくない。悪い。②一定の標準より小さい。

【劣等】劣等。

【劣根性】曲がり根性。劣等根性。悪い根性。

【劣迹】悪らつな仕わざ。不行跡。悪行(あくぎょう)。

【劣绅】劣紳。

【劣势】劣勢だ。

烈 liè 激しい。厳しい。強い。△〜性酒/アルコール性の強い酒。

【烈火】烈火。

【烈日】烈日。

【烈士】烈士。革命に殉じた人。

【烈性】①気性が激しい。②猛烈な。劇烈な。強力の。

猎 liè 狩猟する。△〜虎/虎狩りをする。

【猎狗】猟犬。セッター。

【猎获】猟で得る。

【猎奇】猟奇。珍しいものを漁る。

【猎枪】猟銃。

【猎取】①猟で取る。狩り取る。②（名利を）漁る。

【猎人】猟師。かりゅうど。

裂 liè 裂ける。割れる。△山崩地〜/山が崩れ地が裂ける。

【裂缝】裂け目。割れ目。

【裂口】①裂け目。割れめ。②ひびが出来る。ひび割れる。

【裂纹】ひび割れ。ひび。

lin

邻 lín ①隣り。近所。②隣り合わせの。△〜邦/隣国。隣邦。

【邻近】①近接する。②附近。近所。

林 lín ①林。森。△竹〜/竹林。竹やぶ。②林業の略。

【林场】①造林地。②営林行政機関。

【林带】樹帯。林帯林。森林植物帯。△防风〜/防風樹帯。

【林地】林地。

【林业】林業。

【林荫道】並木道(なみきみち)。

临 lín ①臨む。面する。△面〜大海/海に臨む。②来る。訪れる。至る。△〜身/其境/自らその場に臨む。③まさに…しようとする時。際。間際。△〜走/帰りしな。出発の際。

【临别】別れ際に。別れに際して。

【临床】臨床。△〜医学/臨床医学。

【临机】機に臨んで。臨機。△〜应变/臨機応変。

【临摹】臨もする。

【临时】①その時になって。臨時に。②しばらく。臨時の。仮の。△〜工/臨時雇い。

淋 lín 注ぐ。掛ける。ぬれる。△日晒雨〜/日や雨にさらされる。

【淋巴】リンパ。淋巴。

【淋漓】ぬれる。したたり落ちる。

【淋浴】シャワー。シャワーバス。

琳 lín 美しい玉。

【琳琅】美しい玉。美しくて珍しい物のたとえ。△〜满目/目に見るものが立派で珍しい物ばかり。

磷 lín りん。△〜肥/りん酸肥料。

鳞 lín うろこ。

【鳞次栉比】（建物が）ずらりと並んでいる。

凛 lín ①寒い。△〜若冰霜/その冷たいことは氷や霜のようだ。②厳しい。おごそかだ。厳粛だ。③恐れる。恐がる。

【凛冽】肌を刺すように寒い。

【凛凛】①寒さが激しい。②りん

りんとしている。りりしい。△
威风～/威風りんりんとしてい
る。

【凛然】りん然としている。厳然と
している。△态度～/態度が厳
然としている。

吝 lin けちくさい。けちだ。り
んしょくだ。

【吝啬】けちん坊だ。けちくさい。
りんしょくだ。△～鬼/りんしょ
く家。

【吝惜】もの惜しみする。惜しむ。

赁 lin 貸し借りする。賃貸し
する。借りる。△租～房子/家
を借りる。

淋 lin こす。△用纱布～药/ガ
ーゼで薬をこす。

ling

伶 líng （芝居の）役者。俳優。
△名～/名優。

【伶仃】一人ぼっちだ。孤独だ。
△孤苦～/一人ぼっちで身寄り
がない。

【伶俐】賢い。利口だ。

灵 líng ①すばしこい。敏しょ
うだ。さとい。△耳朵～/耳が
さとい。②魂。みたま。③神様。
神。④効き目がある。よく効く。
⑤霊きゅう。遺がい。

【灵便】（手足などが）よく効く。
（機械、器具などが）使いよい。

【灵车】霊きゅう車。

【灵丹妙药】霊薬。妙薬。

【灵感】霊感。インスピレーショ
ン。

【灵魂】①霊魂。②心魂。魂。心。
精神。思想。△～深处/心の奥
底。

【灵活】①すばしこい。敏活だ。

②融通がきく。

【灵机】インスピレーション。霊
感。

【灵柩】霊きゅう。ひつぎ。

【灵敏】素早い。鋭い。鋭敏だ。敏
感だ。△～度/感度。レスポン
ス。

【灵巧】器用だ。すばしこい。

【灵堂】霊きゅうを安置してある
室。

【灵通】（消息に）よく通じている。
耳ざとい。

【灵性】（動物の）知恵。利口さ。

【灵验】①（薬ややり方が）効き
目がある。②（予言が）当たる。

玲 líng

【玲珑】①（細工が）美巧だ。巧み
だ。△小巧～/小さくて巧みだ。
②利口ですばしこい。目から鼻
へ抜ける。△八面～/八方美人。

凌 líng ①侮る。踏み付ける。
押し付ける。△盛气～人/意気
が盛んで人をりょうがする。②
近付く。③空高く上る。

【凌驾】りょうがする。しのぐ。

【凌空】空をしのぐ。そそり立つ。

【凌厉】勢い激しい。猛烈だ。

【凌乱】乱れている。雑然として
いる。

【凌辱】侮辱する。侮る。はずかし
める。

铃 líng ①鈴（すず）。りん。ベ
ル。②鈴のような物。

陵 líng ①丘（おか）。丘陵。②
陵（みささぎ）。大きな墓。陵墓
（りょうぼ）。

【陵墓】①帝王の陵墓。②（名人
の）墓。陵墓。

【陵园】陵墓を中心とした園林。

聆 líng 聞く。承る。△～听/拝
聴する。

菱 líng　菱(ひし)。

【菱角】菱の実。

【菱形】菱形(りょうけい・ひしがた)。

翎 líng　鳥の羽毛。△孔雀～/孔雀(くじゃく)の羽毛。

零 líng　①細かい。零細だ。②端数(はすう)。余り。△参加人数五十挂～/参加者 50 人余りだ。③ゼロ。零。△3～3 号/303(さんゼロさん)番。④ゼロ。零。△二減二等于～/2 引く2はゼロ。⑤零度。△～下五度/零下 5度。

【零工】臨時労働者。日雇い。

【零花】①小づかい。②小遣いを使う。

【零活】手間仕事。細細した仕事。

【零件】パーツ。部品。

【零落】①しおれ落ちる。しぼみ落ちる。②落ちふれる。寂れる。③まばらだ。ばらばらだ。

【零卖】→【零售】

【零七八碎】①細細している。②雑事。細細した物。

【零钱】①小銭。②おつり。

【零食】間食。

【零售】小売り。△～店/小売り店。

【零碎】①細かい。細細している。まとまりがない。ばらばらだ。②細細した物。

【零头】①端数。はした。②端切れ。

【零星】端たの。とぎれとぎれな。零細な。

龄 líng　①年(とし)年齢。②年限。年数。

岭 líng　①峠(とうげ)。②高い山脈。

领 líng　①首。うなじ。②えり。

カラー。△圆～/丸えり。③かなめ。要点。④率いる。引率する。連れる。導く。案内する。△～孩子上街/子供を連れて町へ出る。⑤受け取る。領収する。もらう。△～工资/給料を受け取る。

【领带】ネクタイ。

【领导】①指導する。②指導者。リーダー。

【领地】①領地。②領土。

【领队】①率いる。引率する。②引率者。監督。

【领海】領海。

【领航】①水先案内をする。飛行機の航行を導く。②パイロット。水先案内。ナビゲーター。△～员/航空士。ナビゲーター。

【领会】悟る。会得する。理解する。

【领教】ご教示いただく。

【领结】ボータイ。蝶ネクタイ。

【领巾】ネッカチーフ。

【领空】領空。

【领口】①えりもと。②えり先。

【领扣】えりボタン。

【领款】金を受け取る。

【领路】道路内をする。きょう導する。

【领略】味わう。会得する。

【领情】厚意を受けて感謝する。恩に着る。

【领取】受け取る。もらう。領取する。

【领事】領事。△～馆/領事館。

【领头】先頭を切る。リードする。

【领土】領土。

【领先】→【领头】

【领袖】指導者。リーダー。

【领养】もらい子をする。

【领有】領有する。所有する。

【领域】①領域。②分野。

【领章】えり章。

另 ling　別の。別に。ほかの。ほかに。△〜选/別に選ぶ。

【另外】ほかの。ほかに。別の。別に。このほかに。

令 lìng　①命令。②命ずる。③…させる。…せしめる。△〜人兴奋/人を興奮させる。④季節。時節。シーズン。⑤相手の親属に対する敬称。△〜兄/令兄（れいけい）。

liu

溜 liū　①滑る。△从山坡上〜下来/坂を滑り下りる。②滑らかだ。すべすべする。つるつるする。△〜平/滑らかだ。③（こっそり）ずらかる。逃げる。抜け出す。

【溜冰】①スケート。②スケートする。

【溜达】ぶらつく。ぶらぶらする。散歩する。

熘 liū　（料理法の一つ）油でいためてから調味料にくず粉を入れた汁を掛け、再びいためる。

浏 liú

【浏览】ざっと目を通す。

流 liú　①流れる。流す。△〜泪/涙を流す。②悪い方へ走る。△〜于形式/形式に流れる。③流れ。△电〜/电流。④品位。等級。流。△第一〜作家/一流の作家。

【流弊】流弊。弊害。

【流产】流産する。

【流畅】流ちょうだ。すらすら（と）。

【流程】プロセス。生産段階図。

【流传】流伝する。伝わる。広まる。

【流窜】（匪賊などが）逃げ回る。逃げまどう。

【流弹】流弾。流れ弾。それ弾（だま）。

【流动】①（液体などが）流れ動く。流動する。②移動する。

【流毒】害毒。弊害。

【流芳百世】美名を末代まで残す。

【流放】①流刑にする。流す。②林木を流す。

【流感】流感。インフルエンザ。

【流寇】諸方を荒し回る匪賊。流賊。

【流浪】流浪する。さすらう。放浪する。

【流离失所】離散して落ち着く所がない。

【流利】①流ちょうだ。②滑らかだ。すらすら（と）。

【流露】流露する。吐露する。

【流落】落ちぶれて異郷をさすらう。

【流氓】ごろつき。無頼漢。ならずもの。よたもの。

【流派】流派。

【流气】やくざ根性。

【流沙】流沙。

【流失】流失する。

【流逝】（月日が）流れる。△时光〜/月日が流れる。

【流水】流れる水。絶え間なく続くこと。△〜线/流水作業ライン。

【流速】流速。

【流体】流体。

【流通】①流通する。△空气〜/空気が流通する。②（貨幣や商品が）流通する。

【流亡】亡命する。

【流线型】流線型。ストリーム・ラ

イン。

【流星】流星。流れ星。

【流行】はやる。流行する。△～病／流行病。

【流血】血を流す。流血。

【流言】流言。根も葉もないうわさ。デマ。

【流域】流域。

留 liú ①止まる。止(とど)まる。滞在する。②止める。引き止める。△～客人／客を止める。③残しておく。取っておく。保留する。蓄える。△～胡子／ひげを蓄える。④受け取る。収める。△不～礼物／贈り物は受け取らない。⑤残す。

【留步】(客が主人の見送りを謝絶する言葉)どうぞそのままで。

【留后路】引っ込みの余地を残しておく。

【留后手】(最後の手が打てるように)ゆとりを残しておく。

【留级】落第する。原級に留め置く。

【留恋】名残りを惜しむ。

【留难】引き留めて難題をぶっかける。

【留念】記念として残しておく。

【留情】大目に見る。寛大に扱う。

【留神】注意する。気を付ける。用心する。

【留声机】蓄音機。フォノグラフ。

【留守】留守を守る。

【留宿】来客を止めて泊まらせる。宿泊する。夜を過ごす。

【留心】→【留神】

【留学】①留学する。②留学。

【留意】注意する。気を付ける。

【留影】記念撮影をする。

【留用】留用する。

【留有余地】余地を残す。ゆとりを残す。

琉 liú

【琉璃】るり。△～瓦／瑠璃瓦(るりがわら)。

硫 liú　硫黄(いおう)。

【硫酸】硫酸。

瘤 liú　こぶ。肉りゅう。しゅよう。お出来。

柳 liǔ　柳(やなぎ)。

【柳条】柳の枝。

绺 liǔ　(系、麻、ひげなどの束を数えるのに用いる助数詞)束。筋。△一～头发／一束の髪の毛。

六 liù　六(ろく)。六つ(むっつ)。

【六月】六月。

溜 liù　①速い流れ。急流。△水深～急／水が深く流れが速い。②雨(あま)だれ。③軒どい。△水～／とい。④並び。列。筋。△一～五间房／ひと並み五軒の家屋。

遛 liù　①ゆっくり歩く。散歩する。ぶらぶらする。△～马路／大通りをぶらぶらする。②(馬などを)ゆっくり歩かせる。鳥かごをさげてゆっくり歩く。△～马／馬をゆっくり歩かせる。

long

龙 lóng　①りゅう。②帝王の象徴。△～袍／(皇帝の着用する)りゅうの模様のついた礼服。③恐りゅう。

【龙灯】りゅうの形をした長い張り子のちょうちん。

【龙卷风】たつ巻。つむじ風。

【龙头】(水道の)蛇口(じゃぐち)。

【龙王】りゅう王。りゅう神。水神。

【龙虾】しまえび。伊勢えび。鎌倉
　えび。

【龙眼】①りゅう眼。②りゅう眼肉。

聋 lóng　つんぼ。

【聋哑】聾啞（ろうあ）。つんぼと
　おし。

【聋子】つんぼ。

笼 lóng　①かご。△竹〜/竹か
　ご。②せいろう。

【笼屉】せいろう。せいろ。

【笼头】面（おも）がい。

隆 lóng　①盛大だ。②手厚い。
　程度の甚だしい。懇ろだ。

【隆冬】厳冬。冬さの中。

【隆隆】どかんどかんと。ごろごろ
　と。△雷声〜/雷がごろごろと
　鳴り響く。

【隆重】盛大だ。

垄 lǒng　①畑のうね。②あぜ。

【垄断】独占する。△〜资本/独占
　資本。

【垄沟】うね間（ま）。うね合い。

拢 lǒng　①合わせる。②近付
　く。到着する。△船快〜岸了/船
　がもうすぐ岸につく。③合計す
　る。総計する。△〜帐/帳簿をし
　める。④抱きしめる。縛る。△
　用绳子把柴火〜住/なわでたき
　ぎを縛る。⑤髪をすく。とかす。

【拢共】合計。全部。みんなで。

【拢子】くし。

笼 lǒng　包む。覆う。立ち込める。
　△烟雾〜罩/煙と霧が立ち込め
　る。

【笼络】ろう絡する。丸め込む。

【笼统】大ざっぱだ。大まかだ。

【笼罩】立ち込める。包む。覆う。

lou

搂 lōu　①かき集める。△〜草/
　草をかき集める。②絡げる。△
　〜起袖子/袖をたくし上げる。
　③（金などを）取り込む。懐に
　入れる。△〜钱/金を取り込む。

喽 lóu

【喽罗】子分。手下。手先。

楼 lóu　①2階以上の建物。②
　建物の階層。△三〜/3階。③や
　ぐら。

【楼板】（建物の）各階の床板。

【楼道】廊下。

【楼房】2階以上の建物。

【楼上】2階。階上。

【楼梯】階段。

【楼下】階下。

搂 lǒu　抱く。抱き締める。抱え
　る。

【搂抱】抱く。抱き抱える。

篓 lǒu　（木の枝で編み、桐油を
　塗った）かご。

陋 lòu　①醜い。②狭い。みすぼ
　らしい。③卑しい。卑俗だ。△
　〜习/ろう習。④見識が狭い。△
　浅〜/見識が浅薄だ。

【陋规】悪い習慣。悪いしきたり。

漏 lòu　①漏る。漏れる。△〜气
　/空気が漏れる。②漏らす。△泄
　〜机密/機密を漏らす。③漏れ
　る。抜け落ちる。遺漏する。△
　〜了一行/一行抜けている。

【漏洞】①漏れ穴。ものの抜けるす
　き間。②手抜かり。手落ち。△
　〜百出/手抜かりだらけだ。

【漏斗】じょうご。ろうと。

【漏风】①すき間から風が入り込
　む。②息が漏れる。③秘密を漏

らす。

【漏光】感光してだめになる。

【漏勺】穴あきのしゃく子。網しゃく子。

【漏税】脱税する。

【漏网】罰を逃れる。法網を逃れる。

露 lòu

【露马脚】馬脚を現わす。化けの皮がはげる。

【露面】顔を出す。

【露头】頭を出す。出る。

【露馅】ぼろが出る。ばれる。

【露一手】腕前を見せる。

lu

卢 lú

【卢比】（インド、パキスタン、ネパール、セイロンなどの貨幣単位）ルピー。

【卢布】（ソ連の貨幣単位）ルーブル。

庐 lú　いおり。粗末な家。

【庐舍】草あん。草のいおり。粗末な家。いなか家。草ぶきの家。

芦 lú　あし。よし

【芦根】あしの根。

【芦花】あしの花。

【芦笋】アスパラガス。

【芦苇】あし。よし。

【芦席】あしで編んだむしろ。

炉 lú　ストーブ。こんろ。

【炉膛】炉の内部の火をたく所。

【炉条】火格子の役目をする鉄棒。グリッド。

【炉灶】かまど。

【炉渣】スラグ。灰がら。燃えがら。

颅 lú　頭（ず）がい。

【颅骨】頭（ず）がい骨。

【颅腔】頭（ず）がい腔。

卤 lú　①にがり。②ハロゲン。③塩水に調味料を加えて煮たり、しょう油で煮る。△〜鸡/鶏の丸煮。④くずあん。たれ。△打〜面/あんかけうどん。⑤飲料の濃い汁。

【卤味】鶏やあひるを塩水に調味料を加えて煮、あるいはしょう油で煮て冷ました料理。

虏 lú　①捕虜。とりこ。②捕獲する。つかまえる。

【虏获】敵を捕虜にし、武器をろ獲する。

掳 lú

【掳掠】人をさらい、金品を掠奪する。

鲁 lǔ　①鈍い。愚かだ。②そそっかしい。がさつだ。乱暴だ。

【鲁莽】軽率だ。無鉄砲だ。

橹 lǔ　ろ。△摇〜/ろをこぐ。

陆 lù　陸。おか。大陸。陸地。

【陆地】陸地。おか。

【陆军】陸軍。

【陆路】陸路。

【陆续】絶え間なく続く。ひっきりなしに。

【陆运】陸路運輸。

【陆战队】陸戦隊。

录 lù　①記録する。書き写す。②記録。③録音する。

【录取】採用する。採る。

【录像机】ビデオ。

【录音】録音する。吹き込む。△〜室/録音室。

【录用】任用する。採用する。

鹿 lù　しか。

【鹿角】しかの角。

【鹿皮】しかの皮。バックスキン。

【鹿茸】鹿茸。しかの若角。しかの

袋角（ふくろづの）。

禄 lù　俸禄。手当。

碌 lù

【碌碌】①平凡で才能がない。②細かいことで多忙だ。△忙忙～/細かいことで忙しく暇がない。

路 lù　①道（みち）。道路。②道のり。里程。③方法。手だて。方途。④道筋。路線。△二～汽车/二番線のバス。⑤種類。等級。△头～货/一等品。

【路标】道しるべ。道標。ガイド・ポスト。

【路程】道のり。里程。

【路道】道路。

【路灯】街燈。ストリート・ランプ。

【路费】旅費。

【路轨】軌道。レール。

【路过】通りかかる。通過する。

【路基】路床。路盤。路基。

【路劫】追いはぎをする。

【路警】鉄道警察。

【路径】①道。道路。②方法。手段。手順。

【路口】道路の交差点。つじ。△十字～/つじ。十字路。

【路人】道行く人。赤の他人。

【路上】①道路。道。②道中。途中。

【路途】①道。②道のり。里程。

【路线】①道筋。ルート。②（思想上の）路線。

戮 lù　①殺す。②合わせる。一緒にする。

【戮力同心】力を合わせ心を一つにする。一致団結する。

麓 lù　山のふもと。

露 lù　①露（つゆ）。②（飲料の）シロップ。③現わす。現われる。さらけ出す。△～出笑容/えみを浮べる。

【露骨】露骨だ。むき出しだ。

【露酒】花のエキスや果実のジュースを混入した酒。

【露水】露。

【露宿】露宿する。野宿する。

【露天】露天。屋外。△～开采/露天採鉱

lü

驴 lǘ　ろば。うさぎ馬。

侣 lǚ　①仲間。友達。△情～/恋人。②友とする。同伴する。

旅 lǚ　①旅する。旅行する。②軍隊。③（軍隊の編制単位）旅団。

【旅伴】旅の道連れ。

【旅程】旅行の道のり。旅程。

【旅店】旅館。宿屋。

【旅费】旅費。

【旅馆】旅館。

【旅居】外地に居住する。他郷に滞在する。

【旅客】旅行者。旅客。

【旅途】旅行の途中。道中。

【旅行】旅行する。観光する。△～社/旅行社。

【旅游】観光する。遊覧する。

【旅长】旅団長。

捋 lǚ　しごく。△～胡子/ひげをしごく。

铝 lǚ　アルミニウム。△～合金/アルミニウム合金。

【铝土矿】ボーキサイト。鉄礬土。水礬土鉱。

屡 lǚ　しばしば。度々。何度も△～教不改/いくど戒めても改めない。

【屡次三番】幾度も。再三再四。た

びたび。

【屡见不鲜】よく見られることで
　珍らしくない。

【屡试不爽】いくど試みても違わ
　ない。いつも効果がある。

娄 lǚ ①糸。②細かく。詳細に。
　③(細い物を数える助数詞)筋。
　△一〜麻/麻（あさ）一筋。

【娄述】詳しく述べる。

【娄析】詳しく分析する。

膂 lǚ 骨背（せぼね）。

履 lǚ ①くつ。はき物。②踏む。
　歩く。△如〜薄冰/薄氷を踏む
　が如し。

【履带】カタピラー。キャタピラ。

【履历】①経歴。履歴（りれき）。②
　履歴書。

【履行】履行する。△〜手续/手続
　を踏む。

律 lǜ ①のり。おきて。規則。法
　律。決まり。②律する。拘束す
　る。△〜己甚严/自分を非常に
　厳しく律する。

【律师】弁護士。

虑 lǜ ①慮る。思い回らす。深
　く考える。△深谋远〜/深謀遠
　慮を回らす。②心配する。気に
　病む。気に掛ける。△不必过〜/
　あまり気に掛けるな。

率 lǜ 率（りつ）。割合。歩合。
　△人口增长〜/人口の増加率。

绿 lǜ 緑（みどり）。△浓〜/濃
　い緑。

【绿宝石】エメラルド。

【绿茶】緑茶。

【绿灯】青信号。安全信号。

【绿豆】緑豆（りょくとう）。

【绿肥】緑肥。草肥（くさごえ）。

【绿化】緑化する。

【绿洲】オアシス。

滤 lǜ こす。ろ過する。

【滤过性病毒】ろ過性病原体。

【滤色镜】（カメラの）フィルター。

【滤液】ろ過液。ろ液。

【滤张】ろ紙。こし紙（がみ）。フィ
　ルター・ペーパー。

luan

孪 luán

【孪生】二子（ふたご）。双生児。

卵 luǎn 卵（たまご）。

【卵白】卵白。卵の白身。

【卵巢】卵巣。

【卵黄】卵黄。黄身（きみ）。

【卵石】くり石。玉石（たまいし）。

【卵翼】保護下におく。

乱 luàn ①乱れる。秩序がな
　い。②戦乱。動乱。騒ぎ。△避
　〜/戦乱を避ける。③乱す。混
　乱させる。△以假〜真/にせ物
　を本物の中に入れて分らなく
　する。④心が乱れる。△心烦意
　〜/心が乱れていらいらする。
　⑤乱りに。出たら目に。むやみ
　に。やたらに。△〜吃/むやみ
　に食べる。

【乱兵】反乱兵。敗走兵。

【乱哄哄】乱れ騒ぐ。がやがや騒ぎ
　立てる。

【乱伦】人倫を乱す。乱倫。破倫。

【乱蓬蓬】（髪の毛、草などが）生
　え乱れている様。

【乱七八糟】ごたごたする様。め
　ちゃくちゃだ。

【乱世】乱世。戦乱の世。

【乱说】でたらめを言う。

【乱弹琴】でたらめにやる。でたら
　めを言う。

【乱套】乱れる。

【乱腾】混雑している。騒がしい。

雑踏している。

【乱糟糟】めちゃくちゃに混乱している。

【乱子】騒ぎ。もん着。ごたごた。事故。もめ事（ごと）。△出～/もめごとが出来る。

lüe

掠　lüè　①略奪する。かすめ取る。奪う。△抢～/略奪する。②かすめる。なでる。△燕子～过水面/つばめが水面をかすめる。

【掠夺】略奪する。

【掠美】他人の成果をかすめ取って自分の成果とする。他人の名声を自分の物とする。

【掠取】略奪する。

略　lüè　①少し。いささか。わずか。ざっと。ちょっと。△～见成效/少し効果が現われる。②略。△史～/史略。③省略する。省く。△从～/省略する。④計画。計略。⑤奪い取る。略取する。△攻城～地/城を攻め、土地を奪い取る。

【略略】ほぼ。やや。大体。大略。

【略胜一筹】少し勝る。一枚上だ。

【略图】略図。

【略微】わずかに。いくらか。少しばかり。ちょっと。

【略语】略語。

lun

抡　lūn　振り回す。△～拳/こぶしを振り回す。

伦　lún　①人の道。人倫。②筋道。順序。秩序。③たぐい。同類。仲間。

【伦次】順序。次第。条理。△语无～/話に条理がない。しどろもどろだ。

【伦理】倫理。△～学/倫理学。

沦　lún　没落する。陥る。落ちぶれる。△～为乞丐/こじきにまで落ちぶれた。

【沦落】零落する。落ちぶれる。さすらう。

【沦亡】（国が）亡びる。滅亡する。

【沦陷】敵に占領される。陥落する。

纶　lún　①青い絹糸のひも。②つり糸。

轮　lún　①輪。車輪。②輪形の物。△日～/太陽。日輪。③汽船。④番が回ってくる。代る代る。△下次～到你的班了/この次は君の番になる。⑤一周することを言う。一回り。△头～影片/封切り映画。

【轮班】交替で勤務する。回り番。

【轮唱】輪唱。

【轮船】汽船。蒸気船。

【轮渡】渡し船（ぶね）。連絡船。フェリー・サービス。

【轮番】順番に。代る代るに。

【轮换】代る代る。交代に。順番に。

【轮机】①タービン。②汽船などのエンジン。△～长/機関長。チーフ・エンジニア。

【轮廓】①輪郭。②物事のあらまし。概観。アウトライン。

【轮流】順番に。順順に。代る代る。

【轮胎】タイヤ。

【轮休】①順次に土地を休閑させること。②順番に休む。代る代る休む。

【轮训】代る代る訓練する。

论 lùn ①論じる。述べる。△就事～事/事実に基づいて事を論じる。②学説。△唯物～/唯物論。③言う。見なす。△相提并～/同等に見なす。④評定する。論定する。⑤…によって、…に応じて。…を基準にして。

【论处】処罰する。処する。
【论敌】論敵。論争の相手。
【论点】論点。
【论调】論調。言い草（ぐさ）。
【论断】①論断する。②論断。
【论功行赏】論功行賞。
【论据】論拠。
【论理】①理屈から言えば。道理から言うと。②論理。△～学/論理学。ロジック。
【论述】①論述する。②論断。
【论说】①論説する。②論断。
【论坛】論壇。言論界。
【论文】論文。△毕业～/卒業論文。卒論。
【论战】論戦する。
【论证】①論証する。②論拠。
【论著】（研究的な）著作。学術書。

luo

罗 luō
【罗唆】①くどくどしくしゃべる。くどい。②めんどう臭い。わずらわしい。

捋 luō しごく。たくし上げる。△～树叶/木の葉をしごき落とす。

罗 luó ①鳥網。②網を張り回らして鳥を捕る。△～雀/網ですずめを捕る。③木目（きめ）細かいふるい。△铜丝～/金網のふるい。④ふるいに掛ける。△～面/小麦粉をふるいに掛ける。⑤薄絹。木目の細かい絹織物。△～扇/薄絹の扇。

【罗锅】背骨が曲がる。ねこ背。
【罗列】①陳列する。並べる。②ら列する。羅挙する。
【罗盘】ら針盤。ら針儀。コンパス。
【罗圈腿】がにまた。O脚（オーきゃく）。
【罗网】鳥や魚を捕る網。△自投～/自分でわなに掛かる。
【罗织】無実の罪をでっちあげる。△～罪名/罪名をでっちあげる。
【罗致】招へいする。招き寄せる。

萝 luó つるのある植物。
【萝卜】大根。

逻 luó
【逻辑】①論理。ロジック。②客観的な法則。△～学/論理学。

锣 luó どら。△敲～/どらを鳴らす。
【锣槌】どらを打つばち。
【锣鼓】どらと太鼓。

箩 luó 竹で編んだ物入れのざる。
【箩筐】竹や柳の枝で編んだかごとざる。

骡 luó らば。

螺 luó ①にし。田にし。②うずまき状の指紋。
【螺号】（吹き鳴らしの）ほら貝。
【螺母】ナット。めねじ。
【螺丝】ねじ。ねじくぎ。ボルト。△～刀/ドライバー。ねじ回し。
【螺旋】ら旋。
【螺栓】ボルト。
【螺旋桨】プロペラ。スクリュー・プロペラ。ら旋推進器。

裸 luǒ 裸になる。丸裸になる。丸出しだ。
【裸露】裸になる。露出する。あら

わになる。

【裸体】裸。裸体。

荦 luò　明らかだ。はっきりしている。

【荦荦】（物事が）明らかだ。はっきりしている。際立っている。△～大端/明らかな要点と主な項目。

络 luò　①網状の物。②（漢方医で言う）経絡。③（網状の物で）包む。④絡む。巻く。

【络腮胡子】ほおひげ。

【络绎不绝】ひっきりなしに行き来する。

骆 luò

【骆驼】らくだ。△～绒/キャメル。

落 luò　①落ちる。落とす。△花瓣～了/花びらが落ちた。②下がる。降下する。△～价/値が下がる。③降下させる。下ろす。△～下窗帘/カーテンを下ろす。④落ごする。後れる。立ち後れる。⑤止まる。残す。△不～痕迹/跡を残さない。⑥手に落ちる。⑦手に入れる。得る。△～不是/非難される。

【落笔】筆を下す。

【落泊】落ちぶれる。零落する。困窮する。

【落潮】下げ潮。落ち潮。引き潮。

【落成】落成する。△～典礼/落成式。

【落得】結局…になる。…に終る。…というはめになる。…という結果になる。…を招く。△～一

事无成/結局何もできなかった。

【落地】①（物体が地上に）落ちる。つく。②（赤ちゃんが）生まれ落ちる。

【落后】①後になる。落ごする。立ち後れる。②（立てられた計画より）遅れる。遅くなる。③時代遅れくれになる。

【落户】定住する。住み着く。

【落花流水】散散たたきのめされる様。惨たんたる状態になる。こっぱみじんに打ち砕く。

【落花生】落花生。南京豆。

【落价】①価格が下落する。②落ちぶれる。

【落脚】臨時に止まる。しばらくとう留する。

【落空】だめになる。当てがはずれる。

【落泪】涙を流す。

【落实】着実にする。実行に移す。実現させる。△～政策/政策を現実に定着させる。

【落水管】とい。

【落网】（犯人が）逮捕される。あげられる。

【落伍】①落ごする。②時代遅れになる。立ち後れる。

【落选】落選する。

【落叶】①おちば。②落葉する。△～树/落葉樹。

摞 luò　①積み重ねる。積み上げる。△～砖/れんがを積み上げる。②（助数詞）重ね。△一～纸/一重ねの紙。

M

ma

妈 mā ①母（はは）。母親。お母さん。ママ。母ちゃん。②おばさん。△姑～/おばさん（父の姉妹）。

抹 mā ①ぬぐう。ふく。△～桌子/机をふく。②手で押えながら下ろす。

【抹布】布きん。雑（ぞう）きん。

麻 má ①ざらざらする。なめらかでない。②あばた。③小さい斑点のある物。④しびれる。ぴりぴりする。△腿～了/足がしびれた。

【麻痺】①麻ひする。しびれる。②油断する。

【麻布】麻布。フラックス。

【麻袋】麻袋（またい）。

【麻刀】すさ。

【麻烦】①面倒臭い。わずらわしい。やっかいだ。②面倒を掛ける。手数を掛ける。

【麻花】（小麦粉をねってからねじって油であげ、白砂糖を振り掛けた菓子）ねじりぼう。

【麻酱】ごま味そ。

【麻利】敏しょうだ。すばしこい。きびきびする。できぱきする。

【麻木】しびれる。無感覚になる。△～不仁/①手足がしびれて感覚がなくなる。②外界の事物に対して無神経なさま。

【麻雀】①すずめ。②マージャン。

【麻纱】①麻布。②ゴーズ。モスリン。

【麻绳】麻ひも。麻なわ。

【麻线】麻糸。

【麻药】麻酔剤。麻薬。

【麻油】ごま油。

【麻子】①あばた。②あばた面（づら）の人。

【麻醉】①麻酔を掛ける。△～剤/麻酔剤。麻酔薬。②麻ひさせる。

马 mǎ 馬。

【马鞍】馬のくら。

【马鞭】馬のむち。

【马不停蹄】馬がひた走りに走る。旅路を急ぐ。

【马车】馬車。

【马达】モーター。

【马刀】騎兵用の軍刀。

【马灯】カンテラ。提燈。

【马镫】あぶみ。

【马队】騎兵隊。

【马粪纸】馬ふん紙。ボール紙。ストロ・ボード。

【马蜂】すずめばち。

【马虎】いい加減だ。ルーズだ。

【马厩】きゅう舎。馬屋（うまや）。

【马克思列宁主义】マルクス・レーニン主義。

【马口铁】ブリキ。

【马裤】乗馬ズボン。

【马拉松】①マラソン。②だらだらとする。長たらしい。冗長だ。

【马力】馬力。ホースパワー。

【马铃薯】ポテト。じゃがい。馬鈴しょ。

【马路】大通り。

【马枪】騎銃。

【马球】ポロ。

【马上】すぐ。さっそく。直ちに。

【马术】馬術。

【马蹄】馬のひづめ。馬てい。△～鉄/馬てい形磁鉄。

【马桶】便器。おまる。

【马戏】曲馬。サーカス。

【马靴】乗馬ぐつ。長ぐつ。

【马扎】床几（しょうぎ）。

吗 mǎ

【吗啡】モルヒネ。

玛 mǎ

【玛瑙】めのう。

码 mǎ ①数字。番号。△数～/数字。②積み重ねる。積み上げる。△～砖/れんがを積み重ねる。③ヤード。

【码头】船つき場。波止場（はとば）。港。ふ頭。

蚂 mǎ

【蚂蟥】ひる。水びる。

【蚂蚁】あり。

骂 mà ①ののしる。悪口を言う。△～人/人をののしる。②しかる。説教する。どなる。△挨～/しかられる。

【骂街】屋外に出て大声で口ぎたなく悪態をつく。大勢の前であてこすりに人の悪口を言う。

【骂名】悪名。汚名。

mai

埋 mái 埋める。うずめる。

【埋藏】埋蔵する。埋まっている。

【埋伏】①伏兵をおく。待ち伏せする。②隠れる。潜る。

【埋没】埋もれている。隠して現わさない。△～人材/人材を埋

めておく。

【埋头】没頭する。

【埋葬】埋葬する。

买 mǎi 買う。△～两张邮票/切手を2枚買う。

【买办】買べん。コンプラドール。△～资产阶级/買べんブルジョアジー。

【买方】買い手。

【买价】買い値。

【买空卖空】空相場をする。空取引をする。

【买卖】①商売。商い。②店。

【买通】賄ろを使って買収する。

【买主】買い主。買い手。

迈 mài ①またぐ。足を踏み出す。②年を取る。老いる。③マイル。

【迈步】足を踏み出す。

【迈进】まい進する。つき進む。

麦 mài ①麦。②小麦。

【麦麸】（麦の）ふすま。

【麦秸】麦わら。

【麦精】麦芽エキス。

【麦克风】マイクロフォン。

【麦片】オートミール。

【麦收】麦の取り入れ。麦を刈る。

【麦穗】麦の穂。

【麦芽】麦芽。△～糖/マルトース。マルトビオーゼ。麦芽糖。

卖 mài ①売る。②裏切る。売る。

【卖方】売り手。

【卖关子】もったいぶる。思わせぶりをする。

【卖国】国を売る。売国。△～贼/売国奴。

【卖价】売り値。

【卖力】①精を出す。骨身を惜しまない。一生懸命に努力する。②肉体労働をして暮らしを立て

る。

【卖命】命掛けでやる。一生懸命に
やる。

【卖弄】見せびらかす。ひけらか
す。△～学问/学問をひけらか
す。

【卖俏】しなを作る。こびる。

【卖艺】(街頭で) 芸能を演じて生
活を立てる。流し。

【卖淫】売いんする。売春する。

【卖主】売り主。売り手。

【卖座】客入り。客足。

脉 mài ①(動脈と静脈の総称)
脈。②脈拍。脈。△诊～/脈を見
る(取る)。③葉脈。し脈。④山
脈。鉱脈。

【脉搏】脈拍。脈。

【脉络】①(漢方医学) 脈絡。血管。
②筋。脈絡。条理。

man

埋 mán

【埋怨】怨む。怨みを言う。愚痴を
こぼす。責める。

蛮 mán　手荒だ。荒っぽい。情
理を弁えない。△～不讲理/理
不尽極まりない。

【蛮干】むちゃくちゃやる。しゃ
にむにやる。

【蛮横】横暴だ。強引 (ごういん)
だ。

馒 mán

【馒头】マントー。

瞒 mán　ごまかす。だます。欺
く。隠す。内緒にする。

【瞒哄】ごまかす。だます。

【瞒上欺下】上をごまかし、下をだ
ます。

满 mǎn　①満ちる。一杯にな

る。一杯だ。△装～/一杯積む。
②満たす。一杯にする。△～上
一杯/杯に酒を満たす。③ (期
限が) 終わりになる。一杯にな
る。満ちる。満期。△不～一年
/一年足らず。④満。…じゅう。
全体の。すべての。△～院子都
种着花/庭一面に花が植えて
ある。⑤満足する。⑥自ぼれ
る。自慢する。おごり高ぶる。

【满不在乎】少しも気にしない。
平気だ。

【满城风雨】うわさが至る所に広
まる。至る所にセンセーション
を起こしている。てんやわんや
の論議。

【满打满算】全部を計算に入れる。

【满额】定数に達する。

【满分】満点。△得～/満点を取
る。

【满腹牢骚】不満が五万とある。不
平たらたら。

【满怀】①胸一杯。たっぷり。△～
信心/自信たっぷりだ。②胸。△
撞了个～/真向からぶつかった。

【满口】口一杯。言うことすべて。

【满面】満面。顔中。△笑容～/顔
じゅうに笑みを浮かべる。

【满腔】満こう。△～热情/満こう
の熱意。

【满身】全身。体じゅう。

【满师】(職人などの) 修業や見習
い期間が終わること。年期が明
ける。

【满天】空いっぱい。

【满心】心から。山山だ。△～欢喜
/心から喜ぶ。

【满眼】①目に一杯。②満目。見渡
すかぎり。視野に満つ。

【满意】(願いがかなって) 嬉しく思
う。もの足りる。気に入る。満
足する。

【满员】满员。

【满月】①满月（まんげつ）。望月（もちづき）。②（子供の誕生後）満1カ月になる。赤んぼうが生れて一月（ひとつき）目のこと。

【满载】満載する。△～而归/満載して帰る。

【满足】①満足する。②満たす。満足させる。

【满座】満員。

曼 màn　①しなやかだ。△轻歌～舞/軽やかな歌、しなやかな踊り。②長い。

【曼妙】（舞い姿が）しなやかで美しい。

【曼声】ゆっくりと声を長く引く。△～低语/ゆっくりとささやく。

【曼陀林】マンドリン。

谩 màn

【谩骂】あざけりののしる。侮りののしる。悪口を言う。

漫 màn　①溢れ出る。△大水～过了堤岸/大水が堤防を越えた。②至る所に広がる。まん延する。△黄沙～天/黄じんが空一面に立ち込める。黄じん万丈。③締まりがない。取り留めがない。ほしいままにする。△～无目标/何の当てもない。

【漫不经心】全く気にしない。少しも気に掛けない。ちっとも注意を払わない。

【漫步】漫歩する。散歩する。

【漫长】（時や道路が）長長しい。長たらしい。

【漫画】漫画。

【漫漫】①長々と続いている。△长夜～/夜が長長しい。②果てしない。

【漫谈】自由討論する。

【漫无边际】①広広として果てがない。②話や文章などがだらだらとして本題から離れていること。

【漫游】気のむくままにぶらつく。遊ぶ。

蔓 màn

【蔓生植物】蔓生植物。つる植物。

【蔓延】まんえんする。広がる。

慢 màn　①遅い。のろい。ゆっくり。△～走/ゆっくり歩く。②ゆっくりと。△～点告诉他/ゆっくり話してやりなさい。③態度が冷たんだ。無礼だ。△～待/冷遇する。粗末に扱う。

【慢坡】だらだら坂。なだらかな傾斜。

【慢腾腾】ゆっくり。のろのろ。

【慢性】①慢性の。△～中毒/慢性中毒。②気が長く落ち着いた性質。ぐずぐずの素質。

幔 màn　幕。カーテン。△窗～/窓のカーテン。

mang

忙 máng　①忙しい。②（仕事を）急ぐ。忙しく働く。

【忙碌】忙しい。忙（せわ）しい。

【忙乱】（仕事が多くて）混雑する。取り込む。ごたごたする。

芒 máng　①すすき。②のぎ。のけ。△麦～/麦ののぎ。

【芒果】マンゴー。

盲 máng　盲（めくら）。

【盲肠】盲腸。

【盲从】盲従する。

【盲动】盲動する。△～主义/盲動主義。

【盲目】盲目的だ。

【盲人】めくら。盲人。
【盲文】点字。点字文。

茫　máng　①広広として果てしない。はっきり見えない。②何も知らない。はっきりしない。
【茫茫】ぼうぼうとしている。△～林海/ぼうぼうたる樹海。
【茫然】何が何だかさっぱり分からない。ぼうとしている。

莽　máng　①密生した草。草むら。やぶ。②軽率だ。そそっかしい。がむしゃらだ。
【莽汉】むてっぽうな男。がむしゃらな男。
【莽莽】①草木の茂るさま。②広広として果てしない。
【莽撞】がむしゃらだ。むてっぽうだ。そそっかしい。

蟒　mǎng
【蟒蛇】うわばみ。

mao

猫　māo　ねこ。
【猫头鹰】みみずく。ふくろう。
【猫熊】パンダ。

毛　máo　①毛。羽毛。△羊～/羊毛。②かび。△长～了/かびが生える。③加工していない。あら削りの。△～铁/铣鉄。④小さい。⑤そそっかしい。粗こつだ。⑥驚きあわてる。おじけがつく。恐ろしくなる。びくびくする。△心里发～/内心おじけだつ。
【毛笔】筆。
【毛病】①故障。②（仕事上の）誤り。失敗。欠点。
【毛玻璃】すりガラス。
【毛糙】粗い。ざらざらしている。いい加減だ。

【毛虫】毛虫（けむし）。
【毛豆】枝豆。
【毛纺】毛織物紡績。
【毛巾】タオル。
【毛料】毛織物の生地。
【毛毛雨】霧雨（きりさめ）。小ぬか雨。
【毛皮】毛皮。
【毛茸茸】毛のふかふかしているさま。
【毛瑟枪】モーゼル。
【毛毯】毛布。
【毛细管】①毛細血管。②毛細管。
【毛线】毛糸。
【毛衣】セーター。
【毛泽东思想】毛沢東思想。
【毛毡】フェルト。ブランケット。
【毛织品】①毛織り物。②編み物。

矛　máo　ほこ。
【矛盾】矛盾。
【矛头】矛先（ほこさき）。

茅　máo　ちがや。かや。
【茅草】ち草類の植物。
【茅房】便所。かわや。

锚　máo　いかり。アンカー。△起～/いかりを上げる。
【锚地】泊地。びょう地。

铆　mǎo　①リベットしめ。②リベットを打つ。
【铆钉】リベット。△～枪/（リベットを打つ）気動ハンマー。
【铆工】リベット工。

茂　mào　①茂る。②豊富で立派だ。△图文并～/さし絵も文章も内容が豊富で立派だ。
【茂密】密生している。すき間なく生い茂る。
【茂盛】よく茂る。繁茂する。

冒　mào　①外に出て来る。立ち上る。△～烟/煙が立ち上る。②

…を冒して。…をものともせず
に。△～雨/雨を冒して。③偽称
する。偽る。△～领/名義をかた
って横取りする。

【冒犯】失礼なことをする。礼を失
する。犯す。

【冒号】コロン。

【冒火】腹が立つ。怒る。かっとな
る。

【冒进】ちょ突冒進する。早まった
ことをする。

【冒昧】ぶしつけだ。失礼だ。先を
顧みず。

【冒名】名をかたる。△～顶替/他
人の名義をかたって替え玉にな
る。

【冒牌】商標を盗用する。にせ。

【冒失】（話や仕事が）そそっかし
い。軽率だ。

【冒头】①容器にうず高く積まれ
ている。容器に山盛りになる。
②数をほんの少し超過する。は
したが出る。③ずば抜けてい
る。並はずれている。④表面に
出る。現われる。

【冒险】冒険する。危険を冒す。

贸 mào　貿易。取引。

【留然】軽率に。軽軽しく。△～下
结论/軽軽しく結論を下す。

【贸易】貿易。交易。取引。通商。
△～逆差/入超。

帽 mào　①帽子。△草～/麦わ
ら帽子。②器物に被せる物。△
笔～/筆のさや。ペンのキャッ
プ。

【帽徽】帽章。

【帽舌】帽子のひさし。

【帽檐】帽子のつば。

【帽子】①帽子。②レッテル。△扣
～/レッテルを張る。

貌 mào　①容ぼう。△～美/容

貌が美しい。②姿。かっこ。外
観。様子。

【貌似】うわべは…そうだ。…らし
く見える。△～强大/うわべは
強そうだ。

mei

没 méi

【没词】返答に詰まる。

【没错】間違いがない。

【没法子】仕方がない。手がない。
すべがない。

【没关系】構わない。差し支えな
い。大丈夫だ。

【没精打采】萎れる。しょんぼりす
る。元気がない。

【没命】①死ぬ。②めぐまれてい
ない。ついていない。

【没趣】恥をかく。面目がない。メ
ンツがない。

【没什么】何でもない。構わない。
差し支えない。

【没事】①用事がない。暇だ。②大
したことはない。

【没事找事】ことさらにあら捜し
をする。

【没有】①持たない。ない。△～钱
/お金がない。②いない。ない。
△～人/人がいない。③まだ…
ない。△还～回来/まだ帰ってこ
ない。

玫 méi

【玫瑰】浜なし。ばら。

眉 méi　①まゆ。まゆ毛(げ)。②
本のページの上部の余白。天。

【眉笔】まゆずみ。

【眉开眼笑】笑顔がこぼれる。に
こにこして嬉しそうだ。

【眉来眼去】色目を使う。目配せ
をする。流し目に見る。

【眉目】①手がかり。系口（いとぐち）。②目鼻。

【眉梢】まゆじり。

梅 méi　梅（うめ）。

【梅毒】梅素。シフィリス。

【梅花】うめ。梅の花。

【梅雨】つゆ。梅雨（ばいう）。

【梅子】梅。

媒 méi　仲人（なこうど）。媒しゃく人。△做～/媒しゃくする。

【媒介】媒介。仲介。

【媒人】仲人。

煤 méi　石炭。

【煤仓】石炭入れ。コール・ビン。コール・バンカー。

【煤层】炭層。

【煤场】石炭問屋。

【煤斗】石炭ばけつ。

【煤灰】石炭灰。

【煤焦油】コール・タール。石炭タール。

【煤精】黒玉。

【煤矿】炭鉱。コール・マイン。

【煤气】①コール・ガス。②酸化炭素。

【煤气灯】①ガス燈。ガス・ランプ。②ブンゼン・バーナー。

【煤球】たどん。豆炭（まめたん）。

【煤炭】石炭。

【煤田】炭田。

【煤烟】すす。

【煤窑】炭坑。

【煤油】ケロシン。

【煤渣】石炭がら。

【煤砖】石炭の粉に黄土を交ぜてれんがの形に作った物。

霉 méi　①かび。糸状菌など。②かびる。

【霉菌】かび菌。糸状菌。

【霉烂】かびが生えて腐る。

每 měi　①毎（まい）。みな。△～天/毎日。②…するたびごとに。③しばしば。よく。

【每当】…になるといつも。…になるごとに。

【每况愈下】情況がますます悪くなる一方だ。

美 měi　①美しい。奇麗だ。②よい。すばらしい。素敵だ。見事だ。△物～价廉/品物がよくて値段が安い。

【美德】美徳。

【美感】美感。

【美工】映画などの美術関係の仕事またはそれをする人。

【美观】美しい。奇麗だ。立派だ。

【美国】アメリカ合衆国。△～人/アメリカ人。

【美好】美しい。よい。素晴らしい。

【美化】美化する。美しくする。

【美景】美しい景色。

【美丽】美しい。奇麗だ。

【美满】満ち足りる。素晴らしい。立派だ。円満だ。

【美妙】素晴らしい。麗しい。

【美名】美名。名声。

【美人】美人。美女。

【美容】美容。△～院/美容院。

【美术】①美術。△～馆/美術館。②絵画。

【美味】おいしい食べ物。美味。

【美学】美学。

【美言】うまく取り持つ。

【美育】情操教育。

【美元】ドル。

【美中不足】玉にきず。すばらしい中にもすこし足りない点がある。

镁 měi　マグネシウム。

【镁光】マグネシウム光。マグネシ

ウム・ライト。△～灯/フラッシ
ュ・バルブ。

妹 mèi ①妹。②（同族同世代
で）年下の女。
【妹夫】妹の夫。妹婿。

昧 mèi ①分らない。△素～平
生/全然見知ぬ(人)。②隠す。ご
まかす。△～良心/良心にもと
る。

謎 mèi
【謎儿】なぞ。

媚 mèi ①こびる。へつらう。△
～外/外国に追従する。外国に
（こびる）へつらう。②明びた。
愛きょうがある。かわいらし
い。

魅 mèi 化け物。物のけ。よう
怪。
【魅力】魅力。

men

闷 mēn ①息が詰まる。うっと
うしい。むっとする。△胸口～
得喘不过气来/胸苦しくて息も
付けない。②蒸らす。△把饭再
～一会儿/ご飯をもう少し蒸ら
しておこう。③閉じこもる。△
～在家里读书/家に閉じこもっ
て本を読む。

门 mén ①門。出入口。ドア。△
关～/ドアを閉める。②とびら。
△铁～/鉄のとびら。③秘けつ。
やり方。要領。骨。△刚摸～/骨
を覚えたばかりだ。④（封建家
族の）一族。家族。一家。⑤
（宗教や学術上の派別）…派。⑥
部類。種類。
【门板】①（粗末な）木のとびら。
②（朝おろし夜取り付ける店

の）板戸。
【门洞】屋根付きの奥深い門の通
路。
【门房】①門番の詰め所。②門番。
【门岗】(入口に立つ)歩しょう。門
衛。
【门户】①門。戸。戸口。△小心～/
戸閉まりご用心。②門戸。△～
开放/门戸开放。③派別。△～之
见/派別の偏見。
【门环】門のとびらに付けてある
金属製のかん。
【门禁】門の警備。門の出入取り
締まり。
【门径】糸口。手掛かり。
【门槛】敷居。
【门口】入り口。戸口（とぐち）。
【门类】部別類。分類。
【门帘】ドアに掛けるカーテン。暖
れん。
【门路】①やり方。秘けつ。要領。
骨。②コネ。手づる。
【门面】商店や建物の構え。△装
饰～/門構えを飾る。
【门牌】番地を記した門札。
【门票】（公園、博物館などの）入
場券。
【门扇】門のとびら。
【门市】小売り店。販売部。△～部
/小売り店。販売部。
【门闩】門のかんぬき。△插上～/
門のかんぬきをさす。
【门徒】弟子。門弟。
【门外汉】しろうと。門外漢。
【门牙】門歯。
【门诊】外来患者の治療をする。△
～部/外来患者診察室。

扪 mén 手を当てる。なでる。
【扪心自问】胸に手を当てて反省
する。

闷 mèn ①退屈だ。くさくさす

る。ふさぐ。うつうつと。△～
不乐/うつうつとして悩む。②
密閉する。

【闷气】うっ憤（ぷん）。

焖 mèn ふたをしっかりしてと
ろ火（び）で煮る。△～饭/ご飯
をたく。

们 men （複数を表わす）たち。
ら。△孩子～/子供たち。

meng

蒙 mēng ①だます。ごまかす。
欺く。△别～人/人をごまかす
な。②あてずっぽうだ。当て推
量。△别瞎～/あてずっぽうは
いけない。③ぼうっとなる。く
らくらする。△头发～/頭がぼ
うっとする。

【蒙蒙亮】東の空が白み始めた頃。
夜が明けそめた頃。

【蒙头转向】何が何だか分からず。
やたらにばたばたする。

萌 méng 芽ばえる。きざす。も
える。

【萌芽】芽生え。芽生える。

蒙 méng ①被る。被せる。覆
う。△～上一张纸/紙を一枚被
せておく。②蒙る。受ける。△
～您照料，非常感谢/大変お世
話になりまして、厚くお礼申し
上げます。

【蒙蔽】惑（まど）わす。だます。
ごまかす。欺く。

【蒙哄】だます。

【蒙混】人をだます。人をごまか
す。△～过关/人をごまかして、
その場逃れをする。

【蒙昧】もうまいだ。△～无知/無
知もうまいだ。

【蒙蒙】しとしと。そぼそぼ。しょ

ほしょほ。△～细雨/しとしとと
降る霧雨。そぼ降るぬか雨。

【蒙受】蒙る。受ける。△～耻辱/
恥辱を受ける。侮辱される。

【蒙太奇】モンタージュ。

盟 méng ①盟。同盟。△工农联
～/労農同盟。②兄弟の契りを
結ぶ。△～兄弟/義兄弟。

【盟国】同盟国。

【盟军】同盟軍。

【盟友】①盟友。②同盟国。

【盟员】同盟員。

【盟约】条約。

【盟主】盟主。

曚 méng

【曚昽】日光が明るくない。

朦 méng

【朦胧】①月がおぼろだ。②はっき
りしない。ぼんやりしている。

矇 méng 失明する。

【矇昽】うつらうつらする。うとう
とする。（寝ぼけて）目がぼんや
りする。△睡眠～/眠気（ねむ
け）がさしてうとうとする。

猛 měng ①猛烈だ。激しい。△
雨下得很～/雨が激しく降る。
②にわかに。ぽんと。突然。急
に。さっと。△～地站起来了/さ
っと立ち上がった。

【猛进】猛進する。突進する。勇し
く前進する。

【猛力】猛烈に。激しく。強力に。

【猛烈】猛烈だ。激しい。

【猛禽】猛きん。

【猛然】突然。急に。△～回头/急
に振り向く。

【猛士】勇士。

【猛兽】猛獣。

蒙 měng

【蒙古】モンゴル。△～包/パオ。

锰 měng　マンガン。

【锰钢】マンガン鋼。

懵 měng

【懵懂】愚かだ。事理を弁えない。

孟 mèng　①季節の始めの月。△～春/旧暦の一月。②兄弟姉妹の中で一番上。

【孟什维克】メンシエビキ。

梦 mèng　①夢。△做～/夢を見る。②夢を見る。

【梦话】①寝言（ねごと）。②たわ言（ごと）。

【梦幻】夢幻。幻想。

【梦见】夢に見る。

【梦境】夢境。夢の世界。

【梦寐以求】寝てもさめてもあこがれいる（求めている）。

【梦想】夢想。夢見る。

【梦魇】夢えん。夢でうなされる。

mi

咪 mī

【咪咪】①（猫の鳴き声）ニャオ・ニャオ。②にっこりとする。

眯 mī　目を細める。△～着眼笑/目を細めて笑う。

弥 mí　①満ちる。至る所に広がる。②満たす。補う。おおい隠す。③一層。更に。ますます。

【弥补】不足を補う。△不可～的损失/取り返しのつかない損失。

【弥留】臨終。△～之际/臨終の際。

【弥漫】び漫する。みなぎる。

迷 mí　①迷う。△～路/道に迷う。②たんできする。夢中になる。△看电影看了～/映画に夢中になる。③狂。マニア。ファン。△影～/映画狂。④くらむ。

うっとりする。陶酔する。△金钱～住心窍/金に目がくらむ。△景色～人/景色が人をうっとりさせる。

【迷航】（船や飛行機が）針路を見失う。

【迷糊】（意識や目が）はっきりしない。ぼんやりする。ぼやける。ぼうっとする（なる）。

【迷惑】①迷う。惑う。②迷わす。惑わす。

【迷恋】夢中になる。

【迷路】①道に迷う。②正しい方向を失うことのたとえ。

【迷途】道に迷う。△～知返/誤りを悟り正道に立ち帰る。

【迷惘】ぼう然とする。

【迷信】迷信。

谜 mí　なぞ。△猜～/なぞを解く。

【谜底】①なぞの答え。②事物の真相。

糜 mí　①ただれる。腐敗する。②浪費する。むだ使いをする。

【糜费】浪費する。むだ使い。

【糜烂】ただれる。腐敗する。

靡 mí　浪費する。

【靡费】→【糜費】

米 mǐ　①米（こめ）。②（もみがらを取り去った）穀類。

【米饭】ご飯。

【米粉】①しんこ。②しんこで作ったうどん。

【米酒】もち米またはもちあわで作った酒。

【米粒】米粒。

【米色】卵色。あめ色。淡黄色。

【米制】メートル法。

眯 mǐ　（ほこりや砂が）目に入る。△沙子～了眼睛/砂が目にはいった。

靡 mǐ　なびぐ。
【靡靡之音】たい廃的なメロディ
　ー。

泌 mì　分泌する。
【泌尿器】泌尿器。

觅 mì　尋ねる。捜す。求める。
　△～知音/知己を求める。

秘 mì　①秘密だ。②秘密を守
　る。秘密にする。
【秘本】秘本。
【秘方】秘伝の処方箋。
【秘诀】秘けつ。
【秘密】①秘密だ。△～文件/秘密
　文書。②秘密。
【秘史】秘史。
【秘书】秘書。

密 mì　①密だ。ちゅう密だ。△
　人口～/人口が密だ。②親しい。
　仲がよい。密接だ。親密だ。△
　过从甚～/まじわりが密切だ。
　③秘密だ。△～约/密约。
【密布】濃く立ち込める。水も漏ら
　さぬように配置する。△乌云
　～/黒雲が立ち込めている。
【密电】暗号電報。
【密度】①密度。△人口～/人口の
　密度。②密度。
【密封】密封する。
【密集】密集する。
【密件】密書。秘密文書。
【密码】暗号。電報用暗号。
【密谋】密計。密議。密謀。
【密切】①関係が近い。親しい。密
　接だ。緊密だ。②緊密にする。③
　細かだ。△～关注/注意深く見
　守る。
【密商】秘密に相談する。
【密使】密使。
【密室】密室。
【密谈】密談する。
【密探】密てい。スパイ。

【密约】密約する。
【密植】密植。

蜜 mì　①はちみつ。②みつの
　ように甘い物。③甘い。
【蜜蜂】みつばち。
【蜜柑】みかん。
【蜜饯】①砂糖づけにする。②砂糖
　づけの果物。
【蜜橘】みかん。
【蜜源】みつげん作物。
【蜜月】みつ月。ハネムーン。△～
　旅行/みつ月旅行。新婚旅行。
【蜜枣】なつめの砂糖づけ。
【蜜渍】砂糖づけ。

mian

眠 mián　①眠る。△彻夜不～/
　一晩中まんじともしない。②
　休眠する。△冬～/冬眠する。

绵 mián　①真綿。②長く続く。
　△连～/ずっと続く。③柔らか
　い。△～弱/軟弱だ。
【绵亘】綿綿たる。
【绵绵】綿綿たる。長長と続く。
【绵软】①ふかふかする。ふわふわ
　する。△～的羊毛/ふわふわし
　た羊毛。②くたくただ。だるい。
　△累得～无力/くたくたに疲れ
　る。
【绵延】えんえんたる。えんえん
　と。△～千里的山脉/えんえん
　千里にわたる山脈。
【绵羊】綿羊。
【绵纸】薄くて柔らかい紙。

棉 mián　①綿（わた）。木綿。カ
　ポック。パンヤ。②綿花。綿。
【棉袄】綿入れの上衣。
【棉被】綿入れの掛けぶ団。
【棉布】綿布。コットン。
【棉纺】棉紡。

【棉猴】フード付きの棉入れオーバー。
【棉花】棉花。
【棉裤】綿入れのズボン。
【棉毛裤】メリヤスのズボン下。
【棉纱】綿糸。紡績糸。
【棉毯】綿毛布。
【棉桃】棉の実。
【棉田】綿畑。
【棉线】綿糸。も綿糸。
【棉絮】①綿の繊維。②ふ団綿。
【棉织品】綿製品。綿織物。
【棉籽】綿の実。綿の種子。

免 miǎn ①免ずる。免除する。△～交学费/授業料を免除する。②免れる。避ける。△那是～不了的/それは免れ得ないことだ。③…してはいけない。べからず。△闲人～进/無用の者ははいるべからず。

【免不了】免れない。避けられない。
【免除】免除する。なくす。
【免得】…ないように。△问清地址，～迷路/道に迷わないように住所をはっきり聞いておきなさい。
【免费】無料。△～参观/入場無料。
【免票】①無料券。パス。②無料。
【免验】検査免除にする。
【免职】免職する。

勉 miǎn ①努力する。努める。②励ます。△自～/自らを励ます。③かろうじて。やっとのことで。△～强度日/かろうじて食っているありさまだ。

【勉励】努力する。励む。
【勉强】①かろうじて。やっとのことで。からくも。②無理に。いやいやながら。△～地笑笑/無理に笑顔を作った。③しいる。△我并不～你去/しいて行けとは言わない。④不十分だ。⑤どうにかこうにか。やっと。

面 miàn ①顔。△见～/顔を合わせる。②向く。向かう。前にする。△～对镜子/鏡に向かう。③表。表面。△水～/水面。④面と向かって。直接に。⑤表。表面。△鞋～/布ぐつの表。⑥面。⑦方。側。△上～/上の方。⑧小麦粉。⑨粉(こな)。粉末。△胡椒～/こしょう粉。⑩うどん。

【面包】パン。
【面茶】きび粉を糊状に煮た食品。
【面对】面と向かう。直面する。
【面对面】直接。面と向かう。
【面粉】小麦粉。メリケン粉。
【面红耳赤】耳のつけねまで赤くなる。赤面する。
【面积】面積。
【面颊】ほほ。ほお。
【面筋】ゲルテーン。
【面具】①マヌク。△防毒～/防毒マスク。②マスク。仮面。面。
【面孔】顔。顔つき。△板着～/仏頂づらをする。
【面临】直面する。当面する。
【面貌】①顔。顔つき。容貌。②状態。様相。ありさま。
【面目】①顔。顔付き。つら。②面目。様相。正体。△～全非/様子が一変する。様子がまったく変る。③顔。メンツ。
【面前】面前。目の前。
【面容】顔付き。容ぼう。面容。
【面色】顔色。△～苍白/顔色が青い。
【面纱】ベール。
【面生】見知らぬ顔。面識がない。見覚えのない人。
【面食】小麦粉で作った食品の総称。めん類。

【面熟】見覚えがある。

【面談】面談する。面と向かって話す。

【面条】うどん。

【面団】こねた小麦粉。

【面向】…に向かう。直面する。

【面罩】面。マスク。

【面值】額面価格。額面。

【面子】①表。△被～/ふ団の表。②メンツ。体面。△丢～/メンツがつぶれる。③義理。④粉。粉末。

miao

苗 miáo ①苗（なえ）。若芽。△麦～/麦の苗。②子。△鱼～/稚魚。③ワクチン。

【苗床】苗床（なえどこ）。温床。

【苗圃】苗圃（びょうほ）。

【苗条】すらりとして美しい。きゃしゃだ。

【苗头】兆（きざし）。徴候。

描 miáo ①敷き写しする。も写する。△～图案/図案をも写する。②なでる。なぞる。△写字不要～/字を書く時なぞってはいけない。

【描画】描く。描写する。

【描绘】描く。描写する。

【描述】述べ表わす。

【描图】写図（しゃず）。トレーシング。

【描写】描写する。

瞄 miáo ねらう。

【瞄准】ねらいをつける。ねらいを定める。

秒 miǎo ①（時間の単位）秒。②（角度の単位）秒。③（経緯度の単位）秒。

【秒表】ストップ・ウォッチ。

【秒针】秒針。セカンド。

渺 miǎo ①びょうびょうと。びょうぼうと。△～若烟云/びょうぼうとして雲煙のようだ。②微小。◇～不足道/微小で取るに足らぬ。

【渺茫】①びょうぼうと。②はかない。見込みがない。

【渺小】ちっぽけだ。取るに足りない。

藐 miǎo

【藐视】べっ視する。見下げる。

【藐小】→【渺小】

妙 miào ①すばらしい。立派だ。優れている。△～不可言/そのすばらしさは言葉で言い表わせないに。②妙だ。△～着儿/妙案。

【妙计】妙計。

【妙诀】秘訣。奥の手。

【妙品】絶品。

庙 miào ①先祖の霊屋（たまや）。②びょう。社（やしろ）。み霊屋。△孔～/孔子びょう。

【庙会】びょうの縁日。

mie

灭 miè ①消える。△灯～了/明かりが消えた。②消す。△～火/火を消す。③ほろぼす。無くす。消滅する。△～蝇/はえを退治する。

【灭顶】水に沈んでしまう。溺死する。△～之灾/破滅的な災難。

【灭迹】証拠を隠滅する。

【灭绝】①完全に消滅する。絶滅する。②まったく失う。

【灭口】口をふさぐ。

【灭亡】滅びる。滅亡する。

蔑 miè ①侮る。軽（かる）んず

る。△轻～/軽蔑する。②汚す。
辱しめる。△诬～/デマを飛ば
し人の名誉を傷付する。

【蔑视】さげすむ。軽視する。

篾 miè　竹、あしなどの皮を細
く割ったもの。

【篾席】竹の皮で編んだござ。

min

民 mín　①人民。②ある職業に
従事する人。△农～/農民。③民
族の。△～歌/フォークソング。
民謡。④民間。

【民办】民営。

【民变】いっき。暴動。

【民兵】民兵。

【民不聊生】人民が生活のよりど
ころを失い、塗炭の苦しみをな
める。

【民法】民法。

【民房】民間家屋。

【民愤】大衆の恨み。人民の憤激。

【民国】中華民国。

【民航】民間航空。

【民间】民間。△～故事/民話。民
間説話。

【民警】人民警察の略称。

【民力】人民の力。民力。

【民气】人民の気勢。

【民情】民情。

【民权】民権。

【民生】民生。

【民事】民事。△～案件/民事事件。

【民心】民心。△～所向/民心のお
もむく所。

【民谣】民謡。

【民意】民意。△～测验/世論調査。
アンケート。

【民用】民間用の。

【民政】民政。

【民众】民衆。大衆。

【民主】①民主。②民主的だ。

【民族】民族。

泯 mǐn　消える。失う。無くな
る。△良心未～/良心はまだ無
くなっていない。

【泯没】消す。消滅する。

抿 mǐn　①すぼめる。△～着嘴
笑/口をすぼめて笑う。②ちょっ
ぴり飲む。△～了一口酒/酒を
ちょっぴり飲んでみる。③なで
つける。

悯 mǐn　①哀む。△怜～/哀れ
に思う。②憂愁。憂い。

敏 mǐn　すばしこい。素早い。
△神经过～/神経が過敏だ。

【敏感】敏感だ。

【敏捷】敏捷だ。すばしこい。

【敏锐】鋭い。△目光～/目が鋭
い。

ming

名 míng　①名。名前。△地～/
地名。②…を名目とする。△以
援助为～/援助を名目とする。
③名声。名誉。評判。△～扬天
下/名声が天下に広く知られ
る。④有名だ。名高い。△～作
家/有名な作家。⑤言い表わす。
◇不可～状/名状しがたい。⑥
（助数詞）名。△五十～/五十名。

【名不副实】名実相伴（あいとも
な）わない。

【名不虚传】名が実に恥じない。
名実ともに備わる。

【名册】名簿。△学生～/学生名
簿。

【名产】名産。名物。

【名词】①名詞。②術語。

【名次】順番。

【名存实亡】有名無実だ。

【名单】名簿。

【名额】定員。人数。△招生～/学生募集定員。

【名副其实】名実相伴う。名実ともに備わっている。

【名贵】珍しくて貴重だ。

【名家】名家。名匠。名人。

【名将】名将。

【名利】名利。

【名流】名流。名士。

【名目】名目。口実。

【名牌】①名が売れる。名が通る。ブランド。②名札（なふだ）。表札。

【名片】名刺。

【名气】名声。評判。

【名人】名人。名士。

【名声】名声。評判。

【名胜】名勝。

【名堂】①名目。種目。②成果。結果。③事柄。わけ。

【名望】名望。

【名言】名言。

【名义】①名。名義。②名義上。名ばかりだ。

【名誉】名誉。

【名著】名著。

明 míng ①明るい。△～月/明月。②明らかだ。はっきりする。△去向不～/行方不明。③あからさまに。明け透けに。△有话～说/言うことがあればはっきり言え。④目が利く。目ざとい。◇眼～手快/目も早く手も早い。⑤光明正大だ。⑥視覚。△失～/失明する。⑦分る。わきまえる。△不～真相/真相がわからない。⑧明（みょう）。△～年/来年。

【明白】①はっきりする。明白だ。②賢い。物分りがいい。③分る。

はっきり知る。

【明辩是非】黒白を明らかにする。

【明澈】澄む。清らかだ。

【明处】①明るい所。日なた。②公然と。人前。

【明净】明るくてきれいだ。澄み渡っている。

【明镜】明鏡。曇りのない鏡。

【明快】①明快だ。②朗らかでさっぱりしている。

【明朗】①明るい。②はっきりする。△态度～/態度がはっきりしている。③明朗だ。朗らかだ。△性格～/気性が朗らかだ。

【明亮】①明るい。②きらきら光る。△～的眼睛/きらきら光る目。

【明了】①はっきり分る。②明瞭だ。

【明令】明文で発布した命令。

【明码】①普通の電報符号。②正札。

【明确】①はっきりしている。明確だ。△～判断/明確な判断。②はっきりさせる。

【明天】①あす。あした。明日。②将来。

【明文】明文。

【明晰】明晰だ。はっきりする。

【明虾】車えび。まえび。

【明显】はっきりする。著しい。△～的成效/はっきりした効果。

【明信片】郵便はがき。はがき。

【明星】①明星（みょうじょう）。②スター。

【明哲保身】りこうに保身をはかる。

【明争暗斗】陰に陽に戦う。

【明证】明らかな証拠。

【明知】ちゃんと知っている。△～故问/知っていながらわざと問うてみる。

【明智】賢明だ。

【明珠】玉。珠玉。

【明子】松明（たいまつ）。

鳴 míng ①鳴く。△鶏～/にわとりが鳴く。②鳴る。鳴らせる。△～笛/ホイッスルを鳴らす。③言う。述べる。訴える。△～不平/不平を鳴らす。

【鳴禽】鳴きん。

【鳴冤叫屈】無実を訴え、不平を鳴らす。

茗 míng 茶。△品～/お茶を味わう。

冥 míng ①暗い。△晦～/ほの暗い。②奥深い。△～思/めい想にふける。③あの世。めい土。△～府/閻魔の庁。

【冥思苦想】めい想にふける。

【冥王星】めい王星。プルート。

【冥想】めい想する。

銘 míng ①銘。△座右～/座右の銘。②銘じる。刻みつける。△～心/心に銘記する。

【銘感】感銘する。

【銘記】銘記する。

【銘文】銘文。

瞑 míng

【瞑目】めい目する。目をつぶる。

命 mìng ①命。△喪～/命を落とす。②運命。運。△～苦/運が悪い。③命令。指示。△待～/命令を待つ。④命令する。

【命案】殺人事件。

【命根子】命の綱（つな）。

【命令】①命令。②命令する。命ずる。

【命脈】勘所（かんどころ）。命の綱。

【命名】命名する。名付ける。

【命題】①命題。②問題を出す。

【命運】①運命。めぐりあわせ。②

将来の成り行き。運命。

【命中】命中する。

miu

谬 miù 間違い。誤り。◇大～不然/間違いもはなはだしい。

【谬论】誤った論調。びゅう論。

【谬误】誤びゅう。誤り。

mo

摸 mō ①触（さわ）る。触れる。なでる。△～孩子的头/子供の頭をなでる。②手探りする。探る。捜す。△～出一张钞票/一枚の紙幣を探り出す。③探る。つかむ。分る。△～不着头脑/事情がさっぱり分らない。

【摸底】つかむ。探る。詳しく知る。

【摸索】①手探りで歩く。②模索する。

摹 mó まねる。まねて書く。△把这几个字～下来/このいくつかの字をまねて書きなさい。

【摹本】手本。も本。

【摹写】①模写する。②描く。

模 mó ①模範。手本。②まねる。模倣する。③標準。規範。

【模范】模範。手本。

【模仿】ものまねをする。まねる。模倣する。

【模糊】①模ことする。はっきりしない。△～印象/はっきりしない印象。②あいまいにする。

【模棱两可】あいまいでどっちでも取れる。どっちつかず。

【模拟】①模擬。△～考试/模擬試験。②シミュレーション。

【模特儿】モデル。

【模型】①模型。モデル。②木型。

原型。③型。鋳型（いがた）。

膜 mó ①膜。②うす皮。
【膜拜】ひれ伏して拝する。

摩 mó ①こする。なでさする。近
付く。②みがく。切（せつ）さ
する。
【摩擦】摩擦する。△～力/摩擦力。
フリクション。
【摩登】モダン。
【摩掌】さする。なでる。
【摩天】天を摩する。非常に高い。
△～楼/摩天楼。
【摩托】モーター。△～车/オート
バイ。

磨 mó ①擦れる。擦る。こす
る。△脚上～出个大泡/足に大
きなまめができた。②みがく。
とぐ。△～刀/刀をとぐ。③だ
だをこねる。ねだる。△这孩子
真～人/この子は実によくだだ
をこねる。④ぐずぐずして時
間をつぶす。油を売る。△别～
时间/ぐずぐずしないでくれ。
⑤苦しめる。
【磨蹭】①こする。②ぐずぐずす
る。のろのろする。
【磨床】グラインディング・マシ
ン。研削盤。
【磨刀石】砥石（といし）。
【磨光】グラインディング。研磨す
る。
【磨练】鍛える。試練を受ける。
【磨灭】ぬぐう。消す。消える。
【磨难】難儀。苦しみ。苦難。
【磨砂玻璃】すりガラス。

蘑 mó
【蘑菇】きのこ。マッシュルーム。

魔 mó ①魔。悪魔。△着了～似
的/悪魔が取付いたようだ。②
神秘的だ。不思議だ。
【魔力】魅力。魔力。

【魔术】手品（てじな）。奇術。
【魔王】①魔王。②暴君。悪魔。
【魔掌】魔手。
【魔爪】魔手。

抹 mǒ ①塗る。付ける。塗りつ
ぶす。△～药/薬を塗る。②拭
く。ぬぐう。なする。△～眼泪
/涙をぬぐう。③消す。切り捨て
る。△～去这一行/この一行を
消してしまう。
【抹黑】泥を塗る。
【抹杀】抹殺する。消す。△～事实
/事実を抹殺する。
【抹子】こて。

末 mò ①末（すえ）。②枝葉。末
節。③終り。末。△～班车/終電
車。終バス。④粉。粉末。△茶
叶～/粉茶。
【末代】末代。
【末了】最後。仕舞。終り。
【末路】果て。末路。
【末期】末期。

没 mò ①沈む。△～入水中/水
の中に沈む。②うずまる。没す
る。△水深～膝/水が膝がしら
を浸す。③没する。隠れる。△
出～/出没する。④没収する。△
抄～禁品/禁制品を没収する。
⑤最後まで。しまいまで。
【没落】没落する。
【没收】没収する。取り上がる。

沫 mò あわ。あぶく。あわぶ
く。△肥皂～/シャボンのあぶ
く。

茉 mò
【茉莉】まつり。まつりか。

抹 mò 塗る。擦り付ける。△～
墙/壁を塗る。
【抹不开】①赤面する。恥ずかしい
思いをする。②気が引ける。き

まり悪い。

陌 mò ①あぜ道。②見知らぬ。
【陌生】①見知らぬ。△～人/見知
　らぬ人。②不案内だ。

脉 mò
【脉脉】愛のまなざしで見る。情の
　こもったまなざしで見る。△～
　含情/愛のまなざしで見る。

莫 mò ①…より…はない。△
　最大的骗局～过于此/これほど
　大きいペテンはない。②…な。
　…してはいけない。△～哭/泣
　くな。
【莫不】…しないものはない。△～
　欢欣鼓舞/喜びいさまないもの
　は一人もいない。
【莫测高深】深遠さが測り知れな
　いこと。
【莫大】無上。この上ない。△～的
　幸福/無上の幸福。
【莫非】よもや…ではあるまい。ま
　さか…ではないだろう。△～他
　是坏人/まさか彼は悪い人間で
　はあるまい。
【莫过于】…に過ぐるはなし。…以
　上のものはない。△乐事～读书
　/読書以上の楽しいことはな
　い。
【莫名其妙】わけが分らない。不思
　議だ。何がなんだか分らない。
【莫如】むしろ…した方がよい。△
　～趁早和他说了/早いうちに彼
　に話した方がよい。
【莫须有】でっち上げ。ありもしな
　い。根も葉もない。△～的罪名
　/でっちあげの罪名。

漠 mò ①砂漠。②冷淡だ。気に
　かけない。
【漠漠】①もうもうと。ぼうっとし
　ているさま。②広広と寂しい。
　ばくばくたる。

【漠然】無関心だ。冷淡だ。
【漠視】冷淡に扱う。無視する。

寞 mò 寂しい。ひっそりとして
　いる。△寂～/寂しい。

蓦 mò
【蓦地】突然。いきなり。不意に。
　△～跳下马来/突然馬上からが
　ばっと飛び降りた。
【蓦然】ちょっと。ふと。△～看去
　/ちょっと見ると。

墨 mò ①インキ。印刷インク。
　②墨（すみ）。△研～/墨を磨
　（す）る。③黒い。④筆跡。書。
　絵。△遗～/遺筆。⑤学問。◇胸
　无点～/一丁字なき人間。
【墨斗鱼】いか。
【墨盒】墨つぼ。
【墨迹】①筆跡。墨の跡。②手書。
【墨晶】墨水晶。
【墨镜】色めがね。サングラス。
【墨绿】濃緑（こみどり）。
【墨守成规】古い仕来りを固執す
　る。
【墨水】①墨汁。②インク。③学問。
【墨汁】墨汁。

默 mò ①黙る。△～不作声/う
　んともすんとも言わない。②そ
　らで書く。△～生字/新しい単
　語をそらで書く。
【默哀】黙とうする。
【默祷】黙とうする。
【默读】黙読する。
【默默】黙黙とする。黙る。△～
　无闻/名声がない。だれにもし
　らない。
【默契】①黙契（もっけい）。②秘密
　協定。
【默然】黙然と。
【默认】黙認する。

磨 mò ①ひきうす。石うす。△
　电～/電気で回すひきうす。②

ひく。回す。△〜面/粉をひく。
③回転させる。方向を転換させ
る。

【磨盘】ひきうすの台。

mou

牟 móu

【牟利】金もうけをする。利をむ
さぼる。

【牟取】むさぼる。△〜暴利/暴利
をむさぼる。

谋 móu　①計り事。謀略。策。△
有勇无〜/勇気だけあって、策
がない。②求める。謀る。取る。
△另〜出路/ほかに道を求め
る。③相談する。謀る。◇不〜
而合/謀らずして意見が一致す
る。

【谋财害命】他人の財物を奪おう
とたくらみ、殺害する。

【谋反】謀ほんする。

【谋害】謀殺する。

【谋划】画策する。企てる。

【谋略】策略。方略。

【谋求】求める。

【谋杀】謀殺する。

【谋生】生計を立てる。生計の道
をはかる。

【谋士】策士。

【谋事】①事を計画する。②職を求
める。

眸 móu　ひとみ。△凝〜/ひと
みを凝らす。

某 mǒu　①某。ある。△〜人/あ
る人。②それがし。わたくし。△
我赵〜/この趙なにがしは。

mu

模 mú　型。鋳型。

【模板】型枠(かたわく)。模型盤。

【模压】型鍛造。モールデイング。

【模样】①顔形。顔だち。器量。②
くらい。およそ。

母 mǔ　①母。母親。②めす。△
〜鸡/めんどり。③母。◇失败乃
成功之〜/失敗は成功の母だ。

【母爱】母性愛。母の愛情。

【母畜】雌の家畜。

【母老虎】①雌の虎。②非常に残忍
な女。鬼ばば。

【母系】母系。母方。△〜亲属/母
方の親族。

【母校】母校。アルマ・メーター。

【母性】母性。

【母音】母音。

亩 mǔ　ムー。（土地の面積単
位、1ムーは6.67アール）。

牡 mǔ　おす。△〜牛/お牛。

【牡丹】牡丹（ぼたん）。

【牡蛎】かき。オイスター。

拇 mǔ　親指（おやゆび）。

【拇指】親指。

木 mù　①木。樹木。△伐〜/木
を切り倒す。②材木。木材。△
松〜/松の木材。③木製の物。△
〜盘/木のさら。④棺。ひつぎ。
△行将就〜/棺桶に片足をつっ
こんでいる。⑤質素だ。にぶい。
△〜呆呆/呆然としている。

【木板】木の板。

【木版】木版。△〜画/木版画。

【木本植物】木本植物。

【木材】材木。木材。

【木柴】たきぎ。

【木耳】きくらげ。

【木筏】いかだ。

【木工】大工（だいく）。

【木屐】げた。

【木匠】大工。

【木刻】木版画。

【木料】材木。木材。

【木马】木馬。

【木棉】木綿。パンヤ。

【木偶】でく。木製の人形。

【木排】いかだ。

【木器】木製の家具。

【木琴】シロホン。木琴（もっきん）。

【木然】ぼう然としている。

【木梳】くし。

【木炭】木炭。炭（すみ）。

【木头】丸太（まるた）。木材。

【木屋】木造小屋。

【木锨】木製のシャベル。

【木星】木星。

目　mù　①目。眼（まなこ）。②見る。見なす。△～为奇迹/奇迹と見なす。③項目。△细～/细目。④目（もく）。△食肉～/食肉目。⑤リスト。目録。△新书～/新刊紹介。

【目标】目標。△命中～/的に命中する。

【目不转睛】ひとみを凝らす。まばたきもせずに見詰める。

【目瞪口呆】あっけに取られる。あいた口がふさがらない。

【目的】目的。△～地/目的地。

【目光】まなざし。目。

【目击】目撃する。

【目力】視力。

【目录】目録。リスト。

【目前】目下。現在。当面。

【目送】見送る。目送する。

【目眩】目がくらむ。めまいがする。

【目中无人】眼中に人なし。尊大傲慢な様子。

沐　mù　髪を洗う。

【沐浴】①入浴する。水浴びをする。②浴びる。被（こうむ）る。

受ける。

牧　mù　放牧する。△～马/馬を放牧する。

【牧草】牧草。

【牧场】牧場。

【牧歌】牧歌。

【牧民】牧畜農。

【牧区】①牧場。②放牧地区。

【牧师】牧師。

【牧童】牧童。

【牧畜】牧畜。

【牧业】牧畜業。

【牧主】牧畜主。

募　mù　募る。募集する。△～款/資金を募る。

【募集】募集する。

【募捐】寄付金を募集する。

墓　mù　墓。△守～/墓を守る。

【墓碑】墓碑。墓石。

【墓地】墓地。

【墓穴】墓穴（ぼけつ）。

【墓志铭】墓誌銘。

幕　mù　①天幕。テント。とばり。△夜～/夜のとばり。②幕。こま。△第一～/第一幕。

【幕布】幕。

【幕后】幕の後。陰。舞台裏。△～操纵/陰で操る。

【幕僚】幕僚。

睦　mù　睦まじい。

【睦邻】善隣。

慕　mù　うらやましい。うらやむ。慕う。△～名/美名を慕う。

暮　mù　①夕暮れ。たそがれ。②末。暮れ。△～春/晩春。

【暮霭】夕もや。

【暮年】晩年。

【暮气】活気がない。意気消沈する。

【暮色】暮色。夕やみ。

穆　mù　穏やかだ。うやうやしい。

【穆斯林】イスラム教徒。マホメット教徒。

N

na

拿　ná　①取る。持つ。手にする。△手～一本书/手に本を一冊持っている。②奪う。手中に収める。捕える。△～下碉堡/トーチカを奪い取る。③握る。支配する。つかさどる。△这事儿你～得稳吗/あなたは自信がありますか。④で。…をもって。△～水洗/水で洗う。

【拿不出手】人前に出せない。

【拿获】逮捕する。捕える。

【拿架子】えらぶる。もったいぶる。威張る。

【拿乔】もったいぶる。もったいをつける。

【拿手】おはこ。十八番。得意。

【拿主意】考えを決める。腹を決める。対策を考え出す。

哪　nǎ　①どの。どれ。どっち。どなた。いつ。△～棵树/どの木。②どうして。なんで。△～有这个道理/なんでそんな理屈があろうか。

【哪个】①どれ。どの。どちら。②だれ。

【哪里】①どこ。どちら。②どうして。なんで。③どういたしまして。

【哪怕】たとえ…としても。△～三个月，我们也能坚持/たとえ三

ケ月でも、わたしたちは持ちこたえられます。

【哪些】なにか。どれか。だれだれか。△～问题/どういう問題。

那　nà　①その。あの。あれ。あの人。△～是谁/あの人は誰ですか。②それでは。それなら。△～可就没问题了/そんなら問題はなくなった。

【那个】それ。その。あれ。あの。

【那会儿】あの時。その折。その節。

【那里】あそこ。あちら。そこ。そちら。

【那么】①あんなふうに。そのように。△～走，可以到大街/そう行きますと大通りに出られます。②ぐらい。ほど。△～件事，谁不会办呢/あんなことくらいできない人はいない。③それでは。じゃ。△～咱们走吧/それでは出かけましょう。

【那时】その時。あの時。

【那些】あれら。それら。△～人/あの人たち。

【那样】あんなに。そのように。△别说～的话/そんなことを言うな。

呐　nà

【呐喊】とっかんする。ときの声を上げる。叫ぶ。

纳　nà　①納める。入れる。△闭门不～/門前払いをする。②受ける。受け入れる。△～降/降服

を許す。③納める。△～款/納金
する。④刺し縫いをする。△～
鞋底子/鞋底を刺し縫いにす
る。

【纳贿】①収賄する。賄賂（わい
ろ）を取る。②贈賄する。賄賂
を使う。

【纳凉】納涼する。涼む。涼を取
る。

【纳闷】腑に落ちない。不思議に思
う。

【纳入】取り入れる。組み込む。載
せる。△～计划/計画に組み入
れる。

【纳税】納税する。税金を納める。

捺 nà　抑える。我慢する。こら
える。△～住心头的怒火/怒り
をこらえる。

nai

乃 nǎi　①…は…である。△《水
浒》～一代奇书/「水滸」は一
代の奇書である。②そこで。か
くて。③なんじの。おまえの。△
～翁/なんじの父。

【乃至】ないし。ひいては。△全中
国～全世界/全中国ひいては全
世界。

奶 nǎi　①乳ぶさ。②乳じゅう。
乳。③乳を飲ませる。△～孩子
/赤んぼうに乳を飲ませる。

【奶茶】ミルクを入れたお茶。

【奶粉】粉ミルク。

【奶酪】チーズ。

【奶妈】乳母（うば）。

【奶名】幼名（おさなな）。乳名
（にゅうめい）。

【奶奶】①（父方の）祖母。おばあ
さん。②おばあさん。

【奶牛】乳牛。

【奶糖】キャラメル。

【奶头】乳首（ちくび）。

【奶羊】乳用種の羊。

【奶油】バター。

【奶罩】ブラジャー。

【奶嘴】ゴム製の乳首。

奈 nài　どうしようもない。い
かんせん。

【奈何】①どうしようか。どうした
ものか。②…をどうすることも
できない。◇无可～/どうしよ
うもない。

耐 nài　耐える。我慢する。こら
える。△～穿/長持ちする。△～
着性子做下去/我慢してやり続
ける。

【耐寒】寒さに強い。

【耐火】火力に耐える。△～材料/
耐火材。

【耐磨】摩擦に強くて耐久性を持
つ。

【耐热】耐熱。

【耐人寻味】がん味するに値する。
味わうべきものがある。

【耐心】辛抱強い。根気よい。忍耐
強い。

【耐性】根気。忍耐力。

【耐用】長もちする。丈夫だ。

nan

囡 nān

【囡囡】女の子。

男 nán　①男。男子。男性。△
～主人公/ヒーロー。△～孩/男
の子。②息子。男児。△长～/長
男。

【男低音】バス。

【男方】男子の方（ほう）。男側。

【男高音】テノール。

【男女】男と女。男女。△～平等/

男女平等。

【男朋友】ボーイフレンド。

【男人】①男。男人。②夫。

【男声】男声。

【男性】男性。男。

【男中音】バリトン。

【男装】メンズ・ウェア。

南 nán　南。△～风/南風。

【南北】①南北。②南はしから北は
しまで。

【南部】南の方（ほう）。

【南方】南。南の方。南方。

【南瓜】かぼちゃ。

【南极】南極。

难 nán　①難しい。…にくい。…
づらい。△这条路～走/この道
は歩きづらい。②困らせる。困
る。閉口させる。△这下把我～
住了/これにはどうも閉口し
た。③容易ではない。無理だ。△
～忘/忘れ難い。④…にくい。良
くない。△～吃/まずい。△～写
/書きにくい。

【难保】保証できない。請け合え
ない。

【难产】①難産する。②完成しにく
い。

【难处】①困ったこと。苦衷。②つ
きあいにくい。

【难道】まさか…ではあるまい。△
～你忘了自己的诺言吗/まさか
ご自分が約束したことを忘れ
たのではあるまい。

【难得】①得難い。②珍しい。めっ
たにない。

【难度】難しさ。

【难怪】①道理で。②無理もない。
もっともなことだ。

【难关】難関。難所。

【难过】①暮しにくい。過ごしにく
い。②つらい。悲しい。切ない。

【难解难分】①なかなか勝負がつ
かない。相譲らない。②切っても
切れない関係にある。

【难堪】①堪え難い。忍び難い。た
まらない。②恥ずかしい。きま
り悪い。

【难看】①見にくい。みっともない。
②体裁が悪い。みっともない。

【难免】免れない。免れ難い。…し
がちだ。

【难能可贵】得難く貴い。殊勝だ。
並み大抵のことではない。

【难色】難色。困った顔付き。

【难说】①言いにくい。言いづら
い。②何とも言えない。…とは
限らない。…とは言えない。

【难题】難題。難問。

【难听】①聞きづらい。耳障りだ。
②聞こえが悪い。人聞きが悪
い。

【难为情】①恥ずかしい。きまりが
悪い。②具合が悪い。情義に合
わない。済まない。

【难为】①困らせる。閉口させる。
②苦労させる。③ご苦労さまで
した。ご迷惑でした。

【难闻】臭い。いやなにおいがす
る。

【难以】…できない。…しにくい。
…し難い。△～想象/想像がつ
かない。

喃 nán

【喃喃】ぶつぶつとつぶやく声。△
～自语/ぶつぶつ独り言を言
う。

难 nàn　①災難。災い。△大～
临头/大災難が身に降りかかろ
うとしている。②責める。△非
～/非難する。

【难民】避難民。難民。

【难友】艱難を共にした人。一緒

に遭難した人。

nang

囊　náng　袋。△皮～/皮袋（かわぶくろ）。
【囊空如洗】囊中無一物（のうちゅうむいちぶつ）。
【囊括】すべてを包括する。
【囊肿】囊腫。

nao

挠　náo　①かく。△～痒痒/かゆいところをかく。②屈服する。たわむ。△不屈不～/不とう不屈。
【挠头】頭をかく。困る。やっかいだ。

恼　nǎo　怒る。腹を立てる。気を悪くする。△把他惹～了/彼を怒らせた。
【恼恨】恨む。根に持つ。
【恼火】腹を立てる。怒る。
【恼怒】立腹する。腹を立てる。
【恼人】悩ます。
【恼羞成怒】恥ずかしさのあまり怒り出す。

脑　nǎo　脳。脳髄。脳みそ。
【脑充血】脳充血。
【脑袋】頭。
【脑海】脳裏。
【脑筋】①頭脳。脳みそ。△动～/頭を働かせる。②頭。△～新/頭が新しい。
【脑壳】頭。はち。
【脑力】智力。智能。△～劳动/頭脳労働。精神労働。
【脑膜】脳膜。
【脑神经】脳神経。
【脑髓】脳髄。

【脑溢血】脳いっ血。脳出血。
【脑震荡】脳振とう。

闹　nào　①騒騒しい。やかましい。騒がしい。△屋里太～/部屋の中がやかましい。②騒ぐ。騒がせる。けんかする。△又哭又～/泣いたりわめいたりする。③激する。ぶちまける。△～脾气/かんしゃくを起こす。④患（わずら）う。病む。かかる。△～肚子/腹をくだす。⑤やる。行う。△～革命/革命をやる。
【闹别扭】①仲たがいをする。気まずくなる。口論する。②意地悪をする。
【闹病】病気にかかる。
【闹鬼】①幽霊が出る。お化（ばけ）がでる。②いんちきをする。
【闹哄哄】騒騒しい。がやがや騒いでいる。
【闹剧】ボードビル。どたばた喜劇。
【闹乱子】問題を起こす。
【闹情绪】気を腐らす。不平をこぼす。不満を抱く。
【闹市】繁華街。
【闹事】騒動を起こす。騒ぎを起こす。
【闹腾】騒ぐ。あばれる。
【闹意见】意見が合わない。もん着を起こす。仲たがいをする。
【闹着玩】①冗談を言う。ふざける。②冗談ごとにする。遊びごとにする。
【闹钟】目覚し時計。

nei

哪　něi　どの。どれ。

馁　něi　①飢える。②勇気がく

じける。臆病になる。△气〜/
气を落とす。

内 nèi　①内。内側。中。△车〜/
車内。②妻または妻方の親類を
さす。

【内部】内部。内側。△〜联系/内
部の連けい。

【内地】奥地。内陸。内地。

【内分泌】内分泌。

【内服】内服する。内用する。

【内阁】内閣。

【内海】内海。

【内行】①精通する。②玄人。専門
家。

【内江】内地の河川。領内の河川。

【内讧】内紛。内こう。内輪もめ。

【内奸】敵の回しもの。スパイ。

【内景】セット。室内を表わした舞
台装置。

【内径】内径。

【内疚】後めたい。やましい。

【内科】内科。

【内涝】水浸し。水害。

【内陆】内陸。△〜国/内陸国。

【内乱】内乱。

【内幕】内幕。内情。

【内亲】妻の親類の総称。

【内勤】内勤。

【内情】内部事情。内情。

【内燃机】内燃機関。インクーナル
・コンバスチョン・ニンジン。

【内燃机车】ガソリン機関車。ディ
ーゼル・ロコモーティブ。

【内容】内容。中身。

【内伤】内傷。

【内胎】チューブ。タイヤ・チュー
ブ。

【内外】①内外。②前後。そこそこ。

【内务】①国内の事務。②内務。

【内线】①地下工作をする。②回し
者。スパイ。③内線。

【内向】内向。

【内销】国内販売。

【内心】①心の中では。内心。②内
心。

【内因】内因。

【内忧外患】内憂外患。

【内在】内在的だ。内在する。△〜
规律/内在する法則。

【内脏】内臓。

【内债】内債。

【内战】内戦。

【内政】内政。

nen

嫩 nèn　①若い。柔らかい。△〜
叶/若葉。②柔らかい。かみ砕き
やすい。△这肉炒得很〜/この
肉は大変柔らかく炒めてある。
③淡い。浅い。△〜绿/浅緑。も
えぎ色。

neng

能 néng　①才能。能力。技能。△
无〜/無能。②エネルギー。△
原子〜/原子力。③できる。△
此书何时〜出版/この本はいつ
出版できますか。④あり得る。
はず。…することができる。

【能动】能動的だ。

【能干】能力がある。有能だ。腕
がある。

【能手】腕きき。達人。名手。

【能说会道】口が上手だ。話がうま
い。弁舌が立つ。

【能源】エネルギー源。エネルギ
ー。

ni

尼 ní　尼。尼僧。△〜庵/尼寺。

【尼龙】ナイロン。

泥 ní ①泥。泥土。△溅上～点子/どろのはねがかかる。②どろどろになったもの。△枣～/なつめをつき砕いたもの。

【泥垢】あか。

【泥浆】どろ水。

【泥坑】どろ沼。

【泥煤】でい炭。

【泥泞】①ぬかるみ。でいねい。ぬかる。②どろどろした水たまり。

【泥鳅】どじょう。

【泥人】どろ人形。土人形。

【泥石流】土石流。でい流。

【泥水匠】左官。

【泥塑】どろで細工をする。

【泥塘】どろ沼。

【泥土】①土。どろ土。②粘土。

【泥沼】どろ沼。

呢 ní ラシャ。△毛～/ラシャ。

【呢绒】毛織物の総称。ウール。紡毛生地。

【呢子】ラシャ。

霓 ní

【霓虹灯】ネオン・サイン。ネオン・ランプ。

拟 nǐ ①立案する。計画する。起稿する。△～稿/起稿する。②予定する。…つもりだ。△～于下月发行/来月発行する予定だ。

【拟订】起草する。立案する。△～计划/計画を立てる。

【拟人】擬人。

【拟议】①目論見（もくろみ）。意向。企画。②立案する。提起する。

你 nǐ ①きみ。お前。あなた。あなたがた。△～爸爸/あなたのお父さん。②任意の人を指す。

【你好】おはようございます。こんにちは。こんばんは。

【你们】きみたち。あなたがた。

【你死我活】食うか食われるか。死ぬか生きるか。△～的斗争/生死にかかわる闘争。

泥 nì 塗る。塗りつける。△～墙/壁を塗る。

【泥子】パテ。

逆 nì ①逆だ。逆様だ。△～风/向かい風。②逆らう。従わない。△～潮流而动/潮流に逆らって動く。③裏切者。反逆者。△～产/反逆者の財産。

【逆差】輸入超過。入超。

【逆耳】耳に逆らう。

【逆境】逆境。

【逆料】予想する。予知する。△不难～/予想するに難しくない。

【逆流】①逆流する。②反動的な潮流。

【逆水】流れに逆らう。

【逆转】逆転する。

【逆子】不孝もの。親不孝。

昵 nì 親しみ近付く。△亲～/親しい。

匿 nì 隠す。かくまう。△～藏/隠匿する。

【匿迹】跡をくらます。行方をくらます。

【匿名】匿名。名を隠す。△～信/匿名の手紙。

溺 nì ①おぼれる。水死する。△～死/溺死する。②ふける。おぼれる。たん溺する。△～于酒色/酒色におぼれる。

【溺爱】溺愛する。盲愛する。

【溺职】職務を怠る。

腻 nì ①あぶらぎる。油っ濃い。△这汤太～了/このスープ

はあぶらこすぎる。②飽きる。
飽き飽きする。△听〜了/聞き
飽きた。③油あか。
【腻烦】①飽きる。いやになる。②
うんざりする。いやになる。

nian

拈 niān　つまむ。はさむ。△〜
起一根针/針を1本つまみあげ
る。
【拈阄儿】くじを引く。

蔫 niān　①しおれる。しぼむ。
しなびる。△花〜了/花がしお
れた。②しょげる。しょんぼり
する。元気が無くなる。△这孩
子有点发〜/この子はちょっと
元気がない。

年 nián①年。△〜复一〜/くる
年もくる年も。②とし。年齢。
△〜方十八/年はやっと18歳。
③新年。お正月。△过〜/新年
を迎える。
【年表】年表。
【年成】作柄。収獲。
【年初】年始。年の始め。
【年代】①時代。②年代。
【年底】年末。年の暮。
【年度】年度。
【年份】①年。②年代。
【年糕】中国式正月餅。
【年华】年華。年月（としつき）。
若い年頃。
【年画】旧正月に飾る絵。
【年会】年次総会。
【年级】学級。クラス。
【年纪】とし。としのころ。
【年鉴】年鑑。
【年历】カレンダー。
【年利】年利。年利息。
【年龄】年齢。とし。

【年轮】年輪。成長輪。
【年迈】年が老いる。年を取る。
【年轻】年が若い。若い。
【年限】年限。
【年终】年末。年の暮。

黏 nián　粘（ねば）っこい。粘
（ねば）る。△这糯米很〜/この
もち米はとても粘っこい。
【黏附】粘り付く。くっつく。
【黏结】くっつく。接着する。
【黏土】粘土（ねんど）。粘土（ね
ばつち）。
【黏性】粘性。粘（ねば）り気（け）。
【黏液】粘液。

捻 niǎn　①よる。なう。ひねる。
△〜线/糸をよる。②より。△〜
子/こより。

碾 niǎn　①ひきうす。△石〜/
石うす。②ひく。△〜米/精米
する。
【碾坊】うすひき小屋。精米屋。
【碾米机】精米機。

撵 niǎn　①追い出す。追い払
う。△〜走/追い出す。②追い
かける。追いつく。△他〜不上
我/彼はおれに追いつけない。

念 niàn　①思う。心にかける。
慕う。△不〜旧恶/他人の古い
悪事を気にかけない。②考え。
思い。△杂〜/雑念。③読む。唱
える。△〜信/手紙を読む。④
勉強する。△他正〜大学/彼は
大学で勉強している。
【念头】考え。思い。
【念珠】数珠（じゅず）。ずず。

niang

娘 niáng　母。お母さん。△老
〜/老母。

【娘家】実家。里（さと）。

【娘胎】母胎。

酿 niàng ①醸造する。醸（か
も）す。△～酒/酒を造醸する。
②作る。△～蜜/蜜蜂が蜜を作
る。③醸す。馴致する。△～禍
/禍（わざわい）を醸す。④酒。
△佳～/美酒。

【酿成】醸しなす。醸成する。

【酿造】作る。醸造する。

niao

鸟 niǎo 鳥（とり）。

【鸟粪】鳥糞。

【鸟瞰】①鳥かんする。見下す。②
鳥かん的に描写する。概説す
る。

【鸟类】鳥類。

【鸟笼】鳥かご。

【鸟枪】鳥銃。

【鸟兽】鳥獣。

【鸟嘴】くちばし。

尿 niào ①尿。小便。②小便を
する。放尿する。△～尿/小便を
する。

【尿布】おしめ。おむつ。

【尿床】寝小便をする。

【尿盆】尿器。

【尿素】尿素。カルバミド。

nie

捏 niē ①つまむ。△把虫子～
出来/虫をつまみ出す。②つま
んでつくる。こねる。△～泥人
/泥人形を指先でこねてつく
る。③虚構する。捏造する。
△～报案情/事件の内容を捏造
して報告する。

【捏合】①こね混ぜる。②でっち上

げる。

【捏一把汗】手に汗を握る。はらは
らする。

【捏造】捏造する。でっちあげる。△
～谎言/うそをでっちあげる。

啮 niè

【啮齿动物】齧歯（げっし）動物。

【啮合】かみ合う。

镊 niè

【镊子】毛拔（けぬ）き。ピンセッ
ト。

镍 niè ニッケル。△～币/ニッ
ケル硬貨。

蹑 niè ①そっと歩く。忍び足で
歩く。つま先で歩く。△～手～
脚/抜き足差し足で歩く。②踏
み入れる。参与する。△～足其
间/仲間に加わる。

孽 niè ①よこしまだ。△妖～/
怪異なわざわい。②罪悪。罪業。
△造～/ばちあたりなことをす
る。

【孽障】罪障。ごくつぶし。

ning

宁 níng 安らかだ。安寧だ。

【宁静】静かだ。安らかだ。△心里
～下来/気持が落ち着いてき
た。

拧 níng ①絞る。△～毛巾/タ
オルを絞る。②つねる。ひね
る。△～了他一把/彼をちょっ
とつねった。

狞 níng

【狞笑】悪どい笑いかたをする。に
たにたする。

柠 níng

【柠檬】レモン。△～酸/クエン
酸。

凝 níng ①凝固する。△油～了/油が凝固した。②凝らす。△～思/思いを凝らす。

【凝固】凝固する。凝結する。

【凝结】凝縮する。凝結する。

【凝聚】凝集する。凝聚する。

【凝练】簡潔に練れている。洗練されている。

【凝神】心を凝らす。精神を集中する。

【凝视】凝視する。じっと見詰める。

拧 níng ①ひねる。ねじる。よる。△～螺丝/ねじをまわす。②間違う。あべこべにする。△把话说～了/言い間違った。③食い違う。こじれる。衝突する。△他俩一说话就～/あの二人は話をすればすぐ衝突する。

宁 níng

【宁可】たとえ…ても。むしろ…がましだ。△～走路也不愿坐这辆破车/こんなぼろ車に乗るよりは、むしろ歩いた方がいい。

【宁缺毋滥】数をそろえるよりは粒をそろえよ。

【宁死不屈】死んでも屈服しない。

佞 nìng ことば巧み。

【佞人】口先の上手なへつらい者。

niu

妞 niū 女の子。娘。

牛 niú ①牛(うし)。②頑固だ。ごう慢だ。△～脾气/頑固で強情な気性。

【牛车】牛車。

【牛痘】①牛痘。②痘苗。

【牛鬼蛇神】よう怪変化。

【牛角】牛の角。

【牛栏】牛屋。牛舎。

【牛毛】①牛の毛。②非常に多い。

【牛虻】牛ばえ。牛あぶ。

【牛奶】牛乳。ミルク。

【牛排】ビーフ・ステーキ。

【牛皮】①牛皮。牛の皮。②ほら。△吹～/ほらを吹く。

【牛肉】牛肉。

【牛尾】牛の尻尾。

【牛仔裤】カウボーイ・ズボン。

忸 niǔ

【忸怩】きまり悪がる。恥ずかしがる。

扭 niǔ ①ねじる。振り返る。ねじむける。△～过头看/振り返って見る。②ねじる。ひねる。もぎる。△～断树枝/木の枝をねじきる。③くじく。ねじける。ねんざする。△～了腰/腰をくじいた。④体をくねりくねりと動かす。体を左右に振りながら歩く。△一～一～地走/くねりくねりと歩く。⑤ひっぱる。つかむ。△～成一团/とっくみ合いになる。

【扭打】つかみ合いをする。なぐり合う。

【扭伤】ざ傷。

【扭转】①ねじり回す。②転換させる。

纽 niǔ ①つまみ。とって。△秤～/さおばかりのひもつまみ。②ボタン。△衣～/衣服のボタン。

【纽带】かけはし。

【纽扣】ボタン。

拗 niù ひねくれている。強情だ。△～不过她/彼女の強情には勝てない。

nong

农 nóng ①農業。△务～/農を業とする。②農民。民姓。△菜～/野菜の栽培を主とする農家。

【农产品】農産物。農産品。

【农场】農場。

【农村】農村。田舎。

【农户】農家。

【农活】農事。農作業。

【农家】農家。

【农具】農具。農器具。

【农历】旧暦。

【农忙】農繁期。農期。

【农民】農民。百姓。△～起义/百姓一揆。

【农奴】農奴。

【农时】農期。

【农田】耕地。農地。

【农闲】農閑期。

【农学】農学。

【农谚】農事に関することわざ。

【农药】農薬。

【农业】農業。△～机械/農業機械。

【农艺】農芸。

【农作物】農作物。

浓 nóng ①濃い。△～茶/濃いお茶。②深い。△兴趣很～/興味が深い。

【浓度】濃度。コンセントレーション。

【浓厚】①濃厚だ。濃密だ。濃い。②深い。

【浓眉】濃い眉毛。

【浓缩】濃縮する。

脓 nóng うみ。のう。

【脓包】①のうほう。はれ物。②能無し。ごくつぶし。

【脓疮】のうしゅ。はれ物。

【脓肿】のうしゅ。膿よう。

弄 nòng ①いじる。いじくる。もてあそぶ。△别～那只钟/あの置時計をいじくるな。②する。やる。つくる。△～饭/ご飯をつくる。③手に入れる。持ってくる。△～点水来/水を少しもってきなさい。④ろうする。△～手段/手段をろうする。

【弄错】間違える。

【弄好】①よく仕上げる。②うまく修理する。

【弄坏】壊す。いじくり壊す。

【弄假成真】うそから誠（まこと）が出る。

【弄僵】こじらす。こう着態に陥らせる。

【弄巧成拙】うまくやろうとしてまずい結果になる。

【弄清】はっきりさせる。△～事实/事実をはっきりさせる。

【弄死】殺す。死なせる。

【弄通】精通する。通じる。

【弄虚作假】虚偽をろうする。いんちきをする。

nu

奴 nú ①奴僕。奴隷。②酷使する。こき使う。

【奴才】①奴僕。下僕。②奴隷根性の人。悪者の手先。

【奴化】奴隷化する。

【奴隶】奴隷。△～社会/奴隷制社会。

【奴仆】奴僕。召使。下男。

【奴性】奴隷的性格。

【奴颜婢膝】卑屈にこびへつらう。

【奴役】奴隷のように酷使する。

努 nǔ ①力を出す。がんばる。△～劲儿/がんばる。②突き出

耙 pá ①くまで。馬（ま）ぐわ。代（しろ）かき。②かき集める。かきならす。△~地/畑をかきならす。

怕 pà ①恐れる。怖がる。△不~困难/困難を恐れない。②心配する。気になる。△~你太累,才来帮忙的/疲れすぎてはいけないと思ったから手伝いに来たのだ。③たぶん…かもしれない。恐らく…だろう。△~要下雨了/たぶん雨かもしれません。

【怕生】人見知りする。

【怕事】事なかれ主義。

【怕死鬼】臆病者。意気地無し。

【怕羞】恥ずかしがる。きまり悪がる。

pai

拍 pāi ①たたく。打つ。△~球/まりをつく。②ラケット。△乒乓球~/ピンポンのラケット。③拍子。△四分之三~/4分の3拍子。④撮影する。△~照片/写真を撮る。⑤打つ。発する。△~电报/電報を打つ。⑥おべっかを使う。おもねる。△你别~了/おべっかを言うな。

【拍打】軽くはたく。たたく。

【拍发】打電する。打つ。

【拍马屁】おべっかを言う。ごまをする。

【拍卖】①オークション。競売②セール。競（せ）り売り。

【拍摄】撮影する。撮る。

【拍手】手をたたく。拍手する。

【拍照】写真を撮る。

【拍子】①ラケット。②拍子。

排 pái ①並ぶ。並べる。列を作る。△~桌子/テーブルを並べる。②列。隊列。△前~/前の方の列。③下げいこをする。リハーサル。△~戏/芝居の下げいこをする。④いかだ。△木~/いかだ。⑤排出する。排除する。取り除く。△~水/排水する。⑥押し開く。押し開ける。△~闼直入/とびらを押し開けてつかつかと入り込む。⑦パイ。△苹果~/アップルパイ。

【排场】①見え。見映（みばえ）。体裁。②はで好みだ。大げさにする。はでにやる。

【排斥】押しのける。排斥する。斥ける。

【排除】排除する。取り除く。

【排挡】変速装置。変速器。

【排队】列を作る。順番を待つ。△~买票/列を作って切符を買う。

【排骨】（豚などの）肉つきの肋骨（ろっこつ）。

【排灌】排水とかんがい。

【排挤】締め出す。排除する。のけものにする。

【排解】解決する。仲裁する。調停する。

【排涝】冠水を排出する。

【排练】下げいこをする。劇の練習をする。

【排列】①順序よく並べる。排列する。②順列。順列組合。

【排球】バレーボール。

【排水】①下水（げすい）。②排水。

【排外】排外する。

【排泄】①排出する。排水する。②排泄する。排除する。

【排长】小隊長。

【排字】植字する。活字を拾う。

徘 pái

【徘徊】①徘徊する。うろつく。行ったり来たりする。②ためらう。

ちゅうちょする。

牌 pái　①札。掛け札。立て札。
△路～/道路名の立札。②商標。
マーク。△前門～香烟/前門印
のたばこ。③札。カルタ。△扑
克～/トランプ。

【牌价】公定価格。標準価格。

【牌照】営業許可証。免許証。

【牌子】①札。合い札。②商品名。
商標。

迫 pǎi

【迫击炮】迫撃砲。

派 pài　①派。派別。△学～/学
派。②風格。貫ろく。格式。気
負い。△很够～/立派な貫ろく
だ。③割り当てる。配分する。派
遣する。△～兵/軍隊を派遣す
る。

【派出所】派出所。

【派遣】派遣する。遣す。

【派生】派生する。

【派头】もったいぶり。気取った様
子。押し出し。

【派系】派閥。

【派性】派閥性。

pan

攀 pān　①よじ登る。よじる。△
～着绳子往上爬/綱につかまっ
てよじ登る。②取り入る。△那
是个～不起的人/あの人は取り
入りのできない人だ。③近付
く。うまく関係付ける。△～近
乎/近付こうとして人に話しか
ける。

【攀登】よじ登る。

【攀亲】親しくする。うまく関係
付ける。

【攀谈】近付こうとして人に話し
かける。雑談する。

【攀缘】はい上がる。よじ登る。

【攀折】ひっぱって折る。

盘 pán　①大きいさら。盆（ぼ
ん）。△茶～/茶ぼん。②円を描
く。ぐるぐる回る。輪に巻く。△
～山小道/曲がりくねった小
径。③築く。作る。△～灶/かま
どを築く。④よく調べる。詳細
に訊問する。△～货/たな卸し
をする。⑤（助数詞）さら。巻
き。△下一～棋/碁を一局やる。
△一～香/うず巻きになった線
香一つ。

【盘剥】苛酷に搾取する。絞り上げ
る。

【盘查】訊問し調査する。取り調べ
る。

【盘缠】①くるくる巻きつける。②
路銀。旅費。

【盘存】たな卸しをする。

【盘点】点検する。たな卸しをす
る。

【盘踞】盤きょする。巣くう。

【盘弄】もてあそぶ。いじくる。か
らかう。

【盘绕】絡まる。まつわる。

【盘算】思いを巡らす。思索する。

【盘梯】螺旋階段。

【盘腿】足を組む。あぐらをかく。

【盘问】訊問する。問い詰める。

【盘香】うず巻き線香。

【盘旋】①旋回する。ぐるぐる回
る。②徘徊する。うろつく。逗
留する。

磐 pán

【磐石】ばん石（じゃく）。いわお。

蹣 pán

【蹣跚】ひょろひょろ歩くさま。

判 pàn　①見分ける。区別する。
△～定是非/是非をはっきり区
別する。②区別が明らかだ。は

っきりと違いがある。△～然不同/はっきりと異なっている。③評定する。品定めをする。△～卷子/答案を審査採点する。④判決する。△～了徒刑/徒刑に処した。

【判别】見分ける。分別する。判別する。

【判处】判決を下す。

【判词】判決文。

【判定】判定する。

【判断】①判断②判断する。きめる。判定する。△～力/判断力。

【判决】判決する。

【判例】判例。

【判明】見分ける。明らかにする。

【判罪】有罪の判決を下す。

叛 pàn　背く。裏切る。寝返る。△～国/祖国に背く。

【叛变】寝返る。裏切る。謀ほんする。

【叛军】反乱軍。

【叛离】裏切る。逆らう。

【叛乱】反乱する。むほんする。

【叛卖】裏切る。敵に売り渡す。

【叛徒】逆徒。反逆者。裏切り者。

盼 pàn　①待ち望む。希望する。待つ。△～复/ご返事をお待ちします。②見る。△左顾右～/目をきょろきょろさせる。

【盼头】望み。見込み。

【盼望】待ち望む。切に希望する。

畔 pàn　①ほとり。そば。附近。△河～/川のほとり。②果て。境界。

襻 pàn　①かけひも。△鞋～/靴のひっかけ。②結（ゆわ）えつける。結ぶ。△用绳子～上/ひもで結（ゆわ）えつける。

pang

滂 pāng

【滂湃】水がとうとうと流れる。

【滂沱】激しく降る。どしゃ降り。

膀 pāng　はれる。むくむ。△～肿/はれる。むくむ。

彷 páng

【彷徨】さ迷う。迷う。ためらう。△～歧路/岐路に立つ。

庞 páng　①膨大だ。巨大だ。でっかい。②顔形。顔付き。△脸～/顔形。

【庞大】膨大だ。非常に大きい。△机构～/機構が膨大だ。

【庞然大物】非常に巨大なもの。途方もなく大きいもの。

旁 páng　①そば。傍（かたわら）。端（はた）。横（よこ）。△马路两～/道の両側。②そのほか。ほかの。別の。△～的事情/ほかの事。

【旁白】傍白。わきぜりふ。

【旁边】端。そば。横。近く。

【旁观】傍観する。そばで見る。手をこまねいて見る。△～者/傍観者。

【旁观者清】傍観者にはよく見える。岡目八目（おかめはちもく）。

【旁门】大門のわきにある小さな門。

【旁敲侧击】本意を直接に言わず、側面からほのめかす。

【旁人】ほかの人。局外者。

【旁听】傍聴する。

【旁系亲属】傍系の親属。

【旁证】傍証。

膀 páng

【膀胱】膀胱。

磅 páng
【磅礴】①盛んだ。②満ちる。充満する。

螃 páng
【螃蟹】かに。

耪 pǎng 掘りかえす。△～地/畑をすき耕す。

胖 pàng 太っている。肥えている。△他～起来了/彼は太ってきた。
【胖头鱼】このしろ。
【胖子】でぶ。ふとっちょ。

pao

抛 pāo ①投げる。ほうる。△～球/ボールを投げる。②捨てる。放棄する。③投げ売りする。
【抛光】バフ。つや出し。
【抛锚】①投びょうする。いかりを下ろす。②えんこする。③なにかの原因で中止する。
【抛弃】捨てる。投げ捨てる。放棄する。
【抛售】投げ売りする。
【抛头露面】人前に顔をさらけ出す。

泡 pāo ①柔かくふくれたもの。△肿眼～儿/はれぼったいまぶた。②ふわふわして充実しない。△被水泡得发～/水でふわふわになっている。
【泡桐】桐（きり）。

刨 páo 掘る。△～坑/穴を掘る。
【刨根儿】根掘り葉掘りに聞く。

咆 páo
【咆哮】ほえたける。ほうこうする。

袍 páo 中国式の長い着物。

跑 pǎo ①走る。駆ける。△飞～/飛ぶように走る。②逃げる。△敌人～了/敵が逃げた。③駆け回る。足を運ぶ。△～材料/材料のことで走り回る。④漏る。漏れる。抜け出す。△车带～气了/タイヤから空気が漏った。
【跑步】かけ足。
【跑车】競技用自転車。
【跑道】①滑走路。②競走道。コース。
【跑龙套】劇で兵卒などの役に扮して、大将について走り回ること。端役。
【跑腿儿】走り使いをする。

泡 pào ①あわ。あぶく。△肥皂～/シャボン玉。②あわの形に似たもの。△电灯～/電球。③つける。ふやかす。浸る。△把衣服放在水里一下/着物をちょっと水につけておきなさい。④時間をつぶす。入り浸（びた）りになる。△在茶馆里～了半天/茶店で半日ほど時間をつぶした。
【泡菜】早漬け。べったら漬け。
【泡茶】お茶を入れる。
【泡饭】お湯をかけたご飯。
【泡蘑菇】①まつわりついて邪魔をする。ごてる。ごねる。②サボる。怠ける。
【泡沫】あわ。泡沫。フォムー。△～玻璃/泡ガラス。
【泡影】水のあわ。水泡。

炮 pào 砲。大砲。
【炮兵】砲兵。
【炮弹】砲弾。
【炮轰】砲撃する。
【炮灰】肉弾。大砲のえ食（じき）。
【炮火】砲火。
【炮舰】砲艦。

【炮楼】防備を兼ねた望楼。

【炮声】砲声。

【炮手】砲手。

【炮塔】砲塔。タレット。

【炮台】砲台。

【炮艇】砲艇。

【炮仗】爆竹。

疱　pào　水ぶくれ。まめ。

【疱疹】ほう疹。ヘルプス。

pei

呸　pēi　ちえっ。△〜，你胡说/ちえっ、でたらめを言うな。

胚　pēi

【胚胎】①はい。②始まり。兆（きざし）。

陪　péi　お伴する。お付合いする。相伴する。△我〜你去/お伴しましょう。

【陪衬】①引き立てる。あしらう。②引き立て役。

【陪审】陪審をする。△〜员/陪審員。

【陪同】お供する。随行する。

培　péi　①土をかける。△根部多〜点土/根元に少し多く土をかける。②育成する。培（つちか）う。養成する。育てる。

【培养】①養成する。育成する。育てあげる。△〜劳动习惯/労働の習慣を養成する。②培養する。△〜细菌/細菌を培養する。

赔　péi　①償う。弁償する。賠償する。△弄坏别人东西要〜/人の物を壊したら弁償しなければならない。②損をする。欠損する。△〜光/すっからかんに損をする。

【赔本】元手（もとで）を損する。

【赔不是】わびる。謝る。謝罪する。

【赔偿】賠償する。弁償する。

【赔款】①賠償する。②賠償金。

【赔礼】わびる。わびを入れる。謝罪する。

【赔笑】賠顔を作って人をなだめる。

沛　pèi　盛んだ。△精力充〜/精力旺盛だ。

佩　pèi　①身につける。かける。△〜刀/佩刀。②感心する。敬服する。

【佩带】身につける。はい用する。帯びる。

【佩服】感心する。敬服する。

配　pèi　①連れ合う。結婚する。△婚/結婚する。②交配させる。交尾させる。△〜种/種つけをする。③配合する。組み合わせる。△〜颜色/色を調合する。④割り当てる。配給する。△〜售/配給売りする。⑤補充する。取りつける。配する。△〜钥匙/合い鍵をつくる。⑥値する。ふさわしい。つり合う。似合う。△颜色不〜/色の組み合わせが合わない。

【配备】①振り当てる。配備する。△〜助手/助手を配備する。②配置する。△〜火力/火力を配置する。③装備。

【配搭】取り合わせ。コンビネーション。

【配方】①二次式を完成する。②調剤する。③化学製品の調製法。

【配合】協力する。配合する。呼応する。チーム・ワーク。△〜作战/共同作戦。

【配给】配給する。

【配角】①コンビ。②わき役。

【配偶】配偶。配偶者。

【配色】配色する。色をとり合わせる。

【配套】①組み合わせて一そろいにする。②一組の補助的なもの。

【配戏】劇や映画の助演をする。

【配音】①アフレコをする。②吹き替えて再録音をする。

【配乐】音楽や音響効果を吹き込む。

【配制】調製する。配合して作る。

pen

喷 pēn　噴く。噴き出す。噴出する。△～水/水を噴き出す。

【喷壶】じょろ。

【喷气发动机】ジェット・エンジン。

【喷气式飞机】ジェット機。

【喷枪】（ラッカーの吹き付け塗装に用いられる）噴霧器。スプレーガン。

【喷泉】水を噴き出す泉。噴水。

【喷嚏】くしゃみ。△打～/くしゃみをする。

【喷嘴】噴口。噴出口。

盆 pén　①鉢（はち）。△花～/植木鉢。△火～/火鉢。②たらい。△脸～/洗面器。

【盆地】盆地。

【盆花】鉢植えの花。

【盆景】盆栽。盆景。

喷 pèn　香気がぷんぷんする。

【喷香】非常にかぐわしい。

peng

抨 pēng

【抨击】（言葉あるいは文章で）攻撃する。論評を加える。非難する。

砰 pēng　（擬声語）がん。どかん。ばたん。△～的一声，门打开了/ばたんと音がして門が開いた。

烹 pēng　①煮る。調理する。②料理法の一つ（油でいためたのちに調味料を入れてすぐ鍋から取り出すこと）。

【烹饪】割烹（かっぽう）。調理。

【烹调】調理。割烹。

澎 pēng

【澎湃】①大波の打ち寄せるさま。②風潮が盛んになるさま。

朋 péng　友達。友。友人。

【朋比为奸】ぐるになって悪事を働く。

【朋友】①友人。友達。フレンド。②恋人。

棚 péng　①アンペラ小屋。掛け小屋。②小屋。あばら屋。

【棚子】小屋。

蓬 péng　①よもぎ。②（やなぎ、よもぎのように）乱れたもの。

【蓬勃】勢い盛んだ。

【蓬松】髪などがふわふわした様子。

【蓬头垢面】髪がぼうぼうと伸び顔があかだらけのきたならしい格好をいう。

硼 péng　ほう素。

【硼砂】ほう砂。

【硼酸】ほう酸。

鹏 péng　おおとり。

【鹏程万里】洋洋たる前途。

篷 péng　①とま。ほろ。テント。風よけ。②船の帆。

膨 péng　膨脹する。脹れる。

【膨大】膨大だ。エキスパンド。

【膨体纱】バルキー・ヤーン。

【膨胀】①膨脹。エキスパンション。②膨脹する。△通货～/通貨膨脹。インフレ。

捧 pěng ①両手で持つ。ささげる。抱える。△～腹大笑/腹を抱えて大笑いする。②両手ですくい上げるものを数えること。△一～沙土/ひとすくいの砂。③声援する。ひいきする。④おべっかを使う。機げんを取る。

【捧场】引き立てる。喝采（かっさい）する。声援する。ひいきする。△请您给我～/どうぞお引き立てを願います。

碰 pèng ①衝突する。ぶっつかる。突き当たる。△船～坏了/船はぶっつかってこわれた。②偶然会う。出くわす。△在路上～见了/道で偶然出会った。③当たってみる。試してみる。試みる。△～一～机会/チャンスを試してみる。

【碰杯】（乾杯するとき）杯と杯をカチンと突き合わせること。

【碰壁】行き詰まる。壁に突き当たる。

【碰钉子】障害にぶち当たる。拒絶される。

【碰见】出遇う。

【碰巧】①ちょうど折よく。うまいぐあいに。②ちょうどうまく行く。

【碰头】①頭がぶっつかる。衝突する。②出会う。顔合わせをする。

【碰运气】運まかせにやってみる。当たってみる。

【碰撞】突き当たる。衝突。

pi

批 pī ①決裁（許可、認可）する。△补助金～下来了/補助金は許可が下りた。②決裁（許可、認可）の公文。③（文書または作文に）批評を加える。添削する。△～改文章/文章に手を加える。④口。組。群。まとまりの物（人）。△又买了一～货/また一口の商品を買い込んだ。⑤卸売りする。大口に売る（買う）。

【批驳】①申請、請願を却下する。否決する。②駁論を加える。

【批发】卸売りする。大口販売する。

【批改】作文、答案などを批評し訂正する。

【批判】①批判する。②批評する。

【批判现实主义】批判的リアリズム。

【批评】①批評する。②欠点や誤りを指摘して批判する。

【批示】申請、請願に対し指示を与える公文。

【批语】批語。指示の言葉。

【批注】論評、注釈を加える。

【批准】批準する。承認する。許可する。認可する。

纰 pī

【纰漏】失敗。落ち度。

坯 pī ①（成型しただけで焼いていない）かわら。れんが。陶器。瀬戸物。②加工前の粗材。半成品。

披 pī ①衣類を肩に引掛ける（腕を通さずに着る）。羽織る。まとう。△～在身上/体にまとっている。②開く。ひもどく。明ける。広げる。ばらばらにす

る。△～着头发/髪をふり乱
す。③（竹や木が）裂ける。割
れる。

【披风】マントに似た外套の一種。

【披肩】肩掛。ショール。

【披荆斩棘】困難を克服し障碍を
乗り越える。

【披露】披露する。発表する。

砒　pī

【砒霜】三酸化二ひ素。しろひ。

劈　pī　①たたき割る。△～开/
切り割る。②裂ける。△指甲～
了/爪が裂けた。③雷が落ちる。
△树被雷～了/木が雷に打たれ
た。④くさび。

【劈啪】ぱちぱち。ぽんぽん。ぱん
ぱん。

【劈头】①頭から。まっこうから。△
～(盖脸地)打过来/まっこうか
ら打ってくる。②顔を見るなり。
のっけから。始じめ。始じまり。

霹　pī

【霹雳】①烈しい雷鳴。②突然の事
件。降って涌いたような出来事。

皮　pí　①皮。皮膚。△带～的桔
子/皮の付いたままの密柑。②
毛皮。皮。△～鞋/革靴（かわぐ
つ）。③外皮。風袋（ふうたい）。
カバー。表紙。△刨～二十斤重
/風袋を除いて（正味）20斤の
重さ。④表面。おもて。⑤薄く
て強いもの。しなやかなもの。
△铁～/薄鉄板。△橡～/消しゴ
ム。⑥（物、食物の表面が湿気
で）ごつごつ固くなったり、機
能が悪くなったりすること。△
这花生～了嚼不动/このピーナ
ツは湿気でごつごつになって
よくかめない。⑦腕白だ。いた
ずらだ。△这孩子～得很/この
子はいたずらで堪らない。⑧な

れっこになる。ずうずうしくな
る。△说～了反而没效果/余り
しかって、なれっこになっては
効果が無くなる。

【皮袄】毛皮の裏を付けた中国式
の上着。

【皮包】皮カバン。手下げカバン。

【皮鞭】皮製の鞭。

【皮尺】巻き尺。

【皮带】①ベルト。②バンド。③タ
イヤ。

【皮蛋】ピータン。

【皮肤】皮膚。はだ。

【皮革】皮。皮革。

【皮毛】①毛皮（けがわ）。②上っつ
ら。浅薄だ。生かじり。

【皮球】ゴムまり。

【皮箱】トランク。

【皮鞋】革靴。

枇　pí

【枇杷】びわ。

毗　pí　（場所、土地が）連なる。
続く。

【毗连】隣り合わせ。隣接して
いる。

【毗邻】→【毗连】

疲　pí　疲れる。くたびれる。△
精～力尽/くたくたに疲れる。

【疲倦】疲れてだるくなる。

【疲劳】①疲労する。疲れる。②疲
労。△肌肉～/筋肉の疲労。

【疲塌】だらだらしている。たる
む。だれる。

【疲于奔命】奔命に疲れる。駆け回
って疲れる。

啤　pí

【啤酒】ビール。

【啤酒花】ホップ。唐花草（からは
なそう）。

脾　pí　脾臓。

【脾气】①性質。たち。気性。気だ

て。△～坏/気性が悪い。②かん
しゃく。気短(きみじか)な性質。
△闹(发)～/かんしゃくをおこ
す。

【脾胃】このみ。趣味。

匹 pǐ ①匹(ひき)。頭。△三一
马/三匹(さんびき)の馬。②
疋(ひき)。△一～布/一疋(い
っぴき)のぬの。

【匹夫】①一人の男。平凡な男。②
無知無謀の人。

【匹配】配偶する。結婚する。

仳 pǐ 分かれる。離別する。

【仳离】離婚する。

否 pǐ ①悪い。よくない。②劣
悪な(行きづまった)状態。◇
～极泰来/不運の極に達すれば
幸運が回ってくる。

痞 pǐ ①脾臓の肥大する風土
病。②ごろつき。無頼漢。

劈 pǐ ①手で裂く。むしり取
る。△～菜叶子/野菜の葉をも
ぐ。②分ける。△～成两份/二つ
に分ける。

【劈柴】薪。まき。

癖 pǐ よくない嗜好。くせ。△
酒～/酒好き。

【癖好】好み。嗜好。

【癖性】(個人特有の)習性。

屁 pì へ。おなら。△放～/へ
をひる。②ばかを言え。

【屁股】①しり。臀部。②(動物
の)しり。うしろ。③はしっこ。
はし。

【屁话】つまらぬ話。ばからしい
話。

辟 pì ①拓く。△开～/開拓す
る。始める。②しりぞける。△
～谣/デマを打ち消す。

媲 pì 並び競う。

【媲美】美を競う。

僻 pì ①へんぴだ。△偏～/へ
んぴ。②余り見掛けない。△～
字/余り用いられない字。

【僻静】奥まって静かだ。

譬 pì 喩(たと)える。

【譬如】例えば。

pian

片 piān

【片子】①映画。映画のフィルム。
②レコード。

偏 piān ①偏っている。偏して
いる。△不要把镜子挂～了/鏡
を偏らないように掛けなさい。
②不公平だ。えこひいきする。
△～爱/偏愛する。

【偏差】①偏り。偏差。ずれ。②誤
差。

【偏方】医書に記されていない民
間の処方。

【偏护】かばう。えこひいきする。

【偏激】過激だ。

【偏见】偏見。

【偏离】逸れる。

【偏僻】辺ぴだ。

【偏巧】ちょうど。折よく。

【偏题】めったに見かけない試験
問題。

【偏听偏言】一方の言分のみを聞
いて信じる。

【偏向】①片方にだけ偏しえこひ
いきする。②傾向。偏向。

【偏心】偏り。偏心。

【偏重】偏重する。一方のみ重ん
ずる。

翩 piān

【翩翩】①軽く動くさま。ひらひ
ら。ひらりひらり。②しょうしゃ
なさま。スマートだ。

篇 piān ①（文章、小说、诗など）篇。△长～小说/长篇小说。②（助数詞）篇。△一～论文/一篇の論文。③ページ。△翻开第一～/第1ページを開く。

【篇幅】紙面。紙幅。文章の長さ。

【篇目】目録。目次。

【篇章】篇と章。文章。

片 piàn ①薄片。切れ。△纸～/紙切れ。②少しの。わずかの。零細な。△～语/かたこと。③カード。薄片状のもの。△名～/名刺。④（フィルム、レコードなど）薄い板形をしたもの。△彩色～/カラーフィルム。⑤（助数詞）面。錠。△一～广阔的草原/あたり一面ひろびろとした草原。△一～药/一錠の錠剤。

【片段】断片。切れはし。一区切（ひとくぎり）。

【片剂】錠剤。

【片刻】わずかな時。ちょっとの間。

【片面】一方的だ。片一方だけだ。

骗 piàn ①だます。②かたる。かたり取る。

【骗局】人を欺く手段（計略）。

【骗取】だまし取る。かたり取る。

【骗子】かたり。詐欺師。

piao

剽 piāo ①奪う。盗む。②身軽で素早い。

【剽悍】素早くあらあらしい。

【剽窃】他人の書いた文章、詩歌などを盗むこと。ひょう窃する。

漂 piāo ①漂う。浮び流れる。△在水面上～着/水面に漂っている。②流浪する。

【漂泊】流浪する。さすらう。

缥 piāo

【缥缈】ぼんやりとしてはっきり見えないさま。

飘 piāo ①（風に）翻る。はためく。揺めく。ぶらりと来る（行く）。△～来～去/ぶらりと来てぶらりと去る。②（雪、木の葉、香りなど）飛び散る。舞い落ちる。漂う。△雪花～/雪花がひらひらと舞い落ちる。

【飘带】リボン。

【飘荡】①風に吹かれてはためく。②流浪する。さ迷う。

【飘忽】風の如く速い。たちまち。忽然として。

【飘零】落ちぶれる。零落する。

【飘飘然】有頂天になる。

【飘摇】翻り動く。ひらひらする。

嫖 piáo 女郎買いをする。

瓢 piáo ①（ふくべ）を縦に割って作ったひしゃく。ひしゃく。②人の頭。△开了～了/頭をぶち割った。

【瓢泼大雨】どしゃぶり。

漂 piǎo ①さらす。漂白する。△～白/漂白する。②水でさらして雑物を除く。△～朱砂/朱砂を水で選別する。

【漂白粉】漂白粉。さらしこ。クロール・カルキ。

瞟 piǎo 流し目に見る。横目にちらと見る。△～了他一眼/彼をちらと流し目に見る。

票 piào ①証憑。有価証券。△支～/小切手。②切符。券。△车～/乗車券。③紙幣。札。△毛～/小額紙幣。④人さらいのさらった人質。△赎～/身代金で人質を受け出す。

【票额】①額面金額。②切符。入場

券の枚数。

【票房】切符売り場。

【票根】（入場券などの）半券。

【票价】切符（入場券などの）価格。

【票据】①手形。証券類。②領収書。

【票箱】投票箱。

漂 piào

【漂亮】①奇麗だ。清潔ですがすがしい。②立派だ。見事だ。はでだ。

pie

撇 piē

①捨てる。捨ててかえりみない。△把老一套都～了/ありきたりなやり方をすっかり止めてしまう。②すくい取る。すくい上げる。△～油/油をすくい取る。

【撇开】ほうっておく。さしおく。

【撇弃】捨てる。

瞥 piē

一瞥する。瞥見する。△～了一眼/ちらと見た。

【瞥见】一目で見て取る。

撇 piě

①投げる。投げ付ける。△～球/まりを投げる。②口許をゆがめる。△～嘴/口許をゆがめる。

pin

拼 pīn

①つなぎ合わせる。綴り合わせる。△七～八湊/あれこれと寄せ集める。②（命を）投げ出す。必死になる。

【拼湊】かき集める。寄せ集める。

【拼命】命を掛けて（…をする）。懸命になって（…をする）。

【拼盘】盛り合わせ（中華料理の一つ）。

【拼写】音をつづって書く表音文字で書く。

【拼音】子音と母音とをつづり合わせる表音文字。

姘 pīn

男女が正式結婚をせずに関係する。

【姘居】（正式の結婚をせず）なれあって同棲する。

贫 pín

①貧しい。貧困だ。△～穷/貧しい。②乏しい。足りない。③言うことがくどくどしくていやらしい。△他的嘴太～了/彼は言うことがくどくどしすぎていやらしい。

【贫乏】乏しい。貧弱だ。

【贫寒】貧窮だ。貧乏だ。

【贫瘠】（地味が）やせている。

【贫困】貧困だ。

【贫民】貧民。

【贫民窟】貧民窟。スラム街。

【贫穷】貧しい。貧困だ。

【贫弱】貧窮し衰微する。

【贫血】貧血。

频 pín

①しきりに。しばしば。△～～来询问/しばしば問い正しに来る。②言うことがくどくどしい。くどい。△好话说～了也就不大起作用了/いいことでも余りくどく言うと、効果は無くなる。

【频道】チャンネル。

【频繁】ひん繁だ。しげしげ。

【频率】①周波数。サイクル数。②ひん度。

【频频】しばしば。しきりに。

品 pǐn

①品物。△成～/製品。②作品。③種（類）。△～种/種。製品の種類。④品位。人品。⑤品定めする。見分ける。△～人是非/人のことをかれこれ批

評する。⑥味を聞く。味わう。
△～茶/茶の味を聞く。

【品德】人品と徳性。

【品格】品格。品位。

【品级】等級。

【品类】たぐい。しな。

【品貌】人品。容貌。

【品行】品行。おこない。身もち。

【品性】品性。

【品质】品質。

【品种】品種。

牝 pin　禽獣の雌（めす）。△～
鸡/めんどり。

聘 pin　①招聘する。△～了一
名语文教员/国語の先生を一人
招聘した。②嫁（とつ）がせる。
△～姑娘/娘を嫁がせる。

【聘礼】①結納。②人を招聘する贈
り物。

ping

乒 ping

【乒乓球】卓球。ピンポン。△打～/
卓球をやる。

平 píng　①平らだ。平坦だ。凹
凸がない。△铺～/平らに敷く
（広げる）。②公平だ。平等だ。△
～分土地/土地を公平に分け
る。③同格だ。同じぐらいだ。△
～辈/同輩の者。④平常。普通。
△～日/平常。普断。⑤平穏だ。
穏やかだ。無事だ。△风～浪静
/風が穏やかで浪も静かだ。⑥
静かにする（させる）。落着かせ
る。△～心静气/気を押し静め
る。⑦平らげる。鎮める。⑧平
定する。弾圧する。

【平安】無事だ。

【平白无故】わけなく。なんの理由
もなく。

【平板】①平凡だ。単調だ。②プレ
ート。

【平辈】同輩の者。

【平常】①日常。②普通。人並だ。

【平淡】平凡だ。

【平等】平等だ。

【平定】①穏やかだ。平穏だ。②鎮
める。平らげる。平定する。

【平凡】平凡だ。珍らしくない。

【平反】①誤りを正す。訂正する。
②冤罪を被った者を再審理して
無罪にする。

【平复】①病気が治る。②元の状態
に復する。

【平和】穏やかになる。

【平衡】①つり合う。均衡がとれて
いる。バランスが取れている。
②つり合い。平衡。平均。△力
的～/力のつり合い。力の平衡。

【平滑】平らで滑らかだ。

【平静】平静だ。落ち着いている。
冷静だ。

【平局】引き分け。勝負なし。

【平均】①平均。②平均する。

【平列】並列する。

【平面】平面。△～图/平面図。

【平民】平民。庶民。

【平权】同権。

【平绒】綿ビロード。

【平时】不断。平日。平常。

【平台】ベランダ。

【平坦】平らだ。

【平信】普通郵便の手紙。

【平行】①同格だ。同等だ。②平行。
③同時に進める。並行する。

【平易】①分かりやすい。②温和で
親しみやすい。

【平庸】平凡だ。平庸だ。

【平原】平野。平原。

【平装】（書物の）並製。

评 píng　①批評。評論。△得了
好～/好評を得た。②判定する。

審査する。

【评比】比較して批評する。

【评定】審査して決める。

【评断】審査して決裁する。論断する。

【评分】採点する。

【评功】功績を評定する。

【评价】①評価。②評価する。

【评奖】表彰する。

【评理】道理を論ずる。

【评论】評論する。

【评判】審査する。判定する。

【评薪】給料の格づけをする。

【评选】審査して選ぶ。

【评语】評語。

坪 píng　平らな土地。△草〜/芝生（しばふ）。

苹 píng

【苹果】りんご。

凭 píng　①寄掛かる。もたれる。△〜栏远望/欄干にもたれて遠方を眺める。②…に頼る（って）。…を頼みとする（して）。…による（よって、よれば）。△〜他说…/彼の言うところによれば…。③根拠とする（して）。…に基づく（づいて）。△〜大家的意见作出决定/皆の意見に基づいて決定を下す。④…任かせる（せて）。…に従って。…のままに。△〜良心做事/良心に従って事をする。⑤縦しんば（たとえ）…であっても。△〜你怎么努力，总做不好/君がどんなに努力したとてうまくやれない。⑥証拠。△空口无〜/口で言うだけで証拠がない。

【凭单】①証明書。②証明書に基づいて。

【凭借】基づく。手掛かりにする。

…を立てにする。

【凭据】証拠。

【凭空】何の寄り所もなく。理由なく。

【凭信】信頼する。信用する。

【凭照】証明書。

屏 píng　①覆い護る。さえぎる。②びょうぶ。衝立（ついたて）。

【屏风】衝立障子。

【屏幕】スクリーン。

【屏障】障壁。防壁。

瓶 píng　①瓶（びん）。△花〜/花瓶。②（助数詞）瓶。△一〜酒/一（ひと）瓶の酒。

【瓶塞】瓶の栓（せん）。

【瓶装】瓶詰め（びんづめ）。

萍 píng　浮草（うきくさ）。

【萍水相逢】あかの他人と偶然の機会に知り合いになる。

po

泊 pō　湖。沢。△湖〜/湖（みずうみ）。

坡 pō　①坂。△陡〜/急な坂。②傾く。傾斜する。斜めになっている。

【坡地】傾斜地。

【坡度】勾配（こうばい）。

泼 pō　①水をまく。ざあっとほうり出すようにまく。△〜水/水をまく。②常軌を逸する。道理を弁えない。△撒〜/わめいたりしてあばれる。③生き生きする。

【泼妇】あばずれ。たけだけしい女。

【泼辣】①悪辣だ。あくどい。きつい。②仕事がよくできる。やり

手だ。

【泼水】人の興を冷ます。水をさす。

颇 pō ①なかなか。すこぶる。△～有趣味/なかなか興味がある。②偏頗だ。片寄っている。

婆 pó ①年寄りの女。老婦人。△老太～/おばあさん。②女房。家内。おかみ。△老～/家内。③しゅうとめ。△～～/しゅうとめ。④祖母。△外～/母方のおばあさん。

【婆家】夫の家。とつぎ先。

叵 pǒ …しがたい。

【叵测】測り知れない。

迫 pò ①迫る。近付く。②差し迫る。事態が切迫する。△已～最后关头/すでに最後の山に差し掛かっている。③強制する。強いる。△被～逃走/強いられて逃げ出す。

【迫不得已】やむをえない状態に迫られる。

【迫不及待】事態が切迫してぐずぐずしておられない。

【迫害】迫害する。

【迫切】切実だ。差し迫った。

破 pò ①(物が)破れ壊れる。破れる。怪我をする。傷が付く。△纸～了/紙が破れた。△手～了/手に傷が付いた。②(きまりや記録などを)破る。△打～记录/記録を破る。③つまらない。おもしろくない。△～戏/おもしろくない芝居(しばい)。④打ち敗る。△攻～敌阵/敵陣を撃破する。⑤はっきりさせる。△一语道～/一言で急所をつく。⑥(金を)使う。△～钱买电视机/金を使ってテレビを買う。⑦お金を崩す。△～零钱/小銭に崩

す。⑧命を投げ出す。(貴重なものを)投げ打つ。△～着性命去救人/命を投げ出して人を救う。

【破案】(強盗事件など)解決する。片付ける。

【破冰船】破氷船。

【破产】倒産する。失敗する。

【破除】打破する。排除する。

【破釜沉舟】出陣に当たり飯釜を壊し、舟をしずめる。決死の覚悟で出陣する。

【破格】破格。

【破坏】破壊する。

【破获】悪事がばれて逮捕される(する)。

【破旧】古くてほろぼろになる。

【破口大骂】口ぎたなく罵倒する。がみがみ言う。

【破烂】ほろぼろに破れる。

【破例】前例を破る。

【破裂】破裂する。破れ裂ける。

【破落】落ちぶれる。

【破迷】①謎をとく。②謎を掛ける。

【破灭】破滅する。破れる。

【破碎】砕く。砕ける。こなごなにする(なる)。

【破损】破損する。

【破涕为笑】泣き笑いをする。

【破晓】①夜が明ける。②夜明け。

【破绽】①欠点。破綻。ぼろ。きず。②すき。

【破折号】中国式句読符号のダッシュ(「――」)。

魄 pò ①魂。②精神。気力。

【魄力】気力。気迫。

pou

剖 pōu ①切り開く。△解～/解

剖する。②見分ける。△～析/分
析する。

【剖面】断面。断面図。

抔 póu　①手ですくう。②(助数
詞)すくい。△一～土/一すくい
の土。

pu

仆 pū　(人が)前に倒れる。倒
れ伏す。△前～后继/前の人が
倒れてあとからあとから続い
て進む。

扑 pū　①まっすぐに突き進む。
飛び掛かって行く(来る)。△～
过去/飛び掛かっていく。②(昆
虫などを)捕える。△～蝴蝶/
ちょうを捕える。③たたく。△
～蝇/はえをたたく。④はたく。
△～粉/おしろいをはたく。

【扑鼻】(においが)鼻をつく。

【扑打】①打ち下す。はたく。②軽
くたたく。はたく。払う。

【扑粉】①粉白粉(こなおしろい)。
②白粉をつける。

【扑克】トランプ。

【扑空】①(留守に訪ねて)むだ足
を踏む。②空振りする。不成功
に終わる。

【扑面】真向(まっこう)から。

【扑灭】撲滅する。消滅する。

【扑腾】①(心臓が)どきどきする。
②どたばたする。

【扑通】(物が水の中に落ちる音)
ざぶり。どぶん。

铺 pū　敷く。広げる。△～台布
/テーブル掛けをかける。

【铺床】布団、敷き布団を敷く。

【铺垫】敷きぶとん、シーツなど。

【铺盖】ふとんと敷き布団。

【铺设】(鉄道などを)敷く。

【铺张】大げさにする。見栄をはっ
て…する。

仆 pú　しもべ。使用人。△女～/
女中。お手伝い。

【仆从】下男。使用人。

匍 pú

【匍匐】匍匐(ほふく)して進む。
はって進む。

菩 pú

【菩萨】菩薩。

葡 pú

【葡萄】ぶどう。

【葡萄酒】ぶどう酒。ワイン。

蒲 pú　がま。しょうぶ。

【蒲包】がまで編んだかます。

【蒲绒】蒲の花。

【蒲扇】がまの葉で編んだうちわ。

【蒲席】蒲のむしろ。

朴 pǔ　質朴。飾り気がない。△
俭～/つましい。

【朴实】飾り気がなくまじめだ。

【朴素】質素で飾り気がない。

圃 pǔ　畠。菜園。△苗～/苗床。

普 pǔ　一般的。普通。普く。△
～请/普く招待する。

【普遍】普通的だ。全面的だ。普く。

【普查】一斉調査する。全面調査す
る。

【普及】普及する。

【普通】普通の。一般的。

【普选】普通選挙。

【普照】照り渡る。

谱 pǔ　①同系の人や物事を順
序によって記載し、表示した目
録(表)。△家～/系譜。②標準
になるもの。大体の基準。決
り。程度。△他做事有～/彼は
仕事をやるにはちゃんとした
考えを持っている。

【谱系】系図。

【谱写】作曲する。書く。

蹼 pǔ 水かき。

铺 pù ①店。②ベッド。
【铺板】ベッドをこしらえる板。
【铺面】店。店舗。
【铺位】布団を敷く所。(汽車の)寝台。ベッド。

瀑 pù
【瀑布】滝（たき）。

曝 pù 日に当てる。日にさらす。
【曝光】(光が) 露出する。エクスポージュア。
【曝露】野ざらしにする。

Q

qi

七 qī 七。七つ。△～个/七つ。7 個。
【七零八落】支離滅裂だ。ちりちりばらばら。
【七拼八凑】工夫してかき集める。寄せ集める。
【七上八下】心が混乱する。あれこれと迷う。
【七月】七月。

沏 qī 熱い湯で茶などを入れる。△～茶/茶を入れる。

妻 qī 女房。細君。妻（つま）。
【妻离子散】妻や子とばらばらになる。家族と別れてばらばらになる。

凄 qī ①寒い。ひやりとする。物すごい。②物さびしい。③悲しい。
【凄惨】痛ましい。悲惨だ。
【凄厉】物すごい。
【凄凉】物寂しい。

栖 qī ①鳥が木に止まる。生息する。②人が泊まる。宿る。住む。△～身之处/身を寄せて住む所。
【栖身】身を寄せる。住む。

戚 qī ①親戚。②悲しむ。憂える。△休～相关/祸福相关する。

期 qī ①時期。期日。△按～完成/(予定の)期日どおり完成する。②期限。△一学～/一学期。③期待する。希望する。
【期待】期待する。当てにして待つ。
【期间】期間。
【期刊】定期刊行物。
【期考】学期試験。
【期满】(任期) 期限が満了する。
【期票】約束手形。
【期望】期待。
【期限】期限。

欺 qī ①だます。あざむく。△～骗/だます。②侮る。ばかにする。虐げる。
【欺负】ばかにする。いじめる。
【欺凌】→【欺负】
【欺瞒】だます。期まんする。
【欺骗】うそを言って人をだます。
【欺压】勢力に頼って人を威圧する。
【欺诈】詐欺を働く。

漆 qī ①漆（うるし）。ペンキ。△油～/ペンキ。②漆（うるし）やペンキを塗る。△刷～/ペキンを塗る。③黒い。暗い。

【漆工】漆（うるし）やペンキを塗る職人。

【漆黒】①真黒だ。②真暗だ。

蹊 qī

【蹊跷】何か隠されている様子。うさん臭い。怪しげだ。

齐 qí ①きちんとそろう。△衣服穿得整～/着物をきちんと着ている。②長さ、高さが等しい（そろっている。）△长短不～/長さが不ぞろいだ。③同じだ。同等だ。△心～/心が同じだ。同じ考えをもっている。④そろって、一斉に。△百花～放/百花が一斉に咲く。⑤そろえる。整える。△一概～全/全部取りそろえてある。⑥そろう。△人还没来～/人がまだそろっていない。⑦引付く。

【齐备】①完備する。完備している。そろう。②すっかり準備ができる。

【齐唱】声をそろえて、一斉に唱う。せい唱する。

【齐集】集まる。つどう。

【齐名】同じく有名だ。

【齐全】完備している。そろう。

【齐声】声をそろえて。

【齐头并进】肩を並べて進む。優劣がない。

【并心】心を合わせる。

【齐整】①よく整っている。②整っていて立派だ。

【齐奏】合奏する。

祈 qí 祈る。願う。△～求帮助/ご協力をお願いします。

【祈祷】祈る。祈禱する。

【祈求】こい願う。祈る。祈願する。

【祈望】希望する。期待する。

其 qí ①それの。その。それらの。かれらの。△～父/彼のおとうさん。②それ。それら。彼。彼ら。△听～自然/自然のままにまかせる。③とりわけ。極めて。いっそう。△尤～好看/とりわけ奇麗だ。

【其次】その次。

【其实】実は。実際は。

【其他】その他。そのほかに。

【其余】その他の。残りの。

【其中】その中。そのうち。

奇 qí ①奇怪だ。不思議だ。△～怪/奇怪だ。②珍しい。稀だ。非常だ。△好～心/好奇心。③思いも寄らない。予想できない。△～袭/奇襲する。④驚く。△不足为～/驚くほどのこともない。

【奇耻大辱】この上もない恥辱。

【奇怪】おかしい。不思議だ。変だ。

【奇观】奇観。奇異な眺め。

【奇迹】奇跡。

【奇妙】奇妙だ。巧妙奇抜だ。

【奇巧】珍しくかつ巧妙だ。

【奇谈】珍しい話。奇聞。

【奇特】奇異だ。奇妙だ。

【奇闻】珍しいニュース（話）。

【奇异】①珍しい。不思議だ。②びっくりする。驚く。

【奇遇】①奇遇。②思い掛けなく出会う。

【奇装异服】奇妙な身なり。

歧 qí ①分かれ道。小路。②分かれる。同じでない。

【歧路】①分かれ道。②誤った道。

【歧视】白眼視する。偏見を抱く。

色眼鏡で見る。

脐 qí　へそ。

【脐带】へその緒。

畦 qí　①あぜ。②田畑の中の小さく区切られた部分。畝（うね）。△菜～/野菜畑。

崎 qí

【崎岖】①山路がでこぼこで険しい。②困難だ。

骑 qí　①またがる。またがって乗る。△～马/馬に乗る。②（古代の軍隊の）馬に乗った兵士。

【骑兵】騎兵。

【骑墙】態度のあいまいなこと。日和（ひより）見をする。

【骑士】欧州中古の騎士。

【骑术】馬術競技。

棋 qí　囲碁。将棋。△下围～/碁を打つ。

【棋迷】囲碁狂。将棋狂。

【棋盘】碁盤。将棋盤。

【棋谱】棋譜。

【棋子】碁石。将棋のこま。

旗 qí　①旗（はた）。△红～/赤旗。②標識。

【旗杆】旗ざお。

【旗鼓相当】互角の形勢だ。

【旗舰】（艦隊の司令官が）乗っている軍艦。

【旗开得胜】緒戦で勝つ。

【旗袍】チャイナドレス。

【旗手】旗手。旗持ち。

【旗语】手旗（てばた）信号。

乞 qí　乞う。請う。求める。△～食/食べ物を乞う。

【乞丐】こじき。物もらい。

【乞怜】あわれみを乞う。

【乞灵】霊験に頼る。神や仏にすがる。

【乞求】懇願する。

岂 qí　（強い反問を表わす）どうして…のことがあろうか。まさか…のはずはあるまい。△～有此理/どうしてそんなはずがあろうか。

【岂能】どうして…できようか。

企 qí　①企る。もくろむ。②つま立ちする。つま先で立つ。③待ち望む。待望する。

【企鹅】ペンギン。

【企求】希（こいねが）い求める。

【企图】企てる。

【企望】伸び上がって望んで見る。まちこがれる。待ち望む。

【企业】企業。

启 qí　①開く。明ける。△～蒙/启蒙（けいもう）。手解きする。②始める。△～程/出発する。③述べる。△～事/(印刷または紙に書いた)挨拶文。通知。広告。

【启齿】口を開く。口を利く。口に出す。

【启动】（機械などを）動かす。

【启发】啓発する。

【启封】①手紙を開封する。②差押えをとく。

【启航】出航する。

起 qí　①立ち上がる。立つ。起きる。身を起す。起床する。△～早/早く起きる。②持ち上げる。上がる。△举～手来/手を上がる。③とりはずす。ぬきとる。取り出す。△～钉子/釘を抜く。④元の場所から離れる。移動する。△～身/出発する。⑤脹れ上がる。出来る。△～痱子/汗もが出来る。⑥発生する。起きる。出る。△～作用/作用が起きる。⑦起こす。⑧（原稿などを）書く。（名前を）付ける。⑨…から。△从现在～/今から。

【起草】起草する。
【起程】出発する。途につく。
【起初】初め。
【起床】起きる。起床する。
【起点】起点。始まり。スタート。
【起动】起動する。発動する。
【起飞】離陸する。飛び立つ。
【起伏】高くなったり低くなったりする。起伏する。
【起航】出港する。
【起哄】①騒ぐ。やじる。②冷かす。
【起火】①火事が起こる。②怒る。立腹する。
【起家】家を起こす。家業を繁昌させる。
【起劲】油が乗る。張り切る。意気込みが高い。
【起立】(口令をかける場合に使う言葉)起立。
【起码】最低限度。少なくとも。
【起锚】錨(いかり)を上げる。
【起名】名をつける。
【起跑】スタート。
【起讫】初めと終り。
【起色】活気付く。元気が出る。景気がよくなる。(病気が)好転する。
【起身】①出発する。旅立つ。②起床する。
【起事】武力の闘争を起こす。
【起誓】誓いを立てる。宣誓する。
【起诉】起訴する。
【起头】①始め。最初。②始めから。③始める。先鞭を付ける。
【起先】最初。初め。
【起义】正義に基づいて蜂起する。義兵を起こす。
【起因】原因。起こり。
【起源】起源。
【起运】①積み出し。②発送する。
【起重机】クレーン。
【起子】①栓抜き。ねじ回し。ねじ抜き。②ドライバー。

绮 qǐ ①あや模様のある絹織物の一種。②(風景などが)美しく優れている。
【绮丽】美しい。

气 qì ①気体。△毒~/有毒ガス。②空気。△给自行车打点儿~/自転車に空気をいれる。③気候。△天~/天気。④呼吸。息。△~喘/息がはずむ。⑤薫り。におい。△香~/薫り。⑥精神。気風。元気。△朝~/生き生きした気分。⑦気風。気質。△孩子~/子供染みた態度。⑧気魄。意気。⑨怒る。怒り。⑩虐待を受ける。⑪一しきり。△胡说一~/一しきり出たら目を言う。
【气冲冲】ぷんぷん怒る。
【气喘】①息切れがする。あえぐ。②ぜん息。
【气窗】空気窓。
【气度】気概。気。気ぐらい。
【气氛】雰囲気。気分。
【气愤】立腹する。
【气概】気概。気。気ぐらい。
【气管】気管。
【气管炎】気管支炎。
【气候】①気候。②ありさま。様子。情勢。なりゆき。
【气节】気節。気概。節操。
【气孔】気孔。通気孔。
【气力】体力。力。
【气量】度量。腹。
【气流】気流。
【气门】①気門。気孔。②排気孔。エア・バルブ。
【气恼】立腹する。腹が立つ。怒る。
【气馁】気を落す。しょげる。

【气派】①風さい。態度。気概。勢い。②立派だ。

【气泡】気ほう。ブロー・ホール。

【气魄】気魄。意気。

【气枪】空気銃。エアガン。

【气球】①軽気球。アドバルーン。②風船。

【气色】顔色。血色。

【气势】元気。意気。

【气体】気体。ガス。

【气筒】(空気を入れる)ポンプ。空気入れ。

【气味】①薫り。②におい。③意気。気質。

【气温】気温。

【气息】息。気息。

【气象】気象。

【气象万千】様様な優れた景色またはありさまが壮観を呈している。

【气吁吁】ふうふうと喘ぐ。息を切らして。

【气压】気圧。大気圧。

【气焰】気焔。鼻息。

【气质】気質。性質。性格。

讫 qì ①完了する。終わる。△付~/支払いずみ。②…まで。…に至る。及ぶ。

迄 qì ①(時間的に)…まで。…に至たるまで。②今までのところ。今までに。

【迄今】今まで。

汽 qì ①気体。②水蒸気。

【汽车】自動車。車。

【汽船】モータボート。汽船。

【汽锤】スチーム・ハンマー。

【汽灯】ガス燈。

【汽笛】汽笛。サイレン。

【汽酒】クワス。

【汽水】サイダー。

【汽艇】モーターボート。

【汽油】ガソリン。

弃 qì 捨てる。見捨てる。放棄する。

【弃旧图新】古いものを打ち捨てて、新しいものを取り換える。

【弃权】棄権する。

【弃世】①亡くなる。逝去する。②世を捨てる。

【弃婴】捨てられた赤ちゃん。

【弃置】放って置く。捨てて置く。

泣 qì ①泣く。忍び泣く。②涙。△~下如雨/落涙すること雨のごとし。

契 qì ①ちぎり。仲よくする。△~友/意気投合した友人。②刻んだ文字や絵。

【契合】契合する。ぴったり合う。符合する。

【契机】契機。

【契约】契約。

砌 qì ①(レンガや石などを積み上げて)築く。立てる。△~了一堵墙/塀を一つ築いた。②石段。△雕栏玉~/彫刻を施した欄干と玉の石段。

器 qì ①器具。用具。容器。道具。△乐~/楽器。②体の器官。△消化~/消化器官。③人材。△不成~的人/人材となれない人間。役に立たない人間。④重要視する。尊敬する。△~重/重要視する。⑤度量。△~量/度量。

【器材】器材。

【器官】(生物)の器官。

【器具】用具。道具。器具。

【器量】度量。腹。

【器皿】器(うつわ)。入れ物。

【器械】器機。器具。

【器乐】器楽。

【器重】重要視する。重く見る。

qia

掐 qiā ①つねる。爪を当てる。△～人/人をつねる。②つかみ取る。△～花/花を摘む。③(指で強く)押え付ける。

【掐头去尾】頭と尾を取り除く。不要な部分を取り去る。

卡 qiǎ ①はさむ。物をはさんでつかむ。②はさまる。引掛かる。△鱼刺～在嗓子里/魚の骨がのどに引掛かっている。③ものをはさむ道具。クリップ。△发～/ヘア・ピン。

【卡尺】キャリパス。

【卡子】物をはさむ道具。ピン。

洽 qià ①和合する。和ぐ。和む。ぴったりする。△融～/打ち解ける。②相談する。掛け合う。△～谈/打ち合せる。

恰 qià ①適当だ。ちょうどよい。△这个词用得不～当/この言葉遣いが適当ではない。②ちょうど。正に。△～到好处。/ちょうどいいところに。

qian

千 qiān 千。△一～人/千人。◇～言万语/千言万語。

【千变万化】千変万化する。変化が窮まりない。

【千差万别】千差万別。

【千方百计】手段を尽くす。あの手この手で。手を換え、品を換え。

【千古】大昔。

【千里迢迢】路程が遠い。はるばる。

【千篇一律】皆同じ調子で少しも変化がない。

【千丝万缕】事柄が非常に複雑し、こんがらがっていること。

【千头万绪】事柄が入り組んでいる。

【千万】①絶対に。決して。必ず。△～不要大意/絶対に油断してはならない。②数の多いこと。

【千辛万苦】ありとあらゆる苦労。

【千言万语】千言万語。

扦 qiān ①鉄や竹製の細長針状の器物。△蜡～儿/ろうそくたて。②差す。差込む。

迁 qiān ①移る。移転する。引越す。△乔～/引越す。②変化する。移り変わる。△变～/移り変る。③(昔官職が)上ったり下ったりすること。△左～/左遷する。

【迁就】大目に見る。折合う。何とかがまんする。

【迁居】引越す。

【迁延】引延ばす。

【迁移】①移転する。②時世が移り変る。

钎 qiān

【钎子】(さく岩に用いる)長いたがね。

牵 qiān ①牽引する。引張る。△～着牛/牛を引張っている。②連結する。つながる。掛かり合う。つきまとう。△～连/掛かり合う。巻添を食う。③縫い方の一種で、袖口やすそなど着物のへりを折り曲げてかがる縫い方。

【牵扯】①引張る。引き入れる。②牽制する。③掛かり合いになる。

【牵掣】①牽制する。②引張る。

【牵动】関連する。影響を及ぼす。

【牵挂】心が引かれる。気掛かりになる。

【牵累】①足手まとい。②とばっちり。巻き添え。

【牵连】引掛かりがある。つながりがある。関連する。

【牵强】こじつける。牽強附会する。

【牵涉】引掛かりがある。関連する。波及する。

【牵线】操る。糸を引く。

【牵引】引張る。

【牵制】牽制する。自由行動を妨げる。

悭 qiān

【悭吝】けちだ。吝嗇（りんしょく）だ。

铅 qiān ①鉛（なまり）。②黒鉛の略。

【铅笔】鉛筆。

【铅印】活字版。活版印刷する。

【铅字】活字。タイプ。

谦 qiān 謙遜する。へりくだる。謙虚だ。

【谦恭】謙虚で礼儀正しい。

【谦让】へりくだって譲る。

【谦虚】謙虚だ。

签 qiān ①札。くじ。△抽～/くじを引く。②標識として用いる細長くきった紙切れ。△书～/しおり。③（先のとがった竹や木の）細い棒。△牙～/つまよう枝。④荒く縫い付ける。△用手针～上/針で仮縫いをしておく。⑤署名する。サインする。

【签到】出勤簿に出勤の署名をする。

【签订】調印する。締結する。

【签发】文書に署名して発送する。

【签名】署名する。サインする。

【签署】署名する。サインする。

調印する。

【签证】査証。ビザ。

【签字】サインする。署名する。

前 qián ①（空間的に）前。正面。前方。△向～看/前を見る。②（時間的に）以前。昔。△五年～/五年前。③（時間的に）前の。先の。△～两天/二、三日前。④（方向）進む。△～往/行く。出向く。

【前辈】先輩。年長者。

【前边】前の方。前方。先頭。

【前程】行く先。前途。

【前导】先導する。案内する。

【前额】額（ひたい）。

【前锋】①先方部隊。②前衛。フォワード。

【前赴后继】次次と突き進む。

【前后】①前と後。初めと終り。②先後する。

【前进】前進する。前へ進む。

【前景】①前景。②前途の様子。先行き。見通し。

【前面】①前。前の方。②前の部分。

【前排】①前列。②（劇場などの）前の方の座席。

【前仆后继】次次と突き進む。

【前期】前期。初めの時期。

【前驱】先駆（さきがけ）。先駆者。

【前人】前人。先人。

【前任】前任。

【前所未有】未曾有（みぞう）。

【前台】①エプロン・ステージ。②（舞台の裏に対して）舞台の表。

【前提】前提。前提条件。

【前天】おととい。

【前厅】前の方にある広間。表座敷。

【前途】前途。

【前往】赴く。出向く。

【前卫】前衛。ハーフバック。

【前夕】前夜。

【前线】前線。前方。

【前言】①前書き。序文。②前人の言葉。

【前因后果】原因結果。前の原因と後の結果。

【前兆】兆（きざし）。前触れ。

【前者】前者。前の者。

【前奏】前奏曲。前奏。序奏。

荨 qián

【荨麻】いらくさ。

【荨麻疹】じんましん。

钳 qián　かなばさみ。やっとこ。ペンチ。プライヤー。

【钳工】機械組立工。仕上げ工。

【钳制】押え付ける。けん制する。

虔 qián　敬けんだ。慎しみ深いこと。

【虔诚】敬けんだ。

【虔敬】敬う。

钱 qián　①貨幣。金銭。金（かね）。△有～的人/金持ち。②費用。代金。△饭～/食事代。③重さの単位。△一～/5グラム。

【钱包】がまぐち。財布。

【钱币】貨幣。

【钱财】金や財物。

掮 qián　（肩で）担ぐ。

【掮客】仲買人。代理人。ブローカー。

乾 qián　①（八つけいの一つ）乾（けん）。②男の。男性的。

【乾坤】乾坤。天地。天下の大勢。

潜 qián　①潜む。潜伏する。潜水する。②表面に現われない。潜在的だ。△～力/潜在力。③密かに。こっそり。

【潜藏】隠れる。潜む。

【潜伏】潜伏する。

【潜入】潜り込む。

【潜水】潜水する。水中に潜り込む。

【潜逃】密かに逃げる。

【潜艇】潜水艇。

【潜心】心を打ち込む。

【潜行】①潜行する。水中を潜って進む。②密かに赴く。

【潜移默化】知らず知らずの中に感化を受ける。

【潜泳】潜り泳ぎ。

【潜在】潜在する。

黔 qián　黒い色。

【黔驴之技】黔驢（けんろ）の技（ぎ）。見かけだおしで思ったほどの能力がないことのたとえ。

浅 qiǎn　①浅い。△水～/水が浅い。②軽微だ。程度が低いこと。△阅历～/経験が浅い。③分かり易い。△这篇文章内容很～/この文章の内容が易しい。④日数が少ない。日が浅い。△交情～/付き合いが浅い。⑤（色などが）浅い。薄い。△～红/薄赤。

【浅薄】浅薄だ。浅はかだ。

【浅海】浅海。

【浅见】浅薄な考え。

【浅近】平易だ。たやすい。

【浅陋】見識が浅い。

【浅说】平易な説明。分かり易い説明。

【浅滩】浅瀬（あせせ）。

【浅易】平易だ。分りやすい。

遣 qiǎn　①派遣する。遣わす。放逐する。②（憂さを）晴らす。

【遣返】（本国または原籍地へ）送り返えす。返えらせる。送還する。

【遣散】①解散して帰郷させる。②解雇する。

【遣送】強制送還する。

遣 qiǎn しかる。非難する。

【谴责】非難する。叱り責める。

缱 qiǎn 情緒てん綿たる様。

【缱绻】愛情が深くて離れがたい様。

欠 qiàn ①不足している。足りない。△～考虑/考えが足りない。思慮を欠く。②金を借りている。借りがある。△～款/借金。③体をやや上にのばす。

【欠缺】欠乏する。

【欠身】(腰掛けている状態や寝ている状態から)体を前に屈める。

【欠妥】妥当を欠く。

【欠帐】借金する。負債する。

纤 qiàn 船引き綱。△拉～/引き綱を引く。

【纤夫】船引き。

倩 qiàn ①麗しい。△～影/麗わしき面影。②人に頼む。依頼する。

堑 qiàn 城の堀(ほり)。切通し。

【堑壕】ざんごう。

嵌 qiàn はめ込む。△镶～/象がん。

歉 qiàn ①すまない。申しわけない。②凶作。

【歉年】凶作の年。

【歉收】凶作。飢きん。

【歉意】遺憾の意。恐縮の意。

qiang

枪 qiāng ①やり。銃。△机关～/機関銃。②替玉(かえだま)になる。替玉を使う。

【枪把】銃把。

【枪毙】銃殺する。

【枪刺】銃剣。

【枪弹】銃弾。玉。

【枪法】①射撃術。②そう術。

【枪杆】銃身。

【枪管】銃身の正面の木製の部分。

【枪口】銃口。

【枪林弹雨】激戦の様。

【枪杀】銃殺する。

【枪伤】銃傷。

【枪声】銃声。

【枪膛】銃の弾倉部。

【枪托】銃床。

【枪械】銃器。武器。

【枪眼】銃眼。

戗 qiāng ①逆らう。△～风/逆風。向い風。②衝突する。

戕 qiāng 殺害する。△自～/自害する。

腔 qiāng ①内臓の納まっている空間。器物の中空部。△胸～/胸腔。②(音楽、戯曲、言葉の)調子。なまり。△京～/北京なまり。③話をする。物を言う。△开了～/口を開いた。話をした。

【腔调】(言葉や音楽の)調子。

锵 qiāng

【锵水】強酸。

强 qiáng ①強い。△身～力壮/身体が強くてたくましい。②増しだ。勝っている。△你比他～/きみは彼より勝っている。③感情や意志の程度が高い。

【强暴】強暴だ。

【强大】強大だ。

【强盗】強盗。

【强调】強調する。

【强度】強さ。強度。

【强渡】強行渡河する。

【强风】強い風。

【强攻】強攻する。

【强固】強固だ。

【强国】強国。

【强悍】たけだけしい。

【强横】横暴だ。

【强化】強化する。

【强加】押し付ける。

【强奸】強姦する。

【强烈】強烈だ。極めて強い。烈しい。

【强权】強権。

【强盛】勢力がある。勢いが盛んだ。

【强行】強行する。強引に行なう。

【强硬】強硬だ。

【强占】力ずくで占有する。

【强制】強制する。

【强壮】強壮だ。

墙 qiáng ①壁。へい。囲い。△城~/城壁。②へい状のもの。しきりの役をするもの。

【墙报】壁新聞。

【墙根】壁やへいの根元。

【墙角】壁の角。

蔷 qiáng

【蔷薇】ローズ。ばら。

樯 qiáng 帆柱（ほばしら）。△帆~如林/帆桂林の如し。

抢 qiǎng ①奪う。強奪する。△~劫案/強盗事件。②争って…する。△~着买/争って買う。

【抢夺】強奪する。

【抢购】買いあおる。争って買う。

【抢劫】強奪する。略奪する。

【抢救】急いで救う。応急手当をする。

【抢时间】時間をなるべく掛けないようにする。大急ぎでする。

【抢收】急いで収穫する。

【抢先】先を争う。

【抢险】（河川工事など）危険個所の応急修理をする。

【抢修】①大急ぎで建設する。②応急修理をする。

【抢占】強行占領する。

强 qiǎng 強いる。強制する。無理に…する。△~迫/强制する。

【强词夺理】筋の通らぬことを言って横車を押す。へ理屈をこねる。

【强求】無理に…を求める。

襁 qiǎng 嬰児を背負う帯。負いひも。

【襁褓】小児を背負う帯とおくるみ。

呛 qiàng 煙やガスにむせる。鼻につんとくる。香辛料などがぴりっとくる。△辣味~嗓子/辛味がのどにぴりっとする。

qiao

悄 qiāo こっそりと。

【悄悄】こっそりと。そっと。

跷 qiāo ①つま先立つ。つま立つ。②奇怪だ。

【跷蹊】おかしい。いかがわしい。怪しい。

敲 qiāo ①たたく。打つ。ノックする。△~锣/どらをたたく。②言い掛かりを付けて金を巻き上げる。ゆする。

【敲打】①打つ。（どらや太鼓を）たたく。②（言葉で）怒らせる。

【敲诈】言い掛かりを付けて財物をゆすり取る。だまして財物を巻き上げる。詐欺を働く。

锹 qiāo スコップ。シャベル。

橇 qiāo 雪またはぬかるみを行く時に用いる乗物。そり。△

雪～/雪ぞり。

乔 qiáo ①高い。②偽る。装う。ふりをする。

【乔木】きょう木（ぼく）。

【乔装】偽る。装う。変装する。

侨 qiáo ①他国内に居住する。△～居日本的中国人/日本に居住する中国人。②他国内に居住している国民。

【侨胞】外国に在留する同胞。

【侨汇】外国にいる中国人からの送金。

【侨居】異郷に居住する。

【侨民】①その国に居住している外国人。②外国に居住している本国人。

【侨务】海外在留民関係の事務。

荞 qiáo そば。

【荞麦】そば。

桥 qiáo 橋。△铁～/鉄橋。

【桥洞】橋脚の間をアーチ型にしたトンネル式空洞。

【桥墩】橋の支柱。橋脚。

【桥梁】橋。

【桥牌】トランプの遊び方の一種。ブリッジ。

翘 qiáo ①頭をもたげる。②そり返る。そる。

憔 qiáo

【憔悴】やつれる。憔悴する。

瞧 qiáo ①見る。見える。眺める。△什么也～不见/何も見えない。②（病気を）見てもらう。③訪問する。訪ねる。△～朋友/友だちを訪ねてゆく。

【瞧不起】見下げる。軽蔑する。

【瞧得起】尊敬する。

巧 qiǎo ①巧みだ。巧妙だ。器用だ。△手～/手先が器用だ。②技能。技術。腕前。△技～/技能。

③（偽りで）言葉巧みなこと。△～言令色/巧みな言葉と媚びるような顔付き。④ちょうど都合よく。折がよい。△正～/ちょうど。

【巧干】①上手にやる。②創意工夫をしてする。

【巧合】うまく合致する。

【巧计】巧みな計略。

【巧克力】チョコレート。

【巧妙】巧妙だ。

【巧取豪夺】だましたり力ずくでごっそりと奪い取ったりする。

【巧遇】都合よく出合う。

壳 qiào ①（植物の）皮。②（卵や貝の）から。③（動物の）甲羅。から。④（物の）外かく。

俏 qiào ①（身なり、顔付き、言葉遣いなど）美しい。粋（いき）だ。気が利いている。うまい。△老来～/年寄りのおしゃれ。②商品の売れ行きがよく相場が強いこと。

【俏丽】粋で麗わしい。秀麗だ。

【俏皮】いきだ。洒落っ気がある。

【俏皮话】しゃれことばや皮肉な言いまわし。

诮 qiào 人を責める。詰問する。

窍 qiào ①穴（あな）。△七～/（眼、耳、鼻、口の）七つの穴。②（物事の）要（かなめ）。要領。秘訣。骨（こつ）。

【窍门】物事の大切な勘所（かんどころ）。骨。

峭 qiào ①山の険しくそびえている様子。険しい。△山坡很～/坂が非常に険しい。②（性格など）厳しい。厳格だ。

【峭壁】絶壁。

翘 qiào 平らでない。浮き上が

る。△这块板,两头向上～/この
板は両端が浮き上がっている。

【翘尾巴】思い上がる。自信を持っ
て得意になる。

撬 qiào　こじあける。△把保险
箱～开了/金庫をこじあけた。

【撬杠】てこ。

鞘 qiào　さや。△刀～/刀の鞘。

qie

切 qiē　刃物で切る。切断する。
△～西瓜/西瓜を切る。

【切除】切除する。

【切磋】切磋琢磨（せっさたく
ま）。

【切断】切断する。

【切面】短く切った生うどん。

【切片】切片。切端（きれはし）。

茄 qié

【茄子】なす。

且 qiě　しばらく。ちょっと。当
分。△你～等等/しばらく待っ
て下さい。

【且慢】慌てなさるな。急がない
で。まった。

切 qiè　①即する。密切する。切
実だ。△～实的问题/切実な問
題。②身近だ。親しい。親切だ。
③切実だ。切に。切なる。△求
学心～/向学心の切なるものが
ある。④決して。どうか。△～
勿挂念/どうかご心配なさらな
いでください。

【切齿】（憎らしくて）歯ぎしりす
る。

【切合】ぴったり合う。適合する。

【切记】しっかりと覚える。

【切忌】…をもっとも不可とす。ぜ
ひ避けなければならない。

【切身】切実だ。かかわり深かい。

【切实】確実だ。適切だ。

【切题】題目に適切だ。

【切中】（言論ややり方が）的中す
る。突く。

妾 qiè　①めかけ。②（女性語）
わたくし。

怯 qiè　気が弱い。△胆～/臆病
だ。肝っ玉が小さい。

【怯场】上がってしまう。場慣れし
ていない。

【怯弱】臆病だ。

窃 qiè　①盗む。△～物而逃/物
を盗んで逃げる。②盗人（ぬす
びと）。△～贼/盗人。③こっそ
り。密かに。△～笑/密かに笑
う。

【窃国】国権を盗み取る。

【窃据】不法占拠する。

【窃取】盗む。盗取する。

【窃听】盗み聞きする。

【窃听器】盗聴器。

挈 qiè　①下げる。掲げる。②引
きつれる。△～眷/家族を引き
つれる。

惬 qiè　満足する。快い。

【惬意】快い。

锲 qiè　彫刻。

【锲而不舍】すこしも手をゆるめ
ない。たゆまず努力する。

qin

亲 qīn　①親。父母。△双～/両
親。②肉親。身内。△～兄弟/肉
親の兄弟。③親戚。親類。④婚
姻。縁談。△定～/縁談を決め
る。⑤親しくする。△相～相爱
/お互いに親しみ愛しあう。⑥
接吻する。キスする。ほお擦り

する。⑦自ら。自分で。△～
到火车站迎接/自ら駅まで迎え
に出る。

【亲爱】親愛だ。愛する。

【亲笔】自筆の書。直筆。

【亲近】親しむ。親しくする。近
しい。

【亲口】本人の口で。自分の口で。

【亲密】①親密だ。②親密にする。
親しくする。

【亲戚】親戚。

【亲切】①親しい。②ねんごろだ。
親切だ。

【亲热】親しみ深い。

【亲人】肉親。身うちの者。

【亲善】親善する。

【亲身】自分で。自ら。

【亲生】①自分で生んだの。②生
の。実の。

【亲事】婚姻。婚儀。

【亲手】自分の手で。手（てずか）
ら。

【亲属】親類。

【亲王】親王。

【亲信】①親しくて頼みにする。②
側近者。腹心。

【亲眼】自分の眼で見る。

【亲友】親友。

【亲自】みずから。

侵 qīn ①侵す。襲う。侵略す
る。△～害/おかし害する。②夜
明けに近づく。

【侵犯】侵す。侵犯する。

【侵害】侵害する。

【侵略】侵略する。

【侵扰】侵入して騒がせる。

【侵入】侵入する。

【侵蚀】①侵蝕する。②侵す。むし
ばむ。使い込む。

【侵吞】他人の財物を横領する。
使い込む。

【侵占】不法占拠する。侵害する。

钦 qīn ①尊敬する。②昔、天子
の動作、勅命または勅裁による
ことに冠する敬語。

【钦差】重要な国務を処理させる
ため勅命により使臣を特派す
ること（人）。

【钦佩】敬服する。

芹 qīn

【芹菜】せり。

琴 qín ①琴（こと）。②楽器の
称呼。△钢～/ピアノ。

【琴拨】（オルガン、ピアノなどを
弾く時に使う）いす。

【琴键】（オルガン、ピアノなど
の）けん。キー。

禽 qín 鳥類。

【禽兽】きん獣。畜生。

勤 qín ①熱心に…する。励む。
勉める。△～学/勉強に勤しむ。
②しげしげと。しきりに。しょ
っちゅう。△～打听/しばしば問
い合わせる。③勤務。

【勤奋】勉め励む。

【勤工俭学】（学生は）アルバイト
をしながら勉強する。

【勤俭】勤倹節約だ。

【勤恳】勤勉で誠実だ。

【勤劳】勤勉だ。小まめだ。

【勤务】①勤務。②雑役兵。

擒 qín 手捕（てどり）にする。
生け取る。

【擒获】捕える。とりこにする。

噙 qín （口や目に）含む。浮か
べる。△～着眼泪/涙を浮かべ
ている。

寝 qín 寝る。眠る。△废～忘食
/寝食を忘れる。

【寝室】寝室。寝間。

沁 qín

【沁人心脾】深く人の心に滲み込

む。

qing

青 qing ①青い。緑。△～山緑水/青い山に緑の川。②黒い。黒色。③青い作物。草。

【青菜】野菜。

【青草】青草（あおくさ）。

【青春】青春。青年時代。

【青翠】鮮かな緑色。

【青豆】青豆（あおまめ）。グリンピース。

【青果】オリーブ。

【青梅】青梅。

【青霉素】ペニシリン。

【青苗】作物の親芽（しんめ）。

【青年】若者。青年。

【青山】樹木の青myと茂る山。

【青少年】青年と少年。

【青史】青史。史書。

【青饲料】（飼育用の）青刈りの作物。青刈り飼料。

【青松】松。

【青苔】緑のこけ。

【青铜】青銅。ブロンズ。

【青蛙】あおがえる。

【青贮】サイロに貯蔵した飼育用の青刈りの飼料。

轻 qing ①軽い。軽微だ。少ない。△分量～/重さが軽い。②軽く。そっと。△～放/そっと置く。③軽んずる。問題にしない。△～视/軽んずる。④軽率だ。軽はずみだ。軽軽しく…する。△～举妄动/軽軽しく行動をする。⑤軽快だ。軽やかだ。⑥うすい。淡い。△口～/味がうすい。

【轻便】①軽便だ。②軽い。易しい。

【轻薄】軽薄だ。軽軽しい。

【轻而易举】いとも簡単だ。たやす

くできる。

【轻浮】上付く。うわっ調子。

【轻工业】軽工業。

【轻活】軽い仕事。軽い労働。

【轻捷】軽やかだ。

【轻机枪】軽機関銃。

【轻举妄动】軽挙妄動する。

【轻快】①軽快だ。素早い。軽やかだ。②（気持ち）さっぱりする。晴れ晴れする。

【轻描淡写】物柔らかに表わす。うわべのことだけを言う。

【轻蔑】軽蔑する。

【轻巧】①軽い。軽便だ。②敏捷で巧だ。軽快だ。③簡単だ。楽だ。たやすい。

【轻伤】軽傷。

【轻声】（中国語の四つの音調のほかに）軽く短く発音される音節。

【轻视】軽視する。見下げる。軽蔑する。

【轻率】軽率だ。軽軽しい。軽はずみだ。

【轻松】手軽だ。気楽だ。軽やかだ。

【轻佻】軽薄だ。軽はずみだ。軽佻だ。

【轻微】軽微だ。軽くてわずかだ。

【轻微】軽微だ。

【轻信】軽信する。軽軽しく信ずる。

【轻易】①容易だ。簡単だ。安安と。②勝手だ。軽軽しい。

【轻音乐】軽音楽。

【轻盈】①しなやかだ。なよやかだ。なよなよしている。しゃなりしゃなり。②気軽だ。気楽だ。軽やかだ。

【轻油】軽油。

【轻重】①重さ。大小。②（程度の）軽重。主従。

【轻装】軽装。身軽ないでたち。

【轻罪】軽い犯罪。

氢 qīng 水素。

【氢弹】水素爆弾。水爆。

【氢气】水素。

倾 qīng ①一方に傾く。△向左
～/左へ傾く。②傾覆。崩れる。
△大厦将～/ビルが崩れそうに
なっている。③倒れる。覆つが
える。△～家/破産する。④覆
す。ひっくりかえす。⑤(力を)
尽くす。傾ける。

【倾倒】①傾いて倒れる。②心から
感服する。傾倒する。

【倾覆】①覆る。②覆す。顛覆する。

【倾家荡产】家財を傾け尽くす。破
産する。

【倾慕】傾慕する。心から慕う。

【倾诉】腹を割って話す。

【倾谈】打ち解けて話し合う。

【倾听】傾聴する。

【倾向】①傾向。偏向。②味方す
る。傾く。

【倾销】投げ売りする。捨て売りす
る。

【倾斜】傾く。傾斜する。

【倾心】①心を引かれる。気に入
る。ほれる。②真心をもって。腹
蔵なく。

【倾轧】排斥する。他人を押し退
ける。

【倾注】注ぐ。傾注する。

清 qīng ①清い。澄み切る。△
～水/奇麗な水。②爽やかだ。す
がすがしい。③廉潔だ。④はっ
きりする。明白だ。△头脑不～/
頭がはっきりしない。⑤清算す
る。△～单/清算書。⑥すっか
り。△帐还～了/借金をすっか
り返済した。

【清白】純潔だ。潔白だ。

【清册】(明細を記入した)台帳。

【清茶】①緑茶。②お茶だけ。

【清查】詳しく調べる。精査する。
チェックする。

【清偿】(全部)返済する。すっかり
返す。

【清澈】澄み切っている。

【清晨】明け方。早朝。

【清除】①徹底的に取り除く。追放
する。②清掃する。掃除する。

【清楚】①明白だ。はっきりする。②
きちんとする。

【清脆】(発音、口調が)はっきりし
て歯切れがよい。(音が)澄んで
よく響くこと。

【清单】明細書。目録。清算書。

【清淡】①あっさりする。淡白だ。②
(色、味など)薄い。淡い。

【清点】徹底的に点検する。数を
点検する。

【清高】孤高だ。清廉高潔だ。

【清稿】原稿を清書する。

【清官】清廉高潔な官吏。

【清规戒律】①清規と戒律。②しゃ
くし定規。煩わしい不合理なき
まり。

【清洁】清潔だ。奇麗だ。

【清净】①静かだ。②心静かだ。心
を煩わされないこと。

【清理】①徹底的に整理する。奇麗
に片付ける。②清算する。

【清凉】すがすがしい。涼しい。

【清爽】爽やかだ。気持ちがさっぱ
りする。

【清算】①清算する。②(罪悪など
を)清算する。その償いをさせ
る。

【清晰】はっきりする。明晰だ。

【清洗】洗い清める。

【清闲】暇で静かだ。

【清新】すがすがしい。清新だ。

【清醒】頭がさえている。

【清秀】眉目秀麗だ。麗わしい。

【清样】校正刷り。清刷り。

【清真】イスラム教。

蜻 qīng

【蜻蜓】とんぼ。

情 qíng

①感情。心情。気持ち。情け。△无~/情けなし。無情だ。②好意。よしみ。義理。情け。③愛情。△~人/恋人。④情欲。性欲。⑤事情。状況。情勢。

【情报】情報。

【情不自禁】思わず。

【情操】情操。

【情调】情調。情緒。

【情分】よしみ。情け。義理人情。

【情夫】情夫。色男。

【情妇】情婦。色女。

【情感】情感。感情。

【情歌】恋歌。

【情节】(事の)いきさつ。情状。(小説、劇などの)筋。プロット。

【情景】光景。ありさま。

【情况】事情。状況。事態。

【情理】情理。人情と道理。

【情侣】恋仲。アベック。

【情面】情実。よしみ。顔。メンツ。

【情势】情勢。事態。情况。

【情书】恋文(こいぶみ)。ラブ・レター。

【情态】①顔付き。顔色。表情と態度。②ありさま。

【情投意合】気が合う。

【情形】ありさま。具体的な状況。

【情绪】情緒。気分。気持ち。意気込み。

【情义】人情と義理。

【情谊】情誼。よしみ。

【情意】感情。情。

【情由】いきさつ。内容と原因。わけ。

【情有可原】恕すべき事情がある。

【情欲】情欲。性欲。

【情愿】①心から願う。本気で望む。甘んじて…する。②いっそ。

晴 qíng

①晴れる。△天~了/空が晴れた。②晴天。

【晴和】うららかだ。晴れて暖かい。

【晴朗】からりと晴れ渡る。

【晴天霹雳】晴天のへきれき。

【晴雨表】晴雨計。バロメーター。

擎 qíng

持ち上がる。ささげ持つ。

顷 qǐng

①(田地)面積の単位。△1~/614.4平方メートル。②ちょっとの間。

【顷刻】たちまち。しばらくして。

请 qǐng

①請う。頼む。△~假/休暇をもらう。②招へいする。招く。③呼ぶ。来ていただく。△~医生/医者に来てもらう。④どうぞ。何とぞ。△~坐/どうぞお掛け下さい。

【请便】どうぞご随意に(ご自由に)。

【请假】休暇をもらう。

【请教】教えを請う。教えてもらう。

【请客】①客を招待する。②おごる。

【请求】①頼む。願う。申請する。②願い。

【请示】(上役に)伺いを立てる。指示を請う。

【请贴】招待状。

【请问】お尋ねしますが。

【请勿】…ないで下さい。

【请愿】請願する。陳情する。

【请战】戦いを願う。戦闘を願う。

【请罪】①自ら処罰を要求する。②許しを請う。請る。

庆 qìng

①祝う。喜ぶ。祝賀する。△~丰收/豊年を祝う。②祝

賀。喜び。

【庆幸】（思いがけない良い結果を）喜ぶ。

【庆祝】祝う。祝賀する。

亲 qìng

【亲家】①姻戚関係。②しゅうと同士。しゅうとめ同士。

罄 qìng　尽きる。尽くす。△～其所有/あるだけ全部出し尽くす。

【罄竹难书】（罪状が多くて）筆紙に述べ尽くせない。

qiong

穷 qióng①貧しい。貧乏だ。△家里～/家が貧しい。②尽きる。尽くす。行き詰まる。△无～无尽/尽きることなく。③とことんまで。徹底的に。△～追/追詰める。④極端に。極めて。

【穷苦】貧乏で苦しい。

【穷困】貧困だ。

【穷人】貧乏人。

【穷日子】貧しい生活。貧乏な暮らし。

【穷奢极欲】ぜいたくの限りを尽くす。ぜいたく三昧。

【穷途末路】道が尽きて行き詰まる。絶体絶命の境地に陥る。

【穷乡僻壤】鳥も通わぬ片田舎。辺ぴな荒れ果てた所。

【穷凶极恶】極めて凶暴であらゆる悪事をやる。極悪非道。

穹 qióng　青空。大空（おおぞら）。

【穹苍】大空。

琼 qióng　①美しい玉。②美しい物のたとえ。

【琼脂】寒天（かんてん）。

qiu

丘 qiū　①丘。丘陵。②墓。

【丘陵】丘。小山。丘陵。

【丘疹】丘しん。

秋 qiū　①秋。△～风/秋風。②作物の実るころ。△～收/収穫の季節。③一年。△一日不见, 如隔三～/一日会わねば三年も会わなかったように思われる。④時。時期。△多事之～/多事多難の秋。

【秋波】美人の美しい流し目。

【秋季】秋季。季の季節。

【秋千】ぶらんこ。

蚯 qiū

【蚯蚓】みみず。

囚 qiú　①拘禁する。監禁する。△被～/ろう獄につながれる。②囚人。囚われた人。

【囚车】囚人を護送する車。

【囚犯】囚人。

【囚禁】監禁する。拘禁する。

【囚牢】ろう獄。ろう屋。

【囚室】ろう獄の中の部屋。

求 qiú　①乞う。求める。頼む。△～饶/許してもらう。②希望する。③追求する。求める。△～进步/進歩を求める。④需要。

【求和】和解を求める。

【求婚】求婚する。結婚を申し込む。プロポーズ。

【求见】面会を申し入れる。

【求教】教えを乞う。

【求救】救いを乞う。

【求乞】施舍（ししゃ）を求める。こじきをする。

【求亲】（女の方に）縁結びを申し込む。

【求情】自分の顔に免じて承諾し、

または容赦するように頼むこと。

【求全】完全無欠を要求する。

【求饶】勘弁してもらう。寛じょを乞う。

【求人】人に頼む。

【求胜】勝利を求める。

【求学】①学校で勉強する。②学問に励む。

【求援】援助を頼む。

【求知】知識を求める。

泅 qiú 泳ぐ。

【泅渡】泳いで渡る。

酋 qiú ①しゅう長。②頭（かしら）。頭目。

【酋长】しゅう長。

球 qiú ①球。丸いもの。球体。△地～/地球。②玉。ボール。△棒～/野球。

【球场】球場。コート。

【球胆】(バスケットボールなどの)チューブ。

【球队】(バスケットボールなどの)チーム。

【球门】ゴール。

【球迷】球技ファン。球技狂。

【球拍】ラケット。

【球赛】球技の試合。

【球网】(テニスなどの)ネット。

【球鞋】運動ぐつ。

【球形】球形。

【球艺】球技のわざ。

qu

区 qū ①区分する。区別する。②区。区域。地帯。

【区别】①区別。相違。②区別する。

【区区】取るに足りない。

【区域】地域。区域。

曲 qū ①湾曲する。曲がる。②

不正だ。不道理だ。

【曲尺】曲尺（かねじゃく）。

【曲棍球】ホッケー。

【曲解】曲解する。

【曲线】曲線。

【曲折】①折れ曲がる。曲がりくねっている。②曲折。いきさつ。

【曲直】是非。善悪。

驱 qū ①駆る。追う。△～赶羊/羊を追う。②速く走る。③追い払う。走らせる。

【驱除】駆除する。追い出す。

【驱散】追い散らす。追い退ける。

【驱使】駆使する。こき使う。

【驱逐】駆逐する。追い払う。

屈 qū ①曲がる。曲げる。△～背/背中が曲っている。②屈する。屈服する。△宁死不～/死んでも屈しない。③理屈が通らない。義理に欠ける。④無実の罪。

【屈服】屈服する。

【屈辱】侮り。屈辱。

【屈膝】屈服する。ひざまずく。

【屈指可数】指折り。数えられるほどわずかだ。

祛 qū 払う。取り除く。△～暑/暑気を払う。

【祛除】払い退ける。

蛆 qū うじ。

躯 qū 体。身体。△为国捐～/国のために身命をささげる。

【躯干】胴体。胴。

【躯体】体。身体。

趋 qū ①急いで行く（走る）。小走りに行く。②ある方向に向かって行く。変化して行く。…となる。△渐～平静/しだいに平静に向う。

【趋势】すう勢。傾向。動向。動き。

【趋向】…方向に向かう。すい勢。

【趋炎附势】権勢に迎合し、頼る。

渠 qú　人工水路。用水路。

【渠道】（人工の）水路。用水路。

曲 qǔ　①歌。②曲。節（ふし）。△作～/作曲する。

【曲调】曲調。曲の調子。歌の節。

【曲艺】（雑技、魔術などの）民間の芸能の総称。

取 qǔ　①取る。受ける。△去～/取りに行く。②採用する。△～前三名/三番まで取る。③得る。招く。△～信于人/人の信用を得る。

【取保】保証人を立てる。

【取材】取材する。

【取代】取って代わる。

【取道】経由する。

【取得】取る。収める。取得する。

【取缔】取り締まる。

【取给】供給してもらう。

【取暖】暖まる。暖を取る。

【取巧】うまく立ち回る。こすいことをする。

【取舍】取捨する。選択する。

【取胜】勝利を収める。勝つ。

【取消】取り消す。廃止する。

【取笑】①冗談を言う。からかう。②笑われる。

【取样】試料採取。サンプリング。

【取悦】気げんを取る。へつらう。

娶 qǔ　めとる。（嫁を）もらう。

【娶亲】（男が）結婚する。

龋 qǔ

【龋齿】虫歯。

去 qù　①去る。離れる。行く。△～世/この世を去る。②除く。払う。はぐ。削る。△～皮/（果物などの）皮をむく。③去る。過ぎ去った。以前の。△～年/去年。④出掛ける。行く。△他～了三天，还没回来/彼は出掛けてから三日になったが、まだ帰ってこない。

【去路】行く手。進路。

【去伪存真】偽りを捨てて真を残す。

【去向】行先。行方。

【去职】職を去る。退職する。

趣 qù　①興味。おもしろみ。趣き。△有～/おもしろい。②興味のあること。おもしろい。△～闻/おもしろいうわさ。

【趣剧】ボードビル。どたばた喜劇。

【趣味】興味。

觑 qù　見る。△面面相～/顔を見合わせる。

quan

悛 quān　悔い改める。改しゅんする。

圈 quān　①輪（わ）。丸。円（えん）。円周。△铁～/鉄の輪。②範囲。圏（けん）。③圏点を付ける。丸印を付ける。④囲む。△～地/土地を囲む。

【圈套】わな。手くだ。

【圈椅】半円形のひじ掛け椅子。

权 quán　①権利。権。△选举～/選挙権。②権力。権。△有～/権力を持つ。③臨機応変の措置。便宜上の措置。④しばらく。仮に。

【权贵】権貴。

【权衡】計る。比べる。比較判断する。

【权力】権力。

【权利】権利。

【权势】権勢。

【权术】権謀術数。手段。

【权威】①権威者。権威。オーソリティー。②権威がある。権威的だ。

【权限】権限。

【权宜】便宜的だ。便宜上の処置。仮の。

【权益】権利と利益。

全 quán　①完全だ。②全部。みんな。全体。△～来了/(全部)みんな来た。③完全だ。そろう。全部。△没说～/全部言い終らない。④全然。まったく。△～不在意/全然気にしない。

【全部】全部。あらゆる。すべて。

【全才】なんでもできる人。

【全程】全コース。全行程。

【全国】全国。

【全会】総会。

【全集】全集。

【全景】全景。フル・シーン。

【全局】全局。

【全军】全軍。

【全力】全力。ありったけの力。

【全貌】全景。全ぼう。

【全面】全面的だ。

【全民】国民全体。

【全能】全能。万能。

【全年】まる1年間。

【全盘】全部。すっかり。全面的だ。

【全球】全世界。

【全权】全権。

【全日制】全日制。

【全身】全身。

【全神贯注】一心不乱。全注意力を注ぐ。

【全盛】全盛。

【全速】全速力。

【全体】全体。全員。

【全文】全文。

【全线】全線。

【全心全意】誠心誠意。

泉 quán　①泉(いずみ)。泉水。△温～/温泉。②古代の銭(ぜに)。

【泉水】泉。泉水。

【泉源】泉の涌き出る源(みなもと)。

拳 quán　こぶし。げんこつ。△挥～/こぶしをふる。

【拳打脚踢】げんこつでなぐり足でける。

【拳法】けん法。(中国の武術)拳術。

【拳击】ボクシング。

【拳师】けん法師。

痊 quán　(病気が)治る。全快する。

【痊愈】(病気が)治る。

蜷 quán　縮こまる。縮み込む。△猫～作一团/猫が丸く縮こまっている。

【蜷伏】縮こまって寝る。

【蜷曲】縮こまる。縮こめる。とぐろを巻く。

【蜷缩】縮こまる。丸く縮こまる。

犬 quǎn　犬。

【犬齿】①犬の歯。②糸切(いとき)り歯。

【犬牙交错】①境界線が犬の歯のようにジグザグになっていること。②情勢が複雑で入り組んでいること。

劝 quàn　①勧める。いさめる。忠告する。勧告する。△～酒/酒を勧める。②励ます。

【劝导】忠告する。諭す。戒め導く。

【劝告】勧告する。忠告する。

【劝架】けんかを仲裁する。

【劝解】①けんかを仲裁する。②なだめる。

【劝戒】忠告して戒める。

【劝慰】なだめる。慰める。

【劝阻】忠告して止めさせる。

券 quàn　券。札。切符。△入场～/入场券。切符。

que

缺 quē　①不足する。欠乏する。足りない。△～人手/人手が足りない。②欠点。きず。弱点。③欠ける。そろわない。△完满无～/完全無欠。④（昔の）官吏の欠員のこと。△补～/欠員を補充する。

【缺德】不道徳だ。不徳。

【缺点】欠点。

【缺额】欠員。不足。

【缺乏】欠けている。少ない。乏しい。

【缺课】授業をサボる。欠課する。

【缺口】破損して欠けている部分（欠陥、弱点、割れ目、裂け目など）。

【缺门】空白。

【缺勤】欠勤する。

【缺少】足りない。欠乏する。

【缺席】欠席する。

【缺陷】欠陥。欠点。不行き届き。

瘸 qué　びっこ。ちんば。足の不自由なこと。

【瘸子】びっこ。ちんば。

却 què　①後戻りする。△退～/退却する。②断わる。△推～/何かにかこつけて断わる。③（敵）を撃退する。④のに。が。△春天到了，～还有点冷/春が来たが、しかしまだ寒い。

【却步】後ずさりする。

雀 què　①すずめ。②小鳥。

【雀斑】そばかす。

【雀跃】小踊りする。

确 què　①確かだ。ほんとうだ。△这话～实吗/この話はほんとうか。②確かに。

【确保】確保する。確実に保証する。

【确定】確定する。確認する。

【确立】確立する。打ち立てる。

【确切】正確で適切だ。

【确认】確認する。

【确实】確実だ。

【确信】確信する。

【确诊】確定診断。確かな診断（を下す）。

【确凿】確実だ。明確だ。

鹊 què　かささぎ。

qun

裙 qún　スカート。

【裙带】①裳裙の紐。スカートの紐。②妻女姉妹に関係のあることのたとえ。けいばつ。

群 qún　①群れ。△羊～/羊の群れ。②（助数詞）グループ。群れ。△一～牛/1群れの牛。

【群策群力】衆知を集め大勢の力を合わせる。

【群岛】島島。群島。

【群情】民意。

【群众】大衆。

R

ran

然 rán ①然(しか)り。そうだ。その通り。△不以为～/そうであるとは思わない。②しかしながら。そうであるがしかし。△～而/しかしながら。③…然(ぜん)。△突～/突然。

【然而】しかし。しかしながら。

【然后】それから。そのあと。

燃 rán ①燃やす。燃える。△～料/燃料。②火を点ける。火をともす。

【燃放】火を点けて、打ち上げる。

【燃烧】燃焼する。

染 rǎn ①染める。染まる。△～布/布を染める。②病気に伝染する。△传～/伝染する。③悪習に染まる。よくない影響を受ける。

【染料】染料。

【染指】手を染める。自分に資格、権利のないことに手を出す。

rang

嚷 rāng ①わめく。声を立てる。△别～～/大声を立ててはいけない。②人に言いふらす。△别～～出去/人に言いふらしてはいけない。

壤 rǎng ①柔らかい土。△土～/土壌。②地。◇天～之别/月とすっぽん。雲泥の差。③地区。

地域。△接～/土地続きだ。境を接している。

嚷 rǎng ①どなる。叫ぶ。わめく。△别～了/どなるな。②さわぐ。△吵～/がやがやさわぐ。

让 ràng ①へりくだる。譲る。控え目にする。△谦～/へりくだる。②譲ってやる。譲り渡す。△把房子～给别人/家を他人に譲ってやる。③わきへ避ける。△～出一条路/道を明けてやる。④(お客に)…を勧める。△～菜/料理を勧める。⑤(値段や条件を)負ける。△～多少/いくら負けるか。⑥…(さ)せる。…(さ)せておく。△不～去/行かせない。⑦…に…(さ)れる。△～人笑话/人に笑われる。

【让步】譲歩する。譲る。

【让价】負ける。値引きする。

【让路】道を譲る。

【让位】位を譲る。

【让座】席を譲る。

rao

饶 ráo ①多い。豊富だ。△～有风趣/おもしろみが多い。②勘弁する。許す。△求～/許しを乞う。③負けておく。お負けする。余分に…する。△～一个/一つお負けします。

【饶命】命を許す。

【饶恕】許す。

扰 rǎo　乱す。かき乱す。△～乱秩序/秩序をかき乱す。

【扰乱】かき乱す。

绕 rào　①ぐるぐる巻く。まつわる。絡まる。△～线/糸を巻く。②ぐるぐる回る。△～场一周/場内をぐるりとひとまわりする。③回り道をする。迂回する。△～道/回り道をする。④（頭がこんがらかって）ぼんやり（する）させる。わけが分からなくなる。ごまかす。

【绕口令】早口言葉。

【绕圈子】回りくどく言う。

【绕弯】①ぶらつく。散歩する。②遠回しに言う。

【绕嘴】すらすら言えない。発音しにくい。口がもつれる。

re

惹 rě　①引き起こす。…を招く。△～出事/事件を引き起こす。②気に触るようなことを言う（する）。怒らせる。△你别招～人/人を怒らせるな。△～人讨厌/人にいやがられる。

【惹祸】禍を招く。

【惹气】怒らせる。

【惹事】厄介事を引き起こす。問題を引き起こす。

热 rè　①熱い。暑い。△天～/暑い。②熱くする（なる）。暖める。△把菜～一～/料理を暖めなさい。③非常にうらやむ。とてもほしい。△眼～/とてもほしがる。④熱。熱さ。△～处理/熱処理。

【热爱】熱愛する。

【热潮】高まり。ブーム。

【热诚】熱意を込めて。

【热带】熱帯。

【热度】熱度。

【热量】発熱量。カロリー。

【热烈】熱烈だ。

【热门】人気のよいもの。売れ行きのよいもの。

【热闹】①にぎやかだ。繁華だ。②にぎやかにする。楽しむ。

【热能】熱エネルギー。

【热气】①熱気。②熱意。

【热切】熱烈だ。

【热情】①熱情。②意欲。

【热水袋】（ゴムで作った）湯たんぽ。

【热水瓶】魔法びん。ポット。

【热天】暑い日。炎天。

【热望】熱望する。

【热心】熱心だ。

【热血】熱血。熱情。

【热饮】熱い飲み物。

【热战】熱戦。

【热中】熱中する。夢中になる。

ren

人 rén　①人。人間。人種。△外国～/外国人。②他人。人（ひと）。△向～学习/人に学ぶ。③人人。皆。④人手。人材。△缺～/人手が足りない。⑤成人（おとな）。⑥人物。人柄。△～品好/人柄がいい。

【人材】人材。

【人称】人称。

【人次】延べ人数。

【人道】人道。

【人贩子】人買い。

【人浮于事】仕事の割に人が多すぎる。人員過剰。

【人格】人格。

【人工】人工。

【人家】①住宅。住まい。②他人の

家。③家柄。家庭。④他人。よ
その人。⑤（相手に対して自分
のこと）人。

【人间】俗世間。実社会。

【人口】人口。

【人类】人類。

【人力】人力。

【人马】人と馬。兵と馬。軍隊。

【人们】人びと。

【人面兽心】顔は人でも心はけだ
もの同様だ。人面獣心。

【人民】人民。

【人命】①人の命。②人の寿命。

【人品】人柄。人品。

【人情】①人情。②私情。

【人权】人権。

【人群】人の群れ。

【人人】一人一人。人びと。

【人身】①人の体。②人の姿。

【人参】朝鮮人参。

【人生】人生。

【人声】人の声。

【人士】人士。

【人世】この世。浮き世。

【人事】①人事。②人事関係。

【人手】人手（ひとて）。

【人为】人為。人のしわざ。

【人物】人物。

【人像】肖像。

【人心】①人の心。気持ち。②人間
らしい心。情。③民意。

【人行道】歩道。

【人行横道】横断歩道。

【人性】人間性。人間らしさ。

【人选】候補者。人選。

【人烟】人家。

【人影】人の影。

【人员】…員。人員。

【人造】人造。

【人证】人証。

仁 rén ①仁（人に同情し、人を
愛し、寛大に取り扱い助けてや

るような美徳）。②核の中味。さ
ね。△杏～/あんずのさね。

【仁爱】仁愛。

【仁慈】仁慈。

【仁义道德】仁義と道徳。

忍 rěn ①忍ぶ。耐える。我慢す
る。堪える。△难～/忍びがた
い。②平然として…する。残忍
だ。△于心不～/心に忍びない。

【忍耐】我慢する。忍耐する。

【忍气吞声】じっと我慢する。怒り
を押える。

【忍让】我慢して譲る。

【忍受】我慢して耐える。

【忍痛】苦痛を我慢する。犠牲を
忍ぶ。

【忍心】むごい。残忍な心。無慈
悲だ。

刃 rèn ①刃（は）。△刀～快/刃
が鋭い。◇迎～而解/（問題を）
容易に解決する。②刀。刃物。△
手持利～/手に鋭利な刃物を持
つ。③切り殺す。

【刃具】切削工具。バイト。カッタ
ー。

认 rèn ①認める。承認する。△
否～/否認する。②（価値を）認
める。③あきらめる。△我～了
/私はもうあきらめた。④見覚
える。知る。△你～的他吗/彼を
知っていますか。⑤見分ける。

【认错】①見違える。②謝る。

【认定】認定する。

【认购】引き受けて買う。

【认可】①認可する。許可する。②
承諾する。

【认领】確認して受け取る。

【认清】はっきり見分ける。

【认生】（子供が）人見知りをする。

【认识】認識する。知る。

【认输】敗北を認める。

【认为】…と思う。…と認める。

【认帐】①勘定を認める。②（自分のやったことを）承認する。白状する。

【认真】まじめだ。真剣だ。

【认字】字を覚える。

【认罪】罪を認める。

任 rèn ①任務。勤め。△现～/現任。②任ずる。任命する。△～秘书/秘書に任ずる。③担当する。勤める。△担～校长/校長を担任する。④なりに任せる。自由にさせる。△放～/放任する。⑤…であろうと。…であれ。…ても（でも）。△～你怎么问也不回答/どう聞いても返事をしない。

【任何】いかなる（…でも）。どのような（…でも）。どんなところでも…。

【任免】任免する。任命と免職。

【任期】任期。

【任情】思う存分。心行くまで。

【任务】任務。

【任性】わがままだ。気ままだ。

【任意】①気ままに。思う通りに。勝手に。②任意だ。

【任职】職に任ずる。勤める。

妊 rèn はらむ。みごもる。

【妊妇】妊婦。

【妊娠】妊娠する。みごもる。はらむ。

纫 rèn ①針に糸を通す。②縫う。

韧 rèn 弾力があって丈夫だ。粘り強い。

reng

扔 rēng ①投げる。ほうる。△～球/ボールを投げる。②捨て

る。ほったらかす。△～废纸/紙くずを捨てる。

【扔下】①投げおろす。②投げ捨てる。ほうり出す。

仍 réng 依然として。いまなお。やはり。あいかわらず。病～不见好/病気はあいかわらずだ。

【仍旧】①あいかわらず。②依然として。

ri

日 rì ①日。太陽。②日。△纪念～/紀念日（きねんび）。③時期。④季節。△夏～/夏の季節。⑤昼。△～夜/日夜（にちや）。⑥日日（ひび）。毎日。⑦日本。

【日班】日勤。

【日报】日刊新聞。日刊紙。

【日常】日常。

【日场】（映画、芝居など）昼間の部。

【日程】スケジュール。日程。

【日光】日光。

【日积月累】次第に積み重なってゆく。

【日记】日記。

【日间】昼間。

【日见】日増しに。日に日に。

【日久】長い間に。長い年月が経つ。

【日历】カレンダー。

【日内】近いうちに。

【日期】期日。日取り。

【日食】日食（にっしょく）。

【日新月异】日進月歩。

【日用】日用。日常用いる。

【日语】日本語。

【日子】①日（ひ）。②日数。③…の日。期日。日どり。④暮らし。

生計。

rong

荣 róng ①繁栄する。栄える。△市場繁～/市場は好景気だ。②光栄。

【荣获】光栄にも獲得する。

【荣幸】光栄だ。幸運だ。

【荣誉】栄誉。

茸 róng ①草木の葉の細く柔らかいこと。△绿～～的草坪/緑の柔らかな芝生。②鹿の袋角（ふくろづの）。

绒 róng ①わたげ。△鸭～/鴨の細かくて軟い毛。②毛織物。パイル織。綿ネル。△丝～/ビロード。③刺しゅう用の絹系。

【绒布】綿ネル。

【绒花】ビロードで作った造花。

【绒裤】厚手のメリヤスのズボン下。

【绒毛】①（動物の）わたげ。じゅう毛。②（器官の内壁）じゅう毛。③（織物の）毛羽（けば）。

【绒线】①毛糸（けいと）。②刺しゅう用の絹糸。

【绒衣】厚手のメリヤスのシャツ。

容 róng ①入れる。収容する。△这房间能～三十人/この部屋は30人入れる。②大目に見る。許す。△～他这次吧/今回だけは大目に見てやろう。③余裕を与える。△再～他一天工夫/彼にもう一日の余裕を与える。④あるいは…かも知れない。△招待～有不周/持て成しの行き届かない点があるかも知れない。⑤容ぼう。顔かたち。△怒～/怒った顔。⑥様子。状況。△市～/町の様子。

【容光焕发】顔色がつやつやしている。元気に満ちあふれる。

【容积】容積。

【容量】容量。

【容貌】容貌。顔立ち。

【容纳】①入れる。収容する。②受け入れる。包容する。

【容器】容器。入れ物。

【容人】人を許容する。我慢して人を許す。

【容忍】我慢して許す。堪え忍ぶ。

【容易】①容易だ。易しい。たやすい。易い。②…し易い。…しがちだ。

溶 róng 溶ける。溶解する。△盐～于水/塩は水に溶ける。

【溶剂】溶剤。溶媒。

【溶解】溶解する。

【溶液】溶液。ソリューション。

熔 róng 熔かす。熔解する。△～铁/鉄を熔かす。

【熔点】熔融点。融点。

【熔化】熔化する。溶かす。

【熔炉】熔融炉。熔炉。

融 róng ①溶ける。溶解する。融解する。△太阳一出，雪就～化了/お日様が出ると、雪がすぐ溶けてしまう。②融合する。溶け合う。

【融合】融合する。

【融化】融化する。融解する。

【融会贯通】いろいろな道理を十分にこなしてすっかり了解する。

【融洽】打ち解ける。融合する。解け合う。

冗 rǒng ①むだだ。余計だ。②煩わしい。③多忙な仕事。忙しい仕事。

【冗长】長たらしい。

rou

柔 róu ①柔らかい。柔らかだ。しなやかだ。②柔らかくする。△〜麻/麻を加工して柔らかくする。③優しい。穏やかだ。柔和だ。△性格温〜/性格が柔和だ。④軟弱だ。

【柔和】やさしい。柔らかい。

【柔嫩】柔らかい。しなやかだ。

【柔情】優しい。しなやかだ。

【柔软】柔軟だ。柔らかい。しなやかだ。

【柔弱】柔弱だ。弱弱しい。

揉 róu ①揉む。擦する。なでる。△〜眼睛/目を擦する。②（手で）こねる。△〜面/小麦粉（こむぎこ）をこねる。

糅 róu

【糅合】交じり合う。

蹂 róu

【蹂躏】じゅうりんする。踏みにじる。

肉 ròu ①（人、動物の）肉。②果肉（かにく）。

【肉搏】格闘する。白兵戦。

【肉店】肉屋。

【肉丁】さいの目に切った肉。

【肉冻】肉の煮こごり。

【肉麻】歯が浮く。いやらしくてぞっとする。

【肉排】カツレツ。

【肉皮】①豚肉の皮。②皮膚。はだ。

【肉片】薄切りの肉。

【肉色】肉色。はだ色。

【肉丝】（豚肉などの）細切り。

【肉松】肉のでんぶ。

【肉汤】肉のスープ。肉汁。

【肉体】肉体。

【肉丸】肉団子（だんご）。

【肉馅】①ひき肉。②肉のあんこ。

【肉眼】肉眼。

【肉欲】肉欲。性欲。

【肉汁】肉汁。肉エキス。

ru

如 rú ①…の如く。…のようだ。△坚强〜钢/鋼（はがね）のように強い。②…どおりに。△〜约/約束どおりにする。③もし。かりに。△〜无防碍的话…/もし差支えがなければ…。④及ぶ。優る。増しだ。△你的成绩不〜他/君の成績は彼に及ばない。

【如常】いつもの通り。

【如此】このように。こう。これほど。

【如果】もし。（もし）…なら（ば）。

【如何】どう。どのように。いかに。いかが。

【如火如荼】猛烈な勢いで燃えさかる炎のようだ。

【如获至宝】またとない宝を手に入れたようだ。

【如今】現在。いま。

【如梦初醒】やっと夢から醒めたようだ。

【如期】期限通りに。期日通りに。

【如上】如上。以上の通り。

【如实】如実に。実際の通りに。

【如释重负】肩から重荷を卸したようにほっとする。胸をなで下す。

【如数】数の通り。数をそろえて。

【如同】…のようだ。…と同じに見える。

【如意】望みどおりだ。

【如愿以偿】願望が適う。

【如坐针毡】針のむしろに坐るようだ。

儒 rú ①(孔子の学派)儒家。儒教。②学者。
【儒家】儒家。

孺 rú 子供。幼児

蠕 rú (虫などが)うごめく。くねり動く。
【蠕虫类】ぜん虫類。ぜん形動物。
【蠕动】ぜん動する。うごめく。

乳 rǔ ①乳房(ちぶさ)。②乳。△牛～/牛乳。ミルク。③乳のような液体。
【乳白】乳白色。
【乳儿】乳児。赤ん坊。
【乳房】乳房。
【乳母】乳母(うば)。
【乳牛】乳牛。
【乳糖】乳糖。ラクトース。
【乳汁】乳じゅう。乳。
【乳脂】バター。
【乳制品】乳製品。

辱 rǔ ①恥辱。はずかしめ。恥(はじ)。△奇耻大～/この上ない恥辱。②はずかしめる。侮辱する。△污～/侮辱する。
【辱骂】はずかしめののしる。

入 rù ①入る。△～场/入場する。②(組織に)加わる。参加する。加入する。△～工会/労働組合に加入する。③(…の時期に)なる。△～冬了/冬になった。④…に適う。適合する。△～情～理/情理に適う。⑤収入。
【入股】株式に加入する。株を引き受ける。
【入骨】骨髄に徹する。
【入伙】仲間に入る。
【入境】入国する。国境に入る。

【入门】①入門。手引き。②弟子入りする。
【入迷】夢中になる。引き付けられる。
【入侵】侵入する。
【入神】夢中になる。心をうばわれる。
【入手】着手する。取り掛かる。手を付ける。始める。
【入睡】寝付く。眠りに入る。
【入伍】入営する。入隊する。
【入席】座席に着く。着席する。
【入学】入学する。
【入狱】入獄する。監獄にぶち込まれる。

褥 rù 敷き布団。
【褥单】シーツ。

ruan

软 ruǎn ①柔らかい。しなやかだ。△～绸子/柔らかい絹物。②(態度や言葉が)穏やかだ。物柔らかだ。柔らかだ。柔らかい。△话说得很～/言葉遣いが物柔らかだ。③弱い。臆病だ。△～的欺,硬的怕/弱い者はいじめ、強いものは畏れる。④力がない。くたくたになる。△手～/手に力がない。⑤(質、能力が)足りない。劣る。よくない。⑥(感情が)もろい。弱い。△心肠～/気が弱い。
【软锻】しゅす。
【软腭】軟口がい。
【软膏】軟こう。
【软化】①軟化する。柔らかくする。②(態度が)軟化する。
【软禁】軟禁する。
【软磨】しきりにやんわりと頼み込む。

【软弱】軟弱だ。弱弱しい。

【软食】柔らかい食べ物。

【软糖】ゼリー状のあめ。ゼリー菓子（がし）。

【软梯】なわばし子。

【软席】（汽車の）一等車。（日本のグリーン車に相当する）。

【软硬兼施】硬軟両様の手口を使う。

rui

蕊 ruǐ ずい。しべ。△雌~/めしべ。

锐 ruì ①鋭い。△~利/鋭い。②（感覚、動作が）鋭敏だ。すばしこい。△敏~/鋭敏だ。すばしこい。③生気がありすぎている。△精~的军队/精鋭な軍隊。④鋭気。

【锐气】勝気。鋭気。

瑞 ruì ①めでたい。②時宜を得る。けっこうだ。よい。

【瑞雪】季節に合ったけっこうな雪。瑞雪。

run

闰 rùn 余り（の）。余分（の）。

【闰年】うるう年（どし）。

【闰月】うるう月。

润 rùn ①つやつやしている。△光~/つやつやしている。②しっとりしている。△空气湿~/空気は湿っぽい。③しめらす。うるおす。△~嗓子/のどを潤す。④利潤。△分~/利益を分配する。

【润滑】潤滑。

【润色】筆を入れる。筆を加える。

ruo

若 ruò ①…の如し。…ようだ。△天涯~比邻/天涯も比隣の如し。②もし。もしも…。…ならば。…なら。

【若非】もし…でなければ。

【若干】若干。いくらか。

【若无其事】何事もなかっなようだ。なに気ない。

弱 ruò ①弱い。虚弱だ。②…弱（じゃく）。△百分之五~/5パーセント弱。③年少者。△男女老~/老弱男女（ろうじゃくだんじょ）。

【弱点】弱点。

S

sa

撒 sā ①放つ。手放す。投げ出す。△把笼里的鸟~了/かごの中の鳥を放した。②（思うままに）ふるまう。ぶちまける。△~气/当たり散らす。

【撒谎】うそをつく。

【撒娇】だだをこねる。甘える。

【撒尿】小便をする。おしっこをす

る。

【撒野】乱暴をする。あばれ狂う。

洒 să ①水をまく。△～水/水をまく。②まき散らす。△牛奶～了/ミルクをこぼした。

【洒扫】水をまいて掃く。

【洒水车】ウォーター・カート。

【洒脱】①きっぱりしている。こだわりがない。こせこせしていない。②てきぱきしている。

撒 să ①まく。まき散らす。△～农药/農薬をまく。②ばらまく。こぼす。

飒 să ①(風の音)さらさら。△秋风～～/秋風がさらさらと吹く。②さっそうとしている。

【飒然】(風が)さあっと突然吹いてくるさま。

【飒飒】さらさら。さわさわ。

【飒爽】さっそうとしている。

sai

塞 sāi ①ふさぐ。詰め込む。詰め切る。△把窟窿～住/穴をふさぐ。②せん。ふた。△瓶～/瓶の栓。

腮 sāi あご。

【腮腺】耳下腺。

塞 sài とりで。辺境の地。△要～/要塞。

赛 sài ①競技する。試合する。△～篮球/バスケットボールの試合をする。②…よりも…優れる。まさる。

【赛车】①自動車、自転車、オートバイの競走。②レーシング・カー。

【赛璐珞】セルロイド。

【赛马】競馬。

【赛跑】競走。

【赛艇】ヨット。ヨット競技。

san

三 sān ①三つ。三。②たびたび。しばしば。沢山。△～思/幾度も思案する。

【三岔路口】三叉路。三角(みつかど)。三叉(みつまた)。

【三长两短】もしものこと(死や思わぬ不幸)。

【三番五次】幾度も。何度も。

【三角】三角。三角形。

【三轮车】三輪車。

【三轮摩托车】モーターつきの三輪車。

【三轮汽车】オート三輪。三輪自動車。

【三三两两】三三五五。

【三心二意】真心のないこと。決心が付かないで、ぐらぐらすること。心が定まらない。

伞 săn ①かさ。△打～/かさを差す。②落下さん。

【伞兵】落下さん兵。パラシューター。

散 săn ①ばらばらになっている。△～着头发/髪をばらばらにしている。②(物が)ばらばらになる。解体する。△椅子～了/椅子がばらばらになった。③粉末状のもの。△～药/粉薬(こなぐすり)。

【散兵】解散になった兵隊。

【散光】乱視。

【散居】分散して住んでいる。散居。

【散漫】①締りがない。だらしがない。②まとまりがない。分散している。

【散文】散文。

【散装】ばらばら売りの商品。

散 sàn ①散る。散らばる。分かれる。分散する。△云彩～了/雲が散った。②散らす。まく。ばらまく。まき散らす。△～传单/ビラをまく。

【散播】まき散らす。ばらまく。まく。

【散布】まき散らす。散布する。

【散步】①散歩する。②散歩。

【散场】(芝居や映画などが)跳ねる。打ち出しになる。お開きになる。

【散发】①発散する。②ばらまく。

【散会】会が終わる。散会する。

【散伙】解散になる。

【散开】散る。散開する。

【散失】①散失する。散逸する。ばらばらになってなくなる。②なくなる。消えうせる。

【散心】気晴らしをする。

sang

丧 sāng 喪(も)。人の死亡に関する事柄。

【丧服】喪服(もふく)。

【丧礼】葬式や喪中の礼法。弔(とむら)い。

【丧事】葬式。葬儀。

【丧葬】葬儀と埋葬。葬式。

【丧钟】弔鐘(ちょうしょう)。

桑 sāng 桑(くわ)。桑の木。

【桑葚】桑いちご。

【桑园】桑畑(ばたけ)。

嗓 sǎng ①のど。②声△哑～/しわがれ声。

【嗓子】のど。

丧 sàng 失う。なくす。喪失する。△～尽天良/良心をまった

く失う。

【丧胆】肝をつぶす。たまげる。

【丧魂落魄】恐怖の余り魂が抜ける。

【丧家之犬】飼い主をなくした犬。喪家の犬。

【丧命】命をおとす。死ぬ。

【丧气】気が抜ける。がっかりする。しょんぼりする。

【丧失】失う。喪失する。

【丧心病狂】理性を失ってのぼせ上がる。気違いじみた言動をとる。

sao

搔 sāo かく。引っかく。△～背/背中をかく。

骚 sāo ①騒ぐ。乱れる。②屈原の「離騒」。③好色だ。みだらだ。

【骚动】①騒動を起こす。騒ぎ立てる。②動乱不安に陥いる。混乱をきたす。

【骚乱】騒ぐ。騒ぎ乱れる。

【骚扰】騒じょうする。騒がす。かき乱す。

缲 sāo (まゆから)糸を繰る。

【缲丝】操糸する。

臊 sāo においがむっとする。生臭(なまぐさ)い。

扫 sǎo ①掃く。掃除する。△～干净/奇麗に掃く。②除去する。一掃する。◇一～而空/一掃する。③払う。見渡す。△用眼一～/目できっと見渡す。

【扫除】①掃除する。②取り除く。一掃する。

【扫荡】掃討する。敵を平らげる。

【扫地】①地面をはく。掃除する。②(名誉や信用などが)完全に

なくなる。

【扫雷】水雷や地雷を取り除くこと。

【扫墓】墓参り。

【扫射】掃射する。

【扫尾】(仕事の)最後の仕上げをする。後始末をする。

【扫兴】興を冷す。興冷めがする。

嫂 sǎo ①兄嫁(あによめ)。②ねえさん。

扫 sào

【扫帚】ほうき。

【扫帚星】彗星。ほうき星。

臊 sào 恥ずかしい。恥じる。△害～/恥ずかしがる。

se

色 sè ①色。色彩。△红～/赤い色。紅色。②顔色。顔付き。△面带喜～/嬉しそうな顔をしている。③種類。品(しな)。質△成～/(金、銀の)純度。④(女性の)きりょう。容ぼうと姿。

【色彩】①色。彩(いろどり)。②味わい。色彩(しきさい)。

【色盲】色盲。

【色情】色情(しきじょう)。色欲。色気(いろけ)。

【色泽】色つや。色合。

涩 sè ①渋い。△～味/渋い味。②滑りが悪い。円滑でない。滑らかでない。△轮轴发～/シャフトの滑りが悪くなる。

塞 sè

【塞责】責任逃れをする。

sen

森 sēn 森(もり)。

【森林】森林。森。

【森严】ものものしい。厳めしい。厳しい。

seng

僧 sēng 僧(そう)。和(お)しょう。坊主(ぼうず)。坊さん。

【僧侣】僧りょ。

sha

杀 shā ①殺す。△～敌/敵を殺す。②戦う。戦闘する。③衰える。減らす。△风势稍～/風がやや衰える。

【杀虫剂】殺虫剤。

【杀风景】殺風景(さっぷうけい)だ。興味を冷させる。興冷めになる。気分を壊す。

【杀害】殺害する。

【杀菌】殺菌する。

【杀戮】殺害する。

【杀气】①殺気。②うっ憤ばらしをする。腹いせをする。当り散らす。

沙 shā ①砂(すな)。△防～林/防砂林。②砂の形をしているもの。△～糖/さとう。③(声が)しわがれる。かすれる。△嗓子～哑/声がしわがれる。

【沙场】戦場。

【沙袋】砂袋(すなぶくろ)。

【沙丁鱼】いわし。サーディン。

【沙发】ソファ。安楽いす。

【沙锅】どなべ。なべ。

【沙皇】(ロシアの皇帝)ツァー。

【沙坑】(走り高跳びや走り幅跳びなどに用いる)砂場。

【沙拉】サラダ。

【沙砾】砂利(じゃり)。

【沙漠】砂漠。

【沙丘】砂丘。

【沙沙】さっさっと。ざくざくと。さらさらと。かさかさと。

【沙滩】砂州（さす。さしゅう）。

【沙眼】トラホーム。

【沙鱼】鮫（さめ）。

【沙州】砂州。砂浜（すなはま）。

【沙子】①砂（すな）。②砂の形をしているもの。

纱　shā　①紡績用の綿や麻の糸。②しゃ。紡績糸。シルク。△窗～/窓に張る金鋼。寒冷しゃ。

【纱布】ガーゼ。

【纱窗】金鋼または寒冷しゃを張った窓。

【纱灯】しゃで張った提燈。

【纱锭】紡錘。スピンドル。

【纱线】紡績糸。

【纱罩】①はえよけ。②マントル。

刹　shā　（車、機械を）止める。

【刹车】①車を止める。②ブレーキ。制動機。

砂　shā　①砂（すな）。②砂の形をしているもの。

【砂布】エメリ・フィレット。布やすり。

【砂浆】モルタル。

【砂糖】砂糖。

【砂田】砂地。

【砂土】砂土。

【砂纸】サンド・ペーパー。紙やすり。

煞　shā　①結末を付ける。締めくくる。おしまいにする。②止める。ブレーキを掛ける。③しっかり締める。引きしめる。△把车上装的东西～紧/車に積んだ荷物をしっかりと縛り付ける。

【煞尾】①しまい。終わり。②結尾。

最後の幕。

傻　shǎ　①ばかだ。愚かだ。ぼんやりしている。ぼけている。△你太～了/お前は随分ばかだ。②気が利かない。融通が利かない。ばか正直だ。△～干/ばか力を入れる。③ぽかんとする。△吓～/びっくりしてぽかんとする。

【傻瓜】ばか。あほう。間抜（まぬけ）。

【傻呵呵】まがぬける。とぼける。

【傻劲】①ばかさ加減。間抜（まぬけ）さ。②ばか力。

【傻子】ばか。愚か者。

厦　shà　①大きくて高い建物。高層ビル。②ひさし。

煞　shà　非常に。大いに。すこぶる。極めて。

【煞白】真青だ。血の気がない。

【煞费苦心】苦心に苦心を重ねる。ひどく苦心する。

霎　shà　瞬間。殺那。△一～/一瞬の間（あいだ）。

【霎时间】一瞬間。とっさの間（ま）に。途端（とたん）に。

shai

筛　shāi　①ふるい。②ふるう。

晒　shài　①ほす。日光に当たる。△～衣服/着物をほす。②照り付ける。

【晒台】物干し台。

【晒图】青写真を感光させる。

shan

山　shān　①山。△高～/高い山。②山のような形をしているも

の。△～墙/家屋側面の山形の壁。◇人～人海/黒山の人だかり。

【山坳】山のくぼみ。

【山崩】山が崩れる。

【山地】山地。

【山顶】山頂。山の頂き。

【山洞】①山の穴。②トンネル。

【山峰】山の峰。山頂。

【山冈】丘。小高い山。

【山歌】農村、山村に流行する民謡。

【山沟】①谷。谷川。②山あい。谷間。谷あい。

【山谷】谷。谷間。けい谷。

【山洪】山津波（やまつなみ）。

【山货】①山地の特産物。②荒物（あらもの）。

【山涧】山あいのけい流。谷川。

【山脚】山のすそ。山のふもと。

【山口】山口。山の登り口。

【山林】山林。

【山麓】→【山脚】

【山脉】山脈。

【山盟海誓】（男女の）深い契（ちぎり）。

【山明水秀】山水の風景が優れている。山紫水明。

【山坡】山のスロープ。山の傾斜。

【山区】山地。山岳地帯。

【山水】①山から出る水。出水。②山と水。山水。風光。

【山头】①山の上。山の頂き。峰（みね）。②派閥。分派。

【山崖】がけ。断崖。

【山羊】やぎ。

【山腰】山の中腹。

【山药】山いも。

【山楂】山査子（さんざし）。

【山寨】①山さい。②山のとりで。

【山珍海味】山海の珍味。山の幸、海の幸。

删　shān　削除する。削る。△～掉了几个字/いくつかの字を削った。

【删除】削る。削除する。

【删改】削り改める。削ったり直したりする。

【删节】節略する。削除する。

衫　shān　①一重の着物。②シャツ。

姍　shān

【姍姍来迟】くずくずして遅れる。

珊　shān

【珊瑚】さんご。さんご樹。△～岛/さんご島。

舢　shān

【舢板】サンパン。はしけ。

扇　shān　①（扇子やうちわなどで）扇ぐ。あおる。②あおり立てる。

【扇动】①ばたばたさせる。②せん動する。あおり立てる。唆す。

【扇风机】送風機。ファン。

【扇惑】おだて惑わす。誘惑する。

煽　shān

【煽动】せん動する。

膻　shān　（羊肉の）生臭み。くさみ。

闪　shǎn　①避（よ）ける。避（さ）ける。退（ど）く。退（の）く。△～开/身をかわす。②（筋肉が）ねじれる。ねじける。違える。△～腰/腰がねじけた。③稲光。稲妻。△打～/稲妻が光る。④きらきらする。ぴかぴかする。ぱっと。ちらっと。さっと。△一～而过/ちらっと通り過ぎた。

【闪电】稲妻。稲光。電光。

【闪躲】避ける。よける。身をかわす。

【闪光】きらめき。（きらっと、ぴ

かっと、ぱっと光る）光り。

【闪开】避ける。避（よ）ける。

【闪闪】きらきら。ぴかぴか。ちらちら。

【闪烁】①ちらちらする。きらきらする。②言葉を濁す。言を左右にする。△～其词/言を左右にする。

【闪现】突然現われる。ひらめく。現出する。

讪 shàn　①そしる。冷笑する。ふう刺する。皮肉る。②照臭（てれくさ）そうな様子。きまりが悪い様。ばつが悪い様。

【讪笑】せせら笑う。あざけり笑う。

扇 shàn　①扇（おうぎ）。うちわ。扇子。△电～/扇風機。②とびら。△门～/とびら。

【扇骨】扇子の骨。

【扇面】（扇子に張る）紙。絹。

善 shàn　①善良だ。△～行/善行。②良い。好ましい。良好だ。立派だ。△～言/善言③仲がいい。親しい。むつまじい。△友～/仲がいい。④よくする。うまくやる。巧みにやる。⑤…に長（た）ける。得意だ。上手だ。⑥…たやすく。よく。容易に。△～变/よく変る。変り易い。△多愁～感/センチメンタルだ。

【善后】善后。後始末をよくする。

【善良】善良だ。純真で正直だ。

【善人】①善人。②慈愛深い人。

【善始善终】終始をよく全うする。

【善心】善心。△发～/善心を起こす。

【善意】善意。好意。

【善于】…に長けている。上手だ。得意だ。△～辞令/口が上手だ。

【善终】①天寿をまっとうする。畳

の上で死ぬ。②有終の美を成す。

缮 shàn　①繕う。修繕する。修理する。②書き写す。写す。清書する。△～清/清書する。

擅 shàn　①勝手に。ほしいままに。独断で。△～离职守/無断で職場を離れる。②…に長じる。長ける。得意だ。上手だ。…がうまい。△不～辞令/応対が不得手だ。

【擅长】長じる。たける。得意だ。上手だ。

【擅自】勝手に。ほしいままに。無断で。

膳 shàn　食事。ご飯。△用～/食事を取る。ご飯を食べる。

【膳费】食費。賄（まかな）い代。

【膳食】食事。ご飯。賄い。

【膳宿】食事と宿泊。

赡 shàn　扶養する。養う。

【赡养】扶養する。養う。

鳝 shàn　うなぎ。

shang

伤 shāng　①けが。傷。②傷付ける。損ねる。壊す。傷める。△～身体/体に悪い。③食べ飽きる。いやになる。食傷する。△吃～了/食べ過ぎていやになった。④差支える。

【伤疤】傷あと。

【伤兵】傷兵。

【伤病员】負傷者。

【伤风】①かぜをひく。②風俗を害する。

【伤风败欲】風紀を乱す。

【伤感】悲しむ。センチメンタルになる。

【伤害】害する。傷付ける。
【伤寒】腸チブス。チブス。
【伤耗】そこなう。損耗する。
【伤痕】傷あと。創痕。
【伤口】傷口。
【伤脑筋】頭を悩ます。
【伤神】①気を使い過ぎる。神経が疲れる。②→【伤心】。
【伤势】負傷の程度。
【伤亡】死傷する。
【伤心】心を悩ます。悲しむ。悲しくなる。

商 shāng ①相談する。打ち合わせる。△面～/面談する。②商業。商売。商い。③商人。商売人。

【商标】商標。トレード・ネーム。△注册～/登録商標。トレード・マーク。
【商场】①市場。マーケット。②百貨店。デパート。
【商船】商船。
【商店】商店。店。
【商定】申し合わせる。打ち合わせる。相談して決める。
【商贩】仕入れてはすぐ売り出す商人。商売人。
【商港】商港。通商港。
【商会】商業連合会。
【商界】商業界。
【商量】相談する。協議する。打ち合わせる。
【商品】①商品。②品物。
【商榷】協議する。討議する。
【商人】商人。商売人。あきんど。
【商谈】相談する。打ち合わせる。
【商讨】討議する。協議する。検討する。
【商务】商務。
【商业】商業。

晌 shǎng ①昼。△歇～/昼休み。②しばらく。一時（ひととき）。

【晌午】正午。昼。

赏 shǎng ①賞を与える。ほう美を与える。賞与する。②ほう美。賞品。③誉める。△赞～/誉め称える。④観賞する。めでる。△～月/月見をする。

【赏赐】①下賜する。賜わる。②下賜品。
【赏罚】賞罰。
【赏光】ご光臨をいただく。
【赏金】賞金。
【赏识】認める。目に止める。眼鏡に適う。
【赏心悦目】目や心を楽しませる。

上 shàng ①上。上部。△往～看/上を見る。仰ぎ見る。②上等だ。（品質が）いい。③前の。以前の。先（せん）の。上の。△～月/先月。④奉る。呈する。上書する。⑤上る。登る。△～山/山を登る。⑥行く。向かう。おもむく。△～街/町へ行く。⑦取り付ける。付ける。△～螺丝/ねじを付ける。⑧塗る。付ける。塗り付ける。△～药/薬を塗る。⑨掲載される。記入される。載る。△～了报纸/新聞に載った。⑩（仕事や授業などを）始める。△～班/出勤する。⑪（ある数量や程度に）届く。上る。到達する。△～百人/百人に上る。⑫（目的が適うことを表わす）…した。△考～了大学/大学の入学試験に合格した。⑬…になってくる。…始める。△刚喝～酒/お酒を飲み始めたところだ。

【上班】出勤する。
【上臂】上（じょう）はく。
【上策】上策。最上の方策。

【上层】上層。△～建筑/上部構造。

【上场】出場する。登場する。

【上床】寝る。

【上当】だまされる。ぺてんに掛かる。わなに掛かる。

【上等】上等だ。

【上帝】①天の神。天帝。②上帝。天主。

【上吊】首をつる。首を括る。

【上工】仕事を始める。出勤する。就業する。

【上古】上古。

【上级】上司。上役（うわやく）。

【上届】先輩。

【上进】向上する。進歩する。上達する。

【上课】①（先生が）授業をする。②（学生が）授業を受ける。

【上来】①始め。最初。②上ってくる。登ってくる。

【上列】右に上げた。上に述べた。上述の。

【上流】①（河川の）上流。②上流。△～社会/上流社会。

【上路】旅立つ。旅に出る。出発する。発つ。

【上马】仕事に取り掛かる。始める。

【上面】①上。上の方。上部。②（順序）前。先。上。右。③（物の）表。上。④方面。面。上。⑤上司。上役。

【上年纪】年を取る。

【上任】赴任する。就任する。

【上身】①上半身。②上（うわ）着。

【上升】①昇る。上る。上昇する。②増える。増加する。高まる。上昇する。

【上市】出回る。店頭に現われる。市場に出る。

【上述】上述の。前に述べた。

【上税】納税する。税を納める。

【上司】上司。上役。

【上诉】上訴する。

【上算】採算が取れる。引合う。

【上台】①出演する。登場する。②官職に付く。③政権を取る。

【上文】上文。前文。

【上下】①上と下。上下（じょうげ）。②上から下まで。③（程度の）高低。上下。よしあし。優劣。

【上学】①学校へ行く。登校する。②入学する。学校に上がる。

【上演】上演する。

【上衣】上着（うわぎ）。

【上瘾】くせになって、止められない。中毒する。

【上映】上映する。

【上游】①（河川の）上流。②先頭。先陣。

【上涨】①（川の水が）あふれる。増える。②（物価が）上る。高くなる。上昇する。

【上肢】上し。

尚　shàng　①なお。まだ。△～不可知/まだ何とも分からない。②尊重する。尊ぶ。

shao

烧　shāo　①たく。焼く。燃やす。燃焼させる。②熱を加える。たく。沸かす。△～饭/ご飯をたく。③焼く。あぶる。あぶり焼きにする。△～鸭子/あひるをあぶり焼きにする。④煮込む。油で上げる。いためる。△～茄子/油でなすをいためる。⑤熱が出る。熱を出す。熱がある。発熱する。△发～/熱が出る。

【烧酒】焼ちゅう。

【烧伤】やけど。

【烧香】線香をたく。焼香する。

梢 shāo ついでにもって行く。言付ける。△～个书包去/かばんをついでにもって行く。

【捎带】ついでに。ついでにやる。兼ねる。

梢 shāo ①こずえ。△树～/こずえ。②先端。先。末。△鞭～/むちの先。

稍 shāo 少し。ちょっと。ほんのわずか。やや。△请～等一会儿/ちょっとお待ち下さい。

【稍微】やや。少し。ちょっと。

【稍息】休め。

勺 sháo しゃくし。スプーン。さじ。しゃもじ。ひしゃく。

【勺子】スプーン。しゃくし。

芍 sháo

【芍药】しゃく薬。

韶 sháo 美しい。奇麗だ。うららかだ。のどかだ。

【韶光】①うららかな春の景色。②華やかな青春時代。

少 shǎo ①少ない。少数。少量。△太～了/少な過ぎる。②足りない。満たない。不足だ。△～一块钱/一元足りない。③無くなる。失う。△钱～了/お金がなくなった。④しばらく。ちょっと。△～等/しばらく待つ。

【少不得】なくてはならない。欠けてはいけない。

【少量】少しぐらい。少しばかり。少量。

【少数】少数。

少 shào ①若い。△年～/年が若い。②若だんな。坊っちゃん。△～阔/若だんな。

【少妇】若い婦人。若奥様。

【少年】少年。

哨 shào ①歩しょう。しょう兵。△观察～/監視しょう。②呼び子。△吹～子/呼び子を吹く。

【哨兵】しょう兵。歩しょう。

【哨所】しょう所。

she

奢 shē ①ぜい沢くだ。◇穷～极欲/ぜい沢と欲望の限りを尽くす。②度を越す。過分だ。△～望/過分な望み。

【奢侈】ぜい沢だ。△～品/ぜい沢品。

【奢华】ぜい沢で派手だ。

赊 shē かけで売り買いする。△现金交易，一概不～/現金取引、かけ売は一切お断り。

【赊购】掛買いする。掛で買う。

【赊欠】掛で売り買いすること。

舌 shé 舌。

【舌尖】舌の先。

【舌头】舌。

【舌战】舌戦する。論戦する。

折 shé 折れる。切れる。△树枝～了/木の枝が折れた。

【折本】損する。元手を切る（する）。△～生意/赤字商売。

蛇 shé へび。

舍 shě ①捨てる。切り捨てる。放棄する。②施す。施しする。施与（せよ）する。

【舍不得】惜しがる。離れがたい。…に忍びない。手放すことができない。

【舍得】惜しまずに。気前よく。惜くない。

设 shè 設ける。設立する。配置する。置く。△开～/設ける。

【设备】①設備。備品。②設備する。
　備える。
【设法】方法を考える。対策を講じ
　る。何とかする。
【设防】防衛措置を取る。
【设计】設計する。デザインする。
　△～图/設計図。
【设立】設ける。設立する。
【设身处地】人の身と立場になって
　考えてみる。△～为别人着想/
　人の身になって考えてみる。
【设想】①想像する。仮想する。△
　不堪～/どうなるか予想を許さ
　ない。②考慮する。
【设宴】宴を張る。
【设置】①設立する。設ける。②装
　置する。設備する。備え付ける。

社 shè　組織。団体。組合。△结
　～/組合を作る。
【社会】社会。
【社会主义】社会主義。
【社交】社交。
【社论】社説。
【社团】大衆によって組織された
　団体。

舍 shè　①家。建物。△宿～/宿
　舍。②小屋。△鸡～/鶏小屋。③
　自宅の謙称。△寒～/拙宅。

涉 shè　①（川を）渡る。△跋山
　～水/山を越え川を渡る。②経
　る。経歴する。経験を積む。△
　～险/危険を経る。③関わる。関
　連する。
【涉及】触れる。関連する。関係す
　る。
【涉外】外交に拘わること。
【涉嫌】疑われる。けん疑が掛か
　る。

射 shè　①射る。打つ。（ボール
　を）投げる。シュートする。②
　噴射する。噴き出す。③放射す

る。射す。
【射程】射程。
【射击】①射撃する。②射撃試合。
【射手】射手。
【射线】放射線。射線。

赦 shè　（罪を）赦す。赦免する。
【赦罪】罪を赦す。赦免する。

摄 shè　①摂取する。取る。吸収
　する。②（写真を）取る。撮影
　する。
【摄取】①摂取する。吸収する。②
　（写真を）取る。撮影する。
【摄氏温度计】摂氏寒暖計。
【摄像机】ビデオ・カメラ。
【摄影】①写真を取る。撮影する。
　②映画の撮影をする。
【摄制】映画を撮影製作する。

慑 shè　恐れる。恐がる。恐れさ
　せる。恐がらせる。
【慑服】①恐れ従う。平伏す。②脅
　かして屈服させる。

麝 shè　①じゃこうじか。②じゃ
　こうの略称。
【麝牛】じゃこう牛。
【麝鼠】じゃこうねずみ。
【麝香】じゃ香。

shen

申 shēn　述べる。申し述べる。
　明らかにする。説明する。△以
　～正义/もって正義を明らかに
　する。
【申辩】弁明する。弁解する。申し
　立てをする。
【申斥】しっ責する。しかり付け
　る。どなりつける。
【申明】（厳正な態度を）説明する。
　表明する。
【申请】申請する。
【申述】詳しく説明する。申し述

べる。

【申诉】①訴える。②上訴える。

【申讨】糾弾する。

【申冤】①えん罪をすすぐ。無実の罪を取り除く。②自分のえん罪を訴える。

伸 shēn　伸ばす。出す。広げる。△把手〜直/まっすぐに手を伸ばす。

【伸懒腰】のびをする。腰を伸ばす。

【伸手】①手を伸ばす。手を差しのべる。②他人にたよる。

【伸缩】①伸び縮みする。伸縮する。②伸縮性。弾力。

【伸展】延びる。広がる。

【伸张】拡張する。広げる。

身 shēn　①体。②自ら。自分。おのれ。身。△以〜作则/身をもって手本を示す。③人格と修養のこと。④物の主要な部分。体。△车〜/車体。⑤命。△舍〜…/わが身を願みず。

【身边】①身の回り。身辺。②手元に。懐に。

【身材】体格。かっぷく。体つき。

【身段】①身のこなし。スタイル。体付き。②所作（しょさ）。仕ぐさ。

【身分】①身分。地位。資格。②体面。貫ろく。こ券。△有失〜/こ券にかかわる。

【身高】身長。背丈。

【身教】身をもって手本とする。

【身强力壮】体が健やかで力が強い。

【身世】身の上。

【身手】腕前。腕。ぎりょう。△大显〜/大いに腕を振う。

【身受】身をもって受ける。自ら受ける。

【身体】体。身（み）。身体。

呻 shēn

【呻吟】うめく。しん吟する。

绅 shēn

【绅士】紳士。ジェントルマン。

参 shēn　人参。朝鮮人参。

深 shēn　①深い。△〜井/深い井戸。②深さ。③（意味が）奥深い。④仲がいい。交わりが深い。親しい。親密だ。△交情〜/間柄は親しい。⑤（色が）濃い。△〜绿/濃い緑。⑥時間が経っている。更ける。△夜〜/夜が更ける。⑦よく。深く。大変。ひどく。大いに。ひどく。大いに。△〜表谢意/深く感謝する。

【深奥】深奥だ。難しくて分りにくい。

【深沉】①非常に。とても。深まる。②（音が）低くて鈍い。③考えや感情を顔に出さない。沈着だ。

【深处】深い所。

【深度】深さ。深み。

【深厚】①（感情が）厚い。深い。②しっかりしている。

【深化】深化する。深刻化する。

【深刻】①深刻だ。②奥深い意味を持つ。

【深浅】①深さ。②程度。ほど合。

【深切】①切実だ。心から。②深刻だ。depth。

【深情】深い情愛。

【深入】①深く入り込む。染み込む。②深刻に。

【深思】深く考える。深く思う。

【深夜】深夜。夜更け。

【深渊】深えん。深いふち。

【深造】深く研究する。造けいを深める。

【深重】ひどい。深刻だ。

什 shén
【什么】①何。どんな。△这是～/これは何（なん）ですか。②何か。なんでも。△想吃点～/何か食べたい。③何にも。何でも。△～都不怕/何も恐れない。④どうしたのだ。どういう訳か。なんだって。なんて。⑤など。…とか…とか。…やら…やら。

神 shén　①神。神様。②神通力（しんずうりき）。非凡だ。不思議だ。③精神。精力。④顔付。表情。⑤生き生きとしている。△眼睛有～/目が生き生きとしている。
【神采】風さい。顔付と色つや。
【神话】神話。
【神魂】精神。意識。気。心。△～不定/気が落ち着かない。
【神经】①神経。△～病/神経病。②精神病。
【神秘】神秘的だ。
【神妙】賢くて巧妙だ。
【神明】神明。神様。
【神女】女神（めがみ）。
【神奇】妙を窮めている。神秘的だ。
【神气】①表情。顔付。面持（おももち）。②元気一杯だ。③生意気だ。鼻が高い。
【神色】顔付。表情。
【神圣】神聖だ。
【神速】神速。不思議なほど速い。
【神态】顔色。態度。素振（そぶ）り。様子。
【神通】神通力。特に優れた腕前。△大显～/大いに腕を振う。
【神童】神童。
【神往】あこがれる。心を引かれる。思いをはせる。
【神威】神威。

【神仙】①神せん。②見透しのよく利く人。
【神学】神学。
【神志】知覚と意識。

审 shěn　①調べる。審査する。△～稿/原稿を審査する。②取り調べる。訊問する。△～案/事件を取り調べる。
【审查】審査する。審議する。詳しく調べる。
【审订】審査して修訂する。
【审核】審査し、突き合わせる。
【审理】審理する。
【审美】審美。△～能力/審美眼。
【审判】裁判する。
【审批】審査して批準する。
【审慎】周到かつ慎重だ。
【审问】訊問する。取り調べる。
【审讯】→【审问】
【审议】審議する。
【审阅】審査閲覧する。

婶 shěn　①（叔父の妻）おば。②（母親より若い婦人を呼ぶ称呼）おばさん。

肾 shèn　じん臓。
【肾炎】じん臓炎。じん炎。
【肾盂】じんう。

甚 shèn　①はなはだ。非常に。きわめて。△～念/はなはだ気がかりだ。②勝（まさ）る。超過する。
【甚至】（はなはだしい程度に達したことを示す）まで。さえ。でさえ。

渗 shèn　染みこむ。漏る。△～水/水が漏る。
【渗沟】暗きょ。地下排水きょ。
【渗坑】吸水坑。
【渗入】染み込む。
【渗透】①しん透する。ペネトレーション。②染みる。染みとおる。

慎 shèn 謹しむ。用心する。△谨言～行/言行を謹む。
【慎重】慎重だ。慎重にする。

sheng

升 shēng ①昇る。上がる。上昇する。△太阳～起来了/太陽が昇った。②（地位などが）上がる。進級する。③リットル。
【升班】（学生が）進級する。
【升级】①（学生が）進級する。②昇級する。③（事件などが）エスカレートする。
【升降机】エレベーター。リフト。昇降機。
【升旗】旗を揚げる。
【升学】上の学校に上がる。

生 shēng ①生む。生まれる。△～了一个男孩/男の子を生んだ。②生きる。③育つ。生長する。△这孩子～得结实/この子は丈夫に育っている。④生ずる。発生する。起こる。出来る。△米里～虫子/米の中に虫が出来だ。⑤暮らし。生計。生活。△谋～/暮らしを立てる。⑥一生。生がい。⑦たく。点す。△～炉子/ストーブをたく。⑧熟していない。熟れていない。生（なま）。△～吃/生で食べる。⑨慣れない。覚えていない。知らない。初めて（の）。△～人/見知らない人。⑩強いて。無理に。無理やりに。△好好的东西～给毁了/ちゃんとしたものを無りやりに壊してしまった。⑪大変。ひどく。△～痛/ひどく痛い。
【生病】病気になる。病気に掛かる。
【生产】①生産する。②（子供を）生む。お産をする。
【生存】生存する。生き延びる。
【生动】いきいきとしている。
【生活】①生活。暮らし。②生きる。生存する。
【生火】火を起こす。
【生机】①生きる機会。生への望み。②生命力。生気。活力。
【生计】生計。暮らし。職業。
【生姜】しょうが。
【生理】生理。
【生力军】①新手（あらて）。戦闘力の強い軍隊。②新手の働き手。
【生路】生路。生存の道。
【生命】生命。命（いのち）。
【生僻】めったに見ない。希にしか使わない。
【生平】一生。生がい。
【生气】生気。元気。活気。△～勃勃/生気はつらつらしている。
【生前】生前。生きていた時。
【生日】誕生日。
【生色】生彩を増す。おもしろさを添える。
【生事】いざこざを生ずる。
【生手】（仕事に）慣れない人。新米（しんまい）。
【生疏】①うとい。慣れない。②よく知らない。
【生水】生（なま）水。水。
【生丝】生糸（きいと）。
【生死】生死。
【生态】生態。
【生铁】鋳鉄。銑鉄。生鉄（なまがね）。
【生物】生物。
【生效】効力を発生する。
【生锈】錆びる。
【生涯】生がい。一生がい。
【生意】商売。営業。
【生硬】①ぎこちない。不自然だ。

②固い。かどかどしい。粗雑
だ。

【生育】出産する。子供を生む。お
産をする。

【生长】①生長する。大きくなる。
伸びる。②生まれ育つ。伸びて
行く。

【生殖】生殖する。

【生字】知らない字。

声 shēng ①声（こえ）。音（お
と）。音声。△脚步～/足音（あ
とおと）。②音声を出す。言明す
る。述べる。

【声波】音波。サウンド・ウェー
ブ。

【声称】公に述べる。言明する。

【声带】①声帯。②音響路。サウン
バ・トラック。

【声调】(中国語の陰平・陽平・上
声・去声) 四声の調子。

【声浪】①音波。②どよめき。叫び
声。

【声明】声明。コミュニケ。

【声色】①顔色と声。態度。②頽廃
的な音楽と女色。

【声势】勢い。気勢。

【声嘶力竭】声をからし力を出し
尽くす。

【声讨】糾弾する。

【声望】声望。

【声音】声。音。音声。音響。サウ
ンド。

【声誉】名声。声誉。声望と栄誉。

【声援】声援する。

【声乐】声楽。

【声张】言い触らす。騒ぎ立てる。
言い広める。

牲 shēng 家畜。

【牲畜】家畜。

【牲口】役畜。

甥 shēng (姉また妹の息子) お

い。

【甥女】(姉または妹の娘) めい。

绳 shéng ①ひも。なわ。②正
す。取り締まる。制裁する。拘
束する。△～之以法/法律で拘
束する。

【绳梯】なわばしご。

省 shěng ①省く。省ける。節約
する。△～时间/時間を省く。②
(行政区の単位) 省。△山东～/
山東省。

【省吃俭用】食費を切り詰め物を
節約する。

【省得】…しないで済む。…せずに
済む。

【省会】省の首府。

【省力】力を省く。

【省略】省略する。

【省钱】①金を節約する。②経済的
だ。金が節約になる。

【省事】①手数を省く。簡単だ。②
便利だ。

【省心】気楽だ。心配がいらない。

圣 shèng ①神聖だ。崇高だ。②
達人。名人。△诗～/詩聖。

【圣诞】クリスマス。

【圣地】聖地。

【圣经】聖書。

【圣人】聖人。

【圣旨】聖旨。

胜 shèng ①勝ち。勝利。△取
～/勝利を収める。②勝る。勝
つ。優れている。△～他一筹/彼
より一段優れている。③…に堪
える。出来る。△不～感激/感激
に堪えない。④すばらしい。美
しい。すぐれている。

【胜地】勝地。名勝地。

【胜负】勝敗。勝ち負け。

【胜利】①勝つ。打ち勝つ。②目的
を達する。成功する。

【胜任】勤まる。(仕事などに当たる)能力がある。

【胜仗】勝ち軍(いくさ)。

盛　shèng　①盛んだ。繁盛する。△～衰/盛衰。②(花が)満開だ。△鲜花～开/花が満開だ。③激しい。猛烈だ。おう盛だ。△火势很～/火の勢いが猛烈だ。④盛大だ。立派だ。△～宴/盛大な宴会。⑤心のこもった。手熱い。△～情/厚意。

【盛产】盛んに産出する。

【盛大】盛大だ。

【盛典】盛典。盛儀。

【盛会】盛会。

【盛况】盛況。

【盛名】盛名。

【盛气凌人】鼻息が荒くて当たるべからざる勢いだ。高慢窮まる態度で人を圧倒する。

【盛情】厚情。厚意。親切。

【盛夏】盛夏。真夏(まなつ)。

【盛行】盛んに行なわれる。流行する。

【盛誉】→【盛名】

【盛赞】盛んに誉め称える。

【盛装】盛装。晴れぎ。

剩　shèng　残る。余る。残り。余り。△～饭/残飯(ざんぱん)。

【剩下】残る。余る。

【剩余】剩余。余り。残り。

shi

尸　shī　しかばね。死体。かばね。

【尸骨】白骨。死者の骨。

失　shī　①失う。無くす。△坐～良机/手をこまねいて良機を失う。②うっかりする。うっかりしてしくじる。△万无一～/万万間違いない。③間違い。誤ち。過失。△唯恐有～/誤ちがありはしないかとひたすら心配する。

【失败】①失敗する。しくじる。②負ける。敗北する。

【失策】①失策する。誤算をする。②失策。

【失常】正常でない。常態を失っている。

【失宠】ちょうを失う。愛想をつかされる。

【失传】(学問なとが)後世に伝わっていない。

【失措】どうしていいか分からない。慌てふためく。ろうばいする。△仓惶～/周章ろうばい。

【失当】当を得ない。不適当だ。

【失地】①国土を失う。②失地。

【失掉】①無くなる。失う。②逃がす。失する。

【失火】火事が起こる。失火する。

【失礼】礼に適っていない。失礼する。

【失恋】失恋する。

【失灵】だめになる。動かなくなる。故障する。

【失眠】眠れない。不眠になる。△～症/不眠症。

【失窃】物を盗まれる。泥棒が入る。

【失去】失う。無くす。

【失散】ばらばらになる。離散する。

【失色】①色彩が無くなる。色があせる。②(びっくりして)顔色を変える。顔が真っ青になる。

【失神】①油断する。うっかりする。②ぼんやりしている。しょげる。しょう気を失う。

【失实】事実に合わない。

【失势】勢力を失う。

【失事】事故を起こす。意外なことが持ち上がる。

【失手】手をすべらす。手元が狂う。

【失算】誤算をする。見込み違いをする。

【失调】①調子が狂う。バランスがくずれる。②栄養失調。

【失望】がっかりする。失望する。

【失物】遺失物。落とし物。

【失误】失策する。ミスする。エラーする。

【失陷】陥落する。攻め落とされる。

【失效】失効する。効力を失う。利かなくなる。

【失笑】失笑する。思わず笑う。

【失信】信用を失う。

【失修】修理を怠る。

【失学】勉強の機会を失う。

【失血】失血。

【失言】失言する。口をすべらす。

【失业】失業する。

【失意】失意する。

【失约】約束を破る。

【失职】職責を果たさない。

【失主】紛失者。落とし主。

【失踪】失踪する。行方不明になる。

【失足】①足をすべらす。足を踏みはずす。②堕落する。

师 shī ①先生。師。△尊～/先生を敬う。②模範。手本。③専門家。技術家。④僧に対する尊称。⑤師匠。親方。⑥軍隊。⑦（軍隊の組織単位）師団。

【师部】師団司令部。

【师范】①模範。手本。②師範学校の略称。

【师傅】師匠。

【师长】①先生に対する尊称。②師団長。

【师资】教師の資格を持つ人。

虱 shī しらみ。

诗 shī 詩。

【诗歌】詩歌。

【诗话】①詩話。②詩を交えた小説。

【诗句】詩の文句。

【诗剧】詩劇。

【诗人】詩人。

【诗兴】作詩の興味。

【诗意】詩情。

狮 shī ライオン。獅子。

【狮子狗】ちん。

施 shī ①施す。施行する。実施する。△无计可～/施すすべがない。処置なし。②加える。やる。△～加压力/圧力を加える。③付ける。やる。用いる。△～肥/肥料をやる。

【施放】放す。張る。

【施工】施工する。工事をする。

【施行】①施行する。実施する。②実行する。実施する。する。やる。行なう。

【施展】発揮する。振るう。

【施政】施政する。

湿 shī 湿っている。ぬれている。△室内很～/室内が大変湿っぽい。

【湿度】湿度。湿り気。

【湿淋淋】びしょぬれになる。

【湿气】①湿気（しっけ）。②湿疹。水虫。

【湿润】湿って潤いがある。湿り気がする。

十 shí ①十。とう。△～倍/十倍。②完全だ。最高だ。△～成收成/大豊作。

【十二月】十二月。

【十分】十分に。非常に。

【十全十美】完全無欠だ。万全だ。

【十一月】十一月。

【十月】十月。

【十之八九】十中八九。大半。

【十字镐】丁字形のつるはし。

【十字架】十字架。

【十字路口】十字路。四つつじ。四つ角。別れ道。

【十足】①純だ。②十分だ。満ち足りている。

什 shi ①(分数または倍数に用いる。)△〜一/十分の一。②多種多様の。いろいろとりまぜた。

【什锦】いろいろな物の取り合わせ。五目。

石 shi ①石(いし)。岩(いわ)。△大理〜/大理石。②石彫(いしぼ)り。石の彫刻。石刻。

【石碑】石ひ。いしぶみ。

【石笔】石筆(せきひつ)。

【石壁】石壁。

【石雕】石刻。石彫り。

【石方】(石材の採掘単位)。1立方メートルの石。

【石膏】石膏。ギプス。

【石灰】酸化カルシウム。石灰。ライム。

【石匠】石工。石屋。

【石窟】石窟。石窟寺。

【石榴】ざくろ。

【石棉】石綿。アスベスト。

【石墨】黒鉛。グラファイト。

【石器】石器。

【石英】石英。

【石油】石油。

【石子】小石。石ころ。

识 shi ①知る。見分ける。覚える。△素不相〜/一面識もない。②見識。知識。△常〜/常識。

【识破】見破る。見抜く。看破する。

【识字】文字が読める。字を知っている。

时 shi ①時期。期間。時代。△古〜/昔。②時刻。時間。③季節。季。△农忙〜/農繁期。④(時刻を表わす単位)時。△8〜/8時。⑤機会。チャンス。△待〜/機会を待つ。⑥時時。△〜来〜去/時時行ったり来たりする。⑦…たり…たりする。ときに…。△这块手表〜快〜慢/この腕時計は進んだり遅れたりしている。

【时差】①均時差。②時差。

【时常】常に。いつも。よく。時時。

【时代】①時代。②期。時代。

【时而】①時時。②時に…時に…。…たり…たりする。

【时光】①光陰。月日。年月。時間。②時期。とき。③暮らし。暮らし向き。

【时候】時間。時刻。

【时机】時機。ころ合。折り。

【时间】時間。時刻。

【时局】時局。

【时刻】①時間。時刻。②時時刻刻。常に。絶えず。

【时令】季節。

【时髦】ナウい。流行する。はやる。モダンだ。

【时期】時期。

【时尚】時の気風。時の流行。

【时时】常に。いつも。

【时势】時勢。

【时事】時事。

【时速】時速。

【时务】当面の時勢。

【时鲜】出回り始めた新鮮な野菜や魚類。

【时疫】流行性伝染病。疫病。

【时运】運。時の運。△～不済/運
　が悪い。
【时针】①時針。短針。②時計の針。
【时装】①ニュー・ファッション。②
　現代の服装。

实 shi ①一杯だ。満ちている。
　詰まっている。△把窟窿填～了
　/穴をすっかり埋めた。②本当
　だ。真実だ。③実際。事実。△
　名不符～/名実が相伴わない。
　④実(み)。種。果実。
【实报实销】実費を支給する。
【实词】(名詞、動詞、形容詞、数
　詞、助数詞、代名詞など)単独
　で用いられ比較的具体的な意
　義を持った詞。
【实地】①実地。②実質的だ。実際
　だ。着実だ。
【实干】がっちりやる。みっちり働
　く。
【实话】本当の話。
【实惠】①実益。②実用的だ。実が
　ある。
【实际】①実際。②実際の。実在の。
　③実際に適った。実質的だ。
【实价】実際の価格。
【实践】①実践する。実行する。②
　実践。
【实况】実況。
【实力】実力。
【实例】実例。
【实情】実情。本当の情況。
【实权】実権。
【实施】実施する。
【实事求是】実際に即して妥当な
　方法を見出す。実際に基づいて
　正しく活動する。
【实数】実数。
【实物】①本物。実物。②実物。
【实习】実習する。
【实现】実現する。
【实效】実効。

【实行】実行する。
【实学】実学。実際の学問。
【实验】実験する。
【实业】実業。
【实用】①実用する。②実用むき
　の。実際の役に立つ。
【实在】①真実だ。実際的だ。本当
　だ。②確かに。本当に。実に。③
　実は。実際には。
【实则】実は。
【实战】実戦。
【实质】実質。
【实足】①確かに十分だ。②充実し
　ている。

拾 shi 拾う。拾い上げる。△～
　麦穂/麦の落ち穂を拾う。
【拾掇】①片付ける。整理する。整
　とんする。②修理する。修繕す
　る。③懲らしめる。

食 shi ①食う。食べる。②食
　物。食事。③食用の。食料品。
　④飼料。えさ。⑤(日、月の)
　食。
【食道】食道。
【食粮】糧食。食料。かて。
【食品】食品。食料品。食用品。
【食谱】献立(こんだて)。
【食堂】①(団体や学校などの)食
　堂。②飲食店。
【食糖】食用砂糖。
【食物】食物(しょくもつ)。食べ
　物。
【食言】食言する。約束を違える。
【食欲】食欲。

蚀 shi ①(虫が)むしばむ。②
　損う。損耗する。
【蚀本】元手に食い込む。赤字を
　出す。
【蚀刻】エッチング。

史 shi 歴史。史。
【史册】史書。

【史料】史料。

【史前】史前。先史。

【史诗】史詩。

【史实】史実。

【史书】史書。

【史无前例】歴史に前例がない。古今未曾有だ。

【史学】歴史学。史学。

矢　shi　①矢（や）。△弓～/弓と矢。◇无的放～/はっきりした目標なしに事を実行に移す。②固く守る。誓う。△～以天日/天や太陽を指さして誓う。

【矢口否认】口を極めて否認する。

使　shi　①派遣する。遣わす。使いにやる。差し向ける。△～人去打听消息/人をやって消息をさぐらせる。②使用する。使う。用いる。△～坏/使い壊す。③…させる。…するようにする。△～人高兴/人を喜ばせる。④外交官。△大～/大使。

【使得】①使える。使いものになる。②いい。いける。構わない。③…させる。

【使馆】大使館。公使館。

【使节】使節。

【使劲】力を出す。力を入れる。馬力を掛ける。

【使领馆】大使館と領事館。

【使用】使用する。使う。用いる。

【使者】使者。

始　shi　①最初。始まり。始め。始まる。始める。△自～至终/初めから終わりまで。②初めて。やっと。

【始末】てん末。一部始終。いきさつ。

【始业】始業する。

【始终】終始。始めから終わりまで。一貫して。

驶　shi　①（車、馬などが）速く走る。疾駆する。②走らせる。運転する。△～船/船を走らせる。

屎　shi　①ふん。くそ。大便。②（耳や目などの）あか。やに。くそ。

士　shi　①紳士。知識階級の人。②男子に対する美称。△斗～/闘士。③（ある技術、資格を身に付けた者の職業の名称）士。△助产～/助産婦。

【士兵】兵隊。兵士。

【士气】士気。

【士绅】紳士。

氏　shi　①姓。苗字。氏（うじ）。②（旧時既婚の婦人の姓の前に夫の姓を付けて読んだ称呼）氏。△赵王～/趙王氏。③（名人に対する敬称）氏。△达尔文～/ダーウィン氏。

【氏族】氏族。

市　shi　①市（いち）。市場（いちば）。マーケット。②町。都会。△城～/都会。③（行政区の）市。△北京～/北京市。④買売する。取引する。

【市集】①町。②農村などで定期的に立つ市。

【市侩】ブローカー。かん商。我利我欲の人。

【市面】市況。商況。景気。

【市民】市民。

【市区】市内。

【市长】市長。

【市镇】町。小さい都市。

【市政】市政。

示　shi　①示す。表わす。表示する。△表～/表示する。②告げる。知らせる。△指～/指示する。③見せる。

【示范】模範を示す。

【示警】警報を発する。

【示弱】弱味を見せる。弱音を吐く。

【示威】①デモ。②示威する。威勢を示す。

【示意】意向を含める。意向を示す。合図をする。

【示众】衆人に示す。みせしめにする。

世 shì ①生涯。一生。△終～不忘/生涯忘れない。②(血統関係を持つものの) 代。△第十～孫/10代目の孫。③代代。△～～医/代代伝わった医者 (の家)。④世 (よ)。時代。△近～/近世。⑤社会。世の中。世間。

【世传】代代伝える。世伝。

【世代】①長い年代。②代代。何代も。

【世故】世故 (せこ)。処世術。八方美人。世なれている。

【世纪】世紀。

【世家】①代代の名門。②世家。

【世界】①宇宙。世界。②全世界。③世の中。④領域。範囲。分野。

【世界语】エスペラント。

【世面】世の中。世間。

【世人】世人。一般人。

【世事】世間の事。俗事。

【世俗】①世俗。世のならわし。②非宗教的だ。

【世态】世態。

【世袭】世襲する。代代受け継ぐ。

仕 shì 官になる。出仕する。

【仕途】官途。仕官の道。

式 shì ①式。様式。風 (ふう)。型 (かた)。△格～/決まりの様式。②格式。形式。③儀式。式。△毕业～/卒業式。④(数学、化学などの) 式。△方程～/方程

式。⑤(文法の) 法。△命令～/命令法。

【式样】様式。型。かっこう。

试 shì ①試みる。試す。△～用/試しに使ってみる。②試験する。テストする。

【试场】試験場。

【试点】試験的に実施する地点。

【试飞】試験飛行する。

【试管】試験管。

【试剂】試薬。

【试金石】試金石。

【试卷】試験用紙。答案用紙。

【试探】探りを入探れる。索する。も索する。

【试题】試験問題。

【试图】企む。企図する。

【试问】①聞いてみる。②いったい。

【试验】①試験する。②テスト。

【试样】試料。サンプル。

【试用】試用する。

【试纸】試験紙。

【试制】試作する。

势 shì ①勢い。勢力。△得～/勢力を得る。②状態。様子。△地～/地勢。③情勢。形勢。△大～所趋/大勢の赴く所。④姿。形。姿勢。⑤雄性の生殖器。△去～/去勢する。

【势必】必ず。…に違いない。…に決まっている。必然的に。

【势不可当】勢いが猛烈で、阻むことができない。

【势不两立】両立できない (情勢にある)。

【势均力敌】力が伯仲している。五分五分だ。力が相匹敵している。

【势力】勢力。

【势利】①権勢と利益。②権勢や財力におもねる。

【势头】形勢。風向き。

事 shì ①事。事柄。事務。用。用事。△有～/用がある。②事故。故障。出来事（できごと）。△出～了/事故を起した。③職業。仕事。△找～做/仕事を捜す。④責任。関係。△不是我的～/私の責任ではない。⑤従事する。携わる。△无所～～/何もしない。⑥世話する。△～父母/両親の世話をする。

【事半功倍】半分の労力で倍の成果を上げる。骨折りが少なくてよい効果を得る。

【事倍功半】倍も労力を掛けて、半分しか成果があがらぬ。非常な努力をはらって、少しの効果を得る。

【事变】事変。

【事出有因】事の起こったのにはわけがある。

【事端】ごたごた。もめごと。事件。騒ぎ。事故。

【事故】事故。

【事后】事後。

【事迹】事蹟。手柄。功績。

【事假】用事で休暇をとる。

【事件】事件。できごと。

【事理】事理。わけ。物事の道理。

【事例】事例。

【事前】事前に。まえもって。

【事情】①事。事柄。②仕事。③用事。④（婚礼、葬式などの）事。⑤事情。

【事实】事実。

【事事】①事をする。②事事。すべての事。

【事态】事態。

【事务】①仕事。事務。②総務。

【事物】事物。物事。

【事先】事前に。まえもって。

【事业】①事業。②（国家の経費で経営される）事業。

【事与愿违】事の成り行きが希望と裏腹になる。事が希望通りにゆかない。

【事主】被害者。当事者。

侍 shì そばに付き添う。伺候する。△～立/側に付き添って立つ。

【侍从】侍従。

【侍候】世話する。かしずく。

【侍女】侍女。腰元。

【侍者】侍者。お付きの者。

视 shì ①見る。△斜～/横目で見る。②見回す。視察する。③見なす。△～为知己/知己と見なす。

【视察】視察する。

【视而不见】見れども見えず。見ていながら気が付かない。重視しない。

【视角】視角。

【视界】視界。

【视觉】視覚。

【视力】視力。

【视听】視聴。見聞。

【视线】視線。

【视野】視野。視界。

饰 shì ①装飾品。△服～/衣服と装飾。②飾る。装飾する。修飾する。△雕～/彫刻して飾る。③隠す。覆い隠す。繕う。◇文过～非/過失を覆い隠す。④扮装する。扮する。

【饰词】口実。

【饰物】装飾品。アクセサリー。

室 shì ①室。間。部屋。△教～/教室。②室。△资料～/資料室。

【室内】室内。

【室外】室外。

恃 shì 頼む。頼りにする。力とする。

【恃才傲物】才能を頼んで一切を眼中に置かない。

【恃強凌弱】力を頼み弱い者をいじめる。

拭 shì ふく。ぬぐう。

【拭目以待】目を擦って待つ。

柿 shì かき。かきの木。

【柿饼】ほしがき。

【柿子椒】ピーマン。

是 shì ①はい。そうだ。②…は…だ。△我～一个学生/私は学生だ。③正しい。宜しい。正確だ。

【是的】そうだ。その通り。

【是非】①是非（ぜひ）。善し悪し。②口から引き起したいざこざまたは誤解。

【是否】…であるかどうか。

适 shì ①かなう。当てはまる。合う。適する。適当だ。△～口/口に合う。おいしい。②折りよく。ちょうど。△～逢开会期间/ちょうど会議中だ。③（気持ち）気分がいい。△身体不～/気分が悪い。

【适当】適当だ。ちょうど宜しい。適切だ。

【适得其反】ちょうどその反対になっている。ちょうどその逆の結果になっている。

【适度】適度だ。

【适合】適合する。ちょうど合う。

【适可而止】適度で止める。

【适时】適時だ。時宜に適合している。

【适宜】適宜だ。程（ほど）よい。適する。

【适意】気持ちがいい。気分がいい。

【适应】適応する。応じる。

【适用】適用する。適用できる。間

に合う。使いよい。使える。

【适中】①ちょうどよい。ころ合いだ。②位置が適当だ。

逝 shì ①過ぎ去る。△时光易～/時は過ぎ去りやすい。②死ぬ。なくなる。死亡する。せい去する。△病～/病気でなくなる。

【逝世】せい去する。

释 shì ①説明する。解釈する。△注～/注釈する。②解く。消去する。△～怨/恨みを晴らす。③放す。下ろす。△手不～卷/本から手を放さない。④釈放する。△假～/仮釈放にする。

【释放】①釈放する。②放射する。

嗜 shì ①特に好む。親しむ。②道楽。悪習慣。

【嗜好】嗜好。趣味。好み。道楽。

誓 shì ①誓い。△发～/誓いを立てる。②誓う。決心する。誓いを立てる。

【誓不罢休】絶対に後に引かないと誓う。

【誓不两立】どうあっても両者が並び立つことはありえない。

【誓词】誓言。

【誓师】出陣の将兵を激励する。出征に当って将兵が集まって必勝の誓いをすること。

【誓约】誓約。

shou

收 shōu ①集める。そろえる。しまう。収める。△把书～起来/本をしまっておく。②領取する。受け取る。受け入れる。△～信/手紙を受け取る。③収穫する。取り入れる。△秋～/秋の収穫。④徴収する。⑤押える。落

【收兵】軍隊を引き上げて戦闘を止める。

【収藏】しまう。収集する。集める。収蔵する。

【収場】①終わる。しまう。片付く。②結果。結末。

【収成】収獲。作柄。

【収存】しまっておく。

【収到】受け取る。手にする。

【収発】受け付け。

【収費】費用を取る。有料。

【収復】奪い返す。回復する。

【収割】（農作物を）刈り取る。刈り入れる。

【収割机】バインダー。

【収工】仕事をおしまいにする。野良仕事を終える。

【収購】買い上げる。買い付ける。購入する。

【収回】①回収する。取りもどす。②取り消す。撤回する。

【収獲】①取り入れる。収獲する。②心得。

【収集】集める。蒐集する。寄せ集める。取り集める。

【収件人】（郵便物の）受け取り人。

【収繳】取り上げる。没収する。

【収据】受け取り証。領収証。

【収口】①（編み物などの）開き口をとじる。編みとめる。②傷口がふさがる。ゆ合する。

【収款人】金（代金）を受け取る人。

【収斂】①弱くなる。消え失せる。②慎む。おとなしくする。③収れんする。

【収留】収容する。

【収羅】網らする。あまねく集める。かき集める。

【収买】①買い集める。②買収する。

ち着ける。制ぎょする。△心～不住了/心が落ち着かない。

【収容】収容する。

【収入】①受け入れる。②収入。所得。

【収生】赤ん坊を取り上げる。助産する。

【収拾】①片付ける。整理する。整とんする。②修理する。③殺す。やっつける。

【収束】①心を静める。落ち着かせる。②けりを付ける。まとまりを付ける。しめくくる。片付ける。

【収縮】収縮する。縮まる。

【収条】受け取り証。領収証。

【収听】（ラジオを）聞く。

【収尾】①始末を付ける。終わりを告げる。②始末。おしまい。終わり。

【収文】受け付け文書。

【収効】効き目が現われる。効果が上がる。

【収信人】受信人。

【収养】引き取って育てる。もらい子を育てる。

【収益】収益。利得。利益。

【収音】①音響効果をよくする。②受信の。聴取の。

【収支】収支。

手 shǒu ①手。△一只～/片方の手。②手に持つ。手にする。△人～一冊/手に手に1冊持つ。③腕前。技術。才能。能力。△高～/立派な腕前。④（特殊な技術を持っている）人。働き手。△多面～/なんでも屋。多能な人。

【手背】手の甲。

【手臂】腕。

【手边】手もと。手の回り。

【手表】腕時計（うでどけい）。

【手册】ハンド・ブック。便覧。手帳。

【手抄本】手書きの本。

【手车】手押し車（ておしぐるま）。
プッシュ・カー。

【手电筒】懐中電燈。

【手段】手段。手立て。

【手法】①技巧。手法。方法。②て
くだ。計略。

【手风琴】アコーディオン。

【手扶施拉机】ハンド・トラクタ
ー。

【手稿】本人の手になる原稿。

【手工】①手仕事。手芸。手工。②
手でやる。③手間賃。

【手工业】手工業。

【手工艺】手工芸。工芸品を生産す
る手工業。

【手脚】①動作。挙動。②手足。

【手巾】①タオル。手ぬぐい。②ハ
ンカチ。

【手锯】手のこ。バック・ソー。

【手绢】ハンカチーフ。

【手铐】手錠。

【手快】手早い。素早い。

【手雷】手りゅう弾。

【手榴弹】手りょう弾。

【手忙脚乱】てんてこ舞する。

【手枪】拳銃。ピストル。

【手巧】手先が器用だ。

【手勤】手まめだ。

【手球】①ハンド・ボール。②（ハ
ンド・ボールの）ボール。

【手软】ひるんで手を下せない。
手を下すに忍びない。

【手势】手まね。ゼスチュア。

【手术】手術。

【手套】手袋。

【手提包】手提（てさげ）。

【手头】①手元。手近。②ふところ
の具合。

【手推车】手推し車。

【手腕】手。てくだ。

【手腕子】手首。

【手无寸铁】身に寸鉄も帯びない。

【手写体】文字の筆写体。スクリプ
ト体。

【手心】①掌（たなごころ）。②手
中。勢力の及ぶ範囲。

【手续】手続き。

【手艺】（職人の）技術。腕前。

【手淫】手いん。自慰。オナニー。

【手印】①手の跡。指紋。②ぼ印。
指紋。

【手掌】掌（てのひら）。

【手杖】ステッキ。杖（つえ）。

【手指甲】手の指のつめ。

【手纸】ちり紙。トイレット・ペー
パー。

【手指】手の指。

【手镯】腕輪（うでわ）。

【手足】①動作。ふるまい。②兄弟。

【手足无措】途方にくれる。手も足
もでない。

守 shǒu ①守る。守備する。△
～城/城を守る。②守る。遵守す
る。△～纪律/規律を遵守する。
③見張る。番をする。看護する。
△～护病人/病人を看護する。
④…の近くにある。近寄る。

【守备】守備する。防ぎょする。

【守财奴】守銭奴。

【守法】法律を守る。

【守寡】やもめ暮らしをする。後家
（ごけ）を通す。

【守候】①待つ。②看護する。番を
する。

【守护】番をする。見守る。

【守旧】旧習を守る。保守的だ。

【守口如瓶】秘密を厳守する。口が
固い。

【守门】門番をする。

【守门员】（サッカーなどの）ゴール
・キーパー。

【守势】守勢。

【守卫】防衛する。防ぎ守る。

【守夜】夜警に立つ。夜回りする。

【守则】规则。心得（こころえ）。

首 shǒu

①頭。△昂～/頭をもたげる。②かしら。首領。△以…为～/…をかしらとする。③最初に。初めて。△～次演出/最初の公演。

【首倡】先頭に立って主張する。首唱する。

【首车】（列車、バスなどの）始発列車。

【首创】創始する。

【首次】第一次。第一回。

【首当其冲】①真っ先にその矢面（やおもて）に立たされる。②一番最初に問題にされる。

【首都】首都。

【首恶】首謀者。首かい。

【首领】①頭と首。②リーダー。

【首脑】首脳。

【首屈一指】屈指。指折り。

【首饰】（首、頭、耳などに付ける）装飾品。アクセサリー。

【首尾】①首尾。ものの始めと終わり。②始めから終わりまで。

【首位】首位。第一。

【首席】①首席。②最高職務の。

【首先】①真っ先に。最初に。一番始めに。まず。②第一には。

【首相】首相。

【首要】①最も重要だ。②首脳。

【首长】官庁の高級指導者。

寿 shòu

①長生きする。長命。◇～比南山/南山に負けないくらい長命だ。②年令。寿命。③誕生日。△祝～/誕生日のお祝いをする。

【寿礼】誕生祝いの贈り物。

【寿命】命（いのち）。寿命。

【寿衣】経（きょう）かたびら。

受 shòu

①受ける。受け取る。△接～/受け入れる。②（損害、苦痛、災難、不運などを）受ける。蒙る。…（れる）される。△～批评/批判される。③耐え忍ぶ。耐える。我慢する。△～不了/我慢できない。

【受潮】湿り気を受ける。湿る。

【受挫】くじけ折れる。ざ折する。

【受罚】処罰さする。

【受害】被害を蒙る。損害を受ける。

【受贿】収賄する。賄ろを取る。

【受奖】奨励される。ほう美を受ける。

【受惊】びっくりさせられる。驚かされる。びっくりする。驚く。

【受苦】苦しい目に会う。辛い目に会わされる。

【受累】苦労する。骨を折る。

【受凉】風邪を引く。冷え込む。

【受命】命令を受ける。

【受难】苦難を受ける。災難に合う。災難に見まわれる。

【受骗】だまされる。わなに掛かる。ぺてんに掛かる。

【受气】いじめられる。抑圧される。

【受权】権限を授かる。

【受热】①熱を受ける。②暑気に当たる。

【受辱】侮辱される。

【受伤】負傷する。傷つく。

【受审】裁判を受ける。

【受暑】→【受热】

【受托】委託を受ける。頼まれる。

【受刑】刑罰を受ける。

【受训】訓練を受ける。

【受益】受益する。利益を受ける。

【受用】利益を受ける。役に立つ。

【受孕】受胎する。妊娠する。

【受灾】災害を蒙る。

【受罪】難儀する。苦難を受ける。苦しめられる。ひどい目にあ

う。

兽 shòu ①獣(けだもの)。②野
蛮。下品だ。
【兽行】①凶悪な恥知らずの行為。
残酷な行ない。②獣行。
【兽性】獣性。
【兽医】獣医。
【兽欲】獣欲。

授 shòu ①授ける。手交する。
与える。手渡す。△～勲/勲章を
授ける。②教える。伝授する。
【授奖】表彰状や賞品などを授け
る。
【授精】授精する。
【授课】授業する。
【授命】①命をささげる。②大命を
授ける。
【授权】授権する。権利を委任す
る。
【授意】意を授ける。旨を含める。
【授予】授ける。授与する。

售 shòu ①売る。△出～/売り
出す。②(計り事が)うまくゆ
く。△其奸不得～/その悪巧み
がうまくゆかない。
【售货员】店員。
【售价】売の値。売価。
【售票处】出札口。切符売り場。チ
ケット・ルーム。
【售票员】車掌。出札係り。

瘦 shòu ①やせている。△骨～
如柴/枯枝のようにやせてい
る。②赤身の肉。△～肉/赤身の
肉。③(衣服などが)小さくて
窮屈だ。△这双袜子太～/この
くつ下は小さくて窮屈だ。④
(地味が)肥よくでない。やせて
いる。
【瘦长】やせていて長い。
【瘦弱】やせて弱弱しい。
【瘦小】(体が)やせていて小柄だ。

【瘦子】やせた人。やせっぽち。

shu

书 shū ①本。書籍。書物。②書
いたもの。書き付け。文書。△
证～/証書。③手紙。書簡。△家
～/家からの手紙。④書体。△楷
～/楷書。⑤字を書く。書き記
す。△奋笔疾～/筆を揮ってす
らすら書く。
【书包】かばん。
【书报】書籍と新聞。
【书本】書物。本。
【书橱】本箱。
【书呆子】本の虫。
【书店】本屋。
【书法】書法。書道。
【书房】書斎。
【书后】あとがき。ばつ。
【书籍】書籍。本。
【书记】書記。
【书架】本だな。
【书简】書簡。
【书局】①旧時官庁の書庫または
書籍刊行所。②(書店に用いら
れる)名称。
【书刊】書籍と雑誌。
【书面】書面。
【书名】書名。
【书目】図書目録。
【书皮】図書の表紙。
【书评】書評。
【书签】①書名せん。②しおり。し
おりひも。しおりカード。
【书生】読書人。
【书摊】露店本屋。
【书套】本のカバー。
【书亭】書籍の売店。
【书写】字を書く。
【书信】手紙。書簡。
【书页】本のページ。

【书桌】デスク。机。文（ふみ）机。

抒 shū　述べ表わす。発表する。うち明ける。△各～己見/各自の意見を述べる。

【抒发】述べ表わす。

【抒情】叙情。感情を述べる。

枢 shū　①戸まらと戸ぼそ。くるる。②重要な部分。活動の中心。中枢。

【枢纽】枢軸。中心。中枢。

叔 shū　①おじ。②夫の弟。③（父と同年輩で父より若い男子に対する称呼）おじさん。

【叔母】おば。

殊 shū　①異なる。差異がある。②特殊だ。特別だ。△～绩/特別な功績。特功。③非常に。極めて。△凉爽～甚/きわめて涼しく爽やかだ。④命を絶つ。△～死/命を絶つ。

【殊不知】①実のところ。本当を言えば。②思いの外。意外にも。

【殊死】命掛けになる。死力を尽す。死を決する。

【殊途同归】道は違うが行き着く所は同じ。手段は異なっても目的は同じ。

倏 shū　たちまち。またたく間に。△～而不見/たちまち見えなくなる。

【倏忽】非常に速い様子。たちまち。またたく間に。

淑 shū　温和で善良だ。淑やかだ。美しい。

【淑女】淑女。

梳 shū　①くし。②（ひげや髪の毛を）とく。すく。くしけずる。

【梳洗】髪をすき、顔を洗う。

【梳妆】化粧する。

舒 shū　①伸びる。伸ばす。寛ぐ。△～活血/体を寛げて、血の循環をよくする。②ゆるい。ゆったりする。

【舒畅】延び延びと心地よい。心地よくて愉快だ。

【舒服】①気持ちがよい。心地よい。愉快だ。②気楽にさせる。気持ちよくさせる。

【舒适】心地よい。快適だ。

【舒展】①拡げる。伸す。ゆるめる。②延び延びとして気持ちがよい。気持ちが伸びやかだ。

疏 shū　①流通をよくする。水路を通す。△～河灌田/河水を通して田をかんがいする。②疎だ。△～星/疎な星。③うとんじる。親しまない。不案内だ。△不分亲～/親疎を分かたず。親疎の別無く。④疎かにする。うっかりする。△～于防范/防備を疎かにする。⑤充実でない。不十分だ。△才～学浅/才能が乏しく学問が浅い。⑥分散させる。疎にする。△～散人口/人口を疎開する（分散させる）。⑦天子に対する上奏文。△上～/上奏文を上呈する。⑧古書の内容を小部分に分かって個条別に解釈を施したもの。

【疏导】滞っている水を流通させる。

【疏忽】粗こつだ。疎かにする。うっかりする。

【疏浚】さらう。しゅんせつする。

【疏漏】手ぬかり。手落ち。

【疏落】疎だ。ちらほらする。

【疏散】①散ばっている。ばらばらだ。②疎開する。分散する。

【疏失】粗こつ。手落ち。うっかりした間違い。

【疏松】①ぼくぼくして柔らかい。②柔らかにする。

【疏通】①流れをよくする。さらえ通す。②意志などを疎通する。

【疏远】疎遠になる。

输 shū　①送る。運ぶ。輸送する。△～电网/送電網。②献納する。△～财助战/金を献納して、戦争を支持する。③負ける。敗れる。

【输出】①押し出す。流れ出す。②輸出する。③出力。アウトプット。

【输电】送電する。

【输理】理屈に負ける。理屈が立たない。

【输入】①輸入する。②入力。インプット。

【输送】輸送する。運送する。送り出す。

【输血】輸血する。

【输油管】石油輸送管。オイル・パイプ・ライン。

蔬 shū

【蔬菜】野菜。青物。そ菜。

赎 shú　①(質を)請け出す。引き取る。△把出去的房子～回来/抵当していた家を請け出す。②あがなう。償う。

【赎当】質を請け出す。

【赎买】買い戻す。

【赎罪】罪をあがなう。罪ほろぼしをする。

塾 shú　塾(じゅく)。

【塾师】塾の先生。

熟 shú　①(植物の実が)熟する。実る。△麦子～了/麦が実った。②煮える。煮え上がる。△煮～了/よく煮えた。③じっくり。綿密に。つらつら。よく。△～知/よく知っている。④よく知っている。慣れている。△～人/よく知っている人。なじみ

客。⑤熟練している。

【熟菜】加工済みの副食品。出来上がった料理。

【熟客】常客。

【熟练】熟練する。上手だ。

【熟路】よく知っている道。歩き慣れた道。

【熟能生巧】何事も慣れれば上手になる。

【熟人】知人。よく知っている人。顔なじみ。

【熟视无睹】客観的事物に無関心で、いつも目でよく見てはいるが、見ていないと同じだ。

【熟识】よく知り合っている。

【熟睡】熟睡する。ぐっすり眠る。

【熟思】よくよく考える。熟慮する。

【熟悉】よく知っている。熟知する。

【熟习】熟練している。熟知している。

【熟语】熟語。慣用語。

【熟知】熟知している。

【熟字】知っている字。

属 shǔ　①同類のもの。△金～/金属。②つながりのあるもの。同一系統のもの。△眷～/家族。③属する。従属する。隷属する。△中央直～/中央に直属する。④…である。△实～万幸/まことに幸いである。⑤…年生まれ。△他是～牛的, 今年十七了/かれは丑年生まれで17才になる。

【属地】属地。領地。属領地。

【属国】従属国。属国。

【属性】属性。

【属于】…属する。…のものである。

暑 shǔ　暑い。暑気。暑さ。

【暑假】夏休み。暑中休暇。

【暑期】夏休みの期間。

【暑气】暑気。暑さ。

【暑天】炎暑の日。

署　shǔ　①役所。②配置する。△战争部～/戦争配置。③署名する。サインする。④職務を代理する。代行する。

【署名】署名する。サインする。

数　shǔ　①（数を）調べる。数える。△～不清/数え切れない。②（数え上げて）責める。△～其罪/その罪をあれこれと責める。

【数一数二】指折り。

鼠　shǔ　ねずみ。

【鼠窜】こそこそと逃げ去る。

【鼠疫】ペスト。

薯　shǔ　芋。

曙　shǔ　あけぼの。明け方。夜明け。

【曙光】①しょ光。夜明けの光。あけぼのの陽光。②希望に燃える前途。

【曙色】あけぼのの色。夜明けの空色。

术　shù　①術。技巧。テクニック。△医～/医術。②手段。策略。術。△防御之～/防御の手段。

【术语】術語。専門語。テクニカル・ターム。

戍　shù　守る。守備する。

束　shù　①束（つか）ねる。縛る。括る。△～发/髪を束ねる。②（助数詞）束。△一～花/一束（ひとたば）の花。③束縛する。拘束する。制限する。

【束缚】束縛する。縛る。拘束する。

【束手】施すすべがない。仕方がない。

【束之高阁】高閣に束ねる。たな上げする。

述　shù　述べる。叙述する。△～说/話す。述べる。

【述评】解説。評論。

树　shù　①木。樹木。△松～/松の木。②植える。育てあげる。△～桑/桑を植える。③養成する。△～人/人を養成する。④立てる。樹立する。△～碑/碑を立てる。

【树杈】木の小枝。樹のまた。

【树丛】林の茂み。

【树敌】敵を作る。

【树墩】木の切り株。

【树干】木の幹。

【树冠】樹冠。

【树胶】（ある植物から分泌される）やに。

【树立】樹立する。打ち立てる。

【树林】林。

【树苗】苗木。

【树木】樹木。

【树皮】樹皮。

【树梢】こずえ。

【树枝】枝。

【树脂】天然樹脂と合成樹脂。レジン。

竖　shù　①縦。△～线/縦線。②立てる。縦にする。△～旗/旗を立てる。

【竖井】竪坑。

【竖立】立てる。直立させる。

【竖琴】ハープ。たてごと。

恕　shù　①許す。大目に見る。△宽～/許す。②許しを請う。△～不招待/ご来訪はお断わりする。

【恕不～】…しませんことをお許しください。

庶　shù　それで始めて。そうして始めて。

【庶民】庶民。

数 shù ①数。数量。②数。③若干の。いくつかの。△～小时/数時間。

【数词】数詞。

【数额】額。数。

【数据】既知数。データ。

【数量】数量。

【数学】数学。

【数字】数字。

漱 shù （口を）すすぐ。

shua

刷 shuā ①はけ。ブラシ。△牙～/歯ブラシ。②みがく。洗う。塗る。△～鞋/靴をみがく。

【刷新】刷新する。更新する。

耍 shuǎ ①遊ぶ。戯れる。△玩～/遊ぶ。②もてあそぶ。からかう。愚ろうする。△～弄人/人をもてあそぶ。③ほしいままにふるまう。△～无赖/やくざなふるまいをする。

【耍笔杆】文筆をか業とする。

【耍花招】①小細工をろうする。小手先でごまかす。②（人を）ぺてんに掛ける。ずるい手段を取る。

【耍滑】こすいことをする。悪賢い。ずるいことをする。

【耍赖】理不尽なことをする。卑劣なふるまいをする。

【耍弄】からかう。ばかにする。いじり回す。

【耍脾气】かんしゃくを起こす。わざとひねくれる。

【耍威风】威ばり散らす。

【耍无赖】→【耍赖】

shuai

衰 shuāi 衰える。衰弱する。△体力渐～/体力が段段衰える。

【衰败】衰微する。零落する。落ちぶれる。

【衰竭】疲はい。疲弊困ぱい。

【衰老】老衰する。

【衰落】→【衰败】

【衰弱】①衰弱する。②衰える。

【衰颓】（精神などが）衰える。衰微する。たい廃する。

【衰退】衰える。衰退する。

【衰亡】衰亡する。衰えて滅びる。

摔 shuāi ①倒れる。転ぶ。△～了个跟头/つまずいて倒れた。②落ちる。墜落する。△飞机～下来了/飛行機が墜落した。③落ちて壊れる。△瓶子掉下一坏了/びんが落ちて壊れた。④投げ捨てる。投げつける。△把书～在桌上/本を机の上に投げつけた。⑤振り切る。振り捨てる。振り落とす。△一～袖子就走了/袖を振り切って行ってしまった。

【摔打】①たたき落とす。②世間にもまれる。経験を積む。苦労する。

【摔跟头】①もんどり打って倒れる。②失敗することの喩え。

【摔交】①相撲を取る。レスリング。②こける。転ぶ。

甩 shuǎi ①振る。振り切る。振り捨てる。△～胳膊/腕を振る。②投げる。ほうる。△～手榴弹/手りゅう弾を投げる。③振り捨てる。置き去りにする。ほったらかす。△～开/振り捨てる。

【甩手】①手を前後に振る。②放っ

ておく。ほうり出す。

帅 shuài ①帅（すい）。②奇麗だ。立派だ。△这字写得真～/この字は実に奇麗に書けている。

率 shuài ①率いる。連れる。△～队出击/隊を率いて出撃する。②従う。依る。③軽はずみだ。軽がるしい。不注意だ。△～尔而对/よく考えないでうっかり返事する。④大抵。大概。大体。△大～如此/大体その通りだ。

【率领】率いる。引率する。引き連れる。

【率先】真先に。

【率直】率直だ。

shuan

闩 shuān ①かんぬき。△门～/かんぬき。②かんぬきを差す。△把门～上/門にかんぬきを差す。

拴 shuān つなぐ。結ぶ。縛る。△～住/つなぎ止める。

栓 shuān ①栓（せん）。△消火～/消火栓。②（びんの）栓。

涮 shuàn ①ゆすぐ。すすぐ。ざっと洗う。△～衣服/着物をゆすぐ。②肉類を湯の沸き立つなべに入れ、はしでゆすぐように軽くゆでて調味料を付けて食べる。△～羊肉/（羊肉の）しゃぶしゃぶ料理。

shuang

双 shuāng ①二つ。両方。双方。②対になっているものを数える。△一～鞋/靴1足。③偶数

の。④2倍の。

【双胞胎】ふたご。双生児。

【双边】双方の。双務の。二国間の。

【双层】二層。二重。

【双重】二重。

【双唇音】両唇音。

【双打】ダブルス。

【双方】双方。両方。

【双幅】二幅（ふたはば）。

【双杠】平行棒。

【双关】掛言葉を言う。

【双轨】複線。

【双簧管】オーボエ。

【双季稻】二期作の稲。

【双料】二倍の材料で製造する。特製の。

【双面】両面。

【双亲】両親。父母。

【双全】両方とも完全だ。二つながら備えている。兼ね備える。

【双人床】ダブル・ベッド。

【双日】偶数日。

【双手】両手。

【双数】偶数。

【双月刊】隔月刊。

【双职工】共稼ぎ夫婦。

霜 shuāng ①霜（しも）。△下～/霜が下りる。②霜のような白い粉。△白～/白い粉。③白い。白色。

【霜冻】霜害。

【霜害】霜害。

【霜叶】もみじ。紅葉。

孀 shuāng やもめ。

【孀居】やもめ暮らし。後家を立てる。

爽 shuǎng ①（空気、気分などが）爽やかだ。清清しい。△神清目～/気分が清清しく、目がすっきり澄んで見える。②気分がよい。気持ちがよい。△身体

不～/体の調子がよくない。体がすっきりしない。③（言動が）きびきびしている。④違う。たがう。△毫厘不～/少しも違わない。

【爽口】味がさっぱりしている。口当たりがよい。

【爽快】①そう快だ。気持ちがよい。②（気性などが）率直だ。あっさりしている。

【爽朗】①（天気などが）爽やかで晴れ晴れしている。清清しい。②朗らかだ。率直だ。

【爽利】てきぱきしている。きびきびしている。

【爽身粉】あせ知らず。シッカロール。タルカン・パウダー。

shui

谁　shuí　①誰。どなた。△～呀/誰ですか。②誰か。誰も。誰でも。△～都明白/誰でも分かる。

水　shuí　①水（みず）。②川の流れ。③川、湖、海の通称。④汁（しる）。

【水坝】ダム。

【水泵】ウォーター・ポンプ。

【水表】水量計。ウォーター・メーター。

【水兵】水兵。

【水彩画】水彩画。

【水草】①水や草のある所。②水草。藻草（もぐさ）。

【水产】水産。

【水车】①水車。②（うすやふいごを働かせる）水車。

【水池】池（いけ）。

【水道】①水道。川筋。②水路。③コース。

【水稻】水稲。稲（いね）。

【水电】水力と電力。

【水分】水分。

【水沟】排水溝。みぞ。下水溝。

【水管】通水管。ウォーター・パイプ。

【水果】果物（くだもの）。

【水壶】やかん。湯沸かし。

【水花】水のあわ。

【水火】①水と火。②性質のまったく相反したもの。③災難。

【水饺】ギョウザー。

【水晶】水晶。クリスタル。

【水井】井戸（いど）。

【水坑】水たまり。

【水库】貯水池。

【水雷】水雷。

【水力】水力。

【水利】水利工事。

【水流】①河川。②水の流れ。水流。

【水龙】消火用ポンプのホース。

【水龙头】水道用カラン。給水せん。カラン。コック。蛇口。

【水陆】①水陸。②山海の珍味。山の幸、海の幸。

【水路】水路。

【水落石出】真相が明らかになる。凡べてがはっきりする。

【水门】①コック。②水門。

【水母】くらげ。

【水泥】セメント。

【水鸟】水鳥。水きん。水鳥（みずとり）。

【水牛】水牛。バッファロー。

【水暖工】水道鉄管、暖房用スチーム管などを付けたり、装置したりする人。

【水泡】①水のあわ。水ほう。②水ぶくれ。

【水疱】水ほう。

【水瓢】ひしゃく。

【水平】①水平。②水準。レベル。

【水球】水球。ウォーター・ポロ。

【水渠】水路。用水路。溝きょ。

【水上飞机】水上飛機。エアロボート。

【水手】水手。ウォーターマン。

【水塔】給水塔。水槽塔。

【水獭】かわうそ。

【水塘】池。貯水池。

【水田】水田。

【水桶】水おけ。

【水土】①水と土。②気候風土。

【水汪汪】ぱっちりと生き生きした（目）。

【水位】水位。

【水文】水文。

【水系】水系。

【水仙】水仙（すいせん）。

【水线】きっ水線。水線。

【水乡】水郷。水の多い所。デルタ地帯。

【水箱】水タンク。水そう。ウォーター・タンク。

【水星】水星。

【水性】①水泳術。②浮気な性質。水性。

【水压】水圧。

【水银】水銀。

【水印】①中国伝統の木版で絵画作品を印刷する方法。②すかし模様または文字。③水に浸かって出来た跡（あと）。

【水域】水域。

【水源】水源。

【水运】水運。

【水灾】水害。

【水藻】水藻。藻（も）。水草（みずくさ）。

【水闸】水門。

【水蒸汽】水蒸気。

【水珠】水玉。

【水柱】水の柱。

【水准】①水準。②水準。レベル。

【水族】水棲動物。水族。

税　shuì　税。税金。租税。△上～/税を掛ける。

【税额】税額。

【税款】税金。

【税率】税率。

【税收】税収。

【税务局】税務署。

【税务员】税務署署員。

【税则】徴税に関する規則。租税法。

【税制】徴税に関する制度。租税制度。

睡　shuì　①眠る。△～不着/眠れない。②眠り。

【睡觉】眠る。寝る。

【睡帽】ナイトキャップ。

【睡梦】夢。夢路をたどること。

【睡眠】睡眠。

【睡醒】眠りから覚める。目が覚める。

【睡衣】寝巻き。パジャマ。

【睡意】眠気（ねむけ）。

shun

顺　shùn　①従う。沿う。追う。△～流而下/流れに沿って下ってゆく。②…に沿って。…に伝って。△～着河边走下去/川岸に沿って歩いていく。③（方向を）一致させる。順序よくする。整頓する。正す。△～过船来/船の向きを直す。④従順だ。従う。服従する。△～民/帰順した国民。⑤順調だ。うまくいく。⑥具合がよい。好都合だ。好適だ。合う。△不～他的意/かれの意に合わない。

【顺便】ついでに。

【顺畅】（仕事などが）すらすらと運ぶ。順調だ。妨げとなるもの

がない。

【順次】順次に。順繰りに。

【順从】服従する。おとなしく従う。従順だ。

【順风】追い風。順風。

【順口】①流ちょうだ。②口当たりがよい。③口から出任せに。

【順口溜】民間にはやる一種の口頭韻文で、口から自然に出てくる調子のいい歌いもの。

【順利】物事が順調に運ぶ。すらすらとはかどる。

【順路】①道すがら。通り掛けに。②順路。よい道筋。

【順手】①物事が順調に運ぶ。都合がよい。②無造作に。手当たり次第に。

【順心】思い通りにゆく。

【順序】①順序。順次に。順を追って。順順に。

【順延】順延する。

【順眼】見た目がよい。気に入る。目で見て感じがいい。

【順应】順応する。

瞬 **shùn** 瞬（まばた）く。瞬（またた）く。

【瞬息】瞬く間に。あっという間に。

shuo

说 **shuō** ①言う。話す。語る。△～话/ものを言う。②説明する。わけを話す。△一～就明白/ちょっと説明すれば、すぐ分る。③説。△学～/学説。④説教する。小言を言う。しかる。△他挨～了/彼はしかられた。⑤世話する。紹介する。△～婆家/婿（むこ）を世話する。

【说不得】①言ってはいけない。言うべきでない。②口に言えな

い。

【说不定】…かもしれない。…でないとは言い切れない。

【说不来】気が合わない。話が合わない。

【说不上】①はっきり分からない。②取り立てて言うには当たらない。…というほどではない。

【说穿】すっぱ抜く。

【说大话】ほらを吹く。

【说到底】つきつめて言うと。

【说到做到】言ったことは実行する。

【说得过去】①話の筋が通る。②まあまあだ。

【说得来】話が合う。気が合う。

【说定】①断言する。②話をきめる。約束する。

【说法】①言い方。②見解。

【说服】説伏する。説き伏せる。説得する。

【说好】話し合ってちゃんと決める。

【说合】①取りもつ。仲立ちする。あっせんする。②仲裁する。仲直りさせる。和解させる。

【说话】①話をする。話す。②世間話をする。

【说谎】うそを言う。うそをつく。

【说教】説教。

【说来话长】話せば長いことだ。

【说理】①道理を説き明かす。②道理を弁える。

【说媒】媒しゃくする。仲人をする。

【说明】①説明する。②証明する。物語る。立証する。

【说情】わびを入れる。許しを乞う。

烁 **shuò** きらめく。

【烁烁】きらきらと光りかがやく。

朔 **shuò** ①（陰歴の）ついたち。

②北。北方。△～风/北風。さく
風。

硕 shuò 大きい。
【硕大】大きい。
【硕果】大きな果実。すばらしい
成績の喩え。
【硕士】修士。マスター。

数 shuò たびたび。しばしば。
【数见不鲜】たびたび見るので珍
しくない。

si

司 sī ①司どる。経営する。△
各～其事/各自その職務を司ど
る。②（官方の）局。△外交部
亚洲～/外務省アジア局。
【司法】司法。
【司号员】ラッパ手。
【司机】運転手。機関士。エンジン
・ドライバー。
【司空见惯】在来（ありき）たりで
取り立てて珍しくない。
【司令】司令。司令官。
【司炉】ボイラー・マン。
【司药】薬剤係。
【司仪】司会者。儀式の進行係。

丝 sī ①きいと。絹糸。シルク。
②糸状のもの。△蜘蛛～/くも
の糸。③ごくわずかだ。ほんの
ちょっぴり。極めて少ない。△
纹～不动/少しも動かない。
【丝绸】絹。絹織物。シルク。
【丝带】絹のひも。
【丝糕】（栗、とうもろこしなどの
粉で作った）蒸しパン。
【丝瓜】へちま。
【丝毫】いささか。ごくわずか。少
しばかり。
【丝绵】まわた。
【丝绒】絹ビロード。ベルベット。

【丝线】絹糸。
【丝织品】絹織物。
【丝状】糸状。

私 sī ①私の。個人的な。△～
立/私立。②利己的だ。私。△大
公无～/公明正大で私心がな
い。③こっそりと。密かに。秘
密に。△暗中～会/こっそりと
会う。④不正だ。不法の。やみ
の。
【私奔】駆け落ちする。
【私弊】私利をはかる不正行為。
不正。
【私产】私有財産。
【私娼】私しょう。
【私仇】個人的な恨み。
【私法】私法。
【私房】①へそくり。②内輪の。内
緒の。
【私愤】私憤。
【私货】やみ商品。密輸品。密売品。
【私利】私利。
【私囊】私腹。
【私念】私念。
【私情】私情。
【私人】①私有の。個人の。②個人
的だ。
【私商】私営の商店（商人）。
【私生活】私生活。
【私生子】私通児。
【私通】①密通する。②私通する。
かん通する。
【私下】①密かに。陰で。②個人の
間で。
【私相授受】密かに受けたり渡し
たりする。やみ取引をする。
【私心】私心。
【私刑】私刑。リンチ。
【私蓄】個人の蓄え。へそくり。
【私营】私営。
【私有】私有する。
【私语】①ささやく。②ひそひそ

話。

【私欲】私欲。

【私章】私印。個人の印鑑。

思 sī ①思う。考える。思考する。△三～而行/慎重に考えて事を行なう。②思い慕う。恋しく思う。懐(なつ)かしく思う。△～親/親を思い慕う。③思い。考え。構想。考えの筋道。

【思潮】①思潮。②思い。考え。

【思考】思考する。

【思量】考える。思案する。思い回らす。

【思路】構想。考えの筋道。

【思慮】思慮する。慮る。

【思慕】慕う。思い慕う。

【思念】慕う。恋しく思う。懐しく思う。偲ぶ。

【思索】思索する。あれこれよく考える。

【思想】①思想。②考え。見解。

斯 sī ①この。これ。ここ。△～人/この人。②かくして。このようにして。こうして。

【斯文】上品だ。優雅だ。

撕 sī 裂く。引き裂く。引きはがす。△把布～成二块/布を二枚にさく。

【撕毁】①引き裂いてだめにする。②破棄する。ほごにする。

嘶 sī ①いななく。△大喊马～/人叫び、馬いななく。②声がかすれる。△～哑/声がかすれる。

死 sī ①死。死ぬ。枯れる。△不怕～/死を恐れない。②命を顧みないで。死んでも。あくまで。命掛けで。△～不承认/あくまでも承認しない。③…てたまらない。…てならない。△高兴～了/嬉しくてたまらない。④

かたくなだ。がん固だ。にぶい。融通がきかない。△～心眼/一途(いちず)だ。融通が利かない。⑤通じない。通れない。詰まる。ふさぐ。△把漏洞堵～/抜け道をふさぐ。

【死板】①活気がない。生き生きしない。②融通がきかない。

【死党】血盟の徒。徒党。

【死得其所】死所を得る。死に場所を得る。

【死敵】不ぐたい天の敵。

【死鬼】①あほう。ばか。死にぞこない。②死んだ人。死人。

【死寂】静まり返る。しんとしている。

【死角】①死角。②盲点。

【死结】なかなか解けない結び。

【死里逃生】九死に一生を得る。

【死力】①ありったけの力。死力。②死力を尽くす。全力を尽くす。

【死路】ふくろこうじ。通り抜けられない道。破滅の道。

【死面】水でこねただけで発酵させていない小麦粉。

【死命】①死命。②命掛けで。懸命に。

【死气沉沉】活気がない様。沈滞しきっている様。

【死去活来】気絶したり生き返ったりする。身も世もない。

【死尸】死体。

【死水】①（流れない湖、池など）死水。②（様子など）長期に渡ってなんら変化のないところ。

【死亡】死亡する。

【死心】断念する。あきらめる。

【死心塌地】あくまでも。ほぞを固める。

【死心眼】①一本気だ。ばか正直だ。融通がきかない。②ばか正直な人。一本気な人。

【死信】①配達不能の手紙。②人が死んだ消息。

【死刑】死刑。

【死讯】→【死信】②

【死硬】①一本調子。機転が利かない。②がん固だ。かたくなだ。

【死有余率】死んでもなお罪を償うことができない。

【死于非命】横死する。非命の死を遂げる。

【死者】死んだ人。死者。

【死罪】死罪。

四 sì　四。

【四边】回り。

【四边形】四辺形。

【四处】ほうぼう。至る所。当たり一面。あちこち。

【四方】①四方。②四辺形。正方形。六面体。

【四季】四季。

【四邻】四隣。隣近所（となりきんじょ）。

【四面】四面。四方。当たり。回り。

【四散】四散する。四方に散らばる。

【四月】四月。

【四肢】四し。

【四周】周囲。回り。

寺 sì　寺（てら）。寺（じ）。

【寺院】（仏教の）寺。寺院。

似 sì　①似る。ごとし。△归心～箭/帰心矢のごとし。②…のように思う。…ようだ。…らしい。△～笑非笑/笑っているようで（実は）そうではない。③…よりましだ。…に比してよい。…ごとに。△病情一天好～一天/病状が日ごとによくなる。

【似乎】…らしい。…のようだ。

【似是而非】正しいようで間違っている。もっともらしいようで違っている。

伺 sì　伺う。ねらう。待ち受ける。

【伺机】チャンスをねらう。機会を伺う。

饲 sì　飼う。飼養する。

【饲料】飼料。

【饲养】飼養する。飼育する。飼う。

肆 sì　①ほしいままだ。勝手気ままだ。△～行无忌/勝手放題なことをして、はばかるところがない。②店。△酒～/居酒屋。③四の大字。

【肆虐】暴虐をほしいままにする。

【肆无忌惮】勝手気ままなことをして何らはばかるところがない。

【肆意】ほしいままに。

song

松 sōng　①松。②ゆるい。しまりがない。△带子系～了/帯の結び方がゆるかった。③厳しくない。きつくない。△规矩～/決まりが厳しくない。④脆い。さくさくしている。△土质～/土質が脆い。⑤ゆるめる。柔らかくする。△～～腰带/バンドをゆるめる。⑥解く。放す。△～绑/結びをとく。⑦（食物の）でんぶ。△肉～/肉のでんぶ。

【松弛】①ゆるむ。たるむ。し緩する。②（制度、規律などが）ゆるむ。し緩する。

【松花】ピータン。

【松节油】テレピン油。

【松劲】力をゆるめる。気をぬく。だるむ。

【松软】ふわふわして柔らかい。

【松散】①締まりがない。ゆるい。
　②だらしがない。心が引き締ま
　らない。

【松手】手をゆるめる。手放す。

【松鼠】りす。きねずみ。

【松香】コロホニー。松脂（まつや
　に）。松こう。ロジン。

【松懈】だらける。し緩する。なま
　ける。

【松针】松葉。

【松子】松の実。

怂 sǒng　驚き恐れる。

【怂恿】唆（そそのか）す。煽動す
　る。

耸 sǒng　①そびえる。△高～/
　高くそびえている。②驚かす。
　びっくりさせる。

【耸动】(肩などを)いからかす。と
　びやかす。

【耸立】高くそび立つ。

【耸人听闻】一世の耳目を聳動す
　る。

讼 sòng　①訴訟する。△成～/
　訴訟になる。②是非曲直を言い
　争う。

【讼棍】訴訟ごろ。

【讼事】訴訟沙汰。

送 sòng　①(人や物を)送る。届
　ける。送り届ける。付き添って
　行く。△～到家/家まで届ける。
　②運ぶ。輸送する。△运～/運
　ぶ。③見送る。△～到门口/玄関
　まで見送る。④贈る。△～礼品
　/おみやげを贈る。

【送殡】野べの送りをする。

【送风机】送風機。

【送话器】送話器。マイクロフォン。

【送还】送り返す。

【送货】①商品を送る。②配達す
　る。

【送客】客を送り出す。

【送礼】贈り物をする。

【送命】命を落とす。むだじにす
　る。

【送人情】人に便宜を計ってその歓
　心を買う。親切を売る。

【送死】自ら死を求める。むだじ
　にする。

【送行】見送りをする。

【送葬】→【送殡】

诵 sòng　①声を上げて読む。朗
　しょうする。②述べる。説く。

颂 sòng　①称える。△歌～/歌
　いたたえる。②功績を営め称え
　る詩文。

【颂词】①賛辞。②お祝いの言葉。

【颂扬】称揚する。誉め称える。称
　賛する。

sou

搜 sōu　捜す。

【搜捕】捜索して捕える。

【搜查】捜査する。

【搜刮】財物をしぼり取る。収奪
　する。

【搜集】捜し集める。

【搜罗】捜し集める。収集する。

【搜索】捜索する。捜す。

【搜寻】捜し求める。

馊 sōu　すえる。食物が腐って
　酸っぱい臭いがする。△～饭/
　腐ったご飯。

【馊主意】つまらぬ考え。くだら
　ぬ知恵。

su

苏 sū　①よみがえる。生き返
　る。△死而复～/死んでまた生
　き返る。そ生する。②ソ連の略
　称。

【苏打】①ソーダ。炭酸ソーダ。②ソーダ水。

【苏醒】よみがえる。

酥 sū ①（食物が）ぼろぼろに砕けやすい。もろい。②小麦粉を油でこねて砂糖を加えて焼いた菓子。△桃～/くるみの実を入れて作ったもろい菓子。③（体が）ぐにゃぐにゃになる。足腰が立たなくなる。△吓得浑身～了/びっくりして腰を抜かした。

【酥脆】もろくてさくさくしている。もろくて歯当たりがよい。

【酥麻】（屍体が）しびれるほどげんなりする。ぐにゃぐにゃとしびれたようになる。

【酥软】（屍体が）ぐったりする。ぐにゃぐにゃになる。

【酥油】牛、羊の乳を煮つめて作った油。

俗 sú ①風俗。△民～/民俗。②通俗的だ。大衆的だ。③俗っぽい。下品だ。△～不可耐/俗っぽくて我慢できない。④俗人。俗。△～人/一般の人。普通の人。

【俗话】下世話（げせわ）。り言（げん）。ことわざ。

【俗名】俗名。俗称。通称。

【俗气】俗っぽい。あか抜けしない。

【俗套】（つまらない、意味のない）しきたり。ならわし。礼儀。

【俗语】→【俗话】

夙 sù ①つとに。早い。△～兴夜寐/朝早く起きて夜おそく寝る。せっせと働く。②早くからの。以前からの。△～愿/かねてからの願い。

诉 sù ①告げる。話す。△告～/告げる。②（心の中を）訴える。

ぶちまける。△～衷情/心の中をうったえる。③（裁判所に）訴える。告訴する。④…の手段を用いる。△～诸武力/武力に訴える。

【诉苦】苦しみを訴える。苦情を訴える。

【诉讼】訴訟する。

【诉状】起訴状。

肃 sù ①うやうやしい。謹む。慎み深い。△～函奉复/謹んでご返事申し上げます。②厳しい。厳粛だ。△严～/厳しい。③粛清する。

【肃反】反革命分子を粛清する。

【肃静】ひっそりとして静かだ。

【肃立】うやうやしく立っている。

【肃穆】うやうやしく厳かだ。

【肃清】粛清する。追放する。一掃する。

素 sù ①白い。無地。△～服/白い着物。②（色や模様が）あっさりしている。じみだ。けばけばしくない。△颜色太～/色がじみすぎる。③精進料理。△吃～/精進料理を食べる。④もとの。本来の。△～性/本来の性質。素性（すじょう）。⑤日ごろ。いつも。平素。△～无来往/日ごろ交際がない。

【素材】（文学や芸術の）素材。

【素菜】精進料理。

【素常】平常。平素。日ごろ。

【素描】①素描。デッサン。②簡潔な描写。スケッチ。

【素食】→【素菜】

【素席】精進料理の宴席。

【素雅】さっぱりしていて気品がある。

【素养】素養。

【素质】素質。

速 sù ①速い。速。速(すみ)やかだ。迅速だ。△～战―决/速戦速決。②速さ。速度。スピード。△风～/風速。③招く。招待する。

【速成】速成の。短期養成の。
【速度】速度。スピード。
【速记】速記する。
【速决】速決する。
【速射】速射する。
【速效】速効(性)。
【速写】スケッチ。

宿 sù ①宿泊する。宿る。泊まる。△住～/宿泊する。②平素の。平生の。日ごろの。かねてからの。△～愿/宿願。③年寄(としより)の。

【宿命论】宿命論。
【宿舍】寄宿舎。宿舎。寮。
【宿营】露営する。宿営する。
【宿怨】宿えん。
【宿愿】宿願。

溯 sù ①(流れを)さかのぼる。△～流而上/流れをさかのぼる。②求め尋ねる。ふりかえる。
【溯源】源を追究する。由来をただす。

塑 sù ①塑像を造る。形造る。②(小説などの)描く。
【塑料】プラスチック。

簌 sù
【簌簌】①(葉が風に吹かれて)さらさら。△枯叶～～落下/枯れ葉がさらさら落ちる。②(涙の落ちる様子)ほろほろと。はらはらと。

suan

酸 suān ①酸。②酸っぱい。△

～味/酸っぱい味。③悲しい。切ない。△心～/切ない思いをする。④(昔の読書人の貧乏さを皮肉った言葉)古臭い。いやらしい。

【酸菜】白菜漬け。
【酸梅】烏梅(うばい)。
【酸牛奶】ヨーグルド。酸乳。
【酸软】(疲れて)ぐったりする。だるい。
【酸痛】だれくて痛い。
【酸性】酸性。

蒜 suàn にんにく。
【蒜瓣】にんにくのきれ。
【蒜黄】にんにくの若芽。
【蒜苗】にんにくのとう。
【蒜泥】つきつぶしたにんにく。
【蒜头】にんにくの玉。

算 suàn ①計算する。勘定する。数える。△能写会～/文字が書けるし計算もできる。②勘定に入れる。…を入れて。△～我一共来了五个人/わたしを入れて全部で5人きた。③推量(おしはか)る。推測する。…だろうと思う。△我～他今天该动身了/彼は今日出発するだろうと思う。④…と見なす。…と認める。△不举手的～弃权/手を上げないものは棄権と見なす。⑤守る。認める。△说了不～/言ったことを認めない。⑥止めにする。おしまいにする。よす。それでいい。△不愿去就～了吧/行きたくないのならそれでもいい。⑦どうやら。どうにか。△费了很多钱，～把病治好了/お金は沢山使ったが、どうにか病気も直った。

【算计】①計算する。②目論(もく

ろ）む。思案する。考慮する。考える。③推量する。推測する。見積る。④人を陥れようと企む。密かに謀る。

【算命】運命判断をする。占いをする。

【算盘】そろばん。アバカス。

【算术】算術。

【算数】確認する。数に入れる。守る。ほごにしない。

【算帐】①勘定をする。決算する。②かたを付ける。黒白を明らかにする。

sui

虽 sui ①…といえども。…とはいうものの。…ではあるが。けれども。が。△～如此说，还是去一趟好/そうは言うものの、やはり一度行ったほうがよい。②たとえ…ても。△为国牺牲，～死犹荣/国のための犠牲なら、たとえ死んでも光栄だ。

随 sui ①付いて行く。伴う。（後に）従う。△追～于后/後に付き従う。②従う。服従する。③任せる。△～你们的判断去做好了/きみらの判断にまかせてやるがいい。

【随笔】①随筆。随想。エッセー。②筆記。記録。

【随便】①随意に。勝手に。自由に。都合しだい。気軽に。②いい加減に。勝手に。

【随波逐流】①波のまにまに流れる。②自分の見解を持たず、人のしり馬に乗る。

【随从】①お供をする。付き従う。随行する。②随員。随行員。従者。

【随带】①一緒に届ける。添えて届ける。②携帯する。

【随地】ところかまわずに。

【随和】人とよく折り合う。人付き合いがよい。

【随机应变】臨機応変。

【随即】すぐさま。直ちに。即刻。

【随口】出任せに。

【随身】身の回りに。身に付ける。

【随声附和】人のしり馬に乗る。付和雷同する。人に調子を合わせる。

【随时】随時に。いつでも。

【随手】ついでに。

【随同】随行して。一緒に。連れだって。

【随心所欲】したいほうだいの事をする。ほしいままにふるまう。

【随行人员】①随員。随行員。②駐外使館の随員。

【随着】…に従って。…につれて。

岁 sui ①年。△～末/年末。②年齢。△二～/二歳。③取り入れ。作柄。

【岁月】歳月。年月（としつき、ねんげつ）。

祟 sui ①たたり。たたる。△鬼怪作～/化けものがたたりをする。②不正。よこしまな行為。③怪しい。△鬼鬼～～/いかにも怪しい。

遂 sui ①思いのままになる。思うようになる。△诸事～心/いろんなことが思いのままになる。②成し遂げる。成功する。△功成名～/功なり名をなす。

【遂心】思う通りになる。思うようになる。

碎 sui ①砕ける。ばらばらに

なる。壊れる。△粉〜/こなご
なに砕ける。②ちりぢりばら
ばらにする。③細かい。こまご
ました。ばらばらの。こなごな
の。△〜布/布の切端（きれは
し）。布切（ぎ）れ。④くどく
どしい。△嘴〜/口がくどくど
しい。

【碎步】小きざみで速い足なみ。
ちょこちょこ歩き。

【碎石】砕けられた石ころ。

隧 sui

【隧道】トンネル。すい道。

穂 sui　①穂。△麦〜/麦の穂。
②ふさ。

sun

孙 sūn　①孫（まご）。②ひこば
え。またばえ。

【孙女】孫娘。

笋 sǔn　竹の子。

【笋干】竹の子の干物。

【笋鸡】食用に供する若い鶏（にわ
とり）。

损 sǔn　①損害をあたえる。損
う。傷付ける。△无〜友情/友情
を損わない。②減らす。減少す
る。△有增无一/增す一方で減
らない。③破壊する。壊れる。△
完整无〜/完全無欠だ。

【损害】損害を与える。損う。害す
る。

【损耗】損耗（そんもう）。消耗。損
失。

【损坏】壊す。損う。痛める。損傷
する。

【损人利己】人に損をさせて、自分
の利益を謀る。

【损失】①損失。②損失を受ける。

suo

唆 suō　唆（そその）か）す。

【唆使】唆す。

梭 suō　梭（ひ）。△往来如〜/梭
のように行ったり来たりする。

【梭鱼】めなだ。あかめ。すくち。
いせごい。

【梭子】①梭（ひ）。シャットル。②
（機関銃などの）弾倉。③弾倉に
詰めた玉を数える助数詞。△一
〜子弾/弾倉ひとこめ分の玉。

缩 suō　①縮まる。収縮する。△
熱胀冷〜/熱くすれば脹れ、冷
やせば縮まる。②引込める。縮
める。△刚说一句就〜回去了/
ひと言言っただけで引込めて
しまった。③後退する。

【缩短】短縮する。縮める。

【缩减】縮減する。減らす。切り詰
める。

【缩小】縮小する。小さくする。

【缩写】①略称。②（小説などを）
抜き書きする。

所 suǒ　①所。場所。△住〜/住
所。②（官庁、公共団体などの
名称に用いる）所（しょ）。△研
究〜/研究所。③建物などを数
える助数詞。△一〜房屋/ひと
むねの建物。④（"为"や"被"を
伴って）受け身を表わす。△为
人〜笑/人に笑われる。⑤目的
語が主体であることを表わす。
△我〜认识的人/わたしの知っ
ている人。⑥主体と動作の関係
を表わす。△这是人〜共知的事
情/これは人が皆知っている事
実だ。

【所长】所長。

【所得】所得。

【所谓】いわゆる。

【所向披靡】向かうところ草木なびく。向かうところあらゆる障害が一掃される。

【所向无敌】向かうところさえぎるものなし。向かうところ敵するものなし。

【所以】だから。したがって。

【所有】①所有する。②もっているもの。③すべて。あらゆる。

【所在】所在。ところ。場所。

【所致】…ためにそうなった。

索 suǒ ①太いなわ。つな。ロープ。くさり。△铁～桥/鉄のつり橋。②捜す。捜し求める。③請求する。求める。④一人ぼっちだ。孤独だ。⑤寂しい。味気無(あじけな)い。つまらない。

【索道】ロープ・ウエー。ケーブル・ウエー。

【索取】取り立てる。求める。

【索引】索引。

琐 suǒ 些細な。つまらない。

【琐事】些細なこと。こまごましたこと。

【琐碎】こまごまと煩わしい。些細だ。

【琐闻】こまごましたニュース。

锁 suǒ ①錠。錠前。△上～/かぎを掛ける。錠を下ろす。②かぎを掛ける。錠を下ろす。鎖(くさり)でつないでおく。③鎖。④糸でかがる。鎖縫い。△～扣眼/ボタンあなをかがる。

【锁匠】錠前屋。

【锁链】鎖。

T

ta

它 tā それ。あれ。

【它们】それら。あれら。

他 tā ①(男性)彼。あの人。あの男。△～是工人/彼は労働者だ。②よそ。別の所。外(ほか)。△留作～用/他用に供する。③別の。外の。よその。△并无～事/外に用事がない。

【他们】彼ら。彼たち。

【他人】他人。外の人。別の人。

【他日】いつか。外の日。

【他杀】他殺。

【他乡】よその土地。異郷。他郷。

她 tā (女性)かの女。あの女。

塌 tā ①くずれ落ちる。崩壊する。倒れる。△房子～了/家が倒れた。②へこむ。落ちくぼむ。ぺちゃんこになる。△瘦得眼窝都～了/瘦せて目がへこんだ。③落ち着く。落ち着ける。気を静める。△～不下心/心が落ち着かない。

【塌实】①着実だ。上付(うわつ)かない。まじめだ。こつこつと。②(気持ちが)落ち着く。ほっとする。安定する。

【塌陷】沈下する。落ち込む。

塔 tǎ ①塔。パゴダ。タワー。②(塔の状の)建物。△水～/給水

塔。

【塔吊】塔形クレーン。タワー・クレン。

榻　tà　（細長くて低い）寝台。△竹～/竹の寝台。

踏　tà　①踏む。踏み付ける。踏まえる。△脚～实地/足を地に付ける。②踏査する。調査する。△～查史迹/史蹟を踏査する。

【踏板】①踏み台。踏み板。②ペダル。踏み子。

【踏步】①足踏みをする。

tai

胎　tāi　①胎児。△怀～/身ごもる。妊娠する。はらむ。②妊娠またはお産の回数を数える助数詞。△头～/一回目の妊娠。③（帽子、着物、ふとんなどの）しん。△棉花～/ふとん綿。④原型。台。きじ。△泥～/泥の原型。⑤タイヤ。

台　tái　①台。台（うてな）。△瞭望～/見張り台。②舞台。講壇。△上讲～/講壇に立つ。③（物をおく）台。台座。△蜡～/燭台。ろうそく立て。④机。テーブル。△梳妆～/化粧台。⑤（放送などの）局。△广播电～/放送局。

【台本】台本。脚本。シナリオ。

【台布】テーブル・クロース。テーブル掛け。

【台秤】台ばかり。

【台词】せりふ。台詞。

【台灯】電気スタンド。テーブル・ランプ。

【台风】台風。タイフーン。

【台阶】石段。上がり段。階段。踏み段。

【台历】卓上カレンダー。デスク・カレンダー。

【台球】①玉突き。どう球。ビリヤード。②ピンポン。卓球。

【台柱子】①（演劇の）立て役者。②大黒柱。中心人物。立て役者。

抬　tái　①上げる。もたげる。持ち上げる。△～头/頭をもたげる。②（みんなで）持ち上げる。担ぐ。△～担架/担架を担ぐ。③水かけ論をやる。口論する。へ理屈をこねる。意地を張る。△～杠/水かけ論をやる。

【抬价】値上げをする。物価をつり上げる。

【抬举】（人を）取り立てる。引き立てる。

苔　tái　こけ。

【苔藓植物】せんたい植物。

【苔原】ツンドラ。苔原。凍原。苔ツンドラ。地衣ツンドラ。

太　tài　①大きい。△～空/ひろびろとした空。宇宙。②きわめて。もっとも。③非常に…すぎる。あまりに…だ。△～高/高すぎる。④直系の三親等。△～爷/曽祖父。

【太古】太古。

【太后】皇太后。

【太监】かん官。

【太平】太平だ。平和だ。

【太太】①奥様。②妻。妻君。

【太阳】①太陽。お日様。②日光。日差し。

【太阴】月の別称。

【太子】皇太子。

态　tài　①形（かたち）。有様。様子。△姿～/姿。有様。②態度。身振り。③態。相。ボイス。△被动～/受動態。

【态度】①態度。素振り。様子。②

態度。主張。見地。

泰 tài ①安らかだ。穏やかだ。静かだ。△国～民安/国は穏やかで、民は安らかだ。②極めて。もっとも。一番。

【泰然】泰然としている様。落ち着いている様。平然としている様。

tan

坍 tān 崩れる。崩壊する。倒れる。△土墙～了/土べいが崩れた。

【坍方】土砂崩れ。

贪 tān ①財をむさぼる。お金をほしがる。汚職をする。△～财害命/金の欲しさに人を殺す。②欲張る。むさぼる。ふける。△～玩/遊びにふける。③ねらう。追求する。むさぼる。△～小失大/小利をねらって、大利を失う。

【贪婪】どんらんだ。どん欲だ。むさぼる。

【贪便宜】虫のよいことを考える。

【贪图】欲張る。

【贪污】汚職をする。横領する。

【贪心】どん欲。欲。欲得。欲張り。

【贪赃】賄賂を取る。収賄する。

【贪嘴】むさぼり食べる。むやみに食べたがる。食いしんぼ。

滩 tān ①浜。水辺。△海～/海浜の砂地。②瀬。△险～/速瀬（はやせ）。

摊 tān ①広げる。平らに並べる。延べる。△把豆子～开晒晒/豆を広げて日にさらす。②屋台。露店。△地～/商品を地面に並べる露店。③（たまっている糊状のものについていう助

数詞）たまり。△一～泥/ひとたまりのどろ。④（料理の作り方）糊状の材料をなべに入れて薄く焼く。△～鸡蛋/卵焼きを作る。⑤分担する。割り当てる。△～均～/平均に分担する。

【摊贩】露店商人。

【摊牌】①（トランプ遊びなどで）持ち札をさらけ出して相手と勝負を決する。②手の中（うち）を人に見せる。

【摊派】割り当てる。分担させる。

【摊子】露店。屋台店。

瘫 tān 中風。半身不随。

【瘫痪】①中風。半身不随。②（運営などが）麻ひする。

【瘫软】（体が）ぐにゃぐにゃになって動けない。くたくたになる。

【瘫子】いざり。足なえ。

坛 tán ①（土や石で築いた）壇。△天～/天を祭る壇。天壇。②（文化関係などの社会）界。壇。△诗～/詩壇。③つぼ。かめ。△酒～/酒（さか）つぼ。

昙 tán くもる。雲が多い。

【昙花】①月下美人（げっかびじん）。②（珍奇でしかもすぐ消えうせるものの喩え）うどんげの花。

谈 tán ①話す。話し合う。語る。言う。△面～/会って話をする。面談する。②話。談。△无稽之～/荒唐無けいな話。取りとめのない話。

【谈不到】①そこまで話せない。②話題にのせられない。③話があわない。気が合わない。

【谈到】話に出す。言及する。

【谈锋】話しぶり。弁舌。

【谈话】話をする。話す。話し合う。

【谈论】談論する。議論する。

【谈判】談判する。交渉する。

【谈天】世間話をする。雑談する。

【谈吐】言葉使いと態度。

【谈笑风生】談笑に興じる。話に花を咲かせる。

【谈心】打ち明け話をする。腹をわって話す。心の中を語り合う。

弹 tán ①弾き出す。△一按电钮，座舱便～出去了/ボタンを押すと、カプセルがただちに弾き出された。②機械で物を柔らかくする。△～棉花/綿打ちをする。③指で弾く。△用手指～球/指で玉を弾く。④（ピアノなどを）弾く。△～钢琴/ピアノなどを弾く。

【弹劾】①官史の罪を摘発する。弾劾する。②（政府要員を）弾劾する。

【弹簧】ばね。ぜんまい。スプリング。

【弹力】弾力。エラスチカ。

【弹球】ビー玉遊び。

【弹射】弾力、圧力などを利用して射出する。

【弹压】弾圧する。鎮める。

痰 tán たん。

【痰盂】たんつぼ。

潭 tán ①深い水だまり。ふち。②奥深い。

檀 tán まゆみ。

【檀板】紫たんで作った拍子木。

【檀香】①白檀（びゃくだん）。②白檀の木材。

忐 tǎn

【忐忑】びくびくする。気が気でない。

坦 tǎn ①率直だ。淡泊だ。正直

だ。さっぱりしている。②自白する。白状する。告白する。△～白罪行/罪状を自白する。

【坦荡】①広くて平らかだ。②（心）が純潔だ。

【坦克】タンク。

【坦然】平然としている。平気だ。

【坦率】淡泊だ。率直だ。

【坦途】平たんな道。たんたんたる道。

袒 tǎn ①はだを脱ぐ。胸をはだける。△～胸露臂/胸をはだけ、腕を露（あらわ）にする。②えこひいきする。肩を持つ。かばう。

【袒护】えこひいきする。肩を持つ。

毯 tǎn 毛布。ケット。

叹 tàn ①ため息を付く。嘆く。嘆息する。△长吁短～/しきりに長嘆する。②声を長く引いて歌い、または声に出して誉める。詠嘆する。③賛誉する。誉めそやす。誉め称える。△～为奇迹/奇蹟だと誉めそやす。

【叹词】感動詞。

【叹服】感服する。感心する。

【叹气】ため息をつく。嘆息する。

炭 tàn ①炭。木炭。△烧～/炭を焼く。②黒こげ。炭みたいな物。

【炭笔】木炭筆。

【炭画】木炭画。

【炭火】炭火。

【炭盆】火ばち。

【炭窑】炭焼きがま。

探 tàn ①探す。尋ねる。探る。△～路/道を捜す。②探偵。刑事。密探。③見舞いをする。訪ねる。記問する。④頭を突き出す。上半身を乗り出す。△不要

～身车窗外/体を車外にのり出してはいけない。

【探测】探測する。

【探访】①探訪する。②訪ねる。訪問する。

【探监】監獄へ行って犯人と面会する。

【探究】探究する。究める。

【探口气】探りを入れる。腹を探る。

【探矿】探鉱する。鉱脈を調査する。

【探明】確認する。

【探亲】親戚を訪問する。両親や配偶者に会いに行く。

【探求】探求する。捜し求める。

【探索】探索する。探求する。

【探讨】詳しく討議する。検討する。

【探听】(ひそかに)探る。探りを入れる。

【探望】①首を伸ばして様子を見る。見回す。②見舞いに行く。訪ねる。訪問する。

【探问】①尋ねる。聞く。聞き出す。②見舞う。訪ねる。

【探悉】聞き込む。

【探险】探険する。

【探照灯】探照燈。サーチ・ライト。

【探针】ゾンデ。

碳 tàn 炭素。カーボン。

【碳水化合物】炭水化物。

【碳酸】炭酸。カーボニック・アシッド。

tang

汤 tāng ①湯。②温泉。③煮る。④スープ。吸い物。おつゆ。⑤(漢方薬の)せんじ薬。せん

剤。

【汤匙】さじ。テーブル・スプーン。

【汤面】かけうどん。

【汤勺】お玉じゃく子。

【汤碗】しるわん。

【汤药】(漢方薬の)せんじ薬。せん剤。せん薬。

堂 táng ①中庭に南面して建つ正面のおも屋。②(特定の目的に使う部屋)大広間。△洗澡～/風ろ屋。③法廷。④(老舗の屋号として使う)堂。△同仁～/(北京にある漢方薬の店)同仁堂。⑤同族の親族。△～兄弟/父方のいとこ。⑥(助数詞)時間。回。△両～课/二時間の授業。

【堂皇】堂堂としている。見た目は立派だ。

【堂堂】①堂堂たる風采。堂堂としている。②意気軒こうだ。意気盛んだ。③堂堂たる。

【堂屋】①南向きの家屋の中央の部屋。②南むきの部屋。

塘 táng ①堤防。堤(つつみ)。土手(どて)。△河～/川の堤。②池。△莲～/はす池。③風ろ。湯船。△洗澡～/風ろ屋。

【塘泥】(肥料にする)池のどろ。

搪 táng ①忍ぐ。防ぐ。遮る。ささえる。△～风/風を防ぐ。②言い逃れる。ごまかす。お茶を濁す。△～账/借りが返せないでいい加減な言い逃れを言う。③(どろなどの塗料を)漏れなく塗り付ける。△～炉子/ストーブまたはこんろの内側にどろを塗り付ける。

【搪瓷】エナメル。ガラス・ライニング。ほうろう。

【搪塞】言いのがれをする。逃げ口上を言う。ごまかす。お茶を濁す。

膛 táng ①胸こう。胸。②物の中空になっているところ。△灶～/かまどの中。

糖 táng ①糖。炭水化物。②砂糖。③あめ。

【糖厂】砂糖を作る工場。

【糖醋】（砂糖や酢などの調味料を使う）中華料理の一つ。

【糖果】あめ菓子。ドロップ類。

【糖葫芦】山査子または海どうの実を竹くしに差し、煮て溶した砂糖をまぶしかためた食べ物。

【糖浆】①シャリベツ。②シロップ。砂糖の溶液。

【糖精】サッカリン。

【糖罗卜】甜菜（てんさい）。砂糖大根。

【糖蜜】糖みつ。

【糖衣】糖衣。

淌 tǎng 流れる。流れ出す。流す。したたり落ちる。垂れる。△～眼泪/涙を流す。涙が落ちる。

躺 tǎng 横になる。寝そべる。寝ころぶ。△～在床上/ベッドに寝そべる。

【躺椅】寝いす。

烫 tàng ①やけどする。△叫开水～了/お湯でやけどした。②熱くする。（酒を）温める。かんをする。△～酒/かんをする。③こてを掛ける。アイロンを掛ける。△～衣服/着物にアイロンを掛ける。④温度が高い。熱い。△开水太～了/お湯が大変熱い。⑤パーマを掛ける。△冷～/コールド・パーマ。

【烫发】パーマを掛ける。

【烫金】金付け。ロール・リーフ印刷。

tao

涛 tāo 大波。

掏 tāo ①ほじくり出す。ほじくる。手探りで物を取り出す。△～钱/金を探り出す。②掘る。穴を開ける。

【掏腰包】懐をいためる。金を出す。自腹を切る。

滔 tāo 大水が盛んに流れる。

【滔滔】①（水が）盛んに流れる様。とうとうと。②よどみなくしゃべる。立て板に水を流すようにしゃべる。とうとうとしゃべる。

【滔天】①（波が）山のように高い。②（罪や災が）はなはだ大きい。

逃 táo ①逃げる。逃走する。逃れる。△潜～/密かに逃げる。②逃げ隠れる。避ける。逃避する。△～债/借金取りから逃げ隠れる。

【逃避】逃避する。出奔する。亡命する。

【逃兵】①逃亡兵。脱走兵。②逃避者。

【逃窜】逃げ回る。

【逃遁】逃げ隠れる。逃亡する。逃げる。逃げ去る。

【逃犯】①逃走犯人。逃亡犯人。②捜索中の犯人。お尋ね者。

【逃荒】飢きんを逃れてよそへさすらう。

【逃命】命から逃れる。命からがら逃げる。

【逃难】難を逃れる。避難する。

【逃匿】逃げて行方をくらます。

【逃跑】逃げる。逃走する。

【逃散】逃げ散る。逃げて行方不明になる。

【逃脱】①逃げる。逃走する。脱出する。脱走する。②逃れる。免れる。

【逃亡】逃亡する。出奔する。逃げる。

【逃学】学校をさぼる。

桃 táo　桃（もも）。

【桃脯】砂糖漬けのほし桃。

【桃红】桃色。ピンク。

【桃花】桃の花。

【桃仁】①（薬用の）桃のさね。②くるみの実。

陶 táo　①陶器。△～俑/はに輪。②陶やする。育成する。鍛える。△～冶情操/品性を陶やする。③うっとりする。和らぎ楽しむ。

【陶瓷】陶磁器。

【陶器】陶器。せともの。焼きもの。セラム。

【陶土】陶土。カオリン。

【陶冶】陶やする。

【陶醉】陶酔する。うっとりする。

淘 táo　①洗いすすぐ。（米を）とぐ。②さらう。さらえる。汲み取る。△～井/井戸さらいをする。

【淘金】砂金を寄り分ける。

【淘箩】米とぎざる。

【淘气】いたずらをする。いたずらだ。

【淘汰】振るい落とす。とうたする。

讨 tǎo　①征伐する。討伐する。△～罪/匪賊を討伐する。②求める。乞う。願う。取り立てる。△～帐/返済を求める。③（妻を）めとる。④招く。…される。△～人喜爱/人に可愛がられる。

【讨伐】征伐する。討伐する。

【讨饭】こ食（じき）をする。

【讨好】①（人の）きげんを取る。歓心を買う。人に気に入られるようにする。②よい結果を得る。

【讨还】取りもどす。

【讨价】売手の言い値。値をつける。

【讨教】教えを乞う。

【讨论】討論する。検討する。

【讨便宜】虫のいいことをする。うまいことをする。

【讨饶】寛じょを乞う。許しを請う。

【讨嫌】人にいやがられる。いやがらせ。

【讨厌】①いやだ。うるさい。きらわれる。いやがられる。いやらしい。②大変だ。手を焼く。始末に負えない。困る。③きらいだ。いやがる。きらう。

套 tào　①外側に被せたもの。サック。カバー。覆い。さや。△椅～/い子のカバー。②外に羽織（はお）る。被せる。はめる。△～上笔帽/筆のキャップを被せる。③重なる。絡み合う。④馬を車に付ける馬具。引きづな。⑤（馬を車に）付ける。⑥なわを結んだ輪。わな。⑦模倣する。真似る。襲用する。当てはめる。⑧もんきりがた。決まりきった古い仕来たり。△～话/決まり文句。⑨かまを掛ける。△～他吐真话/かまを掛けてどろを吐かせる。⑩取り入る。近付く。親しくする。⑪そろい。セット。△一～家具/家具ひとセット。

【套包】馬具の一種（馬やロバの首に掛ける皮または布で作った物）。

【套车】馬車を用意する。馬を車につなぐ。

【套购】不止購入（不正な手段で国家の制限する商品を買い入れて暴利をむさぼること）。

【套间】（続いているいくつかの部屋の中の）両側の部屋。続いている二間の部屋の中の一間。

【套裤】くるぶしからひざの上までのズボン。

【套色】色刷り。

【套用】踏襲する。引用する。当てはめる。

【套语】決まり文句。常とう語。

【套种】間作する。混作する。組み作。

te

特 tè　①特に。特別だ。特別の。特殊の。△能力〜強/能力が特に優れている。②わざわざ。△〜来看望/わざわざお見舞いに来る。③スパイ。

【特别】①変わっている。②格別。なみはずれて。

【特产】特産物。

【特长】特長。長所。得意。

【特出】ずば抜ける。特に優れる。特に目立つ。

【特等】特等。

【特地】わざわざ。

【特点】特色。特徴。特殊なところ。

【特定】①特定の。②ある特定の定（さだ）められた（人、時期）。

【特工】特務。密てい。スパイ。

【特级】特級。

【特急】特急。特急列車。

【特辑】特集。

【特技】①特殊技能。特技。②（映画の）トリック。トリック・ワー

ク。

【特价】特売の値段。

【特刊】→【特辑】

【特快】①特急。②すごく速い。

【特派】特派する。

【特权】特権。

【特色】特色。特徴。

【特赦】特赦。

【特殊】特殊だ。特別だ。独特だ。

【特殊化】特殊化。

【特为】→【特地】

【特务】→【特工】

【特效】特効。

【特写】①ルポルタージュ風の文章。②（映画の）クローズ・アップ。

【特性】特性。特質。

【特许】特許する。ライセンス。

【特邀】特別に招待する。

【特有】特有。

【特约】特約する。

【特征】特徴。

【特种】特種。特殊。

teng

疼 téng　①痛い。痛む。②かわいがる。△〜小孙子/孫をかわいがる。

誊 téng　謄写する。清書する。△〜稿/原稿を清書する。

【誊清】清書する。

腾 téng　①上（のぼ）る。立ちのぼる。舞い上がる。②空（あ）ける。からにする。（時間）をさく。△〜地方/場所を空ける。③（一部分の動詞の後につけて）動作を繰り返すことを表わす。△闹〜/ひっきりなしに騒ぐ。

【腾空】空中に舞い上がる。

【騰騰】気体が盛んに立ち上るさま。

藤 téng ①つる。△瓜〜/うりのつる。②ふじ。

【藤牌】ふじで編んだたて。

ti

体 tǐ

【体己】①ごく親しい。身内（みうち）の。内緒（ないしょ）の。△〜话/内内（うちうち）の話。内緒事（ないしょごと）。②へそくり。

剔 tǐ ①ほじくる。ほじくり出す。ほじって取る。△〜牙/歯をほじくる。②（肉を骨から）そぎ取る。削り取る。△〜骨肉/骨から削り取った肉。③除去する。取りのける。△把有伤的果子〜出去/傷のある果物を取りのける。

【剔除】除去する。ほじくり出す。取り除く。除く。

梯 tǐ ①はし子（ご）。階段。②エレベーター、エスカレーターなど階段の代りをするもの。③てい形のもの。

【梯队】軍てい団。

【梯级】①タラップ。階段の段。②階段式。雛段式（ひなだんしき）。

【梯田】段段畑（だんだんばたけ）。たな田。

【梯形】てい形。台形。

【梯子】はし子（ご）。

踢 tǐ ける。足先でける。△〜球/ボールをける。

【踢皮球】①ゴムまりをける。②たらい回しをする。

【踢踏舞】タップダンス。

提 tǐ ①手に提げる。ぶら下げる。持つ。ひっさげる。△〜着籃子/かごを提げている。②（下から上へ）持ち上げる。引き上げる。ひっぱり上げる。高める。△〜价/值上（ねあ）げする。値段を引き上げる。価格を上げる。③予定の期限を繰り上げる。時間を早める。△大会〜到九月份开/大会は九月に繰り上げて開く。④指摘する。提示する。提起する。提言する。持ち出す。出す。△〜意见/意見を出す。⑤引き出す。取り出す。△把存款〜出来/預金を引き出す。⑥話題にする。話す。言い出す。ふれる。…に話し及ぶ。△旧事重〜/古い話をまた持ち出す。⑦油や酒などをくみ計る道具。⑧漢字の筆画の一種。

【提案】議案。提案。

【提拔】拔てきする。取り立てる。引き立てる。

【提包】手提（てさ）げカバン。ハンドバッグ。

【提倡】提唱する。唱導し奨励する。呼び掛ける。△〜节约/節約を呼び掛ける。

【提成】割りもどす。リベート。

【提出】提出する。出す。申し出る。△〜请求/要望を出す。

【提词】プロンプターする。舞台のかげで役者にせりふをつける。

【提法】提出の仕方。出し方。言い方。

【提纲】大綱。提要。要綱。

【提高】高める。向上させる。引き上げる。△〜工作效率/能率（のうりつ）を高める。

【提供】提供する。供する。供給する。与える。

【提货】品物を引き取る。△〜单/

倉（くら）出し証。貨物（かもつ）引き換え券。

【提交】提出する。差し出す。交付する。

【提炼】①分離する。抽出する。取り出す。精煉する。②（文章、技術を）洗練（せんれん）する。練り上がる。

【提名】指名する。名を出す。ノミネートする。

【提起】①持ちあげる。②振り起こす。△～精神/元気を振り起こす。③提起する。持ち出す。問題として取り上げる。△～诉讼/訴訟を提起する。④言い出す。話す。

【提前】繰り上げる。期限を早める。

【提琴】バイオリン類の楽器。△小～/バイオリン。△中～/ビオラ。△大～/チェロ。

【提请】提出してお願いする。提出し求める。申請する。

【提取】①取り出す。引き出す。②抽出する。取り出す。精煉する。

【提神】気をはる。元気をつける。興奮させる。気を引き立てる。

【提审】①尋問する。訊問する。犯人を呼び出して審問する。取り調べる。裁判する。②上級法院が下級法院の未決あるいは既決の案件を審議する。

【提升】①（職位などを）上げる。昇進させる。②（高い所へ）運び上げる。

【提示】注意を与える。提示する。ヒントを与える。

【提问】問題を提起する。質問する。

【提箱】スーツケース。

【提心吊胆】心配する。びくびくする。気が落ち着かない。

【提醒】注意を促す。気付かせる。悟（さと）らせる。

【提要】摘要。提要。要点。大要。

【提议】提議する。提案する。

【提早】（予定より）早く。時間を早める。

啼 tí ①（声を出して）泣く。△悲～/悲しんで声をあげて泣く。②鳥獣（ちょうじゅう）が鳴く。△鸡～/鶏が鳴く。

【啼器】大声をあげて泣く。

【啼笑皆非】泣くに泣けず笑うに笑えない。

题 tí ①題。題目。標題。問題。△出～/問題を出す。出題する。△讨论～/討論の問題。②書く。署名する。サインする。

【题材】題材。

【题词】①（記念、励ましのため）簡単な言葉（ことば）を書く。題字。②序文。前書。

【题解】①解題。②問題集の詳細の解答。

【题目】①標題。題目。②問題。

蹄 tí ひづめ。△马～/馬のひづめ。

【蹄筋】牛、羊、豚などの四しの筋肉。

体 tī ①体（からだ）。身体。△肢～/四し。肢体。②有形の物質。物体。△固～/固体。③字体。△草～/草書体。④文章の書き方。作品の体裁。スタイル。△旧～诗/古体。⑤自ら経験する。人の身になって考える。体得する。体験する。同情する。△身～力行/身をもって体験して努力して行なう。⑥形。形体。決り。格式。△国～/①国体。国家体制。②国家の体面。⑦マスペクト。相。

【体裁】詩文の法式。文学作品の形式。スタイル。

【体操】体操。

【体察】体する。身をもって体験し考察する。念入りに考察する。

【体罚】体罰。折かん。△受～/体罰を受ける。

【体格】体格。体付。△～检查/体格検査をする。

【体会】体験する。体得する。身にしみてよく分る。

【体积】体積。

【体力】体力。△～劳动/肉体労働。

【体谅】相手の身になって同情する。思いやる。諒解する。

【体面】①体面。面目。②体裁がいい。面目が立っている。顔が立つ。△不～的行为/不体裁な行為。③顔形が綺麗だ。見た目が立派だ。美しい。

【体态】身侉。姿勢。姿態。体付。姿。

【体贴】思いやる。よく気を使う。気を配る。

【体统】体裁。格好。品位。体面。面目。△有失～/面目がつぶれる。

【体味】（言葉などを）味う。がん味する。十分に感じる。

【体温】体温。△～计/体温計。

【体无完肤】①満身傷（きず）だらけだ。全身に負傷している。②完膚なきまでに批評されること。散散にやられる。徹底的に論破される。

【体系】体制。体系。システム。△思想～/思想体系。

【体现】具体的に表現する。体現する。具現する。

【体形】身体の形。体形。体付。

【体型】体型。体格の型。

【体验】体験する。身をもって知る。

【体育】体育。スポーツ。△～馆/体育館。

【体制】①体制。②（詩文、書画の）格式。体裁。形式。スタイル。△五言诗的～/五言詩の格式。

【体质】体質。体力。

【体重】体重。△～计/体重計。

屉 tì ①せいろう。△笼～/蒸しせいろう。②引き出し。③器物の上または受け板。△床～/寝台のマット。

剃 tì そる。△～胡子/ひげをそる。△～头/頭をそる。頭をかる。理髪する。

【剃刀】かみそり。

涕 tì ①涙（なみだ）。△痛哭流～/激しく泣き涙を流す。②鼻水（はなみず）。鼻汁。

【涕泣】悲しく涙をこぼす。泣く。

惕 tì 用心する。注意深くする。慎み深い。恐る。憂える。△警～/警戒心。警戒する。

替 tì ①代る。代理する。…に代る。…の代りをする。△谁～他/誰が彼に代りますか。②…のために。△～别人买票/他人に切符を買う。③衰える。廃れる。衰微する。△兴～/興亡。

【替代】とって代る。代る。代える。

【替工】代りの労働者。代りの人。

【替换】交替する。代る。取り替える。入れ代る。

【替身】身代り。

嚏 tì

【嚏喷】くしゃみ。くさめ。△打～/くしゃみをする。

tian

天 tiān ①天。空。天空。②上にあるもの。空中の。△～桥/陸橋（りっきょう）。オーバーブリッジ。③一昼夜。昼間（ひるま）。△忙了一～/一日忙しかった。④時間。時刻。△五更～/夜明け方。⑤季節。時節。△春～/春（はる）。⑥気候。天気。天候。天。△下雨～/雨天（うてん）。雨の日。⑦自然の。天然の。大自然の働き。△～灾/天災。⑧生まれつきの。天賦（てんぷ）の。△～才/天才。⑨空模様（そらもよう）。雲行き。⑩天帝。天。神さま。造物主（ぞうぶつしゅ）。お天道さま。天地万物の主宰者。⑪天国。天堂。楽園。

【天窗】天窓（てんまど）。天井の明り窓。引き窓。

【天地】①天と地。天地②（人の活動範囲）天地。世界。境地。

【天鹅】白鳥（はくちょう）。スワン。△～绒/ビロード。ベルベット。

【天翻地覆】①秩序が大いに乱れるさま。てんやわんやの大騒（おおさわ）ぎ。すったもんだの大騒ぎ。②変化の激しいさま。

【天分】先天的な性質や才能。素質。天分。資質。

【天赋】①自然の与えたもの。生来備えているもの。②生まれながらの才能。

【天宫】天宮。

【天国】①天国。②理想の世界。理想郷。ユートピア。

【天花】①天然痘（とう）。痘（とう）そう。②とうもろこしの雄花。

【天花板】天井板。

【天昏地暗】①天地ともに暗くなる。砂塵（さじん）で天空が暗くなること。②暗黒の社会。暗やみの社会。

【天经地义】不変の真理。絶対に正しい道理。天地の大義。至極（しごく）あたりまえのこと。まったく道理にかなったこと。

【天井】①中庭。内庭。②天窓。

【天空】天。空。天空。大空。

【天蓝】空色。

【天良】良心。△丧尽～/全然良心を持たない。

【天亮】①夜明け。②夜が明ける。

【天罗地网】天地四方に覆いかぶさった網（あみ）。天網。警戒網。

【天幕】①大空。そうきゅう。②（演劇用の）ホリゾント。

【天平】天秤（てんびん）。はかり。バランス。

【天气】天気。△～预报/天気予報。

【天堑】天然のざんごう。天然のほり。

【天然】天然。自然。△～免疫/自然免疫。

【天然气】天然ガス。

【天壤】天と地。天地。△～之别/雲泥（うんでい）の差。天地の差。

【天日】天と太陽。天日。日の目。光明のこと。△重见～/再び日の目を見る。

【天色】①空模様。②時間のころあい。時刻。

【天生】天然の。生まれつきの。生まれながらの。

【天时】①天候。気候。②時機。機会。

【天使】天使。エンゼル。

【天堂】①天国。天堂。②楽園。パ

ラダイス。極楽のような生活境遇。

【天体】天体。

【天天】毎日。

【天王星】天王星。

【天文】天文。△～馆/天文館。△～台/天文台。

【天下】①（自国あるいは世界）天下。世の中。この世。②国家の統治権。

【天険】天然の要害。天険。

【天线】アンテナ。空中線。

【天性】天性。本性。生まれつきの性格。

【天涯】空の果て。極めて遠い地方。

【天真】①天真だ。無邪気だ。素直（すなお）だ。純真だ。あどけない。②考えが単純だ。幼稚だ。考えが甘い。

【天职】天職。本分。当然尽くすべき責任。

【天主教】ローマカトリック教。天主教。

【天资】資質。天賦の性質。生まれつき。

【天子】天子。皇帝。国王。

【添】tiān 付け加える。増す。ふやす。添える。足す。加える。△～麻烦/面倒をかける。

【添补】補充する。補う。増補する。

【添枝加叶】尾ひれをつける。枝葉（しよう）をつける。

【添置】（不動産や衣類などを）買い足す。買い入れる。

【田】tián 田。畑（はたけ）。田地。耕地（こうち）。△犁～/田畑（たはた）を耕す。

【田地】①田畑。耕作地。②事物の段階。立場。状態。程度。有様。

【田埂】あぜ。あぜ道。

【田鸡】①ばん。②かえるの一種。

【田间】田畑。田地。野良（のら）。たんぼ。△～劳动/野良仕事。

【田径】フィールドとトラック。△～赛/陸上競技。△～运动/陸上スポーツ。陸上競技。

【田螺】田にし。

【田赛】フィールド競技。

【田鼠】野ねずみ。

【田野】田野。野外。野原（のはら）。

【田园】田園。田舎。△～生活/田園生活。△～诗/田園詩。

【田庄】田荘。

【恬】tián ①静かだ。安らかだ。②平然だ。平気だ。

【恬不知耻】恥知らずだ。厚（あつ）かましい。図図（ずうずう）しい。

【甜】tián ①甘い。△这西瓜真～/このすいかは本当に甘い。②気持よい。心地（ここち）よく。ぐっすり。△睡得～/心地よく眠る。ぐっすり眠る。

【甜菜】①砂糖大根（さとうだいこん）。ビート。②てん菜。③不断草（ふだんそう）。

【甜瓜】真桑（まくわ）うり。マスク・メロン。スイート・メロン。

【甜美】①甘くておいしい。甘美だ。②愉快だ。快適だ。気持がよい。楽しい。

【甜蜜】甘い。甘ったるい。楽しい。

【甜面酱】甘みそ。

【甜食】①甘い食品。②デザート。

【甜头】①甘味。うま味（み）。味（あじ）。②利益。うまいしる。△尝到～/楽しさを味わう。面白味を覚えた。

【甜言蜜语】甘い言葉。甘言（かん

げん）。

填 tián ①埋（うず）める。詰（つ）める。詰め込む。△往坑里～土/土を穴に詰め込む。②（印刷物の記入欄に）書き入れる。記入する。△～表/表に書き入れる。

【填补】補足する。埋める。補てんする。補充する。埋め補う。△～空白/空白を埋める。

【填充】充する。詰める。詰め込む。

【填空】空白を埋める。穴埋め。

【填写】書き込む。記入する。

【填平】埋めたてる。埋めて平らにする。

tiao

挑 tiāo ①選（えら）ぶ。選（よ）る。選りすぐる。△～好的送给他/いいのを選んで彼に届ける。②捜す。捜し出す。ほじくる。△～毛病/あら捜しをする。③担ぐ。担う。④荷（に）。天びん棒とその両端の荷物。△挑着空～/から荷を担ぐ。

【挑肥拣瘦】より好みする。好き嫌いが多い。

【挑剔】①けちをつける。あらを捜す。あらをほじくる。文句をつける。とがめだてする。②あら。欠点。

【挑选】選ぶ。選抜する。選択する。取り立てる。

【挑子】天秤棒とその担ぎ荷。

条 tiáo ①細長い枝（えだ）。△柳～/柳（やなぎ）の枝。②細長いもの。△布～/布きれ。③細長い形。細長い線。△～纹/縦の紋。④条。条項。個条。△第一

～/第一条。⑤条理。秩序。筋道。△有～不紊/筋道（すじみち）が立っていて乱れていない。一糸乱れない。⑥細長いものを数える。△两～腿/2本の足。△一～鱼/1匹の魚。⑦一定数量を含む細長い物を数える。△一～肥皂/洗たく石けん1本。⑧項目に分れたものを数える。△五～新闻/五つのニュース。

【条案】細長い机。長テーブル。

【条播】①筋まき。②筋まきする。

【条幅】掛け軸。細長い掛け字。

【条件】①条件。△利用有利的～/有利的な条件を利用する。②（ある事柄をするのに必要の）条件。基準。レベル。要求。△提出～/要求を提出する。③状況。条件。周囲の環境。

【条款】条項。条款。箇条。

【条理】条理。筋。筋道。△～分明/筋道が立っている。

【条例】条例。

【条目】条目。項目。細目。

【条条框框】教条的なわく。

【条文】（法律などの）条文。

【条纹】しま。しま模様。

【条约】条約。契約。△缔结～/条約を締結する。

【条子】①細長いもの。△纸～/細長い紙きれ。紙テープ。②書き付け。メモ。

迢 tiáo はるかに遠い。

【迢迢】遠くはるかなさま。△千里～/はるばる千里

调 tiáo ①調える。調和する。ほどよく配合する。△～色/色を調和する。②調っている。順調だ。調和がとれる。△风～雨顺/天候が順調だ。③挑発する。唆す。

【调处】調停する。仲裁する。和解する。

【调羹】散れんげ。

【调和】①ほどよく配合する。調和する。②仲直りさせる。調停する。取成す。△从中～/間に立って調停する。③妥協する。譲歩する。△没有～的余地/妥協の余地がない。

【调剂】①調剤する。②調整する。融通する。調節する。調整を取る。

【调节】調節する。調整する。△～器/制動器·制御器。

【调解】調停する。仲裁する。

【调理】①摂生する。保養する。(体力を)調整する。②世話をする。面倒をみる。管理する。③仕付ける。訓練する。

【调料】調味料。

【调皮】①腕白だ。いたずらだ。②ずるくて手に負えない。言うことを聞かない。

【调情】(男女が)ふざける。いちゃつく。

【调唆】唆す。たき付ける。けしかける。ちょう発する。せん動する。

【调停】調停する。和解する。取成す。仲裁する。

【调味】味付けする。味を調える。△～品/調味料。

【调戏】からかう。ふざける。なぶりものにする。

【调笑】からかう。あざ笑う。あざける。ちょう笑する。冷かす。冗談を言う。

【调谐】①協調する。調和する。②同調する。チューニング。△～电路/同調回路。

【调养】保養する。養生する。

【调整】調整する。コントロール。

笤 tiáo

【笤帚】ほうき。

挑 tiáo ①(さおで物を)高く揚げる。掲げる。△～帘子/すだれを揚げる。②(細長いもので)かき分ける。かき立てる。△～刺/とげをほじくり出す。③ちょう発する。けしかける。引き起こす。唆す。焚き付ける。せん動する。△他script真～人的火/彼の言うことは本当に人をかっかさせる。

【挑拨】離間する。けしかける。唆す。焚きつける。水を差す。ちょう発する。あおる。せん動する。△～离间/唆して間をさく。水を差す。ちょう発離間する。

【挑动】唆して引き起こす。かき立てる。ちょう発する。あおる。

【挑逗】からかう。ちょっかいを出す。誘惑する。モーションをかける。

【挑花】十字縫。クロス·ステッチ。

【挑唆】唆す。教唆する。

【挑衅】ちょう発する。けんかを売る。戦争を仕掛ける。

【挑战】①(敵に)挑戦する。戦いをいどむ。②(試合や競争を)仕掛ける。挑戦する。③(困難などに)いどむ。チャレンジする。

眺 tiào ながめる。遠くを見る。見渡す。△远～/遠望する。

跳 tiào ①跳ねる。飛び上がる。飛ぶ。△高兴得～起来/うれしがって踊り上がる。踊り上がってよろこぶ。△～下自行车/自転車から飛び降りる。②どきどきする。△心～/胸がどきどきする。③(中間を)あける。

飛す。飛び越える。△～过了三
页/三ページをとばす。④（物
が）弾む。跳ねる。△新皮球～
得高/新しいボールはよく跳
ねる。

【跳班】学年を飛び越して昇級す
る。

【跳板】①（船や車に乗り下りする
ときの）踏み板。歩み板。タラ
ップ。②（水泳の）飛板。スプ
リング・ボード。

【跳动】どきどきする。躍動する。

【跳高】走り高飛び。

【跳脚】じだんだを踏む。足ぶみ
をする。

【跳栏】ハードル。障害物競走。

【跳马】①（器械体操の用具）木
馬。②（体操競技の一つ）あん
馬。

【跳伞】落下さん降下。パラシュ
ート・ジャンピング。

【跳绳】なわ飛び。

【跳水】ダイビング。飛び込み。

【跳台】飛び込み台。ジャンプ台。ダ
イビング・スタンド。

【跳舞】①ダンス。踊（おど）り。
②踊る。

【跳远】走り幅飛び。幅飛び。

【跳蚤】蚤（のみ）。

tie

貼　tiē　①貼る。貼り付ける。△
～邮票/切手を貼る。②接近す
る。ぴったり寄り添う。ぴったり
くっつく。くっつける。△紧～在
妈妈身边/母のそばにぴったり
寄り添う。③金で補助する。補
う。補助金（を与える）。④手当。
△津～/手当。⑤（助数詞）枚。

【貼边】（着物の裏の縁につける）
縫い取り。縁取（ふちとり）布。

【贴补】①経済的に援助する。補助
する。補う。②（貯えで日常の
不足を）補う。間に合わせる。

【贴切】（言葉使いが）適切だ。ぴ
ったり当てはまる。

【贴身】①肌身にじかにつける。②
身辺に付き従う。身近の。

【贴心】心が通い合っている。気持
ちがぴったりする。

铁　tiě　①鉄。アイアン。△～工
厂/鉄工場。②武器。兵器。鉄。
◇手无寸～/身に寸鉄も帯び
ず。③堅くて強い。鉄の。△～
拳/鉄（てっ）けん。④揺ぎない。
動かすことのできない。⑤堅い
決心をする。

【铁板】鉄板。

【铁饼】①（円盤投げ用の）円盤。
②円盤投げ。

【铁道】鉄道。レールロード。

【铁饭碗】確かな職業。

【铁工】鉄工。かじ屋（や）。

【铁管】鉄管。

【铁轨】鉄道のレール。スチー
ル・レール。

【铁环】フープ。鉄の輪。

【铁甲】①鉄の鎧（よろい）。②鉄
張りのもの。

【铁匠】かじ屋。鉄工。

【铁矿】鉄砿。

【铁链】鉄の鎖。鉄製のチェーン。

【铁路】鉄道。レールロード。

【铁门】鉄の門。

【铁皮】トタン。ブリキ。

【铁骑】鉄騎。強い騎兵。

【铁器】鉄器。

【铁锹】シャベル。スコップ。

【铁青】青黒色。青白い顔色。真
青（まっさお）。

【铁纱】金網。

【铁石心肠】鉄石心。冷酷無情なこ
と。

【铁树】そ鉄（てつ）。

【铁水】溶鉄。

【铁丝】針金（はりがね）。ワイヤ。

【铁索】ケーブル。鉄のロープ。△
～桥/鉄のつり橋。ロープ・ブ
リッジ。

【铁腕】鉄腕。△～人物/ワンマ
ン。

【铁锹】スコップ。シャベル。

【铁锈】赤さび。さび。

【铁证】動かせぬ証拠。確証。

帖 tiè （書、絵の）手本。△字
～/習字の手本。

ting

厅 tīng ①（集会あるいは客の
接待に用いる）大広間。ホール。
△餐～/食堂。△客～/客間。②
行政機関の一単位。△办公～/
事務局。

听 tīng ①聞く。△～广播/放
送を聞く。②従う。意見を聞き
入れる。言うことを聞く。服従
する。△这孩子～话/この子は
ききわけがいい。③自由に任
せる。…の思い通りにさせる。
任す。△～你的便/きみのした
いように任せる。きみの都合
に任せる。④さばく。判断す
る。△～讼/訴訟をさばく。

【听便】勝手にさせる。自由に任
せる。

【听从】…に従う。服従する。

【听而不闻】意に介しない。うわの
空できく。

【听候】待ち受ける。待つ。

【听话】（目上や指導者の）言うこ
とを聞く。

【听见】聞こえる。耳に入れる。耳に
する。聞きつける。

【听讲】講義や講演を聞く。

【听觉】聴覚。

【听课】①授業を受ける。②聴講
する。③授業を見学する。

【听力】聴力。聞き取り能力。

【听命】①命令に従う。②天命に
任せる。

【听其自然】成り行きに任す。自然
に任す。

【听取】聴取する。耳を傾ける。

【听筒】①受話器。レシーバー。
②聴診器。

【听写】書き取り。書き取る。

【听信】①聞いて信じる。聞いて
本当にする。信用する。②知ら
せを待つ。返事を待つ。

【听众】聴衆。聞き手。

廷 tíng 朝廷。宮廷。

亭 tíng ①あずまや。ちん。△
～台楼阁/あずきやや楼閣。②
（あずまやに似た小さな建物）
ボックス。△电话～/電話ボック
ス。③ちょうどよい。むらがな
い。適当だ。

【亭亭】直立した様。高くそびえる
様。

庭 tíng ①庭。△前～/前庭。②
法廷。△开～/開廷する。法廷で
裁判を始めること。

【庭园】庭園。

【庭院】庭。前庭。

停 tíng ①止まる。停止する。
やむ。やめる。△雨～了/雨が
やんだ。②とどまる。滞在す
る。とう留する。止まる。△我
在杭州～了三天/私は杭州に三
日滞在した。③停泊する。止め
る。止まる。泊まる。△汽车～
在门口/自動車が入口に止まっ
ている。

【停办】（業務を）中止する。

【停泊】停泊する。泊まる。船がかり。

【停产】生産を停止する。

【停车】①停車する。車を止める。△〜站/停車駅.停留所。②駐車する。車を止めておく。車をパークする。△〜场/駐車場.停車場。③機械が止まる。機械の運転を止める。

【停当】(物事が)きちんと整っている。完成する。できあがる。

【停电】①停電。②停電する。

【停顿】①停とんする。休止する。中断する。とまる。停滞する。中止する。②(話や読みをする時に)間をおく。間を取る。間(ま)。ポーズ

【停放】①(車を一時)止めておく。駐車する。②(棺、柩を)安置する。

【停工】操業を停止する。仕事を止める。

【停火】停戦する。休戦する。

【停刊】(新聞や雑誌の)発行を止める。休刊する。

【停课】授業停止。休講にする。

【停留】滞在する。とどまる。とう留する。

【停水】①静止して流れない水。水がたまる。②(水道が)断水する。

【停妥】きちんと処理がついている。完全に…してしまう。

【停息】やむ。停止する。中断する。

【停歇】①営業を停止する。休業する。②停止する。やむ。やめる。③行動を止めて休憩する。休む。

【停学】①学校を中退する。休学する。②停学処分。

【停业】①休業する。営業を一時

停止する。②廃業する。

【停战】休戦する。

【停职】停職(処分にする)。

【停止】停止する。やむ。やめる。

【停滞】停滞する。

挺 tǐng ①真っすぐでぴんとする。こわばってぴんとする。△〜立/真っすぐに立つ。②(体の一部分を)ぴんと真っすぐに伸ばす。突き出す。△〜胸/胸を張る。胸を突き出す。③忍耐する。がん張る。我慢する。堪える。△〜得住吗/我慢できますか。④大変。とても。△〜好/とてもよい。⑤(助数詞)ちょう。△一〜机关枪/機関銃1ちょう。

【挺拔】①直立して高くそびえている。直っすぐにそそり立つさま。②力強い。△笔力〜/筆力雄けい。筆力雄こん。

【挺进】(軍隊が)挺進する。勇敢に進む。

【挺举】(重量挙げ)ジャーク。

【挺立】直直ぐ立つ。

【挺身】身をていする。勇敢に事に当たる。

【挺秀】ずばぬけて秀でる。ぬきんでる。

铤 tǐng 速く歩くさま。

【铤而走险】やぶれかぶれで危険を冒す。

艇 tǐng ボート。△汽〜/モーターボート。

tong

通 tōng ①貫通する。突き抜ける。通じる。△电话打〜了/電話が通じた。②通す。△〜炉子/ストーブの火をかき立てる。③通じる。△直〜北京/北京に直通

する。④通る。通じる。⑤行き来する。つながりをもつ。△沟～/意志を疎通する。⑥知らせる。伝える。伝達する。△～个电话/電話を入れる。(かける)。⑦通暁する。分る。通じる。△～三种语言/3カ国の言葉に通じる。⑧あることに通暁している人。△中国～/中国通。⑨筋が通っている。意味が通じる。△文理不～/文脈が通じない。⑩普通の。一般の。△～称/通称。⑪全部。通して。すべて。すっかり。△～身/全身。

【通报】①通達する。通報する。②科学研究の動態や成果を知らせる刊行物。△科学～/科学通報。

【通病】通弊。共通の欠点。

【通常】通常。一般。

【通畅】①物事が円滑に運ぶ。②筋が通っている。

【通车】①(鉄道や道路が)開通する。②車が通じる。

【通称】通称。通り名。

【通达】(人情や道理に)通じる。通達する。

【通道】①通路。道路。②チャンネル。チャネル。

【通敌】敵に内通する。

【通电】電流を通す。電流が通じる。

【通牒】通ちょう。

【通风】①空気を通す。通風する。②秘密をら漏す。密告する。

【通告】①通告する。布告する。②通告文書。

【通过】①通過する。通る。通り過ぎる。②可決する。採択する。③(人や事物を)媒介、手段とする。…を通す。…によって。…を通じて。

【通航】通航する。航行する。

【通红】真っ赤だ。

【通话】①電話が通じる。通話する。②双方が分る言葉で話しをする。

【通婚】婚姻を結ぶ。縁組をする。

【通货】通貨。カレンシー。△～膨胀/インフレーション。

【通缉】指名手配する。

【通奸】かん通する。

【通栏标题】全段通しの大見出し。

【通联】通信連絡。

【通令】同文の命令。訓令を発する。

【通路】往来の大通り。通路。

【通盘】全体的。全般的。すべて。

【通情达理】物わかりがよい。情理をわきまえている。

【通融】①融通する。変通する。②お金を借りる。融通してもらう。△～资金/融資する。

【通商】通商する。貿易する。△～口岸/商港。貿易港。

【通史】通史。

【通顺】筋が通っている。すらすら読める。

【通俗】分かりやすい。通俗的だ。

【通条】①火ばし。②索条(さくじょう)。

【通同】ぐるになる。結託する。

【通宵】徹夜する。夜通し。

【通晓】通暁する。よく知っている。通じる。

【通心粉】マカロニー。

【通信】通信する。手紙のやり取りをする。

【通行】①通行する。通じる。②通用する。

【通讯】①(電気設備で)通信する。②(ニュースを報導する文章)通信。レポート。△～社/通信社。

【通用】①通用する。△～货币/通用貨幣。②（文字の表記法は異なるが発音が同じで）互いに通用する。共通して使われる。

【通邮】郵便業務を開く。郵便が通じる。

【通知】①通知する。知らせる。△请～他/彼に知らせてください。②通知。知らせ。△～书/通知。通知書。

同 tóng ①同じだ。同様だ。等しい。△～类/同類。同種。②…と同じだ。…に同じだ。△～前/同上。③同じくする。共（とも）にする。一緒に。④（動作の対象を表わす）…と。…に。△～群众商量/大衆と相談する。⑤（比較の対象を表わす）と。△我～你一样都是初学/ぼくときみとは同じく初学者だ。⑥（並列を表わす）と。および。△桌子～书架/机と本棚。

【同班】①同じグループ。同じクラス。②同級生。クラスメート。

【同伴】仲間。同僚。

【同胞】①はらから。△～兄弟/肉親の兄弟。②同胞。

【同辈】同輩。同じ世代。

【同病相怜】同病相憐れむ。

【同窗】同窓。△～会/同窓会。

【同等】同等。同じだ。

【同房】①（夫婦が）性生活をする。②同じ家庭。

【同感】同感だ。共鳴する。

【同工同酬】同一労働同一賃金。

【同归于尽】共倒れする。同時に滅びる。

【同行】①同業だ。同じ畑だ。②同業者。

【同化】①本来異なるものが同じくなる。同化する。②同化。

【同伙】①仲間を組む。仲間になる。②仲間。相棒。

【同居】①同居する。一緒に住む。②夫婦が共同生活する。男女が同せいする。

【同流合污】悪人とぐるになって悪事を働く。

【同路】同行する。道づれになる。△～人/同行者。共鳴者。

【同盟】①同盟する。同盟を結ぶ。②同盟。

【同名】同名。

【同谋】①其謀する。②共謀者。共犯者。

【同情】①同情する。△～心/同情心。②賛成する。同感する。

【同时】①同時に。一緒に。②かつ。それと同時に。…と同時に。

【同事】①同じ職場で仕事をする。②同僚。同じ職場の人。

【同岁】同年。同じ年。

【同位素】同位元素。同位体。

【同乡】同じ出身地の人。同郷。

【同心】心をあわせる。同心。◇～同德/一心同体。

【同行】同行する。一緒に行く。

【同性】①性別が同じだ。同性だ。△～恋/同性愛。ホモ。レズ。②性質が同じだ。

【同姓】同姓。

【同学】①同窓生。学友。クラスメート。②同じ学校で勉強する。一緒に学ぶ。

【同样】同様だ。同じだ。

【同业】①同業。同じ畑。②同業者。

【同一】同一だ。同じだ。

【同义词】同義語。同意語。シノニム。

【同意】同意する。賛成する。

【同音词】同音語。同音異義語。

【同志】①（同じ理想、事業のために奮闘する人。特に政党の成員

を指す）同志。コムレード。②
（一般人の相互間の呼び方）。さ
ん。くん。

【同宗】同族。同じ家系。

桐 tóng ①桐（きり）。②油桐
（あぶらぎり）。③青桐（あおぎ
り）。

【桐油】桐油。ウッド・オイル。

铜 tóng 銅。カパー。△～像/銅
像。ブロンズ。

【铜版】銅版。カパー・プレード。

【铜匠】銅細工屋。

【铜模】活字の鋳型。マトリック
ス。

【铜器】銅器。

【铜钱】銅銭。銅貨。

【铜墙铁壁】金城鉄壁。

童 tóng ①児童。童（わらべ）。
子供。②未婚の。△～男/男の
子。童貞の男子。③はげている。
△～山/樹木のない山。はげ山。

【童工】少年工。幼年工。

【童话】童話。おとぎばなし。

【童年】幼年時代。少年時代。子
供時代。

【童声】（声変わりする前の）子供
の声。

【童心】童心。子供心。

【童谣】童謡。

【童贞】貞操。処女。

【童子】男の子。

瞳 tóng ひとみ。△～孔/ひと
み。

统 tǒng ①全部。すっかり。み
な。すべて。②系統。つながり。
△传～/伝統。③総括する。統べ
る。

【统舱】三等船室。

【统称】①統称する。引っくるめ
て言う。②総称。

【统筹】統一的な計画。

【统共】すべて。合計。総計。

【统计】統計する。

【统帅】①統帥する。支配する。
②統帥者。総司令官。

【统率】統率する。指揮する。

【统统】すべて。全部。みんな。

【统辖】管轄する。統轄する。

【统一】統一する。一致する。

【统治】支配する。統治する。

【统制】統制する。

捅 tǒng ①突き刺す。突き破
る。△～窟隆/突き破って穴を
あける。②暴く。すっぱ抜く。さ
らけ出す。△把秘密～出去/秘
密を暴き出す。

桶 tǒng おけ。かん。たる。△
水～/水おけ。

筒 tǒng ①太い竹筒（たけづ
つ）。△竹～/竹筒。②筒。パイ
プ。管状のもの。△笔～/筆立
て。△烟～/煙突。

痛 tòng ①痛む。痛い。痛み。△
头～/頭痛。頭が痛い。②痛み悲
しむ。△悲～/悲しい。③ひど
く。深刻に。△～骂/痛ばする。
ひどくののしる。

【痛斥】ひどく非難する。

【痛处】痛いところ。欠点。弱点。

【痛感】痛感する。身に染みて感
じる。

【痛恨】痛恨する。

【痛觉】痛覚。

【痛哭】激しく泣く。どうこくす
る。

【痛苦】①苦痛。②苦しむ。

【痛快】①痛快だ。気が晴れ晴れ
する。気持がいい。△心里真
～/心が本当に晴れ晴れとす
る。②思い切り。心ゆくまで。③
率直だ。きっぱりしている。△
说话很～/話がきっぱりする。

【痛切】痛ましい。深く悲しむ。

【痛恶】ひどく憎む。ひどく憎悪する。

【痛惜】痛惜する。心から残念に思う。

【痛心】心を痛める。心苦しく思う。

【痛饮】痛飲する。酒を思う存分に飲む。

tou

偷 tōu ①盗む。△钱包被～/財布が盗まれた。②（人目を盗んで）こっそり。ひそかに。△～听/盗み聞きする。③時間を割く。（暇を）みつける。△～空/暇を盗む。暇を作り出す。

【偷安】目先の安楽をむさぼる。一寸逃れをする。

【偷工减料】仕事の手間を抜き、材料をごまかす。

【偷懒】怠ける。油を売る。

【偷情】男女が密通する。私通する。

【偷生】（屈辱を忍んで）生を盗む。

【偷税】脱税する。

【偷偷】こっそり。人目を忍んで。ひそかに。

【偷偷摸摸】こそこそ。人目を忍んで。ひそかに。

【偷袭】奇襲する。不意打ちをかける。

【偷闲】暇を盗む。都合して時間をつくる。

头 tóu ①頭。首。かしら。△从～到脚/頭から足まで。②髪。髪がた。ヘア・スタイル。△梳～/髪をすく。③（物体の）頭。端。先。先端。△山～/山の頂上。④（事の）初めまたは終わり。△从

～讲起/始めから話す。⑤（品物の）きれっぱし。使い残り。△烟～/たばこの吸いがら。⑥方面。方。側。△他们两个是一～的/彼ら二人は同じ側のものだ。⑦首領。ボス。△反动～子/反動派のボス。⑧第一の。一番目。先頭の。△～车/一番前の車。⑨（助数詞）まえの。△～三天/初めの三日間。⑩（助数詞）頭。匹。△二～牛/2頭の牛。

【头版】新聞などの第一面。

【头等】一番の。最高の。

【头顶】頭のてっぺん。

【头发】髪。髪の毛。

【头号】①第一の。一番目の。最大の。②最高の。最上の。

【头昏】頭がくらくらする。

【头角】頭角。

【头巾】頭（ず）きん。

【头里】①前。前方。先。②前もって。あらかじめ。

【头面人物】顔役。頭株。

【头目】頭目。首領。

【头脑】①頭脳。頭。②手がかり。見当。③首領。かしら。

【头皮】①頭の皮膚。②ふけ。

【头生】①初産の。②初産の子供。初子。

【头套】かつら。

【头疼】①頭痛がする。頭が痛い。②困る。悩まされる。

【头衔】肩書き。

【头像】脳像。

【头绪】糸口。手がかり。

【头油】ヘア・オイル。髪油。

【头子】かしら。親玉。頭株。

投 tóu ①ほうる。投げる。△～石/石を投げる。②投じる。△～资/投資する。③入れる。投げ入れる。ほうり込む。投げ込む。△把信～进信箱/手紙をポストに

入れる。④寄せる。送る。届ける。△～稿/投稿する。⑤身を投ずる。参加する。加わる。△～身事业/事業に身を投じる。⑥跳び込む。身投げする。投身する。△～河/川に身投げする。⑦合う。投合する。△情～意合/意気投合する。

【投案】自首する。

【投奔】身を寄せる。頼って行く。

【投标】入札する。

【投产】生産過程にはいる。

【投诚】帰服する。帰順する。

【投敌】敵に投じる。裏切る。

【投递】配達する。届ける。△～员/郵便配達人。

【投合】①投合する。気が合う。②（人の好みに）迎合する。

【投机】①投機する。△～商/投機商人。②意気投合する。

【投考】試験を受ける。受験する。

【投靠】他人に身を寄せる。人にたよる。

【投篮】シュートする。

【投票】投票する。

【投入】身を投じる。参加する。加わる。

【投降】投降する。降参する。

【投资】投資する。

透 tòu ①通る。通す。△～光/光を通す。②漏らす。漏れる。△～信/消息を漏らす。△透徹する。非常にはっきりする。△看～了/見通した。見抜いた。④十分に。すっかり。△熟～/すっかり熟れた。⑤表面に表われる。現わす。

【透彻】透徹する。はっきりする。

【透镜】レンズ。

【透亮】①透明だ。明るい。透き通る。②明白だ。はっきりする。分る。

【透露】漏らす。漏れる。

【透明】透明だ。透き通る。△～度/透明度。

【透气】①空気を通す。②空気や息が漏れる。

【透视】①透視画法。②レントゲン線によって透視する。③見抜く。どう察する。

tu

凸 tū 出ばっている。突き出る。△～面/とつ面。

【凸版】とつ版。△～印刷/とつ版印刷。

【凸透镜】①とつレンズ。②虫めがね。

秃 tū ①はげる。髪がない。△～头/はげ頭。②（木の葉が）すっかり落ちる。△～山/はげ山。③物の先端がちびる。△笔尖～了/ペン先がちびた。

【秃顶】はげ頭。

【秃子】はげ。

突 tū ①突く。突進する。突き進む。△～围/包囲を突破する。②出し抜けに。にわかに。突然に。△～变/突変する。突然変化。③煙突。④周囲より高い。突出する。

【突出】①突き出る。飛び出る。②際立つ。目立つ。ず抜ける。③突破する。

【突飞猛进】目覚しく躍進する。

【突击】突撃する。

【突破】突破する。突き破る。

【突起】①突然発生する。突然起こる。②高くそびえる。③突起物。

【突然】突然。ふと。

【突围】包囲を切り抜ける。

【突袭】急襲する。奇襲攻撃をかける。

图 tú ①図。絵。△地～/地図。△插～/さしえ。②計画する。企画する。③計画。意図。△鸿～/遠大な計画。④図る。願い望む。むさぼる。△～便宜/利を図る。

【图案】図案。

【图表】図表。グラフ。

【图钉】押しぴん。画びょう。

【图画】絵。図画。図。

【图解】図解する。

【图景】景観。

【图例】凡例(はんれい)。

【图谋】図る。たくらむ。

【图片】図。絵。写真。

【图谱】図鑑。図録。

【图书】書籍。図書。本。△～馆/図書館。

【图像】画像。影像。

【图形】①図形。②幾何学図形。

【图样】図案。設計図。デザイン。

【图章】判。判こ。印鑑。

【图纸】設計図。図面。

涂 tú ①塗る。塗りつぶす。塗り立てる。△～油漆/ペンキを塗る。②塗り消す。消す。塗りつぶす。△写错了请～掉/書き間違えたら塗りつぶしなさい。③ぬたくる。でたらめに書く。④泥。

【涂层】塗料の層。

【涂改】(文字などを)消して書き直す。

【涂料】塗料。ペイント。

【涂抹】①塗る。塗りつける。②思いついたままに書く。ぬたくる。

【涂脂抹粉】①口紅を塗りおしろいをつける。②美化する。

途 tú 道。道路。△沿～/沿線。

◇半～而废/途中でやめる。中途半ぱでやめる。

【途径】道。方法。手段。

徒 tú ①歩く。徒歩する。②何も持たない。から手で。素手で。△～手/徒手。素手で。③ただ。ほかにない。わずかに。④いたずらに。むなしく。むだに。△～自惊扰/むだながら騒ぎをする。⑤徒弟。弟子。学生。△门～/門弟。弟子。⑥(同じ派閥、宗派の人を指す)宗徒。信徒。信者。⑦人。徒。やから。

【徒步】徒歩する。歩く。

【徒弟】弟子。徒弟。

【徒工】見習工。

【徒劳】むだ骨を折る。◇～无功/労して功なし。

【徒然】いたずらに。むなしく。

【徒刑】懲役。

屠 tú ①家畜をと殺する。殺す。②大量虐殺する。殺りくする。

【屠刀】と殺用の刃物。

【屠夫】と殺業者。

【屠杀】大量虐殺する。殺りくする。

土 tǔ ①土。どろ。ほこり。土壌。②土地。△～领～/領土。③その土地の。当地の。△～产/土産。地方の産物。④旧来の。従来の。△～办法/在来の方法。⑤土臭い。田舎臭い。古臭い。⑥あ片。

【土崩瓦解】崩壊する。

【土布】手織りの布。

【土地】①土地。田畑。②領地。領土。

【土方】①土の体積を計る単位。△一～～/1立方メートルの土。②土木工事で掘り出す土。

③民間に伝わっている処方。

【土匪】その土地の悪者。地方の
ひ賊。

【土改】土地改革。

【土豪】土豪。

【土话】土語。方言。地方なまり。

【土皇帝】土地のボス。

【土货】土産物。土地の産物。

【土木】建築工事。土木工事。

【土坯】土のれんが。

【土气】①流行遅れのさま。②田
舎臭い。

【土壤】土じょう。土。

【土人】土人。土着の人。

【土色】土の色。土色。

【土星】土星。

【土音】地方なまり。

【土著】原住民。土着民。

吐 tǔ ①吐く。吐き出す。△～
痰/痰を吐く。②出す。出る。△
～舌头/舌を出す。③話す。言い
出す。しゃべり出す。△～实/本
当のことを話す。真実を話す。

【吐露】打ち明ける。語る。話す。

【吐弃】見捨てる。だ棄する。

吐 tù ①吐く。おう吐する。△
恶心要～/胸がむかつき吐きそ
うだ。②（くすねた金など）を
吐き出す。返す。△～出脏款/く
すねた金を吐き出す。

【吐沫】つば。

【吐血】吐血する。血を吐く。

兔 tù 兎（うさぎ）。

【兔死狐悲】兎死すれば狐これを
悲しむ。同類相哀れむ。

tuan

湍 tuān 流れが激しい。急流。
速瀬。

【湍急】急流。激流。

团 tuán ①丸い。△～扇/うち
わ。②団子。△汤～/団子。③
丸める。握って丸める。丸くす
る。④団。団体。集り。集団。
△剧～/劇団。⑤共産主義青年
団。⑥連隊。⑦助数詞。△一～
毛线/ひと玉の毛系。

【团粉】調理用のでん粉。かたく
り粉。

【团结】①団結する。②仲がいい。

【团聚】一緒になる。団らんする。

【团体】団体。△～赛/団体競技。

【团团】ぐるぐると。くるくる回
る。ぐるりと。

【团员】①団員。メンバー。②中
国共産主義青年団の団員。

【团圆】一家団らんする。一緒にな
る。

【团长】①団体の長。団長。②連
隊長。

【团子】団子。

tui

推 tuī ①押す。△～车/車を押
す。②（穀物を）ひく。粉にす
る。△～画/小麦をはく。③刈
る。切る。削る。△～头/頭を刈
る。④繰り広げる。押し広げる。
広める。推進する。⑤推しはか
る。推測する。推知する。△类
～/類推する。⑥辞退する。譲
る。⑦押し付ける。かこつける。
言い逃れする。△～病不到/病
気にかこつけて来ない。⑧（時
間を）後に延ばす。日を延ばす。
延期する。△往后～几天/数日
延ばす。⑨推薦する。推選する。

【推测】推測する。推量する。

【推陈出新】古きを推して新しき
を出す。

【推迟】延ばす。延期する。

【推辞】辞退する。

【推倒】①推し倒す。②ひっくり返す。

【推动】推進する。促進する。

【推断】推定する。推断する。

【推翻】①覆す。ひっくりかえす。②否定する。覆す。

【推广】普及する。推し広める。

【推荐】推薦する。

【推进】進める。推し進める。

【推究】推し究める。究める。突き止める。

【推举】①推挙する。推薦する。②（重量あげの種目）押しあげ。

【推理】推理する。

【推力】推力。スラスト。

【推敲】推こうする。

【推求】推察する。推測探究する。

【推却】断わる。辞退する。

【推让】辞退して人に譲る。

【推三阴四】いろいろ口実を設けて断る。なんだかんだと言って承知しない。

【推算】計算する。推算する。

【推土机】ブルドーザー。

【推推操操】無理に押す。ぐいぐいと押す。

【推托】理由にかこつけて断る。かこつける。

【推想】→【推測】

【推销】売り広める。売りさばく。△～员/外勤販売員。セールス・マン。

【推卸】（責任を）逃れる。免れる。

【推行】推し進める。推し広める。

【推选】選出する。推選する。

【推移】推移する。移り変る。

【推重】推賞する。高く買う。

【推子】バリカン。

頽 tuí ①崩れる。倒れる。△～

垣断壁/崩れ落ちたへいや壁。②衰える。衰退する。△衰～/衰える。衰退する。③いびする。しょげる。

【頽废】たい廃する。△～派/デカダン。頽廃派。

【頽丧】沈み込む。しょげる。

【頽势】たい勢。衰勢。

腿 tuǐ ①足。△大～/股（もも）。△小～/すね。はぎ。②（器物の）足。△桌子～/机の足。

【腿肚子】ふくらはぎ。

【腿脚】足もと。

【腿腕子】足首。

退 tuì ①退く。後へ下がる。しりぞく。△～一歩想/一歩退いて考える。②退く。しりぞかせる。しりぞける。△～敌/敌兵をしりぞける。③脱退する。退去する。抜ける。△～党/党を脱退する。④ひく。下がる。△退水～了/潮はひいた。⑤送り返す。返す。△～礼/贈り物を返す。⑥取り消す。撤回する。やめる。△～保/保证を取り消す。⑦むしる。剥ぐ。△～毛/毛をむしり取る。

【退避】避ける。退避する。

【退兵】①撤退する。退却する。②敌を撤退させる。

【退步】①退歩する。後退する。②余地。ゆとり。

【退潮】①潮が引く。②引き潮。

【退出】退出する。離れる。立ち去る。

【退化】①退化する。②悪化する。

【退还】もどす。返す。

【退换】取り替える。

【退回】①もどす。返す。②もどる。引き返す。

【退婚】婚約を解消する。

【退伙】なにかの団体から脱退する。

【退路】退路。逃げ道。

【退票】(切符を)払い戻す。

【退却】①(軍隊が)退却する。②しり込みする。たじたじする。

【退让】譲歩する。

【退色】色がさめる。退色する。

【退烧】熱が下がる。熱を下げる。△～药/解熱剤。

【退缩】しり込みする。い縮する。

【退位】退位する。位を退く。

【退伍】退役する。

【退席】退席する。席を立つ。

【退休】退職する。

【退学】退学する。学校をやめる。

【退役】退役する。

【退隐】隠退する。

【退脏】(盗品や賄ろなどを)返す。

【退职】退職する。

蜕 tuì ①(へび、せみなどの)抜けがら。②(へび、せみなどが)脱皮する。もぬけをする。③鳥が羽替えをする。

【蜕变】①変質する。②崩壊。

【蜕化】変質する。堕落変質する。

褪 tuì ①(服を)脱ぐ。②羽毛が抜ける。羽替えをする。③(色が)さめる。色があせる。

tun

吞 tūn ①飲み込む。丸のみにする。△～药丸/丸薬を飲み込む。②併どんする。横領する。△独～/ひとり占めする。③耐え忍ぶ。我慢する。△忍气～声/怒りをこらえ泣き声を抑えて我

慢する。

【吞并】併どんする。

【吞没】①着服する。横領する。②のみ込む。(大水が)浸す。

【吞声】声をのむ。忍び泣く。

【吞噬】①のみ丸む。丸のみにする。②併どんする。

【吞吐】①どん吐する。のんだり吐いたりする。②言いよどむ。口ごもる。

【吞吞吐吐】言い方がしどろもどろ。

屯 tún ①集める。貯える。△～粮/食糧を貯える。②駐とんする。③村。村落。部落。

囤 tún 貯える。貯蔵する。△～货/商品を買い込む。買いだめする。

【囤积】買い占める。買いだめる。

豚 tún 豚。

【豚鼠】モルモット。天じくねずみ。

臀 tún しり。

【臀部】でん部。

tuo

托 tuō ①手のひらに乗せる。手のひらで支える。△～着盘子/手のひらに皿を乗せる。②下敷き。台。△茶～/茶たく。③引き立てる。④頼む。託する。△～他买东西/彼に買い物を頼む。⑤かこつける。△～病/病気にかこつける。

【托词】口実をつける。かこつける。

【托付】頼む。依頼する。

【托拉斯】トラスト。

【托名】他人の名をかたる。

【托盘】ぼん。

【托人情】手づるをたどる。縁故

を頼る。

【托运】チッキにする。託送する。

【托子】台。

拖 tuō ①引きずる。ひっぱる。△～人下水/他人を悪い仲間に引き込む。②ぶら下げる。引きずる。△～着个尾巴/しっぽをぶら下げている。③引き伸ばす。伸び伸びにする。

【拖把】棒雑きん。モップ。

【拖车】トレーラー。付属車。

【拖拉】ぐずぐずする。伸び伸びにする。

【拖拉机】トラクター。

【拖累】やっかいをかける。巻き添えにする。

【拖轮】引き船。タッグ・ボート。

【拖泥带水】(話や文章が)だらだらして煮えきらない。(動作が)てきぱきしていない。

【拖欠】長く返さない。支払いを滞らせる。

【拖网】底引き網。トロール。

【拖鞋】スリッパー。

【拖延】遅らせる。ずるずる引き伸ばす。伸び伸びにする。

脱 tuō ①抜ける。むける。△头发～光了/髪の毛はすっかり抜けてしまった。②抜け出す。離れる。脱する。△～身/身を離す。身をひく。③脱ぐ。△～鞋/鞋を脱ぐ。④離脱する。逃れる。△～险/危険を逃れる。⑤抜かす。落ちる。△～这儿～了一行/ここに一行拔かした。

【脱产】生産から離れる。職場を離れる。

【脱党】脱党する。

【脱缰之马】手綱を切った馬。自由放棄な人のたとえ。

【脱节】①脱きゅうする。②前後

のつながりが切れる。

【脱口而出】よく考えずに出任せを言う。

【脱离】離れる。抜け出る。逃れる。絶つ。

【脱粒】脱穀する。

【脱漏】脱落する。脱漏する。抜ける。

【脱落】抜ける。はげる。

【脱毛】①毛が抜ける。②羽替えをする。

【脱帽】脱帽する。帽子を脱ぐ。

【脱期】予定の期日に遅れる。(定期出版物が)延期発行になる。

【脱手】①手から離れる。②手放す。売り払う。

【脱水】脱水する。

【脱胎】①換骨奪胎。②漆器の製造法。

【脱销】売り切れる。品切れになる。

【脱脂】脱脂する。

驮 tuó (牛、馬など荷を)背中に積む。背負う。

【驮马】だ馬。荷馬。

陀 tuó こま。△～螺/こま。トップ。△～仪/ジャイロ。ジャイロ・スコープ。

驼 tuó ①らくだ。②背中が突き出る。背中が曲がる。

【驼背】せむし。ねこ背。

【驼绒】①らくだのじゅう毛。②キャメル。

【驼色】駱駝色。薄いとび色。

鸵 tuó

【鸵鸟】だ鳥。アフリカだ鳥。

妥 tuǒ ①適当だ。妥当だ。△请～为保存/適切に保存してください。②まとまる。片付く。△款已备～/金はもうすっかり準備していた。

【妥当】妥当だ。適当だ。適切だ。

【妥善】適切だ。妥当だ。

【妥协】妥協する。

椭 tuǒ

【椭圆】①だ円。②だ円体。

拓 tuò　開拓する。拡げる。開く。

【拓荒】開墾する。開拓する。△～者/開拓者。

唾 tuò　①つばき。つば。②つばを吐く。口から吐き出す。③つばきを吐いて軽べつする。だ棄する。

【唾骂】つばを吐きかけてののしる。口ぎたなくののしる。

【唾沫】つば。つばき。

【唾弃】だ棄する。見捨てる。

【唾手可得】たやすく手に入れる。

【唾液】だ液。つば。

W

wa

洼 wā　①くぼんでいる。へこんでいる。②くぼんだ所。くぼみ。△水～/水たまり。

【洼地】低地。くぼ地。

挖 wā　掘る。△～井/井戸を掘る。

【挖补】くり抜いて繕う。つぎはぎをする。

【挖沟】みぞを掘る。

【挖掘】掘る。掘り出す。

【挖苦】冷かす。いやがらせを言う。

【挖泥船】しゅんせつ船。ドレッガー。

【挖墙脚】足場を崩す。土台を切り崩す。

蛙 wā　かえる。

【蛙人】水泳のうまい人。河童。

【蛙泳】平泳ぎ。ブレスト。

娃 wá　①子供。赤ちゃん。赤ん坊。②生まれたばかりの動物。△鸡～/ひよこ。

瓦 wǎ　①かわら。②素焼き。△～器/土器。素焼きの器（うつわ）。③ワット。

【瓦房】かわらぶきの家。かわら屋（や）。

【瓦工】①左官の仕事。②左官。左官屋。

【瓦解】①解する。崩壊する。崩れる。②切りくずす。

【瓦砾】がれき。かわらや石ころ。

【瓦斯】ガス。

瓦 wà　かわらをふく。

【瓦刀】こて。かなべら。

袜 wà　くつ下。

【袜带】くつ下どめ。

【袜套】くつ下カバー。

【袜筒】くつ下のくるぶしより上の部分。

wai

歪 wāi　①ゆがむ。曲がる。斜めになる。△～戴帽子/帽子を斜めにかぶっている。②不正だ。正しくない。正当でない。

【歪风】よこしまな気風。

【歪曲】わい曲する。ゆがめる。

外 wài ①外。表。△～屋/外側の部屋。表の部屋。②よそ。自分の側でない。△～省/他省。他の省。③外国。△～商/外国の商人。④母親、姉妹あるいは娘の親せき。△～亲/母方の親せき。⑤親しくない。疎遠だ。よそよそしい。△见～/他人行儀だ。よそよそしくする。⑥ほか。以外。以上。△此～/このほか。⑦正規でない。正式でない。

【外币】外貨。

【外边】①外。外の方。②外地。他郷。③表面。外側。

【外表】外側。上辺（うわべ）。見た目。

【外宾】外国からの賓客。外賓。

【外部】①外部。②外側。表面。

【外层空间】宇宙空間。

【外敷】外用する。

【外国】外国。他国。△～语/外国語。

【外行】①素人だ。経験がない。②素人（しろうと）。

【外号】あだな。ニックネーム。

【外患】外患。

【外汇】外国為替。外貨。△～行情/為替相場。

【外货】舶来品。外国製品。

【外籍】他国籍。外国籍。

【外加】その上。その外。

【外间】①外界。外部。外（そと）。②表の部屋。

【外交】外交。△～关系/国交関係。△～官/外交官。

【外界】外界。外部。

【外景】ロケーション。オープンセット。野外シーン。

【外科】外科。△～医生/外科医。

【外卖】外側（そとがわ）。から。

【外快】①臨時所得。余分の収入。②不当に得た金。賄ろ。

【外来】外来の。△～语/外来語。

【外力】外力。

【外流】流出する。外（そと）へ流れる。

【外贸】外国貿易。

【外貌】外形。外観。見掛け。

【外面】表面。外面。うわべ。

【外婆】（母方の）祖母。

【外侨】外国居留民。

【外勤】①外勤する。②外勤者。

【外人】①赤の他人。縁もゆかりもない人。②局外の人。③外国人。

【外伤】外傷。

【外甥】（姉妹の息子）おい。

【外甥女】（姉妹の娘）めい。

【外事】①外交事務。外事。②よその事。他人事。

【外孙女】（娘の生んだ）女の子。孫娘。

【外胎】タイヤ。

【外套】外とう。オーバー。

【外头】外（そと）。表。外側。

【外围】周囲。外郭。回り。

【外文】外国語。外国文。

【外侮】外国からの侮りと圧迫。

【外线】①外線。②電話の外線。

【外乡】他郷。よその土地。

【外销】外国へ売る。輸出する。

【外形】外形。

【外衣】①コート。上着。②仮面。ベール。

【外因】外因。

【外用】外用。

【外语】外国語。

【外域】外国。

【外援】外部からの援助。外国の援助。

【外在】外在する。外部にある。

【外债】外債。外国からの借款。

【外资】外资。外国资本。

【外族】①宗族の違う人。②外国人。③他民族。

【外祖父】母親の父。外祖父。

【外祖母】母親の母。外祖母。

wan

弯 wān ①曲がる。かがむ。②曲げる。かがめる。△～着腰/腰をかがめる。③曲がっている様。曲がった所。曲がり角。△拐～/角を曲がる。曲がり角。

【弯路】まわり道。

【弯曲】曲がっている。

【弯子】曲がった所。曲かり角。

剜 wān 掘る。えぐる。

湾 wān ①川の流れの曲がっている所。②湾。入り江。入り海。③船をてい泊させる。錨（いかり）を下（おろ）す。

蜿

【蜿蜒】①蛇がはうさま。②延延と曲がりくねって続く。湾曲しているさま。

豌 wān

【豌豆】えんどう。

丸 wán ①小さくて丸い物。△泥～/粘土のたま。土団子。②丸薬。③（助数詞）粒。△毎服両～/1回に2粒飲む。

【丸药】丸薬。

【丸子】肉や魚類の団子。

纨 wán 練絹（ねりぎぬ）。

【纨袴子弟】苦労知らずの坊ちゃん。働かずにぜい沢な生活をしている青年。

【纨扇】練絹ばりのうちわ。

完 wán ①すっかりそろっている。完璧だ。完全だ。△～好/完全だ。申しわけがない。②尽きる。なくなる。…切る。△信纸用～了/便せんがなくなった。③仕上げる。終える。完成する。△会开～了/会議は終わった。④納める。△～税/租税を完納する。⑤だめになる。お仕舞いになる。

【完备】完備している。すべてそろっている。

【完毕】終わる。済ませる。

【完成】完成する。やり遂げる。なし遂げる。

【完蛋】おだぶつになる。だめになる。

【完稿】脱稿する。

【完工】仕事を終える。工事が終わる。

【完婚】婚儀を終える。結婚する。

【完结】完結する。終わる。お仕舞になる。

【完满】円満だ。立派だ。完全無欠だ。

【完美】完ぺきだ。完全無欠だ。

【完全】①完全だ。全部そろっている。②全然。全く。すっかり。

【完人】完璧な人間。

【完事】用事が終わる。仕事が完了する。

【完整】完備している。すっかり整っている。

玩 wán ①遊ぶ。②ある種のゲームをする。△～扑克/トランプをする。③使う。ろうする。用いる。△～手段/手段をろうする。④もてあそぶ。⑤観賞する。賞する。△～月/月をめでる。月をながめる。⑥観賞用の品物。△古～/骨とう品。

【玩忽】軽視する。おろそかにする。

【玩火】火遊びをする。火をもて

あそぶ。◇～自焚/自業自得。火遊して自らを焼く。

【玩具】がん具。おもちゃ。

【玩弄】①おもちゃにする。もて遊ぶ。②もて遊ぶ。いじくる。③ろうする。振るう。

【玩偶】人形。

【玩命】無謀だ。むちゃだ。命知らず。

【玩赏】観賞する。賞がんする。

【玩世不恭】世をすねる。生活態度が不真面目だ。

【玩味】意味を深く味わう。がん味する。

【玩物】おもちゃ。がん具。

【玩笑】①ふざける。冗談を言う。②冗談。

顽 wán ①愚かだ。がん迷だ。かたくなだ。②がん固だ。片意地（かたいじ）だ。③いたずらだ。腕白だ。

【顽固】がん固だ。かたくなだ。

【顽抗】がん強に抵抗する。

【顽皮】いたずらだ。腕白だ。

【顽强】がん強だ。

【顽童】腕白な小僧。いたずらっ子。

【顽症】がん固な病気。

宛 wǎn ①曲げる。曲がる。②あたかも。さながら…ようだ。まるで。ちょうど…のようだ。

【宛然】あたかも。さながら…ようだ。ちょうど…のようだ。

【宛如】さながら…ようだ。まるで。ちょうど…のようだ。

【宛延】曲がりくねって長長と続いている。

挽 wǎn ①引く。引っ張る。△手～着手/手に手をつなく。②まくる。たくしあげる。△～起袖子/袖をまくりあげる。③死者を追悼する。

【挽歌】ばん歌。

【挽回】①ばん回する。取り返す。②（権益を）取りもどす。引きもどす。

【挽救】救う。助ける。

【挽联】死者を哀掉する対句。

【挽留】引き止める。

惋 wǎn 驚き嘆く。

【惋惜】嘆き惜しむ。残念に思う。

晚 wǎn ①夜。夕方。日暮れ。△今～/今晩。②遅い。遅れる。遅くなる。△时间～了/時間が遅くなった。③後からの。△～娘/まま母。継母。

【晚安】こんばんは。おやすみなさい。

【晚报】夕刊。

【晚辈】後輩。目下の者。

【晚车】夜行列車。

【晚稻】おくて。

【晚点】（汽車など定刻より）遅れる。

【晚饭】晩飯（ばんめし）。夕食。夕飯。

【晚会】イブニング・パーティ。夜の集り。

【晚婚】晩婚。

【晚节】晩節。

【晚景】①晩景。夕景色（ゆうげしき）。②晩年の境遇。老境。

【晚年】晩年。

【晚期】晩期。末期。

【晚秋】晩秋。

【晚上】晩。夜。夕方。

【晚霞】夕焼け。夕映え。晩霞。

婉 wǎn ①おとなしい。穏やかだ。やさしい。△～顺/しとやかだ。②えん曲だ。遠回しだ。

【婉言】遠回しに言う言葉。えん

曲な言葉。

【婉转】①穏やかだ。えん曲だ。②（歌声などが）美しい。きれいだ。

绾 wǎn　輪結びする。輪に結ぶ。(髪を)わがねる。

碗 wǎn　碗。茶碗。鉢。湯のみ。

万 wàn　①万。②非常に多い。△藏书～卷/たくさんの書籍を保存してある。③とても。非常に。大変。④（否定語と呼応して）全く。決して。どうしても。◇～不得己/万(ばん)やむを得ない。

【万般】①すべて。ありとあらゆる。万般。種種さまざま。△～皆下品/万般はすべて下品だ。②非常に。きわめて。全く。△～无奈/万(ばん)やむを得ない。全くいかんともしがたい。

【万端】様様だ。万端。

【万恶】極悪だ。悪逆無道だ。

【万分】非常に。極めて。とても。

【万古】とこしえ。万年。永遠。永久。

【万花筒】万華鏡。

【万金油】①塗り薬の一種。②よろずや。なんでもや。

【万籁俱寂】万籁寂として声なし。物音一つせず。

【万难】万難。あらゆる困難。

【万能】①なんでもできる。②多くの用途があること。万能。

【万年】万年。永久。

【万千】種種様様だ。多種多様だ。

【万全】万全。少しも手落ちがない。△～之计/万全の策。

【万世】万世。よろず代。

【万事】すべてのこと。万事。なにもかも。

【万万】①億。②決して。絶対に。

【万无一失】万に一つの失敗もない。絶対に失敗はない。

【万物】万物。

【万象】あらゆる事物。万象。

【万幸】大変幸運だ。幸いにも。

【万一】①万分の一。ごくわずか。②万一。ひょっとして。

腕 wàn　手首。

蔓 wàn　（植物の）つる。△瓜～/うりのつる。

wang

汪 wāng　①深く広広とした。②液体のひとたまり。

【汪洋】洋洋たる。おう洋。

亡 wáng　①逃れる。逃げる。△流～/放浪する。さすらう。②失う。無くす。③死ぬ。なくなる。死亡する。△阵～/戦死する。陣没する。④死んだ。なくなった。故人になった。△～妻/死んだ妻。亡妻。⑤滅ぼす。滅びる。滅亡する。

【亡故】なくなる。死去する。死ぬ。

【亡国】①国を滅ぼす。国が滅びる。②滅亡した国。亡国。

【亡命】①逃亡する。亡命する。②命知らず。

王 wáng　王。国王。

【王朝】王朝。朝廷。

【王储】君主国の王位継承者。皇ちょ。

【王道】王道。

【王法】国法。

【王宫】王宮。宮殿。

【王冠】王冠。

【王国】王国。

【王后】皇后。王妃。后(きさき)。

【王牌】切り札。

【王室】王室。朝廷。国家。

【王位】王座。

【王子】王子（おうじ）。

网 wǎng ①網（あみ）。△鱼～/魚網。②網のようなもの。△铁路～/鉄道網。③網を打つ。網でとる。△～着了一条鱼/網で魚を一匹捕った。

【网兜】網袋。網状の袋。

【网罗】①（魚、鳥を捕るための）網。②網らする。かき集める。

【网球】①テニス。庭球。△～场/テニスコート。△～拍/テニスラケット。②テニス・ボール。

【网眼】網の目。メッシュ。

枉 wǎng ①曲がっている。ゆがんでいる。間違っている。②無実の罪を着せる。ぬれぎぬを着せられる。③むだに。いたずらに。△～花钱/いたずらに金を使う。

【枉费】むだに…する。いたずらに…する。

【枉然】むだだ。むだ骨折りだ。

往 wǎng ①行く。△来来～～/行ったり来たりする。②向かう。へ。に。△～东走/東へ行く。③昔。過去。以前。△～事/過去のこと。

【往常】平常。日ごろ。ふだん。

【往返】行ったり来たりする。往復する。

【往复】往復する。

【往还】行き来する。往来する。

【往来】①行ったり来たりする。往来する。②交際する。付き合う。△友好～/友好往來。

【往年】往年。昔。

【往日】昔。往日。

【往事】過去のこと。往事。

【往往】よく。時時。しばしば。

【往昔】昔。往昔（おうせき）。

惘 wǎng ぼう然とする様。がっかりする様。

【惘然】ぼう然とする。がっかりする。

妄 wàng ①でたらめだ。理屈に合わない。②みだりに。勝手に。△～加评论/勝手に批評する。

【妄动】軽率に行動する。もう動する。

【妄念】もう想。

【妄求】無理に追求する。

【妄图】たくらむ。もくろむ。

【妄想】もう想する。空想する。

【妄自非薄】むやみに自己卑下する。過小評価。

忘 wàng 忘れる。記憶がなくなる。△～了写信/手紙を書くのを忘れた。

【忘恩负义】恩義を忘れる。恩知らず。

【忘乎所以】我を忘れる。有頂天になる。

【忘我】我を忘れる。献身的だ。

旺 wàng 盛んだ。おう盛だ。△购销两～/購買、販売の両方とも景気がよい。

【旺季】最盛期。出盛り期。シーズン。

【旺盛】盛んだ。おう盛だ。

往 wàng …に向かって。…の方へ。△～左拐/左へ曲がる。△～前看/前の方を見る。

【往后】①後の方へ。後へ。②これより以後。これから。今後。

望 wàng ①ながめる。見渡す。見回す。②訪問する。尋ねる。△拜～/お伺いする。訪問する。③希望する。望む。④人望。名望。

【望尘莫及】はるかに及ばない。足もとにも及ばない。

【望而生畏】見ただけで恐しくなる。

【望风】見張りをする。張り番をする。

【望远镜】望遠鏡。

wei

危 wēi ①危険だ。危い。②損害。危害。△〜及生命/危害が生命に及ぶ。③死に頼している。死にかかる。△病〜/病気が危篤になる。

【危害】危害を及ぼす（もたらす、与える）。△〜性/危害。

【危机】①危機。②経済危機。恐慌。

【危急】①緊迫する。②危急。

【危难】危難。危険。

【危亡】①滅亡にひんする。②危急存亡。

【危险】危険だ。危い。

威 wēi ①威厳。威風。②おどかす。威嚇する。

【威逼】脅迫する。おどしつける。おどかす。

【威风】①姿がりりしい。さっそうたる英姿。②威風。威光。

【威名】威名。

【威权】権威。権力。

【威摄】武力でおどかす。威嚇する。

【威士忌】ウイスキー。

【威势】威勢。威力。

【威望】威信。声望。威望。

【威武】威武。

【威胁】おどかす。脅迫する。

【威信】威信。人望。

【威严】①威厳がある。いかめしい。②威厳。威光。

逶 wēi

【逶迤】（道、山、川などが）くねくねと続いている様。

萎 wēi 衰える。なえる。△気〜/気力がなえる。力が抜ける。

偎 wēi 寄り添う。親しそうにしがみつく。

【偎抱】抱く。身につけて抱く。

【偎依】寄り添う。寄りすがる。

煨 wēi ①とろ火で煮込む△〜牛肉/牛肉をとろ火で煮る。②物をうずみ火の中にくべて焼く。△〜白薯/さつまいもをうずみ火の中にくべて焼く。

微 wēi ①小さい。かすかだ。微小だ。△相差甚〜/その差が極めて小さい。②（基本単位の100万分の1）ミクロン・マイクロ。

【微薄】わずかだ。少ない。

【微不足道】微小で取るに足りない。ほんのわずかだ。

【微观】微視。

【微乎其微】極めてわずかだ。

【微贱】卑しい。微せんだ。

【微妙】微妙だ。

【微弱】かすかだ。微弱だ。

【微生物】微生物。△〜学/微生物学。

【微微】①かすかに。少少。ほんの少し。②（主単位の1兆分の1）マイクロ・マイクロ。

【微细】微細だ。さ細だ。

【微小】微小だ。極めて小さい。

【微笑】ほほえみ。微笑。

【微型】小型。ミニアチュア。

巍 wēi 高くて大きい様。

【巍峨】高くそびえる。そびえ立つ。

为 wéi ①なす。行なう。する。

やる。△所做所～/することなすこと。②…となす。…とする。…とみなす。△以此～证/これを証拠とする。③…になる。…に変わる。…に変える。△一分～二/一が分れて二になる。④である。だ。△十寸～一尺/10寸は1尺だ。⑤れる。られる。△～人民所欢迎/人民に喜ばれる。

【为非作歹】悪事を働く。あれこれと悪い事をする。

【为难】①困る。困惑する。②人を困らせる。

【为期】時期。期限。

【为人】人柄。人格。

【为时过早】時期尚早だ。

【为首】リーダーとする。頭とする。はじめとする。

【为数】数。額。分量。

【为所欲为】したい放題なことをする。ほしいままにふるまう。

【为伍】…と仲間になる。

【为止】…まで。終わりとする。

违 wéi ①背く。反する。たがえる。守らない。△～令/命令違反。命令に背く。②別れる。離れる。△久～/久しく会っていない。お久しぶりです。

【违背】背く。違背する。違反する。

【违法】違法。法に背く。

【违反】違反する。背く。

【违犯】犯す。違犯する。

【违禁】禁令に違反する。△～品/禁製品。

【违抗】逆らう。反対する。

【违心】心ならず。不本意だ。

【违约】違約する。契約に背く。

【违章】法規に違反する。

围 wéi ①囲む。取り巻く。取り囲む。△团团～住/ぐるりと取り囲む。②回り。周囲。△四～都是山/四方とも山だ。

【围城】都市を包囲する。城を囲む。

【围攻】包囲攻撃する。

【围歼】包囲せん滅する。

【围剿】包囲討伐する。

【围巾】えり巻き。マフラー。

【围困】逃げ道をふさぐ。封じる。

【围拢】取り巻く。寄り集まって囲む。

【围棋】囲碁（いご）。碁（ご）。

【围墙】へい。囲い。

【围裙】エプロン。前掛け。

【围绕】①取り囲む。取り巻く。②めぐる。…について。

桅 wéi　マスト。帆柱（ほばしら）。

【桅灯】帆柱の上につけてある燈火。

惟 wéi ①ただ。だけ。のみ。ばかり。△～一无二/唯一無二。②しかし。ただし。ただ。△雨虽停,～路仍泥泞/雨がやんだが、道はやはりぬかっている。

【惟恐】ただ…だけが心配だ。…のみ恐れる。

【惟利是图】ひたすら私利私欲をむさぼる。

【惟一】唯一（ゆいいつ）。ただ一つの。

唯 wéi ①ただ。だけ。②しかし。ただし。

【唯物辩证论】唯物弁証法。

【唯物论】唯物論。唯物主義。

【唯物史观】唯物史観。史的唯物論。

【唯物主义】唯物主義。

【唯心论】唯心論。唯心主義。

【唯心史观】唯心史観。観念論的

歴史観。

【唯心主义】唯心主義。唯心論。観念論。

帷 wéi とばり。△～幕/幕（まく）。

维 wéi ①結ぶ。つなぐ。②保つ。維持する。

【维持】維持する。保つ。支える。△～生活/生活を支える。

【维护】守る。擁護する。

【维妙维肖】実によく似ている。真に迫っている。本物そっくりだ。

【维尼纶】ビニロン。

【维生素】ビタミン。

【维新】維新。政治改革。

【维修】維持と修繕。補修する。

伪 wěi ①にせ。偽りの。△～钞/伪札（にせさつ）。②非合法だ。

【伪币】偽造貨幣。偽札。

【伪君子】偽善者。君子づらをする人。

【伪善】偽善。△～者/偽善者。

【伪造】偽造する。偽ものをつくる。

【伪装】①（軍事上）偽装する。②見せかける。装う。

伟 wěi 偉大だ。偉い。立派だ。大きい。すぐれる。△～力/偉力。

【伟大】偉大だ。

【伟绩】偉大な功績。偉功。

【伟人】偉人。

【伟业】偉大な業績。偉業。

苇 wěi あし。よし。

【苇箔】あしで編んだすだれ。よしず。

【苇塘】あしの生えている池。

【苇席】あしで編んだむしろ。

纬 wěi ①横糸（よこいと）。②

緯席。△北～四十度/北緯 40度。

尾 wěi ①尾（お）。しっぽ。△牛～/牛のしっぽ。②末端。しんがり。△排～/列の最後尾。③終り。△扫～工程/最終工事。④後につく。尾行する。

【尾巴】①尾。しっぽ。②追随者。③物の後尾。④付属する。追随する。しり馬に乗る。

【尾声】①最後の曲調。コーダ。②文学作品の結末の部分。終章。③大詰めの段階。終り。

【尾数】①小数点以下の数。②（帳簿を決算する時の）端数。端（はし）た。

【尾随】後に従う。後をつける。

【尾追】後について追う。

委 wěi ①任せる。ゆだねる。△～以重任/重任を任せる。②捨てる。捨て去る。△～弃/捨てる。③なすりつける。転嫁する。△～过于人/過失を人に押しつける。④末。終わり。△原～/いきさつ。一部始終。⑤確かに。本当に。誠に。

【委顿】元気がない。衰える。しなびる。

【委靡】元気がない。意気消沈する。

【委派】任命する。委任する。

【委屈】不満だ。くやしい。残念だ。

【委任】職を命じる。委任する。

【委托】依頼する。任せる。頼む。

【委婉】えん曲だ。言い回しが丁寧だ。

【委员】委員。△～会/委員会。

娓 wěi

【娓娓】次から次へと話して厭きない。

萎 wěi しおれる。しなびる。しぼむ。

【萎缩】①い縮する。なえる。②縮む。③(経済が)衰退する。

唯 wěi 応答の言葉。

【唯唯诺诺】人の意におもねり従う。唯唯諾諾(いいだくだく)。

猥 wěi ①下品だ。卑しい。みだらだ。②多い。入り交じっている。

【猥琐】下品だ。卑しい。

【猥亵】みだらだ。猥せつだ。

卫 wèi 守る。保護する。

【卫兵】衛兵。

【卫队】護衛隊。守衛隊。

【卫生】衛生。△～室/保護室。△～纸/トイレット・ペーパー。

【卫戍】警備する。

【卫星】①衛星。②ある中心となるものの回りにあって従属的関係にあるもの。△～城/衛星都市。③人工衛星。

为 wèi ①…のため(に)。…に。△～人民服务/人民に奉仕する。②…のため(に)。…のゆえ(に)。③…に…される。△～人所排挤/人に排斥される。④…に。…に対して。…に向かって。

【为此】このために。この故に。

【为何】なぜ。どうして。どういうわけで。

【为虎作伥】悪人の手先となって悪事を働くことのたとえ。

【为什么】なぜ。どうして。

未 wèi ①まだ…しない。いまだに…していない。△～到/まだ到着していない。②…しない。…でない。△～知可否/いいかどうか分からない。

【未必】必ずしも…ない。…とは限らない。

【未便】好ましくない。…するわけにはいかない。

【未卜先知】占いをしないうちから知っている。

【未尝】①ない。△终夜～合眼/一晩中まんじりともしなかった。②ないわけでない。

【未定稿】未定稿。

【未婚】未婚。

【未婚夫】婚約者(男)。

【未婚妻】婚約者(女)。

【未可厚非】過度に非難するほどでもない。

【未来】未来。近い将来。

【未老先衰】老いずして身衰える。

【未了】未了。未完了。未解決。

【未免】あまりにも…だ。どうも…ようだ。

【未能免俗】まだ俗習からぬけきれない。

【未遂】なし遂げていない。未遂。△自杀～/自殺未遂。

【未详】未詳。明らかでない。

【未雨绸缪】雨の降らぬ先に雨戸(あまど)を修繕する。

【未知数】未知数。

位 wèi ①位置。所在地。場所。△坐～/座席。②地位。職位。△名～/名誉と地位。③(王位を指す)位。△即～/即位する。④(数値の)位。桁(けた)。△个～/1の位。⑤(人を数える)方。△诸～/みなさん。方方(かたがた)。

【位于】…に位置する。…に位する。

【位置】①場所。位置。座席。②地位。職位。

【位子】座席。

味 wèi ①味(あじ)。味わい。△

甜～/甘い味。②におい。かおり。△香～/よい香り。③意味。おもしろみ。味わい。△语言无～/言葉に面白味がない。④味わう。

【味道】味。味わい。

【味精】味の素。

【味觉】味覚。

畏　wèi　①恐れる。△不～强敌/強い敵を恐れない。②尊敬する。敬服する。

【畏避】恐れ避ける。

【畏惧】恐れる。

【畏难】困難を恐れる。困難にひるむ。

【畏怯】おじける。ひるむ。

【畏缩】しり込みする。たじろぐ。

【畏罪】法の裁きを恐れる。罪を恐れる。

胃　wèi　胃。胃袋。

【胃病】胃病。

【胃口】①胃の具合。食欲。②興味。好み。し好。

【胃溃疡】胃かいよう。

谓　wèi　①言う。いわゆる。△可～/言ってよい。②…と言う。…と呼ぶ。③意義。意味。△无～/意味がない。道理がない。

【谓语】述語。

尉　wèi

【尉官】尉官。

喂　wèi　①（呼びかけに用いる）おい。もしもし。②えさをやる。飼う。△～猪/豚にえさをやる。③口に入れてやる。食べさせてやる。

【喂奶】乳を飲ませる。

【喂养】飼う。養う。養育する。

蔚　wèn　茂る。繁茂する。

【蔚蓝】濃いあい色。青色。

【蔚然成风】盛んになりすでに一つの風潮となっている。

慰　wèi　①慰める。いたわる。ねぎらう。△～勉/慰め励ます。②安心する。慰める。

【慰劳】ねぎらう。慰労する。

【慰问】慰問する。

wen

温　wēn　①暖かい。ぬるい。生ぬるい。△～水/ぬるま湯。②温度。③温める。熱を加える。△～酒/酒をあたためる。④復習する。おさらいをする。

【温床】①温床。フレーム。②（悪人、悪事などの生れる環境）温床。

【温存】懇に慰める。思いやる。

【温带】温帯。

【温度】温度。△～计/温度計。

【温和】①（気候が）温和だ。暖かい。②（性質や態度が）おとなしい。穏やかだ。

【温厚】温厚だ。穏やかで篤実だ。

【温暖】①暖かい。②（もてなしが）温かい。温かみ。温める。

【温情】穏やかな優しい感情。温和な態度。

【温泉】温泉。

【温柔】優しく穏やかだ。優しい。

【温室】温室。

【温顺】温順だ。従順だ。おとなしい。

瘟　wēn　急性伝染病。疫病。

【瘟神】疫神。

【瘟疫】疫病。急性伝染病。

文　wén　①字。文字。文。②語。言葉。△英～/英語。③文章。文。△～如其人/文は人なり。④文語。文章語。△半～半白/文語と

口語が入り交じる。⑤（旧時の）礼儀。礼節。⑥非軍事的な。文の。△～职/文官。⑦天体、大地の模様、状態。△天～/天文。⑧飾る。覆い隠す。⑨入れ墨（ずみ）をする。⑩（銭を数える）文。△一～不值/一文の値打ちもない。
【文本】本文（ほんもん）。
【文笔】文章の中の語句。
【文才】文才。
【文采】①華麗な色彩。いろどり。②文学の才能。文才。
【文辞】語句。字句。
【文牍】文書。公文書。
【文法】文法。
【文风】文章の気風。文章を書く態度。
【文稿】（文章や公文書の）草稿。
【文告】通告文書。告示。
【文官】文官。
【文豪】文豪。
【文化】①（精神的なもの）文化。△～界/文化界。②（考古学用語）文化。△仰韶～/仰韶文化。③教養。一般知識。△～水平/教育程度。教養水準。
【文火】とろ火（び）。
【文集】文集。
【文件】①公文書。文書。②文章。文献。
【文教】文化と教育。
【文静】上品でもの静かだ。しとやかだ。
【文具】文房具。△～店/文具店。
【文科】文科。
【文库】文庫。
【文盲】文盲。明き盲（めくら）。
【文明】①文化。文明。△物质～/物質文明。②文明。△～国家/文明国家。
【文凭】証書。卒業証書。
【文人】文人。文士。
【文史】文学と歴史。
【文书】①公文書。書簡。②書記。文書係。
【文思】文章の構想。
【文坛】文壇。
【文体】①文体。文章のスタイル。②娯楽、体育の略称。
【文物】文物。
【文献】文献。
【文选】選集。
【文学】文学。△～家/文学家。文学者。
【文雅】優雅だ。上品だ。
【文言】文語。△～文/文語文。
【文艺】文芸。文学と芸術。△～作品/文芸作品。△～复兴/文芸復興。ルネッサンス。
【文娱】文化的な娯楽。
【文责】文責。
【文摘】ダイジェスト。
【文章】①文章。②含み。もくろみ。いわく。
【文职】文官。
【文质彬彬】文質彬彬。上品で礼儀正しい。
【文绉绉】文人くさい。
【文字】①文字。字。②言葉。言語。字句。③文章。

纹 wén ①模様。紋。あや。②筋。しわ。△指～/指紋。
【纹理】模様。木目（きめ）。紋。
【纹丝不动】少しも動かない。びくともしない。

闻 wén ①聞く。聞こえる。△～讯/知らせを聞く。②消息。ニュース。うわさ。△要～/重要なニュース。③かぐ。△你～～这是什么味儿/これは何のにおいかかいでごらん。
【闻风而动】（消息を聞いて）敏感

に動く。すぐに実行に移す。

【闻名】①名声を聞く。②有名だ。著名だ。名高い。

蚊 wén　蚊（か）。

【蚊香】蚊取り線香。

【蚊帐】蚊帳（かや）。

【蚊子】蚊。

刎 wěn　首をはねる。◇～颈之交/ふんけいの交わり。

吻 wěn　①くちびる。②口づけする。接吻する。キスする。③動物の口。

【吻合】ぴったりあう。

紊 wěn　乱れる。

【紊乱】乱れる。びん乱する。

稳 wěn　①安定する。落ち着く。△站～/しっかりと立つ。②確かだ。間違いない。

【稳步】着実な歩調。確かな足取り。

【稳当】落ち着いている。しっかりしている。

【稳定】①安定する。落ち着く。②安定させる。落ち着かせる。

【稳固】①安定している。しっかりしている。②しっかり固める。

【稳健】穏健だ。

【稳妥】穏当だ。妥当だ。

【稳重】穏やかで落ち着いている。

问 wèn　①問う。尋ねる。聞く。△～路/道を尋ねる。②訊問する。責任を問う。△唯你是～/責任は全部きみが負う。④かかわる。問題にする。△不闻不～/全く無関心だ。

【问安】安否を伺う。

【问答】発問と回答。問答。

【问好】安否を問う。御機げんを伺う。よろしく言う。△他向您～/あの方はあなたによろしく

とのことでした。

【问号】①疑問符。②疑問。

【问候】安否を問う。御機げんを伺う。

【问世】（著作などを）出版する。世間に発表する。

【问题】①問題。題。②事柄。事項。問題。③出来事。故障。

【问心无愧】心に問うて恥じることがない。

【问心有愧】気がとがめる。良心に恥じる。

【问讯】尋ねる。聞く。問う。△～处/案内所。受付。

【问罪】罪を問う。

weng

翁 wēng　①老人。年寄り。△渔～/漁翁。②父親。③夫の父あるいは妻の父。

嗡 wēng　ぶんぶん。△蜜蜂～地飞着/みつばちがぶんぶん飛んでいる。

瓮 wèng　かめ。△水～/水がめ。

【瓮声瓮气】（声が）太くて低いこと。

wo

涡 wō　うず。うず巻き。△水～/水のうずまき。

【涡轮】タービン。

莴 wō

【莴苣】ちしゃ。レタス。

【莴笋】→【莴苣】

窝 wō　①巣。△鸟～/鳥の巣。②巣くつ。△贼～/盗賊の巣くつ。③くぼみ。△酒～儿/えく

ほ。④寝どこ。場所。△挪～儿
/住居を移す。⑤かくまう。隠
匿する。△～脏/盗品を隠す。
⑥曲げる。折り曲げる。△把铁
丝～个圈/針金を曲げて輪にす
る。⑦一腹（ひとはら）。△一
～小鸡/一腹のひよこ。

【窝藏】かくまう。隠匿する。

【窝工】仕事が手待ちになる。仕
事が滞る。

【窝主】犯人をかくまったり、禁制
品や盗品を隠している人。

蜗 wō

【蜗牛】蜗牛（かたつむり）。でん
でん虫（むし）。

我 wǒ ①わたくし。わたし。ぼ
く。おれ。△～军/我が军。②自
己。自分。△自～批评/自己批
判。

【我们】わたしたち。ぼくたち。わ
れわれ。

【我行我素】自分は自分の生き方
でやる。わが道を行く。

沃 wò ①（土地が）肥えてい
る。肥よくだ。肥えた土地。②
（水を）注ぐ。かける。かんが
いする。

卧 wò ①寝る。ふせる。横にな
る。②（動物が）腹ばいになる。
③寝かせる。

【卧病】病がする。病気で寝付く。

【卧车】①寝台車。②乗用車。

【卧倒】伏せる。

【卧铺】（汽车の）寝台。

【卧室】寝室。

【卧榻】ベッド。寝台。

握 wò 握る。掌握する。握る。

【握别】握手して別れる。別れる。

【握力】握力。

【握拳】こぶしを握る。

【握手】握手する。手を握る。

斡 wò

【斡旋】あっ旋する。調停する。

龌 wò

【龌龊】汚い。汚れる。

wu

乌 wū ①からす。②黒い。△～
云/黒雲。

【乌龟】①かめ。△～壳/かめの
甲。②妻を寝取られた人。

【乌合之众】烏合の衆。

【乌黑】真っ暗だ。真っ黒だ。

【乌七八糟】めちゃくちゃだ。乱れ
きっている様。

【乌托邦】ユートピア。理想郷。

【乌鸦】からす。

【乌有】う有。何もない。◇化为～
/う有に帰する。

【乌贼】烏賊（いか）。

污 wū ①濁った水。汚れ物。△
血～/血の付いた汚れ。②きた
ない。不潔だ。△～水/汚水。③
清廉潔白でない。④汚す。

【污点】①（衣服などの）汚れ。②
不名誉なこと。汚点。

【污迹】染み。

【污蔑】①中傷する。②傷つける。
汚す。

【污染】①汚染する。②汚染。

【污辱】①侮辱する。ばかにする。
②汚す。

【污水】汚水。

巫 wū みこ。祈とう師。シャー
マン。

【巫婆】みこ。

【巫师】祈とう師。

【巫术】魔術。

呜 wū （擬声詞）うー。ぶー。
ぼー。おんおん。

【呜呼】①ああ。②死ぬ。

【呜咽】おえつする。むせび泣く。

诬 wū 诬（し）いる。無実の罪を着せる。

【诬告】ぶ告する。

【诬害】無実の罪で人を害する。

【诬赖】無実の罪を着せる。誣いる。

【诬蔑】中傷する。

【诬陷】無実の罪を着せる。

屋 wū ①家。家屋。②部屋。

【屋顶】屋根。屋上。

【屋脊】むね。

【屋檐】軒（のき）。

钨 wū タングステン。ウォルフラム。

【钨钢】タングステン鋼。

【钨砂】タングステン鉱石。

【钨丝】タングステン線。

无 wú ①ない。△从～到有/無から有になる。②…ない。△～碍大局/大局に影響がない。③…にかかわらず。論ぜず。④なかれ。△～庸费心/心配するなかれ。

【无比】この上ない。比べるものがない。

【无边无际】果てしなく広い。

【无补】益がない。役に立たない。

【无不】例外なく。すべて。…ないものはない。

【无产阶级】プロレタリアート。

【无偿】無償。

【无耻】恥知らず。無恥だ。

【无从】…する道がない。…する方法がない。

【无敌】無敵だ。

【无的放矢】的がなくて矢を放つ。

【无动于衷】すこしも心を動かされない様。

【无恶不作】悪事の限りを尽す。

【无法】すべがない。仕方がない。

【无妨】…しても差しつかえない。

【无非】…にほかならない。きっと…だ。どうせ…だ。

【无辜】罪がない。無こ。

【无故】故がない。理由なく。

【无怪】どうりで。…のはずだ。

【无关】関係がない。かかわりがない。

【无轨电车】トロリー・バス。

【无花果】いちじく。

【无机】無機。

【无稽】出たら目だ。無稽だ。◇～之谈/根拠のない議論。

【无计可施】施す方法がない。

【无济于事】焼け石に水。

【无精打采】すっかり元気を失ったさま。しょげ返る。

【无拘束】自由自在だ。自分の思うままだ。

【无可救药】治療の施しようがない。救いようがない。

【无可奈何】どうにもならない。どうしようもない。

【无可争辩】弁解する余地がない。

【无可置疑】疑う余地がない。

【无愧】何も恥じる所がない。やましいところがない。

【无赖】①無頼だ。理不尽だ。②無頼漢。

【无理】道理がない。無理だ。

【无力】①無力だ。②力がない。

【无量】無量。非常に大きい。

【无聊】①退屈だ。②おもしろくない。つまらない。

【无论】…にかかわらず。…を問わず。△～多少/多少にかかわらず。

【无论如何】いずれにしても。どうしても。

【无名】①名前がない。②有名でない。③わけもない。理由が分

【无奈】仕様がない。どう仕様もない。

【无能】無能だ。能なしだ。

【无能为力】どうすることもできない。手に負えない。

【无期徒刑】無期懲役。

【无情】①情けがない。非情だ。②無情だ。残酷だ。

【无穷】限りがない。果てしない。

【无权】権利がない。

【无声】無声。音がしない。

【无时无刻】いつでも。時時刻刻。

【无视】無視する。

【无数】①無数だ。数限りがない。②成算がない。詳しいことが分からない。

【无双】二つとない。並ぶものがない。

【无私】無私だ。私心がない。

【无所不为】何でもやる。どんな悪いことでもする。

【无所事事】ぶらぶらする。何もしないでいる。

【无所谓】①…と言うほどのことはない。②意に介しない。どうでもよい。

【无条件】無条件。

【无微不致】至れり尽くせり。

【无暇】暇がない。いとまがない。

【无限】限りがない。無限だ。

【无线电】①無線電信。②ラジオ。

【无效】(契約上、法律上)無効だ。効力がない。

【无懈可击】乗じられる隙がない。非の打ちどころがない。

【无心】①…する気がない。②なんの気もない。なんの考えもない。

【无形】目に見えない。無形の。

【无形中】知らず知らず。自然と。知らぬ間に。

【无疑】疑いなく。

【无异】ほかならない。違いない。

【无用】役に立たない。用途がない。

【无缘无故】なんのいわれも関係もない。何の理由もなく。

【无政府主义】無政府主義。

【无知】無知だ。

【无足轻重】重視するに足らない。重要性を持たない。

【无罪】無罪。

芜　wú
①雑草が茂る。△荒～/荒れ果てている。②雑草が生い茂った所。③乱雑だ。△～杂/乱雑だ。

梧　wú
【梧桐】青桐(あおぎり)。

蜈　wú
【蜈蚣】むかで。

五　wú
五。五つ。△～十/五十。△～倍/五倍。

【五彩】(青、黄、赤、白、黒の)五色(ごしき)。多彩な色取り。◇～缤纷/五色が入り交じっている様。

【五官】五官。顔だち。

【五光十色】色とりどりで美しい。

【五湖四海】全国津津浦浦(つつうらうら)。

【五花八门】多種多様。種種様様。

【五金】(金、銀、銅、鉄、すずなどの)金属の総称。

【五味】(甘い、すっぱい、辛い、苦い、塩辛い、五種の味)五味。

【五线谱】五線譜。

【五颜六色】色とりどりなさま。多彩なさま。

【五月】五月。

【五脏】(心、肝、脾、肺、腎)五臓。

【五指】五指。

午 wǔ　昼間。正午。昼。
【午饭】昼飯。(ひるめし)。昼食。
【午后】午後。
【午前】午前。
【午休】昼休み。

妩 wǔ
【妩媚】なまめかしい。あでやかで美しい。

忤 wǔ　逆らう。返抗する。

武 wǔ　①武力。軍事。暴力。△~官/武官。②勇猛だ。勇ましい。勇敢だ。③武術。武芸。
【武断】独断。主観的な判断。
【武力】①強暴な力。②軍事力。武力。兵力。
【武器】武器。兵器。
【武士】①武士。武人。勇気ある人。②(古代、宮廷を守る)兵士。衛士(えじ)。
【武装】①武装する。武装させる。②武力。武装。

侮 wǔ　軽べつする。侮る。いじめる。
【侮慢】侮る。軽べつする。
【侮辱】侮辱する。

捂 wǔ　ぴったりと覆う。押える。隠す。△~耳朵/手で耳を覆う。

舞 wǔ　①舞い。踊り。ダンス。②舞う。踊る。
【舞伴】ダンスのパートナー。
【舞弊】いんちきをやる。不正行為をする。
【舞场】ダンス・ホール。
【舞蹈】①舞踏。踊り。ダンス。②踊る。ダンスをする。
【舞会】ダンス・パーティー。舞踏会。
【舞剧】舞踊劇。
【舞女】ダンサー。踊り子。

【舞台】舞台。ステージ。△~监督/舞台監督。

勿 wù　…してはいけない。…するな。△请~吸烟/たばこを吸うな。

务 wù　①勤め。仕事。△公~/公務。②従事する。勤める。△~农/農業に従事する。③ぜひ。きっと。必ず。
【务必】必ず。ぜひ。…しなければならない。
【务农】農業に従事する。

物 wù　①もの。物体。物質。△废~/廃物。②内容。中味。△空洞无~/からっぽで中味がない。
【物产】物産。
【物价】物価。
【物理】①物事の道理。②物理。
【物力】物資。
【物品】物品。品物。
【物色】物色する。
【物体】物体。
【物质】物質。
【物资】物資。

误 wù　①間違い。誤り。△笔~/書き間違い。②遅れる。手間取る。△~车/乗り遅れる。③誤らせる。
【误差】誤差。
【误点】時間に遅れる。
【误会】誤解する。思い違いをする。
【误解】①誤解する。②誤解。
【误杀】過失致死。
【误事】事をしくじる。事を誤る。

悟 wù　悟る。分る。理解する目覚める。△~出其中的道理/その中の道理が分った。
【悟性】悟性。悟り。のみこみ。

恶 wù　憎む。△好~/愛憎。好

ききらい。△可〜/憎らしい。

晤 wù　会う。面会する。

【晤谈】面談する。面会する。

雾 wù　①霧（きり）。②霧に似たもの。△喷〜器/噴霧器（ふんむき）。

X

xi

夕 xī　①夕べ。夕方（ゆうがた）。②夜。晩。

【夕烟】夕煙（ゆうけむり）。

【夕阳】夕方の太陽。夕日。斜陽。

【夕照】夕日影。

西 xī　①西。西側。△往〜走/西へ行く。②西洋。

【西边】西がわ。西の方。

【西餐】西洋料理。

【西方】①西の方。西方。②欧米諸国。③（仏教の）西方浄土。

【西服】洋服。背広。

【西瓜】すいか。

【西红柿】トマト。

【西式】西洋式。洋式。洋風。

【西洋景】①のぞきめがね。②からくり。

【西药】西洋医術で用いる薬剤。

【西医】①西洋医学。②（西洋医術を行う）医者。

【西乐】洋楽。西洋音楽。

【西装】洋服。

吸 xī　①吸う。△〜新鲜空气/新鮮な空気を吸い込む。②吸収する。吸い取る。③吸いつける。

【吸尘器】掃除機。ダスト・コレクター。

【吸毒】麻薬吸飲。△〜者/麻酔剤常用者。

【吸力】引力。吸引力。

【吸墨纸】吸取紙（すいとりがみ）。

【吸取】くみ取る。吸収する。

【吸食】吸い込む。吸う。

【吸收】①吸収する。②受け入れる。入らせる。

【吸铁石】磁石。

【吸烟】たばこを吸う。喫煙する。

【吸引】引きつける。誘い込む。

希 xī　①少ない。②願う。希望する。△〜准时出席/時間通りにご出席を願います。

【希罕】①まれだ。珍しい。②ほしがる。

【希奇】珍しい。不思議だ。

【希图】もくろむ。たくらむ。

【希望】①希望する。望む。…したいと思う。…てほしい。②希望。願望。願い。③希望を託する対象。ホープ。

昔 xī　昔。△今非〜比/今は昔と全く違う。

【昔日】昔。昔日。

析 xī　①分ける。分かれる。②解く。分析する。解釈する。△〜义/意義を解明する。

牺 xī

【牺牲】①生けごえ。②犠牲にする。生命を捨てる。

息 xī　①息（いき）。△一〜尚存/かすかながらまだ息が残って

いる。②消息。△信～/便り。消息。③利息。利子。△年～/年利。

【息票】利札。利息札。

【息息相关】切っても切れない関係にある。

惜 xī ①大切にする。重視する。△爱～公物/公の物を大切にする。②惜しむ。惜しがる。△～光阴/光陰を惜しむ。

【惜别】別れを惜しむ。惜別。

悉 xī ①すべて。ことごとく。△～力/力を尽くす。②知る。△熟～/よく知っている。

【悉心】専心する。心を尽くす。

稀 xī ①まれだ。②まばらだ。△地广人～/土地が広く人が少ない。③薄い。希薄だ。

【稀薄】薄い。希薄だ。

【稀饭】おかゆ。

【稀客】珍客。めったに来ない客。

【稀烂】①ぐじゃぐじゃ。②めちゃくちゃだ。

【稀少】少ない。まばらだ。

【稀疏】まばらだ。薄い。

【稀有】珍しい。まれだ。

溪 xī 谷川。渓流。

熄 xī 消す。消える。

蜥 xī

【蜥蜴】とかげ。

膝 xī ひざ。ひざ頭（がしら）。

【膝盖】ひざ。△～骨/膝蓋骨。

【膝关节】ひざ頭。ひざぶし。

嬉 xī 遊ぶ。楽しむ。

【嬉皮笑脸】にやにや笑うさま。

【嬉笑】笑いさざめく。くすくす笑う。

熹 xī 朝のほのかの陽光。夜が明ける。

【熹微】（夜明けの）日ざしがほのかだ。

蟋 xī

【蟋蟀】こおろぎ。

习 xī ①練習する。習う。△复～/復習する。②慣れる。精通する。③習慣。習わし。

【习惯】①習慣。習わし。仕来たり。②習慣になる。慣れる。

【习见】よく見られる。見慣れる。

【习气】悪い風習。癖。悪習。

【习俗】習慣と風俗。風習。

【习题】練習問題。

【习性】習性。癖。

【习以为常】慣れて怪しまない。

【习用】常用する。使い慣れる。

【习语】①成語、ことわざ、俗語など。②慣用語。

【习字】習字をする。

【习作】習作する。

席 xī ①むしろ。ござ。△草～/ござ。むしろ。②席。座席。△入～/着席する。③宴席。

【席次】席次。席順。

【席地】地面に座る。

【席卷】巻き込む。拡がる。

【席位】議席。座席。

袭 xī ①襲う。襲撃する。△夜～/夜襲。②踏襲する。

【袭击】襲撃する。不意打ちをかける。

【袭扰】襲撃して騒がせる。

媳 xī 嫁。息子の妻。

【媳妇】①息子の妻。嫁。②妻。

檄 xī

【檄文】げき文。檄。

洗 xī ①洗う。洗たくする。△～脸/顔を洗う。②洗礼。△受～/洗礼を受ける。③晴らす。すすぐ。△～冤/無実の罪をすすぐ。④（フィルムを）現像する。焼きつけをする。⑤皆殺しにす

る。⑥(トランプのカードを)か
き混ぜる。切る。

【洗尘】宴を設けて遠来の客を歓
迎する。

【洗涤】洗う。洗できする。△～
剂/洗剤。

【洗发剂】シャンプー。

【洗劫】財物をすっかり掠奪する。

【洗礼】洗礼。

【洗脸盆】洗面器。

【洗染店】クリーニング屋。

【洗手】①手を洗う。②悪事から
手を引く。足を洗う。

【洗刷】①水で洗う。ブラシで洗い
落とす。②(汚点などを)そそ
ぐ。取り除く。

【洗心革面】あやまちを改めて更
生する。改心して真人間にな
る。

【洗雪】すすぐ。晴らす。

【洗衣】洗たくする。クリーニン
グする。△～粉/粉石けん。△
～机/洗濯機。

【洗澡】入浴する。ふろに入る。

玺 xi 御璽(ぎょじ)。

徙 xi 移す。移る。

【徙居】転居する。引っ越しをす
る。

铣 xi フライス削りする。(旋
盤で)切削する。

【铣床】フライス盤。

【铣刀】フライス。

【铣工】①フライス盤作業。②フ
ライス工。

喜 xi ①喜ぶ。嬉しい。楽しい。
②めでたい。③妊娠すること。
④好む。好きだ。△～读书/読書
が好きだ。

【喜爱】好きだ。好む。

【喜报】嬉しい知らせ。吉報。

【喜出望外】思いがけないことで

大喜びする。望外の喜び。

【喜欢】①喜ぶ。好む。好きだ。②
愉快だ。嬉しい。楽しい。

【喜酒】祝い酒。結婚披露宴。

【喜剧】喜劇。

【喜气洋洋】喜色があふれている。

【喜庆】①お祝い。慶事。②喜ばし
い。めでたい。

【喜鹊】かささぎ。

【喜人】嬉しい。喜ばしい。

【喜色】喜色。

【喜事】①吉事。お祝い。めでた
いこと。②結婚すること。

【喜闻乐见】人人に喜ばれること。

【喜新厌旧】飽きっぽい。移り気
だ。

【喜形于色】喜びの色を顔に表す。

【喜讯】吉報。喜しい便り。

【喜悦】喜び。嬉しい。

戏 xi ①遊び。娯楽。冗談。△
嬉～/遊び戯れる。②からかう。
戯れる。△～言/戯れの言葉。冗
談。③演劇。芝居。△马～/サ
ーカス。

【戏班】芝居の一座。劇団。

【戏词】せりふ。

【戏法】手品。

【戏剧】演劇。劇。芝居。

【戏迷】芝居気違い。芝居狂。

【戏目】演目。演劇の出しもの。

【戏弄】からかう。悪ふざけする。

【戏曲】戯曲。

【戏台】舞台。

【戏谑】冗談を言って人をからか
う。

【戏院】劇場。

系 xi ①系列。系統。システム。
△语～/語系。②学科。学部。△
哲学～/哲学部。③かかわる。関
係する。④つなぐ。△～马/馬を
つなぐ。⑤だ。である。

【系列】系列。シリーズ。
【系念】気にかかる。心配する。
【系数】係数。
【系统】①系統的だ。②一派。系列。

细 xì ①細い。△～铁丝/細い針金。②細かい。△～沙/細かい砂。③（声が）か細い。小さい。④手が込んでいる。⑤詳しい。細かい。△～看/詳しく見る。⑥微細だ。小さい。
【细胞】細胞。
【细长】細長い。
【细节】詳細。詳しい事情。
【细菌】細菌級。△～武器/細菌兵器。
【细毛】高級毛皮。
【细目】細目。詳しい条目。
【细嫩】みずみずしくて柔らかい。
【细腻】①きめが細かい。②念入りだ。
【细巧】念入りだ。精巧だ。
【细弱】か弱い。
【细声细气】小さい声。元気のない声。
【细微】微細だ。わずかだ。かすかだ。
【细小】細く小さい。細かい。
【细心】注意深い。
【细雨】小雨。霧雨。
【细则】細かな規則。細則。

隙 xì ①割れ目。すき間。△墙～/壁の隙き間。②（感情の）ひび。不仲（ふなか）。不和。③すき。手抜かり。△无～可乘/乘じるすきがない。④暇。合い間。

xia

虾 xiā えび。
【虾酱】えびのペースト。

【虾米】むきえび。干しえび。
【虾皮】皮つきの干しえび。
【虾仁】えびのむき身。
【虾油】えびから取っむ油。
【虾子】えびの卵。

瞎 xiā ①失明する。目がつぶれる。盲（めくら）。盲になる。△～了一只眼/片目が盲になった。②むやみだ。やたらだ。△～花钱/やたらに金をむだ使いする。③むだだ。
【瞎话】出たら目。うそ。
【瞎闹】ばか騒ぎをする。
【瞎说】出たら目を言う。いい加減なことを言う。
【瞎子】盲。

匣 xiá
【匣子】箱。

狎 xiá なれなれしい。
【狎昵】なれなれしい。

侠 xiá
【侠客】きょう客。
【侠义】義きょう心に富んでいる。

峡 xiá 谷川。△海～/海峡。
【峡谷】峡谷。谷間。

狭 xiá 狭い。
【狭隘】①幅が狭い。②度量が狭い。
【狭义】狭義。狭い意味。
【狭窄】狭い。

遐 xiá
【遐想】思いをはせる。

瑕 xiá ①瑕（きず）。②欠点。
【瑕疵】瑕。欠点。

暇 xiá 暇（ひま）。いとま。△无～/暇がない。

辖 xiá ①車輪を車軸にとめるくさび。②管理する。管轄する。
【辖区】管轄区域。

霞 xiá 朝焼け。夕焼け。

【霞光】夕(朝)焼けの光。

下 xià ①下(した)。下の方。②等級が劣るもの。△～等/下等の。下級の。③次の。後の。これから先の。△～月/来月。④くだる。降りる。下がる。△～山/山を降りる。⑤下す。公布する。△～命令/命令を下す。⑥…に行く。△～厂/工場へ行く。⑦離れる。下がる。退場する。△从左边~/左側から退場する。⑧降る。下りる。△～雨/雨が降る。△～霜/霜が下りる。⑨入れる。△～面条/うどんを(なべに)入れる。⑩くだす。出す。△～结论/結論を出す。△～定义/定義をくだす。⑪用いる。投下する。かける。△～力气/力を入れる。⑫産卵する。生む。△～蛋/卵を生む。

【下巴】あご。

【下班】退勤する。

【下半场】試合の後半。

【下半夜】夜半過ぎ。

【下笔】筆を下ろす。(字、絵、文章などを)書き始める。

【下策】下策。まずい計略。

【下层】下の階層。下部組織。

【下场】①舞台を下りる。退場する。②結末。最期。

【下沉】沈下する。

【下船】船を降りる。下船する。

【下垂】しだれる。垂れさがる。

【下达】伝達する。発布する。

【下地】①田畑に出る。野良仕事に出る。②ベッドから下りる。

【下毒手】毒手を下す。

【下腭】下あご。

【下放】(権力を)分散する。譲渡する。

【下风】①風下(かざしも)。②劣勢な立場。不利な地位。

【下工夫】精を出す。

【下跪】ひざまずく。

【下海】海に出る。

【下级】下級。部下。

【下贱】①卑しい。②下品だ。

【下降】①下降する。降りる。②下がる。下げる。低くする。

【下课】授業が終わる。

【下来】降りる。降りてくる。

【下列】下記の。次の。

【下令】命令を下(くだ)す。

【下流】①下流。川下。②下品だ。卑しい。

【下落】①行方(ゆくえ)。△～不明/行方不明。②降下する。落ちる。

【下马】①馬から降りる。②停止する。中止する。

【下面】①下。下の方。②次。以下。③下級。下のもの。

【下坡路】下り坂。

【下棋】将棋をさす。碁を打つ。

【下去】降りて行く。降りる。

【下身】下半身。

【下手】①下座(しもざ)。下手(しもて)。②手を下す。手をつける。③助手。下働き。

【下属】下僚。下役(したやく)。

【下水】①進水する。水に入る。②れにつけて縮らせる。縮絨する。③悪事を働く。

【下水道】下水道。

【下台】①(舞台または講壇から)下りる。②退陣する。失脚する。③ひっこみをつける。

【下文】①次の部分。次の文。②その後。結果。

【下午】午後。

【下乡】田舎へ行く。

【下旬】下旬。

【下游】①下流。川下。②立ち遅れている状態。

【下肢】下し。

吓 xià　驚く。びっくりさせる。驚かす。

夏 xià　夏。

【夏历】旧歴。陰歴。

【夏令】①夏。夏季。②夏の気候。△～营/キャンプ。△～时/サマータイム。

【夏收】①夏の取り入れをする。②夏の収穫。

xian

仙 xiān　せん人（にん）。神せん。

【仙丹】せん丹。起死回生の妙薬。

【仙鹤】つる。丹頂づる。

【仙境】せん境。

【仙女】せん女。

【仙人掌】サボテン。

先 xiān　①先。先に。あらかじめ。△您～请/お先にどうぞ。②なくなった。せい去した。△～父/亡父。先父。③以前。前。

【先导】①導く。道案内する。②道案内人。ガイド。

【先发制人】先んずれば人を制す。

【先锋】先ぼう。前衛。パイオニア。

【先后】①先後。後先（あとさき）。②前後して。相継いで。

【先进】進んでいる。先進的だ。

【先决】先決する。

【先例】先例。前例。

【先烈】烈士。

【先前】以前。前。

【先遣】先遣。先発。

【先驱】先駆（さきがけ）。先駆

（せんく）。

【先入为主】先入主となる。先入観にとられる。

【先生】①先生。教師。②ご主人。主人。③（商店の）会計。

【先天】①生まれつき。②先験的。アプリオリ。

【先行】①先行する。△～者/先行者。②あらかじめ行う。

【先兆】前兆。前触れ。

【先哲】先哲。

纤 xiān　細かい。微細だ。

【纤巧】精巧だ。精ちだ。

【纤弱】弱弱しい。せん細でか弱い。

【纤维】繊維。

【纤细】非常に細かい。せん細だ。

掀 xiān　開ける。取る。△～盖子/ふたをとる。

【掀动】揺り動かす。ゆさぶる。

【掀起】①めくる。開ける。②沸き上がる。盛り上げる。③巻き起こす。

锹 xiān　スコップ。シャベル。

鲜 xiān　①みずみずしい。新鮮だ。△～奶/新鮮なミルク。②鮮かだ。鮮明だ。③味がよい。おいしい。④初物（はつもの）。△时～/季節の初物。

【鲜红】真っかな色。真紅（しんく）。

【鲜花】生花（せいか）。

【鲜美】味がよい。おいしい。

【鲜明】①鮮かだ。はっきりしている。②明るい。目が覚めるようだ。

【鲜嫩】新鮮で柔らかい。

【鲜血】鮮血。

【鲜艳】鮮かで美しい。

闲 xián　①暇だ。手がすいている。②あいている。遊ばせてお

く。△～房/空き家。空き部屋。
③暇。△不得～/暇がない。

【闲逛】ぶらつく。

【闲话】①雑談。むだ話。世間話。
②うわさ。悪口。③ぐち。文句。

【闲聊】雑談する。野世間話をする。

【闲气】いわれもない怒り。

【闲钱】余計な金。

【闲人】無用の者。△～免进/無用の者入るべからず。

【闲散】①のんびりしている。②使用してない。遊ばしている。

【闲事】余計な事。自分と関係のないこと。

【闲适】のんびりしている。暇で気楽だ。

【闲谈】雑談する。むだ話をする。

【闲暇】暇。

【闲心】のんびりした気持ち。ゆったりした気持ち。

【闲杂】無職の（人）。定職がない。

【闲置】（物を）遊ばしておく。ほうっておく。

贤 xián ①賢い。善い。善良だ。②立派な人。才徳のある人。

【贤达】賢者。

【贤惠】（女性が）気立てがやさしく親切だ。

【贤良】賢明で善良だ。

【贤明】賢明だ。

弦 xián ①弦（げん・つる）。②（楽器の）弦。③（数学の）弦。

【弦外之音】言外の意味。

【弦乐队】弦楽隊。

【弦乐器】弦楽器。

咸 xián 塩辛い。しょっぱい。△～菜/つけ物。

娴 xián ①しとやかだ。静かだ。②熟練している。

【娴静】物静かだ。しとやかで、

上品だ。

【娴熟】熟練している。

舷 xián げん。ふなばた。△左～/左げん。

【舷窗】げん窓。

【舷梯】タラップ。げんてい。

衔 xián ①くわえる。△～着烟斗/パイプを口にくわえている。②心に抱く。△～怨/恨みを抱く。③官職名。学位。

【衔接】①つながり。②つながる。

嫌 xián ①疑い。けん疑。△避～/けん疑を避ける。②怨み。意趣。③きらう。いやがる。

【嫌弃】不快に思う。いやがる。

【嫌恶】けん悪（お）する。

【嫌疑】容疑。けん疑。△～犯/容疑者。

【嫌怨】怨み。

险 xiǎn ①危険。危ない。△遇～/危険に遭う。②要害。険所。険しい所。③陰険だ。④危うく…（する）ところだ。もう少しで。

【险恶】険悪だ。きびしい。

【险境】険阻な地。危険な場所。

【险滩】険しい速瀬。

【险些】もう少しで。危うく。

【险要】険しい。

【险症】危険な病症。

【险阻】険阻。

显 xiǎn ①明らかだ。はっきり見える。△效果不～/効き目ははっきり現れない。②示す。現す。

【显得】（…のように）見える。…と思われる。

【显而易见】明らかだ。分り切っている。

【显赫】かっかくとしている。盛んだ。

【显露】现す。現れる。

【显明】はっきりしている。明白だ。

【显然】明らかだ。はっきりしている。

【显身手】腕前を見せる。

【显示】はっきり示す。見せつける。

【显微镜】顕微鏡。

【显象管】受像管。ブラウン管。

【显形】正体を現わす。

【显眼】目立つ。人目につく。

【显要】顕要。

【显影】現像する。△～剂/現像薬。

【显著】顕著だ。著しい。

县 xiàn　県(中国の省の下の行政区画の一)。

【县长】県知事。

现 xiàn　①今。現在。△～状/現況。②その時に。その場で。△～写文章/その場で文章を書く。③現金。△～钱/現金。④現れる。現わす。△～出笑容/笑みを浮かべた。

【现场】現場。

【现成】既成の。あり合わせの。

【现代】①現代。②近代。△～史/現代史。

【现代化】現代化。近代化。

【现金】現金。手持ち資金。

【现任】①今担当している。②現職の。現任。

【现实】①現実。②現実的だ。△～主义/現実主義。リアリズム。

【现世】①現世。この世。②恥をさらす。恥をかく。

【现象】現象。

【现行】現行(の)。△～犯/現行犯。

【现役】現役。△～军人/現役軍人。

【现有】現有の。現行の。

【现在】今。現在。

【现状】現状。

限 xiàn　①期限。制限。△以年底为～/期限は年末まで。②限定する。限る。△人数不～/人数を制限しない。

【限定】限定する。

【限度】限度。

【限额】規定の数量。碁準額。

【限量】①限度。②限度を決める。

【限期】①期限通りに。②期限。

【限于】…に限られる。…に限る。

【限制】①制限する。限定する。②制限。限度。

线 xiàn　①糸。線(せん)。②線。△直～/直線。③線のようなもの。④(交通の)線路。△航～/航路。⑤境目。△海岸～/海岸線。⑥限界。範囲。△死亡～/死線。⑦少し。わずかな。△一～希望/一筋の望み。

【线路】回路。線路。△～图/回路図。

【线绳】線ロープ。線糸。

【线索】手掛かり。糸口。

【线条】線。筋。

宪 xiàn　①法令。②憲法。△制～/憲法を制定する。

【宪法】憲法。

【宪章】法則。憲章。

【宪政】憲政。立憲政治。

陷 xiàn　①陥る。落ち込む。△～进泥里/泥の中に落ち込んだ。②くぼむ。へこむ。△道路下～/道がくぼむ。③陥落する。攻め落とされる。

【陷害】(人を)陥れる。計略にかける。

【陷井】①落とし穴。②(人を陥れる)わな。落とし穴。

【陷落】①くぼむ。陥没する。②陥落する。

【陷入】①陥る。落ち込む。②(物思いに)沈む。ふける。

馅 xiàn あん。あんこ。中味。△肉～/肉のあん。

羡 xiàn うらやむ。

【羡慕】せん望する。うらやむ。うらやましく思う。

献 xiàn ①ささげる。贈る。差し上げる。△～血/献血する。②現す。呈する。△～殷勤/媚びへつらう。

【献策】→【献计】

【献词】あいさつ。祝詞。

【献计】献策する。

【献礼】①お祝いの贈り物。②贈り物を差し出す。

【献媚】こびをうる。へつらう。

【献身】身をささげる。献身する。

腺 xiàn 腺(せん)。△汗～/汗せん。

xiang

乡 xiāng ①田舎。農村。村。②郷里。故郷。故里。③中国の行政区域の一。

【乡村】田余。農村。

【乡绅】田舎の紳士。

【乡思】望郷の念。郷愁。

【乡土】郷土。△～观念/郷土意識。

【乡下】田舎。農村。△～人/田舎の人。

相 xiāng ①互いに。相互に。…(し)合う。△～安/一緒に仲よく暮らす。②見る。品定めする。△～亲/見合いをする。

【相比】比較する。比べる。△不能～/比べものにならない。

【相差】相違する。差がある。△～无几/たいして違いがない。

【相称】似合う。つり合いがとれる。ふさわしい。

【相持】対峙する。相対立する。

【相处】付き合う。交際する。

【相传】①…と伝えられる。話によれば…。②渡す。伝える。伝授する。

【相当】①相応する。相当する。②適当だ。しかるべき。③なかなか。かなり。

【相等】等しい。同じだ。

【相对】①向かい合う。相対する。②相対的だ。△～主义/相対主義。③比較的。

【相反】①相反する。△～方向/正反対な方向。②それに反して。これとは反対に。

【相仿】似ている。同じぐらいだ。

【相逢】めぐり合う。かいこうする。

【相符】相符合する。相一致する。

【相干】関係する。かかわる。

【相隔】離れる。隔たる。

【相关】関連する。関連を持つ。

【相好】親しい。仲がいい。

【相互】相互に。互いに。△～作用/相互作用。

【相继】相継ぐ。次次と。

【相间】交互に。

【相交】①交差する。②交際する。付き合う。

【相近】よく似ている。差が小さい。

【相距】隔たる。離れる。

【相连】連なる。

【相劝】勧告する。勧める。

【相商】相談し合う。打ち合わせる。

【相识】①知り合う。②知り合い。

知人。

【相思】慕い合う。思い合う。△
　～病/恋煩（こいわずら）い。

【相似】似ている。似通う。

【相提并论】同列に論じる。同等
　に見る。

【相通】通じ合う。通じる。

【相同】同じだ。

【相投】意気投合する。気が合う。

【相象】似る。似通う。

【相信】信じる。信用する。

【相形见绌】比べて見てひどく見
　劣りがする。

【相依】互いに頼り合う。

【相宜】適当だ。適している。

【相应】①…すべきだ。②相応す
　る。それに応ずる。

【相映】互いに引き立て合う。

【相中】気に入る。

香 xiāng ①におう。香ばしい。
　△花～/花が香ばしい。②味が
　いい。おいしい。うまい。△飯
　真～/ご飯はとてもうまい。③
　食欲がある。食事がおいしい。
　④ぐっすり眠る。△睡得～/ぐっ
　すり眠る。⑤におい。香。△盘
　～/うず巻線香。

【香槟酒】シャンペン。

【香菜】中国パセリ。

【香草】バニラ。

【香肠】ソーセージ。腸詰め。

【香粉】おしろい。

【香菇】しいたけ。

【香瓜】真桑（まくわ）うり。

【香蕉】バナナ。

【香精】エッセンス。

【香客】参けい者。

【香料】香料。

【香炉】香炉。

【香喷喷】①ぷんぷんといいにお
　いがする。②薫りが高い。

【香水】香水。

【香甜】①味がよい。おいしい。
　②気持ちがよい。ぐっすり（眠
　る）。

【香味】薫り。香気。

【香烟】①線香の煙。②巻かたば
　こ。△～头/たばこの吸いがら。

【香油】ご麻油。

【香皂】化粧石けん。

【香脂】バルサム。

厢 xiāng ①母屋の前方の両側
　の部屋。②（劇場の）ボックス
　席。③あたり。附近。△两～/両
　方。両側。

箱 xiāng 箱。△木～/木箱。△
　书～/本箱。

襄 xiāng 助ける。

【襄理】①協力して処理する。②支
　配人代理。

【襄助】肋力する。賛助する。

镶 xiāng ①はめ込む。はめる。
　ちりばめる。△～玻璃/ガラス
　をはめる。②縁取りする。

【镶牙】入れ歯をする。

详 xiáng ①詳しい。詳細だ。△
　～谈/詳しく話す。②詳しく述
　べる。説明する。③詳しく知っ
　ている。はっりしている。△不
　～/詳しくない。

【详尽】詳しい。詳細だ。

【详情】詳しい情況。

【详图】詳細図。

【详细】詳しい。詳細だ。

降 xiáng ①降参する。くだる。
　②屈服させる。負かす。

【降服】降伏する。降参する。

祥 xiáng めでたい 縁起がいい。

【祥瑞】吉兆。ずい祥。

翔 xiáng （鳥が羽ばたきせず
　に）飛ぶ。空を旋回する。△翱
　～/飛ぶ。

【翔实】詳細で確実だ。

享 xiǎng 受ける。いい目に会う。享受する。

【享福】幸せに暮らす。暮らしが安楽で快適だ。

【享乐】享楽する。楽しむ。

【享年】享年。

【享受】①享受する。受ける。②享楽。楽しみ。

【享用】利益を受ける。

【享有】享有する。受けている。持っている。

响 xiǎng ①鳴る。音がする。△电话铃~了/電話のベルが鳴った。②鳴らす。音を出す。音を立てる。③声。音。ひびき。△炮~/大砲の音。④(声や音が)高か。大きい。⑤こだまする。反響する。

【响彻】響き渡る。

【响动】物音。

【响亮】(音や声が)高らかだ。

【响应】賛意を示す。答える。応ずる。

饷 xiǎng ①給料。△月~/月給②他人に御ちそうをする。

想 xiǎng ①考える。考え出す。△~办法/方法を考える。②推測する。…と思う。△我~他不来了/彼は来ないと私は思う。③…(し)ようと考える。…したいと思う。…つもりだ。△我~试试/私はやってみたいと思う。④懐しく思う。しのぶ。

【想必】きっと…だろう。たぶん…だろう。

【想不到】思いもよらない。思いがけない。

【想不开】思い悩む。

【想到】思いつく。考えつく。

【想得开】心に止めない。気にしない。

【想法】①考え方。考え。意見。②策を練る。なんとかする。

【想方设法】ありとあらゆる方法を考える。

【想来】多分。恐らく。

【想念】懐しく思う。

【想起】思い起こす。思い出す。

【想入非非】もう想をたくましくする。

【想通】考えて納得する。

【想望】①望む。希望する。②慕う。

【想像】想像する。△~力/想像力。

向 xiàng ①方向。向き。△风~/風向き。②同情する。ひいきする。肩をもつ。△你到底~着谁/あなたはどっちの味方なのよ③…に向かって。…に対して。…に。…へ。…から。△~他借钱/彼に金を借りる。④向く。向ける。

【向导】①道案内をする。②道案内。ガイド。

【向来】今まで。これまで。

【向前】前に進む。前に向かう。

【向日葵】ひまわり。

【向上】向上する。進歩する。

【向往】あこがれる。思いを寄せる。

【向下】向下き。

【向阳】日当たりがよい。

【向着】①…に向かっている。…に対して。②肩をもつ。えこひいきする。

巷 xiàng 路地。横町。

【巷战】市街戦。

项 xiàng ①うなじ。えり首。首。②項目。個条。④項。

【项链】ネックレス。首飾り。

【項目】項目。

相 xiàng ①顔つき。②容貌。△长~/顔つき。容貌。②姿。かっこう。③観察する。人相（にんそう）を見る。④助ける。⑤宰相。首相。

【相册】アルバム。

【相机】①カメラ。②機会を見る。△~行事/機を見て事を行う。

【相角】コーナー。

【相貌】顔立ち。

【相片】写真。

【相声】漫才。

【相纸】感光紙。

象 xiàng ①象（ぞう）。②形。様子。③似ている。△这孩子~他父亲/この子は彼の父さんに似ている。④ようだ。そうだ。△~要下雨/雨が降りそうだ。

【象棋】将棋。

【象牙】象げ。

【象征】①象徴。シンボル。②象徴する。

像 xiàng ①像。△铜~/銅像。②似ている。③…のようだ。

【像样】さまになる。かっこうが付く。

【像章】バッジ。

橡 xiàng くぬぎ。ゴムの木

【橡胶】ゴム。

【橡皮】①消しゴム。②ゴム。硫化ゴム。

xiao

削 xiāo ①削る（皮を）むく。△~铅笔/鉛筆を削る。②切る。カットする。△~球/ボールを切る。

哮 xiāo

【哮喘】ぜん息。

消 xiāo ①消える。なくなる。消失する。②消す。取り除く。なくす。③時を過ごす。時間をつぶす。

【消沉】元気がない。意気しょう沈する。

【消除】取り除く。なくす。

【消毒】消毒する。

【消防】消火。消防。△~队/消防隊。

【消费】消費する。

【消耗】①消耗する。②消耗させる。

【消化】①消化する。△~不良/消化不良。②こなす。のみ込む。

【消火栓】消火せん。

【消极】①悪い。反対の。②消極的だ。

【消灭】①滅びる。②消滅する。

【消磨】①衰えさせる。消耗する。②時間をつぶす。△~时间/時間をつぶす。

【消气】気を落ち付ける。怒りが治まる。

【消遣】暇つぶしをする。

【消融】（氷や雪が）溶ける。

【消散】消える。消えてなくなる。

【消失】なくなる。消える。

【消逝】消え去る。

【消瘦】やせる。

【消亡】消えうせる。なくなる。

【消息】①知らせ。ニュース。②たより。音信。

宵 xiāo よい。夜。△通~/夜通し。

【宵禁】夜間の通行禁止。

逍 xiāo

【逍遥】自由自在だ。しょうようする。◇~自在/悠悠自適た。

蕭 xiāo

【蕭瑟】①風が木を吹き渡る音。

②物寂しい。

【萧条】①寂しい。②不況だ。不景気だ。△经济〜/不景気だ。

硝 xiāo ①硝石。②皮をなめす。

【硝镪水】硝酸。

【硝酸】→【硝镪水】

【硝烟】硝煙。

销 xiāo ①金属を溶かす。溶ける。②取り消す。△注〜/取り消す。③売る。売り出す。△畅〜/売れ行きがよい。④消費する。△开〜/支出する。⑤ピン。⑥ピンを差し込む。

【销毁】鋳（い）つぶす。焼き棄てる。

【销魂】うっとりする。心を奪う。

【销假】体暇が終わって出勤を届け出ること。

【销路】売れ行き。さばけ口。

【销声匿迹】鳴りを潜め、姿を隠す。

【销售】売る。売りさばく。販売する。△〜价格/販売価格。

潇 xiāo

【潇洒】スマードだ。さっぱりしている。あかぬける。

【潇潇】①しょうしょうとして風が吹き雨が降るさま。②小雨がしとしと降るさま。

箫 xiāo しょう。

霄 xiāo　雲。大空。天空。△云〜/大空。天空。

【霄壤】天と地。しょうじょう。◇〜之别/雲泥の差。

嚣 xiāo

【嚣张】はびこる。強まってゆく。

淆 xiáo

【淆乱】①乱雑だ。②かく乱する。乱す。

小 xiǎo　①小さい。狭い。弱い。△〜声说话/小声で話す。②しばらく。ちょっと。△〜坐/ちょっと腰掛ける。③一番小さい。一番下の。△〜儿子/末っ子。④若い。幼い。

【小半】半分以下。

【小辈】後輩。世代の下の者。

【小本经营】小商売。小資本経営。

【小便】①小便する。②小便。

【小辫儿】お下げ。

【小辫子】弱点

【小标题】サブタイトル。

【小册子】パンフレット

【小产】流産する。

【小肠】小腸。

【小车】①手押し車。②乗用車。

【小吃】①軽食。簡単な食事。△〜店/軽食堂。②（西洋料理の）前菜。オードブル。

【小丑】道化役者。

【小聪明】小ざかしさ。

【小刀】ナイフ。小刀。

【小道消息】人づてのニュース。うわさ。

【小豆】あずき

【小队】小隊。

【小恩小惠】（人をろう絡するための）ちょっとした利益。

【小儿】子供。小児。△〜科/小児科。

【小贩】行商人。小商人。

【小费】チップ。

【小工】見習い工。

【小鬼】①鬼神のお使い。②ちび。小僧

【小孩】子供。幼児。小児。

【小伙子】若い男。

【小轿车】小型乗用車。

【小节】さ細なこと。枝葉末節の問題。

【小结】中間のまとめ。段落の締め

くくり。

【小姐】①お嬢さま。若い女性。②ミス。

【小看】ばかにする。見下げる。

【小康】中流の生活水準。やや裕福だ。

【小老婆】めかけ。

【小麦】小麦。

【小卖部】売店。

【小米】あわ。

【小名】幼名。

【小姆指】小指。

【小脑】小脑。

【小农】小農。△～经济/小農経済。

【小便宜】小利。目先の利。

【小品】小品。△～文/小品文。雑文。

【小气】①けちん坊。けちだ。②度量が狭い。気が小さい。

【小巧玲珑】精巧で立派だ。

【小圈子】狭い枠。

【小人】①小生。庶民。②小人（しょうじん）

【小人书】絵本。

【小人物】小人物。

【小商品】小商品。△～经济/小商品经济。

【小生产】小規模生産。

【小时】時間。

【小时候】小さい時。幼時。

【小市民】小市民。

【小事】つまらないこと。

【小数】小数。△～点/小数点。

【小说】小説。△～家/小説家。

【小算盘】身勝手な計算。打算的だ。

【小提琴】バイオリン。△～手/バイオリニスト。

【小题大作】針小棒大。

【小偷】どろ棒。

【小腿】すね。

【小心】注意する。気をつける。

【小型】小型の。

【小学】小学校。△～生/小学生。

【小样】ゲラ刷り。

【小业主】小企業主。

【小夜曲】セレナーデ。小夜（さよ）曲。

【小意思】ほんの志。寸志。

【小灶】特別料理。特別食。

【小帐】チップ。

【小照】（小型の）肖像写真。

【小传】小伝。略伝。

【小资产阶级】小ブルジョア階級。

【小字】小さな字。

【小组】組。グループ。

晓 xiǎo ①暁。夜明け。②分かる。知る。△～通/通暁する。③知らせる。示す。さとす。

【晓得】分かる。理解する。

【晓示】明示する。明らかに示す。

孝 xiào ①孝。孝行だ。②服喪（ふくも）。

【孝服】①喪服。②喪中（もちゅう）。

【孝敬】①（目上の人に）よく仕える。②物を差し上げる。

【孝顺】孝行をする。

【孝子】①孝行な子。②親の喪に服している人。

肖 xiào 似る。似ている。

【肖像】肖像。△～画/肖像画。

效 xiào ①効果。きき目。△见～/効き目がある。有効だ。②まねる。見習う。③尽くす。骨を折る。

【效法】まねる。見習う。

【效果】効果。きき目。

【效劳】奉仕する。骨を折る。力を尽くす。

【效力】①→【效劳】②きき目。効能。

【效率】能率。効率。

【效命】生命をささげる。命を惜しまない。

【效能】効能。効果。

【效益】効果と利益。実益。

【效忠】忠誠を尽くす。

校 xiào ①学校。②佐官。

【校风】校風。

【校官】佐官。

【校规】校規。

【校徽】校章。

【校刊】学校の刊行物。

【校庆】学校の創立紀念日。

【校舍】校舎。

【校外】校外。

【校医】校医。学校医。

【校友】校友。

【校园】校庭。キャンパス。

【校长】校長。学長。

【校址】学校の所在地。

笑 xiào 笑う。

【笑柄】笑いぐさ。△成为～/笑いぐさになる。

【笑哈哈】愉快そうに笑う。

【笑话】①あざらう。人を笑いものにする。②冗談。笑い話。

【笑剧】コメディー。喜劇。

【笑脸】笑顔（えがお）。

【笑容】笑い顔。笑(え)み

【笑谈】①笑いぐさ。②冗談。

【笑窝】えくぼ。

【笑嘻嘻】にこにこしているさま。

【笑颜】笑顔。笑い顔。

【笑逐颜开】喜びに顔をほころばせる。

啸 xiào ①口笛を吹く。②（けだものが）声を長くしてほえる。うそぶく。遠ぼえする。③音。鳴り。④（飛行機などの）うなり。

xie

些 xiē ①少し。いくらか。ちょっと。△买～东西/ちょっと買い物をする。②やや。少し。ちょっと。

【些微】少し。わずか。

歇 xiē ①休憩する。休む。△～口气/ひと休みをする。②止める。中止する。停止する。

【歇班】非番にあたる。

【歇工】休む。休業する。

【歇晌】昼休みをする。

【歇手】手を止める。

【歇斯底里】ヒステリー。

【歇息】①休憩する。休む。②宿泊する。泊まる。③寝る。

【歇业】店じまいをする。店をたたむ。

蝎 xiē さそり。

【蝎虎】さそり。やもり。

协 xié ①力を合わせる。協力する。△～办/共に力を合わせて行う。②助ける。

【协定】①協定。②協定を結ぶ。協定する。

【协会】協会。

【协力】協力する。助け合う。

【协商】協議する。相談する。

【协调】調整する。調和する。

【协同】協同する。協力する。

【协议】①協議する。話し合う。②協議。合意。△达成～/協議がまとまる。

【协助】協力し援助する。

【协奏曲】協奏曲。コンチェルイ。

【协作】協力する。協業する

邪 xié 正当でない。よこしまだ。

【邪道】悪の道。邪道。

【邪恶】邪悪だ。よこしまだ。

【邪门歪道】邪道。

【邪魔】悪魔。よう魔。

【邪念】邪念。邪心。

【邪气】邪気。よこしまな気風。

【邪说】邪説。

胁 xié ①わき。②脅迫する。脅す。

【胁从】脅迫されて人に従って悪事を動く。

挟 xié ①小わきにかかえる。わきの下にはさむ。②脅迫する。強制する。

【挟持】強制する。脅迫する。

【挟制】脅迫する。おどす。強制する。

谐 xié ①調和が取れる。調子が合う。△音调和〜/音調が合っている。②相談がまとまる。③（話が）おもしろい。人を笑わせる。

【谐和】調和が取れる。調子が合っている。

【谐谑】ユーモラスだ。

【谐音】漢字の音が同じかあるいは近いこと。

偕 xié 共に。一緒に。

【偕老】夫婦が共に老いるまで暮らす。添い遂げる。

【偕同】共に。一緒に。

斜 xié 斜めだ。傾く。傾斜する。△线〜了/線が斜めになった。

【斜坡】斜面。坂。

【斜视】①斜視。②横目で見る。

【斜体字】イタリック。

【斜线】斜線。スラント。

【斜眼】→【斜视】

【斜阳】斜陽。夕日。

携 xié ①携える。持つ。伴う。△〜眷/家族を携える。②手を取り合う。手をつなぐ。

【携带】引き連れる。携える。

【携手】手をつなぐ。手を携える。

鞋 xié くつ。

【鞋带】くつひも。

【鞋底】くつ底。

【鞋垫】くつの敷き皮。

【鞋跟】くつのかかと。

【鞋匠】くつ屋。

【鞋扣】くつのとめ金。

【鞋里】くつの裏地。

【鞋面】くつの甲。

【鞋刷】くつはけ。

【鞋油】くつクリーム。くつ墨。

写 xié ①書く。△〜字/字を書く。②（文学作品を）作る。書く。△〜诗/詩を作る。③描写する。△〜景/風景を描写する。

【写稿】下書きする。原稿を書く。

【写生】写生する。スケッチ。

【写实】ありのままを描く。写実する。

【写照】描写。

【写真】①肖像画。②真実の描写。

【写字台】事務用デスク。事務机。

【写作】文章を書く。創作する。

血 xiě 血。△流了一点〜/少し血が出た。

【血淋淋】血がたらたらと流れるさま。

泻 xiè ①速く流れる。△一〜千里/一しゃ千里。②下痢をする。腹をくだす。

【泻药】下剤（げざい）。

泄 xiè ①（液体または気体が）漏れる。抜ける。②漏らす。③（恨みなどを）晴らす。△〜恨/恨みを晴らす。

【泄漏】漏らす。

【泄露】→【泄漏】

【泄气】①だらしない。意気地がない。②しょげる。がっかりする。③空気が抜ける。

卸 xiè ①卸す。△〜船/船荷を卸す。②離す。はずす。△〜零件/部品を取りはずす。③解く。解除する。

【卸车】車の上の荷を卸す。

【卸货】積み荷を卸す。

【卸任】解任になる。職務を解く。

【卸装】化粧を取る

屑 xiè ①くず。△煤〜/石炭くず。②さ細な。③いさぎよしとする。値する。価値がある。△不〜一顾/一顾の価値もない。

械 xiè ①機械。△机〜/機械。②武器。△军〜/兵器。③かせ。

【械斗】武器を使っての紛争。

谢 xiè ①礼を言う。感謝する。②わびる。あやまる。③断わる。辞退する。拒絶する。△闭门〜客/門を閉ざして客を断わる。④（花が）しぼむ。散る。△花〜了/花がしぼんだ。

【谢忱】謝意。

【谢词】謝辞。

【谢绝】断わる。謝絶する。

【谢幕】アンユールに答える。カーテン・コールに答える。

【谢天谢地】感謝のいたりだ。この上なくありがたい。

【谢帖】礼状。

【谢谢】ありがとう。

【谢意】謝意。感謝の気持ち。

【谢罪】謝罪する。おわびをする。

亵 xiè ①人をばかにする。ごう慢た。②わいせつだ。

【亵渎】けがす。

榭 xiè うてな。

懈 xiè 怠ける。怠る。しまりが

ない。

【懈怠】だらける。なまける。

邂 xiè

【邂逅】巡り会う。かいこうする。

蟹 xiè かに。

【蟹粉】かにの肉。

【蟹黄】かにのみそ。

xin

心 xin ①心臓。②心。気持ち。△伤〜/心を痛める。③中心。真ん中。△手〜/手のひら。

【心爱】心から愛する。お気に入りだ。

【心安理得】心が落ち着く。気が済む。平気だ。

【心病】①苦悶。悩み事。②内緒事。痛いところ。

【心不在焉】うわの空だ。

【心肠】①心根（こころね）。気持ち。②気立て。心。

【心潮】感情。血潮。

【心地】心根。気立て。

【心烦】いらいらする。むしゃくしゃする。

【心浮】浮ゆつく。移り気（うつりぎ）だ。

【心腹】①腹心。心腹②胸中。腹の中。

【心甘情愿】心から望む。心から願う。好き好んで。

【心肝】①良心。真心。②いとしいもの。かわいいもの。

【心狠】冷酷残忍だ。

【心花怒放】嬉しくてたまらないさま。ほくほくするさま。

【心怀】心にいだく。

【心慌】心が乱れる。あわてる。

【心灰意懒】意気消沈する。すっかりしょげ返る。

【心机】苦心。念入りなたくらみ。

【心迹】本心。気持ち。

【心急】気がせく。あせる。

【心计】計略。策略。

【心焦】いらだつ。あせる。

【心惊胆战】びくびくする。恐れ
　おののく。

【心境】気持ち。心境。

【心静】気が落ち着く。

【心坎】心の奥底。

【心口如一】言うことと考えるこ
　ととが一致する。表裏一体。

【心旷神怡】気分がのびのびとし
　てさわやかだ。

【心理】①心理。△～学/心理学。
　②気持ち。心理。

【心力】精神と労力。気力。精神
　力。

【心里】①胸。②胸のうち。心に。

【心灵】①心。精神。②頭がよい。
　利口だ。

【心领神会】深く心得ている。

【心满意足】すっかり満足する。

【心目】①気持ち。②胸中。眼中。

【心平气和】心が穏やかだ。気持ち
　が落ち着いている。

【心窍】知恵。理解力。

【心情】気持ち。気分。心。

【心软】気か優しく情にもろい。
　気が弱い。

【心神】①心。精力。②精神状態。
　気持ち。△～不定/そわそわす
　る。

【心事】考え事。心配事。

【心思】①思い。考え。②気。興
　味。

【心酸】悲しい。痛まいし。

【心算】暗算する。

【心疼】惜しがる。かわいがる。

【心跳】胸がどきどきする。ときめ
　く。

【心头】心の中。胸のうち。

【心窝】心臓のあるところ。内心。

【心细】細心だ。注意深い。

【心弦】心。

【心心相印】心と心が通じ合う。

【心绪】気持ち。心。

【心血】心血。△费尽～/心血を注
　ぐ。

【心眼儿】①心。内心。②考え思
　い。判断力。見識。③心根。気
　立て。

【心意】気持ち。心。

【心硬】気が強い。つれない。

【心有余悸】思い出しただけでど
　きどきするほど怖い。

【心愿】願望。念願。

【心脏】①心臓。△～病/心臓病。
　②中心部。要所。

【心照】互いに理解し合う。◇～
　不宣/互いに理解し合う。

【心直口快】率直で思ったことを
　すぐ口に出す。

【心醉】心酔する。うっとりする。

辛　xin　①辛い。②骨を折る。苦
　心する。③悲しみ。苦しさ。

【辛苦】①骨を折る。苦労する。
　②ご苦労さま。

【辛辣】辛らつだ。

【辛劳】骨を折る。苦労する。

【辛勤】勤勉だ。精を出す。

【辛酸】辛酸。苦しみ。悲しみ。

【辛辛苦苦】苦労するさま。

欣　xin　楽しい。嬉しい。喜ぶ。
　喜ばしい。

【欣然】きん然と。喜んで。快く。

【欣赏】観賞する。楽しむ。

【欣慰】喜び安心する。

【欣喜】喜ぶ。嬉しがる。

【欣欣向荣】日に日に栄える。

锌　xin　亜鉛。

【锌版】亜鉛版。

新　xin　①新しい。△～技术/新

しい技術。②新しく。…たばか
りだ。△～建的工厂/新しく建
てた工場。

【新陈代谢】新陈代谢。

【新仇旧恨】昔の恨みに新たな恨
みが重なる。

【新房】新婚夫婦の部屋。

【新婚】新婚。

【新纪元】新紀元。

【新近】近頃。最近。この頃。

【新居】新居。新しい住居。

【新郎】新郎。花婿。

【新名词】新語。新しい術語。

【新年】新年。元日。△～好/新年
おめでとう。

【新娘】花嫁。新婦。

【新奇】珍しい。新奇だ。

【新人】①新時代の人物。②新郎
新婦。

【新生】①新しく生もれた。②新
生。再生。③新入生。

【新诗】新体詩。新詩。

【新式】新式。新型。

【新手】新参者。新米。

【新闻】①ニュース。△～记者/新
聞記者。△～片/ニュース映画。
△～纸/新聞。新聞用紙。②新し
い出来事。

【新鲜】①新鮮だ。②（空気が）よ
い。新しい。③珍しい。

【新兴】新しく起こった。新興の。

【新型】新型。新式。

【新颖】目新しい。

【新月】①三日月。新月。②朔日
の月相。毎月のついたち。

【新装】新しい装い。

薪 xīn　①まき。たきぎ。②給
料。俸給。△发～/給料を支払
う。

馨 xīn　かおる。におう。

【馨香】芳しいにおい。

寻 xín

【寻死】自殺する。自殺を企てる。

【寻思】考える。思案する。

芯 xīn

【芯子】芯。中心。

信 xìn　①確かだ。確実だ。②信
用する。信頼できる。△取～于
人/人に信用される。③信じる。
△～以为真/本当だと信じ込
む。④信仰する。△～佛/仏教を
信仰する。⑤思うままに。随意
に。⑥記印。証拠。△印～/官印。
⑦手紙。⑧たより。消息。

【信步】足に任せて歩く。

【信贷】信用貸し。

【信封】封筒。

【信奉】信奉する。信ずる。

【信服】信服する。敬服する。

【信鸽】伝書ばと。通信ばと。

【信号】①信号。合図。△～灯/信
号燈。信号ランプ。②信号電波。

【信汇】郵便為替。送金手形。

【信笺】便せん

【信件】書簡や文書。

【信口开河】ロから出任せを言う。

【信赖】信頼する。信用する。

【信任】信用する。信頼する。

【信守】固く守る。

【信条】信条。

【信筒】ポスト。

【信徒】信者。信徒。

【信托】信頼して任す。信託する。

【信息】たより。消息。インフォメ
ーション。情報。

【信心】自信。確信。

【信仰】信奉する。，信仰する。

【信用】信用する。

【信誉】信用と名誉。信望。

【信纸】便せん。

衅 xìn

【衅端】不和。仲たがい。

xing

兴 xing ①興る。勢いが盛んになる。△～衰/栄えと衰え。②起こす。始める。△～工/工事を始める。③流行する。はやる。

【兴办】興す。始める。

【兴奋】①興奮する。感激する。②興奮させる。元気づける。△～剂/興奮剤。

【兴风作浪】大騒ぎを引き起こす。

【兴建】建築する。建設する。

【兴隆】盛んだ。繁昌する。

【兴起】①盛んに起こる。興起する。②奮起する。

【兴盛】興隆する。盛んになる。栄える。

【兴亡】興亡。興敗。

【兴修】工事を興す。建造する。

星 xing ①星。△彗～/彗星（すいせい）。②天体。③細かな散り散りになったもの。ごくわずかなもの。△一～半点/きわめてわずかなもの。

【星辰】星。星しん。

【星号】アステリスク。星印（ほしいん）。

【星火】①火花。②火急を要する。差し迫る。

【星际】宇宙間。

【星罗棋布】（空の星や碁盤の石のように）ぎっしり詰まっている。密集している。

【星期】①週間。週。△本～/こん週△上～/先週。△下～/来週。②曜日。△～日/日曜日。

【星球】天体。星。

【星团】星団。星雲団。

【星系】恒星系。

【星云】星雲。

【星座】星座。

惺 xing

【惺松】寝ぼけたさま。眠りから醒めたばかりで眼がぼんやりしている。

【惺惺】①頭がすっきりする。意識がはっきりする。②賢い（人）。利口だ。

猩 xing

【猩红】スカーレット。しょうじょうひ。

【猩红热】しょう紅熱。、スカーレット・フェバー。

【猩猩】オランウータン。△大～/ゴリラ。△黑～/チンパンジー。

腥 xing ①生臭いにおい。②魚や肉などの生臭いもの。

【腥臭】生臭い。

【腥膻】魚や羊肉の生臭いにおい。

刑 xing ①刑。刑罰。△徒～/懲役刑。②拷問。刑具。△用～/刑具を使う。

【刑场】刑場。

【刑罚】刑罰。刑。

【刑法】刑法。

【刑具】刑具。

【刑律】刑法。

【刑期】刑期。

【刑事】刑事。△～案件/刑事事件。△～法庭/刑事法廷。

【刑讯】拷問する。

行 xing ①歩く。行く。△日～千里/一日千里を行く。②路。道。③旅行する。△非洲之～/アフリカの旅。④臨時の。流動性の。△～灶/流動炊事場。臨時の炊事場。⑤広める。流行する。⑥実際に行う。やる。する。△便宜～事/適宜処理する。⑦行ない。行為。△言～/言行。⑧能力がある。すぐれる。たいしたも

の。えらい。⑨よろしい。大丈
夫だ。

【行不通】行き詰まる。通行でき
ない。実行できない。

【行车】車を通す。車を運転する。

【行程】行程。道のり。

【行船】船を出す。

【行刺】刺殺する。暗殺する。

【行动】①動く。歩く。②行動を
起こす。行動を取る。③動作。
行為。行動。

【行方便】便宜を図ってやる。融通
をきかす。

【行贿】賄ろを使う。

【行劫】（財物を）強奪する。強盗
を働く。

【行进】進む。行進する。

【行经】経由する。

【行径】行為。行ない。ふるまい。

【行军】行軍する。

【行乐】遊び楽しむ。行楽する。

【行礼】敬礼する。お辞儀をする。

【行李】荷物。△～车/荷物車。△
～票/チッキ。

【行旅】旅人、旅行者。

【行期】出発の期日。

【行乞】物ごいをする。こじきを
する。

【行人】通行人。

【行善】よい事を行う。善行をす
る。

【行驶】（車などが）走る。進む。

【行事】①行為。行ない。②事を
進める。事を処理する。

【行为】行為。行動。行ない。

【行销】販路を広める。商品を売
りさばく。

【行星】惑星。遊星。行星。

【行刑】死刑を執行する。

【行凶】暴力を振う。

【行医】医を業とする。医者をや
る。

【行营】本営。本陣。

【行政】行政。

【行之有效】やって効果がある。

【行装】旅装。旅じたく。

【行踪】行方。行く先。

【行走】歩く，歩行する。通る。

形 xing ①形。形状。△不成～/
形にならない。②現わす。現わ
れる。△喜～于色/喜びが顔に
現れる。

【形成】形成する。成す。なる。

【形而上学】形而上学。

【形迹】①挙動。様子。表情。②礼
式。

【形容】①容ぼう。顔形。②形容す
る。描写する。◇难以～/形容し
がたい

【形容词】形容詞。

【形式】形式。形態。

【形势】①地勢。②形勢。情勢。事
態。

【形似】外観が似ている。

【形态】①形状。形態。△意识～/
イデオロギー②（生物の）形状。
△～学/形態学。

【形体】①体。肉体。形体。②形
体。形。

【形象】①形象。形姿。②（文学作
品の中に現われた事物や人の）
姿。像。

【形形色色】いろいろだ。さまざま
だ。色とりどり。

【形状】形。形状。外観。

型 xing ①鋳型（いがた）。△砂
～/砂鋳型。②様式。類型。タイ
プ。△血～/血液型

【型号】番号。サイズ。タイプ。

省 xing ①省みる。自省する。
△反～/反省する。②（父母や
目上の安否を）尋ねる。③目ざ
める。悟る。

醒 xǐng ①（目が）醒める。②迷いから覚める。悟る。△如梦初～/たった今夢から醒めたようだ。③人目を引く。

【省视】訪問する。尋ねる。

【醒目】目立つ。人目を引く。

【醒悟】悟る。はっと我に返る。

擤 xǐng 鼻をかむ。△～鼻涕/鼻をかむ。

兴 xìng 興味。興。興趣。△游～/行楽の楽しみ。遊興。

【兴高采烈】非常に興が高まったさま。大喜びだ。

【兴趣】興味。関心。

【兴头】興。気乗り。

【兴味】→【兴趣】

【兴致】興味。興趣。

杏 xìng あんず。

【杏红】杏のような赤み。

【杏黄】杏のような黄色。だいだい色。オレンジ色。

【杏仁】杏仁（きょうにん）。

性 xìng ①性格。気性。②性質。性能。△药～/薬のきき目。③性欲。セックス。④性別。

【性别】性別。

【性病】性病。

【性格】性格。気性（きしょう）。

【性急】せっかちだ。短気だ。

【性交】性交。

【性命】生命。命。

【性能】性能。性質と効能。

【性情】気性（きしょう）。気立て。

【性欲】性欲。

【性质】性質。

【性状】性質と状態。性状。

【性子】性質。気性。

幸 xìng ①願う。希望する。②幸い。運よく。おかげで。△～未成灾/幸いに災害にならなかった。

【幸福】幸福だ。仕合わせだ。

【幸亏】幸いなことに。運よく。都合よく。

【幸免】幸いにして免れる。

【幸运】①幸運。好機。②仕合わせだ。運がよい。

【幸灾乐祸】他人の災難を喜ぶ。

姓 xìng 姓。苗字。

【姓名】姓名。苗字と名前。

悻 xìng

【悻悻】怒るさま。腹を立てる。

xiong

凶 xiōng ①凶（きょう）。不吉。△～兆/凶兆。②不作。凶作。△～年/不作の年。③凶悪だ。ひどい。△～凶～极恶/凶悪極まる。④ひどい。△病势很～/病勢が甚だ悪い。⑤凶行。△行～/凶行を行う。

【凶暴】凶暴だ。

【凶残】凶悪で残忍だ。

【凶多吉少】凶多く吉少ない。

【凶恶】凶悪。

【凶犯】殺人犯。

【凶猛】（勢い、力が）すさまじい。どう猛だ。

【凶器】凶器。

【凶杀】人を殺す。殺人。

【凶神】凶悪な神。悪魔。

【凶手】凶手。殺人犯。

【凶相】凶悪な正体。

兄 xiōng 兄（あに）。

【兄弟】①兄弟。同胞。②弟。③（自分より目下の男子に対する呼び掛け）君。

洶 xiōng

【洶洶】①波の音の形容。水声の騒がしいさま。②勢いが盛ん

だ。猛烈だ。

【汹涌】沸き立つ。沸き返る。逆巻く。

胸 xiōng ①胸。△挺～/胸をはる。②腹。心中。

【胸襟】胸の内。きん懐。きん度。

【胸腔】胸こう。

【胸围】バスト。

【胸像】胸像。半身像。

【胸有成竹】胸中成竹がある。心中成算がある。

雄 xióng ①雄（おす）△～鸡/おんどり。②雄雄しい。勇ましい。強力だ。有力だ。△～兵/強兵。

【雄辩】雄弁だ。

【雄才大略】すぐれた才能と遠大な計画。

【雄厚】充実する。豊かだ。豊富だ。

【雄浑】雄こんだ。

【雄健】壮健だ。強健だ。力強い。

【雄赳赳】雄雄しく勇ましいさま。

【雄图】雄図（ゆうと）。

【雄伟】雄壮で偉大だ。雄大だ。

【雄心】雄大な理想と抱負。雄心。

【雄壮】勇壮だ。勇ましい。

【雄姿】雄姿。

熊 xióng くま。

【熊猫】パンダ。

【熊熊】盛んに燃えているさま。

【熊掌】くまの手のひら。ゆう掌（しょう）。

xiu

休 xiū ①休む。休憩する。②停止する。止める。やむ。△争论不～/言い争ってやまない。③離縁する。④…するな。…なか

【休会】休会する。

【休假】休暇。休み。

【休克】①ショック。②ショックを起こす。

【休戚】楽しみと悲しみ。喜びと憂い。◇～与共/苦楽を共にする。

【休息】休む。休憩する。

【休想】考えをやめるよ。…と考えるな。

【休学】休学する。

【休养】休養する。静養する。

【休业】休業する。営業を停止する。

【休战】休戦する。停戦する。

【休整】調整。休養整備。

修 xiū ①修理する。修繕する。△～收音机/ラジオを修理する。②飾る。△装～门面/店の外装工事をする。③修養する。学習する。習う。△自～/自修する。独学する。④編さんする。書く。⑤建築する。建造する。作る。敷設する。⑥削る。切る。△～指甲/指の爪を切る。⑦修正主義。

【修补】①修繕する。手入れする。②補充する。

【修辞】修辞。△～学/修辞学。美辞学。

【修道】修道する。△～院/修道院

【修订】修訂する。訂正する。△～本/改訂版。

【修复】①修復する。②回復する。

【修改】改める。訂正する。

【修剪】（はさみで）切りそろえる。

【修建】建てる。建設する。

【修理】修理する。修繕する。

【修配】修理し、部品の取り替えや補充をする。

【修饰】①飾る。装飾する。②お化

粧する。おしゃれをする。③（文章を）潤色する。加筆する。④修飾する。△～语/修飾語。

【修养】教養。素養。

【修业】学業を修める。修業する。

【修正】修正する。改正する。

【修正主义】修正主義。

【修筑】修築する。築造する。

羞 xiū ①決まりが悪い。恥ずかしい。△～红了脸/恥ずかしくて顔が赤くなった。②恥ずかしい思いをさせる。③恥。恥辱。△遮～/恥を隠す。④恥じる。恥ずかしく思う。

【羞惭】恥じる。はじらう。

【羞耻】しゅう恥。恥。△～之心/しゅう恥心。

【羞愧】恥じ入る。恥じる。

【羞怯】はにかんでおずおずする。

【羞人】恥ずかしく思う。決まりが悪い。

【羞辱】①辱しめ。恥辱。②恥をかかせる。辱しめる。

朽 xiǔ ①朽（く）ちる。腐る。②衰える。老朽する。

【朽木】朽ち木。腐った木。

秀 xiù ①植物の穂が出て花が開く。△～穗/穂が出る。②奇麗だ。秀麗だ。

【秀丽】秀麗だ。すぐれている。

【秀美】きわ立って美しい。秀麗だ。

【秀气】①美しい。すっきりしている。②上品だ。③（器物が）気がきいている。

袖 xiù ①そで。②そでの中に隠す。

【袖口】そで口。

【袖手旁观】しゅう手傍観する。

【袖章】腕章。

【袖珍】小型（の）。ポケット形（の）。しゅう珍。△～本/しゅう

珍本。△～字典/ポケット字引き。

绣 xiù ①刺しゅうする。ぬい取りする。②刺しゅう制品。

【绣花】刺しゅうをする。

臭 xiù におい。△无色无～的气体/無色無臭の気体。

锈 xiù ①さび。②さびる。△锁～住了/錠前がさびついた。

嗅 xiù （においを）かぐ。

【嗅觉】きゅう覚。臭覚。

xu

吁 xū ①ため息をつく。△长～短叹/ため息ばかりついている。②（感動詞）ああ。

须 xū ①…必要がある。…しなければならない。…すべきだ。△务～注意/注意すべきだ。②ひげ。

【须知】①心得。注意事項。②是非とも知らなくてはいけない。

虚 xū ①むなしい。空虚だ。②からだ。うつろだ。③びくびくしている。△心里有点～/心中びくびくする。④いたずらに。むだに。△不～此行/このたびの旅行もむだではなかった。⑤偽りだ。真実でない。うそだ。△～名/虚名。⑥ひ弱だ。虚弱だ。

【虚报】虚偽の報告。

【虚词】中国語の“副詞、介詞、連詞、助詞、嘆詞、象声詞”の総称。

【虚度】むなしく歳月を過ごす。

【虚浮】上付（うわつ）いている。着実でない。

【虚构】虚構。フィクション。

【虚幻】幻。

【虚假】うそだ。偽りだ。

【虚惊】びっくりする（実害のなかった場合）。

【虚拟】①仮に設ける。仮想する。②虚構フィクション。

【虚荣】虚栄。見え。△～心/虚栄心。

【虚弱】（体が）弱い。虚弱だ。

【虚伪】偽り。うそ。虚偽。

【虚无】虚無。△～主义/虚無主義。

【虚线】①点線。②虚数を含む方程式のグラフ。

【虚心】虚心。謙虚だ。

需 xū　必要。需要。入用。△不时之～/臨時の入用。

【需求】需要。求め。

【需要】①必要とする。必要だ。②欲望。要求。求め。

嘘 xū　①ゆっくり息を吐く。ほっと息をする。②ため息をつく。③蒸気、熱気に当たる。

【嘘寒问暖】他人に暖かい同情心を示す。

徐 xú　おもむろに。ゆっくりと。徐徐に。

【徐徐】おもむろに。ゆっくりと。

许 xǔ　①認める。ほめる。△赞～/称賛する。②許す。許可する。△不～他去/彼が行くのを許さない。③承諾する。約束する。④婚約する。縁組する。⑤あるいは…。…かもしれない。

【许多】非常に多い。たくさん。ずいぶん。

【许久】久しい。

【许可】許可する。△～证/許可証。免許証。

【许诺】承諾する。承知する。

【许配】いいなずけにする。縁組させる。

【许愿】①願をかける。②約束する。

栩 xǔ

【栩栩】いきいきしている。

旭 xù

【旭日】朝日。

序 xù　①順序。秩序。②序。序文。端書き。

【序列】序列。

【序幕】序幕。

【序曲】①序曲。②（事柄や行動の始まりのたとえ）序曲。

【序数】序数詞。

恤 xù

【恤金】救恤金（きゅうじゅつきん）。

叙 xù　①述べる。話す。語る。△～家常/世間話をする。②（等級や順位を）定める。評定する。③記述する。

【叙旧】昔話をする。懐旧談をする。

【叙事】事の次第を話す。叙事。△～诗/叙事詩。

【叙述】叙述する。述べる。

畜 xù　飼う。

【畜产】畜産品。

【畜牧】牧畜。畜産。△～业/牧畜業。

酗 xù

【酗酒】酒を飲んで暴れる。

绪 xù　①緒（しょ、ちょ）。②糸口。手掛かり。

【绪言】前書き。緒言。

【绪论】緒論。序論。

续 xù　①続く。続ける。②継ぎ足す。補充する。

【续订】追加注文をする。

【续集】（小説、映画など前にあったものの）続き。パートツー。

【续假】休暇を延ばす。

【续弦】後妻をもらう。

絮 xù ①綿。②綿を入れる。△～被子/掛ぶとんに綿を入れる。

【絮叨】話がくどい。くどくどしい。

【絮绵】入れ綿。

婿 xù ①婿。②夫。△妹～/妹の夫。

蓄 xù ①ためる。蓄える。△～水/水をためる。②（切ったり剃ったりしないで）蓄える。△～发/髪を蓄える。

【蓄电池】蓄電池。バッテリー。

【蓄积】蓄積する。蓄える。

【蓄谋】たくらむ。謀略する。

【蓄意】下心がある。わざと。計画的だ。意識的だ。

xuan

轩 xuān ①高い。②小さな部屋。③戸。窓。

【轩然大波】大きな風波。大事件。大きなもめ事。

宣 xuān ①発表する。広く知らせる。言いふらす。△～示/表明する。◇不～而战/宣戦布告なしに戦う。②画せん紙。

【宣布】発表する。明らかにする。

【宣称】公言する。言明する。宣言する。

【宣传】宣伝する。

【宣读】読み上げる。宣読する。

【宣告】宣告する。告げる。

【宣讲】宣伝して説明する。

【宣判】判決を言い渡す。判決する。

【宣誓】宣誓する。誓う。

【宣泄】①排水する。②晴らす。

ぶちまける。

【宣言】①宣言。②宣言する。声明する。

【宣扬】宣揚する。大いに宣伝する。

【宣战】宣戦する。

喧 xuān やかましい。騒がしい。

【喧哗】やかましく騒ぐ。騒騒（そうぞう）しい。

【喧闹】ざわつく。ざわめく。

【喧嚷】大声で騒ぎ立てる。

【喧扰】騒がせる。

玄 xuán ①黒い。②奥深い。③でたらめだ。当てにならない。

【玄妙】玄妙だ。深遠で微妙だ。

【玄虚】ごまかし。いんちき。

旋 xuán ①ぐるぐる回る。回転する。②戻る。帰る。△～里/故郷へ帰る。③まる。輪。④つむじ。⑤間もなく。すぐ。

【旋律】メロディー。旋律。

【旋绕】ぐるぐる回る。うずを巻く。

【旋涡】①うず。うず巻き。②真っただ中。さ中。

【旋转】回転する。

悬 xuán ①掛ける。揚げる。ぶら下げる。②宙に浮く。③まだ決まっていない。④（距離が）離れている。差が大きい。

【悬案】懸案。未解決の事柄。

【悬空】ぶら下がる。宙に浮いている。

【悬赏】懸賞をかける。

【悬殊】大きな差がある。

【悬想】勝手に想像する。空想する。

【悬崖】断がい。懸がい。◇～绝壁/断がい絶壁。

选 xuǎn ①選ぶ。選択する。△

挑～/選ぶ。選択する。②選挙する。△当～/当選する。③作品などの選集。選。△民歌～/民謡選集。

【选拔】選抜する。選び出す。

【选材】選抜する。選び出す。

【选购】選択購入する。

【选集】選集。

【选举】選挙する。△～权/選挙権。△～法/選挙法。

【选民】有権者。選挙民。

【选票】投票用紙。

【选区】選挙区。

【选手】選手。

【选修】選修する。△～课/選修科目。

【选择】選択する。選ぶ。

【选种】種を選ぶ。

炫 xuàn ①まぶしい。光り輝く。②ひけらかす。見せびらかす。△自～其能/自ら能力をひけらかす。

【炫耀】①光り輝く。②ひけらかす。見せびらかす。

绚 xuàn

【绚烂】けんらんたる。きらびやかだ。

【绚丽】きらびやかで美しい。けんらんたる。△～多彩/けんらん多彩。

眩 xuàn ①目がくらむ。目まいする。目が回る。△目～/目がくらむ。②くらむ。△～于金钱/金に目がくらむ。

旋 xuàn ①くるくる回る。うず巻く。②ぐるぐる回しながら削る。

【旋床】旋盤。

渲 xuàn

【渲染】①（薄墨や淡い色で）絵を書いて色をぼかす。湾染（せ

んぜん）。②誇張する。物事を大げさに言うこと。

楦 xuàn ①靴や帽子の木型。②木型を入れる。△～鞋/くつの木型をくつにはめる。

xue

削 xuē

【削壁】絶壁。

【削价】値段を下げる。

【削减】削減する。削る。減らす。△～开支/支出を削減する。

【削弱】弱める。

靴 xuē 長ぐつ。△雨～/雨靴。

穴 xué ①あな。どう穴。巣。△虎～/虎の巣。②墓穴（ぼけつ）③針灸（しんきゅう）のつぼ。

学 xué ①学ぶ。習う。学習する。勉強する。△～文化/読み書きを習う。②まねる。模倣する。△～鸟叫/鳥の鳴くことをまねる。③学問。学術。④学科。科目。⑤学校。△小～/小学校。

【学报】学報。

【学潮】学校騒動。学園紛争。

【学费】授業料。学費。

【学分】単位。

【学风】学風。学習態度。

【学府】学府。

【学会】①学会。②習い覚える。身につける。

【学籍】学籍。

【学科】学問分野。学科。

【学力】学力。

【学历】学歴。

【学龄】学齢。

【学名】①学名。②入学する時に用いる正式な名前。

【学年】学年。

【学派】学派。

【学期】学期。

【学生】①学生。生徒。△～时代/
学生時代。②弟子。教え子。

【学时】授業時間。時限。

【学识】学識。

【学士】①読書人。②学士。

【学术】学術。△～界/学術界。

【学说】学説。

【学徒】①見習い工になる。小僧
になる。②でっち。小僧。内弟
子。

【学位】学位。

【学问】学問。知識。

【学习】学習する。勉強する。習
う。学ぶ。

【学衔】学位。肩書き。

【学校】学校。

【学业】学業。課業。

【学院】学院。

【学者】学者。

【学制】①学制。②学校制度。

雪 xuě ①雪（ゆき）。②すすぐ。
そそぐ。取り除く。△～耻/恥を
そそぐ。

【雪白】雪のように白い。真っ白
だ。

【雪崩】雪なだれ。

【雪堆】雪のたまり。雪の吹きだ
まり。

【雪糕】アイスクリーム。

【雪花】雪花（ゆきばな）。

【雪花膏】化粧用クリーム。

【雪茄】シガー。葉巻きたばこ。

【雪里红】高菜（たかな）。

【雪亮】ぴかぴか光る。きらきら輝
く。

【雪橇】そり。スレー。スレッジ。

血 xuè ①血。血液。②血の続
き。血筋。△～亲/血族。③血气
盛んだ。

【血案】殺人事件。

【血管】血管。

【血迹】血の跡。血こん。

【血浆】プラズマ。血しょう。

【血库】血液銀行。ブラッド・バン
ク。

【血泊】血だまり。血の海。

【血气】①血气。精力。元気。◇～
方刚/血気盛んだ。②気骨（きこ
つ）。

【血清】血清。

【血球】血球。

【血肉】①血液と筋肉。血と肉。
◇～之躯/肉体。②きわめて親
密な関係。△～相连/血肉の間
柄。

【血色】血色。顔の色つや。

【血统】血統。血筋。

【血腥】血なまぐさい。

【血型】血液型。

【血压】血圧。

【血液】血液。血。

【血缘】血縁。

【血债】血の債務。

【血战】血戦。血みどろの戦い。

谑 xuè からかう。おどける。ふ
ざける。△戏～/冗談を言う。ふ
ざける。

xun

勋 xūn 功労。

【勋劳】功労。功績。勲労。

【勋章】勲章。

熏 xūn ①いぶす。△～蚊子/
蚊をいぶす。②くん製する。△
～鱼/くん製の魚。

【熏染】（悪習に）染まる。（悪い影
響を）受ける。

【熏陶】薫陶する。影響する。

旬 xún ①旬（十日間を一旬と
いう）。△上～/上旬。△中～/中

旬。△下～/下旬。②（十年を1
期として年齢を指す）。△八～
老母/80 歳の老母。

驯 xún ①従順だ。おとなし
い。なれる。②飼いならす。手
なずける。△～马/馬をならす。

【驯服】①おとなしい。従順だ。
②ならす。手なずける。

【驯化】ならす。飼いならす。

【驯鹿】トナカイ。

【驯养】ならす。飼いならす。

寻 xún 尋ねる。捜す。求める。
△～物/物を捜す。

【寻常】尋常だ。普通だ。

【寻根究底】根ほり葉ほり尋ねる。

【寻求】捜し求める。追求する。探
求する。△～真理/真理を追究
する。

【寻衅】故意にちょう発する。けん
かをしかける。

巡 xún 見回る。巡回する。巡
視する。△～街/町を巡視する。

【巡查】見回る。巡らする。

【巡回】巡回する。回り歩く。

【巡逻】パトロールする。△～队/
巡ら隊。

【巡视】視察して回る。

【巡洋舰】巡洋艦。

询 xún 尋ねる。意見を求め
る。問い合わせる。

【询问】聞く。尋ねる。問う。

循 xún 遵守する。踏襲する。
△～例/前例に従う。慣例に従
う。

【循环】循環する。△～赛/リーグ

戦。△～系统/循環系統。

【循序】順序を追って。◇～渐进/順
序を逐って漸進する。

【循循善诱】段取りを追って教え導
く。

讯 xùn ①消息。通信。便り。
ニュース。②問う。尋ねる。

【讯问】①問う。尋ねる。②訊
問する。

训 xùn ①教え導く。諭す。戒
める。△～人/人に説教する。論
す。②教え。戒め。③のり。規
範。④字義の解釈。

【训斥】しっ責する。しかる。訓戒
する。

【训词】戒めの言葉。訓辞。

【训话】訓話。訓辞。

【训诫】①教え導く。教え戒める。
②訓戒処分。

【训练】訓練する。

汛 xùn 季節的な増水。

【汛期】増水期。出水期。

迅 xùn 速い。

【迅猛】迅速で猛烈だ。

【迅速】迅速だ。素速い。速い。

逊 xùn ①退く。譲る。退位す
る。②へりくだる。譲そんする。
③劣る。及ばない。

【逊色】そん色がある。劣る。見劣
りがする。

殉 xùn 殉じる。殉死する。

【殉国】国に殉じる。

【殉葬】殉死する。

【殉葬品】副葬品。

【殉职】殉職する。

Y

ya

丫 yā　また。

【丫杈】木のまた。

【丫头】①女の子。②下女。

压 yā　①押え付ける。圧する。押す。△〜碎/押しつぶす。②抑える。止める。△〜住怒火/怒りを抑える。③威力で押える。鎮圧する。△別〜人/人を押えつけるな。④放置する。寝せておく。△把信件〜下了不送/手紙をほうっておいて届けない。⑤迫る。近付く。

【压倒】圧倒的だ。圧倒する。△〜多数/圧倒的多数。

【压服】圧服させる。力で屈服させる。

【压价】価格をおし下げる。価格を抑える。

【压力】①圧力。プレッシャー。②圧力。腕ずく。

【压路机】ブルドーー。ロード・ローラー。

【压迫】圧迫する。抑圧する。

【压缩】圧縮する。縮める。減らす。

【压抑】気詰りだ。意気が上らない。圧迫感。

【压榨】①圧榨する。△〜机/プレス。圧榨機。②搾取する。しぼる。

【压制】押え付ける。抑圧する。圧制する。

呀 yā　①（驚きの気持ちを表わす）おや。ああ。あら。②（擬音語）ぎー。△门〜的一声开了/門がぎーっとあいた。

押 yā　①抵当にする。質入れする。△抵〜/抵当にする。質入れする。②拘留する。拘禁する。③護送する。△〜行李/荷物を護送する。

【押当】質に入れる。抵当に入れる。

【押金】敷金。保証金。

【押送】護送する。

鸦 yā　からす。

【鸦片】アヘン。

【鸦雀无声】しんと静まり返った様。

鸭 yā　あひる。△野〜/かも。

【鸭蛋】あひるの卵。

【鸭绒】あひるの綿毛。△〜被/羽ぶとん。

【鸭舌帽】鳥打ち帽。

【鸭子】あひる。

牙 yá　①歯。②象げ。

【牙齿】歯。

【牙床】歯茎。

【牙雕】象げ細工。象げ彫り。

【牙粉】歯みがき粉。

【牙膏】練り歯みがき。

【牙科】歯科。△〜医生/歯医者。

【牙签】つまようじ。

【牙刷】歯ブラシ。

【牙龈】歯茎（はぐき）。

芽 yá　芽（め）。

【芽豆】そら豆のもやし。

涯 yá　限り。果て。

崖 yá　がけ。切り岸。

哑 ①おし。おうし。②（声が）か
れる。しわがれる。△沙～/声
がかれる。

【哑巴】おし。おうし。

【哑剧】パントマイム。無言劇。

【哑口无言】返答に窮するさま。

【哑铃】亜鈴。ダン・ベル。

【哑谜】なぞ。なぞのような言葉。

雅 yǎ　①標準的だ。正しい。②
みやびやかだ。上品だ。風雅だ。
③交わり。交際。④平素。不断。
⑤大変。きわめて。はなはだ。

【雅观】上品だ。品がある。

【雅兴】高雅な趣味。

【雅致】上品だ。優雅だ。

【雅座】（料理屋の）凝っていてこじ
んまりした部屋。

轧 yà　①強く押える。ローラを
かける。△～平马路/道路をロ
ーラーで平らにする。②押しの
ける。排斥する。

【轧花】綿を繰（く）る。

亚 yà　①次ぐ。劣る。②次の。第
二位。③亜。

【亚军】準優勝。第二位。

【亚麻】亜麻（あま）。

yan

咽 yān　いん頭。

【咽喉】①のど。いんこう。②急
所。要害。要衝。

烟 yān　①煙。②煙い。煙たい。
③たばこ。△抽～/たばこを吸
う。④アヘン。

【烟草】たばこ。

【烟囱】煙突。

【烟斗】マドロス・パイプ。

【烟盒】シガレット・ケース。

【烟灰】①すす。②たばこの灰。
△～缸/灰ざら。

【烟火】花火。

【烟具】シガレットセット。喫煙具。

【烟幕】煙幕。

【烟丝】刻みたばこ。

【烟头】たばこの吸いがら。

【烟土】未精製のアヘン。

【烟雾】もや。煙霧。

【烟消云散】雲散霧消する。

【烟叶】たばこの葉。

【烟瘾】アヘン中毒。たばこ中毒。

【烟子】すす。

【烟嘴】パイプ。

胭 yān

【胭脂】ルージュ。紅（べに）。△
～红/カルミン。

淹 yān　水に浸る。水浸しにな
る。浸る。

【淹没】水浸しになる。

【淹死】でき死する。

阉 yān　去勢する。

【阉割】①去勢する。②骨抜きに
する。

湮 yān　うずもれる。埋没する。

【湮灭】跡形なく消える。いん滅
する。

【湮没】うずもれる。

腌 yān　塩づけにする。△～菜/
野菜を塩づけにする。

嫣 yān　笑い方が美しい。

【嫣红】紅（くれない）。

【嫣然】美しい。にっこり笑う様。
△～一笑/にっこり笑う。

延 yán　①伸ばす。伸びる。②
（時間を）長びかせる。延ばす。
△拖～/時間をのばす。③招く。
招へいする。△～医/医者を迎
える。

【延长】延長する。延ばす。

【延缓】延期する。延ばす。

【延年益寿】寿命を延ばす。長生きする。

【延期】延期する。日延べ。△～支付/延べ払いにする。

【延烧】延焼する。

【延伸】延長する。延びる。延ばす。

【延续】のびのびに続く。引き続く。継続する。

言 yán ①話。言葉。△有～在先/前もって約束してある。②言う。話す。△～明/言明する。③字。

【言不由衷】真心から出た言葉でない。心にもないことを言う。

【言传】言い伝える。口で教える。

【言辞】言葉。

【言归于好】仲直りする。

【言归正传】話は本題に戻る。余談はさておき。

【言过其实】話を実際以上に誇張する。言うことが事実と掛け離れている。

【言简意赅】言葉が簡潔で要領を得ている。

【言教】口で教える。

【言论】言論。△～自由/言論の自由。

【言谈】言葉使い。ものの言い方。

【言外之意】言外の意。

【言行】言行。◇～一致/言行一致。

【言语】言葉。言語。

严 yán ①すき間がない。固い。△嘴～/口が固い。②厳しい。激しい。△～加駁斥/厳しく反ばくする。

【严办】厳重に処罰する。厳しく罰する。

【严惩】厳重に懲罰する。

【严词】厳しい言葉。きつい言葉。

【严冬】厳冬。真冬。

【严防】厳しく防備する。

【严格】厳格だ。厳しい。

【严寒】厳しい寒さ。厳寒。

【严紧】ぴったりしている。すき間がない。

【严谨】厳密だ。ち密だ。

【严禁】厳禁する。

【严峻】厳しい。いかめしい。

【严酷】厳しい。残酷だ。ひどい。

【严厉】厳しい。

【严密】①きっちりする。すき間がない。②厳密だ。周密だ。綿密だ。

【严明】公正だ。厳正だ。

【严肃】厳粛だ。厳正だ。

【严刑】厳刑。

【严正】厳しい。厳正だ。

【严重】重大だ。ひどい。厳重だ。

沿 yán ①沿う。△～着河边走/河岸に沿って歩く。②受け継ぐ。従う。踏襲する。△相～成习/受け継がれて仕来りとなる。③へり。縁。わき。△炕～儿/オンドルのへり。

【沿岸】①沿岸。②岸に沿う。

【沿革】沿革。移り変わり。

【沿海】①沿海。②海に沿う。

【沿路】沿路。道沿い。沿道。

【沿途】→【沿路】

【沿袭】踏襲する。

【沿线】沿線。

【沿用】踏襲する。しきたりのまま使用する。

炎 yán ①暑い。△～夏/真夏。盛夏。②炎症。

【炎热】炎熱。ひどく暑い。

【炎暑】炎暑。酷暑。

岩 yán ①岩。岩石。②高くそびえているがけ。高い山。

【岩层】岩石層。

【岩洞】岩くつ。ほら穴。山くつ。

【岩浆】よう岩。岩しょう。

【岩石】岩石。

研 yán ①すりつぶす。△～成粉末/粉末にする。②研究する。深く究める。△钻～/学問を研究する。

【研究】①研究する。△～员/研究員。②考慮する。検討する。

【研磨】①すりつぶす。②研摩する。

【研讨】研究討論する。検討する。

【研制】研究し製作する。開発する。

盐 yán ①塩。食塩。②塩（えん）。

【盐场】製塩場。塩田。

【盐碱地】アルカリ土壌の田畑。

【盐卤】にがり。

【盐水】塩水。ブライン。

【盐酸】塩酸。塩化水素酸。

阎 yán 横町や裏通りのアーチ。

【阎王】①えん魔。②凶悪な人。性格の暴虐な人。

筵 yán 宴会。酒席。酒宴。△喜～/祝賀の宴。

【筵席】宴席。

颜 yán ①顔の色。顔の表情。②面目。顔。△无～见人/人に合わす顔がない。③色。色彩。△五～六色/色とりどり。

【颜料】絵の具。顔料。

【颜色】①色。色彩。②けんのある顔。きつい顔。

檐 yán ①軒（のき）。②ひさし。△帽～儿/帽子のひさし。

奄 yǎn

【奄奄】えんえんと。息も絶え絶え。△～一息/気息えんえんとしている。

掩 yǎn ①覆う。覆い隠す。遮る。△～口而笑/口を覆って笑う。②閉める。閉じる。△～卷/本を閉じる。

【掩盖】覆う。隠す。覆いかぶせる。

【掩护】①えん護する。②かくまう。かばう。③じゃへい物。

【掩人耳目】世の人の耳目をごまかす。世間を欺く。

【掩饰】覆い隠す。

【掩映】対照をなす。

眼 yǎn ①目。△亲～看/自分の目で見る。②見る。△看了一～/一目見た。③穴。目。△打个～/穴を一つ開ける。

【眼不见，心不烦】知らぬが仏。

【眼光】①目。視線。眼差（まなざ）し。②眼力。見識。

【眼红】①うらやむ。欲しがる。②怒って目が血走る。

【眼花】目がかすむ。目がくらむ。

【眼尖】目ざとい。目が鋭い。

【眼角】眼じり。目がしら。

【眼睫毛】まつげ。

【眼界】視野。見識。眼界。△扩大～/視野を広める。

【眼镜】めがね。眼鏡。△戴～/めがねをかける。

【眼睛】目。まなこ。

【眼科】眼科。

【眼眶】目の縁。まぶた。

【眼泪】涙。

【眼力】①視力。②目。眼識。鑑別力。

【眼里】眼中。

【眼帘】目。目の中。

【眼明手快】目ざとく手早い。

【眼皮】まぶた。

【眼前】①目の前。目（ま）のあたり。②今のところ。当前。目下。

【眼球】眼球。目玉。

【眼圈】目の回り。目縁（まぶち）。

【眼色】目くばせ。

【眼神】①目つき。まなざし。②目くばせ。

【眼生】見慣れない。見たことがない。

【眼熟】見慣れる。見覚えがある。

【眼药】目薬。

【眼中钉】目の敵。目の上のこぶ。

演 yǎn ①演じる。上映する。△～电影/映画を上映する。②ふんする。演じる。△～什么角色/どんな役を演じるか。③練習する。実習する。△～算/演算する。

【演变】変遷する。移り変わる。

【演唱】歌う。

【演出】上演する。出演する。公演する。

【演化】→【演变】

【演技】演技。

【演讲】講演する。演説する。

【演示】実演して見せる。

【演说】演説する。

【演习】演習する。

【演戏】劇を演じる。芝居をやる。

【演义】演義。

【演绎】演えきする。

【演员】俳優。出演者。役者。

【演奏】演奏する。

厌 yàn ①きらう。いやがる。②飽きる。△看～了/見飽きた。

【厌烦】飽き飽きする。いやになる。

【厌倦】飽き飽きする。飽きていやになる。

【厌世】えん世。世をはかなむ。

【厌恶】けんおする。きらう。いやがる。

【厌战】えん戦。

沿 yàn 水辺。水のほとり。△河～/川べ。

砚 yàn すずり。

咽 yàn 飲み込む。飲む。△～唾沫/つばを飲みこむ。

【咽气】息を引き取る。死ぬ。

宴 yàn ①酒席。宴会。②ごちそうしてもてなす。③安らかだ。楽しい。△～乐/安楽。

【宴会】宴会。△～厅/宴会場。

【宴请】宴に招く。宴席を設け客を招く。

晏 yàn ①遅い。△～起/遅く起きる。②安らかだ。楽しい。

艳 yàn ①色が鮮かだ。美しい。②つやっぽい。色っぽい。△～诗/恋愛詩。

【艳丽】あでやかだ。鮮やかだ。

唁 yàn 弔う。弔問する。

【唁电】弔電。

验 yàn ①検査する。調べる。△～护照/ビザを検査する。②きき目がある。有効。

【验方】効き目のある処方。よく効く処方。

【验光】眼鏡の度数を計る。

【验尸】検死する。

【验收】検査の上引き取る。チェックする。

【验算】験算する。

【验血】血液検査をする。

【验证】験証する。

谚 yàn ことわざ。

【谚语】ことわざ。

焰 yàn 炎（ほのお）。

【焰火】花火。

雁 yàn 雁（がん）。かり。

燕 yàn つばめ。

【燕尾服】えん尾服。

【燕窝】①つばめの巣。②（中華料理で珍重するもの）えんか。

赝 yàn 偽り。にせ。

【赝本】にせの書画。

【赝品】偽物。にせ物。

yang

央 yāng ①中央。中心。②懇願する。願う。頼む。③尽きる。終わる。△夜未～/夜はまだ明けない。

【央告】お願いする。折り入って頼む。

殃 yāng ①災（わざわ）い。災難。△遭～/災難に遭う。②害する。災いする。

秧 yāng ①植物の苗。△树～/木の苗。②（一部の植物の）茎。△白薯～/さつま芋の苗。③（生まれたての）魚。△鱼～/稚魚（ちぎょ）。

【秧歌】（中国の民間踊り）ヤンコ。

羊 yáng 羊（ひつじ）。△山～/山羊（やぎ）。

【羊羔】子羊。

【羊倌】羊飼い。

【羊圈】羊小屋。

【羊毛】羊毛。ウール。

【羊皮】羊の皮。シープスキン。

【羊肉】羊肉。

阳 yáng ①太陽。日光。②陽。△～历/太陽暦。③山の南側。川の北側。④現世。この世。しゃば。△～间/現世。この世。

【阳电】陽電気。プラスの電気。

【阳奉阴违】面従腹背。

【阳沟】無がいこう。露こう。

【阳光】日光。陽ざし。

【阳极】陽極。アノード。

【阳伞】日がさ。パラソル。

【阳台】ベランダ。露台。

【阳性】①男性。②陽性の。

扬 yáng ①高くあげる。高くあがる。△～手/手を高くあげる。②上の方へ巻き散らす。風選する。③宣伝する。一般に知らせる。△宣～/広く知らせる。言いふらす。

【扬眉吐气】意気昂然たる様。

【扬名】名をあげる。

【扬弃】①止揚する。②捨てる。放棄する。

【扬琴】楊琴。

【扬声器】拡声器。ラウド・スピーカー。

【扬言】公然と言いふらす。揚言する。

杨 yáng ポプラ。どろのき。

【杨柳】①どろのきと柳。②柳。

【杨梅】山桃（やまもも）。

佯 yáng …の振りをする。偽る。装う。△～死/死んだまねをする。

洋 yáng ①大洋。海洋。②外国の。舶来の。△～货/舶来品。③現代的だ。洋式の。△～办法/現代的なやり方。

【洋白菜】キャベツ。甘（かん）らん。

【洋菜】寒天。

【洋葱】玉（たま）ねぎ。

【洋服】洋服。背広。

【洋行】（解放前外国人が中国で経営していた）商社。洋行。

【洋灰】セメント。

【洋火】マッチ。

【洋奴】外国人にこびへつらう人。

【洋气】西洋かぶれ。バタくさい。

【洋人】外国人。

【洋为中用】外国のものを中国に役立てる。

【洋溢】満ちあふれる。あふれる。

仰 yǎng ①仰ぐ。あおむく。△～起头/頭をあおむける。②敬う。慕う。△瞻～/仰ぎ見る。③依頼する。頼る。

【仰慕】敬慕する。

【仰望】①仰いで見る。仰ぎ望む。②あがめる。慕いたよる。

【仰卧】あおむけに寝る。

【仰泳】背泳。バック・ストローク。

【仰仗】仰ぐ。頼る。

养 yǎng ①養う。育てる。△～家/家族を養う。②飼う。飼育する。△～鸭/あひるを飼う。③出産する。生む。④義理の。△～父/义父。養父。義理の父。⑤つちかう。身につける。△～成良好的习惯/よい習慣を身につける。⑥保養する。休養する。⑦手入れする。補修する。

【养兵】兵を養う。兵備を整える。

【养病】療養する。休養する。

【养分】養分。栄養分。

【养活】扶養する。養う。

【养精蓄锐】精力を養い鋭気を蓄える。

【养老】①老人をいたわり養う。②老後を過ごす。△～金/定年退職手当。

【养料】栄養分。滋養物。

【养神】気分を休める。心を養う。

【养生】養生する。△～之道/養生の道。

【养育】養育する。育てる。

【养殖】養殖する。

【养尊处优】安閑とぜい沢な暮らしをすること。

氧 yǎng 酸素。

【氧化】酸化。△～剂/酸化剤。

【氧气】酸素。△～瓶/酸素ボンベ。

痒 yǎng かゆい。△皮肤发～/皮ふがかゆい。

怏 yàng

【怏怏】おうおう。不平に思う様。不満に思うさま。

恙 yàng 病気。△无～/恙なし。

样 yàng ①形。かっこう。様子。②サンプル。見本。③種類。△三～菜/三つのおかず。

【样板】①（板状の）見本。②型板。ゲージ。③手本。模範。

【样本】見本。カタログ。

【样品】サンプル。試料。

【样式】様式。型。スタイル。

【样样】どれもこれも。いろいろ。各種。いずれも。

【样张】刷り見本。校正刷り。

漾 yàng ①（水が）揺れる。たゆたう。△荡～/水が揺れ動く。②（液体が）あふれる。こぼれ出る。

yao

夭 yāo

【夭折】①よう折する。若死する。②（計画などが）中途で失敗する。ざ折する。

吆 yāo

【吆喝】大声で叫ぶ。

约 yāo はかりにかける。

妖 yāo ①物のけ。化け物。②人を惑わす。あやしい。△～术/よ

う術。魔法。③なまめかしい。み
だりがわしい。

【妖怪】よう怪。化け物。

【妖精】①よう精。化け物。②よ
う婦。

【妖媚】なまめかしい。色っぽい。

【妖魔鬼怪】よう怪変化（へんげ）。

【妖孽】①不吉なもの。禍の種。
②悪人。

【妖娆】なまめかしく美しい。

【妖言】よう言。邪説。

【妖艳】ようえんだ。なまめかし
い。

要 yāo

【要求】要求する。要望する。

【要挟】強要する。強制する。

腰 yāo　①腰。△弯～/腰をかが
める。②ズボンの腰まわりの部
分。③ふところ。ポケット。④
中央部がくびれている地形。⑤
中間。中部。中途。

【腰带】帯。ベルト。バンド。

【腰杆子】①腰。腰部。②後ろだて。

【腰鼓】腰つづみ。

【腰身】腰まわり。ウエスト。

【腰子】じん臓。

邀 yāo　①招く。招待する。△应
～出席/招きに応じて出席す
る。②得る。求める。

【邀集】招き集める。招集する。

【邀请】招く。招待する。△～赛/
招待試合。

肴 yáo　（魚、肉などの）料理。

【肴馔】豊富な食事。

窑 yáo　①窯（かま）。△砖～/れ
んが窯。②炭鉱。△小煤～/（旧
式の）炭鉱。

【窑洞】（中国の山西省、陝西省な
どの所にある）どうくつ住居。

谣 yáo　①歌謡。歌。△民～/民

謡。②デマ。△造～/デマを飛ば
す。

【谣传】①デマが飛ぶ。②デマ。
うわさ。

【谣言】うわさ。デマ。△散布～/
デマを飛ばす。

遥 yáo　遠い。長い。はるかに。

【遥测】遠方測定。遠隔測定。テレ
メータリング。

【遥控】遠隔操作。リモート・コン
トロール。

【遥望】遠望する。はるか遠くに目
をやる。

【遥遥】①（距離が）遠いさま。は
るかなさま。△～领先/はるか
に先頭を切る。△～相对/はる
かに向かい合う。②（時間が）非
常に長いさま。

【遥远】はるか遠い。△～的将来/
はるか遠い未来。△路途～/道
のりははるか遠い。

摇 yáo　揺れる。揺れ動かす。揺
れ動く。振る。△～铃/鈴を振
る。鈴を鳴らす。

【摇摆】揺れ動く。

【摇动】揺り動かす。ゆすぶる。

【摇撼】揺り動かす。ゆさぶる。

【摇篮】揺りかご。△～曲/子守
歌。

【摇钱树】金のなる木。ドル箱。

【摇身一变】速変りする。またたく
まに姿を変える。

【摇摇欲坠】ゆらゆら揺れていま
にも倒れそうだ。崩壊寸前だ。
風前のともしびだ。

【摇曳】ゆらめく。

【摇椅】ロッキングチェアー。ゆり
椅子。

徭 yáo

【徭役】ぶ役（やく）。賦役（ふえ
き）。

杳 yǎo　影も形もない。△〜无音信/全く音信がない。

咬 yǎo　①かむ。かじる。かみ付く。△〜不动/かみ切れない。②ほえる。③読む。正しく発音する。△〜字清楚/発音がはっきりする。④巻き添えにする。巻き込む。

【咬耳朵】耳打ちする。

【咬文嚼字】字句の意味を過度にせん索する。

【咬牙】①歯ぎしりするくせ。②歯を食いしばって我慢する。

【咬住】①かみついて放さない。②口をつぐむ。実を吐かない。

窈 yǎo

【窈窕】（女子が）美貌でしとやかなさま。

舀 yǎo　くむ。すくう。△〜汤/スープをすくう。

【舀子】ひしゃく。

药 yào　①薬（くすり）。薬品。薬剤。△服〜/薬を飲む。②化学作用を持つ化学製品。△火〜/火薬。③薬で治療する。④毒殺する。△〜老鼠/ねずみを殺す。

【药材】漢方薬の材料。

【药草】薬草。薬用植物。

【药厂】製薬工場。

【药方】処方。処方せん。

【药房】①（病院の）薬局。②（西洋薬を売る）薬屋。

【药费】くすりの代金。

【药粉】粉薬（こなぐすり）。

【药膏】ねり薬。こう薬。軟こう。

【药剂】薬剤。△〜师/薬剤師。

【药酒】薬酒。

【药力】薬の効目。薬効

【药棉】脱脂綿。

【药片】錠剤。タブレット。

【药品】薬品。

【药铺】（漢方薬の）薬屋。

【药水】水薬。水剤。

【药丸】丸薬。ペレット。

【药味】①薬の味。②薬の性質。漢方薬で用いる薬の種類。

【药物】薬物。薬品。

【药箱】薬箱。救急カバン。

【药性】薬の性質。

【药皂】薬用石けん。

要 yào　①重大だ。大切だ。重要だ。△〜事/重要な事。②要点。かなめ。③頼む。願う。△〜我写封信/私に手紙を書くよう頼んだ。④ほしい。望む。…したい。△〜见他/彼に会いたい。⑤…しなければならない。…すべきた。△〜小心/気をつけなければならない。⑥ねだる。請求する。△向他〜票/彼にキップをもらう。⑦…しようとする。…しそうだ。△〜下雨了/雨が降りそうだ。⑧必要とする。要る。△〜不了这么多人/そんなに沢山人はいらない。⑨もし。なら。△〜是他来了，你就交给他/もし彼が来たら、彼に渡して下さい。

【要隘】要所。要害。

【要不】もしそうでなければ。さもなければ。さもないと。

【要不得】だめだ。いけない。

【要不是】もしそうでなければ。もし…でなければ。

【要冲】要衝。要地。

【要道】要路。要地。

【要地】要地。

【要点】①肝要な箇所。要点。かぎ。②（軍事上の）拠点。

【要犯】重要犯人。

【要害】致命的な所。急所。要害。△击中〜/急所に命中する。

【要好】①仲がよい。親しい。②

向上心が強い。勝ち気だ。

【要价】値をつける。値段を言う。

【要紧】①重要だ。大切だ。肝心
　　だ。②ひどい。重要だ。

【要领】要点。かぎ。要領。△不得
　　～/要領を得ない。

【要么】それとも。なんなら。ある
　　いは。

【要面子】メンツを重んずる。体面
　　にこだわる。

【要强】勝ち気だ。負けぎらいだ。

【要人】要人。重要な地位にある
　　人。

【要塞】要さい。

【要是】もし（も）。…なら。

【要素】要素。要因。

【要闻】重大なニュース。

【要职】要職。

【要旨】要旨。主旨。

钥 yào

【钥匙】かぎ。キー。

鹞 yào　はいたか。

耀 yào

【耀武扬威】武力を誇り、威勢を
　　示す。

【耀眼】まぶしい。まばゆい。

ye

耶 yē

【耶稣】イエス・キリスト。△～
　　教/キリスト教。

掖 yē　おし込む。はさむ。さし
　　込む。△把被角～好/掛け布団
　　のすみをきちんと直す。

椰 yē

【椰干】コプラ。

【椰油】やし油。

【椰枣】夏目やし。

【椰子】やし。

噎 yē　①のどにつかえる。△别
　　～着/のどにつかえないよう
　　に。②息が詰まる。むせぶ。

爷 yé　①父親。②おじいさん。
　　じじい。

【爷爷】①祖父。おじいさん。②
　　（一般的に）おじいさん。

揶 yé

【揶揄】やゆする。からかう。あざ
　　ける。

也 yě　も。同様に。…もまた。△
　　你去，我～去/きみが行くなら、
　　私も行く。△风～停了，雨～住
　　了/風もやんだし、雨も上がっ
　　た。

【也好】…であろうと…であろう
　　と。…しても…しても。

【也许】かもしれない。

冶 yě　（金属を）溶かす。精練
　　する。

【冶金】や金。△～工业/冶金工
　　業。

【冶炼】精練する。

野 yě　①野原。郊外。△田～/田
　　畑と野原。②限界。範囲。△分
　　～/分野。限界。③民間。△下～/
　　下野する。④野生の。△～花/野
　　生の花。⑤勝手気ままだ。野放
　　しだ。

【野菜】野生菜類。

【野餐】（ピクニックなどで）野外
　　で食事をすること。

【野草】野原の草。野生の草。

【野地】荒野。原野。

【野果】野生の果実。

【野火】野火（のび）。

【野鸡】きじ。

【野蛮】①野蛮だ。乱暴だ。荒荒し
　　い。②未開。

【野猫】野良ねこ。

【野牛】野牛。

【野禽】野生の鳥。

【野人】未開の人。野蛮の人。

【野生】野生の。△～植物/野生植物。

【野史】野史。はい史。

【野兽】野獣。

【野兔】野（の）うさぎ。

【野外】野外。△～工作/野外作業。

【野味】狩猟の獲物。

【野心】野心。

【野性】野性。荒荒しい性質。

【野营】野営する。野宿（のじゅく）。

【野战】野戦。△～军/野戦軍。

【野猪】いのしし。

业 yè ①事業。業務。営業。職業。△矿～/鉱業。△失～/失業する。②学業。△结～/学業をおえる。③財産。不動産。△家～/家の資産。④従事する。経営する。△～农/農業に従事する。⑤もう。すでに。△～已调查/すでに調査済みだ。

【业绩】業績。手柄て（がら）。

【业务】業務。仕事。勤務。△～范围/業務範囲。

【业余】①業務の余暇。勤務時間外。②アマチュアの。専門外の。

【业主】企業主。経営者。

叶 yè ①葉。菜っぱ。△落～/落葉。②時期。△二十世纪中～/20世紀中葉。

【叶绿素】葉緑素。クロロフィル。

【叶脉】葉脈。

页 yè ページ。△打开新的一～/新しいページを開く。

【页码】ページ数。ページ番号。

曳 yè 引く。引っ張る。

【曳光弹】えい光弾。トレーサ。

夜 yè 夜（よる）。晩。△日日～/日夜。

【夜班】夜勤。夜業。

【夜长梦多】夜長ければ夢多し。時間が長びくといろいろと面倒が起きがちだ。

【夜场】夜間興行。

【夜车】①夜行列車。夜汽車。②夜業する。

【夜大学】夜間大学。

【夜工】夜業。夜勤。

【夜光表】夜光時計。

【夜间】夜。夜間。

【夜景】夜景。

【夜阑人静】夜が更けて人も寝静まる。

【夜幕】夜のとばり。

【夜色】夜の気配。

【夜袭】夜襲する。

【夜宵】夜食。

【夜校】夜間学校。

【夜行军】夜行軍。

【夜以继日】夜に日を継ぐ。昼夜を分かたず。

【夜莺】さよなき鳥。ナイチンゲール。

【夜战】夜戦。夜業。

【夜总会】ナイト・クラブ。

液 yè 液。液体。しる。

【液化】液化する。△～石油气/液化石油ガス。

【液态】液状。

【液体】液体。リキッド。

【液压】液圧。

掖 yè ①（人の腕を）支える。②助ける。引き立てる。援助する。

谒 yè 謁見する。

【谒见】謁見する。

腋 yè ①わき。わきの下。②生物体のわきの下に似た部分。

【腋毛】わき毛（げ）。

【腋窝】わきの下。

yi

一 yi ①一。一つ。②同じだ。等しい。③すべての。全部。△～冬/一冬中。④毎。ごと。△～小时六十公里/一時間60キロ。⑤専ら。

【一般】①同じだ。②一般。普通。

【一般化】一般化する。

【一半】半分。

【一辈子】一生。生がい。

【一边】①一面。一方面。一方。片方。②そば。傍ら。③…しながら。

【一并】合わせて。合計して。全部。△～办理/合わせて処理する。

【一场空】希望や努力が無に帰する。すべてが水ほうに帰す。

【一筹莫展】何とも手立てが立たない。手も足も出ない。

【一触即发】一触即発。

【一次】一回。

【一旦】①一日。一朝。②ある日。ひとたび。いったん。

【一刀两断】一刀両断。断固として関係を絶ち切る。

【一道】一緒に。

【一等】上等。

【一点儿】少し。ほんの少し。△～不累/少しも疲れない。

【一定】①きっと。必ず。是非とも。②ある程度の。特定の。一定の。③決まっている。決まった。

【一度】①一回。一度。②ひとしきり。一度…たことがある。△～失学/一度は勉強の機会を失ったことがある。

【一帆风顺】順風に帆をあげる。順風満帆。

【一方面】①一主。一面。②一方

では…一方では…。…ながら。△～工作、～学习/仕事をしながら学習する。

【一概】すべて。一切。全部。△我～不知/私はいっさい知らない。

【一干二净】何も残さないさま。きれいさっぱり。

【一共】みんなで。全部で。合わせて。

【一贯】これまでずっと。一貫して。

【一会儿】①ちょっとの間。②すぐ。しばらくして。まもなく。△我～就来/私はすぐ来ます。③…かと思うと…。…たり…たりする。

【一技之长】一芸一能。特長。

【一见钟情】一目ぼれする。一目で好きになる。

【一举】一挙に。◇～成名/一足飛びに出世する。一挙に名を成す。◇～两得/一挙両得。一石二鳥。

【一口】①一言で。きっぱりと。②（言葉の発音や調子が）生粋（きっすい）だ。

【一口气】①息の根。生命。②一気に。一息（ひといき）に。

【一块儿】①同一の場所。同じ所。②一緒に。ともに。

【一阅】一覧。△～表/一覧表。

【一揽子】何もかもごっちゃまぜにすること。一括。

【一劳永逸】一度苦労すれば永久に楽をする。

【一力】全力を尽くして。極力。

【一连】続けて。絶え間なく。△～下了三天雨/3日間雨が降り続いた。

【一连串】一連の。一続き。

【一溜烟】さっと。一目散に

【一路】①道中。途中。△〜平安/道中ご無事で。②同じ種類。同類。③同道する。

【一律】一律。一様。みな。△〜平等/一律に平等だ。

【一面】①一面。一方。一方面。②一方では…。…（し）ながら…。△〜走，〜唱/歩きながら歌う。

【一瞥】①一べつする。ちらりと見る。②一目ちらっと見た概況。

【一齐】いっせいに。同時に。

【一起】①同じ場所。②一緒に。△〜去/一緒に行く。

【一窍不通】道理がさっぱり分からない。ちんぷんかんぷん。

【一切】いっさい。全部。あらゆる。すべて。

【一如既往】これまでの通り。今までと同様に。

【一色】①一色。同じ色。②一つの種類。

【一身】①全身。体中。②ひとそろい。△〜新衣服/新しい服ひとそろい。

【一生】一生。生がい。

【一声不响】うんともすんとも言わない。

【一时】①ある時期。一時。②ちょっとの間。一時的だ。当分の間。③その場で。即座に。

【一事无成】何事も成功しない。何一つなし遂げない。

【一视同仁】一視同仁。

【一手】①独りで。一手に。②腕前。△有〜/才能を持つ。③計略。

【一瞬】一瞬間。またたく間。

【一丝不苟】少しもいい加減なところがない。

【一丝不挂】一糸もまとわぬ。真っ裸（ぱだか）だ。

【一丝一毫】ごくわずか。ほんの少し。

【一塌糊涂】めちゃくちゃだ。始末がつかない様。

【一天】①一日。昼の間。②ある日。③一日中。終日。

【一条心】心を一つにすること。

【一同】一緒に。いっせいに。

【一团和气】和合する。他人の欠点などをあえて指摘したりしない。

【一团漆黑】真っ暗やみだ。真っ黒だ。

【一团糟】全く収拾がつかない様。めちゃくちゃだ。

【一味】ひたすら。一途に。どこまでも。

【一文不名】一銭もない。

【一窝蜂】ひとむらがり。わっと群がって行動するさま。

【一无所长】なに一つ長所がない。

【一无所有】何一つない。

【一无所知】何も知らない。

【一系列】一連の。△〜問題/一連の問題。

【一线】いちる。一筋。わずか。△〜希望/いちるの望み。

【一向】①近頃。②今までずっと。その後。

【一些】少し。わずか。少しばかり。

【一心】①心を一つにする。②一心に。ひたすら。一途に。

【一言不发】一言も言わない。

【一言难尽】一言では言い尽くせない。

【一言为定】きっぱりと言い切る。一言で決める。

【一样】同じだ。同様だ。

【一一】一つ一つ。いちいち。

【一应】すべての。一切。全部。◇〜俱全/すべてそろっている。

【一元化】一元化する。

【一月】一月。

【一再】度度。重ねて。何度も。繰り返し。

【一早】早朝。朝早く。

【一针见血】ずばりと要点をつく。急所をつく。

【一阵】ひとしきり。

【一阵子】→【一阵】

【一知半解】生かじり。一知半解。

【一直】①真っすぐに。②ずっと。ぶっとおしに。

【一致】一致する。△～通过/全员一致で採択する。

【一专多能】専門を持ちながら他の分野をもこなせる。

衣 yī ①衣服。着物。◇～不遮体/ぼろをまとう。②ころも。コーティング。△糖～/糖衣。

【衣胞】えな。

【衣服】衣服。着物。

【衣钩】着物掛けのかぎ。

【衣架】①衣服かけ。ハンガー。②見かけだおし（の人）。能なし。

【衣料】生地（きじ）。布地（ぬのじ）。

【衣帽间】クローク・ルーム。

【衣食住行】衣、食、住、交通手段。

【衣物】衣服と日用品。

【衣着】服装。身なり。

伊 yī あの人。彼。彼女。

【伊始】始め。△新年～/新年の始め。

【伊斯兰教】イスラム教。

医 yī ①医者。医師。②医学。医術。③治す。治療する。△把他的病～好了/彼の病気をすっかり治した。

【医科】医科。

【医疗】医療。△～队/医療隊。

【医生】医者。

【医士】（中等医学教育を受けた）医者。

【医术】医術。

【医务】医療業務。△～人员/医务従事者。

【医学】医学。

【医药】医薬。△～常识/医薬常識。

【医院】病院。医院。

【医治】治療する。

依 yī ①頼る。△无～无靠/頼りになる者がない。②承知する。同意する。③従う。甚く。△～我看/わたしの考えで。わたしの考えによれば。

【依次】順を追って。順次に。△～入座/順次に着席する。

【依从】（他人の考えに）従う。

【依附】頼る。従属する。

【依据】根拠。よりどころ。

【依靠】①寄り掛る。頼る。②よりどころ。頼り。△生活～/生活のよりどころ。

【依赖】①依存する。②頼る。すがる。△～性/依存性。

【依恋】慕わしく思う。名残り惜しい。未練が残る。

【依然】依然として。もと通りに。◇～如故/相変らず。昔のままだ。

【依顺】言うことを聞く。従う。

【依依】名残り惜しむ。慕い思う。△～不舍/別れを惜しむ。

【依仗】勢力に頼る。寄り掛る。△～权势/権力をかさにきる。

【依照】…に従って。…の通りに。

仪 yí ①儀容。風ぼう。②儀式。礼儀。③贈り物。△贺～/お祝いの品物。④計器。

【仪表】①人の容儀。風さい。見掛け。◇～堂堂/堂堂たる風さい。

②計器。メーター。
【仪器】測定器具。
【仪容】風さい。容ぼう。儀容。
【仪式】儀式。
【仪态】容儀。姿態。
【仪仗】儀じょう。△～队/儀じょう隊。

夷 yí　①平穏無事。安らかだ。△化险为～/危険を化して無事となる。②平らにする。平坦にする。③殺す。ほろぼす。

宜 yí　①適している。ふさわしい。適当だ。△适～/適切だ。②すべきだ。△不～如此/こうすべきではない。③当然だ。
【宜人】人によい感じを与える。楽しませる。

怡 yí　喜ぶ。楽しむ。愉快だ。
【怡然】喜ぶ様。楽しむ様。△～自得/悠悠自適する。

饴 yí　あめ。
【饴糖】麦芽糖。あめ。

贻 yí　①贈る。②残す。△～患/禍を残す。
【贻害】害を残す。◇～无穷/限りない害を残す。
【贻误】過ちが後に残って悪い影響を与える。

姨 yí　①おば。おばさん。母の姉妹。②妻の姉妹。
【姨表】両家の母が姉妹関係にあること。△～兄弟/いとこ。母の姉妹の息子。
【姨夫】おじ。おじさん。母の姉妹の夫。
【姨母】おば。おばさん。母の姉妹。

胰 yí　すい臓。
【胰岛素】インシュリン。

移 yí　①移す。ずらす。②改め

る。変わる。変える。
【移风易俗】古い風俗習慣を改める。
【移交】引き渡す。
【移居】転居する。引っ越す。
【移植】移植する。

遗 yí　①落し物。②余す。残す。
【遗产】遺産。△历史～/歴史的遺産。
【遗传】遺伝する。△～学/遺伝学。
【遗憾】①遺恨。うらみ。②残念だ。遺憾だ。
【遗恨】遺恨。
【遗迹】遺跡。
【遗留】残す。遺留する。
【遗漏】①遺漏。手落ち。②漏らす。落とす。
【遗弃】遺棄する。ほうる。
【遗失】遺失する。なくす。
【遗事】事績。遺事。
【遗孀】未亡人。やもめ。後家。
【遗体】遺体。
【遗忘】忘れる。失念する。
【遗物】形見。遺物。
【遗像】遺影(いえい)。
【遗言】遺言(ゆいごん)。
【遗愿】遺志。
【遗址】遺跡。
【遗志】遺志。
【遗嘱】遺言。
【遗著】遺著。

颐 yí　①おとがい。あご。ほお。△支～/ほおづえをする。②休養する。養生する。養う。

疑 yí　①疑う。疑いをかける。△半信半～/半信半疑。②疑い。疑問。△～点/疑点。
【疑案】疑獄。
【疑惑】疑惑。疑い。
【疑虑】心配すること。気がかり

になること。

【疑难】疑わしく判断しにくいこと。

【疑团】疑念。疑問。

【疑问】疑問。問題。

【疑心】①疑い。疑念。②疑う。うたぐる。

【疑义】疑問の点。疑義。

乙 yi 乙（おつ、きのと）。第二。二番目。△～等/2 等の。

【乙醚】エチル・エーテル。

【乙炔】アセチレン。

【乙种粒子】ベーター粒子。

已 yi ①やむ。止める。終わる。△争论不～/論争がやまない。②すでに。もう。△时间～过/時間はもうすぎた。

【已经】すでに。もう。

【已然】已然。もう。すでに。

【已往】以前。従来。

【已知数】既知数。

以 yi ①…を用いて。…をもって。…で。△～攻为守/攻撃をもって守備の手段とする。②…の通りに。…に従う。…による。△～时启闭/時間どおりに開閉する。③…の理由で。…の故に。△不～人废言/人が悪いからといって、その正しい言葉までないがしろにしない。④目的を表わす。△～免发生危险/危険が起こらないようにする。⑤「方位词」の前に用いて方向、数量、時間などの限界を示す。△十天～后/十日後。

【以便】…するのに都合のよいように。…するために。

【以德报怨】うらみを徳で返す。あだを恩で返す。

【以毒攻毒】毒をもって毒を制する。

【以讹传讹】誤りをそのまま伝える。

【以寡敌众】少数で多数にあたる。劣勢で優勢に立ち向かう。

【以后】その後。以後。…してから。

【以及】及び。並びに。

【以来】以来。…からは。…してから。

【以免】…しないように。

【以内】以内。…のうち。

【以前】以前。…の前。昔。

【以上】以上。これより以上。

【以身作则】身をもって範を示す。自ら手本を示す。

【以外】以外。以上。…の外。

【以往】これまで。以前。

【以为】…と思う。…とする。…と考える。

【以下】①以下。これより下。△零度～/零度以下。②これから先。次。以下。

【以怨报德】恩をあだで返す。

【以致】…ために…ということになる。…のしまいには…という結果となる。

【以至】①ひいては。そして。及び。②…するほど。…するまでに。

蚁 yi あり。

倚 yi ①もたれる。寄り掛かる。△～门/門にもたれる。②たのむ。頼む。△～势欺人/権勢をたのんで人をいじめる。③偏る。

椅 yi いす。

义 yi ①義。正義。②正義にかなった。△～战/義戦。③意味。意義。△字～/字の意味。④義理。情義。△～母/義母。

【义不容辞】道義上断行せざるを得ない。

【义愤】義憤。◇～填膺/義憤が胸に満ちる。怒りに燃える。

【义卖】バザー。義えん金を募るために物品を売ること。

【义旗】正義の旗。

【义气】①義きょう心。②義理がたい。

【义师】義兵。

【义士】義士。

【义务】①義務。△～教育/義務教育。②無報酬の。奉仕的だ。△～劳动/奉仕的な労働。勤労奉仕。

【义演】慈善公演。

【义勇军】義勇軍。

【义正词严】正当な理を踏まえて言辞が厳しい。

亿 yì 億。

【亿万】億万。

忆 yì 懐かしく思う。記憶する。思い起こす。回想する。

艺 yì ①才能。腕前。芸。才。△武～/武芸。②芸能。芸術。芸。△～苑/芸えん。文学芸術界。

【艺名】芸名。

【艺人】①芸能人。②工芸師。工匠。職人。

【艺术】①芸術。△～家/芸術家。△～品/芸術品。②形が変っていて美しい。③独創性に富んだ方法。

刈 yì 刈る。

【刈草机】草刈り機。

议 yì ①意見。言論。主張。△提～/提議する。②相談する。討論する。協議する。論議する。△～而不决/論するだけで決議しない。

【议案】議案。

【议程】議事日程。

【议定书】議定書。

【议和】講和する。

【议会】議会。

【议价】協議価格。自由価格。

【议论】①議論する。話題にする。②議論。意見。見解。

【议题】議題。

【议员】議員。代議士。

【议长】議長。

亦 yì …もまた。やはり。また。も。

【亦步亦趋】甘んじて人の後じんを拝する。自分の考えがなく、人のまねばかりする。

屹 yì 高くそびえ立つ。

【屹立】そびえ立つ。きつ立する。

【屹然】きつ然と（そびえ立つさま）。

异 yì ①異なる。違う。◇～乎寻常/不尋常だ。②特別だ。珍しい。すぐれた。△～香/とてもよい香。③いぶかる。不思議だ。怪しむ。④ほかの。別の。△～地/他郷。異郷。

【异常】①異常だ。尋常でない。②非常に。特別に。

【异端】異端。

【异国】異国。外国。

【异己】異質。異端。

【异教】異教。△～徒/異教徒。

【异口同声】異口同音。口をそろえて。

【异体字】異体字。異体文字。

【异乡】異郷。他郷。

【异想天开】奇想天外。奇抜な考え。

【异心】二心。反逆心。

【异性】①異性。②性質の異なるもの。

【异样】①様子が変わる。②異様だ。特別だ。尋常でない。

【异议】異議。

【异族】異民族。

译 yì 訳す。翻訳する。△～成英语/英語に訳す。

【译本】訳本。訳。

【译码】解読。デコード。

【译名】訳名。

【译述】訳述する。

【译文】訳文。

【译意风】同時通訳用のイヤホーン。

【译音】音訳。

【译员】通訳。インタープリター。

【译者】訳者。翻訳者。

抑 yì 抑える。圧する。

【抑郁】憂うつ。うっ憤。

【抑制】抑制する。抑える。

呓 yì うわごと。

【呓语】寝言。うわごと。

邑 yì 都市。町。△通都大～/大都市。

役 yì ①兵役。②使役する。使う。③使用人。召使（めしつかい）。④戦い。戦役。

【役畜】役畜。

【役使】使役する。強制して使う。

诣 yì ①参上する。まいる。行く。至る。もうでる。参拝する。②造けい。

易 yì ①たやすい。容易だ。易しい。△不～解决/解決しがたい。②変える。改める。変わる。△～手/手をかえる。もちかえる。③交易する。交換する。

疫 yì 疫病。流行病。

【疫苗】ワクチン。

【疫情】疫病発生の情況。

益 yì ①益。利益。△受～/利益を受ける。②有益だ。益になる。③増える。加える。④ますます。一層。いよいよ。△日～壮大/日増しに大きくなる。

【益虫】益虫。

【益鸟】益鳥。

【益友】益友。

谊 yì よしみ。情誼。◇深情厚～/深い感情と厚い友誼。

逸 yì ①楽をする。安逸だ。◇一劳永～/一度の骨折りで永久に楽をする。②走る。逃げる。③散逸する。④衆にぬきんでる。

【逸乐】遊び楽しむ。

【逸事】逸事。逸話。

翌 yì よく。次の。△～日/翌日。△～年/翌年。

溢 yì ①あふれる。△河水四～/川の水が四方にあふれる。②度が過ぎる。△～誉/ほめすぎ。過分な称賛。

意 yì ①考え。思い。△好～/好意。②意味。意義。△寓～/意味をこめる。③願い。望み。心。意図。△中～/気に入る。④見込み。想像。予想。

【意见】①意見。考え。②異議。不満。文句。

【意境】境地。ムード。

【意料】予想する。推し量る。

【意气】①気概。意気込み。②気持ち。気立て。気性。◇～相投/気投合する。③（一時の）感情。

【意趣】意味と趣味。

【意识】①意識。△～形态/イデオロギー。②意識する。

【意思】①意味。考え。思想。②つもり。気。気持ち。③兆し。様子。気配。④おもしろみ。興。⑤こころざし。

【意外】①意外だ。案外だ。②突発事件。事故。

【意味】①意味。意味合い。②趣。味わい。③意味する。

【意想】想像。予想。

【意向】意向。意図。目的。

【意象】→【意向】

【意兴】興味。

【意义】①意味。意義。②意義。価値。

【意译】①意訳する。②翻訳する。

【意愿】願望。願い。念願。

【意在言外】意味が言外にある。

【意志】意志。

【意中人】意中の人。

裔 yì ①後えい。子孫。②辺地。辺境。

肄 yì

【肄业】①在学する。②中途退学。

毅 yì

【毅力】気力。根気。気はく。

【毅然】断乎として。きっぱりと。思い切って。

臆 yì ①胸。②主観的に。

【臆测】おく測する。

【臆说】おく説。

【臆造】でっち上げる。

翼 yì ①翼（つばさ）。羽。②両側。翼（よく）。△由两～进攻/両翼から攻め込む。

yin

因 yīn ①踏襲（とうしゅう）する。受け継ぐ。△陈陈相～/古い仕来たりをそのまま踏襲する。②…に頼る。…に応じる。…に従う。△～症下药/病状に応じて処方を出す。③原因。理由。△前～后果/原因と結果。因果。④…のために。…によって。△～病请假/病気のために欠勤する。△～故改期/都合（つごう）により期日を変更する。

【因此】ので。それで。これによって。そのために。

【因而】ので。から。だから。

【因果】①原因と結果。②因果。

【因素】①要素。②素因。要素。

【因为】ので。から。…のために。

【因袭】踏襲する。そのまま受け継ぐ。

【因小失大】一文（いちもん）惜しみの百知らず。

【因由】原因。わけ。理由。

【因缘】①因縁（いんねん）。②縁（ゆかり）。縁（えん）。

【因子】因数。

阴 yīn ①陰（陽の対）。②月（つき）。太陰。③曇り。曇る。△～天/曇りの天気。△～转晴/曇り後（のち）晴れ。④日陰。△背～儿地方/陰になっているところ。⑤へこんだ。くぼんだ。△～文/陰文。⑥あのよの。めいど。△～府/めいど。黄泉。△～魂/亡霊。

【阴暗】暗い。薄暗い。

【阴暗面】暗黒面。

【阴沉】どんよりとしている。

【阴电】陰電気。

【阴风】①陰風。②よこしまな風（かぜ）。

【阴沟】暗渠。

【阴极】陰極。カソード。

【阴历】陰暦。太陰暦。

【阴凉地】日陰（ひかげ）。

【阴谋】①陰謀。密計。②陰謀を回らす。

【阴森】ぶ気味（きみ）だ。薄暗くて気味が悪い。

【阴私】陰謀。

【阴险】陰険だ。腹黒い。

【阴性】①陰性。②（名詞などの）女性。

【阴影】陰。陰影。

【阴雨】長雨（ながあめ）。陰雨。

【阴郁】うっとうしい。陰うつだ。

【阴云】雲。暗雲。雨雲。

音 yīn ①音（おと）。音声。声。△足～/足音。△字～/字音。②便り。消息。△回～/返信。△敬候佳～/謹んでご返信をお待ちしております。

【音标】音声記号。

【音波】サウンド・ウェーブ。

【音调】音調。

【音符】音符。

【音阶】音階。スケール。

【音节】音節。シラブル。

【音量】音量。ボリューム。

【音律】音律。リズム。メロディー。

【音容】音容（おんよう）。

【音色】音色（おんしょく）。音色（ねいろ）。

【音素】音素。

【音速】音速。

【音位】音位。

【音响】音響。

【音信】便り。手紙。音信。

【音译】音訳。

【音域】音域。

【音乐】音楽。△～会/音楽会。△～家/音楽家。

【音韵学】音韻学。

【音质】音質。音色。

茵 yīn しとね。敷き物。

姻 yīn ①婚姻。縁組。②姻せき。

【姻亲】姻族。姻せき。

【姻缘】夫婦の縁。

荫 yīn 木陰（こかげ）。

【荫蔽】①覆われる。②覆い隠す。

殷 yīn ①富む。豊富だ。盛んだ。豊かだ。△～富/非常に富んでいる。②厚い。深い。△期待甚～/大いに期待を掛ける。③手厚い。懇だ。△招待甚～/持て成しが大変手厚い。

【殷切】切実だ。切なる。

【殷勤】いんぎんだ。懇だ。

【殷实】豊かだ。富裕だ。

吟 yín ①吟じる。吟詠する。△～诗/詩を吟じる。②吟（古詩の一種）。△水龙～/水竜吟。

淫 yín ①放縦だ。②みだらな行い。不倫。

【淫荡】いんとうだ。

【淫秽】いんわいだ。わいせつだ。

【淫乱】いん乱だ。

【淫威】暴威。乱りに振るう権力。

【淫雨】長雨（ながあめ）。淫雨（いんう）。

银 yín ①銀。銀（しろがね）。②銀色。△红地～字的匾/赤地に銀色の字の額。△～发/銀髪。

【银杯】銀杯。

【银币】銀貨。

【银耳】しろきくらげ。

【银根】金回り。金融。

【银行】銀行。

【银河】銀河。天の川。△～系/銀河系。

【银婚】銀婚。

【银幕】スクリーン。

【银杏】①いちょう。②銀なん。

【银圆】銀貨。

引 yǐn ①引く。引張る。△～弓/弓を引く。②離れる。去る。引き下がる。△～避/引き下がって避ける。③伸ばす。長くする。△～领而望/首を長くして待ち望む。④引き起こす。引き出す。△～火/たき付ける。⑤引き起こす。…させる。△～得大家笑起来/みんなをどっと笑わせた。⑥引用する。引く。△～例

/例を引く。

【引导】①案内する。②導く。

【引渡】引き渡す。

【引号】クオーテーション・マーク。

【引见】引き合わせる。紹介する。

【引进】導入する。

【引力】引力。アトラクション。

【引起】引き起こす。そそる。もたらす。引く。

【引人入胜】人を佳境に引き入れる。

【引退】引退する。辞職する。

【引文】引用文。引用句。

【引言】序言。前書。

【引用】①引用する。②任用する。

【引诱】誘惑する。誘き寄せる。

【引证】引証する。

饮　yǐn　①飲む。△～水/水を飲む。△痛～/痛飲する。②心で忍ぶ。飲む。△～恨/恨を飲む。

【饮料】飲料。飲み物。

【饮食】飲食。△～卫生/飲食上の衛生。

【饮用水】飲み水。飲用水。

隐　yǐn　隠る。隠れる。△姑～其名/ひとまずその名を隠しておく。

【隐蔽】隠れる。隠ぺいする。

【隐藏】隠れる。隠す。

【隐患】隠れた災禍。

【隐讳】隠す。隠しだてする。

【隐晦】かいじゅうだ。はっきりしない。

【隐居】隠居する。隠とんする。

【隐瞒】隠しだてする。瞞着する。

【隐情】隠し事。人に言えないわけ。

【隐忍】隠忍する。堪え忍ぶ。

【隐士】隠士。隠者。

【隐私】内緒事。個人の秘密。

【隐姓埋名】姓名を隠す。

【隐隐】微かだ。はっきりしないさま。

【隐语】隠語。

【隐约】微かだ。ぼんやりしているさま。

【隐衷】人に告げられない苦衷。

瘾　yǐn　①癖（くせ）。吸飲中毒。△烟～/たばこを飲む癖。②夢中になること。熱中すること。気違い。△看电影上了～/映画を見て映画気違いになってしまう。

印　yìn　①印。印章。判。△盖～/判をおす。②こん跡。跡（あと）。△脚～/足跡。③印刷する。△～了十万册/十万部印刷した。

【印版】版木（はんぎ）。

【印发】印刷して配布する。

【印花】なっ染する。

【印泥】印肉。

【印染】なっ染する。プリントする。

【印刷】印刷する。

【印刷机】印刷機。

【印刷品】印刷物。

【印刷体】活字体。

【印刷纸】印刷用紙。

【印台】スタンプ台。パッド。

【印相】焼き付け。△～纸/印画紙。

【印象】印象。

【印油】スタンプ・インキ。

【印章】印章。判。

【印证】証明する。裏付ける。

饮　yìn　（家畜に）水を飲ませる。△～马/馬に水を飲ませる。

荫　yìn　日当たりが悪い。じめじめしている。△那屋子太～/

あのへやは日当りが悪い。
【荫庇】かばう。ひ護する。
【荫凉】日陰になっていて涼しい。

ying

応 yíng ①答える。返事する。
△喊他他不～/呼んでも彼は返
事しない。②引き受ける。承諾
する。③…べきだ。…なければ
ならない。△～尽的责任/当然
尽くすべき責任。

【应当】…べきだ。…なければな
らない。△～如此/当然かくあ
るべきだ。

【应该】→【应当】

【应许】①承諾する。②許す。許可
する。

【应有尽有】あるべきものは皆そ
ろっている。

英 yīn イギリス。

【英镑】ポンド。

【英才】英才。優れた人材。

【英尺】フィート。

【英寸】インチ。

【英俊】①才能の優れていること。
②びもく秀麗で元気のある様。

【英里】マイル。

【英两】オンス。

【英灵】英霊。

【英名】英名。

【英明】英明だ。賢明だ。

【英雄】①英雄。②英雄的だ。

【英勇】雄雄しい。勇ましい。

【英语】英語。イギリス語。

【英姿】英姿。

莺 yíng うぐいす。

婴 yīng 赤ん坊。赤子。

【婴儿】えい児。赤子。

樱 yīng

【樱花】桜（さくら）。桜の花。

【樱桃】桜ん坊。

鹦 yíng

【鹦鹉】おうむ。△～学舌/おうむ
返し。

鹰 yíng たか。

【鹰钩鼻】かぎ鼻。

【鹰犬】①たかと犬。②手先。手
下。

迎 yíng ①迎える。△出～/出
迎える。②向かって。突いて。△
～面/面と向かって。

【迎宾馆】迎賓館。

【迎合】迎合する。人の意を迎え
る。

【迎候】待ち受ける。

【迎击】迎撃する。

【迎接】迎える。出迎える。

【迎娶】嫁をめとる。妻をもらう。

盈 yíng ①満ちる。△充～/充
満する。②余る。余分だ。

【盈亏】①（月の）満ち欠け。②損
益。

【盈利】→【赢利】

【盈余】①余り。余分。②利潤。
もうけ。

荧 yíng ①光りの微かなさま。
②目がちらちらする。くらむ。

【荧光】けい光。フルオレセンス。

【荧光灯】けい光燈。フルオレセ
ント・ランプ。

【荧光屏】けい光板。

莹 yíng ①玉のように光沢の
ある石。②透き通る。透明だ。

营 yíng ①兵営。営所。②大隊。

【营地】兵営。

【营火】キャンプ・ファイヤ。

【营利】金もうけをする。営利。

【营私】私利を計る。

【营养】①栄養を取る。②栄養。
△～不良/栄養不良。

【营业】栄業する。
【营业额】売上高。
【营业员】店員。
【营帐】テント。

萤 yíng　ほたる。
【萤火虫】ほたる。
【萤石】けい石。

萦 yíng　まとう。まつわる。△
日夜～思/日夜思い回らす。
【萦怀】気に掛かる。
【萦回】去来する。巡る。

蝇 yíng　はえ。
【蝇拍】はえたたき。
【蝇头】ちっぽけだ。微小だ。

赢 yíng　①勝つ。②利益を得
る。
【赢得】博する。かち取る。
【赢利】①利潤。②利潤を獲得す
る。
【赢余】→【盈余】

颖 yǐng　①ほさき。②さき。先
端。③そう明だ。

影 yǐng　①影。②写真。
【影集】アルバム。写真帳。
【影片】①（映画の）フィルム。②
映画。
【影射】暗に差す。ほのめかす。
【影响】①影響。②影響を及ぼす。
影響を与える。影響する。
【影象】映像。イメージ。
【影印】影印する。
【影院】映画館。
【影子】影。△～内阁/影の内閣。

应 yìng　①答える。②応ずる。
△以～急需/急用に応ずる。③
順応（じゅんのう）する。適応
する。△～令服装/季節向きの
服装。④対応する。対処する。
【应变】応変する。
【应承】承諾する。引き受ける。

【应酬】①交際する。応待する。
△～话/交際用語。あいさつ言
葉。②個人間の宴会。
【应付】①対処する。対応する。
処理する。②かっこうを付け
る。いい加減に済ます。③間に
合わせる。
【应急】応急。
【应接不暇】応接に暇（いとま）が
ない。
【应考】試験を受ける。受験する。
【应时】時節に合っている。△～商
品/時節向きの商品。
【应邀】招きに応じて。
【应用】応用する。使用する。
【应用文】実用文。
【应战】応戦する。
【应诊】応診する。
【应征】①徴兵に応ずる。応召す
る。②応じる。応募する。

映 yìng　映じる。映る。映える。
△水天相～/水天相映じる。
【映衬】互いに映る。
【映射】照り映える。反射する。
【映照】照り映える。照らす。引
き立たせる。

硬 yìng　①堅い。△太～,不能
吃/堅くて食べられない。②強
硬だ。がん強だ。△口气很～/口
ぶりがとても強硬だ。③無理や
りに。あくまで。△～着头皮干
/無理やりにがん張る。④才能
が優れている。質がいい。実力
がある。△货色～/品物がよい。
【硬币】硬貨。
【硬化】①硬化する。堅くなる。
②こちこちになる。
【硬件】ハード・ウエア。
【硬手】やり手。腕きき。
【硬挺】じっと堪える。歯を食いし
ばってがん張る。

【硬席】スプリングのない座席。堅い座席。

【硬仗】激戦。

yong

佣 yōng ①雇い入れる。雇用する。②召使。△女～/女中。

拥 yōng ①抱える。抱く。△～被而卧/布団を抱いて寝る。②取り囲む。取り巻く。③押し合いへし合いする。△一～而入/どっとなだれ込む。④推挙する。擁護する。△～立/擁立する。

【拥抱】抱擁する。抱き合う。抱く。

【拥戴】推たいする。

【拥护】擁護する。全力で支持する。

【拥挤】押し合う。込み合う。

【拥塞】ふさぐ。ふさがる。詰まる。

【拥有】保有する。擁する。持つ。

庸 yōng ①平凡だ。月並(つきなみ)だ。△～言～行/言行が平凡だ。②つまらない。△～儒/つまらぬ学者。

【庸碌】平凡だ。月並だ。

【庸人】凡人。俗物。

【庸俗】俗っぽい。低級だ。卑俗だ。

【庸医】やぶ医者。

永 yǒng 永遠に。いつまでも。△～不分离/いつまでも別れない。

【永别】永別する。

【永恒】永久不変。

【永久】永久だ。永遠だ。

【永世】永遠に。永久に。

【永远】永久に。永遠に。

泳 yǒng 水泳。泳ぐ。

咏 yǒng 詠じる。歌う。

【咏叹】詠嘆する。

【咏叹调】アリア。詠唱。

勇 yǒng 勇ましい。勇敢だ。

【勇敢】勇敢だ。

【勇猛】勇猛だ。

【勇气】勇気。

【勇士】勇士。

【勇往直前】勇往まい進する。

【勇于】勇敢に。

涌 yǒng ①わく。盛んに出る。△泪如泉～/涙が止めどなく流れる。②浮かび出る。現われる。△她脸上～出了笑容/彼女の顔にはほほえみが浮かんだ。

【涌现】大量に出現する。勢いよく現われる。

蛹 yǒng 蛹(さなぎ)。

用 yòng ①使う。用いる。使用する。△～手洗/手で洗う。△儿童～的东西/子供用の品物。②効用。用途。△有～/役に立つ。③必要だ(多くは否定文に用いる)。△不～开灯/電灯を点ける必要はない。△您不～操心了/ご心配はいりません。④めしあがる。△请～茶/お茶をどうぞ。

【用场】使い道。用途。

【用处】用途。

【用度】費用。経費。

【用法】用法。使い方。

【用功】勉強する。

【用户】使用者。

【用具】用具。道具。

【用力】力一杯に。力を入れる。

【用品】用品。△生活～/生活用品。

【用人】使用人。

【用途】用途。使い道。

【用心】①気を付ける。心を込める。②苦心。下心（したごころ）。心掛け。△別有～/下心がある。

【用意】意図。考え。つもり。

【用语】①言葉使い。②用語。△商业～/商業用語。

you

优　yōu　①優れている。△品学兼～/品行も学問も優れている。②役者。俳優。

【优待】優待する。優遇する。

【优等】優等。△～生/優等生。

【优点】長所。優れた点。

【优惠】特恵の。特恵を与える。△～待遇/特恵待遇。

【优美】優美だ。美しい。みやびやかだ。

【优柔寡断】優柔不断だ。

【优胜】優勝する。

【优势】優勢だ。

【优先】優先する。他のものより先にする。

【优秀】優秀だ。優れている。立派だ。

【优裕】豊かだ。余裕がある。

【优越】優越する。△～感/優越感。

【优质】上質だ。質がいい。

忧　yōu　①憂える。心配する。△～国之士/憂国の士。②心配ごと。憂い。△内～外患/内憂外患。

【忧愁】①心配する。憂える。②心配ごと。

【忧患】憂患。心配ごとと苦しみ。

【忧虑】憂慮する。心配して思案すること。

【忧伤】憂え悲しむこと。

【忧心】心配。憂い。

【忧郁】憂うつだ。気がふさぐ。

幽　yōu　①奥ゆかしい。ひっそりしている。②密かだ。内緒の。隠れた。△～居/俗世間を避けて静かに暮らす。③静かだ。△～思/静かに考える。④拘禁する。⑤あの世。めい土。

【幽暗】ほの暗い。薄暗い。

【幽愤】うっ憤。

【幽会】あい引き。ランデブー。

【幽寂】幽寂たる。物さびしい。

【幽静】物静かだ。

【幽灵】幽霊。亡霊。

【幽默】ユーモア。ユーモラスだ。

悠　yōu　揺り動かす。

【悠长】長長しい。久しい。

【悠久】ゆう久。はるかに久しい。

【悠闲】ゆったりしている。のんびりしている。

【悠扬】（声が）高くなったり低くなったり、抑揚がある。

尤　yóu　①最もすぐれた。ずばぬけた。△拔其～/ずばぬけたのをよりぬく。②とりわけ。なおさら。△～甚/なおさらはなはだしい。③あやまち。過失。④恨む。とがめる。

【尤其】特に。とりわけ。

由　yóu　①わけ。理由。いわれ。△无因无～/なんらの理由もない。②…により。…から。△咎～自取/自業自得。③経由する。通過する。経る。通る。△必～之路/必ず通る道。④任せる。勝手にさせる。△信不信～你/信ずると否とは君の自由だ。⑤…によって。から。△～此可见/これによって明らかである。⑥から。より。△～今天开始/今日から始める。⑦あることをやる主

体を表わす。△～我负责/私が
受け持つ。

【由来】①由来。歴史。②原因。み
なもと。

【由于】…によって。…のおかげ
で。…のために。△～天气不好，
飞机没有起飞/悪天気で飛行機
は離陸しなかった。

【由衷】心から。衷心から。

邮 yóu ①郵送する。△～去20
元/かわせで20元送金する。②
郵便の。△通～/郵便が届く(と
ころ)。

【邮包】郵便小包。

【邮车】郵便車。

【邮戳】郵便スタンプ。消印。

【邮递】配達する。

【邮递员】郵便配達人。集配人。

【邮电局】郵便電信局。

【邮费】郵便料。

【邮购】通信購入する。メール・
オーダー。

【邮寄】郵送する。郵便で送る。

【邮件】郵便物。

【邮局】郵便局。

【邮票】郵便切手。切手。

【邮筒】郵便ポスト。

【邮资】郵便料。郵税。

犹 yóu ①…のようだ。…と同
じ。△虽死～生/死んでも生き
ているのと同じだ。②なお。な
おかつ。未だに。△记性～新/い
まだに記憶に新しい。

【犹豫】ためらう。ちゅうちょす
る。

油 yóu ①あぶら。オイル。②と
う油で塗る。ペンキを塗る。△
这扇门刚～过/この戸はいまペ
ンキを塗ったばかりだ。③油で
汚れる。△留神别～了衣服/着
物に油が付かないように注意

しなさい。④ずるい。悪賢い。

【油布】オイル・スキン。

【油彩】ドーラン。グリース・ペ
イント。

【油灯】燈(ともしび)。

【油管】オイル・パイプ。

【油光】ぴかぴかしている。つや
つやと光る。

【油滑】ずるい。悪賢い。

【油画】油絵。

【油井】油井。

【油墨】印刷用インク。

【油泥】油あか。

【油腻】油っこい。

【油漆】①ペンキ。②ペンキを塗
る。

【油田】油田。オイル・フィール
ド。

【油头滑脑】ずる賢い。

【油印】謄写版で印刷する。謄写
版刷り。

【油纸】油紙。

【油子】①黒くてねばねばしたも
の。やに。②すれ枯らし。ずる
賢い。

【油嘴】①口先のうまいこと。②
口だっしゃ。

铀 yóu ウラニラム。ウラン。

游 yóu ①泳ぐ。△～过河去/川
を泳いで渡る。②遊ぶ。ぶらぶ
ら歩く。△出去～了一天/出掛
けて行って1日遊んだ。③固定
しない。常に移動する。△～动
哨/パトロール隊。④河川の流
れの一段。△上～/上流。川上
(かわかみ)。

【游船】遊覧船。

【游荡】遊とうする。

【游逛】遊覧する。行楽する。

【游客】遊客。観光客。

【游览】遊覧する。

【游牧】遊牧する。

【游手好闲】のらくらして働かないこと。

【游水】泳ぐ。水泳する。

【游玩】①遊ぶ。遊戯する。②遊覧する。

【游戏】遊ぶ。遊戯する。

【游行】①各所を巡り歩く。②行進する。③行進。デモ。

【游艺】游戯と娯楽。演芸。

【游泳】①水泳する。泳ぐ。②水泳競技。△～池/水泳場。プール。△～衣/水泳着。スイム・スーツ。

【游园会】園遊会。

【游资】遊資。

友　yǒu　①友。友だち。友人。△好～/よい友。良友。△老～/旧友。②よしみを通じる。③友だち関係の。友好の。

【友爱】友愛。友情。友好。

【友好】友好。友好の間柄にある。

【友情】友情。

【友人】友人。友だち。フレンド。

【友谊】友好。友情。

有　yǒu　①ある。持つ。所有する。△我～一本日语书/私は日本語の本を一冊持っている。②ある。いる。おる。△屋子里～一张床/部屋のなかに寝台が一つある。③起こる。現われる。△他～病了/彼は病気になった。④ある（不定を表わす）。△～天傍晚/ある日の夕方。

【有备无患】備えあれば憂いなし。

【有的是】沢山ある。いくらでもある。

【有点】①少し…がある。②少し。ちょっと。いくらか。いささか。

【有关】①関係がある。△～各方面/関係各方面。②…にふれる。…に関する。…について。

【有轨电车】電車。

【有机】①有機。②有機的だ。

【有机玻璃】有機ガラス。

【有机化学】有機化学。

【有赖】…にたよる。…にかかる。

【有理】道理がある。理にかなっている。

【有力】力強い。有力だ。

【有利】有利だ。ためになる。利益がある。

【有名】有名だ。名高い。

【有名无实】有名無実。

【有趣】おもしろい。興味がある。

【有声有色】いきいきしている。

【有数】納得している。飲み込んでいる。

【有数】わずかだ。

【有条不紊】整然と秩序が立っている。一系乱れぬ。

【有限】限りがある。わずかだ。

【有效】有効だ。利き目がある。

【有些】①ある一部。ある。②少しもっている。少しある。

【有心】①…したいと思う。…しようと思っている。②気に止める。

【有益】有益だ。得がある。ためになる。

【有意】①気がある。…したいと思う。②わざと。ことさら。

【有意识】意識的だ。

【有余】①余りがある。ゆとりがある。②余り。端数がある。

【有朝一日】いつの日か。いつかは。

又　yòu　①（繰り返しや継続を表わす）また。△问了～问/繰り返し尋ねる。△读了～读/繰り返し繰り返し読んだ。②…でもあれば…でもある。…もあれば

…もある。△有民主～有集中，有自由～有纪律/民主もあれば集権もあり、自由もあれば紀律もある。③その上。△河面很宽，水流～急/川幅が大変広く、その上に流れも速い。④さらにまた。⑤が。けれども。△想去看足球赛，～怕下雨/サッカーの試合を見に行きたいが、雨が降りはしないかと心配している。

右 yòu ①右（みぎ）。△～方/右側。△～脚/右足。②保守的だ。右翼的だ。△～的投降主义/右翼的投降主義。

【右派】右派。右翼。

【右倾】右傾する。右翼化する。

【右手】右手。

幼 yòu ①幼い。△年～/幼い。②子供。△男女老～/老若男女。

【幼儿】幼児。幼い子供。△～园/幼稚園。

【幼苗】早苗（さなえ）。

【幼年】幼年。

【幼小】幼少。

【幼稚】①幼い。②幼稚だ。未熟だ。

【幼子】末っ子。

诱 yòu ①導く。教え導く。△循循善～/順序をふんで親切に教え導く。②誘う。誘（いざな）う。誘惑する。

【诱导】①誘えきする。教え導く。②誘導する。

【诱饵】誘いのえさ。おとり。

【诱拐】かどわかす。誘かいする。

【诱惑】①誘惑する。②引き付ける。魅惑する。

【诱骗】誘惑してだます。

【诱因】誘因。

yu

迂 yū ①曲がる。遠回りする。△山曲路～/山すそは曲がり、路は迂回している。②時代後れである。古い観念に囚われて融通が利かない。△～论/古臭い議論。

【迂腐】時代後れだ。

【迂回】う回する。遠回りする。

【迂阔】現実と掛け離れている。

于 yú ①（時間と場所を示す）に。△马克思生～1818年/マルクスは1818年に生まれた。②（動作の方向を示す）に。△求救～人/人に救助を救める。③（動作の目標を示す）に。△嫁祸～人/わざわいを人に転嫁する。④（動作の対象を示す）に。…にたいして。…にとって。…するのに。△忠～祖国/祖国に忠実である。⑤（原因、理由などを表わす）より。から。△出～不得已/やむなきによる。⑥（比較を表わす）…よりも。△苛政猛～虎/悪政は虎よりも猛し。⑦（受け身を表わす）に…される。△甲队败～乙队/甲チームは乙チームに負かされた。⑧動詞の後に付く。△属～…/…に属する。△在～…/…にある。⑨形容詞の後に付く。△敢～斗争/敢然と戦う。

【于是】そこで。それで。

余 yú ①余る。残る。△～钱/残った金。②余り。余（よ）。△一丈有～/1丈あまり。③余り。以外。後。△反省之～，决心改正/反省の後、誤ちを改める決意をした。

【余波】余波。ほとぼり。なごり。

【余存】残り。残高。

【余地】余地。ゆとり。

【余悸】後のたたりが恐ろしい。

【余烬】余じん。燃え残り。燃えさし。

【余年】余年。余生。

【余生】余命。余生。

【余剩】余り。残り。

【余味】後味。余韻。

【余下】残る。余る。

【余兴】余興。

鱼　yú　魚（うお）。魚（さかな）。

【鱼白】魚の白子。

【鱼叉】やす。

【鱼翅】ふかのひれ。

【鱼虫】微（み）じん子（こ）。

【鱼刺】魚の小骨。

【鱼饵】えさ。

【鱼肝油】肝油。

【鱼竿】つりざお。

【鱼钩】つり針。

【鱼鳞】うろこ。

【鱼龙混杂】玉石混こう。

【鱼苗】稚魚。

【鱼目混珠】魚の目を珠に交ぜる。

【鱼肉】魚肉。

【鱼网】魚網。

【鱼汛】漁期。

【鱼子】魚の卵。

娱　yú　①楽しませる。△～目悦耳/目や耳を楽しませる。②楽しいこと。楽しみ。△耳目之～/耳目の楽しみ。

【娱乐】娯楽。

渔　yú　①魚を取る。漁をする。△～船/漁船。②漁る。△～色/女色を漁る。

【渔产】漁業生産。

【渔场】漁場。

【渔港】漁港。

【渔火】漁火。漁火（いさりび）。

【渔利】漁夫の利。

【渔民】漁民。

【渔业】漁業。

愉　yú　愉快だ。楽しむ。喜ぶ。△面有不～之色/顔に不愉快な色が現われている。

【愉快】愉快だ。うれしい。

愚　yú　①愚かだ。ばかだ。△～人/愚かな人。△～直/ばか正直。②ばかにする。愚ろうする。からかう。△为人所～/人にばかにされる。③自分の謙称。△～见/愚見。私の意見。

【愚蠢】愚かだ。愚鈍だ。

【愚昧】愚まいだ。

【愚弄】愚ろうする。ばかにする。

瑜　yú　①美玉。②（人の長所にたとえていう）玉のひかり。

榆　yú　にれ。

舆　yú　多くの人の。衆人の。

【舆论】よ論。世論。

【舆情】世情。

与　yǔ　①与える。贈る。やる。渡す。△赠～/贈与する。△～人方便/人に便宜を与える。②交際する。付き合う。交わる。△相～/互に付き合う。③と。と共に。△～困难作斗争/困難と戦う。④と。及び。△中国～日本/中国と日本。

【与其】…するよりは（むしろ…）。△～说他是一个小说家,莫如说他是一个诗人/あの人は小説家というより（も）むしろ詩人といった方がいい。

【与众不同】一般の人とは違う。人並優れている。

予　yǔ　与える。やる。△免～处分/処分を免じてやる。

【予以】…を与える。…をやる。

宇 yǔ ①軒。ひさし。家屋。△栋〜/むねと軒。②世界。世の中。天地四方。

【宇宙】宇宙。コスモス。

【宇宙飞船】宇宙船。スペース・シップ。

【宇宙观】世界観。

【宇宙航行】宇宙航行。

【宇宙火箭】宇宙ロケット。

【宇宙空间】宇宙空間。

【宇宙速度】宇宙速度。

羽 yǔ 鳥の羽。羽毛。

【羽毛】鳥の羽。羽毛（うもう）。

【羽毛球】バドミントン。

【羽翼】羽翼（うよく）。

雨 yǔ 雨（あめ）。

【雨点】雨のしずく。

【雨后春笋】雨後のたけのこ。

【雨后送伞】後の祭り。

【雨季】雨季。雨期。

【雨具】雨具（あまぐ）。

【雨伞】雨がさ。

【雨水】雨水（あまみず）。

【雨鞋】雨ぐつ。

【雨衣】レインコート。

语 yǔ ①言葉。語。△本国〜/母語。△书面〜/書き言葉。②言う。話す。△不言不〜/一言も言わない。③ことわざ。熟語。④言葉の代わりにする動作または信号。△手〜/手まね。手話。

【语病】語弊。

【语调】イントネーション。

【语法】文法。

【语汇】語い。

【语句】語句。文句。

【语气】①話し振り。口振り。②語調。

【语文】①言語と文字。国語。②言語と文学の略称。

【语系】語族。

【语序】語順。

【语言】言語。言葉。

【语义学】語義学。意味論。

【语音】言語音。音声。

【语源学】語源学。

与 yù 参与する。与かる。

【与会】会議に参加する。参会する。

【与闻】参与し内情を知る。

玉 yù ①玉。△〜环/玉の環。②真っ白で美しいことのたとえ。△〜人/美人。玉のように美しい人。③相手の体や動作を言うのに用いる敬語。△欣阅〜音/お手紙をうれしく拝見しました。

【玉兰】玉蘭。

【玉米】とうもろこし。

【玉器】玉製の器具。

【玉体】ご尊体。お体。

驭 yù （車、馬を）御する。あつかう。

芋 yù ①さつまいも。いも。②いも類の総称。

育 yù ①生む。△生儿〜女/児女を生む。②育てる。△保〜/保護し育てる。

【育龄】出産適齢。

【育苗】苗を育てる。

郁 yù ①芳しい。②（草木が）茂る。③（気が）ふさぐ。

【郁闷】うっ積する。気がふさぐ。憂うつだ。

【郁郁】①香気が濃い。芳しい様。②茂っている様。うつうつ。③気がふさいで晴晴しない。

狱 yù ①ろう獄。②訴訟事件。

浴 yù 湯あみする。浴びる。△海水〜/海水浴。

【浴场】水泳をする場所。△海浜
　～/海水浴場。

【浴池】浴場。ふろ。

【浴室】ふろ場。

【浴衣】湯上がり。バスロープ。

预 yù 予め。事前に。前もって。
△～借/前借りする。△～防/予
防する。

【预报】予報する。予告する。

【预备】準備する。用意する。

【预测】予測する。

【预定】予定する。

【预订】注文する。予約する。

【预感】予感。虫の知らせ。

【预告】予告する。前もって知ら
せる。

【预计】①予め計算する。見通す。
②見込み。

【预见】予見する。予め知る。

【预料】予想する。見積る。

【预谋】企む。

【预期】予期する。期待する。

【预算】予算。

【预习】①予習する。②予習。

【预先】前もって。予め。事前に。

【预言】①予言する。②予言。

【预约】予約する。申し込みをす
る。

【预兆】①前兆。兆（きざし）。ま
えぶれ。②きざす。

欲 yù ①欲。欲望。△知识～/知
識欲。②…したいと思う。願う。
望む。△～赴外国/外国へ行こ
うと思う。③…が必要だ。△胆
～大而心～细/大胆でしかも細
心であることが必要だ。④まさ
に…しようとしている。やがて
…になりそうだ。△摇摇～坠/
ゆらゆらして今にも落ちそう
だ。

【欲罢不能】止めようと思っても

止められない。

【欲速则不达】急がば回れ。

【欲望】欲。欲望。

域 yù ①定められた境界内の
地。②国界。

寓 yù ①住む。居住する。②住
所。住居。△客～/仮住い。ぐう
居。③ぐうする。含ませる。△
这个故事～有深意/この物語に
は深い意味が寓せられている。

【寓所】ぐう居。

【寓言】①ぐう言。ぐう話。②ぐ
う意小説。

【寓意】ぐう意。

裕 yù ①豊かだ。余裕がある。
ゆとりがある。②豊かにする。
△富国～民/国家を富まし、人
民を豊かにする。

【裕如】ゆったりとしているさま。
余裕がある。

遇 yù ①会う。出会う。巡り会
う。△百年不～/百年に一度も
あえない。②遇する。もてなす。
③機会。チャンス。△机～/機
会。チャンス。

【遇到】出会う。ぶつかる。

【遇害】殺される。

【遇难】遭難する。

【遇险】危険に会う。

喻 yù ①諭（さと）す。説明す
る。△～之以理/道理を以って
諭す。②了解する。分かる。③
たとえ。たとえる。△妙～/適
切なたとえ。妙なたとえ。

御 yù ①御する。扱う。△～者
/御者。②統（す）べる。上が下
を支配する。△～众/多くの人
を支配する。③皇帝に関する語
の接頭語。△～笔/勅筆。④防
ぐ。抵抗する。

【御用】①皇帝のご用品。②反動
支配者のご用を勤めるもの。

誉　yù　①名誉。名声。誉（ほま
れ）。△名～/名誉。②誉める。
誉め称える。△～之为英雄/英
雄として誉め称える。

愈　yù　①直る。よくなる。△病
～/病気がなおる。②勝る。優れ
る。△彼～于此/あれはこれよ
りましだ。③…すればするほ
ど。△雨～下～大了/雨はます
ます大降りになった。

【愈合】ゆ合する。

【愈加】ますます。一層。

yuan

冤　yuān　①無実の罪。不当の扱
い。△喊～/無罪だと叫ぶ。②恨
み。あだ。敵（かたき）。△有～
报～/恨みがあればそれを晴ら
す。③損をする。ばかを見る。△
买了假货，真～/にせ物を買っ
て損をした。

【冤仇】恨み。あだ。

【冤家】敵。きゅう敵。

【冤屈】①不当な取り扱い。②ぬれ
衣（ぎぬ）を着せる。無実の罪を
着せる。

【冤枉】①無実の罪を着せる。②む
だだ。損だ。

【冤狱】えん罪。無実の罪。

鸳　yuān

【鸳鸯】おしどり。

渊　yuān　①ふち。△鱼跃于～/
魚がふちにおどる。②深い。△
学问～博/学問が深くてひろ
い。

【渊源】えん源。根源。元（もと）。

元　yuán　①始めの。第一の。△

～年/元年。②第一位の。首（か
しら）の。首席の。△～谋/首謀
者。

【元旦】元旦。

【元件】部品。

【元老】元老。

【元气】元気。生命力。

【元首】元首。

【元帅】元帥。

【元素】①要素。素因。②成分。組
成部分。③化学元素。

【元音】母音。

【元月】正月。一月。

园　yuán　①園（その、えん）。△
葡萄～/ぶどう園。②園（えん）。
△动物～/動物園。

【园丁】園丁。庭師（にわし）。

【园林】園林。

【园田】野菜ばたけ。

【园艺】園芸。

员　yuán　①…人。…員。…係。
△教～/教員。△职～/職員。②
成員。メンバー。△会～/会員。

【员工】従業員。

原　yuán　①最初の。原始的。②
元。元来。△～作者/原作者。③
許す。勘弁する。△情有可～/事
情に許すべき点がある。④野
原。平原。原（はら）。

【原版】原版。

【原本】①原本。原稿。②原書。③
元。もともと。

【原材料】原料。

【原动力】原動力。

【原封】そのままの。元のまま。

【原稿】原稿。

【原告】原告。

【原籍】原籍。本籍。

【原来】元来。もともと。

【原理】原理。

【原谅】許す。勘弁する。

【原始】①元始の。最初の。②もっとも古い。未開発の。

【原始社会】原始社会。

【原委】いきさつ。ことの次第。とのてん末。

【原文】①原文。②原典。本文。

【原先】最初。元。元来。

【原形】原形。正体。本体。

【原野】原野。平原。

【原意】元の意図。原意。

【原因】原因。理由。

【原油】原油。

【原则】原則。

【原主】元の所有者。元の持ち主。

【原著】原著。原作。

【原状】原状。

【原子】原子。

【原子弹】原子爆弾。

【原作】原作。

圆　yuán　①丸い。円。△～桌/丸テーブル。②円満だ。スムース。△这话说得不～全/この言葉にはぬかりがある。③円満に納める。△自己的梦自己～/自分の夢は自分で夢判断をする。④本位貨幣。△日～/日本円。

【圆白菜】キャベツ。

【圆规】コンパス。

【圆滑】八方美人。

【圆满】首尾がよい。円満だ。

【圆圈】輪(わ)。丸。

【圆熟】熟練する。円熟する。

【圆舞曲】ワルシ。

【圆心】円心。

【圆周】円周。

【圆珠笔】ボール・ペン。

【圆桌】まるテーブル。円卓。

援　yuán　①援助する。助ける。△求～/助けを求める。②引用する。引く。△有例可～/寄り所とする前例がある。

【援救】救援する。

【援外】対外援助。

【援助】援助する。助ける。支援する。

源　yuán　①みなもと。水源。△～头/水源。②出所(でどこ)。出所(でどころ)。

【源泉】源泉。源。

【源头】源。水源。

【源源】続続と。次から次へと。絶え間なく。

猿　yuán　さる。

【猿猴】えんこう。

【猿人】えん人。

缘　yuán　①理由。原因。わけ。△无～无故/理由もわけもない。②ため。…のために。③縁。ゆかり。④ふち。はし。辺。

【缘分】縁。ゆかり。因縁。

【缘故】わけ。原因。

【缘木求鱼】木によじ登って魚を求める。

【缘由】原因。

远　yuán　①遠い。△道～/道が遠い。②はるかに。ずっと。うんと。△差得～/はるかに劣る。うんと差がある。③遠ざける。遠ざかる。△近君子,～小人/君子に近付き、小人を遠ざける。④(血統関係が)遠い。遠縁。△～族/遠縁の親類。

【远处】遠い所。遠く。

【远大】遠大だ。

【远道】遠路。はるばる。

【远方】遠方。遠い所。

【远古】大昔。

【远见】将来の見通し。遠見。

【远景】①遠景。②前途。見通し。

【远虑】①遠慮。②先先のことを考える。

【远视】遠視。

【远洋】遠洋。

【远足】遠足。

怨 yuàn ①恨み。憎しみ。△结～/恨みを持つ。②とがめる。責める。非難する。△不能责怪别人，完全～自己/他人を恨まないで、自分を責めるべきだ。

【怨愤】恨み憤る。

【怨恨】①恨み。憎しみ。②恨む。憎む。

【怨气】恨みや不平の表情または気持ち。

【怨天尤人】天を恨み人を責める。

【怨言】恨みごと。不平。

院 yuàn ①中庭（なかにわ）。△～墙/屋しき周囲のへい。②機関または公共の場所の名称。△电影～/映画館。

【院士】アカデミー会員。

愿 yuàn ①願い。望み。願望。△平生之～/一生の願い。②望む。願う。△～闻高见/ご高见を聞きたいと思う。③がん。△许～/願を掛ける。

【愿望】願望。願い。望み。

【愿意】①心から同意する。…したい。…したがる。②希望する。望む。

yue

曰 yuē ①言う。②…と言う。…と呼ぶ。△名之～农民学校/名づけて農民学校と言う。

约 yuē ①予約する。約束する。予め取り定める。△～好日期/予め期日を定めておく。②誘う。招待する。△～朋友去看花/友人を誘って花見に行く。③約束。契約。条約。△有～在先/先約がある。④大よそ。およ

そ。あらまし。大概。△～有五十人/約 50 名。⑤簡単だ。簡約だ。

【约定】約束する。

【约会】①約束。デート。②会う約束をする。

【约计】ざっと。およそ。

【约期】①期限。期日。②期日を約束する。

【约请】招く。招待する。案内する。

【约束】拘束する。制限する。

月 yuè ①月（つき）。月球。②月（つき）。月（げつ）。月（がつ）。△一～/一月。③毎月の。△～产量/月产。

【月饼】月（げ）っぺい。

【月光】月光。月の光り。

【月经】月経。

【月老】月下氷人。仲人（なこうと）。

【月亮】月。

【月票】定期乗車券。パス。

【月食】月食。

【月台】プラットホーム。

【月薪】月給。サラリー。

乐 yuè 音楽。楽（がく）。

【乐池】オーケストラ・ボックス。

【乐队】楽隊。

【乐谱】楽譜。

【乐器】楽器。

【乐曲】楽曲。曲。

【乐音】楽音。

岳 yuè ①高い山。②妻の父母や叔父のこと。

【岳父】岳父。妻の父。

【岳母】妻の母。しゅうとめ。

钥 yuè かぎ。

悦 yuè 喜ぶ。愉快になる。

【悦耳】快い。聞き良い。

【悦目】美しい。目を楽しませる。

阅 yuè ①見る。読む。閲覧する。△～报/新聞を読む。②検閲する。△～兵/閲兵する。

【阅读】閲読する。読む。

【阅览】閲覧する。読む。△～室/閲覧室。

【阅历】①経歴。閲歴。②経歴する。体験する。

跃 yuè 跳ぶ。踊る。跳ねる。△～居首位/一躍第一位になる。

【跃跃欲试】一度試してみたいとむずむずする。腕が鳴る。

越 yuè ①越える。飛び越える。越す。飛び越す。渡る。△翻山～岭/山また山を越える。②度を越す。△～期/期限を越える。③ますます。いよいよ。…すればするほど。△～多～好/多ければ多いほどよい。

【越轨】脱線する。常軌を逸する。

【越过】越える。通り越す。

【越级】等級をとびこす。

【越境】越境する。

【越狱】脱獄する。

yun

晕 yūn ①目がくらむ。目まいがする。くらくらする。△头有些～/少し目まいがする。②気絶する。気が遠くなる。△～倒/気絶する。

【晕头转向】頭（あたま）が混乱して方向を見失う。

云 yún ①言う。話す。△据～/言うところによれば。②雲。△白～/白雲（しらくも）。

【云层】層雲。

【云集】雲集する。雲のように集まる。

【云泥之别】雲でいの差。月とすっ

ぽん。

【云雾】雲霧。くもときり。

【云霄】雲しょう。高空。

匀 yún ①平均させる。均等にする。△大小要～/大きさを平均させねばならない。②一部分わける。分譲する。△～不出工夫/時間の融通が利かない。③一様だ。均等だ。△大小不～/大きさが一様でない。

【匀称】均等だ。一様だ。

【匀整】均整が取れている。そろっている。

允 yǔn 許す。承知する。認める。△不～/許さない。

【允诺】承諾する。承知する。

【允许】許す。許可する。認める。

陨 yǔn 落ちる。落下する。△～石/いん石。

孕 yùn 妊娠する。身おもになる。

【孕妇】妊婦。

【孕期】妊娠期間。

【孕育】妊娠してお産する。はらむ。

运 yùn ①運ぶ。輸送する。△～货/荷物を運ぶ。②運動する。動く。③運命。巡り合わせ。△好～/幸運。

【运笔】筆使い。

【运动】①運動。②スポーツ。③運動する。△～场/運動場。グラウンド。△～员/運動選手。スポーツ選手。

【运河】運河。カナル。

【运气】①運。運命。②幸運だ。運がいい。

【运输】運輸する。運送する。

【运算】運算する。演算する。

【运行】運行する。

【运用】運用する。応用する。

【运转】運行する。

晕 yùn ①（太陽や月の）かさ。②目まいがする。乗物に酔う。△～车/車酔いする。

【晕船】船に酔う。船酔いする。

酝 yùn

【酝酿】下相談をする。下準備をする。

韵 yùn ①快い音。奇麗な音声。②標韻の字母。

【韵律】韻律。

【韵味】味わい。おもむき。

熨 yùn アイロンを掛ける。のす。

【熨斗】アイロン。

蕴 yùn 蔵する。△石中～玉/石の中に玉を蔵している。

Z

za

扎 zā 付ける。括る。結ぶ。縛る。△～裤脚/ズボンのすそを括る。

【扎紧】締め付ける。

杂 zá ①いろいろさまざまだ。入交（いりま）じった。△工作太～/仕事がいろいろさまざまだ。②混合する。交ぜ入れる。交ざる。

【杂费】雑費。

【杂货】雑貨。△～铺/雑貨屋。

【杂记】①雑文。②雑記。雑録。

【杂技】曲芸。

【杂交】交雑する。

【杂乱】乱雑だ。混雑する。

【杂乱无章】ごたごたする。ひどく乱雑だ。

【杂念】雑念。

【杂品】雑品。雑貨。

【杂要】雑芸。

【杂文】雑文。

【杂务】雑務。

【杂音】雑音。

【杂志】①雑誌。②雑記。

【杂质】混じり物。

【杂种】①雑種。②畜生。

砸 zá ①たたく。打つ。ぶつける。△～核桃/クルミをつぶす。②ぶち壊わす。△把玻璃～了/ガラスをわった。

【砸碎】打ち砕く。たたきつぶす。

zai

灾 zāi ①災害。災い。△防～/災害を予防する。②不幸。災難。△招～惹祸/災禍を引き起こす。

【灾荒】天災。凶作。

【灾难】災難。

【灾情】り災情況。

栽 zāi ①植える。栽培する。△～树/木を植える。△～花/花を栽培する。②押し付ける。ぬれ衣を着せる。△～上了罪名/ぬれ衣を着せた。③倒れる。転ぶ。△～了一大交/すってんころりと転んだ。

【裁跟头】①倒れる。転ぶ。②失敗
する。しくじる。

【栽培】①栽培する。②養成する。

宰 zǎi　①殺す。畜殺する。△～
一口猪/豚を一頭殺す。②主と
なって司（つかさ）どる。

【宰割】分割する。切りとる。

【宰相】宰相。

载 zǎi　①年。△千～难逢/千載
一遇。②記載する。書きしるす。
載せる。

再 zài　①再び。また。重ねて。
もう一度。△晚上～来吧/晚に
また来なさい。②もっと。さら
に。△～高点儿/もっと高くし
なさい。③…した上で。…てか
ら。△先吃了饭～走/まず食事
をして、それから出掛ける。④
これ以上…たら。この上また…
たら。△～不走可来不及了/も
うすぐ行かないと間に合わな
い。⑤二度繰り返す。再びする。
△良机难～/いいチャンスは再
び有り難い。

【再版】再版する。重版する。

【再见】さようなら。ごきげんよ
う。

【再三】再三。△～三再四/再三再
四。

【再生】①生き返る。②再生。復
生する。

【再说】①もう一度いう。再び言
う。△请您～一遍/もう一度言
ってください。②そう上に。そ
れから。△价钱便宜，～东西也
好/値段が安い上に品も良い。
③…してからにする。…した上
で。

【再现】再現する。

在 zài　①存在する。生きてい
る。△健～/健在である。②…

にある。…にいる。…に…の上
/本はテーブルの上にある。
△学生们还～教室里/学生たち
はまだ教室にいる。③…にあ
る。…によって決まる。…かど
うかにある。△事～人为/事の
成否は人によって決まる。④…
で。…において。△～工厂工作
/工場に勤める。工場で働く。
⑤…しつつある。…している。
△工人～做工/労働者が働いて
いる。

【在场】その場にいる。居合わせ
る。

【在行】くろうとだ。上手だ。

【在乎】構う。意に介する。問題
にする。△满不～/まったく問
題にしない。

【在家】家に居る。在宅する。

【在理】道理に適う。道理がある。

【在世】生きている。存命だ。

【在逃】逃亡中。

【在望】①見える。②やがて実現
される。

【在先】以前。

【在野】在野。△～党/野党。在野
党。

【在于】①…にある。…に基く。
②…によって決まる。…次第。

【在座】その席にいる。列席する。
居合わせる。

载 zài　①乗せる。積み込む。△
～客/乗客を乗せる。②あふれ
る。充ち満つる。△怨声～道/怨
み声が世間にあふれる。③…な
がら…する。△～歌～舞/歌っ
たり踊ったりする。

【载重】積載重量。

zan

咱 zán ①私たち。われわれ。②おれ。おいら。

攒 zǎn ためる。蓄える。△～钱/金を蓄える。

暂 zàn ①しばらく。一時。△～代/一時代理する。②時間が短い。△为期短～/期間は短い。

【暂别】しばらくの別れをする。

【暂且】しばらく。ひとまず。

【暂时】しばし。暂時。

【暂停】①一時休止。②タイム・アウト。

【暂行】臨時的だ。

赞 zàn 誉める。称える。△～不绝口/口を極めて称賛する。

【赞成】①賛成する。同意する。②協賛する。

【赞美】誉める。賛美する。

【赞赏】称賛する。讃賞する。

【赞助】賛助する。

zang

赃 zāng ぞう品。ぞうぶつ。

【赃官】汚職官吏。

【赃款】不正の金。盗んだ金。

脏 zāng 汚ない。汚れる。△～东西/汚ないもの。

【脏土】ちり。ごみ。ほこり。

【脏字】汚ないことば。いやらしい言葉。

脏 zàng 内臓。△五～六腑/五臓六っぷ。

【脏器】臓器。

葬 zàng 葬る。

【葬礼】葬礼。葬式。

【葬身】身を葬る。

【葬送】葬り去る。棒に振る。

藏 zàng ①くら。倉庫。②仏教や道教の経典の総称。③チベット。

【藏语】チベット語。

【藏族】チベット族。

zao

遭 zāo ①遭遇する。△～难/遭難する。②回。度。△饶他这一～吧/今回だけは許してやりましょう。

【遭到】…の目に会う。

【遭受】受ける。被る。△～打击/打撃を受ける。

【遭遇】①遭遇する。ぶつかる。②境遇。

糟 zāo ①酒かす。②粕づけの。△～肉/粕づけの肉。③弱い。丈夫でない。△这块木头～了/この木は朽ちている。④やりそこなう。しくじる。△～了，我忘了/しまった、忘れてた。

【糟糕】しくじる。しまった。だめになる。

【糟粕】そうはく。

【糟踏】①むだにする。粗末にする。②侮辱する。踏みにじる。

【糟心】気をもむ。心配する。

凿 záo ①のみ。チゼル。②あなを開ける。掘る。△～井/井戸を掘る。

早 zǎo ①朝。朝方。△～饭/朝めし。②ずっと前に。とっくに。△我～就知道了/わたしは前から知っていた。③おはようございます。△您～/おはようございます。④早目に。早く。△～些出门/早目に出かける。

【早餐】朝飯。朝食。

【早操】朝の体操。

【早春】初春。早春。

【早婚】早婚。

【早期】早期。

【早日】一日も早く。

【早熟】早熟だ。

【早退】早引きする。早退する。

【早晚】①朝晚。②遅かれ早かれ。いつか。

【早先】以前。

枣 zǎo　なつめ。

【枣红】なつめ色。

【枣泥】なつめあん。

【枣树】なつめの木。

蚤 zǎo　のみ。

澡 zǎo　入浴。沐浴。

【澡盆】ふろおけ。

【澡堂】ふろ屋。

藻 zǎo　藻（も）。△海〜/海藻。

灶 zǎo　かまど。へっつい。

【灶王爷】かまどの神。

皂 zào　①黒。黒色。②せっけん。

造 zào　①製造する。製作する。△〜船/船を製造する。②でっちあげる。△〜谣言/デマをでっちあげる。③養成する。

【造访】訪問する。伺う。

【造福】幸せにする。

【造价】費用。

【造就】養成する。

【造句】短文を作る。

【造形】造形する。

【造谣】デマを飛ばす。

【造诣】造けい。

【造纸】製紙。

噪 zào　①大声できわぐ。△名〜一时/名声が一時世間に響く。②鳴く。

【噪音】雑音。騒音。

燥 zào　乾燥する。△〜热/乾ききった熱さ。

躁 zào　いらだつ。いらいらする。せっかちだ。△焦〜/いらだち焦せる。

【躁动】①いらだって動き回る。②絶えず跳ね回る。

ze

则 zé　①規範。②則（そく）。△新闻两〜/ニュース2則。

责 zé　①責任。△尽〜/責任を果たす。②要求する。責める。

【责备】とがめる。責める。

【责成】一任する。責任を持たせる。

【责骂】責めののしる。しかる。

【责难】非難する。

【责任】責任。責務。△〜感/責任感。

【责问】詰問する。

【责无旁贷】自分の責任を人に押し付けられない。

泽 zé　①ぬま。さわ。②恩恵。恵み。

择 zé　選ぶ。△〜友/友を選ぶ。

zei

贼 zéi　①どろぼう。盗人。②ずるい。悪賢い。△老鼠真〜/ねずみはとてもずるい。

【贼心】盗人根性。

【贼眼】きょろきょろした目つき。

zen

怎 zěn

【怎么】①どのように。どうして。

△～来的/どうして来たか。②どのように…であっても。どのように…しても。△无论～用功，也考不中/どんなに勉強しても及第しない。③それほど…ない。そんなに…ない。△不～饿/それほどひもじくない。④どうでも。どう…ても。△～写都行/どう書いてもいい。

【怎么样】→怎么。

zeng

曽 zēng
【曽孙】ひいまご。
【曽孙女】ひいまご娘。
【曽祖】そう祖父。
【曽祖母】そう祖母。

憎 zēng 憎む。△可～/憎むべき。忌わしい。
【憎恨】憎み恨む。
【憎恶】憎む。憎悪する。

增 zēng 増加する。増える。△日益～多/日ましに増える。
【增补】増補する。
【增产】増産する。
【增订】増補訂正する。
【增多】多くなる。増える。
【增加】増加する。
【增进】増進する。
【增删】増減する。
【增添】添える。付け足す。
【增长】増やす。増加する。

赠 zèng 贈る。差し上げる。△奉～/差し上げる。
【赠品】贈り物。プレゼント。
【赠送】贈呈する。
【赠阅】贈呈する。寄贈する。

zha

扎 zhā ①突き差す。刺す。△把针～在穴位上/針をつぼに刺す。②潜り込む。△～猛子/水に潜る。③駐とんする。△安营～寨/兵営やとりでを築いて駐とんする。
【扎根】根を下ろす。根が付く。
【扎实】着実だ。
【扎针】針を打つ。

渣 zhā ①くず。△面包～/パンくず。②かす。△油～/油かす。

轧 zhā 圧延する。
【轧钢】圧延する。
【轧制】圧延。

闸 zhá ①水門。②せき止める。△～上水/水をせき止める。③スイッチ。④ブレーキ。△安全～/安全ブレーキ。
【闸盒】安全器。ヒューズ・ボックス。
【闸门】水門。

炸 zhá 油で揚げる。△～丸子/油で揚げた肉団子（だんご）。

铡 zhá 押し切りで切る。△～草/押し切りでまぐさを切る。

眨 zhǎ まばたきする。
【眨眼】まばたきする。△一～的工夫/一瞬間。またたく間。

乍 zhà ①…たばかり。始めて。△～一看/ちょっと見たところ。②急に。にわかに。

诈 zhà ①だます。かたる。△～财/金をかたる。②装う。振りをする。△～死/死んだ振りをする。③かまを掛ける。△他拿话～我/あいつはおれにかまを掛けている。

【诈唬】わざと威かす。

【诈骗】かたる。詐欺を働く。

炸 zhà ①割れる。破裂する。△暖瓶～了/魔法びんが割れた。②爆破する。△～碉堡/トーチカを爆破する。③怒る。かんしゃくを起こす。△一听就气～了/聞いたとたんにかんしゃくを起こした。

【炸弹】爆弾。

【炸药】爆薬。ダイナマイト。

栅 zhà　さく。やらい。△铁～/鉄さく。

榨 zhà　絞る。△～油/油を絞る。

【榨取】圧搾する。絞り取る。

【榨油机】榨油機。

zhai

斋 zhāi　①精進もの。△吃～/精進する。②室。部屋（へや）。△新～/新しい部屋。

【斋戒】斎戒する。

摘 zhāi　①もぐ。取る。摘む。△～帽子/帽子を取る。②拔粋する。選択する。

【摘录】要点を記録する。

【摘要】①要旨。摘要。②要点を摘録する。

【摘引】摘録し引用する。

宅 zhái　住宅。宅。△家～/家宅。

【宅门】①邸宅の門。②やしき。

窄 zhǎi　①狭い。△路～/道が狭い。②（気が）小い。狭量だ。△心太～/気が小さすぎる。③貧しい。ゆとりがない。

债 zhài　借金。債務。借り。△欠～/借金している。

【债款】借金の金額。

【债权】債権。

【债券】公債券。債券。

【债务】債務。

寨 zhài　①囲い。とりで。②兵営。陣営。③村落。部落。

zhan

占 zhān

【占梦】夢判断をする。

【占星】星占い。

沾 zhān　①ぬれる。汚れる。付ける。付く。△～水/水にぬれる。△～泥/どろが付く。②ちょっとふれる。△脚不～地/足が地にふれず。

【沾边】①手を付ける。やや関係する。②真実に近い。

【沾光】お陰をこうむる。

【沾染】①感染する。②染まる。悪い影響を受ける。

【沾沾自喜】得意気だ。うぬぼれる。

毡 zhān　フェルト。毛せん。

粘 zhān　くっつける。貼りつける。△糖～在牙上了/あめが歯にくっついた。△～信封/封筒を貼る。

【粘连】ゆ着する。

【粘贴】貼る。貼り付ける。

瞻 zhān　仰ぎみる。ながめる。

【瞻前顾后】①慎み深くする。②優柔不断だ。

【瞻望】遠くを見る。展望する。

【瞻仰】仰ぎ見る。拝見する。

斩 zhǎn　断ち切る。切る。

【斩钉截铁】きっぱりと。断乎として。

【斩首】首を切る。

展 zhǎn ①広げる。伸ばす。△
　　～翅/翼を広げる。②展覧する。
　　展観する。△美～/美術展覧会。

【展出】展示する。

【展开】①広げる。②展開する。
　　繰り広げる。

【展览】展覧する。展示する。△～
　　馆/展覧館。△～会/展覧会。△
　　～品/展覧品。

【展期】①展覧日期。②延期する。

【展示】明らかに示す。

【展望】見渡す。展望する。

【展现】現れる。展開する。

盏 zhǎn ①さかずき。②助数
　　詞。△一～灯/電燈一つ。

崭 zhǎn 高くて険しい。

【崭新】真新しい。

辗 zhǎn

【辗转】①寝返りを打つ。②つぎ
　　つぎと。転転と。

占 zhàn ①占める。△～优势/
　　優勢を占める。②占領する。占
　　拠する。

【占据】占有する。占拠する。

【占领】占領する。

【占便宜】①うまい汁を吸う。②
　　有利だ。得だ。

【占有】占有する。

战 zhàn ①戦い。△世界大～/
　　世界大戦。②戦う。戦争する。△
　　百～百胜/百戦百勝。

【战败】①敗戦する。△～国/敗戦
　　国。②打ち勝つ。

【战备】戦備。

【战场】戦場。

【战地】戦地。

【战斗】戦闘する。戦う。

【战犯】戦犯。

【战俘】捕虜。とりこ。

【战歌】軍歌。

【战功】戦功。

【战果】戦果。

【战绩】戦績。戦果。

【战局】戦局。

【战利品】戦利品。

【战略】戦略。

【战胜】戦勝する。打ち勝つ。

【战士】兵士。

【战术】戦術。

【战线】戦線。

【战役】戦役。

【战友】戦友。

【战战兢兢】①びくびくするさま。
　　②用心深い。

【战争】戦争。

栈 zhàn ①囲い。さく。△马～/
　　馬小屋。②倉庫。

绽 zhàn ほころびる。裂ける。

颤 zhàn 震える。おののく。△
　　～栗/おののく。

蘸 zhàn （液体、粉末またはの
　　り状のものをちょっと）つける。
　　△大葱～酱/ねぎに味噌をつけ
　　る。

站 zhàn ①立つ。△请～起来/
　　どうぞ立ってください。②駅。
　　停留所。△汽车～/バスの停留
　　所。③止まる。中断する。△不
　　怕慢，只怕～/遅くとも中断せ
　　ずにやれ。

【站队】列を作る。整列する。

【站岗】歩しょうに立つ。

【站台】プラットホーム。△～票/
　　入場券。プラットホーム・チ
　　ケット。

【站长】駅長。

【站住】①止まる。②しっかり立
　　つ。

zhang

张 zhāng ①あける。広げる。開く。△～嘴/口をあける。②見る。望む。△东～西望/あっちこっち見回す。③開店する。△新开～/開業する。店開きする。④（助数詞）枚。△一～纸/一枚の紙。

【张大】誇張する。大げさにする。

【张皇失措】あわてふためく。

【张口结舌】返答に詰まる。どぎまぎする。

【张罗】①世話する。②持て成す。接待する。③都合する。賄う。

【张贴】貼る。貼り付ける。

【张望】見まわす。見張る。見渡す。

【张扬】言いふらす。

章 zhāng ①章。△一～乐曲/楽曲1章。②規約。章程。③判こ。△盖～/判こを押す。

【章程】規約。規則。

【章鱼】たこ。

彰 zhāng 明らかだ。顕著だ。

樟 zhāng くす。くすのき。

【樟脑】しょう脳。

长 zhǎng ①生（は）える。△～了毛了/かびが生えた。②成長する。伸びる。△杨树～得快/ポプラは伸びが速い。③能力が増進する。△～见识/見識が高まる。④年上。年長。△他比我～两岁/あの人は私より二つ年上だ。⑤一番上。△～兄/長兄。⑥頭（かしら）。首長。△社～/社長。

【长辈】目上。年長者。

【长进】向上する。進歩する。

【长老】長老。

【长孙】長子の長男。一番上のまご。

【长相】顔かたち。

【长者】①長上。年上の人。②長老。長者。

涨 zhǎng ①（水位が）高くなる。（水が）増える。△水位～了/水位が高くなった。②（物価が）上がる。△物价上～/物価が上がる。

【涨潮】①満ち潮。②潮が満ちる。

【涨价】値上がり。

掌 zhǎng ①手のひら。掌（たなごころ）。②足の裏。△马～/馬の足の裏。③握る。司（つかさ）どる。△～兵权/兵権を握る。④靴のそこ。△前～/靴ぞこの前部。

【掌舵】かじを取る。

【掌管】掌管する。主管する。

【掌柜】支配人。店主。番頭。

【掌声】拍手の音。

【掌握】①掌握する。身に付ける。②握る。主管する。

【掌心】掌。手のひら。

丈 zhàng ①丈。②測量する。

【丈夫】主人。夫（おっと）。

【丈量】（地積を）測量する。

【丈母娘】→【岳母】

【丈人】→【岳父】

仗 zhàng ①頼る。頼む。②戦い。戦争。

【仗势】勢力をかさにきる。△～欺人/威勢をかさにきて人をいじめる。

【仗义疏财】正しい事には金を惜しまない。

杖 zhàng ①つえ。ステッキ。②棒。こん棒。

帐 zhàng ①帳簿。△查～/帳簿

を調べる。②借金。借り。△欠
～/借金がある。

【帐簿】帳簿。

【帐单】勘定書。

【帐目】帳面づら。勘定。

【帐篷】テント。天幕。

【帐子】とばり。

胀 zhàng ①腹が張る。△肚子
～/おなかが張る。②膨脹する。
脹れる。△热～冷缩/熱すれば
膨脹し冷せば収縮する。

涨 zhàng ①膨脹する。脹れる。
②充血する。△头昏脑～/頭が
くらくらして破裂しそうだ。

障 zhàng

【障碍】①障害。妨げ。△扫清～/
障害を押し退ける。②妨害す
る。△～物/障害物。

【障蔽】さえぎり覆う。隔て隠す。

zhao

招 zhāo ①手招きする。△～手
叫/手招きして呼ぶ。②募集す
る。募る。△～生/学生募集をす
る。③引き起こす。招く。△～
灾/災いを招く。④怒らせる。か
らかう。△大孩子把小孩子～哭
了/大きな子が小さい子をから
かって泣かせた。⑤付く。△～
虫子/虫が付く。⑥白状する。自
白する。△至死不～/死んでも
白状しない。

【招兵】募兵する。

【招待】招待する。持て成す。接
待する。△～会/レセプション。
△～所/接待所。宿泊所。

【招呼】①会釈する。あいさつす
る。②呼ぶ。招く。③世話する。
めんどうを見る。

【招架】抵抗する。食い止める。

【招揽】引き寄せる。招く。

【招领】拾い物を公示する。

【招牌】看板。

【招聘】招く。招へいする。

【招惹】（めんどう、問題などを）
引き起こす。

【招认】自白する。白状する。

【招手】手招きする。手を振る。

【招引】引き寄せる。誘う。

【招展】ひらめく。はためく。

【招致】引き起こす。招く。

昭 zhāo あきらかだ。

【昭然若揭】極めて明らかだ。

【昭雪】えん罪をすすぐ。

【昭著】著しい。顕著だ。

着 zhāo ①一手（ひとて）。△高
～/うまい策。②方法。策。△没
～了/もう策がない。

朝 zhāo ①朝。△～阳/朝日。②
日（にち、ひ）。一日。△今～/
今日。

【朝气】生気。うつぼつたる気概。

【朝三暮四】朝三暮四。

【朝夕】①朝晩。毎日。②短い時
間。

【朝霞】朝焼け。

着 zháo ①あて。帰着する。△
说话不～边际/言うことがつか
みどころがない。②燃える。と
もる。△炉子～得很旺/ストー
ブが盛んに燃えている。③（動
詞の後につけて、目的の達せら
れたこと、または成果のあった
ことを表わす）。△打～了/打ち
当たった。△找～了/見つかっ
た。

【着慌】慌てる。

【着火】火事になる。火事だ。

【着急】焦せる。いら立つ。気を
もむ。

【着凉】風邪を引く。

【着忙】あわてふためく。慌てる。
【着迷】夢中になる。ほれる。

爪 zhǎo ①つめ。②（鳥獣の）足。△鷹～/たかの足。
【爪牙】手先。

找 zhǎo ①捜す。△～事/仕事を捜す。②（つり銭を）出す。△～钱/おつりをあげる。
【找补】補足する。補う。
【找碴】あら捜しをする。
【找麻烦】（人に）迷惑を掛ける。めんどうを掛ける。
【找寻】捜し尋ねる。見付ける。

沼 zhǎo ぬま。
【沼气】メタン・ガス。
【沼泽】沼沢。

召 zhào 呼び寄せる。呼ぶ。
【召唤】呼び掛ける。
【召回】召還する。呼びもどす。
【召集】招集する。呼び集める。
【召见】召見する。引見する。
【召开】開く。開催する。

兆 zhào ①きざし。前兆。△吉～/吉兆。②100万。③1万億。
【兆头】きざし。前兆。

照 zhào ①照る。照らす。射す。△用手电筒～一～/懐中電燈で照らしてみる。②映す。写真をとる。△～了一张相/写真を一枚うつした。③…の通り。△～章办事/規則通り処理する。④許可証。免状。△地～/地券。⑤向かう。△～这个方向走/この方向に向かって歩いてゆく。
【照搬】そっくりもちこんでくる。うのみにする。
【照常】平常通りに。いつものように。
【照顾】①気を配る。考慮する。②世話をする。めんどうを見る。

【照管】気を配る。世話をする。
【照会】①覚え書。通ちょう。②照会する。通ちょうする。
【照旧】元の通り。あいかわらず。依然と。
【照看】世話する。みとる。みまもる。
【照例】例により。慣例に従い。定例通り。
【照料】めんどうを見る。世話をする。
【照面】①向かい合う。②顔を見せる。
【照明】照明する。
【照片】写真。
【照射】照らす。照射する。
【照相】撮影する。写真を撮る。△～机/カメラ。写真機。
【照样】あいかわらず。いつものように。
【照耀】照らす。照り輝く。
【照应】①呼応する。②めんどうを見る。世話をする。

罩 zhào ①覆う。被せる。△白雪～住大地/白雪が地面を覆う。②覆い。カバー。△椅子～/いすカバー。

肇 zhào
【肇事】事件を起こす。△～人/張本人。

zhe

折 zhē ①ひっくりかえる。△～了个跟头/もんどりを打った。②移し換えてさます。△来回地～水/お湯を交互に移し換えてさます。
【折腾】①寝返りを打つ。②繰り返してする。③苦しめる。

蜇 zhē 刺す。△手让马蜂～了/

手をくまばちに刺された。

遮 zhē ①さえぎる。△～太阳/日光をさえぎる。②くらます。覆い隠す。△～人耳目/人の耳目をくらます。
【遮蔽】覆う。隠す。
【遮丑】醜さを覆い隠す。
【遮挡】さえぎる。覆う。
【遮盖】①覆い隠す。②包み隠す。
【遮羞】恥を隠す。
【遮住】さえぎる。

折 zhé ①折る。折り取る。②回る。引き返す。△～回/引き返す。③失う。損失を被る。△损兵～将/将兵を失う。④割り引く。割引。△打九～/1割引にする。⑤換算する。引き当てる。⑥感服する。△心～口服/感服の至り。
【折尺】折り尺。
【折叠】折り畳む。畳む。
【折服】説伏する。納得させる。
【折合】換算する。…に当たる。
【折扣】割り引く。割引する。
【折磨】苦しめる。さいなむ。
【折扇】おうぎ。扇子。
【折射】屈折する。
【折算】換算する。
【折中】折衷する。△～主义/折衷主義。

哲 zhé
【哲理】哲理。
【哲学】哲学。

者 zhě もの。者。△记～/記者。△读～/読者。

褶 zhě しわ。ひだ。△衣服上净是～/着物がしわだらけだ。

这 zhè ①この。これ。△～本杂志/この雑誌。△～地方/ここ。△～孩子/この子。②いま。この

とき。△～就走/いますぐ行きます。
【这里】ここ。こちら。
【这么】こう。そう。こんなに。そんなに。△～办就好/こうすればいい。
【这些】これら。この。

蔗 zhè 甘蔗。砂糖黍。
【蔗糖】しょ糖。甘しょ糖。

zhen

贞 zhēn ①正しい。節操がある。②貞操。貞節。△～女/貞婦。貞女。△～洁/貞潔だ。

针 zhēn ①針。△～线/針と糸。②注射。△打～/注射する。
【针对】…に対して。…に即応して。
【针锋相对】鋭く対立する。真っ向から対決する。
【针剂】注射薬。
【针脚】縫い目。
【针灸】針をゆる。
【针头】注射針。
【针眼】①針のめど。②注射の跡。③麦粒腫。
【针织】編織り。メリヤス。△～品/メリアス製品。

侦 zhēn 探る。調べる。
【侦查】調査する。捜査する。
【侦察】偵察する。
【侦探】①探偵する。探る。②スパイ。間ちょう。探偵。

珍 zhēn 珍しい。貴重だ。
【珍爱】大切にする。珍重する。
【珍宝】宝物。宝(たから)。
【珍藏】珍蔵する。大切に保存する。
【珍贵】貴重だ。尊(とうと)い。
【珍品】珍品。

【珍闻】珍聞。
【珍重】①珍重する。大事にする。②（体を）大切にする。自重する。
【珍珠】真珠。

真 zhēn ①真実だ。本当だ。誠だ。△信以为～/本当だと信じる。②本当に。実に。誠に。△这儿～是好地方/ここは実にいいところだ。
【真诚】誠実だ。真心を込めるさま。
【真谛】真たい。最高の真理。
【真迹】真跡。真筆。
【真空】真空。△～管/真空管。
【真理】真理。
【真切】はっきりしている。
【真情】①実状。②真心。本心。
【真实】真実だ。本当だ。
【真率】率直だ。飾り気がない。
【真相】真相。正体。
【真心】本心。真心。
【真正】真正だ。本当だ。確かだ。
【真知】正しい認識。
【真珠】真珠。
【真主】神。アラー。

砧 zhēn きぬた。まないた。
【砧板】まないた。

斟 zhēn （酒や茶を）注ぐ。△～酒/酒をつぐ。
【斟酌】熟慮する。よく考える。

箴 zhēn
【箴言】戒めの言葉。

诊 zhěn 診察する。△往～/往診する。
【诊断】診断する。
【诊疗】診療する。△～室/診療室。

枕 zhěn ①まくら。②まくらにする。△～着胳膊睡着了/腕を

まくらにして眠った。
【枕巾】まくらあて。
【枕套】まくらカバー。
【枕心】まくらのしん。

疹 zhěn 発しん。△～子/はしか。

阵 zhèn ①（古代の）陣。②陣地。戦場。△上～/陣地に出る。③しばらく。今ごろ。△病了一～子/しばらく病気をした。④ひとしきり。△下了一～雨/ひとしきり雨が降った。
【阵脚】態勢。足なみ。
【阵容】陣容。
【阵势】陣立て。陣構え。軍隊の配置。
【阵亡】陣没する。戦死する。
【阵线】戦線。
【阵营】陣営。
【阵雨】にわか雨。通り雨。

振 zhèn ①振る。振るう。△～笔而书/筆を振るって書く。②奮い起こす。奮い立つ。△～起精神/元気を奮い起こす。
【振臂】腕を振り上げる。
【振动】振動する。
【振奋】①奮い立つ。奮う。②奮い立たせる。
【振兴】振興する。盛んにする。
【振作】奮い起こす。振作する。

赈 zhèn 救済する。
【赈济】救済する。
【赈灾】り災者を救済する。

震 zhèn 震動する。振るう。△～天一声响/天を振るわすような音がとどろく。
【震动】①震動する。揺がす。②ゆさぶる。
【震惊】驚かせる。びっくりさせる。
【震怒】大いに怒る。激怒する。

镇 zhèn ①抑える。抑制する。△他～不住人/かれは人を押えきれない。②冷やす。△把汽水用冰～上/サイダーを氷で冷やす。③安定する。静まる。△～定/鎮定する。④常に。いつも。△十年～相随/十年間常に付き従っていた。⑤（行政単位）鎮。

【镇静】（気が）鎮まる。落ち着く。

【镇压】①弾圧する。②死刑に処する。

zheng

正 zhēng

【正月】（陰歴の）一月。

争 zhēng ①争う。競争する。△～冠军/優勝を争う。②言い争う。口論をする。△不必再～了/もうこれ以上言い争うことはない。

【争辩】言い争う。論争する。

【争吵】言い争う。口げんか。

【争持】言い争って譲らない。

【争斗】争闘する。けんかする。

【争端】争いの発端。

【争夺】奪い合いをする。奪い取る。

【争光】栄誉を勝ち取る。

【争论】論争する。言い争う。

【争气】負けん気を出す。がん張る。

【争取】①勝ち取る。②…をめざして努力する。

【争先】先を争う。

【争先恐后】先を争う。我先にと。

【争议】争論する。言い争う。

【争执】①争う。②争い。

征 zhēng ①召集する。△～兵/徴兵する。②取り立てる。徴収する。△～税/税金を取り立て

る。③募集する。募る。△～文/文章を募る。④証明する。

【征程】征途。

【征伐】征伐する。討伐する。

【征服】征服する。

【征购】買いあげる。

【征集】募集する。

【征求】広く求める。徴する。

【征收】徴収する。

【征途】征途。

【征象】兆。（きざし）。徴候。

【征询】（広く意見を）求める。

【征召】①徴兵する。②徴用する。

挣 zhēng

【挣扎】もがく。あがく。

峥 zhēng

【峥嵘】山の高くて険しいさま。

狰 zhēng

【狰狞】（顔つきが）凶悪だ。どう猛だ。

睁 zhēng （目を）あける。見張る。△～眼/目をひらく。◇～一只眼闭一只眼/見て見ぬふりをする。目をつぶる。

蒸 zhēng 蒸す。△～饭/ご飯を蒸す。

【蒸发】蒸発する。

【蒸馏】蒸りゅうする。

【蒸笼】せいろう。

【蒸气】蒸気。

【蒸汽】水蒸気。△～机/蒸気機関。

【蒸腾】立ち上る。

拯 zhěng

【拯救】救う。救助する。

整 zhěng ①全部。まる。かっきり。△恰好一年～/まる一年。△～天/1日中。まる1日。②整っている。きちんとしている。△～然有秩/整然として秩序がある。③整える。取り片付ける。△

把衣服～一～/服装を整える。
④直す。修理する。△～旧如新
/古いものを新しいもののよう
に直す。

【整顿】整とんする。整える。

【整个】全体。全部。

【整洁】きちんとして清潔だ。

【整理】整理する。整とんする。

【整齐】整然としている。きちん
としている。

【整容】①整形する。②整容。

【整数】整数。

【整套】一そろい。セット。

【整体】全体。総体。

【整形】整形。△～外科/整形外科。

【整修】手を入れる。補修する。

【整整】まる。まるまる。ちょう
ど。

【整治】①修理する。直す。②やっ
つける。

正　zhèng　①正しい。△～南/真
南（まみなみ）。△把帽子戴～/
帽子をちゃんと被りなさい。②
正面。△～门/正門。③交じり気
がない。純正である。△～红/真
赤。④主要だ。本。△～副主任
/正副主任。⑤プラス。正数。⑥
正す。正しくする。△～人心/人
の心を正しくする。⑦ちょう
ど。正（まさ）に。⑧ちょうど
…している。△～下着雨/ちょ
うど雨が降っているところだ。

【正比】正比。正比例。

【正常】正常だ。

【正大光明】公明正大だ。

【正当】ちょうど…の時に当たり。

【正当中】真（ま）っただ中。まん
中（なか）。

【正当】正当だ。合理的だ。

【正道】正しい道。

【正点】定刻。定時。

【正方形】正方形。四角形。

【正规】正規の。△～学校/正規の
学校。

【正轨】正しい道。軌道。

【正好】①ちょうどよい。△来得～/
ちょうどいい所へ来た。②折よ
く。△路上一碰见她/道で折よ
く彼女に出会った。

【正经】①まじめだ。正直だ。ま
ともだ。②正当だ。正しい。

【正面】①正面。②表。表面。③
積極的な面。

【正派】まじめだ。品行方正だ。

【正品】規格品。

【正巧】ちょうど。折好く。

【正确】正しい。正確だ。

【正式】正式だ。△～会谈/正式に
会談する。

【正视】正視する。まともに見る。

【正题】本題。△转入～/本題に入
る。

【正文】（書物の）本文。

【正误】正誤。△～表/正誤表。

【正业】まともな職業。正業。

【正义】正義。△～感/正義感。

【正直】正直だ。

证　zhèng　①証拠。証（あかし）。
△以此为～/これをその証拠と
する。②証明する。△论～/論じ
て証する。

【证词】証言。

【证婚人】結婚の証人。

【证件】証状。

【证据】証拠。△～确凿/証拠が確
かだ。

【证明】①証明書。②証明する。

【证券】証券。△～交易所/証券交
易所。

【证人】証人。

【证实】実証する。立証する。

郑　zhèng

【郑重】慎重だ。厳粛だ。

政 zhèng ①政治。②行政機関の業務。

【政变】改変。クーデター。

【政策】政策。

【政敌】政敵。

【政法】政治と法律。

【政府】政府。

【政界】政界。

【政局】政局。

【政论】政論。

【政权】正権。

【政务】政務。

【政治】政治。△～避难/政治的避難。△～家/政治家。

挣 zhèng ①脱け出す。ふりきる。△～脱枷锁/しっこくから脱け出す。②かせぐ。△～钱/金をかせぐ。

症 zhèng 病気。やまい。△不治之～/不治の病（やまい）。

【症状】症状。病状。

zhi

之 zhī ①これ。それ。かれ。△为～请命/その人のために命乞いをする。②の。△原因一～/原因のひとつ。△千里～外/千里の外（そと）。

【之后】…の後（あと）。…の後（のち）。

【之前】…の前。

支 zhī ①張る。支える。△～帐篷/テントを張る。②そばたてる。△～着耳朵听/耳をそばだてて聞く。③その場を離れさせる。△把他～走/口実を設けて彼を離れさせる。④金を支払う。△先～一万元/1万元を前借りする。

【支撑】支える。持ち堪える。

【支持】①支持する。②支える。持ち堪える。

【支出】支出する。

【支付】（金を）支払う。

【支架】（物をすえる）台。支え。

【支离】ちりぢりばらばらだ。

【支流】支流。

【支配】①支配する。②割り当てる。

【支票】小切手（こぎって）。

【支气管】気管支。△～炎/気管支炎。

【支取】（金を）受け取る。

【支使】仕事をやらせる。命令する。

【支援】支援する。援助する。

汁 zhī 汁（しる）。汁液。△橘子～/オレンジ・ジュース。△牛肉～/牛肉のしる。

只 zhī 単独の。一つだけの。△～字不提/一言（ひとこと）も言わない。

【只身】単身。一人。

芝 zhī

【芝麻】ご麻。△～酱/ごま味噌。△～油/ご麻油。

枝 zhī 木の枝（えだ）。

【枝节】①枝葉。②主要でない物事。

知 zhī ①知る。△略～一二/多少知っている。△～无不言/知っている事は何でも言う。②知識。

【知道】知っている。分かる。

【知己】①知己。②よく知りあっている。理解しあっている。

【知觉】①知覚。②感覚。

【知名】有名だ。知名だ。△～作家/有名な作家。

【知趣】気がきく。思いやりがある。

【知识】知識。△～分子/知識人。インテリゲンチア。

【知悉】わかる。承知する。知る。

【知足】満足する。足るを知る。

肢 zhī 手足。

【肢体】身体。

织 zhī ①(布などを)織る。②(毛糸などを)編む。△～毛衣/セーターを編む。

【织补】繕う。

【织布】布を織る。

【织物】織り物。

指 zhī

【指甲】指のつめ。

脂 zhī

【脂肪】脂肪。

【脂粉】紅(べに)とおしろい。

蜘 zhī

【蜘蛛】蜘蛛(くも)。△～网/くもの巣。

执 zhí ①持つ。△手～红旗/手に赤旗を持つ。②固執する。△固～/固執する。③捕える。つかまえる。△战败被～/敗戦して捕えられる。

【执笔】筆を取る。執筆する。

【执迷不悟】頑迷で悟らない。

【执拗】頑固だ。片意地だ。

【执行】実施する。執行する。△～命令/命令を執行する。

【执意】我を張る。意地を張る。

【执照】許可書。免許証。

【执政】政務を取る。△～党/与党。

直 zhí ①真っ直ぐだ。△街道很～/街道が真っ直ぐだ。②伸ばす。真っ直ぐにする。△～起腰来/腰を伸ばす。③正直だ。率直だ。△～性子/率直な性分。④真っ直ぐに。△一～走/真っ直ぐに

行く。⑤しきりに。たえず。△冷得～哆嗦/寒くてしきりに震える。

【直达】直通する。△～车/直通列車。

【直观】①直観。②直観的だ。△～教学/直観教授。

【直角】直角。

【直接】①直接。△～选举/直接選挙。②直接的だ。

【直接了当】ずばりと。単刀直入。

【直径】直径。

【直觉】直覚。

【直升飞机】ヘリコプター。

【直率】→【直爽】

【直爽】率直だ。さっぱりしている。

【直线】直線。

【直性子】率直な人。

【直言】ありのままを言う。直言する。

【直译】直訳する。

侄 zhí おい。

【侄女】めい。

指 zhí

【指头】指(ゆび)。

值 zhí ①価値。値段(ねだん)。△币～/貨幣価値。②値する。価値がある。△不～得看/見る価値がない。③…に当たる。…に際して。△～此场合/この場合に当たっては。

【值班】当番をする。△～员/当番。

【值得】…する価値がある。…に値する。△～买/買う値打ちがある。

【值勤】勤務する。

【值日】①当番。②当番をする。

职 zhí ①職務。△尽～/職責を果たす。②職務上の地位。

【职称】職名。

【职工】①職員と工具。事務員と労働者。②従業員。

【职能】職能。機能。

【职权】職権。△行使~/職権を行使する。

【职位】職位。

【职务】職務。

【职业】職業。△~病/職業病。

【职员】職員。事務員。

【职责】職責。

植 zhí ①植える。△~树/木を植える。②立てる。樹立する。

【植物】植物。△~学/植物学。

殖 zhí ふえる。繁殖する。

【殖民】植民する。△~地/植民地。△~主义/植民地主義。

止 zhǐ ①止まる。止める。△血流不~/出血が止まらない。②止める。止めさせる。△~血/出血を止める。③…まで。△从五日起至八日~/五日から八日まで。④ただ。だけ。△问题还不~此/問題はただこれだけではない。

【止步】立ち止まる。

【止境】果てし。きり。

【止咳】せき止め。△~药水/せき止めの水薬。

【止痛药】痛み止め。鎮痛剤。

【止息】停止する。止む。

只 zhǐ ただ。だけ。わずか。ばかり。△~有一个/一つしかない。

【只得】…するより外にしかたがない。やむなく。△~给他赔了个不是/やむなく彼にあやまった。

【只顾】ただ…するばかりだ。…だけを考える。

【只管】ただ…するだけ。かまわ

ずに…する。△~读书，不顾一切/ただ一心に勉強するだけで、その他は顧みない。

【只好】…する外ない。…より仕方がない。

【只是】①…に過ぎない。△那~推测/それは臆測にすぎない。②…ではあるが。だが。△想说，~说不出来/言いたいが、どうしても口から出てこない。

【只要】…しさえすれば。…できさえあれば。△~有法子，我就试试/方法がありさえすればやってみる。

【只有】…こそ。…て始めて。△~这样做，才能解决问题/こうしてこそ、始めて問題が解決できる。

旨 zhǐ ①うまい。美味だ。②むね。目的。

址 zhǐ 所在地。所。△厂~/工場の所在地。

纸 zhǐ ①紙。△一张~/紙1枚。②文書を数える。

【纸币】紙幣。札（さつ）。

【纸袋】紙袋（かみぶくろ）。

【纸浆】パルプ。

【纸牌】（多く賭博に用いる）カルタ、トランプなど。

【纸绳】かみなわ。

指 zhǐ ①手足の指。△手~/手の指。②指差す。指し示す。△用手一~/手でちょっと指し示す。③示す。△~出正确方向/正しい方向を示す。④指す。△这是~你说的/これは君を指して言っているのだ。⑤当てにする。頼る。△单~着别人是不能成功的/人に頼ってばかりいては成功はおぼつかない。

【指标】指標。目標。

【指斥】非難する。

【指导】指導する。導く。

【指点】指し示す。教える。

【指定】指定する。

【指挥】指揮する。指し図する。△
　～官/指揮官。

【指教】指導を願う。教えを乞う。

【指靠】①頼り。②頼る。当てに
　する。

【指控】非難して訴える。

【指名】指名する。名指す。

【指明】明らかに指摘する。

【指南】手引き。指南。△～针/羅
　針盤。

【指派】派遣する。

【指使】人を使わす。唆(そその
　か)す。

【指示】指示する。△～代词/指示
　代名詞。

【指望】①期待する。当てにする。
　②見込み。

【指纹】指紋。

【指引】指導する。導く。

【指印】指印。

【指责】非難する。責める。

【指针】指針。

趾　zhǐ　①足指。②足。

【趾高气扬】意気揚揚としている。
　鼻息が荒い。

【趾甲】足指のつめ。

至　zhì　①…まで。至る。△自始
　～终/始めから終わりまで。②
　至り。△感激之～/感激の至り。

【至宝】至宝。

【至诚】真心。至誠。誠意。

【至此】①ここで。これを以て。△
　文章～为止/文章はここで終わ
　っている。②今になって。今更
　(いまさら)。

【至多】多くとも。せいぜい。

【至高无尚】至上。最高。

【至交】最も親しい友人。

【至今】今なお。未だに。

【至少】少なくとも。せめて。

【至于】①それほどに。②…に
　至っては。…に掛けては。

志　zhì　①志(こころざし)。△
　胸怀大～/遠大な志を抱く。②
　記す。△永～不忘/永く記憶に
　止めて忘れない。③記録。志
　(し)。△三国～/三国志。

【志气】志(こころざし)気骨。意
　気ごみ。

【志趣】志向と趣味。

【志士】志士。△爱国～/愛国志
　士。

【志愿】①願い。望み。②志願する。
　△～书/願書。

治　zhì　①治める。管理する。②
　治まる。安定だ。③直す。治療
　する。△不～之症/不治の病。④
　(害虫を)退治する。

【治安】治安。

【治本】根治する。根本的に解決
　する。

【治病救人】病を治して人を救う。

【治理】治める。管理する。

【治疗】治療する。

【治罪】処罰する。

质　zhì　①質。△～量/質量。②
　質問する。△～疑/疑問を問い
　ただす。③質に入れる。△以衣
　物～钱/着物を質に入れて金を
　借りる。

【质变】質の変化。

【质地】質。素地(そじ)。

【质朴】質ぼくだ。素ぼくだ。

【质问】詰問する。

【质直】素直だ。正直だ。

制　zhì　①製造する。作る。△请
　～一副图表来/図表を一つ作っ
　てください。②制度。規定。

【制裁】制裁する。

【制定】制定する。作る。

【制度】制度。決まり。

【制图】製図する。

【制药】製薬する。

【制约】制約する。

【制造】製造する。作る。△～谣言/デマをでっちあげる。

【制止】制止する。阻止する。

桎 zhì　足かせ。△～梏/しっこく。

致 zhì　①表する。送る。△～谢/謝意を表する。②招く。致す。△因公～伤/公務のため負傷する。③実現する。達成する。

【致辞】あいさつを述べる。

【致敬】敬意を表する。

【致命】致命的だ。△～伤/致命傷。

【致使】…の結果となる。

【致死】死に至る。

【致谢】謝意を述べる。礼を述べる。

【致意】意を伝える。宜しくと伝える。

秩 zhì

【秩序】秩序。順序。△守～/秩序を守る。

挚 zhì　誠実だ。まじめだ。

【挚友】親友。親密な友だち。

掷 zhì　投げる。△～铁饼/円盤を投げる。

窒 zhì

【窒息】窒息する。

痔 zhì

【痔疮】じ。

【痔漏】じろう。

滞 zhì　停滞する。滞（とどこお）る。

【滞留】停滞する。

【滞销】売れ行きが悪い。店（たな）ざらしになる。

痣 zhì　あざ。

智 zhì　①賢い。知恵がある。②智慧。見識。△～勇双全/智勇兼備。

【智慧】智慧。

【智力】智力。智能。△～测验/智能検査。

【智谋】智謀。

【智育】智育。

置 zhì　①置く。△～于案上/つくえの上におく。②設置する。③買う。買い入れる。△～家具/家具を買い入れる。

【置办】購入する。

【置若罔闻】知らない振りをする。聞かない振りをする。

【置身】身を置く。△～事外/局外に立つ。

【置之不理】ほったらかして置く。

【置之度外】度外視する。

稚 zhì　幼（おさな）い。稚（いとけな）い。

【稚气】稚気。子供っぽい。

【稚子】幼児（おさなご）。

zhong

中 zhōng　①中央。中心。②中（なか）。中（うち）。△山～/山の中。③中国。④仲立ち。仲立ち人。△作～/仲立ちになる。⑤（上、中、下）中。△～级/中級の。⑥適する。合う。△话不～听/耳障りだ。⑦…中。…しているところ。△正在调查～/調査中だ。

【中餐】中華料理。

【中层】中間層。

【中等】①中等。△～教育/中等教

育。②中肉中背。△～身材/中肉中背。

【中断】中断する。

【中国共产党】中国共産党。

【中国画】中国画。

【中华】中華。△～民族/中華民族。△～人民共和国/中華人民共和国。

【中坚】中堅。△～分子/中堅分子。

【中间】①中（うち）。中（なか）。②真中。③間。

【中立】中立する。△～国/中立国。△～主义/中立主義。

【中年】中年。

【中篇小说】中篇小説。

【中秋节】中秋節。

【中枢】中枢。中心。△～神经/中枢神経。

【中途】途中。中途。

【中文】中国語。漢文。

【中午】昼。正午。

【中心】中心。センター。△文化～/文化の中心。

【中型】中がた。△～词典/中がたの辞典。

【中性】中性。

【中学】中学校。

【中央】①中心。真中。②中央。

【中药】漢方薬。

【中医】漢方医学。漢方医。

【中游】①（河川の）中流。②十人並。

【中止】中止する。

【中指】中指（なかゆび）。

【中转】乗り換えること。

忠 zhōng　忠。忠実だ。忠誠だ。

【忠诚】忠誠だ。

【忠告】忠告する。

【忠实】忠実だ。

【忠心】忠心。忠誠な心。

【忠言】忠言。△～逆耳/忠言耳に逆らう。

【忠于】…に忠を尽くす。

终 zhōng　①終わり。おしまい。△告～/終わりを告げる。②ついには。いつかは。△～必成功/いつかは成功するに決まっている。③（人が）死ぬ。④…じゅう。△～日/一日中（じゅう）。

【终点】終点。ゴール・イン。△～线/ゴール・イン・ライン。

【终结】終結。結末。

【终了】終了する。終わる。

【终身】一生涯。終身。

【终于】とうとう。ついに。

【终止】終止する。止める。

盅 zhōng　湯のみ。杯（さかずき）。

钟 zhōng　①鐘（かね）。△打～/鐘（かね）を鳴らす。②掛け時計。置き時計。③時間。△5点～/5時。

【钟爱】ちょう愛する。

【钟表店】時計屋。

【钟情】ほれ込む。好きになる。

衷 zhōng　心（こころ）。真意。

【衷心】衷心。心から。△～表示～的感谢/心から感謝の意を表わします。

肿 zhǒng　はれる。△肩膀～了/肩がはれた。

【肿瘤】腫瘍。

种 zhǒng　①類。種類。△白～人/白色人種。②種（たね）。△高粱～/高粱の種。③種。種類。△三～/三種類。

【种类】種類。

【种种】さまざまだ。いろいろだ。

【种子】①種（たね）。②シード。△～选手/シード選手。

【种族】種族。人種。△～歧视/人

種差別。

中 zhòng ①当たる。△猜〜了/当たった。②掛かる。受ける。△〜计/わなに掛かる。

【中毒】中毒する。△食物〜/食中毒。

【中风】中風(ちゅうぶ)。

【中肯】(話が)適切だ。要点を付く。

【中签】くじに当たる。

【中伤】(人を)中傷する。

【中暑】暑気当たり。

【中意】気に入る。

众 zhòng ①多い。大勢。△寡不敌〜/衆寡敵せず。②人々。大勢の人。

【众多】数多い。

【众口一词】皆の言うことが同じだ。

【众叛亲离】万人から見捨てられる。

【众人】大勢の人。みんな。

【众矢之的】多くの人の非難の的(まと)。

【众说纷坛】みんながまちまちのことを言う。

【众所周知】みんなが知っている。衆知のとおり。

【众望】衆望。

仲 zhòng ①兄弟の順序の二番目。△〜兄/二番目の兄。

【仲裁】仲裁する。△〜人/仲裁人。

【仲春】仲春。陰暦の二月。

种 zhòng 種をまく。植える。△〜树/木を植える。

【种地】耕作する。

【种植】植える。栽培する。

重 zhòng ①重さ。目方。△有多〜/重さはどれぐらいあるか。②重い。程度が甚甚しい。△病〜/病気が重い。△颜色〜/色がこい。③重要だ。重大だ。△〜案/重大な案件。④重んじる。△〜男轻女/男尊女卑。

【重大】重大だ。

【重担】重任。

【重点】①重点。②重点的だ。

【重工业】重工業。

【重价】高価。高いねだん。

【重力】重力。

【重利】高利。

【重量】重量。

【重任】重任。

【重视】重視する。

【重要】重要だ。

【重音】アクセント。

【重用】重用する。

zhou

州 zhōu ①州。②自治州。

舟 zhōu 船。△小〜/小船(こぶね)。

周 zhōu ①周。回り。△绕场一〜/グラウンドを一周する。②行き届く。周到。△计划不〜/計画が周到を欠く。③週。週間。△上〜/先週。

【周报】周報。

【周到】行き届く。周到だ。

【周刊】週刊誌。

【周密】綿密だ。周密だ。

【周末】週末。

【周围】周囲。回り。

【周旋】①持て成す。②相手をする。

【周游】一周する。周遊する。

【周折】手数。うよ曲折。

【周转】回転する。やりくりをする。

洲 zhōu ①洲。②す。

粥 zhōu　かゆ。

軸 zhóu　①軸。△～承/ベアリング。②軸。△买一～画/軸を1本買う。

【轴线】アキシアル。

肘 zhǒu　ひじ。

咒 zhòu　①まじない。じゅ文。△念～/じゅ文をとなえる。②のろう。まじなう。

【咒骂】ののしる。悪ばする。

胄 zhòu　①古代の帝王や貴族の子孫。②かぶと。

昼 zhòu　昼。

【昼夜】昼と夜。昼夜。

皱 zhòu　①しわ。②しわを寄せる。△把衣服弄～了/着物にしわを付けた。

【皱眉】眉をひそめる。

【皱纹】しわ。

骤 zhòu　にわかに。突然。

【骤然】にわかに。急に。

zhu

朱 zhū　①朱色。②朱砂。

【朱红】朱色。

【朱漆】朱の漆（うるし）。

【朱砂】朱砂。

诛 zhū　①（罪人を）殺す。討伐する。②責めて罰する。

侏 zhū

【侏儒】侏儒。こびと。

珠 zhū　①真珠。玉（たま）。②玉（たま）。しずく。△水～/水玉（みずたま）。

【珠宝】珠玉。宝石。

【珠算】珠算。

株 zhū　①木の株（かぶ）。②一株。一本。

诸 zhū　①沢山の。もろもろの。△～位/皆さん。②…に。…かな。△付～实践/実践に付（ふ）する。

【诸侯】諸侯。

【诸如】たとえば。…のごとし。

猪 zhū　豚。△～油/豚脂。△野～/いのしし。

【猪场】養豚場。

【猪皮】豚の皮。

【猪肉】豚肉。

【猪鬃】豚毛。

蛛 zhū　蜘蛛。

【蛛丝马迹】くもの糸。かすかな手掛かり。

【蛛网】蜘蛛の巣。

竹 zhú　竹。

【竹竿】竹ざお。

【竹笋】筍（たけのこ）。

烛 zhú　①ろうそく。②照らす。△火光～天/火の光が空を赤く染める。③ワット。△60～的灯泡/60ワットの電球。

【烛光】しょっ光。

【烛花】しょっか。

【烛台】ろうそく立て。

逐 zhú　①追う。追っ掛け回す。△相～为戏/追っ掛け合って遊ぶ。②追い出す。追い払う。△～出门外/門の外へ追い出す。③順次に。△～年/逐年。

【逐步】一歩一歩と。次第に。

【逐渐】段段と。次第に。

【逐字逐句】逐字逐語。

主 zhǔ　①持ち主。△这东西没～/これは持ち主がない。②主だ。重要だ。△～流/主流。③…する人。△买～/買い手。④主張する。△～战/主戦。

【主办】主催する。

【主编】①主となって編集する。
　②編集長。
【主持】①責任を負って処置す
　る。②主張する。
【主次】軽重。本末。
【主导】主導する。
【主动】①進んで。②主動的だ。
　△～权/主動権。
【主犯】主犯。
【主妇】主婦。
【主顾】得意先。顧客。
【主观】①主観。②主観的だ。△
　～世界/主観的世界。
【主管】主管する。△～部门/主管
　部門。
【主见】見解。自分の考え。
【主教】主教。
【主角】①主役。②中心人物。
【主力】主力。
【主流】主流。本流。
【主权】主権。△～国家/主権国。
【主人】①主人。△～席/主人席。
　②所有者。持ち主。主人公。
【主人公】主人公。
【主人翁】→主人公。
【主任】主任。
【主食】主食。
【主题】主題。テーマ。△～歌/テ
　ーマソング。
【主体】主体。
【主席】①司会者。②主席。△国
　家～/国家主席。
【主演】①主演する。②主演。
【主要】主だ。主要だ。△～矛盾/
　主な矛盾。
【主义】主義。
【主意】考え。意向。
【主语】主語。
【主宰】支配する。主宰する。
【主张】①主張。考え。②主張す

拄　zhǔ　（杖を）突く。△～着拐

棍走/杖を突いて歩く。

煮　zhǔ　煮る。ゆでる。たく。△
　～饭/飯をたく。△～鸡蛋/ゆで
　たまご。

嘱　zhǔ

【嘱咐】言い付ける。言い聞かせ
　る。
【嘱托】頼む。依頼する。

瞩　zhǔ　見詰める。ひとみを凝
　らす。

【瞩目】注視する。ひとみを凝ら
　す。

助　zhù　助ける。手伝う。援助す
　る。

【助产士】助産婦。
【助词】助詞。
【助动词】助動詞。
【助教】（大学の）助手。
【助理】助手。輔佐役。
【助手】助手。
【助听器】補聴器。
【助威】応援する。声援する。
【助兴】興を添える。
【助学金】奨学金。

住　zhù　①住む。宿泊する。泊ま
　る。△～了一夜/一晩泊まった。
　②止(や)める。止む。止(と)め
　る。△雨～了/雨が止んだ。③し
　っかり。△记～/しっかりと覚え
　る。

【住房】住宅。
【住户】家庭。所带。
【住口】黙る。
【住手】手を止める。止める。
【住宿】泊まる。寄宿する。
【住院】入院する。
【住宅】住宅。
【住址】住所。アドレス。

注　zhù　①注ぐ。流し込む。△大
　雨如～/しのつくような雨。②

注。注釈する。△加～/注を付け
る。③金を掛ける。

【注定】必ず。必然的だ。

【注脚】注脚。

【注解】注釈する。

【注明】はっきり注記する。

【注目】①注目。②注目する。△
引人～/人の目を引く。

【注射】注射する。

【注视】注視する。見守る。

【注销】取り消す。

【注意】①注意。②注意する。気
を付ける。

【注音】（文字，符号などで）音を
表わす。表音。△～字母/注音符
号。

【注重】重んずる。重視する。

贮 zhù 貯える。貯蔵する。△～
粮五万斤/食糧を５万斤貯え
る。

【贮备】貯える。貯蔵する。

【贮藏】貯蔵する。貯する。

【贮存】→贮藏

驻 zhù ①止まる。止める。△～
足/足を止める。②駐在する。△
～华大使/中国駐在の在使。

【驻地】駐とん地。所在地。

【驻守】鎮守。

祝 zhù 祝う。祈る。願う。△～
你健康/ご健康を祈る。

【祝词】祝辞。

【祝福】①祝う。祈る。②祝福す
る。

【祝贺】祝う。祝賀する。△～新婚
/新婚を祝う。

【祝酒】祝杯を挙げる。△～辞/宴
会での祝辞。

【祝寿】誕生祝いをする。

【祝愿】願う。祈る。

柱 zhù ①柱。②柱状のもの。△
水～/水柱。

【柱子】柱。

著 zhù ①著しい。②表わす。示
す。△颇～成效/著しい効果を
示した。③著作する。（書物を）
書く。④著作。△名～/有名な著
作。

【著名】著名だ。有名だ。

【著者】著者。作者。

【著作】①著作。②著作する。△
～权/著作権。

蛀 zhù ①木くい虫。②虫が食
う。虫がつく。

【蛀虫】木くい虫。

筑 zhù 築く。作る。建築する。
建てる。△～路/道路を作る。

【筑造】建造する。

铸 zhù 鋳造する。いる。

【铸造】鋳造する。

【铸字】活字を鋳造する。

zhua

抓 zhuā ①つかむ。取る。△～
住机会/チャンスをつかむ。②
かく。引っかく。△～痒/痒いと
ころをかく。③捉える。捕える。
△～特务/スパイを捉える。④
…に力を入れる。△～重点/重
点に力を入れる。

【抓工夫】暇をつかむ。

【抓紧】しっかりつかむ。切り詰め
てやる。

【抓住】つかまえる。つかみ取る。

爪 zhuǎ

【爪子】つめの付いた動物の足
（あし）。△猫～/ねこの足。

zhuai

拽 zhuài 引っ張る。ぐいと引

く。△生拉硬～/無理遣りに引っ張る。

zhuan

专 zhuān ①専一だ。専ら。△～家/専門家。②専心する。△学習不～/学習に専心しない。③独占する。△～其利/その利を独占する。

【专长】特技。専門知識。

【专场】特別公演。

【专程】わざわざ。特に。

【专攻】専攻する。

【专号】特集号。特別号。

【专横】専横だ。

【专刊】→【专号】

【专款】特別支出金。

【专栏】新聞、雑誌の特別欄。コラム。

【专利】特許権。

【专门】専門。専攻。

【专题】特定の題目。

【专心】専心する。余念がない。△～致志/一意専心。

【专业】専門。専攻。△～课/専攻課目。

【专一】専一だ。

【专用】専用。△～电话/専用電話。

【专职】専任。

【专制】①独裁。②専断する。

砖 zhuān れんが。△～墙/れんがべい。

【砖头】れんがのかけら。

转 zhuǎn ①変える。変る。△～身/体の向きを変える。②渡す。伝える。△请～给我爱人/家内に渡してください。

【转变】変える。変る。

【转播】中継放送する。

【转达】伝える。伝言する。

【转动】①身動きする。②回転する。

【转告】伝える。伝言する。

【转换】変える。転換する。

【转嫁】転嫁する。

【转交】(人に代って) 渡す。

【转让】譲る。

【转弯】曲がり角を回る。

【转学】転校する。

【转眼】一瞬の間に。瞬く間に。

【转移】移す。移る。転移する。

【转载】転載する。

【转折】転換する。△～点/転換点。

传 zhuàn①(経書を解釈したもの)伝。②伝記。

【传记】伝記。

【传略】略伝。

转 zhuàn ①回る。△～来～去/歩き回る。②ぐるぐる回る。

【转椅】回転いす。

【转悠】①回す。回る。②ぶらぶら歩く。

赚 zhuàn もうける。もうかる。△～钱/金をもうける。

撰 zhuàn 文章を書く。著作する。△～稿/原稿を書く。

zhuang

妆 zhuāng ①嫁入り道具。②今では俳優の化粧、ふん装をさす。

【妆饰】①化粧する。②おめかし。

庄 zhuāng ①村。部落。②問屋。商店。△茶～/茶屋。

【庄户】農家。

【庄稼】農作物。△～地/農地。

【庄严】厳かだ。荘厳だ。

【庄园】荘園。

【庄重】荘重だ。

桩 zhuāng ①くい。△打～/くいを打つ。②事件、仕事などを数える。△一～事/一つの事件。

装 zhuāng ①ふん装する。着飾る。②服装。△春～/春の着物。③装う。振りをする。△～死/死んだ振りをする。④入れる。積む。△～车/車に積み込む。⑤取り付ける。組み立てる。△～电灯/電燈を取り付ける。

【装订】装丁する。

【装疯卖傻】ばかのまねをする。

【装潢】①外装。②飾り付ける。

【装模作样】わざとらしくする。もっ体振（たいぶ）る。

【装配】組み立てる。△～线/組み立てライン。

【装饰】飾る。△～品/装飾品。

【装束】身なり。服装。

【装修】装飾する。造作する。

【装运】積み出す。

【装帧】装丁。

【装置】①装置。②取り付ける。

壮 zhuàng ①丈夫だ。△身体～/体が丈夫だ。②雄壮だ。盛んだ。③盛んにする。強くする。△～声势/気勢を盛んにする。

【壮大】①壮大になる。②壮大にする。

【壮胆】勇気を付ける。

【壮举】壮挙。

【壮丽】壮麗だ。

【壮年】壮年。

【壮实】（体が）がっちりとしている。丈夫だ。

状 zhuàng ①形（かたち）。形状。②証書。△奖～/賞状。

【状况】状態。情況。△经济～/経済情況。

【状态】状態。△心理～/心理状態。

【状语】連用修飾語。

【状元】①状元。②優れた人物。

撞 zhuàng ①ぶつかる。△～车/自動車にぶつかる。②出会う。△在路上～上了/道で出会った。③駆込む。突進する。

【撞击】ぶつかる。当たる。

【撞见】不意に出会う。ばったり出会う。

【撞骗】だましかたる。

zhui

追 zhuī ①追う。追い掛ける。△～不上他/彼に追い付けない。②追究する。△不必再～了/追究する必要はない。③以前にさかのぼる。

【追捕】追捕する。

【追查】追及する。

【追悼】追悼する。△～会/追悼会。

【追赶】追い掛ける。

【追悔】後悔する。△～莫及/後悔しても及ばない。

【追加】追加する。△～预算/予算追加。

【追究】追究する。

【追求】求める。追求する。△～真理/真理を探求する。

【追溯】さかのぼる。

【追随】追随する。△～者/追随者。

【追问】問い詰める。

【追寻】跡を尋ねる。

【追忆】偲ぶ。追憶する。

【追踪】追跡する。

椎 zhuī つい骨。

锥 zhuī ①きり。②きり状のも

の。

坠 zhuì ①落ちる。△～马/落馬する。②つり下げる。ぶら下がる。③つり下げるもの。さげ飾り。△扇～/扇子のさげ飾り。

【坠毁】墜毀して壊れる。
【坠落】落ちる。墜落する。

赘 zhuì 余計(よけい)なもの。むだなもの。

【赘述】①むだなことば。②ぜいげんする。

zhun

谆 zhūn
【谆谆】じゅんじゅんと。懇に。

准 zhǔn ①許す。許可する。△不～他来/彼が来るのを許さない。②基準。標準。△以此为～/これを標準とする。③正確だ。ただしい。△这表走得～/この時計は正確に動く。④きっと。必ず。△明天～去/あしたはきっと行く。

【准备】①準備する。②…するつもりだ。③準備。
【准确】正確だ。正しい。
【准时】時間どおりに。
【准则】基準。準則。

zhuo

拙 zhuō ①へjust。まずい。△手～/ぶ器用だ。②私の。愚…。△～见/愚見。
【拙劣】拙劣だ。

卓 zhuō ①高くて真っすぐだ。△～立/卓立する。②優れている。

【卓见】卓見。
【卓越】優れている。すばらしい。

捉 zhuō つかむ。つかまえる。捉える。△～贼/どろ棒を捉える。

【捉迷藏】隠れん坊をする。
【捉拿】捕える。つかまえる。
【捉弄】からかう。

桌 zhuō ①机(つくえ)。テーブル。②テーブルの数を数える。△三～客人/3テーブルの客。

【桌布】テーブル・クロース。テーブル掛け。
【桌子】机。テーブル。

灼 zhuó ①焼く。△～伤/やけど。②明らかだ。明るい。
【灼见】優れた見識。
【灼灼】きらきら光る。

茁 zhuó
【茁壮】たくましい。丈夫だ。

浊 zhuó ①濁る。△～水/濁り水。②だみ声。△～声～气/だみ声。
【浊音】濁音。

酌 zhuó ①酒を注ぐ。△独～/独しゃくでのむ。②酒食。△便～/簡単な酒食。③酌量する。△～办/酌量したうえで処理する。
【酌量】酌量する。
【酌情】見計らう。しんしゃくする。

着 zhuó ①着る。②付く。付ける。△不～痕迹/跡が付かない。③寄り所(どころ)。当て。△经费无～/経費の当てがない。
【着陆】着陸する。
【着落】落着する。行方(ゆくえ)。当て。
【着色】着色する。

【着实】①確かに。実に。②うんと。きびしく。

【着手】手を付ける。取り掛かる。

【着想】…のための思う。

【着眼】目を付ける。着眼する。

【着重】重点的に。

啄 zhuó　つつく。ついばむ。△小鸡～米/ひよこが米をついばむ。

【啄木鸟】きつつき。きたたき。

琢 zhuó　玉を磨く。

【琢磨】①玉を磨く。②よくよく考える。

镯 zhuó　腕輪。△玉～/玉の腕輪。

zi

吱 （小さい動物の鳴き声）ちゅうちゅう。ちっちっ。

孜 zī

【孜孜】ししと。せっせと。

咨 zī

【咨询】諮詢する。△～机关/諮問機関。

姿 zī　①容貌。形。容姿。△～色/容色。②姿。様子。

【姿势】恰好。フォーム。

【姿态】姿。姿勢。

资 zī　①金。費用。資金。②助ける。△～敌/敵を助ける。③役に立てる。…に足りる。△以～参考/参考に供する。

【资本】資本。△～主义/資本主義。

【资财】資財。

【资产】資産。△～阶级/ブルジョア階級。

【资格】①資格。②年功。

【资金】資金。

【资力】資力。

【资历】資格と経歴。

【资料】資料。データ。△～室/資料室。

【资源】資源。

【资助】金銭で援助する。

滋 zī　①引き起こす。△～事端/問題を引き起こす。②増す。増やす。

【滋补】滋養になる。

【滋润】潤す。湿っている。

【滋生】①繁殖する。②引き起こす。

【滋味】味わい。味。

【滋养】①滋養。②滋養をとって身体を養う。

【滋长】成長する。芽生える。

子 zǐ　①子。息子（むすこ）。△独生～/一人っ子。②種。△西瓜～/すいかの種。③小さい。幼い。△～鸡/ひよこ。④玉（たま）。⑤銅貨。

【子弹】玉。弾丸。

【子宫】子宮。

【子孙】子孫。

仔 zǐ　幼い。△～猪/小豚（こぶた）。

【仔细】①細心だ。注意深い。②注意する。

姊 zǐ　姉（あね）。△～妹/姉妹。

紫 zǐ　紫（むらさき）色。紫色の。

【紫菜】のり。

【紫红】す芳（おう）色。

【紫罗兰】バイオレット。

【紫药水】ゲンチアナ・バイオレット。

字 zì　①文字。△～义/字義。②発音。△咬～清楚/字の発音がはっきりしている。③字体。

【字典】字典。字引き。

【字句】字句。

【字据】証文（しょうもん）。

【字谜】文字のなぞ掛け。

【字面】字づら。

【字模】活字のいがた。

【字母】表音字母。

【字幕】字幕。

【字贴】習字の手本。

【字眼】言葉遣い。

【字斟句酌】一字一句をよくしん しゃくする。

自 zi ①自己。自身。△～不量 力/身のほど知らずだ。②自ず から。自然に。△～不待言/言う までもない。③…から。…より。 △来～日本的朋友/日本から来 た友人。

【自爱】自愛する。自重する。

【自白】①隠さずあっさりと述べ る（こと）。②自己表現する。

【自卑】卑下（ひげ）する。△～感 /劣等感。

【自便】自分の都合のよいように する。思うままにする。

【自称】自称する。

【自吹自擂】自画自賛をする。

【自动】①自分から。自発的。② 自動的だ。△～化/オートメー ション化。△～铅笔/シャープペ ンシル。

【自发】自発的だ。

【自费】自費。

【自负】①自分で責任を負う。② うぬぼれる。

【自供】自白する。

【自豪】自ら誇る。

【自己】①自分。自身。②新しい。 △～弟兄/兄弟の間柄（あいだ がら）。

【自供】自給する。△～自足/自給 自足。

【自觉】自覚する。意識的に。

【自夸】自慢する。

【自来水】①水道。②水道の水。

【自来水笔】万年筆。

【自立】自立する。

【自力更生】自力更生。

【自满】自慢する。高ぶる。

【自取灭亡】自滅する。

【自然】①自然。天然。△～界/自 然界。△～科学/自然科学。②自 然に。自ずから。③当然。疑い なく。

【自然】自然だ。

【自然而然】自然に。自ずから。

【自如】思いのままにできる。

【自若】自若とする。

【自杀】自殺する。

【自始至终】始めから終わりまで。

【自首】自首する。

【自私】私心的だ。

【自卫】自衛する。

【自我】自己。自分。△～介绍/自 己紹介する。

【自习】自習する。

【自相矛盾】前後矛盾する。

【自信】①自信。②自信を持つ。

【自行】自ら。自分で。

【自行车】自転車。

【自修】①自習する。②独学する。

【自学】自修する。独学する。

【自言自语】一人言（ひとりごと） を言う。

【自以为是】一人善（ひとりよ） がりだ。

【自用】自家用。私用。△～汽车/ マイカー。家用家用車。

【自由】①自由。②自由だ。△～ 竞争/自由競争。△～恋爱/自由 恋愛。△～市场/自由市場。

【自圆其说】自分の間違いまた出 たら目をうまくこじ付けよう とする。

【自愿】志願する。自発的にする。

【自在】思いのまま。自在だ。

【自知之明】おのれを知る明。

【自治】自治を行なう。△～区/自治区。

【自制】①自製する。手作り。②自制する。

【自重】①自重（じちょう）する。②自重（じじゅう）。

【自传】自伝。

【自尊】自尊。△～心/自尊心。

【自作自受】自業自得（じごうじとく）。

恣　zì　ほしいままだ。わがままだ。

【恣意】ほしいままだ。勝手だ。

zong

宗　zōng　①祖先。②家族。一族の。③派別。△正～/正統派。④種類、数量を数える。△一～心事/一つの心配ごと。

【宗法】宗法。△～社会/宗法社会。

【宗教】宗教。△～改革/宗教改革。

【宗派】派別。流派。△～主义/セクト主義。

【宗旨】主旨。宗旨。

综　zōng　まとめる。綜合する。

【综合】①綜合する。②綜合的だ。△～大学/綜合大学。

【综计】総計。

棕　zōng　しゅろ。

【棕色】褐色。とび色。

踪　zōng　足跡。跡形。

【踪迹】跡。足跡。

【踪影】跡形。行方。△毫无～/影もかたちもない。

鬃　zōng　たてがみ。

总　zǒng　①総括する。△～起来说/総括して言う。②全体の。全般的だ。△～任务/全般的な任務。③かしらの。総。△～参谋长/参謀総長。④いつも。常に。△他～不肯听/彼はどうしても承諾しない。⑤いつかは。とにかく。△～会知道的/いつかは必ず分かる。

【总得】どうしても…しなければならない。

【总额】全額。総額。

【总而言之】要するに。つまり。

【总共】全部で。合計。

【总归】最終的には。結局。

【总和】総額。総和。

【总机】電話交換台。

【总计】総計。

【总结】総括する。

【总理】総理。

【总目】総目録。

【总数】総数。

【总算】①やっとのことで。②まあまあ。

【总体】総体。全体。△～规化/総体的な計画。

【总统】大統領。

【总务】総務。△～科/総務課。

【总则】総則。

【总之】要するに。とにかく。

纵　zòng　①縦。△～剖面/縦断面。②好き勝手にさせる。思う存分。△～声大笑/声を立てて大笑する。③たとえ。よしや。④身をおどらせる。

【纵横】縦と横。縦横。

【纵火】放火する。

【纵酒】酒におぼれる。深酒（ふかざけ）をする。

【纵情】思う存分。

【纵然】たとえ。よしや。

【纵容】放任する。するがままに任せる。

【纵身】身を踊らせる。

粽 zòng

【粽子】ちまき。

zou

走 zǒu ①歩く。歩む。行く。△孩子还不会～/子供はまだ歩けない。②動く。移動する。△钟不～了/時計は動かなくなった。③離れる。出る。行く。△他刚～/彼は出掛けたばかりだ。④行来する。交際する。△～亲戚/親戚の家を訪ねる。⑤漏れる。滑る。△～气了/気が抜けた。⑥原形失をうこと。△这鞋～样了/この靴は形がくずれてしまった。

【走动】①動く。歩く。②付き合う。行来する。

【走读】通学する。△～生/通学生。

【走访】訪ねる。インタビューする。

【走狗】手先。走狗。

【走火】①暴発する。②漏電する。

【走廊】回廊。廊下。

【走漏】①漏れる。漏らす。②脱税する。

【走路】歩く。道を歩く。

【走失】行方不明になる。

【走兽】けだもの。

【走私】やみ取引する。密貿易する。

【走投无路】窮地におちいる。身を寄せるところがない。

【走味】味が抜ける。

【走运】運がいい。好運に乗る。

【走嘴】口を滑らす。

奏 zòu ①奏する。奏でる。△～国歌/国歌を奏する。②皇帝に申し上げる。上奏する。

【奏捷】勝利を収める。

【奏效】効を奏する。利き目が現われる。

揍 zòu 人をなぐる。△挨～/さんざんなぐられた。

zu

租 zū ①賃借りする。△～房子/家を借りる。②貸す。△那房子～给谁了/あの家はだれに貸したのか。③料金。△交房～/家賃を払う。

【租金】借り賃。

【租用】借用する。

足 zú ①足。②足りる。十分だ。△人数不～/人数が足りない。③まる。十分に。△～玩了一天/一日思いきり遊んだ。

【足够】十分足りる。

【足迹】足跡。

【足金】純金。

【足球】サッカー。フット・ボール。

卒 zú ①卒。兵。②死ぬ。△生～年月/生死の年月。

族 zú ①家族。一家。②民族。

阻 zǔ 妨げる。阻む。△通行无～/自由に通行できる。

【阻碍】妨碍する。妨げる。

【阻挡】さえぎる。阻む。

【阻拦】止める。阻止する。

【阻力】抵抗力

【阻挠】妨害する。邪魔する。

【阻止】阻止する。制止する。

诅 zǔ

【诅咒】のろう。

组 zǔ ①組み合わせる。組織する。②グループ。③組。△两～电池/二組の電池。
【组成】構成する。組み立てる。
【组稿】原稿を書いてもらう。
【组阁】組閣する。
【组合】①組み合わせる。②組合。
【组织】①組織する。②組織。

祖 zǔ ①祖先。②開祖。始祖。
【祖传】祖先伝来の。家伝の。
【祖父】祖父。
【祖国】祖国。
【祖籍】原籍。本籍。
【祖母】祖母。
【祖先】祖先。

zuan

钻 zuān ①穴をあける。②通る。入る。潜る。△～到水里/水中に潜り込む。③研さんする。
【钻研】研さんする。深く研究する。
【钻营】うまく立ち回る。

钻 zuàn ①ボーリング・マシーン。②ダイヤモンド。
【钻床】ボール盤。
【钻戒】ダイヤモンドの指輪。
【钻石】ダイヤモンド。

攥 zuàn 握る。△～紧拳头/こぶしを握り締める。

zui

嘴 zuǐ ①口。△闭～/口をとじる。②（器物の）口。△瓶～/ビンの口。
【嘴笨】口べただ。
【嘴馋】口がいやしい。

【嘴唇】くちびる。
【嘴尖】口がきつい。口が悪い。
【嘴角】口許（もと）。
【嘴紧】口が固い。
【嘴快】口が早い。口が軽い。
【嘴脸】面相。顔つき。
【嘴碎】くどい。口数が多い。
【嘴甜】口がうまい。
【嘴严】口が固い。
【嘴硬】強情を張る。言いはる。

最 zuì 一番。最も。△～好/最もよい。△～近/最も近い。
【最初】最初。
【最低】最低。
【最多】①最も多い。②多くとも。
【最高】最高。△～速度/最高速度。
【最好】①最もよい。②最もよいことは……。
【最后】①最後（の）。②最後に。
【最近】最近。この間（あいだ）。そのうち。
【最终】最終。△～目的/最終目的。

罪 zuì ①罪。犯罪。△～上加～/罪の上に罪を重ねる。②過ち。過失。罪。△归～于人/他人に罪をきせる。③苦しみ。苦難。△遭～/苦難に会う。
【罪案】犯罪事件。
【罪恶】罪悪。
【罪犯】犯人。罪人。
【罪过】①過失。過ち。②痛み入る。
【罪魁】元凶。張本人。
【罪名】罪名。
【罪孽】罪。罪業。△～深重/罪が深い。
【罪人】罪人。犯罪者。
【罪行】犯罪行為。
【罪责】罪責。
【罪证】犯罪の証拠。罪証。

【罪状】罪状。

醉 zuì ①酔う。よっぱらう。△喝～/酒によっぱらう。②酒つけにする。△～虾/酒つけのえび。

【醉鬼】よっぱらい。

【醉生梦死】酔生夢死。

【醉心】酔心する。ふける。

【醉醺醺】ぐでんぐでんに酔う。

【醉意】酔払い気味。

zun

尊 zūn ①尊重する。尊敬する。②目上。③御。△～府/お宅。△～姓大名/ご姓名。尊名。

【尊称】尊称。

【尊崇】尊崇する。崇拝する。

【尊贵】身分が高い。尊敬すべき。

【尊敬】尊敬する。

【尊严】尊厳。

【尊重】尊重する。重んずる。

遵 zūn 従う。因（よ）る。△～章守法/規則に従い法を守る。

【遵从】従う。

【遵命】命令に従う。

【遵守】守る。遵守する。

【遵循】従う。

【遵照】…に従う。…による。

zuo

作 zuō ①作業場。△石～/石屋。②やる。する。

【作坊】仕事場。

【作弄】からかう。

作 zuó

【作料】調味料。

昨 zuó ①きのう。△～夜/昨夜。②以前。過去。

琢 zuó

【琢磨】よくよく考える。考慮する。

左 zuǒ ①左。△～手/左手（ひたりて）。②左翼（の）。△～派/左派。③食い違う。合わない。△意见相～/意見が食い違う。

【左边】左側。左の方。

【左面】→【左边】

【左倾】左傾する。

【左首】（座席の）左側。

【左翼】左翼。

【左右】①左と右。左右。②左右する。支配する。△～局势/情勢を左右する。③ぐらい。約。前後。

【左右为难】板ばさみになる。ジレンマに陥る。

坐 zuò ①座る。腰を掛ける。△请～/どうぞお掛けください。②位置する。位する。△～北朝南/北側にあって南向きだ。③乗る。△～火车/汽车に乗る。

【坐等】じっとして待つ。

【坐垫】座布団（ざぶとん）。

【坐牢】入獄する。

【坐立不安】居ても立ってもいられない。

【坐落】…にある。…に位する。

【坐视】坐視する。△不忍～/坐視するにしのばない。

【坐位】①座席。席。②腰掛（こしかけ）。

【坐享其成】何もせずにうまい汁を吸う。

【坐以待毙】坐して死を待つ。

作 zuò ①創作する。書く。△画/画を書く。△～曲/作曲する。②作品。著作。△近～/近作。近著。③…とする。…と見なす。△视～英雄/英雄と見なす。④体裁を作る。わざと～する。△

故～怒容/わざと怒ったふりを
する。

【作案】犯罪行為をする。

【作罢】取り止める。中止する。

【作保】保証人にする。

【作弊】不正行為を働く。△考试
～/カンニングをする。

【作对】対立する。対抗する。

【作恶】悪事をする。

【作法】① (文章の) 作り方。②や
り方。方法。

【作废】無効にする。

【作风】作風。態度。やり方。△～
正派/品行方正だ。

【作家】作家。

【作乱】乱を起こす。

【作难】①困る。②困らせる。

【作呕】おう吐を催す。

【作品】作品。

【作祟】災 (わざわい) する。

【作为】①行為。行ない。②成績。
③…として。④…とする。…に
する。

【作文】作文。文章。

【作物】農作物。作物。

【作息】仕事と休息。△～时间表/
勤務時間表。

【作业】①宿题。活動。②活動。作
業。△野外～/野外作業。

【作用】①作用。役割。②作用す
る。

【作战】戦争する。作戦する。△～
计划/作戦計画。

【作者】作者。作家。

【作证】①保証する。②証人にな
る。

【作主】決定権を持つ。自分の考
えで処理する。

座 zuò ①座席。席。②台座。も
のを置く台。△花瓶～/花瓶の
台。③星座。

【座谈】座談する。△～会/座談
会。

【座位】→【坐位】

【座钟】置き時計 (どけい)。

做 zuò ①作る。△～衣服/着物
を作る。②作る。書く。△～诗
/詩を作る。③やる。する。△～
买卖/商売をする。④…にする。
…として用いる。△可以～教材
/教材とすることができる。⑤
…とする。…となる。△～演员
/排優になる。⑥…の関係とな
る。△～朋友/友人となる。

【做伴】連 (つれ) になる。付き添
う。

【做东】主人役になる。

【做法】→【作法】②

【做工】労働をする。働く。

【做客】客となる。人を訪問する。

【做礼拜】礼拝する。

【做媒】仲人をする。

【做梦】夢を見る。

【做人】①人あしらい。②まともな
人間になる。

【做事】①仕事をする。②勤める。

【做文章】難題を吹掛ける。

【做贼心虚】盗みを働けば心にや
ましい。

【做作】わざとらしくする。装う。

凿 zuò ①確かだ。②たがねで
穴をあける。

【凿凿】確かだ。△～有据/確かな
証拠がある。

中日历史年代对照表

中 国			日 本
夏 Xià		约前 21 世纪 —约前 17 世纪	
商 Shāng		约前 17 世纪 —约前 11 世纪	
周 Zhōu	西 周 Xī Zhōu	约前 11 世纪 —前 771	
	东 周 Dōng Zhōu	前 770 —前 256	
春 秋 Chūn Qiū		前 770 —前 476	
战 国 Zhàn Guó		前 475 —前 221	
秦 Qín		前 221 —前 206	
汉 Hàn	西 汉 Xī Hàn	前 206 —公元 25	
	东 汉 Dōng Hàn	25 —220	
三 国 Sān Guó	魏 Wèi	220 —265	
	蜀 汉 Shǔ Hàn	221 —263	
	吴 Wú	222 —280	

晋 Jìn	西 晋 Xī Jìn	265 —317		
	东 晋 Dōng Jìn	317 —420		
南 北 朝 Nán Běi Cháo	南 朝 Nán Cháo	宋 Sòng	420 —479	大 和 时 代	300 —592
		齐 Qí	479 —502		
		梁 Liáng	502 —557		
		陈 Chén	557 —589		
	北 朝 Běi Cháo	北 魏 Běi Wèi	386 —534	代	
		东 魏 Dōng Wèi	534 —550		
		北 齐 Běi Qí	550 —577		
		西 魏 Xī Wèi	535 —556		
		北 周 Běi Zhōu	557 —581		
隋 Suí			581 —618	飛鳥時代	592 —710
唐 Táng			618 —907	奈良時代	711 —794
后 梁 Hòu liáng			907 —923		

五 代 Wǔ Dài	后 唐 Hòu Táng	923 —936	平 安 时 代	794 —1192
	后 晋 Hòu Jìn	936 —947		
	后 汉 Hòu Hàn	947 —950		
	后 周 Hòu Zhōu	951 —960		
宋 Sòng	北 宋 Běi Sòng	960 —1127		
	南 宋 Nán Sòng	1127 —1279		
辽 Liáo		916 —1125		
金 Jīn		1115 —1234	鎌倉幕府時代	1192 —1333
元 Yuán		1271 —1368	南北朝時代	1333 —1392
明 Míng		1368 —1644	室町幕府時代	1393 —1573
			織豊時代	1573 —1603
			江戸幕府時代	1603 —1867
清 Qīng		1644 —1911	明治時代	1868 —1911
中 华 民 国 Zhōnghuá Mínguó		1912 —1949	大正·昭和· 平成時代	1912 —1925
				1926 —1988
中 华 人 民 共 和 国 Zhōnghuá Rénmíngònghéguó		1949 —		1989—

中国各省、自治区、直辖市名称一览表

省 及 直 辖 市		省 会	
汉	日	汉	日
安徽省（皖）	あんきしょう（かん）	合肥	ごうひ
福建省（闽）	ふくけんしょう（びん）	福州	ふくしゅう
甘肃省（陇）	かんしゅくしょう（ろう）	兰州	らんしゅう
广东省（粤）	カントンしょう（えつ）	广州（穗）	こうしゅう（すい）
广西　壮族 自治区（桂）	カンシーチワンぞく じちく（けい）	南宁	なんねい
贵州省（黔）	きしゅうしょう（けん）	贵阳	きよう
黑龙江省	こくりゅうこうしょう	哈尔滨	ハルビン
河北省（冀）	かほくしょう（き）	石家庄	せっかそう
河南省（豫）	かなんしょう（よ）	郑州	ていしゅう
湖北省（鄂）	こほくしょう（がく）	武汉	ぶかん
湖南省（湘）	こなんしょう（しょう）	长沙	ちょうさ
吉林省	きつりんしょう	长春	ちょうしゅん
江苏省	こうそしょう	南京（宁）	ナンキン（ねい）
江西省（赣）	こうせいしょう（かん）	南昌	なんしょう
辽宁省	りょうねいしょう	沈阳	しんよう
内蒙古自治区	ないもうこうじちく	呼和浩特	フホホト
宁夏回族自治区	ねいかかいぞくじちく	银川	ぎんせん
青海省	せいかいしょう	西宁	せいねい
四川省（蜀）	しせんしょう（しょく）	成都	せいと
山东省（鲁）	さんとうしょう（ろ）	济南	さいなん
山西省（晋）	さんせいしょう（しん）	太原	たいげん
陕西省（陕）	せんせいしょう（せん）	西安	せいあん
西藏自治区	チベットじちく	拉萨	ラサ
新疆维吾尔族 自治区	しんきょうウイグル ぞくじちく	乌鲁木齐	ウルムチ
云南省（滇）	うんなんしょう（てん）	昆明	こんめい
浙江省	せっこうしょう	杭州	こうしゅう
台湾省	たいわんしょう	台北	たいほく
北　京	ペキン		
天　津	てんしん		
上　海	シャンハイ		

中国各民族名称一览表

汉 名	日 名	汉 名	日 名
阿 昌 族	アチャン 族	珞 巴 族	ローバ 族
白 族	ペー 族	满 族	満州 族
保 安 族	パオアン 族	毛 难 族	マオナン 族
崩 龙 族	パラウン 族	门 巴 族	メンパ 族
布 朗 族	プーラン 族	蒙 古 族	蒙古 族
布 依 族	プイ 族	苗 族	ミャオ 族
朝 鲜 族	朝鮮 族	仫 佬 族	モーラオ 族
达斡尔族	ダオール 族		（ヤオラオ族）
傣 族	タイ 族	纳 西 族	ナーシー 族
东 乡 族	トンシャン族	怒 族	ヌ 族
侗 族	トン 族	普 米 族	プミ 族
独 龙 族	トーロン 族	羌 族	チャン 族
俄罗斯族	ロシア 族	撒 拉 族	サラ 族
鄂伦春族	オロチョン族	畲 族	シェ 族
鄂温克族	オウンク 族	水 族	シュイ 族
高 山 族	高山 族	塔吉克族	タジク 族
仡 佬 族	コーラオ 族	塔塔尔族	タタール 族
哈 尼 族	ハニ 族	土 家 族	トウチャ 族
哈萨合族	カザフ 族	土 族	トウ 族
汉 族	漢 族	佤 族	ワ 族
赫 哲 族	ホーチォ 族	维吾尔族	ウイグル 族
回 族	回 族	乌孜别克族	ウズベク 族
基 诺 族	ジーヌオ 族	锡 伯 族	シボ 族
京 族	ジン 族	瑶 族	ヤオ 族
景 颇 族	ジンプォ 族	彝 族	イ 族
柯尔克孜族	キルギス 族	裕 固 族	ユイクー 族
拉 祜 族	ラフ 族	藏 族	チベット 族
黎 族	リー 族	壮 族	チワン 族
傈 僳 族	リースー 族